D1749890

Quellen zur Geschichte der deutschen Gewerkschaftsbewegung
im 20. Jahrhundert

Quellen zur Geschichte der deutschen Gewerkschaftsbewegung im 20. Jahrhundert

Begründet von
Erich Matthias

Herausgegeben von
Anja Kruke, Dietmar Süß, Meik Woyke

Band 17
Der Deutsche Gewerkschaftsbund
1975–1982

Der Deutsche Gewerkschaftsbund 1975–1982

Eingeleitet und bearbeitet
von Johannes Platz

Gefördert von der Friedrich-Ebert-Stiftung
und der Hans-Böckler-Stiftung

Bibliografische Information der Deutschen Nationalbibliothek

Die Deutsche Nationalbibliothek verzeichnet
diese Publikation in der Deutschen Nationalbibliografie;
detaillierte bibliografische Daten sind im Internet
unter *http://dnb.dnb.de* abrufbar.

ISBN 978-3-8012-4263-3

© 2018 by Verlag J. H. W. Dietz Nachf. GmbH
Dreizehnmorgenweg 24, 53175 Bonn

Umschlag: Kempken DTP-Service | Satztechnik · Druckvorstufe · Mediengestaltung, Marburg
Satz: Kempken DTP-Service | Satztechnik · Druckvorstufe · Mediengestaltung, Marburg
Druck und Verarbeitung: CPI Books, Leck

Alle Rechte vorbehalten
Printed in Germany 2018

Besuchen Sie uns im Internet: *www.dietz-verlag.de*

Inhalt

Vorwort der Herausgeber 7

Einleitung 11

I. Gewerkschaftliche Politik in der zweiten Hälfte der Ära Vetter 11

II. Gewerkschaftliche Handlungsfelder 16
   1. Forschungsdiskussion 16
   2. Wirtschaftlicher und gesellschaftlicher Strukturwandel 21
   3. Die Mitbestimmungsdiskussion und das Ende der Konzertierten Aktion 24
   4. Tarifpolitik, Humanisierung der Arbeit und Arbeitsschutz 26
   5. Globalisierung 30
   6. Gesellschafts- und Sozialpolitik 31
   7. Außen-, Deutschland- und Ostpolitik, internationale Gewerkschaftspolitik 34
   8. Neue Linke und Neue Soziale Bewegungen 36
   9. Historische Verortung und Selbstvergewisserung 39

III. Organisationsentwicklung in der zweiten Hälfte der 1970er-Jahre 40

IV. Organisations- und Führungsstrukturen 44
   1. Aufbau und Organe des DGB 44
   2. Führungspersonal 46

V. Programmdiskussionen – Kursbestimmungen 58

VI. Quellenauswahl und Editionsgrundsätze 59

Verzeichnis der Dokumente 64

Dokumente 1 bis 97 67

Anhang
Mitglieder des DGB-Bundesvorstands 1975–1982 735
Abkürzungsverzeichnis 738
Verzeichnis der Archivalien 744
Verzeichnis der abgekürzt zitierten gedruckten Quellen und Literatur 745
Personenregister 768
Ortsregister 778
Sachregister 780

Vorwort der Herausgeber

Mit dem hier vorgelegten Band wird die Edition der »Quellen zur Geschichte der deutschen Gewerkschaftsbewegung im 20. Jahrhundert« fortgesetzt. Die Reihe kann auf eine lange Tradition zurückblicken. Begründet wurde sie von Erich Matthias, ihm folgten Hermann Weber, Klaus Schönhoven und später dann Michael Schneider und Dieter Dowe als Herausgeber. In den bisher publizierten Bänden werden die unterschiedlichen Schwerpunkte der Arbeiter- und Gewerkschaftsgeschichte deutlich: der Kampf gegen den Nationalsozialismus, der schwierige Neuanfang nach 1945, die Suche der Gewerkschaften nach ihrem Platz in der Bundesrepublik, das konsequente Eintreten für Mitbestimmung und soziale Rechte.

Der aktuelle Band knüpft zeitlich unmittelbar an den von Klaus Mertsching bearbeiteten Editionsband 16 an, in dessen Zentrum die Entwicklung des Deutschen Gewerkschaftsbunds in den Jahren von 1969 bis 1975 stand. Während dieser zeigte, wie stark die Reformbestrebungen der sozial-liberalen Koalition von den Gewerkschaften mitgetragen und vorangetrieben wurden, hinterlässt der nun vorliegende Band ein etwas anderes Bild: Noch immer waren die Hoffnungen und Erwartungen groß, lang ersehnte Ziele wie den Ausbau der Mitbestimmung weiter zu forcieren, und doch mussten die Gewerkschaften erkennen, dass sich die politischen Spielräume verengt hatten. Vom Aufbruch der späten 1960er-Jahre war immer weniger die Rede, stattdessen immer häufiger von »Krise«, Absatzschwierigkeiten und Arbeitslosigkeit. Das Reformklima der Ära Brandt wich einem zunehmend pragmatischen Kurs des seit 1974 amtierenden neuen sozialdemokratischen Kanzlers Helmut Schmidt. Der gewerkschaftliche Einfluss war keineswegs über Nacht verschwunden, noch immer waren die Kontakte zwischen Regierung, Ministerien und Gewerkschaften äußerst eng, allerdings häuften sich die Konflikte. Nirgends zeigte sich das leidenschaftlicher als im Mitbestimmungsgesetz von 1976, das im Zentrum gewerkschaftlicher Reformbemühungen stand und wettmachen sollte, was sich in den 1950er-Jahren nicht hatte durchsetzen lassen. Dass der schwer errungene Kompromiss dann von der Arbeitgeberseite durch eine Klage vor dem Bundesverfassungsgericht sogleich wieder infrage gestellt wurde, enttäuschte die Gewerkschaften und ließ sie ihrerseits die bereits zuvor in schweres Fahrwasser geratene »Konzertierte Aktion« beenden. Damit ging nicht nur symbolisch eine Dekade zu Ende, in der sich Gewerkschaften und Arbeitgeber freiwillig an einen gemeinsamen Tisch gesetzt hatten. Waren in der ersten Hälfte der »Ära Vetter« die Anzeichen des anstehenden tief greifenden wirtschaftlichen Wandels nur vereinzelt sichtbar geworden, so häuften sie sich in der zweiten Hälfte der 1970er-Jahre. Allerdings ist es bemerkenswert, wie stark die Gewerkschaften diese Anzeichen als flüchtige Ereignisse und nicht etwa als grundsätzliche sozioökonomische Veränderungen betrachteten – trotz aller wissenschaftlichen Expertise.

Die Edition macht deutlich, an welch unterschiedlichen Stellen der Industrie- und Arbeitsstandort Deutschland ökonomisch unter Druck geriet, und welche Folgen dies für die Beschäftigten ganz verschiedener Berufsgruppen hatte. Die Streiks der IG Druck und Papier 1976/78 führten eindrucksvoll vor Augen, wie umfassend Prozesse der Automation und der Rationalisierung seit Mitte der 1970er-Jahre die Produktionsbedingungen veränderten – und traditionelle Berufe wie Drucker oder Textilarbeiterinnen in ihrer Substanz gefährdeten. Zugleich wird sichtbar, wie die Gewerkschaften ihren Mitgliedern zumindest teilweise Zeit erkaufen konnten, um den anstehenden Wandel abzufedern. Neue Strategien und Modelle wie der »Sozialplan« entstanden, um Hilfe für die besonders bedrohten Beschäftigten in den Alt- und Schwerindustrien zu schaffen. Zudem lässt sich erkennen, dass Mitte der 1970er-Jahre auch noch einmal neu darüber verhandelt wurde, was denn angesichts struktureller Wandlungen gewerkschaftliche Solidarität im letzten Drittel des 20. Jahrhunderts bedeuten sollte. Der Streik der Landschaftsgärtner, bei dem am Ende der DGB und die anderen Gewerkschaften erhebliche finanzielle Mittel zu Verfügung stellten, dafür aber dann auch die Kontrolle übernahmen, spiegelt diese Entwicklung wider. Die Gewerkschaften gerieten unter Druck: durch die Unternehmerverbände, aber auch durch die Herausforderung der Neuen Sozialen Bewegungen, die mitten ins Herz des gewerkschaftlichen Selbstverständnisses zielten und Begriffe wie »Fortschritt«, »Zukunft« und »Wachstum« neu zu definieren versuchten. Die Alternativbewegungen mit den Grünen gewannen auch innerhalb der Gewerkschaftsjugend an Zuspruch, und noch weiter links der SPD attackierten die Ausläufer der Studentenbewegung die vermeintlich allzu kompromissbereite gewerkschaftliche Politik. Die Lehrlingsbewegung hatte hier ihren Ursprung. Am Ende der zweiten Amtszeit Vetters war die sozial-liberale Koalition zerbrochen, die Grünen saßen im Parlament und auch die Neue Heimat, das wohnungsbaupolitische Versprechen gewerkschaftlicher Solidarität, steckte in einer selbst verschuldeten, existenziellen Krise, die sich zu einem handfesten Skandal ausweitete.

Die letzten Dokumente dieser Edition erlauben einen Ausblick auf die folgende Zeit der 1980er-Jahre, die ein schweres Jahrzehnt für die Gewerkschaften werden sollten. Ihre Lektüre lohnt sich, weil sie eben mehr erzählen als »nur« eine Geschichte der Gewerkschaften. Der Editionsband gibt einen Einblick in zentrale Konfliktachsen der reifer gewordenen Bundesrepublik, ermöglicht ein besseres Verständnis von Chancen und Grenzen gewerkschaftlicher Politik und zeigt eindringlich, wie sehr die Gewerkschaften auf unterschiedliche Weise die sozialen und politischen Verhältnisse geprägt haben. Die Edition der Protokolle des DGB-Bundesvorstands 1975 bis 1982 bietet tiefe Einblicke in den Prozess der Meinungs- und Willensbildung auf höchster Gewerkschaftsebene. Es wird nachvollziehbar, wie sich die zuvor getroffenen Entscheidungen zur Anpassung der Gewerkschaftsorganisation an den ökonomischen Wandel, dem die Gewerkschaften mit dem Ausbau der Zielgruppenarbeit und mit der Straffung der Organisation begegnet waren, auf die Gewerkschaften auswirkten. Die Zielgruppen der Frauen und Auszubildenden traten verstärkt auf die Agenda, doch die eigenständig von ihnen gesetzten Themen drangen wenig beziehungsweise höchst konfliktiv auf die oberste Ebene durch. Zugleich brachten sich die Gewerkschaften weiterhin aktiv in die politischen Debatten ein; die Konfliktlinien verliefen dabei auch stets innerhalb der Gewerkschaftsbewegung. Ebenso verhielten sie sich gegenüber der Regierungspolitik kritisch bis skeptisch, obwohl in den Protokollen zu den Gesprächen des DGB-Vorstands mit verschiedenen Bundesministern die Nähe zur regierenden Sozialdemokratie deutlich wird. Bei Kritik von außen schlossen sich die Reihen; die Herausgabe der Wahlprüfsteine anlässlich der Bundestagswahl 1980 zeugt von dem nach wie vor erhobenen Anspruch auf eine gesamtgesellschaftspolitische Aufgabe der Gewerkschaften in der bundesrepublikanischen Demokratie.

Dieser Band wäre ohne die Finanzierung durch Drittmittel nicht zustande gekommen. Wir danken insbesondere der Hans-Böckler-Stiftung und der Friedrich-Ebert-Stiftung, die das Projekt großzügig gefördert haben. Unser Dank gilt darüber hinaus dem Verlag J. H. W. Dietz Nachf. für die sorgfältige Betreuung der Edition während der Drucklegung.

Bonn/Augsburg, im Herbst 2018

Anja Kruke · Dietmar Süß · Meik Woyke

Einleitung

I. Gewerkschaftliche Politik in der zweiten Hälfte der Ära Vetter

Die Politik des Deutschen Gewerkschaftsbunds und seiner Einzelgewerkschaften stand in der zweiten Hälfte der Ära Vetter (1975–1982) vor enormen Herausforderungen.[1] Die Jahre eines vermeintlich immerwährenden Aufschwungs waren an ihr Ende gekommen, die Folgen des Ölpreisschocks 1973/74 und der globalen Rezession verengten die gewerkschaftlichen Handlungsspielräume zusehends, die Arbeitslosigkeit stieg an und die tragenden Ideen von »Fortschritt« und »Produktivität« gerieten immer stärker durch die Neuen Sozialen Bewegungen in die Kritik. Mit Heinz Oskar Vetter stand ein Gewerkschafter an der Spitze des DGB, dessen gewerkschaftspolitische Prägung in den Jahren der »Trente Glorieuses« erfolgt war und dessen reformpolitische Ziele durch die Euphorie der ersten Jahre der sozial-liberalen Koalition beflügelt wurden. Mit den verengten ökonomischen Spielräumen seit der zweiten Hälfte der 1970er-Jahre und den veränderten Prioritäten der Ära Schmidt häuften sich indes die Konflikte.[2]

Der enorme Mitgliederzuwachs der DGB-Gewerkschaften, der auch im Berichtszeitraum dieser Edition anhielt, beflügelte den Deutschen Gewerkschaftsbund und die Einzelgewerkschaften, von Reformanliegen auch dann keinen Abstand zu nehmen, wenn sie gerade – wie beim Mitbestimmungsgesetz von 1976 – zuvor durch die nüchterne Kompromisslage der Regierungskoalition enttäuscht worden waren. Der DGB entwickelte nahezu ungebrochen Zukunftsszenarien und Programme, die an den Reformzielen festhielten.

So sehr auch zeitgenössisch immer wieder von »Krise« die Rede war: Der politische Einfluss der Gewerkschaften auf die Bonner Regierungsgeschäfte blieb erheblich. Gewerkschaftsvertreter saßen am Kabinettstisch und sie verfügten, wenngleich auch nicht mehr ganz so umfassend wie in der ersten sozial-liberalen Koalition unter Bundeskanzler Willy Brandt, über einen Zugang zu den entscheidenden Ministerien und Ministern. Diese Ambivalenz aus politischen Steuerungsmöglichkeiten und verengten betrieblichen Spielräumen, aus fest eingeübten Praktiken industrieller Kon-

---

1 Von einer Ära zu sprechen, ist vor dem Hintergrund der Vielzahl von parallelen Personalbewegungen in den Einzelgewerkschaften und im Bundesvorstand und der vergleichbaren generationellen Lagerung des gewerkschaftlichen Spitzenpersonals um 1969 und um 1982/83 gerechtfertigt. Vgl. hierzu das Kapitel IV., 2. die prosopografischen Bemerkungen der Einleitung: »Führungspersonal«.
2 Vgl. Fourastié: Les Trente Glorieuses.

sensfindung und neuem globalem Wettbewerb prägte die führenden Gewerkschafter, von denen die Mehrheit noch die Jahre des Nationalsozialismus unmittelbar selbst erlebt hatte und an deren Aufarbeitung und Deutung sie mitzuwirken versuchten.

Insofern berührt die Edition der DGB-Bundesvorstandsprotokolle eine zentrale Phase der bundesrepublikanischen Geschichte und verdeutlicht die oft widersprüchlichen Wahrnehmungen gesellschaftlicher Veränderungen durch eine ihrer zentralen gesellschaftlichen Säulen. Wie tief greifend die Veränderungen seit dem Ölpreisschock waren, blieb innerhalb der Gewerkschaftsbewegung umstritten. Für Heinz Oskar Vetter und seine Kollegen jedenfalls waren die programmatischen Diskussionen um ein neues DGB-Grundsatzprogramm der Versuch, sich den Herausforderungen der Zeit zu stellen und zugleich aber eine gewisse Balance zwischen bewährten gewerkschaftspolitischen Forderungen und programmatischen Neuansätzen zu wahren. Mit den Forderungen nach einer besseren Absicherung von Arbeitnehmerinnen und Arbeitnehmern auf dem schwieriger gewordenen Arbeitsmarkt und neuen Vorschlägen zur Belebung des Arbeitsmarkts rückte der Kampf gegen die Arbeitslosigkeit als Symptom kapitalistischer Krisen in den Mittelpunkt. Gleichzeitig nahmen die Gewerkschaften die grundlegende krisenhafte Verlaufsform der ökonomischen und gesellschaftlichen Entwicklung allenfalls mit Verzögerung wahr und verzichteten auf eine deutlichere Krisensemantik. Unbestritten war jedoch, dass sich die wirtschaftlichen Rahmenbedingungen signifikant verändert hatten – und damit auch die Notwendigkeit bestand, nach neuen Instrumentarien politisch-ökonomischer Steuerung zu suchen.

Während der ersten Rezession in der bundesrepublikanischen Geschichte 1966/67 noch erfolgreich mit keynesianischen Mitteln der Globalsteuerung hatte begegnet werden können, stand dieser Weg angesichts steigender öffentlicher Verschuldung in den 1970er-Jahren nicht in gleichem Maße offen, auch wenn die DGB-Gewerkschaften eine nachfrageorientierte Politik einforderten. Die Wachstumsrate war vor Beginn des Editionszeitraums dramatisch eingebrochen. Lag sie 1973 noch bei 4,6 %, sank sie im Folgejahr auf 0,4 % und 1975 auf minus 1,6 %.[3] Der enorme Rückgang der Exporte 1975/76 verschärfte die Krise. Am Anfang des Editionszeitraums 1975 lag die Arbeitslosenquote bei 4,7 %, nach leichtem Fall in den Jahren 1976 (4,6 %) bis 1980 (3,8 %) zog sie in den Jahren 1981 (5,5 %) und 1982 (7,5 %) massiv an, sodass Massenarbeitslosigkeit zu einem die 1980er-Jahre prägenden Phänomen wurde.[4] Die Arbeitsmarktentwicklung war von der Entwicklung der Wachstumsraten zum Teil entkoppelt, insofern sich die Arbeitsmarktlage auch in Phasen verstärkten Wachstums nicht proportional besserte. Die Massenarbeitslosigkeit, die in der zweiten Hälfte der 1970er-Jahre zu einer Bedrohung des Sozialstaats wurde und die Erwerbsbiografien und die lebensweltliche Ordnung der Arbeitslosen infrage stellte, erwuchs zu einem Problem, das aus den Rationalisierungswellen

---

3 Vgl. von Beyme: Gewerkschaftliche Politik in der Wirtschaftskrise I, S. 341.
4 Vgl. Schneider: Kleine Geschichte der Gewerkschaften, Tabellenanhang, Tabelle 5 b) Arbeitslosenquoten von 1950 bis 1990, S. 598, Müller-Jentsch: Gewerkschaftliche Politik in der Wirtschaftskrise II, S. 377.

und dem Strukturwandel folgte. Die Gewerkschaften behielten die Interessen der Arbeitslosen im Blick, sorgten jedoch nur in geringem Umfang dafür, diese an sich naheliegende Zielgruppe in die Gewerkschaften zu integrieren.

Die Krise der bundesrepublikanischen Industrie traf gleich mehrere Branchen und verschärfte die bereits vorhandenen Probleme. Das galt für Kohle und Stahl[5] und immer stärker auch für die Textilindustrie, die mit der billigen ausländischen Konkurrenz nicht mehr Schritt halten konnte und in vielen Regionen Deutschlands ihre Tore schließen musste, sodass sich besorgniserregende Faktoren einer Deindustrialisierung der betroffenen Regionen bemerkbar machten. Gleichzeitig forderten Rationalisierungsschritte wie die zunehmende Automation und Digitalisierung ganze Wirtschaftszweige heraus, nicht zuletzt die Druckindustrie, in der die betrieblichen Umstrukturierungen und Rationalisierungsschritte beim Übergang zum Computersatz ganze Berufsgruppen, nicht zuletzt den Setzer, überflüssig zu machen drohten.

Der DGB und seine Einzelgewerkschaften mussten sich in dieser Lage gegen Einflussversuche von links und Angriffe von rechts behaupten. Als ein Reformprojekt der sozial-liberalen Koalition mit dem Mitbestimmungsgesetz von 1976 in die Zielgerade ging, sah sich der DGB bitter enttäuscht, denn seine weitreichenden Ordnungsvorstellungen von einer wirtschaftsdemokratischen Partizipation waren dem Koalitionskompromiss zum Opfer gefallen und die Arbeitgeber entschieden sich zu einer Verfassungsbeschwerde vor dem Bundesverfassungsgericht in Karlsruhe, um selbst diesen mühsam ausgehandelten Kompromiss noch zu Fall zu bringen.

Auf die zeitgenössisch als massiv, jedoch nicht in ihrem Strukturbruch forcierenden Charakter wahrgenommene Wirtschafts- und Finanzkrise mussten der Deutsche Gewerkschaftsbund und die Einzelgewerkschaften reagieren. Ihre Antworten besaßen allerdings eher einen punktuellen Charakter, weil sie selbst eben nicht von einem Strukturbruch »von revolutionärer Qualität« ausgingen, wie Historiker es später formulierten.[6] Dass es sich bei diesem ökonomischen und sozialen Wandlungsprozess um eine grundsätzliche Verschiebung der industriellen Nachkriegsentwicklung gehandelt haben könnte, glaubten die wenigsten gewerkschaftlichen Beobachter.[7] Zudem fehlte dem DGB letztlich jenseits großer Tagungen und Konferenzen, auf denen sich die Gewerkschaftsführung mit Expertinnen und Experten über politische Grundsatzfragen verständigte, der Raum für grundsätzliche politische Debatten. Auch die theoretischen Diskussionen, für die der DGB mit den Gewerkschaftlichen Monatsheften (GMH) ein eigenes Organ besaß, drangen nur selten bis auf die Ebene des Bundesvorstands vor. Darauf verweisen eindrucksvoll die im Folgenden edierten Vorstandsprotokolle, die die zeitgenössi-

---

5 Vgl. zur Ruhrbergbaukrise bis 1969 grundlegend Nonn: Die Ruhrbergbaukrise.
6 Doering-Manteuffel/Raphael: Nach dem Boom, S. 28. Wie sehr allerdings Momente der Krise einzelne Gewerkschaften bereits erfasst hatten, zeigen die zeitgenössischen Studien von Josef Esser auf. Vgl. ders.: Gewerkschaften in der Krise. Vgl. auch allgemein Markovits: The Politics of the West German Trade Unions, sowie Schönhoven: Die deutschen Gewerkschaften, S. 232-250.
7 Vgl. W. Süß: Umbau am »Modell Deutschland«.

schen Krisenphänomene in die Struktur einer Tagesordnung überführt und damit verhandelbar machte. Die Probleme wurden qua Geschäfts- und Tagesordnung sowie Arbeitsplan des Geschäftsführenden Bundesvorstands so weit heruntergebrochen, dass sie bearbeitet werden konnten. Auch wenn sich das Wirtschafts- und Sozialwissenschaftliche Institut (WSI) des DGB als Braintrust und die GMH sich mit einzelnen Krisenphänomenen beschäftigten, fällt doch auf, dass hieraus keine umfassende gesellschaftspolitische Synthese resultierte. So gelangte die Gewerkschaftsführung nur in seltenen Fällen zu einer weit ausgreifenden Generaldebatte, in der die verschiedenen Einzelprobleme zusammengeführt wurden.

Insgesamt forderte die zweite Hälfte der Regierungszeit der sozial-liberalen Koalition die Gewerkschaften besonders heraus, weil die Bundesregierung Abstand von der programmatischen Verfolgung von Reformzielen nahm und zu einem pragmatischeren Modus des Krisenmanagements fand. Die Dimension der Strukturkrise und das Ausmaß der Reaktionen, die zu ihrer Bewältigung erforderlich schienen, fasste der DGB-Bundesvorstand unterdessen in seiner Tagespolitik nicht im vollen Umfang ins Auge. Die Gewerkschaften erwiesen sich so als schwerer Tanker in stürmischer See. Zwar waren sie, auch durch die Verwissenschaftlichung der Gewerkschaftspolitik im Rahmen von Auftragsstudien, Konferenzen und Workshops, gesellschaftspolitisch durchaus professionell beraten, aber nicht in jedem Fall erneuerungsfähig. Die Einzelmaßnahmen diskutierten sie fundiert, doch fiel es ihnen schwer, die ökonomischen und sozialen Veränderungen mit den alten Begriffen und Ordnungsvorstellungen von »Fortschritt« und »Wachstum« zu begreifen. Schon zeitgenössisch war von »neuer Unübersichtlichkeit« die Rede – und es spricht einiges dafür, dass auch die Gewerkschaften von dieser intellektuellen und politischen Unsicherheit erfasst wurden.[8] Um die Semantiken und Diskurse von Arbeit und Fortschritt sowie die Diskurskoalitionen, die der DGB einging, genau zu vermessen, ist eine Edition von Bundesvorstandsprotokollen, die zudem knappe Beschlussprotokolle sind, letztlich der falsche Ort. Dennoch versucht die Edition hier, erste Fährten zu legen und auf die Vielzahl an Konferenzen, wissenschaftlichen Studien im Auftrag des DGB und gewerkschaftlichen Arbeitskreise hinzuweisen.[9]

Wie schwer sich der Deutsche Gewerkschaftsbund als Großorganisation tat, auf die neuen Verhältnisse zu reagieren, lässt sich auch daran erkennen, wie lange es brauchte, um die Neuen Sozialen Bewegungen als politische Herausforderung überhaupt ernst zu nehmen. Gerade jüngere Gewerkschafter und Gewerkschafterinnen versuchten, die organisationskulturellen Formen zu verändern – und stießen bei ihrer Führungsebene häufig auf eine Mauer des Unverständnisses. Partizipation, neue Aktionsformen, die Beteiligung von Frauen: Darüber wurde heftig gestritten, weil es dabei neben politischen eben auch um generationelle und geschlechtsspezi-

---

8 Vgl. Faulenbach: Das sozialdemokratische Jahrzehnt, S. 766 f.
9 Zu methodischen Ansätzen der Begriffs- und Diskursgeschichte vgl. Leonhard/Steinmetz: Semantiken von Arbeit; Andresen/Kuhnhenne/Mittag/Platz: Der Betrieb als sozialer und politischer Ort; zum Begriff der Diskurskoalitionen vgl. Wagner: Sozialwissenschaften und Staat.

fische Konflikte ging. So antworteten die Gewerkschaften auf die Neuen Sozialen Bewegungen mit kleinteiligen Diskussionen über Unterschriftenlisten und Aufrufe, es entstanden Probleme mit der Anmeldung von Partizipationsansprüchen, auch von Jugendlichen und Betriebspraktikern jenseits der DGB-Gewerkschaften. Diese fanden daher nicht immer befriedigende Antworten in der Auseinandersetzung mit den Neuen Sozialen Bewegungen, die sich zum Teil mit alternativen Betriebsräten verbanden. In diesen Debatten, die im DGB-Bundesvorstand ausgetragen wurden, ging es um unterschiedliche Themen. Ein Beispiel ist die gewerkschaftliche Partizipation am Internationalen Frauentag, der man sich im DGB zunächst 1979 mit dem Hinweis auf dessen Begehung im »Ostblock« entzog, bevor man im Jahr darauf daran teilnahm.[10] Auch die gewachsenen Ansprüche der Jugend, insbesondere der Lehrlingsbewegung, die sich in neuen Formen der Selbstorganisation wie der Jugendzentrumsbewegung äußerten, wurden intensiv diskutiert. Diese Felder waren nicht unbedingt zentral gewerkschaftspolitisch geprägt, führten aber zu innergewerkschaftlichen Konflikten, die im DGB-Bundesvorstand artikuliert wurden.[11]

Daraus entstand eine Selbstverständnisdebatte des DGB und der Einzelgewerkschaften, die in spezifische Kämpfe um Deutungshoheit über die gewerkschaftliche Identität mündete. Diese fand ihren Ausdruck in der Erarbeitung eines Aktionsprogramms, das vom DGB-Bundesausschuss speziell im Hinblick auf die Bundestagswahl 1980 verabschiedet wurde, zu der der Deutsche Gewerkschaftsbund nach längerer Diskussion eigene Wahlprüfsteine vorlegte. In diesem Programm nahm der DGB erstmals nach dem Aktionsprogramm von 1972 umfassender zu der Frage nach den gesamtgesellschaftlichen Herausforderungen Stellung. Die programmatischen Auseinandersetzungen der Zeit und die Verständigung über das Selbstverständnis wirkten bis in die Geschichtspolitik hinein. Hier führten die gewerkschaftlichen Debatten auf den Kristallisationspunkt der historischen Selbstverortung des DGB und seiner Gewerkschaften hin, herausgefordert von einer sich herausbildenden Geschichtsbewegung »von unten« beziehungsweise von politisch konkurrierenden Gruppen aus dem kommunistischen Spektrum, die Einfluss auf die DGB-Gewerkschaften zu nehmen versuchten.

Die gewerkschaftlichen Debatten fanden nicht isoliert statt, sondern inmitten einer stark politisierten und polarisierten Gesellschaft. Sie riefen deshalb Wirkungen außerhalb der Gewerkschaften hervor. Die öffentliche Wahrnehmung des Dissenses in der Jugendarbeit sowie in der Geschichtspolitik und die von den CDU/CSU angetriebene Debatte um die unterstellte kommunistische Beeinflussung oder gar Unterwanderung der Gewerkschaften mögen hier als seismografische Beispiele für gesellschaftliche Polarisierungen dienen. Gerade im Wechselspiel der klassischen Gewerkschaftspolitik mit darüber hinaus reichenden Auseinandersetzungen werden die zentrale Rolle und die gesellschaftliche Verantwortung der Gewerkschaften

---

10 Vgl. Dok. 66: Kurzprotokoll über die 18. Sitzung des Bundesvorstandes am 4.3.1980, TOP 1., f).
11 Vgl. Andresen: ›Gebremste Radikalisierung‹; Templin: »Lehrzeit – keine Leerzeit!«; ders. Freizeit ohne Kontrolle.

sichtbar. Freilich werden die Punkte in der knappen Sprache der Beschlussprotokolle nur angerissen und nicht in Generaldebatten ausverhandelt. Wie unter einem Brennglas lässt sich der Umschwung in der gesellschaftspolitischen Entwicklung der 1970er-Jahre beobachten. Von der politischen Aufbruchstimmung und dem Gedanken der uneingeschränkten Machbarkeit zentraler gesellschaftspolitischer Reformen schlug das Pendel zu einem pragmatischeren Politikstil der Bundesregierung um, gegenüber der der DGB seine Reformerwartungen und -ansprüche auch in der Krisenerfahrung aufrechterhielt.

II. Gewerkschaftliche Handlungsfelder

1. Forschungsdiskussion

Die Gewerkschaftsgeschichte hat an den Debatten der Zeitgeschichte bisher nur sehr punktuell Anteil gehabt. Das allerdings ändert sich derzeit. So stellt diese Edition nicht allein einen Bestandteil der Organisationsgeschichte dar, sondern bietet Anknüpfungspunkte zu einer allgemeinen, sich erneuernden »Labour History«, sodass die klassische Institutionengeschichte des DGB mit Fragen der Kultur-, Politik-, Wirtschafts- und Ideengeschichte des letzten Drittels des 20. Jahrhunderts verbunden werden kann.[12] Die Auseinandersetzung um den Zäsurcharakter der 1970er-Jahre hat jedenfalls das Interesse der Zeitgeschichte an Fragen der industriellen Beziehungen, der Geschichte der Mitbestimmung oder der Tarifpolitik deutlich anwachsen lassen.[13]

Die Frage, wie die Gewerkschaften auf die strukturellen Umbrüche und generationellen Konflikte seit Mitte der 1970er-Jahre reagierten und wie diese von den führenden Gewerkschaftern gedeutet wurden, führt ins Zentrum der Auseinandersetzung um die »Epoche nach dem Boom«. Gleichzeitig lässt sich insgesamt eine neu erwachte Aufmerksamkeit für soziale Fragen, die Rolle der betrieblichen und gesellschaftlichen Interessenvertretung der Arbeitnehmerinnen und Arbeitnehmer und für die Entwicklung der Gewerkschaften im Kontext des Strukturwandels der Arbeit erkennen, der auch auf die Geschichtswissenschaft ausstrahlt. Die jüngste zeitgeschichtliche Forschung hat, wie zuvor beschrieben, den krisenhaften Charakter der 1970er-Jahre betont, den Zäsurcharakter des Einschnitts der weltwirtschaftlichen Krise von 1973/74 und der Folgejahre hervorgehoben und damit suggeriert, dass die Krise und die Reaktionen darauf als unmittelbare Vorgeschichte der Problemlagen der Gegenwart zu betrachten seien. Auch die gewerkschaftsgeschichtliche Forschung

---

12 Umfassende Forschungsüberblicke zur Geschichte der Arbeit und zur Gewerkschaftsgeschichte im Speziellen finden sich in Priemel: Heaps of Work; Neuheiser/Bartlitz/Rudolf: Mehr Geschichte wagen; Neuheiser: Arbeit zwischen Entgrenzung und Konsum.
13 Zum Verhältnis von Arbeit und Zeitgeschichte vgl. D. Süß/W. Süß: Zeitgeschichte der Arbeit.

hat diesen Einschnitt zu diskutieren begonnen und anhand von Fallstudien zu den vorwiegend industriellen Arbeitswelten erörtert.[14]

Der Blick richtet sich auf unterschiedliche Bereiche: Besonderes Interesse findet die Geschichte der Arbeitswelten und des Betriebs als sozialer und politischer Ort sowie als Ort einer gelebten Unternehmens- und Arbeitskultur. Hier werden mikrohistorische und auf die Mikropolitik im Betrieb ausgerichtete Studien mit praxeologischen und diskursanalytischen Ansätzen verknüpft.[15] Auch die Geschichte der Migration sowie der Migrantinnen und Migranten in Betrieb und Gewerkschaft findet Aufmerksamkeit, denn diese Gruppe artikulierte sich in den 1970er-Jahren vernehmlicher. Zunehmend traten sie, was die Organisationspraxis der Gewerkschaften betraf, als Adressaten und Akteure in den politischen Raum.[16] Die Humanisierungsbestrebungen in den industriellen Arbeitswelten, insbesondere der Arbeitsschutz, sind ein weiteres Feld, in dem die oben genannten Ansätze verknüpft werden. Die »Humanisierung der Arbeit« war eines der zentralen Reformfelder der sozial-liberalen Arbeitspolitik, das sehr verschiedene Ansatzmöglichkeiten für Untersuchungen birgt.[17] Neben diesen eher sozialhistorischen Themenfeldern bietet auch die Kulturgeschichte der Arbeit, bei der vor allem deren Repräsentationen in Fotografie, Film und Literatur untersucht werden, neue Forschungsansätze. Zwar wurde Arbeit bereits in den »Geschichtlichen Grundbegriffen« thematisiert,[18] allerdings gerieten erst in der jüngsten Vergangenheit die »Semantiken von Arbeit« sowie die Literatur- und Mediengeschichte der Arbeit systematisch in den Blick.[19]

Auf der Ebene der Einzelforschungen und Darstellungen zur Geschichte des DGB und seiner Einzelgewerkschaften wie auch zu den 1970er-Jahren lässt sich in jüngerer Zeit eine rege Aktivität beobachten. Beispielgebende Publikationen liegen zur Rolle der Gewerkschaften in der transnationalen Branchenpolitik im Textilsektor, im gesellschaftlichen Konflikt um die Nutzung der Atomkraft, in der Friedens- und Entspannungspolitik sowie zur Migrationspolitik vor.[20] Die Vielzahl der Einzelthemen, mit denen sich der DGB, vertreten durch seinen Bundesvorstand und dessen Verwaltung, auseinandersetzte, spiegelt sich in den seriellen Quellen, die in diesem Band ediert vorliegen und zu denen erste Interpretationsangebote unterbreitet werden, um zukünftige Forschungen anzuregen.

---

14 Vgl. Doering-Manteuffel: Langfristige Ursprünge und dauerhafte Auswirkungen.
15 Vgl. Andresen/Kuhnhenne/Platz u. a.: Der Betrieb als sozialer und politischer Ort; Andresen/Bitzegeio/Mittag: »Nach dem Strukturbruch?«; aus der Perspektive der Unternehmensgeschichte Hagemann-Wilholt: Das »gute« Unternehmen.
16 Vgl. Trede: Zwischen Misstrauen, Regulation und Integration; Berlinghoff: Ende der »Gastarbeit«.
17 Vgl. Uhl: Die langen 1970er-Jahre der Computerisierung; Müller: Humanisierung der Arbeitswelt; Seibring: Humanisierung des Arbeitslebens; Kleinöder: »Humanisierung der Arbeit«; dies.: Unternehmen und Sicherheit.
18 Vgl. W. Conze: Arbeit.
19 Vgl. Andresen/Kuhnhenne/Mittag/Müller: Repräsentationen der Arbeit; Leonhard/Steinmetz: Semantiken von Arbeit; Lillge: Arbeit.
20 Vgl. Gertschen: Klassenfeinde – Branchenpartner?; Mohr: Gewerkschaften und der Atomkonflikt; Berlinghoff: Ende der »Gastarbeit«.

Die Konjunktur der neuesten Zeitgeschichtsschreibung zur Phase »nach dem Boom« schlägt sich auch in einem hohen Interesse an Einzelstudien zur Rolle der Gewerkschaften in Politik und Gesellschaft seit den 1970er-Jahren nieder, zumal diese zu den Ursprüngen heutiger Problemlagen vordringen. Der Periodisierungsvorschlag der Strukturbruchforschung nimmt von der üblichen Beforschung zeitgeschichtlicher Dekaden und der Orientierung an politikgeschichtlichen Zäsuren bewusst Abstand und fokussiert eine größere Zeitspanne als »Vorgeschichte der Gegenwart«.[21]

Bemerkenswert erscheint vor allem das Interesse an gewerkschaftsgeschichtlich grundierter Biografik. Dabei finden nicht zuletzt Gewerkschaftspolitiker, die zwischen dem im engeren Sinne gewerkschaftlichen und dem politischen Feld wechselten, Beachtung. Ein Beispiel ist Hans Matthöfer, der als Bundesminister zeitweilig gewerkschaftliche Politikanstöße aufgriff, etwa beim Forschungsprogramm »Humanisierung der Arbeit«. Jüngst sind auch Studien zu leitenden und prägenden Gewerkschafterinnen und Gewerkschaftern des DGB und der Einzelgewerkschaften erschienen. Dazu zählen Biografien zu Eugen Loderer als Vorsitzendem der IG Metall, Heinz Kluncker als Vorsitzendem der ÖTV sowie Gerd Muhr und Maria Weber als Mitgliedern des GBV des DGB beziehungsweise als stellvertretende DGB-Vorsitzende.[22] Jenseits der Biografik der Führungskräfte setzen sich jüngste Forschungen mit seriell vorliegenden Lebensläufen von Industriearbeitern und -arbeiterinnen auseinander sowie mit Subjektivierungsformen, denen Arbeitslose in der Arbeitslosenverwaltung ausgesetzt sind und in denen sie sich behaupten.[23] Der Sozialstaat sah sich durch die zunehmende und dauerhafte Massenarbeitslosigkeit vor neue Herausforderungen gestellt, was auch in der jüngeren Zeitgeschichtsforschung betont wird.[24]

Daneben wurde auch der Betrieb als traditionelles Handlungsfeld der Gewerkschaften in den 1970er-Jahren neu besetzt. Er gewann angesichts betriebsratsoppositioneller Herausforderungen, »wilder Streiks«, aber gerade auch angesichts des gesellschaftlichen Strukturwandels, der von einer zunehmenden Rationalisierung, Automatisierung und Digitalisierung der industriellen Arbeitswelten gekennzeichnet war, zunehmend an Bedeutung.[25] Der Betrieb wurde durch die Reformen des Betriebsverfassungsgesetzes von 1972 und des Mitbestimmungsgesetzes von 1976 aufgewertet. Die DGB-Einzelgewerkschaften setzten in der Folgezeit jenseits des

---

21 Vgl. Doering-Manfeuffel/Raphael/Schlemmer: Vorgeschichte der Gegenwart.
22 Vgl. Abelshauser: Nach dem Wirtschaftswunder; Kempter: Eugen Loderer; Führer: Gewerkschaftsmacht und ihre Grenzen; Remeke: Anders links sein. Vgl. auch das Themenheft des Mitteilungsblatts des Instituts für soziale Bewegungen (Heft 35/2006): »Die Gewerkschaftselite der Nachkriegszeit: Prägung – Funktion – Leitbilder«, das jüngere gewerkschaftsgeschichtliche biografische Skizzen zusammenführt.
23 Vgl. Raphael: Arbeitsbiografien und Strukturwandel; Wiede: Zumutbarkeit von Arbeit.
24 Vgl. Boll/Kruke: Der Sozialstaat in der Krise; Becker/Hockerts/Tenfelde: Sozialstaat in Deutschland.
25 Vgl. Luks: Der Betrieb als Ort der Moderne. Für die Gewerkschaftsgeschichte vgl. auch die konzeptionellen Überlegungen zu einer erneuerten Betriebsgeschichte in der Gewerkschaftsgeschichte in der Einleitung des Sammelbands unter gleichem Titel, vgl. Platz/Andresen/Kuhnhenne u. a.: Der Betrieb als sozialer und politischer Ort.

allgemeinpolitischen Kampfs um eine Erweiterung der Mitbestimmung neue Akzente des betrieblichen und unternehmensweiten Handelns. Zunächst stellten sich den DGB-Gewerkschaften in den Betrieben neue Betriebsräte entgegen, die auf eigenen Listen kandidierten und teils innovative, teils tradierte Vorstellungen von betrieblicher Mitbestimmung vertraten. Doch konnten die Einzelgewerkschaften ihre Handlungsführerschaft im Betrieb verteidigen und teilweise sogar ausbauen.[26]

In der Forschung werden verschiedene Vorschläge zur Rahmung des Berichtszeitraums der vorliegenden Edition von 1975 bis 1982 diskutiert. Bernd Faulenbach hat die »langen« 1970er-Jahre als »sozialdemokratisches Jahrzehnt« beschrieben. Diese Einschätzung ist aus guten Gründen nicht unwidersprochen geblieben, weil damit alle Gegenbewegungen ausgeblendet worden sind. Die Charakterisierung ist umstritten, da die Handlungsführerschaft der Sozialdemokratie in der sozial-liberalen Koalition mehrfach durch die FDP herausgefordert wurde, sodass die Vielzahl der eingegangenen Kompromisse die eindeutige sozialdemokratische Signatur der langen 1970er-Jahre infrage gestellt hat. Dass dies gerade auch für die Gewerkschaftspolitik galt, signalisierte etwa der Kompromiss des Mitbestimmungsgesetzes von 1976.[27] Für die Gewerkschaftsgeschichte besitzen – neben den veränderten ökonomischen Spielräumen – zunächst handfeste politische Merkmale zentrale Bedeutung. Denn wie in kaum einer anderen Phase der bundesrepublikanischen Geschichte waren Gewerkschafter Teil der Regierungsmannschaft und saßen zusammen mit Helmut Schmidt am Kabinettstisch, wie zum Beispiel Hans Matthöfer. Dies ist auf die traditionelle Verbindung des Deutschen Gewerkschaftsbunds mit der Sozialdemokratie zurückzuführen, auch wenn sich die DGB-Gewerkschaften als richtungsübergreifende Einheitsgewerkschaften verstanden.

Auch die Fundamentalpolitisierung stellte die DGB-Gewerkschaften vor gewichtige organisationspolitische Probleme im Umgang mit den kommunistischen Gegenkräften. Gerd Koenen beschreibt die 1970er-Jahre wegen des Aufkommens der K-Gruppen und der Neuen Sozialen Bewegungen, in denen diese um Einfluss rangen, deshalb als »rotes Jahrzehnt«. Gerade die Führungen der trotz einheitsgewerkschaftlicher Organisationsform sozialdemokratisch geprägten DGB-Gewerkschaften wurden durch die Neuen Sozialen Bewegungen, die K-Gruppen und die DDR-orientierte DKP in dieser Dekade an der gewerkschaftlichen Basis mit konkurrierenden politischen Forderungen und Ausdrucksformen konfrontiert.[28] Die Gewerkschaftsführungen nahmen diese Gruppen als gegnerische Kräfte wahr, weil diese sich um innergewerkschaftliche Deutungsmacht und eine Verstärkung ihres Einflusses bemühten. Auch in Fragen gemeinsamer Zeichnung von Appellen und

---

26 Vgl. Milert/Tschirbs: Die andere Demokratie, S. 462-492; Neuheiser: Postmaterialismus am laufenden Band?; Owetschkin: Die Wandlungen der betrieblichen Mitbestimmung in der Automobilindustrie; ders.: Vom Verteilen zum Gestalten, S. 162-187; Moitra: Oppositionelle Betriebsratsarbeit bei Bayer.
27 Vgl. Faulenbach: Das sozialdemokratische Jahrzehnt, S. 440-445; Testorf: Ein heißes Eisen, S. 388-423.
28 Vgl. Koenen: Das rote Jahrzehnt; zur Geschichte des Antikommunismus vgl. Großmann: Die »Grundtorheit unserer Epoche«?, insb. S. 558 f.

Erklärungen beobachtete der Bundesvorstand die Einflussversuche kommunistischer Aktivisten. Dies hatte vielfältige Konflikte zur Folge.

Insgesamt lässt sich dennoch beobachten, wie eng verbunden Gewerkschaften und Sozialdemokratie im Zeitraum der Edition waren – und wie sehr sie sich aneinander gebunden fühlten. Der zeitgenössische Begriff des »Gewerkschaftsstaats« war die denunziatorische Seite dieser Form gewerkschaftlichen »Mitregierens«. Allerdings erodierte dieses System der »Mitregierung« zusehends, und je stärker die Dominanz des pragmatischen Krisenmanagements, desto schwächer wurde der gewerkschaftliche Einfluss.

Darüber hinaus liefern die Quellen auch Hinweise auf die Auseinandersetzung mit christdemokratischer und christlich-sozialer Kritik. Diese gegenläufigen Stimmen, die sich in der zweiten Hälfte der 1970er-Jahre verdichteten, gaben Anlass, in der Forschung von den 1970er-Jahren auch als »schwarzes Jahrzehnt« zu sprechen. Allerdings findet in diesen Forschungen bislang keine kritische Gewichtung und Einordnung dieser vernehmbaren Meinungen zum »Gewerkschafts-« oder »Verbändestaat« statt.

Als Fazit des Forschungsstands ist vorläufig festzuhalten, dass DGB-Einzelgewerkschaften und auch der Deutsche Gewerkschaftsbund in Einzeluntersuchungen in ganz unterschiedlicher Form Beachtung finden, jedoch in den Gesamtdarstellungen zur Geschichte der Bundesrepublik Deutschland keine prominente Rolle spielen. Gemessen an ihrer Bedeutung in der Arbeitspolitik, im Tarifwesen, in der Sozial- und Wirtschaftspolitik, in ihrer ideengeschichtlichen Stellung sowie in ihrer Rolle als Ort demokratischer Praxis ist der Niederschlag der Gewerkschaftsgeschichte in diesen Publikationen äußerst gering.[29] Insgesamt laden die vorliegenden Quellen dazu ein, einige der zeithistorischen Narrative und »Meistererzählungen« zu problematisieren. Drei Beispiele sollen dies verdeutlichen. So lassen sich erstens gewerkschaftliche Mobilisierungsdynamiken in gesellschaftspolitischen Auseinandersetzungen und Streiks beobachten, die im Gegensatz zur Erzählung von der »Stagnation« der 1970er-Jahre stehen. Zweitens sollte die Bedeutung der Neuen Sozialen Bewegungen angesichts des von der Forschung diagnostizierten »Ende[s] der Zuversicht«[30] eruiert werden. Drittens lässt sich nach der Geschichte vergangener Zukünfte fragen. Im Quellenkorpus finden sich dazu Aussagen, die auf eine reflektierte Zukunfts- und Fortschrittsorientierung schließen lassen. Die edierten Dokumente bieten anschauliche Beispiele für den Umgang der Gewerkschaften mit Prognosen und erwarteten zukünftigen Ereignissen und Problemstellungen. Insofern schwindet die Kraft gewerkschaftlicher Fortschrittsvorstellungen nicht angesichts eines nachlassenden Einflusses auf die Bundesregierung. Insbesondere

---

29 Vgl. Wolfrum: Die geglückte Demokratie; E. Conze: Die Suche nach Sicherheit; Wehler: Deutsche Gesellschaftsgeschichte, Bd. 5; Herbert: Geschichte Deutschlands im 20. Jahrhundert.
30 Vgl. Jarausch: Das Ende der Zuversicht?; aus der jüngeren Literatur zur Geschichte vergangener Zukünfte, die für den Berichtszeitraum der Edition ein Abrücken von optimistischen Planungs- und Zukunftsvorstellungen konstatiert, vgl. Seefried: Zukünfte; Radkau: Geschichte der Zukunft; Hölscher: Die Zukunft des 20. Jahrhunderts.

diejenigen Entwicklungen, von denen Veränderungen der Arbeitswelten zu erwarten waren, aber auch solche, die den privaten Konsum und das individuelle Wohnen beeinflussten, diskutierte der DGB-Bundesvorstand intensiv.

2. Wirtschaftlicher und gesellschaftlicher Strukturwandel

Anselm Doering-Manteuffel und Lutz Raphael vertreten die These, dass die Jahre ab der Krise von 1973/74 von einer merklichen Veränderung unter den Vorzeichen eines Strukturbruchs geprägt waren. Dieser Ansatz weicht von den gängigen politikgeschichtlichen Periodisierungsversuchen, wie der oben erwähnten Rede vom »sozialdemokratischen Jahrzehnt« (Faulenbach), stark ab. Faulenbachs These zufolge wiegt der Kontinuitätsaspekt stärker, Doering-Manteuffel und Raphael hingegen betonen die disruptiven Kräfte und sprechen deshalb bewusst von einem »Strukturbruch«, worunter sie einen Wandel revolutionären Ausmaßes der deutschen Gesellschaft verstehen. Ausgehend von ökonomischen Basisdaten beschreiben sie die Strukturkrise von 1973/74 als Ausgangspunkt eines grundlegenden Wandlungsprozesses, der auf alle Gesellschaftsbereiche ausstrahlte. Die Wirtschaftskrise infolge des ersten Ölpreisschocks setzte wirtschaftliche und gesellschaftliche Prozesse in Gang, als deren finanzpolitische Konsequenz die Entstehung eines neuen globalisierten Finanzmarktkapitalismus zu verstehen sei.[31] Weitreichende Folgen habe dieser Strukturwandel auf Bereiche der Industrie gehabt, in der Prozesse einer verschärften Rationalisierung und Automatisierung infolge der mikroelektronischen Revolution zu verzeichnen gewesen seien, die ihren Ausgangspunkt in den 1970er-Jahren nahm. Sektoren wie Kohle und Stahl, Textil, Druck und Papier bekamen das empfindlich zu spüren.[32] Mit diesen ökonomischen Basisprozessen gingen kultur- und sozialgeschichtliche Wandlungsprozesse einher. Die These Anselm Doering-Manteuffels und Lutz Raphaels hat auch in der Gewerkschaftsgeschichte Beachtung gefunden, in der der Zäsurcharakter der Strukturkrise von 1973/74 und deren Folgen allerdings kontrovers diskutiert und in jüngsten Forschungsprojekten analysiert wurden. Die Diskussion wird zwar inzwischen deutlich abgeschwächt geführt, ist aber als grundsätzliche Frage nach der Rolle der wirtschaftlichen Entwicklung für die gesellschaftliche Dimension weiterhin virulent.

Erfahrungs- und wahrnehmungsgeschichtlich sind die in diesem Band präsentierten Protokolle von Interesse, weil in ihnen ersichtlich wird, inwiefern sich der Bundesvorstand mit dem Strukturwandel auseinandergesetzt hat. Hauptsächlich waren konkrete Krisen als Anzeichen der massiven Veränderungsprozesse anlassbezogen präsent. Punkte des »Strukturbruchs«, die im DGB-Bundesvorstand thematisiert wurden, betrafen die Tertiarisierung, also den Übergang von der Industrie- zur

---

31 Vgl. Doering-Manteuffel/Raphael: Nach dem Boom.
32 Vgl. die Erklärung zu den Aussperrungen, die im Verlauf des Druckerstreiks 1976 von der Arbeitgeberseite verhängt wurden. Dok. 16: DGB: Verbot der Aussperrung Gebot demokratischer Vernunft, DGB-Nachrichten-Dienst, 130/76, 4.5.1976; vgl. auch Platz: »Revolution der Roboter« 2009; Schuhmann: Der Traum vom perfekten Unternehmen.

Dienstleistungsgesellschaft, und die Reaktion, die die DGB-Gewerkschaften darauf in der Angestelltenpolitik fanden, die Auswirkungen der Automatisierung und Digitalisierung auf die Tarifpolitik,[33] die zunehmende Flexibilisierung sowie die Herausforderungen der Globalisierung[34] und der Weltwirtschaftspolitik.[35] Hinzu kamen die krisenhaften Entwicklungen in den besonders vom Umbruch betroffenen Branchen wie dem Textilsektor und dem Druckgewerbe.

Der Einsatz neuer Medien und die durch die Digitalisierung hervorgerufenen Veränderungen der Telekommunikation beschäftigten den DGB-Bundesvorstand gleich auf mehreren Ebenen. Medienpolitisch erkannte der DGB-Bundesvorstand frühzeitig, dass den öffentlich-rechtlichen Rundfunkeinrichtungen durch die Privatisierung der Rundfunkdienstleistungen Konkurrenz entstehen konnte. Auch Fragen der politischen Partizipation spielten für den Deutschen Gewerkschaftsbund eine Rolle, denn über die Rundfunkräte machte er seinen Einfluss in der Sphäre des öffentlich-rechtlichen Rundfunks geltend.[36] Die immer konkreter werdende Privatisierung der Telekommunikation stellte den DGB vor eine große Herausforderung. Dies galt zweifelsohne auch organisationspolitisch, denn sie betraf zwei gewerkschaftlich gut organisierte Bereiche, den öffentlich-rechtlichen Rundfunk und die Post. Überdies beschäftigte die Privatisierung den DGB-Bundesvorstand auch als medientechnisch daherkommende Revolution zugleich als Anteilseigner der »Neuen Heimat«, weil mit der erwartbaren Verkabelung der Betrieb der Gemeinschaftsantennenanlagen in den gewerkschaftseigenen Wohnblocks abgestellt werden könne und somit auch einzelwirtschaftlich bedeutende Entscheidungen zu treffen waren.[37]

Intensiv setzte sich der DGB-Bundesvorstand mit den Folgen der mikroelektronischen Revolution für die Arbeitsbeziehungen auseinander. Datenschutz, die Praxis in den Personalverwaltungen der Unternehmen, Computerisierung: Immer wieder ging es um Fragen industrieller Zukunft, um Arbeitsplatzgestaltung und Formen der »Humanisierung« – dem großen Schlagwort der Zeit, an dem eine ganze Heerschar von Sozialwissenschaftlern arbeitete und den Deutschen Gewerkschaftsbund beriet.[38] Neue Experten des »Sozialen« gingen also nun auch in der DGB-Zentrale in Düsseldorf ein und aus und machten sich auf wissenschaftlichen Konferenzen der

---

33 Vgl. Platz: »Revolution der Roboter« 2018; Uhl: Maschinenstürmer gegen Automatisierung.
34 Siehe Kapitel II., 5. weiter unten.
35 Vgl. von Karczewski: »Weltwirtschaft ist unser Schicksal«.
36 Vgl. etwa Dok. 36: Kurzprotokoll der 26. Sitzung des Bundesvorstandes am 7.2.1978, TOP 16., e). Vgl. auch Bösch: Politische Macht.
37 Vgl. Dok. 22: Kurzprotokoll der 14. Sitzung des Bundesvorstandes am 2.11.1976, TOP 10.; vgl. auch Bösch: Politische Macht; Metzler: »Ein deutscher Weg«.
38 Der DGB-Bundesvorstand diskutierte beispielsweise mit Unterstützung durch Experten über die Datenweitergabe an Personalverwaltungen in Unternehmen zum betrieblichen Einzug der Gewerkschaftsbeiträge. Vgl. Dok. 67: Kurzprotokoll über die 19. Sitzung des Bundesvorstandes am 1.4.1980, TOP 8., d); DGB: Datenschutzfibel, Düsseldorf 1980; zum Anteil dieser prognostizierten Entwicklungen im Bereich der Automation der Produktion und ihrer Adressierung im Streik der IG Druck und Papier 1978 vgl. Mahlein: Rationalisierung.

Gewerkschaften bemerkbar.³⁹ Bei alledem bleibt zu beobachten, dass die Vorstellung von Moderne in den Gewerkschaften stets gegenstandsbezogen und weniger mit utopischer Prognostik verbunden war. Der Fortschrittsglaube der Gewerkschaften blieb auch angesichts der wirtschaftlichen Entwicklung ungebrochen.

Die Wirtschaftslage wurde in grundsätzlicher und übergeordneter Perspektive nur selten thematisiert. In dieser Hinsicht fällt der Befund für die Wahrnehmungsgeschichte des Strukturwandels negativ aus. Dies deckt sich mit den Erkenntnissen der Oral History zur Gewerkschaftsgeschichte der Zeit.⁴⁰ Die konkreten Krisenphänomene blendete der DGB-Bundesvorstand nicht aus. Es ist eher das Gegenteil zu konstatieren: Die wirtschaftlich krisenhafte Entwicklung wurde mit einer gewissen Regelmäßigkeit bei der Beratung des Jahresgutachtens des »Sachverständigenrats zur Begutachtung der gesamtwirtschaftlichen Entwicklung« diskutiert.⁴¹ Die Gutachten der umgangssprachlich als »Fünf Weisen« bezeichneten Experten wurden wirtschafts- und gesellschaftspolitisch vom DGB nicht unwidersprochen hingenommen. Zudem machte die Gewerkschaftsspitze ihren Einfluss geltend, dass mit Werner Glastetter ein gewerkschaftsnaher Experte in diesen wichtigen Sachverständigenzirkel berufen wurde. Glastetter war Referent am Wirtschafts- und Sozialwissenschaftlichen Institut des DGB gewesen, bevor er als Professor an die Universität Bielefeld wechselte.⁴² Allerdings trat er schon nach kurzer Angehörigkeit im Sachverständigenrat zurück, weil er sich mit seiner alternativen Sichtweise auf die Wirtschaftslage nur vereinzelt durchsetzen konnte. Auf das Feld der Gewerkschaften

---

39 Dies ist als Merkmal der »Verwissenschaftlichung des Sozialen« zu interpretieren, worunter die langfristige und kontinuierliche Präsenz von Experten, ihres speziellen Deutungswissens und ihrer Methoden in der sozialen Welt, konkret in Behörden und Institutionen, zu verstehen ist. Vgl. Raphael: Die Verwissenschaftlichung des Sozialen; Szöllösi-Janze: Wissensgesellschaft in Deutschland. Zur genannten Kommission vgl. Schanetzky: Die große Ernüchterung, S. 171-177. Als Beispiele für solche Konferenzen mögen die Mitbestimmungskonferenz 1975, bei der deren verfassungsrechtliche Rahmenbedingungen beraten wurden, sowie die Geschichtskonferenz im Oktober 1979 dienen, in der die Bedeutung historischer Selbstvergewisserung für die Zukunftsgestaltung beschworen wurde und gleichzeitig die Schranken einer zukunftsorientierten Prognostik, die sich aus der Reflexion auf die gewerkschaftliche Vergangenheit speist, thematisiert wurden. Vgl. die Dokumentation der Konferenzen in Heinz O. Vetter (Hrsg.): Mitbestimmung, Wirtschaftsordnung, Grundgesetz. Protokoll der Wissenschaftlichen Konferenz des Deutschen Gewerkschaftsbundes vom 1. bis 3. Oktober 1975 in Frankfurt am Main, Köln 1976; Heinz Oskar Vetter (Hrsg.): Aus der Geschichte lernen – die Zukunft gestalten. 30 Jahre DGB. Protokoll der wissenschaftlichen Konferenz zur Geschichte der Gewerkschaften, Oktober 1979, München, Köln 1980 (Geschichte der Arbeiterbewegung. Texte – Biographien – Dokumente). Vgl. dazu Dok. 5: Schwerpunkte des Arbeitsprogramms, 2.9.1975, Punkt 5; Dok. 59: Kurzprotokoll über die 13. Sitzung des Bundesvorstandes am 4.9.1979, TOP 10., a), 6).
40 Andresen beobachtet bei der Analyse narrativer Interviews mit Gewerkschaftsfunktionären in drei verschiedenen bundesrepublikanischen Regionen, dass der wirtschafts-, gesellschafts- und ideengeschichtlich zu beobachtende »Strukturbruch« nur selten einer Erfahrungsdimension der Zeitgenossen entspricht, jedenfalls wenn man den Sachverhalt erinnerungsgeschichtlich einzugrenzen versucht. Vgl. ders.: Triumpherzählungen.
41 Zum Beispiel Arbeitsgruppe Alternative Wirtschaftspolitik e. V.: Vorrang für Vollbeschäftigung. Memorandum '79.
42 Zum Rücktritt Glastetters vgl. Dok. 87: Kurzprotokoll über die 33. Sitzung des Bundesvorstandes am 1.9.1981, TOP 11., d).

und der Gewerkschaftsangestellten strahlte umso mehr das seit 1975 regelmäßig veröffentlichte Memorandum der Arbeitsgruppe »Alternative Wirtschaftspolitik« als Gegengutachten aus, dessen politische Botschaft von einer Vielzahl von gewerkschaftsnahen Expertinnen und Experten geteilt wurde.[43] Letztere unterzeichneten es demonstrativ und verschafften ihm damit eine Publizität und Wahrnehmung in der gesellschafts- und wirtschaftspolitisch interessierten Öffentlichkeit, die allein auf der Grundlage der alternativen Memoranden sicher nicht gegeben gewesen wäre. Innerhalb der Einzelgewerkschaften und auf DGB-Ebene sorgte dies jedoch für Konfliktstoff, weil dieser Akt als Aufkündigung gemeinsam beschlossener Standpunkte und Erklärungen betrachtet wurde. Die Gewerkschaftsspitzen registrierten genau, welche exponierten Funktionäre und Mitarbeiter der mittleren Ebene die Memoranden zeichneten.[44] Hier gerieten die gewerkschaftliche Demokratie und der innergewerkschaftliche Pluralismus an ihre Grenzen. Statt einer Pluralität gewerkschaftlicher und gewerkschaftsnaher Äußerungen zuzulassen, beschwor der DGB die organisatorische Einheit und appellierte an ein gewerkschaftliches, eher diszipliniertes Demokratieverständnis.

3. Die Mitbestimmungsdiskussion und das Ende der Konzertierten Aktion

Die Geschichte des Mitbestimmungsgesetzes reicht bis in die Große Koalition zurück, in der die Sozialdemokraten eine Ausweitung der Montanmitbestimmung auf weitere Bereiche der Wirtschaft forderten. Dieses Projekt nahm in der Reformphase der sozial-liberalen Koalition, die Bundeskanzler Willy Brandt mit dem Leitmotiv »Mehr Demokratie wagen« in seiner Regierungserklärung von 1969 ankündigte, Fahrt auf. Im Laufe der gesellschaftlichen Debatten bemühten sich die Verbände beider Seiten, der Arbeitnehmer und der Arbeitgeber, um Einfluss. Den interessenpolitisch gegenteiligen Lagern von Arbeitgebern und Gewerkschaften gesellten sich mit eigenen Organisationen die Leitenden Angestellten als unternehmernahe Beschäftigtengruppe hinzu, die die allgemeine Demokratie- und Reformsemantik aufgriff und ebenfalls Partizipationsansprüche in der Unternehmensmitbestimmung anmeldete. Mit dem Mitbestimmungsgesetz von 1976 errangen die Gewerkschaften allenfalls einen Teilerfolg, mit dem sie ihre Partizipationswünsche angesichts der Grenzen der Reformpolitik nur unvollständig realisieren konnten. Zu sehr hatten sich der Einfluss des liberalen Koalitionspartners und dadurch vermittelt die Gegenwehr des Unternehmerlagers im Gesetz niedergeschlagen. Die FDP hatte damit deutlich auf die Lobbyarbeit der Unternehmerseite, mehr noch als 1972 bei der Novelle des

---

43 Vgl. die Reihe der Memoranden der Arbeitsgruppe »Alternative Wirtschaftspolitik«, die 1975 zu erscheinen begann, zunächst bei Pahl-Rugenstein, dann von 1979 bis 1980 im gewerkschaftseigenen Bund-Verlag und anschließend wieder bei Pahl-Rugenstein. Die Verlagswahl zeigt eine deutliche Tendenz der Arbeitsgruppe »Alternative Wirtschaftspolitik« in Richtung des gewerkschaftslinken Lagers an, die von einer kurzen Phase der Annäherung an den DGB unterbrochen wurde.
44 Dok. 67: Kurzprotokoll über die 19. Sitzung des Bundesvorstandes am 1.4.1980, TOP 8., g).

Betriebsverfassungsgesetzes, reagiert.[45] So blieben zentrale Forderungen wie die paritätische Mitbestimmung im Aufsichtsrat der Unternehmen auf der Strecke. Auch wurde die Arbeitnehmerbank im Aufsichtsrat durch die Zunahme des Gewichts der Leitenden Angestellten geschwächt. Dies kann auch als eine Reaktion auf die geänderten Partizipationsansprüche dieser sozialen Gruppe verstanden werden beziehungsweise als Reaktion auf die Konstituierung der Leitenden Angestellten als soziale Gruppe überhaupt.[46]

Trotz der Enttäuschung über das neue Mitbestimmungsgesetz, das seine eigene Geschichte und Wahrnehmung hatte, fand sich der DGB damit ab, weil er Teile seiner Forderungen verwirklicht sah. Er machte den ausgehandelten Kompromiss zum Ausgangspunkt, um den Kampf für eine weitergehende Mitbestimmung fortzusetzen.[47] Allerdings reagierte er empfindlich auf die Bestrebung der Arbeitgeberseite, gegen die Novellierung eine Beschwerde vor dem Bundesverfassungsgericht einzulegen und damit das Erreichte wieder zu Fall zu bringen. Aus Anlass der Einreichung der Verfassungsbeschwerde zogen sich der DGB und die Einzelgewerkschaften des DGB 1977 aus der Konzertierten Aktion zurück. Sie betrachteten die Verfassungsbeschwerde als Aufkündigung des sozialpartnerschaftlichen Konsenses, der den Gesprächen der Konzertierten Aktion zugrunde gelegen habe. Das Moratorium hoben sie – auch als der Klage vor dem Bundesverfassungsgericht am 1. März 1979 nicht stattgegeben wurde, im Urteil aber wichtige Argumente der Arbeitgeberseite bestätigt wurden – nicht mehr auf. Damit war die Konzertierte Aktion endgültig Geschichte.[48]

Ein weiteres Thema, dem sich der DGB-Bundesvorstand im Rahmen der Mitbestimmungsdiskussion widmete, bestand in der Anwendung der Mitbestimmungsstrukturen auf eigene Körperschaften, etwa in der Gemeinwirtschaft. Der DGB vertrat den gesellschaftspolitischen Anspruch auf die Einhaltung dieser Strukturen nicht nur nach außen, sondern auch in den eigenen Gesellschaften.[49]

---

45 Vgl. Testorf: Ein heißes Eisen; Lauschke: Die halbe Macht; Milert/Tschirbs: Die andere Demokratie, S. 462-476; Marx: Der Betrieb als politischer Ort.
46 Vgl. Dietz: Wertewandel in der Wirtschaft; Müller: Die Deutsche Angestellten-Gewerkschaft.
47 Vgl. die Auseinandersetzung mit der Enttäuschung über das neue Mitbestimmungsgesetz 1976 in Gotto: Enttäuschung in der Demokratie, S. 29-118.
48 Vgl. Rehling: Konfliktstrategie und Konsenssuche in der Krise, S. 422-435. Vgl. Dok. 30: Kurzprotokoll der 21. Sitzung des Bundesvorstandes am 5.7.1977, TOP 2.; Erklärung des DGB-Bundesvorstandes zur Verfassungsbeschwerde gegen das neue Mitbestimmungsgesetz, DGB-Nachrichten-Dienst, 204/77, 5.7.1977, AdsD, DGB-Archiv, 5/DGAI000494; Dok. 53: Kurzprotokoll der 8. Sitzung des Bundesvorstandes am 6.3.1979, TOP 2.; Dok. 54: Stellungnahme zum Urteil des Bundesverfassungsgerichts zu den Verfassungsbeschwerden gegen das Mitbestimmungsgesetz von 1976, 6.3.1979.
49 Vgl. Dok. 30: Kurzprotokoll der 21. Sitzung des Bundesvorstandes am 5.7.1977, TOP 14., c).

4. Tarifpolitik, Humanisierung der Arbeit und Arbeitsschutz

Die Tarifpolitik war und ist das gewerkschaftliche Politikfeld schlechthin. Im Berichtszeitraum sind intensive Bemühungen des DGB-Bundesvorstands zu beobachten, die Koordinierung der Tarifpolitik zu verbessern, auch wenn dies grundsätzlich das politische Hoheitsgebiet der Einzelgewerkschaften berührte.[50] Die Verteilungsspielräume für die Tarifverhandlungen waren durch die Strukturkrise von 1973/74 und die zweite Ölpreiskrise von 1979/80 eingeschränkt. Dies wirkte sich auf die Tarifpolitik der Gewerkschaften aus, denen die Arbeitgeber in der zweiten Hälfte der 1970er-Jahre mit zunehmender Härte begegneten. So wehrten sich die Arbeitgeber vehement gegen die gewerkschaftlichen tarifpolitischen Forderungen, etwa in den Streiks der IG Druck und Papier 1976 und 1978 sowie der IG Metall an der Jahreswende 1978/79. Bemerkenswert ist, dass der Tarifpolitik im Zuge der anhaltenden krisenhaften Entwicklung neue Aufgaben zukamen. Neben klassische lohnpolitische Fragen traten Fragen der Arbeitszeitvereinbarungen und angesichts der anhaltenden Arbeitslosigkeit gezielte Maßnahmen zu deren Reduzierung, aber auch qualitativ neuartige Forderungen wie Rationalisierungsschutz und humane Arbeitsgestaltung.[51]

Auch wenn die angestrebte Koordinierung der Tarifpolitik begrenzt blieb, so setzten der DGB und die Einzelgewerkschaften doch auf eine gemeinsame Strategie industrieller Konfliktaustragung. Bei einzelnen Streikmaßnahmen, besonders bei den Druckerstreiks 1976 und 1978 trug diese Koordinierungsarbeit Früchte, zumal die IG Druck und Papier in der Folge auf die Solidarität der anderen Gewerkschaften und des DGB angewiesen war. Der Streik der IG Druck und Papier 1976 war ein klassischer lohnpolitischer Streik, in dem der tarifpolitischen Forderung von 9 % Lohnerhöhung ein Arbeitgeberangebot von 4,7 % entgegenstand. Der Schlichterspruch vom 2. März 1976, der einen Abschluss von 5,4 % Lohnerhöhung empfahl, wurde vom Hauptvorstand der IG Druck und Papier abgelehnt, mit der Folge einer Warnstreikwelle vom 31. März bis 2. April 1976. Nach dem Scheitern der Schlichtung erfolgte am 27. April 1976 die Urabstimmung und am folgenden Tag der Streikbeginn in Form eines Schwerpunktstreiks, bei dem gewinnstarke große Zeitungen bestreikt wurden. Auf den Streik reagierten die Arbeitgeber bereits wenige Stunden nach Beginn mit einer Verbandsaussperrung, die knapp die Hälfte der Druckereiarbeiter traf. Nachdem die Aussperrung am 3. Mai aufgehoben wurde, fanden am 4. Mai 1976 wieder Verhandlungen statt, doch der Vorschlag der Arbeitgeber von 5,9 % wurde am 6. Mai 1976 von der Tarifkommission der Gewerkschaft abgelehnt, worauf am Folgetag die Druckereiarbeiter abermals in den Streik traten. Parallel zu diesen Entwicklungen wurden die Verhandlungen erneut aufgenommen und unter

---

50 Zum Beispiel in Vorbereitung des 11. Ordentlichen Bundeskongresses 1978, Dok. 44: Kurzprotokoll über die 1. Sitzung des Bundesvorstandes am 6.6.1978, TOP 4.; beziehungsweise in Vorbereitung auf das Gespräch des Bundesvorstands mit dem Tarifpolitischen Ausschuss am selben Tag, Dok. 46: Kurzprotokoll über die 3. Sitzung des Bundesvorstandes am 5.9.1978, TOP 11., insbesondere die Aufzeichnungen zu dem Gespräch im selben Dokument.

51 Zum Beispiel Arbeitszeitpolitik siehe D. Süß: Stempeln, Stechen, Zeiterfassung.

dem Vorsitz des nordrhein-westfälischen Arbeits- und Sozialministers Friedhelm Farthmann ein Verhandlungsergebnis von durchschnittlich 6 % erarbeitet, das in der Urabstimmung vom 18. Mai 1976 von 55,7 % der Gewerkschaftsmitglieder angenommen wurde. Der Streik von 1976 belastete die Kasse der IG Druck und Papier schwer. Aufgrund der konfrontativen Haltung der Arbeitgeber musste die IG Druck und Papier 33 Millionen DM an Unterstützungsleistungen aufbringen, je etwa zur Hälfte durch den Streik und die Aussperrungen der Arbeitgeberseite verursacht.[52]

Ein Bereich der Koordinierung der Tarifpolitik erstreckte sich auf die Rationalisierungs- und Rationalisierungsschutzpolitik. Vor allem Letzteres wirkte sich in den 1970er-Jahren direkt auf die Tarifbeziehungen und -politik aus, beispielsweise betraf dies den erwähnten Streik der IG Druck und Papier 1978. Die Gewerkschaft verfolgte im Streik 1978 ein qualitatives tarifpolitisches Ziel, nämlich die Garantie eines umfassenden Rationalisierungsschutzes, der aufgrund der Folgen der Automation notwendig erschien. Die Einführung neuer Methoden der computerbasierten Textverarbeitung revolutionierte in großem Umfang die Arbeitsfelder und Tätigkeiten in den Druckereien und brachte mit dem Beruf des Setzers nicht nur einen ganzen Berufsstand in Gefahr, sondern gefährdete auch das organisatorische Gerüst der IG Druck und Papier. Die medientechnische Revolution wirkte sich sowohl auf das Qualifikationsprofil der Arbeitskräfte in den Druckereien als auch auf die Beschäftigungslage aus. Letztlich ging es der IG Druck und Papier darum, rationalisierungsbedingte Entlassungen zu vermeiden. Mit entsprechendem Nachdruck kämpfte sie daher nicht nur für eine Bestandssicherung der bisherigen Beschäftigten angesichts der technischen Neuerungen, sondern auch für einen weitreichenden Rationalisierungsschutz, der die zukünftigen Entwicklungen absicherte. Die technischen Berufe sollten auf Dauer erhalten werden.[53] Der Streik der Drucker dauerte drei Wochen vom 27. Februar bis 19. März 1978. Von dem rollierenden Streik waren 19.000 Streikende und durch die harte Reaktion der Arbeitgeber 55.000 Arbeitnehmer betroffen. Der Streik endete nach einer dreitägigen Verhandlungsrunde unter Vermittlung des Präsidenten der Bundesanstalt für Arbeit, Josef Stingl, und des Staatsministers im Bundeskanzleramt, Hans-Jürgen Wischnewski. Zwar konnte die IG Druck und Papier mit dem RTS-Vertrag (Tarifvertrag über die Einführung rechnergestützter Textsysteme) das generelle Ziel der Sicherung der Arbeitsplätze nicht durchsetzen, aber sie erreichte eine Bestandssicherung für die bereits beschäftigten Facharbeiter auf acht Jahre. Damit verzögerten sich die Wirkungen des technologischen Wandels.[54]

---

52 Vgl. Schneider: Kleine Geschichte der Gewerkschaften, S. 388-392; Dok. 20: Kurzprotokoll der 12. Sitzung des Bundesvorstandes am 7.9.1976, TOP 2.; vgl. auch die ausführliche Auswertung des Streiks durch die Gewerkschaft IG Druck und Papier, Hauptvorstand: Analyse des Arbeitskampfes 1976 in der Druckindustrie.
53 Zeitgenössisch reflektiert die Schrift des Vorsitzenden der IG Druck und Papier, Leonhard Mahlein, die Erfahrungen mit dem Streik 1978. Vgl. ders.: Rationalisierung; Schneider: Kleine Geschichte der Gewerkschaften, S. 391 f.; Müller-Jentsch: Gewerkschaftliche Politik in der Wirtschaftskrise II, S. 404 f.; Uhl: Maschinenstürmer gegen Automatisierung.
54 Vgl. Müller-Jentsch: Gewerkschaftliche Politik in der Wirtschaftskrise II, S. 405. Zur Diskussion der Tarifsituation im Druckbereich vgl. Dok. 37: Kurzprotokoll über die außerordentliche Sitzung des

Auch in anderen Auseinandersetzungen spielten Aussperrungen eine wichtige Rolle. Neben dem Streik der IG Druck und Papier prägten vor allem zwei Stahlstreiks die Diskussion um Aussperrungen. Der Arbeitskampf in der Metallverarbeitung Nordbaden/Nordwürttemberg währte vom 15. März bis 6. April 1978. Die Forderungen bestanden im individuellen und kollektiven Schutz gegen Abgruppierungen, 8 % Lohnerhöhung und der Wegfall der niedrigsten Lohngruppen 1 und 2. Die ersten Verhandlungen scheiterten, da sowohl die Arbeitgeber als auch die IG Metall das Schlichtungsergebnis ablehnten. Auf den folgenden Streik reagierten die Arbeitgeber mit umfassenden Aussperrungen. Im Ergebnis erreichte die IG Metall 5,65 % mehr Lohn, den Wegfall der Lohngruppe 1 und den Abgruppierungsschutz.[55]

Der Arbeitskampf in der Stahlindustrie an der Jahreswende 1978/79 zog sich von Ende November 1978 bis Mitte Januar 1979. Die Hauptforderungen des Streiks bestanden in der Verkürzung der tariflichen Wochenarbeitszeit auf 35 Stunden, einer moderaten Lohnerhöhung von 5 %, die nur knapp über der Preissteigerungsrate des Vorjahres lag. Das tarifpolitische Ziel der Arbeitszeitverkürzung stand mit den arbeitsmarktpolitischen Vorstellungen der IG Metall im Einklang. Durch die Verkürzung der Wochenarbeitszeit sollte ein positiver Beschäftigungseffekt in der Stahlindustrie erreicht werden und mindestens der rationalisierungsbedingte Arbeitsplatzabbau ausgeglichen werden. Das tarifpolitische Ziel der Arbeitszeitverkürzung war als eine politische Herausforderung an die Adresse der Arbeitgeberseite zu verstehen, denn die Bundesvereinigung der Deutschen Arbeitgeberverbände (BDA) hatte zuvor einen »Tabu-Katalog« tarifpolitischer Forderungen erstellt, auf die die Arbeitgeberseite nicht einzugehen gewillt war. Hierunter fiel auch ein Abweichen von der tarifpolitischen Norm der 40-Stunden-Woche.[56]

Diese Aussperrungen der Arbeitgeber bewirkten Reaktionen auch jenseits der tarifpolitischen Arena. Der DGB-Bundesvorstand setzte sich wiederholt und intensiv mit der konfrontativen Haltung der Arbeitgeberseite und mit deren Aussperrungspolitik auseinander. 1978 und in den Folgejahren forderte der DGB mehrfach ein gesetzliches Verbot der Aussperrung; 1980 avancierte das Thema zu einem Schwerpunktthema in einer Kampagne, die einem erwarteten Bundesarbeitsgerichtsurteil voranging. Im Juni 1980 entschied schließlich das Gericht über Aussperrungen. Es nahm grundsätzlich die gewerkschaftliche Forderung im Hauptsacheverfahren auf und urteilte partiell positiv im Sinne der Gewerkschaften, legte allerdings gleichermaßen Wert auf die Ausgeglichenheit der Mittel im Arbeitskampf und erkannte somit die grundsätzliche Legalität von Aussperrungen an.

Bundesvorstandes mit dem Hauptvorstand und den Landesvorsitzenden der IG Druck und Papier am 14.2.1978.
55 Vgl. Müller-Jentsch: Gewerkschaftliche Politik in der Wirtschaftskrise II, S. 405 f.; Schneider: Kleine Geschichte der Gewerkschaften, S. 392. Zur Diskussion über die Aussperrung vgl. Dok. 59: Kurzprotokoll über die 13. Sitzung des Bundesvorstandes am 4.9.1979, TOP 5.
56 Vgl. Müller-Jentsch: Gewerkschaftliche Politik in der Wirtschaftskrise II, S. 406 f.; Schneider: Kleine Geschichte der Gewerkschaften, S. 393 f.

Die Kontroversen über Streikrechte und Aussperrung berührten das gewerkschaftliche Grundverständnis als Tarifpartner industrieller Beziehungen in der marktwirtschaftlichen Ordnung. Aus Sicht des DGB waren das lange nicht für notwendig gehaltene Abwehrkämpfe. Gleichzeitig setzten die Gewerkschaften darauf, den Arbeitsprozess selbst »humaner« zu gestalten, Arbeitszeiten zu verkürzen und Produktionsbedingungen zu verbessern – gleichsam als Möglichkeit, innerbetriebliche Mitsprache auszubauen und ihren Anspruch auf Teilhabe öffentlich sichtbar zu machen. Der DGB-Bundesvorstand setzte sich deshalb auch mit der Gestaltung der industriellen Beziehungen und der industriellen Arbeit auseinander. Hier überwogen Fragen der humanen Arbeitsgestaltung, die im Rahmen des Forschungsprogramms zur »Humanisierung der Arbeit« erkenntnis- und handlungsleitend wurden.[57] Die Bundesregierung startete 1974 dieses groß angelegte und mit erheblichen Ressourcen ausgestattete Reformprogramm, bei dem die Umsetzung von Humanisierungsmaßnahmen mittels wissenschaftlicher Begleitforschung sowie unter konkreter Verwendung der aktuellen arbeitswissenschaftlichen, industriesoziologischen und betriebspsychologischen Erkenntnisse in Gang gesetzt wurde. Es knüpfte an vorangegangene gewerkschaftliche und wissenschaftliche Debatten wie den Automationsdiskurs und den Diskurs um Human Relations an. Das Programm der »Humanisierung der Arbeit« brach gesellschaftspolitische Reformvorstellungen auf eine pragmatisch umsetzbare Politik in den Betrieben herunter. Aus ihm gingen neue Maßnahmen zum Arbeitsschutz in gleicher Weise hervor wie Reformansätze der Arbeitsorganisation. Während die vielfältigen Maßnahmen zum Arbeitsschutz, etwa zur Bekämpfung des Staubs am Arbeitsplatz oder für bessere und sichere Maschinenbedienbarkeit, auf einen auch gewerkschaftlich weithin akzeptierten Ansatz deutscher Arbeitswissenschaften zurückgingen, folgten die Maßnahmen wie die Einführung der Gruppenarbeit jüngeren ideengeschichtlichen Wurzeln wie der Human-Relations-Bewegung.[58] Diese hatten seit der Nachkriegszeit sowohl in der Hochschullehre als auch in außerakademischen Schulungseinrichtungen Raum gegriffen. Im akademischen Bereich war die Wirkung des transatlantischen Wissenstransfers am stärksten, denn dort wurden die amerikanischen Forschungen zu den Gruppenbeziehungen im Betrieb stark rezipiert. In der betrieblichen Praxis wurde der Ansatz in der Personallehre adaptiert, indem das Human-Relations-Thema unter dem Titel »Der Mensch im Mittelpunkt« mit älteren deutschen Personallehren in Verbindung gebracht wurde.[59] Für das Programm der »Humanisierung der Arbeitswelt« waren die Wissensbestände, die im transatlantischen Wissenstransfer seit den 1950er-Jahren in der akademischen Welt der Betriebswissenschaften, der

---

57 Vgl. Dok. 61: Kurzprotokoll über die 15. Sitzung des Bundesvorstandes am 6.11.1979, TOP 2.; Dok. 62: Stellungnahme des DGB zur staatlichen Förderung neuer Technologien und zur Humanisierung des Arbeitslebens, 8.11.1979.
58 Vgl. die Forschungsberichte von Seibring: Humanisierung des Arbeitslebens; Kleinöder: »Humanisierung der Arbeit«; ein neuer Forschungsaufriss findet sich bei Müller: Humanisierung der Arbeitswelt.
59 Vgl. Rosenberger: Experten für Humankapital; Uhl: Humane Rationalisierung; Luks: Der Betrieb als Ort der Moderne.

Sozialpsychologie und der Soziologie rezipiert wurden, und die neuen Expertinnen und Experten als Vermittler in die Betriebe forschungsgenerierend. Das Programm konnte durch die Integration der wissenschaftlichen Begleitforschung zu einem wirkmächtigen Beispiel der »Verwissenschaftlichung des Sozialen« werden, zeigt aber auch die Grenzen dieses Prozesses auf, insofern die Verwissenschaftlichung betrieblicher Aushandlungsprozesse nicht in jedem Fall zur Konfliktreduzierung Arbeitgebern, Betriebsräten und Gewerkschaften oder auch nur zu deren Versachlichung führte.

5. Globalisierung

So sehr zentrale Kategorien gewerkschaftlicher Problemwahrnehmung auch durch die nationalstaatliche Optik geprägt waren, so ist doch auch zu beobachten, wie stark die Gewerkschaften die globalen ökonomischen Probleme, die Verlagerung von Standorten, die Konkurrenz einheimischer Industrien auf dem Weltmarkt als neues Problem gewerkschaftlicher Politik wahrnahmen. Die vorliegende Edition macht deutlich, wie massiv seit Mitte der 1970er-Jahre globale Standortkonkurrenzen das politische Selbstverständnis der Gewerkschaften infrage stellten. Wie ließen sich heimische Standorte schützen? Was konnte Solidarität noch bedeuten, wenn Textilarbeiterinnen in Deutschland ihre Arbeit verloren, während die Produktionsorte dann in Asien neu aufgebaut wurden? Erforderte diese Entwicklung neue Allianzen mit den Unternehmern? Die Protokolle geben Hinweise darauf, wie schwer sich Gewerkschaften damit taten, in veränderten, transnationalen Formen der Kooperation zu denken. Die Globalisierung der Textilmärkte, aber zunehmend auch im Stahl- und Chemiesektor sowie die Transnationalisierung oder Multinationalisierung von Konzernen wurde auch im DGB und den Einzelgewerkschaften wahrgenommen und diskutiert. Die Globalisierung der Textilmärkte und die Produktionsverlagerung in Schwellenländer wirkten sich entscheidend auf die Standortpolitik aus, wie sie etwa die Gewerkschaft Textil-Bekleidung (GTB) vertrat. Produktionsverlagerungen ins Ausland, vor allem die neue Konkurrenz in den Schwellenländern, führten zu einem verstärkten Abbau industrieller Standorte in der Bundesrepublik. Diese Herausforderung einer beginnenden Deindustrialisierung wurde im DGB-Bundesvorstand verhandelt, da die Problemlagen der Textilregionen bereits in den endenden 1960er-, stärker aber noch ab den frühen 1970er-Jahren sichtbar wurden. Die Antwort auf die Globalisierung suchten die DGB-Gewerkschaften in protektionistischen Schutzmaßnahmen, wie zum Beispiel zur Abwehr der Folgen von Konkurrenz im Textilsektor in Form des Welttextilabkommens, das den Textilhandel zwischen Entwicklungsländern und den Industriestaaten regelte.

Auch auf der internationalen politischen Ebene agierte der DGB entsprechend, aber mit einem solidarischen Ansatz. Er reagierte mit den Partnerverbänden im Europäischen Gewerkschaftsbund auf die in der Regierungszeit Helmut Schmidts vorherrschende Tendenz, die Weltwirtschaftspolitik stärker zu koordinieren. Mit einer eigenen Erklärung des Gewerkschaftsbunds und europaweiten Aktionen begleiteten die europäischen Gewerkschaften etwa den 1978 in Bonn stattfindenden Weltwirtschaftsgipfel.

Trotz der Globalisierung der Produktionsnetzwerke und der sich etablierenden Standorte in den Schwellenländern und der Migration vom globalen Süden in den Norden wurde die Entwicklungsproblematik beziehungsweise die Nord-Süd-Thematik in den Sitzungen des Bundesvorstands nicht verhandelt. Das Thema stand augenscheinlich nur selten auf der Agenda des DGB-Bundesvorstands. Gerade angesichts der Globalisierung der Finanzmärkte und der Verschuldungskrise ist dieses Desiderat bemerkenswert, passt aber auch zu dem generellen Befund, dass der Strukturbruch in Einzelteilen, aber nicht umfänglich erfasst wurde. Allerdings behandelte der Bundesvorstand die Entwicklungscharta des Internationalen Bundes Freier Gewerkschaften im Jahr 1978. Sie forderte eine andere Weltwirtschaftsordnung, wozu die Wiederbelebung der Weltwirtschaft und eine Reform des Welthandels unter gerechten Vorzeichen notwendig seien. Sie thematisierte die Rolle der multinationalen Konzerne und deren notwendige Kontrolle. Schließlich analysierte die Entwicklungscharta den Wandel des Weltwährungssystems und thematisierte vor diesem Hintergrund die Ansätze in der Entwicklungshilfe und internationalen Zusammenarbeit.[60]

6. Gesellschafts- und Sozialpolitik

Die Gesellschafts- und Sozialpolitik des DGB war von geänderten Rahmenbedingungen geprägt. Infolge der Rezession seit den Ölpreiskrisen von 1974 und 1979 und des Rückgangs der Staatseinnahmen bei gleichzeitig steigenden Sozialausgaben war die sozial-liberale Koalition in diesem Politikfeld um eine Eindämmung der gestiegenen Kosten bemüht. Die Politik wandelte sich von einer eher keynesianisch geprägten, nachfrageorientierten zu einer angebotsorientierten Politik. Hier zeigte sich der enge Zusammenhang von Steuer- und Sozialpolitik. Ausgehend vom Haushaltsstrukturgesetz von 1975 setzte die Bundesregierung neue Rahmenbedingungen. Die Sozialpolitiker gerieten hierdurch in der Koalition und in der öffentlichen Debatte mehr und mehr in Defensive. Dies markiert auch der Wechsel im Bundesarbeitsministerium, in dem der von 1969 bis 1976 amtierende ehemalige Vorsitzende der IG Bergbau und Energie, Walter Arendt wirkte und 1976 wegen des »Rentendebakels« zurücktrat. Er wurde durch Herbert Ehrenberg abgelöst, der als ausgebildeter Ökonom einer neuen Generation von Sozialpolitikern angehörte. Sein Verhältnis zu den Gewerkschaften war deutlich distanzierter als das Arendts.[61]

---

60 Vgl. Die Entwicklungscharta des Internationalen Bundes Freier Gewerkschaften (IBFG) angenommen auf der 70. Vorstandssitzung des IBFG (Hamburg, 17. bis 19. Mai 1978), in: Materialien, hrsg. vom Bundesministerium für Wirtschaftliche Zusammenarbeit, Referat Öffentlichkeitsarbeit 60, 1978, S. 13-44. Vgl. von Karczewski: »Weltwirtschaft ist unser Schicksal«, S. 331-420.
61 Zur Sozialpolitik in den Jahren von 1974 bis 1982 vgl. Geyer: Sozialpolitische Denk- und Handlungsfelder, zum Haushaltsstrukturgesetz und dessen Auswirkungen ebd. S. 125-131, zum »Rentendebakel« und den hohen Defiziten in den sozialen Sicherungssystemen vgl. ebd., S. 146-153.

Das vorrangige sozialpolitische Thema war für den DGB eng verknüpft mit der Gesellschafts- und Wirtschaftspolitik, nämlich mit der zunehmenden Massenarbeitslosigkeit, der Lage auf dem Arbeitsmarkt und mit der Arbeitsmarktpolitik der Bundesregierung. Hier stellte der DGB 1977 ein Programm zur Sicherung der Vollbeschäftigung auf, das weitreichende Forderungen in der Infrastrukturpolitik, nach öffentlichen Investitionen und im Bereich der Arbeitsbeschaffung erhob. Der DGB räumte dabei den arbeitsmarktpolitischen Maßnahmen vor der Organisierung und Mobilisierung der Arbeitslosen als Akteuren in eigener Sache den Vorrang ein.[62] Wegen der anhaltenden Jugendarbeitslosigkeit verstärkte der DGB seine Initiativen, dieses spezifisch deutsche Modell der Berufsausbildung weiter zu festigen und die Arbeitgeber nicht aus ihrer Verantwortung zu entlassen. In diesem Sinne verknüpften die Gewerkschaften den Kampf für eine Berufsausbildungsreform zunehmend mit ihren Initiativen gegen die wachsende Jugendarbeitslosigkeit – und verbanden, wie bei einer ihrer Großkundgebungen im Oktober 1975 in Dortmund, das Thema mit weitreichenden Vorschlägen zur Ausdehnung der Mitbestimmung. Die Berufsausbildung war damit deutlich mehr als nur ein »bildungspolitisches« Thema, sondern Teil des wirtschaftsdemokratischen Anspruchs der Gewerkschaften.[63]

In der Sozialpolitik bekräftigte der DGB seinen politischen Führungsanspruch, *die* treibende gesellschaftliche Reformkraft zu sein. Das sozialpolitische Grundsatzprogramm von 1980 war in diesem Sinne eben mehr als nur eine von vielen Resolutionen. Denn dabei ging es um den umfassenden Gestaltungsanspruch, den der DGB erhob und der Sozial-, Arbeitsmarkt- und Betriebspolitik miteinander verband. Das Programm gliederte sich in Abschnitte über die Gestaltung der Arbeit und der Arbeitsbedingungen, das Gesundheitswesen, die Familienpolitik, die Finanzierung sowie Selbstverwaltung und Organisation der Sozialversicherung.[64] Dieser Gestaltungsanspruch erstreckte sich zudem nicht nur auf den arbeitenden Menschen, sondern auch auf die Menschen im Ruhestand, wie an einem eigenen Kapitel über das Leben im Alter deutlich wurde. Der DGB hatte ein Jahr zuvor für diese Zielgruppe ein eigenes Programm entwickelt, das er im Oktober 1979 publizierte. Hier stellte der DGB Forderungen auf, die über die rein finanziellen Alterssicherungsprobleme, insbesondere was die Renten betraf, hinausreichten. So nahm er zu den Wohnbedingungen und -verhältnissen, zu Problemen der Gesundheitsversorgung, zu Sozialkontakten und dem Freizeitverhalten, aber auch zur Koordination der verschiedenen Bemühungen der Hilfeträger Stellung. Die Integration dieser spezifischen Forderungen in die allgemeine sozialpolitische Programmatik stellte eine Reaktion auf den prognostizierten und antizipierten demografischen

---

62 Vgl. W. Süß: Soziale Sicherheit und soziale Lagen in wohlfahrtsstaatlich formierten Gesellschaften.
63 Zur Kundgebung vgl. Dok. 4: Kurzprotokoll über die 2. Sitzung des Bundesvorstandes am 2.9.1975, TOP 7. Zur Berufsbildungsreform vgl. Geyer: Sozialpolitische Denk- und Handlungsfelder, S. 133-136; Busemeyer: Wandel trotz Reformstau, S. 79-96.
64 Dok. 63: Kurzprotokoll über die 16. Sitzung des Bundesvorstandes am 4.12.1979, TOP 3. Das Programm wurde noch 1980 vor der Bundestagswahl veröffentlicht. Vgl. DGB: Sozialpolitisches Programm des DGB, [Düsseldorf 1980].

Wandel dar.[65] Der DGB zielte mit dem Programm darauf, auch die Ansprüche der Personengruppe, die aus dem Arbeitsleben ausgeschieden war, mit sozialpolitischen Forderungen anzusprechen.[66]

In der zweiten Phase der sozial-liberalen Ära meldete der DGB-Bundesvorstand wiederholt und in diversen Feldern seinen Anspruch auf Mitsprache in der Gesellschafts- und Sozialpolitik an. Die Vermögenspolitik stand häufig auf der Tagesordnung, wobei hier besonders den Bestrebungen der unionsregierten Bundesländer, die herrschende Rechtslage zu ändern, widersprochen wurde.[67] Organisationsfragen der Sozialversicherung wurden aufgrund der Selbstverwaltungsstrukturen der Sozialversicherungsträger, die im Rahmen von Sozialwahlen beziehungsweise durch Benennung von Gewerkschaftsvertreterinnen und -vertretern beschickt wurden, ebenfalls wiederholt thematisiert. Die Sozialversicherungswahlen wurden auch mithilfe sozialwissenschaftlicher Expertise untersucht.[68] Bei den Sozialwahlen reagierte der DGB auf Listenveränderungen und Neuaufstellung von konkurrierenden Listen, indem er deren Aufstellung den neuen Anforderungen anpasste. Gesellschaftspolitisch meldete der DGB auch Mitspracherechte bei der Steuerpolitik an, zu der er umfassende Reformvorstellungen vorlegte. Auch organisationsintern befasste sich der DGB regelmäßig mit sozialpolitischen Themen, etwa wenn es um die Sozialversicherungsbezüge der eigenen Angestellten bei organisationseigenen Sozialversicherungsträgern und -kassen ging. Hier glich er die Anwartschaften auf Bezüge regelmäßig den Steigerungssätzen der gesetzlichen Sozialversicherungsträger an und bemühte sich um ein sozial vorbildliches Verhalten als Arbeitgeber. In der Endphase der sozial-liberalen Koalition verschärfte sich die sozialpolitische »Reform«-Diskussion unter dem Vorzeichen der haushaltspolitischen Konsolidierung, die weitreichende Auswirkungen auf die Gestaltung und die Reichweite der sozialen Sicherheitssysteme besaß. So beschnitt die sozial-liberale Koalition im Rahmen der Haushaltsverhandlungen 1982 soziale Transferzahlungen zum Beispiel im Bereich der Arbeitslosenversicherung und im Mutterschutz.

---

65 Der DGB schloss damit auch an die Skandalisierung als »Rentendebakel« der Regierung an. Vom sozialpolitischen Thema der Rentenversicherung wurde auch das Thema des Alterns als gesellschaftspolitisches Thema aufgeschlossen. In gewisser Weise war der DGB auch ein Vorreiter einer gesellschaftspolitischen Debatte, die erst in den 1980er-Jahren breiteren Raum griff. Zum »Rentendebakel« vgl. Geyer: Sozialpolitische Denk- und Handlungsfelder, S. 114.
66 Zur Erstellung dieses Programms trug auch eine sozialwissenschaftliche Expertise bei. Im WSI war eine Studie über die Lebenslage älterer Menschen erarbeitet worden: Gisela Kiesau/Maria Balassa: Die Lebenslage älterer Menschen in der Bundesrepublik Deutschland. Analyse der Mängel und Vorschläge zur Verbesserung. Projektleitung und wissenschaftliche Koordination: Gisela Kiesau, Köln 1976 (WSI-Studien zur Wirtschafts- und Sozialforschung; 31); Deutscher Gewerkschaftsbund: Programm des DGB zur Verbesserung der Lebenssituation älterer Menschen, Düsseldorf 1979.
67 Vgl. beispielsweise Dok. 34: Kurzprotokoll der 25. Sitzung des Bundesvorstandes am 6.12.1977, TOP 2.
68 Dok. 33: Kurzprotokoll der 24. Sitzung des Bundesvorstandes am 8.11.1977, TOP 5.; Dok. 39: Kurzprotokoll über die 27. Sitzung des Bundesvorstandes am 7.3.1978, TOP 3. Vgl. die beiden Bände der Umfrage zu den Sozialwahlen: Sozialwahlen. Repräsentative Untersuchung bei Angestellten, gewerblichen Arbeitnehmern, Rentnern und Hausfrauen. Durchgeführt von MARPLAN, Forschungsgesellschaft für Markt und Verbrauch, Offenbach 1979.

Begleitet wurden die sozialpolitischen Diskussionen von wachsender Einflussnahme gewerkschaftsnaher Experten. Ein ganzes Heer an Sozialforscherinnen und Sozialforschern hatte im Laufe der 1970er-Jahre im Auftrag des DGB begonnen, die Arbeitswelt zu untersuchen. Auch in diesem Bereich lassen sich also die Ambivalenzen einer »Verwissenschaftlichung des Sozialen« beobachten. Die Sozialwissenschaften trugen dazu bei, dass der politische Raum der Sozialpolitik, die Handlungsfelder und in geringerem Umfang auch die Auswirkungen auf die Bezieherinnen und Bezieher sozialer Transfers zunehmend »vermessen« wurden. Ein zentraler Akteur in dieser Frage war der Sachverständigenrat zur Begutachtung der gesamtwirtschaftlichen Lage, dem mit den Memoranden der Arbeitsgruppe »Alternative Wirtschaftspolitik« seit 1977 eine Gegenexpertise entgegengesetzt wurde.[69]

7. Außen-, Deutschland- und Ostpolitik, internationale Gewerkschaftspolitik

Der DGB betrieb eine eigene, mit den zuständigen Ministerien eng abgestimmte Außenpolitik. Im Internationalen Bund Freier Gewerkschaften (IBFG) und im Europäischen Gewerkschaftsbund (EGB) arbeitete der DGB mit und stellte mit Heinz Oskar Vetter 1974 bis 1979 den EGB-Präsidenten sowie im IBFG seit 1979 den Vizepräsidenten. Dort setzte sich die sich innenpolitisch vollziehende Auseinandersetzung über die Zulassung von Kommunistinnen und Kommunisten auf der verbandlichen Ebene mit den kommunistischen Richtungsgewerkschaften fort, die um Aufnahme in die Gewerkschaftsbünde ersuchten.

Die transatlantischen Gewerkschaftsbeziehungen verloren gegenüber den 1950er- und 1960er-Jahren an Intensität. Die Phase der intensiven Westernisierung der DGB-Gewerkschaften darf damit als abgeschlossen betrachtet werden. Dennoch blieben die normativen Grundvorstellungen des Konsensliberalismus und des Konsenskapitalismus (freilich in Abstufungen) auch für die Mehrzahl der westdeutschen Gewerkschaften gültig.[70] Deshalb ragt der 200. Jahrestag der amerikanischen Unabhängigkeitserklärung 1976 als Ereignis auch der transatlantischen Gewerkschaftsbeziehungen aus dem Alltagsgeschäft des Bundesvorstands umso mehr heraus.[71]

Auch in der innerdeutschen Politik und in der Ostpolitik war der DGB ein tragender Akteur. Was die deutsch-deutschen Beziehungen und die Ostpolitik betraf, war der DGB-Bundesvorstand in seiner Politik um Abgrenzungen und Grenzziehungen gegenüber dem Freien Deutschen Gewerkschaftsbund bemüht. Diese galten der normativen und faktischen Absicherung, um nicht einseitig mit Anerkennung des außenpolitischen Status der DDR und ihrer Massenorganisationen Fakten in der Deutschlandpolitik zu schaffen. Aus diesem Grund sah der

---

69 Vgl. Geyer: Sozialpolitische Denk- und Handlungsfelder, S. 181–231; Raphael: Experten im Sozialstaat, zum Sachverständigenrat vgl. Schanetzky: Die große Ernüchterung.
70 Zum Konzept der Westernisierung und der Akzeptanz des Konsenskapitalismus in den westdeutschen Gewerkschaften bis in die 1960er-Jahre vgl. Angster: Konsenskapitalismus und Sozialdemokratie.
71 Vgl. Dok. 8: Kurzprotokoll der 5. Sitzung des Bundesvorstandes am 2.12.1975, TOP 7.

Bundesvorstand auch einen Abstimmungs- und Regelungsbedarf hinsichtlich der Ostbeziehungen seiner Mitgliedsgewerkschaften. Kontakte und Begegnungen mit dem FDGB sollten der Diskussion gemeinsam interessierender Fragen dienen und den Zielen der Entspannungspolitik gerecht werden. Für den DGB waren Kontakte, die auf dem Prinzip der Gegenseitigkeit und der Gleichwertigkeit beruhten, eine unverzichtbare Voraussetzung. Der DGB und die Einzelgewerkschaften vermieden jedoch Akte der Zustimmung zur DDR-Gewerkschafts- und Regierungspolitik. Eine missionarische Zielsetzung oder Versuche der Einflussnahme ihrerseits schlossen die DGB-Gewerkschaften aus. Innerhalb des Bundesvorstands und über das Referat Deutsch-Deutsche Beziehungen sollten ebenfalls die einzelgewerkschaftlichen Kontakte abgestimmt werden.[72] Die Zuständigkeiten wurden deshalb exakt festgelegt und es fand ein regelmäßiger Austausch über die Ostpolitik statt.

Mit der Entstehung der Charta 77 in der ČSSR gerieten Menschenrechtsfragen und entstehende Bürgerrechtsbewegungen in Osteuropa stärker in den Blick, wodurch die Abgrenzungs- und Verständigungsbemühungen, insbesondere nach der Entstehung der Solidarność in Polen 1980, einem Lackmustest unterzogen wurden. Der DGB bekannte sich 1977 etwa in einer Erklärung zur Lage der Bürgerrechtler in den osteuropäischen Ländern, insbesondere in der ČSSR, zur Entspannungspolitik und hielt fest, dass die Politik der tschechoslowakischen Staatsführung mit ihren Maßnahmen der auf der Konferenz für Sicherheit und Zusammenarbeit in Europa (KSZE) »von den maßgeblichen Vertretern dieser Staaten proklamierten und vereinbarten Politik« widersprach.[73] Politisch und praktisch ging die Unterstützung bürgerrechtlicher Proteste im Fall Polens noch weiter und unterstützte mit Nachdruck die Solidarność. Ausschlaggebend war sicher auch die freigewerkschaftliche Organisationsform der Bürgerrechtsbewegung, die dem Grundrechtsverständnis des DGB entsprach. Er unterstützte die in Not geratene polnische Bevölkerung mit Lebensmittellieferungen und half der jungen Gewerkschaft auch materiell, etwa mit Druckmaschinen.

Die internationale Arbeit berührte ganz zentral auch Aspekte internationaler Gewerkschaftssolidarität. In der Internationalen Arbeitsorganisation (ILO) führte Gerd Muhr die Auseinandersetzungen mit den im Weltgewerkschaftsbund organisierten kommunistischen Gewerkschaften.[74] Hier spielten gerade auch die Nahostbeziehungen und die Solidarität des DGB zum israelischen Gewerkschaftsbund Histadrut eine wichtige Rolle, denn die kommunistischen Gewerkschaften lehnten in ihrem »antiimperialistischen« Selbstverständnis und mit antizionistischer Intention die

---

72 Vgl. zum Beispiel die Entwicklung von Leit- und Richtlinien für die Einzelgewerkschaften für Ostkontakte im Bundesvorstand: Dok. 13: Kurzprotokoll der 7. Sitzung des Bundesvorstandes am 9.3.1976, TOP 3.
73 Vgl. Dok. 24: Kurzprotokoll der 16. Sitzung des Bundesvorstandes am 31.1.1977, TOP 15., sowie DGB zur Situation der Bürgerrechtler in den osteuropäischen Ländern, o. O., o. D., AdsD, DGB-Archiv, 5/DGAI000492. Vgl. Riechers: Hilfe für Solidarność; Boll: Zwischen politischer Zurückhaltung und humanitärer Hilfe; Müller: Ostkontakte, S. 255-301.
74 Vgl. Remeke: Anders links sein, S. 399-447. Zur ILO bis 1970 vgl. Maul: Human Rights, Development and Decolonization; allgemein die Beiträge im Sammelband van Daele: ILO Histories.

Mitarbeit der Histadrut ab und trachteten danach, sie von vornherein zu verhindern. Dies spielte auch in der ILO-Zentrale in Genf eine Rolle. Diese »antiimperialistisch« motivierte kommunistische Gewerkschaftspolitik der einseitigen Strategie der Isolation Israels gegenüber der Histadrut bekämpfte der DGB entschieden. In den internationalen Beziehungen des DGB mündete die lang andauernde Anbahnungsphase zivilgesellschaftlicher gewerkschaftlicher Kontakte zwischen DGB und Histadrut im September 1975 schließlich in einem Partnerschaftsabkommen des DGB mit dem israelischen Gewerkschaftsbund. Heinz O. Vetter hatte die vor allem auch von seinem Vorgänger Ludwig Rosenberg geknüpfte solidarische Bande bewusst und zielstrebig ausgebaut.[75]

Bei der Ostpolitik des DGB und seiner Einzelgewerkschaften wurde diese politische Solidarität mit Bürgerrechtsbewegungen und der Bewegung für eine freie Gewerkschaft in Polen Solidarność bereits angesprochen. Die Politik in südamerikanischen Militärdiktaturen wie Chile, die Inhaftierung von Gewerkschaftern in Brasilien sowie die Verfolgung von Gewerkschaften in Nordafrika bewegten zu Solidaritätserklärungen. Auch bei Naturkatastrophen wie Erdbeben in Italien oder der Türkei spendete der DGB bereitwillig aus Mitteln des Solidaritätsfonds. Dennoch bleibt zu bemerken, dass TOPs, in denen der DGB-Bundesvorstand sich mit internationaler Solidarität innerhalb der Gewerkschaftsbewegung befasste, in der weit überwiegenden Mehrheit relativ knapp unter »Verschiedenes« abgehandelt wurden. Das änderte sich erst sukzessive, als es um die Menschenrechtslage im sowjetischen Einflussbereich in Osteuropa ging.[76]

8. Neue Linke und Neue Soziale Bewegungen

Der DGB und die Gewerkschaftsführungen der DGB-Einzelgewerkschaften bekannten sich bei allen linken Tendenzen in den Einzelgewerkschaften zum westernisierten Konzept des Konsenskapitalismus und des Konsensliberalismus.[77] Dies prägte ihre politischen Sprachen und führte zu einer intensiven Abgrenzung gegenüber der Neuen Linken. Selbstverständlich zogen die Gewerkschaften eine strenge Scheidelinie zum sich verschärfenden internationalen und deutschen Terrorismus und dessen Unterstützerszene. Der DGB-Bundesvorstand gab entsprechende Erklärungen und Solidaritätsschreiben etwa anlässlich der Entführung und Befreiung des Air-France-Flugs nach Entebbe im Sommer 1976 gegenüber dem israelischen Partnergewerkschaftsbund Histadrut ab und verurteilte die Entführung des Arbeitgeberpräsidenten Hanns Martin Schleyer scharf.[78] Im Deutschen Herbst unterstützte der DGB die Sicherheitspolitik der Bundesregierung uneingeschränkt.

---

75 Zur Vorgeschichte vgl. Ahland: Bürger und Gewerkschafter, S. 318-338.
76 Vgl. Eckel: Die Ambivalenz des Guten; Laqua: Ideas, Practices and Histories of Humanitarism.
77 Vgl. Angster: Konsenskapitalismus und Sozialdemokratie.
78 Zum Entebbe-Telegramm an die Histadrut vgl. Dok. 19: Kurzprotokoll der 11. Sitzung des Bundesvorstandes am 6.7.1976, TOP 6., g). Zu Entebbe vgl. Vowinckel: Der kurze Weg nach Entebbe; Herf: Undeclared Wars, S. 317-342. Zur Schleyer-Entführung und seiner Ermordung vgl. Erklärung des

Gegenüber der radikalen Linken bezogen der DGB und seine Einzelgewerkschaften unmissverständlich Stellung. Regelmäßig wurden Themen verhandelt, die die K-Gruppen, aber auch die orthodoxen Kommunisten der DKP betrafen. Die breiten Kampagnen dieser Organisationen gegen Berufsverbote berührten die DGB-Gewerkschaften auch praktisch, da Mitglieder aus den Reihen dieser Gruppen den Rechtsschutz des DGB und der Einzelgewerkschaften beanspruchten. Auch im Rahmen breiterer Mobilisierungen wie etwa anlässlich des »3. Russell-Tribunals« in Frankfurt am Main, an dessen Aufrufen sich nennenswerte Teile der Gewerkschaftsbasis beteiligten, wurden entsprechende Unterschriftenlisten zu einem grundsätzlich diskutierten Thema im DGB-Bundesvorstand.[79] Der DGB beobachtete Auftritte der K-Gruppen während der 1.-Mai-Veranstaltungen mit großem Misstrauen. Diese von der DGB-Seite als Störung betrachteten Aktionen wurden anhand der formalisierten Berichte über die Maikundgebungen, die von den Kreisen einzureichen waren, jeweils akribisch ausgewertet. Jährlich wiederkehrend wurden diese Auswertungen der Berichte von den Mai-Veranstaltungen in den Sitzungen beraten. Im DGB-Vorstand wurden kleinteilig Detailfragen antitotalitärer Abwehrstrategien der Einzelgewerkschaften abgestimmt.[80] Bemerkenswerterweise befasste sich das Gremium jedoch nicht im gleichen Maße mit den Betriebsstrategien der K-Gruppen, obwohl es sich ansonsten auch dem Betrieb und den Betriebsratswahlen zuwandte.

Die aufkommenden Neuen Sozialen Bewegungen bildeten eine besondere Herausforderung für den DGB-Bundesvorstand, mit der er sich in der zweiten Hälfte des Berichtszeitraums verstärkt auseinanderzusetzen hatte. Die Mitgliedsgewerkschaften und der DGB befanden sich zunächst in einem Verhältnis der Konkurrenz und der Gegnerschaft zu den Neuen Sozialen Bewegungen. Die Konkurrenz ergab sich aus der Umorientierung der vor allem jüngeren gewerkschaftlichen Basis. Dies kann auch als ein Ergebnis des die Gewerkschaften prägenden Generationenkonflikts, der sich in einem erhöhten Abstimmungsbedarf in Fragen der Jugendarbeit und in von der DGB-Programmatik und -Politik abweichenden Anträgen und Beschlüssen der Bundesjugendkonferenzen äußerte, interpretiert werden.[81] Inwiefern die Orientierung zu neuen betriebsratsoppositionellen Gruppen wie zum Beispiel der Plakat-Gruppe bei Mercedes in Untertürkheim auch auf den Wertewandel zurückzuführen ist, wird

---

DGB-Bundesvorstandes [zum Mord an Dr. Hanns Martin Schleyer], DGB-Nachrichten-Dienst, 236/77, 6.9.1977, Adsd, DGB-Archiv, 5/DGAI000494, sowie Dok. 31: Kurzprotokoll der 22. Sitzung des Bundesvorstandes am 6.9.1977, TOP 13.; zu Schleyer und dem ›deutschen Herbst‹ vgl. Faulenbach: Das sozialdemokratische Jahrzehnt, S. 615-630, bes. S. 622-627; Weinhauer: Terrorismus in der Bundesrepublik; ders.: Terrorismus und Kommunikation.

79 Vgl. zur wiederholten ausführlichen Behandlung des Russell-Tribunals Dok. 34: Kurzprotokoll der 25. Sitzung des Bundesvorstandes am 6.12.1977, TOP 9.; Dok. 36: Kurzprotokoll der 26. Sitzung des Bundesvorstandes am 7.2.1978, TOP 7., a); Dok. 51: Kurzprotokoll über die 6. Sitzung des Bundesvorstandes am 5.12.1978, TOP 3.; März: Linker Protest nach dem Deutschen Herbst, S. 245-317.
80 Zur Betriebsarbeit vgl. Arps: Frühschicht.
81 Zur Auseinandersetzung der IG Metall mit ihrer Jugend als exemplarische Fallstudie zu den generationellen Auseinandersetzungen der 1970er- und frühen 1980er-Jahre vgl. Andresen: Gebremste Radikalisierung.

in der jüngeren Forschung intensiv vor dem Hintergrund diskutiert, dass die zeitgenössische Wertewandelforschung der 1970er-Jahre zu historisieren sei.[82]

Große Aufmerksamkeit beanspruchte die Anti-Atomkraft-Bewegung. Sie forderte den DGB auf besondere Weise heraus, weil einerseits die ÖTV und die IG BE, die die Angestellten in den Atomkraftwerken organisierten, eine dezidiert atomfreundliche Politik betrieben.[83] Andererseits orientierte sich die gewerkschaftliche Basis in Richtung der Neuen Sozialen Bewegungen, vor allem die Gewerkschaftsjugend. Der DGB hielt in dieser Frage den Schulterschluss zu der regierenden sozial-liberalen Regierung aufrecht. Mit der neuen ökologisch motivierten Bewegung entstand ein neues *cleavage*, das als generelle Herausforderung nicht nur des DGB in den 1970er-Jahren noch nicht so sichtbar wurde wie in der folgenden Dekade.

Die zweite Welle der Frauenbewegung hatte den DGB dagegen bereits in den frühen 1970er-Jahren erfasst. Der von Mertsching beobachtete Zuwachs an weiblichen Mitgliedern hielt an und der Bundesvorstand setzte sich inhaltlich und programmatisch mit der Frauenarbeit auseinander und tagte gesondert mit dem Bundesfrauenausschuss.[84] Frauenthemen wurden entsprechend ihrem gestiegenen Mitgliederanteil verstärkt thematisiert, wenn auch nicht regelmäßig unter gesonderten TOPs im DGB-Bundesvorstand behandelt. Allerdings tat der DGB sich noch schwer, auf die zweite Frauenbewegung zu reagieren, die sich im Umfeld der Neuen Sozialen Bewegungen artikulierte. Immerhin zog aber mit Irmgard Blättel 1980 die zweite Frau neben Maria Weber in den Bundesvorstand ein. Allerdings kam sie wie Weber aus dem Bereich der christlichen Gewerkschaftsbewegung und wies keine unmittelbare Nähe zur zweiten Frauenbewegung auf.

Komplizierter war der Fall der Friedensbewegung. Traditionell hatten die DGB-Gewerkschaften eine breite Berührungsfläche mit der Friedensbewegung, vor allem da sie regelmäßig den Antikriegstag am 1. September in Erinnerung an den deutschen Überfall auf Polen und die Entfesselung des Zweiten Weltkriegs begingen. Mit dem von Helmut Schmidt initiierten NATO-Doppelbeschluss sah sich die Gewerkschaftsführung auch angesichts der sich zuspitzenden internationalen Lage in Afghanistan nach dem Einmarsch sowjetischer Truppen (1979) und angesichts der Ausrufung des Kriegsrechts in Polen am 13. Dezember 1981 zu einer Parteinahme zugunsten der Regierungsseite herausgefordert, während Teile der gewerkschaftlichen Basis in die andere Richtung strebten.[85]

---

82 Vgl. Neuheiser: Der »Wertewandel«; ders.: Postmaterialismus am laufenden Band.
83 Zur Behandlung des Themenkomplexes des Atomkonflikts, der zeitgenössisch in der Quellensprache unter dem Titel »Kernenergie« verhandelt wurde, beispielsweise Dok. 24: Kurzprotokoll der 16. Sitzung des Bundesvorstandes am 31.1.1977, TOP 5.; Dok. 26: Kurzprotokoll der 18. Sitzung des Bundesvorstandes am 5.4.1977, TOP 2.; Dok. 33: Kurzprotokoll der 24. Sitzung des Bundesvorstandes am 8.11.1977, TOP 10. Vgl. dazu Mohr: Gewerkschaften und der Atomkonflikt.
84 Vgl. Mertsching: Einleitung, S. 30 f.
85 Vgl. D. Süß: Gewerkschaften und Friedensbewegung; Müller: Ostkontakte, S. 302-317.

9. Historische Verortung und Selbstvergewisserung

In Auseinandersetzung mit der gewerkschaftlichen Basis und gelegentlich einem Teil des Funktionärsapparats des DGB und seiner Gewerkschaften sah sich die Führung gezwungen, sich mit kommunistisch orientierten Beeinflussungsstrategien auseinanderzusetzen. Die K-Gruppen versuchten bei Kundgebungen, Aktionen und im Betrieb Einfluss zu gewinnen, während die DKP-orientierten Mitglieder innerhalb des DGB um Deutungsmacht rangen, allerdings auch versuchten, Positionen zum Beispiel in der Jugendarbeit zu behaupten. Im Rahmen dieser Auseinandersetzung mit linker Beeinflussung geriet die Gewerkschaftsgeschichte zu einem zentralen Kampfplatz der Selbstverständigung über die eigene Organisationsgeschichte und die Geschichte der Gewerkschaften im 20. Jahrhundert. Sie avancierte zu einem der prägenden und besonders umkämpften Themen in der zweiten Hälfte von Heinz O. Vetters Amtszeit. Diese historische Selbstverständigungsphase war nicht nur dem allgemeinen gesellschaftlichen Trend einer Hinwendung zur Alltagsgeschichte geschuldet, sondern hatte für die Gewerkschaftsbewegung einen inneren Grund, der mit den richtungspolitischen Auseinandersetzungen an der Gewerkschaftsbasis, mit den Neuen Sozialen Bewegungen und mit den Deutungsansprüchen einer kommunistisch inspirierten Gewerkschaftsgeschichte zu tun hatte, die sich gut verkaufte und an der Gewerkschaftsbasis stark rezipiert wurde. Die Rede ist von dem Sammelband »Geschichte der deutschen Gewerkschaftsbewegung« eines Autorenkollektivs um die Historiker und Politikwissenschafter Frank Deppe, Georg Fülberth und Hans-Jürgen Harrer.[86] Dieses Buch, das 1977 in dem linken Kölner DKP-nahen Verlag Pahl-Rugenstein erschien, unterbreitete eine orthodox-marxistische Lesart der Geschichte der deutschen Gewerkschaftsbewegung, die gerade den Gewerkschaftsführungen an den Scheidepunkten der Politik der Gewerkschaften im Ersten Weltkrieg, der Novemberrevolution und dem Aufkommen des Nationalsozialismus entscheidende Fehler vorwarf. Diese Interpretation forderte die Deutungshoheit, die der DGB-Bundesvorstand über die Geschichte der Arbeiterbewegung und der Gewerkschaften für sich in Anspruch nahm, heraus. Er intervenierte zu Beginn einer Hochphase gewerkschaftsgeschichtlicher Befassung in den geschichtspolitischen Debatten mit einer wissenschaftlichen Konferenz zur Gewerkschaftsgeschichte 1979 aus Anlass des 30-jährigen Gründungsjubiläums des DGB.[87] DGB-nahe Historiker, vorwiegend sozialdemokratische Sozialhistoriker, sollten den Deutungsanspruch des DGB manifestieren und verteidigen. Parallel entwickelte sich eine Kontroverse über das

---

86 Vgl. zum Forschungsstand die Beiträge in Berger: Gewerkschaftsgeschichte als Erinnerungsgeschichte; aus der Perspektive der erlebten und erinnerten Geschichte auf regionaler Ebene Andresen: Triumpherzählungen; zur Geschichtspolitik des DGB in den 1950er- und 1960er-Jahren Köcher: »Aus der Vergangenheit lernen – für die Zukunft arbeiten!«?; Deppe/Fülberth/Harrer: Geschichte der deutschen Gewerkschaftsbewegung.

87 Vgl. Heinz O. Vetter (Hrsg.): Aus der Geschichte lernen – die Zukunft gestalten. Dreißig Jahre DGB. Protokoll der wissenschaftlichen Konferenz zur Geschichte der Gewerkschaften vom 12. und 13. Oktober 1979 in München, Köln 1980. Zur Geschichtswerkstättenbewegung vgl. Lindenberger/Wildt: Radikale Pluralität; Grotian: Vorgeschichte, Vorbild oder Sackgasse?

Verhältnis zwischen Wissenschaftlichkeit und Normativität, bei der Helga Grebing und der junge Nachwuchshistoriker Manfred Scharrer nicht mit Kritik an dem Buch des Autorenkollektivs um Deppe, Fülberth und Harrer sparten. Durch diese Kontroverse wurde der Konflikt um die Deutungshoheit über die Gewerkschaftsgeschichte zwischen sozialdemokratischen, undogmatischen linkssozialistischen und kommunistischen Historikern angeheizt. Zugleich wurden Standards und Normen der Disziplin verhandelt. Der Streit zog weite Kreise, mobilisierte Befürworter und Gegner der Deutungen in der DGB-eigenen Bildungsarbeit und stand am Anfang einer neuen, vor allem auch organisationsgeschichtlichen Welle von gewerkschaftsgeschichtlichen Forschungen, aber auch am Anfang der Arbeit der aufkommenden Geschichtswerkstätten zu Arbeiterwiderstand im Nationalsozialismus.[88] 1983 fand schließlich eine zweite Konferenz statt, auf der nicht mehr ganz so heiß diskutiert wurde: Der DGB nahm das Thema des geschichtspolitisch intensiv diskutierten 50. Jahrestages der Machtübertragung an die Nationalsozialisten auf und fragte nach seiner gewerkschaftsgeschichtlichen Bedeutung. Insgesamt markiert diese Phase der beginnenden historischen Selbstvergewisserung des DGB auch den Auftakt der Geschichte der vorliegenden Edition.[89]

III. Organisationsentwicklung in der zweiten Hälfte der 1970er-Jahre

Mit Blick auf die Mitgliederentwicklung hat Wolfgang Schroeder die 1970er-Jahre als ein »goldene[s] Jahrzehnt« der Gewerkschaften bezeichnet. Seine Klassifizierung geht von der zunächst ausgesprochen positiven Mitgliederentwicklung des DGB aus und fokussiert den organisatorischen Ausbau und die ausgeprägte Repräsentation im Feld der Politik durch gewerkschaftlich gebundene Regierungsmitglieder.[90]

Nachdem die Mitgliederzahlen im Vergleich zum Mitgliederstand am 31. Dezember 1974 leicht gesunken waren, stiegen sie in den Folgejahren noch einmal erheblich an, wobei ein Zuwachs auch dadurch zustande kam, dass 1978 die Gewerkschaft der Polizei dem DGB beitrat. Auch in den beginnenden 1980er-Jahren nahmen die Mitgliederzahlen zu. Der Mitgliederzuwachs stand somit nach wie vor nicht in einer Korrelation zur wirtschaftlichen Lage, sondern stieg trotz krisenhafter Zunahme der Arbeitslosenzahlen insgesamt noch an. Insofern die Mitglieder von ihren Gewerkschaften auch die Verteidigung ihrer Arbeitsplätze angesichts der grassierenden Massenarbeitslosigkeit und der verstärkten Rationalisierung erwarteten, mag dies den Zuwachs begünstigt haben (☞ Tabelle S. 41).

Die Zahl der weiblichen Mitglieder wie auch der Angestellten nahm im Berichtszeitraum stark zu. Die ansteigende Frauenerwerbsquote wirkte sich auf die

---
88 Vgl. die Beiträge von Scharrer: Über Geschichtsfälschung – »Kurzer Lehrgang« der Geschichte der deutschen Gewerkschaftsbewegung, und von Grebing: »Eine große sozialwissenschaftliche und pädagogische Leistung?«.
89 Vgl. Weber/Schönhoven/Tenfelde: Vorwort der Herausgeber, S. 8 f.
90 Schroeder: Gewerkschaften als soziale Bewegung, hier S. 243.

Mitgliederentwicklung der DGB-Gewerkschaften[91]

Gewerkschaft/ DGB	Mitgliederzahl in Mio. jeweils zum 31.12. des Jahres			Veränderung in Prozent 1981 zu 1975
	1975	1978	1981	
DGB gesamt	7.364	7.843	7.957	+8,05 %
IG BSE	0.509	0.525	0.537	+5,5 %
IG BE	0.378	0.363	0.371	−1,85 %
IG CPK	0.644	0.657	0.654	+1,55 %
DruPa	0.157	0.139	0.151	−3,82 %
GdED	0.447	0.407	0.401	−15,93 %
GEW	0.139	0.173	0.187	+35,43 %
GGLF	0.039	0.042	0.042	+7,69 %
HBV	0.257	0.344	0.365	+42,02 %
GHK	0.132	0.151	0.160	+21,61 %
Gew. Kunst	0.036	0.044	0.047	+30,56 %
Gew. Leder	0.056	0.055	0.055	−1,79 %
IG Metall	2.556	2.684	2.622	+2,58 %
NGG	0.248	0.252	0.263	+6,05 %
ÖTV	1.058	1.118	1.181	+9,74 %
GdP		0.161	0.168	+4,35 % (1978–1981)
DPG	0.419	0.436	0.457	+9,07 %
GTB	0.283	0.293	0.289	+2,12 %

Mitgliedschaft der DGB-Gewerkschaften aus. Der Aufwuchs der Angestelltenzahlen und des Organisationsgrads der Angestellten in DGB-Gewerkschaften sind auf den Strukturwandel der Gesellschaft zurückzuführen, insofern sie den Übergang von der Industrie- zur Dienstleistungsgesellschaft markieren. Inwiefern

---

91 Zahlen nach den DGB-Geschäftsberichten 1975–1985. Die Sortierung folgt im Wesentlichen der alphabetischen Ordnung der Gewerkschaftsnamen (nach der Bezeichnung Gewerkschaft/Industriegewerkschaft), wie es auch in den Geschäftsberichten des DGB üblich war.

die Politisierung der Gesellschaft für ein Engagement in Gewerkschaften sorgte, lässt sich nicht genau bestimmen, aber der Zuwachs in allen Bereichen lässt einen Zusammenhang vermuten.

Der Anstieg der verbeamteten Mitglieder resultierte nicht zuletzt aus der 1978 erfolgten Aufnahme der Gewerkschaft der Polizei in den DGB. Dies brachte einen Aufgabenzuwachs des Deutschen Gewerkschaftsbunds mit sich. Aufgrund seines umfangreichen Gestaltungsanspruchs hatte der DGB selbstverständlich innenpolitische Fragen der Inneren Sicherheit bislang kommentiert. Als Beispiel sei nur auf die Notstandsgesetze unter der Großen Koalition aus CDU/CSU und SPD verwiesen.[92] Die Entwicklung einer konsistenten eigenen gewerkschaftlichen Fachperspektive auf Fragen- und Problemstellungen der Inneren Sicherheit stellt jedoch ein Novum in der politischen Organisationsentwicklung des DGB dar.

Mitgliedergruppen in den DGB-Gewerkschaften absolut in Tausend

Jahr	Arbeiter	Angestellte	Beamte	Frauen
1975	5.310	1.381	0.672	1.313
1978	5.370	1.548	0.832	1.482
1981	5.410	1.703	0.843	1.650

Was die Rolle der Frauen in den DGB-Gewerkschaften, die Jugend und die Migranten betrifft, ist von einer Eigenzeitlichkeit, die sich nicht an den gewerkschaftspolitischen Zäsuren der Amtszeiten von Vorsitzenden orientiert, auszugehen. Sie erfordert weitere spezifische gruppenbezogene Untersuchungen, die sich den jeweiligen Problemhorizonten der genannten Gruppen widmen.[93] Die Integration der Frauen in die Führungsstrukturen der deutschen Gewerkschaften war ein lang dauernder Prozess, bei dem die politische Praxis der Gewerkschaften dem eigenen emanzipatorischen Anspruch deutlich hinterherhinkte, wie an der Zahl der weiblichen Mitglieder im Vorstand bereits hervorgehoben wurde. Maria Weber setzte als stellvertretende Bundesvorsitzende deutliche frauenpolitische Akzente etwa in der Positionierung zur Abtreibung und in der Bildungspolitik und rang engagiert um Wirkung im Bundesvorstand. Die neue Frauenbewegung ergriff nur langsam und mit erheblicher Verzögerung von den Gewerkschaften Besitz. Wie weit sich die Gewerkschaften den zugewanderten Arbeitnehmerinnen und Arbeitnehmern auch kulturell öffneten, ist in der Forschung noch eine offene Frage. Unbestreitbar machten sie aber – auch wegen deren aktiver Präsenz in den »wilden Streiks« der ausgehenden 1960er- und frühen 1970er-Jahre – einige Fortschritte bei dem Versuch,

---

92 Vgl. Schneider: Demokratie in Gefahr?
93 Vgl. als erste Studien zu den genannten Gruppen Andresen: Gebremste Radikalisierung; Plogstedt: »Wir haben Geschichte geschrieben«; Trede: Zwischen Misstrauen, Regulation und Integration.

sie für die Organisation zu gewinnen. Der Beginn der Integration lag auf der betrieblichen Ebene, wo die DGB-Gewerkschaften um die Stimmen der ausländischen Beschäftigten warben, sie in die Betriebsratsarbeit und in den Vertrauensleutekörper in den Betrieben integrierten. Der Organisationsgrad der jugendlichen Mitglieder in den Gewerkschaften des DGB war leicht rückläufig.[94] Die Jugendarbeit in den DGB-Gewerkschaften war im Editionszeitraum ein häufig wiederkehrender Reibungspunkt. Die jüngere Generation befand sich im Konflikt mit der Gewerkschaftsführung, denn sie trat mit neuem Selbstbewusstsein der älteren Generation gegenüber und forderte – auch vor dem Hintergrund des Wertewandels, der insbesondere die jüngere Generation ergriffen hatte – die ältere Gewerkschaftsgeneration heraus. Infolgedessen entstanden Konflikte um die Jugendpolitik, die mehrfach den DGB-Bundesvorstand beschäftigten. Einerseits gab es Stellungnahmen zugunsten der Neuen Sozialen Bewegungen, andererseits suchte vor allem die Nachwuchsorganisation der DKP, die SDAJ, auf der Funktionärsebene Einfluss zu gewinnen. Das führte zu konflikthaften Situationen auf den DGB-Bundesjugendkonferenzen. Aus diesem Grund tagte der DGB-Bundesvorstand am 5. Dezember 1978 mit dem Bundesjugendausschuss und der Bundesjugendsekretär musste im Bundesvorstand detailliert Bericht erstatten.[95] Was die Mittel der Jugendarbeit anging, modernisierten sich der DGB und die Mitgliedsgewerkschaften. Sie vollzogen damit Entwicklungen der Jugendbewegungen nach 1968 nach, die mit der Jugendzentrumsbewegung ihren Ausdruck in der Aneignung eigener, selbstverwalteter Orte der Jugendarbeit fand. Im Betrieb und darüber hinaus allgemeinpolitisch begehrten jugendliche Auszubildende mit der Lehrlingsbewegung mehr Partizipation, die Revision autoritärer Führungsstrukturen im Betrieb, forderten aber auch Mitsprache in materiellen Angelegenheiten in den Gemeinden vor Ort (Fahrpreisbewegung). Infolge dieser Entwicklungen zwischen 1969 und 1977 hatte sich auch die Jugendarbeit des DGB gewandelt und wurde im Bundesvorstand intensiv diskutiert.[96]

Der DGB und seine Einzelgewerkschaften betätigten sich als Anteilseigner auch als ökonomische Akteure. Neben dem Gewerkschaftseigentum der Vermögensverwaltungs- und Treuhandgesellschaft (VTG) im engeren Sinne wie dem gewerkschaftlichen Haus- und Grundbesitz als organisationspolitische Vorhaltung sind hier insbesondere die gemeinwirtschaftlichen Unternehmen wie die Wohnungs- und Baukonzerne »Neue Heimat« und »Neue Heimat Städtebau«, das Versicherungsunternehmen »Volksfürsorge« und die gewerkschaftseigene »Bank für Gemeinwirtschaft« zu nennen. Sie stürzten allesamt in den 1980er-Jahren in die Krise der Gemeinwirtschaft, deren Vorzeichen sich durch Managementfehler im Berichtszeitraum der Edition bereits ankündigten. Die internationale Expansion der Neuen Heimat zog einen erhöhten Kapitalbedarf nach sich, der schließlich die Liquidität des Unternehmens

---

94 Vgl. Müller-Jentsch: Gewerkschaftliche Politik in der Wirtschaftskrise II, S. 383-385.
95 Dok. 48: Heinz Hawreliuk, Abteilung Jugend, Vorbereitung des Gespräches DGB-Bundesvorstand und Bundesjugendausschuß am 5.12.1978.
96 Vgl. Andresen: Gebremste Radikalisierung.

beeinträchtigte. Mit der SPIEGEL-Titelgeschichte im Februar 1982 wurde diese krisenhafte Entwicklung öffentlich – mit der Folge, dass die DGB-Gewerkschaften und ihr Führungspersonal erheblich an gesellschaftspolitischem Ansehen verloren. Zu offenkundig schien die Kluft zwischen Ideal und Wirklichkeit. Auch die gewerkschaftseigenen beziehungsweise zunächst gewerkschaftsnahen Verlage wie der Bund-Verlag, die Europäische Verlagsanstalt (EVA) und die Büchergilde Gutenberg gerieten zunehmend in eine ökonomische Schieflage.

IV. Organisations- und Führungsstrukturen

1. Aufbau und Organe des DGB

Die Führungsstrukturen des DGB bewahrten im Berichtszeitraum weiterhin Kontinuität, die bereits seit der Gewerkschaftsgründung 1949 zu beobachten war. Bundeskongress, Bundesausschuss und Bundesvorstand blieben gemäß der Satzung die drei entscheidenden Organe des Bundes.

Der Bundeskongress als höchstes Beschlussorgan findet in der Regel alle drei, seit 1978 alle vier Jahre statt. Seine Aufgaben bestehen in der Entgegennahme der Tätigkeitsberichte der Mitglieder der Geschäftsführenden Bundesvorstandsmitglieder über ihre abgelaufene Amtsperiode, er beschließt wie beim Außerordentlichen Bundeskongress 1981 über das Grundsatzprogramm, über etwaige Satzungsänderungen und er berät und entscheidet über die vorliegenden Kongressanträge. Als Antragsberechtigte gelten die Vorstände der DGB-Einzelgewerkschaften, der Bundesvorstand und die Landesbezirksvorstände des DGB sowie die verschiedenen Personengruppenausschüsse wie Frauen-, Bundesjugend- oder Arbeiterausschuss auf Bundesebene. Der Bundesvorstand wählt die Antragskommission, die die Kongressanträge vorbereitet und Empfehlungen zum Beschluss ausspricht, aus dem Kreis der Delegierten.

Die Delegiertenzahl errechnete sich nach einem Schlüssel je zahlendem Mitglied der DGB-Einzelgewerkschaften. Nach wie vor dominierten die beiden Gewerkschaften ÖTV und IG Metall die DGB-Bundeskongresse. Von den 478 und 504 Delegierten 1975 beziehungsweise 1978 stellte die IG Metall 169 (1975) respektive 176 (1978), die ÖTV 68 (1975) beziehungsweise 72 (1978) Delegierte. Damit hatten beide zusammen mit 237 (1975) und 248 (1978) knapp die Hälfte aller Mandate. Zählt man noch die 155 (1975) beziehungsweise 157 (1978) Delegierten der »Mittelgruppe« (IG BE, IG BSE, IG CPK, GdED und DPG) hinzu, besaßen diese sieben Gewerkschaften 1975 392 von 478 und 1978 405 von 504 Mandaten. Die restlichen neun Gewerkschaften teilten sich die verbleibenden 86 beziehungsweise 99 Mandate. Die kleineren Verbände konnten gegen diese eindeutige Mehrheit nur wenig ausrichten.[97]

---
97 DGB: 10. Bundeskongreß 1975, S. 95; DGB: 11. Bundeskongreß 1978, S. 180 f.

Von den Delegierten im Jahr 1975 waren 102 Arbeiter, 335 Angestellte, 38 Beamte und drei Rentner; drei Jahre später waren es 123 Arbeiter, 330 Angestellte, 48 Beamte und drei Rentner.

Der Satzung folgend kommt dem Bundeskongress die Festlegung der »allgemeinen Richtlinien der Gewerkschaftspolitik« (§ 7.3) zu, mit anderen Worten eine allgemeine Richtlinienkompetenz. Deren Umsetzung in ein konkretes Arbeitsprogramm des Bundesvorstands wird vom Bundesausschuss und Bundesvorstand unter der Federführung des Geschäftsführenden Bundesvorstands vorgenommen, wobei die Umsetzung der Kongressbeschlüsse in Einzelfragen umstritten sein kann.

Der Bundesausschuss ist das höchste Organ im Zeitraum zwischen den Bundeskongressen. Jede der 16, mit der GdP ab 1978 17 Gewerkschaften entsendet mindestens drei Mitglieder, die Verteilung der restlichen 52, ab 1978 49 von den insgesamt 100 der von den Gewerkschaften zu benennenden Delegierten wird nach der Mitgliederzahl vorgenommen. Außerdem sind im Bundesausschuss die Mitglieder des Geschäftsführenden Bundesvorstands (GBV) und die Vorsitzenden der DGB-Landesbezirke vertreten. Der Bundesausschuss tagt vierteljährlich. Seine Kompetenzen sind umfassend: So bestätigt er den DGB-Haushalt, die Mitglieder der Landesbezirksvorstände sowie die Gehalts- und Anstellungsbedingungen der Angestellten des Bundes. Er erlässt Richtlinien für die Geschäftsführung des DGB, bestimmt die Verwendung von Mitteln aus dem Solidaritätsfonds und beschließt Richtlinien für die Abgrenzung von Organisationsgebieten der Einzelgewerkschaften. Er entscheidet über Aufnahme und Ausschluss einer Gewerkschaft und hat das Recht, ein Mitglied des Geschäftsführenden Bundesvorstands mit Zweidrittelmehrheit abzuberufen. Der Bundesausschuss war (und ist bis heute) auch Entscheidungsorgan, wenn es um kontrovers diskutierte Fragen der Gewerkschaftspolitik ging, wenn die Einzelgewerkschaften sie gegensätzlich beurteilten. So konnte der Meinungsbildungsprozess transparent und pluralistisch erfolgen.

In der Tagespolitik war beziehungsweise ist der Bundesvorstand das Organ, das die Gewerkschaftspolitik des DGB formuliert und vollzieht.

Der Bundesvorstand tagte in der Regel monatlich und besteht aus den Mitgliedern des Geschäftsführenden Bundesvorstands und den Vorsitzenden der im Bund vertretenen Einzelgewerkschaften. Ohne Stimmrecht nahmen im Editionszeitraum die Vorsitzenden der DGB-Landesbezirke, der Bundesvorstandssekretär, die DGB-Pressestelle, die Verbindungsstelle des DGB in Bonn und die Chefredakteure beziehungsweise Leiter der Organe »Welt der Arbeit«, »Die Quelle« und »Gewerkschaftliche Monatshefte« (GMH) teil, um den Informationsfluss zwischen dem Bundesvorstand und den Organen des DGB zu gewährleisten. Der Bundesvorstand vertritt den DGB nach innen und außen und ist dabei an die Satzung sowie die Beschlüsse des Bundeskongresses beziehungsweise Bundesausschusses gebunden.

Der streng föderative Aufbau des DGB verdeutlicht, dass der Geschäftsführende Bundesvorstand, sprich die von ihm geleitete Bundesvorstandsverwaltung, keine autonomen Befugnisse besaß. Allerdings verfügte er über Gestaltungsspielräume bei der Übersetzung der Kongressbeschlüsse in das Arbeitsprogramm des Bundesvorstands. Die Wahl der Mitglieder des GBV erfolgte durch die Delegierten des Bundeskongresses. Schied ein Mitglied des GBV zwischen den Kongressen aus, wählte der Bundesausschuss das neue GBV-Mitglied, wie im Bearbeitungszeitraum der Edition zum Beispiel Gerhard Vater, der auf Alfons Lappas folgte, oder Irmgard Blättel, die für den aus gesundheitlichen Gründen ausgeschiedenen Martin Heiß neu hinzukam.

Gemäß der Satzung stellt der Geschäftsführende Bundesvorstand kein eigenes Bundesorgan dar, sondern wird nur im Zusammenhang mit dem Bundesvorstand erwähnt. Idealiter und satzungsgemäß verläuft die gesamte Willensbildung über die Mitgliedsgewerkschaften. Allerdings kommt dem Geschäftsführenden Bundesvorstand de facto erhebliche Gestaltungsmacht zu, denn er bereitete die Bundesvorstandssitzungen vor. Die Beschlussvorlagen für den Bundesvorstand und den Bundesausschuss wurden von den Abteilungen der Bundesvorstandsverwaltung erarbeitet, für die wiederum die Mitglieder des Geschäftsführenden Bundesvorstands die jeweilige Verantwortung trugen. Er war mithin ein mächtiges Organ mit einer beschränkten Organstellung, die durch die föderativen Gestaltungsmomente des Organisationsaufbaus ausgeglichen wurde.

Der Geschäftsführende Bundesvorstand diskutierte fast alle Entscheidungen vor deren Beratung in Bundesvorstand und -ausschuss und ging die entsprechenden Beratungsvorlagen durch, die fast immer vom Bundesvorstand verabschiedet wurden. Selten wich ein Votum von der Empfehlung ab. Die zur Erfüllung der Aufgaben des Bundes notwendige Bundesvorstandsverwaltung mit Sitz in Düsseldorf gliederte sich im Editionszeitraum in neun Vorstandsbereiche der Geschäftsführenden Bundesvorstandsmitglieder mit insgesamt 20 (1975) beziehungsweise 21 (1978) Abteilungen, hinzu kamen die Verbindungsstelle in Bonn und die DGB-Bundesrechtsstelle in Kassel. Für bestimmte Projekte werden bis heute temporäre Arbeitskommissionen gebildet.

Von Bedeutung für die Willensbildung innerhalb des DGB sind auch die neun DGB-Landesbezirke, die weitgehend deckungsgleich mit den Grenzen der Bundesländer waren, sowie die DGB-Kreise. Die Stadtstaaten Hamburg und Bremen sind in die umgebenden Landesbezirke integriert, unter den Stadtstaaten bildete lediglich Berlin einen eigenen Bezirk. Dabei erfüllen die Landesbezirksvorstände bis heute neben der allgemeinen Vertretung ihrer regionalen gewerkschaftlichen Interessen regelmäßig Aufgaben, bei deren Durchführung sie an die Weisungen des Bundesvorstandes gebunden sind. Mindestens einmal im Jahr trifft sich der GBV zur Koordinierung der Arbeit zu einer gemeinsamen Sitzung mit den Landesbezirksvorsitzenden.

2. Führungspersonal

Heinz O. Vetter wurde auf dem 8. Ordentlichen Bundeskongress des DGB vom 18. bis 23. Oktober 1969 in München zum Vorsitzenden des Gewerkschaftsbunds gewählt. Neben ihm zog mit Gerd Muhr, Alfons Lappas und später 1974 über den Bundesausschuss Karl Schwab die »Nachkriegsgeneration« in den Geschäftsführenden Bundesvorstand ein. Einen vergleichbaren Generationswechsel von Mitgliedern, die ihre primäre politische Sozialisation im Nationalsozialismus erlebt hatten und erst nach 1945 eine zweite politisch-gewerkschaftliche Sozialisation erfuhren, beobachtete Klaus Mertsching bei den Vorsitzenden der Einzelgewerkschaften zum Ende der 1960er- und Anfang der 1970er-Jahre. Nahezu alle neuen Gewerkschaftsvorsitzenden zählten zu den Geburtsjahrgängen zwischen 1918 und 1930. Neben den Mitgliedern des GBV entstammte die Mehrheit der Vorsitzenden während der sozial-liberalen Regierungsperiode dieser »Nachkriegsgeneration«, beispielsweise Ernst Breit (1924), Karl Hauenschild (1920), Heinz Kluncker (1925), Eugen Loderer (1920) und Leonhard Mahlein (1921).[98] Zu nennen sind auch Ernst Breit (1924) und Karl Buschmann (1914), auf Letzteren folgte jedoch schon 1978 Berthold Keller.

Auch die vorherrschende parteipolitische Bindung der Mitglieder des Bundesvorstands an die SPD blieb erhalten. Den christlichen Gewerkschaftsflügel repräsentierten Martin Heiß und Maria Weber als Mitglieder der CDU. Der Netzwerkarbeit zwischen den Parteien und den Gewerkschaften dienten der SPD-Gewerkschaftsrat und der gewerkschaftliche Beirat der CDU.

Heinz Oskar Vetter (1917–1990) war 2. Vorsitzender der IG Bergbau und Energie gewesen, bevor er 1969 zum Vorsitzenden des DGB gewählt wurde. Vetter prägten die Jahre in der krisengeschüttelten Weimarer Republik und in der Hitlerjugend. Nachdem er die Volksschule absolviert hatte, machte er eine Schlosserlehre. 1933 erwarb er als »Externer« das Abitur. Danach wurde er zum Wehrdienst eingezogen, hatte er am Ende des Zweiten Weltkriegs den Dienstgrad eines Leutnants der Luftwaffe inne. 1946 trat er als Grubenschlosser auf der Zeche »Robert Müser« in die IG Bergbau und Energie ein und wurde Vertrauensmann bei der Harpener Bergbau AG. Er absolvierte den gewerkschaftlichen Bildungsweg mit einem zweijährigen Studium an der Akademie für Gemeinwirtschaft, was seine Karriere in der IG BE beförderte. Ab 1952 war er hauptamtlicher Sekretär, acht Jahre später wurde er in den Geschäftsführenden Vorstand seiner Gewerkschaft gewählt. 1964 stieg er auf dem Gewerkschaftstag der IG BE 1964 zum 2. Vorsitzenden auf, bevor er 1969 das Amt des DGB-Vorsitzenden übernahm. Dreimal bestätigten ihn die Delegierten in seinem Amt (1972, 1975 und 1978). In der Gewerkschaft und in seiner Partei, der SPD, engagierte er sich europapolitisch. So hatte er 1974 bis 1979 die Präsidentschaft des Europäischen Gewerkschaftsbunds (EGB) inne und gehörte für zwei Wahlperioden (1979–1989) dem Europäischen Parlament an.

Gerd Muhr (1924–2000), der stellvertretende DGB-Vorsitzende, kam aus dem IG-Metall-Vorstand in den DGB-Bundesvorstand.[99] Zu seinen Schwerpunkten gehörten die Sozial- und die Arbeitspolitik. Muhr war gelernter Mechaniker und

---

98 Mertsching: Einleitung, S. 28. Der biografische Teil über das Führungspersonal baut aufgrund der hohen personellen Kontinuität auf den in Mertschings Einleitung genannten Daten auf und ergänzt diese gelegentlich um neue Forschungsliteratur und im Berichtszeitraum hinzugekommenes Führungspersonal. Vgl. ebd., S. 26–42.
99 Zuerst sind die Mitglieder des GBV verzeichnet. Dann folgen die Vorsitzenden der Einzelgewerkschaften, dann die Landesbezirksvorsitzenden. Zu Gerd Muhr vgl. das doppelbiografische Porträt, das Stefan Remeke von Gerd Muhr und Maria Weber zeichnet, Remeke: Anders links sein.

trat wie Vetter im Jahr 1946 in die Gewerkschaft ein, in seinem Fall die IGM. Er betätigte sich zunächst als Betriebsratsvorsitzender und dann in der Geschäftsführung der Verwaltungsstelle Siegburg, bevor er 1955 in den Hauptvorstand der IG Metall gewählt wurde. Von 1963 an verantwortete Muhr die Sozialpolitik seiner Gewerkschaft. Dieses Politikfeld beschäftigte ihn auch parteipolitisch in der SPD; ab 1965 saß er im Sozialpolitischen Ausschuss beim Parteivorstand. Gerd Muhr vertrat den DGB in zahlreichen internationalen Gremien wie der ILO. Er gehörte dem Wirtschafts- und Sozialausschuss der EWG an und wurde für die Periode 1984–1986 deren Präsident. Auch als Mitglied der Arbeitnehmer im Verwaltungsrat der ILO wirkte Muhr seit 1970 regelmäßig in Genf mit, von 1980 bis 1990 war er sogar Sprecher der Arbeitnehmergruppe, bis er im Juni 1990 als zweiter Arbeitnehmervertreter für ein Jahr zum Präsidenten des Verwaltungsrats der ILO gewählt wurde.

Maria Weber (1919–2002) repräsentierte den christlich-sozialen Gewerkschaftsflügel. Im Editionszeitraum war sie stellvertretende DGB-Vorsitzende. In dieses Amt hatte sie der 9. Ordentliche Bundeskongress 1972 gewählt. Maria Weber war ausgebildete Schneiderin und Werkstoffprüferin. 1939 wechselte sie aus dem Schneiderhandwerk in einen chemischen Großbetrieb, in dem sie zunächst als Telefonistin und später dann als Werkstoffprüferin tätig war. Nach der Befreiung Deutschlands 1945 trat sie in die Industriegewerkschaft Chemie-Papier-Keramik ein. Anfangs agierte sie als freigestellte Betriebsrätin in einem chemischen Großbetrieb, ab 1949 als stellvertretende Betriebsratsvorsitzende. Auch sie absolvierte einen gewerkschaftlichen Bildungsweg mit dem Besuch der Akademie der Arbeit in Frankfurt am Main (1947/48). Stationen im Ortsvorstand, Bezirksrat und Beirat der IG Chemie-Papier-Keramik in Gelsenkirchen prägten ihre frühe Karriere. Zunächst war sie Sachbearbeiterin in der Abteilung »Frauen« beim Bundesvorstand des DGB, bevor sie dann 1956 in den Geschäftsführenden Bundesvorstand gewählt wurde. Dort arbeitete sie bis 1982 mit den Ressorts Frauen (bis 1980), Bildung, Berufliche Bildung und Tarifpolitik (ab 1980), dann von 1972 bis 1982 als stellvertretende DGB-Vorsitzende. 1969 trat sie in die CDU ein, in deren Sozialausschüssen sie bereits zuvor mitgearbeitet hatte. Weber wirkte als Mitglied des Wirtschafts- und Sozialausschusses der EWG und des Beratenden Ausschusses für Berufsausbildung der EWG-Kommission mit. Im Internationalen Bund Freier Gewerkschaften (IBFG) führte sie den Vorsitz des Beratungsausschusses für Fragen weiblicher Arbeitnehmer. Maria Weber machte ihren Einfluss in Fragen der Familien- und Geschlechterpolitik auf das Programm der CDU (1971) und das Grundsatzprogramm des DGB (1981) geltend. Sie verband ihr christliches mit gewerkschaftlichem Engagement, wobei sie den Gewerkschaftsstandpunkt dezidiert auch gegen ihre eigene Partei vertrat. So unterstützte sie als Bildungspolitikerin gewerkschaftliche Positionen zur Gesamtschule gegen die Schulpolitik, die in den Ländern von der CDU vertreten wurde. Gleichzeitig machte sie christliche Wertvorstellungen innergewerkschaftlich stark, etwa wenn es um die Bewertung des Schwangerschaftsabbruchs (§ 218) ging.

Günter Stephan (1922–2012) wurde bereits 1962 in den Geschäftsführenden Bundesvorstand gewählt, dessen Mitglied er bis 1982 blieb. In seiner Jugend und

Postadoleszenz prägten ihn Wehrdienst, Krieg und Gefangenschaft. Der gelernte Buchhändler arbeitete als Behördenangestellter und begann 1952 seine hauptamtliche Gewerkschaftslaufbahn als Bezirkssekretär der HBV in Koblenz. Im Folgejahr zum DGB-Kreisvorsitzenden in Neuwied gewählt und in der gewerkschaftlichen Jugendarbeit aktiv, führte ihn seine Tätigkeit in den HBV-Vorstand des Landesbezirks Rheinland-Pfalz. Zum 2. Bundesvorsitzenden seiner Gewerkschaft stieg er 1961 auf. Seine Aufgabenbereiche lagen in der Organisations- und Werbearbeit. 1962 zog er auf dem 6. Ordentlichen Bundeskongress des DGB in den GBV ein. Auch hier bildeten zunächst Organisation und Jugendarbeit seine Schwerpunkte. Prägend war seine Tätigkeit in der Angestelltenarbeit und in der Werbung, die er nach dem DGB-Bundeskongress 1969 in München übernahm. Impulse setzte er bei der gewerkschaftlichen Zusammenführung der Angestellten und im »Organizing« der Leitenden Angestellten, die in den Mitbestimmungsauseinandersetzungen der 1970er-Jahre eine entscheidende Rolle einnahmen.

Gerhard Schmidt (1919–1984) gehörte seit seiner Wahl auf der Bundesausschusssitzung am 2. Februar 1972 in den GBV dem DGB-Bundesvorstand an und zeichnete für die Beamtenpolitik verantwortlich. Zuvor war er seit 1964 Mitglied im Geschäftsführenden Hauptvorstand der ÖTV gewesen. Auch Schmidt, ein ausgebildeter Handlungsgehilfe, erlebte den Militärdienst und die Kriegsgefangenschaft. Ab 1947 arbeitete er bei der Steuerverwaltung der Stadt Berlin. Seine hauptamtliche Gewerkschaftstätigkeit begann er 1952 als Leiter des Beamtensekretariats bei der Bezirksverwaltung der ÖTV, ein Amt, das er bis Juni 1964 innehatte. Für zwei Legislaturperioden (1958–1967) war Schmidt Mitglied der SPD-Fraktion im Abgeordnetenhaus von Berlin.

Anfang März 1974 wählte der Bundesausschuss den Vorsitzenden des DGB-Landesbezirks Baden-Württemberg, **Karl Schwab** (1920–2003), zum Nachfolger des verstorbenen Franz Woschech. Er übte die Leitung der Abteilung »Organisation« im GBV bis 1982 aus. Anders als viele der übrigen Bundesvorstandsmitglieder saß er während der NS-Herrschaft vier Jahre im Jugendschutzlager Moringen ein. Nach seiner Freilassung wurde der gelernte Bäcker 1944 zur Wehrmacht eingezogen und stand bis April 1945 im Kriegsdienst. 1946 trat Schwab dem Bayerischen Gewerkschaftsbund bei. Als Betriebsratsvorsitzender agierte er bei der Firma Siemens-Schuckert in Nürnberg und außerdem als ehrenamtliches Mitglied der Ortsverwaltung Nürnberg der IG Metall. 1953 stieg er zum hauptamtlichen Geschäftsführer des Gesamtbetriebsrats der Siemens-Betriebe auf. 1954 wurde er Sekretär der IG-Metall Verwaltungsstelle Stuttgart, wo er ab 1957 die Stelle des ersten Bevollmächtigten einnahm. Auf der Landesbezirkskonferenz des DGB am 30. Januar 1969 rückte er als Nachfolger des zum zweiten Vorsitzenden der IG Metall gewählten Eugen Loderer zum Vorsitzenden des DGB-Landesbezirks Baden-Württemberg auf. 1972 erfolgte seine Wiederwahl. Von 1968 bis 1975 war er stellvertretender Landesvorsitzender der SPD Baden-Württemberg und seit 1972 Mitglied des dortigen Staatsgerichtshofs.

Alois Pfeiffer (1924–1987) war als gelernter Waldfacharbeiter und, unterbrochen durch seinen Kriegseinsatz, als Forstwirt tätig. Auch er war durch die Erfahrung von Kriegsdienst und Kriegsgefangenschaft von 1942–1945 geprägt. 1948/49 absolvierte er die Akademie der Arbeit in Frankfurt am Main. Zuvor war er der Gewerkschaft Gartenbau, Land- und Forstwirtschaft (GGLF) beigetreten. Seine aktive Gewerkschaftskarriere begann er als Betriebsrat und Arbeitsrichter. Zunächst war er Jugendsekretär in Marburg, dann Unterbezirkssekretär der GGLF in Darmstadt. Nachdem er seit 1956 den GGLF-Landesbezirk Nordrhein-Westfalen geleitet hatte, wurde er 1968 zum stellvertretenden Vorsitzenden und im Jahr darauf zum Vorsitzenden der GGLF gewählt. Seitdem hatte er auch die Präsidentschaft des europäischen Dachverbands der GGLF, der Europäischen Föderation der Agrarischen Gewerkschaften (EFA), inne. Zugleich agierte er als Vizepräsident der Internationalen Föderation der Plantagen-, Land- und verwandten Arbeiter (IFPLAA) sowie als Gewerkschaftsvertreter im Wirtschafts- und Sozialausschuss der EWG. Seine Wahl in den Geschäftsführenden DGB-Bundesvorstand erfolgte 1975. Er übernahm die Federführung beim Vollbeschäftigungsprogramm des DGB von 1977. 1982 war er zunächst als Nachfolger für Heinz Oskar Vetter nominiert worden, zog seine Kandidatur jedoch aufgrund eigener Verstrickungen in den Skandal um die »Neue Heimat« zugunsten von Ernst Breit zurück. Zwei Jahre später ging Pfeiffer als Kommissar nach Brüssel. Seine Aufgabengebiete lagen in der Wirtschafts- und Regionalpolitik sowie in der Statistik.

Der Bundeskongress 1975 in Berlin wählte **Martin Heiß** (1922–2005) in den GBV. Er übernahm die Leitung der Abteilungen »Tarifpolitik« und »Arbeiter/Handwerk«. Der gelernte Maler war nach Wehrdienst und Kriegsgefangenschaft von 1946 bis 1948 Angestellter der Spruchkammer in seiner Heimatstadt Rosenheim. Im gleichen Jahr 1946 trat er der Gewerkschaft ÖTV bei, organisierte die dort beschäftigten Angestellten und wurde deren Vertrauensmann. Nach dem Besuch von Aufbaukursen wurde er 1948/49 Hörer an der Akademie der Arbeit in Frankfurt am Main und nahm anschließend seine erste hauptamtliche Tätigkeit als DGB-Rechtsschutzsekretär in Rosenheim auf. Nach dreijähriger Tätigkeit als DGB-Kreisvorsitzender in Schongau wechselte er 1954 zur Gewerkschaft Textil-Bekleidung. Nach seiner Tätigkeit als Geschäftsführer der Verwaltungsstelle Rosenheim wurde er auf dem 5. Ordentlichen Gewerkschaftstag der GTB 1957 zum Nachfolger von Bernhard Tacke als Mitglied im Geschäftsführenden Hauptvorstand seiner Gewerkschaft gewählt. Dort leitete er zunächst die Abteilungen »Sozialpolitik« und »Angestellte« und später die Abteilungen »Betriebsräte, Vertrauensleute und Arbeitsrecht«. Auf dem GTB-Gewerkschaftstag 1968 kandidierte Heiß erfolgreich als stellvertretender Vorsitzender. Er gehörte der christlich-sozialen Kollegenschaft im DGB sowie dem Bundesfachausschuss »Wirtschaftspolitik« der CDU an.

Alfons Lappas (geb. 1929), der Vorsitzende der Gewerkschaft Gartenbau, Land- und Forstwirtschaft (GGLF), war ein Vertreter einer kleineren Gewerkschaft, als er auf dem DGB-Bundeskongress 1969 in den Bundesvorstand einzog. Er trat 1948 während seiner Ausbildung zum Waldfacharbeiter in die GGLF ein, kurz darauf wurde er hauptamtlich in der Fachgruppe »Forstangestellte« seiner Gewerkschaft tätig. Zunächst arbeitete Lappas ab 1951 als Bezirksleiter der GGLF in Darmstadt und Fulda, im Jahr 1957 rückte er zum Landesbezirksleiter in Rheinland-Pfalz auf. 1959 erfolgte seine Berufung in den Hauptvorstand seiner Gewerkschaft als Leiter der Abteilung »Tarifpolitik«. Diese Tätigkeit führte ihn 1961 in den Geschäftsführenden Hauptvorstand der GGLF. 1966 wurde er zunächst zum stellvertretenden Vorsitzenden und im Oktober 1968 auf dem 8. Ordentlichen Gewerkschaftstag nahezu einstimmig zum 1. Vorsitzenden gewählt. Darüber hinaus war er Präsident der Europäischen Landarbeiter-Föderation. In den acht Jahren als Mitglied des Bundesvorstands war er zuständig für die Abteilungen »Finanzen«, später für »Europäische Integration« und »Gewerkschaftliche Beteiligung«. Nach seinem Ausscheiden 1977 wurde er Vorstandsmitglied der Beteiligungsgesellschaft für Gemeinwirtschaft AG und betätigte sich dort ab 1985 für zwei Jahre als Vorstandsvorsitzender.

Der Bundesausschuss wählte **Gerhard Vater** (1924–1982) nach dem Ausscheiden von Alfons Lappas im Jahr 1977 in den Geschäftsführenden Bundesvorstand. Er leitete die Abteilung »Finanzen« bis 1982. Vater absolvierte eine Ausbildung zum Schreiner, die er 1941 mit der Gehilfenprüfung abschloss. Auch er teilte mit seinen Bundesvorstandskollegen die Erfahrung der Kriegsteilnahme und der Gefangenschaft. Nach seiner Rückkehr trat er im Januar 1947 der Gewerkschaft Holz bei, zunächst in der britischen Besatzungszone. Er saß dem Betriebsrat einer großen Baufirma vor, bevor er seine gewerkschaftliche Karriere ab 1949 als Geschäftsführer in der Verwaltungsstelle Dortmund der Gewerkschaft Holz und Kunststoff (GHK) aufnahm. 1957 wurde er zum stellvertretenden Vorsitzenden und 1960 zum Vorsitzenden seiner Gewerkschaft gewählt. International engagierte sich Vater als Vorstandsmitglied des Internationalen Bundes der Bau- und Holzarbeiter sowie der Europäischen Föderation der Bau- und Holzarbeiter in der EWG. 1963 wurde er Vorsitzender der Haushaltskommission des DGB.

Irmgard Blättel (geb. 1928), die im Anschluss an die Volksschule und einem landwirtschaftlichen Pflichtjahr eine kaufmännische Lehre in einem Buchverlag absolvierte, schloss darauf noch eine Buchhändlerinnen-Lehre an. Von 1951 bis 1960 arbeitete sie als Kassiererin und Verkäuferin in einem Landmaschinengeschäft. Sie trat bereits in ihrer Jugend in die Christliche Arbeiterjugend (CAJ) und darauf in die Katholische Arbeitnehmer-Bewegung (KAB) ein. Nach ihrem Eintritt in die IG Metall 1955 absolvierte sie von 1960 bis 1962 ein Studium an der Akademie für Wirtschaft und Politik in Hamburg. Von 1962 bis 1969 arbeitete sie als Rechtssekretärin beim DGB-Landesbezirk Hessen in Frankfurt am Main. Noch im selben Jahr wechselte sie in die Abteilung »Frauen« beim DGB-Bundesvorstand, deren Leitung sie 1971 übernahm. Von 1973 bis 1985 agierte sie zudem als stellvertretende Bundesvorsitzende der Christlich-Demokratischen Arbeitnehmerschaft (CDA) sowie als Vorsitzende der CDA-Arbeitsgemeinschaft »Berufstätige Frauen«. Im Juni 1980 wählte sie der Bundesausschuss als Nachfolgerin des aus gesundheitlichen Gründen vorzeitig aus dem Amt ausgeschiedenen Martin Heiß in den GBV. Im darauffolgenden Monat übernahm sie von Maria Weber die Aufgabe, sich um Frauen sowie Arbeiter/Handwerk zu kümmern. Damit waren erstmals in der Geschichte des DGB zwei Frauen Mitglied im Geschäftsführenden Bundesvorstand, die zudem ihre Heimat in der katholischen Arbeiterbewegung hatten. In ihrem Amt wurde sie auf dem Außerordentlichen Bundeskongress im März 1981 bestätigt.

Die im Bundesvorstand vertretenen Vorsitzenden der Einzelgewerkschaften waren: **Eugen Loderer** (1920–1995) führte nach Otto Brenners Tod seit 1972 die IG Metall.[100] Als ausgesprochener Pragmatiker verfügte er über ein anderes Profil als sein Vorgänger, der als gewerkschaftstheoretischer Programmatiker hervorgetreten war. Nachdem Loderer seine Ausbildung als Metalltuchweber abgeschlossen hatte, trat er seinen Dienst bei der Kriegsmarine an. Nach dem Zweiten Weltkrieg wurde er gewerkschaftlich aktiv und in seinem Lehrbetrieb zum Betriebsratsvorsitzenden gewählt. 1946 begann er in der Geschäftsstelle der Heidenheimer IG Metall zu arbeiten, wo er 1951 zum Bevollmächtigten aufstieg. Ab 1959 arbeitete er hauptamtlich in der baden-württembergischen Bezirksleitung unter Willi Bleicher. Mit ihm gemeinsam organisierte er den einzigen großen Metall-Streik der 1960er-Jahre. Vom Bezirkssekretär stieg Loderer nach seiner Wahl 1963 zum Vorsitzenden des DGB-Landesbezirks Baden-Württemberg auf, fünf Jahre darauf wurde er stellvertretender Vorsitzender der IG Metall.

Heinz Kluncker (1925–2005), der auf dem 5. Ordentlichen Gewerkschaftstag 1964 zum Vorsitzenden der ÖTV gewählt wurde, war für einen harten Verhandlungsstil und sein taktisches Geschick bekannt.[101] Die Tarifauseinandersetzung der ÖTV 1974 mit ihrem hohen Abschluss, der die sozial-liberale Bundesregierung hart belastete, wirkte auch später noch nach. Er hatte zunächst eine kaufmännische Lehre absolviert, teilte mit vielen seiner Vorstandskollegen die Erfahrung von Kriegsteilnahme und anschließender Kriegsgefangenschaft – er allerdings war in den USA inhaftiert gewesen. Danach arbeitete er als Sekretär bei der SPD. Er studierte an der Akademie für Gemeinwirtschaft in Hamburg. Anschließend war er zunächst als Sozialpraktikant an der Dortmunder Hüttenunion tätig. 1952 wechselte er als Volontär zum Hauptvorstand der ÖTV, danach trat er die Position des Sachbearbeiters im Tarifsekretariat an; 1958 schließlich trat er das Amt des Bundesarbeitssekretärs an. 1961 wurde er in den Geschäftsführenden Hauptvorstand gewählt und übernahm daraufhin die Leitung des Sekretariats für Tarifpolitik.

Rudolf Sperners (1919–2010) berufliche Tätigkeit als kaufmännischer Angestellter und Bauhelfer begann bereits vor dem Krieg. Auch er wurde Soldat und geriet anschließend in Kriegsgefangenschaft. 1945 trat er der Gewerkschaft Bau-Steine-Erden bei, worauf mehrere Jahre ehrenamtlicher Gewerkschaftsarbeit folgten. 1949 begann er seine hauptamtliche Gewerkschaftstätigkeit als DGB-Kreisausschussvorsitzender in Rheine. Er stieg über die Ämter des Bezirkssekretärs und der Bezirksleitung 1960 in den Hauptvorstand der IG BSE auf. Seine Wahl zum Vorsitzenden erfolgte nach der Ernennung seines Vorgängers Georg Leber zum Bundesminister im Jahr 1966 durch den Beirat der IG BSE. Sein Vorsitzendenamt hatte er bis 1982 inne.

---

100 Zu Eugen Loderers Biografie vgl. Kempter: Eugen Loderer.
101 Zu Heinz Kluncker vgl. die politische Biografie von Führer: Gewerkschaftsmacht und ihre Grenzen.

Als Vorsitzender der IG Chemie-Papier-Keramik wurde **Karl Hauenschild** (1920–2006) 1969 zum Nachfolger Wilhelm Gefellers gewählt, nachdem er bereits eine langjährige Karriere im Geschäftsführenden Hauptvorstand absolviert hatte. Der gelernte Industriekaufmann trat nach Kriegsteilnahme der Gewerkschaft bei und begann 1947 seine hauptamtliche Karriere, als er in der Verwaltungsstelle Hannover der IG CPK arbeitete. Schon 1948 wurde er auf dem Vereinigungsverbandstag der IG CPK der westlichen Besatzungszonen in den Geschäftsführenden Hauptvorstand gewählt. Der 28-Jährige zeichnete für den Bereich »Jugend und Bildung« und später für das Ressort »Organisation und Verwaltung« verantwortlich. International fiel ins Gewicht, dass er 1973 zum Präsidenten der »Internationalen Föderation der Chemie- und Fabrikarbeitergewerkschaften« gewählt wurde, in der er bereits von 1960 bis 1973 das Vizepräsidentenamt innegehabt hatte. Außerdem war er Vertreter im Wirtschafts- und Sozialausschuss der Europäischen Gemeinschaft.

Auf dem 10. Ordentlichen Kongress der DPG 1971 übernahm **Ernst Breit** (1924–2013) den Vorsitz seiner Gewerkschaft. Seine gewerkschaftliche Karriere verlief kontinuierlich, seit er 1948 beim Postamt Heide (Holstein) in den Betriebsrat eingezogen war. Von 1953 bis 1959 leitete er den DPG-Bezirk Kiel und wurde 1965 Beisitzer der Gruppe »Beamte« im Geschäftsführenden Hauptvorstand der DPG. In seiner Amtszeit von 1971 bis 1982 stellte er die DPG neu auf und führte 1980 erfolgreich deren ersten selbstständigen Poststreik, bei dem mehr Freischichten erkämpft wurden. 1982 trat er die Nachfolge Heinz Oskar Vetters als DGB-Vorsitzender an.

Der Ordentliche Gewerkschaftstag der IG Bergbau und Energie wählte 1969 **Adolf Schmidt** (1925–2013) zum neuen Vorsitzenden. Nach einer Lehre als Grubenschlosser teilte er mit vielen seiner Bundesvorstandskollegen die Wehrmachtserfahrung und die der Kriegsgefangenschaft. Seine gewerkschaftliche Laufbahn begann 1947 als Betriebsrat. Darauf folgte der für einen Gewerkschafter typische Bildungsweg mit dem Besuch der Akademie der Arbeit in Frankfurt am Main. 1951/52 wurde Schmidt hauptamtlicher Gewerkschaftssekretär für Jugendfragen in der IG BE-Bezirksleitung München. Daraufhin leitete er die Geschäftsstellen seiner Gewerkschaft in Freiburg im Breisgau und in Gießen. 1963/64 war er Tarif- und Betriebsrätesekretär für den Bezirk Hessen/Rheinland-Pfalz und ein Jahr später Bezirksleiter. 1965 zog er in den Hauptvorstand der IG BE ein.

Erich Frister (1927–2005), der 1968 zum 1. Vorsitzenden der GEW gewählt wurde, stand mit seiner Gewerkschaft im Mittelpunkt der Extremistendebatte der 1970er-Jahre. Er war von 1951–1959 als Lehrer tätig, danach Schulleiter in Berlin. Ab 1961 amtierte er als Schulrat. In die GEW trat er 1948 ein, 1950–1961 war er Personalratsmitglied, von 1954–1961 als Vorsitzender. In den Landesvorstand der GEW in Berlin wurde er 1954 gewählt. Von 1959–1965 fungierte er als Landesgeschäftsführer der GEW in Berlin. Er stieg von 1960 bis 1968 rasch über das Amt des 3. Vorsitzenden und des 2. Vorsitzenden der GEW zum Bundesvorsitzenden auf. Das Bildungswesen war angesichts der nachrückenden Lehrkräfte, aber auch anderer Mitarbeiter im Erziehungswesen ein Bereich, in dem sich als fortschrittlich verstehende linke Kräfte aktiv wurden. Frister zielte darauf, diese linken Kräfte in der GEW zu bündeln, um ihnen dadurch eine gewerkschaftliche Heimat zu bieten. Vor dem Berichtszeitraum, im Juni 1974, grenzte sich der GEW-Bundeskongress nach heftiger Gegenwehr gegen die »Extremisten« ab. Unter Frister avancierte die nur rund 120.000 Mitglieder zählende Gewerkschaft zu einem wesentlichen Faktor im Feld der Bildungspolitik. Begünstigt wurde diese Entwicklung durch die Bildungsexpansion der 1970er-Jahre.

Im Jahr 1965 wurde **Heinz Vietheer** (1921–1996) zum Vorsitzenden der HBV gewählt. Er hatte eine Lehre in einer Anwaltskanzlei gemacht, wurde dann zum Kriegsdienst eingezogen und kam in Kriegsgefangenschaft. 1949 trat er der im Jahr zuvor gegründeten HBV bei. Seine hauptamtliche Gewerkschaftskarriere begann im folgenden Jahr, später stieg er zum Landesbezirksvorsitzenden der HBV in Niedersachsen/Bremen auf. Weitere Stationen waren der Geschäftsführende Landesvorstand des DGB-Landesbezirks Niedersachsen/Bremen und der Vorsitz der HBV im Jahr 1965.

Sein Nachfolger wurde **Günter Volkmar** (1923–2006), der 1980 zum Vorsitzenden der HBV gewählt wurde und bis 1988 Vorsitzender blieb. Er trat 1949 in die HBV ein und übernahm umgehend eine Stelle als hauptamtlicher Gewerkschaftssekretär für Arbeitsrecht mit den Bereichen Banken und Versicherungen. Seine Wahl in den Geschäftsführenden Hauptvorstand der HBV, in dem er die Bereiche Arbeitsrecht, Banken, Versicherungen und Tarifpolitik vertrat, erfolgte 1955. 1976 wurde er 2. Vorsitzender und 1980 zum Vorsitzenden der HBV gewählt.

Leonhard Mahlein (1921–1986) stand von 1968 bis 1983 der Gewerkschaft Druck und Papier vor. Nach der Volksschule absolvierte er eine Ausbildung zum Buchdrucker. Seine Berufstätigkeit musste er wegen »politischer Unzuverlässigkeit« unterbrechen. Er teilte mit seinen Bundesvorstandskollegen die Erfahrung des Kriegsdiensts, während dessen er mehrfach verwundet wurde. Nach Kriegsende legte er die Meisterprüfung ab. Zunächst war Mahlein Gewerkschaftssekretär und Mitglied der KPD. Nach dem Unvereinbarkeitsbeschluss des DGB, der eine parallele KPD-Mitgliedschaft ausschloss, trat Mahlein 1956 in die SPD ein. Von 1946 bis 1949 war Mahlein in Nürnberg Jugendleiter der IG Druck und Papier, 1951 bis 1956 arbeitete er als Fachlehrer. 1965 wählte ihn die IG Druck und Papier in Bayern zum 1. Vorsitzenden. Von 1968 bis 1983 war Mahlein dann Bundesvorsitzender der IG Druck und Papier. In seine Amtszeit fällt die Integration eines anderen gewerkschaftlichen Verbands, nämlich die Aufnahme des Verbands deutscher Schriftsteller. Dies war der erste Schritt der traditionellen Druckergewerkschaft hin zum Aufbau einer Mediengewerkschaft, der zwei Jahre nach Mahleins Ausscheiden aus dem Vorstand der IG DruPa durch den Zusammenschluss mit der Gewerkschaft Kunst (1985) weiter vorangetrieben wurde. Führungsstärke bewies Mahlein vor allem bei den beiden Streiks der IG Druck und Papier 1976 und 1978.

Herbert Stadelmaier (1916–2009) begann nach Kriegsteilnahme und Gefangenschaft seine Gewerkschaftskarriere. Zunächst Kassierer in der NGG-Ortsverwaltung Hamburg, trat er 1947 in den Gewerkschaftsvorstand für die britische

Besatzungszone ein. 1949 wurde er auf dem NGG-Gründungskongress für die Bundesrepublik Deutschland in den Geschäftsführenden Hauptvorstand gewählt. 1962 wählte ihn der Gewerkschaftstag in Essen zum 2. Vorsitzenden, im Jahr 1966 übernahm Stadelmaier als Nachfolger von Alfred Schattanik den NGG-Vorsitz, den er bis 1978 innehatte.

Sein Nachfolger als Vorsitzender der NGG wurde **Günter Döding** (1930–2005), der das Amt von 1978 bis 1989 bekleidete. Döding war gelernter Zigarrensortierer. Der Gewerkschaft NGG trat er 1953 bei. Mit der Wahl Stadelmaiers wurde er 1966 zum 2. Vorsitzenden gewählt. Döding engagierte sich besonders auf dem Feld der Tarifpolitik, unter anderem war er einer der Vordenker des Vorruhestands. 1969 setzte die NGG unter seiner Ägide als erste Gewerkschaft Wochenarbeitszeiten von unter 40 Stunden für Schichtarbeiterinnen und Schichtarbeiter durch. Mit dem ersten einheitlichen Entgelttarifvertrag der Bundesrepublik setzte er die Unterscheidung zwischen Arbeitern und Angestellten durch. Döding war acht Jahre Präsident der Internationalen Union der Lebens- und Genußmittelarbeiter-Gewerkschaften (IUL) und zudem Ehrenmitglied des israelischen Gewerkschaftsbunds Histadrut.

Helmut Schirrmacher (1923–2009) wurde 1975 zum Bundesvorsitzenden der Gewerkschaft der Polizei (GdP) gewählt und schied 1981 aus diesem Amt aus, als er in Bielefeld als Polizeipräsident eine neue Aufgabe übernahm. Schirrmacher war 1947 in den Polizeidienst eingetreten und gehörte zu den Gründungsmitgliedern der GdP. Nach Tätigkeiten im Vorstand der Gewerkschaft wurde das SPD-Mitglied 1969 zum Landesvorsitzenden in Niedersachsen und ein Jahr später zum stellvertretenden Vorsitzenden auf Bundesebene gewählt. Organisationspolitisch ist der von Schirrmacher in die Wege geleitete Beitritt der GdP zum DGB 1978 von besonderem Interesse.

Sein Nachfolger im Amt des Bundesvorsitzenden wurde **Günter Schröder** (geb. 1937), der von 1981 bis 1986 die GdP führte. Er trat 1986 wegen eines heftig kritisierten historischen Vergleichs anlässlich der Festnahme des ehemaligen DGB-Vorstandsmitglieds und Gewerkschaftsmanagers Alfons Lappas zurück. Schröder blieb danach als GdP-Landesvorsitzender in Nordrhein-Westfalen und als Präsident der Internationalen Union der Polizeigewerkschaften aktiv.

Der Vorsitzende der Gewerkschaft Leder, **Adolf Mirkes** (1913–1998), ein gelernter Schuhmacher, wurde bereits 1959 in dieses Amt gewählt und hatte es bis 1976 inne. Im Anschluss an ein ehrenamtliches Engagement in der Gewerkschaft war er 1950 zunächst in den Geschäftsführenden Hauptvorstand seiner Gewerkschaft und 1953 zum stellvertretenden Vorsitzenden aufgestiegen.

Sein Nachfolger **Gerhard Wilhelm van Haaren** (1926–1988) amtierte von 1976 bis 1980. Er war gelernter Oberlederzuschneider. Er bekleidete sein erstes gewerkschaftliches Amt 1946 als Jugendsprecher. Schon 1948 wurde er Jugendsekretär im DGB-Kreis Kleve-Geldern, 1950 folgte das Amt des Sekretärs des DGB-Kreises Hagen. Im selben Jahr berief ihn der Hauptvorstand der Gewerkschaft Leder zum Jugendsekretär und dann 1952 zum Tarifsekretär. Vor seiner Wahl zum Vorsitzenden der Gewerkschaft Leder amtierte er von 1959 bis 1976 als 2. Vorsitzender seiner Gewerkschaft.

Dessen Nachfolger von 1980 bis 1983 wurde der gelernte Schuhmacher **Helmut Teitzel** (geb. 1934), der nach seiner Lehre zunächst als Schuhfabrikarbeiter tätig war. Sein Beitritt zur Gewerkschaft Leder erfolgte 1956. Im Jahr 1964 wurde er deren Sekretär in der Ortsverwaltung Pirmasens und 1968 Tarifsekretär in der Hauptvorstandsverwaltung in Stuttgart. Zum stellvertretenden Bundesvorsitzenden avancierte er auf dem 11. Gewerkschaftstag 1976. Auf dem 12. Gewerkschaftstag trat er dann die Nachfolge Gerhard van Haarens an. Sein Amt stellte er zur Verfügung, nachdem er 1983 Mitglied im Geschäftsführenden Bundesvorstand des DGB geworden war (bis 1994). Er leitete dort die Abteilung »Finanzen«.

Karl Buschmann (1914–1988) war schon vor Vetters Amtszeit im DGB-Bundesvorstand als Vorsitzender der GTB vertreten. Er lernte den Beruf des Maurers und war in der Zeit der Weltwirtschaftskrise einige Zeit arbeitslos. Von 1934 an arbeitete er in einem Bielefelder Textilunternehmen. Nach dem Krieg trat er in die Gewerkschaft Textil-Bekleidung-Leder in Bielefeld und in der britischen Besatzungszone ein und wurde 1947 hauptamtlicher Bezirkssekretär seiner Gewerkschaft, in der er den Bezirk Minden-Lippe (Ostwestfalen-Lippe) leitete. Im Jahr 1951 trat er dem Geschäftsführenden Hauptvorstand bei, von 1963 bis 1978 amtierte er als Vorsitzender seiner Gewerkschaft.

Sein Nachfolger **Bertold Keller** (1927–2012) war von 1978 bis 1990 GTB-Vorsitzender. Er hatte eine Ausbildung zum Maßschneider absolviert und arbeitete anschließend als Zuschneider in einer Textilfabrik. Mit seinen Vorstandskollegen teilte er die Kriegsdienst- und Gefangenschaftserfahrung. Erst 1949 wurde er aus der französischen Kriegsgefangenschaft entlassen. Seine gewerkschaftliche Aktivität begann er 1952, 1955 wurde er hauptberuflicher Funktionär der Gewerkschaft Textil-Bekleidung und arbeitete etwa zehn Jahre lang als Vorstandssekretär und persönlicher Referent des Vorsitzenden Karl Buschmann. 1972 erfolgte die Wahl Kellers in den Geschäftsführenden Hauptvorstand der GTB. Keller war ein gewerkschaftlicher Pragmatiker, mit seinem Handeln verfolgte er einen sozialpartnerschaftlichen Kurs. Nach seinem Ausscheiden 1990 war er nichtbesoldeter Beauftragter von Ministerpräsident Kurt Biedenkopf (CDU) für die Textilindustrie in Sachsen.

Otto Sprenger (1917–2006), Abteilungsleiter beim Norddeutschen Rundfunk und ehrenamtlicher Vorsitzender der Rundfunk-Fernseh-Film-Union (RFFU), war von 1968 bis 1980 Bundesvorsitzender der Gewerkschaft Kunst. Er absolvierte zunächst eine kaufmännische Lehre, bevor er zur Wehrmacht eingezogen wurde. In Abendkursen erwarb er während seines Militärdiensts das Abitur. Nach der Entlassung aus amerikanischer Kriegsgefangenschaft studierte er in Hamburg Philosophie, Psychologie, Pädagogik und Politologie. Beim NWDR arbeitete er als Meinungsforscher. Dem NDR gehörte er bis zu seinem Ausscheiden aus dem Berufsleben an. In der Rundfunk-Fernseh-Film Union (RFFU) amtierte er als ehrenamtlicher Vorsitzender der Gewerkschaft. Er engagierte sich erfolgreich für die erst nach seiner Amtszeit erfolgte Gründung der Künstlersozialkasse, die den freischaffenden Journalisten und Künstlern die Inanspruchnahme von Leistungen aus der gesetzlichen Renten- und Krankenversicherung ermöglichte.

Sein Nachfolger an der Spitze der Gewerkschaft Kunst wurde **Alfred Horné** (geb. 1928–2014) in Frankfurt am Main, studierte Philosophie, Theologie und Politikwissenschaft, war freier Publizist und von 1963 an Leiter der sozialpolitischen Hörfunk-Redaktion des Bayerischen Rundfunks. Von 1979 bis 1985 war er Vorsitzender der Rundfunk-Fernseh-Film-Union (RFFU) und von 1980 bis 1989 Vorsitzender der Gewerkschaft Kunst.

Die Landesbezirke waren bei den Sitzungen des DGB-Bundesvorstands durch ihre Vorsitzenden mit Rederecht vertreten, aber ohne Stimmrecht. Unter den Landesbezirksvorsitzenden gab es fünf Vertreter, die ihren Landesbezirk über den gesamten Zeitraum des vorliegenden Bandes im Bundesvorstand repräsentierten. **Walter Sickert** (1919–2013), gelernter Maschinenschlosser und für die SPD Mitglied des Abgeordnetenhauses von Berlin, von 1967 bis 1975 auch dessen Präsident, leitete den hiesigen Landesbezirk von 1960 bis 1982. Er vertrat insbesondere eine dezidiert auf Berlin orientierte Politik im Rahmen der Diskussionen zu den gewerkschaftlichen Ostkontakten und den deutsch-deutschen Gesprächen mit dem FDGB. **Jan Sierks** (geb. 1924), der insgesamt 35 Jahre lang verschiedene gewerkschaftliche Positionen einnahm, leitete von 1969 bis 1988 den Landesbezirk Nordmark. **Julius Lehlbach** (1922–2001) war von 1965 bis 1986 Vorsitzender des Landesbezirks Rheinland-Pfalz. Den Landesbezirk Niedersachsen-Bremen vertrat von 1970 bis 1984 **Georg Drescher** (1921–2003), der ehemalige Bezirksleiter der Gewerkschaft Textil-Bekleidung für Niedersachsen-Nordmark. **Manfred Wagner** (geb. 1934) repräsentierte den Landesbezirk Saar von 1972 bis 1998 im Bundesvorstand. Von 1970 bis 1979 war er Mitglied des Saarländischen Landtags und stellvertretender Vorsitzender der SPD-Landtagsfraktion.

Den Landesbezirk Nordrhein-Westfalen führten von 1975 bis 1978 **Bert Hartig** (geb. 1925) und von 1978 bis 1982 **Siegfried Bleicher** (geb. 1940). **Wilhelm Rothe** (1914–2003), von 1969 bis 1978 der Landesbezirksvorsitzende in Bayern, war seit 1958 der Leiter des Angestelltensekretariats beim DGB-Bundesvorstand. Ihm folgte von 1978 bis 1990 **Jakob Deffner** (geb. 1929). **Günter Erlewein** (geb. 1928) war von 1974 bis 1978 Landesvorsitzender von Baden-Württemberg, von 1978 bis 1982 hatte diese Position **Lothar Zimmermann** (1929–2015) inne. Nachfolger von **Armin Clauss** (geb. 1938), der sein Amt als Landesbezirksvorsitzender für Hessen von 1972 bis 1976 ausübte, wurde **Jochen Richert** (1938–1997).

In den Sitzungen des Bundesvorstands waren neben dem Bundesvorstandssekretär die Vertreter der Verbindungsstelle des DGB in Bonn und der Gewerkschaftspresse anwesend. **Walter Fritze** (1908–1999) fungierte kommissarisch bis zum August 1975 als Bundesvorstandssekretär, ihm folgte ebenfalls kommissarisch **Richard Becker** (geb. 1926) von August 1975 bis März 1976 und dann **Willi Zimmermann** (geb. 1940).

Die Verbindungsstelle des DGB in Bonn war mit **Heinz Vorneweg** und **Klaus Richter** vertreten. Neben **Ulrich Preussner** (1923), der im Januar 1975 die Leitung der DGB-Pressestelle übernahm, waren als Vertreter der Gewerkschaftspresse die Chefredakteure der »Welt der Arbeit«, **Klaus Jelonneck** (1923), und der Funktionärszeitschrift »Die Quelle«, **Günter Pehl** (1923) sowie der Leiter der »Gewerkschaftlichen Monatshefte« **Gerhard Leminsky** (geb. 1934) und seit 1981 **Hans-Otto Hemmer** (geb. 1946) anwesend. Für die Beratungen im Vorstand war ihre Teilnahme von publizistischer Bedeutung, denn sie hatten für die Öffentlichkeitsdarstellung des DGB eine wichtige Funktion.

Die Protokolle führten mit langer Kontinuität Isolde Funke und Marianne Jeratsch, daran anschließend Ingrid Kiparsky, Ursula Bryks, Nikolaus Hüwe, Wilhelm Kaltenborn, Astrid Zimmermann, Willi Zimmermann, Richard Becker und Gabi Quandt.

V. Programmdiskussionen – Kursbestimmungen

Die Diskussionen um eine Neufassung des Grundsatzprogramms begannen zu Anfang der 1970er-Jahre. Bereits damals zeichnete sich ab, dass der DGB von der Erreichung rein quantitativer tarif- und gesellschaftspolitischer Ziele zugunsten qualitativer Ziele Abstand nehmen musste.[102] Auf dem 10. Bundeskongress 1975 beschloss der DGB, den Entwurf und die Diskussion eines neuen Grundsatzprogramms in Angriff zu nehmen. Nachdem die Programmdiskussion in den Jahren 1975 bis 1978 zwischen dem 10. und 11. Bundeskongress nicht die gewünschten Fortschritte erzielt hatte, sollte sie die Jahre von 1978 bis zum 4. Außerordentlichen Bundeskongress im März 1981 in Anspruch nehmen. Damit der DGB 1980 nicht ohne programmatische Überlegungen in den Bundestagswahlkampf 1980 zog, beschloss der Bundesausschuss am 13. Juni 1979 ein Aktionsprogramm für die unmittelbare Arbeit bis zum Beschluss des neuen Grundsatzprogramms zu verabschieden. Dieses Programm war zu weiten Teilen eine Fortschreibung des Aktionsprogramms von 1972. Einerseits forderte der DGB eine Politik, die sich am Ziel der Wiedererreichung der Vollbeschäftigung orientierte, andererseits setzte er damit verbundene, politisch neue Akzente mit der Forderung eines »Rechtes auf Arbeit – gesicherte Arbeitsplätze« und nach der Verkürzung der Arbeitszeit. Sie avancierte in den 1980er-Jahren zu einer Kernforderung einzelner DGB-Gewerkschaften, rief allerdings auch unterschiedliche Antworten aus dem Arbeitgeberlager hervor.[103]

Das Düsseldorfer Grundsatzprogramm, das der 4. Außerordentliche Bundeskongress des DGB im März 1981 nach einer lang währenden programmatischen Debatte im DGB auf allen Ebenen und in den DGB-Einzelgewerkschaften im März 1981 verabschiedete, steht in der Tradition des ersten Düsseldorfer Programms

---

102 Müller-Jentsch: Gewerkschaftliche Politik in der Wirtschaftskrise II, S. 385.
103 Ebd., S. 386.

von 1963.[104] In der Tat gruppierte der DGB das 1963er-Programm in einzelnen Abschnitten lediglich um, ergänzte es aber in entscheidenden Punkten und passte es damit der Gegenwart an. Es besteht aus einer Präambel und 30 Kapiteln, die die Grundsatzforderungen des DGB in rechtlicher, wirtschafts-, sozial-, bildungs- und kulturpolitischer Hinsicht zusammenführen. Die Ausdifferenzierung der politischen Forderungen trug auch dem gegenüber den 1960er-Jahren erweiterten Partizipations- und gesellschaftspolitischen Gestaltungsanspruch des DGB Rechnung.[105] Typischerweise für ein Gewerkschaftsprogramm stellte es die Arbeitnehmer und deren Arbeit an den Anfang des Programms und rückte die Auseinandersetzung um Arbeit ins Zentrum. Die klassischen Felder der Arbeitnehmerrechte und die damit verbundenen Forderungen zum Arbeitsverhältnis werden ergänzt durch die Aufnahme des neuen Kapitels, das sich mit der »Humanisierung der Arbeit« beschäftigt. Den arbeitnehmerbezogenen Abschnitten folgen die wirtschaftspolitischen, sozialpolitischen Forderungen sowie das vollkommen neue Kapitel »Umweltschutz«. Auch die am Ende des Programms stehenden bildungs- und kulturpolitischen Grundsätze dokumentieren den umfassenden gesellschaftlichen Gestaltungsanspruch des DGB, Arbeitnehmerinteressen in ihrem vollen Umfang zu vertreten. Wirtschaftspolitisch wurde gegenüber dem Programm von 1963 die Bedeutung des Wirtschaftswachstums anders aufgefasst. Der DGB sah es als notwendige, aber nicht hinreichende Grundlage einer Politik an, die auf Vollbeschäftigung zielt. Die oben beschriebene Hinwendung zu qualitativen Zielen kam in der Forderung nach einem qualitativen Wachstum zum Ausdruck. Gesellschaftspolitisch blieb der DGB bei seiner Forderung nach einer gerechteren Einkommens- und Vermögensverteilung, was er mit einer »Beteiligung am Produktivvermögen« auch entsprechend konkretisierte. Der Kontrolle der Macht der Unternehmer diente die Forderung nach einer Ausweitung der Mitbestimmung, von deren konkreter Gestaltung der DGB sich nach dem Mitbestimmungsgesetz von 1976 enttäuscht sah. Konsenskapitalistisch wie schon 1963 waren das Bekenntnis zur Marktwirtschaft und die Zurückhaltung bei Fragen der Wirtschaftsplanung, die auf die staatliche Wirtschaftspolitik reduziert wurde.[106]

VI. Quellenauswahl und Editionsgrundsätze

Der vorliegende Editionsband ist Bestandteil der Reihe »Quellen zur Geschichte der deutschen Gewerkschaftsbewegung im 20. Jahrhundert«, seine konzeptionelle und inhaltliche Schwerpunktsetzung entspricht den Zielsetzungen der Gesamtedition.

---

104 Da die Grundsatzprogrammdebatte in die Hochphase der gewerkschaftswissenschaftlichen und -soziologischen Forschung fällt, liegt zur programmatischen Debatte eine zeitgenössische Untersuchung und Dokumentation von Hans-Hermann Hertle und Martin Jander vor, die die damaligen Debatten gut abbildet. Vgl. dies.: Toleranz und Härte.
105 Vgl. Müller-Jentsch: Gewerkschaftliche Politik in der Wirtschaftskrise II, S. 387; Schneider: Kleine Geschichte der Gewerkschaften, S. 402.
106 Vgl. Müller-Jentsch: Gewerkschaftliche Politik in der Wirtschaftskrise II, S. 388 f.

Der Band dokumentiert die politische und gewerkschaftliche Entwicklung des DGB in der Ära der sozial-liberalen Regierung im Zeitraum vom 10. bis zum 12. Ordentlichen Bundeskongress des DGB im Mai 1982. Er knüpft chronologisch an den Band 16 dieser Reihe an, der die Politik des DGB bis zum 10. Ordentlichen Bundeskongress im Mai 1975 umfasst. Die Edition beginnt mit der 1. Bundesvorstandssitzung am 30. Juni/1. Juli 1975 und endet mit dem Kurzprotokoll der Bundesvorstandssitzung am 14. Mai 1982. Sie umfasst 97 Dokumente, die aus dem Archiv des Deutschen Gewerkschaftsbundes im Archiv der sozialen Demokratie der Friedrich-Ebert-Stiftung in Bonn stammen. Wie auch in den Vorgängerbänden stehen die Protokolle der Sitzungen des monatlich tagenden Bundesvorstands des DGB im Mittelpunkt der Edition.

Anhand der Vorstandsprotokolle lassen sich Entscheidungsprozesse innerhalb des zentralen Entscheidungsorgans des DGB nachvollziehen. Sie dokumentieren die thematische Vielfalt der Gewerkschaftspolitik in der zweiten Hälfte der 1970er-Jahre, in denen die sozial-liberale Politik und die gewerkschaftliche Interessenpolitik unter dem Vorzeichen des im Nachhinein von Historikern diagnostizierten »Strukturbruchs« standen. Eine zunehmende Konfliktdynamik zwischen Gewerkschaft und Regierung, aber auch innergewerkschaftlicher Dissens kennzeichnen diese Phase. Die Aussagekraft der Bundesvorstandsprotokolle ist kritisch zu gewichten, und andere Quellen, auf die im Apparat verwiesen wird, müssen zur Einordnung und Prüfung der Diskussionsprozesse im DGB-Bundesvorstand herangezogen werden. Dies ist für den Berichtszeitraum umso stärker erforderlich, weil sich – aufgrund der Entscheidung des Bundesvorstands vom 30. Juni 1975 – neben den knapp zusammengefassten Wortbeiträgen der Vorstandsmitglieder keine Zusammenfassungen der Diskussionen mehr in den Protokollen finden, sondern die Kurzprotokolle lediglich Ergebnisse und Beschlüsse dokumentieren. Um die zugrunde liegenden Diskussionsprozesse zu rekonstruieren, ist die Hinzuziehung der maschinenschriftlichen Abschriften der Übertragungen aus dem Stenogramm erforderlich. Diese haben sich bei eingehender Prüfung als nicht im Einzelnen editionswürdig erwiesen, da sie mehr ein Arbeitsinstrument der Bundesvorstandsverwaltung darstellten denn ein abgeschlossenes Dokument. Das zeigt sich daran, dass sie nicht verabschiedet und auch keine Änderungen im Stenogramm vorgenommen wurden, wenn der Diskussionsverlauf nach Erinnerung der Bundesvorstandsmitglieder von der Übertragung aus dem Stenogramm abwich. Die Übertragungen aus dem Stenogramm sind ab der 22. Sitzung der Amtszeit zwischen dem 11. und dem 12. Bundeskongress des DGB-Vorstands vom 8. Juli 1980 nicht mehr überliefert, sodass der Diskussionsverlauf, der in den Protokollen des Bundesvorstands nur in Einzelfällen wiedergegeben wurde, nicht mehr zu rekonstruieren ist. Das Protokoll vermerkt nur, wer zu einem Tagesordnungspunkt Stellung genommen hat, aber nicht mit welchem Tenor dies geschehen ist. Der Übergang vom Verlaufs- und Diskussionsprotokoll zum Ergebnisprotokoll wirft über rein editorische Belange die Frage nach der Bedeutung von Diskussionskultur, -prozessen und innergewerkschaftlicher Kommunikation auf.[107] Was die äußere Form, aber auch die inhaltliche Gestaltung der Protokolle betrifft, so fällt auf, dass die Protokolle bei Fehlen Heinz O. Vetters, etwa aufgrund konkurrierender Termine oder infolge von Krankheit, umfangreicher und expliziter werden. Auch die Diskussionsverläufe werden in diesen Protokollen genauer dokumentiert. Möglicherweise geschah dies, um Vetter gründlich zu informieren.

Die Protokolle des Bundesausschusses, der als höchstes Organ zwischen den Bundeskongressen in der Regel vierteljährlich zusammentrat, wurden in die Annotation der edierten Dokumente integriert, jedoch nicht im Einzelnen für den Abdruck aufbereitet. Da der Bundesausschuss in den meisten Fällen Routineangelegenheiten verhandelte, wurden gelegentlich Vorlagen zur Beschlussfassung in die Edition aufgenommen. Von der Edition ausgenommen sind ebenfalls die Sitzungsprotokolle des Geschäftsführenden Bundesvorstands, denn diese gerieten als reine Ergebnisprotokolle in den meisten Punkten noch knapper und bieten daher keinen inhaltlichen Mehrwert.

Ergänzend zu den Bundesvorstandsprotokollen sind ausgewählte Entschließungen und Beschlüsse sowie vom DGB veröffentlichte Memoranden, Erklärungen und Aufrufe in das Dokumentenkorpus aufgenommen worden, die als zentrale Stellungnahmen des DGB gelten können, meistens referieren jedoch lediglich die Anmerkungen auf sie. Da die Protokolle des höchsten Gremiums des DGB, des bis 1978 im dreijährigen Abstand tagenden Bundeskongresses, in gedruckter Form vorliegen, ebenso wie die Geschäftsberichte des DGB, wird im Anmerkungsapparat auf richtungsweisende Anträge, die sich im Arbeitsprogramm des DGB-Bundesvorstands wiederfinden, lediglich mit Angabe des Publikationsorts hingewiesen.

Die in diesem Band veröffentlichten Bundesvorstandsprotokolle spiegeln sowohl die gesellschaftspolitischen Auseinandersetzungen in der zweiten Hälfte der 1970er-Jahre als auch die inneren Konflikte des Gewerkschaftsbunds wider. Der Entscheidungs- und Willensbildungsprozess des DGB wird ebenso sichtbar wie das Spannungsverhältnis zwischen den Einzelgewerkschaften und dem DGB-Bundesvorstand.

Die Dokumente sind chronologisch fortlaufend angeordnet und nummeriert. Gemäß den bisher angewandten Prinzipien der bereits erschienenen Bände zur »Geschichte der deutschen Gewerkschaftsbewegung im 20. Jahrhundert« wird jedes Dokument mit einem Titel und Datum eingeleitet. Im Kopfregest finden sich zudem Informationen über die Form des Textes und bei Protokollen über den Sitzungsort, die Sitzungsdauer, den Sitzungsvorsitz, die Protokollantinnen und Protokollanten, über Umfang und Art der Ausfertigung des Dokuments sowie über die Provenienz. Beginn und Ende der Sitzung sind in standardisierter Form wiedergegeben. Weitere Hinweise zur Entstehung des Textes sind jeweils in der ersten Fußnote angeführt. Dazu gehören der Zeitpunkt der Einladung und die Auflistung der nicht erschienenen Gremienmitglieder sowie dahinter in Klammern deren jeweilige Vertretung. Die

---

107 Zum Stellenwert der Diskussion und der Diskussionskultur in der Bundesrepublik vgl. Verheyen: Diskussionslust.

in den Protokollen oft fehlerhafte Angabe über die Anwesenheit wurde korrigiert und gegebenenfalls vervollständigt durch die handschriftlichen Anwesenheitslisten sowie die entsprechenden Absageschreiben der Gremienmitglieder, die sich in den Sitzungsakten Heinz O. Vetters befinden. Zur besseren Orientierung enthält der Anhang eine Aufstellung aller Bundesvorstandsmitglieder während des Editionszeitraums. In den Fußnoten zu den einzelnen Dokumenten werden nicht nur Hinweise zur Forschungsliteratur und Publizistik gegeben, sondern extensiv auf die Unterlagen in Vetters Handakten zurückgegriffen, da die Sprache der Beschlussprotokolle des DGB-Bundesvorstands nur in geringem Ausmaß Rückschlüsse auf die verhandelten Inhalte zuließ. Ferner wurde Wert auf Hinweise zu Artikeln in gewerkschaftlichen Publikationen und zur zeitgenössischen Presseberichterstattung gelegt. Beachtung verdiente insbesondere die Aufnahme von grauer Literatur aus der Bibliothek der Friedrich-Ebert-Stiftung, aber auch von Protokoll- und Dokumentenbänden von gewerkschaftlich organisierten Tagungen und Kongressen mit wissenschaftlichem beziehungsweise politischem Charakter. Forschungsliteratur wird aus Platzgründen in der Regel nur in Kurztiteln zitiert. Der vollständige Titel ist im Quellen- und Literaturverzeichnis verzeichnet. Einmalig zitierte gedruckte Quellen werden hingegen in den Annotationen mit den vollständigen bibliografischen Angaben erfasst, insbesondere wenn sie im engen inhaltlichen Zusammenhang mit dem edierten Dokument stehen.

Den in die Edition aufgenommenen Protokollen ist eine rekonstruierte Tagesordnung vorangestellt. Die Nummerierung und der Titel der Tagesordnung wurden aus dem Original übernommen. Die Dokumente sind in der Form der Vorlage und in der Regel ungekürzt wiedergeben, wobei größere Eingriffe in den Text gekennzeichnet werden, indem gekürzte Passagen in eckigen Klammern in einem Regest zusammengefasst wurden, um über die Inhalte dieser Tagesordnungspunkte zu informieren.

Stillschweigend sind hingegen alle offenkundigen Rechtschreib- und Interpunktionsfehler korrigiert worden, während zeittypische Schreibweisen in den Quellen beibehalten wurden. Hervorhebungen in den Originalen sind durch Kursivdruck ausgewiesen. Die Monatsnamen werden in den Dokumenten ausgeschrieben, in den Anmerkungen hingegen numerisch wiedergegeben, und alle nicht gebräuchlichen Abkürzungen wurden aufgelöst. Die in der Edition verwendeten Abkürzungen sind in einem Verzeichnis im Anhang gesondert aufgeführt.

Knappe biografische Hinweise finden sich im Personenregister, in einzelnen Fällen auch in den Fußnoten zu den jeweiligen Dokumenten, um das unmittelbare Verständnis zu erleichtern. Der Umfang der Informationen hängt von der Bedeutung der Person im Editionszusammenhang ab, wobei der Schwerpunkt auf dem Lebensabschnitt liegt, der in den Bearbeitungszeitraum fällt. Die in den bereits vorliegenden Bänden der Editionsreihe gemachten Personenangaben, insbesondere was die prosopografischen Vorarbeiten zu den Bundesvorstandsmitgliedern betrifft, wurden adaptiert und – soweit erforderlich – ergänzt. Informationen zu den Personen sind den einschlägigen biografischen Nachschlagewerken, den gewerkschaftlichen Publikationen und der Sammlung Personalia des DGB-Archivs entnommen.

Mein Dank gilt allen am Zustandekommen der Edition beteiligten Personen. Für die Förderung des Editionsprojekts geht er an die Hans-Böckler-Stiftung, namentlich an Michael Guggemos und Nik Simon. Mein besonderer Dank gilt der Herausgeberin und den Herausgebern der Edition, Anja Kruke, Dietmar Süß und Meik Woyke, sowie meinem Kollegen Stefan Müller, die den Arbeitsprozess der Annotation intensiv begleiteten und vielfältige Anregungen gaben. Dem ehemaligen Herausgeber der Edition, Michael Schneider, danke ich für wichtige Ratschläge. Danken möchte ich dem Lektor Thomas Pott, meinen Kollegen Peter Beule und den Mitarbeiterinnen und Mitarbeitern des Dietz-Verlags, allen voran Alexander Behrens. Hervorheben möchte ich darüber hinaus meine Kolleginnen und Kollegen im Archiv der sozialen Demokratie und der Bibliothek der Friedrich-Ebert-Stiftung, die mich bei meinen Recherchen unterstützten, insbesondere den DGB-Archivar Hubert Woltering, seinen Vorgänger Klaus Mertsching und Roswitha Jauer. Da die Edition ein Ein-Mann-Projekt war, gilt mein Dank für hilfreiche Kommentare zur Edition allen meinen Kolleginnen und Kollegen des Referats Public History im Archiv der sozialen Demokratie sowie der Praktikantin Bettina Kuhlmann und den Praktikanten David Hentschel, Christoph Hamm, Niklas Frechen, Dominik Klein und Stephan Feldmann. Wichtige Impulse für die Arbeit gaben die Teilnehmerinnen und Teilnehmer einer Kickoff-Tagung des Editionsprojekts im Herbst 2014.

Verzeichnis der Dokumente

Dok.	Datum und Titel	Seite
Nr. 1	30. Juni–1. Juli 1975: Kurzprotokoll der 1. Sitzung des Bundesvorstandes	67
Nr. 2	1. Juli 1975: DGB-Bundesvorstand bei Minister Rohde	76
Nr. 3	2. Juli 1975: DGB fordert Ankurbelung der inländischen Nachfrage	77
Nr. 4	2. September 1975: Kurzprotokoll der 2. Sitzung des Bundesvorstandes	79
Nr. 5	2. September 1975: Schwerpunkte des Arbeitsprogramms	84
Nr. 6	7. Oktober 1975: Kurzprotokoll über die 3. Sitzung des Bundesvorstandes	91
Nr. 7	4. November 1975: Kurzprotokoll der 4. Sitzung des Bundesvorstandes	100
Nr. 8	2. Dezember 1975: Kurzprotokoll der 5. Sitzung des Bundesvorstandes	109
Nr. 9	11. Dezember 1975: Kurzprotokoll der außerordentlichen Sitzung des Bundesvorstandes	120
Nr. 10	11. Dezember 1975: DGB zum Mitbestimmungskompromiß	121
Nr. 11	20. Januar 1976: Kurzprotokoll der außerordentlichen Sitzung des Bundesvorstandes	122
Nr. 12	3. Februar 1976: Kurzprotokoll der 6. Sitzung des Bundesvorstandes	130
Nr. 13	9. März 1976: Kurzprotokoll der 7. Sitzung des Bundesvorstandes	142
Nr. 14	6. April 1976: Kurzprotokoll der 8. Sitzung des Bundesvorstandes	155
Nr. 15	4. Mai 1976: Kurzprotokoll der 9. Sitzung des Bundesvorstandes	160
Nr. 16	DGB: Verbot der Aussperrung Gebot demokratischer Vernunft, DGB-Nachrichten-Dienst, ND 130/76, Düsseldorf, 4. Mai 1976	167
Nr. 17	1. Juni 1976: Kurzprotokoll der 10. Sitzung des Bundesvorstandes	169
Nr. 18	12. Juni 1976: Kurzprotokoll über die außerordentliche Sitzung des Bundesvorstandes	176
Nr. 19	6. Juli 1976: Kurzprotokoll der 11. Sitzung des Bundesvorstandes	178
Nr. 20	7. September 1976: Kurzprotokoll der 12. Sitzung des Bundesvorstandes	185
Nr. 21	5. Oktober 1976: Kurzprotokoll der 13. Sitzung des Bundesvorstandes	193
Nr. 22	2. November 1976: Kurzprotokoll der 14. Sitzung des Bundesvorstandes	200
Nr. 23	7. Dezember 1976: Kurzprotokoll der 15. Sitzung des Bundesvorstandes	210
Nr. 24	31. Januar 1977: Kurzprotokoll der 16. Sitzung des Bundesvorstandes	220
Nr. 25	1. März 1977: Kurzprotokoll der 17. Sitzung des Bundesvorstandes	230
Nr. 26	5. April 1977: Kurzprotokoll der 18. Sitzung des Bundesvorstandes	237
Nr. 27	3. Mai 1977: Kurzprotokoll der 19. Sitzung des Bundesvorstandes	244
Nr. 28	7. Juni 1977: Kurzprotokoll der 20. Sitzung des Bundesvorstandes	254
Nr. 29	Nachtrag zum Protokoll der 20. Bundesvorstandssitzung am 7. Juni 1977	260
Nr. 30	5. Juli 1977: Kurzprotokoll der 21. Sitzung des Bundesvorstandes	261
Nr. 31	6. September 1977: Kurzprotokoll der 22. Sitzung des Bundesvorstandes	267
Nr. 32	4. Oktober 1977: Kurzprotokoll der 23. Sitzung des Bundesvorstandes	277
Nr. 33	8. November 1977: Kurzprotokoll der 24. Sitzung des Bundesvorstandes	287
Nr. 34	6. Dezember 1977: Kurzprotokoll der 25. Sitzung des Bundesvorstandes	296
Nr. 35	24. Januar 1977: Vermerk über die Sitzung der Mitglieder des Geschäftsführenden Bundesvorstandes mit den Vorsitzenden der Gewerkschaften und Industriegewerkschaften	312
Nr. 36	7. Februar 1978: Kurzprotokoll der 26. Sitzung des Bundesvorstandes	314
Nr. 37	14. Februar 1978: Kurzprotokoll über die außerordentliche Sitzung des Bundesvorstandes mit dem Hauptvorstand und den Landesvorsitzenden der IG Druck und Papier	328
Nr. 38	23. Februar 1978: Kurzprotokoll über die Fortsetzung der 26. Sitzung des Bundesvorstandes	330
Nr. 39	7. März 1978: Kurzprotokoll über die 27. Sitzung des Bundesvorstandes	332
Nr. 40	4. April 1978: Kurzprotokoll der 28. Sitzung des Bundesvorstandes	344
Nr. 41	15. April 1978: Kurzprotokoll der außerordentlichen Sitzung des Bundesvorstandes	350
Nr. 42	2. Mai 1978: Kurzprotokoll der 29. Sitzung des Bundesvorstandes	352
Nr. 43	19. Mai 1978: Kurzprotokoll der 30. Sitzung des Bundesvorstandes	360
Nr. 44	6. Juni 1978: Kurzprotokoll über die 1. Sitzung des Bundesvorstandes	365
Nr. 45	4. Juli 1978: Kurzprotokoll über die 2. Sitzung des Bundesvorstandes	371
Nr. 46	5. September 1978: Kurzprotokoll über die 3. Sitzung des Bundesvorstandes	377
Nr. 47	3. Oktober 1978: Kurzprotokoll über die 4. Sitzung des Bundesvorstandes	395

Dok.	Datum und Titel	Seite
Nr. 48	Vorbereitung des Gespräches DGB-Bundesvorstand und Bundesjugendausschuß am 5. Dezember 1978	403
Nr. 49	7. November 1978: Kurzprotokoll über die 5. Sitzung des Bundesvorstandes	408
Nr. 50	Karl Schwab, Einführende Bemerkungen zur Vorbereitung des Gesprächs mit dem Bundesjugendausschuß, Bundesvorstandssitzung am 7.11.1978, [o. O.], 7.11.1978	417
Nr. 51	5. Dezember 1978: Kurzprotokoll über die 6. Sitzung des Bundesvorstandes	420
Nr. 52	6. Februar 1979: Kurzprotokoll über die 7. Sitzung des Bundesvorstandes	430
Nr. 53	6. März 1979: Kurzprotokoll der 8. Sitzung des Bundesvorstandes	447
Nr. 54	6. März 1979: Stellungnahme zum Urteil des Bundesverfassungsgerichts zu den Verfassungsbeschwerden gegen das Mitbestimmungsgesetz von 1976	454
Nr. 55	3. April 1979: Kurzprotokoll über die 9. Sitzung des Bundesvorstandes	456
Nr. 56	8. Mai 1979: Kurzprotokoll über die 10. Sitzung des Bundesvorstandes	461
Nr. 57	12. Juni 1979: Kurzprotokoll über die 11. Sitzung des Bundesvorstandes	472
Nr. 58	3. Juli 1979: Kurzprotokoll über die 12. Sitzung des Bundesvorstandes	481
Nr. 59	4. September 1979: Kurzprotokoll über die 13. Sitzung des Bundesvorstandes	488
Nr. 60	2. Oktober 1979: Kurzprotokoll über die 14. Sitzung des Bundesvorstandes	496
Nr. 61	6. November 1979: Kurzprotokoll über die 15. Sitzung des Bundesvorstandes	502
Nr. 62	Düsseldorf, den 8. November 1979: Stellungnahme des DGB zur staatlichen Förderung neuer Technologien und zur Humanisierung des Arbeitslebens	511
Nr. 63	4. Dezember 1979: Kurzprotokoll über die 16. Sitzung des Bundesvorstandes	514
Nr. 64	19. Januar 1980, Vermerk über die Klausurtagung des Bundesvorstandes am Samstag, dem 19. Januar 1980	520
Nr. 65	5. Februar 1980: Kurzprotokoll über die 17. Sitzung des Bundesvorstandes	523
Nr. 66	4. März 1980: Kurzprotokoll über die 18. Sitzung des Bundesvorstandes	535
Nr. 67	1. April 1980: Kurzprotokoll über die 19. Sitzung des Bundesvorstandes	542
Nr. 68	6. Mai 1980: Kurzprotokoll über die 20. Sitzung des Bundesvorstandes	553
Nr. 69	3. Juni 1980: Kurzprotokoll über die 21. Sitzung des Bundesvorstandes	561
Nr. 70	8. Juli 1980: Kurzprotokoll über die 22. Sitzung des Bundesvorstandes	571
Nr. 71	25. August 1980: Kurzprotokoll über die Sondersitzung des Bundesvorstandes	577
Nr. 72	2. September 1980: Kurzprotokoll der 23. Sitzung des Bundesvorstandes	580
Nr. 73	2. September 1980: Erklärung des DGB-Bundesvorstandes zum Abschluss der Streiks in Polen	588
Nr. 74	2. September 1980: Erklärung des Bundesvorstandes des DGB zur Sicherung der Montanmitbestimmung	588
Nr. 75	6. Oktober 1980: Sitzung des Geschäftsführenden Bundesvorstands mit den Gewerkschaftsvorsitzenden	590
Nr. 76	7. Oktober 1980: Kurzprotokoll über die 24. Sitzung des Bundesvorstandes	592
Nr. 77	4. November 1980: Kurzprotokoll über die 25. Sitzung des Bundesvorstandes	600
Nr. 78	2. und 3. Dezember 1980: Kurzprotokoll über die 26. Sitzung/Klausurtagung des Bundesvorstandes	606
Nr. 79	3. Februar 1981: Kurzprotokoll über die 27. Sitzung des Bundesvorstandes	616
Nr. 80	10. März 1981: Kurzprotokoll über die 28. Sitzung des Bundesvorstandes	624
Nr. 81	Deutscher Gewerkschaftsbund, Entschließung des DGB-Bundesausschusses zur Mitbestimmung, Düsseldorf, den 11. März 1981	632
Nr. 82	7. April 1981: Kurzprotokoll über die 29. Sitzung des Bundesvorstandes	634
Nr. 83	5. Mai 1981: Kurzprotokoll über die 30. Sitzung des Bundesvorstandes	640
Nr. 84	2. Juni 1981: Kurzprotokoll über die 31. Sitzung des Bundesvorstandes	645
Nr. 85	23. Juni 1981: Kurzprotokoll über die außerordentliche Sitzung des Bundesvorstandes	651
Nr. 86	7. Juli 1981: Kurzprotokoll über die 32. Sitzung des Bundesvorstandes	652
Nr. 87	1. September 1981: Kurzprotokoll über die 33. Sitzung des Bundesvorstandes	660
Nr. 88	6. Oktober 1981: Kurzprotokoll über die 34. Sitzung des Bundesvorstandes	667
Nr. 89	3. November 1981: Kurzprotokoll über die 35. Sitzung des Bundesvorstandes	672
Nr. 90	1. Dezember 1981: Kurzprotokoll über die 36. Sitzung des Bundesvorstandes	681
Nr. 91	2. Februar 1982: Kurzprotokoll über die 37. Sitzung des Bundesvorstandes	691

Dok.	Datum und Titel	Seite
Nr. 92	10. Februar 1982: Kurzprotokoll der Außerordentlichen Sitzung des Bundesvorstandes	701
Nr. 93	13. Februar 1982: Kurzprotokoll der Außerordentlichen Sitzung des Bundesvorstandes	710
Nr. 94	2. März 1982: Kurzprotokoll über die 38. Sitzung des Bundesvorstandes	714
Nr. 95	6. April 1982: Kurzprotokoll über die 39. Sitzung des Bundesvorstandes	721
Nr. 96	4. Mai 1982: Kurzprotokoll über die 40. Sitzung des Bundesvorstandes	726
Nr. 97	14. Mai 1982: Kurzprotokoll über die 41. Sitzung des Bundesvorstandes	731

Dokumente

Dokument 1

30. Juni–1. Juli 1975: Kurzprotokoll der 1. Sitzung des Bundesvorstandes

30. Juni 1975; Bank für Gemeinwirtschaft in Frankfurt am Main; Sitzungsdauer: 17.10–19.45 Uhr, und 1. Juli 1975; Deutsche Bundesbank in Frankfurt am Main; Vorsitz: Heinz O. Vetter; Protokollführung: Isolde Funke, Marianne Jeratsch; Sitzungsdauer: 9.35–17.25 Uhr; ms. vermerkt: »Vertraulich«.[1]

Ms., hekt., 7 S., 3 Anlagen.[2]

AdsD, DGB-Archiv, 5/DGAI000537.

Beginn der Sitzung: 17.10 Uhr.

Kollege *Vetter* eröffnet die erste Sitzung des Bundesvorstandes in Frankfurt/Main. Er begrüßt insbesondere Alois Pfeiffer als neues Mitglied des GBV und Willi Lojewski als Nachfolger im Amt des Vorsitzenden der GGLF.

Tagesordnung:
1. Veränderungsmitteilung – Landesbezirksvorstand Bayern
2. Absage der Gastspiele des Berliner Ensembles (DDR) bei den Ruhrfestspielen

---

Dok. 1
1   Einladungsschreiben vom 10.6.1975. Nicht anwesend: Leonhard Mahlein (vertreten durch Herbert Schwiedel), Erich Frister, Ernst Breit. AdsD, DGB-Archiv, 5/DGAI000887. Neben dem Protokoll der 25. Sitzung sollten den Mitgliedern des DGB-Bundesvorstands Vorlagen zur Erhöhung des Stammkapitals beim Bund-Verlag GmbH und zur Ergänzung des Beirats des Bund-Verlags zugehen. Vgl. ebd. Im Rahmen der Sitzung fanden zwei Gespräche des Bundesvorstands statt: mit Bundesminister für Bildung und Wissenschaft Helmut Rohde am Vormittag des 1.7.1975 und mit dem Präsidium der Deutschen Bundesbank, in deren Räumen der DGB-Bundesvorstand an diesem Tag tagte. Themen waren die wirtschaftliche Lage, insbesondere was ihre krisenhafte Entwicklung betraf, und die Entwicklung der Arbeitslosigkeit. Vgl. Protokoll, Bundesvorstandssitzung am 1.7.1975, [hsl. Zusatz] Übertragung aus dem Stenogramm, Abschnitt Gespräch des Bundesvorstands mit dem Zentralbankrat der Deutschen Bundesbank, AdsD, DGB-Archiv, 5/DGAI000887.
2   Anlagen: Anwesenheitsliste; vgl. DGB fordert Ankurbelung der inländischen Nachfrage, DGB-Nachrichten-Dienst, 179/75, 2.7.1975; DGB-Bundesvorstand bei Minister Rohde, DGB-Nachrichten-Dienst, 178/75, 1.7.1975.

3. Zentrale Demonstration und Kundgebung des DGB zur Reform der Berufsbildung
4. Genehmigung des Protokolls der 25. Bundesvorstandssitzung
5. Benennung eines weiteren Delegierten für den 11. Weltkongress des IBFG
6. Wirtschaftliche Lage
7. Zusammenarbeit zwischen dem Bund-Verlag und der Europäischen Verlagsanstalt
8. Erhöhung des Stammkapitals der Bund-Verlag GmbH
9. Beirat der Bund-Verlag GmbH
10. Radikale im Öffentlichen Dienst
hier: Gewährung von Rechtsschutz an DKP-Mitglieder
11. Protokollgestaltung
12. Verschiedenes

1. Veränderungsmitteilung – Landesbezirksvorstand Bayern

Beschluß:
Der Bundesvorstand schlägt dem Bundesausschuss vor, den Kollegen Eduard Schleinkofer, Bezirksleiter (IG Metall), und als Stellvertreter den Kollegen Alfred Besendörfer, Bezirkssekretär (IG Metall), als Mitglieder des Landesbezirksvorstandes Bayern zu bestätigen.

2. Absage der Gastspiele des Berliner Ensembles (DDR) bei den Ruhrfestspielen

In Ergänzung seiner vorgelegten Aufstellung teilt Kollege *Schwab* mit, daß die Kosten, die den Ruhrfestspielen entstanden sind, durch den inzwischen zugesagten Zuschuss des Bundesministeriums für innerdeutsche Beziehungen gedeckt werden.[3]

---

[3] Der DGB-Bundesvorstand befasste sich mit dem Thema, weil er 50-prozentiger Gesellschafter der Ruhrfestspiele GmbH war, die andere Hälfte lag bei der Stadt Recklinghausen. Der Rückzug des Berliner Ensembles von den Ruhrfestspielen stand im Zusammenhang mit der Nichteinladung des FDGB zum DGB-Bundeskongress. Vgl. DGB-Bundesvorstand, an die Mitglieder des Bundesvorstandes und Landesbezirksvorsitzenden, Düsseldorf, 20.6.1975, Anlage 2, AdsD, DGB-Archiv, 5/DGAI000887. Am Tag der Absage, die von der Künstleragentur der DDR mit der »unfreundlichen Haltung des DGB gegenüber dem FDGB« beim Bundeskongress des DGB begründet worden war, hatte ein Gespräch des DGB mit einer Delegation des FDGB stattgefunden, in dem diese Vorbehalte zögerlicher vorgetragen worden waren. Vgl. ebd., Anlage 2, [DGB-Bundesvorstand], Abt. Vorsitzender, Vermerk über DDR-Kontakte, Düsseldorf, 4.6.1975, AdsD, DGB-Archiv, 5/DGAI000887. In einer Erklärung der Ruhrfestspiele wird die Auffassung vertreten, dass die politische Begründung der Absage vorgeschoben war, um die Schwierigkeiten des Berliner Ensembles in der DDR zu vertuschen. Vgl. Karl Schwab/Erich Wolfram: Erklärung der Ruhrfestspiele GmbH, Recklinghausen, 5.6.1975, AdsD, DGB-Archiv, 5/DGAI000887. Zur Ost- und Deutschlandpolitik des DGB vgl. Müller: DGB, S. 223-233.

Der Bundesvorstand müßte nun entscheiden, ob rechtliche Schritte gegen die Künstleragentur der DDR unternommen werden sollten, wovon der GBV abrät.

Nach kurzer Diskussion, an der sich die Kollegen *Vetter* und *Seibert* beteiligen, faßt der Bundesvorstand folgenden *Beschluß*:

Der Bundesvorstand nimmt den Bericht des Kollegen *Schwab* zur Kenntnis und vertritt die Auffassung, daß keine rechtlichen Schritte gegen die Künstleragentur der DDR unternommen werden sollen.[4]

3. Zentrale Demonstration und Kundgebung des DGB zur Reform der Berufsbildung

Kollege *Schwab* erläutert die Vorlage und bittet den Bundesvorstand, der Empfehlung des Bundesjugendausschusses zuzustimmen.[5]

In der nachfolgenden Diskussion, an der sich die Kollegen *Vetter, Vietheer, Schwab, Hauenschild, A. Schmidt, Loderer, Buschmann, Mirkes, Kluncker, Seibert* und die Kollegin *Weber* beteiligen, wird die Notwendigkeit einer solchen Kundgebung bestätigt. Es wird die Auffassung vertreten, diese Kundgebung nicht in der vorgeschlagenen Größenordnung und im Saal durchzuführen.[6]

---

4 Vgl. in diesem Kontext auch den DGB-Nachrichten-Dienst 151/75 vom 5.6.1975 sowie die Berichterstattung der Presse: Ruhrfestspiele. Die Absage, in: Frankfurter Allgemeine Zeitung, 7.4.1975; Nicht nur Theaterdonner, in: Neue Rheinische Zeitung, 7.6.1975; Theaterkrach: DDR boykottiert Ruhrfestspiele. DGB-Vetter soll Sündenbock sein, in: Express, 7.6.1975; DDR-Absage an Ruhrfestspiele. Künstlerische Gründe vermutet, in: Rheinische Post, 7.6.1975.

5 Hintergrund war, dass die Mehrheit der CDU/CSU-regierten Bundesländer den Regierungsentwurf einer Novelle des Berufsbildungsgesetzes – auch aufgrund der massiven Interventionen der Unternehmensverbände und ihrer Spitzenrepräsentanten – im Bundesrat verhindert und damit die Berufsbildungsreform ausgebremst hatte. Vgl. [DGB-Bundesvorstand], Abt. Jugend, an die Mitglieder des Bundesvorstandes, Zentrale Demonstration und Kundgebung des DGB zur Reform der Berufsbildung, Düsseldorf, 25.6.1975, AdsD, DGB-Archiv, 5/DGAI000887. Die Initiative ging vom 9. Bundesjugendkongress aus. Der Bundesjugendausschuss (BJA) hatte auf seiner Sitzung am 18.6.1975 für die Kundgebung den 15.11.1975 als Termin und das Ruhrgebiet als Veranstaltungsort vorgeschlagen. Vorangegangen waren zwischen dem 1.2. und 14.6.1975 zwölf große örtliche und bezirkliche Kundgebungen sowie zahlreiche kleinere Kundgebungen mit insgesamt über 100.000 Teilnehmerinnen und Teilnehmern. Vgl. ebd. Dieser Mobilisierungserfolg ging auf die starke Lehrlingsbewegung der frühen 1970er-Jahre zurück und spiegelte die Unzufriedenheit mit dem bestehenden Berufsbildungssystem nach dem Aufbruch von 1968/69 wider. Vgl. Andresen: Lehrlingsbewegung; ders.: Gebremste Radikalisierung. Zur Geschichte der Reform des Berufsbildungswesens in den Reformjahren der sozial-liberalen Koalition vgl. Lompe: Gewerkschaftliche Politik, hier: S. 309-312. Zur zeitgenössischen politischen Diskussion vgl. auch Nolte: Berufsbildungsgesetz; Claus Offe reflektiert die zeitgenössische sozialwissenschaftliche Befassung mit dem Thema in ders.: Berufsbildungsreform. Systematisch werden die Berufsbildungsreformen bei Busemeyer: Wandel trotz Reformstau, S. 79-106, untersucht.

6 In der Diskussion spielte die Frage eine Rolle, wie die Kundgebung zu steuern sei und radikale Störungen und Mobilisierungen, die sich gegen den DGB richten könnten, vermieden werden könnten. Vgl. Protokoll, [hsl. Zusatz] Übertragung aus dem Stenogramm, für die 1. Sitzung des Bundesvorstands am 30.6.1975, S. 3-8, AdsD, DGB-Archiv, 5/DGAI000887.

Beschluß:
Der Bundesvorstand ist damit einverstanden, daß im Herbst 1975 eine zentrale Kundgebung des DGB zur Reform der Berufsausbildung im Ruhrgebiet (Saalveranstaltung) mit rund 6.000 Teilnehmern durchgeführt werden soll. Die Teilnehmer der Veranstaltung sollen sich wie folgt zusammensetzen: 4.000 aus dem Ruhrgebiet und 2.000 aus den anderen Bundesländern. Vorbehaltlich der Zustimmung der Gewerkschaftsvorstände ist der Bundesvorstand damit einverstanden, daß die Finanzierung in der Form erfolgt, daß die neben dem Betrag der Abteilung Jugend aufzubringende Summe von DM 150.000,– durch die Zahl von rund 1,2 Mio jugendlichen Mitgliedern unter 25 Jahren geteilt und dann mit der Zahl der jugendlichen Mitglieder der Einzelorganisationen multipliziert wird.

Fortsetzung zu TOP 2.:
Kollege *Loderer* berichtet über die Reise von Kollegen *Mayr* und *Günther* in die DDR zur Vorbereitung weiterer Kontakte mit der Metallgewerkschaft und über die Hintergründe, die zur Ausweisung der beiden Kollegen aus der DDR geführt haben. Kollege *Loderer* sagt dem Bundesvorstand einen schriftlichen Bericht zu.[7]

4. Genehmigung des Protokolls der 25. Bundesvorstandssitzung

Beschluß:
Der Bundesvorstand genehmigt das Protokoll der 25. Bundesvorstandssitzung mit folgender Änderung: Auf Seite 3 muß der zweite Satz unter e) wie folgt lauten: »Er gibt zu Protokoll, daß seine Gewerkschaft bereit ist, bei den Beratungen im Arbeiterausschuss und im Bundesvorstand die Tatsache des Zurückziehens dieses Antrages nicht gegen die mehrheitliche Auffassung der Antragsteller zu verwenden. Die ÖTV sei ferner bereit, bei der Lösung des Problems positiv mitzuwirken.«[8]

5. Benennung eines weiteren Delegierten für den 11. Weltkongress des IBFG

Beschluß:
Der Bundesvorstand ist damit einverstanden, daß anstelle des Kollegen Mahlein der Kollege Herbert Schwiedel an dem o[ben] a[ngegebenen] Kongreß teilnimmt.

---

7 Eugen Loderer berichtete über die ursprünglich für Berlin vorgesehene Delegationsreise nach Dresden, die am 1.6.1975 stattgefunden hatte. Eine der zentralen Fragen in den Gesprächen war, ob man die DDR als Ausland sehe. Dies wurde vom DGB prinzipiell abgelehnt, der sich damit in Übereinstimmung mit der Haltung der Bundesregierung sah. Vgl. Protokoll, [hsl. Zusatz] Übertragung aus dem Stenogramm, für die 1. Sitzung des Bundesvorstands am 30.6.1975, S. 3-8, hier S. 8, AdsD, DGB-Archiv, 5/DGAI000887.
8 Richtig hätte es »unter f)« heißen müssen. In dem zurückgezogenen Antrag wurde von der ÖTV im Bundes-Arbeiterausschuss ein Unterausschuss »Behördenarbeiter« und im Bundes-Angestelltenausschuss ein Unterausschuss »Behördenangestellte« gefordert. Vgl. Mertsching: Quellen 16, S. 972.

Kollege Ernst Breit soll gebeten werden, für den von der Reise zurückgetretenen Kollegen Seibert teilzunehmen.⁹

6. Wirtschaftliche Lage

Kollege *Pfeiffer* zeigt im einzelnen die Probleme der wirtschaftlichen Situation auf und vertritt die Auffassung, daß der DGB und die Gewerkschaften mit Stellungnahmen und eventuellen eigenen Vorschlägen reagieren müßten.¹⁰ Dies könnte mit der im Entwurf vorliegenden Pressemeldung begonnen¹¹ und im Herbst mit detaillierten Programmen fortgesetzt werden, die vorher vom Wirtschafts- und Steuerpolitischen Ausschuss des DGB vorbereitet werden sollen. Die Fragen der Konjunkturbelebung und damit in Zusammenhang die Beschäftigungslage sowie eventuelle Steuererhöhungen stehen dabei im Vordergrund.¹²

An der nachfolgenden Diskussion beteiligen sich die Kollegen *Vietheer, A. Schmidt, Buschmann, Kluncker, Vetter, Clauss, Pfeiffer, Hauenschild* und *Wagner*. Im Prinzip wird den Vorschlägen des Kollegen *Pfeiffer* sowie der vorgelegten Pressemeldung zugestimmt, wobei gleichzeitig Situationsberichte aus einzelnen Branchen gegeben werden. Entsprechend der Diskussion soll dem Bundesvorstand in seiner morgigen Sitzung ein neuer Entwurf für eine Pressemeldung vorgelegt werden.

Ende der Sitzung: 19.50 Uhr.

---

9 Vgl. Report of the 11th International Trade Union Federations' Congress, Brüssel 1975.
10 Vgl. [DGB-Bundesvorstand], Abt. Wirtschaftspolitik, Material zur wirtschaftspolitischen Diskussion auf der Bundesvorstandssitzung am 30.6.1975 in Frankfurt, Düsseldorf, 19.6.1975, AdsD, DGB-Archiv, 5/DGAI000887; zur Wirtschaftspolitik der sozial-liberalen Koalition und über das keynesianische Krisenmanagement vgl. Faulenbach: Das sozialdemokratische Jahrzehnt, S. 445-449; vgl. auch Abelshauser: Wirtschaftsgeschichte, S. 392-401.
11 Vgl. Dok. 3: DGB fordert Ankurbelung der inländischen Nachfrage, DGB-Nachrichten-Dienst, 179/75, 2.7.1975.
12 Die Beratung des TOPs diente auch der Vorbereitung des Gesprächs mit dem Zentralbankrat der Deutschen Bundesbank. In der Abteilung Wirtschaftspolitik herrschte 1975 die Auffassung, dass man sich in einer Wachstumspause befinde, »deren Länge gegenwärtig nicht bestimmbar« sei, und verglich dies mit der Rezession von 1966/67. Solche Zwischenphasen seien nicht ungewöhnlich. Vgl. [DGB-Bundesvorstand], Abt. Wirtschaftspolitik, Material zur wirtschaftspolitischen Diskussion auf der Bundesvorstandssitzung am 30.6.1975 in Frankfurt, Düsseldorf, 19.6.1975, S. 1, AdsD, DGB-Archiv, 5/DGAI000887. Zeitgenössisch waren die Indikatoren, dass es sich bei der Krise, die auf 1973/74 folgte, um einen »Strukturbruch revolutionären Ausmaßes« handelte, wie dies von Anselm Doering-Manteuffel und Lutz Raphael gedeutet wird, nicht erkennbar. Vgl. zur Strukturbruchthese Doering-Manteuffel/Raphael: Nach dem Boom; zur gewerkschaftsgeschichtlichen Einordnung und Diskussion der Strukturbruchthese vgl. die Beiträge in Andresen/Bitzegeio/Mittag: »Nach dem Strukturbruch?«. Die Forderungen, die die DGB-Abteilung Wirtschaftspolitik erarbeitete und die sich der DGB-Bundesvorstand zu eigen machte, sollten die Konjunktur durch Erzeugung inländischer Nachfrage ankurbeln. Des Weiteren widersprach die DGB-Abteilung den unternehmerischen Forderungen nach Steuerbegünstigungen, übte jedoch einen zurückhaltenden Einfluss hinsichtlich etwaiger Forderungen nach Steuererhöhungen aus. Vgl. [DGB-Bundesvorstand], Abt. Wirtschaftspolitik, Material zur wirtschaftspolitischen Diskussion auf der Bundesvorstandssitzung am 30.6.1975 in Frankfurt, Düsseldorf, 19.6.1975, S. 3, AdsD, DGB-Archiv, 5/DGAI000887.

Fortsetzung: 1. Juli 1975, 9.35 Uhr.

Gespräch mit Bundesminister [für Bildung und Wissenschaft] *Helmut Rohde*

Der Bundesminister informiert den Bundesvorstand über die anstehende Gesetzgebung zur Reform der beruflichen Bildung und bespricht mit dem Bundesvorstand insbesondere die Frage der Sicherung eines ausreichenden Angebots an qualifizierten Ausbildungsplätzen, die Neuregelung der Finanzierung der beruflichen Ausbildung und die Beteiligung der Gewerkschaften an der Organisation der Berufsbildung.[13]

In der nachfolgenden Diskussion stimmt der Bundesvorstand mit Minister Rohde darin überein, daß eine fortschrittliche Gesetzgebung noch in dieser Legislaturperiode erforderlich sei, um die dringenden Probleme im Interesse der Jugendlichen und der Arbeitnehmer zu lösen. Es werden außerdem die für den DGB besonders wichtigen Probleme aufgezeigt. Der DGB wird seine über den Regierungsentwurf hinausgehenden Forderungen weiterhin mit Nachdruck vertreten. Über dieses Gespräch soll eine Pressemeldung verabschiedet werden.[14]

Pause: 11.35 bis 11.45 Uhr.

7. Zusammenarbeit zwischen dem Bund-Verlag und der Europäischen Verlagsanstalt

Kollege *Lappas* berichtet über die Schwierigkeiten bei der verlegerischen Tätigkeit der EVA, insbesondere in der Zusammenarbeit mit den sozialwissenschaftlichen Instituten der Frankfurter Universität. Auch ständige gemeinsame Tagungen der Beiräte von Bund-Verlag und EVA würden zu keiner Lösung des Problems führen, die jedoch möglicherweise durch eine vom Bundesvorstand beschlossene Neubesetzung des Gewerkschaftlichen Lektoratsarbeitskreises der EVA erreicht werden könnte. Kollege *Lappas* sagt dem Bundesvorstand Unterlagen zu diesem Problemkreis zu.[15]

---

13 Zum Gesprächsverlauf vgl. Bundesvorstandssitzung am 1.7.1975, [Übertragung aus dem Stenogramm], AdsD, DGB-Archiv, 5/DGAI000887. Ausgangspunkt der Betrachtungen Rohdes war die Jugendarbeitslosigkeit vor dem Hintergrund hoher Schulabgängerzahlen in Deutschland. Er verglich die Situation der Auszubildenden im europäischen Kontext und erläuterte den Gesetzentwurf zum Berufsbildungsgesetz. Zur Jugendarbeitslosigkeit im Vergleich vgl. Raithel: Jugendarbeitslosigkeit. Des Weiteren ging es in dem Gespräch um die Finanzierung der Berufsbildung. Zu den Ergebnissen des Gesprächs vgl. auch Dok. 2: 1.7.1975. Zur Darstellung des weiteren Verlaufs der Entwicklung vgl. DGB-Bundesvorstand, Geschäftsbericht 1975–1977, S. 209–214, bes. zum Scheitern der Neufassung eines Berufsbildungsgesetzes vgl. ebd., S. 211 ff.
14 Vgl. DGB-Bundesvorstand bei Minister Rohde, DGB-Nachrichten-Dienst, 178/75, 1.7.1975, AdsD, DGB-Archiv, 5/DGAI000887. Vgl. ebd. auch die Entwürfe zur Pressemeldung über das Gespräch.
15 Die Europäische Verlagsanstalt war im Jahr 1974 in die Krise geraten. Walter Hesselbach, der Vorstandsvorsitzende der Bank für Gemeinwirtschaft, hatte vorgeschlagen, die beiden Verlage stärker zusammenarbeiten zu lassen. Geprüft wurde, ob die EVA mit dem gewerkschaftseigenen BUND-Verlag fusioniert werden konnte. Dies wurde dann auf den Vorschlag reduziert, beider Verlage Beiräte zusammen tagen zu

Nach kurzer Diskussion, an der sich die Kollegen *Hauenschild, Vetter, Mirkes, Kluncker, Lappas, Buschmann* und *Mayr* beteiligen, faßt der Bundesvorstand folgenden *Beschluß*: Der Bundesvorstand stimmt der gemeinsamen Tagung der Beiräte von Bund-Verlag und EVA zu. Die Gewerkschaften sollen aufgefordert werden, ihre Vertreter für den Gewerkschaftlichen Lektoratsarbeitskreis der EVA neu zu benennen, da dessen Amtszeit mit dem Bundeskongreß des DGB abgelaufen ist. Weitere Einzelheiten sollen in der Sitzung am heutigen Abend mit dem Kollegen Hesselbach erörtert werden.

8. Erhöhung des Stammkapitals der Bund-Verlag GmbH

Beschluß:
Der Bundesvorstand stimmt der Erhöhung des Stammkapitals bei der Bund-Verlag GmbH um 750.000,– DM auf 1,5 Mio DM zu; 300.000,– DM werden im Laufe des Jahres 1975 eingezahlt, weitere Einzahlungen sollen in den nächsten Jahren erfolgen.[16]

---

lassen. Alfons Lappas schlug den Gewerkschaftlichen Lektoratsbeirat als Instrument vor, um Kontrolle über die als »gewerkschaftsfeindlich« apostrophierten Arbeiten von Mitarbeiterinnen und Mitarbeitern sozialwissenschaftlicher Institute unter eine Kontrolle zu bringen, die im Sinne des DGB-Bundesvorstands sei. Der Lektoratsarbeitskreis tagte von April 1973 bis Januar 1976. Ihm gehörten Verlagsvertreterinnen und -vertreter sowie Mitarbeiterinnen und Mitarbeiter in den DGB- und Einzelgewerkschaftsbundesvorständen an. Über die Zusammensetzung des Gewerkschaftlichen Lektoratsarbeitskreises informieren die Protokolle in AdsD, DGB-Archiv, 5/DGAI001771. Die Aufgaben des Gewerkschaftlichen Lektoratsarbeitskreises wurden von der Gesellschafterversammlung der Europäischen Verlagsanstalt am 17.3.1976 dem Beirat des Verlags übertragen. In der Europäischen Verlagsanstalt erschienen unter anderem einige der gewerkschaftssoziologischen Studien des Frankfurter Instituts für Sozialforschung und andere Studien der Take-off-Phase der bundesdeutschen Gewerkschaftssoziologie. Vgl. hierzu Protokoll der 1. Sitzung des Bundesvorstandes am 30.6./1.7.1975, Übertragung aus dem Stenogramm, S. 1-3 [getrennte Zählung], AdsD, DGB-Archiv, 5/DGAI000887, TOP 7. Ein Beispiel ist die innergewerkschaftlich umstrittene 1. Auflage der Kollektivdissertation von Bergmann/Jacobi/Müller-Jentsch: Gewerkschaften. Zur Geschichte der EVA vgl. Körner: Europäische Verlagsanstalt; zur Beziehung zu den Gewerkschaften vgl. ebd., S. 93 ff., 108 ff., 114 f. Zur Auseinandersetzung um die erste Gewerkschaftsstudie am Institut für Sozialforschung vgl. auch von Freyberg: Sperrgut, S. 171-178.

16 Die Erhöhung des Stammkapitals der Bund-Verlag GmbH diente der Sicherstellung einer angemessenen Liquidität. Seit 1953 war keine Erhöhung des Stammkapitals mehr vorgenommen worden. Der Umsatz des Verlags lag im Vorjahr 1974 bei 13,2 Millionen DM. Vgl. [DGB-Bundesvorstand], Abt. Finanzen, Alfons Lappas, Vorlage für den Geschäftsführenden Bundesvorstand und den Bundesvorstand, Erhöhung des Stammkapitals der Bund-Verlag GmbH, Düsseldorf, 12.6.1975, AdsD, DGB-Archiv, 5/DGAI000887.

9. Beirat der Bund-Verlag GmbH

Beschluß:
Der Bundesvorstand benennt Kollegen Leonhard *Mahlein* als Mitglied und Kollegen Günter *Stephan* als stellvertretenden Vorsitzenden für den Beirat der Bund-Verlag GmbH.[17]

10. Radikale im Öffentlichen Dienst
Hier: Gewährung von Rechtsschutz an DKP-Mitglieder

Kollege *Kluncker* vertritt die Auffassung, daß der DGB und die Gewerkschaften sich auf ein einheitliches Vorgehen in der Frage der Rechtsschutzgewährung an DKP-Mitglieder einigen sollten. Er regt außerdem an, in diesem Zusammenhang das Problem DKP allgemein zu diskutieren. Die Beratung der o[ben] a[ngegebenen] Fragen könnte in der Septembersitzung erfolgen.[18]

Der Bundesvorstand ist damit einverstanden, diese Frage in seiner Sitzung im September oder Oktober zu erörtern.[19]

11. Protokollgestaltung

Beschluß:
Der Bundesvorstand ist damit einverstanden, daß in Zukunft Kurzprotokolle über die Bundesvorstandssitzungen erstellt werden. Das übertragene stenographische Protokoll soll in den Bundesvorstandsakten beim Vorsitzenden abgeheftet werden.

12. Verschiedenes

a) GBV-Protokolle
Kollege *Kluncker* regt an, die Protokolle der GBV-Sitzungen so auszugestalten, daß die jeweiligen Beschlüsse begründet werden, wenn es zur besseren Information erforderlich ist.

---

17 Vgl. [DGB-Bundesvorstand], Abt. Finanzen, Alfons Lappas, Vorlage für den Geschäftsführenden Bundesvorstand und den Bundesvorstand, Beirat der Bund-Verlag GmbH, Düsseldorf, 12.6.1975, AdsD, DGB-Archiv, 5/DGAI000887.
18 Zum Problemkomplex vgl. Rigoll: Staatsschutz in Westdeutschland, S. 340-456.
19 In der Diskussion der vorliegenden Sitzung wurden ausweislich des Stenogramms vor allem die Gewerkschaften des Öffentlichen Dienstes (ÖTV, DPG, GEW, GdED) angesprochen. Die Vertagungsentscheidung fiel, da Ernst Breit und Philipp Seibert nicht anwesend waren. Vgl. Bundesvorstandssitzung am 1.7.1975, [Übertragung aus dem Stenogramm], S. 1-2, AdsD, DGB-Archiv, 5/DGAI000887.

b) Einladung zu Ausschußsitzungen des DGB
Der Bundesvorstand stimmt der Anregung des Kollegen *Kluncker* zu, daß alle Einladungen und Protokolle der Ausschußsitzungen des DGB an die Gewerkschaftsvorsitzenden zur Kenntnisnahme gesandt werden sollen.

c) Internationale Düngerhilfe-Solidaritätsaktion
Nach Konsultation der internationalen Gremien wird Kollege *Vetter* die o[ben] a[ngegebene] Angelegenheit wieder vortragen.[20]

d) Situation bei der ILO
Kollege *Muhr* informiert den Bundesvorstand über die politischen Probleme, die in Zusammenhang mit der Zulassung der PLO als Beobachter bei der letzten Internationalen Arbeitskonferenz aufgetreten sind.[21] Er weist auf die Schwierigkeiten hin, die sich für die Arbeit der ILO ergeben werden, wenn die US-Regierung mit Zustimmung der AFL/CIO – nach Auszug der amerikanischen Arbeitnehmerdelegation aus der Konferenz – ihre Zahlung an die ILO einstellt.
Der Bundesvorstand nimmt den Bericht des Kollegen *Muhr* zur Kenntnis.[22]

e) NHS-Versicherungs- und Vermittlungsgesellschaft
Kollege *Sierks* erbittet Auskunft über die neugegründete NHS-Versicherungs- und Vermittlungsgesellschaft.
Kollege *Lappas* teilt mit, daß nach Auskunft des Vorstandes der NH die Geschäfte der Volksfürsorge nicht berührt werden.[23]

f) Arbeitsprogramm des GBV
Kollege *Kluncker* fragt, ob der GBV beabsichtigt, dem Bundesvorstand ein Arbeitsprogramm vorzulegen.
Kollege *Vetter* sagt für den GBV eine erste Übersicht für September zu.

---

20 Heinz Oskar Vetter trug dieses Thema im Bundesvorstand nicht wieder vor. Es konnte nicht ermittelt werden, worum es sich bei der Internationalen Düngerhilfe Solidaritätsaktion im Jahr 1975 handelte.
21 Zu Gerd Muhrs Tätigkeit im Rahmen der ILO und den Ereignissen im Zusammenhang der 60. Internationalen Arbeitskonferenz in Genf, auf der der PLO Beobachterstatus zuerkannt wurde, vgl. Remeke: Anders links sein, S. 428-447, insbesondere S. 431-435. Zur Histadrut vgl. Maschke: Die israelische Arbeiterorganisation Histadrut.
22 Zum Bericht von Gerd Muhr vgl. Bundesvorstandssitzung am 1.7.1975, [Übertragung aus dem Stenogramm], Verschiedenes, S. 1-3, AdsD, DGB-Archiv, 5/DGAI000887.
23 Vgl. [DGB-Bundesvorstand], Abt. Wirtschaftspolitik, Alois Pfeiffer, an die Mitglieder des Geschäftsführenden Bundesvorstands, 23.6.1975, sowie [DGB-Bundesvorstand], Abt. Wirtschaftspolitik, Notizen zum Gespräch mit der Bundesbank am 1.7.1975, AdsD, DGB-Archiv, 5/DGAI000887. Im Anschluss an die Bundesvorstandssitzung fand ein Gespräch mit dem Zentralbankrat der Deutschen Bundesbank statt, dessen Inhalte die andauernde Rezession, der Rückgang der Exporte, die Verminderung des Sozialprodukts und die Auswirkungen auf die Beschäftigungslage und die anhaltend steigende Arbeitslosigkeit waren.

g) Verwendung öffentlicher Mittel im Bereich des DGB
Kollege *Kluncker* erinnert an die Beratungen in Gravenbruch und fragt nach der Übersicht über die Verwendung öffentlicher Mittel im Bereich des DGB. Kollege *Lappas* sagt diese Übersicht zu.

Fortsetzung zu TOP 6.
Nach kurzer Diskussion verabschiedet der Bundesvorstand eine Pressemeldung »DGB fordert Ankurbelung der inländischen Nachfrage« (s. Anlage).

Fortsetzung zum TOP »Gespräch mit Bundesminister Helmut Rohde«
Der Bundesvorstand verabschiedet eine Pressemeldung zum Gespräch mit Bundesminister Helmut Rohde (s. Anlage).[24]

Mittagspause: 13.55 bis 15.20 Uhr.

Anschließend führt der Bundesvorstand ein vertrauliches Gespräch mit Vertretern des Zentralbankrates der Deutschen Bundesbank.

Ende der Sitzung: 17.25 Uhr.

Dokument 2

1. Juli 1975: DGB-Bundesvorstand bei Minister Rohde

Bundespressestelle des Deutschen Gewerkschaftsbundes DGB-Nachrichten-Dienst, ND 178/75, Düsseldorf.
Ms., hekt., 1 S.
AdsD, DGB-Archiv, 5/DGAI000537.

Am 1. Juli 1975 fand in Frankfurt/Main ein Gespräch des Bundesministers für Bildung und Wissenschaft, Helmut Rohde, mit dem Bundesvorstand des Deutschen Gewerkschaftsbundes über die Gesetzgebung zur Reform der beruflichen Bildung statt. Im Mittelpunkt des Gesprächs standen insbesondere die Frage der Sicherung eines ausreichenden Angebots an qualifizierten Ausbildungsplätzen, die Neuregelung der Finanzierung der beruflichen Ausbildung und die Beteiligung der Gewerkschaften in der Organisation der Berufsbildung.[1]

---

24 Vgl. Dok. 3: DGB fordert Ankurbelung der inländischen Nachfrage, DGB-Nachrichten-Dienst, 179/75, 2.7.1975.

Dok. 2
1 Zum Gesprächsverlauf vgl. Bundesvorstandssitzung 1.7.1975, [Übertragung aus dem Stenogramm], AdsD, DGB-Archiv, 5/DGAI000887 sowie oben Dok. 1.

Die teilnehmenden Vorsitzenden und Vorstandsmitglieder des DGB und der Einzelgewerkschaften stimmten mit Minister Rohde darin überein, daß eine fortschrittliche Gesetzgebung noch in dieser Legislaturperiode erforderlich sei, um die drängenden Probleme im Interesse der Jugendlichen und der Arbeitnehmer zu lösen.

Dem DGB geht es dabei insbesondere um die auch im Gespräch vertretenen Positionen des DGB-Bundeskongresses zur Finanzierung der Berufsausbildung als entscheidenden Reformansatz zur eindeutigen Mitbestimmung der Arbeitnehmer auf allen Ebenen der Berufsbildung und zur Einbeziehung des öffentlichen Dienstes und der gesamten Handwerksregelungen in das Berufsbildungsgesetz.[2] Im Gespräch ist auch anerkannt worden, daß der Regierungsentwurf im Bereich der Weiterbildung, der Rehabilitation sowie der Planung und Statistik erstmalig umfassende Regelungen vorsieht.[3]

Der DGB wird seine Forderungen und Vorstellungen zur Berufsbildungsreform während des weiteren Gesetzgebungsverfahrens mit Nachdruck vertreten. Er erwartet von allen Fraktionen des Bundestages und vom Bundesrat konkrete und fortschrittliche Entscheidungen, die den Notwendigkeiten der Reform Rechnung tragen.

Dokument 3

2. Juli 1975: DGB fordert Ankurbelung der inländischen Nachfrage

Bundespressestelle des Deutschen Gewerkschaftsbundes DGB-Nachrichten-Dienst, ND 179/75, Düsseldorf.

Ms., hekt., 2 S.

AdsD, DGB-Archiv, 5/DGAI000537.

Der Bundesvorstand des Deutschen Gewerkschaftsbundes hat auf seiner Sitzung in Frankfurt Maßnahmen zur Überwindung der Arbeitslosigkeit in der Bundesrepublik beraten.

Bei der unsicheren weltwirtschaftlichen Entwicklung kann die Gefahr einer länger anhaltenden Stagnation nicht ausgeschlossen werden. Bei einer längeren Stagnation aber würden sich die sozialen Verhältnisse der davon unmittelbar Betroffenen automatisch weiter verschlechtern und die Gefahr einer Dauerarbeits-

---

[2] Zu den Beschlüssen des DGB-Bundeskongresses vgl. die Anträge 220–231 auf dem Bundeskongress des DGB, insbesondere die Anträge 220 und 221, in: DGB: 10. Bundeskongreß 1975, S. 220-236, insbesondere S. 221-226.

[3] Kurzprotokoll der 1. Sitzung des Bundesvorstandes am 30.6./1.7.1975, Übertragung aus dem Stenogramm, Gespräch mit Bundesminister Helmut Rohde, S. 1-11, hier S. 2-5 [getrennte Zählung], AdsD, DGB-Archiv, 5/DGAI000887.

losigkeit würde zunehmen.[1] Doch selbst wenn, unter optimistischen Annahmen, eine Belebung des Exportes eine Verbesserung der Wirtschaftslage in Teilbereichen der Wirtschaft bewirkt, wäre damit die Abhängigkeit der deutschen Wirtschaft von weltwirtschaftlichen Fehlentwicklungen nicht überwunden.[2]

Der Bundesvorstand des Deutschen Gewerkschaftsbundes fordert deshalb die Bundesregierung, die Länder und alle sonstigen Verantwortlichen auf, folgende Maßnahmen zu ergreifen, die unabhängig von der Entwicklung der Auslandsnachfrage durch Stärkung der inländischen Nachfrage zur Überwindung der Wirtschaftsflaute beitragen.

1. Unabhängig von der Geldmengensteuerung der Bundesbank ist ein stärkerer Einfluß auf die Senkung der Hypothekarzinsen auszuüben; darüber hinaus sind zusätzliche Anreize zur Förderung der Baufinanzierung zu entwickeln.
2. Für den Neubau von Sozialwohnungen mit tragbaren Mieten, für die Altbaumodernisierung und für städtebauliche Sanierungsmaßnahmen sind zusätzliche Mittel bereitzustellen.
3. Für überbetriebliche Ausbildungsstätten sowie zur Beseitigung von Engpässen im Bildungs-, Schul- und Berufsschulsektor sind zusätzliche Investitionsmaßnahmen durchzuführen.
4. Der Bau und Ausbau noch fehlender Einrichtungen der Gesundheitsversorgung und Pflegeeinrichtungen (u. a. Altenheime) ist im gegenwärtigen Zeitpunkt zu beschleunigen.
5. Die geplanten Investitionen im Bundesbahnbereich sind vorzuziehen und ggf. aufzustocken.
6. Für den Ausbau des öffentlichen Personennahverkehrs sind weitere Investitionshilfen des Bundes und der Länder vorzunehmen.
7. Die Verbesserung der technischen Ausstattung der Krankenhäuser sowie der Schul- und Bildungseinrichtungen ist zu beschleunigen.
8. Maßnahmen zum Ausbau der kommunalen Infrastruktur sind vor allem in beschäftigungspolitischen Problemgebieten mit dem Schwerpunkt gemeinschaftlicher Einrichtungen sowie bei Landschafts- und Umweltschutzmaßnahmen verstärkt fortzuführen.
9. Für die langfristige Sicherung der Energieversorgung sind die im Energieprogramm der Regierung vorgesehenen Maßnahmen und Investitionen vorzuziehen und beschleunigt durchzuführen.

Diese Maßnahmen zielen sowohl auf eine Verstärkung der inländischen Bautätigkeit als auch auf öffentliche Infrastrukturmaßnahmen, die vermehrte Zulieferungen aus

---

Dok. 3
[1] Zum Aufkommen der Massenarbeitslosigkeit in der Bundesrepublik vgl. die Beiträge in dem Sammelband Raithel/Schlemmer: Die Rückkehr.
[2] Zur Zunahme der Beobachtung weltwirtschaftlicher Entwicklungen und der Weltwirtschaft als Gegenstand politischer Intervention vgl. von Karczewski: »Weltwirtschaft ist unser Schicksal«.

stagnierenden Wirtschaftszweigen erfordern, wie dies die Gewerkschaften schon in ihrem Programm vom Dezember 1974 gefordert hatten.³

Die Finanzierung dieser Maßnahmen ist im Rahmen des Stabilitätsgesetzes kurzfristig möglich und sollte auf keinen Fall durch längerfristige Erwägungen zur Schließung der Haushaltslücke verzögert werden.

Dokument 4

2. September 1975: Kurzprotokoll der 2. Sitzung des Bundesvorstandes

Hans-Böckler-Haus in Düsseldorf; Vorsitz: Heinz O. Vetter; Protokollführung: Isolde Funke, Marianne Jeratsch; Sitzungsdauer: 10.15–13.25 Uhr; ms. vermerkt: »Vertraulich«.¹

Ms., hekt., 5 S., 1 Anlage.²
AdsD, DGB-Archiv, 5/DGAI000537.

Beginn der Sitzung: 10.15 Uhr.

Kollege *Vetter* eröffnet die 2. Sitzung des Bundesvorstandes in Düsseldorf. Er begrüßt den Kollegen Willi Zimmermann und stellt ihn dem Bundesvorstand als neuen Leiter der Verbindungsstelle des Bundesvorstandes in Bonn vor. Unter Hinweis auf den Besuch des Bundeskanzlers im Bundesausschuß am Nachmittag schlägt Kollege *Vetter* vor, im Laufe der Bundesvorstandssitzung eine vorbereitende Diskussion zu führen und die Sitzung um 13.00 Uhr zu beenden.

Tagesordnung:
1. Genehmigung des Protokolls der 1. Bundesvorstandssitzung
2. Übersicht über das Arbeitsprogramm des GBV
3. Geschäftsverteilung des GBV
4. Vorschlag zur Anpassung der Unterstützungen
5. Laufende Anpassung der Unfallunterstützungen an ehrenamtliche Gewerkschaftsfunktionäre
6. Beirat der VTG

---

3   Vgl. Dok. 113: 25. November 1974, Schreiben des Vorsitzenden des DGB, Vetter, an Bundeskanzler Helmut Schmidt zur wirtschaftspolitischen Situation, in: Mertsching: Quellen 16, S. 927 ff., zu programmatischen Forderungen des DGB an die Wirtschaftspolitik vgl. ebd., S. 928.

Dok. 4
1   Einladungsschreiben vom 7.7.1975 und Tagesordnung vom 6.8.1975. Nicht anwesend: Leonhard Mahlein (vertreten durch Herbert Schwiedel), Philipp Seibert (vertreten durch Hubert Vomberg), Adolf Mirkes (vertreten durch Gerhard van Haaren), Bert Hartig (vertreten durch Siegfried Bleicher). AdsD, DGB-Archiv, 5/DGAI000887.
2   Anlage: Anwesenheitsliste.

7. DGB-Kundgebung »Berufliche Bildung – Mitbestimmung – Arbeitslosigkeit«
8. Besuch des Bundeskanzlers im Bundesausschuß

1. **Genehmigung des Protokolls der 1. Bundesvorstandssitzung**

Beschluß:
Der Bundesvorstand genehmigt das Protokoll der 1. Bundesvorstandssitzung.[3]

2. **Übersicht über das Arbeitsprogramm des GBV**

Kollege *Vetter* erinnert an die Zusage in der letzten Bundesvorstandssitzung, eine erste Übersicht über das Arbeitsprogramm des GBV zu geben. Er teilt mit, daß er die Schwerpunkte dieses Arbeitsprogramms vortragen und dem Bundesvorstand schriftlich an die Hand geben wird.[4] Wenn nötig, könne heute eine erste kurze Diskussion erfolgen. In der Oktobersitzung sollte das Arbeitsprogramm ausführlich beraten werden.[5] Kollege *Vetter* wird dem Bundesausschuß ein detailliertes Arbeitsprogramm vorlegen, das in der Dezembersitzung diskutiert werden sollte.[6] Sodann trägt Kollege *Vetter* die einzelnen Schwerpunkte des Arbeitsprogramms des GBV vor.

An der nachfolgenden Diskussion beteiligen sich die Kollegen *Hauenschild*, *Vetter*, *Georgi*, *van Haaren*, *Heiß*, *Kluncker* und *G. Schmidt*.[7] Es wird angeregt, zu überlegen, ob das Thema Vermögensbildung nicht in das Arbeitsprogramm aufgenommen werden sollte, und ob im Hinblick auf die bevorstehenden Tarifverhandlungen nicht eine vorgezogene Diskussion über eine gemeinsame Linie von DGB und Gewerkschaften zur Lohnpolitik geführt werden sollte. Außerdem werden Probleme des öffentlichen Dienstes kurz angesprochen.

---

3 Vgl. Dok. 1: Kurzprotokoll der 1. Sitzung des Bundesvorstandes vom 30.6./1.7.1975.
4 Vgl. Dok. 5: Heinz O. Vetter, Schwerpunkte des Arbeitsprogramms des Geschäftsführenden Bundesvorstands, Sitzung des DGB-Bundesvorstandes am 2. September 1975, Düsseldorf, AdsD, DGB-Archiv, 5/DGAI000537.
5 Vgl. Dok. 6: Kurzprotokoll über die Sitzung des Bundesvorstandes am 7.10.1975, AdsD, DGB-Archiv, 5/DGAI000537, TOP 7.
6 Vgl. Protokoll über die 2. Sitzung des Bundesausschusses am 3.12.1975, TOP 4., S. 9, AdsD, DGB-Archiv, 5/DGAI000416. Die Vorlage trägt das Datum der vorangegangenen Bundesausschusssitzung. Vgl. Heinz O. Vetter, Schwerpunkte des Arbeitsprogrammes des Geschäftsführenden Bundesvorstandes, Sitzung des DGB-Bundesausschusses am 2./.3.9.1975, Düsseldorf, beide in: AdsD, DGB-Archiv, 5/DGAI000416.
7 Vgl. Protokoll über die 2. Bundesvorstandssitzung am 2.9.1975, [Übertragung aus dem Stenogramm], S. 2-5, AdsD, DGB-Archiv, 5/DGAI000887.

Beschluß:
Der Bundesvorstand ist damit einverstanden, daß das vorgelegte Arbeitsprogramm des GBV in seiner Oktobersitzung ausführlich diskutiert wird.[8] Anmerkungen zum Arbeitsprogramm sollen eine Woche vor der Sitzung schriftlich eingereicht werden.

3. Geschäftsverteilung des GBV

Kollege *Vetter* erläutert die Vorlage und bittet den Bundesvorstand um Zustimmung.[9] Kollege *Stephan* bittet, zwei Korrekturen vorzunehmen. Auf Seite 5 muß es unter Abteilung Angestellte in der dritten Zeile »Angestellte in Leitungsfunktionen« statt »Leitende Angestellte« heißen. Die Überschrift Abteilung Werbung auf Seite 5 muß durch das Wort »-Medienpolitik« ergänzt werden.

Nach kurzer Diskussion, an der sich die Kollegen *Vietheer, Vetter, Kluncker* und *Pfeiffer* beteiligen,[10] faßt der Bundesvorstand folgenden *Beschluß*:
Der Bundesvorstand stimmt der vorgelegten Geschäftsverteilung des GBV mit folgenden Änderungen auf Seite 5 zu. Der Begriff »Leitende Angestellte« wird in »Angestellte in Leitungsfunktionen« geändert.

Die Abteilung Werbung wird in Abteilung »Werbung-Medienpolitik« umbenannt.

4. Vorschlag zur Anpassung der Unterstützungen

Beschluß:
Der Bundesvorstand schlägt der Mitgliederversammlung der Unterstützungskasse des DGB e. V. vor, die im Jahre 1975 gezahlten Unterstützungen mit Wirkung vom 1.1.1967 um 11,1 v[om] H[undert] zu erhöhen. Das gleiche gilt für Versorgungsleistungen aus der Auftragsverwaltung.

5. Laufende Anpassung der Unfallunterstützungen an ehrenamtliche Gewerkschaftsfunktionäre

Beschluß:
Der Bundesvorstand beschließt, die Unterstützungen an ehrenamtliche Gewerkschaftsfunktionäre gemäß § 12 der Richtlinien UEG mit Wirkung vom 1.1.1976 um 11,7 v[om] H[undert] zu erhöhen.

---

8 Vgl Dok. 6: Kurzprotokoll über die 3. Sitzung des Bundesvorstandes am 7.10.1975.
9 Vgl. Geschäftsverteilung des Geschäftsführenden Bundesvorstandes, AdsD, DGB-Archiv, 5/DGAI000887.
10 Vgl. Protokoll über die 2. Bundesvorstandssitzung am 2.9.1975, [Übertragung aus dem Stenogramm], S. 2 [neue Zählung], AdsD, DGB-Archiv, 5/DGAI000887.

6. Beirat der VTG

Beschluß:
Gemäß § 1 der Geschäftsanweisung für die Verwaltung des Treuhandvermögens beruft der Bundesvorstand folgende Kollegin und Kollegen in den Beirat der VTG:
Alfons Lappas (DGB), Maria Weber (DGB), Martin Heiß (DGB), Gerd Muhr (DGB), Gerhard Schmidt (DGB), Heinz O. Vetter (DGB), Willi Lojewski (GGLF), Adolf Mirkes (Leder), Adolf Schmidt (IGBE), Rudolf Sperner (BSE), Heinz Vietheer (HBV) und Heinz Voßhenrich (CPK).

7. DGB-Kundgebung »Berufliche Bildung – Mitbestimmung – Arbeitslosigkeit«

Kollege *Schwab* berichtet über die Entwicklung seit der Beschlußfassung in der letzten Bundesvorstandssitzung am 30.6./1.7.1975, die dazu geführt hat, Alternativvorschläge für den Bundesvorstand zu erarbeiten.[11] Eine entsprechende Vorlage wird an die Bundesvorstandsmitglieder verteilt.[12] Kollege *Schwab* bittet um Beratung und Beschlußfassung.

An der nachfolgenden Diskussion beteiligen sich die Kollegen *Vetter, Loderer, Hauenschild, Schwab, Georgi, Muhr, Kluncker, Breit, Frister, Schwiedel, Vietheer* und *Schongen*.

Beschluß:
1. Der Bundesvorstand erklärt seinen Beschluß vom 30.6.1975 als durch die neueste Entwicklung überholt.
2. Der Bundesvorstand beschließt, am Samstag, dem 8. November 1975, eine Großkundgebung zu den Themen »Wirtschaftliche Lage – Arbeitslosigkeit – Berufsbildungsreform – Mitbestimmung« im Ruhrgebiet durchzuführen.
3. Die Kundgebung soll in der Westfalenhalle in Dortmund stattfinden.

---

11 Vgl. Dok. 1: Kurzprotokoll über die 1. Sitzung des Bundesvorstandes am 30.6./1.7.1975, TOP 3.
12 Vgl. [DGB-Bundesvorstand], Abt. Organisation und Verwaltung, Karl Schwab, an die Mitglieder des Geschäftsführenden Bundesvorstandes, Zentrale Demonstration und Kundgebung des DGB, Düsseldorf, 15.8.1975, AdsD, DGB-Archiv, 5/DGAI000887. Vorausgegangen war ein Schreiben Karl Schwabs, gleichlautend an die Kollegen Karl Hauenschild und Eugen Loderer, vom 29.7.1975. Vgl. ebd. Diese hatten vorgeschlagen, eine Kundgebung zu den Themen »Mitbestimmung – Berufsbildungsreform – Arbeitslosigkeit« durchzuführen. Kollege Hans Mayr konkretisierte die Vorschläge. Dem Schreiben Karl Schwabs waren alternative Kostenvoranschläge beigegeben, die auf unterschiedlich zu organisierende Teilnehmerschaften und entsprechenden Fahrtkostenzuschüssen aufbauten. Kostenvoranschlag A sah vor, dass zwei Drittel der Teilnehmerinnen und Teilnehmer aus Nordrhein-Westfalen und ein Drittel aus dem Bundesgebiet kommen sollten. Kostenvoranschlag B sah vor, dass 90 % aus Nordrhein-Westfalen und 10 % aus dem übrigen Bundesgebiet kommen sollten. In beiden Fällen wurde mit 20.000 Teilnehmerinnen und Teilnehmern gerechnet. Im ersteren Fall wurden Kosten in Höhe von 540.750 DM, im alternativen Fall 222.500 DM veranschlagt. Vgl. ebd.

4. Die Teilnehmerzahl soll 20.000 betragen, davon sollen zwei Drittel aus Nordrhein-Westfalen, der Rest aus dem übrigen Bundesgebiet entsandt werden. Sollten sich Schwierigkeiten ergeben, sollten 90 % aus Nordrhein-Westfalen und der Rest aus dem übrigen Bundesgebiet kommen.
5. Die DGB-Kreise organisieren in engster Zusammenarbeit mit den Gewerkschaften und Industriegewerkschaften im Kreisgebiet die Fahrt zum Kundgebungsort unter Ausnutzung der billigsten zumutbaren Fahrtmöglichkeit.
6. An die Teilnehmer werden keine Spesen ausbezahlt. Für die Teilnehmer aus Orten außerhalb Nordrhein-Westfalens wird bei Antritt der Fahrt ein Lunchpaket im Wert von höchstens DM 7,– ausgegeben.
7. Die Kosten, die außer den Fahrtkosten durch die Kundgebung entstehen, werden vom DGB übernommen.
8. Die Fahrtkosten werden von den Gewerkschaften und Industriegewerkschaften entsprechend dem vorgelegten Kostenvoranschlag A (ggf. B s. o.) übernommen.
9. Die Abteilung Organisation beim DGB-Bundesvorstand wird beauftragt, in Zusammenarbeit mit den entsprechenden Abteilungen der Gewerkschaften und Industriegewerkschaften und den Abteilungen beim DGB-Bundesvorstand im Rahmen der Beschlüsse zu 1 bis 8 die Kundgebung vorzubereiten.
10. Die Mitglieder des Bundesvorstandes aus den Gewerkschaften und Industriegewerkschaften werden ihre Organisationseinheiten (Orts- und Kreisverwaltungen) anweisen bzw. auffordern, die DGB-Kreise bei der Verwirklichung dieses Auftrages zu unterstützen.

8. Besuch des Bundeskanzlers im Bundesausschuß

Kollege *Vetter* informiert den Bundesvorstand über den zeitlichen Ablauf des Besuchs des Bundeskanzlers. Er wird in seiner kurzen einleitenden Ansprache nicht auf einzelne Punkte des neuen Programms der Bundesregierung eingehen, wohl aber die Frage der gesellschaftspolitischen Reformen deutlich ansprechen.

In der anschließenden Diskussion, an der sich die Kollegen *Pfeiffer*, *Muhr*, *Hauenschild*, *Vetter*, *Frister*, *Lojewski*, *Loderer*, *Georgi*, *Breit* und *Kluncker* beteiligen, sind sich die Kollegen im Prinzip einig, daß der DGB und die Gewerkschaften zu den vorgesehenen Maßnahmen der Bundesregierung Stellung nehmen müssen, die, wo notwendig, auch deutliche Kritik enthalten sollte.[13]

Ende der Sitzung: 13.25 Uhr.

---

13 Kritisiert wurde, dass die Durchsetzung gesellschaftspolitischer Reformen beeinträchtigt werde, dass Steuererhöhungen sozial unausgewogen ins Gewicht fielen – insbesondere Überlegungen zur Mehrwertsteuererhöhung, die einen negativen verteilungspolitischen Effekt nach sich zögen – und dass die Wirtschaftspolitik verfehlt sei, weil sie zu höheren Arbeitslosenzahlen beigetragen habe. Vgl. hierzu Protokoll über die 2. Bundesvorstandssitzung am 2.9.1975, Übertragung aus dem Stenogramm, S. 3-6 [uneinheitliche und getrennte Zählung], AdsD, DGB-Archiv, 5/DGAI000887.

Dokument 5

2. September 1975: Schwerpunkte des Arbeitsprogramms

Heinz Oskar Vetter, Schwerpunkte des Arbeitsprogramms des Geschäftsführenden Bundesvorstandes, Sitzung des DGB-Bundesvorstandes in Düsseldorf.
Ms., hekt., 11 S.
AdsD, DGB-Archiv, 5/DGAI000554.

Die Arbeit des Deutschen Gewerkschaftsbundes wird vor allem durch die Beschlüsse des 10. Ordentlichen Bundeskongresses und die Gesetzgebungsinitiativen von Bundestag und Bundesregierung bestimmt.[1] Die wichtigsten Punkte des Arbeitsprogramms sind:
1. Das Grundsatzprogramm muß überarbeitet, das Aktionsprogramm aktualisiert werden. In einer Sitzung Anfang November 1975 sollte der Gesellschaftspolitische Ausschuß seine Leitideen zum Antrag 1 des Hamburger Kongresses entwickeln. Danach können die Sachbearbeiter ans Werk gehen.[2]
2. Die Grundsätze über Ziele und Funktionen der gemeinwirtschaftlichen Unternehmen müssen konkretisiert werden (Antrag 7). Es bietet sich an, diese Aufgabe dem Gesellschaftspolitischen Ausschuss zu übertragen, der sich im Rahmen der Beratungen über das Grundsatzprogramm ohnehin mit der Gemeinwirtschaft beschäftigen muß. In einem Unterausschuss könnten auch Kollegen aus dem gemeinwirtschaftlichen Bereich hinzugezogen werden.[3]
3. In Zusammenarbeit mit den Einzelgewerkschaften sind weitere Überlegungen über die Investitionslenkung anzustellen (Antrag 58/59). Es empfiehlt sich auch hier, den Gesellschaftspolitischen Ausschuss damit zu betrauen, der einen Unterausschuss aus wirtschaftspolitischen Experten zu seiner Hilfe heranziehen könnte.
4. Die Diskussion über die Investitionslenkung läßt erkennen, daß wir heftige Auseinandersetzungen mit den Parteien über wichtige gesellschafts- und wirtschaftspolitische Fragen bekommen werden.[4] Deshalb ist es gut, wenn wir Wahlhilfen für Gewerkschaftsmitglieder lange vor Beginn der heißen Phase des Wahlkampfes veröffentlichen und dabei auch unsere grundsätzliche Position klarmachen. Auf dem Höhepunkt des Wahlkampfes kann man dann auf diese vorliegenden Forderungen zurückgreifen.
5. Unsere gesellschaftspolitische Forderung Nr. 1 bleibt die paritätische Mitbestimmung (Antrag 8 und Initiativantrag 8 A).[5] Wir haben der Koalition deutlich gesagt, was wir wollen. Sie muß jetzt Farbe bekennen. Um auch der Öffentlichkeit

---

Dok. 5
1   Vgl. DGB: 10. Bundeskongreß 1975.
2   Vgl. ebd., S. 3.
3   Vgl. ebd., S. 9.
4   Vgl. ebd., S. 59-64.
5   Vgl. ebd. S. 9-10. Zur Auseinandersetzung um das Mitbestimmungsgesetz vgl. Testorf: Ein heißes Eisen.

noch einmal klarzumachen, warum wir paritätische Mitbestimmung brauchen, werden wir im Herbst – vermutlich Anfang November – im Ruhrgebiet eine Großkundgebung veranstalten. Außer der Mitbestimmung werden auf dieser Kundgebung die berufliche Bildung und der Kampf gegen die Arbeitslosigkeit behandelt.[6] Vom 1. bis 3. Oktober 1975 findet in Frankfurt/Main eine wissenschaftliche Konferenz zum Thema »Mitbestimmung – Wirtschaftsordnung – Grundgesetz« statt.[7]

Unabhängig davon, ob ein neues Gesetz kommt oder nicht, muß im Zusammenhang mit der Mitbestimmung die Abführung von Aufsichtsratstantiemen geregelt werden. Der Kongreß hat dazu unmißverständliche Aufträge erteilt (Antrag 15).[8] In kürze werden wir die entsprechenden Vorschläge an die Gewerkschaften geben können.

6. Die Frage der ungerechten Verteilung des Vermögens in der Bundesrepublik werden wir nicht auf sich beruhen lassen. Wir werden im Sinne des Antrages 18 weiterwirken.[9]

7. Mehr als alles andere brennen unseren Mitgliedern und allen Arbeitnehmern zur Zeit die konjunkturelle Entwicklung und die strukturellen Schwierigkeiten auf den Nägeln. Die Kardinalfrage lautet: Wird es gelingen, bald einen neuen Aufschwung herbeizuführen und endlich die Arbeitslosigkeit in den Griff zu bekommen? Der DGB hat die Aufgabe, den Gewerkschaften politisch-psychologischen Flankenschutz für ihre Tarifpolitik zu geben. Zum anderen hat er die Öffentlichkeit ständig über die gewerkschaftlichen Vorstellungen zur allgemeinen Wirtschaftspolitik, zur Konjunktur-, Finanz- und Steuerpolitik zu informieren. Die aktuellen Stichworte dafür sind:
a) keine Lohnpause
b) die Bereitschaft, in der Tarifpolitik drei erfüllte Voraussetzungen zu berücksichtigen:
   – die Unternehmer müssen Preisdisziplin halten
   – die Unternehmer müssen endlich wieder mehr investieren
   – der Staat muß in ausreichendem Umfang öffentliche Aufträge erteilen, nachdem die Investitionszulage zwar genutzt, aber nicht in die richtigen Kanäle geleitet wurde.

Der Abbau der Arbeitslosigkeit erfordert eine kräftige Belebung der Binnennachfrage im Sinne des Neun-Punkte-Programms des DGB. Steuervergünstigungen für die Unternehmer lehnen wir ab, weil sie zu einer Umverteilung der Steuerlast

---

6 Die Großkundgebung zu »Berufliche Bildung – Arbeitslosigkeit – Mitbestimmung« fand am 8.11.1975 in der Westfalenhalle in Dortmund statt. Vgl. Dok. 4: Kurzprotokoll der 2. Sitzung des Bundesvorstandes am 2.9.1975, TOP 7.
7 Vgl. die Dokumentation der Konferenz in Heinz O. Vetter (Hrsg.): Mitbestimmung, Wirtschaftsordnung, Grundgesetz. Protokoll der Wissenschaftlichen Konferenz des Deutschen Gewerkschaftsbundes vom 1. bis 3. Oktober 1975 in Frankfurt am Main, Köln u. a. 1976.
8 Vgl. DGB: 10. Bundeskongreß 1975, S. 16 f.
9 Vgl. ebd., S. 20 f.

zuungunsten der Arbeitnehmer führen. Notwendig ist jetzt eine Verbesserung der wirtschaftlichen Feinsteuerung. Auch finanzpolitisch hat die Absicherung des Konjunkturaufschwungs eindeutig Priorität.

8. Die Aufgaben der tarifpolitischen Abteilung sind durch das Aktionsprogramm vorgezeichnet. Im Vordergrund stehen: die Jahrestagung des Arbeitskreises für Arbeitsstudien zum Thema »Tarifvertrag und industrielle Wirklichkeit«,[10] Diskussionen über besondere Formen der Arbeitszeitverkürzung (Ausbildungszeit, Urlaub, Pausen) sowie über Effektiv- und Differenzierungsklauseln, gemeinsame Tarifverträge für Arbeiter und Angestellte, Probleme der Schichtarbeit, menschengerechte Arbeitsgestaltung, gleicher Lohn für gleiche Arbeit, Tarifausschuß des Europäischen Gewerkschaftsbundes und Europäisches Tarifarchiv.

9. Im Handwerk haben wir uns in erster Linie um den Ausbau und die Betreuung der Organisationsstruktur zu kümmern. Es geht weiter darum, Arbeitshilfen für die Vertreter der 44 Handwerkskammern zu entwickeln. Ein anderes wichtiges Thema ist die Novellierung der Handwerksordnung. Am 7. und 8. Februar 1976 findet in Saarbrücken die 15. Bundeshandwerkskonferenz statt.

10. Im Bereich Gesundheitspolitik und Krankenversicherung bereiten die Kosten besondere Sorgen. Im Spätherbst werden wir der Öffentlichkeit unsere Vorstellungen über die Finanzsituation der Sozialen Sicherung vorlegen und unseren Kolleginnen und Kollegen zugleich Argumentationshilfen an die Hand geben.

11. Abgesehen von der Diskussion um die Finanzierung der Rentenversicherung, insbesondere den längerfristig notwendigen Beitragssatz, steht die Reform der Sozialen Sicherung der Frau im Vordergrund der Bemühungen um den Ausbau der Alterssicherung. Dabei soll auch deutlich werden, wie weit die sogenannten »Randgruppen« heute schon in die Soziale Sicherung einbezogen sind.

12. Die Verbesserung des Systems der Gesundheitssicherung am Arbeitsplatz stellt innerhalb unseres Programms zur Humanisierung der Arbeitswelt einen wichtigen Teil dar. Unsere Aktivitäten werden sich schwergewichtig auf die Verwirklichung der Zielvorstellungen der Arbeitsschutzgesetzgebung, insbesondere des Arbeitssicherheitsgesetzes konzentrieren (Antrag 131).[11]

13. Mit Hilfe des WSI und eines Kreises externer Experten wird die wissenschaftliche Basis für ein DGB-Programm zur Aktivierung und Reform der Selbstverwaltung in der Sozialversicherung erarbeitet werden.

14. Bei der Novellierung des Arbeitsförderungsgesetzes werden wir uns dafür einsetzen, daß alle aktiven arbeitsmarktpolitischen einschließlich der beruflichen Bildungsmaßnahmen beibehalten werden.

15. Im Rahmen unserer internationalen Sozialpolitik wird der Schwerpunkt auf der Vertretung des DGB bei der Internationalen Arbeitsorganisation und der Europäischen Gemeinschaft liegen. Wir werden uns um die Durchsetzung und

---

10 Vgl. Tagung des Arbeitskreises für Arbeitsstudien des DGB am 14. und 15. Oktober in der Stadthalle Sindelfingen, in: AfA Informationen 25, 1975, H. 5, S. 127-156.
11 Vgl. DGB: 10. Bundeskongreß 1975, S. 142-144.

Fortsetzung des Sozialpolitischen Aktionsprogramms in der EG bemühen. Verstärkt werden wir uns mit einer Umsetzung unserer Aktivitäten in den sozialpolitisch bedeutsamen internationalen Organisationen in der Bundesrepublik innerhalb und außerhalb des Gewerkschaftsbereiches befassen. Dazu soll in erster Linie der vom Sozialpolitischen Ausschuß des DGB eingesetzte Arbeitskreis für Internationale Sozialpolitik beitragen.

16. Wir sind bei den Beratungen der Sachverständigenkommission zur Kodifizierung des Arbeitsverhältnisrechts im Rahmen des Arbeitsgesetzbuches beteiligt. In einer gewerkschaftsinternen Arbeitsgruppe wird ein Alternativgesetzentwurf erarbeitet.

17. Nach Erledigung der Mitbestimmungsfrage werden wir die Änderung des Tarifvertragsgesetzes in den Vordergrund stellen und versuchen, entsprechende Gesetzesinitiativen zu erreichen (Antrag 160).[12]

18. Vielfach versuchen die Arbeitgeber, die Entscheidungen des Gesetzgebers zur Betriebsverfassung und zum Personalvertretungsrecht zu korrigieren. Unsere Aufgabe ist, derartigen Bestrebungen entgegenzutreten. Die Betriebs- und Personalräte müssen mit ihren neuen Rechten noch besser vertraut gemacht werden.

19. In einer Arbeitsgruppe aus Vertretern des Bundesarbeitsministeriums und der Gewerkschaften sollen Fragen der grundlegenden Reform des Verfahrens vor den Gerichten für Arbeitssachen besprochen werden.

20. Die Aktionen zur Berufsbildungsreform mit örtlichen und regionalen Veranstaltungen werden fortgeführt. Zum Fernunterrichtsgesetz wird eine ausführliche Stellungnahme ausgearbeitet. Wir werden darauf dringen, daß unsere Vorschläge zur Sicherung eines ausreichenden Angebots an qualifizierten Ausbildungsplätzen beachtet werden. Beim Stufenplan zu Schwerpunkten der beruflichen Bildung haben wir dafür zu sorgen, daß die Zielvorstellungen auch tatsächlich erreicht werden. Im Zusammenhang mit der Entwicklung neuer Ausbildungsordnungen und der gemeinsamen Abstimmung mit den Rahmenlehrplänen der Berufsschulen sind für mehr als 40 Berufe entsprechende Überarbeitungen vorgesehen. Die gewerkschaftliche Betreuung der Ausbilder wird intensiviert. Die personellen Voraussetzungen zur Erfüllung der Aufgaben des DGB im Bereich der beruflichen Bildung müssen erheblich verbessert werden.

21. Auf der Grundlage der Beschlüsse des Bundeskongresses werden wir die Bildungsreform weiter vorantreiben (Antrag 204 ff.).[13] Der Öffentlichkeit wollen wir in wirkungsvoller Weise unsere bildungspolitischen Forderungen unterbreiten. Das Schwerpunktthema der örtlichen DGB-Bildungsarbeit für 1975/76 lautet »Humanisierung der Arbeitswelt«. Für 1976/77 soll es den Bereich »Gewerkschaften, Mitbestimmung und Betriebsverfassung« umfassen. Die Kapazität der Lehrgangsplätze an Bundesschulen wird langfristig erhöht. Das Ziel ist, zwei Lehrgänge mit je 25 Teilnehmern parallel durchzuführen. Im Bereich der Akademie der Arbeit und der Sozialakademie Dortmund werden die geltenden

---

12 Vgl. ebd., S. 166 f.
13 Vgl. ebd., S. 208-236.

Eingangsvoraussetzungen, Auswahlverfahren, Stipendiatenregelungen und allgemeinen Grundsätze überarbeitet.
22. Die Frauenarbeit steht 1975 im Zeichen des Internationalen Jahres der Frau. In Leverkusen wird am 6. und 7. November 1975 ein Symposium durchgeführt mit den Themen Arbeitschancen – Lohngleichheit – Vorurteile, Probleme der Frauen = Probleme der Gesellschaft. Am 14. und 15. November soll eine Arbeitstagung mit deutschen und ausländischen Arbeitnehmerinnen stattfinden. Für 1976 hat die Abteilung Frauen 13 Arbeitstagungen für die Vorsitzenden der Kreisfrauenausschüsse, ihre Stellvertreterinnen und Nachwuchskräfte geplant. Außerdem sollen acht einwöchige Lehrgänge an Bundesschulen durchgeführt werden, um Mitglieder von Frauenausschüssen und Betriebsrätinnen für die Wahrnehmung ihrer Aufgaben zu schulen.
23. Die Angestellten werden gezielt angesprochen (Antrag 278).[14] Geplant sind Vortragsveranstaltungen, Lehrgänge und Seminare, Wochenendschulungen, zentrale Veranstaltungen, aber auch die Aufbereitung von Schriftmaterial, das die Probleme der Angestellten überzeugend behandelt. Die Abteilung Angestellte hat hierzu eine umfassende Vorlage erstellt, die in der nächsten Sitzung des Bundesangestelltenausschusses am 30. September 1975 beraten wird.
24. Der Bundeskongreß hat den Geschäftsführenden Bundesvorstand beauftragt, gemeinsam mit den zuständigen Gewerkschaften ein aktuelles Programm zur Reform des öffentlichen Dienstrechts zu erstellen (Antrag 232). Der Entwurf soll dem Bundesvorstand zur Beschlußfassung vorgelegt werden. Vom 15. bis 19. September 1975 wird ein Arbeitskreis mit der Arbeit beginnen. Der Bundesbeamtenausschuss trifft am 24. September mit dem Vorsitzenden der Innenministerkonferenz zusammen. Die Reformabsichten der Bundesregierung stehen am 1. Oktober im Mittelpunkt eines Gesprächs unserer Beamtenpolitiker mit dem Bundeskanzler.
25. Auf der Dringlichkeitsliste der Personengruppe Arbeiter stehen u. a. gemeinsame Tarifverträge für Arbeiter und Angestellte, Probleme der besonderen Beanspruchung der Arbeiter und Arbeiterinnen durch Automation und Rationalisierung, Probleme der Teilgruppen (ungelernte, angelernte, Facharbeiter), Probleme der Personalplanung und die Durchführung der Bundesarbeiterkonferenz im Frühjahr 1977.[15]
26. Arbeitsschwerpunkt bei der Reform des Berufsbildungsgesetzes ist die Weiterführung insbesondere der örtlichen Diskussionen und Aktionen. Nach Verabschiedung des Jugendarbeitsschutzgesetzes ist die Hauptaufgabe der Gewerkschaftsjugend, die Einhaltung der Schutzvorschriften in den Betrieben zu überwachen und Verstöße in die öffentliche Diskussion einzubringen. Ein wesentlicher Arbeitsschwerpunkt wird ein verstärktes Engagement im Bereich

---

14 Vgl. ebd., S. 269-271.
15 Die Konferenz verschob sich aufgrund von Auseinandersetzungen im DGB über die Abteilung Arbeiter – Handwerk. Vgl. Protokoll: Bundesarbeiterkonferenz 1977.

der Jugendarbeitslosigkeit sein. Was die gewerkschaftliche Jugendarbeit im engeren Sinne betrifft, werden wir u. a. Materialien zur Jugendbildungsarbeit weiterentwickeln.

27. Besondere Aufmerksamkeit werden wir in den nächsten Jahren der Medienpolitik zu widmen haben. Wir werden bekräftigen, daß es für uns keine Alternative zum öffentlich-rechtlichen System unseres Rundfunkwesens gibt. Im Rundfunk wie in der Presse, wo der Konzentrationsprozess weitergeht, setzen wir uns gegen jede Einschränkung der Meinungsfreiheit zur Wehr.

28. Wie bisher, so wird auch künftig das »Gewerkschaftsbarometer« die Ergebnisse von Meinungsbefragungen über den DGB bringen.[16] Wir werden sie auswerten und der Öffentlichkeit, vor allem aber der Organisation, zugänglich machen. Dieses Instrument brauchen wir als Gegengewicht zu den Lageberichten der Unternehmer. In den INFO-Blättern werden weiterhin gezielte Informationen insbesondere an Funktionäre gegeben. Das gleiche gilt für Broschüren zu wichtigen Themen. Für das Hauptreferat des Hamburger Kongresses, das wie in früheren Jahren als Broschüre gedruckt wurde, liegen 90.000 Bestellungen vor.[17] Im September erscheint eine Broschüre mit den Anträgen, die der Kongreß angenommen hat.[18] Ein Aushangdienst für Schaukästen wird in Abständen von ein bis drei Monaten in einer Auflage von 6.000 Exemplaren gedruckt. Zur bevorstehenden Personalratswahl werden flankierende Werbemaßnahmen vorbereitet.

29. Für unsere hauptamtlichen Beschäftigten, insbesondere für die DGB-Kreisvorsitzenden, führen wir einwöchige Fort- und Weiterbildungsveranstaltungen an der DGB-Bundesschule Hattingen durch. Den Bedarf an hauptamtlichen Funktionären decken wir nicht nur durch Absolventen der Akademien. Am 1. April 1975 haben wir erstmals 14 Nachwuchskräfte eingestellt, die wir in einem achtzehnmonatigen Ausbildungsgang mit unseren Organisations- und Sachproblemen vertraut machen. Am 1. Oktober [1975] werden weitere 12 Neueinstellungen folgen.

30. Im Rechenzentrum der BfG in Frankfurt werden Maschinenkapazitäten frei. Deshalb besteht die Möglichkeit, alle den DGB betreffende Arbeiten dort ausführen zu lassen. Im Winter 1975 wird ein zweiter Anlauf unternommen, Stellenbeschreibungen komplett zu erhalten. Bis Mitte 1976 soll ein Organi-

---

16 Im Auftrag des DGB wurde das Gewerkschaftsbarometer von 1963 bis 1978 durch das infas Institut für angewandte Sozialwissenschaft erarbeitet und veröffentlicht. In den Jahren von 1979 bis 1982 war es mit »DGB-Gewerkschaftsbarometer« betitelt und wurde von der MARPLAN Forschungsgesellschaft erstellt. Im daran anschließenden Zeitraum erstellte die Gesellschaft für Politik und Sozialforschung mbH (polis) in unregelmäßigen Abständen das »DGB-Trendbarometer«. Vgl. Gewerkschaftsbarometer. Ergebnisse und Interpretationen sozialwissenschaftlicher Erhebungen/Institut für angewandte Sozialwissenschaft, Bad Godesberg 1966–1978; DGB-Gewerkschaftsbarometer. Tendenzen – Profile, durchgeführt von MARPLAN Forschungsgesellschaft mbH im Auftrag des Deutschen Gewerkschaftsbundes, Bundesvorstand, Offenbach 1979–1981.
17 Heinz Oskar Vetter, Herausforderung und Antwort. Referat, gehalten vor dem 10. Ordentlichen Bundeskongreß am 25.5.1975 in Hamburg, Hamburg 1975.
18 Angenommene Anträge. 10. Bundeskongreß 1975.

sationshandbuch in Ordnerform vorliegen. Die Anpassung der regionalen Abgrenzung der DGB-Kreise an die Gebietsreform in den Bundesländern dürfte bis Mitte 1976 abgeschlossen sein (mit Ausnahme von Niedersachsen). Ende 1975 wird noch einmal versucht, Rahmenrichtlinien für die Personengruppenarbeit zu erstellen. Bis Mitte 1976 soll ein beschlußreifer Vorschlag für Richtlinien für die Ortskartellarbeit entwickelt werden.[19]

31. Unsere Abteilung Finanzen plant, in den nächsten drei Jahren mehrere gleichrangige Ziele weiterzuverfolgen:
   - Stärkung der Liquiditätsreserve des DGB mit dem Ziel, die Höhe von sechs Monats-Etats zu erreichen. Langfristig sollte ein Jahresetat als Reserve angestrebt werden.
   - Mittelfristige Aufstockung des Solidaritätsfonds auf das ursprünglich einmal vorgesehene Volumen von rund 20 Mio DM.
   - Verstärkte Zuweisung von Haushaltsmitteln an die VTG, damit die Kapitalmarktmittel, die zur Finanzierung von Beteiligungserhöhungen in den letzten Jahren aufgenommen wurden, so bald wie möglich zurückgeführt werden können.
   - Fortsetzung einer vorsichtigen Investitionspolitik der VTG.
   - Sicherstellung der Leistungsfähigkeit der Unterstützungskasse und ähnlicher Einrichtungen.

32. Die vorgesehene neue Abteilung Gewerkschaftliche Beteiligungspolitik hat in den nächsten Jahren folgende Ziele zu verfolgen:
Systematische Kontrolle der Entwicklung der Beteiligungsunternehmen, Koordinierung der Kontrolltätigkeit der Gewerkschaften und Unterstützung der Unternehmen durch Kontakte mit den Gewerkschaften, weitere Ausgestaltung des gewerkschaftlichen Beteiligungsbereiches, Koordinierung der Öffentlichkeitsarbeit über Aufgaben und Bedeutung der Gemeinwirtschaft.

33. Unsere internationalen Aufgaben werden zu einem wesentlichen Teil bestimmt durch die Verpflichtungen, die dem DGB aus seiner Mitgliedschaft im IBFG und EGB erwachsen. Das wichtigste Ereignis der nächsten Zeit ist der 11. Weltkongreß des IBFG in Mexiko. Nachdem unsere Delegation feststeht, werden wir das aufbereitete Kongreßmaterial bis Mitte September vorlegen. Wenn nötig, wird die Delegation zu einer Vorausberatung zusammentreten.
Die bilateralen Kontakte innerhalb Westeuropas werden vertieft. Auch die Beziehungen zur AFL/CIO werden ausgebaut. Verbindungen zu internationalen kommunistischen Organisationen werden wir auch weiterhin ablehnen. Für die Jahreswende 1976/77 ist eine neue Zusammenkunft der Vorsitzenden und

---

19 Die Ortskartell-Richtlinien wurden von Karl Schwab in der 10. Sitzung des Bundesvorstandes am 1.6.1976 vorgelegt, dann jedoch vertagt und in der 12. Sitzung des Bundesvorstandes am 7.9.1976 beschlossen. Vgl. Dok. 17: Kurzprotokoll der 10. Sitzung des Bundesvorstandes am 1.6.1976, TOP 8.; Dok. 20: Kurzprotokoll der 12. Sitzung des Bundesvorstandes am 7.9.1976, TOP 7.

Generalsekretäre von Gewerkschaftsbünden aus Europa in Genf vorgesehen. An eine Institutionalisierung solcher Treffen ist nicht gedacht.

Dokument 6

7. Oktober 1975: Kurzprotokoll über die 3. Sitzung des Bundesvorstandes

Hotel CP Plaza in Hamburg; Vorsitz: Heinz O. Vetter; Protokollführung: Isolde Funke, Marianne Jeratsch; Sitzungsdauer: 10.05–13.35 Uhr; ms. vermerkt: »Vertraulich«.[1]

Ms., hekt., 7 S., 3 Anlagen.[2]

AdsD, DGB-Archiv, 5/DGAI00037.

Beginn der Sitzung: 10.05 Uhr.

Kollege *Vetter* eröffnet die 3. Sitzung des Bundesvorstandes in Hamburg.

Tagesordnung:
1. Verschiedenes
2. Geschäftsordnung des Bundesvorstandes
3. Richtlinien für die Durchführung von Schiedsverfahren nach § 16 der DGB-Satzung
4. Kurzbericht zum Stand der Vorbereitung über die Großkundgebung »Wirtschaftliche Lage – Arbeitslosigkeit – Berufsbildungsreform – Mitbestimmung«
5. Portugal-Seminar der DGB-Jugend
6. Genehmigung des Protokolls der 2. Bundesvorstandssitzung
7. Schwerpunkte des Arbeitsprogramms des Geschäftsführenden Bundesvorstandes
8. Jahresrechnung 1974
9. Finanzielle Unterstützung schwarzer Gewerkschaften in Südafrika über den IBFG
10. Veränderungsmitteilung – Landesbezirksvorstand Rheinland-Pfalz
11. Bericht der Revisionskommission des DGB über die Prüfung der Bundeshauptkasse am 2. September 1975
12. Gehaltsverhandlungen für DGB-Beschäftigte
13. Spende für die Opfer der Erdbebenkatastrophe in der Türkei

---

Dok. 6
1 Einladungsschreiben vom 8.9.1975 und Tagesordnung vom 16.9.1975. Nicht anwesend: Gerhard Schmidt, Eugen Loderer, Armin Clauss (vertreten durch Jochen Richert). AdsD, DGB-Archiv, 5/DGAI000887.
2 Anlagen: Anwesenheitsliste; vgl. DGB: Mitbestimmungsgesetz ohne Verzug verabschieden, DGB-Nachrichten-Dienst, 261/75, 7.10.1975; Heinz O. Vetter, Schwerpunkte des Arbeitsprogramms des Geschäftsführenden Bundesvorstandes, Sitzung des DGB-Bundesvorstandes am 2.9.1975, Düsseldorf.

Dokument 6 7. Oktober 1975

1. Verschiedenes

a) Hinrichtungen in Spanien
Kollege *Vetter* erläutert kurz das Zustandekommen des Beschlusses des EGB, zu Protestaktionen am 1. Oktober 1975 gegen die Hinrichtungen in Spanien aufzurufen.[3] Diese Protestaktionen sollen auf ihre Wirkung hin überprüft werden. Über weitere Aktionen zu beraten, sei allerdings Sache des EGB.[4] Bei der Gewährung von Hilfen durch IBFG und EGB muß sichergestellt werden, daß sie auch tatsächlich an demokratische Gewerkschafter gehen. Ein Erfahrungsbericht wird zusammengestellt werden.

b) CDU/DGB
Kollege *Vetter* informiert den Bundesvorstand über einen zweiten Brief des Generalsekretärs der CDU, Prof. Dr. Kurt Biedenkopf, zur Weitergabe eines als vertraulich gekennzeichneten Protokolls an den damaligen Bundeskanzler Willy Brandt im März 1972.[5] Der Geschäftsführende Bundesvorstand hat sich bisher noch nicht mit der Angelegenheit befassen können.[6]

---

3   Eine Reihe von Todesurteilen im spätfranquistischen Spanien, die am 27.9.1975 vollzogen wurden, hatte zu einer Welle internationaler Proteste geführt. Vetter plädierte für eine Positionierung der DGB-Gewerkschaften, die sich von politischer Gewalt distanziere. Vgl. zu den Ereignissen die Berichterstattung in Franco: Eingegraben zum letzten Gefecht, in: Der SPIEGEL, 6.10.1975. Vgl. zum Vorlauf Protokoll der 11. Sitzung des Geschäftsführenden Bundesvorstandes am 29.9.1975, [Auszug], AdsD, DGB-Archiv, 5/DGAI000488.
4   Es sollten Protestaktionen wie Schweigeminuten in allen europäischen Bundesorganisationen des EGB am 9.10.1975 erfolgen. Auf der Konferenz zur Mitbestimmung, die vom 1. bis 3.10.1975 in Frankfurt am Main stattfand, wurde ebenfalls eine Gedenkminute eingelegt und es gab Ausführungen zu den Polizistenmorden in Spanien, die Anlass für die Todesurteile waren. Zur Rezeption und Beteiligung an den Protestminuten in Deutschland vgl. die Reaktionen und Schriftwechsel in AdsD, DGB-Archiv, 5/DGAI000157. Vgl. Protokoll über die Sitzung des Bundesvorstandes am 7.10.1975, Übertragung aus dem Stenogramm, Hamburg, S. 2 f., AdsD, DGB-Archiv, 5/DGAI000488. Zum Kongress vgl. das Protokoll: Vetter: Mitbestimmung, Wirtschaftsordnung, Grundgesetz. In Gerd Muhrs Begrüßung, in Heinz Oskar Vetters Einführungsrede und im übrigen Konferenzprotokoll ist diese Schweigeminute und der Appell nicht vermerkt, vgl. ebd., S. 11-15 und S. 16-27.
5   Die Arbeitsgemeinschaft christlich-demokratischer DGB-Gewerkschafter erinnerte an ein zurückliegendes Schreiben vom 2.11.1972, in dem sie die Unabhängigkeit des einheitsgewerkschaftlichen DGB und seiner Einzelgewerkschaften von politischen Parteinahmen zugunsten der SPD eingefordert hatten. Im aktuellen Schreiben bemängelten sie vor allem die Weitergabe eines Protokolls über ein Gespräch zwischen der DGB- und CDU-Spitze im Zusammenhang mit der Guillaume-Affäre, die zu Willy Brandts Rücktritt als Bundeskanzler geführt hatte, an den SPD-Vorsitzenden Willy Brandt. Zudem bemängelten die christdemokratischen Gewerkschafter programmatische Absprachen zwischen DGB und SPD in der zurückliegenden Zeit. Vgl. Sozialausschüsse der christl. demokratischen Arbeitnehmerschaft, Arbeitsgemeinschaft christlich-demokratischer DGB-Gewerkschafter, Maria Weber, Adolf Müller, Gerhard Schlosser an den Deutschen Gewerkschaftsbund, z. Hdn. Kollegen Heinz Oskar Vetter, Wahrung der Unabhängigkeit des DGB, Königswinter, 8.10.1975, AdsD, DGB-Archiv, 5/DGAI000416.
6   Vgl. Protokoll über die 13. Sitzung des Geschäftsführenden Bundesvorstandes am 3.11.1975, S. 3, AdsD, DGB-Archiv, 5/DGAI000227, TOP 3. Der Brief sollte auf die Tagesordnung der Bundesvorstandssitzung am 2.12.1975 gesetzt werden. Vgl. Dok. 8: Kurzprotokoll über die 5. Sitzung des Bundesvorstandes am 2.12.1975, TOP 6.

Kollegin *Weber* erklärt nachdrücklich, daß sie den Vorgang der Weitergabe eines Protokolls mißbilligt.[7]

c) FDGB
Die Kollegen *Vetter, Seibert, Hauenschild, Mirkes, Frister, Vietheer, Breit, Stadelmaier, Kluncker, Buschmann* und *A. Schmidt* diskutieren ausführlich die Weiterführung von Kontakten zum FDGB und seinen Gewerkschaften.[8]

Beschluß:
Der Bundesvorstand kommt überein, die für 1975 geplanten Kontakte mit dem FDGB und seinen Gewerkschaften durchzuführen.[9] In kürze soll über ein einheitliches Vorgehen und eine Strategie in bezug auf Besuche und Gegenbesuche zwischen DGB und FDGB diskutiert werden. Es soll außerdem ein Erfahrungsbericht über die Anfang Oktober in Wiesbaden durchgeführte Tagung der Sachbearbeiter für deutsch-deutsche Beziehungen an den Bundesvorstand gegeben werden.

d) Mitbestimmung
Kollege *Vetter* gibt einen Überblick über die Vorgeschichte seiner auf einer Pressekonferenz am 1. Oktober 1975 in Frankfurt/M. abgegebenen Erklärung über Möglichkeiten, die Bonner Koalitionsberatungen über das Mitbestimmungsgesetz noch zu beeinflussen.[10] Gelegentlich habe BDA-Präsident Schleyer zu verstehen gegeben, daß die Arbeitgeber eine eindeutige Patt-Auflösung als die Kardinalfrage des Mitbestimmungsgesetzes betrachten.[11] In den anderen strittigen Punkten, vor

---

7 Vgl. die knappe Wiedergabe im Stenogramm: Protokoll über die Sitzung des Bundesvorstandes am 7.10.1975, Übertragung aus dem Stenogramm, Hamburg, S. 3-4, AdsD, DGB-Archiv, 5/DGAI000488.
8 Anlass war die Verhaftung des IG-Metall-Bundesvorstandsmitglieds Heinz Dürrbeck, dem nachrichtendienstliche Tätigkeit vorgeworfen wurde, am 2.9.1975. Die IG Metall hatte zwar bekräftigt, dass dieser bis zum Beweis seiner Schuld im Amt bleibe, der DGB sagte dennoch ein Treffen mit dem FDGB in der Folgewoche ab. Vgl. die zeitgenössische Berichterstattung: »Kontakte«, Die ZEIT, 12.9.1975, sowie Müller: Dürrbeck, S. 411-515, insbes. S. 411 ff. Heinz Oskar Vetter erinnerte an die Fälle Walter Böhm und Wilhelm Gronau. Böhm, der Leiter der parlamentarischen Verbindungsstätte des DGB in Bonn war, war unter dem Vorwurf nachrichtendienstlicher Tätigkeit in Haft genommen, dann aber entlassen worden und blieb letztlich unbelastet. Wilhelm Gronau, der ehemalige Leiter des Referats Wiedervereinigung, war ebenfalls nachrichtendienstlich für die DDR tätig. Vgl. Müller: Dürrbeck, S. 419, 446, 450.
9 Die Diskussion drehte sich um die Frage, wie sich der DGB und die Einzelgewerkschaften angesichts der Verhaftung Dürrbecks verhalten sollten. Eine Absage der DGB-Kontakte zum FDGB beziehungsweise zwischen den Einzelgewerkschaften in Ost und West sei als Vorverurteilung Dürrbecks verstehbar. Vgl. die knappe Wiedergabe im Stenogramm: Protokoll über die Sitzung des Bundesvorstandes am 7.10.1975, Übertragung aus dem Stenogramm, Hamburg, S. 5-10, AdsD, DGB-Archiv, 5/DGAI000488.
10 Vgl. das Protokoll der Konferenz: Vetter: Mitbestimmung. Vgl. DGB: Mitbestimmungsgesetz ohne Verzug verabschieden, DGB-Nachrichten-Dienst, 261/75, 7.10.1975, AdsD, DGB-Archiv, 5/DGAI000537.
11 Anlass für die informellen Gespräche mit BDA-Präsident Hanns Martin Schleyer sei gewesen, dass Differenzen zwischen der BDI-Führung und der BDA-Führung zu beobachten gewesen seien. Erstere habe zu verstehen gegeben, dass eine modifizierte Variante, ähnlich der Montanmitbestimmung, denkbar sei. Schleyer hingegen habe betont, dass bei einem Verzicht auf die paritätische Mitbestimmung »jedes Gesetz [...] möglich [sei]«. Der DGB habe bisher von seiner Forderung nicht abrücken wollen, jetzt sei diese Stellungnahme allerdings von Interesse, weil sich abzeichne, dass die paritätische Mitbestimmung

allem bei den leitenden Angestellten, sei es nicht ausgeschlossen, daß man zu einer Annäherung der Positionen komme. Bei einigen inoffiziellen Begegnungen mit Dr. Schleyer sei das Thema vertieft worden. Offizielle Verhandlungen haben nie stattgefunden.[12]

Kollege *Vetter* erwähnt außerdem ein Telefoninterview, in dem er die Verfassungswidrigkeit des Mandats des leitenden Angestellten auf der Arbeitnehmerbank angesprochen hat.[13]

In der anschließenden Diskussion, an der sich die Kollegen *Seibert, Vetter, Stephan, A. Schmidt, Hauenschild, Buschmann, Kluncker* und Kollegin *Weber* beteiligen, wird u. a. das Für und Wider möglicher Gespräche mit der BDA erörtert. Es besteht Einigkeit, daß es nicht um einen Vertrag zwischen DGB und BDA über die Mitbestimmung und damit auch nicht um die Ausschaltung des Parlaments gehen kann. Die Zustimmung zur paritätischen Mitbestimmung sei von den Arbeitgebern mit Sicherheit nicht zu erhalten. Es könne nur geprüft werden, ob und wo Übereinstimmungen zwischen DGB und BDA vorhanden seien.[14]

Abschließend verabschiedet der Bundesvorstand eine Presseerklärung (s. Anlage).[15]

2. Geschäftsordnung des Bundesvorstandes

Kollege *Vetter* verweist auf die Vorlage und bittet den Bundesvorstand um Zustimmung.[16]

Unter Hinweis auf die Anlage zur Geschäftsordnung über die Ausschüsse und Kommissionen beim Bundesvorstand schlägt Kollege *Vetter* im Namen des Geschäftsführenden Bundesvorstandes für die künftige Zusammensetzung des Gesellschaftspolitischen Ausschusses Personengleichheit mit dem Bundesvorstand

---

nicht mehr zu erreichen sei. Deswegen empfahl Vetter, sich auf die Frage der Leitenden Angestellten zu konzentrieren.

12 Vgl. hierzu Bundespressestelle des Deutschen Gewerkschaftsbundes, Mitbestimmungsgesetz ohne Verzug verabschieden, DGB-Nachrichten-Dienst, 261/75, 7.10.1975, AdsD, DGB-Archiv, 5/DGAI000488. Sie dementierte, dass es, wie der Spiegel in seiner Rubrik »Panorama« berichtet hatte, Absprachen über einen gemeinsamen Vorschlag zur Mitbestimmung gegeben habe. Vgl. Vetter verständigt sich, in: Der SPIEGEL 6.10.1975.

13 Das Telefoninterview hatte Heinz Oskar Vetter in Genf gegeben. Verfassungsrechtlich sei bei Verabschiedung des Gesetzes die Frage der Gegnerfreiheit auf der Seite der Aufsichtsratsmitglieder der Arbeitnehmerseite zu klären. In Bonn habe diese Aussage für Aufregung gesorgt und Vetter sei zu verstehen gegeben worden, dass der DGB nicht legitimiert sei, eine solche Klage einzubringen, dies könne allenfalls von Belegschaftsseite vorgetragen werden. Vgl. Protokoll über die Sitzung des Bundesvorstandes am 7.10.1975, Übertragung aus dem Stenogramm, S. 12, AdsD, DGB-Archiv, 5/DGAI000488.

14 Die Möglichkeit von Klagen durch die Arbeitnehmer beziehungsweise die Belegschaft wurde kritisch diskutiert. Vgl. ebd., S. 13 ff.

15 Vgl. den oben erwähnten Nachrichten-Dienst: DGB: Mitbestimmungsgesetz ohne Verzug verabschieden, DGB-Nachrichten-Dienst, 261/75, 7.10.1975, AdsD, DGB-Archiv, 5/DGAI000488.

16 Vgl. Geschäftsordnung des Bundesvorstands, [hsl. Zusatz: BV, 6.1.1970], sowie Anlage zur »Geschäftsordnung des Bundesvorstandes«, Ausschüsse und Kommissionen beim DGB-Bundesvorstand, o. O., o. D., AdsD, DGB-Archiv, 5/DGAI000488.

vor. Es sollte eine Mitarbeitergruppe eingesetzt werden, die Arbeitspapiere für den Gesellschaftspolitischen Ausschuß erarbeitet. Hierüber sollte alle drei Monate beraten werden. Für die Sitzung im Februar wird ein erstes Papier vorgelegt. Kollege *Vetter* regt an, die Frage der Ausschüsse auf die nächste Sitzung vorzutragen.[17]

Beschluß:
Der Bundesvorstand beschließt die Änderung der Geschäftsordnung des Bundesvorstandes wie folgt (Änderungen kursiv):
Abschnitt 9, 4. Absatz, 2. Satz:
»Für Spesenabrechnungen und für alle Sachausgaben im Einzelfall bis zu *DM 500,–* kann der Geschäftsführende Bundesvorstand die Gegenzeichnung der Ausgabenbelege auf die Vorstandssekretäre delegieren.«
Abschnitt 10, 3. Absatz, 3. Zeile:
»... der Gruppen *1 bis 7* im Rahmen ...«
Abschnitt 10, 4. Absatz, 2. Zeile:
»... der Gruppen *8 bis 12* erfolgt ...«
Die Behandlung der Anlage zur Geschäftsordnung wird auf die nächste Sitzung vertagt.
Der Bundesvorstand ist damit einverstanden, daß sich der Gesellschaftspolitische Ausschuß in Zukunft personengleich mit dem Bundesvorstand zusammensetzt.

3. Richtlinien für die Durchführung von Schiedsverfahren nach § 16 der DGB-Satzung

Kollege *Vetter* gibt bekannt, daß dieser Punkt zurückgestellt werden soll, weil eine kurzfristig eingegangene Änderung der IG Metall vorliegt, die jedoch noch nicht geprüft werden konnte.

Beschluß:
Der Bundesvorstand ist mit der Vertagung dieses Tagesordnungspunktes bis zur nächsten Sitzung einverstanden.[18]

---

17 Vgl. Dok. 7: Kurzprotokoll der 4. Sitzung des Bundesvorstandes am 4.11.1975, TOP 15.
18 Der Tagesordnungspunkt wurde auch in der darauffolgenden Sitzung vertagt. Vgl. Dok. 7: Kurzprotokoll der 4. Sitzung des Bundesvorstandes am 4.11.1975, TOP 14., und Dok. 8: Kurzprotokoll der 5. Bundesvorstandssitzung vom 2.12.1975, TOP 15.

4. Kurzbericht zum Stand der Vorbereitung über die Großkundgebung »Wirtschaftliche Lage – Arbeitslosigkeit – Berufsbildungsreform – Mitbestimmung«

Kollege *Schwab* berichtet kurz über den Stand der Vorbereitung für die Großkundgebung. Man ist zu der Auffassung gekommen, die Teilnehmer außerhalb von NRW mit Sonderzügen nach Dortmund anreisen zu lassen. Aus NRW werden 250 Busse nach Dortmund kommen. In den DGB-Landesbezirken sind verantwortliche Kollegen benannt worden, die mit dem DGB-Bundesvorstand alles absprechen. Es ist alles für ein wirkungsvolles Ablaufen der Veranstaltung getan worden.[19] Der Geschäftsführende Bundesvorstand hat sich noch einmal mit dem Ablauf der Kundgebung befaßt und schlägt vor, daß Kollege *Vetter* zu den Themen »Wirtschaftliche Lage, Arbeitslosigkeit und Mitbestimmung« und die Kollegin *Weber* zur Frage Berufsbildungsgesetz sowie Vorstellungen und Forderungen der Gewerkschaften sprechen sollen. Die Versammlungsleitung soll Kollege *Schwab* übernehmen.

Beschluß:
Der Bundesvorstand nimmt den Bericht des Kollegen *Schwab* zustimmend zur Kenntnis.

5. Portugal-Seminar der DGB-Jugend

Kollege *Schwab* erläutert die den Bundesvorstandsmitgliedern ausgehändigte Vorlage und bittet den Bundesvorstand um Zustimmung.[20]

Nach kurzer Diskussion, an der sich die Kollegen *Vetter*, *Mirkes*, *Schwab* und *Hauenschild* beteiligen,[21] faßt der Bundesvorstand folgenden *Beschluß*:

---

19 Vgl. Protokoll über die Sitzung des Bundesvorstandes am 7.10.1975, Übertragung aus dem Stenogramm, Hamburg, AdsD, DGB-Archiv, 5/DGAI000488, [ohne Seitenzählung], TOP 4. Vgl. Protokoll der 10. Sitzung des Geschäftsführenden Bundesvorstandes am 20./22.9.1975 [Auszug], TOP 5. »Zentrale Demonstration und Kundgebung am 8.11.1975«, AdsD, DGB-Archiv, 5/DGAI000488. In der Sitzung des Geschäftsführenden Bundesvorstandes wurden Heinz Oskar Vetter und Maria Weber als Hauptredner und -rednerin festgelegt sowie Karl Schwab für die Einführung und das Schlusswort. Vgl. Dok. 1: Kurzprotokoll der 1. Sitzung des Bundesvorstandes am 30.6/1.7.1975, TOP 3.

20 Der Bundesjugendausschuss hatte am 16./17.6.1975 eine Entschließung zu Portugal gefasst, der zufolge unter der Gewerkschaftsjugend fundierte Informationen über Portugal verbreitet werden sollten. Für den Zeitraum vom 26.12.1975 bis 4.1.1976 schlug der Bundesjugendausschuss eine Reise von 165 jungen Gewerkschafterinnen und Gewerkschaftern an die Westküste Portugals vor, die vier Seminartage mit Betriebsbesichtigungen umfassen sollte. Vgl. [DGB-Bundesvorstand], Abt. Jugend, Vorlage für die Sitzung des Geschäftsführenden Bundesvorstandes am 29.9.1975, Portugal-Studienreise/Projekt der Abteilung Jugend, Düsseldorf, 19.9.1975, sowie Entschließung des Bundesjugendausschusses »Portugal«, [16./17.6.1975], AdsD, DGB-Archiv, 5/DGAI000488.

21 Vgl. Protokoll über die Sitzung des Bundesvorstandes am 7.10.1975, Übertragung aus dem Stenogramm, Hamburg, AdsD, DGB-Archiv, 5/DGAI000488, TOP 5.

Der Bundesvorstand stimmt einer Studienreise der Gewerkschaftsjugend nach Portugal zu.

6. Genehmigung des Protokolls der 2. Bundesvorstandssitzung

Beschluß:
Der Bundesvorstand genehmigt das Protokoll der 2. Bundesvorstandssitzung.[22]

7. Schwerpunkte des Arbeitsprogramms des Geschäftsführenden Bundesvorstandes

Kollege *Vetter* teilt mit, daß keine schriftlichen Änderungsvorschläge eingegangen sind. Das Thema Vermögenspolitik wird entsprechend der Definition des Antrages 18 des 10. Ordentlichen DGB-Bundeskongresses in die Schwerpunkte aufgenommen.[23]
Kollege *Heiß* trägt Ergänzungs- und Änderungswünsche für seinen Arbeitsbereich vor.

Beschluß:
Der Bundesvorstand ist mit den vorgelegten Schwerpunkten des Arbeitsprogramms des Geschäftsführenden Bundesvorstandes sowie den vorgetragenen Änderungs- und Ergänzungsvorschlägen einverstanden (s. Anlage).[24]
Auf die Frage des Kollegen *Breit* nach Rahmenbedingungen für Kontakte mit Gewerkschaften, die nicht dem IBFG angehören, gemäß Antrag 14 [!] des 10. Ordentlichen DGB-Bundeskongresses sagt Kollege *Vetter* eine entsprechende Vorlage für eine der nächsten Sitzungen zu.[25]

---

22 Vgl. Dok. 4: Kurzprotokoll der 2. Bundesvorstandssitzung am 2.9.1975.
23 Die Gewerkschaft Holz und Kunststoff hatte beantragt, die Frage der ungerechten Vermögensentwicklung in der Bundesrepublik mit neuen Untersuchungen, die kontinuierlich erörtert werden und in eigene Gesetzesvorschläge münden sollten, zu übertragen. Der ungleichen Vermögensentwicklung sollte nicht mit moralischen Aussagen, sondern mit »sozialökonomische[r] Analytik und gesellschaftspolitische[r] Aktivität« begegnet werden. Vgl. Antrag 18, in: DGB: 10. Bundeskongreß 1975, Anträge und Entschließungen, S. 20.
24 Heinz O. Vetter: Schwerpunkte des Arbeitsprogramms des Geschäftsführenden Bundesvorstandes, Vorlage für die Bundesausschusssitzung am 2./3.9.1975, AdsD, DGB-Archiv, 5/DGAI000488.
25 Ernst Breit meinte den Antrag 40, Internationale Gewerkschaftsarbeit, in: DGB: 10. Bundeskongreß 1975, Anträge und Entschließungen, S. 41 f. Ziel des Antrags war die Verbesserung der internationalen Zusammenarbeit zwischen Einzelgewerkschaften, auch wenn diese nicht dem IBFG angehörten.

8. Jahresrechnung 1974

Beschluß:
Der Bundesvorstand nimmt die endgültige Jahresrechnung des DGB für die Zeit vom 1.1. bis 31.12.1974 zur Kenntnis.

9. Finanzielle Unterstützung schwarzer Gewerkschaften in Südafrika über den IBFG

Kollege *Vetter* verweist auf die Vorlage und bittet um Zustimmung.[26]
Auf die Anregung des Kollegen *Buschmann*, nicht einseitige Aktionen durchzuführen, erklärt Kollege *Vetter*, daß dies voll berücksichtigt würde.[27]

Beschluß:
Der Bundesvorstand empfiehlt dem Bundesausschuß, dem IBFG DM 30.000,– zweckgebunden für gewerkschaftliche Bildungsarbeit zugunsten schwarzer Arbeitnehmer in Südafrika aus dem Solidaritätsfonds zur Verfügung zu stellen.

10. Veränderungsmitteilung – Landesbezirksvorstand Rheinland-Pfalz

Beschluß:
Der Bundesvorstand empfiehlt dem Bundesausschuß, die Kollegen Hans Steinmetz, ordentliches Mitglied, IG Bau-Steine-Erden, und Dieter Smyczek, Stellvertreter, Bezirkssekretär IG Bau-Steine-Erden, als Mitglieder des Landesbezirksvorstandes Rheinland-Pfalz zu bestätigen.

---

26 Vgl. [DGB-Bundesvorstand], Abt. Vorsitzender, Vorlage für die 2. Sitzung des Bundesvorstandes am 2.9.1975, Finanzielle Unterstützung schwarzer Gewerkschaften in Südafrika über den IBFG, AdsD, DGB-Archiv, 5/DGAI000488.

27 Der IBFG hatte vorgeschlagen, Spenden zu einem Sonderprogramm beizutragen, um die unabhängigen »schwarzen« Gewerkschaften zu unterstützen. Die Mittel sollten der Unterstützung von Bildungsprogrammen dienen. Die Black Allied Workers' Union Johannesburg, das Workers' Advisory Project des Arbeiterberatungsdienstes in Kapstadt und die Industrial Aid Society in Johannesburg sollten die Empfänger der Unterstützung sein. Unter anderem sollten Jahresgehälter für eine Stelle bei der jeweiligen Organisation gezahlt und zwölf Seminare sowie die Druckkosten für ein Beratungshandbuch finanziert werden, vgl. ebd.

11. Bericht der Revisionskommission des DGB über die Prüfung der Bundeshauptkasse am 2. September 1975

Beschluß:
Der Bundesvorstand nimmt den Bericht der Revisionskommission des DGB über die am 2. September 1975 vorgenommene Prüfung der Bundeshauptkasse zur Kenntnis.[28]

12. Gehaltsverhandlungen für DGB-Beschäftigte

Kollege *Lappas* trägt vor, daß die Gehaltsverhandlungen für DGB-Beschäftigte mit dem Gesamtbetriebsrat zur Zeit laufen. Der Geschäftsführende Bundesvorstand vertritt die Auffassung, daß die Erhöhung der Gehälter ab 1.10.1975 nicht 6 % überschreiten sollte. Die Haushaltskommission hat sich gestern ebenfalls mit diesem Thema befaßt und kam zu der Meinung, daß eine Erhöhung der Gehälter um 6 % oder geringfügig darüber liegen sollte. Ebenfalls ist angeregt worden, einen einheitlichen Betrag für alle Beschäftigten zu gewähren.
Kollege *Lappas* bittet den Bundesvorstand, dem Geschäftsführenden Bundesvorstand Zustimmungsbefugnis zu erteilen.
An der nachfolgenden Diskussion beteiligen sich die Kollegen *Hauenschild*, *Lappas*, *Muhr*, *Vetter*, *Mirkes*, *Frister*, *Vietheer*, *Seibert*, *Buschmann*, *Kluncker* und *Stadelmaier*.

Beschluß:
Der Bundesvorstand erteilt dem Geschäftsführenden Bundesvorstand Zustimmungsbefugnis für den Abschluß eines neuen Tarifvertrages zum 1.10.1975. Es soll ein Sockelbetrag und ein variabler Prozentsatz festgelegt werden, die insgesamt um 6 % ergeben.

13. Spende für die Opfer der Erdbebenkatastrophe in der Türkei

Beschluß:
Der Bundesvorstand empfiehlt dem Bundesausschuß, dem Türkischen Roten Kreuz eine Spende von DM 20.000,– aus dem Solidaritätsfonds zugunsten der Opfer der Erdbebenkatastrophe zur Verfügung zu stellen.[29]

---

28 Vgl. DGB-Bundesvorstand, Alfons Lappas, an die Mitglieder des DGB-Bundesvorstandes, Bericht der Revisionskommission des DGB über die Prüfung der Bundeshauptkasse am 2.9.1975, Düsseldorf, 22.9.1975, mit Anlage, AdsD, DGB-Archiv, 5/DGAI000488.
29 Der DGB hatte dem Türkischen Gewerkschaftsbund TÜRK-IS bereits 1966 aus Anlass einer Erdbebenkatastrophe 30.000 DM gespendet. Vgl. von Kieseritzky: Quellen 13, S. 354, Dok. 41: Kurzprotokoll der 5. Sitzung des Bundesvorstandes am 15.11.1966, TOP 16. Im Jahr 1975 hatte es im Bezirk Diyarbakir wieder eine große Erdbebenkatastrophe gegeben. Dem TÜRK-IS sollte laut der Beschlussvorlage wieder

Ende der Sitzung: 13.35 Uhr.

Dokument 7

4. November 1975: Kurzprotokoll der 4. Sitzung des Bundesvorstandes

Hans-Böckler-Haus in Düsseldorf; Vorsitz bis TOP 13: Heinz O. Vetter, Vorsitz ab TOP 14: Maria Weber; Protokollführung: Isolde Funke, Marianne Jeratsch; Sitzungsdauer: 10.15–13.55 Uhr; ms. vermerkt: »Vertraulich«.[1]

Ms., hekt., 8 S., 2 Anlagen.[2]
AdsD, DGB-Archiv, 5/DGAI000488.

Beginn der Sitzung: 10.15 Uhr.

Kollege *Vetter* eröffnet die 4. Sitzung des Bundesvorstandes in Düsseldorf.

Tagesordnung:
1. Haushaltsstrukturgesetz – Artikel 16a
2. Großkundgebung in Dortmund
3. Genehmigung des Protokolls der 3. Bundesvorstandssitzung
4. 1. Mai 1976
5. Aussage des DGB zu den Sprecherausschüssen für leitende Angestellte
6. Mitbestimmung
7. Konzertierte Aktion
8. Tagesordnung für die 2. Bundesausschußsitzung am 3.12.1975
9. Terminplanung 1976
10. Verschiedenes
11. Situation im co-op-Bereich
12. Gehaltserhöhungen 1975/76
13. Investitionslenkung
14. Richtlinien für die Durchführung von Schiedsverfahren nach § 16 der DGB-Satzung
15. Geschäftsordnung des Bundesvorstandes, hier: Anlage über Ausschüsse und Kommissionen beim Bundesvorstand

---

eine Spende in Höhe von 20.000 DM überwiesen werden. Der Bundesvorstand entschied nach kurzer Diskussion, dass die Zuwendung an den Türkischen Roten Halbmond überwiesen werden sollte.

Dok. 7
1   Einladungsschreiben mit Tagesordnung, 17.10.1975. Nicht anwesend: Gerd Muhr und Karl Hauenschild (vertreten durch Ferdinand Eichhorn). AdsD, DGB-Archiv, 5/DGAI000488.
2   Anlagen: Anwesenheitsliste; DGB appelliert an Bundestagsfraktionen, DGB-Nachrichten-Dienst, 284/75, 4.11.1975.

16. Jahresbericht der VTG 1974

1. Haushaltsstrukturgesetz – Artikel 16a

Die Kollegen *Kluncker*, *Vietheer* und *G. Schmidt* sprechen die mit dem neu eingeführten Artikel 16a des Haushaltsstrukturgesetzes verbundene Problematik für die Gewerkschaften an.[3] Sie sind der Meinung, daß der Bundesvorstand in einem Telegramm an die Vorsitzenden der drei Bundestagsfraktionen die Bitte aussprechen soll, den Artikel 16a auf der für Mittwoch vorgesehenen zweiten und dritten Lesung dieses Gesetzentwurfes nicht zu verabschieden.

Nach kurzer Diskussion, an der sich die Kollegen *Vetter*, *G. Schmidt*, *Vietheer*, *Eichhorn* und *Kluncker* beteiligen,[4] ist der Bundesvorstand mit der Versendung eines Telegramms und der Herausgabe einer Pressemeldung (s. Anlage) einverstanden.[5]

2. Großkundgebung in Dortmund

Kollege *Schwab* informiert den Bundesvorstand über den neuesten Stand der Vorbereitungen zur Großkundgebung am 8.11.1975 in Dortmund und weist auf die vorgesehene Pressekonferenz am 6.11.1975 hin.[6]

---

3   Deutscher Bundestag, 7. Wahlperiode, Drucksache 7/4224, 27.10.1975, Antrag des Haushaltsausschusses zu dem von der Bundesregierung eingebrachten Entwurf eines Gesetzes zur Verbesserung der Haushaltsstruktur (Haushaltsstrukturgesetz. Art. 16a betraf Körperschaften, Anstalten und Stiftungen des öffentlichen Rechts. Die Gewerkschaftsseite wertete diese Regelung, die in die Selbstverwaltung der Sozialversicherungsträger eingriff, als einen Angriff auf die Selbstverwaltungsautonomie. Der Artikel regelte, dass bundesunmittelbare Körperschaften, Anstalten und Stiftungen des öffentlichen Rechts sowie ihre Verbände ihre Eingruppierungen und Arbeitsentgelte, Leistungen und Arbeitsbedingungen unter Zustimmungsvorbehalt einer Aufsichtsbehörde stellen sollten, ebenso wie Eingruppierungen und Arbeitsentgelte, die die Regelungen vergleichbarer bundesunmittelbarer Körperschaften überschritten. Vgl. ebd., S. 21.

4   Vgl. Protokoll der Bundesvorstandssitzung am 4.11.1975, [Übertragung aus dem Stenogramm], S. 2 f., AdsD, DGB-Archiv, 5/DGAI000488.

5   Der DGB kritisierte die Aushöhlung der Autonomie der Sozialversicherungsträger und betrachtete den Gesetzentwurf als einen Angriff auf die in Artikel 9 Abs. 3 GG garantierte Tarifautonomie. Ein entsprechendes Schreiben an die CDU/CSU-Bundestagsfraktion und eine Erklärung des DGB liegt vor. Vgl. Fernschreiben, o. D., Heinz Oskar Vetters und Gustav Schmidts an den CDU/CSU-Fraktionsvorsitzenden Karl Carstens; Meldung der Bundespressestelle des Deutschen Gewerkschaftsbundes, DGB appelliert an die Bundestagsfraktionen, DGB-Nachrichten-Dienst, 284/75, 4.11.1975, AdsD, DGB-Archiv, 5/DGAI000488.

6   Schwab betonte, dass »Gott und die Welt […] aufgerufen« habe. Vetter bekundete seinen Pessimismus hinsichtlich des Ablaufs und schlug vor, »[a]nderen [die] Teilnahme [zu] verbieten«, womit wohl kommunistische Verbände und Parteien gemeint waren. Ebd., S. 4. Dies war ihm so wichtig, dass er es auch in der Pressekonferenz am 6.11.1975 auszuführen plante: Der DGB sei dankbar für das Echo, das seine Kundgebung gefunden habe, aber die Westfalenhalle sei bereits vollständig verplant, weswegen keine Gäste zugelassen gewesen seien. Diese würden gebeten, davon »Abstand zu nehmen, teilzunehmen. Wenn sie stören wollen«. Vgl. Protokoll der Bundesvorstandssitzung am 4.11.1975, [Übertragung aus dem Stenogramm], S. 2-5, AdsD, DGB-Archiv, 5/DGAI000488.

Nach kurzer Diskussion, an der sich die Kollegen *Vetter, Vietheer, Lappas, Schwab, Sickert, Frister* und die Kollegin *Weber* beteiligen,[7] kommt der Bundesvorstand überein, daß möglichst alle Bundesvorstandsmitglieder an der Kundgebung teilnehmen und den Demonstrationszug vom Dortmunder Hauptbahnhof zur Westfalenhalle anführen.

3. Genehmigung des Protokolls der 3. Bundesvorstandssitzung

Beschluß:
Der Bundesvorstand genehmigt das Protokoll der 3. Bundesvorstandssitzung.[8]

4. 1. Mai 1976

Kollege *Stephan* erläutert die Vorlage und bittet um Ergänzung des Beschlußvorschlages.[9]

Beschluß:
Der Bundesvorstand empfiehlt dem Bundesausschuß folgenden *Beschluß*: Im Rahmen des noch zu beschließenden ordentlichen Haushalts des DGB für 1976 werden DM 500.000,– für den 1. Mai eingestellt. Dieser Betrag wird im voraus bewilligt.
Der Bundesvorstand beschließt folgende Grundsätze für den 1. Mai 1976:
Der Bundesvorstand hält die Durchführung von Maiveranstaltungen für eine wichtige gewerkschaftliche Aufgabe, überläßt die Entscheidung über Form und Art der Veranstaltung den örtlichen Gewerkschaftsgremien, empfiehlt hierbei eine enge Zusammenarbeit mit den DGB-Landesbezirken und verweist auf die Notwendigkeit einer guten Vorbereitung und Durchführung, damit bei Teilnehmern und in der Öffentlichkeit ein positiver Eindruck sichergestellt wird. Wenn es sich als erforderlich erweist, muß auf Saalveranstaltungen umgestellt werden.[10] Dort, wo es sinnvoll erscheint, sollten Veranstaltungen benachbarter Orte zusammengelegt werden.

---

7 Vgl. Protokoll der Bundesvorstandssitzung am 4.11.1975, [Übertragung aus dem Stenogramm], S. 2-5, AdsD, DGB-Archiv, 5/DGAI000488.
8 Vgl. Dok. 6: Kurzprotokoll über die 3. Sitzung des Bundesvorstandes am 7.10.1975.
9 Vgl. [DGB-Bundesvorstand], Abt. Werbung – Medienpolitik, an die Mitglieder des Bundesvorstandes, Zum 1. Mai 1976, Düsseldorf, 14.10.1975, S. 4 f. AdsD, DGB-Archiv, 5/DGAI000488.
10 Hintergrund dieser Formulierungen war die Beobachtung von »Störversuchen«, also Teilnahmen von kommunistischen Verbänden und Parteien. In der Vorlage der Abteilung »Werbung – Medienpolitik« wurden deswegen ein »[a]usreichender Ordnungsdienst, wirkungsvolle Beschallung, sichere Tribünen, genügend eigene Transparente« gefordert sowie auf die Möglichkeit von Saalveranstaltungen hingewiesen. Vgl. ebd. Die Möglichkeit, Veranstaltungen ausfallen zu lassen, wurde verworfen, weil diese Alternative dem DGB als Schwäche seiner Organisation hätte ausgelegt werden können und befürchtet wurde, dass »von uns unerwünschte politische Gruppierungen den Tag für sich nutzen und ihre Position als bisherige Randerscheinung erheblich stärken« würden. Vgl. ebd.

Aus Gründen überregionaler Publizität sollte eine Maiveranstaltung im Landesbezirk besonders hervorgehoben werden.

Mit allen in Frage kommenden demokratischen Parteien und Organisationen usw. ist ggf. zu verhandeln, damit keine Konkurrenzveranstaltungen anderer Art während der gewerkschaftlichen Maikundgebungen stattfinden.

Der Bundesvorstand fordert alle Gewerkschaftsfunktionäre auf, den Verkauf von Maiabzeichen, dessen Erlös zur Finanzierung der Maiveranstaltungen dient, überall nach besten Kräften zu fördern und zu unterstützen sowie bei der Vorbereitung und Durchführung von Mai-Veranstaltungen mitzuarbeiten.

Die DGB-Kreise verkaufen die Maiabzeichen zu einem einheitlichen Preis von DM 0,50. Der Erlös wird für die Durchführung von Mai-Veranstaltungen zusammen mit einem Zuschuß des Bundesvorstandes verwendet und abgerechnet.

5. Aussage des DGB zu den Sprecherausschüssen für leitende Angestellte

Beschluß:
Der Bundesvorstand ist mit der vorgelegten Stellungnahme des DGB zu den Sprecherausschüssen für leitende Angestellte einverstanden.[11]

6. Mitbestimmung

Kollege *Vetter* teilt dem Bundesvorstand mit, daß nach seinen letzten Informationen zwischen den Fraktionsvorsitzenden von SPD und FDP die meisten der strittigen Fragen geklärt worden seien. Eine Einigung über die leitenden Angestellten könnte für den DGB besonders problematisch werden. Dazu sollte im Bundesvorstand in kürze ein Argumentationspapier diskutiert werden. Da die SPD bisher keinerlei Informationen an den DGB gegeben hat, die FDP jedoch die Arbeitgeber genau unterrichtet, schlägt Kollege *Vetter* eine direkte Kontaktaufnahme zu den beiden Fraktionsvorsitzenden vor. In diesem Zusammenhang erwähnt Kollege *Vetter* ein Schreiben des Bundeskanzlers.

---

11 Vgl. [DGB-Bundesvorstand], Abt. Gesellschaftspolitik, Volker Jung, an Kollegen Heinz O. Vetter, Aussage des DGB zu den Sprecherausschüssen für leitende Angestellte, Düsseldorf, 30.10.1975, sowie Anlage Entwurf, beide Dokumente AdsD, DGB-Archiv, 5/DGAI000488. In der Vorlage wurden die Betriebsräte aufgefordert, jegliche Zusammenarbeit mit den Sprecherausschüssen der Leitenden Angestellten zu unterlassen. Hintergrund war der Stand der Diskussion über die Entwürfe zum Mitbestimmungsgesetz, in denen die Frage des Mandats der Leitenden Angestellten auf der Arbeitnehmerbank in den Aufsichtsräten der unter das zukünftige Mitbestimmungsgesetz fallenden Unternehmen eine herausragende Rolle spielte. Die Vertretung der Leitenden Angestellten stellte die paritätische Mitbestimmung, die der DGB forderte, infrage. Dem Entwurf zufolge wurden die Sprecherausschüsse abgelehnt, weil sie lediglich »Vertretungsorgane minderer Qualität« darstellten, die von der Gnade und dem Entgegenkommen der Arbeitgeberseite abhängig seien. Das Bundesarbeitsgericht hatte mit Urteil vom 19.2.1975 eine differenzierte Rechtsprechung zur Zulässigkeit von Sprecherausschüssen der Leitenden Angestellten entwickelt. Vgl. ebd., S. 2 f. In der Akte befinden sich einzelgewerkschaftliche Stellungnahmen zum Thema.

An der anschließenden Diskussion beteiligen sich die Kollegen *Loderer*, *Vetter*, *Frister*, *Eichhorn*, *Stadelmaier* und *Stephan*.

Der Bundesvorstand *beschließt*, daß Kollege *Vetter* sich in Gesprächen mit den Fraktionsvorsitzenden von SPD und FDP sowie mit Spitzenvertretern der SPD Klarheit über den Stand der Koalitionsvereinbarungen zur Mitbestimmung verschaffen soll.

Auf der Großkundgebung am 8.11.1976 in Dortmund sollen die Forderungen des DGB zur Mitbestimmung noch einmal bekräftigt werden.

7. Konzertierte Aktion

Kollege *Pfeiffer* weist auf die Unterlagen hin, die den Bundesvorstandsmitgliedern inzwischen zur Vorbereitung auf die Konzertierte Aktion zugegangen sind.[12] Er erläutert kurz die Überlegungen, die der Erarbeitung der Unterlagen zugrunde gelegen haben.[13] Da das Bundeswirtschaftsministerium seine Papiere bisher nicht geliefert hat, die Expertengruppe am 13.11.[1975] und der Lenkungsausschuß erst am 20.11.1975 tagen, schlägt Kollege *Pfeiffer* vor, die Diskussion über die politische Haltung des DGB in der Konzertierten Aktion in der Vorbesprechung zu führen. Weiteres Material wird so schnell wie möglich dem Bundesvorstand zur Verfügung gestellt.

An der nachfolgenden Diskussion beteiligen sich die Kollegen *Vetter*, *Pfeiffer*, *Kluncker*, *Görgens*, *Loderer*, *Vater*, *Höhnen* und *Frister*.[14]

Die Kollegen begrüßen im Prinzip die bisher vorgelegten Unterlagen und die von Kollegen *Pfeiffer* vorgetragene Linie. Sie erörtern einige Punkte und machen Veränderungsvorschläge.

Beschluß:

Der Bundesvorstand kommt überein, die Haltung der DGB-Vertreter in der Konzertierten Aktion ausführlich und abschließend in einer Vorbesprechung zu diskutieren, die am Montag, dem 24. November 1975, um 16.30 Uhr in der Verbindungsstelle des DGB-Bundesvorstandes in Bonn stattfinden wird.

---

12 Vgl. DGB-Bundesvorstand, Alois Pfeiffer, an die Mitglieder des Bundesvorstandes, Konzertierte Aktion am 25.11.1975, Tagesordnungspunkt 4 der Sitzung des Bundesvorstandes, AdsD, DGB-Archiv, 5/ DGAI000488; [DGB-Bundesvorstand], Abt. Wirtschaftspolitik, Rudolf Henschel, Zur Vorbereitung der Konzertierten Aktion am 25.11.1975, Düsseldorf, 29.10.1975, ebd.; [DGB-Bundesvorstand], Abt. Wirtschaftspolitik, Formulierung eines Standpunktes des DGB-Bundesvorstandes zur Finanzpolitik, Düsseldorf, 16.10.1975, ebd.; Wirtschafts- und Sozialwissenschaftliches Institut des Deutschen Gewerkschaftsbundes, Alternative Instrumente zur Reduzierung der Arbeitslosigkeit, 22.8.1975, ebd.

13 Pfeiffer plädierte für eine nachfrageorientierte Politik und forderte, dass der DGB während der sozioökonomischen Krise in der Tarifpolitik nicht zurückstecke.

14 Es wurde in der Diskussion eine Politik öffentlicher Investitionen zum Ausbau der Infrastruktur diskutiert, die zu den Sparmaßnahmen der Koalition teilweise im Widerspruch stand. Loderer trug vor, dass die tarifpolitische Strategie in der Krise dahingehen müsse, mindestens einen Inflationsausgleich zu erzielen.

8. Tagesordnung für die 2. Bundesausschußsitzung am 3.12.1975

Kollege *Vetter* verweist auf die Vorlage und bittet um Zustimmung.
Die Kollegen *Lappas, Stephan* und *Schwab* machen Ergänzungs- bzw. Änderungsvorschläge.

Beschluß:
Der Bundesvorstand beschließt für die 2. Bundesausschußsitzung am 3.12.1975 folgende Tagesordnung:
1. Genehmigung des Protokolls der 1. Bundesausschußsitzung
2. Bericht zur gewerkschaftspolitischen und organisatorischen Situation
3. Schwerpunkte des Arbeitsprogramms des Geschäftsführenden Bundesvorstandes
4. Sozialwahlen
5. Bericht der Revisoren
6. Leistungen aus dem Solidaritätsfonds
    a) Zuwendungen an die Gewerkschaft GLF
    b) Spende für die Opfer der Erdbebenkatastrophe in der Türkei
    c) Finanzielle Unterstützung schwarzer Gewerkschaften in Südafrika
4. Beitragsaufwendungen für Verbände der Gewerkschaft Kunst
5. 1. Mai 1976
6. Gehaltsregelung für die Beschäftigten des DGB 1975/76
7. Veränderungsmitteilung – Landesbezirksvorstand Rheinland-Pfalz
8. Fragestunde
9. Verschiedenes[15]

9. Terminplanung 1976

Kollege *Vetter* teilt mit, daß keine Änderungswünsche eingegangen sind, und bittet den Bundesvorstand um zustimmende Kenntnisnahme.[16]
Kollege *Kluncker* bittet, zu prüfen, ob der Termin Neue Heimat 8. und 9. Juli 1976 nicht auf den Donnerstag und Freitag der letzten Juniwoche vorgezogen werden könnte.
Nach dem Hinweis des Kollegen *Lappas*, daß die Jahresrechnung und die Prüfung nicht vor dem 30.6.[1976] fertiggestellt werden können, sagt Kollege *Vetter* zu, daß geprüft werden soll, diesen Termin auf den 1. und 2.7.1976 vorzuziehen.[17]

---

15 Die Tagesordnung wurde schließlich um die Punkte »Mitbestimmung« und »Richtlinien für die Durchführung von Schiedsverfahren nach § 16 der DGB-Satzung« ergänzt.
16 Terminplanung, Januar bis Dezember 1976, AdsD, DGB-Archiv, 5/DGAI000488.
17 Es blieb bei dem ursprünglich vorgeschlagenen Termin. Vgl. Dok. 8: Kurzprotokoll der 5. Sitzung des Bundesvorstandes am 2.12.1975, TOP 2.

Auf eine entsprechende Anfrage des Kollegen *Kluncker* erklärt Kollege *G. Schmidt*, daß außer Heiligabend und Silvester nur der 2.1.1976, Freitag nach Neujahr, beim DGB dienstfrei sein wird.

Beschluß:
Der Bundesvorstand nimmt die vorgelegte Terminplanung 1976 zustimmend zur Kenntnis.

10. Verschiedenes

a) Walter Böhm
Kollege *Vetter* teilt mit, daß Walter Böhm ab 1. Januar 1976 Pressereferent des Deutschen Rates der Europäischen Bewegung werden wird.[18]

b) WSI-Geschäftsführung
Kollege *Vetter* informiert den Bundesvorstand darüber, daß der Geschäftsführende Bundesvorstand übereingekommen ist, dem Kuratorium des WSI in seiner nächsten Sitzung den Kollegen Wolfgang Spieker, IG Metall Düsseldorf, als zweiten Geschäftsführer des WSI vorzuschlagen.

c) Bericht über den IBFG-Weltkongreß in Mexiko
Der Bundesvorstand ist damit einverstanden, daß die Berichterstattung über den IBFG-Weltkongreß auf die nächste Sitzung vorgetragen wird.[19]

d) Chefredakteur für die »Welt der Arbeit«
Kollege *Vetter* berichtet über den neuesten Stand der Bemühungen, einen neuen Chefredakteur für die »Welt der Arbeit« zu bekommen.

e) 200-Jahrfeier der USA
Dieser Punkt wird bis zur nächsten Sitzung zurückgestellt.[20]

f) Gewerkschaftsratssitzung
Kollege *Vetter* teilt mit, daß die Gewerkschaftsvorsitzenden und GBV-Mitglieder, die dem Gewerkschaftsrat angehören, zu einer Vorbesprechung am 9.11.1975 um 17.00 Uhr eingeladen werden.[21]

---

18 Walter Böhm, Leiter des DGB-Verbindungsbüros in Bonn, war unter dem Vorwurf nachrichtendienstlicher Tätigkeiten verhaftet, später aber entlassen worden. Die Vorwürfe wurden fallengelassen. Vgl. Fall Böhm: Eindeutiges Nein, in: Der SPIEGEL, 25.11.1974.
19 Vgl. Dok. 8: Kurzprotokoll der 5. Sitzung des Bundesvorstandes am 2.12.1975, TOP 1. »Verschiedenes«, c).
20 Vgl. ebd.
21 Der Gewerkschaftsrat der SPD, in dem alle Gewerkschaften durch ihre Vorsitzenden vertreten waren, beriet die Partei in gewerkschaftlich relevanten Fragen. Vgl. Faulenbach: Sozialdemokratisches Jahrzehnt, S. 325.

11. Situation im co-op-Bereich

Kollege *Vetter* bittet, damit einverstanden zu sein, daß dieser Punkt von der Tagesordnung abgesetzt und so lange zurückgestellt wird, bis die personellen Schwierigkeiten, die in der Zwischenzeit aufgetreten sind, geklärt sind.

Beschluß:
Der Bundesvorstand stellt diesen Tagesordnungspunkt zurück.[22]

12. Gehaltserhöhungen 1975/76

Kollege *Schwab* berichtet über die Verhandlungen mit dem Gesamtbetriebsrat und den mit Mehrheit gefaßten Beschluß, die Gehälter der Beschäftigten des DGB um DM 40,– und 5 % ab 1.10.1975 bis 30.9.1976 zu erhöhen. Voraussetzung ist natürlich die Bestätigung durch den Bundesausschuß.

Beschluß:
Der Bundesvorstand wird dem Bundesausschuß empfehlen, der Gehaltserhöhung für die Beschäftigten des DGB um DM 40,– und 5 % ab 1.10.1975 bis 30.9.1976 zuzustimmen.

13. Investitionslenkung

Kollege *Loderer* bezieht sich auf Äußerungen zur Investitionslenkung, die Kollege Sperner während des Kongresses der IG Bau-Steine-Erden Anfang Oktober in Hamburg gemacht hat. Er bemängelt, daß Kollege Sperner sich in diesen Äußerungen nicht präzise an die Beschlüsse des letzten DGB-Kongresses gehalten hat, die auch von den Delegierten der IG Bau-Steine-Erden mitgetragen worden sind. Dadurch ist in der Öffentlichkeit der Eindruck erweckt worden, als gäbe es in dieser Frage sehr unterschiedliche Auffassungen innerhalb des DGB, und die gegnerische Seite hat die Sache entsprechend aufgegriffen. Sicher kann man Kollegen Sperner diese Auswirkungen nicht anlasten, aber eine differenzierte Haltung seinerseits wäre besser gewesen. Kollege *Loderer* bedauert, in Abwesenheit des Kollegen Sperner diese Angelegenheit ansprechen zu müssen. Man sollte in der nächsten Bundesvorstandssitzung darüber diskutieren.
Die Kollegen *Vetter* und *Carl* treten diesem Vorschlag bei.
Der Bundesvorstand kommt überein, die Angelegenheit bis zur Dezembersitzung des Bundesvorstandes zurückzustellen.[23]

---

22 Der Tagesordnungspunkt wurde im Bundesvorstand nicht wieder aufgerufen.
23 Vgl. Dok. 8: Kurzprotokoll der 5. Sitzung des Bundesvorstandes am 2.12.1975, TOP 4.

14. Richtlinien für die Durchführung von Schiedsverfahren nach § 16 der DGB-Satzung

Kollege *Schwab* verweist auf die Vorlage vom 14.7.1975 und einen Änderungsvorschlag der IG Metall. Er erläutert beides und bittet um Verabschiedung durch den Bundesvorstand.[24]

Die Diskussion, an der sich die Kollegen *Vietheer, Loderer, Eichhorn, Kluncker, Schwab, G. Schmidt, Vater, Buschmann, Mirkes* und die Kollegin *Weber* beteiligen, ergibt einige Unklarheiten über das Verfahren.[25] Außerdem sollten die Änderungsvorschläge der IG Metall noch einmal in den Vorständen der Gewerkschaften diskutiert werden.

Der Bundesvorstand *beschließt*, nach erneuter Diskussion in den Vorständen die Vorlage in der Dezembersitzung des Bundesvorstandes zu beraten.[26]

15. Geschäftsordnung des Bundesvorstandes, hier: Anlage über Ausschüsse und Kommissionen beim Bundesvorstand

Nach kurzer Diskussion, an der sich die Kollegen *Schwab, Eichhorn, Frister* und die Kollegin *Weber* beteiligen, faßt der Bundesvorstand folgenden *Beschluß*:

Der Bundesvorstand nimmt die vorgelegte Anlage über Ausschüsse und Kommissionen zur Geschäftsordnung des Bundesvorstandes zur Kenntnis. Dem Bundesvorstand wird mit Stand vom 1. Januar 1976 eine Aufstellung der bestehenden Ad-hoc-Kommissionen zur Verfügung gestellt, die jedes halbe Jahr oder jedes Jahr erneuert werden soll.[27]

---

24 Es ging in den Richtlinien um die Fragen der Abgrenzung der Organisationsbereiche der DGB-Gewerkschaften untereinander. Die langwierigen Schiedsverfahren zur Regelung dieser Fragen sollten verkürzt werden. Vgl. [DGB-Bundesvorstand], Abt. Organisation und Verwaltung, Karl Schwab, an die Mitglieder des Bundesvorstandes, Richtlinien für die Durchführung von Schiedsverfahren nach § 16 der DGB-Satzung, Düsseldorf, 14.7.1975; [DGB-Bundesvorstand], Abt. Organisation und Verwaltung, Karl Schwab, an die Mitglieder des Geschäftsführenden Bundesvorstandes und des Bundesvorstandes, Richtlinien für die Durchführung von Schiedsverfahren nach § 16 der DGB-Satzung, Düsseldorf, 11.12.1974, sowie Anlage 1: Richtlinien für die Durchführung von Schiedsverfahren nach § 16 der DGB-Satzung, AdsD, DGB-Archiv, 5/DGAI000488.

25 Vgl. Protokoll der Bundesvorstandssitzung, [Übertragung aus dem Stenogramm], 4.11.1975, S. 22, AdsD, DGB-Archiv, 5/DGAI000488.

26 Vgl. Dok. 8: Kurzprotokoll der 5. Sitzung des Bundesvorstandes am 2.12.1975, TOP 15.

27 Vgl. [DGB-Bundesvorstand], Abt. Organisation und Verwaltung, Karl Schwab, an die Mitglieder des Bundesvorstandes, Geschäftsordnung des Bundesvorstandes, Düsseldorf, 28.8.1975, AdsD, DGB-Archiv, 5/DGAI000488; Anlage zur Geschäftsordnung des Bundesvorstandes, Ausschüsse und Kommissionen beim Bundesvorstand (Entwurf), ebd.; [DGB-Bundesvorstand], Abt. Organisation und Verwaltung, an die Mitglieder des Geschäftsführenden Bundesvorstandes, Kommissionen, Unterausschüsse, ad-hoc-Ausschüsse nach Meldungen der Abteilungen, Düsseldorf, 14.8.1975, ebd.

16. Jahresbericht der VTG 1974

Beschluß: Gemäß § 10, Ziffer 3, der Geschäftsanweisung für die Verwaltung des Treuhandvermögens vom 6.3.1973 nimmt der Bundesvorstand den Geschäftsbericht der VTG für das Jahr 1974 zur Kenntnis.[28]

Ende der Sitzung: 13.55 Uhr.

Dokument 8

2. Dezember 1975: Kurzprotokoll der 5. Sitzung des Bundesvorstandes

Hans-Böckler-Haus in Düsseldorf; Vorsitz: Heinz O. Vetter; Protokollführung: Isolde Funke, Marianne Jeratsch; Sitzungsdauer: 10.10–13.55 Uhr; ms. vermerkt: »Vertraulich«.[1]

Ms., hekt., 8 S., 3 Anlagen.[2]

AdsD, DGB-Archiv5/DGAI000537.

Beginn der Sitzung: 10.10 Uhr.

Kollege *Vetter* eröffnet die 5. Sitzung des Bundesvorstandes in Düsseldorf.

Tagesordnung:
1. Verschiedenes
2. Bundesvorstandssitzung zum Thema Konzertierte Aktion
3. Genehmigung des Protokolls der 4. Bundesvorstandssitzung
4. Investitionslenkung
5. Erledigung der Anträge 15 und 17 des 10. Ordentlichen Bundeskongresses des DGB
6. Brief der Arbeitsgemeinschaft christlich-demokratischer DGB-Gewerkschafter an den DGB-Bundesvorstand
7. 200-Jahrfeier der USA

---

28 Vgl. [DGB-Bundesvorstand], Abt. Finanzen, an den Bundesvorstand, Jahresbericht der VTG für 1974, Düsseldorf, 22.10.1975, AdsD, DGB-Archiv, 5/DGAI000488.

Dok. 8
1 Einladungsschreiben vom 6.11.1975. Nicht anwesend: Alfons Lappas, Gerhard Schmidt, Wilhelm Rothe (vertreten durch Xaver Senft). AdsD, DGB-Archiv, 5/DGAI000488. Gegenüber den in der Einladung genannten Tagesordnungspunkten war der TOP: »Richtlinien für die Durchführung von Schiedsverfahren nach § 16 der DGB-Satzung« zusätzlich aufgenommen worden.
2 Anlagen: Anwesenheitsliste; vgl. Tischvorlage für die Sitzung des Bundesausschusses am 3.12.1975, Entwurf eines Telegrammes an Bundeskanzler Helmut Schmidt, Düsseldorf, 2.12.1975; DGB zum Mitbestimmungskompromiß, DGB-Nachrichten-Dienst, 321/75, 11.12.1975.

8. Mai-Motto 1976
9. DAG
10. Leistungen aus dem Solidaritätsfonds (Zuwendung an die Gewerkschaft GLF)
11. Beitragsbefreiung gem. DGB-Beitragsordnung
    a) Gewerkschaft GLF
    b) Verbände der Gewerkschaft Kunst
12. Finanzplan der VTG für das Jahr 1976
13. Bericht über die Jahrestagung des Arbeitskreises für Arbeitsstudien am 14./15.10.1975 in Sindelfingen
14. Reisekostenregelung
15. Richtlinien für die Durchführung von Schiedsverfahren nach § 16 der DGB-Satzung
16. Mitbestimmung

1. Verschiedenes

a) Bericht über die DGB-Kundgebung in Dortmund
Kollege *Schwab* erklärt, daß er einen schriftlichen Bericht an die Mitglieder des Bundesvorstandes geben wird, sobald die Stellungnahmen der DGB-Landesbezirke und DGB-Kreise über ihre Erfahrungen vorliegen.[3]

b) Rechtsschutz für DKP-Leute im öffentlichen Dienst
Auf die Frage des Kollegen *Kluncker* nach Wiedervorlage dieser Angelegenheit erklärt Kollege *Muhr*, daß eine Vorlage in Vorbereitung ist und für die nächste Sitzung vorgelegt werden wird.[4]

In diesem Zusammenhang regt Kollege *Loderer* an, dem Bundesvorstand in einer der nächsten Sitzungen einen Bericht über den Rechtsschutz allgemein zu geben.[5]

---

3 In der knappen Diskussion über die Kundgebung in Dortmund am 8.11.1975 erbat Vetter diesen Bericht unmittelbar persönlich an den Vorsitzenden. Der Bericht sollte auf der Grundlage der Erfahrungsberichte aller Kreise und Landesbezirke erfolgen. Ernst Breit hatte bemängelt, dass auf der Kundgebung zur Berufsausbildung im Öffentlichen Dienst auch die Aktion »Macht Stifte mit Köpfen« Erwähnung finden hätte sollen. Das Protokoll wurde zu diesem Punkt in der 6. Sitzung des Bundesvorstands am 3.2.1976 geändert, vgl. Dok. 12: Kurzprotokoll der 6. Sitzung des Bundesvorstandes am 3.2.1976, TOP 1.
4 Vgl. Dok. 12: Kurzprotokoll der 6. Sitzung des Bundesvorstandes am 3.2.1976, TOP 5. »Rechtsschutz für DKP-Mitglieder bei Verweigerung der Einstellung in den öffentlichen Dienst«; vgl. außerdem die Vorlage [DGB-Bundesvorstand], Abt. Arbeitsrecht, Abt. Beamte – Öffentlicher Dienst, Vorlage für die Bundesvorstandssitzung am 3.2.1976, Rechtsschutz der GEW für DKP-Mitglieder, Düsseldorf, 14.1.1976, AdsD, DGB-Archiv, 5/DGAI000489.
5 Vgl. Dok. 12: Kurzprotokoll der 6. Sitzung des Bundesvorstandes am 3.2.1976.

2. Bundesvorstandssitzung zum Thema Konzertierte Aktion

Nach kurzer Diskussion, an der sich die Kollegen *Buschmann, Kluncker, Vetter, Pfeiffer* und *Loderer* beteiligen, faßt der Bundesvorstand folgenden *Beschluß*:
Der Bundesvorstand beschließt, am Dienstag, dem 20. Januar 1976, um 15.00 Uhr im Hause der Bank für Gemeinwirtschaft, Frankfurt, eine Bundesvorstandssitzung zum Thema Konzertierte Aktion durchzuführen.[6]

3. Genehmigung des Protokolls der 4. Bundesvorstandssitzung

Beschluß:
Der Bundesvorstand genehmigt das Protokoll der 4. Bundesvorstandssitzung.[7]
Zum Punkt 9. des o[ben] a[ngegebenen] Protokolls »Terminplanung 1976« weist Kollege *Vietheer* darauf hin, daß der Beginn des Gewerkschaftstages von HBV bereits am 26. September 1976 ist.
In diesem Zusammenhang stellt Kollege *Vetter* fest, daß es bei dem vorgesehenen Termin Neue Heimat am 8. und 9. Juli 1976 bleibt.

4. Investitionslenkung

Kollege *Sperner* bezieht sich kurz auf die Äußerungen von Kollegen Loderer in der letzten Bundesvorstandssitzung zu seinen, des Kollegen Sperner, Aussagen zur Investitionslenkung auf dem Kongreß der IG Bau-Steine-Erden. Er dankt für den Hinweis und fragt, ob das Thema in der nächsten Sitzung noch einmal besprochen werden solle oder ob es als erledigt angesehen werden könne.
Kollege *Loderer* hält die Angelegenheit für erledigt. Er bittet noch einmal allgemein darum, Beschlüsse des DGB-Bundeskongresses zu berücksichtigen, damit in der Öffentlichkeit nicht der Eindruck entsteht, daß die eine oder andere Gewerkschaft von Kongreßbeschlüssen des DGB abweiche.

5. Erledigung der Anträge 15 und 17 des 10. Ordentlichen Bundeskongresses des DGB

Kollege *Vetter* erinnert an die durch den 10. Ordentlichen Bundeskongreß beschlossenen Anträge 15 und 17, die dem Bundesvorstand bzw. dem Bundesausschuß zur

---

6 Vgl. Dok. 11: Kurzprotokoll der Außerordentlichen Sitzung des Bundesvorstandes am 20.1.1976.
7 Vgl. Dok. 7: Kurzprotokoll der 4. Sitzung des Bundesvorstandes am 4.11.1975.

Ausführung überwiesen worden sind.[8] Er erwähnt kurz einige Punkte. Nach mehrfacher Beratung im Geschäftsführenden Bundesvorstand hat sich herausgestellt, daß einige Fragen noch nicht ausreichend geklärt werden konnten, so z[um] B[eispiel] die Frage der einheitlichen Erfassung der Inhaber von Aufsichtsratsmandaten sowohl aus den Betrieben als auch aus den Gewerkschaften wie auch die allgemeine Anerkennung der Abführungen als Betriebsausgaben durch die Finanzämter bzw. Oberfinanzdirektionen in den Bundesländern. Kollege *Vetter* bittet den Bundesvorstand um Einverständnis, die abschließende Beratung der Anträge 15 und 17 auf die nächste Sitzung des Bundesvorstandes zu vertagen und den Bundesausschuß entsprechend zu unterrichten.

An der nachfolgenden Diskussion beteiligen sich die Kollegen *Vietheer, Vetter, Muhr, Loderer, Kluncker, Frister, Hauenschild* und *Breit*. Es werden einzelne Aspekte der Anträge erörtert und insbesondere die Abgabepflicht in gemeinwirtschaftlichen Unternehmen angesprochen.

Der Bundesvorstand *beschließt*, die abschließende Beratung der Anträge 15 und 17 des 10. Ordentlichen Bundeskongresses zu vertagen, bis alle offenen Punkte – auch im Hinblick auf die durch den Bundeskongreß des DGB in Hannover angenommenen Anträge – geklärt sind. Der Bundesausschuß soll in seiner morgigen Sitzung entsprechend informiert werden.[9]

6. Brief der Arbeitsgemeinschaft christlich-demokratischer DGB-Gewerkschafter an den DGB-Bundesvorstand

Kollege *Vetter* teilt unter Hinweis auf den vorgelegten Brief der Arbeitsgemeinschaft christlich-demokratischer DGB-Gewerkschafter mit,[10] daß heute lediglich

---

8   Vgl. Protokoll über die 2. Sitzung des Bundesausschusses am 3.12.1975, TOP 3, AdsD, DGB-Archiv, 5/DGAI000416. Es handelte sich um die Anträge zur »Teilabführung von Vergütungen aus der Wahrnehmung von Mitbestimmungs-Funktionen oder ähnlichen Aufgaben« (Antrag 15) sowie zur »Mitgliedschaft in der Hans-Böckler-Gesellschaft« (Antrag 17). Vgl. DGB: 10. Bundeskongreß 1975, S. 16 f. und 19 f.
9   Vgl. Dok. 12: Kurzprotokoll der 6. Sitzung des Bundesvorstandes am 3.2.1976, TOP 1.
10 Vgl. Sozialausschüsse der christlich-demokratischen Arbeitnehmerschaft, Arbeitsgemeinschaft christlich-demokratischer DGB-Gewerkschafter, an den Deutschen Gewerkschaftsbund, Bundesvorstand, Kollegen Heinz Oskar Vetter, Wahrung der Unabhängigkeit des DGB, Königswinter, 8.10.1975, AdsD, DGB-Archiv, 5/DGAI000488. In dem Brief berufen sich die unterzeichnenden Maria Weber, Adolf Müller und Gerhard Schlosser auf einen Brief vom 2.11.1975, in dem sich mehrere Vorstandsmitglieder von Einzelgewerkschaften sowie die beiden CDU-Angehörigen im Geschäftsführenden Bundesvorstand des DGB auf die Überparteilichkeit und Neutralität des DGB im Bundestagswahlkampf verpflichtet sahen und diese auch vom DGB einforderten. Sie schlugen ein Gespräch vor, das jedoch nicht zustande kam. Während der folgenden Landtagswahlkämpfe in Hessen 1974, Nordrhein-Westfalen 1975 und im Saarland 1975 hätten sich wiederum Anlässe für Kritik ergeben, der DGB und seine Gewerkschaften »stünden im Lager der sozialdemokratischen Partei«. Signale von Heinz Oskar Vetter, Gerd Muhr, Jan Sierks und anderen am Rande des letzten DGB-Bundeskongresses sowie von Karl Hauenschild im Rahmen einer Problemtagung der CDA wurden von den CDA-Vertretern positiv interpretiert. Hinsichtlich der Wahlorgane und des Funktionärskörpers des DGB und der Einheitsgewerkschaftsorganisationen sollten »die richtigen Akzente gesetzt werden«.

ein Termin für ein Gespräch mit der Arbeitsgemeinschaft festgelegt werden soll. Er schlägt den Nachmittag des 3. Februar 1976 vor.

Nach kurzer Diskussion, an der sich die Kollegen *Kluncker*, *Vetter*, *Heiß* und *Lehlbach* beteiligen,[11] *beschließt* der Bundesvorstand, der Arbeitsgemeinschaft christlich-demokratischer DGB-Gewerkschafter als Termin für ein Gespräch den Nachmittag des 3. Februar 1976 vorzuschlagen. Von seiten des DGB sollen die Kollegen Vetter, Breit, Buschmann, Lappas, Loderer, Kluncker und je ein Vertreter der Gewerkschaften Bergbau und Energie und der Eisenbahner Deutschlands teilnehmen. Kollege *Vetter* sagt zu, für dieses Gespräch Unterlagen bereitzustellen.[12]

7. 200-Jahrfeier der USA

Kollege *Vetter* unterrichtet den Bundesvorstand über eine an ihn ergangene Einladung des Bundeskanzlers, ihn in der zweiten Julihälfte 1976 als Mitglied der Regierungsdelegation zur 200-Jahrfeier der Vereinigten Staaten von Amerika in die USA zu begleiten.[13] Ein gleiches Schreiben hat Kollege *Loderer* erhalten. Da diese Reise u. a. auch dazu dienen kann, eine Verbesserung der Beziehungen zwischen DGB und AFL/CIO zu erreichen, bittet Kollege *Vetter* den Bundesvorstand um Zustimmung zu dieser Einladung.

Nach kurzer Diskussion, an der sich die Kollegen *Kluncker*, *Sickert*, *Loderer*, *Vetter*, *Hauenschild*, *Vietheer*, *Schwab* und *Breit* beteiligen,[14] faßt der Bundesvorstand folgenden *Beschluß*:

Der Bundesvorstand ist damit einverstanden, daß die Kollegen Vetter und Loderer als Mitglieder der Regierungsdelegation zur 200-Jahrfeier in die USA reisen. Der Bundeskanzler soll gebeten werden, bei künftigen ähnlichen Einladungen an Bundesvorstandsmitglieder den DGB vorher zu informieren bzw. zu konsultieren.

---

11 Die Beiträge in der Diskussion bezogen sich lediglich auf technische Details, inhaltliche Aspekte wurden ausweislich der Übertragung aus dem Stenogramm nicht besprochen.
12 In der Übertragung aus dem Stenogramm werden eine Aktennotiz über das Spitzengespräch der Sozialausschüsse der Christlich-Demokratischen Arbeitnehmerschaft am 18.10.1974, ein Brief vom [2.11.]1972, die Vorlage vom 7.10.1974 und ein »Papier zur Einstimmung in die jetzige Lage« genannt. Vgl. Protokoll, Übertragung aus dem Stenogramm, TOP: »Brief der CDA an den DGB-Bundesvorstand«, S. 10, AdsD, DGB-Archiv, 5/DGAI000488.
13 Vgl. den Brief des Bundeskanzlers, Helmut Schmidt, an Heinz O. Vetter, Bonn, 24.10.1975, AdsD, DGB-Archiv, 5/DGAI000488.
14 In der Diskussion wurde das abgekühlte Verhältnis zwischen AFL/CIO und den europäischen Gewerkschaften bemängelt. Ein Ziel der Teilnahme an einer solchen Delegationsreise sollte sein, die europäischen Kollegen im Exekutivausschuss des EGB auch von der Bedeutung transatlantischer Kontaktpflege zu überzeugen. Der überwiegende Teil der europäischen Gewerkschaftsvorsitzenden hatte 1975 Kongresseinladungen des AFL/CIO-Vorsitzenden abschlägig beschieden. Vetter maß transatlantischen Kontakten mehr Bedeutung bei als die übrigen europäischen Gewerkschaftsvorsitzenden. Vgl. Protokoll vom 2.12.1975, Übertragung aus dem Stenogramm, AdsD, DGB-Archiv, 5/DGAI000488, TOP: »200-Jahrfeier der USA«.

8. Mai-Motto 1976

Kollege *Stephan* bittet den Bundesvorstand, dem vorliegenden, vom Geschäftsführenden Bundesvorstand vorgeschlagenen Mai-Motto 1976 »Kurs halten – Die Zukunft sichern – DGB« zuzustimmen.[15]

Nach kurzer Diskussion, an der sich die Kollegen *Frister, Vetter, Vietheer, Sickert, Muhr, Kluncker, Mirkes* und *Stephan* beteiligen,[16] *beschließt* der Bundesvorstand folgendes Motto für den 1. Mai 1976:

»Vollbeschäftigung – Soziale Sicherheit – DGB«

9. DAG

Kollege *Stephan* verweist auf die Vorlagen zum Thema DAG und erläutert kurz die Situation.[17] Er stellt in diesem Zusammenhang die Frage, ob schon jetzt eine Umfrage bei den Gewerkschaften erfolgen solle bezüglich gemeinsamer Tarifverträge mit der DAG oder ob erst entsprechende Beschlüsse bevorstehender Gewerkschaftstage abgewartet werden sollten. Er bittet den Bundesvorstand um zustimmende Kenntnisnahme des Offenen Briefes an den DAG-Vorsitzenden,

---

15 Vgl. die Vorlage der [DGB-Bundesvorstand], Abt. Werbung – Medienpolitik, an die Mitglieder des Bundesvorstandes, betr.: Mai-Motto 1976, Düsseldorf, 18.11.1975, sowie [DGB-Bundesvorstand], Abt. Werbung – Medienpolitik, Vorschläge für das Mai-Motto, Düsseldorf, 5.11.1975, mit neun Vorschlägen, von denen fünf den Slogan »Kurs halten« in Abwandlungen enthielten. Beigegeben war der Vorlage noch eine Übersicht der Mai-Parolen seit 1950. Vgl. Werbeabteilung, betr.: Maiparolen von 1950 an, Düsseldorf, 15.10.1974, AdsD, DGB-Archiv, 5/DGAI000488.

16 In der Diskussion referierte Günter Stephan, Maria Weber habe in der Sitzung des Geschäftsführenden Bundesvorstandes am 17.11.1975 Bedenken angemeldet, das Mai-Motto mit »Kurs halten« einzuleiten, da dies zu regierungsfreundlich sei. Dem schloss sich Kollege Frister an, der die Bezeichnung »deplaciert« fand.

17 Der DAG-Vorsitzende Hermann Brandt hatte in seiner Rede anlässlich des DAG-Kongresses vom 13. bis 17.10.1975 in Wiesbaden, die mit »Fortschritt für die Angestellten aus eigener Kraft« überschrieben war, betont, in einer gerechten Sozialordnung müsse »die Leistung des Einzelnen als vorrangiger Ordnungsfaktor gelten«. Zudem müsse im Interesse der Angestellten »mit aller Entschiedenheit gegen Nivellierungsbestrebungen, mit denen dieses Leistungsprinzip beeinträchtigt, oder gar ausgehöhlt werden soll«, vorgegangen werden. Im vorausgehenden Tarifabschluss im öffentlichen Dienst sah er dieses Leistungsprinzip durch die Nivellierungstendenzen zwischen Angestellten und Arbeiterinnen und Arbeitern, die er als Konsequenz der Politik der DGB-Gewerkschaften anprangerte, untergraben. Der DGB vertrat das Prinzip einheitlicher Tarifverträge für Arbeiterinnen und Arbeiter und Angestellte. In seiner Rede erhob Brandt den Vorwurf, dass dies sich auch nachteilig für die Arbeiterinnen und Arbeiter auswirke. Brandt widersprach allen Gleichheitssemantiken sowie jeder vom Gleichheitsprinzip geprägten Politik des DGB und seiner Einzelgewerkschaften, besonders im Hinblick auf das Gruppenwahlrecht in der Betriebsverfassung und auf das anstehende Mitbestimmungsgesetz. Vgl. Vorlage für die Sitzung des Bundesvorstandes am 2.12.1975, Auszüge aus der Rede »Fortschritt für die Angestellten aus eigener Kraft« des DAG-Vorsitzenden, Hermann Brandt, anlässlich des DAG-Kongresses vom 13. bis 17.10.1975 in Wiesbaden, AdsD, DGB-Archiv, 5/DGAI000488. Vgl. zum zeitgenössischen Verhältnis DGB/DAG Müller: Die Deutsche Angestellten-Gewerkschaft, S. 412-419.

den der Geschäftsführende Bundesvorstand gebilligt hat.[18] Abschließend erwähnt Kollege *Stephan* die von der SPD diskutierte Bundestagskandidatur von Hermann Brandt in Bonn und seine inzwischen erfolgte Ablehnung.[19]

An der nachfolgenden Diskussion beteiligen sich die Kollegen *Vietheer, Heiß, Stephan, Döding, Kluncker, Vetter, Mirkes* und *Sierks*.[20] Es wird auf die unterschiedliche Situation in den einzelnen Gewerkschaften bezüglich der DAG hingewiesen und eine grundsätzliche Diskussion der anstehenden Probleme angeregt.

Der Bundesvorstand faßt folgenden *Beschluß*:

Der Bundesvorstand nimmt zustimmend Kenntnis von dem Offenen Brief an den DAG-Vorsitzenden Hermann Brandt vom 12. November 1975. Das Thema DAG soll zum gegebenen Zeitpunkt ausführlich diskutiert werden.[21]

10. Leistungen aus dem Solidaritätsfonds (Zuwendung an die Gewerkschaft GLF)

Beschluß: Der Bundesvorstand empfiehlt dem Bundesausschuß, der Gewerkschaft Gartenbau, Land- und Forstwirtschaft einen Zuschuß von DM 1.200.000,– für das Jahr 1976 aus dem Solidaritätsfonds zu gewähren.

---

18 In einem offenen Brief wandten sich Günter Stephan und Annedore Bell im Namen des Bundes-Angestelltenausschusses des DGB an den DAG-Vorsitzenden Hermann Brandt und nahmen zu dessen Rede auf dem DAG-Kongreß in Wiesbaden vom 13. bis 17.10.1975 Stellung. Bell und Stephan verwiesen auf die positive Mitgliederentwicklung unter den Angestellten innerhalb der DGB-Gewerkschaften hin. Sie betonten, dass auch im Hinblick auf Betriebsratswahlen die DGB-Gewerkschaften die DAG in der Zahl der Mandate bei Weitem übertroffen hätten. Aus Sicht des DGB seien die tariflichen Erfolge für Arbeiterinnen und Arbeiter und Angestellte gemeinsam von den DGB-Gewerkschaften erstritten worden. Von diesen Tarifabschlüssen hätten dann die durch die DAG vertretenen Angestellten mitprofitiert. Von einer Nivellierung könne keine Rede sein, denn diese gemeinsamen »Tarife [haben] sehr klar die unterschiedlichen Tätigkeitsmerkmale berücksichtigt«. Vgl. DGB-Bundesvorstand, Abt. Angestellte, Offener Brief an Hermann Brandt, Düsseldorf, 12.11.1975, AdsD, DGB-Archiv, 5/DGAI000488.

19 Die SPD hatte erwogen, den DAG-Vorsitzenden Hermann Brandt im Bonner Wahlkreis als Direktkandidaten aufzustellen, um diesen traditionell von der CDU gewonnenen Wahlkreis mit einem Kandidaten, der die Angestellten- und Beamtenschaft in der Bundeshauptstadt mehr anspreche, für die SPD zu gewinnen. Gegen diese Nominierungsinitiative hatten Mitglieder der ÖTV protestiert. Vgl. SPD will DAG-Chef Brandt im Wahlkreis aufstellen, in: Süddeutsche Zeitung, 28.11.1975. Brandt stand der SPD-Kandidatur jedoch ablehnend gegenüber, denn er befürchtete Konflikte zwischen dem parteipolitischen Engagement und dem Gewerkschaftsamt. Zudem sei die DAG parteipolitisch unabhängig. Vgl. DAG-Vorsitzender Brandt lehnt SPD-Kandidatur »prinzipiell ab«, in: Süddeutsche Zeitung, 29./30.11.1975.

20 In der Diskussion wurde betont, dass die Einschätzung der DAG in den Einzelgewerkschaften sehr differiere. Der ÖTV-Vorsitzende Heinz Kluncker argumentierte, dass man mit dem offenen Brief auch bis zur Bundesvorstandssitzung hätte abwarten können.

21 Das Thema DAG stand in grundsätzlicher Fragestellung erst 1977 wieder auf der Tagesordnung. Vgl. Dok. 25: Kurzprotokoll der 17. Sitzung des Bundesvorstandes am 1.3.1977, TOP 6., sowie Dok. 26: Kurzprotokoll der 18. Sitzung des Bundesvorstandes am 5.4.1977, TOP 3.

11. Beitragsbefreiung gem. DGB-Beitragsordnung

a) Gewerkschaft GLF
b) Verbände der Gewerkschaft Kunst

Beschluß:
Der Bundesvorstand empfiehlt dem Bundesausschuß, die Gewerkschaft Gartenbau, Land- und Forstwirtschaft für das Jahr 1976 sowie die Genossenschaft Deutscher Bühnenangehöriger (GDBA), die Internationale Artistenloge (IAL) und den Deutschen Musikverband (DMV) für die Jahre 1975 und 1976 gem. Ziffer 6 der Beitragsordnung vom Beitrag zu befreien. Gemäß Ziffer 7 der Beitragsordnung sind diese Beiträge dem DGB aus dem Solidaritätsfonds zu ersetzen.

12. Finanzplan der VTG für das Jahr 1976

Beschluß: Gemäß § 5, Ziffer 2 der Geschäftsanweisung für die Verwaltung des Treuhandvermögens vom 6. März 1973 stimmt der Bundesvorstand dem Finanzplan der VTG für 1976 zu.

13. Bericht über die Jahrestagung des Arbeitskreises für Arbeitsstudien am 14./15.10.1975 in Sindelfingen

Nach Erläuterungen des Kollegen *Heiß* nimmt der Bundesvorstand den vorgelegten Bericht über die Jahrestagung des Arbeitskreises für Arbeitsstudien am 14./15.10.1975 in Sindelfingen zur Kenntnis.[22]

---

22 Martin Heiß berichtete in einem Schreiben mit mehreren Anlagen über die Jahrestagung des Arbeitskreises für Arbeitsstudien, die sich im Jahr 1975 am 14./15.10.1975 in Sindelfingen unter anderem mit dem Thema »Tarifvertrag und industrielle Wirklichkeit« befasst hatte. Die Tagung verfolgte das Ziel, einen Austausch zwischen Betriebsräten und Tarifsekretären anzuregen, um die »Unterschiede zwischen dem [tarifvertraglichem] Vertragsinhalt und den betrieblichen Arbeitsbedingungen« besser einschätzen zu können. Die von 300 Personen besuchte Veranstaltung wurde durch Vorträge der Wissenschaftler Prof. Dr. Walter Rohmert, Dr. Wolfgang Ehrenstein, Dr. Bernd John, Dr. Wolfgang Laurig und Dr. Gerhard Leminsky bestritten. In vier Arbeitsgruppen wurden die Erfahrungen zur »Datenermittlung, Demokratisierung der Entscheidung, Arbeitsorganisation und Verdienst- und Arbeitssicherung« zusammengetragen und in Thesenpapieren festgehalten, die dem knappen Bericht beilagen. In der Arbeitsgruppe »Tarifnormen der Arbeitsorganisation« wurden Ziele »menschengerechter Arbeit«, des Abbaus »jeglichen verzichtbaren Zwanges«, des Aufbaus einer »demokratischen Betriebsstruktur« durch Zusammenführung von »Planung, Vorbereitung, Ausführung und Kontrolle«, die »Beteiligung der Arbeitnehmer daran«, »Selbstkontrolle«, »menschengerechte Gruppenarbeit« sowie Modifikationen der Fließbandarbeit gefordert. Diesen Änderungen der Arbeitsorganisation sollten Standards der Datenerhebung dienen. Vgl. [DGB-Bundesvorstand], Abt. Tarifpolitik, Martin Heiß, an die Mitglieder des Bundesvorstandes, betr.: AfA-Jahrestagung, Düsseldorf, 24.11.1975, AdsD, DGB-Archiv, 5/DGAI000488. Die Vorträge der AfA-Jahrestagung sind dokumentiert in afa Informationen 25, 1975, H. 5, September/Oktober, S. 127-156.

Fortsetzung zu TOP 1. »Verschiedenes«

c) Bericht über den IBFG-Weltkongreß in Mexiko
Kollege *Vetter* berichtet kurz über den IBFG-Weltkongreß in Mexiko und verweist auf seinen ausführlicheren Bericht in der morgigen Sitzung des Bundesausschusses.[23]

Auf die Frage des Kollegen *Vietheer* nach Spanien teilt Kollege *Vetter* mit, daß der Generalsekretär angeregt hat, Mitte Januar 1976 eine Delegation nach Spanien zu entsenden. Der Beschluß der Internationale in bezug auf Spanien soll aufgehoben werden.

Kollege *Loderer* teilt mit, daß eine kleine Delegation der Metall-Internationale Anfang Januar 1976 nach Spanien reisen wird.

d) FDGB
Kollege *Vetter* teilt mit, daß er sich im Januar um einen Termin mit dem FDGB bemühen wird.

Kollege *Breit* berichtet über seine Erfahrungen beim Besuch in der DDR.

Kollege *Vietheer* informiert den Bundesvorstand darüber, daß eine HBV-Delegation am 15. Dezember 1975 in die DDR reisen wird.

Kollege *Frister* bittet, den Bundesvorstand zu informieren, wenn sich in den Beziehungen DGB/FDGB etwas ändert.

e) Bundesvorstandssitzung am 6. April 1976 in Brüssel
Kollege *Vetter* gibt bekannt, daß die EG-Kommission den Bundesvorstand nach Brüssel eingeladen hat. Es soll am Vormittag des 6. April 1976 die Bundesvorstandssitzung und am Nachmittag ein Gespräch mit der Kommission stattfinden. Die Anreise ist für den 5. und die Abreise für den 7. April 1976 vorgesehen.

Beschluß:
Der Bundesvorstand beschließt, am 6. April 1976 seine Sitzung in Brüssel durchzuführen.

---

23 Heinz Oskar Vetter berichtete in der Sitzung des Bundesausschusses am 3.12.1975 über den IBFG-Kongress, der vom 17. bis 25. Oktober in Mexiko stattgefunden hatte. Ordnungsgemäß habe der IBFG seine politischen Planungen und die darauf aufbauende Arbeit bis 1978 beraten. Zentrale Themen seien »die wirtschaftliche Sicherheit und soziale Gerechtigkeit«, die »internationale Gesetzgebung zur Kontrolle multinationaler Konzerne«, die »Demokratie im Arbeitsleben«, das Verhältnis von Gewerkschaftsrechten zu Menschenrechten sowie die Gleichberechtigung der berufstätigen Frau gewesen. Zu letzterem Thema habe der IBFG ebenso eine Charta verabschiedet wie zu den Rechten der Jugend. Er berichtete darüber hinaus, dass Otto Kersten in seinem Amt als Generalsekretär des IBFG bestätigt worden war. Zu den Chartas vgl. ICFTU Youth Charter; International Confederation of Free Trade Unions: Rights; zum Bericht Heinz O. Vetters vgl. Protokoll über die 2. Sitzung des Bundesausschusses am 3.12.1975, TOP 3., S. 4, AdsD, DGB-Archiv, 5/DGAI000416.

14. Reisekostenregelung

Kollege *Schwab* teilt mit, daß mit großer Wahrscheinlichkeit damit zu rechnen ist, daß ab 1. Januar 1976 aufgrund des Haushaltsstrukturgesetzes die Lohnsteuerdurchführungsverordnungen geändert werden. Der GBV bittet den Bundesvorstand, damit einverstanden zu sein, daß, wenn diese Lohnsteuerrichtlinien geändert werden, nach Abstimmung mit dem Betriebsrat die Reisekostenrichtlinien für die Beschäftigten des DGB entsprechend geändert werden können. Ferner teilt Kollege *Schwab* mit, daß er für die nächste Sitzung des Bundesvorstandes den Vorschlag einer »Reisekostenregelung für Teilnehmer an Sitzungen und Tagungen des Bundesvorstandes oder der Bundesvorstandsverwaltung« entsprechend einer Anregung der Haushaltskommission vorlegen wird.

Beschluß:
Der Bundesvorstand ist damit einverstanden, daß nach Änderung der Lohnsteuerdurchführungsverordnungen die Reisekostenrichtlinien für die Beschäftigten des DGB nach Abstimmung mit dem Betriebsrat entsprechend geändert werden können.

15. Richtlinien für die Durchführung von Schiedsverfahren nach § 16 der DGB-Satzung

Kollege *Schwab* verweist auf die Vorlage vom 11.11.1975, in die die Änderungswünsche der IG Metall eingearbeitet wurden. Er bittet den Bundesvorstand, dem Bundesausschuß die Annahme dieser Richtlinien zu empfehlen.[24]

In der nachfolgenden Diskussion, an der sich die Kollegen *Vietheer*, *Hauenschild*, *Mirkes*, *Vetter* und *Schwab* beteiligen, wird angeregt, Kriterien für die Abwicklung des Schiedsgerichtsverfahrens zu erarbeiten. Kollege *Schwab* sagt zu, die Erstellung solcher Kriterien zu versuchen.

---

24 In § 16 Abs. 1 der Satzung des DGB ging es um Schiedsverfahren, die eingeleitet werden, wenn im DGB vereinigte Gewerkschaften bei Streitigkeiten über die Abgrenzung der Organisationszuständigkeit für einen oder mehrere Betriebe zuvor in einem Vermittlungsversuch des DGB-Bundesvorstands gescheitert waren und sich auf keine Abgrenzung einigen konnten. Die Schiedsstelle sollte aus zwei von den streitenden Parteien benannten Beisitzerinnen beziehungsweise Beisitzern und einer oder einem Vorsitzenden besetzt werden. Jede Partei hatte das Recht, bis zu drei Sachverständige zu benennen. Die Ermächtigung zum Erlass der Richtlinie war dem DGB-Bundesausschuss vom 3. Außerordentlichen Bundeskongress des DGB erteilt worden, da man sich auf dem Kongress nicht auf eine einheitliche Linie bei der Überführung des alten § 19 einigen konnte. Die Abgrenzungsprobleme würden sich nach Ansicht der Abteilung Organisation durch neue Technologien, horizontale Konzentration und die Organisation der Produktion verschärfen. Vgl. [DGB-Bundesvorstand], Abt. Organisation, an die Mitglieder des Geschäftsführenden Bundesvorstandes, Richtlinien für die Durchführung von Schiedsverfahren nach § 16 der DGB-Satzung, Düsseldorf, 11.12.1974, AdsD, DGB-Archiv, 5/DGAI000488.

Beschluß:
Der Bundesvorstand empfiehlt dem Bundesausschuß, den Entwurf von »Richtlinien für die Durchführung von Schiedsgerichtsverfahren nach § 16 der DGB-Satzung« anzunehmen.[25]

16. Mitbestimmung

Kollege *Vetter* verweist auf den vorliegenden Entwurf eines Telegramms, in dem zu den bekanntgewordenen Absichten der Koalitionspartner zum Gesetzentwurf zur Mitbestimmung noch einmal die Haltung des DGB klargemacht werden soll.[26]

Die Kollegen *Kluncker, Loderer, Vetter, Muhr, Sickert, Lappas, Mirkes, Schwab, Heiß, Frister, Sierks, Hauenschild* und *Buschmann* diskutieren den Telegrammentwurf und schlagen Änderungen und Streichungen vor.[27]

Beschluß:
Der Bundesvorstand wird dem Bundesausschuß in seiner morgigen Sitzung den entsprechend der Diskussion geänderten Telegrammentwurf zur Annahme empfehlen (s. Anlage).[28]

---

25 Der Bundesausschuss beschloss die Vorlage vom 2.12.1975 ohne Änderungen. Vgl. Protokoll über die 2. Sitzung des Bundesausschusses am 3.12.1975, TOP 12., AdsD, DGB-Archiv, 5/DGAI000416.

26 In der Vorlage wird der Standpunkt des DGB bekräftigt, dass die Vertreter der Regierungskoalition beabsichtigen, einen Entwurf des Mitbestimmungsgesetzes vorzulegen, der hinter den Forderungen des DGB weit zurückbleibe, indem er die volle Parität zwischen Arbeit und Kapital durch verschiedene Regelungsvorschläge nicht verwirkliche. Die Sondervertretung der Leitenden Angestellten verhindere die paritätische Besetzung der Aufsichtsräte. Die zusätzliche Stimme für den Aufsichtsratsvorsitzenden im Falle eines Stichentscheids stehe ebenfalls der Parität entgegen. Auch die Wahlmodalitäten des Aufsichtsratsvorsitzenden, die dessen Wahl vom besonderen Vertrauen der Anteilseigner abhängig mache, sei für die Arbeitnehmer unannehmbar. Vgl. [DGB-Bundesvorstand], Abt. Vorsitzender, Heinz O. Vetter, Vorlage für die Sitzung des Bundesvorstandes am 2.12.1975, Entwurf eines Telegramms an Bundeskanzler Helmut Schmidt, gleichlautend an Vizekanzler Hans-Dietrich Genscher, Bundesminister für Arbeit Walter Arendt, Herbert Wehner, Vorsitzender der SPD-Fraktion im Bundestag, Wolfgang Mischnick, Vorsitzender der FDP-Fraktion im Bundestag, AdsD, DGB-Archiv, 5/DGAI000488.

27 Kluncker wies darauf hin, dass der Entwurf des Telegramms ein vorzeitiges Eingeständnis der Niederlage sei. Vetter sagte zu, den Text des Telegramms bis zur Sitzung des Bundesausschusses am kommenden Tag entsprechend den Bundeskongressbeschlüssen seit 1969 zu prüfen. Vgl. Protokoll der 5. Sitzung des Bundesvorstandes am 2.12.1975, Übertragung aus dem Stenogramm, AdsD, DGB-Archiv, 5/DGAI000488.

28 Vgl. den Text des Telegramms, der auch im DGB-Nachrichten-Dienst veröffentlicht wurde, DGB hält an paritätischer Mitbestimmung fest, DGB-Nachrichten-Dienst, 316/75, 3.12.1975, AdsD, DGB-Archiv, 5/DGAI000416.

Dokument 9

11. Dezember 1975: Kurzprotokoll der Außerordentlichen Sitzung des Bundesvorstandes

Haus der Volksfürsorge in Hamburg; Vorsitz: Heinz O. Vetter; Protokollführung: Richard Becker; Sitzungsdauer: 11.45–14.45 Uhr; ms. vermerkt: »Vertraulich«.[1]

Ms., hekt., 1 S., 1 Anlage.[2]

AdsD, DGB-Archiv, 5/DGAI000488.

Beginn der Sitzung: 11.45 Uhr.

Tagesordnung:
1. Mitbestimmungskompromiß der Koalitionsparteien vom 9.12.1975

Kollege *Vetter* gibt einen Überblick über die wesentlichen Neuerungen im Mitbestimmungsentwurf der Koalitionsparteien.[3] Er teilt mit, daß der Geschäftsführende Bundesvorstand in seiner Außerordentlichen Sitzung am 9. Dezember 1975 zu keinem abschließenden Ergebnis seiner Beratungen über den Mitbestimmungskompromiß gekommen ist.[4] Im Bereich der Abteilung Vorsitzender sei dann der dem Bundesvorstand vorgelegte Textentwurf einer Erklärung ausgearbeitet worden, der jedoch im GBV nicht mehr beraten werden konnte. Der Bundesvorstand diskutiert ausführlich die neue Situation in der Mitbestimmungsfrage. Es besteht Einigkeit

---

Dok. 9

1 Einladungsschreiben vom 9.12.1975. Nicht anwesend: Leonhard Mahlein, Philipp Seibert. Adolf Schmidt hatte wegen einer Bundestagssitzung abgesagt, nahm aber dann doch an der Sitzung, ausweislich der Übertragung aus dem Stenogramm, teil. AdsD, DGB-Archiv, 5/DGAI000488.
2 Anlage: Anwesenheitsliste.
3 Dem Bundesvorstand lagen verschiedene Beratungsunterlagen der SPD-Bundestagsfraktion für die Beratungen im Bundestagsausschuss für Arbeit und Sozialordnung vor, aus denen hervorging, dass formal zwar Gleichheit im Verhältnis der Anteilseigner und Arbeitnehmervertreter herrschte. Diese Gleichheit wurde aber durch die Regelungen hinsichtlich der Integration der Vertreter der Leitenden Angestellten auf der Arbeitnehmerbank und durch die Gewichtung des Stimmrechts des Aufsichtsratsvorsitzenden beim Stichentscheid innerhalb des Gremiums konterkariert und zuungunsten der Arbeitnehmerseite verschoben. Vgl. Zusammengefasste Darstellung der künftigen Mitbestimmung, o. O., o. D., S. 2 f., S. 4 f.; Die neue Koalitionseinigung in der Mitbestimmung – Inhalt und Wertung, o. O., o. D., AdsD, DGB-Archiv, 5/DGAI000488. Außerdem finden sich die auf dem 9. und 10. Bundeskongress des DGB beschlossenen Anträge und Entschließungen zur Mitbestimmung unter den Beratungsunterlagen. Vgl. Antrag 13: Mitbestimmung und Betriebsverfassung, 9. Ordentlicher Bundeskongreß, sowie Antrag 8, Einführung der paritätischen Mitbestimmung und Antrag 8 A, Entschließung zur Mitbestimmung in Großunternehmen und Konzernen, 10. Ordentlicher Bundeskongreß; außerdem frühere Stellungnahmen, vgl. DGB zum Regierungsentwurf eines Mitbestimmungsgesetzes, DGB-Nachrichten-Dienst, 51/74, 6.3.1974; Erklärung des DGB-Bundesausschusses zum Mitbestimmungskompromiß, DGB-Nachrichten-Dienst, 38/74, 18.2.1974, AdsD, DGB-Archiv, 5/DGAI000488. Zur Gesamtentwicklung vgl. Testorf: Ein heißes Eisen.
4 Vgl. Protokoll über die Außerordentliche Sitzung des Geschäftsführenden Bundesvorstandes am 9.12.1975, AdsD, DGB-Archiv, 5/DGAI000228.

darüber, daß die Änderungsvorschläge der Koalitionsparteien den Forderungen der Gewerkschaften nicht gerecht werden.[5]

Beschluß: Gegen zwei Stimmen verabschiedet der Bundesvorstand eine Presseerklärung »DGB zum Mitbestimmungskompromiß« (s. Anlage).[6]

Ende der Sitzung: 14.45 Uhr.

Dokument 10

11. Dezember 1975: DGB zum Mitbestimmungskompromiß

DGB Nachrichten-Dienst ND 321/75: DGB zum Mitbestimmungskompromiß, Düsseldorf.

Ms., hekt., 1 S.

AdsD, DGB-Archiv, 5/DGAI000488.

DGB zum Mitbestimmungskompromiß

Der Bundesvorstand des Deutschen Gewerkschaftsbundes nahm auf seiner Sitzung am Donnerstag in Hamburg zum Mitbestimmungskompromiß der Koalitionsparteien Stellung.[1] Er verabschiedete folgende Erklärung:

Die von den Koalitionsfraktionen getroffenen Vereinbarungen zur Mitbestimmung gewährleisten in wichtigen Punkten nicht die vom DGB geforderte gleichberechtigte und gleichgewichtige Mitbestimmung. Der DGB hält an seinen Forderungen fest, auch wenn die gegenwärtigen politischen Kräfteverhältnisse deren Verwirklichung entgegenstehen.

Die vorliegende Vereinbarung bringt zwar eine Erweiterung der Rechte und des Einflusses der Arbeitnehmer und ihrer Gewerkschaften, aber keine paritätische Mitbestimmung.

---

5 Die Diskussion im Bundesvorstand zeigte die ambivalenten Haltungen im Gremium auf. Die Mehrzahl der Mitglieder war für eine abwägende Stellungnahme zum Koalitionskompromiss. Ob dies auf parteipolitische Disziplin zurückzuführen ist, muss offenbleiben. Lediglich die Kollegin Maria Weber und der Kollege Martin Heiß sprachen sich für eine dezidiertere Stellungnahme aus. Die meisten Mitglieder des Bundesvorstands lehnten es ab, sich auf frühere Stellungnahmen, wie etwa die DGB-Erklärung vom März 1974, zurückzubeziehen und die damaligen Forderungen zu bekräftigen. Konsequenterweise stimmten Heiß und Weber gegen die Stellungnahme. In der Sitzung gab es deutliche Hinweise auf das Enttäuschungsnarrativ, das Bernard Gotto untersucht hat. Vgl. Gotto: Enttäuschung in der Demokratie, S. 19-118.
6 Vgl. Dok. 10: 11. Dezember 1975: DGB zum Mitbestimmungskompromiß.

Dok. 10
1 Der Bundesvorstand verabschiedete diese Stellungnahme in seiner Außerordentlichen Sitzung am 11.12.1975. Vgl. Dok. 9: Kurzprotokoll der Außerordentlichen Sitzung des Bundesvorstandes am 11.12.1975. Vgl. Testorf: Ein heißes Eisen, S. 408 ff.

Insbesondere kritisiert der DGB
- die Sondervertretung der leitenden Angestellten
- den Stichentscheid des Aufsichtsratsvorsitzenden und damit praktisch der Anteilseigner
- das gesonderte Wahlverfahren für Arbeiter und Angestellte

Der DGB und seine Gewerkschaften werden nach Verabschiedung des Gesetzes alles daransetzen, dessen Möglichkeiten voll auszuschöpfen und sich weiterhin für die volle Erfüllung ihrer Forderungen einsetzen.

Dokument 11

20. Januar 1976: Kurzprotokoll der außerordentlichen Sitzung des Bundesvorstandes

Hans-Böckler-Haus in Düsseldorf; Vorsitz: Heinz O. Vetter; Protokollführung: Isolde Funke, Marianne Jeratsch; Sitzungsdauer: 10.10–16.05; ms. vermerkt: »Vertraulich«.[1]
Ms., hekt., 7 S., 1 Anlage.[2]
AdsD, DGB-Archiv, 5/DGAI000537.

Beginn: 10:15 Uhr.

Kollege *Vetter* eröffnet die Außerordentliche Sitzung des Bundesvorstandes in Frankfurt/Main.

Tagesordnung:
1. Kommission für wirtschaftlichen und sozialen Wandel
2. Mitgliedschaft im Exekutivausschuß des EGB
3. Chefredaktion der »Welt der Arbeit«
4. Sekretärskonferenz des DGB
5. Zusammensetzung des Internationalen Ausschusses
6. Gespräch DGB/Arbeitsgemeinschaft christlich-demokratischer Arbeitnehmer
7. Konzertierte Aktion

Dok. 11
1 Einladungsschreiben und Tagesordnung vom 23.12.1975. Nicht anwesend: Gerd Muhr, Maria Weber, Karl Schwab, Adolf Mirkes und Vertreter Gerhard van Haaren, statt Walter Sickert nahm Fritz Giersch teil. AdsD, DGB-Archiv, 5/DGAI000489.
2 Anlage: Anwesenheitsliste.

1. Kommission für wirtschaftlichen und sozialen Wandel

Kollege *Vetter* weist auf die große Bedeutung der von der Kommission für wirtschaftlichen und sozialen Wandel behandelten Probleme hin.[3]

Es müsse im Namen des Bundesvorstandes ausdrücklich gesagt werden, daß die Gewerkschaftsgruppe in der Kommission in ihren Entscheidungen ungebunden sei.[4] Die Gewerkschaft bringe ihren Delegierten in der Kommission volles Vertrauen entgegen. Allerdings behalte sich der Bundesvorstand eine eigene Stellungnahme und ggf. eine Distanzierung von einzelnen Vorschlägen nach Veröffentlichung des Schlußberichtes der Kommission vor.[5]

Kollege *Friedrichs* bedankt sich im Namen der Gewerkschaftsgruppe für die Gesprächsmöglichkeit und für das entgegengebrachte Vertrauen. Er informiert kurz über Aufgabe und Arbeitsweise der Kommission und der Gewerkschaftsgruppe.

Die Kommission für wirtschaftlichen und sozialen Wandel besteht aus 17 von der Regierung ernannten Mitgliedern. Davon sind 7 Wissenschaftler, 5 Gewerkschaftsvertreter, 5 Arbeitgebervertreter.

Während der gesamten Arbeit der Gewerkschaftsgruppe sei der Kontakt zu den DGB-Gewerkschaften immer gewährleistet gewesen. Dies betreffe vor allem den DGB-Arbeitskreis zur Kommission (Arbeitskreis Wirtschaftlicher und Sozialer Wandel) sowie die beträchtliche Zahl von Ad-hoc-Gruppen, die zu den verschiedensten Problemen zusammentrafen und mit ihrer Arbeit die Gewerkschaftsgruppe unterstützten.[6] Besonderen Dank schulde die Gewerkschaftsgruppe dem Beraterkreis von Kollegen, die an der Formulierung des Schlußberichtes intensiv mitarbeiteten

---

3 Die Kommission für wirtschaftlichen und sozialen Wandel war 1971 ins Leben gerufen worden und übernahm Aufgaben, mit denen sich zuvor bereits der 1967 ins Leben gerufene Arbeitskreis »Automation« befasst hatte, stellte dieses aber auf breitere Grundlage. Sie vergab Forschungsaufträge und beriet über diese. Der Abschlussbericht der Kommission wurde schließlich 1977 vorgelegt. In der jüngeren zeithistorischen Forschung wird der Output der Kommission kritisch betrachtet, allerdings fehlt eine vertiefte Untersuchung dieser Kommission, die den Übergang der Reformjahre der sozial-liberalen Regierung zu den eher sachorientierten und pragmatischen Regierungsjahren markiert. Vgl. Schanetzky: Die große Ernüchterung, S. 171-177.

4 Die Gewerkschaftsgruppe bestand aus Dr. Günter Friedrichs, Abteilung Automation beim Vorstand der IG Metall Frankfurt am Main, Dr. Gerhard Leminsky und Dr. Heinz Markmann, beide WSI Düsseldorf, Dr. Ursula Schumm-Garling, Professorin und Wissenschaftliche Rätin für Soziologie (vormals Abteilung Automation der ÖTV, Stuttgart), Dr. Karl-Heinz Scheer, DAG Hamburg. Sie wurden durch den Bundeskanzler auf Vorschlag des DGB und der DAG im Februar 1971 ernannt.

5 Vgl. Bundesminister für Arbeit und Sozialordnung (Hrsg.): Wirtschaftlicher und sozialer Wandel in der Bundesrepublik Deutschland. Gutachten der Kommission für wirtschaftlichen und sozialen Wandel, Göttingen 1977.

6 Der Arbeitskreis des DGB »Wirtschaftlicher und sozialer Wandel«, in dem 35 Mitglieder aus dem DGB-Bundesvorstand, den Bezirken und aus den Einzelgewerkschaften vertreten waren, tagte parallel zur Kommission für wirtschaftlichen und sozialen Wandel, das erste Mal am 21.9.1971. Der Arbeitskreis unterstützte die gewerkschaftlichen Mitglieder der Kommission, unter anderem, indem er Positionspapiere zu den wichtigsten Bereichen des wirtschaftlichen und sozialen Wandels erarbeitete. Vgl. Sekretariat der in der »Kommission für wirtschaftlichen und sozialen Wandel« vertretenen DGB-Gewerkschaften, IG Metall-Vorstandsverwaltung, an Heinz O. Vetter, Frankfurt am Main, 18.9.1975; Mitglieder des Arbeitskreises »Wirtschaftlicher und sozialer Wandel«, o. O., o. D., AdsD, DGB-Archiv, 5/DGAI000489.

und ohne deren Unterstützung die Arbeit der Gewerkschaftsgruppe gar nicht zu schaffen gewesen wäre. Die IG Metall, die ÖTV und das WSI finanzierten gemeinsam seit 2 1/2 Jahren ein Sekretariat der Gewerkschaftsgruppe, dessen Sekretär der Kollege Lecher sei.[7]

Folgende Phasen der Kommissionsarbeit könnten im Zeitverlauf genannt werden:
- Systemanalyse
- Ausschreibung von 145 Forschungsprojekten[8]
- Thesenpapiere der Wissenschaftler in der Kommission zu den Problembereichen des Wandels
- Parallel dazu Positionspapier der Gewerkschaftsgruppe
- Erste Interessenabklärung der Kommissionsgruppen während einer zweiwöchigen Klausur im September 1975
- Entwürfe von Rohfassungen des Endberichtes nach 13 Kapiteln (Problembereiche)[9] Voten der drei Gruppen in der Kommission zu diesen Fassungen
- Vorbereitung der Plenarsitzungen und der Abstimmung über die Voten

Kollegin Schumm-Garling: »Öffentliche Aufgaben« und »Politische Planung«.
Problematische Punkte sind hier die Privatisierungsfrage, das Problem eines Wirtschafts- und Sozialrates sowie die Problematik von mehr Information und Transparenz durch eine Ausweitung der Beteiligungsmöglichkeiten.

Nach einer intensiven Diskussion dieser Punkte unterstützt der Bundesvorstand folgendes Vorgehen der Gewerkschaftsgruppe:

Falls die Kommission ein Votum zugunsten der Privatisierung öffentlicher Leistungen mehrheitlich unterstützt, sei ein Minderheitsvotum der Gewerkschaftsgruppe angebracht. Ein Wirtschafts- und Sozialrat als Organ der Politikberatung von Parlament und Regierung soll in den Schlußbericht eingebracht werden. Dieser Rat soll von Gewerkschaften und Arbeitgebern paritätisch besetzt werden. Mit dieser Konzeption sei zu vereinbaren, wenn beide Seiten eine bestimmte Anzahl von Wissenschaftlern kooptierten. Schließlich wird die Ausweitung der Beteiligungsmöglichkeiten auf allen Ebenen – also auch außerhalb des eigentlichen Produktionsbereiches – unter der Voraussetzung einbezogen, daß die Gewerkschaften dabei jeweils institutionell vertreten sind.

---

7   Zusätzlich gab es seit Mai 1975 im WSI einen Beraterkreis für die Gewerkschaftsgruppe in der Kommission, der sich im September 1975 zu einer zweiwöchigen Klausurtagung traf, um die Endphase der Kommissionsarbeit zu beraten. Vgl. Sekretariat der in der »Kommission für wirtschaftlichen und sozialen Wandel« vertretenen DGB-Gewerkschaften, IG Metall-Vorstandsverwaltung, an Heinz O. Vetter, Frankfurt am Main, 18.9.1975, AdsD, DGB-Archiv, 5/DGAI000489.

8   Siehe dazu die Übersicht über die Projekte in der Broschüre: Kommission für wirtschaftlichen und sozialen Wandel, o. O., o. D., AdsD, DGB-Archiv, 5/DGAI000489.

9   Vgl. Gesamtgliederung des Schlussberichts [inklusive der Kapitelgliederungen, auch für die im folgenden berichteten Bereiche, über die gewerkschaftlichen Mitglieder Bericht erstatteten], AdsD, DGB-Archiv, 5/DGAI000489.

Kollege Markmann: »*Gestaltete Expansion bei Vollbeschäftigung*«, »*Verteilungspolitik*« *und* »*Flankierende Maßnahmen*«.

Die Kommission habe beschlossen, als originäre Ziele der Wirtschaftspolitik Wachstum, Vollbeschäftigung und Verteilungsgerechtigkeit, als abgeleitete Ziele Preisstabilität, ausgeglichene Außenbilanz und funktionsfähigen Wettbewerb zu behandeln. Es müsse vor allem darauf geachtet werden, daß die »Gestaltete Expansion« (Strukturpolitik) gegenüber der Stabilitätspolitik nicht abgewertet werde.

Gegen die ökonomische Ablaufkette (Erträge – Investitionen – Wachstum – Vollbeschäftigung) gebe es keinen Einspruch. Die Hauptsorge gelte dabei der Sicherung der Vollbeschäftigung. Hier stelle sich die Frage nach den Entzugseffekten aus dem Arbeitsmarkt. Es bestehe Übereinstimmung, daß die Verkürzung der Wochenarbeitszeit wegen des Problems des Lohnausgleiches der eigentlich kritische Punkt sei. Einer Begünstigung der Investitionen werde nur unter der Bedingung zugestimmt, daß diese in ein längerfristiges Strukturkonzept eingeebnet würden. Bei diesem Konzept sei problematisch, ob
- Fehler der Vergangenheit an Branchenbeispielen verdeutlicht
- Negativ- und Positivlisten aufgestellt und
- ein Gremium für Strukturfragen eingerichtet

werden sollten.

Es werde empfohlen, auf Branchenbeispiele zu verzichten und vor allem mit Negativlisten vorsichtig zu sein, und man halte es für nützlich, ein kontinuierlich arbeitendes Beratungsgremium für Strukturfragen zu schaffen, wobei der gewerkschaftliche Einfluß in jedem Fall gewahrt werden müsse.

Wenn der derzeitige Anteil des Staates am Sozialprodukt (Staatsquote) real konstant bleiben solle, so müsse die Quote nominal steigen, und zwar auf Kosten des nominalen privaten Verbrauchs und des Außenbeitrages. Dem wird vom Bundesvorstand nicht widersprochen.

Falls Steuererhöhungen zur Finanzierung staatlicher Leistungen unumgänglich werden sollten, müsse auf gerechter Steuerlastverteilung bestanden werden. Der Bundesvorstand stellt fest, daß höhere Steuern keinesfalls in Preise und Löhne überwälzt werden dürfen.

Das Verteilungskapitel erweise sich für die Gewerkschaftsgruppe als unproblematisch, da es im wesentlichen technische Fragen behandele und inhaltlich keine grundsätzlichen Probleme berühre.

Im Bundesvorstand besteht Übereinstimmung darüber, daß
- die Zielprioritäten der Kommission (s. o.) nicht verschoben werden dürfen,
- die Tarifautonomie nicht angetastet werden darf,
- Indexbindungen sowie Lohn- und Preiskontrollen abgelehnt werden.

Kollege Friedrichs: »*Bildung*«
Die Kommissionsarbeit konzentriere sich auf die Berufliche Bildung unter Berücksichtigung der Empfehlung des Deutschen Bildungsrates zur Sekundarstufe II und

des Finanzierungsgutachtens der Edding-Kommission. In beiden Fällen stimmten die Arbeitgebervertreter nicht mit. Darüber hinaus würden einige Vorschläge zum Abbau des Lehrlingsberges in den nächsten Jahren insbesondere in Richtung eines regionalen Lernortverbundes gemacht. Von besonderer Bedeutung könne ein *Vorschlag* werden, den die Gewerkschaftsgruppe im Bereich Hochschulpolitik einbringen wolle. Von den Universitätsstudenten kämen etwa 50 % aus Familien mit einem monatlichen Nettoeinkommen von ca. 4.000,– DM; bei Einbeziehung der Fachhochschüler seien es immerhin noch 40 %. Die Gewerkschaftsgruppe erwäge den Vorschlag, die Eltern dieser Studenten durch steuerliche Sonderabgaben zur Studienfinanzierung heranzuziehen. Die Abgabe müßte nach Kinderzahl und tatsächlichem Einkommen gestaffelt sein.

Dieser Vorschlag wird intensiv diskutiert. Es gibt abweichende Meinungen. Abschließend stellt Kollege *Vetter* anheim, ob und in welcher Weise die Gewerkschaftsgruppe diesen Vorschlag einbringt.

Kollege Friedrichs: »Arbeitsmarktpolitik«
Die Behandlung dieses Kapitels sei in der Kommission umstritten. Die Arbeitgeber hätten hier am liebsten kein eigenständiges Kapitel, sondern wollten es mit »Bildung« zusammenlegen. Die Gewerkschaftsgruppe werde alles daransetzen, dieses zu verhindern. Sie bestehe auch auf einem Vollbeschäftigungsgesetz und darüber hinaus auf die Notwendigkeit (eventuell) sogar langfristiger Entzugseffekte durch Arbeitszeitverkürzung in den verschiedensten Formen. Gemeinsam werde in der Kommission voraussichtlich die Intensivierung regional bezogener Arbeitsmarktinstrumente vorgeschlagen.

Der Bundesvorstand unterstützt dieses Konzept.

»Forschungs- und Technologiepolitik«
Hier werde versucht, Grundlagen für eine zukunftsbezogene Strukturpolitik zu erarbeiten. Es seien Kriterien aufgestellt worden, die es ermöglichen sollten, die Mittel des BMFT und der Wirtschaftsförderung gezielt für eine zukunftsträchtige Wirtschaftsstruktur einzusetzen. Unter anderem werde die Gewerkschaftsgruppe vorschlagen, das RKW zu einer größeren Organisation umzustrukturieren. Vor allem sollten dadurch auch Betriebsräte die Möglichkeit erhalten, vom Beratungsdienst des RKW Gebrauch zu machen.

Der Bundesvorstand unterstützt diese Vorschläge.

»Ordnungspolitik« (Wettbewerbspolitik und Verbraucherpolitik)
Im Teilkapitel »Wettbewerb« zeichne sich in den relevanten Punkten eine Mehrheit von Wissenschaftlergruppe und Gewerkschaftsgruppe ab.

Das Kartellgesetz solle im Sinn einer strengeren Handhabung ausgeweitet werden. Mißbrauchsaufsicht und Fusionskontrolle sollten verschärft werden. Die von der Gewerkschaftsgruppe gewünschte grundsätzliche Entflechtungsmöglichkeit bestehender Konzerne habe aufgegeben werden müssen, um ein gemeinsames Votum mit den Wissenschaftlern zu erreichen.

Der Bundesvorstand hat gegen dieses Konzept keine Einwände.

Auch im Bereich »Verbraucherpolitik« zeichne sich ein gemeinsames Votum zwischen Wissenschaftlern und Gewerkschaftsgruppe ab. Der Verbraucherschutz solle durch eine Reihe von Instrumenten beträchtlich verstärkt werden. Insbesondere solle die Stiftung Warentest ihre Tätigkeit ausweiten, ihre Testergebnisse sollten künftig am Produkt angebracht werden. Die Arbeitgebervertreter wollten diese Regelung mit einer Neuauflage der sogenannten RAL-Gütezeichen unterlaufen.

Die Gewerkschaftsgruppe schlage weiter vor, daß die für die zusätzliche Finanzierung der Stiftung Warentest erforderlichen öffentlichen Mittel notfalls durch eine mäßige Werbesteuer (3–4 %) aufgebracht werden. Ohne beträchtliche zusätzliche öffentliche Mittel könne ein erheblich verbesserter Verbraucherschutz nicht verwirklicht werden. Eine solche mäßige Werbesteuer sei zwar vom Bundeskongreß nicht beschlossen worden, andererseits sei sie aber durch den Hamburger Beschluß zur Verbraucherpolitik abgedeckt.

Zu diesem Punkt gibt es eine längere Diskussion. Der Bundesvorstand hat schließlich keine Bedenken, daß die Gruppe einen solchen Vorschlag einbringt.

Kollege Leminsky: »*Raumordnung*«

Hier seien keine für die Gewerkschaftspolitik besonders problematischen Punkte festzustellen. Der entscheidende Dissens in der Kommission beziehe sich auf die Ablehnung der Einflußnahme der Gewerkschaften im Rahmen der sogenannten überbetrieblichen Mitbestimmung auf der regionalen und Bundesebene. Von der Gewerkschaftsgruppe werde hierzu der Vorschlag zum »Wirtschafts- und Sozialrat« eingebracht. Er decke sich mit den dazu entwickelten Vorstellungen im Kapitel »Politische Planung« (s. o.).

»Arbeitsbedingungen«

Sowohl die Gewerkschaftsgruppe als auch die Arbeitgebergruppe in der Kommission seien der Auffassung, daß die hier auftretenden Probleme insbesondere im Rahmen von Tarifverträgen zu lösen sind. Daraus resultiere auch die grundlegende Schwierigkeit in der Diskussion dieses Kapitels, da die Arbeitgebervertreter befürchteten, durch Empfehlungen in der Kommission bei künftigen Tarifverträgen festgelegt zu sein. Die gewerkschaftliche Position sei klar, da die Münchener Konferenz des DGB zur Humanisierung und einschlägige Kongreßbeschlüsse für die Gewerkschaftsgruppe eine eindeutige und zukunftsgerichtete Perspektive ergäben.[10]

---

10 Gemeint ist die Münchener Humanisierungskonferenz des DGB, die vom 16. bis 17.5.1974 stattfand. Ihre Referate und Beschlüsse wurden in der Reihe Theorie und Praxis der Gewerkschaften der Europäischen Verlagsanstalt veröffentlicht. Vgl. Heinz Oskar Vetter (Hrsg.): Humanisierung der Arbeit als gesellschaftspolitische und gewerkschaftliche Aufgabe. Protokoll der DGB-Konferenz vom 16. und 17. Mai 1974 in München, Frankfurt am Main 1974 (Theorie und Praxis der Gewerkschaften).

Die Kommission werde in ihrem Endbericht in diesem Kapitel aller Voraussicht nach keine quantifizierten Empfehlungen geben, doch die wesentlichen Problemfelder differenziert ausweisen (Nachtarbeit, Schichtarbeit, Pausenregelungen u. a.). Ein weiterer Schwerpunkt dieses Kapitels sei die Frage der Personalplanung und der Mitbestimmung. In der Frage der Mitbestimmung scheine der entscheidende Dissens zu liegen. Für die Gewerkschaftsgruppe seien Humanisierung von Arbeitsbedingungen und Mitbestimmungsregelungen untrennbar. Diese Auffassung lehne die Arbeitgebergruppe ab.

Der Bundesvorstand unterstützt die Vorstellungen der Gewerkschaftsgruppe.

»Soziale Sicherung und Gesundheitspolitik«
Dieses Kapitel weise nach Auffassung der Gewerkschaftsgruppe keine grundsätzlichen problematischen Punkte für die Gewerkschaftspolitik auf. In Anbetracht der fortgeschrittenen Zeit wird darauf verzichtet, sich auf eine längere Diskussion einzulassen, zumal eine enge Abstimmung mit dem DGB stattfindet.

Kollege Friedrichs: »Umwelt«
Hervorzuheben sei hier, daß die Kommission die Umweltpolitik in übergreifender, integrierter Sicht behandelt. Gewerkschaftspolitisch seien keine besonders riskanten Problemfelder auszumachen.

Kollege *Vetter* dankt im Namen der Anwesenden der Gewerkschaftsgruppe in der Kommission für ihre Arbeit und wünscht ihr Erfolg.

2. Mitgliedschaft im Exekutivausschuß des EGB

Beschluß:
Der Bundesvorstand beschließt, die bisherigen Mitglieder im Exekutivausschuß des EGB wieder zu benennen:
Mitglieder: Heinz Oskar Vetter, Eugen Loderer, Alois Pfeiffer.
Stellvertreter: Maria Weber, Adolf Schmidt, Karl Schwab.[11]

---

11 In seiner Sitzung vom 14.11.1975 hatte der Exekutivausschuss des EGB den Beschluss gefasst, dass die Nominierungen für den Exekutivausschuss für den EGB-Kongress im April 1976 bis Januar 1976 an das Sekretariat in Brüssel zu richten seien. Die beschlossenen Nominierungen decken sich mit der Beschlussvorlage. Vgl. [DGB-Bundesvorstand], Abt. Vorsitzender, Vorlage für die Außerordentliche Bundesvorstandssitzung am 20.1.1976, Mitgliedschaft im Exekutivausschuß des EGB, Düsseldorf, 16.1.1976, AdsD, DGB-Archiv, 5/DGAI000489.

3. Chefredaktion der »Welt der Arbeit«

Der Bundesvorstand ist damit einverstanden, daß der Kollege Klaus Jelonneck zum Chefredakteur und der Kollege Erwin Ortmann zum stellvertretenden Chefredakteur der »Welt der Arbeit« berufen werden.

4. Sekretärskonferenz des DGB

Kollege *Vetter* informiert den Bundesvorstand über die geplante Konferenz des DGB für seine hauptamtlichen Sekretäre am 5. März 1976 in Düsseldorf.[12]

5. Zusammensetzung des Internationalen Ausschusses

Kollege *Vetter* schlägt vor, den Internationalen Ausschuß des DGB künftig personengleich mit dem Bundesvorstand zu besetzen. Er erinnert daran, daß für die nächste Sitzung der Termin 17.2.1976 vorgesehen war.

Beschluß:
Der Bundesvorstand beschließt, den Internationalen Ausschuß des DGB künftig personengleich mit dem Bundesvorstand zu besetzen. Als Termin für die nächste Sitzung wird der 9. März 1976, 9.30 Uhr, beschlossen. Der Termin 17.2.1976 entfällt. Die Bundesvorstandssitzung am 9. März 1976 wird erst um 11.00 Uhr beginnen.

6. Gespräch DGB/Arbeitsgemeinschaft christlich-demokratischer Arbeitnehmer

Beschluß:
Der Bundesvorstand beschließt, das vorgesehene Gespräch DGB/Arbeitsgemeinschaft christlich-demokratischer Arbeitnehmer vom 3.2.1976 auf den 9. März 1976, 15.00 Uhr, zu verschieben. Der am 2.12.1975 beschlossene Teilnehmerkreis bleibt bestehen.[13]

---

12 Auf der Sekretärskonferenz sollten alle Sekretäre der Bundesvorstandsverwaltung, der Landesbezirke und der Kreise zu einer Arbeitstagung zusammentreffen. Auf ihr sollten die gesellschafts-, wirtschaftspolitischen und sozialpolitischen Entwicklungen in Deutschland diskutiert werden und Konsequenzen für die praktische gewerkschaftliche Arbeit gezogen werden. Vgl. Heinz O. Vetter, an die DGB-Landesbezirke, DGB-Kreise, Mitglieder des Geschäftsführenden Bundesvorstandes, Vorstandssekretäre [DGB-Bundesvorstand], Abteilungsleiter [DGB-Bundesvorstand], o. O., 15.1.1976, AdsD, DGB-Archiv, 5/DGAI000489.
13 Vgl. Dok. 8: Kurzprotokoll über die 5. Sitzung des Bundesvorstandes am 2.12.1975, TOP 6.

7. Konzertierte Aktion

Nach einführender Erläuterung durch den Kollegen *Pfeiffer* diskutieren die Kollegen *Vetter, Loderer, Hauenschild, Buschmann, Pfeiffer, Vietheer, Sperner, Breit, Kluncker, Görgens, Henschel, Markmann, Muhr, Frister, Schmidt, Heiß* und *Wagner* die vorgelegten Papiere A) »Erläuterungen unserer Position in der Auseinandersetzung mit dem mittelfristigen Entwicklungskonzept des Bundeswirtschaftsministers«, B) »Entwurf eines Schreibens des DGB an den Bundeswirtschaftsminister« und C) »Stellungnahme zu den Problemen der Beschäftigungssicherung in den nächsten fünf Jahren«. Grundsätzlich stimmen sie den Inhalten der vorgelegten Papiere zu, machen jedoch Änderungs- bzw. Überarbeitungsvorschläge.

Der Bundesvorstand beschließt, eine Vorbesprechung für die nächste Konzertierte Aktion am 23. Februar 1976, 18.00 Uhr, in Bonn durchzuführen.

Ende: 18.40 Uhr.

Dokument 12

3. Februar 1976: Kurzprotokoll der 6. Sitzung des Bundesvorstandes

Hans-Böckler-Haus in Düsseldorf; Vorsitz: Heinz O. Vetter; Protokollführung: Isolde Funke, Marianne Jeratsch; Sitzungsdauer: 10.10–16.05; ms. vermerkt: »Vertraulich«.[1]
Ms., hekt., 8 S., 1 Anlage.[2]
AdsD, DGB-Archiv, 5/DGAI000537.

Beginn der Sitzung: 10.10 Uhr.

Kollege *Vetter* eröffnet die 6. Sitzung des Bundesvorstandes in Düsseldorf.

Kollege *Loderer* bittet um Information über folgende Themen: Spitzengespräch des DGB mit der BDA, Besuch einer DGB-Delegation in Italien, Gespräch mit dem Generalsekretär der CGT, Neuwahl des Generalsekretärs des EGB. Er regt an, künftig den Bundesvorstand vorab zu unterrichten.[3]

Dok. 12
1 Einladungsschreiben vom 9.2.1976 und Tagesordnung vom 16.1.1976. Nicht anwesend: Gerhard Schmidt, Adolf Schmidt. Ihre Vertreter Kohlscheid und Helmut Gelhorn sind nicht erschienen. AdsD, DGB-Archiv, 5/DGAI000489.
2 Anlage: Anwesenheitsliste.
3 Eugen Loderer beklagte, dass er über die angesprochenen Themen aus der Presse und nicht etwa vorbereitend oder berichtend im Bundesvorstand erfahren habe. Vgl. Protokoll der 5. Sitzung des Bundesvorstandes am 3.2.1975, Übertragung aus dem Stenogramm, S. 1 f., AdsD, DGB-Archiv, 5/DGAI000489.

Kollege *Buschmann* regt eine Überprüfung des Unternehmensrechts durch den GBV, insbesondere im Hinblick auf den Glöggler-Fall, an.[4]

Tagesordnung:
1. Genehmigung der Protokolle der 5. Bundesvorstandssitzung und der Außerordentlichen Bundesvorstandssitzung am 11.12.1975
2. Haushaltsentwurf 1976
3. Maiplakat
4. Kulturpreis des DGB
5. Rechtsschutz für DKP-Mitglieder bei Verweigerung der Einstellung in den öffentlichen Dienst
6. Tagesordnung für die 3. Bundesausschußsitzung am 10.3.1976
7. Abgrenzung der Organisationsbereiche
8. Richtlinien für die Geschäftsführung der Landesbezirke und Kreise
9. Erstattung von Fahrtkosten für Teilnehmer an Sitzungen und Tagungen des Bundesvorstandes oder der Bundesvorstandsverwaltung
10. Gespräch mit Bundesminister Egon Bahr über die »Gesellschaft deutsche Entwicklungspolitik«
11. Ausschlussverfahren
12. Veränderungsmitteilungen
13. Verschiedenes

1. Genehmigung der Protokolle der 5. Bundesvorstandssitzung und der Außerordentlichen Bundesvorstandssitzung am 11.12.1975

Auf den Wunsch des Kollegen *Vietheer*, den Beschluß des TOP 5. »Erledigung der Anträge 15 und 17 des 10. Ordentlichen Bundeskongresses des DGB« im Protokoll der 5. Bundesvorstandssitzung zu ergänzen, erklärt Kollege *Vetter*, daß bei dem augenblicklichen Stand der Beratungen der Beschluß in der vorliegenden Form ausreichend sei.

Kollege *Breit* bittet um Aufnahme seines Diskussionsbeitrages zum TOP 1. a) im Protokoll der 5. Bundesvorstandssitzung.

Beschluß: Der Bundesvorstand genehmigt das Protokoll der 5. Bundesvorstandssitzung mit folgender Ergänzung:

Auf Seite 2 im TOP 1. »Verschiedenes«, a) »Bericht über die DGB-Kundgebung in Dortmund« wird folgender zweiter Absatz eingefügt:

---

4 Der Glöggler-Konzern, ein Textilkonzern, war infolge der Strukturkrise 1973 im Jahr 1975 in einen Liquiditätsengpass geraten, der sich im Laufe des Jahres dramatisch zuspitzte. Im Rahmen eines Sanierungskonzepts des Bayerischen Staats wurde der Konzern zerschlagen und saniert. Sein Wiederaufbau war zum Teil mit Krediten der Bank für Gemeinwirtschaft finanziert worden, weswegen diese Unternehmenskrise für den DGB-Bundesvorstand von besonderer Relevanz war.

»Kollege *Breit* bemängelt, daß in den in Dortmund gehaltenen Referaten nicht auf die schlechte Ausbildungssituation in weiten Bereichen des öffentlichen Dienstes – besonders auch im nichttechnischen Dienst der Bundespost – eingegangen worden ist, obgleich im Rahmen der Aktion der Gewerkschaftsjugend ›Macht Stifte mit Köpfen‹ starke und wirksame Aktivitäten zur Verbesserung eben dieser Situation seit etwa einem Jahr stattfinden.«[5]

Ferner genehmigt der Bundesvorstand das Protokoll der Außerordentlichen Bundesvorstandssitzung am 11.12.1975.[6]

2. Haushaltsentwurf 1976

Kollege *Lappas* erläutert einzelne Positionen des vorgelegten Haushaltsentwurfs 1976, der mit einer Summe von 112.215.000,– DM abschließt.[7] Namens des GBV bittet Kollege *Lappas* den Bundesvorstand um Zustimmung zu diesem Haushaltsentwurf, damit er dem Bundesausschuß in seiner Märzsitzung vorgelegt werden kann.[8]

Kollege *Vater* teilt mit, daß die Haushaltskommission den Haushaltsentwurf ebenfalls gebilligt hat und dem Bundesvorstand und Bundesausschuß zur Annahme empfiehlt. Kollege *Vater* weist darauf hin, daß sich in Zukunft die personellen Ausweitungen in einem gewissen Rahmen bewegen müssen. Es sollte bedacht werden, daß Rücklagen gebildet werden müssen.[9]

Nach kurzer Diskussion, an der sich die Kollegen *Hauenschild*, *Stephan*, *Heiß*, *Stadelmaier*, *Lappas*, *Kluncker* und *Vetter* beteiligen,[10] faßt der Bundesvorstand folgenden *Beschluß*:

---

5 Vgl. hierzu auch die ausführlichen Notizen zu den Anmerkungen Breits zum Protokoll, Protokoll 2.12.1975, Pkt. 1a, o. O., o. D., AdsD, DGB-Archiv, 5/DGAI000489; ferner Dok. 8: Kurzprotokoll zur 5. Sitzung des Bundesvorstandes am 2.12.1975.

6 Vgl. Dok. 9: Kurzprotokoll über die Außerordentliche Sitzung des Bundesvorstandes am 11.12.1975.

7 Vgl. DGB-Bundesvorstand, Alfons Lappas, an die Mitglieder des Bundesvorstandes des DGB, Haushaltsentwurf 1976, Düsseldorf, 22.12.1975; [Anlage] Haushaltsentwurf 1976, AdsD, DGB-Archiv, 5/DGAI000489.

8 Der Geschäftsführende Bundesvorstand hatte den Haushaltsentwurf in seiner Sitzung vom 1.12.1975 verabschiedet. Die Haushaltskommission, die am selben Tag zusammenkam, hatte beschlossen, ihn in der vorgelegten Fassung an den Bundesvorstand sowie den Bundesausschuss zu verweisen und zur Annahme zu empfehlen. Vgl. DGB-Bundesvorstand, Alfons Lappas, an die Mitglieder des Bundesvorstandes des DGB, Haushaltsentwurf 1976, Düsseldorf, 22.12.1975, AdsD, DGB-Archiv, 5/DGAI000489. Zur Beratung des Haushaltsplans hatte Karl Schwab dem Bundesvorstand auch noch den Stellenplan vorgelegt, der umfangreiche Personalstatistiken bis hinab zu den Kreisen und kartografische Veranschaulichungen der Statistik enthält. Vgl. DGB-Bundesvorstand, Karl Schwab, an die Mitglieder des Bundesvorstandes, Stellenplan 1976, Düsseldorf, 26.1.1976, AdsD, DGB-Archiv, 5/DGAI000489.

9 Die Zahl der Beschäftigten des DGB sei in 1975 um 110, unter anderem um Nachwuchssekretäre, erweitert worden. Vgl. Protokoll der 5. Sitzung des Bundesvorstandes am 3.2.1975, Übertragung aus dem Stenogramm, S. 5, AdsD, DGB-Archiv, 5/DGAI000489.

10 Im Einzelnen wurde über den Finanzierungsbeitrag zu den Mai-Kundgebungen, über den Verkauf von Mai-Abzeichen, die Bundesarbeiterkonferenz und die häufige Befassung des Geschäftsführenden Bundesvorstandes und des Bundesvorstands mit dieser, über die Personalkosten und mögliche tarifliche Steigerungen diskutiert.

Der Bundesvorstand empfiehlt dem Bundesausschuß, dem Haushaltsentwurf 1976 in der vorgelegten Fassung zuzustimmen.[11]

3. Maiplakat

Kollege *Stephan* teilt mit, daß der GBV das Plakat mit den zwei Händen zur Annahme empfiehlt.[12]

An der anschließenden Diskussion beteiligen sich die Kollegen *van Haaren, Kluncker, Stephan, Vetter, Frister, Rothe, Loderer, Breit, Schwab, Scheer* und *Wagner*.[13]

Beschluß: Der Bundesvorstand entscheidet sich für das Plakat mit den zwei Händen für den 1. Mai 1976.

4. Kulturpreis des DGB

Kollege *Schwab* berichtet kurz über die Hintergründe des Rücktritts des Kuratoriums »Kulturpreis des DGB« und teilt mit, daß für die nächste Bundesvorstandssitzung eine neue Konzeption des DGB-Kulturpreises zur Beratung vorgelegt werden wird.[14] Kollege *Schwab* bittet um Zustimmung zur Verleihung des Kulturpreises 1976 an den Arbeitswissenschaftler Professor Adolf Jungbluth.

In der anschließenden Diskussion, an der sich die Kollegen *Vetter, Buschmann, Schwab, Breit, Muhr, Loderer, Frister* und die Kollegin *Weber* beteiligen, wird u. a. nach näheren Einzelheiten zu Adolf Jungbluth gefragt.[15]

---

11 Der Bundesausschuss stimmte dem Haushaltsentwurf in der vorgelegten Fassung zu. Vgl. Protokoll über die 3. Sitzung des Bundesausschusses am 10.3.1976, TOP 4., S. 5, AdsD, DGB-Archiv, 5/DGAI000416.
12 Das Plakat zeigt eine Männerhand, die nach einer Kleinkindhand greift, und ist mit dem Slogan »Vollbeschäftigung – Soziale Sicherheit. Mai 1976« versehen. Vgl. Protokoll über die 21. Sitzung des Geschäftsführenden Bundesvorstandes am 26.1.1976, TOP 5., AdsD, DGB-Archiv, 5/DGAI000228.
13 In der Übertragung aus dem Stenogramm ist lediglich die Liste der Rednerinnen und Redner verzeichnet, nicht jedoch die Diskussion.
14 Der Geschäftsführende Bundesvorstand hatte sich in der 10. Sitzung mit dem Vorschlag des Kuratoriums befasst, den Kulturpreis des DGB des Jahres 1976 einem Museum zu verleihen, und dem Kuratorium den Gegenvorschlag unterbreitet, den Kulturpreis an Professor Adolf Jungbluth, Arbeitswissenschaftler, Arbeitsdirektor und Vorstandsmitglied der Salzgitter AG, zu vergeben. Das Kuratorium war daraufhin zurückgetreten, was der Geschäftsführende Bundesvorstand in seiner 16. Sitzung am 1.12.1975 zur Kenntnis nahm und den Bundesvorstand veranlasste, den eigenen Vorschlag zu unterbreiten. Die Verleihung sollte am 1.6.1976 im zeitlichen Umfeld der Bundesvorstandssitzung anlässlich der Ruhrfestspiele in Recklinghausen stattfinden. Vgl. [DGB-Bundesvorstand], Abt. Kulturpolitik, Karl Schwab, betr.: Kulturpreis des DGB 1976, Düsseldorf, 2.2.1976, AdsD, DGB-Archiv, 5/DGAI000489.
15 Den Akten liegen Unterlagen über Person und Werk, über Ehrenämter – etwa im Rationalisierungskuratorium der deutschen Wirtschaft (RKW) – und vor allem über die jüngere Vortragstätigkeit und Publizistik Adolf Jungbluths bei. Muhr betonte, dieser habe ein »abgerundetes arbeitswissenschaftliches Leben« gehabt. Zu Jungbluth lägen persönliche Daten vor, die der »Zweckbestimmung des Kulturpreises« entsprächen. Er hob auch seine Verbindung zum Gedanken der »Humanisierung der Arbeitswelt« hervor. Vgl. Protokoll der 5. Sitzung des Bundesvorstandes am 3.2.1975, Übertragung aus dem Stenogramm, S. 8, AdsD, DGB-Archiv, 5/DGAI000489. Zum frühen Umfeld Adolf Jungbluths und seinen Verbindungen

Kollege *Vetter* weist in diesem Zusammenhang darauf hin, daß die Bundesvorstandssitzung am 1. Juni 1976 in Recklinghausen für die Verleihung des Kulturpreises des DGB unterbrochen wird. Für den nächsten Tag ist im Anschluß an die Bundesausschußsitzung in Recklinghausen eine Jahresversammlung der Hans-Böckler-Gesellschaft mit Feierstunde »25 Jahre Montanmitbestimmung« vorgesehen.

5. Rechtsschutz für DKP-Mitglieder bei Verweigerung der Einstellung in den öffentlichen Dienst

Kollege *Muhr* erläutert kurz die Vorlage und bittet um Annahme der vorgeschlagenen Empfehlung.[16]

An der nachfolgenden Diskussion beteiligen sich die Kollegen *Kluncker*, *Vetter*, *Muhr*, *Breit* und *Clauss*.[17] Es wird angeregt, das Thema DKP gelegentlich zu behandeln.[18] Kollege *Vetter* sagt dies zu und teilt in diesem Zusammenhang mit, daß Kollege Gerd Claas, bisher DGB-Kreis Bochum, am 1. März 1976 die Nachfolge des früher für diese Fragen zuständigen Kollegen Johannes Naber antreten wird.[19]

---

    zum WWI/WSI vgl. Rosenberger: Experten für Humankapital, S. 218-222. In der Diskussion wurde auch die Stellung des Kuratoriums besprochen, dieses habe eine zu starke Stellung gehabt. Unklar sei gewesen, ob es eine beratende oder beschließende Funktion gehabt habe.

16 Die Vorlage nahm Bezug auf die Beratungen in den Bundesvorstandssitzungen vom 1.7. und 2.12.1976. Vgl. die Vorlage [DGB-Bundesvorstand], Abt. Arbeitsrecht, Abt. Beamte – Öffentlicher Dienst, Vorlage für die 3. [!] Bundesvorstandssitzung am 3.2.1976, Rechtsschutz der GEW für DKP-Mitglieder, Düsseldorf, 14.1.1976, AdsD, DGB-Archiv, 5/DGAI000489. In der Anlage wird der Fall der rheinland-pfälzischen Lehramtsanwärterin Anne Lenhart angesprochen. Lenhart hatte mit Unterstützung des GEW-Rechtsschutzes zunächst erfolgreich vor dem Verwaltungsgericht gegen die Verweigerung des Zugangs zum Referendariat geklagt. Der Fall wurde dann weiter vor dem Oberverwaltungsgericht und schließlich vor dem Bundesverwaltungsgericht ausgetragen. Letztlich wurde ihre Klage jedoch abgewiesen und ihr die Einstellung in den Referendariatsdienst verweigert. Das Angebot, mittels des Rechtsschutzes der GEW auch vor dem Bundesverfassungsgericht Verfassungsbeschwerde einzulegen, hatte Lenhart in Absprache mit der DKP ausgeschlagen. Aufgrund dieses Präzedenzfalls beschloss der Bundesvorstand der GEW Richtlinien für die Übernahme des Rechtsschutzes, denen zufolge in ähnlich gelagerten Fällen erst nach der erfolgreichen Klage vor dem Bundesverfassungsgericht wieder Unterstützung aus dem Rechtsschutz der GEW zukommen zu lassen, weil andere, ähnlich gelagerte Fälle, die aktive Funktionäre der DKP betrafen, keine Aussicht auf Erfolg in den unteren Instanzen haben würden. Ausnahmen sollten nur gewährt werden, wenn es in den Begründungen um bloße Mitgliedschaft gehe beziehungsweise wenn glaubhaft gemacht werden könnte, dass die im Verhalten der Bewerberinnen und Bewerber gesehenen Gründe triftig widerlegt werden könnten. Zum Fall Anne Lenhart vgl. Rigoll: Staatsschutz in Westdeutschland, S. 428-432.

17 Kluncker betonte, dass nur Mitgliedern aus der DKP und den DGB-Gewerkschaften, die nicht von Verfahren, die sich aus den Unvereinbarkeitsbeschlüssen der Gewerkschaften ergäben, Rechtsschutz beanspruchen könnten.

18 Das nächste Mal wurde das Thema »DKP« anlässlich einer Einladung, die die kommunistische Partei dem DGB gegenüber zur Teilnahme an ihrem Parteitag aussprach, aufgerufen. Vgl. Dok. 13: Kurzprotokoll der 7. Sitzung des Bundesvorstandes am 9.3.1976, TOP 11.

19 Gerd Claas sollte auch ein Grundsatzpapier über den Umgang der Gewerkschaften mit als verfassungsfeindlich betrachteten Mitgliedern erarbeiten.

Der Bundesvorstand *beschließt*, den betreffenden Gewerkschaften die nachstehenden Grundsätze bei der Behandlung von einschlägigen Rechtsschutzanträgen zu empfehlen:

Es wird empfohlen, Mitgliedern, denen die Einstellung in den öffentlichen Dienst wegen ihrer Zugehörigkeit zu einer bestimmten Partei verweigert wird, Rechtsschutz für ein Verwaltungsstreitverfahren dann zu gewähren, wenn

a) die Einstellungsbehörde ihren ablehnenden Bescheid allein auf die bloße Mitgliedschaft stützt oder

b) die Einstellungsbehörde außer der Zugehörigkeit zu dieser Partei zwar weitere im Verhalten des Bewerbers liegende und Zweifel an seiner Verfassungstreue begründete Umstände anführt, deren Vorliegen und Berechtigung vom Bewerber aber tatsächlich und mit Gegenbeweisführung bestritten werden.[20]

6. Tagesordnung für die 3. Bundesausschußsitzung am 10.3.1976

Beschluß:
Der Bundesvorstand beschließt für die 3. Bundesausschußsitzung am 10.3.1976 folgende Tagesordnung:[21]
1. Genehmigung des Protokolls der 2. Bundesausschußsitzung
2. Bericht zu Antrag 1 des 10. Ordentlichen Bundeskongresses
3. Bericht zur gewerkschaftspolitischen und organisatorischen Situation
4. Wahlprüfsteine
5. Haushaltsentwurf 1976
6. Jugendarbeitsschutzgesetz
7. Internationales Jahr der Frau (Abschlußbericht)
8. Veränderungsmitteilungen
9. Richtlinien für die Geschäftsführung der Landesbezirke und Kreise
10. Fragestunde
11. Verschiedenes[22]

---

20 Der Bundesvorstand folgte damit inhaltlich dem Vorgehen der GEW und wörtlich der oben erwähnten Beschlussempfehlung der Abteilungen Arbeitsrecht und Beamte – Öffentlicher Dienst.
21 Vgl. [DGB-Bundesvorstand], Abt. Vorsitzender, Vorlage für die 6. Bundesvorstandssitzung, Tagesordnung für die 3. Bundesausschußsitzung am 10.3.1976, Düsseldorf, 16.1.1976, AdsD, DGB-Archiv, 5/DGAI000489.
22 Die Tagesordnung wurde bis zur Sitzung noch um eine ganze Reihe TOPs ergänzt: »IBFG-Beitrag«, »Änderung und Ergänzung der ›Regelung für die Benutzung von angestellteneigenen Kraftwagen für Dienstzwecke‹ für die Beschäftigten des DGB«, »Stipendien für das Afro-Asiatische Institut der Histadrut«, »Guatemala«, »Bericht der Revisoren« und »Mitgliederstatistik«. Vgl. Protokoll über die 3. Sitzung des Bundesausschusses am 10.3.1976, AdsD, DGB-Archiv, 5/DGAI000416.

7. Abgrenzung der Organisationsbereiche

Kollege *Schwab* erläutert kurz die Vorlage und bittet um Kenntnisnahme.[23]

An der anschließenden Diskussion beteiligen sich die Kollegen *Vetter*, *Schwab*, *Kluncker*, *Buschmann*, *Vietheer*, *Muhr* und *Frister*.[24]

Der Bundesvorstand nimmt die Vorlage vom 15. Dezember 1975 zur Abgrenzung der Organisationsbereiche zur Kenntnis. Er bittet um eine Übersicht der Überschneidungen bzw. möglichen Überschneidungen der Organisationsgebiete, die Folgen der Satzungsänderungen der Gewerkschaften und Industriegewerkschaften nach dem 3. Außerordentlichen Bundeskongreß sind.[25]

8. Richtlinien für die Geschäftsführung der Landesbezirke und Kreise

Kollege *Schwab* verweist auf die Vorlage und bittet den Bundesvorstand, dem Bundesausschuß die Annahme dieser Richtlinien zu empfehlen.[26]

Beschluß: Der Bundesvorstand empfiehlt dem Bundesausschuß, die vorgelegten Richtlinien für die Geschäftsführung der Landesbezirke und Kreise zu verabschieden.[27]

---

23 Die Abteilung Organisation hatte nach der Satzungsreform durch den 3. Außerordentlichen Bundeskongress 1971, in der auch die Abgrenzung der Organisationsbereiche so geregelt worden war, dass Gewerkschaften, die Änderungen an ihren Organisationsbereichen vorzunehmen beabsichtigten, dazu die Zustimmung des Bundesausschusses benötigten. Dies war aber seit 1971 nicht geschehen, obwohl elf Satzungen der Einzelgewerkschaften einschlägig geändert wurden, wie die Synopse der Satzungsänderungen für die IG BSE, IG CPK, IG Druck und Papier, die GEW, die HBV, die Gewerkschaft Holz und Kunststoff, die Gewerkschaft Leder, die IG Metall, die NGG, die Postgewerkschaft und die GTB zeigt. Vgl. [DGB-Bundesvorstand], Abt. Organisation, Karl Schwab, an die Mitglieder des Bundesvorstandes, Änderung der Organisationsbereiche, hier Satzungsänderungen nach dem 3. Außerordentlichen Bundeskongreß 1971, AdsD, DGB-Archiv, 5/DGAI000489.
24 In der Diskussion wurde besprochen, den Bundesausschuss mit dem Problem zu befassen. Vgl. Protokoll der 6. Sitzung des Bundesvorstandes am 3.2.1976, Übertragung aus dem Stenogramm, S. 12-14, AdsD, DGB-Archiv, 5/DGAI000489. Kurze Aufmerksamkeit wurde auf die Möglichkeit der Aufnahme von Studierenden in die IG Druck und Papier verwendet. Auch eine genauere Bezeichnung der Fachstudiengänge wurde erörtert. Ebd., S. 13.
25 Vgl. [DGB-Bundesvorstand], Abt. Organisation, Karl Schwab, an die Mitglieder des Bundesvorstandes, Änderung der Organisationsbereiche, hier Satzungsänderungen nach dem 3. Außerordentlichen Bundeskongreß 1971, AdsD, DGB-Archiv, 5/DGAI000489.
26 Die Richtlinien enthalten verbindliche Regelungen zu Funktionen und Verantwortlichkeit der jeweiligen Vorstände, zum Finanzwesen, zur Kassen- und Buchführung, Belegführung, Abrechnung, Personalausgaben, Personalführung, interne Verwaltung, Zeichnungsberechtigungen hinsichtlich des Schriftverkehrs u. ä. Vgl. [DGB-Bundesvorstand], Abt. Organisation, Karl Schwab, an die Mitglieder des Geschäftsführenden Bundesvorstandes, des Bundesvorstandes, des Bundesausschusses, Richtlinien für die Geschäftsführung der Landesbezirke und Kreise; Entwurf, Richtlinien für die Geschäftsführung der Kreise gemäß § 9 Ziff. 5) der Satzung; Entwurf Richtlinien für die Geschäftsführung der Landesbezirke gemäß § 9 Ziff. 5 f.) der Satzung, AdsD, DGB-Archiv, 5/DGAI000489.
27 Die Richtlinien wurden entsprechend der Vorlage vom 10.2.1976 durch den Bundesausschuss in Kraft gesetzt. Vgl. Protokoll über die 3. Sitzung des Bundesausschusses am 10.3.1976, TOP 9., S. 7, AdsD, DGB-Archiv, 5/DGAI000416.

9. Erstattung von Fahrtkosten für Teilnehmer an Sitzungen und Tagungen des Bundesvorstandes oder der Bundesvorstandsverwaltung

Kollege *Schwab* erläutert die Vorlage vom 27.1.1976 und bittet um Zustimmung zum Beschlußvorschlag.[28]

Nach kurzer Diskussion, an der sich die Kollegen *Vater*, *Schwab*, *Kluncker*, *Vetter* und *Rothe* beteiligen, *beschließt* der Bundesvorstand, die endgültige Entscheidung über diese Vorlage der Haushaltskommission zu übertragen.[29]

10. Gespräch mit Bundesminister Egon Bahr über die »Gesellschaft deutsche Entwicklungspolitik«

Kollege *Vetter* begrüßt Bundesminister Bahr im Namen des Bundesvorstandes.

Bundesminister *Bahr* informiert den Bundesvorstand über die geplante Gründung der »Gesellschaft Deutsche Entwicklungspolitik«, an der sich die Bundesregierung, die drei großen Parteien, die Kirchen, die Gewerkschaften und die Arbeitgeberverbände beteiligen sollen.

Er bittet den DGB um Beteiligung an dieser Gesellschaft und um einen entsprechenden finanziellen Beitrag.[30]

In der anschließenden Diskussion, an der sich die Kollegen *Vetter*, *Lappas*, *Loderer*, *Buschmann*, *Breit*, *Frister*, *Hauenschild* und *Bundes*minister *Bahr* beteiligen, wird das Für und Wider einer Beteiligung des DGB an dieser Gesellschaft erörtert. Es wird die Auffassung vertreten, daß die von Bundesminister Bahr unterbreitete Vorlage für eine Beschlußfassung nicht ausreicht.[31]

---

28 Karl Schwab unterbreitete einen Vorschlag zur Änderung der Fahrtkostenerstattung, dem zufolge private PKW-Reisekosten nicht mehr erstattet werden und die Kosten für eine Bahnfahrt der Bundesbahn unabhängig von der Wahl des Beförderungsmittels ausgezahlt werden sollten. Vgl. [DGB-Bundesvorstand], Abt. Organisation und Verwaltung, Karl Schwab, an die Mitglieder des Bundesvorstandes, Erstattung von Fahrtkosten für Teilnehmer an Sitzungen und Tagungen des Bundesvorstandes und der Bundesvorstandsverwaltung, Düsseldorf, 27.1.1976, AdsD, DGB-Archiv, 5/DGAI000489.

29 Vgl. Niederschrift über die gemeinsame Sitzung der Haushaltskommission des DGB und des Geschäftsführenden Bundesvorstandes am 3.2.1976, TOP 1., AdsD, DGB-Archiv, 5/DGCV000194.

30 Bahr begründete die Notwendigkeit einer solchen Gesellschaft mit den gewandelten Anforderungen in der Entwicklungspolitik durch die geänderte Wahrnehmung der Nord-Süd-Problematik innerhalb der SPD und der Bundesregierung. Er verwies auf ähnliche staatlich-zivilgesellschaftliche Institutionen in der Entwicklungspolitik. Die Arbeitnehmerinteressen sollten bei einer solchen zivilgesellschaftlich orientierten Organisation Vertretung finden. Vgl. Protokoll der 6. Sitzung des Bundesvorstandes am 3.2.1976, Übertragung aus dem Stenogramm, S. 18-25, AdsD, DGB-Archiv, 5/DGAI000489.

31 Die Vorlage war mit »Gesellschaft für deutsche Entwicklungspolitik« überschrieben und umfasste eine Seite. Die Gesellschaft sollte die deutsche Öffentlichkeit hinsichtlich der Erfordernisse der Entwicklungspolitik informieren. Durch Einbeziehung der »drei großen Parteien« und Werbung um Unterstützung der Kirchen und Gewerkschaften sollte sie zivilgesellschaftliche Stakeholder integrieren. Vgl. Gesellschaft für deutsche Entwicklungspolitik, AdsD, DGB-Archiv, 5/DGAI000489.

Beschluß:
Der Bundesvorstand stellt die Entscheidung über eine Beteiligung des DGB an der »Gesellschaft Deutsche Entwicklungspolitik« bis zu seiner nächsten Sitzung am 9. März 1976 zurück. In der Zwischenzeit sollen Vertreter des DGB und des Bundesministeriums für wirtschaftliche Zusammenarbeit eine detaillierte Vorlage erarbeiten, in der auch die in Schweden und in den Niederlanden gemachten Erfahrungen berücksichtigt werden.[32]

Mittagspause: 13.50 bis 14.50 Uhr.

Fortsetzung zu TOP 4. »Kulturpreis des DGB«
Nach kurzer Diskussion, an der sich die Kollegen *Breit*, *Schwab*, *Frister*, *Loderer* und *Sickert* beteiligen,[33] faßt der Bundesvorstand folgenden *Beschluß*:
Der Bundesvorstand stimmt der Verleihung des Kulturpreises des DGB 1976 an den Arbeitswissenschaftler Professor Adolf Jungbluth zu.
Die Abteilung Kulturpolitik beim DGB-Bundesvorstand wird beauftragt, die organisatorischen Voraussetzungen für die Preisverleihung zu schaffen und dem Geschäftsführenden Bundesvorstand eine geeignete Persönlichkeit vorzuschlagen, die die Laudatio hält.[34]

11. Ausschlußverfahren

Kollege *Schwab* erläutert die Vorlage und bittet um Zustimmung.[35]
Nach kurzer Diskussion, an der sich die Kollegen *Vater*, *Schwab*, *Hauenschild*, *Vetter* und *Muhr* beteiligen, faßt der Bundesvorstand folgenden *Beschluß*:
1. Um zu erreichen, daß von den Gewerkschaften und Industriegewerkschaften erfolgte Ausschlüsse von Gewerkschaftsmitgliedern in zeitlich vertretbaren Ab-

---

32 Der Bundesvorstand griff den TOP: »Gesellschaft Deutsche Entwicklungspolitik« in seiner 7. Sitzung am 9.3.1976 wieder auf. Vgl. Dok. 13: Kurzprotokoll der 7. Sitzung des Bundesvorstandes am 9.3.1976, TOP 4.
33 Diese Wiederaufnahme der Diskussion vom Vormittag des Tages ist in der Übertragung aus dem Stenogramm nicht überliefert.
34 Die Laudatio hielt der mit Adolf Jungbluth gut vertraute Erich Sewald, Konzernbetriebsratsvorsitzender der Salzgitter Hüttenwerke AG. Vgl. [Einladungskarte], Kulturpreis des Deutschen Gewerkschaftsbundes, Preisträger 1976, Dienstag, 1.6.1976, Festspielhaus Recklinghausen, AdsD, DGB-Archiv, 5/DGAI000039; zu den organisatorischen Vorbereitungen der Kulturpreisvergabe allgemein vgl. AdsD, DGB-Archiv, 5/DGPC000039. Karl Schwab schlug dem Geschäftsführenden Bundesvorstand Erich Sewald vor, weil dieser aus der Perspektive eines Konzernbetriebsrats die Bedeutung des Themas Humanisierung in der Arbeitswelt und die Verdienste Adolf Jungbluths darum verknüpfen könne. Vgl. Karl Schwab, an die Mitglieder des Geschäftsführenden Bundesvorstandes, Kulturpreis 1976, Laudatio für Prof. Jungbluth, Düsseldorf, 17.3.1976, AdsD, DGB-Archiv, 5/DGAI000229.
35 Der Bundesvorstand beschloss das Verfahren wie von Karl Schwab vorgeschlagen. Vgl. [DGB-Bundesvorstand], Abt. Organisation und Verwaltung, Karl Schwab, an die Mitglieder des Bundesvorstandes, betr.: Ausschlußverfahren, Düsseldorf, 9.1.1976, AdsD, DGB-Archiv, 5/DGAI000489.

ständen allen Gewerkschaftsstellen, die mit Aufnahmen zu tun haben, bekannt werden, wird beschlossen:
a) Alle Vorstände teilen jeweils zum Quartalsende die im Quartal erfolgten Ausschlüsse von Mitgliedern der Abt. Organisation beim DGB-Bundesvorstand mit;
b) die Abteilung Organisation stellt diese Berichte zusammen und übersendet sie in der entsprechenden Anzahl an die DGB-Kreise mit der Auflage, sie umgehend den Geschäftsstellen der Gewerkschaften zuzustellen.
2. Den Gewerkschaften wird empfohlen:
a) Die Einspruchsmöglichkeiten der Ausgeschlossenen so zu regeln, daß der letzte Einspruch in vertretbarem zeitlichen Abstand zur Entscheidung steht. Als letzte Instanz sollten nicht die Gewerkschaftstage, sondern die Beiräte bzw. Hauptausschüsse oder entsprechende Gremien festgelegt werden.
b) Die Aufnahme eines einmal Ausgeschlossenen kann nur in Abstimmung mit der ausschließenden Gewerkschaft erfolgen.
3. Die Gewerkschaften und Industriegewerkschaften sollen Gerichtsentscheidungen über Ausschlüsse an die Abteilung Organisation beim DGB-Bundesvorstand geben, damit davon alle interessierten Gewerkschaftsstellen informiert werden können.
4. Es soll rechtlich geprüft werden, ob die im Zusammenhang mit dem Ausschluß von Mitgliedern stehenden relevanten Bestimmungen der Satzungen bei gerichtlichen Auseinandersetzungen hieb- und stichfest sind.

12. Veränderungsmitteilungen

Beschluß:
Der Bundesvorstand schlägt dem Bundesausschuß vor, den Kollegen Erich Herr, Vorsitzender der Gew[erkschaft] Kunst im Saarland, als Mitglied des Landesbezirksvorstandes zu bestätigen.

13. Verschiedenes

a) FDGB
Kollege *Vietheer* bezieht sich auf seinen Bericht über eine Reise einer HBV-Delegation in die DDR und teilt mit, daß nur das unterschriebene Kommuniqué, das dem Bericht beigegeben war, das endgültige ist.
Nach kurzer Diskussion über das Thema FDGB, an der sich die Kollegen *Frister*, *Vetter*, *Vietheer* und *Hauenschild* beteiligen,[36] beschließt der Bundesvorstand,

---

36 Die Übertragung aus dem Stenogramm ist hier wenig ergiebig.

das Thema FDGB auf die Tagesordnung der nächsten Bundesvorstandssitzung zu setzen. Dazu sollen Unterlagen erstellt werden.

b) GEW

Kollege *Sickert* berichtet über die Situation im Landesbezirk Berlin, die sich daraus ergeben hat, daß die nach dem Unvereinbarkeitsbeschluß durch den Hauptvorstand der GEW ausgeschlossenen GEW-Mitglieder von der Vertreterversammlung Berlin Rede-, Versammlungsrecht usw. erhalten haben. Der Landesbezirksvorstand Berlin ist der Meinung, daß mit den ausgeschlossenen GEW-Mitgliedern nicht mehr zusammengearbeitet werden kann.

An der nachfolgenden Diskussion beteiligen sich die Kollegen *Vetter*, *Frister*, *Muhr* und *Sickert*.[37] Sie sind der Meinung, daß die GEW versuchen sollte, eine Lösung der Berliner Probleme herbeizuführen.

c) Polen-Verträge

Auf die Frage des Kollegen *Wagner*, ob beabsichtigt sei, zu den Polen-Verträgen Stellung zu nehmen, antwortet Kollege *Vetter*, daß darüber zu gegebener Zeit befunden wird.[38]

d) Mitbestimmung

Kollege *Vetter* bittet die Vorsitzenden um entsprechende Mitteilung an den DGB, wenn die Gewerkschaften aus dem Hause des Bundesarbeitsministers zu Gesprächen über bestimmte Mitbestimmungsfragen gebeten werden.[39] In diesem Zusammenhang weist Kollege *Vetter* auf ein Gutachten von Professor Stein hin, das dem Bundesvorstand umgehend zur Verfügung gestellt wird.[40] Ferner informiert Kollege *Vetter*

---

37 In der Diskussion wurde betont, dass die Mitglieder nach ihrem Ausschluss kein Recht mehr auf die Teilnahme an Versammlungen hätten. Vgl. Protokoll der 6. Sitzung des Bundesvorstandes am 3.2.1976, Übertragung aus dem Stenogramm, AdsD, DGB-Archiv, 5/DGAI000489.

38 Am 19.2.1976 ratifizierte der Bundestag nach heftigen politischen Debatten zwischen der sozial-liberalen Koalition und der CDU/CSU-Opposition das bereits bei seiner Unterzeichnung am 9.10.1975 höchst umstrittene Sozialversicherungsabkommen mit Polen. Die »Polenverträge« umfassten neben dem Rentenabkommen ein Protokoll über die Aussiedlung von bis zu 125.000 Deutschen. Im Rentenabkommen war die Gewährung eines Kredits in Höhe von 1 Milliarde DM sowie die Einzahlung von 1,3 Milliarden DM in die polnische Renten- und Unfallversicherung vorgesehen, zur Abgeltung aller in diesen Kassen bestehenden wechselseitigen Forderungen. In der Diskussion wurde gesagt, dass der DGB sich nur zu Wort melden werde, wenn es gewünscht sei. Vgl. Protokoll der 6. Sitzung des Bundesvorstandes am 3.2.1976, Übertragung aus dem Stenogramm, S. 32, AdsD, DGB-Archiv, 5/DGAI000489.

39 Es ging um Anfragen des Bundesarbeitsministeriums, auf einzelgewerkschaftlicher Ebene mit dem Bundesministerium in Aussprachen über die Wahlmodalitäten und -vorschriften des Mitbestimmungsgesetzes zu treten. Vetter befürchtete, dass das Bundesarbeitsministerium die Einzelgewerkschaften gegeneinander ausspiele. Vgl. Protokoll der 6. Sitzung des Bundesvorstandes am 3.2.1976, Übertragung aus dem Stenogramm, S. 32, AdsD, DGB-Archiv, 5/DGAI000489. Konkret hatte Ministerialdirektor Karl Fitting sich an die Einzelgewerkschaften gewandt, um sie bei der Abfassung seines Mitbestimmungskommentars zu Rate zu ziehen. Vgl. dazu Fitting/Wlotzke/Wissmann: Mitbestimmungsgesetz.

40 Das Gutachten von Professor Ekkehart Stein prüfte die Möglichkeit der Übertragung des Montanmitbestimmungsmodells auf die gesamte Wirtschaft. Vgl. Stein: Mitbestimmung.

den Bundesvorstand über eine Bitte von Norbert Blüm zur Formulierungshilfe für einen Gesetzänderungsantrag.

e) EGB

Kollege *Vetter* informiert den Bundesvorstand über den vom 21. bis 24.4.1976 in London stattfindenden Kongreß des EGB und damit zusammenhängende Fragen. Er teilt mit, daß für den 11./12.4.1976 ein Gespräch des GBV mit dem TUC vorgesehen ist. Kollege *Vetter* berichtet über den Stand der Beratungen zum Aufnahmeantrag der CGT in den EGB.[41] Als Nachfolger für den ausgeschiedenen Kollegen [Theo] Rasschaert ist Kollege [Mathias] Hinterscheid, Luxemburg, als neuer Generalsekretär des EGB im Gespräch.[42]

f) EUROFEDOP

Kollege *Kluncker* berichtet über die Zusammensetzung der EUROFEDOP und den Antrag auf Einsetzung eines Gewerkschaftsausschusses für den öffentlichen Dienst im EGB sowie über die damit zusammenhängenden Schwierigkeiten.[43]

Kollege *Breit* spricht ähnliche Probleme in seinem Bereich an. Kollege *Vetter* sagt eine Behandlung im EGB zu.

g) Antrag 1

Kollege *Vetter* berichtet über die Beratungen für die Neufassung des Grundsatzprogramms. Dem Bundesvorstand soll sobald wie möglich eine entsprechende Vorlage unterbreitet werden.[44]

---

41 Vetter berichtete über ein Gespräch des EGB mit der kommunistischen CGT. Die EGB-Seite habe für deren Aufnahme zunächst keine Bedingungen genannt, sondern nur den Antrag entgegengenommen. Der Exekutivausschuss des EGB habe daraufhin einen Fragenkatalog an die CGT formuliert, der eruieren solle, wie die CGT zu entscheidenden politischen Fragen stehe. Charles Séguy, der Generalsekretär der CGT, habe erklärt, er beabsichtige nicht aus dem Weltgewerkschaftsbund, dem internationalen Dachverband der kommunistischen Gewerkschaften, der mit dem Dachverband Internationaler Bund Freier Gewerkschaften konkurriere, auszutreten. Mit diesem Statement habe sich nach Vetters Aussage das Aufnahmebegehren der CGT »praktisch erledigt«. Vgl. Protokoll der 6. Sitzung des Bundesvorstandes am 3.2.1976, Übertragung aus dem Stenogramm, S. 35, AdsD, DGB-Archiv, 5/DGAI000489.
42 Mathias Hinterscheid wurde Generalsekretär des EGB und amtierte von 1976–1991.
43 Die EUROFEDOP ist die European Federation of Public Service Employees, ein Dachverband der Organisationen, die Beschäftigte des öffentlichen Dienstes in Europa zusammenschließt. Kluncker sah Abgrenzungsprobleme zum Deutschen Beamtenbund und zu christlichen Gewerkschaften, die in den Berufsverbänden der EUROFEDOP vertreten seien, und wollte dies für den vorgeschlagenen Fachausschuss vermeiden. Vgl. Protokoll der 6. Sitzung des Bundesvorstandes am 3.2.1976, Übertragung aus dem Stenogramm, S. 35, AdsD, DGB-Archiv, 5/DGAI000489.
44 Vetter berichtete, dass man sich für eine Neugliederung des Grundsatzprogramms mit dem zusätzlichen Kapitel Gesellschaftspolitik neben Wirtschafts-, Sozial und Kulturpolitik entschieden habe. In die Präambel der Satzung solle ein Bezug auf das Grundgesetz aufgenommen werden. Vetter schlug vor, die Richtlinien für die Arbeit am Grundsatzprogramm als Arbeitsunterlage rasch zu verabschieden, um dann die entsprechenden Ausschüsse einzusetzen. Vgl. Protokoll der 6. Sitzung des Bundesvorstandes am 3.2.1976, Übertragung aus dem Stenogramm, S. 36 f., AdsD, DGB-Archiv, 5/DGAI000489.

h) Internationaler Ausschuß

Auf Anfrage des Kollegen *Breit* bestätigt Kollege *Vetter* den Termin 9. März 1976, 9.30 bis 11.00 Uhr, für die Sitzung des Internationalen Ausschusses, an der die Gewerkschaftsvorsitzenden und der GBV teilnehmen werden.[45]

i) Spitzengespräch DGB/BDA

Kollege *Breit* spricht ebenfalls das Spitzengespräch DGB/BDA an und bittet, den Bundesvorstand über solche Begegnungen vorab zu informieren.

Kollege *Vetter* sagt dies zu.

Ende der Sitzung: 16.05 Uhr.

Dokument 13

9. März 1976: Kurzprotokoll der 7. Sitzung des Bundesvorstandes

Hans-Böckler-Haus in Düsseldorf; Vorsitz: Heinz O. Vetter; Protokollführung: Isolde Funke, Marianne Jeratsch; Sitzungsdauer: 11.25–15.15 Uhr; ms. vermerkt: »Vertraulich«.[1]

Ms., hekt., 9 S., 1 Anlage.[2]

AdsD, DGB-Archiv, 5/DGAI000537.

Beginn der Sitzung: 11.25 Uhr.

Kollege *Vetter* eröffnet die 7. Sitzung des Bundesvorstandes in Düsseldorf.

Tagesordnung:
1. Genehmigung der Protokolle der a[ußer]o[rdentlichen] Bundesvorstandssitzung am 20.1.1976 und der 6. Bundesvorstandssitzung
2. Wahlprüfsteine
3. FDGB
4. Gesellschaft Deutsche Entwicklungspolitik
5. IBFG-Beitrag

---

45 Dieses Zusammentreffen sollte der Bundesvorstandssitzung vorausgehen. Vgl. Protokoll der 6. Sitzung des Bundesvorstandes am 3.2.1976, Übertragung aus dem Stenogramm, S. 37, AdsD, DGB-Archiv, 5/DGAI000489.

Dok. 13
1 Einladungsschreiben vom 9.2.1976 und Tagesordnung vom 23.2.1976. Nicht anwesend: Maria Weber, Günter Stephan, Rudolf Sperner (Sperner und dessen Vertreter waren durch Tarifverhandlungen entschuldigt). AdsD, DGB-Archiv, 5/DGAI000489.
2 Anlage: Anwesenheitsliste.

6. Sonderzuweisung für die DGB-Landesbezirke aus Mitteln des Haushaltsjahres 1975
7. Kapitalerhöhung bei der Neuen Heimat Hamburg (NHH) und Neuen Heimat Städtebau (NHS)
8. Stellungnahme des DGB zu Fragen des Sports in unserer Gesellschaft
9. Konzeption des DGB-Kulturpreises
10. Delegation des DGB für den EGB-Kongreß in London
11. Veränderungsmitteilungen
12. Einheitliche Benennung und Definition von Kommissionen, Ausschüssen usw.
13. Polen-Verträge
14. Einladung der DKP zum Parteitag
15. Kabelfernsehen
16. Veranstaltungen des DGB zum 200-jährigen Bestehen der Vereinigten Staaten von Amerika
17. Stipendien für das Afro-Asiatische Institut der Histadrut
18. Fachausschüsse der Arbeitsgemeinschaft für Umweltfragen
19. Jugendarbeitsschutzgesetz
20. Mitgliederstatistik
21. Brief von Pastor Niemöller
22. Guatemala
23. Verschiedenes

1. **Genehmigung der Protokolle der a[ußer]o[rdentlichen] Bundesvorstandssitzung am 20.1.1976 und der 6. Bundesvorstandssitzung**

Kollege *Pfeiffer* bittet, im Protokoll der a[ußer]o[rdentlichen] Bundesvorstandssitzung auf Seite 5 den letzten Satz des ersten Absatzes zu streichen, da die erwähnte Werbesteuer nicht durch den Hamburger Beschluß abgedeckt ist.

Beschluß:
Der Bundesvorstand genehmigt das Protokoll der a.o. Bundesvorstandssitzung am 20.1.1976 mit folgender Änderung:
Auf Seite 5 wird der letzte Satz des ersten Absatzes gestrichen.[3]
Ferner genehmigt der Bundesvorstand das Protokoll der 6. Bundesvorstandssitzung.[4]

---

3 Vgl. Dok. 11: Kurzprotokoll der Außerordentlichen Sitzung des Bundesvorstandes am 20.1.1976.
4 Vgl. Dok. 12: Kurzprotokoll der 6. Sitzung des Bundesvorstandes am 3.2.1976.

2. Wahlprüfsteine

Kollege *Vetter* verweist auf die Vorlage und bittet den Bundesvorstand um Zustimmung zu dem vorgeschlagenen Verfahren.[5]

In der anschließenden Diskussion, an der sich die Kollegen *Loderer, Vetter, Kluncker, Breit, G. Schmidt, Muhr, Vietheer, Hauenschild, Buschmann* und *Wagner* beteiligen, wird über das Verfahren und über einzelne Punkte der vorgelegten Thesen beraten.

Beschluß:
Der Bundesvorstand beschließt, daß der Bundesausschuß die Wahlprüfsteine beraten und verabschieden soll. Hierzu wird dem Bundesausschuß folgender Zeitplan vorgeschlagen: Vorschläge der Gewerkschaften sollen innerhalb der nächsten drei bis vier Wochen an den DGB-Bundesvorstand gerichtet werden. Der Bundesvorstand wird dann in seiner Sitzung im Mai und der Bundesausschuß in seiner Sitzung im Juni 1976 die Wahlprüfsteine beraten und beschließen.[6]

3. FDGB

Kollege *Vetter* verweist auf die Vorlage, die als Grundlage für die Beratungen in den Gewerkschaftsvorständen dienen soll. Der Bundesvorstand könnte dann in seiner April-Sitzung Leitlinien für die Kontakte mit dem FDGB und seinen Gewerkschaften verabschieden.[7]

---

5 Dem Bundesvorstand lagen thesenartige Wahlprüfsteine zu den Bundestagswahlen am 3.10.1976 zu den Themen Vollbeschäftigung, Bildungsreform, Soziale Sicherung, Mitbestimmung, Vermögensbildung, Gleichstellung der Frau, Stärkung der Gewerkschaften und Friedenssicherung vor. Bei der Vorlage ging Vetter von rascheren Beratungen aus, die bis zum 4.4.1976 abgeschlossen sein sollten und mit denen der Bundesvorstand durch den Bundesausschuß beauftragt werden sollte. Vgl. DGB-Bundesvorstand, an die Mitglieder des Bundesausschusses, Forderungen des Deutschen Gewerkschaftsbundes zur Bundestagswahl 1976, Düsseldorf, 25.2.1976, AdsD, DGB-Archiv, 5/DGAI000489.

6 Der Bundesausschuss beriet die Wahlprüfsteine in seiner 4. Sitzung am 2.6.1976 und verabschiedete sie mit einigen redaktionellen und sachlichen Änderungen. Vgl. Protokoll über die 4. Sitzung des Bundesausschusses am 2.6.1976, TOP 2., S. 2 f., AdsD, DGB-Archiv, 5/DGAI000416.

7 Die Vorlage umfasst interne, die innerdeutschen Beziehungen betreffende Organisationsvorschläge. Die DGB-Gewerkschaften sollten die Leitlinien des DGB zu innerdeutschen Kontakten einhalten und über Belange der deutsch-deutschen Gewerkschaftsbeziehungen gegenüber dem DGB berichten. Die Fäden sollten beim Referat »Deutsch-deutsche Beziehungen« in der Abteilung Vorsitzender zusammenlaufen, das der Kontaktpflege mit den Einzelgewerkschaften und dem DGB diene und über den FDGB in innen- und außenpolitischen Aktivitäten und hinsichtlich der personellen und organisatorischen Strukturen zu berichten habe. Innerhalb der Hauptvorstandsverwaltungen der Einzelgewerkschaften solle es feste Ansprechpartner geben. Darüber hinaus solle die Berichterstattung vom und zum DGB in einen festen Informationsdienst überführt werden. Die verantwortlichen Mitarbeiter der Hauptvorstände bilden die »Gewerkschaftliche Arbeitsgruppe deutsch-deutsche Beziehungen«. Vgl. Deutsch-deutsche Beziehungen der Gewerkschaften. Extern gegenüber dem FDGB hielten die Leitlinien fest, dass Kontakte und Begegnungen mit dem FDGB der Diskussion gemeinsam interessierender Fragen und damit der Entspannung dienten. Für den DGB waren Kontakte, die auf dem Prinzip der Gegenseitigkeit und der Gleichwertigkeit beruhten, die Voraussetzung. Die Kontakte dürften jedoch nicht als Akte der

In der anschließenden Diskussion, an der sich die Kollegen *Hauenschild, Loderer, Vetter, Vietheer, Kluncker, Vater, Breit* und *G. Schmidt* beteiligen, werden Einzelfragen des Problemkreises erörtert.[8]

Beschluß:
Der Bundesvorstand beschließt, daß die Gewerkschaften nach Beratung in ihren Vorständen ihre Vorschläge innerhalb der nächsten vier Wochen an den DGB-Bundesvorstand geben. Es soll ein Punkt D »Sicherheitsvorkehrungen« in die Internen Richtlinien für Kontakte mit dem FDGB aufgenommen werden. Nach Einarbeitung der Vorschläge wird der Bundesvorstand erneut beraten.[9]

4. Gesellschaft Deutsche Entwicklungspolitik

Kollege *Vetter* verweist auf die Unterlagen, die absprachegemäß von Vertretern des DGB und des Bundesministeriums für wirtschaftliche Zusammenarbeit erstellt worden sind.[10]

Zustimmung zur DDR-Gewerkschafts- und Regierungspolitik verstanden werden. Sie sollten nicht in missionarischer Zielsetzung oder unter dem Versuch erfolgen, Einfluss auf die andere Seite zu nehmen. Um unterschiedliche politische Auffassungen kenntlich zu machen, sollte eine ungehinderte Veröffentlichung von Berichten in den Gewerkschaftszeitungen der Bundesrepublik und der DDR möglich sein. Innerhalb des Bundesvorstands und über das Referat »Deutsch-deutsche Beziehungen« sollten auch die einzelgewerkschaftlichen Kontakte abgestimmt werden. Vgl. hierzu Leitlinien für die Beziehungen des DGB zum FDGB, AdsD, DGB-Archiv, 5/DGAI000489. Schließlich wurden auch die praktischen organisatorischen Fragen festgehalten, wie An- und Abreise, Unterkunft, Aushändigung von Devisen, zeitliche Korridore für unkontrollierte und unbegleitete persönliche Kontakte, Kontakte mit Arbeitnehmerinnen und Arbeitnehmern (auch solchen, die keine gewerkschaftliche oder betriebliche Funktion wahrnehmen), der Umgang mit der Presse (gemeinsame Pressekonferenzen, Live-Interviews in Funk und Fernsehen), Programmvorbereitungen (Gästewünsche, Gegenvorschlag der Gastgeber, Abstimmung durch Bundesvorstand oder Hauptvorstände), Kommuniquéfragen, Vorbereitung der Delegationen durch 1- bis 2-tägige Schulungen. Vgl. Interne Richtlinien für Kontakte mit dem FDGB, S. 1 ff., AdsD, DGB-Archiv, 5/DGAI000489. Zur Entwicklung der Leitlinien vgl. Müller: Ostkontakte, S. 226 f.

8 Loderer berichtete intensiv von den Erfahrungen der IG Metall mit der IG Metall (DDR). Zum Prinzip der Gegenseitigkeit und Gleichwertigkeit erklärte er, dass die IG Metall die Erfahrung gemacht habe, »daß dann, wenn man die Dinge nicht fest in den Griff nimmt und sie nicht wohl durchdacht organisiert und praktiziert, wir Gefahr laufen, über den Tisch gezogen zu werden.« Es sei fast unmöglich, die von der IG-Metall-Seite gewünschten Ansichten formuliert in das Programm zu bekommen. In der weiteren Diskussion ging es um die Frage gegenseitiger Einladungen zu den Gewerkschaftskongressen der jeweiligen Gewerkschaften in der DDR. Vgl. Protokoll über die 7. Sitzung des Bundesvorstandes am 9.3.1976, [Übertragung aus dem Stenogramm], AdsD, DGB-Archiv, 5/DGAI000489.

9 Der TOP: »FDGB« inklusive der Richtlinien wurde mehrfach auf die Tagesordnung gesetzt und erst in der 19. Sitzung am 3.5.1977 entschieden. Vgl. Dok. 20: Kurzprotokoll der 12. Sitzung des Bundesvorstandes am 7.9.1976, TOP 11.; Dok. 24: Kurzprotokoll der 16. Sitzung des Bundesvorstandes am 31.1.1977, TOP 14.; Dok. 26: Kurzprotokoll der 18. Sitzung des Bundesvorstandes am 5.4.1977, TOP 10.; Dok. 27: Kurzprotokoll der 19. Sitzung des Bundesvorstandes am 3.5.1977, TOP 3.

10 Die Unterlage ist in der Akte der Abteilung Vorsitzender nicht enthalten. Die Bundesvorstandsmitglieder waren mit der Unterlage unzufrieden. Vgl. AdsD, DGB-Archiv, 5/DGAI000489.

In der anschließenden Diskussion, an der sich die Kollegen *Frister, Vetter, Loderer, Kluncker, Lappas* und *Hauenschild* beteiligen, werden Bedenken über die Notwendigkeit und die Nützlichkeit einer Beteiligung des DGB an dieser Gesellschaft geäußert.[11] Außerdem ist die Frage der Finanzierung nicht ausreichend geklärt.

Beschluß:
Der Bundesvorstand beauftragt den Geschäftsführenden Bundesvorstand, mit den als weitere Träger der Gesellschaft Deutsche Entwicklungspolitik vorgesehenen Institutionen Kontakt aufzunehmen und außerdem konkrete Informationen über das erwartete finanzielle Engagement der Träger, insbesondere des DGB, einzuholen. Die Ergebnisse sollen in der nächsten Bundesvorstandssitzung vorgetragen und beraten werden.[12]

5. IBFG-Beitrag

Kollege *Lappas* verweist auf die Vorlage und bittet den Bundesvorstand um Zustimmung.[13]

Kollege *Vater* sieht zwar die Notwendigkeit von Beitragserhöhungen sowohl beim IBFG als auch bei den Internationalen Berufssekretariaten ein, ist aber der Meinung, daß unsere eigene Arbeit den Vorrang haben sollte.

Beschluß:
Der Bundesvorstand empfiehlt dem Bundesausschuß, folgenden *Beschluß* zu fassen:
1. Die aufgrund der Beschlüsse des 11. Weltkongresses des IBFG zu leistenden Mitgliedsbeiträge werden in entsprechender Höhe in den jeweiligen DGB-Haushalt eingestellt.
2. Die Zuwendungen zum Internationalen Solidaritätsfonds des IBFG werden aus Mitteln des Solidaritätsfonds des DGB für die Jahre 1976 bis 1978 um jeweils 230 TDM heraufgesetzt. Der Gesamtbeitrag zum ISF beträgt demnach 1.280.000,– DM.

---

11 In der Diskussion wurde infrage gestellt, ob die Gewerkschaften im Gremium eine Funktion haben würden und welcher Mehrwert gegenüber einer unabhängigen gewerkschaftlichen Befassung mit dem Thema Entwicklungspolitik entstünde. Vgl. Protokoll über die 7. Sitzung des Bundesvorstandes am 9.3.1976, [Übertragung aus dem Stenogramm], S. 13 ff., AdsD, DGB-Archiv, 5/DGAI000489.
12 Vgl. Dok. 14: Kurzprotokoll der 8. Sitzung des Bundesvorstandes am 6.4.1976, TOP 4.
13 Der IBFG erhöhte den Beitrag von 2.375 bfr auf 2.730 bfr je 1.000 Mitglieder, sodass der DGB in Zukunft zur Zahlung von 1.250.000 DM statt 1.100.000 DM angehalten war. 1977 werde sich der Beitrag um weitere 10 % auf 3.005 bfr je 1.000 Mitglieder erhöhen, sodass 1.400.000 DM zu zahlen seien. Um weitere 5 % erhöhe sich der Beitrag 1978 auf 3.155 bfr je 1.000 Mitglieder, was umgerechnet 1.500.000 DM betragen würde. Vgl. [DGB-Bundesvorstand], Abt. Finanzen, Vorlage für Bundesvorstand, für Bundesausschuss, Düsseldorf, 11.2.1976; IBFG, Aufruf des Kongresses zu freiwilligen Beiträgen, Brüssel, 10.12.1975; Internationaler Bund Freier Gewerkschaften, 11. Weltkongress, Ciudad de México, Aufruf zu freiwilligen Beiträgen, 17.–25.10.1975, AdsD, DGB-Archiv, 5/DGAI000489.

6. Sonderzuweisung für die DGB-Landesbezirke aus Mitteln des Haushaltsjahres 1975

Beschluß:
Der Bundesvorstand stimmt im Vorgriff auf die Jahresrechnung 1975 der Bereitstellung von 750 TDM aus den Einnahmen 1975 als zusätzliche Sachmittel für die Landesbezirke und Kreise zu.

7. Kapitalerhöhung bei der Neuen Heimat Hamburg (NHH) und Neuen Heimat Städtebau (NHS)

Beschluß:
Der Bundesvorstand stimmt der Beteiligung der VTG des DGB an den Kapitalerhöhungen bei NHH und NHS in Höhe ihrer bisherigen Anteile (33,375 % NHH und 20,35 % NHS) zu.
Die erforderlichen Mittel für die Einzahlungen bis zum 30.6.1976, nämlich 1.670.000,– DM bei der NHH und 4.884.000,– DM bei der NHS, sind von der VTG aus ihren Beteiligungserträgen darzustellen bzw. durch Zuweisungen von DGB-Mitteln abzudecken.[14]

8. Stellungnahme des DGB zu Fragen des Sports in unserer Gesellschaft

Beschluß:
Der Bundesvorstand stimmt der Stellungnahme des DGB zu Fragen des Sports in unserer Gesellschaft zu.[15]

---

14 Der Vorstand der beiden NH-Muttergesellschaften hatte den Aufsichtsräten in deren gemeinsamer Sitzung am 13.2.1976 vorgeschlagen, der Gesellschafterversammlung zu empfehlen, das Stammkapital der beiden Gesellschaften um jeweils 20.000.000 DM auf jeweils 60.000.000 DM zu erhöhen, um das Verhältnis zwischen Stammkapital und Umsatzvolumen beziehungsweise Bilanzsumme zu verbessern und die Bonität zu erhöhen. Die Vorlage von Alfons Lappas zeigte auf, in welcher Höhe der DGB und die Einzelgewerkschaften Beiträge leisten mussten. Vgl. [DGB-Bundesvorstand], Abt. Finanzen, Vorlage für den Geschäftsführenden Bundesvorstand und den Bundesvorstand, Betrifft: Kapitalerhöhung bei der Neue Heimat Hamburg (NHH) und Neue Heimat Städtebau (NHS), Düsseldorf, 18.2.1976, AdsD, DGB-Archiv, 5/DGAI000489.

15 Die Stellungnahme ging zurück auf Gespräche des DGB mit dem Deutschen Sportbund (DSB). Die Stellungnahme besaß den beachtlichen Umfang von acht Schreibmaschinenseiten. In dieser Stellungnahme wurde die gesellschaftspolitische Bedeutung des Sports im Allgemeinen, für ältere und kranke Menschen und in der Familie und der Resozialisierung sowie Aktionsfelder im Sport für den DGB (zum Beispiel im Betrieb oder in der Berufsschule und -ausbildung) benannt. Der DGB forderte den Ausbau der sportwissenschaftlichen Forschung und widmete sich dem Gedanken des Leistungssports. Vgl. [DGB-Bundesvorstand], Abt. Kulturpolitik, Stellungnahme des DGB zu Fragen des Sports in unserer Gesellschaft, Düsseldorf, 12.1.1976, AdsD, DGB-Archiv, 5/DGAI000489.

9. Konzeption des DGB-Kulturpreises

Kollege *Schwab* verweist auf die Vorlage und trägt den Ergänzungsvorschlag zum Beschluß des Kollegen Breit vor.[16]

Beschluß:
Der Bundesvorstand beschließt, daß das »Kuratorium Kulturpreis des DGB« wie nachstehend aufgeführt gebildet wird.

Aufgabe des Kuratoriums soll es sein, für den Bundesvorstand eine Konzeption für die weitere Entwicklung des DGB-Kulturpreises und aller Veranstaltungen der Ruhrfestspiele zu erarbeiten. Die Gewerkschaften sollen regelmäßig über den Fortgang der Arbeit unterrichtet werden und die Möglichkeit der Stellungnahme haben.

Das Kuratorium schlägt dem Bundesvorstand jährlich den Träger des DGB-Kulturpreises vor.

Das Kuratorium wird gebildet aus je einem Vertreter der IG Druck und Papier, Gewerkschaft Kunst, Gewerkschaft ÖTV, IG Metall, IG Bergbau und Energie, Gewerkschaft Erziehung und Wissenschaft, Abteilung Kulturpolitik, Abteilung Gesellschaftspolitik, Abteilung Bildung und dem zuständigen GBV-Mitglied.

Mittagspause: 14.00 bis 14.35 Uhr.

10. Delegation des DGB für den EGB-Kongreß in London

Beschluß:
Der Bundesvorstand beschließt, für den 2. Ordentlichen Kongreß des Europäischen Gewerkschaftsbundes vom 22. bis 24. April 1976 in London folgende Kollegin und Kollegen für die DGB-Delegation zu benennen:

Heinz O. Vetter, Maria Weber, Martin Heiß, Alfons Lappas, Alois Pfeiffer, Karl Schwab, Karl Hauenschild, Heinz Kluncker, Eugen Loderer, Adolf Schmidt, Philipp Seibert, Rudolf Sperner, Herbert Stadelmaier, Gerhard Vater, Karl-Heinz Hoffmann, Karl-Heinz Friedrich, Erwin Kristoffersen, Anton Müller-Engstfeld.

Ein Kollege der Abteilung Wirtschaftspolitik wird als Berater teilnehmen.
Ein Gast wird auf Kosten der IG Metall teilnehmen.

---

16 Karl Schwab hatte im Geschäftsführenden Bundesvorstand am 16.12.1975 zum Thema vorgetragen und am 15.12.1975 einen ausführlichen Bericht an die Mitglieder des Bundesvorstandes versandt. In den Sitzungen des Geschäftsführenden Bundesvorstandes und des Bundesvorstands vom 3.2.1976 wurde darüber beraten. Schwabs Vorstellung war, dass die zukünftige Konzeption des Kulturpreises von sachkundigen Kolleginnen und Kollegen aus Bundesvorstandsverwaltung und den entsprechenden Kolleginnen und Kollegen in den Hauptvorständen der DGB-Einzelgewerkschaften beraten werden solle. Aus organisatorischer Ökonomie sollten die Beratungen im neu zu berufenden Kuratorium erfolgen. Vgl. Karl Schwab, an die Mitglieder des Bundesvorstandes, betr.: Kulturpreis des DGB, Ruhrfestspiele – Konzeption für die Zukunft, Düsseldorf, 24.2.1976, AdsD, DGB-Archiv, 5/DGAI000489.

Der Sozialattaché bei der EG wird als Gast zu Lasten seiner Dienststelle teilnehmen.

11. Veränderungsmitteilungen

Beschluß: Der Bundesvorstand schlägt dem Bundesausschuß vor, folgende Kolleginnen und Kollegen zu bestätigen:

Gustl Freund, stellvertretender Landesvorsitzender der Gew[erkschaft] ÖTV, als ständigen Vertreter der Gew[erkschaft] ÖTV im Landesbezirksvorstand Bayern;

Kurt Senzel, HBV, (Gewerkschaftssekretär im DGB-Kreis Göttingen), Bernhardt Schulz, GGLF, LBZ-Leiter, Otto Wild, GGLF, (ständiger Vertreter für Bernhardt Schulz), Rolf Brönstrup, Gew[erkschaft] Kunst, (Landesbezirksvorsitzender Niedersachsen-Bremen), und Klaus Koennecke, Gew[erkschaft] Kunst, (ständiger Vertreter für Rolf Brönstrup), als Mitglieder des Landesbezirksvorstandes Niedersachsen;

Klaus Plettenberg, HBV, Sekretär bei der Bezirksleitung, (ständiger Vertreter für den Kollegen Jochen Fürbeth), als Mitglied des Landesbezirksvorstandes Rheinland-Pfalz;

Lucie Meyfarth (Ordentliches Mitglied), Gew[erkschaft] HBV, Landesfrauenausschuß, und Roswitha Hollinger (Stellvertreterin für Kollegin Meyfarth), Gew[erkschaft] GGLF, Landesfrauenausschuß, als Mitglieder des Landesbezirksvorstandes Saar.

12. Einheitliche Benennung und Definition von Kommissionen, Ausschüssen usw.

Beschluß:
Der Bundesvorstand beschließt den Entwurf für eine einheitliche Benennung und Definition von Kommissionen, Ausschüssen usw.[17]

---

17 In der Vorlage nahm die Abteilung Organisation eine einheitliche Bestimmung von Kommissionen, Ausschüssen, Arbeitsausschüssen, Arbeitskreisen und Arbeitsgruppen vor. Kommissionen waren Gremien des Bundesvorstandes, die von diesem gewählt wurden. Die Mitglieder wurden aus dem Bundesvorstand gewählt. Als Ausschuss war ein »beratendes Gremium des Bundesvorstandes« zu verstehen, das einer Abteilung des Bundesvorstandes zugeordnet werden kann. Sie setzen sich in der Regel »aus Vorstandsmitgliedern der Gewerkschaften und der Landesbezirke sowie weiteren beratenden Teilnehmern« zusammen. Den Vorsitz führte das betreffende Mitglied des Geschäftsführenden Bundesvorstandes beziehungsweise ein Beauftragter desselben. Ein Arbeitsausschuss war ein zeitlich begrenztes Gremium, das von einer Kommission oder einem Ausschuss mit einem begrenzten Arbeitsauftrag eingesetzt wurde. Er »setzt sich aus einer begrenzten Zahl sachkundiger Vertreter der Gewerkschaften und der Landesbezirke sowie beratenden Teilnehmern [unter Vorsitz eines Beauftragten der zuständigen Abteilung des Bundesvorstandes] zusammen«. Arbeitskreise »können zur Lösung von Fachproblemen und zur Vorbereitung und Begleitung von Projekten (z. B. Gesetzesvorhaben, Stellungnahmen)« vom Geschäftsführenden Bundesvorstand einberufen werden. Sie setzten sich aus sachkundigen Vertretern der Gewerkschaften, der Landesbezirke und weiteren Einzelpersonen unter Vorsitz des zuständigen Mitglieds des Geschäfts-

Die Umbenennung der vorhandenen Ausschüsse erfolgt sofort. Die neuen Bezeichnungen werden der Abteilung Organisation und Verwaltung bekanntgegeben.

13. Polen-Verträge

Beschluß:

Der Bundesvorstand beschließt, dem Bundesausschuß in seiner morgigen Sitzung den Entwurf einer Erklärung zu den Polen-Verträgen vorzulegen.[18]

14. Einladung der DKP zum Parteitag

Beschluß:

Der Bundesvorstand beschließt, eine Einladung der DKP zu ihrem Parteitag vom 19. bis 21. März 1976 unbeantwortet zu lassen.[19]

---

führenden Bundesvorstands oder eines Beauftragten zusammen. Arbeitsgruppen schließlich dienten der Lösung von Problemen oder der Abstimmung von Fragen innerhalb der Bundesvorstandsverwaltung, der Landesbezirke und Kreise und werden vom Geschäftsführenden Bundesvorstand unter Vorsitz der federführenden Abteilung aus Vertretern der Abteilungen des Bundesvorstandes, gegebenenfalls der Landesbezirke und Kreise gebildet. Die Tendenz, Kommissionen, Ausschüsse, Arbeitskreise und -gruppen einzusetzen, kann als ein Trend der Nachkriegszeit angesehen werden, in der das Diskutieren eine neue Bedeutung in der politischen Willensbildung erhielt. Vgl. [DGB-Bundesvorstand], Abt. Organisation und Verwaltung, Karl Schwab, an die Mitglieder des Geschäftsführenden Bundesvorstandes und Bundesvorstandes, betr.: Einheitliche Benennung und Definition von Kommissionen, Ausschüssen usw., Düsseldorf, 18.2.1976, AdsD, DGB-Archiv, 5/DGAI000489. Vgl. auch Verheyen: Diskussionslust.

18 Leonhard Mahlein von der IG Druck und Papier hatte in einem Schreiben an Heinz Oskar Vetter zu der Ratifizierung der Polenverträge seiner Sorge Ausdruck verliehen, die Ratifizierung der Verträge könne im Bundestag auf entschiedenen Widerstand der Opposition treffen und eine »bestimmte Presse«, gemeint waren die Zeitungen des Springer-Verlags BILD und Die Welt, heraufbeschwören, die eine Stimmung des Widerstands auch in der Öffentlichkeit förderte und auch auf die Arbeitnehmerschaft Einfluss ausüben könnte. Dies behindere die Aussöhnung mit dem polnischen Volk und füge der Ostpolitik der Bundesregierung Schaden zu. Er schlug eine Erklärung vor. Vgl. ig druck und papier, Hauptvorstand, [Leonhard] Mahlein, Polenverträge, Stuttgart, 9.2.1976, AdsD, DGB-Archiv, 5/DGAI000489. Vgl. die Erklärung des Bundesausschusses DGB erwartet Annahme der Polen-Verträge, DGB-Nachrichten-Dienst, 72/76, 10.3.1976, AdsD, DGB-Archiv, 5/DGAI000416.

19 Der Parteitag der DKP sollte vom 19. bis 21.3.1976 in der Bonner Beethovenhalle unter der »Losung« »Mit der DKP gegen das Großkapital, für soziale und demokratische Rechte. Für Frieden, Freiheit, Sozialismus« stattfinden. Die Einladung umfasste auch einen Beitrag Vetters zu »einigen aktuellen Fragen der Gewerkschaftspolitik«. Der Sachverhalt wurde auf der Sitzung des Geschäftsführenden Bundesvorstandes am 23.2.1976 beraten. Es wurde beschlossen, den Bundesvorstand davon zu unterrichten.

15. Kabelfernsehen

Beschluß:
Der Bundesvorstand beschließt, das Thema »Kabelfernsehen« auf die nächste Sitzung des Bundesvorstandes zu vertagen. In der Zwischenzeit sollen dazu keine Erklärungen abgegeben werden.[20]

16. Veranstaltungen des DGB zum 200-jährigen Bestehen der Vereinigten Staaten von Amerika

Beschluß:
1. Öffentliche Vorstellung des kürzlich im Bund-Verlag erschienenen Buches von Philip Taft »Gewerkschaftliche Außenpolitik – Das Beispiel der Amerikanischen Gewerkschaften«. Die Veranstaltung soll vom Bund-Verlag organisiert werden. Die Kosten sind durch den DGB zu tragen.[21]
2. Durchführung eines gemeinsamen Seminars (DGB und AFL-CIO) in Verbindung mit dem amerikanischen Labor Day (6. September 1976) am AFL-Labor-Study-Center in Washington zum Thema »Gemeinsame Wurzeln und gegenseitige Unterstützung der Arbeiterbewegung in Deutschland und in den USA«. Dieses Seminar soll sich sowohl mit den historischen Einflüssen (Rolle der deutschen Emigranten in den Anfängen und der Entwicklung der amerikanischen Arbeiterbewegung) und der Mitwirkung der US-Gewerkschaften beim Wiederaufbau der deutschen Arbeiterbewegung nach dem Zweiten Weltkrieg befassen. Teilnehmer sollten Mitglieder des Geschäftsführenden Bundesvorstandes, Vorstandsmitglieder der Einzelgewerkschaften und Landesbezirksvorstandsmitglieder auf deutscher Seite sein.
Die Reisekosten sind durch den DGB zu tragen, eine Beteiligung an den Seminarkosten ist noch zu klären.
3. Fortsetzung der Entsendung von Spitzendelegationen auch im Jahre 1976. Die Kosten sind durch den DGB zu tragen.
4. Einladung einer AFL-CIO-Spitzendelegation zum DGB. Die Aufenthaltskosten in Deutschland sind durch den DGB zu tragen.
5. Die Einzelgewerkschaften sollen angeregt werden, Delegationen zu Fachgewerkschaften in den Vereinigten Staaten und Local Labor Councils der AFL-CIO zu entsenden.
Die Kosten müßten von den Einzelgewerkschaften aufgebracht werden.

---

20 Der TOP wurde erst auf der 9. Sitzung des Bundesvorstandes behandelt. Vgl. Dok. 15: Kurzprotokoll der 9. Sitzung des Bundesvorstandes am 4.5.1976, TOP 7.
21 Der Bundesvorstand nahm die Vorschläge, die die Internationale Abteilung unterbreitet hatte, ohne Änderungen an. Vgl. Internationale Abteilung, Vorlage für die 7. Sitzung des Bundesvorstandes am 9.3.1976, betr.: Veranstaltungen des DGB zum 200jährigen Bestehen der Vereinigten Staaten von Amerika, Düsseldorf, 25.2.1976, AdsD, DGB-Archiv, 5/DGAI000489; Taft: Gewerkschaftliche Außenpolitik.

17. Stipendien für das Afro-Asiatische Institut der Histadrut

Beschluß:
Der Bundesvorstand empfiehlt dem Bundesausschuß, der Bereitstellung von jährlich 10.000,– DM für die folgenden fünf Jahre, 1976 bis 1980, für Stipendien an das Afro-Asiatische Institut der Histadrut aus dem Solidaritätsfonds zuzustimmen.[22]

18. Fachausschüsse der Arbeitsgemeinschaft für Umweltfragen

Beschluß:
1. Der DGB wirkt an den Fachausschüssen der Arbeitsgemeinschaft für Umweltfragen mit.[23] Die Aufteilung der dem DGB zur Verfügung stehenden Plätze erfolgt in der Weise, daß

---

[22] Das *Afro-Asian Institute for Cooperative and Labor Studies* der Histadrut wurde 1958 gegründet. Es diente dem Zweck, die afrikanische und asiatische Arbeiterbewegung im Kampf um Unabhängigkeit der jeweiligen Nationen dabei zu unterstützen, einen Weg zu sozialem Fortschritt und sozialer Entwicklung zu beschreiten. Das Studienprogramm richtete sich an Gewerkschafterinnen und Gewerkschafter, Angehörige des öffentlichen Dienstes in den betreffenden Ländern und Multiplikatoren in den entsprechenden Bildungsinstitutionen. Das theoretische Studium wurde durch praktisches Training in Unternehmen, vorrangig in ländlichen Gebieten, ergänzt. Vgl. Carol: Jerusalem, S. 161 f.

[23] Am 3.7.1975 hatte auf Einladung des Bundeskanzlers in Schloss Gymnich ein Gespräch zwischen Bundes- und Landespolitikerinnen und Bundes- und Landespolitikern, Vertreterinnen und Vertretern der Wirtschaft, der Gewerkschaften sowie verschiedenen Bürgerinitiativen stattgefunden. Gewerkschaftliche Vertreter waren Hans Alker (IG BE), Karl Hauenschild (IG CPK), Rudolf Judith (IG Metall) und Alois Pfeiffer (DGB-Bundesvorstand). Ein Ergebnis dieses Gesprächs war, dass zum Zweck der Verbesserung der umweltpolitischen Information und Kooperation bei der Arbeitsgemeinschaft für Umweltfragen Fachausschüsse gebildet werden sollten. Die 1970 gegründete Arbeitsgemeinschaft für Umweltfragen e. V. (AGU), in der gleichberechtigt Vertreterinnen und Vertreter aus Arbeitnehmerorganisationen und Verbraucherverbänden, Handel, Land- und Forstwirtschaft, Politik und Verwaltung, Wissenschaft und Forschung, Wirtschaft und Technik sowie Entwicklungsorganisationen zusammenarbeiteten, war ein Dialogforum zum Austausch über Umweltfragen. Sie gliederte sich in den Hauptausschuss und den Vorstand sowie zur inhaltlichen Beratung in die genannten Fachausschüsse. Die Mitglieder der Fachausschüsse sollten sich aus Vertreterinnen und Vertretern der öffentlichen Hand, der Wirtschaft, der Gewerkschaften, der Naturschutzverbände und Bürgerinitiativen rekrutieren. Es sollten ein Fachausschuss für Umweltpolitik und Umweltplanung, ein Fachausschuss für Umweltinformation und Umweltbewusstsein, ein Fachausschuss für technische Regeln und Fragen der Standortvorsorge sowie ein Fachausschuss für Kernenergie und Strahlenschutz gebildet werden. Damit waren zentrale Themenfelder der Umweltpolitik abgedeckt. Die Finanzierung sollte nach dem »Schwedischen Modell«, also unter Heranziehung der beteiligten Kreise der öffentlichen Hand, der Wirtschaft und der Gewerkschaften im Verhältnis 4:2:1 erfolgen. Bei Gesamtkosten für das laufende Haushaltsjahr 1976 von 140.000 DM entfielen auf die Gewerkschaften folglich 20.000 DM. Heinz Oskar Vetter machte in der Angelegenheit Druck und brachte die Fachausschüsse recht kurzfristig nach der Diskussion im Kreis der Vorstandssekretäre am 4.3.1976 am 8.3.1976 in den Geschäftsführenden Bundesvorstand ein, um am folgenden Tag den Bundesvorstand damit zu befassen. Diese Eile war geboten, weil die Fachausschüsse sich bereits am 17.3.1976 konstituieren sollten. Vgl. [DGB-Bundesvorstand], Abt. Vorsitzender, [an] die Mitglieder des Bundesvorstandes, Bildung und Finanzierung von Fachausschüssen für Umweltfragen bei der Arbeitsgemeinschaft für Umweltfragen, Düsseldorf, 8.3.1976; [DGB-Bundesvorstand], Abt. Gesellschaftspolitik, Lorenz Schwegler, Kollegen Heinz O. Vetter, betr.: Fachausschüsse der Arbeitsgemeinschaft für Umweltfragen, Düsseldorf, 27.2.1976; DGB-Bundesvorstand, Heinz O. Vetter, an die Mitglieder des Bundesvorstandes, Bundesvorstandssitzung

a) im Fachausschuß für Umweltpolitik und Umweltplanung der DGB-Bundesvorstand zwei, IG Chemie-Papier-Keramik, IG Metall und ÖTV je einen Platz erhalten;
b) im Fachausschuß für Umweltinformation und Umweltbewußtsein der DGB zwei, die Gewerkschaft Holz und Kunststoff, ÖTV und IG Metall je einen Platz erhalten;
c) im Fachausschuß für technische Regeln und Fragen der Standortvorsorge IG Bergbau und Energie, IG Chemie-Papier-Keramik, IG Metall, ÖTV und DGB-Bundesvorstand je einen Platz erhalten;
d) im Fachausschuß für Kernenergie und Strahlenschutz DGB und ÖTV je zwei Plätze sowie IG Metall einen Platz erhalten.
2. Der DGB ist bereit, sich für das Rumpfgeschäftsjahr 1976 (1.4. bis 31.12.1976) an der Finanzierung der Fachausschüsse mit einem Betrag von 20.000,- DM zu beteiligen.
3. Über die weitere Beteiligung des DGB an der Finanzierung der Fachausschüsse nach dem 1.1.1977 soll aufgrund der Erfahrungen mit der Tätigkeit der Fachausschüsse im Jahre 1976 erneut beschlossen werden; zu diesem Zweck ist dem Bundesvorstand Ende 1976 Bericht zu erstatten.[24]

19. Jugendarbeitsschutzgesetz

Beschluß:
Der Bundesvorstand empfiehlt dem Bundesausschuß, einer Erklärung des DGB zum Jugendarbeitsschutzgesetz zuzustimmen.[25]

20. Mitgliederstatistik

Beschluß:
Der Bundesvorstand nimmt die Mitgliederstatistik, Stand 31.12.1975, zur Kenntnis.[26]

---

am 9.3.1976, betr.: Fachausschüsse der Arbeitsgemeinschaft für Umweltfragen, AdsD, DGB-Archiv, 5/DGAI000489.
24 Vgl. Dok. 30: Kurzprotokoll der 21. Sitzung des Bundesvorstandes am 5.7.1977.
25 Der Bundesausschuss stimmte der Vorlage zu. DGB-Bundesausschuß zum Jugendarbeitsschutzgesetz, o. O., o. D., vgl. Protokoll über die 3. Sitzung des Bundesausschusses am 10.3.1976, TOP 6., AdsD, DGB-Archiv, 5/DGAI000416.
26 Die Mitgliederzahlen waren nach einer Phase kontinuierlicher Zuwächse seit 1969 im Vorjahr weitgehend stabil geblieben. Zuwächse waren unter anderem im Angestelltenbereich mit 5,2 % und bei den weiblichen Mitgliedern mit 2,2 % zu verzeichnen. Der Beschäftigtenrückgang in der Strukturkrise schlug sich nur zu einem Teil in der Mitgliederstatistik der Einzelgewerkschaften nieder. So waren in der Metallindustrie 350.000 Arbeitsplätze verloren gegangen, die Mitgliederzahlen im Organisationsbereich jedoch nur um 35.000 gesunken Vgl. DGB-Bundesvorstand, an die Mitglieder des Bundesvorstandes, Mitgliederstatistik, Düsseldorf, 8.3.1976, AdsD, DGB-Archiv, 5/DGAI000489.

21. Brief von Pastor Niemöller

Nach kurzer Diskussion, an der sich die Kollegen *Vetter*, *Kluncker*, *Frister*, *G. Schmidt* und *Hauenschild* beteiligen, *beschließt* der Bundesvorstand, sich nicht mit Unterschriften an dem Aufruf von Pastor Niemöller zur Demonstration am 22. Mai in Sachen Abrüstung zu beteiligen.

22. Guatemala

Beschluß:
Der Bundesvorstand empfiehlt dem Bundesausschuß, eine Spende in Höhe von DM 25.000,- für die Opfer der Erdbebenkatastrophe in Guatemala aus dem Solidaritätsfonds zu beschließen.

23. Verschiedenes

a) Kollege *Vetter* erläutert, wie es zu den Schlagzeilen »Bismarck als Medienexperte des DGB« gekommen ist.[27]
b) Der Bundesvorstand kommt überein, das Schreiben des Bundes Demokratischer Wissenschaftler zu seiner Fachtagung »Umweltschutz« in Hamburg ablehnend zu beantworten.[28]
c) Der Bundesvorstand kommt überein, keine Interviews für die »Nachrichten zur Wirtschafts- und Sozialpolitik – Gewerkschaftsspiegel/Informationen und Kommentare« zu geben.

Ende der Sitzung: 15.15 Uhr.

---

[27] Gemeint war Klaus von Bismarck, von 1961–1976 Intendant des WDR, der um parteipolitische Unabhängigkeit bemüht war. Gleichwohl führte er, wie Heinz Oskar Vetter in der Bundesvorstandssitzung betonte, regelmäßige, in größeren Abständen erfolgende medienpolitische Gespräche mit dem DGB.
[28] Der Bund Demokratischer Wissenschaftler ist ein linker Verband von Wissenschaftlerinnen und Wissenschaftlern, der 1968 gegründet und 1972 neu konstituiert wurde. Er engagierte sich in den 1970er-Jahren intensiv gegen den Radikalenerlass. Er ist das linke Gegenstück zum Bund Freiheit der Wissenschaft. Vgl. Wehrs: Protest der Professoren, S. 321-325.

Dokument 14

6. April 1976: Kurzprotokoll der 8. Sitzung des Bundesvorstandes

Haus des Wirtschafts- und Sozialausschusses in Brüssel; Vorsitz: Heinz O. Vetter; Protokollführung: Isolde Funke, Marianne Jeratsch; Sitzungsdauer: 10.05–17.25 Uhr; ms. vermerkt: »Vertraulich«.[1]

Ms., hekt., 5 S., 1 Anlage.[2]
AdsD, DGB-Archiv, 5/DGAI000554.

Beginn der Sitzung: 10.05 Uhr.

Kollege *Vetter* eröffnet die 8. Sitzung des Bundesvorstandes in Brüssel.

Tagesordnung:
1. Genehmigung des Protokolls der 7. Bundesvorstandssitzung
2. Begegnung mit Vertretern der EG-Kommission
3. Verschiedenes
4. Gesellschaft Deutsche Entwicklungspolitik
5. 61. Internationale Arbeitskonferenz – Weltbeschäftigungskonferenz der IAO in Genf
6. Spitzengespräch DGB/BDA
7. Veränderungsmitteilungen
8. Vermögenspolitik

Kollege *Vetter* begrüßt den Präsidenten des Wirtschafts- und Sozialausschusses, Henri Canonge.

Henri Canonge heißt den Bundesvorstand im Hause des Wirtschafts- und Sozialausschusses willkommen. Er informiert den Bundesvorstand über die Zusammensetzung und die Arbeit des Wirtschafts- und Sozialausschusses.

1. Genehmigung des Protokolls der 7. Bundesvorstandssitzung

Beschluß:
Der Bundesvorstand genehmigt das Protokoll der 7. Bundesvorstandssitzung.

Kollege *Otto Kersten*, Generalsekretär des IBFG, begrüßt den Bundesvorstand in Brüssel. Er berichtet über Schwerpunkte der Arbeit des IBFG, insbesondere

---

Dok. 14
1 Entschuldigt waren Maria Weber, Günter Stephan, Martin Heiß sowie Adolf Schmidt, der durch Helmut Gelhorn vertreten wurde. AdsD, DGB-Archiv, 5/DGAI000490.
2 Anlage: Anwesenheitsliste.

in den Entwicklungsländern. Er geht u. a. auf die Situation der Internationalen Berufssekretariate und das Verhältnis der AFL/CIO zum IBFG und der ILO ein.[3]

Kollege *Pe[e]r Carlsen* informiert den Bundesvorstand über die Situation im Europäischen Gewerkschaftsbund. Im Vordergrund stehen der Kongreß des EGB in London, seine politische Zielsetzung, die Frage der Präsidentschaft und der Generalsekretäre.[4]

Kollege *Wilhelm Haferkamp* gibt einen Überblick über die wirtschafts- und währungspolitische Situation in Europa und die Maßnahmen der EG-Kommission. Er geht kurz auf das Papier der Kommission für die dreigliedrige Konferenz ein, das am Nachmittag ausführlich diskutiert werden soll.[5]

Kollege *Vetter* dankt den Kollegen *Kersten, Carlsen* und *Haferkamp* für ihre instruktiven Ausführungen und gibt der Hoffnung Ausdruck, daß eine Fortsetzung der Gespräche in absehbarer Zeit möglich ist.

Mittagspause: 13.00 bis 15.10 Uhr.

2. Begegnung mit Vertretern der EG-Kommission

Der Bundesvorstand diskutiert ausführlich mit den EG-Kommissaren Haferkamp, Brunner und Spinelli über das EG-Arbeitspapier »Eine Gemeinschaftsstrategie für Vollbeschäftigung und Stabilität« und die damit zusammenhängenden Probleme. Die Bundesvorstandsmitglieder werden dem Kollegen Haferkamp Anregungen zu

---

[3] Mitte der 1970er-Jahre verschärften sich die Spannungen zwischen der AFL/CIO und dem IBFG und die Vereinigten Staaten und der AFL/CIO zogen sich aus der ILO 1977 zurück. Der Rückzug wurde vom Secretary of State Henry Kissinger am 5.11.1975 angekündigt und 1977 wirksam.

[4] Peer Carlsen war von 1975–1976 Generalsekretär des EGB. 1976 stand die Wiederwahl Heinz Oskar Vetters als Präsident des EGB an. Der 2. EGB-Kongress fand vom 22. bis 24.4.1976 in London statt. Vgl. Europäischer Gewerkschaftsbund: Kongress 1976.

[5] Der SPD-Politiker und Gewerkschafter (ehemaliger Hauptabteilungsleiter für Wirtschaftspolitik beim DGB-Bundesvorstand) Wilhelm Haferkamp war seit 1967 EG-Kommissar. Zum Zeitpunkt der Bundesvorstandssitzung war er EG-Kommissar für Wirtschaft, Finanzen und Haushalt. Dem Bundesvorstand lag ein Papier der Kommission der Europäischen Gemeinschaften vor, das in seinen Leitlinien von der Kommission gebilligt worden war. Es sollte als Grundlage für die Konsultation mit den »Sozialpartnern« dienen, um die nächste Dreierkonferenz vorzubereiten. Das Papier wagte eine gedämpfte Zukunftsprognose, was die Auswirkungen des Wachstums in der Folge der Belebung der Konjunktur betraf. Es analysierte die Krise von 1973/74 und führte sie auf Weichenstellungen und die Entwicklungen seit den 1960er-Jahren mit steigender Arbeitslosigkeit, einer geldwirtschaftlichen Verflechtung und dem Zusammenbruch des Bretton-Woods-Systems zurück. Ziel sollte für die Zukunft die »Wiederherstellung der Vollbeschäftigung bei Stabilität« sein, wobei die Erwartungen hinsichtlich einer Erreichbarkeit des Ziels gleichzeitig gedämpft waren. Voraussetzung sei eine Wachstumspolitik. Vgl. Kommission der Europäischen Gemeinschaften, Gemeinschaftsstrategie für Vollbeschäftigung und Stabilität, Brüssel, 31.3.1976, AdsD, DGB-Archiv, 5/DGAI000490. Die sogenannte Dreierkonferenz der Sozialpartner und der Regierungen der Mitgliedsstaaten unter Teilnahme der EG-Kommission fand im Juni 1976 statt. Vgl. zur Konferenz am 24.6.1976 Dok. 19: Kurzprotokoll der 11. Sitzung des Bundesvorstandes am 6.7.1976, TOP 2.

diesem Papier mitteilen. Das dann neu erstellte Arbeitspapier wird dem Bundesvorstand zugeleitet.[6]

3. Verschiedenes

a) Kollege *Vietheer* bringt seine Überraschung über die Mitteilung der Neuen Heimat zum Ausdruck, am 12.6.1976 eine Tagung des Bundesvorstandes und des Vorstandes der Neuen Heimat durchzuführen. Der Termin hätte langfristiger geplant werden müssen. Nun kann Kollege *Vietheer* den Termin nicht wahrnehmen. Kollege *Vetter* erklärt, wie dieser Termin zustande gekommen ist. Es hätte vorher eine Umfrage bei den Vorsitzenden erfolgen sollen.

b) Kollege *Buschmann* bittet, die Termine für die Veranstaltungen anläßlich der 200-Jahrfeier der USA, wie sie in der letzten Bundesvorstandssitzung beschlossen wurden, bald festzusetzen.
Kollege *Vetter* sagt zu, daß dies auf dem schnellsten Weg geschehen wird.

4. Gesellschaft Deutsche Entwicklungspolitik

Kollege *Vetter* teilt mit, daß er absprachegemäß die Parteien, Kirchen und Arbeitgeber um ihre Stellungnahme zu dieser vorgesehenen Gesellschaft gebeten hat. Bisher liegt nur eine Antwort des BDI vor. Die IG Druck und Papier hat in der Zwischenzeit mitgeteilt, daß sie eine Beteiligung des DGB nicht für zweckmäßig hält. Kollege *Vetter* schlägt vor, die Beratung dieses Tagesordnungspunktes bis zur nächsten Sitzung zurückzustellen.

Beschluß:
Der Bundesvorstand stellt diesen Tagesordnungspunkt bis zur nächsten Sitzung zurück.[7]

5. 61. Internationale Arbeitskonferenz – Weltbeschäftigungskonferenz der IAO in Genf

Beschluß:
Der Bundesvorstand beschließt, folgende Teilnehmer für die 61. Internationale Arbeitskonferenz und die Weltbeschäftigungskonferenz zu benennen:

---

6 Vgl. Kommission der Europäischen Gemeinschaften, Gemeinschaftsstrategie für Vollbeschäftigung und Stabilität, Brüssel, 31.3.1976, AdsD, DGB-Archiv, 5/DGAI000490.
7 Vgl. Dok. 15: Kurzprotokoll der 9. Sitzung des Bundesvorstandes am 4.5.1976.

61. Internationale Arbeitskonferenz
Delegierter: Kollege Gerd Muhr
Stellv. Delegierte: Kollegin Ursula Engelen-Kefer, DGB-Bundesvorstand
(gleichzeitig für TOP 2. »Errichtung nationaler dreigliedriger Einrichtungen zur Verbesserung der Anwendung der IAO-Normen [2. Beratung]«)

Zu TOP 1. »Information und Berichte über die Anwendung von Übereinkommen und Empfehlungen«:
Kollege Karl Kehrmann, DGB-BV

Zu TOP 3. »Die Arbeitsumwelt (1. Beratung)«:
Kollege Reinhold Konstanty, DGB-Bundesvorstand

Zu TOP 4. »Die Beschäftigungslage und die Arbeits- und Lebensbedingungen des Krankenpflegepersonals (1. Beratung)«:
Kollegin Askerz, Hauptvorstand der Gew[erkschaft] ÖTV
sowie für den zu erwartenden TOP »Entschließungen« den Kollegen Harald Simon, DGB-Bundesvorstand.

Weltbeschäftigungskonferenz
Delegierter: Kollege Edmund Duda, DGB-Bundesvorstand
Berater: Kollege Hans-Georg Wehner, DGB-Bundesvorstand.

6. Spitzengespräch DGB/BDA

Kollege *Vetter* berichtet über bestehende gemeinsame Ausschüsse des DGB mit der BDA. Er bittet, die generelle Diskussion auf die nächste Sitzung zu vertagen.

Beschluß:
Der Bundesvorstand stellt die Beratung dieses Tagesordnungspunktes bis zur nächsten Sitzung zurück.[8]

7. Veränderungsmitteilungen

Beschluß:
Der Bundesvorstand schlägt dem Bundesausschuß vor, den Kollegen Georg Werner, Mitglied des Bezirksvorstandes der Gew[erkschaft] der Eisenbahner Deutschlands, Verwaltungsstellenleiter Bezirk Wilmersdorf, als ständigen Vertreter der GdED im Landesbezirksvorstand Berlin zu bestätigen.

---

[8] Vgl. Dok. 17: Kurzprotokoll der 10. Sitzung des Bundesvorstandes am 1.6.1976.

8. Vermögenspolitik

Kollege *Vetter* schlägt vor, die Frage »Vermögenspolitik« in der Julisitzung des Bundesvorstandes zu beraten, da am 6. Juli 1976 der Gesellschaftspolitische Ausschuß tagen soll. Die vorherigen Bundesvorstandssitzungen sind mit anderen wichtigen Themen ausgefüllt.

Beschluß:
Der Bundesvorstand ist mit der Beratung des Themas »Vermögenspolitik« in der Julisitzung einverstanden.[9]

Fortsetzung zu TOP 3. »Verschiedenes«

c) Kollege *Muhr* bittet um Einverständnis, daß der Bundesvorstand erst in der Julisitzung über den Rechtsschutz berät, da der GBV noch einige Zeit für seine Beratung benötigt.

Beschluß:
Der Bundesvorstand ist mit der Beratung des Themas »Rechtsschutz« in der Julisitzung einverstanden.[10]

d) Kollege *Hauenschild* fragt, ob der Bundesvorstand mit der Einstellung der »Laborpraxis« einverstanden ist.[11]

Beschluß:
Der Bundesvorstand ist mit der Einstellung der »Laborpraxis« einverstanden.

e) Auf die Frage des Kollegen *Hauenschild* nach der Teilnahme an dem Empfang anläßlich des 70. Geburtstags von Hans-Günther Sohl am 4. Mai 1976 erklärt Kollege *Vetter*, daß er stellvertretend für alle BV-Mitglieder kurz an diesem Empfang teilnehmen wird. Er wird dies dem vorbereitenden Komitee mitteilen.[12]

---

9 Der Punkt Vermögenspolitik wurde in der 11. Sitzung des Bundesvorstandes kursorisch unter dem TOP 2. »Bericht über die Dreigliedrige Konferenz vom 24.6.1976 und Vorschau zur Konzertierten Aktion«, mitbehandelt. Vgl. Dok. 19: Kurzprotokoll der 11. Sitzung des Bundesvorstandes am 6.7.1976.
10 Der TOP wurde in der fraglichen Sitzung nicht behandelt, sondern vertagt und dann nicht mehr im Bundesvorstand aufgegriffen.
11 Gemeint ist vermutlich die Zeitschrift Laboratoriums-Praxis der IG CPK, die als Fachzeitschrift für Chemotechniker und Laboranten seit 1949 erschien, deren Erscheinen nun eingestellt werden sollte.
12 Hans-Günther Sohl war bis April 1973 Vorstandsvorsitzender der Thyssen AG. Von 1972 bis 1976 war er Vorsitzender des Bundesverbands der Deutschen Industrie (BDI).

Beschluß:
Der Bundesvorstand ist mit diesem Verfahren einverstanden.

Ende der Sitzung: 17.25 Uhr.

Dokument 15

4. Mai 1976: Kurzprotokoll der 9. Sitzung des Bundesvorstandes

Hans-Böckler-Haus in Düsseldorf; Vorsitz: Heinz O. Vetter; Protokollführung: Isolde Funke, Marianne Jeratsch; Sitzungsdauer: 10.10–15.50 Uhr; ms. vermerkt: »Vertraulich«.[1]

Ms., hekt., 6 S., 2 Anlagen.[2]
AdsD, DGB-Archiv, 5/DGAI000554.

Beginn der Sitzung: 10.10 Uhr.

Kollege *Vetter* eröffnet die 9. Sitzung des Bundesvorstandes in Düsseldorf.
Er regt an, den Tagesordnungspunkt »DGB/BDA« in der Juni-Sitzung zu behandeln.[3]

Tagesordnung:
1. Genehmigung des Protokolls der 8. Bundesvorstandssitzung
2. Gesellschaft Deutsche Entwicklungspolitik
3. Referentenleitfaden »Gewerkschaften und Mitbestimmung« des Projektes »Mitbestimmungsbildung«
4. Mehrwertsteuererhöhung
5. Wahlprüfsteine
6. Verwirklichung des Antrages 278 zur Angestelltenpolitik
7. Kabelfernsehen
8. Veränderungsmitteilungen
9. Ort und Termin des 11. Ordentlichen Bundeskongresses
10. Erklärung des Bundesvorstandes zur Aussperrung
11. Tagesordnung für die 4. Bundesausschußsitzung am 2.6.1976
12. Verschiedenes

Dok. 15
1 Einladungsschreiben vom 21.4.1976 und Tagesordnung vom 4.5.1976. Zusätzliche Tagesordnungspunkte waren »Veränderungsmitteilungen« und »Mehrwertsteuererhöhung«. AdsD, DGB-Archiv, 5/DGAI000490.
2 Anlage: Anwesenheitsliste; vgl. DGB: Verbot der Aussperrung Gebot demokratischer Vernunft, DGB-Nachrichten-Dienst, 130/76, 4.5.1976.
3 Vgl. Dok. 17: Kurzprotokoll der 10. Sitzung des Bundesvorstandes am 1.6.1976, TOP 2.

4. Mai 1976 **Dokument 15**

1. Genehmigung des Protokolls der 8. Bundesvorstandssitzung

Beschluß:
Der Bundesvorstand genehmigt das Protokoll der 8. Bundesvorstandssitzung.[4]

2. Gesellschaft Deutsche Entwicklungspolitik

Kollege *Vetter* berichtet über ein Schreiben des Bundesministers für wirtschaftliche Zusammenarbeit, Egon Bahr, mit dem er die für die Beteiligung an der Gesellschaft Deutsche Entwicklungspolitik vorgesehenen Institutionen zu einem Informationsgespräch eingeladen hat. Kollege *Vetter* schlägt vor, zunächst einen Vertreter des DGB zu diesem Gespräch zu entsenden und dann das Ergebnis abzuwarten.

Beschluß:
Der Bundesvorstand ist mit diesem Verfahren einverstanden.

3. Referentenleitfaden »Gewerkschaften und Mitbestimmung« des Projektes »Mitbestimmungsbildung«

Nach kurzer Erläuterung der Vorlage durch den Kollegen *Jung* diskutieren die Kollegen *Rothe, Vietheer, Jung* und die Kollegin *Weber* über das Verfahren zur Verabschiedung des Referentenleitfadens.[5]

---

4 Vgl. Dok. 14: Kurzprotokoll der 8. Sitzung des Bundesvorstandes am 6.4.1976.
5 Das Projekt »Mitbestimmungsbildung« wurde von der Abteilung Gesellschaftspolitik des DGB-Bundesvorstandes in Kooperation mit der Stiftung Mitbestimmung, der Bundeszentrale für politische Bildung und der Landeszentrale für politische Bildung Nordrhein-Westfalen von 1972 bis 1975 durchgeführt. Die Personalkosten trug die Bundeszentrale, die Veranstaltungskosten der Arbeitsgruppensitzungen und der Testlehrgänge die Landeszentrale. Im Rahmen des Projekts »Mitbestimmung und politische Bildung« besaß der DGB aber inhaltlich eine »Lernzielautonomie«, die ihm interpretatorisch eine gewisse Deutungshoheit über das Thema garantierte. Im Projekt waren zwei Referenten beschäftigt. Die Arbeit des Projekts wurde von einem Koordinationskreis aus Vertretern der Einzelgewerkschaften, der DGB-Landesbezirke, der betroffenen Abteilungen der Bundesvorstandsverwaltung (Gesellschaftspolitik und Bildung), Vertreterinnen und Vertretern der Bundes- und Landeszentrale, der Stiftung Mitbestimmung, der Hans-Böckler-Gesellschaft und des WSI sowie aus Vertreterinnen und Vertretern der Bundesarbeitsgemeinschaft »Arbeit und Leben« getragen. Der Koordinationskreis gliederte sich in fünf Arbeitsgruppen, deren Mitglieder von den Einzelgewerkschaften vorgeschlagen wurden und sich aus hauptamtlichen Sekretären, erfahrenen Mitbestimmungsfunktionären und Fachwissenschaftlern zusammensetzten. Vgl. [DGB-Bundesvorstand], Abt. Vorsitzender, an die Mitglieder des Bundesvorstandes, betr.: Vorlage des Referentenleitfadens »Gewerkschaften und Mitbestimmung des Projektes »Mitbestimmungsbildung«, Beschluß des Bundesvorstandes vom 3. Oktober 1972 »Erstellung von einheitlichem Bildungsmaterial zur Mitbestimmung«, AdsD, DGB-Archiv, 5/DGAI000490. Zu den Anfängen des Projekts vgl. Trautwein: Projekt »Mitbestimmung und politische Bildung«. Vgl. ferner Trautwein/Brammerts/Gerlach: Lernen in der Gewerkschaft. Vgl. DGB-Bundesvorstand, Abt. Gesellschaftspolitik, Projekt »Mitbestimmungsbildung«, Protokoll der Sitzung des Koordinationskreises des Projektes »Mitbestimmungsbildung« vom 3.9.1975, Düsseldorf, 11.9.1975, AdsD, DGB-Archiv, 5/DGAI000490.

Dokument 15   4. Mai 1976

Beschluß:
Der Bundesvorstand beauftragt den Geschäftsführenden Bundesvorstand, den Referentenleitfaden »Gewerkschaften und Mitbestimmung« zu prüfen, das am 1. Juli 1976 in Kraft tretende Mitbestimmungsgesetz einzuarbeiten und den Leitfaden zu verabschieden. Änderungswünsche der Bundesvorstandsmitglieder müssen bis Ende Mai 1976 eingereicht werden.[6]

4. Mehrwertsteuererhöhung

Kollege *Pfeiffer* erläutert die Vorlage und weist auf die Notwendigkeit hin, in der für den 5. Mai 1976 vorgesehenen Anhörung beim Finanzausschuß des Deutschen Bundestages zum Thema »Mehrwertsteuererhöhung« eine abgestimmte Meinung des DGB zu diesem Thema vorzutragen.[7]

In der anschließenden Diskussion, an der sich die Kollegen *Loderer, Hauenschild, Kluncker, Vater, Sperner, Frister, Heiß, Schwab, G. Schmidt, Breit, Sickert, Buschmann, Pfeiffer* und die Kollegin *Weber* beteiligen, wird eingehend die Haltung des DGB zur Erhöhung der Mehrwertsteuer erörtert.

Beschluß:
Der Bundesvorstand beschließt mit 15 gegen 4 Stimmen, die Meinung des DGB zur Mehrwertsteuererhöhung in der vorgesehenen Anhörung in folgendem Sinne vorzutragen:
1. Der DGB bejaht grundsätzlich die Sanierung der öffentlichen Haushalte und ist der Auffassung, daß den öffentlichen Händen Mittel für weitere Reformen zur Verfügung stehen müssen.
2. Der DGB lehnt folgende Punkte ab:

---

6   Norbert Trautwein, Gewerkschaften und Mitbestimmung. Ein Referentenleitfaden aus dem Curriculumprojekt »Mitbestimmung und politische Bildung« des DGB. Hrsg. und verantwortlich für den Inhalt: DGB-Bundesvorstand, Abt. Gesellschaftspolitik. Red.: Projektgruppe unter Leitung von Norbert Trautwein, [Düsseldorf], 1977. Der Referentenleitfaden erschien auch unter dem gleichen Titel in der Schriftenreihe der Bundeszentrale für politische Bildung als Band 128.
7   Das Thema der Mehrwertsteuererhöhung war drängend, da der DGB einen Tag nach der Bundesvorstandssitzung zu einer Anhörung des Finanzausschusses des Deutschen Bundestages geladen war. Vetter betonte in seinem Anschreiben an die Mitglieder des Bundesvorstandes, dass die Abteilung Wirtschaftspolitik es für unbedingt notwendig halte, dass der Bundesvorstand sich in seiner Sitzung auf eine gemeinsame Linie verständige. Vgl. DGB-Bundesvorstand, Heinz O. Vetter, an die Mitglieder des Bundesvorstandes, 9. Sitzung des Bundesvorstandes des DGB am 4.5.1976, AdsD, DGB-Archiv, 5/DGAI000490. Im September 1975 hatte das Bundeskabinett beschlossen, die Mehrwertsteuer zum 1.1.1977 um zwei Punkte beim normalen Steuersatz von 11 % auf 13 % und um einen Punkt beim ermäßigten Steuersatz für den lebensnotwendigen Bedarf von 5,5 % auf 6,5 % zu erhöhen, um das sich abzeichnende Haushaltsdefizit zu verringern und die Nettokreditaufnahme zu drosseln. Vgl. DGB-Bundesvorstand, Abt. Wirtschaftspolitik, Daten zur geplanten Erhöhung der Mehrwertsteuer, Düsseldorf, 29.4.1976, AdsD, DGB-Archiv, 5/DGAI000490. Die Mehrwertsteuererhöhung war innerhalb der Koalition jedoch umstritten und die CDU/CSU-Opposition machte geltend, dass sie ihren Einfluss über den Bundesrat nützen werde, um die Steuererhöhung zu verhindern.

a) Mehrwertsteuererhöhung bei gleichzeitiger Inkraftsetzung der Körperschaftssteuerreform zugunsten der Aktionäre;
b) Erhöhung der Mehrwertsteuer bei Verwendung der Haushaltsverbesserungen ausschließlich für eine Verringerung der Nettokreditaufnahme des Bundes;
c) Erhöhung des ermäßigten Mehrwertsteuersatzes für den täglich notwendigen Bedarf.
3. Der DGB hält generell eine Mehrwertsteuererhöhung wegen ihrer globalen Wirkung für sozial ungerecht.
Wenn nach Ausschöpfung aller Möglichkeiten eine Mehrwertsteuererhöhung unumgänglich erscheint, würde der DGB einer Erhöhung um einen Punkt zustimmen.

5. Wahlprüfsteine

Kollege *Vetter* erinnert an die bisherigen Beratungen im Bundesvorstand und Bundesausschuß und an den Beschluß, daß die Wahlprüfsteine in der Sitzung des Bundesausschusses am 2.6.1976 verabschiedet werden sollen. Er verweist auf die Vorlage des Geschäftsführenden Bundesvorstandes und die nachgereichte Vorlage der IG Metall. Kollege *Vetter* bittet um Beratung und Beschlußfassung.
Der Bundesvorstand diskutiert ausführlich Präambeln und Wahlprüfsteine beider Vorlagen.

Beschluß:
Der Bundesvorstand beschließt die neue Fassung von Wahlprüfsteinen des DGB aus den Vorlagen von GBV und IG Metall sowie eingebrachten Änderungen, die dem Bundesausschuß zur Beschlußfassung zugeleitet werden soll (s. Vorlage an den Bundesausschuß).[8]

6. Verwirklichung des Antrages 278 zur Angestelltenpolitik

Beschluß:
Der Bundesvorstand nimmt zustimmend die Vorschläge für Maßnahmen und Aktivitäten zur Verwirklichung des Antrages zur Angestelltenpolitik des DGB (Antrag 278) zur Kenntnis und ist mit der Weiterleitung an den Bundesausschuß einverstanden.[9]

---

8 Vgl. Protokoll über die 4. Sitzung des Bundesausschusses am 2.6.1976, TOP 2., AdsD, DGB-Archiv, 5/DGAI000416.
9 Der Antrag des Bundesvorstands war in modifizierter Fassung angenommen worden. Er forderte eine zeitgemäße Angestelltenpolitik, die weder Entsolidarisierung noch Nivellierung bedeutete und damit zwei wichtige Schlagworte des Angestelltendiskurses der vorangehenden Jahrzehnte aufgriff. Vgl. Platz: »White Collars«. Der Antrag berief sich auf jüngere Untersuchungen zu den Angestellten, deren Angestelltenbewußtsein und Selbstverständnis, aufgrund deren sie ein distanziertes Verhältnis zu den

7. Kabelfernsehen

Beschluß:
Der Bundesvorstand beschließt, das Thema »Kabelfernsehen« in der Sitzung des Bundesvorstandes mit der Neuen Heimat am 12. Juni 1976 zu behandeln.[10]

8. Veränderungsmitteilungen

Beschluß:
Der Bundesvorstand schlägt dem Bundesausschuß vor, folgende Kollegin und Kollegen zu bestätigen:
Fritz Raff, Bezirksleiter der GdED, als neues Mitglied der GdED im Landesbezirksvorstand Baden-Württemberg;
Ilse Brusis, Vorsitzende der GEW, Landesverband NRW, als neues Mitglied der GEW;
Bruno Hansmeyer, stellv. Vorsitzender der GEW, Landesverband NRW, als ständigen Vertreter der GEW;
Heinz Assmann, IG Bergbau und Energie, Leiter des Bezirks Ruhr/Nordost, als neues Mitglied der IG Bergbau und Energie;
Willi Vogler, IG Bergbau und Energie, Leiter des Bezirks Ruhr/West, als ständigen Vertreter der IG Bergbau und Energie;
Fritz Tuschmann, GGLF, Landesbezirksleiter von NRW, als neues Mitglied der GGLF;

Gewerkschaften hätten. Der Bundeskongress beschloss eine Verstärkung der Öffentlichkeitsarbeit des DGB und der Einzelgewerkschaften zum Thema »Angestellte« und eine verstärkte Unterstützung der Gewerkschaften Vgl. DGB: 10. Bundeskongreß 1975, Antrag 278, S. 269-272. Um die Angestellten als Gewerkschaftsmitglieder zu gewinnen und für Organisationsprinzipien der DGB-Gewerkschaften (etwa das Industrieverbandsprinzip) zu werben, sollten die Angestellten verstärkt als eigenständige Adressaten angesprochen und auf ihre Vorstellungen und ihr Bewusstsein Einfluss genommen werden. Die Vorlage für den Bundesvorstand bestimmte junge Angestellte, weibliche Angestellte und bestimmte Berufsgruppen als Zielgruppen der Öffentlichkeitsarbeit, die überregional durch Publikationen des DGB und einzelgewerkschaftlich auf betrieblicher Ebene angesprochen werden sollten. Vgl. Vorschläge für Maßnahmen und Aktivitäten zur Verwirklichung des Antrages zur Angestelltenpolitik des Deutschen Gewerkschaftsbundes (Antrag 278), bes. S. 6-18, AdsD, DGB-Archiv, 5/DGAI000490. Vgl auch: Institut für angewandte Sozialwissenschaft (infas): Angestelltenbewußtsein. Gesellschaftliche Orientierung, gewerkschaftliches Bewußtsein und die Sozialwahl 1974, Bonn-Bad Godesberg, September 1974; Angestelltenbewußtsein. Ergebnisse einer Untersuchung, 2. Auflage, o. O. 1977 (Schriftenreihe der Abteilung Angestellte des Bundesvorstandes des DGB).

10 Vgl. Dok. 18: Kurzprotokoll über die Außerordentliche Sitzung des Bundesvorstandes am 12.6.1976, TOP 2. Der DGB hatte bereits im Januar 1976 Stellung zum Kabelfernsehen genommen und in Reaktion auf den Telekommunikationsbericht der Kommission für den Ausbau des technischen Kommunikationssystems gefordert, dass auch das Kabelfernsehen in Zukunft in öffentlich-rechtlicher Form organisiert sein solle. Der DGB begrüßte den Vorschlag der Kommission, das Kabelfernsehen zunächst in Pilotprojekten dahin gehend zu testen, in welchem Umfang Bedarf an neuen Programmen in Fernsehen und Hörfunk bestünden. Vgl. DGB: Künftiges Kabelfernsehen in öffentlich-rechtlicher Form, DGB-Nachrichten-Dienst, 25/76, 30.1.1976, AdsD, DGB-Archiv, 5/DGAI000490.

Erich Jenke, GGLF, Vizepräsident der Landeswirtschaftskammer Westfalen-Lippe, als ständigen Vertreter der GGLF im Landesbezirksvorstand Nordrhein-Westfalen;
Werner Dick, Bezirksleiter Gew[erkschaft] Leder Rheinland-Pfalz/Saar, als neues Mitglied der Gew[erkschaft] Leder; und
Günter Igel, Gew[erkschaft] Leder, Mitgl[ied] der Kleinen Tarifkommission, als ständigen Vertreter der Gew[erkschaft] Leder, im Landesbezirksvorstand Saar.

9. Ort und Termin des 11. Ordentlichen Bundeskongresses

Nach einem Hinweis des Kollegen *Kluncker* auf die Schulferien im Juni/Juli 1978 erklärt Kollege *Schwab*, daß zwar die Möglichkeit besteht, den Kongreß vom 21. bis 27. Mai 1978 im Congress Centrum Hamburg durchzuführen, aber der DGB dann heute eine bindende Zusage für die Abhaltung des Kongresses zu diesem Zeitpunkt zu geben habe.[11]

Beschluß:
Der Bundesvorstand beschließt, den 11. Ordentlichen Bundeskongreß in der Zeit vom 21. bis 27. Mai 1978 im Congress Centrum Hamburg durchzuführen, und wird den Bundesausschuß um Bestätigung bitten.[12]

Mittagspause: 14.10–14.45 Uhr.

10. Erklärung des Bundesvorstandes zur Aussperrung

Der Bundesvorstand diskutiert den Entwurf einer Presseerklärung zur Aussperrung.
Auf eine Anregung des Kollegen *Sickert* sagt Kollege *Vetter* die rechtliche Prüfung besonderer Formen der Aussperrung zu.

---

11 Die Abteilung Organisation und Verwaltung hatte eine Reihe von Städten überprüft und sich wegen der Größenordnung des Bundeskongresses, der Bevorzugung von großräumigen Messe- und Ausstellungshallen und der notwendigen Einbauten und technischen Anlagen wie 1975 wieder für Hamburg entschieden. Vorgeschlagen wurde das Congress Centrum Hamburg. Vgl. [DGB-Bundesvorstand], Abt. Organisation und Verwaltung, Karl Schwab, an die Mitglieder des Bundesvorstandes und des Bundesausschusses, Ordentlicher Bundeskongreß, hier: Orts- und Terminfestlegung, Düsseldorf, 23.4.1976, AdsD, DGB-Archiv, 5/DGAI000490.
12 Der 11. Ordentliche Bundeskongress fand schließlich vom 21. bis 26.5.1978 im Congress Centrum Hamburg statt. Vgl. DGB: 11. Bundeskongreß 1978.

Beschluß:
Der Bundesvorstand verabschiedet mit einigen Änderungen eine Presseerklärung »DGB: Verbot der Aussperrung Gebot demokratischer Vernunft« (s. Anlage).[13]

11. Tagesordnung für die 4. Bundesausschußsitzung am 2.6.1976

Beschluß:
Der Bundesvorstand beschließt für die 4. Bundesausschußsitzung am 2.6.1976 folgende Tagesordnung:
1. Genehmigung des Protokolls der 3. Bundesausschußsitzung
2. Bericht zur gewerkschaftspolitischen und organisatorischen Situation
3. Wahlprüfsteine
4. Veränderungsmitteilungen
5. Verwirklichung des Antrages 278 zur Angestelltenpolitik
6. 11. Ordentlicher Bundeskongreß
7. Fragestunde
8. Verschiedenes[14]

12. Verschiedenes

a) Kollege *Vetter* informiert den Bundesvorstand über die Situation in der Druckindustrie.[15]

b) Kollege *Stadelmaier* spricht die Personalhoheit des Bundesvorstandes an. Er bezieht sich im besonderen auf einen Vorgang in einem DGB-Landesbezirk, wo der Betriebsrat gegen den Landesbezirksvorstand beim Arbeitsgericht auf Einstellung von Rechtsschutzsekretären geklagt hat. Die Kollegen *G. Schmidt* und *Erlewein* erläutern die Zusammenhänge dieses Falles, die noch vom Kollegen *Sperner* ergänzt werden. Kollege *Stadelmaier* bittet den Geschäftsführenden Bundesvorstand, über diese Problematik mit dem Gesamtbetriebsrat zu sprechen.

c) Kollege *Sickert* bezieht sich auf seine kürzlich gegebene Schilderung der Verhältnisse in der Berliner GEW. Jetzt hat ein Teil der Mitglieder der GEW

---

13 Vgl. Deutscher Gewerkschaftsbund, Erklärung des Bundesvorstandes, Düsseldorf, 4.5.1976 [Entwurf]; DGB: Verbot der Aussperrung Gebot der demokratischer Vernunft, DGB-Nachrichten-Dienst, 130/76, 4.5.1976, AdsD, DGB-Archiv, 5/DGAI000490, auch als Dok. 16.

14 Die Tagesordnung wurde geändert: »Fragestunde« und »Bericht zur gewerkschaftspolitischen und organisatorischen Situation« entfielen. Hinzu kamen »Unterstützung der Opfer der Erdbebenkatastrophe in Norditalien« und »Entwicklung des Fonds EG – Finanzierung der Aufwendungen für die Unfallunterstützung ehrenamtlicher Funktionäre«. Vgl. Protokoll über die 4. Sitzung des Bundesausschusses am 2.6.1976, AdsD, DGB-Archiv, 5/DGAI000416.

15 Gemeint ist wohl der Streik in der Druckindustrie 1976, bei dem die Unternehmerseite zum Mittel der Aussperrungen gegriffen hatte. Vgl. auch TOP 10.

beim Landgericht gegen den Unvereinbarkeitsbeschluß geklagt mit dem Ergebnis, daß festgestellt wurde, daß dieser Beschluß keine Wirksamkeit hat, weil die Berliner GEW als eigenständige Organisation nicht dem Bund der GEW angehört. Dies hat zur Folge, daß ausgeschlossene Mitglieder auch an Landesbezirksvorstandssitzungen teilnehmen können. Kollege *Sickert* bittet den Bundesvorstand um Zustimmung, bis zur Klärung der Situation die GEW nicht zu Sitzungen des DGB-Landesbezirksvorstandes zuzulassen. Kollege *Frister* ergänzt die Ausführungen des Kollegen Sickert. Er wird weitere Informationen nach Vorliegen der Urteilsbegründung geben.

d) Kollege *Stephan* weist auf die vorgelegte erste Übersicht über den Ablauf der Maiveranstaltungen 1976 hin. Wenn alle Berichte vorliegen, sollte eine Diskussion im Bundesvorstand geführt werden.[16] Kollege *Vietheer* regt an, bei dieser Gelegenheit eine Generaldebatte über den 1. Mai zu führen.

Ende der Sitzung: 15.50 Uhr.

Dokument 16

DGB: Verbot der Aussperrung Gebot demokratischer Vernunft, DGB-Nachrichten-Dienst, ND 130/76, Düsseldorf, 4. Mai 1976

AdsD, DGB-Archiv, 5/DGAI000490.

Auf den Streik von 15.000 Druckern und Setzern hat der Bundesverband Druck mit dem Beschluß geantwortet, mehr als 145.000 Arbeitnehmer der Druckindustrie in der Bundesrepublik auszusperren.

Der Bundesvorstand des Deutschen Gewerkschaftsbundes verurteilt diesen Beschluß als brutalen Mißbrauch wirtschaftlicher Macht.[1]

Der DGB-Bundesvorstand stellt fest:
1. Die Aussperrung ist eine Willkürmaßnahme der Unternehmen, die aus der Zeit des Obrigkeitsstaates stammt. Bezeichnend für die gewerkschaftsfeindliche Funktion der Aussperrung ist die ursprünglich mit ihr verfolgte Zielsetzung, als Antwort auf Streiks lästige Gewerkschaftsmitglieder aus den Betrieben zu entfernen. Sie verfolgt noch heute die Absicht, die Arbeitnehmer durch die Drohung mit dem Verlust des Arbeitsplatzes von der solidarischen Vertretung ihrer Interessen abzuhalten.

---

16 Vgl. Dok. 22: Kurzprotokoll der 14. Sitzung des Bundesvorstandes am 2.11.1976, TOP 9.
Dok. 16
1 Der DGB verabschiedete diese Stellungnahme in seiner 9. Sitzung am 4.5.1976. Vgl. Kurzprotokoll der 9. Sitzung des Bundesvorstandes am 4.5.1976, TOP 10. Zu den Flächenaussperrungen in den Streiks der 1970er-Jahre vgl. von Beyme: Gewerkschaftliche Politik in der Wirtschaftskrise I, S. 364 ff.

2. Als Akt der wirtschaftlichen und politischen Erpressung der Arbeitnehmer hat die Aussperrung im demokratischen Sozialstaat unserer Tage jede Existenzberechtigung verloren. Dementsprechend ist die Aussperrung in Nachbarländern mit ungebrochener demokratischer Tradition verboten. In Italien bedeutet die Aussperrung der Arbeitnehmer einen Bruch des Arbeitsvertrages. In Frankreich ist der Aussperrung jede Schärfe genommen, weil die aussperrenden Arbeitgeber grundsätzlich die Kündigungsfrist einhalten müssen, die nach dem Gesetz zu leistenden Entschädigungen zu zahlen haben und sogar eine Genehmigung des Arbeitsamtes einholen müssen. In den Niederlanden findet eine Aussperrung deshalb kaum statt, weil die Pflicht der Arbeitgeber zur Lohnfortzahlung bestehen bleibt. Das Streikrecht ist in diesen Ländern teilweise in der Verfassung verankert. Auch in der vom Europarat verabschiedeten Europäischen Sozialcharta wird der Streik ausdrücklich geschützt. Von der Aussperrung ist hingegen keine Rede.
3. In den Verhandlungen des Parlamentarischen Rates zur Verabschiedung des Grundgesetzes war mehrfach von der verfassungsmäßigen Anerkennung des Streikrechts, nie jedoch von einem rechtlichen Schutz der Aussperrung die Rede. Das ist kein Zufall. Der damaligen politischen Überzeugung der demokratischen Parteien entsprach das Aussperrungsverbot in der Hessischen Landesverfassung.
4. Der Streik ist die letzte Waffe der Arbeitnehmer im Kampf gegen die Übermacht der Unternehmen, die die Abhängigkeit und Unterlegenheit der Arbeitnehmer auszugleichen vermag. Dieses Kampfmittel, das für die Arbeitnehmer stets mit Risiken und Opfern verbunden ist, verleiht der durch das Grundgesetz geschützten Koalitionsfreiheit und der Tarifautonomie zur Gestaltung und Verbesserung der Arbeits- und Wirtschaftsbedingungen, die in langen Kämpfen der Gewerkschaftsbewegung durchgesetzt wurden, erst Wirksamkeit.
5. Die Aussperrung ist daher geeignet, die Übermacht der Unternehmen zu zementieren. Wenn die deutschen Arbeitgeberverbände dennoch verbissen an der Aussperrung festhalten und vor ihrer Anwendung nicht zurückschrecken, offenbaren sie allen Beteuerungen zum Trotz ihre rücksichtslosen Herrschaftsansprüche. Die wirtschaftlichen Lasten der Aussperrung sind – wie das Beispiel der Druckindustrie zeigt – größer als die Lasten eines angemessenen Tarifabschlusses.
6. Das Bundesverfassungsgericht hat bisher stets davon abgesehen, rechtliche Aussagen zur Begründung der Aussperrung zu treffen. Allein das Bundesarbeitsgericht hat entgegen den historischen Grundlagen und politischen Absichten des Grundgesetzes aus eigener Machtvollkommenheit den Unternehmen das Recht auf Aussperrung zugestanden. Der DGB und seine Gewerkschaften haben die Revisionsbedürftigkeit dieses Richterrechts stets betont.
7. Der Bundesvorstand bekräftigt heute seine Forderung, die Aussperrung zu verbieten. Gerade in einer schwierigen wirtschaftlichen Situation ist das Verbot der Aussperrung ein unabweisbares Gebot demokratischer Vernunft.

Dokument 17

1. Juni 1976: Kurzprotokoll der 10. Sitzung des Bundesvorstandes

Festspielhaus in Recklinghausen; Vorsitz: Heinz O. Vetter; Protokollführung: Isolde Funke, Marianne Jeratsch; Sitzungsdauer: 10.15–14.20 Uhr; ms. vermerkt: »Vertraulich«.[1]

Ms., hekt., 6 S., 2 Anlagen.[2]
AdsD, DGB-Archiv, 5/DGAI000554.

Beginn der Sitzung: 10.15 Uhr.

Kollege *Vetter* eröffnet die 10. Sitzung des Bundesvorstandes in Recklinghausen.
Er begrüßt besonders den Kollegen van Haaren als neuen Vorsitzenden der Gewerkschaft Leder.
Die Kollegen *Vetter* und *Kluncker* bitten um Ergänzung der Tagesordnung um mehrere Punkte.

Tagesordnung:
1. Genehmigung des Protokolls der 9. Bundesvorstandssitzung
2. DGB/BDA
3. Kapitalerhöhung bei der Neuen Heimat Hamburg und Neuen Heimat Städtebau
4. Unterstützung der Opfer der Erdbebenkatastrophe in Norditalien
5. Entwicklung des Fonds EG – Finanzierung der Aufwendungen für die Unfallunterstützung ehrenamtlicher Funktionäre
6. Angestelltenaktion Antrag 278
7. Veränderungsmitteilung
8. Ortskartell-Richtlinien
9. Termine
10. Bericht der Revisionskommission
11. »Zentralstelle für ästhetisch-pädagogische Praxis«, hier: Unterstützende Erklärung des DGB
12. Mitgliedschaft im Wirtschafts- und Sozialausschuß der Europäischen Gemeinschaften
13. Wahlen in Italien – Teilnahmemöglichkeit für italienische Arbeitnehmer in der Bundesrepublik Deutschland
14. Nachfolge in der Haushaltskommission

Dok. 17
1 Einladungsschreiben vom 18.5.1976. Nicht anwesend: Gerd Muhr, Adolf Schmidt und auch dessen Vertreter Helmut Gelhorn. Die Tagesordnung war um folgende Punkte ergänzt worden: TOP 9. bis 14. sowie TOP 16., AdsD, DGB-Archiv, 5/DGAI000490.
2 Anlage: Anwesenheitsliste; Änderungen, Forderungen des Deutschen Gewerkschaftsbundes zur Bundestagswahl 1976, o. O., o. D.

15. Bericht des Kollegen Kluncker
16. Wahlprüfsteine

1. Genehmigung des Protokolls der 9. Bundesvorstandssitzung

Beschluß:
Der Bundesvorstand genehmigt das Protokoll der 9. Bundesvorstandssitzung.[3]

2. DGB/BDA

Kollege *Vetter* gibt einen Überblick über die seit 1969 durchgeführten Spitzengespräche mit der BDA sowie über die in gemeinsamen Arbeitskreisen behandelten Themen.[4] Er bittet den Bundesvorstand, zu überlegen, ob eine Fortsetzung der Begegnungen mit der BDA sinnvoll und nötig ist.[5]

---

3 Vgl. Dok. 15: Kurzprotokoll der 9. Sitzung des Bundesvorstandes am 4.5.1976.
4 Vetter hatte im Geschäftsführenden Bundesvorstand am 6.4.1976 über bestehende gemeinsame Ausschüsse des DGB und der BDA berichtet. Am 19.12.1975 hatte nach langer Unterbrechung wieder ein Spitzengespräch zwischen Vertretern der BDA und einer DGB-Delegation unter Führung von Heinz Oskar Vetter stattgefunden. In der 6. Sitzung des Bundesvorstands war dieses Thema dann besprochen worden. Im März meldete Eugen Loderer Bedenken gegen die Bildung von gemeinsamen Arbeitsausschüssen und -kreisen an, nachdem Loderer von Vetter zu einem weiteren Spitzengespräch mit Vertretern der BDA am 19.3.1976 eingeladen worden war, aus terminlichen Gründen aber abgesagt hatte. Loderer hatte angeregt, das Thema der Spitzengespräche zwischen DGB und BDA im Bundesvorstand einmal grundsätzlich zu diskutieren. Seine Erwartung war, dass diese Spitzengespräche im Bundesvorstand nicht nur informatorisch behandelt werden sollten, sondern dass den Bundesvorstandsmitgliedern Gelegenheit zur inhaltlichen Vorbereitung der Spitzengespräche gegeben werde. Hintergrund von Loderers Kritik war, dass der Präsident der BDA, Hanns Martin Schleyer, »der starke tarifpolitische Koordinator« in allen Arbeitgeberverbänden sei. In der tarifpolitischen Situation des Jahres 1976 hielt Loderer es für wenig angezeigt, »mit ihm und anderen Repräsentanten aus dem Arbeitgeberlager ein Gespräch zu führen«. Vgl. IG Metall, Bundesvorstand, Eugen Loderer, an Heinz Oskar Vetter, Vorsitzender des Deutschen Gewerkschaftsbundes, Frankfurt am Main, 16.3.1976, S. 1 f., AdsD, DGB-Archiv, 5/DGAI000490.
5 In Vetters Vorlage wurden die Spitzengespräche der vorausgegangenen fünf Jahre resümiert. Themen des ersten Gesprächs am 22.7.1970 seien die Novellierung des Betriebsverfassungsgesetzes, die Bedeutung der Tarifautonomie und Probleme der sozialen Sicherung gewesen. Man habe die Beratung in Expertenkreisen vereinbart. Die nächsten Spitzengespräche fanden am 28.5.1971 und am 16.7.1971 statt, in deren Ergebnis die Beratungen des Expertenkreises in einem gleichlautenden Brief des DGB und des BDA an verschiedene Kabinettsmitglieder kommuniziert wurden. Inhalt der Beratungen waren Fragen der Einkommensentwicklung, der Kosten und der Ertragsentwicklung sowie konkrete Verbesserungsvorschläge zur statistischen Erfassung dieser Entwicklungen. Danach spielten die genannten Expertenkreise keine Rolle mehr. Das vorletzte Spitzengespräch, in dem es um Fragen der Jugendvertretungen in den Betrieben und das Problem der ausländischen Arbeitnehmer ging, fand am 15.11.1973 statt. Das letzte Spitzengespräch zwischen DGB und BDA am 19.12.1975 behandelte Fragen der Tarifautonomie, der Förderung des konjunkturellen Aufschwungs und der Stabilisierung der Beschäftigungssituation. Vgl. [DGB-Bundesvorstand], Abt. Vorsitzender, Zu den Spitzengesprächen DGB/BDA, Düsseldorf, 31.5.1976, AdsD, DGB-Archiv, 5/DGAI000490. Zum Spitzengespräch am 19.12.1975 vgl. auch den DGB-Nachrichten-Dienst mit einer gemeinsamen Erklärung des DGB und der BDA, Gespräch DGB – Bundesvereinigung, DGB-Nachrichten-Dienst, 327/75, 19.12.1975, ebd.

In der nachfolgenden Diskussion, an der sich die Kollegen *Buschmann*, *Loderer*, *Vetter*, *Deffner* und *Pfeiffer* beteiligen, wird die Fortführung der Kontakte im Prinzip bejaht, jedoch eine vorausgehende Information und Konsultation des Bundesvorstandes gewünscht.[6]

Beschluß:
Der Bundesvorstand ist mit der Fortsetzung der Spitzengespräche zwischen DGB und BDA einverstanden. Zeitpunkt und Themen einer Begegnung werden vorab im Bundesvorstand beraten.

3. Kapitalerhöhung bei der Neuen Heimat Hamburg und Neuen Heimat Städtebau

Beschluß:
Der Bundesvorstand stimmt der Übernahme der erhöhten Beteiligungsquote der VTG des DGB an den Kapitalerhöhungen bei NHH und NHS zu. Die erforderlichen Mittel für die Einzahlungen bis zum 30.6.1976, nämlich 1.750.000,– DM bei NHH und 5.436.000,– DM bei NHS, sind von der VTG aus ihren Beteiligungserträgen darzustellen bzw. durch Zuweisungen aus DGB-Mitteln abzudecken.[7]

4. Unterstützung der Opfer der Erdbebenkatastrophe in Norditalien

Beschluß: Der Bundesvorstand empfiehlt dem Bundesausschuß, zu beschließen, daß der Konföderation der italienischen Gewerkschaftsbünde CISL – UIL – CGIL aus dem Solidaritätsfonds 50.000,– DM als Hilfeleistung für Opfer der Erdbebenkatastrophe in Norditalien zur Verfügung gestellt werden.[8]

---

6 Von dieser Sitzung des Bundesvorstandes ist keine Übertragung aus dem Stenogramm erhalten, sodass sich nicht rekonstruieren lässt, was in der Sitzung diskutiert wurde.

7 Dem vorliegenden Beschluss war die Entscheidung des Bundesvorstandes in seiner 8. Sitzung des Bundesvorstandes am 9.3.1976 vorausgegangen, die Beteiligung der Vermögens-Treuhand-Gesellschaft des DGB in Höhe von 1.670.000 DM (33,375 %) bei der NHH und 4.884.000 DM bei der NHS zu erhöhen. Im Finanzausschuss wurden diese Zahlungen und die Beteiligungsanteile der Einzelgewerkschaften beraten. Dabei ergab sich, dass zwei Gesellschafter (Einzelgewerkschaften) die auf sie entfallenden Beiträge nicht würden leisten können. Aus diesem Grund wurden die Beiträge aller übrigen Gesellschafter um die entsprechenden Quoten erhöht. Die Summen wurden wie in der Vorlage der Abteilung Finanzen ausgewiesen beschlossen. Vgl. [DGB-Bundesvorstand], Abt. Finanzen, Vorlage für a) Geschäftsführenden Bundesvorstand, b) Bundesvorstand, betr.: Kapitalerhöhung bei der Neue Heimat Hamburg (NHH) und Neue Heimat Städtebau (NHS), Düsseldorf, 13.5.1976, AdsD, DGB-Archiv, 5/DGAI000490.

8 Die Provinz Friaul in Norditalien erlebte am Abend des 6.5.1976 ein verheerendes Erdbeben, das als Erdbeben von Friaul in die Geschichte eingegangen ist, bei dem 989 Menschen umkamen. Vgl. Die Provinz Friaul nach dem Erdbeben, in: Die ZEIT, 21.5.1976. Zu den Auswirkungen der Erdbebenkatastrophe und zum Wiederaufbau vgl. Geipel/Pohl/Stagl: Langzeituntersuchung. Vgl. auch die Vorlage [DGB-Bundesvorstand], Abt. Finanzen, Vorlage für a) Geschäftsführenden Bundesvorstand, b) Bundes-

5. Entwicklung des Fonds EG – Finanzierung der Aufwendungen für die Unfallunterstützung ehrenamtlicher Funktionäre

Beschluß:
Der Bundesvorstand empfiehlt dem Bundesausschuß, zu beschließen, daß aus dem Fonds »EG« auch die Aufwendungen zur Unfallunterstützung ehrenamtlicher Funktionäre zu erbringen sind, soweit sie nicht durch Zinserträge des Fonds abgedeckt sind.[9]

6. Angestelltenaktion Antrag 278

Kollege *Stephan* verweist auf die ergänzende Vorlage und bittet den Bundesvorstand um Zustimmung zu den Finanzierungsvorschlägen.[10] In diesem Zusammenhang erwähnt Kollege *Stephan* die positive Mitgliederentwicklung bei den Angestellten innerhalb der Gewerkschaften des DGB gegenüber der DAG. Er berichtet außerdem über Kooperationsbestrebungen der DAG mit einer Reihe anderer Verbände, die von der DAG mit den zu erwartenden Kongreßbeschlüssen der ÖTV begründet werden.[11]

An der nachfolgenden Diskussion beteiligen sich die Kollegen *Vetter, Stephan, Kluncker, Vetter, Buschmann, Vietheer, Hauenschild* und *Breit.*

---

vorstand, c) Bundesausschuß, betr.: Unterstützung der Opfer der Erdbebenkatastrophe in Norditalien, Düsseldorf, 13.5.1976, AdsD, DGB-Archiv, 5/DGAI000490.

9 Die Beitragszahlung zum Fonds EG wurde zum 1.1.1972 eingestellt, sodass Unterstützungszahlungen an ehemalige Gewerkschaftsfunktionäre dem Fonds entnommen wurden und weitgehend durch die Zinserträge des Fonds EG gedeckt werden konnten. 1975 wurde ersichtlich, dass ab dem Jahr 1976 die Zinserträge nicht mehr ausreichen würden, um die Aufwendung zur Unfallunterstützung ehemaliger Funktionäre zu decken. Vgl. [DGB-Bundesvorstand], Abt. Finanzen, Vorlage für a) Geschäftsführenden Bundesvorstand, b) Bundesvorstand, c) Bundesausschuß, betr.: Entwicklung des Fonds EG, Finanzierung der Aufwendungen für die Unfallunterstützung ehrenamtlicher Funktionäre, Düsseldorf, 6.5.1976, AdsD, DGB-Archiv, 5/DGAI000490.

10 Die Mittel dienten zur Finanzierung von Anzeigen ab Oktober/November 1976, einem Anzeigenflugblatt ab September 1976, einem Informationsprospekt, 4 Infoblättern über das »Industriegewerkschaftsprinzip«, »die sozialpolitische Erfolgsbilanz«, die »Darstellung der gemeinsamen Interessen von Angestellten und Arbeitern« sowie Informationen über die »Arbeitsweise und Erfolgsbilanz der Rechtsschutztätigkeit«. Darüber hinaus sollten acht Minibücher in einer Auflage von je 100.000 Exemplaren zu den Themen »Nutzen der gewerkschaftlichen Mitgliedschaft«, »Angestellte und Wettbewerbsklausel«, »Personalführung, Personalbeurteilung«, »Humanisierung im Büro«, »Rationalisierungsschutz«, »Großraumbüro«, »Angestellte und Mitbestimmung« sowie »besondere Probleme der Angestellten in Leitungsfunktion« finanziert werden. Schließlich war an einen Aushangdienst für Schaukästen und Plakat über die »Solidarität Arbeiter Angestellte« gedacht, der mit einem politischen Aktionsslogan verbunden werden sollte. Vgl. [DGB-Bundesvorstand], Abt. Angestellte, Vorlage für die 10. Sitzung des Bundesvorstandes am 1.6.1976, Düsseldorf, 17.5.1976, AdsD, DGB-Archiv, 5/DGAI000490.

11 Vgl. die der Vorsitzendenakte beiliegenden Kopien von Presseartikeln, zum Beispiel: DGB stellt die DAG in das Abseits, »Nichtbefreundete Organisation«, in: Handelsblatt, 28.5.1976, AdsD, DGB-Archiv, 5/DGAI000490.

Sie berichten über die unterschiedlichen Erfahrungen ihrer Organisationen mit der DAG.[12]

Beschluß:
Der Bundesvorstand empfiehlt dem Bundesausschuß, für die Angestelltenaktion Antrag 278 aus dem Werbeetat des DGB 1976, 1977 und 1978 rund eine Million DM zur Verfügung zu stellen, davon aus dem Werbeetat 1976 400.000,– DM und im Vorgriff auf den Werbeetat 1977 300.000,– DM bis zum 31.12.1976. Die restlichen Mittel in Höhe von 300.000,– DM verteilen sich auf die Jahre 1977 und 1978.[13]

7. Veränderungsmitteilung

Beschluß:
Der Bundesvorstand schlägt dem Bundesausschuß vor, die Kollegen Walter Schmidt (Landesbezirksvorsitzender der Gew[erkschaft] NGG) als neues Mitglied der Gew[erkschaft] NGG und Kurt Kabermann (stellv. Landesbezirksvorsitzender der Gew[erkschaft] NGG) als ständigen Vertreter der Gew[erkschaft] NGG im Landesbezirksvorstand Nordrhein-Westfalen zu bestätigen.

8. Ortskartell-Richtlinien

Kollege *Schwab* erläutert die Vorlage und bittet um Zustimmung.
In der nachfolgenden Diskussion, an der sich die Kollegen *Kluncker, Buschmann, Vetter, Loderer, Schwab, Hauenschild* und *Sickert* beteiligen, wird der Wunsch nach einer Synopse der alten und neuen Ortskartell-Richtlinien geäußert. Außerdem soll über die bisherige Ortskartellarbeit berichtet werden.

Beschluß:
Der Bundesvorstand stellt die Beratung der Ortskartell-Richtlinien zurück.[14]

---

12 Zu den Erfahrungen der Gewerkschaften mit der DAG vgl. auch die den Sitzungsunterlagen beiliegenden Berichte aus dem Tarifpolitischen Ausschuss, Auszug aus Protokoll TpA vom 20.5.1976, TOP 4. »Berichte aus den Gewerkschaften«; sowie Auszug aus Protokoll TpA v. 11./12.11.1975 und 10.7.1975, AdsD, DGB-Archiv, 5/DGAI000490.
13 Der Bundesausschuss beschloss, die Mittel wie vorgeschlagen zu bewilligen. Vgl. Protokoll über die 4. Sitzung des Bundesausschusses am 2.6.1976, TOP 4., S. 3, AdsD, DGB-Archiv, 5/DGAI000416.
14 Die Beratung wurde in der 12. Sitzung des Bundesvorstandes unter TOP 7. wieder aufgenommen. Vgl. Dok. 20: Kurzprotokoll der 12. Sitzung des Bundesvorstandes am 7.9.1976, TOP 7.

9. Termine

a) Gemeinsame Sitzung des Bundesvorstandes mit dem Bundesfrauenausschuß

Beschluß:
Der Bundesvorstand beschließt, eine gemeinsame Sitzung mit dem Bundesfrauenausschuß am 5. Oktober 1976 durchzuführen.[15]

b) Gemeinsame Sitzung des Geschäftsführenden Bundesvorstandes mit der Haushaltskommission

Beschluß:
Die gemeinsame Sitzung des Geschäftsführenden Bundesvorstandes mit der Haushaltskommission findet am 6. Juli 1976, 15.00 Uhr, statt.

c) Gesellschaftspolitischer Ausschuß

Beschluß:
Die nächste Sitzung des Gesellschaftspolitischen Ausschusses wird am 5. Juli 1976, 17.00 Uhr, durchgeführt.

d) Kommission für internationale Gewerkschaftspolitik

Beschluß:
Die nächste Sitzung der Kommission für internationale Gewerkschaftspolitik findet am 6. September 1976, 17.00 Uhr, statt.

10. Bericht der Revisionskommission

Beschluß:
Der Bundesvorstand nimmt den Bericht der Revisionskommission über die am 21. Mai 1976 vorgenommene Prüfung der Bundeshauptkasse zur Kenntnis.[16]

---

15 Der Termin fand so statt. Vgl. Dok. 21: Kurzprotokoll der 13. Sitzung des Bundesvorstandes am 5.10.1976.
16 Vgl. Bericht der Revisionskommission des DGB über die am 21.5.1976 vorgenommene Prüfung der Bundeshauptkasse, Frankfurt am Main, 24.5.1976, AdsD, DGB-Archiv, 5/DGAI000490.

11. »Zentralstelle für ästhetisch-pädagogische Praxis«, hier: Unterstützende Erklärung des DGB

Nach kurzer Diskussion, an der sich die Kollegen *Vetter, Frister, Schwab, Hauenschild, Buschmann* und *Vater* beteiligen,[17] *beschließt* der Bundesvorstand, die Beratung bis zur nächsten Sitzung zurückzustellen.[18]

12. Mitgliedschaft im Wirtschafts- und Sozialausschuß der Europäischen Gemeinschaften

Die Kollegen *Vetter, Buschmann, Vater, Pfeiffer, Loderer, Lappas, Kluncker, Breit, Seibert* und Kollegin *Weber* diskutieren die Mitgliedschaft und Mitarbeit des DGB im Wirtschafts- und Sozialausschuß der Europäischen Gemeinschaften.

Beschluß:
Der Bundesvorstand ist damit einverstanden, daß der Kollege Dietmar Cremer, Mitarbeiter für Europa-Fragen in der Abteilung Wirtschaftspolitik beim DGB-Bundesvorstand, als Nachfolger für den Kollegen Alfons Lappas im Wirtschafts- und Sozialausschuß der Europäischen Gemeinschaften benannt wird.

13. Wahlen in Italien – Teilnahmemöglichkeit für italienische Arbeitnehmer in der Bundesrepublik Deutschland

Beschluß:
Der Bundesvorstand beschließt, sich öffentlich an die Arbeitgeber zu wenden und diese aufzufordern, Anträgen italienischer Arbeitnehmer, die zur Erfüllung ihrer Wahlpflicht am 20./21.6.1976 von der Arbeit freigestellt werden möchten, um in ihre Heimat reisen zu können, stattzugeben.

---

17 Die Zentralstelle für ästhetisch-pädagogische Praxis sollte an der Integration der ästhetischen Erziehung in alle Ausbildungs- und Lebensbereiche mitwirken. Die Aufgaben ästhetischer Erziehung sah man im Bundesvorstand des DGB so umrissen: Sie sollte »Ansätze selbstbestimmter kultureller Tätigkeit« fördern, »der Kommerzialisierung und Entfremdung von Kultur« entgegenwirken, »Leistungsdruck und Konkurrenzverhalten« abbauen und »solidarisches schöpferisches Verhalten« entwickeln helfen. Diese Zielvorstellungen sind Gemeinplätze der Zeit. Sie reflektieren den Wertewandel von materialistischen zu postmaterialistischen Werten, den die zeitgenössische Sozialwissenschaft in den aufziehenden 1970er-Jahren diagnostizierte. Vgl. Vorlage, betr.: »Zentralstelle für ästhetisch-pädagogische Praxis«, hier: Unterstützende Erklärung des DGB, Düsseldorf, 26.5.1976, AdsD, DGB-Archiv, 5/DGAI000490. Zur Historisierung der Wertewandelforschung vgl. insgesamt den Sammelband Dietz/Neumaier/Rödder: Wertewandel. Kritisch zur Wertewandelthese am Beispiel betrieblicher Fallstudien: Neuheiser: Der »Wertewandel«.
18 Vgl. Dok. 19: Kurzprotokoll der 11. Sitzung des Bundesvorstandes am 6.7.1976, TOP 4.

14. Nachfolge in der Haushaltskommission

Beschluß:
Der Bundesvorstand benennt als Nachfolger für den Kollegen Adolf Mirkes den Kollegen Gerhard van Haaren für die Haushaltskommission.

15. Bericht des Kollegen Kluncker

Kollege *Kluncker* berichtet über den Stand der Angelegenheit Hans Faltermeier.[19]

16. Wahlprüfsteine

Beschluß:
Der Bundesvorstand wird dem Bundesausschuß weitere Änderungen für die Vorlage »Forderungen des Deutschen Gewerkschaftsbundes zur Bundestagswahl 1976« vorlegen (s. Anlage).

Ende der Sitzung: 14.20 Uhr.

Dokument 18

12. Juni 1976: Kurzprotokoll über die Außerordentliche Sitzung des Bundesvorstandes

Maritim Hotel in Travemünde; Vorsitz: Heinz O. Vetter; Protokollführung: Willi Zimmermann; Sitzungsdauer: 16.00–17.15 Uhr; ms. vermerkt: »Vertraulich«.[1]
Ms., hekt., 2 S.
AdsD, DGB-Archiv, 5/DGAI000554.

Beginn der Sitzung: 16.00 Uhr.

Tagesordnung:
1. Aussperrung
2. Kabelfernsehen

---

19 Hans Faltermeier war von 1952 bis 1974 Mitglied des Hauptvorstandes der ÖTV und im August 1974 wegen nachrichtendienstlicher Tätigkeit verhaftet worden. Er wurde Ende Mai 1976 zu zwei Jahren Haft verurteilt. Vgl. den Bericht in: Der SPIEGEL, 7.6.1976.

Dok. 18
1 Einladungsschreiben liegt in der Vorsitzendenakte nicht vor.

3. Rechtsschutz
4. Mitbestimmung

1. Aussperrung

Zu diesem Thema soll eine Übersichtstafel angefertigt werden. Die Behandlung dieses Punktes wird zurückgestellt, bis erstens Kollege Mahlein bei der Sitzung anwesend sein kann und zweitens bis das erforderliche Quellenmaterial zusammengestellt worden ist.[2]
Die Kommission Gesellschaftspolitik soll sich mit diesem Punkt befassen.

2. Kabelfernsehen

Dieser Tagesordnungspunkt wurde schon im Rahmen der Sitzung mit der Neuen Heimat ausreichend behandelt. Es wird auf die Protokollnotiz dieser Sitzung vom gleichen Tage verwiesen.

3. Rechtsschutz

Die Kollegen Vetter und Muhr erklären noch einmal die aufgekommenen Schwierigkeiten, die sich im Bereich Rechtsschutz ergeben haben. Danach müßte aufgrund der erheblichen Steigerung der Rechtsschutzfälle auch eine entsprechende Personalvermehrung einsetzen. Dies auch schon allein aus dem Grunde, um nicht Regreßfälle hinnehmen zu müssen.

In der Diskussion wird von einigen Bundesvorstandsmitgliedern darauf verwiesen, daß eine Beitragserhöhung an den DGB im Augenblick nicht in Betracht käme. Auch solle überprüft werden, inwieweit Personalkapazität weiter verfügbar gemacht werden könne, wenn Ämter, die anderweitig wahrgenommen werden, entfallen. Es wird darauf verwiesen, daß sich der Geschäftsführende Bundesvorstand mit der Haushaltskommission am 6. Juli 1976, 15.00 Uhr, mit dieser Frage eingehend beschäftigen werde.

---

2   In der vorangegangenen tarifpolitischen Auseinandersetzung im Druckgewerbe hatte die Arbeitgeberseite die Streiks der IG Druck und Papier mit massiven Aussperrungen beantwortet, die die Streikkasse der IG Druck und Papier massiv belastet haben. Vgl. zu diesem Streik den zeitgenössischen Aufsatz Leonhard Mahleins: Lehren aus einem Arbeitskampf: Konsequenzen für die zukünftige Gewerkschaftspolitik; [zum Druckstreik 1976] in: GMH 27, 1976, H. 7, S. 396-406.

4. Mitbestimmung

Es werden einige Fragen der Praktizierung der neuen gesetzlichen Bestimmungen angesprochen. Hierbei sollen die Hans-Böckler-Gesellschaft und die Stiftung Mitbestimmung in Zukunft eine Rolle spielen. Wegen der Unterschiedlichkeit in den einzelnen Gesellschaftsbereichen geht der Trend in der Diskussion dahin, daß besonders die branchenspezifischen Mitbestimmungsfragen in der Zuständigkeit der einzelnen Gewerkschaft stehen würden. Allerdings wird auch erkannt, daß dem DGB zumindest eine koordinierende Rolle zufiele, zumal dann, wenn mehrere Gewerkschaften in einem Bereich beteiligt sind.[3]

Ende der Sitzung: 17.15 Uhr.

Dokument 19

6. Juli 1976: Kurzprotokoll der 11. Sitzung des Bundesvorstandes

Hans-Böckler-Haus in Düsseldorf; Vorsitz: Heinz O. Vetter; Protokollführung: Isolde Funke, Marianne Jeratsch; Sitzungsdauer: 10.15–13.45 Uhr; ms. vermerkt: »Vertraulich«.[1]

Ms., hekt., 5 S., 2 Anlagen.[2]
AdsD, DGB-Archiv, 5/DGAI000554.

Beginn der Sitzung: 10.15 Uhr.

Kollege *Vetter* eröffnet die 11. Sitzung des Bundesvorstandes und begrüßt besonders Kollegen Ferlemann, der zum ersten Mal als Vertreter des Kollegen Mahlein im Bundesvorstand anwesend ist.

Tagesordnung:
1. Genehmigung des Protokolls der 10. Bundesvorstandssitzung und des Protokolls der Bundesvorstandssitzung am 12.6.1976
2. Bericht über die Dreigliedrige Konferenz vom 24.6.1976 und Vorschau zur Konzertierten Aktion

---

3 Vgl. zur Mitbestimmungsauseinandersetzung grundlegend Testorf: Ein heißes Eisen; Lauschke: Die halbe Macht.

Dok. 19
1 Einladungsschreiben vom 4.6.1976 und Tagesordnung vom 15.6.1976. In die Tagesordnung zusätzlich aufgenommen wurden die Punkte »Veränderungsmitteilungen«, »Bundeswehr und Mitgliedschaft in den Gewerkschaften« und »Beirat der VTG«. Nicht anwesend: Maria Weber, Eugen Loderer, Armin Clauss, Leonhard Mahlein (vertreten durch Erwin Ferlemann). AdsD, DGB-Archiv, 5/DGAI000490.
2 Anlagen: Anwesenheitsliste; vgl. DGB zur Vermögensbildung, DGB-Nachrichten-Dienst, 193/76, 7.7.1976.

3. Tarifpolitische Vorschau 1976/77
4. »Zentralstelle für ästhetisch-pädagogische Praxis«, hier: Unterstützende Erklärung des DGB
5. Jahresrechnung 1975
6. Verschiedenes
7. Veränderungsmitteilungen
8. Bundeswehr und Mitgliedschaft in den Gewerkschaften
9. Beirat der VTG

1. Genehmigung des Protokolls der 10. Bundesvorstandssitzung und des Protokolls der Bundesvorstandssitzung am 12.6.1976

Der Bundesvorstand genehmigt das Protokoll der 10. Bundesvorstandssitzung und das Protokoll der Bundesvorstandssitzung am 12.6.1976.[3]

2. Bericht über die Dreigliedrige Konferenz vom 24.6.1976 und Vorschau zur Konzertierten Aktion

Kollege *Vetter* verweist auf die dem Bundesvorstand übersandten Unterlagen zu der dreigliedrigen Konferenz am 24.6.1976 und berichtet über deren Verlauf und den Erfolg des EGB am Zustandekommen und Ergebnis der Konferenz.[4] Die

---

3 Vgl. Dok. 17: Kurzprotokoll der 10. Sitzung des Bundesvorstandes am 1.6.1976 und Dok. 18: Kurzprotokoll über die Außerordentliche Sitzung des Bundesvorstandes am 12.6.1976.
4 Auf der Dreierkonferenz waren unter dem Vorsitz des Präsidenten des Rats der Europäischen Gemeinschaften Raymond Vouel Arbeitnehmer- und Arbeitgeberorganisationen mit den Mitgliedern des Rats und der Kommission der Europäischen Gemeinschaften zusammengekommen. Dem über die Dreierkonferenz orientierenden Schreiben waren mehrere Beilagen beigegeben, unter anderem die Drucksache der Kommission der Europäischen Gemeinschaften, Wiederherstellung von Vollbeschäftigung und Stabilität in der Gemeinschaft, Brüssel, 26.5.1976, das als Dokument der Vorbereitung der Konferenzteilnehmer der Dreierkonferenz gedient hatte. Der Text erläuterte gemeinsame Probleme in den Mitgliedsstaaten, die »Gefahren ein[es] Andauerns der gegenwärtigen Entwicklungstendenzen für den Gemeinsamen Markt und die Existenz der Gemeinschaft« sowie geeignete und unumgängliche Maßnahmen zur Lösung der Arbeitsmarktprobleme und zur Abwendung der geschilderten Gefahren. In der Problembeschreibung wurde ein Aufschwung nach der Strukturkrise von 1974/75 für die Jahre 1976 bis 1980 erwartet. Die Europäische Kommission hielt eine jährliche Wachstumsrate von 4,5 bis 5 % für notwendig, für die wiederum die Inflation begrenzt werden müsse. Vgl. DGB-Bundesvorstand, Alois Pfeiffer, an die Mitglieder des Bundesvorstandes, Information über die wirtschaftliche und soziale Dreierkonferenz am 24.6.1976 in Luxemburg, hier: Tagesordnungspunkt 2 der Sitzung des Bundesvorstandes am 4.7.1976; vgl. auch die Erklärung des Vizepräsidenten der Kommission der Europäischen Gemeinschaften, Wilhelm Haferkamp, auf der Dreierkonferenz in Luxemburg am 24.6.1976 in ebd. sowie die Erklärung des Europäischen Gewerkschaftsbunds zur wirtschaftlichen und sozialen Dreierkonferenz (Luxemburg, 24.6.1976) und die Rede Heinz Oskar Vetters als Präsident des EGB, Luxemburg, 24.6.1976, AdsD, DGB-Archiv, 5/DGAI000490.

Überwachung und Durchführung der Beschlüsse ist einigen Gremien übertragen worden, in denen auch die Gewerkschaften vertreten sind.[5]

Zur Konzertierten Aktion am 12.7.1976 berichtet Kollege *Henschel* ausführlich über die Sitzung des Lenkungsausschusses am Vortage.[6]

An der nachfolgenden ausführlichen Diskussion beteiligen sich die Kollegen *Vetter, Pfeiffer, Heiß, Henschel, Muhr, Vietheer, Kluncker, Hauenschild, Frister* und *Buschmann*.[7]

Es besteht Übereinstimmung darüber, daß man der erklärten Absicht des Bundeswirtschaftsministeriums, am 12.7.1976 einen umfangreichen Bericht zur Lage zu geben und nicht über die längerfristige Entwicklung zu diskutieren, im Prinzip folgen sollte. Unerläßlich ist jedoch, daß der DGB zu einigen Punkten seine Bedenken und seine Sorge vorträgt. Dazu gehören u. a.: die anhaltend hohe Arbeitslosigkeit, eine eventuelle erneute Beschleunigung des Preisanstiegs, Strukturprobleme, Einkommens- und Ertragsstatistik.

Eine Vorbesprechung für die Sitzung der Konzertierten Aktion findet am 12.7.1976, um 10.00 Uhr, im Bundeswirtschaftsministerium statt.

Zur gestrigen Sitzung der Kommission Gesellschaftspolitik faßt Kollege *Vetter* noch einmal das Ergebnis der Beratungen zum Thema Vermögensbildung zusammen

---

5 Mit den Gremien meinte er unter anderem den Wirtschafts- und Sozialpolitischen Ausschuss der Europäischen Gemeinschaften, dem als Ständigen Ausschuss für Beschäftigungsfragen die Begleitung der Politik in diesem Bereich übertragen worden war. Vgl. Bundesvorstandssitzung am 6.7.1976, Übertragung aus dem Stenogramm, S. 1, AdsD, DGB-Archiv, 5/DGAI000490.

6 Der Bericht wird sich am Material, das Rudolf Henschel am Tag der Sitzung dem Bundesvorstand vorlegte, orientiert haben. Vgl. DGB-Bundesvorstand, Abt. Wirtschaftspolitik, Rudolf Henschel, Material zur Konzertierten Aktion am 12.7.1976, Düsseldorf, 6.7.1976, AdsD, DGB-Archiv, 5/DGAI000490. Vorgesehen waren die Tagesordnungspunkte »Bericht zur Lage« sowie unter »Verschiedenes« Berichte »zu [...] speziellen Arbeitsmarktproblemen«, »über den Stand der strukturpolitischen Ergänzungen« und »über den Stand der Verbesserung der Einkommensstatistik«. Der Bericht zur Lage werde eine positive Tendenz ausweisen, indem er auf ein Wachstum oberhalb der Annahmen des Wirtschaftsberichts (der Bundesregierung) verweisen werde. Der Rückgang der Arbeitslosigkeit gegenüber dem Vorjahr werde ebenfalls berichtet werden. Henschel legte dar, dass die Gewerkschaften nicht über gegenläufige Informationen verfügten. Für die Diskussion der Fakten riet er eine zurückhaltende Strategie an, weil Einzelfragen bei den Gewerkschaften noch nicht abgeklärt seien, insbesondere was den »Aus- und Abbau der Beschäftigung in Teilbereichen der Wirtschaft im Rahmen der internationalen Arbeitsteilung«, die »Reduzierung des Arbeitskräfteangebots« durch indirekte arbeitsmarktpolitische Maßnahmen, aber auch tarifliche Einigungen über Arbeitszeitverkürzungen, Maßnahmen zur Preisstabilisierung und zur Vermögensbildung der Arbeitnehmer sowie Arbeitsbeschaffungsmaßnahmen betraf.

7 Vetter betonte, dass die Zurückhaltung des DGB bis nach der Regierungsneubildung gegebenenfalls die falsche Strategie sei. Bemerkenswert sei, »daß der Begriff Struktur von allen auf einmal in einer Form in die wirtschaftspolitische Diskussion gebracht wird, weil es die einzige Möglichkeit sei, alle Voraussagen, die nicht zutreffen werden, zu begründen«. In der Frage der Arbeitslosigkeit bekenne sich auch das Bundeswirtschaftsministerium zur »Existenz struktureller Probleme«. Alois Pfeiffer unterstützte diesen Punkt. In der weiteren Diskussion ging es um die Bewertung der Arbeitsmarktentwicklung in Abhängigkeit von tarifpolitischer Zurückhaltung und um die Frage, ab welchen Wachstumsraten die Gewerkschaften ihre Zurückhaltung aufgeben sollten. Zudem wurde die Frage ökonomischer Untersuchungen des Arbeitsmarkts angesprochen. Vgl. Bundesvorstandssitzung am 6.7.1976, Übertragung aus dem Stenogramm, S. 2-12, AdsD, DGB-Archiv, 5/DGAI000490.

und bittet den Bundesvorstand, damit einverstanden zu sein, daß er in dieser Form die Meinung des Bundesvorstandes in einem Interview vorträgt.[8]

Der Bundesvorstand stimmt der von Kollegen *Vetter* vorgetragenen Zusammenfassung zum Thema Vermögensbildung zu (s. Anl.).[9]

3. Tarifpolitische Vorschau 1976/77

Kollege *Heiß* berichtet kurz über die Arbeiten des Tarifpolitischen Ausschusses und über den Wunsch, eine gemeinsame Sitzung des Bundesvorstandes mit den für die Tarifpolitik zuständigen Vorstandsmitgliedern der Gewerkschaften durchzuführen. Dadurch soll für die bevorstehenden Tarifverhandlungen möglichst eine gemeinsame Sprachregelung und eine bessere Information erreicht werden.

Nach kurzer Diskussion, an der sich die Kollegen *Vetter, Kluncker, Hauenschild, Sperner* und *Heiß* beteiligen, kommt der Bundesvorstand überein, eine gemeinsame Sitzung des Bundesvorstandes mit den für die Tarifpolitik zuständigen Vorstandsmitgliedern der Gewerkschaften frühestens im Oktober durchzuführen.[10]

4. »Zentralstelle für ästhetisch-pädagogische Praxis«, hier: Unterstützende Erklärung des DGB

Kollege Schwab erklärt, daß der Geschäftsführende Bundesvorstand, auch im Namen des Kollegen Frister, nach nochmaliger Überprüfung der Aufgabenstellung der Zentralstelle seine Bitte wiederholt, daß der Bundesvorstand eine unterstützende Erklärung für die ZÄPP abgibt. Finanzielle Verpflichtungen für den DGB und seine Gewerkschaften sind mit einer solchen Erklärung nicht verbunden.[11]

---

8 Vgl. ebd., S. 11 f.
9 Vgl. Bundespressestelle des DGB, DGB zur Vermögensbildung, DGB-Nachrichten-Dienst, 193/76, 7.7.1976, AdsD, DGB-Archiv, 5/DGAI000490.
10 Der Geschäftsführende Bundesvorstand hatte dieses Thema in seiner Sitzung vom 14.6.1976 behandelt und die Aussprache für den September 1976 angeregt. In der Diskussion wandte Heinz Kluncker ein, dass ein Termin im September nicht realisierbar sei, weil zu diesem frühen Zeitpunkt die ÖTV keine tarifpolitische Aussage treffen und wenig abstimmen könne. Er gab auch zu bedenken, dass der Termin unmittelbar vor der Bundestagswahl am 3.10.1976 liege. Vgl. Bundesvorstandssitzung am 6.7.1976, Übertragung aus dem Stenogramm, S. 1 f. [neue Zählung ab Beginn des TOPs], AdsD, DGB-Archiv, 5/DGAI000490.
11 Vgl. [DGB-Bundesvorstand], Karl Schwab, an die Mitglieder des Bundesvorstandes, »Zentralstelle für ästhetisch-pädagogische Praxis, hier: unterstützende Erklärung des DGB«, Düsseldorf, 26.5.1976, AdsD, DGB-Archiv, 5/DGAI000490. Erich Frister hatte diese unterstützende Erklärung angeregt. Aufgabe der ZÄPP solle sein, die ästhetische Erziehung in allen Ausbildungs- und Lebensbereichen voranzutreiben, um damit »Ansätze selbstbestimmter kultureller Tätigkeiten zu fördern; der Kommerzialisierung und Entfremdung von Kultur entgegenzuwirken; Leistungsdruck und Konkurrenzverhalten abzubauen und solidarisches schöpferisches Verhalten zu entwickeln«. Die Unterstützung dieser gesellschafts- und bildungspolitischen Ziele durch den DGB ist ein Hinweis auf die Diffusion von Vorstellungen in die DGB-Gewerkschaften hinein, die mit dem in den 1970er-Jahren sozialwissenschaftlich beobachteten

Beschluß:
Der Bundesvorstand des DGB begrüßt die Absicht, eine »Zentralstelle für ästhetisch-pädagogische Praxis« zu errichten. Er erwartet von den zuständigen Institutionen der öffentlichen Hand, daß sie die Errichtung ermöglichen und die Arbeit einer solchen Zentralstelle gewährleisten.

5. Jahresrechnung 1975

Beschluß:
Die Feststellung der Jahresrechnung 1975 soll erst in der September-Sitzung des Bundesvorstandes erfolgen, damit die Haushaltskommission Gelegenheit hat, sich noch einmal mit der Jahresrechnung zu beschäftigen.[12]

6. Verschiedenes

a) Auf das Schreiben von Bischof Frenz, Hamburg, vom 31.5.1976 an den DGB und eine Reihe von Gewerkschaftsvorsitzenden betreffend Aktion zur Befreiung der politischen Gefangenen in Chile, soll der DGB-Vorsitzende in dem Sinne antworten, daß die Gewerkschaften auf nationaler und internationaler Ebene eine große Zahl von Hilfsmaßnahmen durchgeführt haben und noch durchführen und sich deshalb an außergewerkschaftlichen Aktionen nicht beteiligen.[13]

Wertewandel verbunden sind. Die Zustimmung zu postmaterialistischen Selbstentfaltungswerten gegenüber materialistischen Wertehaltungen wird in der Geschichtswissenschaft kontrovers diskutiert. Vgl. Dietz/Neumaier/Rödder: Wertewandel; Boltanski und Chiapello geben Hinweise auf die in dem Papier verwendete Terminologie, die dem Einfluss der sogenannten Künstlerkritik in Nachfolge der 1968er-Bewegung geschuldet ist. Vgl. dies.: Der neue Geist des Kapitalismus, S. 449-513.

12 Vgl. Dok. 20: Kurzprotokoll der 12. Sitzung des Bundesvorstandes am 7.9.1976, TOP 5.
13 Vgl. Helmut Frenz, an den Vorsitzenden des Deutschen Gewerkschaftsbundes, Heinz Oskar Vetter, Aktion zur Befreiung der politischen Gefangenen in Chile, Hamburg, 31.5.1976, AdsD, DGB-Archiv, 5/DGAI000490, sowie Anlagen über Schirmherrschaften, Dokumentation des Solidaritätsvikariates der Katholischen Kirche Chiles, die am 28.2.1976 dem Obersten Gerichtshof Chiles übergeben worden war, eine Organisationsskizze. Bischof Helmut Frenz war im Auftrag der Evangelisch-Lutherischen Kirche Propst in Concepción in Chile. Nach Beendigung dieses Amts wurde er 1976 Generalsekretär von Amnesty International in der Bundesrepublik Deutschland. Diesem Aufgabengebiet ist auch die Initiative zur Befreiung der chilenischen politischen Häftlinge, in deren Namen er sich an den DGB wandte, zuzurechnen. Schirmherrschaft für diese Aktion hatten bereits übernommen: Heinrich Albertz, der Amnesty International Bundesvorstand, Norbert Blüm, Helmut Gollwitzer, Hans Matthöfer, Peter von Oertzen, Werner Rostan, Carola Stern und Jürgen Vahlberg. Das Schreiben listet weitere 55 prospektive prominente Unterstützerinnen und Unterstützer auf, die auf die Übernahme einer Schirmherrschaft angesprochen wurden. Zur Menschenrechtspolitik im Hinblick auf Chile vgl. Eckel: Die Ambivalenz des Guten, S. 583-710.

7. Veränderungsmitteilungen

Beschluß:
Der Bundesvorstand schlägt dem Bundesausschuß vor, folgende Kollegin und Kollegen zu bestätigen:
Marliese Dobberthien, Leiterin der Abt. Frauen in der Landesbezirksverwaltung Baden-Württemberg, als neues Mitglied des Landesbezirksfrauenausschusses im Landesbezirksvorstand Baden-Württemberg;
Werner Dick, Bezirksleiter der Gewerkschaft Leder, als neues Mitglied der Gew[erkschaft] Leder, und Heinrich Zimmermann, Gew[erkschaft] Leder, Sekretär der Ortsverwaltung Pirmasens I, als ständigen Vertreter der Gew[werkschaft] Leder, im Landesbezirksvorstand Rheinland-Pfalz.

8. Bundeswehr und Mitgliedschaft in den Gewerkschaften

Kollege *Schwab* verweist auf die Vorlage und bittet darum, daß die Gewerkschaften berichten, in welcher Form sie mit ihren zum Wehrdienst abgemeldeten Mitgliedern Verbindung halten.[14]

Kollege *Vetter* erwähnt in diesem Zusammenhang seinen Besuch bei der Bundeswehr und geht kurz auf Gespräche und Kontakte ein, die er vornehmlich mit Wehrpflichtigen gehabt hat.[15]

An der nachfolgenden Diskussion beteiligen sich die Kollegen *Ferlemann*, *Vetter*, *Preussner*, *Kluncker*, *G. Schmidt*, *Zimmermann*, *Drescher* und *Sierks*. Kollege *Kluncker* begrüßt den Besuch des DGB-Vorsitzenden bei der Bundeswehr, bittet jedoch, künftig die zuständige Gewerkschaft vorher ausreichend zu informieren.

---

14 Vgl. [DGB-Bundesvorstand], Abt. Organisation und Verwaltung, Karl Schwab, an die Mitglieder des Geschäftsführenden Bundesvorstandes, Bundeswehr und Mitgliedschaft in den Gewerkschaften, Düsseldorf, 28.6.1976, AdsD, DGB-Archiv, 5/DGAI000490. Karl Schwabs Schreiben enthält eine Aufstellung, wonach sich gemäß der Richtlinie »Bundeswehr und Mitgliedschaft in den Gewerkschaften« 51.392 Gewerkschaftsmitglieder, die in der Vorlage nach Einzelgewerkschaften aufgeschlüsselt sind, im Jahr 1975 zum Dienst in der Bundeswehr abgemeldet hatten. Hintergrund der Aufstellung war, dass diese Mitglieder für den Zeitraum der Ableistung des Wehrdiensts keine Gewerkschaftsbeiträge zu zahlen brauchten. Den Gewerkschaften entstünden dennoch Kosten, etwa für den Versand von Zeitschriften, mit deren Hilfe die DGB-Gewerkschaften die Bindung zu ihren abgemeldeten Mitgliedern wahren wollten. Vgl. Bundesvorstandssitzung am 6.7.1976, Übertragung aus dem Stenogramm, S. 6 [neue Zählung], AdsD, DGB-Archiv, 5/DGAI000490.
15 Heinz Oskar Vetter hatte an der Führungsakademie der Bundeswehr einen Vortrag über die »organisierte Arbeitnehmerschaft und die bewaffnete Macht« gehalten. In der Folge sei auf Anregung von Verteidigungsminister Leber ein Besuch bei den Truppenteilen angesetzt worden. Heinz Oskar Vetter betonte in der Diskussion auf Nachfrage, dass er bei den Besuchen an den Standorten so weit wie möglich Kontakt mit den Personalräten im Organisationsbereich der Bundeswehr aufgenommen habe. Auch habe er jene DGB-Kreise informiert, über die die Nachricht über seinen Besuch an die örtlich zuständige ÖTV weitergegeben werden sollte. Vgl. Bundesvorstandssitzung am 6.7.1976, Übertragung aus dem Stenogramm, S. 7 [neue Zählung], AdsD, DGB-Archiv, 5/DGAI000490.

Der Bundesvorstand nimmt die Vorlage des Kollegen Schwab sowie den Bericht des Kollegen Vetter zustimmend zur Kenntnis. Es soll versucht werden, den Kontakt zu den Wehrpflichtigen zu verstärken.

Fortsetzung zu TOP 6. »Verschiedenes«

b) Kollege *Vetter* berichtet über eine Einladung des FDGB zu einem europäischen Symposium im September d[ieses] J[ahres], die auch an den EGB gerichtet und gleichermaßen unter Hinweis auf die für 1977 vorgesehene Konferenz der europäischen Gewerkschaftsbünde im Rahmen der ILO abgesagt wurde. Ein neuerliches Spitzengespräch mit dem FDGB hat der Geschäftsführende Bundesvorstand für November vorgesehen, aber noch nicht offiziell angekündigt. Kollege *Muhr* schildert ergänzend die bisherigen Vorarbeiten im Rahmen der ILO für die o[ben] a[ngesprochene] Konferenz.[16]

Der Bundesvorstand *beschließt*, in seiner September-Sitzung das Thema FDGB erneut zu behandeln.[17]

c) Kollege *Vetter* trägt vor, daß Kollege *Loderer* angeregt hat, das Thema »Radikalenerlaß« im Bundesvorstand zu behandeln. Die inzwischen beim DGB erstellte Dokumentation soll, auch aus internationaler Sicht, noch einmal überarbeitet und dem Bundesvorstand für seine September-Sitzung zur Beratung vorgelegt werden.[18]

9. Beirat der VTG

Beschluß:
Der Bundesvorstand beruft anstelle des ausgeschiedenen Kollegen Mirkes den Kollegen Gerhard Vater in den Beirat der VTG.

Fortsetzung zu TOP 6. »Verschiedenes«

d) Kollege *Vetter* teilt mit, daß dem Bundesvorstand in der September-Sitzung eine Terminplanung für 1977 vorgelegt wird.[19]

e) Kollege *Vetter* berichtet, daß der IBFG seine Mitgliedsbünde aufgefordert hat, sich an dem Kauf- und Beförderungsboykott südafrikanischer Waren zu be-

---

16 Es handelte sich um die 2. Europäische Gewerkschaftskonferenz, die vom 5. bis 6.3.1977 in Genf stattfand. Vgl. Heinz O. Vetter, an den DGB-Bundesvorstand, Bericht über die Konferenz der Vertreter nationaler europäischer Gewerkschaftsbünde in der Zeit vom 5. bis 6.3.1977 in Genf, Düsseldorf, 14.4.1977, AdsD, DGB-Archiv, 5/DGAJ000523. Vgl. hierzu Müller: Ostkontakte, S. 205.
17 Vgl. ebd., TOP 11.
18 Vgl. ebd., TOP 10.
19 Vgl. ebd., TOP 4.

teiligen. Der Bundesvorstand stellt fest, daß aus rechtlichen Gründen die Beteiligung an einem solchen Boykott nicht möglich ist.

f) Im Hinblick auf eine entsprechende Anfrage des CSU-Vorsitzenden Strauß vertritt der Bundesvorstand die Auffassung, daß in der Parteienkolumne der »Welt der Arbeit« auch künftig nur die Generalsekretäre der Parteien zu Wort kommen sollen.

g) Der Bundesvorstand beschließt, ein Telegramm an die Histadrut zu richten, in dem die Genugtuung des DGB über die Befreiung und Rettung der Geiseln aus der Gewalt der Entführer in Entebbe zum Ausdruck gebracht wird.[20]

Ende der Sitzung: 13.45 Uhr.

Dokument 20

7. September 1976: Kurzprotokoll der 12. Sitzung des Bundesvorstandes

Hans-Böckler-Haus in Düsseldorf; Vorsitz: Heinz O. Vetter; Protokollführung: Isolde Funke, Marianne Jeratsch; Sitzungsdauer: 11.20–14.20 Uhr; ms. vermerkt: »Vertraulich«.[1]

Ms., hekt., 6 S., 1 Anlage.[2]

AdsD, DGB-Archiv, 5/DGAI000554.

Beginn der Sitzung: 11.20 Uhr.

Kollege *Vetter* eröffnet die 12. Sitzung des Bundesvorstandes in Düsseldorf.

Im Namen des Bundesvorstandes begrüßt er besonders herzlich den Kollegen Adolf Mirkes, ehemaliger Vorsitzender der Gewerkschaft Leder, zu seiner offiziellen Verabschiedung.

---

20 Am Vormittag des 27.6.1976 entführten deutsche und palästinensische Terroristen eine Air-France-Maschine, die von Tel Aviv über Athen nach Paris fliegen sollte, nach Entebbe. Unter Duldung des ugandischen Diktators Idi Amin hielten die Terroristen die Crew und die Passagiere im alten Flughafen-Terminal des Flughafens von Entebbe fest und selektierten die anwesenden Geiseln nach jüdischer und nichtjüdischer Herkunft. Am 4.7.1976 fand schließlich eine geheime Kommandooperation der israelischen Streitkräfte statt, bei der die zurückgebliebenen israelischen und jüdischen Geiseln befreit wurden. Das Telegramm war von Bedeutung, weil es im Gegensatz zu einer weitverbreiteten Haltung in der deutschen Linken die Solidarität dem israelischen Gewerkschaftsbund Histadrut gegenüber aussprach. Mit diesem hatte der DGB ein knappes Jahr zuvor am 3.9.1975 ein Partnerschaftsabkommen unterzeichnet. Zur Einordnung der Entführung vgl. Herf: Undeclared Wars, S. 317-342; Vowinckel: Der kurze Weg nach Entebbe.

Dok. 20
1 Vgl. DGB-Bundesvorstand, Heinz O. Vetter, an die Mitglieder des Bundesvorstandes, Termine 7.9.1976, Düsseldorf, 30.7.1976, [Einladung und Tagesordnung]; anstelle von Herbert Stadelmaier nahm Günter Döding teil. AdsD, DGB-Archiv, 5/DGAI000491.
2 Anlage: Anwesenheitsliste.

Kollege *Mirkes* bedankt sich für die gute Zusammenarbeit.

Kollege *Vetter* erklärt die Verschiebung des Beginns dieser Bundesvorstandssitzung. Es hat vorher eine Besprechung der Bundesvorstandsmitglieder, die dem SPD-Gewerkschaftsrat angehören, über die von Prof. Biedenkopf der Öffentlichkeit übergebene Dokumentation über den Mißbrauch gewerkschaftlicher und politischer Macht durch SPD- und Gewerkschaftsfunktionäre stattgefunden.[3]

Kollege *Heiß* gibt auch im Namen der Kollegin Weber eine Erklärung zu dieser Besprechung und der Verschiebung des Beginns der Bundesvorstandssitzung ab.

Tagesordnung:
1. Genehmigung des Protokolls der 11. Bundesvorstandssitzung
2. Tarifauseinandersetzung in der Druckindustrie
3. Leistungen aus dem Solidaritätsfonds
   a) IG Druck und Papier
   b) Verbände der Gewerkschaft Kunst
4. Terminplanung 1977
5. Jahresrechnung 1975
6. Gehaltserhöhung für die Beschäftigten des DGB
7. Richtlinien für die Ortskartelle des DGB
8. Rechtliche Beurteilung der Regelungen der Gewerkschaften und Industriegewerkschaften betreffend Ausschluß von Mitgliedern
9. Veränderungsmitteilungen
10. Dokumentation »Abwehr von Verfassungsfeinden im öffentlichen Dienst in der Bundesrepublik Deutschland« aus der Sicht des DGB
11. FDGB
12. Verschiedenes

1. Genehmigung des Protokolls der 11. Bundesvorstandssitzung

Kollege *Kluncker* stellt seine Äußerungen zum Tagesordnungspunkt 8. »Bundeswehr und Mitgliedschaft in den Gewerkschaften« der letzten Bundesvorstandssitzung klar.

---

3 Im Hinblick auf den Wahlkampf hatte die Politische Akademie Eichholz gemeinsam mit Kurt Biedenkopf im Mai 1976 eine viel beachtete wissenschaftliche Arbeitstagung über »[d]as Wirken der Verbände und Bürgerinitiativen im sozialen Rechtsstaat« veranstaltet. Die Tagung diente der »Entwicklung von Schwerpunkten, an denen sich die CDU in ihrer ordnungspolitischen Arbeit in diesen Problembereichen orientieren« sollte. Biedenkopf selbst hielt das Referat, das in grundsätzlicher Hinsicht in die »ordnungspolitische Problematik« einführte. Die Probleme wurden darin gesehen, dass mit dem »wachsenden Einfluß der Verbände und gesellschaftlichen Großorganisationen auf unser gesamtes gesellschaftliches und politisches Leben« Spannungen verbunden seien, deren spektakulärste Erscheinungen in den Bürgerinitiativen zutage träten. Die Tagungsdokumentation erschien nur vier Monate später und setzte somit in der Hochphase des Bundestagswahlkampfs aus Sicht des DGB ein ordnungspolitisches Signal hinsichtlich der Frage, wie die CDU das Verhältnis zu den Gewerkschaften in Zukunft zu gestalten gedachte. Vgl. Biedenkopf/von Voss: Staatsführung.

Beschluß:
Der Bundesvorstand genehmigt das Protokoll der 11. Bundesvorstandssitzung.[4]

2. Tarifauseinandersetzung in der Druckindustrie

Kollege *Vetter* verweist auf das Dokument der IG Druck und Papier über die Tarifauseinandersetzungen in der Druckindustrie und schlägt vor, zu einem späteren Zeitpunkt ausführlich darüber zu diskutieren.[5] Der Antrag der IG Druck und Papier auf finanzielle Unterstützung sollte unter dem entsprechenden Tagesordnungspunkt behandelt werden.[6]

Kollege *Mahlein* macht ergänzende Anmerkungen zu dem Papier.[7]

An der nachfolgenden ausführlichen Diskussion beteiligen sich die Kollegen *Buschmann, Vietheer, Vetter, Hauenschild, Kluncker, Heiß, Loderer, Muhr, Vater, Breit* und *A. Schmidt*.[8] Alle Kollegen sind sich über die Notwendigkeit einer finanziellen Hilfe für die IG Druck und Papier einig; ebenso darüber, daß bei ähnlichen Fällen eine schnellere und umfassendere Information des DGB und der anderen Gewerkschaften unbedingt erforderlich ist. Generell wird darüber diskutiert, ob es sinnvoll und aussichtsreich ist, daß der DGB bzw. der Tarifpolitische Ausschuß den Versuch einer Koordinierung der Tarifpolitik der Gewerkschaften unternimmt. U. a. wird ebenfalls die Frage erörtert, ob man Lohnforderungen mit gestiegenen Sozialversicherungsbeiträgen und bestimmten Steuerbelastungen begründen kann und soll. Gleichzeitig werden die in diesem Arbeitskampf erfolgte totale Aussperrung und die sich daraus ergebenden Konsequenzen diskutiert. Es wird angeregt, die heutige Diskussion zu einem internen Papier zusammenzufassen und für eine erneute Beratung vorzulegen.[9]

---

4   Vgl. Dok. 19: Kurzprotokoll der 11. Bundesvorstandssitzung am 6.7.1976.
5   Vgl. ig druck und papier, Leonhard Mahlein, an Heinz O. Vetter, DGB-Bundesvorstand, Stuttgart, 16.8.1976; Leonhard Mahlein, an den DGB-Bundesvorstand und an die Vorstände der Gewerkschaften und Industriegewerkschaften, Tarifauseinandersetzung in der Druckindustrie, o. O., 19.5.1976, AdsD, DGB-Archiv, 5/DGAI000491.
6   Der Antrag zielte auf eine vorübergehende Befreiung von den zu leistenden Beiträgen an den DGB beziehungsweise auf eine entsprechende Unterstützung aus dem Solidaritätsfonds. Vgl. ig druck und papier, Leonhard Mahlein, an Heinz O. Vetter, DGB-Bundesvorstand, Stuttgart, 16.8.1976, AdsD, DGB-Archiv, 5/DGAI000491.
7   In der ausführlichen Stellungnahme der IG Druck und Papier wurde die Höhe der tariflichen Forderungen, der intensive Streik und das Verhalten der Gewerkschaft im Rahmen der Schlichtung im Frühjahr 1976 begründet. Vgl. Leonhard Mahlein, an den DGB-Bundesvorstand und an die Vorstände der Gewerkschaften und Industriegewerkschaften, Tarifauseinandersetzung in der Druckindustrie, o. O., 19.5.1976, AdsD, DGB-Archiv, 5/DGAI000491.
8   Vgl. Bundesvorstandssitzung am 7.9.1976, [hsl. Zusatz] Übertragung aus dem Stenogramm, AdsD, DGB-Archiv, 5/DGAI000491.
9   Das Thema Aussperrung wurde im Bundesvorstand erst wieder im März 1977 aufgegriffen. Vgl. Dok. 25: Kurzprotokoll der 17. Sitzung des Bundesvorstandes am 1.3.1977, TOP 7.

3. Leistungen aus dem Solidaritätsfonds

a) IG Druck und Papier
Kollege *Lappas* erläutert die Vorlage und bittet um Zustimmung.[10]

Beschluß:
Der Bundesvorstand empfiehlt dem Bundesausschuß, zu beschließen, die IG Druck und Papier für das Jahr 1976 von der Beitragsleistung an den DGB und an den Solidaritätsfonds zu befreien.

b) Verbände der Gewerkschaft Kunst
Beschluß:
Der Bundesvorstand empfiehlt dem Bundesausschuß folgenden *Beschluß*:
a) Die neuen Verbände der Gewerkschaft Kunst, die Gewerkschaft Deutscher Musikerzieher und Konzertierender Künstler (GDMK) und die Bundesvereinigung der Gewerkschaftsverbände Bildender Künstler (BGBK) werden für die Jahre 1976 und 1977 in Höhe von bis zu 30.240,- DM im Rahmen ihrer Anträge von der Beitragspflicht zum DGB befreit.
b) Die Gewerkschaft Kunst erhält aus dem Solidaritätsfonds einmalig den Betrag von 36.000,- DM.
c) Die Internationale Artistenloge und der Deutsche Musikverband erhalten einmalig je 25.000,- DM. Von ihnen wird eine Anhebung ihres Durchschnittsbeitrages erwartet.[11]

4. Terminplanung 1977

Kollege *Vetter* verweist auf die Vorlage und bittet um Zustimmung.[12]
Kollege *Schwab* trägt nach, daß die Bundesfrauenkonferenz am 2. und 3. Juni 1977 in Saarbrücken, der Bundesangestelltentag vom 19. bis 21. Oktober 1977

---

10 Vgl. [DGB-Bundesvorstand], Abt. Finanzen, an die Mitglieder des Bundesvorstandes und des Bundesausschusses, Leistungen aus dem Solidaritätsfonds, Düsseldorf, 2.9.1976, AdsD, DGB-Archiv, 5/DGAI000491. Die Abteilung Finanzen wie der Haushaltsausschuß des DGB-Bundesvorstands unterstützten die Anträge der genannten Gewerkschaften.
11 Der Bundesvorstand bewilligte die Anträge in der beantragten Höhe. Vgl. Gewerkschaft Kunst, an den Geschäftsführenden Bundesvorstand, Alfons Lappas, Antrag um finanzielle Unterstützung der Gewerkschaft Kunst, München, 12.5.1976; industriegewerkschaft druck und papier, hauptvorstand, Leonhard Mahlein und W. Schüßler, an Alfons Lappas, DGB-Bundesvorstand, Antrag der IG Druck und Papier auf Leistungen aus dem Solidaritätsfonds, Stuttgart, 16.6.1976, AdsD, DGB-Archiv, 5/DGAI000491.
12 Die vom Geschäftsführenden Bundesvorstand verabschiedete Terminplanung wurde dem Bundesvorstand zur Abstimmung empfohlen. Vgl. DGB-Bundesvorstand, Abt. Vorsitzender, Vorlage für die 12. Bundesvorstandssitzung am 7.9.1976, Terminplanung 1977, AdsD, DGB-Archiv, 5/DGAI000491.

wahrscheinlich in Frankfurt und die Bundesjugendkonferenz vom 15. bis 17. November 1977 wahrscheinlich in Frankfurt stattfinden werden.[13]

Beschluß:
Der Bundesvorstand nimmt die Terminplanung 1977 mit dem o[ben] a[ngegebenen] Nachtrag zustimmend zur Kenntnis.

5. Jahresrechnung 1975

Kollege *Lappas* erinnert an die Zurückstellung der Jahresrechnung in der Juli-Sitzung, damit die Haushaltskommission noch den Bericht der Prüfungsgesellschaft einsehen konnte. Die Haushaltskommission empfiehlt nunmehr, die Jahresrechnung festzustellen.[14]

Beschluß:
Der Bundesvorstand stellt die vorgelegte Jahresrechnung für die Zeit vom 1. Januar bis 31. Dezember 1975 fest.

6. Gehaltserhöhung für die Beschäftigten des DGB

Kollege *Vater* weist auf das Auslaufen des Tarifvertrages für die Beschäftigten des DGB zum 30. September 1976 und die erste Verhandlung zwischen den Vertragspartnern am 11. Oktober 1976 hin.
Er schlägt vor, daß sich der Bundesvorstand in seiner Oktober-Sitzung mit diesem Thema beschäftigen soll. Um die termingerechte Auszahlung der Gehälter zu gewährleisten, regt Kollege *Vater* an, dem Bundesausschuß zu empfehlen, sein Beschlußrecht auf den Bundesvorstand zu delegieren.

Beschluß:
Der Bundesvorstand wird sich in seiner nächsten Sitzung mit dem Thema »Gehaltserhöhung für die Beschäftigten des DGB« befassen.[15]
Ferner wird der Bundesvorstand dem Bundesausschuß vorschlagen, das Beschlußrecht des Bundesausschusses in dieser Frage auf den Bundesvorstand zu delegieren.[16]

---

13 Die 10. Bundesjugendkonferenz des DGB fand schließlich vom 1. bis 3.12.1977 in Frankfurt am Main statt. Vgl. Protokoll: Bundesjugendkonferenz 1977.
14 Vgl. den 14-seitigen Jahresabschluss, Jahresrechnung für die Zeit vom 1.1.1975 bis 31.12.1975, AdsD, DGB-Archiv, 5/DGAI000491.
15 Vgl. Dok. 21: Kurzprotokoll der 13. Sitzung des Bundesvorstandes am 5.10.1976, TOP 9.
16 Vgl. Dok. 21: Kurzprotokoll der 13. Sitzung des Bundesvorstandes am 5.10.1976, TOP 9., AdsD, DGB-Archiv, 5/DGAI000491; Protokoll über die 5. Sitzung des Bundesausschusses am 8.9.1976, TOP 7., AdsD, DGB-Archiv, 5/DGAI000416.

7. Richtlinien für die Ortskartelle des DGB

Nach kurzer Diskussion, an der sich die Kollegen *Schwab, Loderer, Kluncker, Vetter, G. Schmidt* und *Sierks* beteiligen,[17] faßt der Bundesvorstand mit einer Gegenstimme folgenden

Beschluß:
Der Bundesvorstand stimmt den Richtlinien für die Ortskartelle des Deutschen Gewerkschaftsbundes mit einigen redaktionellen Änderungen zu.[18]

8. Rechtliche Beurteilung der Regelungen der Gewerkschaften und Industriegewerkschaften betreffend Ausschluß von Mitgliedern

Beschluß:
Der Bundesvorstand nimmt die rechtliche Beurteilung der Regelungen der Gewerkschaften und Industriegewerkschaften betreffend Ausschluß von Mitgliedern zur Kenntnis.[19]

---

17 Die Diskussion war recht knapp gehalten und drehte sich vor allem um begriffliche Fragen. Vgl. Bundesvorstandssitzung am 7.9.1976, [hsl. Zusatz] Übertragung aus dem Stenogramm, S. 15 f., AdsD, DGB-Archiv, 5/DGAI000491.

18 Vgl. [DGB-Bundesvorstand], Abt. Organisation und Verwaltung, Karl Schwab, an die Mitglieder des Bundesvorstandes, Richtlinien für die Ortskartelle des DGB (Vorlage vom 13.5.1976), Düsseldorf, 6.7.1976, AdsD, DGB-Archiv, 5/DGAI000491. Die Vorlage enthält eine tabellarische zeitliche Darstellung des Ablaufs der Neuformulierung der Ortskartell-Richtlinien sowie eine Synopse der in der alten Fassung vom 3.7.1961 und des im Organisationsausschuss verabschiedeten Entwurfs enthaltenen Regelungen. Die Überarbeitungen seien durch die »seit Jahren« von den Ortskartell-Regionalkonferenzen vorgetragenen Forderungen erforderlich geworden. Die konkrete Arbeit nahm den Zeitraum von Juni 1975 bis Mai 1976 in Anspruch. Die Richtlinien hatten an Umfang gewonnen und waren, insbesondere was die Aufgaben der Ortskartelle betrifft, ausführlicher geworden. Vorgesehen war eine Unterstützung der lokalen Gewerkschaften, insbesondere im Hinblick auf die Jugendarbeit, »die Werbung, Betreuung und Aktivierung der Mitglieder durch Information und Veranstaltungen«, die Bildungsarbeit sowie die »Erarbeitung und Veröffentlichung von Vorschlägen, Stellungnahmen und Forderungen in Zusammenarbeit mit dem Kreisvorstand«. Ferner wurden die Organe eines Ortskartells und deren Aufgaben bestimmt. Vgl. auch den Entwurf Richtlinien für die Ortskartelle des Deutschen Gewerkschaftsbundes, AdsD, DGB-Archiv, 5/DGAI000491.

19 Vgl. [DGB-Bundesvorstand], Abt. Organisation und Verwaltung, an die Mitglieder des Bundesvorstandes, Rechtliche Beurteilung der Regelungen der Gewerkschaften betreffend Ausschluß von Mitgliedern, Düsseldorf, 26.7.1976, AdsD, DGB-Archiv, 5/DGAI000491. In der Anlage zu diesem Schreiben befindet sich eine 28-seitige Abhandlung, die die Regelungen für den Ausschluss von Mitgliedern in den Einzelgewerkschaften vergleicht und beurteilt. Vgl. Rechtliche Beurteilung der Regelungen für den Ausschluß von Mitgliedern, S. 2-21. In der abschließenden Gesamtbeurteilung kommt die Abteilung Organisation und Verwaltung zu dem Schluss, dass die meisten Regelungen in Neufassungen der 1970er-Jahre vorliegen und dass insbesondere die »Gewerkschaften ihre Ausschlußverfahrensordnungen am stärksten zu perfektionieren trachteten, die bisher wohl die meisten Probleme in diesem Bereich gehabt haben« (S. 21). Anzunehmen ist, dass hierbei vor allem die Herausforderung der Industriegewerkschaften durch die Strategien zur Betriebsarbeit der diversen K-Gruppen ins Gewicht fielen. Hinweise finden sich in den materiellrechtlichen Bestimmungen zum Ausschluss bezüglich der Gründe »gewerkschaftsschädigendes Verhalten, [...] satzungs- und anordnungswidriges Verhalten, [...] Zugehörigkeit zu gegnerischen

9. Veränderungsmitteilungen

Kollege *Vetter* teilt mit, daß die Vorlage betreffend Landesbezirk Berlin zurückgezogen wird.

Beschluß:
Der Bundesvorstand schlägt dem Bundesausschuß vor, folgende Kollegen zu bestätigen:

Heinrich Schubert, Landesbezirksleiter der Gew[erkschaft] HBV, als neues Mitglied der Gew. Handel, Banken und Versicherungen im Landesbezirksvorstand Bayern;
Arnold Krause, Landesbezirksleiter der Gew[erkschaft] HBV, als neues Mitglied der Gew. Handel, Banken und Versicherungen und
Klaus Rotter, stellv. Vorsitzender des Landesbezirks, als ständiger Vertreter der Gew[erkschaft] Handel, Banken und Versicherungen im Landesbezirksvorstand Nordmark.

10. Dokumentation »Abwehr von Verfassungsfeinden im öffentlichen Dienst in der Bundesrepublik Deutschland« aus der Sicht des DGB

Kollege *Vetter* teilt mit, daß sich bei der Erstellung der Vorlage Terminschwierigkeiten ergeben haben. Er bittet um Vertagung auf die nächste Sitzung.

Beschluß:
Der Bundesvorstand ist mit der Vertagung dieses Tagesordnungspunktes auf die nächste Sitzung des Bundesvorstandes einverstanden.

11. FDGB

Kollege *Vetter* schlägt vor, diesen Tagesordnungspunkt auf die nächste Bundesvorstandssitzung zu vertagen. Er teilt mit, daß ein Besuch beim FDGB für die Zeit vom 8. bis 10. November 1976 vorgesehen ist; allerdings soll die Mitteilung an den FDGB erst Anfang Oktober erfolgen.[21]

    Organisationen, [...] Unterstützung gewerkschaftsfeindlicher sowie antidemokratischer Bestrebungen.« (S. 21). Bedenken erhob das Papier hinsichtlich der Prüfung auf die Gerichtsfestigkeit von Verfahren und Beschlüssen und sprach diesbezüglich eine ganze Reihe von Empfehlungen aus. Zum Problem der K-Gruppen vgl. Kühn: Stalins Enkel, Maos Söhne, S. 137-142, sowie Arps: Frühschicht.
20 Vgl. Dok. 21: Kurzprotokoll der 13. Sitzung des Bundesvorstandes am 5.10.1976, TOP 7.
21 Die Mitteilung über den Besuch beim FDGB sollte laut Heinz Oskar Vetter mit Rücksicht auf den Ausgang der Bundestagswahl am 3.10.1976 zurückgehalten werden, bis »klare politische Verhältnisse«

Dokument 20 7. September 1976

Auf die Mitteilung des Kollegen *Vietheer*, daß die Gewerkschaft Handel Nahrung und Genuß des FDGB zu einem Besuch kommen wird, weist Kollege *Vetter* auf den seinerzeit vorgelegten Entwurf von Richtlinien und das heute verteilte Gesprächsergebnis der IG Metall hin.[22]

Beschluß:
Der Bundesvorstand ist mit der Vertagung dieses Punktes auf die nächste Sitzung des Bundesvorstandes einverstanden.

12. Verschiedenes

a) Auf die Frage des Kollegen *Vater* nach der für Februar 1977 angekündigten Begegnung mit der AFL-CIO erklärt Kollege *Vetter*, daß diese Begegnung von der AFL-CIO geplant und für den gesamten Bundesvorstand gilt. Eine Bestätigung des Termins wird allerdings erst nach den Wahlen in den USA erwartet.[23]

b) Kollege *Vetter* weist auf eine vom Kollegen *Wagner* verteilte Pressemeldung hin, die sich mit der Angelegenheit »Privater Rundfunk« im Saarland beschäftigt.[24] Kollege *Stephan* gibt hierzu Erläuterungen und verweist besonders auf das morgen stattfindende Gespräch.[25]

c) Kollege *Vetter* bittet die Bundesvorstandsmitglieder, Lichtbilder an den Kollegen Karl Schwab zu senden, damit ihnen Besucherausweise ausgestellt werden können.

d) Kollege *Vetter* verliest den Entwurf einer Presseerklärung zur Dokumentation über den Mißbrauch gewerkschaftlicher und politischer Macht durch SPD- und Gewerkschaftsfunktionäre.[26]

Nach kurzer Diskussion, an der sich die Kollegen *Heiß, Kluncker, Hauenschild, A. Schmidt, Vetter* und Kollegin *Weber* beteiligen, kommt der Bundesvorstand überein, den Entwurf der Presseerklärung noch einmal überarbeiten zu lassen und den Bundesvorstandsmitgliedern morgen schriftlich zur Entscheidung vorzulegen.

---

herrschten. Vgl. Bundesvorstandssitzung am 7.9.1976, [hsl. Zusatz] Übertragung aus dem Stenogramm, S. 17, AdsD, DGB-Archiv, 5/DGAI000491. Zur Vertagung vgl. Dok. 21: Kurzprotokoll der 13. Sitzung des Bundesvorstandes am 5.10.1976, TOP 6.

22 Vgl. Dok. 13: Kurzprotokoll der 7. Sitzung des Bundesvorstandes am 9.3.1976, TOP 3.
23 Kollege Vater wies auf ein Schreiben vom 30.7.1976 diesbezüglich hin.
24 Vgl. Ministerpräsident Röder hält privaten Rundfunk für möglich, in: Saarbrücker Zeitung, 31.8.1976.
25 Aus der Übertragung aus dem Stenogramm ist nicht ersichtlich, um welches Gespräch es sich handelte und wer die Beteiligten waren. Vgl. 12. Bundesvorstandssitzung, [hsl. Zusatz] Übertragung aus dem Stenogramm, S. 18, AdsD, DGB-Archiv, 5/DGAI000491.
26 Drei Wochen nach dem Ersterscheinen der Dokumentation folgte eine erweiterte Fassung. Vgl. Christlich-Demokratische Union Deutschlands: Erweiterte Dokumentation über den Mißbrauch gewerkschaftlicher und politischer Macht durch SPD- und Gewerkschafts-Funktionäre. Hrsg. von Wolfgang Wiedemeyer, Bonn: CDU-Bundesgeschäftsstelle 1976 (CDU, sicher, sozial und frei).

e) Auf die Anregung des Kollegen *Buschmann*, sich einmal mit dem Stand des Mitbestimmungsgesetzes zu beschäftigen, teilt Kollege *Vetter* mit, daß heute nachmittag einige Kollegen zusammenkommen werden, um über Erfahrungen aus ihrem Organisationsbereich zu berichten. Daraus soll [gegebenenfalls] eine Unterlage erarbeitet werden.

Ende der Sitzung: 14.20 Uhr.

Dokument 21

5. Oktober 1976: Kurzprotokoll der 13. Sitzung des Bundesvorstandes

Hans-Böckler-Haus in Düsseldorf; Vorsitz: Heinz O. Vetter; Protokollführung: Isolde Funke, Marianne Jeratsch; Sitzungsdauer: 10.15–13.40 Uhr; ms. vermerkt: »Vertraulich«.[1]

Ms., hekt., 5 S., 2 Anlagen.[2]

AdsD, DGB-Archiv, 5/DGAI000554.

Beginn der Sitzung: 10.15 Uhr.

Kollege *Vetter* eröffnet die 13. Sitzung des Bundesvorstandes in Düsseldorf.
Im Namen des Bundesvorstandes gratuliert Kollege *Vetter* der Kollegin Weber zu ihrer 20-jährigen Mitgliedschaft im Geschäftsführenden Bundesvorstand.
Ferner gratuliert er den Kollegen Hauenschild und Vietheer zu ihrer Wiederwahl.[3]

Tagesordnung:
1. Genehmigung des Protokolls der 12. Bundesvorstandssitzung
2. DGB nach der Wahl
3. Gespräch mit dem Präsidium der Deutschen Bundesbank
4. Nächste Bundesvorstandssitzung
5. 11. Ordentlicher Bundeskongreß vom 21. bis 27.5.1978 in Hamburg, hier: Hotelzimmerreservierung und Bahn- und Flugkartenausstellung

---

Dok. 21
1 Einladungsschreiben vom 10.9.1976 und Tagesordnung vom 22.9.1976. Nicht anwesend: Gerd Muhr, Martin Heiß, Philipp Seibert, Heinz Frieser, Otto Sprenger, Wilhelm Rothe (vertreten durch Jakob Deffner). AdsD, DGB-Archiv, 5/DGAI000491.
2 Anlagen: Anwesenheitsliste; vgl. Erklärung des Bundesvorstandes zum Ausgang der Bundestagswahlen 1976, DGB-Nachrichten-Dienst, 256/76, 5.10.1976.
3 Karl Hauenschild wurde 1976 zum Vorsitzenden der IG CPK, Heinz Vietheer zum Vorsitzenden der Gewerkschaft HBV wiedergewählt.

6. Dokumentation »Abwehr von Verfassungsfeinden im öffentlichen Dienst in der Bundesrepublik Deutschland« aus der Sicht des DGB
7. Finanzhilfe für Spanien
8. Spende für Guatemala
9. Gehaltsregelung für die Beschäftigten des DGB
10. Veränderungsmitteilung – Landesbezirksvorstand Niedersachsen
11. Bundesinstitut für Berufsbildung – Besetzung des Hauptausschusses
12. Entschließung des Hauptvorstandes der Gewerkschaft Textil-Bekleidung gegen illegale Einfuhrpraktiken
13. Verschiedenes

1. Genehmigung des Protokolls der 12. Bundesvorstandssitzung

Beschluß:
Der Bundesvorstand genehmigt das Protokoll der 12. Bundesvorstandssitzung.[4]

2. DGB nach der Wahl

Kollege *Vetter* erläutert die Auffassung des Geschäftsführenden Bundesvorstandes, daß der Bundesvorstand zu diesem Zeitpunkt nicht eine Rückschau auf den Wahlkampf halten, sondern seine in die Zukunft gerichteten Forderungen an die neue Bundesregierung stellen sollte. Dies müßte heute oder zu einem nahen Zeitpunkt geschehen, um die Berücksichtigung dieser Forderungen in der noch vor Weihnachten zu erwartenden Regierungserklärung zu gewährleisten. In Anlehnung an die Wahlprüfsteine des DGB sollte eine solche Erklärung einige Schwerpunkte enthalten, so z[um] B[eispiel] die Themen Vollbeschäftigung, Jugendarbeitslosigkeit, soziale Sicherung, berufliche Bildung.[5]

An der anschließenden ausführlichen Diskussion beteiligen sich die Kollegen *Kluncker, Vetter, G. Schmidt, A. Schmidt, Lehlbach, Loderer, Breit, Hauenschild, Sperner,*

---

4 Vgl. Dok. 20: Kurzprotokoll der 12. Sitzung des Bundesvorstandes am 7.9.1976.
5 Die Abteilung Gesellschaftspolitik hatte Heinz Oskar Vetter eine Handreichung mit einer Reihe gewerkschaftspolitischer Forderungen nach der Bundestagswahl für die Sitzungen des Geschäftsführenden Bundesvorstands und des Bundesvorstands vorgelegt. Als Hauptproblem wurde die Bekämpfung der Arbeitslosigkeit, die sowohl konjunkturelle als auch strukturelle Ursachen habe, ausgemacht. Besonders der Sockel struktureller Arbeitslosigkeit bereite Sorgen. Trotz der Steigerung des Sozialprodukts bei zufriedenstellenden Wachstumsraten und effektiven Rationalisierungsinvestitionen sinke die Arbeitslosigkeit nicht entsprechend. Weitere Probleme bestünden im System der sozialen Sicherung. Die Bildungsreform müsse fortgeschrieben und das Problem der »gleichberechtigten Mitbestimmung« angegangen werden. Der DGB konstatierte bei der Diskussion über gesellschaftliche Probleme eine gewerkschaftsfeindliche Stimmung, die in Stellungnahmen über den »Gewerkschaftsstaat« gipfele. Vgl. [DGB-Bundesvorstand], Abt. Gesellschaftspolitik, Kollegen Heinz O. Vetter, Gewerkschaftspolitische Forderungen an die neue Bundesregierung, Düsseldorf, 2.10.1976; vgl. auch Protokoll über die 13. Sitzung des Bundesvorstandes am 5.10.1976, Übertragung aus dem Stenogramm, S. 3 f., AdsD, DGB-Archiv, 5/DGAI000491.

Frister, van Haaren, Wagner, Pfeiffer, Buschmann, Sickert und Kollegin *Weber*.[6] Es besteht Einigkeit darüber, daß eine solche Erklärung zum Ausgang der Bundestagswahl abgegeben werden sollte. Auch die von Kollegen *Vetter* genannten Schwerpunktthemen unter Hinweis auf die Wahlprüfsteine des DGB finden allgemeine Zustimmung. Es wird angeregt, darüber hinaus auf die hohe Wahlbeteiligung und das erfreulich schlechte Abschneiden der extremistischen Parteien hinzuweisen. Auch sollte die Bereitschaft des DGB und seiner Gewerkschaften zur Zusammenarbeit mit dem gewählten Parlament und der neuen Bundesregierung erwähnt werden. In der weiteren Diskussion wird Übereinstimmung darüber erzielt, daß die von Prof. Biedenkopf während des Wahlkampfes gestartete Aktion gegen die Gewerkschaften analysiert werden sollte. Der CDU-Vorstand soll – nach einer gewissen Zeit – um ein klärendes Gespräch über die eingetretene Situation und das künftige Verhältnis zum DGB gebeten werden.

Abschließend kommt der Bundesvorstand überein, den vorgelesenen Entwurf einer Presseerklärung der Diskussion entsprechend zu ergänzen und zu veröffentlichen.[7]

3. Gespräch mit dem Präsidium der Deutschen Bundesbank

Kollege *Vetter* schlägt vor, ein Gespräch des Bundesvorstandes mit dem Präsidium der Deutschen Bundesbank Ende des Monats in Düsseldorf durchzuführen.

Beschluß:
Der Bundesvorstand ist mit der Durchführung eines Gespräches mit dem Präsidium der Deutschen Bundesbank am Vormittag des 29. Oktober 1976 in Düsseldorf einverstanden.[8]

4. Nächste Bundesvorstandssitzung

Beschluß:
Der Bundesvorstand beschließt, seine nächste Sitzung am 2. November 1976 um 10.00 Uhr in Essen durchzuführen.[9] An der am Nachmittag stattfindenden Eröff-

---

6 Heinz Kluncker betrachtete die Invektiven des CDU-Kanzlerkandidaten Helmut Kohl und des CDU-Generalsekretärs Kurt Biedenkopf als eine gefährliche gewerkschaftsfeindliche Kampagne, die ihn an die Politik der 1930er-Jahre gemahne. Dieser Punkt wurde intensiv diskutiert. Vgl. insgesamt das Protokoll über die 13. Sitzung des Bundesvorstandes am 5.10.1976, Übertragung aus dem Stenogramm, S. 4-14, AdsD, DGB-Archiv, 5/DGAI000491.
7 Vgl. die Fortsetzung des TOPs weiter unten: Fortsetzung zu TOP 2. »DGB nach der Wahl«.
8 Vgl. die Unterlagen, Zu- und Absagen folgend der Einladung DGB-Bundesvorstand, Heinz O. Vetter, an die Mitglieder des Bundesvorstandes, Gespräch mit dem Präsidium der Bundesbank, Düsseldorf, 20.10.1976, AdsD, DGB-Archiv, 5/DGAI000491.
9 Vgl. Dok. 22: Kurzprotokoll der 14. Sitzung des Bundesvorstandes am 2.11.1976.

nung der Bildungspolitischen Konferenz des DGB sollten möglichst alle Bundesvorstandsmitglieder teilnehmen.[10]

5. 11. Ordentlicher Bundeskongreß vom 21. bis 27.5.1978 in Hamburg, hier: Hotelzimmerreservierung und Bahn- und Flugkartenausstellung

Nach kurzer Diskussion, an der sich die Kollegen *Schwab, Vetter, Sperner, Hauenschild, Vietheer, Helbing, Lappas* und *Loderer* beteiligen,[11] faßt der Bundesvorstand folgenden *Beschluß*:
Der Bundesvorstand ist damit einverstanden, daß die Hotelzimmerreservierung sowie die Bahn- und Flugkartenausstellung für den 11. Ordentlichen Bundeskongreß des DGB über g-u-t erfolgen sollen. Die Verantwortung bleibt bei der Abteilung Organisation und Verwaltung des DGB-Bundesvorstandes.

6. Dokumentation »Abwehr von Verfassungsfeinden im öffentlichen Dienst in der Bundesrepublik Deutschland« aus der Sicht des DGB

Kollege *G. Schmidt* geht kurz auf die vorgelegten Unterlagen ein und schlägt folgendes weitere Verfahren vor:[12]
Die Mitglieder des Bundesvorstandes werden gebeten, schriftliche Berichte über ihre Erfahrungen bis Ende des Monats an den Kollegen Schmidt zu geben und ggf. an der Erstellung dieser Dokumentation mitzuarbeiten bzw. einen sachkundigen

---

10 Zur Konferenz vgl. den Band der Zeitschrift Gewerkschaftliche Bildungspolitik 11/12, 1976, sowie DGB-Bundesvorstand: Bildungspolitische Konferenz.
11 Protokoll über die 13. Sitzung des Bundesvorstandes am 5.10.1976, Übertragung aus dem Stenogramm, S. [1]5 f., AdsD, DGB-Archiv, 5/DGAI000491.
12 Die Abteilung Vorsitzender hatte eine Vorlage erarbeitet, die sich mit Stellungnahmen ausländischer Gewerkschaften zur Abwehr von Verfassungsfeinden in Deutschland auseinandersetzte. Die Abteilung führte diese ausländischen Stellungnahmen zum Thema auf kommunistische Agitation durch die nationalen kommunistischen Parteien und »Linksgruppen« zurück. Zugenommen habe diese kommunistische Agitation nach dem Radikalenerlass von 1972, es sei zur Gründung von »Komitees gegen das Berufsverbot in der Bundesrepublik« gekommen, etwa in Frankreich, und zu einem Antrag zum Parteitag der britischen Labour Party 1976. An dieser Politik beteiligten sich, koordiniert durch den kommunistischen Weltgewerkschaftsbund, auch kommunistische Gewerkschaften, während die Mitglieder im IBFG nicht daran mitwirkten. Im Ausland fruchteten diese Kampagnen nach Ansicht der Abteilung Vorsitzender bei Intellektuellen und Teilen der bürgerlichen Öffentlichkeit, weil noch immer »Vorstellungen vom ›häßlichen Deutschen‹« existierten, die mit der faschistischen Vergangenheit in Verbindung gebracht würden. Während die Propaganda plump sei, sei ihre Wirkung groß. Es wurde erwogen, ob der DGB auf Partnerorganisationen im IBFG einwirken solle. Die Stellungnahme zur »Abwehr von Verfassungsfeinden im öffentlichen Dienst« könne dazu beitragen. Vgl. [DGB-Bundesvorstand], Abt. Vorsitzender, Vorlage zur 13. Sitzung des Bundesvorstandes, TOP 3. »Ausländische gewerkschaftliche Stellungnahmen zur Problematik ›Abwehr von Verfassungsfeinden im öffentlichen Dienst‹«, Düsseldorf, 24.9.1976; Entwurf »Die Abwehr von Verfassungsfeinden im Öffentlichen Dienst in der Bundesrepublik Deutschland aus der Sicht des DGB«, AdsD, DGB-Archiv, 5/DGAI000491.

Mitarbeiter ihrer Organisation zu benennen. Nach Fertigstellung der Dokumentation soll der Punkt wieder im Bundesvorstand behandelt werden.[13]

An der anschließenden Diskussion beteiligen sich die Kollegen *Vietheer, Frister, Vetter, Kluncker, G. Schmidt, Hauenschild, Breit* und *Sickert*.[14]

Beschluß:
Der Bundesvorstand ist mit dem von Kollegen *Schmidt* vorgeschlagenen weiteren Verfahren einverstanden.

7. Finanzhilfe für Spanien

Beschluß:
Der Bundesvorstand empfiehlt dem Bundesausschuß, eine direkte Hilfe für den Aufbau der Regionalverbände der UGT in Höhe von 50.000,– DM aus dem Solidaritätsfonds zu bewilligen.[15]

8. Spende für Guatemala

Beschluß:
Der Bundesvorstand empfiehlt dem Bundesausschuß, seinen Beschluß vom 10. März 1976 über eine Spende aus dem Solidaritätsfonds in Höhe von 25.000,– DM für Opfer der Erdbebenkatastrophe in Guatemala aufzuheben, da keine gewerkschaftliche Empfängerorganisation ausfindig gemacht werden konnte.[16]

9. Gehaltsregelung für die Beschäftigten des DGB

Beschluß:
Der Bundesvorstand ist damit einverstanden, daß für die Verhandlungen mit dem Gesamtbetriebsrat über die Gehaltsregelung für die Beschäftigten des DGB der

---

13 Vgl. Dok. 27: Kurzprotokoll der 19. Sitzung des Bundesvorstandes am 3.5.1977, TOP 6.
14 Protokoll über die 13. Sitzung des Bundesvorstandes am 5.10.1976, Übertragung aus dem Stenogramm, S. 16-18, AdsD, DGB-Archiv, 5/DGAI000491.
15 Die spanische freie Gewerkschaft Unión General de Trabajadores (UGT) erlebte nach ihrem ersten Kongress in Spanien seit 44 Jahren, der im April 1976 in Madrid stattfand, eine Eintrittswelle. Ziel der Zuwendung war es, die »Regionalverbände mit einem Minimum an Aktionsmitteln auszustatten«, um Büros und Büromaterial, Geräte zur Vervielfältigung von Werbematerial und dergleichen mehr zu finanzieren. Vgl. [DGB-Bundesvorstand], Abt. Vorsitzender, Vorlage für die 13. Sitzung des Bundesvorstandes, Spanien – Unterstützung des spanischen Gewerkschaftsbundes UGT, Düsseldorf, 22.9.1976, AdsD, DGB-Archiv, 5/DGAI000491.
16 Vgl. Dok. 13: Kurzprotokoll der 7. Sitzung des Bundesvorstandes am 9.3.1976; Protokoll über die 3. Sitzung des Bundesausschusses am 10.3.1976, TOP 12., AdsD, DGB-Archiv, 5/DGAI000416.

Durchschnitt der Gehaltserhöhungen bei allen Gewerkschaften zur Grundlage genommen wird.

10. Veränderungsmitteilung – Landesbezirksvorstand Niedersachsen

Beschluß:
Der Bundesvorstand schlägt dem Bundesausschuß gemäß § 8, Abs. 3 e) der Satzung des DGB vor, den Kollegen Hubert Bittner, Vorsitzender im DGB-Kreis Oldenburg, als neues Mitglied im Landesbezirksvorstand Niedersachsen zu bestätigen.

Fortsetzung zu TOP 2. »DGB nach der Wahl«

Beschluß:
Der Bundesvorstand verabschiedet eine »Erklärung des Bundesvorstandes des DGB zum Ausgang der Bundestagswahlen 1976« (s. Anlage).[17]

11. Bundesinstitut für Berufsbildung – Besetzung des Hauptausschusses

Der Bundesvorstand faßt mit Gegenstimmen folgenden *Beschluß*:
Für den Hauptausschuß des Bundesinstituts für Berufsbildung werden folgende Kolleginnen und Kollegen benannt:

DGB:	Maria Weber, Felix Kempf
IG Metall:	Lothar Pinkall
ÖTV:	Franz Holländer
IG Chemie-Papier-Keramik:	Jürgen Walter
GEW:	Gerhard Kraft
HBV:	Anni Moser
IG Bau-Steine-Erden:	Bruno Köbele
Gew[erkschaft] Holz und Kunststoff:	Arthur Farrenkopf

---

17 Der DGB begrüßte die hohe Wahlbeteiligung und die Absage der Wähler an »linken und rechten Extremismus«. Er reklamierte die hohe Wahlbeteiligung der Arbeitnehmerschaft auch für sich und führte sie auf seine Wahlprüfsteine zurück. Ziele, für die sich der DGB einsetzen werde, seien die Bekämpfung der Arbeitslosigkeit und insbesondere der Jugendarbeitslosigkeit, wozu die Bewältigung konjunktureller und struktureller Schwierigkeiten erforderlich sei. Vgl. Erklärung des Bundesvorstandes des Deutschen Gewerkschaftsbundes zum Ausgang der Bundestagswahlen 1976, DGB-Nachrichten-Dienst, 256/76, 5.10.1976, AdsD, DGB-Archiv, 5/DGAI000491. Vgl. auch die beiden Entwürfe in der Akte.

12. Entschließung des Hauptvorstandes der Gewerkschaft Textil-Bekleidung gegen illegale Einfuhrpraktiken

Beschluß:
Der Bundesvorstand unterstützt die Entschließung des Hauptvorstandes der Gewerkschaft Textil-Bekleidung gegen illegale Einfuhrpraktiken und wird sie dem Bundeswirtschaftsminister zuleiten.[18]

13. Verschiedenes

a) Kollege *Kluncker* trägt den Wunsch seines Hauptvorstandes vor, daß Betriebsratsmitglieder an den Beratungen der Unterstützungskasse ständig teilnehmen können.
Kollege *Vetter* sagt eine Beratung in den entsprechenden Gremien zu.
b) Kollege *Wagner* fragt nach der Aufstockung der Mittel zur Beschaffung von Arbeitsplätzen, die in der Sitzung des Geschäftsführenden Bundesvorstandes mit den Landesbezirksvorsitzenden vor vier Wochen angesprochen wurde.
Kollege *Lojewski* teilt mit, daß eine Erhöhung im Haushalt vorgesehen ist. Sie bedarf allerdings noch der Zustimmung der Aufsichtsbehörde.

Ende: 13.40 Uhr.

---

18 Der Hauptvorstand der GTB hatte den »Schwindel« bei der Einfuhr von Textilien in die Bundesrepublik verurteilt und kritisiert, dass dieser lediglich als Ordnungswidrigkeit und nicht als Wirtschaftskriminalität beurteilt würde. Diese Haltung fügt sich in den Charakter der Politik der GTB, die sich Freihandelsbestrebungen widersetzte und auf Kontrolle des Textilmarkts setzte. Vgl. Gewerkschaft Textil-Bekleidung Hauptvorstand, Karl Buschmann, an Heinz Oskar Vetter, Entschließung des Hauptvorstandes der Gewerkschaft Textil-Bekleidung gegen illegale Einfuhrpraktiken, Düsseldorf, 1.10.1976, sowie den Text der Entschließung vom 10.9.1976, AdsD, DGB-Archiv, 5/DGAI000491. Vgl. auch Gertschen: Klassenfeinde – Branchenpartner?, bes. S. 272-278.

Dokument 22

2. November 1976: Kurzprotokoll der 14. Sitzung des Bundesvorstandes

Saalbau in Essen; Vorsitz: Heinz O. Vetter; Protokollführung: Isolde Funke, Marianne Jeratsch; Sitzungsdauer:10.15–15.55 Uhr; ms. vermerkt: »Vertraulich«.[1]
Ms., hekt., 8 S., 3 Anlagen.[2]
AdsD, DGB-Archiv, 5/DGAI000554.

Beginn der Sitzung: 10.15 Uhr.

Kollege *Vetter* eröffnet die 14. Sitzung des Bundesvorstandes in Essen.

Tagesordnung:
1. Genehmigung des Protokolls der 13. Bundesvorstandssitzung
2. Mitbestimmung
3. Bericht über die Rentenversicherung
4. Analyse über das Verhalten der Parteien zur Bundestagswahl 1976
5. Vermögensbildung
6. Tagesordnung für die 6. Bundesausschußsitzung am 8.12.1976
7. Vorschlag zur Anpassung der Unterstützungen zum 1.1.1977
8. Gehaltsregelung für die Beschäftigten des DGB
9. 1. Mai 1977
10. Netzträgerschaft künftiger Kabelfernsehnetze
11. Verschiedenes

Unter Bezugnahme auf ein Rundschreiben der Abteilung Arbeitsrecht vom 14. Oktober 1976 an die Mitglieder des Arbeitsausschusses »Arbeitsvertragsrecht« stellt Kollege *Kluncker* die Frage, ob und wie die Koordinierung der Forderungen des DGB an die neue Bundesregierung gedacht ist.[3]

In der nachfolgenden Diskussion, an der sich die Kollegen *Muhr, Kluncker, Pfeiffer, Vetter, G. Schmidt, Sperner, Loderer und* Kollegin *Weber* beteiligen, wird klargestellt, daß die Abteilungen nur die Vorarbeiten leisten und die Koordinierung beim Ge-

---

Dok. 22
1 Einladungsschreiben vom 11.10.1975 und Tagesordnung vom 20.10.1975. Nicht anwesend: Martin Heiß, Karl Hauenschild sowie dessen Vertreter, Leonhard Mahlein, Gerhard van Haaren und Vertreter, Adolf Schmidt (vertreten durch Helmut Gelhorn), Bert Hartig (vertreten durch Adolf Müller). AdsD, DGB-Archiv, 5/DGAI000491.
2 Anlagen: Anwesenheitsliste; Unter Ziffer I des DGB-Bundesvorstandsbeschlusses fallende Gremien; Unter Ziffer II des DGB-Bundesvorstandsbeschlusses fallende Organe.
3 Protokoll über die 14. Sitzung des Bundesvorstandes am 2.11.1976, Übertragung aus dem Stenogramm, S. 2, AdsD, DGB-Archiv, 5/DGAI000491.

schäftsführenden Bundesvorstand liegt. Dem Bundesvorstand obliegt dann die endgültige Beschlußfassung.[4]

1. Genehmigung des Protokolls der 13. Bundesvorstandssitzung

Beschluß:
Der Bundesvorstand genehmigt das Protokoll der 13. Bundesvorstandssitzung.[5]

2. Mitbestimmung

a) Grundsätze für die Anwendung des Mitbestimmungsgesetzes
Kollege *Vetter* erläutert die Notwendigkeit von Grundsätzen für die Anwendung des Mitbestimmungsgesetzes vom 8.5.1976 im Hinblick auf eine einheitliche Handhabung des Gesetzes durch die Gewerkschaften des DGB.[6]
Er bittet im Namen des Geschäftsführenden Bundesvorstandes um die Annahme der vorgelegten Grundsätze.
An der nachfolgenden Diskussion beteiligen sich die Kollegen *Stadelmaier Vetter, Loderer, Ferlemann, Vietheer, Kluncker, Sperner* und *Muhr*. Es werden einige Textänderungen vorgeschlagen und insbesondere die Frage des Arbeitsdirektors und das Problem der federführenden Gewerkschaften erörtert.

Beschluß:
Der Bundesvorstand stimmt den »Grundsätzen für die Anwendung des Mitbestimmungsgesetzes« mit einigen Änderungen zu. Es wird außerdem beschlossen, daß bei Streitigkeiten über die Federführung (Ziffer 4 der Grundsätze) der Bundesvorstand zur Schlichtung anzurufen ist.[7]

---

4   Die Diskussion drehte sich um die Frage, wie mit Arbeitskreisen, zu denen die Bundesvorstandsmitglieder nur Sachbearbeiter entsendeten, umzugehen und wie der Dienstweg einzuhalten sei, damit die in verschiedenen Arbeitskreisen erarbeiteten politischen Forderungen an die Bundesregierung als durch den Bundesvorstand abgesegnet betrachtet werden konnten. Vgl. ebd., S. 2-5.
5   Vgl. Dok. 21: Kurzprotokoll der 13. Sitzung des Bundesvorstandes am 5.10.1976.
6   Vgl. [DGB-Bundesvorstand], Abt. Vorsitzender, Vorlage für die 14. Bundesvorstandssitzung am 2.11.1976, Grundsätze für die Anwendung des Mitbestimmungsgesetzes, Düsseldorf, 20.10.1956, AdsD, DGB-Archiv, 5/DGAI000491. Das Mitbestimmungsgesetz von 1976 unterschied sich in der Anwendung von den Montanmitbestimmungsgesetzen von 1951 und 1956 dahin gehend, dass die Ausübung der gewerkschaftlichen Rechte statt bei den Spitzenorganisationen bei den im Betrieb vertretenen Gewerkschaften lag. Insofern bestand die Gefahr einer uneinheitlichen Ausübung dieser Rechte durch die einzelnen Gewerkschaften, von der der DGB befürchtete, dass sie sich für die Gewerkschaften schwächend auswirke. Die Wahlgrundsätze umfassten die Wahl von Wahlmännern wie auch die gemeinsame Wahl durch Arbeiterinnen und Arbeiter und Angestellte zur einheitlichen Vertretung der Arbeitnehmerinteressen. Ziel sollte eine gemeinsame Beschlussfassung über Wahlvorschläge auf gewerkschaftlichen Wahlkonferenzen sein.
7   In diesem speziellen Punkt ging es um die Frage der Federführung, wenn mehrere Gewerkschaften in einem Unternehmen vertreten sind.

b) Antrag 15 (Abführung)[8]
Kollege *Vetter* verweist auf die Vorlage und bittet um Zustimmung des Bundesvorstandes.[9]
An der nachfolgenden Diskussion beteiligen sich die Kollegen *Vietheer, Vetter, Sperner, G. Schmidt, Loderer, Jung, Lappas, Ferlemann, Frister, Kluncker, Muhr, Breit, Drescher, Sierks* und *Schwab*.[10] Hauptpunkte der Diskussion sind die in einigen Bereichen offenbar noch nicht ausreichend geklärten steuerlichen Fragen im Zusammenhang mit der Abführung von Vergütungen, das Problem der Kontrolle über die Abführungen der Mitglieder der Vorstände der gemeinwirtschaftlichen Unternehmen sowie der Begriff Gesamtbezüge im Hinblick auf die Vorstandsmitglieder der gewerkschaftseigenen Unternehmen.[11]

Beschluß:
Der Bundesvorstand beschließt folgende Regelung:
I. Bei der Entsendung von Vertretern bzw. dem Vorschlag von Kandidaten für die in der Anlage I aufgeführten Gremien im öffentlich-rechtlichen Bereich bzw. in den gewerkschaftseigenen Unternehmen werden vom DGB bzw. den DGB-Gewerkschaften nur solche Kandidaten benannt bzw. vorgeschlagen, die sich rechtsverbindlich verpflichtet haben, die nachstehende Regelung einzuhalten.
1. Von den Bruttobeträgen gezahlter Vergütungen sind bei Vergütungen bis zu 3.000,- DM im Jahr pro Mandat 12 % des Bruttobetrages, bei Vergütungen über 3.000,- DM bis 6.000,- DM im Jahr pro Mandat 15 % abzuführen. Erhalten Vorsitzende bzw. stellvertretende Vorsitzende dieser Gremien Vergütungen, die höher sind als 6.000,- DM, so sind bei Vergütungen bis zu 12.000,- DM für den Vorsitzenden bzw. bis zu 9.000,- DM für den stellvertretenden Vorsitzenden 15 % des Bruttobetrages abzuführen.
2. Überschreitet die jeweils gezahlte Vergütung den Betrag von 6.000,- DM (beim Vorsitzenden 12.000,- DM bzw. stellvertretenden Vorsitzenden 9.000,- DM) im Jahr, so sind zusätzlich zu den nach Ziffer 1 abzuführenden Beträgen alle weiteren Beträge abzuführen.
II. Werden im Rahmen gesetzlicher oder vereinbarter Regelungen die in der Anlage II bezeichneten Geschäftsführer oder diesen vergleichbare Mitglieder eines Organs der Geschäftsführung auf Vorschlag des DGB bzw. seiner Gewerkschaften bestellt, so werden vom DGB und seinen Gewerkschaften nur solche

---

8 Vgl. Antrag 15: Teilabführung von Vergütungen aus der Wahrnehmung von Mitbestimmungs-Funktionen oder ähnlichen Aufgaben, in DGB: 10. Bundeskongreß 1975, Anträge und Entschließungen, S. 16 f.
9 Vgl. [DGB-Bundesvorstand], Abt. Vorsitzender, Heinz O. Vetter, an die Mitglieder des Bundesvorstandes, Abführung von Vergütungen aus der Wahrnehmung von Funktionen im öffentlich-rechtlichen und gemeinwirtschaftlichen Bereich, Düsseldorf, 19.10.1976, AdsD, DGB-Archiv, 5/DGAI000491.
10 Vgl. Protokoll der 14. Sitzung des Bundesvorstandes am 2.11.1976, Übertragung aus dem Stenogramm, S. 9-17, AdsD, DGB-Archiv, 5/DGAI000491.
11 Ebd.

Kandidaten vorgeschlagen und unterstützt, die sich bereit erklärt haben, 10 % ihrer Gesamtbezüge, die sie aus ihrer Funktion erhalten, abzuführen.

III. Die nach I und II abzuführenden Beträge sind ausschließlich an die Stiftung Mitbestimmung oder an ähnliche gemeinnützige Einrichtungen zu überweisen, deren Unterstützungswürdigkeit vom DGB-Bundesvorstand im Einzelfall geprüft und festgestellt worden ist.

Es ist Aufgabe der jeweils entsendenden bzw. vorschlagsberechtigten Stelle, bei einer Nichtbeachtung der vorstehenden Abführungsregelungen geeignete Sanktionen zu ergreifen.

IV. Zur wirksamen Kontrolle einer Erfüllung der vorstehenden Abführungsregelung ist der in Frage kommende Personenkreis bei den Hauptvorständen (bzw. dem DGB-Bundesvorstand) zentral zu erfassen.[12]

Der Bundesvorstand kommt überein, daß beim Auftreten von steuerlichen Schwierigkeiten im Hinblick auf die Abführung von Vergütungen der DGB zur Klärung zur Verfügung stehen wird.

Darüber hinaus wird vereinbart, daß Kollegen Vetter die Kontrolle über die Abführung der Vergütungen von Mitgliedern der Vorstände der gemeinwirtschaftlichen Unternehmen obliegt.

3. Bericht über die Rentenversicherung

Kollege *Muhr* erinnert an seine Ausführungen in der letzten Bundesausschußsitzung und berichtet über die Beratungen im Sozialpolitischen Ausschuß über die Probleme der Rentenfinanzierung.[13] Er weist darauf hin, daß für 1977 noch keine Liquiditätsprobleme bestehen. Es sind allerdings dringend Maßnahmen zur Sicherung einer soliden Finanzentwicklung der Rentenversicherung erforderlich, mit denen Einnahmen und Ausgaben der Rentenversicherung bis in die [19]80er-Jahre hinein in ein ausgewogenes Verhältnis gebracht werden müssen. Grundsätzlich ist der DGB zur Mitarbeit bereit, wenn vor jeder Änderung auf der Beitrags- und Leistungsseite jene Privilegien beseitigt werden, die mit der Öffnung der sozialen Rentenversicherung für Selbständige und Freiberufler geschaffen wurden. Ferner dürfen bei den notwendig werdenden Maßnahmen die Belastungen nicht einseitig nur auf die Beitragszahler oder nur auf die Rentner abgewälzt werden. Unabhängig von diesen Maßnahmen soll durch die notwendige grundsätzliche Reform der Alterssicherung mehr Gerechtigkeit zwischen den verschiedenen Versorgungssystemen geschaffen werden. Nach Auffassung des Sozialpolitischen Ausschusses

---

12 Auch nach umfassender Diskussion im Bundesvorstand entsprach der Entschluss genau der Vorlage Heinz Oskar Vetters.
13 Zum Problemfeld allgemein vgl. Remeke: Anders links sein, S. 172-174.

wäre die sympathischste Lösung der Finanzierungsprobleme eine Verschiebung der Rentenanpassung.[14]

An der anschließenden Diskussion beteiligen sich die Kollegen *Sickert, Muhr, Stadelmaier, Rothe, Müller, Schwab* und *Vetter*.[15]

Beschluß:
Der Bundesvorstand ist zur Mitarbeit an der Lösung der Finanzierungsprobleme der Rentenversicherung in dem von Kollegen *Muhr* aufgezeigten Rahmen bereit. Er wird jedoch nicht mit eigenen Forderungen an die Öffentlichkeit treten.[16]

Mittagspause: 13.10 bis 14.05 Uhr.

4. Analyse über das Verhalten der Parteien zur Bundestagswahl 1976

Kollege *Vetter* schlägt vor, die Beratung dieses Punktes auf die nächste Sitzung zu verschieben.

In diesem Zusammenhang verliest er einen Brief an den Vorsitzenden der CDU, Helmut Kohl, und weist auf einen Schriftwechsel zwischen der Arbeitsgemeinschaft christlich-demokratischer DGB-Gewerkschafter in den Sozialausschüssen und dem DGB hin.[17] Ferner teilt Kollege *Vetter* mit, daß in der nächsten Zeit ein informelles Gespräch einer kleinen Gruppe des Bundesvorstandes (5 Personen) mit dem Bundeskanzler stattfinden soll.

Beschluß:
Der Bundesvorstand stellt die Beratung des Tagesordnungspunktes bis zur nächsten Sitzung zurück.[18]

5. Vermögensbildung

Nach kurzer Diskussion, an der sich die Kollegen *Vetter, Pfeiffer, Kluncker* und *Loderer* beteiligen, *beschließt* der Bundesvorstand, die Beratung dieses Tagesordnungspunktes auf die Dezember-Sitzung zu vertagen.[19]

---

14 Vgl. Protokoll der 14. Sitzung des Bundesvorstandes am 2.11.1976, Übertragung aus dem Stenogramm, S. 18 f., AdsD, DGB-Archiv, 5/DGAI000491.
15 Vgl. ebd., S. 19 f.
16 Das Protokoll wurde in der 15. Sitzung des Bundesvorstands am 7.12.1976 geändert. Vgl. Dok. 23: Kurzprotokoll der 15. Sitzung des Bundesvorstandes am 7.12.1976, TOP 1.
17 Heinz Oskar Vetter hatte den CDU-Vorsitzenden bezüglich des beobachteten Spannungsverhältnisses zwischen DGB und CDU angeschrieben und ein Gespräch vorgeschlagen. Vgl. Heinz O. Vetter, an Ministerpräsidenten Dr. Helmut Kohl, 29.10.1976, AdsD, DGB-Archiv, 5/DGAI000491.
18 Der Tagesordnungspunkt wurde nicht wieder aufgegriffen.
19 Vgl. Dok. 23: Kurzprotokoll der 15. Sitzung des Bundesvorstandes am 7.12.1976, TOP 9.

Fortsetzung zu TOP 2. »Mitbestimmung«

Kollege *Vetter* spricht das Thema Fusion von Hans-Böckler-Gesellschaft und Stiftung Mitbestimmung an. Die Fusion und die mit ihr verbundenen generellen Absichten haben im Prinzip Zustimmung gefunden. Nur hinsichtlich der sogenannten Beratungsstelle haben sich einige noch zu klärende Fragen ergeben. Es sollte jedoch möglich sein, die Klärung bis zur Dezember-Sitzung des Bundesvorstandes herbeizuführen und dann zu einer Beschlußfassung zu kommen.

Beschluß:
Der Bundesvorstand ist mit der Vertagung des Themas Fusion der Hans-Böckler-Gesellschaft und der Stiftung Mitbestimmung bis zur Klärung der offenen Fragen einverstanden.[20]

6. **Tagesordnung für die 6. Bundesausschußsitzung am 8.12.1976**

Beschluß:
Der Bundesvorstand beschließt für die 6. Bundesausschußsitzung am 8.12.1976 folgende

Tagesordnung:
1. Genehmigung des Protokolls der 5. Bundesausschußsitzung
2. Bericht zur gewerkschaftspolitischen und organisatorischen Situation
3. Finanzhilfe für Spanien
4. Spende für Guatemala
5. Veränderungsmitteilungen
6. Fragestunde
7. Verschiedenes[21]

7. **Vorschlag zur Anpassung der Unterstützungen zum 1.1.1977**

Beschluß:
Der Bundesvorstand schlägt der Mitgliederversammlung der Unterstützungskasse des DGB e. V. vor, alle bis zum 31.12.1976 festgesetzten Unterstützungen mit Wirkung vom 1. Januar 1977 um 11 % zu erhöhen.[22]

---

20 Vgl. Dok. 23: Kurzprotokoll der 15. Sitzung des Bundesvorstandes am 7.12.1976, TOP: »Verschiedenes«.
21 Die Tagesordnung wurde entsprechend der Vorlage ohne Änderungen angenommen. Vgl. [DGB-Bundesvorstand], Abt. Vorsitzender, Tagesordnung für die 6. Bundesausschußsitzung am 8.12.1976, AdsD, DGB-Archiv, 5/DGAI000491.
22 Der Vorlage zufolge sollten die Leistungen aus der Unterstützungskasse des DGB der Entwicklung, die das 19. Rentenanpassungsgesetz vom 3.6.1976 vorgab, angeglichen werden. Das Gesetz sah eine Erhö-

Das gleiche gilt für die Versorgungsleistungen aus der Auftragsverwaltung.

8. Gehaltsregelung für die Beschäftigten des DGB

Beschluß:
Der Bundesvorstand bestätigt das in der Gehaltsrunde 1976 für die Beschäftigten des DGB ausgehandelte, in der Betriebsvereinbarung vom 19.10.1976 vereinbarte Ergebnis.[23]

9. 1. Mai 1977

Kollege *Stephan* verweist auf die Vorlage und bittet um entsprechende Beschlußfassung.[24]
Kollege *Sickert* berichtet über die Maiveranstaltung in Berlin in diesem Jahr. Der Landesbezirksvorstand hat nun für den 1. Mai 1977 eine Veranstaltung am Vorabend des 1. Mai im Großen Funksaal des SFB mit ausgezeichnetem Rahmenprogramm

---

hung der gesetzlichen Renten um 11 % vor. Der Beschluss entsprach zugleich der Vorlage der Abteilung Finanzen. Vgl. [DGB-Bundesvorstand], Abt. Finanzen, an die Mitglieder des Bundesvorstandes, Vorschlag zur Anpassung der Unterstützungen zum 1.1.1977, Düsseldorf, 15.9.1976, AdsD, DGB-Archiv, 5/DGAI000491.

23 Der Bundesvorstand hatte den Geschäftsführenden Bundesvorstand in der 13. Sitzung vom 5.10.1976 ermächtigt, die Gehaltsverhandlungen mit dem Gesamtbetriebsrat des DGB zu führen und sich an der Grundlage der durchschnittlichen Gehaltserhöhungen bei allen Gewerkschaften zu orientieren. Vgl. [DGB-Bundesvorstand], Abt. Personal, Gerhard Schmidt, an die Mitglieder des Bundesvorstandes, Gehaltsregelung für die Beschäftigten des DGB, AdsD, DGB-Archiv, 5/DGAI000491. In der Betriebsvereinbarung, die der Vorlage in Abschrift beiliegt, wurde ab 1.10.1976 eine lineare Erhöhung der Bezüge um 5 % vereinbart sowie eine monatliche Zulage von 13 DM. Außerdem wurde die Weihnachtszuwendung ab 1976 von 50 % auf 66 2/3 % eines Monatsgehalts erhöht. Vgl. Lappas, Hoffmann, Adelmann, Betriebsvereinbarung, Düsseldorf, 19.10.1976, AdsD, DGB-Archiv, 5/DGAI000491.

24 Die Vorlage der Abteilung Werbung – Medienpolitik war ergänzt um eine Auswertung der gesammelten Mai-Berichtsbögen des Jahres 1976. Exemplarisch wählte die Abteilung einzelne Mai-Berichtsbögen zur Vorlage im Bundesvorstand aus. Der Auswertung zufolge nahmen 1976 529.667 Menschen an insgesamt 666 Veranstaltungen, davon 484 Saalveranstaltungen und 84 Freiluftveranstaltungen, teil. Bei den Freiluftveranstaltungen waren 64 mit einem Umzug und bei den Saalveranstaltungen 34 mit vorherigem Umzug verbunden. Die Auswertung der Mai-Berichtsbögen ergab, dass es mit wenigen Ausnahmen keine wesentlichen Störungen gegeben hatte. Allerdings sei es in einigen Fällen durch Mitglieder des KBW und der KPD/ML beziehungsweise anderer »Randgruppen« zu Störungen der DGB-Veranstaltungen mit »Flugblättern, Sprechchören, Transparenten und mit dem Versuch, ans Mikrophon zu gelangen«, gekommen. Vgl. [DGB-Bundesvorstand], Abt. Werbung – Medienpolitik, an die Mitglieder des Bundesvorstandes, 1.5.1977, Düsseldorf, 13.10.1976; DGB-Bundesvorstand, Abt. Werbung – Medienpolitik, Auswertung der Maiberichtsbögen 1976, Düsseldorf, im September 1976, AdsD, DGB-Archiv, 5/DGAI000491. Dem Vergleich der Zahl der gemeldeten Mai-Veranstaltungen in den Jahren 1970 bis 1976 zufolge war die Zahl der Veranstaltungen von 1970 bis 1975 beinahe kontinuierlich von 1.011 auf 626 Veranstaltungen gesunken, um dann 1976 noch einmal leicht auf 666 zu steigen. Vgl. Vergleich über die Zahl der gemeldeten Maiveranstaltungen in den Jahren 1970–1976, AdsD, DGB-Archiv, 5/DGAI000491.

beschlossen. Diese Veranstaltung wird im Fernsehen live übertragen. Kollege *Sickert* bittet darum, daß ein Bundesvorstandsmitglied auf dieser Kundgebung spricht.

Nach kurzer Diskussion, an der sich die Kollegen *Stephan, Kluncker* und *Vetter* beteiligen,[25] *beschließt* der Bundesvorstand folgende Grundsätze für den 1. Mai 1977:

1. Der DGB führt am 1. Mai bzw. am Vorabend überall dort Maiveranstaltungen durch, wo dies organisatorisch geboten und möglich erscheint.
2. Maiveranstaltungen sollen nur dann durchgeführt werden, wenn sichergestellt ist, daß sowohl bei den Teilnehmern als auch in der Öffentlichkeit ein positiver Eindruck entsteht.
3. Über Form, Ort und Termin der Veranstaltungen entscheiden die örtlichen Gremien. Modellveranstaltungen einiger DGB-Kreise (wie z. B. Hanau, Heilbronn, Frankfurt, Ludwigsburg, Mainz und München) sind zu begrüßen und sollten Anregungen für andere – wenn auch nicht für alle – DGB-Kreise bei der Planung und Durchführung von Maiveranstaltungen geben.
4. Die DGB-Kreise verkaufen das Maiabzeichen 1977 ohne Ausnahme zu einem einheitlichen Preis von 0,50 DM. Der Erlös abzüglich des Herstellungspreises wird für die Durchführung von Maiveranstaltungen zusammen mit einem Zuschuß des Bundesvorstandes verwendet und abgerechnet.
5. Die Landesbezirke teilen die finanziellen Zuschüsse aus dem Etat auf die Kreise auf und kontrollieren die Verwendung und Abrechnung der Mittel.
6. Alle Funktionäre werden aufgefordert, bei der Vorbereitung und Durchführung der Maiveranstaltungen mitzuarbeiten und insbesondere den Verkauf von DGB-Maiabzeichen zu unterstützen.
7. Bei den Etatberatungen für 1977 ist wiederum ein entsprechender Betrag für die Finanzierung des 1. Mai vorzusehen.[26]

10. Netzträgerschaft künftiger Kabelfernsehnetze

Kollege *Stephan* berichtet kurz über die bisher erfolgte Diskussion und Meinungsbildung in der Arbeitsgemeinschaft Publizistik, im Bundesvorstand und im Geschäftsführenden Bundesvorstand und trägt eine Reihe grundsätzlicher Überlegungen zum Problem der Netzträgerschaft vor.[27]

---

25 Vgl. Protokoll der 14. Sitzung des Bundesvorstandes am 2.11.1976, Übertragung aus dem Stenogramm, S. 26 f., AdsD, DGB-Archiv, 5/DGAI000491.
26 Der Beschluss entspricht der Vorlage der Abteilung Werbung – Medienpolitik.
27 Vertreter der Gewerkschaft Kunst und IG Druck und Papier hatten im Rahmen einer Tagung der Arbeitsgemeinschaft Publizistik der beiden Gewerkschaften, an der auch Vertreter der DPG, der HBV, der Neuen Heimat und der Abteilung Werbung – Medienpolitik beim DGB-Bundesvorstand teilnahmen, beschlossen, dass die Arbeitsgemeinschaft neben der Deutschen Bundespost auch andere, »insbesondere öffentlich-rechtliche Träger« als künftigen Netzträger vorschlage. Unter Berufung auf die Anträge 273 und 275 der DPG und der Gewerkschaft Kunst beim DGB-Bundeskongress bekräftigten sie diese Vorschläge. Vgl. [DGB-Bundesvorstand], Abt. Werbung – Medienpolitik, Vorlage für die 14. Sitzung des Bundesvorstandes am 2.11.1976, Netzträgerschaft künftiger Kabelfernsehnetze, Düssel-

Er verweist außerdem auf die vorliegende Stellungnahme der Neuen Heimat und die ebenfalls vorgelegten Argumente der Deutschen Postgewerkschaft.[28]

Kollege *Breit* erläutert die Argumente der Deutschen Postgewerkschaft und stellt den Antrag, sich der Beschlußfassung in der Arbeitsgemeinschaft Publizistik, daß der Träger künftiger Kabelfernsehnetze die Deutsche Bundespost sein muß, anzuschließen.

An der nachfolgenden Diskussion beteiligen sich die Kollegen *Lappas, Stephan, Sprenger, Frister, Schwab, Loderer* und *Breit*.[29]

Beschluß:
Der Bundesvorstand beschließt mit einer Stimmenthaltung, daß die Deutsche Bundespost Träger künftiger Kabelfernsehnetze sein muß.

11. Verschiedenes

a) Südafrika
Der vorgelegte Entwurf einer Entschließung wird zurückgezogen.[30]

b) Berufsfortbildungswerk

---

dorf, 15.10.1976, AdsD, DGB-Archiv, 5/DGAI000491; Arbeitsgemeinschaft Publizistik der IG Druck und Papier und der Gewerkschaft Kunst, Stellungnahme zum Kabelfernsehen, Düsseldorf, 10.2.1976, AdsD, DGB-Archiv, 5/DGAI000491.

28 Der Vorstand der Neuen Heimat sah es als eine mögliche Serviceleistung gegenüber seinen Mieterinnen und Mietern an, diese auch mit modernen Kabelnetzen statt mit Gemeinschaftsantennen auszustatten. Vgl. Aus der Niederschrift über die gemeinsame Sitzung des DGB-Bundesvorstandes mit dem Vorstand der Unternehmensgruppe Neue Heimat am, [hsl. Zusatz], 12.6.[19]76 in Travemünde, AdsD, DGB-Archiv, 5/DGAI000491. Der Vorstand der Neuen Heimat distanzierte sich von der Vorlage der Arbeitsgemeinschaft Publizistik, den er als zu pauschal bezeichnete. Die Neue Heimat habe hohen Wert auf die Verbesserung des Fernseh- und Tonempfangs gelegt und die hausinternen Netze, die an die Gemeinschaftsantennen anschließen, so ausgelegt, dass sie gegebenenfalls an das Kabelnetz angeschlossen werden können. Jedoch hätten Kostenvergleiche mit den Dienstleistungen der Deutschen Bundespost ergeben, dass sie nicht ohne Weiteres den Mieterinnen und Mietern des sozialen Wohnungsbaus zugemutet werden könnten. Vgl. [Fernschreiben der Neuen Heimat], Albert Vietor, Willi Ginhold, Netzträgerschaft künftiger Kabelnetze, o. O., o. D., AdsD, DGB-Archiv, 5/DGAI000491. Die DPG betonte in ihrer Stellungnahme, dass der Ausbau der Kommunikationssysteme im Interesse der Allgemeinheit stehe und »[n]icht einzelnen Gruppen […] mehr Informationen, mehr Teilnahmemöglichkeiten, mehr Vielfalt« vorbehalten sein sollten: »Vorhandene und neue Kommunikationsangebote müssen an jeden gerichtet sein.« Private Netzträger wären überfordert, die Wechselwirkungen mit benachbarten Wirtschaftszweigen wie der Druckindustrie zu beachten. Hinzu käme, dass die Netzneutralität bei privaten Betreibern nicht gewährleistet sei, ebenso wenig wie die gleichmäßige Versorgung des Bundesgebiets. Private Netze gefährdeten die Chancengleichheit auf Versorgung. Deshalb unterstützte die DPG die Netzträgerschaft durch die Deutsche Bundespost. Vgl. DPG, Bundesvorstand, Ernst Breit, Argumente, die für die Netzträgerschaft der Deutschen Bundespost beim Kabelfernsehen sprechen, Frankfurt am M[ain], 1.11.1976, AdsD, DGB-Archiv, 5/DGAI000491.

29 Vgl. Protokoll der 14. Sitzung des Bundesvorstandes am 2.11.1976, Übertragung aus dem Stenogramm, S. 28-30, AdsD, DGB-Archiv, 5/DGAI000491.

30 Die Vorlage fehlt in den Sitzungsunterlagen des Vorsitzenden.

Auf den Hinweis des Kollegen *Erlewein* auf Prüfungsergebnisse des Bundesrechnungshofes beim Bildungszentrum des Berufsfortbildungswerkes sagt Kollege *Lappas* dem Bundesvorstand einen schriftlichen Bericht zur Klärung zu.

Ende der Sitzung: 15.55 Uhr.

Anlage 1:
Unter die Ziffer I des DGB-Bundesvorstands-Beschlusses fallen folgende Gremien:
a) Gremien im Bereich der öffentlich-rechtlichen Wirtschaftsunternehmen (einschließlich privatrechtlich betriebener Tochtergesellschaften):
   – Verwaltungsräte von Bundespost und Bundesbahn
   – Verwaltungsräte/Werksausschüsse/Werksbeiräte etc. in Eigenbetrieben des Bundes, der Länder und der Gemeinden
   – Aufsichtsräte bzw. Beiräte in Eigengesellschaften von Bund, Ländern und Gemeinden
   – Aufsichtsräte bzw. Beiräte von privatrechtlich geführten Tochtergesellschaften öffentlich-rechtlicher Unternehmen
   – Verwaltungsräte in öffentlich-rechtlichen Kreditanstalten (Sparkassen, Giro-Zentralen, Kreditanstalt für Wiederaufbau) und Versicherungsanstalten
b) Gremien im Bereich der gemeinwirtschaftlichen Unternehmen:
   – Aufsichtsräte bzw. Beiräte von gewerkschaftseigenen Unternehmen
   – Aufsichtsräte bzw. Beiräte von Tochtergesellschaften
c) Gremien im Bereich Medien und Kultur (einschließlich privatrechtlich geführter Tochtergesellschaften):
   – Rundfunk-, Fernseh-, Verwaltungsräte und Beiräte in den Rundfunkanstalten der Länder und des Bundes, in der ARD und im ZDF
   – Aufsichtsräte bzw. Beiräte von Film- und Filmförderungsgesellschaften
   – Verwaltungsräte, Beiräte, Aufsichtsräte im Bereich der Bühnen
d) Gremien in weiteren Bereichen:
   – Senate und Kuratorien in Forschungseinrichtungen (Max-Planck-Gesellschaft)
   – Senate und Kuratorien in Hochschulen
   – Verwaltungsräte, Aufsichtsräte und Beiräte in hochschulfreien, Forschungszentren

Anlage 2:
Unter die Ziffer II des DGB-Bundesvorstands-Beschlusses fallen folgende Organe:
a) Vorstände und Geschäftsführungen von gewerkschaftseigenen Unternehmen
b) Vorstände und Geschäftsführungen von Tochtergesellschaften gewerkschaftseigener Unternehmen

Dokument 23

7. Dezember 1976: Kurzprotokoll der 15. Sitzung des Bundesvorstandes

Hans-Böckler-Haus in Düsseldorf; Vorsitz: Heinz O. Vetter; Protokollführung: Isolde Funke, Marianne Jeratsch; Sitzungsdauer: 10.10–16.45 Uhr; ms. vermerkt: »Vertraulich«.[1]
Ms., hekt., 8 S., 2 Anlagen.[2]
AdsD, DGB-Archiv, 5/DGAI000554.

Beginn der Sitzung: 10.10 Uhr.

Kollege *Vetter* eröffnet die 15. Sitzung des Bundesvorstandes in Düsseldorf.
Er begrüßt besonders den Minister Armin Clauss, ehemals Vorsitzender des Landesbezirks Hessen, und beglückwünscht dessen Nachfolger Jochen Richert zu seiner Wahl.
Auf die Bitte des Kollegen *Buschmann*, die Fusion der Hans-Böckler-Gesellschaft und der Stiftung Mitbestimmung heute zu behandeln, sagt Kollege *Vetter* dies für später zu.

Tagesordnung:
1. Genehmigung des Protokolls der 14. Bundesvorstandssitzung
2. Geschäftsbericht der VTG für 1975
3. Finanzplan der VTG für das Jahr 1977
4. Kulturpreis des DGB 1977
5. Mai-Motto 1977
6. Gesellschaftsbezogene Berichterstattung/Sozialbilanzen
7. Organisationsfragen
8. Nächste Bundesvorstandssitzung
9. Vermögensbildung
10. Mehrwertsteuererhöhung
11. Solidaritätsfonds – Spende für die Türkei
12. Beitragsbefreiung gem[äß] Ziffer 6 der Beitragsordnung und Zuschuß aus dem Solidaritätsfonds für die Gewerkschaft GLF
13. Antrag der IG Druck und Papier auf Beitragsbefreiung für das Jahr 1977
14. Veränderungsmitteilungen
15. Verschiedenes

Dok. 23
1   Einladungsschreiben vom 12.11.1976 und Tagesordnung vom 16.11.1976. Nicht anwesend: Gerd Muhr, Karl Schwab, Heinz Vietheer (vertreten durch Günter Volkmar), Julius Lehlbach (vertreten durch Heinz Andersch). AdsD, DGB-Archiv, 5/DGAI000491.
2   Anlagen: Anwesenheitsliste; vgl. DGB-Bundesvorstand zu Mehrwertsteuer, öffentlichen Haushalten und Steuersenkungen, DGB-Nachrichten-Dienst, 302/76, 8.12.1976.

7. Dezember 1976 **Dokument 23**

1. Genehmigung des Protokolls der 14. Bundesvorstandssitzung

Beschluß:
Der Bundesvorstand genehmigt das Protokoll der 14. Bundesvorstandssitzung mit folgender Änderung:
Auf Seite 4 unter TOP 3. »Bericht über die Rentenversicherung« muß der zweite Satz wie folgt lauten:
»Er weist darauf hin, daß für 1977 zwar noch keine Vermögensprobleme bestehen, da die Rücklage am Ende des Jahres noch ca. 18 Milliarden DM betragen wird, wohl aber Liquiditätsprobleme auftreten.«
Der letzte Satz des Beitrages des Kollegen *Muhr* muß an Stelle des Punktes wie folgt fortgesetzt werden: »sowie eine Anhebung des Beitragssatzes von 18 auf 19 %.«[3]

2. Geschäftsbericht der VTG für 1975

Kollege *Lappas* erläutert die Vorlage und bittet den Bundesvorstand um Kenntnisnahme.[4]
Die Fragen des Kollegen *Loderer* zu den Seiten 5 (Vergleich zum Vorjahr), 13 (Beteiligungsvermögen), 11 (Gebäudenutzungsübersicht) und zu den Reparaturen werden vom Kollegen *Lappas* unter Hinweis auf den Prüfungsbericht der Wirtschaftsprüfungsgesellschaft beantwortet. Kollege *Lappas* sagt zu, in Zukunft diesen Prüfungsbericht auf Wunsch dem Bundesvorstand zur Verfügung zu stellen.

Beschluß:
Gemäß § 10, Absatz 3 der Geschäftsanweisung für die Verwaltung des Treuhandvermögens vom 6.3.1973 nimmt der Bundesvorstand den Geschäftsbericht der VTG für das Jahr 1975 zur Kenntnis.

3. Finanzplan der VTG für das Jahr 1977

Kollege *Lappas* erläutert den vorgelegten Finanzplan der VTG für das Jahr 1977 und bittet den Bundesvorstand um Zustimmung.[5]

---

3 Vgl. Dok. 22: Kurzprotokoll der 14. Sitzung des Bundesvorstandes am 2.11.1976, hier TOP 3.
4 Vgl. Vermögensverwaltungs- und Treuhand-Gesellschaft des Deutschen Gewerkschaftsbundes mbH, Geschäftsbericht 1975, AdsD, DGB-Archiv, 5/DGAI000492.
5 Vgl. [DGB-Bundesvorstand], Abt. Finanzen, Vorlage für den Bundesvorstand, Finanzplan für die VTG für das Jahr 1977, Düsseldorf, 5.11.1976; Vermögensverwaltungs- und Treuhand-Gesellschaft des Deutschen Gewerkschaftsbundes m.b.H., Finanzplan 1977, AdsD, DGB-Archiv, 5/DGAI000492.

Dokument 23   7. Dezember 1976

Beschluß:
Gemäß § 5, Absatz 2 der Geschäftsanweisung für die Verwaltung des Treuhandvermögens vom 6. März 1973 stimmt der Bundesvorstand dem Finanzplan der VTG für das Jahr 1977 zu.

4. Kulturpreis des DGB 1977

Nach kurzer Diskussion, an der sich die Kollegen *Vetter, Sickert, Hauenschild, Breit, Kluncker, Sprenger* und die Kollegin *Weber* beteiligen,[6] faßt der Bundesvorstand folgenden *Beschluß*:
Der Bundesvorstand stimmt der Verleihung des Kulturpreises des DGB 1977 an das »Grips«-Theater, Berlin, und das Institut für Projektstudien, Hamburg, zu.[7] Der Preis für das »Grips«-Theater wird mit 15.000,– DM und der Preis für das Institut für Projektstudien mit 10.000,– DM dotiert. Die Kulturpreisverleihung soll als Kulturveranstaltung des DGB ausgerichtet werden; das »Grips«-Theater wird gebeten, dafür eine Theateraufführung zu realisieren. Die Abteilung Kulturpolitik wird beauftragt, die inhaltlichen und organisatorischen Voraussetzungen für die Kulturpreisverleihung zu schaffen.[8]

---

6 Vgl. Protokoll über die 15. Sitzung des Bundesvorstandes am 7.12.1976, Übertragung aus dem Protokoll, S. 4 f.,, AdsD, DGB-Archiv, 5/DGAI000492.

7 Das 1966 als »Theater für Kinder« ins Leben gerufene, 1972 umbenannte GRIPS-Theater ist ein Kinder- und Jugendtheater in Berlin. Charakteristisch für das Theater sind sozialkritische Kinder- und Jugendtheaterstücke, die gesellschaftspolitische Themen aufnehmen. Häufig gehören zu den Inszenierungen eingängige Kindersongs. In den 1970er-Jahren war das GRIPS-Theater auch durch Fernsehaufzeichnungen seiner Stücke bekannt. Zur Geschichte des GRIPS-Theaters vgl. Fischer: GRIPS. Vgl. auch die Vorlagen für die Sitzung, in denen die Verleihung des Preises an das GRIPS-Theater begründet wird und die Preisträger dargestellt werden. Die Abteilung Kulturpolitik hob hinsichtlich des GRIPS-Theaters hervor, dass es sich von den üblichen Kinder- und Jugendtheaterproduktionen in den Stadttheatern unterscheide, die vorrangig Märchenstoffe inszenierten. Das GRIPS-Theater beschäftige sich »mit Problemen, die Kinder und Jugendliche mit ihrer Umwelt, mit den Erwachsenen bzw. deren Umwelt« hätten; die Stücke besäßen pädagogischen Wert, den kaum ein anderes Theater in der Bundesrepublik habe. Das 1970 gegründete Institut für Projektstudien war zunächst bis 1972 dem Spiegel-Verlag angegliedert und wurde danach von Dr. Karla Fohrbeck, Dr. Andreas Johannes Wienand und Prof. Bazon Brock selbstständig geführt. Es hatte verschiedene Enqueten, unter anderem die »Autoren-Enquete« und den »Künstler-Report« erstellt, die teils im Auftrag der Bundesregierung, teils auf Anregung von Verbänden der Kulturberufe und Verwertungsgesellschaften erarbeitet wurden. Das Gutachten des DGB betonte die wissenschaftliche Innovativität, die Methodenstrenge und die praktische Verwertbarkeit der Studien des Instituts. Sie hätten zum Beispiel zu einem klareren Bild über die Lage der Künstler beigetragen, andererseits aber auch gewerkschaftliches Bewusstsein bei Künstlern gefördert. Vgl. [DGB-Bundesvorstand], Karl Schwab, Abt. Kulturpolitik, an die Mitglieder des Bundesvorstandes, Kulturpreis des DGB 1977, Düsseldorf, 11.11.1976; Grips-Theater in Berlin; Stücke des »Grips«-Theaters seit 1969; Wie im Grips-Theater ein Stück entwickelt wird, Arbeitsplan für Grips-Produktionen; Institut für Projektstudien; Institut für Projektstudien Hamburg, Kurzinformation zur Organisation, zu den wichtigsten Forschungsprojekten und zur Qualifikation der Projektleiter, Stand Herbst 1975, AdsD, DGB-Archiv, 5/DGAI000492.

8 Die Kulturpreisverleihung, bei der Karla Fohrbeck vom Institut für Projektstudien einen Vortrag hielt und das GRIPS-Theater das Stück »Das hältste ja im Kopf nicht aus« darbot, fand am Dienstag, 24.5.1977, in Recklinghausen statt. Interessanterweise weckte die Verleihung an das linke Jugendtheaterprojekt

5. Mai-Motto 1977

Beschluß:
Der Bundesvorstand beschließt für 1977 folgendes Mai-Motto:
- »DGB – Arbeiter, Angestellte, Beamte – gemeinsam erreichen wir mehr.«[9]

6. Gesellschaftsbezogene Berichterstattung/Sozialbilanzen

Der Bundesvorstand faßt folgenden *Beschluß*:
1. Der vorgelegte Sachstandsbericht wird als erste Einschätzung des DGB zur Sozialberichterstattung von Großunternehmen zur Kenntnis genommen.[10]

Widerstände, vor allem auf christdemokratischer Seite. Zur Vorbereitung vgl. die Akte der Abt. Kulturpolitik, AdsD, DGB-Archiv, 5/DGCP000038. Vgl. auch Dok. 24: Kurzprotokoll der 16. Sitzung des Bundesvorstandes am 31.1.1977, TOP 13.

9 Das Motto ist auch im Zusammenhang der Aufkündigung der Tarifgemeinschaft mit der DAG zu verstehen. Vgl. weiter unten TOP 7. Zu den Mai-Mottovorschlägen vgl. [DGB-Bundesvorstand], Abt. Medienpolitik, Mai-Motto 1977, Düsseldorf, 15.11.1976; [DGB-Bundesvorstand], Abt. Medienpolitik, an die Mitglieder des Bundesvorstandes, Maiparolen seit 1950, Düsseldorf, 15.11.1976, AdsD, DGB-Archiv, 5/DGAI000492.

10 Heinz Oskar Vetter berichtete, dass sich in den vorhergehenden Jahren eine Unternehmensaktivität im Rahmen der sogenannten Sozialberichterstattung etabliert habe, die einer »gesellschaftsbezogenen Rechnungslegung« diene und die »langfristig nicht ohne negative Auswirkungen auf die gewerkschaftliche Mitbestimmungs- und Tarifpolitik sein dürfte.« Die unterschiedlichen Aktivitäten schlügen sich in »Sozialreports«, in einer Erweiterung der »Berichterstattung über den Bereich Personal in den Geschäftsberichten«, in der »Darstellung der Umweltaktivitäten in den Geschäftsberichten« sowie in der »Erstellung von ›Sozialberichten‹« nieder. Als Beispiele nannte Vetter die Großunternehmen BASF, Bayer, Bertelsmann, Chemische Werke Hüls, Rank Xerox für Sozialreports, die Unternehmen STEAG, Saarbergwerke, Pieroth, Shell und BASF für Sozialbilanzen sowie noch eine ganze Reihe weiterer Großunternehmen. Dabei erführen die Unternehmen Unterstützung durch die Stiftung Gesellschaft und Unternehmen, durch einen vom Automobilzulieferer Pieroth gegründeten Arbeitskreis »Sozialbilanz-Praxis« sowie von Wissenschaftlern aus dem Universitätsbereich. Vetter sah in dieser Form der Sozialberichterstattung eine Gefahr für die Mitbestimmung, der sich die Mitbestimmungsträger stellen müssten. Aufgrund fehlender Maßstäbe, Normen und Mitwirkungsmöglichkeiten der Mitbestimmungsträger handele es sich um ein einseitiges Instrument der Unternehmensvorstände, die damit eine Möglichkeit zur gezielten Beeinflussung der Willensbildung von Belegschaften und Gewerkschaften in die Hände bekämen. Daraus ergebe sich die »Gefahr einer Beeinflussung der tarifpolitischen Willensbildung.« Deshalb schlug er die im Folgenden beschlossenen Maßnahmen vor. [DGB-Bundesvorstand, Abt. Vorsitzender], Heinz Oskar Vetter, an die Mitglieder des Bundesvorstandes, Mitbestimmung, Gesellschaftsbezogene Berichterstattung einiger Großunternehmen, o. O., 8.11.1976, AdsD, DGB-Archiv, 5/DGAI000492; vgl. auch den Sachstandsbericht des DGB-Bundesvorstandes, Abt. Gesellschaftspolitik, Sozialbilanzen/Sozialreports/Gesellschaftsbezogene Firmenberichterstattung, Düsseldorf, 25.10.1976, ebd.; [DGB-Bundesvorstand], Abt. Gesellschaftspolitik, Dokumentation Sozialbilanzen/Gesellschaftsbezogene Berichterstattung, Düsseldorf, 21.10.1976, ebd. Diese Dokumentation umfasst Sozialbilanzen und -berichte verschiedener Unternehmen im Auszug, Untersuchungen, etwa einen Manager-Magazin-Report und eine Befragung der Universität zu Köln, sowie Stellungnahmen von Verbänden, Parteien und Gewerkschaften. Zum gesamten Sachverhalt vgl. auch Rosenberger: Experten für Humankapital; Hagemann-Wilholt: Das »gute« Unternehmen, S. 79-320. Der durch den DGB-Bundesvorstand einberufene Arbeitskreis zur Erarbeitung eines Sozialindikatorenansatzes, der von 1976 bis 1978 tagte, wird auf den S. 150-170 analysiert.

2. Es wird eine Arbeitsgruppe aus DGB, WSI und Gewerkschaften unter Federführung der Abteilung Gesellschaftspolitik mit folgenden Aufträgen eingesetzt:
   a) Darstellung der bisher erfolgten Aktivitäten zur Sozialberichterstattung durch einzelne Firmen;
   b) Einschätzung der künftigen Entwicklung;
   c) Erarbeitung von Gegenvorschlägen zu praktizierten Konzepten als Vorlage an Bundesvorstand und Bundesausschuß unter Einbeziehung der Diskussion um ein neues Unternehmens- bzw. Publizitätsrecht;
   d) Erarbeitung von Vorschlägen zur Durchsetzung eines DGB-Konzepts zur Sozialberichterstattung.[11]

7. Organisationsfragen

Kollege *Kluncker* berichtet über die Erfahrungen der ÖTV mit der DAG, die dazu geführt haben, daß es keine gemeinsamen Tarifverhandlungen mehr geben wird.[12] Dies ist auch den öffentlichen Arbeitgebern mitgeteilt worden. Ferner berichtet Kollege *Kluncker* über die Gründung der Tarifgemeinschaft tariffähiger Verbände.[13]

In der anschließenden Diskussion, an der sich die Kollegen *Vetter, Kluncker, Breit, Pfeiffer, Hauenschild, Volkmar, A. Schmidt, Buschmann, Stephan* und die Kollegin *Weber* beteiligen, wird über die Erfahrungen mit der DAG und den christlichen Verbän-

---

11 Zu dem Arbeitskreis und der differenzierten Ausarbeitung eines Sozialindikatorenansatzes durch den DGB vgl. ebd., S. 150-178.
12 Heinz Kluncker berichtete, dass die DAG bei ihrem Kongress 1975 gemeinsamen Tarifverträgen für Arbeiterinnen und Arbeiter und Angestellte eine klare Absage erteilt habe. Seit diesem Zeitpunkt weiche die DAG in ihrer praktischen Politik von der bis dahin verfochtenen Linie ab, für alle drei Gruppen (Arbeiterinnen und Arbeiter, Angestellte sowie Beamtinnen und Beamte) ein einheitliches Recht anzustreben. Im Rahmen der vorangegangenen Tarifrunde habe man davon abgesehen, die Tarifgemeinschaft aufzukündigen, weil der Gewerkschaftstag der ÖTV unmittelbar bevorstand. Da die Konfrontation mit der DAG zunehme, könne man mit ihr nicht mehr gemeinsam tarifpolitisch auftreten. Vgl. Protokoll über die 15. Sitzung des Bundesvorstandes vom 7.12.1976, Übertragung aus dem Stenogramm, S. 5 f., AdsD, DGB-Archiv, 5/DGAI000492.
13 Es geht um den Vorgang, von dem auch Karl Schwab in der Vorlage berichtete. Die Unterzeichnung des Vertrags erfolgte am 29.11.1976. Vgl. DAG-Pressedienst, Nr. 91/76 vom 29.11.1976, AdsD, DGB-Archiv, 5/DGAI000492. Der Vertrag wurde zwischen der DAG, der Gemeinschaft von Gewerkschaften und Verbänden des öffentlichen Dienstes (GGVöD) und dem Marburger Bund unterzeichnet. Die beteiligten Vertragspartner bildeten eine weder rechts- noch geschäftsfähige »Gemeinsame Tarifkommission«, deren Geschäfte von der DAG geführt wurden. Die Gemeinsame Tarifkommission umfasste 51 Mitglieder, von denen 26 die DAG, 19 die GGVöD und 6 der Marburger Bund stellte. Zum Zweck der Kooperation werde ein Lenkungsausschuss eingesetzt. Vgl. DGB-Bundesvorstand, Karl Schwab, an die Mitglieder des Bundesvorstandes, Tarifgemeinschaft für Angestellte im öffentlichen Dienst, Düsseldorf, 16.11.1976; Vertrag [über die Bildung einer Tarifgemeinschaft für Angestellte im öffentlichen Dienst] zwischen der Deutschen Angestellten-Gewerkschaft, der Gemeinschaft der Gewerkschaften und Verbände des öffentlichen Dienstes und dem Marburger Bund, Entwurf, 4.11.1976; Grundsätze zur Tarifpolitik, Anhang zum Vertrag über die Bildung einer Tarifgemeinschaft für Angestellte im öffentlichen Dienst vom 29.11.1976, AdsD, DGB-Archiv, 5/DGAI000492. Zur angesprochenen Tarifgemeinschaft vgl. Müller: Deutsche Angestelltengewerkschaft, S. 421-449.

den im europäischen Bereich berichtet.[14] Es wird angeregt, eine Arbeitstagung zu diesem Thema durchzuführen.

Kollege *Kluncker* berichtet über das am 1.12.1976 über gemeinsam berührende Fragen stattgefundene Gespräch zwischen den Geschäftsführenden Vorständen der Gewerkschaft der Polizei und der ÖTV.[15] Dieser Gedankenaustausch soll in absehbarer Zeit fortgeführt werden. Kollege *Kluncker* gibt dem Bundesvorstand von dem abgestimmten Kommuniqué zu den Gesprächsinhalten Kenntnis. Er wird dem Bundesvorstand zu gegebener Zeit wieder berichten. Kollege *Kluncker* empfiehlt, Verhandlungen neben denen der ÖTV nicht zu führen.

Kollege *Vetter* bestätigt, daß Verhandlungen auf DGB-Ebene zur Zeit nur stören würden. Man sollte sie der ÖTV überlassen.

8. Nächste Bundesvorstandssitzung

Beschluß:
Der Bundesvorstand beschließt, seine nächste Sitzung am 31. Januar 1977 um 16.00 Uhr durchzuführen.[16] Am 1. Februar soll die Gesellschaftspolitische Kommission tagen (ganztägig).[17]

12.10 Uhr: Aussprache mit dem Bundesfrauenausschuß

Der Bundesvorstand führt mit dem Bundesfrauenausschuß ein ausführliches Gespräch über Fragen der künftigen Politik der Frauen. Dabei geht es insbesondere um Beteiligung der Frauen an innergewerkschaftlichen Entscheidungsgremien (Delegierte zu Kongressen etc.), Beteiligung der Frauen an außergewerkschaftlichen Gremien (Mandate in Aufsichtsräten, Selbstverwaltungsorganen etc.), Chancen der Frauen für eine hauptamtliche Gewerkschaftstätigkeit, Förderung und Sicherung der Beschäftigungsmöglichkeiten für Frauen, Arbeitszeitverkürzung zur Erleichterung der Kombination von beruflichen und familiären Pflichten, Sonderurlaub zur Erziehung von Kindern, Fragen der Besteuerung und der Steuerentlastung sowie Entlohnung der Frauen.[18]

---

14 Vgl. Protokoll über die 15. Sitzung des Bundesvorstandes am 7.12.1976, Übertragung aus dem Stenogramm, S. 6-10, AdsD, DGB-Archiv, 5/DGAI000492.
15 Die Gespräche hatten sondierenden Charakter und waren zuletzt am 6.7.1976 fortgeführt worden. In den Sondierungen ging es um den Beitritt der GdP zum DGB. Die GdP hatte zuvor ihren bestandskräftigen Grundsatzbeschluss zu diesem Thema auf ihrem Delegiertenkongress 1976 bekräftigt. Die GdP trat schließlich 1978 dem DGB bei. Vgl. Gewerkschaft der Polizei, Gniesmer, an den Vorsitzenden des Deutschen Gewerkschaftsbundes, Heinz Oskar Vetter, Hilden, 22.10.1976, AdsD, DGB-Archiv, 5/ DGAI000491.
16 Vgl. Dok. 24: Kurzprotokoll der 16. Sitzung des Bundesvorstandes am 31.1.1977.
17 Vgl. Protokoll der Kommission Gesellschaftspolitik vom 1.2.1977, AdsD, DGB-Archiv, 5/DGAK000103.
18 Vgl. Protokoll über die 15. Sitzung des Bundesvorstandes am 7.12.1976, Übertragung aus dem Stenogramm, S. 10 f., AdsD, DGB-Archiv, 5/DGAI000492. Vgl. auch DGB-Bundesvorstand, Abt. Frauen,

Abschließend bittet Kollege *Vetter* den Bundesfrauenausschuß, das heutige Gespräch zusammenzufassen und als Forderung zur weiteren Diskussion bzw. Fortführung des Gesprächs an den Bundesvorstand zu geben.

Mittagspause: 14.15 bis 15.00 Uhr.

9. Vermögensbildung

Kollege *Vetter* weist auf das vorgelegte Papier hin und stellt es zur Diskussion.[19]
Nach ausführlicher Diskussion, an der sich die Kollegen *Buschmann, Vetter, Volkmar, Sperner, Hauenschild, Loderer, Stadelmaier, Heiß, Frister, Breit, Rothe* und *Manz* beteiligen, faßt der Bundesvorstand folgenden *Beschluß*, der der Bundesregierung in einem Gespräch am gleichen Tag vorgetragen werden soll:
1. Der DGB lehnt jede Verknüpfung der Vermögensbildung (Beteiligung am Produktivkapital) mit der Lohn- und Gehaltspolitik ab.
2. Der DGB hält an der Unterscheidung zwischen Vermögensbildung und Sparförderung fest. Die Arbeiten an einer Konzeption des DGB zur Vermögensbildung werden fortgesetzt.
3. Der DGB sieht keinen zwingenden Grund, die Struktur der gegenwärtigen Sparförderung zu verändern.
4. Wenn die Bundesregierung den Begünstigungsrahmen des 624-DM-Gesetzes auf 936,- DM erweitern will, dann verlangt der DGB, daß die Finanzierung dieser Erweiterung nicht zu Lasten der Arbeitnehmer geht.
Das bedeutet im einzelnen:
- Die Erweiterung darf nicht durch Steuern finanziert werden, die von den Arbeitnehmern aufzubringen sind.

Maria Weber, an die Mitglieder des Bundesfrauenausschusses, Gespräch des Bundesfrauenausschusses mit dem DGB-Bundesvorstand am 7.12.1976 in Düsseldorf, Düsseldorf, 16.11.1976; DGB-Bundesvorstand, Abt. Frauen, Tischvorlage Bundesvorstand, [hsl. Zusatz], Vorschlag für den Verlauf des Gesprächs des DGB-Bundesvorstandes mit dem Bundesfrauenausschuss am 7.12.1976 in Düsseldorf, Düsseldorf, 24.11.1976, AdsD, DGB-Archiv, 5/DGAI000492.

19 Die Abteilung Gesellschaftspolitik glich in ihrer Vorlage die Vorschläge von Bundeswirtschaftsminister Hans Friderichs, der BDA und der Bayerischen Staatsregierung miteinander ab. Friderichs hatte seine Vorstellungen im August 1976 noch vor der Bundestagswahl präsentiert. Demzufolge sollten auch Anlage- und Beteiligungsformen an Unternehmen unter die staatliche Förderung der Vermögensbildung fallen. Nach der Bundestagswahl war die BDA am 8.10.1976 mit ähnlich lautenden Forderungen hervorgetreten. In den Koalitionsgesprächen zur Vorbereitung der Regierungserklärung zeichnete sich ein entsprechender Kompromiss ab. Vgl. DGB-Bundesvorstand, Heinz Oskar Vetter, Sparförderung und Vermögensbildung, Düsseldorf, 1.12.1976; [DGB-Bundesvorstand], Abt. Gesellschaftspolitik, Sparförderung und Vermögensbildung, Düsseldorf, 29.11.1976; Bundesminister der Wirtschaft, Realistische Vorschläge zur Fortentwicklung der Vermögenspolitik, BMWi Dokumentation Nr. 229, August 1976; Grundsätze für eine weiterführende Vermögenspolitik verabschiedet, BDA-Pressedienst, Köln, 8.10.1976, AdsD, DGB-Archiv, 5/DGAI000492.

- Die Möglichkeit, daß Arbeitnehmer bis zu einer Einkommensgrenze von 24.000,- DM bzw. 48.000,- DM für Verheiratete die Sparprämie nach dem Sparprämiengesetz und die Arbeitnehmersparzulage nach dem 624-DM-Gesetz kumulieren, darf nicht entfallen, weil sie die höheren Einkommensgruppen begünstigt.
- Eine Erweiterung der Anlagemöglichkeiten nach dem 624-DM-Gesetz und die Anlageform der stillen Beteiligung wird abgelehnt, weil sie die Unternehmen zusätzlich steuerlich begünstigt.

10. Mehrwertsteuererhöhung

Kollege *Pfeiffer* erklärt, daß seine Vorlage vom 24.11.1976 überholt ist, da die Mehrwertsteuer im Jahre 1977 nicht erhöht werden wird.

Er verweist auf den heute vorgelegten Entwurf einer Presseerklärung und bittet um Verabschiedung dieser Erklärung.

Nach kurzer Diskussion, an der sich die Kollegen *Buschmann, Pfeiffer, Hauenschild, Rothe* und *Lappas* beteiligen, faßt der Bundesvorstand folgenden *Beschluß*:

Der Bundesvorstand verabschiedet eine Presseerklärung zu Mehrwertsteuer, öffentlichen Haushalten und Steuersenkungen (s. Anlage).[20]

11. Solidaritätsfonds – Spende für die Türkei

Beschluß:
Der Bundesvorstand wird dem Bundesausschuß empfehlen, 30.000,- DM aus dem Solidaritätsfonds für die Opfer der kürzlichen Erdbebenkatastrophe in der Türkei bereitzustellen.

Die IG Bergbau und Energie hat aus ihren Mitteln den Betrag von 20.000,- DM und die IG Metall den Betrag von 30.000,- DM zur Weiterleitung über den DGB zur Verfügung gestellt.

Die Gesamtsumme in Höhe von 80.000,- DM wird den Opfern der Erdbebenkatastrophe über das Deutsche Rote Kreuz bzw. über den Türkischen Halbmond zugeleitet.[21]

---

20 Vgl. DGB-Bundesvorstand zu Mehrwertsteuer, öffentlichen Haushalten und Steuersenkungen, DGB-Nachrichten-Dienst, 302/76, 8.12.1976, AdsD, DGB-Archiv, 5/DGAI000492.
21 Der Grund lag im Erdbeben in Ostanatolien vom 24.11.1976, das mit einer Stärke von 6,0 bis 6,9 auf der Richterskala gemessen wurde. Bei dem Erdbeben kamen nach unterschiedlichen Zählungen zwischen 3.626 und 3.790 Menschen ums Leben. Vgl. Türkei: Erdbeben-Chronik, in: Der SPIEGEL, 13.11.1999.

12. Beitragsbefreiung gem[äß] Ziffer 6 der Beitragsordnung und Zuschuß aus dem Solidaritätsfonds für die Gewerkschaft GLF

Beschluß:
Der Bundesvorstand wird dem Bundesausschuß vorschlagen, die Gewerkschaft Gartenbau, Land- und Forstwirtschaft für das Jahr 1977 von der Beitragsleistung an den DGB zu befreien und ihr für das Jahr 1977 einen Zuschuß in Höhe von 1.200.000,- DM aus dem Solidaritätsfonds zu gewähren.

13. Antrag der IG Druck und Papier auf Beitragsbefreiung für das Jahr 1977

Beschluß:
Der Bundesvorstand wird dem Bundesausschuß empfehlen, die IG Druck und Papier für das Jahr 1977 von der Beitragsleistung an den DGB zu befreien.[22]

14. Veränderungsmitteilungen

Beschluß:
Der Bundesvorstand wird dem Bundesausschuß die Bestätigung folgender Kollegin und Kollegen vorschlagen:
    Lisa Körber (DPG) als Mitglied des Landesbezirksvorstandes Niedersachsen und Hartmut Brinkmann (Gew[erkschaft] Kunst) als ständigen Vertreter des Kollegen Brönstrup im Landesbezirksvorstand Niedersachsen sowie Guntram Schneider als Vertreter des Landes-Jugendausschusses im Landesbezirksvorstand NRW.

15. Verschiedenes

a) Fusion Hans-Böckler-Gesellschaft und Stiftung Mitbestimmung
Kollege *Vetter* weist auf die Vorteile einer solchen Fusion und der Errichtung einer Informations- und Beratungsstelle für Fragen der Unternehmensmitbestimmung hin.[23] Hierzu müssen allerdings die Befürchtungen der IG Metall ausgeräumt werden.[24] Es sei selbstverständlich, daß der ganze Aufbau der Mitbestimmungsbetreuung der IG Metall unverändert beibehalten wird. Deshalb schlägt Kollege *Vetter* vor, daß der Bundesvorstand grundsätzlich der Fusion der Hans-Böckler-Gesellschaft und der Stiftung Mitbestimmung zustimmen sollte. Die begonnenen Gespräche mit der

---

22 Grund war die starke Belastung der IG Druck und Papier durch den Streik im Frühjahr 1976.
23 Vgl. Protokoll über die 15. Sitzung des Bundesvorstandes am 7.12.1976, Übertragung aus dem Stenogramm, S. 19, AdsD, DGB-Archiv, 5/DGAI000492.
24 Zu den Befürchtungen Eugen Loderers vgl. ebd., S. 19 f.

IG Metall sollen fortgesetzt werden, um die Bedenken der IG Metall auszuräumen. Wenn dies geschehen ist, könnte die Beratungsstelle sofort errichtet werden. Der Bundesvorstand würde dann im Februar einen Bericht hierüber erhalten. Sollte keine Einigung mit der IG Metall erzielt werden, wird Kollege Vetter den Bundesvorstand schriftlich unterrichten.

Kollege *Loderer* berichtet über den bisherigen Ablauf der Angelegenheit. Er ist mit der von Kollegen *Vetter* vorgeschlagenen Verfahrensweise einverstanden.[25]

Beschluß:
Der Bundesvorstand ist grundsätzlich damit einverstanden, daß sich die Stiftung Mitbestimmung und die Hans-Böckler-Gesellschaft zu einer Hans-Böckler-Stiftung zusammenschließen.

Wenn die Gespräche des GBV mit der IG Metall zu einer Einigung führen, soll in dieser Stiftung eine Informations- und Beratungsstelle für Fragen der Unternehmensmitbestimmung eingerichtet werden.[26]

b) IBFG-Protestaktion gegen Südafrika
Kollege *Vetter* erläutert die Vorlage und bittet um Zustimmung.[27]
Der Geschäftsführende Bundesvorstand würde dann dem Bundesvorstand eine genaue Aufstellung der vorgesehenen Maßnahmen zuleiten.[28]

---

25 Vgl. ebd., S. 19 f.
26 Die Auflösung beziehungsweise Umbenennung der Vorgängerinstitutionen Hans-Böckler-Gesellschaft e. V. und Stiftung Mitbestimmung zugunsten einer Überführung in die Hans-Böckler-Stiftung wurde am 3.3.1977 beschlossen. Vgl. Borsdorf/Hemmer: Gewerkschaften, S. 88.
27 Der Vorstand des IBFG hatte sich in seiner Sitzung mit der Situation in Südafrika befasst. Angesichts des verstärkten Drucks des Apartheidregimes, der sich besonders gegen die schwarzen Arbeiterinnen und Arbeiter richtete, hatte er beschlossen, vom 17. bis 23.1.1977 eine »Woche des weltweiten Protests gegen das System der Apartheid und die Unterdrückung freier Gewerkschaften im Südlichen Afrika« durchzuführen. Die Abteilung Vorsitzender machte zu den Aktionsvorschlägen einschränkende Bemerkungen. So seien Protestreiks oder die Verweigerung der Abfertigung südafrikanischer Flugzeuge aus rechtlichen Gründen ausgeschlossen. Stattdessen wurden örtliche Protestkundgebungen, Interviews deutscher und südafrikanischer Gewerkschafter in Fernsehen, Radio und Presse, gezielte Veröffentlichungen in der Gewerkschaftspresse sowie eine zentrale Informationskonferenz der Betriebs- und Aufsichtsräte von in Südafrika investierenden Unternehmen vorgeschlagen. Vgl. [DGB-Bundesvorstand], Abt. Vorsitzender, IBFG-Protestaktion gegen Südafrika, Düsseldorf, 2.12.1976; Internationaler Bund Freier Gewerkschaften/Weltverband der Arbeitnehmer, Entschließung der Südafrikakonferenz, Brüssel, 21.9.1976, AdsD, DGB-Archiv, 5/DGAI000492.
28 Der Geschäftsführende Bundesvorstand befasste sich in seiner 55. Sitzung am 10.1.1977 noch einmal mit dem Thema. Dem Protokoll zufolge sollte es eine Demonstrationswelle verschiedener Organisationen in Deutschland gegen die Apartheidpolitik in Südafrika geben. In der 53. Sitzung des Geschäftsführenden Bundesvorstandes hatte Karl Schwab darauf hingewiesen, dass sich die Gewerkschaftsjugend an den Protesten beteilige. »Es solle [...] geklärt werden, daß diese Aktionen nicht zum Tummelfeld politisch extremer Kräfte mißbraucht werden können.« Vgl. Protokoll über die 55. Sitzung des Geschäftsführenden Bundesvorstandes am 10.1.1977, S. 5; Anlage zum Protokoll der 53. Sitzung des Geschäftsführenden Bundesvorstandes am 13.12.1955, Hausmitteilungen, AdsD, DGB-Archiv, 5/DGAI000385.

Beschluß:
Der Bundesvorstand ist mit der vorgesehenen Protestaktion gegen Südafrika einverstanden.

c) Bundesarbeiterkonferenz
Auf die Frage des Kollegen *Hauenschild* nach der Bundesarbeiterkonferenz erklärt Kollege *Heiß*, daß satzungsgemäß verfahren werden muß.[29]
Der Bundesvorstand hat sich schon mehrmals mit dem Problem der Personengruppe Arbeiter befaßt.
Kollege *Vetter* stellt fest, daß 6 Gewerkschaften keine Delegierten zur Bundesarbeiterkonferenz entsenden werden. Der Geschäftsführende Bundesvorstand wird sich mit dieser Angelegenheit befassen.[30]

Ende der Sitzung: 16.45 Uhr.

Dokument 24

31. Januar 1977: Kurzprotokoll der 16. Sitzung des Bundesvorstandes

Hans-Böckler-Haus in Düsseldorf; Vorsitz: Heinz O. Vetter; Protokollführung: Isolde Funke, Marianne Jeratsch; Sitzungsdauer: 16.05 Uhr–19.50 Uhr; ms. vermerkt: »Vertraulich«.[1]

Ms., hekt., 7 S., 1 Anlage.[2]
AdsD, DGB-Archiv, 5/DGAI000554.

Beginn der Sitzung: 16.05 Uhr.

Kollege *Vetter* eröffnet die 16. Sitzung des Bundesvorstandes in Düsseldorf.
Im Namen des Bundesvorstandes beglückwünscht er den Kollegen Otto Sprenger zu seiner Wiederwahl zum Vorsitzenden der Gewerkschaft Kunst.

---

29 Vgl. Protokoll über die 15. Sitzung des Bundesvorstandes am 7.12.1976, Übertragung aus dem Stenogramm, S. 21, AdsD, DGB-Archiv, 5/DGAI000492.
30 Der Geschäftsführende Bundesvorstand befasste sich in der 55. Sitzung am 10.1.1977 mit den geäußerten Bedenken hinsichtlich der Teilnahme an der Bundesarbeiterkonferenz und beschloss, sich mit den satzungsmäßigen Fragen in diesem Zusammenhang zu befassen. Vgl. Protokoll über die 55. Sitzung des Geschäftsführenden Bundesvorstandes am 10.1.1977, AdsD, DGB-Archiv, 5/DGAI000385. Der Bundesvorstand befasste sich in seiner 16. Sitzung erneut mit dem Thema. Vgl. Dok. 24: Kurzprotokoll der 16. Sitzung des Bundesvorstandes am 31.1.1977, TOP 4., AdsD, DGB-Archiv, 5/DGAI000492.

Dok. 24
1 Einladungsschreiben vom 3.1.1977 und Tagesordnung vom 12.1.1977. Nicht anwesend: Adolf Schmidt, sein Stellvertreter Helmut Gelhorn, Gerhard van Haaren, Günter Erlewein (vertreten durch Mathias Manz). AdsD, DGB-Archiv, 5/DGAI000492.
2 Anlage: Anwesenheitsliste.

Kollege *Vetter* geht kurz auf sein im Januar veröffentlichtes Interview in der »Welt am Sonntag« und das vielfältige und oft unzutreffende Echo in der Öffentlichkeit auf seine Äußerungen zur Arbeitszeit ein.[3] Er ist der Meinung, daß darüber im Kreis der Gewerkschaftsvorsitzenden diskutiert werden sollte, und schlägt vor, dies am folgenden Tag oder – nach Vorliegen einer bisher internen Ausarbeitung zum Arbeitsmarktproblem – in der Märzsitzung des Bundesvorstandes zu tun.[4]

Tagesordnung:
1. Genehmigung des Protokolls der 15. Bundesvorstandssitzung
2. Haushalt 1977
3. Tagesordnung für die 7. Bundesausschußsitzung am 2.3.1977
4. Bundesarbeiterkonferenz 1977
5. Kernenergie
6. Maiplakat 1977
7. Versand von Listen ausgeschlossener Mitglieder
8. Erhöhung der Beitragssätze des EGB
9. Bildung eines Arbeitskreises Kulturpolitik
10. Schnellverteiler
11. Prüfung des Jahresabschlusses 1976
    Geschäftsanweisung für die Verwaltung des Treuhandvermögens § 9
12. Mandate in Aufsichtsräten gemeinwirtschaftlicher Unternehmen
13. Termine
14. FDGB
15. Entwurf einer Presseerklärung »DGB zur Situation der Bürgerrechtler in osteuropäischen Ländern«
16. Antrag der IG Druck und Papier
17. Verschiedenes

1. Genehmigung des Protokolls der 15. Bundesvorstandssitzung

Beschluß:
Der Bundesvorstand genehmigt das Protokoll der 15. Bundesvorstandssitzung.[5]

---

3 Das Interview erschien zusammen mit einem Porträt Heinz Oskar Vetters. Vgl. Heinz O. Vetter – der Mann, seine Macht, was er will, sowie das Interview: Wir haben die Keule, Welt am Sonntag, 2.1.1977. Für seine Äußerungen zur Arbeitszeitverkürzung war Vetter auch in Gewerkschaftskreisen kritisiert worden, so etwa von Heinz Kluncker und Eugen Loderer, die sich unter anderem daran stießen, dass Vetter den Lohnausgleich infrage gestellt hatte. Vgl. Gewerkschaften: Kühles Klima, in: Der SPIEGEL, 10.1.1977.
4 Vgl. Dok. 25: Kurzprotokoll der 17. Sitzung des Bundesvorstandes am 1.3.1977, TOP 9.
5 Vgl. Dok. 23: Kurzprotokoll der 15. Sitzung des Bundesvorstandes am 7.12.1976.

2. Haushalt 1977

Kollege *Lappas* erläutert einzelne Positionen des vorgelegten Haushaltsentwurfs für 1977, der mit 119.995.000,– DM abschließt. Gleichzeitig weist er auf den vorgelegten Ist-Stellenplan des DGB hin. Im Namen des Geschäftsführenden Bundesvorstandes und der Haushaltskommission bittet er den Bundesvorstand um Zustimmung zum Haushalt 1977.[6]

Kollege *Vater* weist auf die schwierige Etatlage und die Anstrengungen hin, die gemacht werden mußten, um den Haushalt ausgeglichen vorlegen zu können. Im Haushalt ist keine Zuweisung an die VTG enthalten, um die bevorstehenden Kapitaleinzahlungen bzw. Kapitalaufstockungen im gemeinwirtschaftlichen Bereich vorzunehmen. Außerdem sind keine Mittel für die im Herbst fällig werdende Gehaltserhöhung eingeplant. Kollege *Vater* berichtet, daß man sich in der Haushaltskommission im klaren war, daß man dem DGB zur Zeit und bei dieser finanziellen Situation keine weiteren Aufgaben übertragen könnte, sofern diese Aufgaben finanzielle Ausgaben nach sich ziehen.[7]

Die Kollegen *Hauenschild*, *Lappas* und *Schwab* sprechen kurz das Problem der Rechtsschutzstellen an.[8]

Beschluß:
Der Bundesvorstand empfiehlt dem Bundesausschuß, dem vorgelegten Haushaltsentwurf für 1977 zuzustimmen.[9]

3. Tagesordnung für die 7. Bundesausschußsitzung am 2.3.1977

Der Bundesvorstand *beschließt* für die 7. Bundesausschußsitzung am 2. März 1977 folgende Tagesordnung:[10]
1. Genehmigung des Protokolls der 6. Bundesausschußsitzung
2. Bericht zur gewerkschaftspolitischen und organisatorischen Situation

---

6   Vgl. DGB-Bundesvorstand, [Alfons] Lappas, an die Mitglieder des Bundesvorstandes, Haushaltsentwurf 1977, Düsseldorf, 14.12.1976, AdsD, DGB-Archiv, 5/DGAI000492. Vgl. auch das Protokoll über die 16. Sitzung des Bundesvorstandes am 31.1.1977, Übertragung aus dem Stenogramm, S. 4, ebd.
7   Vgl. ebd.
8   Vgl. ebd., S. 4 f. Alfons Lappas erläuterte, dass im Rechtsschutz 37 neue Stellen eingeplant und 1975 und 1976 davon 22 besetzt worden seien. Für die restlichen Stellen müsse im Jahr 1977 und in den folgenden Jahren angesichts der angespannten Haushaltslage Luft geschaffen werden. Ebd., S. 5. Vgl. außerdem DGB-Bundesvorstand, Karl Schwab, an die Mitglieder des Bundesvorstandes, Stellenplan 1977, Düsseldorf, 6.1.1977, AdsD, DGB-Archiv, 5/DGAI000492.
9   Der Bundesausschuss stimmte dem vorgelegten Haushaltsentwurf in seiner 7. Sitzung am 2.2.1977 zu. Vgl. Protokoll der 7. Sitzung des Bundesausschusses am 2.3.1977, TOP 3., S. 3 f., AdsD, DGB-Archiv, 5/DGAI000446.
10 Die Tagesordnung wurde nach kurzer inhaltlicher Diskussion so wie vorgeschlagen angenommen. Vgl. [DGB-Bundesvorstand], Abt. Vorsitzender, Vorlage für die 16. Bundesvorstandssitzung am 31.1.1977, Tagesordnung für die 7. Bundesausschußsitzung am 2.3.1977, AdsD, DGB-Archiv, 5/DGAI000492.

3. Bericht über den Stand der Beratungen zum Grundsatzprogramm
4. Haushalt 1977
5. Fragestunde
6. Verschiedenes

4. Bundesarbeiterkonferenz 1977

Kollege *Heiß* erläutert kurz die Vorlage und weist auf die Satzung hin. Er bittet den Bundesvorstand um entsprechende Beschlußfassung.[11]
An der anschließenden Diskussion beteiligen sich die Kollegen *Kluncker, Vetter, Fehrenbach, Hauenschild, Sperner, Schwab, Vater, Rothe, Buschmann, Vietheer, Vomberg, Schmidt, Stephan, Heiß* und Kollegin *Weber*.[12] Es wird die Problematik der Personengruppe Arbeiter und insbesondere die Durchführung der Bundesarbeiterkonferenz 1977 erörtert.[13] In diesem Zusammenhang werden die Personengruppenarbeit allgemein und die zu erstellenden Rahmenrichtlinien angesprochen. Es wird die Auffassung vertreten, daß eine Bundesarbeiterkonferenz 1977 stattfinden muß, jedoch ein Delegiertenschlüssel ähnlich wie beim Bundesausschuß (100) zugrunde gelegt werden sollte.

---

11 Martin Heiß führte aus, die Mehrheit der Bundesvorstandsmitglieder auf der Bundesvorstandssitzung am 7.12.1976 habe sich gegen eine Bundesarbeiterkonferenz als Bestandteil der Personengruppenarbeit positioniert. Er schlug deshalb vor, dass der Bundesvorstand die unter dem TOP: »Verschiedenes« geäußerten Bedenken überprüfe und im Hinblick auf die Satzung entsprechende Beschlüsse fasse. Vgl. [DGB-Bundesvorstand], Abt. Arbeiter-Handwerk, Martin Heiß, Vorlage für den Bundesvorstand, Bundesarbeiterkonferenz 1977, Düsseldorf, 11.1.1977, AdsD, DGB-Archiv, 5/DGAI000492. Vgl. auch die beigefügten Auszüge aus den Protokollen der Bundesarbeitsausschusssitzungen vom 14.9.1976 und 9.12.1976. Sachlich sei die Personengruppenarbeit für Arbeiterinnen und Arbeiter begründet, da sie dem »Strukturwandel bei den Erwerbstätigen« Rechnung trage. In einer weiteren Vorlage verwies die Abteilung Arbeiter – Handwerk auf die Stellungnahme des Arbeitswissenschaftlers Adolf Jungbluth vom Juli 1974, in der dieser den Trend zur fortlaufenden Minderung der Zahl der Arbeiter bei gleichzeitiger Zunahme der Stellen im Dienstleistungsbereich feststellte. Diese Entwicklung beruhe sowohl auf technologischen wie auch gesellschaftspolitischen Änderungen und beeinflusse auch die Mitgliederstatistik des DGB und seiner Gewerkschaften. Denn trotz des Anstiegs der absoluten Zahl der Arbeiterinnen und Arbeiter unter den Mitgliedern der Gewerkschaften von 4.534.000 im Jahr 1950 auf 5.310.000 im Jahr 1975 sei ihr prozentualer Anteil von 83 % auf 72 % gesunken. In gewerkschaftspolitischer Hinsicht gehe es um das »Ziel einer einheitlichen Arbeitnehmerschaft« und damit um eine »Aufhebung der Kategorisierung nach Arbeitern, Angestellten und Beamten«. Die Personengruppenarbeit für Arbeiter sei auch im Hinblick auf die Personengruppenarbeit für Angestellte bedeutend. Der Bundesarbeiterausschuss habe ein Schwerpunktprogramm mit den Schwerpunkten Weiterbildung, Gesundheitsschutz, Nacht- und Schichtarbeit, Freizeit-Umwelt-Wohnen, Abbau arbeitsrechtlicher Nachteile für Arbeiter und Frauenarbeit in seiner Sitzung am 9.12.1976 beschlossen. Vgl. Sachliche Begründung für die Arbeit der Personengruppe Arbeiter, ebd.
12 Protokoll über die 16. Sitzung des Bundesvorstandes am 31.1.1977, Übertragung aus dem Stenogramm, S. 6-10, AdsD, DGB-Archiv, 5/DGAI000492.
13 Die Konferenz wurde schließlich als interne Arbeitskonferenz am 24./25.11.1977 durchgeführt. Vgl. Protokoll: Bundesarbeiterkonferenz 1977.

Beschluß:
Der Bundesvorstand beschließt, in seiner nächsten Sitzung erneut über die Bundesarbeiterkonferenz 1977 zu beraten.[14]

5. Kernenergie

Kollege *Vetter* verweist auf den vorliegenden Entwurf »Kernenergie und Umweltschutz« und das Schreiben von Minister Matthöfer.[15] Es wäre wünschenswert, Minister Matthöfer bald zu einem Gespräch in den Bundesvorstand einzuladen, um zu einer gemeinsamen Haltung im DGB zu kommen.

Kollege *Pfeiffer* erläutert den o[ben] a[ngegebenen] Entwurf, der unter Beteiligung der Gewerkschaften erarbeitet wurde. Er soll nichts anderes als einen ersten Einstieg in die Problematik darstellen. Kollege *Pfeiffer* regt an, eine Arbeitsgruppe einzusetzen, die sich aus Vertretern der betroffenen Gewerkschaften Bergbau und Energie, Chemie-Papier-Keramik, Metall und ÖTV sowie aus den Abteilungen Wirtschafts- und Gesellschaftspolitik zusammensetzen und die den Auftrag erhalten soll, eine möglichst abschließende und einheitliche Stellungnahme für den Bundesvorstand vorzubereiten.

An der nachfolgenden Diskussion beteiligen sich die Kollegen *Loderer, Vetter, Kluncker, Frister, Sickert, Pfeiffer, Hauenschild, Manz, Wagner* und Kollegin *Weber*.[16] Man ist sich einig, daß es sich bei dem vorgelegten Papier nur um eine Orientierungshilfe für den internen DGB-Gebrauch handeln kann, die nicht zur Veröffentlichung bestimmt ist. Eine Reihe schwieriger Fragen ist noch zu klären, bevor der DGB offiziell Stellung nehmen kann. Es wird angeregt, Minister Matthöfer in den Bundesausschuß einzuladen.

---

14 Vgl. Dok. 25: Kurzprotokoll der 17. Sitzung des Bundesvorstandes am 1.3.1977, TOP 4.
15 Der Entwurf sei, wie die Abteilung Gesellschaftspolitik betonte, aus der im Ausschuss Umweltschutz und Wirtschaftspolitik geführten Diskussion über das Verhältnis zwischen der »Kernenergienutzung« und den Anforderungen des Umweltschutzes entstanden und stelle einen Kompromiss dar, den die Gewerkschaften tragen könnten. Vgl. [DGB-Bundesvorstand], Abt. Gesellschaftspolitik, Entwurf, Kernenergie und Umweltschutz, Düsseldorf, 30.12.1976; Protokoll über die 16. Sitzung des Bundesvorstandes am 31.1.1977, Übertragung aus dem Stenogramm, S. 12, AdsD, DGB-Archiv, 5/DGAI000492; Hans Matthöfer sah sich durch das Ende Oktober 1976 mit Baubeginn in Brokdorf zunehmenden Proteste veranlasst, an gesellschaftspolitische Akteure zu schreiben, um den seit 1974 betriebenen »Bürgerdialog Kernenergie« zu einer breiten gesellschaftlichen Debatte auszuweiten. Die Gewerkschaften waren wegen ihrer arbeitsmarktpolitischen Interessen und der aufkommenden innergewerkschaftlichen Diskussion um die Kernenergienutzung ein gefragter Partner und Vermittler. Vgl. Hans Matthöfer, Bundesminister für Forschung und Technologie, an den Vorsitzenden des Deutschen Gewerkschaftsbundes, Heinz Oskar Vetter, Bonn-Bad Godesberg, 10.1.1977, AdsD, DGB-Archiv, 5/DGAI000492. Der Brief ging gleichlautend an Parteien, Kirchen und verschiedene Verbände, darunter auch Umweltschutzverbände. Vgl. den angehängten Verteiler. Vgl. dazu auch Mohr: Gewerkschaften und der Atomkonflikt, S. 45-50, S. 75-88.
16 Vgl. Protokoll über die 16. Sitzung des Bundesvorstandes am 31.1.1977, Übertragung aus dem Stenogramm, S. 11-16, AdsD, DGB-Archiv, 5/DGAI000492.

Beschluß:
Der Bundesvorstand ist damit einverstanden, daß der Entwurf »Kernenergie und Umweltschutz« mit dem entsprechenden Hinweis als internes Diskussionspapier verwendet wird.

Der Bundesvorstand beschließt ferner, eine Arbeitsgruppe aus Vertretern der Gewerkschaften Bergbau und Energie, Chemie-Papier-Keramik, Metall und ÖTV sowie der Abteilungen Wirtschafts- und Gesellschaftspolitik zum Thema Kernenergie einzusetzen.[17]

Minister Matthöfer soll in die Sitzung des Bundesausschusses im März eingeladen werden.[18]

6. Maiplakat 1977

Beschluß:
Für das Plakat zum 1. Mai 1977 entscheidet sich der Bundesvorstand für den Entwurf mit der Darstellung des Mottos auf Steinquadern.

7. Versand von Listen ausgeschlossener Mitglieder

Nach kurzer Diskussion, an der sich die Kollegen *Schwab, Vater, Vietheer, Sickert, Sierks, Loderer, Kluncker, Frister* und *Hauenschild* beteiligen,[19] faßt der Bundesvorstand folgenden *Beschluß:*

Der Bundesvorstand beschließt mit Mehrheit, daß die von der Abteilung Organisation und Verwaltung an die Gewerkschaften und DGB-Kreise verschickten Zusammenstellungen der von den Gewerkschaften ausgeschlossenen Mitglieder auch weiterhin erstellt und versandt werden sollen.

---

17 Zur Entwicklung der Diskussion in den Gewerkschaften vgl. Mohr: Gewerkschaften und der Atomkonflikt, S. 59-61.

18 Der Bundesminister für Forschung und Technologie, Hans Matthöfer, hielt auf der angesprochenen Sitzung des Bundesausschusses einen Vortrag zum Thema »Kernenergie und Fragen der Forschungs-, Technologie- und Innovationspolitik«. Vgl. Protokoll der 7. Sitzung des Bundesausschusses am 2.3.1977, TOP 4., AdsD, DGB-Archiv, 5/DGAI000446. Der Text des Vortrags befindet sich in der Anlage zum Protokoll. Vgl. Bundesforschungsminister Hans Matthöfer vor dem DGB-Bundesausschuß am 2.3.1977 in Gelsenkirchen, ebd.

19 Vgl. Protokoll über die 16. Sitzung des Bundesvorstandes am 31.1.1977, Übertragung aus dem Stenogramm, S. 16 f., AdsD, DGB-Archiv, 5/DGAI000492. Seit den vorausgehenden sechs Monaten versandte die Abteilung Organisation die Listen der von den Gewerkschaften ausgeschlossenen Mitglieder an die anderen Gewerkschaften und die DGB-Kreise. Die Listen ausgeschlossener Mitglieder waren dem konservativen »Bund Freiheit der Wissenschaft« zur Kenntnis gelangt, der damit politisch agiert habe. Die Abteilung habe die Empfänger darauf aufmerksam gemacht, dass diese nur für den organisationsinternen Gebrauch bestimmt seien. Der Geschäftsführende Bundesvorstand schlug vor, den Versand der Listen einzustellen. Vgl. DGB-Bundesvorstand, Karl Schwab, an die Mitglieder des Bundesvorstandes, Ausgeschlossene Mitglieder, 11.1.1977, ebd. Zum Umgang des »Bundes Freiheit der Wissenschaft« mit dem »Radikalenerlass« vgl. Wehrs: Protest der Professoren, S. 403-408.

8. Erhöhung der Beitragssätze des EGB

Beschluß:
Der Bundesvorstand beschließt, einer Erhöhung der EGB-Beiträge von 600 belgischen Franken pro 1.000 Mitglieder auf 1.000 belgische Franken pro 1.000 Mitglieder ab 1977 zuzustimmen, jedoch mit der Maßgabe, daß keine weiteren Beitragserhöhungen vor dem im Laufe des Jahres 1978 stattfindenden Kongreß des Europäischen Gewerkschaftsbundes festgelegt werden und daß zukünftig Beitragserhöhungen – wie das auch beim IBFG der Fall ist – durch die Kongresse und nicht durch die Exekutivausschüsse festzulegen sind.[20]

9. Bildung eines Arbeitskreises Kulturpolitik

Der Bundesvorstand faßt folgenden *Beschluß*:
a) Der Arbeitskreis Kulturpolitik beim DGB-Bundesvorstand wird gebildet.[21]
b) Die Gewerkschaften Kunst, Druck und Papier, HBV, Metall, ÖTV, DPG sowie die Abteilungen Gesellschaftspolitik und Werbung-Medienpolitik beim Bundesvorstand werden aufgefordert, ein Mitglied für diesen Arbeitskreis zu benennen.
c) Die Federführung liegt bei der Abteilung Kulturpolitik des DGB-Bundesvorstandes.
d) Der Arbeitskreis Kulturpolitik hat die Aufgabe, alle unter den Begriff Kulturpolitik des DGB einzuordnenden Fragenkomplexe zu beraten, Stellungnahmen für den DGB bzw. für den Bundesvorstand vorzubereiten und Anregungen für das kulturpolitische Programm des DGB zu erarbeiten.

---

20 Die Vorlage der Abteilung Vorsitzender gab an, dass aufgrund starker Abwertungen nationaler Währungen in Großbritannien, Irland und Italien beschlossen worden sei, deren Beiträge für 1977 auf dem Stand von 1976 einzufrieren. In Rede stehe für die übrigen Verbände eine Erhöhung um 600 belgische Franken pro 1.000 Mitglieder. Für den DGB bedeute dies eine Erhöhung von 365.000 DM auf 440.000 DM pro Jahr, wobei im Haushaltsentwurf für 1977 bereits 452.000 DM vorgesehen seien. Die Vorlage forderte, Beitragserhöhungen in Zukunft durch die EGB-Kongresse und nicht durch die Exekutivausschüsse festlegen zu lassen. Vgl. [DGB-Bundesvorstand], Abt. Vorsitzender, Vorlage für die 16. Sitzung des Bundesvorstandes am 31.1.1977, Erhöhung der Beitragssätze des EGB, Düsseldorf, 25.1.1977; Protokoll über die 16. Sitzung des Bundesvorstandes am 31.1.1977, Übertragung aus dem Stenogramm, S. 18, AdsD, DGB-Archiv, 5/DGAI000492.

21 Die Vorlage wurde auf Initiative der IG Druck und Papier und der Gewerkschaft Kunst eingebracht. Vgl. ig druck und papier, Hauptvorstand, Gewerkschaft Kunst, Leonhard Mahlein und Otto Sprenger, an den DGB-Bundesvorstand, Stuttgart und München, 5.1.1977. Der Beschluss folgt der Vorlage, bis auf die Ergänzung, dass in dem Arbeitskreis auch eine Vertretung der Abteilung Gesellschaftspolitik beschlossen wurde. Vgl. DGB-Bundesvorstand, Karl Schwab, an die Mitglieder des Bundesvorstandes, Bildung eines Arbeitskreises Kulturpolitik, Düsseldorf, 11.1.1977, AdsD, DGB-Archiv, 5/DGAI000492.

10. Schnellverteiler

Beschluß:
Der Bundesvorstand stimmt der Zielsetzung zu, für besondere Ereignisse einen Schnellverteiler für eine bundesweite Flugblatt-Aktion aufzubauen, die kurzfristig durchgeführt werden kann, und die größere Betriebe und Verwaltungen erreicht. Druck und Auslieferung der Flugblätter sollen durch die Union-Druckerei, die Weiterverteilung durch DGB-Kreise und Geschäftsstellen erfolgen.[22]

11. Prüfung des Jahresabschlusses 1976
Geschäftsanweisung für die Verwaltung des Treuhandvermögens § 9

Beschluß:
Gemäß § 9 der Geschäftsanweisung für die Verwaltung des Treuhandvermögens vom 6. März 1973 bestellt der Bundesvorstand für die Prüfung der Jahresabschlüsse 1976 für den DGB und die VTG die ATH Allgemeine Treuhandgesellschaft mbH.[23]

12. Mandate in Aufsichtsräten gemeinwirtschaftlicher Unternehmen

Der Bundesvorstand *beschließt*, das Thema in der morgigen Sitzung der Kommission Gesellschaftspolitik zu beraten.[24]

13. Termine

Kollege *Vetter* teilt mit, daß die Kulturpreisverleihung des DGB am Dienstag, dem 24. Mai 1977, um 10.00 Uhr in Recklinghausen und das Europäische Gespräch am Freitag, dem 17. Juni 1977, um 10.00 Uhr in Recklinghausen stattfinden.[25]

---

22 Der Schnellverteiler sollte durch die Union-Druckerei bedient werden, die eine Gesamtauflage von bis zu 2.450.000 Flugblättern für mehrere Dutzend Orte liefern sollte. Beigefügt waren eine Aufstellung über notwendige Auflagen an den einzelnen Verbreitungsorten und der Ablaufplan »Schnellverteiler« in Form eines Organigramms. Vgl. DGB-Bundesvorstand, Karl Schwab, an die Mitglieder des Bundesvorstandes, Schnellverteiler, Düsseldorf, 24.1.1977, AdsD, DGB-Archiv, 5/DGAI000492.

23 Die Wirtschaftsprüfung sollte klären, »ob das Treuhandvermögen im abgelaufenen Geschäftsjahr nach der Geschäftsanweisung mit der erforderlichen Sorgfalt und mit der gebotenen Wirtschaftlichkeit verwaltet worden ist.« [DGB-Bundesvorstand], Abt. Finanzen, Vorlage für den Geschäftsführenden Bundesvorstand, den Bundesvorstand, Prüfung des Jahresabschlusses 1976, Geschäftsanweisung für die Verwaltung des Treuhandvermögens § 9, AdsD, DGB-Archiv, 5/DGAI000492.

24 Das Thema wurde in der genannten Sitzung der Kommission Gesellschaftspolitik nicht behandelt. Vgl. DGB, Kommission Gesellschaftspolitik, Protokoll der Sitzung der Kommission Gesellschaftspolitik am 1.2.1977, AdsD, DGB-Archiv, 5/DGAK000103.

25 Der Kulturpreis des DGB ging 1977 an das GRIPS-Theater in Berlin und an das Institut für Projektstudien Hamburg. Vgl. Dok. 23: Kurzprotokoll der 15. Sitzung des Bundesvorstandes am 7.12.1976,

14. FDGB

Kollege *Vetter* verweist auf die vorgelegte Pressemitteilung und das Gesprächsergebnis über den Besuch der DGB-Spitzendelegation beim FDGB.[26] Er teilt mit, daß der FDGB den DGB zu seinem Kongreß vom 16. bis 19. Mai 1977 eingeladen hat.[27] Angesichts der derzeitigen Situation schlägt Kollege *Vetter* vor, die Diskussion über dieses Thema auf die Aprilsitzung des Bundesvorstandes zu verschieben und dann auch über die Teilnahme am FDGB-Kongreß zu entscheiden.[28]

In der anschließenden Diskussion, an der sich die Kollegen *Vietheer, Loderer, Buschmann, Vetter, Sperner, Fehrenbach, Kluncker, Sickert* und *Hauenschild* beteiligen, berichten einige Kollegen u. a. über Erfahrungen aus ihren Bereichen.[29]

Beschluß:
Der Bundesvorstand beschließt, die Diskussion über das Thema FDGB auf die Aprilsitzung des Bundesvorstandes zu verschieben.[30]

TOP 4. Das Europäische Gespräch war ein politisches Forum, das seit 1950 Bestandteil der 1947 begründeten Ruhrfestspiele in Recklinghausen war. Es wurde vom DGB getragen. Für das 25. Europäische Gespräch am 17.6.1977 war eine Rede zur Einführung in das Thema »Auf dem Weg zur politischen Einheit in Europa: Erste Direktwahlen zu einem Europäischen Parlament« von Heinz Oskar Vetter geplant. Zur Teilnahme am Podiumsgespräch waren der Präsident der EG-Kommission, Roy Jenkins, der Generalsekretär des EGB, Mathias Hinterscheid, Willy Brandt als Vorsitzender der SPD, Helmut Kohl als Vorsitzender der CDU, Hans-Dietrich Genscher als Vorsitzender der FDP und eine Reihe anderer Teilnehmer eingeplant. Zur Geschichte der Ruhrfestspiele und des Europäischen Gesprächs vgl. Schnelling-Reinicke: Ruhrfestspiele, S. 46. Vgl. auch die Unterlagen zur Planung, insbesondere den Redebeitrag Heinz Oskar Vetters in AdsD, DGB-Archiv, 5/DGCP000041.

26 Die sechsköpfige DGB-Delegation war vom 8. bis 11.11.1976 unter der Leitung Heinz Oskar Vetters in der DDR zu Gast. Unter anderem besuchte die DGB-Delegation den VEB Werkzeugmaschinenfabrik Marzahn, wobei sie sich über die Betriebsgewerkschaftsorganisation informierte. Sie setzte sich darüber hinaus mit der Baupolitik in der DDR auseinander. Die Delegationen tauschten sich daneben über die Schlussakte der Konferenz für Sicherheit und Zusammenarbeit in Europa vom 1.8.1975 aus. Vgl. Vereinbarte Pressemitteilung über den Aufenthalt einer Delegation des DGB in der DDR und ihre Gespräche mit einer Delegation des Bundesvorstandes des FDGB, Berlin, 10.11.1976, sowie Gesprächsergebnis, Berlin, 9.11.1976, AdsD, DGB-Archiv, 5/DGAI000492.

27 Entwurf, DGB zur Situation der Bürgerrechtler in osteuropäischen Ländern; Pressemitteilung, ibfg setzt sich fuer tschechoslowakische buergerrechtler ein, 25.1.1977 [Fernschreiben], AdsD, DGB-Archiv, 5/DGAI000492.

28 Die Beziehungen seien in der gegenwärtigen Situation sehr gespannt, führte Heinz Oskar Vetter aus. Eugen Loderer bemerkte, dass der IG Metall eine Einladung seit dem Herbst 1976 vorliege. Vgl. Protokoll über die 16. Sitzung des Bundesvorstandes am 31.1.1977, Übertragung aus dem Stenogramm, S. 20 f., AdsD, DGB-Archiv, 5/DGAI000492.

29 Vgl. Protokoll über die 16. Sitzung des Bundesvorstandes am 31.1.1976, Übertragung aus dem Stenogramm, S. 20 f., AdsD, DGB-Archiv, 5/DGAI000491.

30 Vgl. Dok. 26: Kurzprotokoll der 18. Sitzung des Bundesvorstandes am 5.4.1977, TOP 10.

15. Entwurf einer Presseerklärung »DGB zur Situation der Bürgerrechtler in osteuropäischen Ländern«

Kollege *Vetter* verweist auf den vorgelegten Entwurf einer Presseerklärung und die Pressemitteilung des IBFG und erläutert die Situation.[31]

Nach kurzer Diskussion, an der sich die Kollegen *Kluncker, Vetter, Frister* und *Loderer* beteiligen,[32] faßt der Bundesvorstand folgenden *Beschluß*:

Der Bundesvorstand beschließt, keine Presseerklärung zu veröffentlichen. Die Angelegenheit soll im Sinne der IBFG-Pressemitteilung in einem Schreiben an den Bundeskanzler vorgetragen werden.[33]

16. Antrag der IG Druck und Papier

Kollege *Vetter* berichtet, daß der Hauptvorstand der IG Druck und Papier den Antrag gestellt hat, der Bundesvorstand möge sich in seiner nächsten Sitzung mit dem Thema Aussperrung beschäftigen.[34]

Da das entsprechende Schreiben der IG Druck und Papier zu spät eingegangen ist, bittet Kollege *Vetter*, damit einverstanden zu sein, daß die Behandlung dieses Punktes in der Märzsitzung des Bundesvorstandes erfolgt.

Beschluß:
Der Bundesvorstand ist damit einverstanden, das Thema Aussperrung in seiner Märzsitzung zu behandeln.[35]

---

31 Der DGB bekannte sich in dem vorgelegten Entwurf zur Entspannungspolitik, brachte aber seine Sorge hinsichtlich der Lage der Bürgerrechtler insbesondere in der ČSSR zum Ausdruck. Die staatliche Politik gegenüber den Initiatoren und Unterzeichnern der Charta 77 besorgte den DGB. Aus der Sicht des DGB widersprachen die Maßnahmen der auf der Konferenz für Sicherheit und Zusammenarbeit in Europa (KSZE) »von den maßgeblichen Vertretern dieser Staaten proklamierten und vereinbarten Politik«. Vgl. Entwurf, DGB zur Situation der Bürgerrechtler in den osteuropäischen Ländern, o. O., o. D., AdsD, DGB-Archiv, 5/DGAI000492.

32 In der Diskussion verglich Heinz Kluncker den Entwurf der DGB-Erklärung mit der inhaltlich schärferen Erklärung des IBFG vom 25.1.1977, in der betont wurde, gewerkschaftliche Rechte ohne Ansehung der Weltregion zu verteidigen. Als problematisch wurde in der Diskussion erachtet, die Erklärung auf eine Summe osteuropäischer Länder zu beziehen, wie es die IBFG-Erklärung tat, insbesondere die Nennung Polens war umstritten. Vgl. Kurzprotokoll über die 16. Sitzung des Bundesvorstandes am 31.1.1977, Übertragung aus dem Stenogramm, S. 22 f.; ifbg setzt sich fuer tschechoslowakische buergerrechtler ein, Fernschreiben vom 25.1.1977, AdsD, DGB-Archiv, 5/DGAI000492.

33 Der Entwurf des Schreibens Heinz Oskar Vetters an Bundeskanzler Helmut Schmidt findet sich in den Unterlagen zur Sitzung des Gesellschaftspolitischen Ausschusses am 1.2.1977. Vetter betonte, dass der DGB auch zukünftig auf die Einhaltung der Konventionen der UN und der ILO über die Menschen- und Gewerkschaftsrechte drängen werde, und wies den Bundeskanzler auf die bereits genannte Erklärung des IBFG hin. Vgl. Heinz Oskar Vetter, Vorsitzender des Deutschen Gewerkschaftsbundes, an Bundeskanzler Helmut Schmidt, Düsseldorf, 3.2.1977, AdsD, DGB-Archiv, 5/DGAK000103.

34 Vgl. industriegewerkschaft druck und papier, hauptvorstand, Antrag an den DGB-Bundesvorstand, Stuttgart, 26.1.1977, AdsD, DGB-Archiv, 5/DGAI000492.

35 Vgl. Dok. 25: Kurzprotokoll der 17. Sitzung des Bundesvorstandes am 1.3.1977, TOP 7.

17. Verschiedenes

a) Kollege *Sperner* teilt mit, daß die in der Presse genannten angeblichen Lohnforderungen der IG Bau-Steine-Erden jeder Grundlage entbehren, da erst in der Beiratssitzung der IGBSE am 15.2.1977 über die Höhe der zu stellenden Lohnforderungen entschieden wird.
b) Auf die Bitte des Kollegen *Buschmann* hin berichtet Kollege *Loderer* Einzelheiten über die Tarifverhandlungen der IG Metall und ihre Ergebnisse.[36]
c) Kollege *Kluncker* bittet um erneute Behandlung des Themas DAG in einer der nächsten Bundesvorstandssitzungen.

Beschluß:
Der Bundesvorstand beschließt, in seiner Märzsitzung über das Thema DAG zu diskutieren.[37]

Ende der Sitzung: 19.50 Uhr.

Dokument 25

1. März 1977: Kurzprotokoll der 17. Sitzung des Bundesvorstandes

Hotel Maritim in Gelsenkirchen; Vorsitz: Heinz O. Vetter; Protokollführung: Isolde Funke, Marianne Jeratsch; Sitzungsdauer: 10.05–14.50 Uhr; ms. vermerkt: »Vertraulich«.[1]

Ms., hekt., 6 S., 1 Anlage.[2]

AdsD, DGB-Archiv, 5/DGAI000554.

Beginn der Sitzung: 10.05 Uhr.

---

36 Die Übertragung aus dem Stenogramm ist an dieser Stelle nicht aussagekräftig. Vgl. Protokoll über die 16. Sitzung des Bundesvorstandes am 31.1.1977, Übertragung aus dem Stenogramm, S. 20 f., AdsD, DGB-Archiv, 5/DGAI000492. Die Tarifauseinandersetzungen des Jahres 1977 währten fünf Wochen und endeten mit einem Schlichtungsergebnis. Die IG Metall konzentrierte sich auf einen Tarifabschluss in Nordrhein-Westfalen, wobei die zentrale Strategie und die Forderungen auf Vertrauensleutekonferenzen erheblich differierten. Es kam zu gewerkschaftsinternen Konflikten zwischen Führung und Basis. Die Strategie der Arbeitgeber lief auf eine Mäßigung der Lohnforderungen hinaus, was auch von der Bundesregierung und dem Sachverständigenrat unterstützt wurde. Die Einigung erfolgte bei 6,9 %. Zum Tarifkonflikt in der Metallindustrie aus zeitgenössischer Perspektive vgl. Projektgruppe Gewerkschaftsforschung: Tarifpolitik 1977, S. 71-117.
37 Vgl. Dok. 25: Kurzprotokoll der 17. Sitzung des Bundesvorstandes am 1.3.1977, TOP 6.
Dok. 25
1 Einladungsschreiben vom 7.2.1977 und Tagesordnung vom 16.2.1977. Auf die Tagesordnung kamen nachträglich die TOPs »ČSSR«, »WSI-Prognose«, »Veränderungsmitteilungen« und »Mitbestimmung«. Nicht anwesend: Gerd Muhr, Heinz Kluncker, Adolf Schmidt, Gerhard van Haaren (vertreten durch Helmut Teitzel), Karl Buschmann (vertreten durch Walter Schongen), Walter Sickert (vertreten durch Fritz Giersch), Günter Erlewein (vertreten durch Mathias Manz). AdsD, DGB-Archiv, 5/DGAI000492.
2 Anlage: Anwesenheitsliste.

Kollege *Vetter* eröffnet die 17. Sitzung des Bundesvorstandes in Essen.

Tagesordnung:
1. ČSSR
2. WSI-Prognose
3. Genehmigung des Protokolls der 16. Bundesvorstandssitzung
4. Bundesarbeiterkonferenz 1977
5. Laufende Anpassung der Unfallunterstützungen an ehrenamtliche Gewerkschaftsfunktionäre
6. DAG
7. Aussperrung
8. Veränderungsmitteilungen – Landesbezirksvorstände
9. Wirtschaftliche Entwicklung und Auswirkung auf die Beschäftigung
10. Mitbestimmung

1. ČSSR

Kollege *Fehrenbach* teilt mit, daß die Deutsche Postgewerkschaft für Ende März 1977 eine Delegationsreise in die ČSSR vorgesehen hatte. Er erinnert an die Diskussion in der letzten Bundesvorstandssitzung und trägt den Wunsch der DPG an die Bundesvorstandsmitglieder vor, ihre Meinung zu der Entscheidung der DPG zu äußern, die Reise zu einem späteren Zeitpunkt durchzuführen.[3]

Nach kurzer Diskussion, an der sich die Kollegen *Vetter, Vietheer, Hauenschild* und *Loderer* beteiligen,[4] billigt der Bundesvorstand die Entscheidung der Deutschen Postgewerkschaft, zu diesem Zeitpunkt nicht in die ČSSR zu reisen.

2. WSI-Prognose

Kollege *Pfeiffer* bittet den Bundesvorstand, damit einverstanden zu sein, daß das WSI seine Frühjahrsprognose am heutigen Tag veröffentlicht. Er schildert kurz die Gründe, warum dies bisher nicht geschehen ist.[5]

---

3 Die Zurückhaltung der DPG erklärte sich aus der Zuspitzung der Lage der Bürgerrechtler in der ČSSR nach Veröffentlichung der Charta 77 am 1.1.1977, in der Intellektuelle die menschenrechtliche Lage in der ČSSR anprangerten.
4 In der Diskussion wurde erwogen, Delegationsreisen in den Ostblock zu verschieben. Allerdings wurde betont, dass man die Kontakte nicht generell suspendieren solle. Vgl. Protokoll über die 17. Sitzung des Bundesvorstandes am 1.3.1977, Übertragung aus dem Stenogramm, S. 1 f., AdsD, DGB-Archiv, 5/DGAI000492.
5 Dies war mit Rücksicht auf laufende Tarifverhandlungen geschehen. Die wissenschaftliche Unabhängigkeit des WSI solle unbedingt gewahrt bleiben, denn der DGB besitze dem WSI gegenüber kein Weisungsrecht. Deshalb sei es lediglich ein Rat gewesen, die Prognose nicht zu veröffentlichen. Ebd., S. 3.

Beschluß:
Der Bundesvorstand ist mit der Veröffentlichung der Prognose des WSI einverstanden.

3. Genehmigung des Protokolls der 16. Bundesvorstandssitzung

Beschluß:
Der Bundesvorstand genehmigt das Protokoll der 16. Bundesvorstandssitzung.[6]

4. Bundesarbeiterkonferenz 1977

Die Kollegen *Vetter und Heiß* verweisen auf die Vorlage und bitten den Bundesvorstand um entsprechende Beschlußfassung.[7]

In der anschließenden Diskussion, an der sich die Kollegen *Loderer, Vietheer, Gelhorn, Hauenschild, Mahlein, Vetter, Stadelmaier, Schongen, Teitzel, Fehrenbach, Heiß, Sierks, Schwab* und die Kollegin *Weber* beteiligen, wird die Auffassung vertreten, eine Bundesarbeiterkonferenz nicht durchzuführen.[8] Für den nächsten Bundeskongreß sollte der Bundesvorstand einen Antrag einbringen, in dem die Auflösung der Personengruppe Arbeiter gefordert wird.

Beschluß:
Der Bundesvorstand beschließt mit Mehrheit, die Bundesarbeiterkonferenz nicht durchzuführen. Er wird dem nächsten Bundeskongreß einen Antrag vorlegen, in dem die Auflösung der Personengruppe Arbeiter gefordert wird.[9]

Kollege *Vetter* wird diesen Beschluß dem Bundesausschuß entweder in seiner morgigen Sitzung oder aber wegen der Abwesenheit der Vertreter der Gewerkschaften des öffentlichen Dienstes in der Juni-Sitzung zur Kenntnis geben.[10]

---

6   Vgl. Dok. 24: Kurzprotokoll der 16. Sitzung des Bundesvorstandes am 31.1.1977.
7   Die Beschlussvorlage war unter Bezugnahme auf die Diskussion im Bundesvorstand am 31.1.1977 und dem Geschäftsführenden Bundesvorstand am 14.2.1977 unterbreitet worden. Sie sah vor, die Bundesarbeiterkonferenz 1977 mit 100 von den Gewerkschaften zu entsendenden Delegierten sowie Vertretern des DGB-Bundesvorstandes und je zwei Vertretern der DGB-Landesbezirke durchzuführen. Vgl. [DGB-Bundesvorstand], Abt. Arbeiter-Handwerk, Vorlage für den Bundesvorstand, Durchführung der Bundesarbeiterkonferenz 1977, AdsD, DGB-Archiv, 5/DGAI000492.
8   Die überwiegende Mehrheit der Mitglieder des Bundesvorstandes sah eine geringe Existenzberechtigung für die Personengruppe Arbeiter. Die ÖTV hatte bereits in der vergangenen Bundesvorstandssitzung einen anderen Standpunkt vertreten, war aber auf der 17. Sitzung des Bundesvorstandes aufgrund laufender Tarifverhandlungen nicht vertreten. Vgl. Protokoll über die 17. Sitzung des Bundesvorstandes am 1.3.1977, Übertragung aus dem Stenogramm, S. 4-9, AdsD, DGB-Archiv, 5/DGAI000492.
9   Dieser Antrag kam nicht zustande. Vgl. Dok. 26: Kurzprotokoll der 18. Sitzung des Bundesvorstandes am 5.4.1977, TOP 1.
10 Der Bundesausschuss schloss sich dem modifizierten Votum des Bundesvorstandes an. Vgl. Dok. 28: Kurzprotokoll der 20. Sitzung des Bundesvorstandes am 7.6.1977, TOP 5.; vgl. auch Protokoll über die 8. Sitzung des Bundesausschusses am 8.6.1977, TOP 4., AdsD, DGB-Archiv, 5/DGAI000446.

5. Laufende Anpassung der Unfallunterstützungen an ehrenamtliche Gewerkschaftsfunktionäre

Beschluß:
Der Bundesvorstand beschließt, alle bis zum 31.12.1975 festgesetzten Unfallunterstützungen gemäß § 12 der Richtlinien für die Gewährung von Unfallunterstützung an ehrenamtliche Gewerkschaftsfunktionäre mit Wirkung vom 1.1.1977 um 7 v. H. zu erhöhen.[11]

6. DAG

Kollege *Vetter* informiert den Bundesvorstand über die Bitte des Kollegen Kluncker, diesen Tagesordnungspunkt auf die April-Sitzung zu vertagen, weil er wegen der laufenden Tarifverhandlungen an der heutigen Sitzung nicht teilnehmen kann.[12]

Kollege *Vietheer* spricht in diesem Zusammenhang die Frage der Einheitsversicherung an, die durch Äußerungen von Gewerkschaftsvertretern wieder in die öffentliche Diskussion gekommen ist. Er hält eine Beratung dieses Themas im Bundesvorstand für erforderlich.

An der nachfolgenden kurzen Diskussion beteiligen sich die Kollegen *Vetter, Loderer, Stephan* und *Alfred Schmidt*. Man ist sich einig, daß das Thema Einheitsversicherung im Augenblick – auch im Hinblick auf die DAG – nicht öffentlich behandelt werden sollte, der Bundesvorstand aber zu gegebener Zeit darüber beraten muß.[13]

Beschluß:
Der Bundesvorstand ist damit einverstanden, daß der Tagesordnungspunkt DAG in seiner April-Sitzung behandelt wird.[14]

---

11 Vgl. [DGB-Bundesvorstand], Abt. Finanzen, Vorlage für den Bundesvorstand: Laufende Anpassung der Unfallunterstützungen an ehrenamtliche Funktionäre, Düsseldorf, 2.2.1976, AdsD, DGB-Archiv, 5/DGAI000492.
12 Die Tarifverhandlungen der ÖTV gestalteten sich im Jahr 1977 schwierig, da sie in Konkurrenz zu der von der DAG angeführten Tarifgemeinschaft für die Beschäftigten des öffentlichen Dienstes stattfanden. ÖTV und die Tarifgemeinschaft hatten unterschiedliche tarifliche Forderungen, besonders für die höheren Einkommensgruppen, aufgestellt. Vgl. Müller: Deutsche Angestelltengewerkschaft, S. 421-435. Eine zeitgenössische Analyse des Tarifkonflikts des Jahres 1977 im öffentlichen Dienst wird in Projektgruppe Gewerkschaftsforschung: Tarifpolitik 1977, S. 216-270, vorgenommen.
13 Über das Thema »Einheitsversicherung« wurde im Bundesvorstand im Untersuchungszeitraum nicht mehr beraten.
14 Vgl. Dok. 26: Kurzprotokoll der 18. Sitzung des Bundesvorstandes am 5.4.1977, TOP 3.

7. Aussperrung

Kollege *Vetter* verweist auf den vorliegenden Antrag der IG Druck und Papier, daß der Bundesvorstand sich mit dem Thema Aussperrung beschäftigen möge. Er erinnert an die Diskussion im Bundesvorstand im Sommer 1976 nach dem Streik der IG Druck und Papier.[15]

Kollege *Mahlein* erläutert noch einmal die Auffassung seiner Gewerkschaft und seine eigenen Solidaritätserklärungen für die IG Metall, die – unbegründet – das Thema Generalstreik in die öffentliche Diskussion gebracht hat. Er bittet, im Sinne des Antrags seiner Gewerkschaft im Bundesvorstand über gemeinsame Solidaritätsaktionen bei Streik und Aussperrung zu beraten.

Kollege *Loderer* begrüßt die Absicht, im Bundesvorstand eine gemeinsame Strategie zu beraten. Er schlägt die Einsetzung einer Kommission vor, die unter Anlehnung an die Arbeitskampfrichtlinien des DGB die Erarbeitung einer Vorlage versuchen soll. Das gesetzliche Verbot der Aussperrung sollte aus den bereits früher diskutierten Gründen nicht gefordert werden.[16]

An der anschließenden Diskussion beteiligen sich die Kollegen *Heiß, Vetter, Hauenschild, Loderer* und *Mahlein*.

Beschluß:
Der Bundesvorstand beschließt, daß sich zunächst der Geschäftsführende Bundesvorstand mit dem Thema Aussperrung beschäftigen soll und dann den Bundesvorstand über den Stand der Arbeiten informiert. Gegebenenfalls soll eine Arbeitsgruppe eingesetzt werden.

8. Veränderungsmitteilungen – Landesbezirksvorstände

Beschluß:
Der Bundesvorstand empfiehlt dem Bundesausschuß,
    den Kollegen Oskar Würth (CPK) als ständigen Vertreter des Kollegen Alfred Kunzmann des Landesbezirksvorstandes Bayern,

---

15 In den vorangegangenen Monaten hatte die IG Druck und Papier ausführlich über das Thema aus Anlass der Aussperrungen der Arbeitgeber im Verlauf des Streiks der Monate April/Mai 1976 diskutiert. Die IG Druck und Papier forderte ein gesetzliches Verbot der Aussperrung und geeignete gewerkschaftliche Antworten auf Aussperrung, gerade auch, weil die Erfüllung der Forderung nach einem gesetzlichen Verbot in den kommenden Jahren nicht zu erwarten sei. Die IG Druck und Papier bekundete in diesem Rahmen auch die Bereitschaft zu Solidaritätsstreiks. Vgl. industriegewerkschaft druck und papier, hauptvorstand, Leonhard Mahlein, an den Deutschen Gewerkschaftsbund, Bundesvorstand, Antrag an den DGB-Bundesvorstand, Stuttgart, 26.1.1977, AdsD, DGB-Archiv, 5/DGAI000492. Vgl. auch Dok. 15: Kurzprotokoll der 9. Sitzung des Bundesvorstandes am 4.5.1976, TOP 10.; Dok. 18: Kurzprotokoll über die Außerordentliche Sitzung des Bundesvorstandes am 12.6.1976, TOP 1.

16 Allerdings hatte der DGB das gesetzliche Verbot der Aussperrung noch in seiner Erklärung vom 4.5.1976 gefordert. Vgl. auch Dok. 16: DGB: Verbot der Aussperrung Gebot demokratischer Vernunft, DGB-Nachrichten-Dienst, 130/76, 4.5.1976.

den Kollegen Erwin Rogge (Leder) als Mitglied des Landesbezirksvorstandes Berlin,
den Kollegen Jochen Richert als Vorsitzenden und den Kollegen Gert Lütgert als hauptamtliches Vorstandsmitglied sowie den Kollegen Manfred Kiesewetter (Vorsitzender des DGB-Kreises Frankfurt) als Mitglied des Landesbezirksvorstandes Hessen,
den Kollegen Dieter Steinborn (HBV) als Mitglied des Landesbezirksvorstandes Niedersachsen
zu bestätigen.

9. Wirtschaftliche Entwicklung und Auswirkung auf die Beschäftigung

Kollege *Vetter* hält es für notwendig, daß sich die Gewerkschaften, unabhängig von politischen Gremien und Kräften, selbst ein Urteil über die mittelfristige Entwicklung von Wirtschaft und Beschäftigung bilden. In diesem Zusammenhang wird auch die Frage der Arbeitszeitverkürzung zu diskutieren sein. Die Gewerkschaft Textil-Bekleidung hat dazu einen Antrag gestellt, der dem Bundesvorstand im Wortlaut vorgelegt wird.[17]

Kollege *Pfeiffer* erläutert die Vorlage, die ein erster Einstieg in die interne Diskussion sein soll.[18]

An der nachfolgenden ausführlichen Diskussion beteiligen sich die Kollegen *Vetter, Loderer, Alfred Schmidt, Frister, Fehrenbach, Pfeiffer, Hauenschild* und Kollegin *Weber*. U. a. werden Ergänzungsvorschläge zu dem vorliegenden Papier gemacht und der Wunsch nach stärkerer Differenzierung vorgetragen. Das Thema Arbeitszeitverkürzung und der Begriff Lohnausgleich werden angesprochen. Es wird angeregt, auch darüber im Bundesvorstand zu diskutieren. Außerdem wird der Vorschlag gemacht, zur Erarbeitung einer Stellungnahme des Bundesvorstandes zur wirtschaftlichen Situation eine Arbeitsgruppe einzusetzen. Darüber hinaus wird das Thema Arbeitsmarktabgabe erörtert. Dazu soll in einer der nächsten Sitzungen des Bundesvorstandes die Haltung des DGB noch einmal abgestimmt werden.

---

17 Der Beirat der GTB hatte beim DGB-Bundesvorstand beantragt, »eine offensive Diskussion über die Zusammenhänge zwischen Arbeitszeitverkürzungen und ihre Auswirkungen auf die Beschäftigung und die Entwicklung einer in sich geschlossenen Strategie der Freizeitpolitik zu führen.« Gewerkschaft Textil-Bekleidung, an Heinz O. Vetter, Düsseldorf, 22.2.1977, AdsD, DGB-Archiv, 5/DGAI000492.
18 Die Abteilung Wirtschaftspolitik ging für die Jahre 1977/78 von einem verlangsamten Wachstum aus, das deutlich unter 5 % liege. Sie erwartete darum auch nur einen leichten Rückgang der Arbeitslosenziffer im Jahresdurchschnitt. Mittelfristig (bis 1985) prognostizierte die Abteilung eine Zunahme um mehrere Hunderttausend Arbeitslose, auch vor dem Hintergrund der demografischen Entwicklung der geburtenstarken Jahrgänge, die auf den Arbeitsmarkt drängten. Hinzu komme ein Rückgang der Zahl an Arbeitsplätzen. Mittelfristig rechnete die Abteilung mit einer Zunahme auf zwei bis drei Millionen Arbeitslose. Vgl. DGB-Bundesvorstand, Alois Pfeiffer, an die Mitglieder des Bundesvorstandes, 17. Bundesvorstandssitzung am 1.3.1977, TOP 6. »Wirtschaftliche Entwicklung und Auswirkung auf die Beschäftigung«, AdsD, DGB-Archiv, 5/DGAI000492; [DGB-Bundesvorstand], Abt. Wirtschaftspolitik, Zum Beschäftigungsproblem der nächsten Jahre, Düsseldorf, 17.2.1976, ebd.

Beschluß:
Die Abteilung Wirtschaftspolitik wird in Zusammenarbeit mit dem WSI und den Abteilungen Sozialpolitik, Tarifpolitik und Gesellschaftspolitik unter Berücksichtigung der heutigen Diskussion eine neue Vorlage zum Thema »Wirtschaftliche Entwicklung und Auswirkung auf die Beschäftigung« erarbeiten und dem Bundesvorstand vorlegen. Danach könnten unter Beteiligung von Vertretern der Gewerkschaften und eventuell von externen Fachleuten Arbeitsgruppen gebildet werden, um eine abschließende Stellungnahme des Bundesvorstandes vorzubereiten. Die Themen Arbeitsmarktabgabe und Arbeitszeitverkürzung sollen zu gegebener Zeit im Bundesvorstand behandelt werden.[19]

10. Mitbestimmung

Aus gegebenem Anlaß bittet Kollege *Vietheer* den Bundesvorstand, den in den Grundsätzen zur Mitbestimmung gefaßten Beschluß noch einmal zu bekräftigen, daß betriebliche Arbeitnehmervertreter nicht als Gewerkschaftsvertreter kandidieren dürfen.[20]

Nach kurzer Diskussion, an der sich die Kollegen *Vetter*, *Stadelmaier* und *Vietheer* beteiligen, faßt der Bundesvorstand folgenden *Beschluß*:

Der Bundesvorstand hält an seinem Beschluß fest, daß betriebliche Arbeitnehmervertreter nicht als Gewerkschaftsvertreter für den Aufsichtsrat aufgestellt werden dürfen.

Ende der Sitzung: 14.50 Uhr.

---

19 Das Thema einer Arbeitsmarktabgabe wurde nicht wieder aufgegriffen, wohingegen das Thema Arbeitszeitverkürzung wiederholt behandelt wurde, das nächste Mal im Mai 1978. Vgl. Dok. 42: Kurzprotokoll der 29. Sitzung des Bundesvorstandes am 2.5.1978, TOP: »Verschiedenes e)«.
20 Grund war einerseits der Ausschluss von Interessenkonflikten, andererseits die Annahme, dass betriebliche Mitbestimmungsträger stärker als außerbetriebliche den betrieblichen Eigenlogiken Folge leisten würden und sich von der gewerkschaftlichen Position entfernen könnten.

Dokument 26

5. April 1977: Kurzprotokoll der 18. Sitzung des Bundesvorstandes

Hans-Böckler-Haus in Düsseldorf; Vorsitz: Heinz O. Vetter; Protokollführung: Isolde Funke, Marianne Jeratsch; Sitzungsdauer: 10.15–14.20 Uhr, ms. vermerkt: »Vertraulich«.[1]
Ms., hekt., 8 S., 3 Anlagen.[2]
AdsD, DGB-Archiv, 5/DGAI000554.

Beginn der Sitzung: 10.15 Uhr.

Kollege *Vetter* eröffnet die 18. Sitzung des Bundesvorstandes in Düsseldorf.

Tagesordnung:
1. Genehmigung des Protokolls der 17. Bundesvorstandssitzung
2. Kernenergie und Umweltschutz
3. DAG
4. Wahlordnung
5. Berufsbildungsgesetz
6. 62. Internationale Arbeitskonferenz in der Zeit vom 1. bis 22.6.1977 in Genf
7. Alternativentwurf eines Arbeitsgesetzbuches
8. 11. Ordentlicher Bundeskongreß vom 21. bis 27.5.1978 in Hamburg, hier: Festlegung der Anzahl der Delegierten
9. Termin
10. FDGB

1. Genehmigung des Protokolls der 17. Bundesvorstandssitzung

Kollege *Vetter* teilt mit, daß Kollege Fehrenbach um Berichtigung des Beschlusses zum Tagesordnungspunkt 4. »Bundesarbeiterkonferenz 1977« gebeten hat. Er schlägt vor, eine Protokolländerung in der nächsten Sitzung vorzulegen.[3]

Dok. 26
1 Einladungsschreiben vom 7.3.1977 und Tagesordnung vom 22.3.1977. Nicht anwesend: Adolf Schmidt, Rudolf Sperner. AdsD, DGB-Archiv, 5/DGAI000493.
2 Anlagen: Anwesenheitsliste; vgl. DGB gegen Koalitionskompromiß zur Wahlordnung, DGB-Nachrichten-Dienst, 98/77, 5.4.1977; Das unverantwortliche Spiel um die Ausbildungsplätze muß aufhören, DGB-Nachrichten-Dienst, 99/77, 6.4.1977.
3 Fehrenbach widersprach der Beschlusslage, der zufolge der Bundesvorstand beschlossen habe, dem nächsten Bundeskongress einen Antrag vorzulegen, die Personengruppe Arbeiter aufzulösen. Vgl. Deutsche Postgewerkschaft, Hauptvorstand, Fehrenbach, an DGB-Bundesvorstand, Abt. Vorsitzender, Heinz O. Vetter, Frankfurt am Main, 28.3.1977; sowie [DGB-Bundesvorstand], Abt. Vorsitzender, Vorlage für die 19. Bundesvorstandssitzung am 3.5.1977, Änderung des Protokolls der 17. Bundesvorstandssitzung vom 1.3.1977, Düsseldorf, 25.4.1977, AdsD, DGB-Archiv, 5/DGAI000493.

Die Frage des Kollegen *Kluncker*, ob dieser Punkt noch einmal im Bundesausschuß behandelt wird, bejaht Kollege *Vetter*.[4]

Beschluß:
Der Bundesvorstand genehmigt das Protokoll der 17. Bundesvorstandssitzung mit Ausnahme des Tagesordnungspunktes 4. »Bundesarbeiterkonferenz 1977«. Hierzu wird ein Änderungsvorschlag für die nächste Bundesvorstandssitzung vorgelegt.[5]

2. Kernenergie und Umweltschutz

Die Kollegen *Pfeiffer* und *Vetter* verweisen auf die Vorlage.[6] Die IG Bergbau und Energie hat kurzfristig ihre Stellungnahme dazu abgegeben, die ebenfalls vorliegt.[7] Kollege *Vetter* weist außerdem auf eine Ausarbeitung des BDI hin.[8]

Der Bundesvorstand wird um entsprechende Verabschiedung der Vorlage gebeten.

An der anschließenden Diskussion beteiligen sich die Kollegen *Loderer, Kluncker, Vetter, Gelhorn, Frister, Pfeiffer, Sierks, Muhr, Drescher, Vietheer* und *Lappas*.[9] Sie sind sich einig, daß die Vorlage heute verabschiedet werden soll, um vor allem den

---

4 Vgl. Protokoll über die 8. Bundesausschußsitzung am 8.6.1977, TOP 4., AdsD, DGB-Archiv, 5/DGAI000446.
5 Vgl. Dok. 27: Kurzprotokoll der 19. Sitzung des Bundesvorstandes am 3.5.1977, TOP 1.
6 Die erneute Vorlage war mit den sie betreffenden Gewerkschaften IG Metall, ÖTV, IG Chemie-Papier-Keramik und IG Bergbau und Energie abgestimmt, wobei eine endgültige Einigung mit der IG Bergbau und Energie noch ausstand. Vgl. DGB-Bundesvorstand, Alois Pfeiffer, an die Mitglieder des DGB-Bundesvorstandes, Sitzung des DGB-Bundesvorstandes am 5.4.1977, Tagesordnungspunkt »Kernenergie – Umweltschutz«, AdsD, DGB-Archiv, 5/DGAI000493. Vgl. auch Protokoll über die 18. Sitzung des Bundesvorstandes am 5.4.1977, Übertragung aus dem Stenogramm, S. 3-11, hier S. 3, AdsD, DGB-Archiv, 5/DGAI000493; [DGB-Bundesvorstand], Abt. Wirtschaftspolitik, Kernenergie und Umweltschutz, Düsseldorf, 28.3.1977, ebd.; Grundlinien und Eckwerte der Energiepolitik, Kabinettsvorlage vom 18.3.1977, ebd. Vgl. auch Mohr: Gewerkschaften und der Atomkonflikt, S. 58-62.
7 Die IG Bergbau und Energie hatte in einem Gespräch am 22.3.1977 zahlreiche Änderungsvorschläge unterbreitet, die weitgehend zum Ziel hatten, die wenigen als atomkraftkritisch zu verstehenden Bemerkungen zu entschärfen. Vgl. DGB-Bundesvorstand, Abt. Wirtschaftspolitik, Alois Pfeiffer, an die Mitglieder des DGB-Bundesvorstandes, Tagesordnungspunkt Kernenergie und Umweltschutz; [DGB-Bundesvorstand], Abt. Wirtschaftspolitik, Botho Riegert, Änderungsvorschläge zur Vorlage »Kernenergie – Umweltschutz« für die Sitzung des DGB-Bundesvorstandes am 5.4.1977, AdsD, DGB-Archiv, 5/DGAI000493.
8 Der BDI warnte in seiner Pressemitteilung dringend vor einer Stromversorgungslücke, die sich aus den Verzögerungen beim Bau von konventionellen Kraftwerken und Kernkraftwerken ergeben könnten. Mittelbar drohten Arbeitsplatzverluste in der stromverbrauchenden Industrie. Skepsis äußerte der BDI hinsichtlich der »›neue[n]‹ Energien«. Vgl. hierzu die Pressemitteilung des BDI, Bundesverband der deutschen Industrie, Energieprobleme müssen von Regierung und Parlament mit Vorrang gelöst werden. Überlegungen zur Zweiten Fortschreibung des Energieprogramms der Bundesregierung vorgelegt, Pressemitteilung vom 21.3.1977, AdsD, DGB-Archiv, 5/DGAI000493; Bundesverband der Deutschen Industrie e. V., Abt. Energie und Atomwirtschaft, Überlegungen zur Zweiten Fortschreibung des Energieprogramms der Bundesregierung, [hsl. Zusatz] Auszug, Köln, o. D., AdsD, DGB-Archiv, 5/DGAI000493.
9 Vgl. Protokoll über die 18. Sitzung des Bundesvorstandes am 5.4.1977, Übertragung aus dem Stenogramm, S. 4-11, AdsD, DGB-Archiv, 5/DGAI000493.

Kollegen draußen eine Diskussionsgrundlage an die Hand zu geben. In die Stellungnahme sollte zusätzlich aufgenommen werden, daß der DGB die Antworten der Bundesregierung auf die Anfragen der Fraktionen vom März 1977 und die neuesten wissenschaftlichen Erkenntnisse berücksichtigen und seine eigene Haltung jeweils überprüfen wird.[10] Übereinstimmung besteht ebenfalls hinsichtlich der Abgrenzung zu den Bürgerinitiativen.[11] Die Einhaltung des Brasilienvertrages durch die Bundesregierung wird befürwortet. Abschließend wird über die Beteiligung des DGB an der Energiekonferenz der SPD Ende April 1977 beraten.[12]

Beschluß:
Der Bundesvorstand stimmt der Vorlage »Kernenergie und Umweltschutz« mit den besprochenen Ergänzungen einstimmig zu.

3. DAG

Die Kollegen *Vetter, Stephan, Kluncker, Eichhorn, Vietheer, Buschmann* und *Drescher* diskutieren ausführlich über das Verhältnis zur DAG und berichten über ihre Erfahrungen mit der DAG. Da die Situation in den einzelnen Gewerkschaftsbereichen verschieden ist, ist auch die Auffassung, wie man verfahren soll, unterschiedlich.[13] Es wird die Meinung vertreten, daß das Verhältnis zur DAG einer stärkeren Auseinandersetzung zustrebt.

Abschließend weist Kollege *Stephan* auf die Angestelltenaktion des DGB hin, die sehr gut angelaufen ist, aber noch mehr Unterstützung in einzelnen Gewerkschaften benötigt.

4. Wahlordnung

Kollege *Vetter* geht kurz auf die Gespräche mit Vertretern von SPD und FDP ein, die den Wahlordnungskompromiß der Regierungsfraktionen zum Inhalt hatten.[14]

---

10 Vgl. zum Beispiel die Äußerungen von Heinz Kluncker, ebd., S. 6.
11 So zum Beispiel Eugen Loderer und Heinz Kluncker übereinstimmend in der Diskussion. Verhaltene Widerworte gab Erich Frister. Vgl. Protokoll über die 18. Sitzung des Bundesvorstandes am 5.4.1977, Übertragung aus dem Stenogramm, S. 4-11, bes. S. 5, AdsD, DGB-Archiv, 5/DGAI000493.
12 Vgl. Vorstand der SPD: Fachtagung »Energie, Beschäftigung, Lebensqualität« am 28. und 29. April 1977 in Köln, o. O., 1977, (Forum SPD: Dokumente).
13 Vgl. Dok. 25: Kurzprotokoll der 17. Sitzung des Bundesvorstandes am 1.3.1977, TOP 6. Vgl. auch DGB-Bundesvorstand, Günter Stephan, Tagesordnungspunkt der 17. Sitzung des Bundesvorstandes am 1.3.1977, Gespräch über die DAG; dpa Hintergrund, Archiv und Informationsmaterial, Anti-DGB-Kartell bringt Bewegung in die Gewerkschaften, Hamburg, 29.12.1976, AdsD, DGB-Archiv, 5/DGAI000493.
14 Heinz Oskar Vetter hatte sich in drei Gesprächen, einem mit der FDP und zwei mit der SPD, über den Wahlordnungskompromiss der Koalitionsparteien vom 13.12.1976 ausgetauscht. Eines der Probleme sei die Aufnahme der Leitenden Angestellten in den Wahlvorstand gewesen. Vor allem aber sei das aktive und das passive Wahlrecht der Leitenden Angestellten ein Problempunkt, weil diese Bestandteil

Besonders problematisch ist bei der vorgesehenen Wahlordnung die geplante Errichtung einer Schiedsstelle und die damit verbundene Aufwertung der leitenden Angestellten.[15] Kollege *Vetter* bittet den Bundesvorstand, zu entscheiden, ob – entsprechend dem vorgelegten Entwurf einer Presseerklärung – noch einmal eine Stellungnahme zum Thema Wahlordnung abgegeben werden soll.

In der anschließenden Diskussion, an der sich die Kollegen *Loderer*, *Buschmann* und *Vetter* beteiligen, wird die Notwendigkeit einer erneuten Stellungnahme bejaht. Es sollte zusätzlich darauf hingewiesen werden, daß die bereits in zahlreichen Großunternehmen eingeleiteten Wahlen beweisen, daß eine offizielle Wahlordnung nicht erforderlich ist.[16]

Beschluß:
Der Bundesvorstand ist mit der Herausgabe einer Stellungnahme zur Wahlord[n]ung einverstanden (s. Anlage).[17]

5. Berufsbildungsgesetz

Kollegin *Weber* bittet den Bundesvorstand, damit einverstanden zu sein, daß eine Stellungnahme des DGB zu dem Verzicht der Bundesregierung auf die Erhebung der Berufsbildungsabgabe 1977 herausgegeben wird.[18] Darin soll zum Ausdruck kommen, daß der DGB diesen Beschluß der Bundesregierung für bedenklich hält, nicht zuletzt wegen der in den letzten Tagen bekanntgewordenen Äußerungen der Arbeitgeber.

An der anschließenden Diskussion beteiligen sich die Kollegen *Frister*, *Vetter*, *Vietheer*, *Schwab*, *Gelhorn* und Kollegin *Weber*.

---

    des Managements seien. Vgl. Kurzprotokoll über die 18. Sitzung des Bundesvorstandes am 5.4.1977, Übertragung aus dem Stenogramm, S. 17-19, hier S. 17, AdsD, DGB-Archiv, 5/DGAI000493.
15 Vgl. ebd.
16 Vgl. ebd.
17 Der DGB bekräftigte, dass der Koalitionskompromiss zur Wahlordnung des Mitbestimmungsgesetzes »eine politisch und rechtlich nicht vertretbare Abkehr von bewährten Grundsätzen der Betriebs- und Unternehmensverfassung« sei. Die Wahlordnung entferne sich »von dem in Regierungserklärungen gesteckten Ziel, eine gleichberechtigte und gleichgewichtige Mitbestimmung der Arbeitnehmer zu verwirklichen.« Vgl. Bundespressestelle des Deutschen Gewerkschaftsbundes, DGB gegen den Koalitionskompromiß zur Wahlordnung, DGB-Nachrichten-Dienst, 98/77, 5.4.1977, AdsD, DGB-Archiv, 5/DGAI000493. Zum Thema der Wahlordnungen knapp bilanzierend Testorf: Ein heißes Eisen, S. 365-368.
18 Die Bundesregierung hatte nach der Ankündigung der Arbeitgeberinnen und Arbeitgeber, der zufolge für den Herbst 1977 mit einem Überangebot von 100.000 Ausbildungsplätzen zu rechnen sei, für das laufende Jahr auf die Einführung einer Berufsausbildungsangabe verzichtet. Unmittelbar nach dem Kabinettsbeschluss stellten Arbeitgeberorganisationen die Zusage der Ausbildungsplätze infrage, um sie dann wieder zu bekräftigen. Vgl. Bundespressestelle des Deutschen Gewerkschaftsbundes, Das unverantwortliche Spiel um die Ausbildungsplätze muß aufhören, DGB-Nachrichten-Dienst, 99/77, 6.4.1977, AdsD, DGB-Archiv, 5/DGAI000493.

Beschluß:
Der Bundesvorstand ist damit einverstanden, daß eine kritische Stellungnahme zum Verzicht der Bundesregierung auf die Erhebung der Berufsbildungsabgabe 1977 herausgegeben wird (s. Anlage).[19]

6. 62. Internationale Arbeitskonferenz in der Zeit vom 1. bis 22.6.1977 in Genf

Kollege *Muhr* berichtet, daß alle Gewerkschaften des öffentlichen Dienstes ihr Interesse zum Tagesordnungspunkt 5. »Vereinigungsfreiheit und Verfahren für die Festsetzung der Beschäftigungsbedingungen im öffentlichen Dienst« gezeigt haben. Es können aber nur zwei Berater gemeldet werden, wobei es passieren könnte, daß die Bundesregierung einen Platz dem Deutschen Beamtenbund gibt. Dazu hat die ÖTV mitgeteilt, daß sie dann den Kollegen Alfred Jahnz auf ihre Kosten entsenden würde, der dann als Beobachter gelten würde. Wenn noch andere Gewerkschaften Beobachter auf ihre Kosten entsenden wollen, müssen sie das dem Kollegen Muhr umgehend mitteilen. Kollege *Muhr* bittet, dem Beschlußvorschlag zuzustimmen.[20]

Auf die Frage des Kollegen *Frister* nach dem Zeitplan für die Behandlung der Tagesordnungspunkte erklärt Kollege *Muhr*, daß die Beratung der Tagesordnungspunkte neben dem Plenum laufen. Es muß mit einer Teilnahme von mindestens 1. bis 18.6.1977 gerechnet werden.

Beschluß:
Der Bundesvorstand beschließt, folgende Teilnehmer für die 62. Internationale Arbeitskonferenz zu benennen:
Delegierter: Gerd MUHR

Zu TOP 1. »Information und Berichte über die Anwendung von Übereinkommen und Empfehlungen«:
Karl KEHRMANN, DGB-Bundesvorstand

Zu TOP 2. »Die Arbeitsumwelt (2. Beratung)«:
Reinhold KONSTANTY, DGB-Bundesvorstand

Zu TOP 3. »Die Beschäftigungslage und die Arbeits- und Lebensbedingungen des Krankenpflegepersonals (2. Beratung)«:
Ingeborg ASKERZ, Hauptvorstand der Gew[erkschaft] ÖTV

---

19 Vgl. ebd.
20 Vgl. [DGB-Bundesvorstand], Abt. Sozialpolitik, Gerd Muhr, an die Mitglieder des Bundesvorstandes des DGB, 62. Internationale Arbeitskonferenz vom 1. bis 22.6.1977 in Genf, Düsseldorf, 28.2.1977, AdsD, DGB-Archiv, 5/DGAI000493.

Zu TOP 4. »Arbeitsverwaltung: Aufgaben, Befugnisse, Aufbau«:
Dr. Ursula ENGELEN-KEFER, DGB-Bundesvorstand
Edmund DUDA, DGB-Bundesvorstand

Zu TOP 5. »Vereinigungsfreiheit und Verfahren für die Festsetzung der Beschäftigungsbedingungen im öffentlichen Dienst«: Gerhard SCHMIDT, DGB-Bundesvorstand
Alfred JAHNZ, Hauptvorstand der Gew[erkschaft] ÖTV
Zu TOP 6. »Bericht der Arbeitsgruppe für Strukturfragen«:
Gerd MUHR, DGB-Bundesvorstand
Dolmetscher: Harald SIMON, DGB-Bundesvorstand (gleichzeitig Berater)
Sekretariat: Isabell CAMINITI, DGB-Bundesvorstand

7. Alternativentwurf eines Arbeitsgesetzbuches

Kollege *Muhr* erläutert die Vorlage und bittet um entsprechende Beschlußfassung.[21]
An der anschließenden Diskussion beteiligen sich die Kollegen *Loderer, Muhr, Kehrmann, Breit, Buschmann, Vietheer, Heiß, Vetter* und die Kollegin *Weber*.
Kollege *Breit* spricht sich gegen die Formulierung des § 142 aus; die Verjährungsfrist von zwei Jahren sollte bestehen bleiben.[22] Kollege *Buschmann* bittet um Vertagung dieses Tagesordnungspunktes, da die Entscheidungsgremien seiner Gewerkschaft ihre Beratung noch nicht abgeschlossen haben. Zu diesem Zeitpunkt könne er der Vorlage nicht zustimmen.

Beschluß:
Der Bundesvorstand verabschiedet den DGB-Entwurf zum Arbeitsverhältnisrecht in der vom Arbeitsrechtlichen Ausschuß erarbeiteten Fassung gegen die Stimmen des Kollegen Buschmann und des Kollegen Breit (zu § 142).

---

21 Der DGB nahm bereits seit 1973 an einer Kommission des Bundesministeriums für Arbeit und Sozialordnung zur Entwicklung eines Arbeitsgesetzbuches teil und arbeitete in seinem arbeitsrechtlichen Ausschuß gleichzeitig an einem Alternativentwurf, der die gewerkschaftlichen Forderungen breiter berücksichtigen sollte. Dieser verabschiedete den Entwurf, der ebenfalls im Tarifpolitischen Ausschuss mit Blick auf die Fragen die Tariffreiheit, etwa hinsichtlich der Regelungen der Arbeitszeit, beraten wurde, in seiner Sitzung vom 9.2.1977. Hier wurde um Formulierungen und Regelungen gerungen. Der Geschäftsführende Bundesvorstand stimmte in seiner Sitzung am 14.2.1977 der Vorlage der Abteilung Sozialpolitik zu. Vgl. hierzu [DGB-Bundesvorstand], Abt. Sozialpolitik, Gerd Muhr, an die Mitglieder des Bundesvorstandes des DGB, Alternativentwurf eines Arbeitsgesetzbuches, Düsseldorf, 28.2.1977, AdsD, DGB-Archiv, 5/DGAI000493; DGB-Entwurf zum Arbeitsverhältnisrecht, Düsseldorf, 14.2.1977; Protokoll über die 60. Sitzung des Geschäftsführenden Bundesvorstandes am 14.2.1977, AdsD, DGB-Archiv, 5/DGAI000385. Vgl. auch Iannone: Kodifizierung des Arbeitsvertragsrechts.
22 Es handelte sich um die Verjährung von Entgeltansprüchen aus dem Arbeitsverhältnis, für die der Entwurf in § 142 eine Frist von sechs Monaten ansetzte.

8. 11. Ordentlicher Bundeskongreß vom 21. bis 27.5.1978 in Hamburg, hier: Festlegung der Anzahl der Delegierten

Kollege *Schwab* verweist auf die Vorlage und bittet um Beschlußfassung.

Auf die Frage des Kollegen *Vater* teilt Kollege *Schwab* mit, daß es beim letzten Bundeskongreß 478 Delegierte waren.

Beschluß:
Der Bundesvorstand wird dem Bundesausschuß gemäß § 8 Ziffer 3 Buchstabe 1) der Satzung des DGB empfehlen, die Anzahl der Delegierten für den 11. Ordentlichen Bundeskongreß auf 494 festzulegen.

Die auf jede Gewerkschaft entfallende Zahl der Delegierten ermittelt der Bundesvorstand nach der Zahl der Mitglieder, für die Beiträge an den Bund abgeführt wurden.

Als Abrechnungszeitraum wird das dritte und vierte Quartal 1976 und das erste und zweite Quartal 1977 zugrunde gelegt.

9. Termin

Kollege *Vetter* teilt mit, daß der Bundesminister der Finanzen und der Bundesminister für Arbeit und Sozialordnung den Bundesvorstand zu einem Gespräch mit Essen einladen. Als Termin ist der 2. Mai 1977, abends, in Düsseldorf vorgesehen. Eine schriftliche Mitteilung wird noch erfolgen.

10. FDGB

Kollege *Vetter* schlägt vor, die Beratung der Richtlinien usw. bis zur Maisitzung des Bundesvorstandes zu vertagen.[23] Gleichzeitig teilt er mit, daß eine Einladung des FDGB zur Teilnahme an seinem Kongreß im Mai vorliegt. Kollege *Vetter* ist der Auffassung, daß eine Delegation von zwei Personen unter Wahrung der Gegenseitigkeit zum Kongreß des FDGB entsandt werden soll.

Kollege *van Haaren* fragt, was geschehen wird, wenn die DGB-Delegation in die Liste der ausländischen Gäste aufgenommen wird.

Kollege *Vetter* sagt zu, diese Frage zu klären und in der nächsten Sitzung des Bundesvorstandes darüber zu berichten.

---

23 Es ging um Richtlinien für Delegationen des DGB und der DGB-Einzelgewerkschaften darüber, wie mit Kontakten zu osteuropäischen Gewerkschaften zu verfahren sei, um eine gewisse Einheitlichkeit zu wahren. Vgl. Dok. 13: Kurzprotokoll der 7. Sitzung des Bundesvorstandes am 9.3.1976, TOP 3.

Beschluß:
Der Bundesvorstand stellt die Beratung des Tagesordnungspunktes »FDGB« bis zu seiner nächsten Sitzung zurück.[24]

Ende der Sitzung: 14.20 Uhr.

Dokument 27

3. Mai 1977: Kurzprotokoll der 19. Sitzung des Bundesvorstandes

Hans-Böckler-Haus in Düsseldorf; Vorsitz: Heinz O. Vetter; Protokollführung: Isolde Funke, Marianne Jeratsch; Sitzungsdauer: 10.20–14.20 Uhr; ms. vermerkt: »Vertraulich«.[1]

Ms., hekt., 8 S., 5 Anlagen.[2]

AdsD, DGB-Archiv, 5/DGAI000554.

Beginn der Sitzung: 10.20 Uhr.

Kollege *Vetter* eröffnet die 19. Sitzung des Bundesvorstandes in Düsseldorf.

Tagesordnung:
1. Änderung des Protokolls der 17. Bundesvorstandssitzung vom 1.3.1977
2. Genehmigung des Protokolls der 18. Bundesvorstandssitzung
3. FDGB
4. Wirtschafts- und Sozialrat – Schlußbericht der Enquete-Kommission Verfassungsreform des Deutschen Bundestages
5. Tagesordnung für die 8. Bundesausschußsitzung am 8.6.1977
6. »Abwehr von Verfassungsfeinden im öffentlichen Dienst in der Bundesrepublik Deutschland« – aus der Sicht des Deutschen Gewerkschaftsbundes
7. Kapitalerhöhungen (BGAG – Neue Heimat Hamburg – Bund-Verlag GmbH – Allgemeine Beamtenbank AG)
8. Verschiedenes

---

24 Vgl. Dok. 27: Kurzprotokoll der 19. Sitzung des Bundesvorstandes am 3.5.1977, TOP 3.
Dok. 27
1 Einladungsschreiben vom 6.4.1977 und Tagesordnung vom 19.4.1977. Nicht anwesend: Erich Frister (vertreten durch Siegfried Vergin), Heinz Vietheer kam aufgrund einer Vortragsverpflichtung 1½ Stunden später, Karl Buschmann (vertreten durch Walter Schongen), Adolf Schmidt (sein Vertreter Helmut Gelhorn konnte ebenfalls nicht erscheinen). AdsD, DGB-Archiv, 5/DGAI000493.
2 Anlagen: Anwesenheitsliste; vgl. Leitlinien für die Beziehungen des DGB zum FDGB, o. O., o. D.; Interne Richtlinien für Kontakte mit dem FDGB, o. O., o. D.; DGB: Wahlordnung: Angriff auf die Solidarität der Arbeitnehmer, DGB-Nachrichten-Dienst, 128/77, 3.5.1977; DGB zur Beschäftigungs-, Steuer- und Finanzpolitik, DGB-Nachrichten-Dienst, 129/77, 3.5.1977.

Vor Eintritt in die Tagesordnung teilt Kollege *Vetter* mit, daß das Bundeswirtschaftsministerium ohne vorherige Terminabstimmung für die nächste Konzertierte Aktion zum 15. Juni 1977 eingeladen hat. Er bittet um Mitteilung, wer von den anderen Mitgliedern diesen Termin wahrnehmen kann.

Die Kollegen *Kluncker, Loderer, Hauenschild* und *Sperner* haben bereits anderweitige Terminverpflichtungen.

Kollege *Vetter* stellt fest, daß die DGB-Delegation für die Konzertierte Aktion den Termin 15.6.1977 nicht wahrnehmen kann.

1. Änderung des Protokolls der 17. Bundesvorstandssitzung vom 1.3.1977

Kollege *Vetter* verweist auf den vorgelegten Änderungsvorschlag zum Tagesordnungspunkt 4. »Bundesarbeiterkonferenz 1977« und bittet um Zustimmung. Gleichzeitig erinnert er an die vorgesehene Behandlung dieses Punktes im Bundesausschuß.[3]

Beschluß:
Der Bundesvorstand beschließt folgende Neufassung des Beschlusses zum Tagesordnungspunkt 4. »Bundesarbeiterkonferenz 1977« des Protokolls der 17. Bundesvorstandssitzung vom 1.3.1977:

»Beschluß:
Der Bundesvorstand beschließt mit Mehrheit, die Bundesarbeiterkonferenz nicht durchzuführen. Zur Behandlung der Personengruppe Arbeiter wird der Bundesvorstand einen entsprechenden Antrag beim Bundeskongreß einbringen.[4]

Kollege Vetter wird diesen Beschluß dem Bundesausschuß entweder in seiner morgigen Sitzung oder aber wegen der Abwesenheit der Vertreter der Gewerkschaften des öffentlichen Dienstes in der Juni-Sitzung zur Kenntnis geben.«[5]

2. Genehmigung des Protokolls der 18. Bundesvorstandssitzung

Beschluß:
Der Bundesvorstand genehmigt das Protokoll der 18. Bundesvorstandssitzung.[6]
Kollege *Loderer* bittet darum, bei so wichtigen Themen wie in der letzten Sitzung die Kernenergie, das Kurzprotokoll etwas ausführlicher zu erstellen.

---

3 Vgl. [DGB-Bundesvorstand], Abt. Vorsitzender, Vorlage für die 19. Bundesvorstandssitzung am 3.5.1977, Änderung des Protokolls der 17. Bundesvorstandssitzung am 1.3.1977, AdsD, DGB-Archiv, 5/DGAI000493.
4 Der entsprechende Antrag kam nicht zustande. Vgl. DGB: 11. Bundeskongreß 1978.
5 Vgl. die Tagesordnung der 8. Bundesausschusssitzung am 8.6.1977 im vorliegenden Dokument, TOP 5., in der das Thema der Bundesarbeitskonferenz unter TOP 3. verhandelt werden sollte.
6 Vgl. Dok. 26: Kurzprotokoll der 18. Sitzung des Bundesvorstandes am 5.4.1977.

Kollege *Vetter* sagt zu, daß ein Anhang zum Protokoll über den Tagesordnungspunkt 2. »Kernenergie und Umweltschutz« erstellt wird.[7] Im übrigen soll in ähnlichen Fällen zukünftig gleichermaßen verfahren werden.

3. FDGB

Kollege *Vetter* teilt mit, daß als Delegationsteilnehmer des DGB zum FDGB-Kongreß, der vom 16. bis 19. Mai 1977 in Berlin stattfindet, die Kollegen Alfons Lappas und Walter Sickert benannt worden sind. Mit dem FDGB wurde abgesprochen, daß die DGB-Delegation weder in Wort noch in Schrift als ausländische Delegation erscheint. Wenn dies jedoch seitens des FDGB zurückgenommen wird, wird eine DGB-Delegation nicht am FDGB-Kongreß teilnehmen. Sollte sich noch während des Kongresses eine Änderung ergeben, werden die Kollegen Lappas und Sickert den FDGB-Kongreß verlassen.

Auf die vorgelegten Unterlagen eingehend erinnert Kollege *Vetter* an die bereits stattgefundenen Gespräche mit Herbert Warnke und Harry Tisch. Er weist darauf hin, daß dieses Arbeitspapier bereits seit einem Jahr vorliegt und jetzt noch einmal mit einer kleinen Ergänzung vorgelegt wurde.[8] Kollege *Vetter* bittet den Bundesvorstand um entsprechende Beschlußfassung.

In der anschließenden Diskussion, an der sich die Kollegen *Kluncker, Hauenschild, Vetter, Muhr, Schwab, Stadelmaier, Loderer, Mahlein, Schmidt, van Haaren* und die Kollegin *Weber* beteiligen, werden Änderungen zu den vorgelegten Papieren erörtert.[9]

Der Bundesvorstand faßt folgenden *Beschluß*:
1. Der Bundesvorstand beschließt politische Leitlinien für die zukünftigen Beziehungen zwischen dem DGB und den DGB-Gewerkschaften einerseits und dem FDGB und den FDGB-Gewerkschaften der DDR andererseits (s. Anlage).[10]
2. Die Gewerkschaften und Industriegewerkschaften (Gewerkschaften) des DGB verpflichten sich zur Einhaltung dieser Leitlinien und zur Berichterstattung gegenüber dem DGB.
3. Das Referat »Deutsch-deutsche Beziehungen« in der Abteilung Vorsitzender fungiert als Kontaktstelle zu den Gewerkschaften und vermittelt Informatio-

---

7 Dieser Anhang ist bei den Protokollunterlagen nicht enthalten. Vgl. die Akte AdsD, DGB-Archiv, 5/DGAI000493.
8 Vgl. Dok. 13: Kurzprotokoll der 7. Sitzung des Bundesvorstandes am 9.3.1976, TOP 3.; DGB-Bundesvorstand, Heinz O. Vetter, Beziehungen des DGB und seiner Gewerkschaften zum FDGB und den FDGB-Gewerkschaften, Düsseldorf, 30.3.1977, AdsD, DGB-Archiv, 5/DGAI000493; Anlage 1: Beschlussvorlage Deutsch-deutsche Beziehungen der Gewerkschaften; Richtlinien für die Beziehungen des DGB zum FDGB; Interne Richtlinien, Kontakte mit dem FDGB; Anlage 2: Stattgefundene Kontakte DGB/FDGB (soweit bekannt); weitere vorgesehene Kontakte DGB/FDGB, alle ebd. Vgl. Dok. 13: Kurzprotokoll der 7. Sitzung des Bundesvorstandes am 9.3.1976, TOP 3.
9 Vgl. Protokoll über die 19. Sitzung des Bundesvorstandes am 3.5.1977, Übertragung aus dem Stenogramm, S. 3-6, AdsD, DGB-Archiv, 5/DGAI000493.
10 Beschlussvorlage Deutsch-deutsche Beziehungen der Gewerkschaften; Richtlinien für die Beziehungen des DGB zum FDGB; Interne Richtlinien, Kontakte mit dem FDGB, AdsD, DGB-Archiv, 5/DGAI000493.

nen über den FDGB (innen- und außenpolitische Aktivitäten, personelle und organisatorische Strukturen).
4. Die Gewerkschaften benennen dem DGB einen verantwortlichen Mitarbeiter des jeweiligen Hauptvorstandes als Gesprächspartner für das Referat »Deutsch-deutsche Beziehungen«.
5. Die Berichterstattung vom und zum DGB wird zu einem Informationsdienst für den Bundesvorstand und für die Hauptvorstände ausgebaut.
6. Die verantwortlichen Mitarbeiter der Vorstände bilden gemeinsam die »Gewerkschaftliche Arbeitsgruppe deutsch-deutsche Beziehungen«. Die Arbeitsgruppe kann vom Vorsitzenden des DGB oder dessen Beauftragten zu Sitzungen und Seminaren einberufen werden.

4. Wirtschafts- und Sozialrat – Schlußbericht der Enquete-Kommission Verfassungsreform des Deutschen Bundestages

Kollege *Vetter* verweist auf die Vorlage und schildert kurz die Entwicklung der DGB-Forderung nach gesamtwirtschaftlicher Mitbestimmung und die teilweise unterschiedlichen Auffassungen zu diesem Problembereich.[11] Die Diskussion hat einen neuen Anstoß bekommen durch einen entsprechenden Gesetzesentwurf der SPD-Landtagsfraktion in Rheinland-Pfalz.[12] Von besonderer politischer Bedeutung ist jedoch der Schlußbericht der Enquete-Kommission Verfassungsreform des Deutschen Bundestages, die einerseits die gewerkschaftlichen Vorstellungen zur gesamtwirtschaftlichen Mitbestimmung rundweg ablehnt und sich andererseits mit der Stellung der Verbände in der politischen Ordnung in einer Weise befaßt,

---

11 Vgl. [DGB-Bundesvorstand], Abt. Vorsitzender, Heinz O. Vetter, an die Mitglieder des Bundesvorstandes, Wirtschafts- und Sozialrat (Schlussbericht der Enquete-Kommission Verfassungsreform des deutschen Bundestages), AdsD, DGB-Archiv, 5/DGAI000493. Die 21-köpfige Enquete-Kommission setzte sich aus Mitgliedern des Bundestages und aus von Länderseite benannten Persönlichkeiten und Sachverständigen zusammen. Sie lehnte einen Bundeswirtschafts- und Sozialrat mit Gesetzesinitiativrecht, wie vom DGB gefordert, als verfassungswidrig ab. Vgl. [DGB-Bundesvorstand], Abt. Gesellschaftspolitik, Vermerk, Wirtschafts- und Sozialrat (Schlußbericht der Enquete-Kommission Verfassungsreform des Deutschen Bundestages), S. 1 ff., AdsD, DGB-Archiv, 5/DGAI000493. Vgl. auch Die Errichtung eines Bundeswirtschafts- und Sozialrates. Probleme der Stellung der Verbände in der politischen Ordnung, Deutscher Bundestag, 7. Wahlperiode, Drucksache 7/5924, 9.12.1976, S. 113-121. Der Schlussbericht liegt in einer Druckfassung vor, die auch die anderen Empfehlungen zur Verfassungsreform umfasst. Vgl. Beratungen und Empfehlungen zur Verfassungsreform. Schlußbericht der Enquete-Kommission Verfassungsreform des Deutschen Bundestages 1976. 2 Bde., Bonn 1977 (Zur Sache; 1976, 2-3), hier Bd. I, S. 233-248. Der Schriftfassung der Kommissionsergebnisse ist auch eine Liste der Kommissionsdrucksachen beigefügt, die drei Gutachten von Kommissionsmitgliedern zur Problematik eines Wirtschafts- und Sozialrates beziehungsweise zu dessen »Einführung« umfasst.
12 Diese Gesetzesinitiative war möglich, weil in der rheinland-pfälzischen Landesverfassung Wirtschafts- und Sozialräte als mögliche Institutionen vorgesehen waren. Widerstand gegen den Gesetzesvorschlag regte sich im Handwerk, das über eigene Kammern verfügte. Vgl. Protokoll über die 19. Sitzung des Bundesvorstandes am 3.5.1977, Übertragung aus dem Stenogramm, S. 7, AdsD, DGB-Archiv, 5/DGAI000493.

die in Richtung auf ein Verbändegesetz geht.[13] Kollege *Vetter* geht kurz auf die Haltung der Parteien zu diesem Thema ein. Er ist der Meinung, daß der Bundesvorstand sich mit diesen Fragen beschäftigen und beraten sollte, ob und wie zu dem Schlußbericht der Enquete-Kommission Stellung genommen werden soll. Er bittet, dem Beschlußvorschlag zuzustimmen, und regt außerdem die Einsetzung einer Arbeitsgruppe an, der auch ein verfassungsrechtlicher Experte angehören sollte, um anhand eines Gutachtens später fundiert politisch argumentieren zu können.

Kollege *Loderer* spricht sich für den Beschlußvorschlag aus. Nach Auffassung der IG Metall bedeutet die übereinstimmende Haltung der Enquete-Kommission eine große politische Tendenzwende eindeutig zu Lasten der Gewerkschaften, der man entschieden entgegentreten muß. Deshalb sollte man es mit der heutigen Stellungnahme nicht bewenden lassen, sondern, zunächst intern, weitere Aktivitäten einleiten. Man sollte u. a. daran denken, die Vorstellungen des DGB zur gesamtwirtschaftlichen Mitbestimmung durch eine Kommission weiter bearbeiten zu lassen, um dem Bundeskongreß 1978 entsprechendes Material vorlegen zu können. Der Bundesvorstand sollte sich in einer seiner nächsten Sitzungen wieder mit diesen Themen beschäftigen.[14]

An der anschließenden Diskussion beteiligen sich die Kollegin *Weber* und die Kollegen *Rothe, Wagner, Heiß, Lehlbach, Kluncker, Vetter, Lappas, Loderer, Vietheer* und *Stephan*.[15] In der Einschätzung der durch den Schlußbericht der Enquete-Kommission eingetretenen Situation besteht völlige Übereinstimmung, ebenso darüber, den vorgelegten Beschlußvorschlag zu verabschieden und eine Expertengruppe einzusetzen, um später eine fundierte Stellungnahme abgeben zu können. Bedenken bestehen jedoch, das Thema Wirtschafts- und Sozialräte im Augenblick zu stark in die öffentliche Diskussion zu bringen, abgesehen von den Ländern, in denen verfassungsmäßige Voraussetzungen gegeben sind. Auch sollte die Situation im europäischen Raum untersucht werden.

---

13 Der DGB hatte die Forderung nach der Implementierung von Wirtschafts- und Sozialräten auf Bundes- und Länderebene, die keine paritätischen Räte darstellen sollten, am 3.3.1971 mit einem Papier zu Mitbestimmung wieder ins Gespräch gebracht. Für die Wirtschafts- und Sozialräte forderte der DGB ursprünglich Enquete- und Gesetzesinitiativrechte. Von dieser Forderung habe man damals Abstand genommen, um die Wirtschafts- und Sozialräte überhaupt in die Diskussion zu bringen. Weitergehende Rechte der Wirtschafts- und Sozialräte hätten eine Verfassungsänderung notwendig gemacht. Vgl. Mitbestimmung im gesamtwirtschaftlichen Bereich, Düsseldorf, 3.3.1971, S. 6-12; Protokoll über die 19. Sitzung des Bundesvorstandes am 3.5.1977, Übertragung aus dem Stenogramm, S. 7, AdsD, DGB-Archiv, 5/DGAI000493. Der Schlussbericht der Enquete-Kommission betrachtete Wirtschafts- und Sozialräte, die die Rechte der Parteien und Parlamente berührten, als einer »parlamentarischen Demokratie nicht gemäß und entsprechend verfassungswidrig«. In der Sitzung wurde bemängelt, dass der DGB nicht einmal zu einer Anhörung der Enquete-Kommission geladen worden sei. Vgl. Protokoll über die 19. Sitzung des Bundesvorstandes am 3.5.1977, Übertragung aus dem Stenogramm, S. 8 ff., AdsD, DGB-Archiv, 5/DGAI000493.

14 Vgl. DGB: Geschäftsbericht 1975–1977, S. 37 f.

15 Vgl. Protokoll über die 19. Sitzung des Bundesvorstandes am 3.5.1977, Übertragung aus dem Stenogramm, S. 7-16, AdsD, DGB-Archiv, 5/DGAI000493.

Beschluß:
Zu dem Schlußbericht der Enquete-Kommission Verfassungsreform des Deutschen Bundestages erklärt der Bundesvorstand in einer ersten Stellungnahme:

Der Bundesvorstand nimmt mit Befremden zur Kenntnis, daß die Enquete-Kommission Verfassungsreform den Gedanken der Mitbestimmung im gesamtwirtschaftlichen Bereich ablehnt, ohne dem Deutschen Gewerkschaftsbund Gelegenheit gegeben zu haben, seine Auffassung im einzelnen darzulegen und zu begründen.

Der Bundesvorstand weist darauf hin, daß der zunehmende wirtschaftliche und soziale Problemdruck, vor allem die anhaltend hohe Arbeitslosigkeit, es unangemessen, kurzsichtig und wirklichkeitsfremd erscheinen lassen, neue Formen der Problembewältigung – wie die Errichtung von Wirtschafts- und Sozialräten – mit angreifbaren verfassungspolitischen Argumenten auszuschließen.

Der Bundesvorstand wendet sich mit gleicher Entschiedenheit gegen die Ausführungen der Enquete-Kommission Verfassungsreform zur Frage der Verbände, die mit ihrer Forderung nach »Sozialpflichtigkeit« bzw. »Gemeinwohlpflichtigkeit« der Verbände den Überlegungen konservativer politischer Kräfte Vorschub leisten können, die Handlungsfreiheit der Gewerkschaften durch ein Verbändegesetz einzuschränken.

Der DGB ist sich seiner Verpflichtungen gegenüber Staat und Gesellschaft bewußt und bedarf keiner wie auch immer legitimierten Reglementierung.

Der Bundesvorstand beschließt außerdem die Einsetzung einer Expertengruppe, die sich mit den von der Enquete-Kommission Verfassungsreform aufgeworfenen Problemen eingehend beschäftigen soll.[16]

5. Tagesordnung für die 8. Bundesausschußsitzung am 8.6.1977

Kollege *Vetter* verweist auf die Vorlage und bittet um Zustimmung. Für den Tagesordnungspunkt 2. »Bericht zur gewerkschaftspolitischen und organisatorischen Situation« sind folgende Punkte vorgesehen: FDGB; Wirtschafts- und Sozialrat – Schlußbericht der Enquete-Kommission; Verfassungsreform des Deutschen Bundestages; Wahlordnung; »Abwehr von Verfassungsfeinden im öffentlichen Dienst in der Bundesrepublik Deutschland – aus der Sicht des Deutschen Gewerkschaftsbundes; Kernenergie; Bürgerinitiativen; Situation bei der Beteiligungsgesellschaft und damit Personalveränderung im Geschäftsführenden Bundesvorstand; Wirtschaftssituation; Kostensituation in der Rentenversicherung.

In der anschließenden Diskussion, an der sich die Kollegen *Hauenschild*, *Loderer*, *Vetter*, *Vergin*, *Pfeiffer*, *Muhr* und die Kollegin *Weber* beteiligen, wird angeregt, ein Thesenpapier zu dem Bericht vorzulegen. Ferner wird vorgeschlagen, daß Kollege *Vetter* alle Punkte des Berichts abhandeln sollte bis auf den sozialpolitischen Teil.

---

16 Die Expertengruppen wurden ausweislich des Geschäftsberichts des Bundesvorstandes eingesetzt. Vgl. DGB: Geschäftsbericht 1975–1977, S. 38.

Auf die Bitte, mehr Beschlüsse im Bundesausschuß fassen zu lassen und nicht nur über bereits getroffene Entscheidungen zu berichten, wird darauf hingewiesen, daß sehr viele Beschlüsse eilbedürftig sind und der Bundesvorstand dreimal zwischen zwei Bundesausschußsitzungen tagt.

Kollege *Vetter* sagt zu, für den Bericht zur gewerkschaftspolitischen und organisatorischen Lage ein Thesenpapier vorzulegen.

Beschluß:
Der Bundesvorstand beschließt für die 8. Bundesausschußsitzung am 8.6.1977 folgende

Tagesordnung:
1. Genehmigung des Protokolls der 7. Bundesausschußsitzung
2. Bericht zur gewerkschaftspolitischen und organisatorischen Situation
3. Bundesarbeiterkonferenz 1977
4. 11. Ordentlicher Bundeskongreß vom 21. bis 27.5.1978 in Hamburg, hier: Festlegung der Anzahl der Delegierten
5. Fragestunde
6. Verschiedenes[17]

6. »Abwehr von Verfassungsfeinden im öffentlichen Dienst in der Bundesrepublik Deutschland« – aus der Sicht des Deutschen Gewerkschaftsbundes

Kollege *Schmidt* verweist auf die Vorlage vom 4. April 1977, die entsprechend dem Auftrag des Bundesvorstandes von einer Arbeitsgruppe erarbeitet und durch den Geschäftsführenden Bundesvorstand verabschiedet wurde.[18] Inzwischen sind allen Bundesvorstandsmitgliedern Änderungsvorschläge der GEW zugegangen. Um das Beratungsverfahren zu erleichtern, sind diese Änderungsvorschläge in der heute vorgelegten neuen Vorlage berücksichtigt. Kollege *Schmidt* bittet den Bundesvorstand um Zustimmung.

In der anschließenden Diskussion, an der sich die Kollegen *Vetter, Vietheer, Schmidt, Muhr, Rothe, Vater, Hauenschild, Vergin, Breit, Kluncker* und *Loderer* beteiligen, wird eine Reihe von Einzelfragen erörtert. Es wird außerdem angeregt, auch den Bundesausschuß damit zu befassen.

---

17 Vgl. Kurzprotokoll über die 8. Sitzung des Bundesausschusses am 8.6.1977, AdsD, DGB-Archiv, 5/ DGAI000446.
18 Der Geschäftsführende Bundesvorstand hatte in seiner 66. Sitzung am 4.4.1977 der Vorlage im Prinzip zugestimmt. Die Vorlage sollte aber noch redaktionell überarbeitet werden. Vgl. Protokoll über die 66. Sitzung des Geschäftsführenden Bundesvorstandes am 4.4.1977, TOP 9., AdsD, DGB-Archiv, 5/ DGAI000385.

Die Kollegen *Breit* und *Kluncker* bitten, die Verabschiedung der Vorlage auf die nächste Sitzung des Bundesvorstandes zu verschieben, damit der geänderte Text noch einmal in ihren Vorständen beraten werden kann.

Beschluß:
Der Bundesvorstand beschließt, den Tagesordnungspunkt »Abwehr von Verfassungsfeinden im öffentlichen Dienst in der Bundesrepublik Deutschland« – aus der Sicht des Deutschen Gewerkschaftsbundes auf seine Juni-Sitzung zu vertagen und ebenfalls im Bundesausschuß behandeln zu lassen.[19] Die überarbeitete Vorlage soll den Bundesvorstands- und Bundesausschußmitgliedern so bald wie möglich mit einem erläuternden Anschreiben zugeleitet werden.[20]

Die Kollegen *Vergin* und *Drescher* regen in diesem Zusammenhang an, den Beschluß des Geschäftsführenden Bundesvorstandes, sich nicht an Aktionskomitees gegen Berufsverbote u. ä. zu beteiligen, noch einmal allgemein bekanntzumachen, weil sowohl Funktionäre des DGB als auch der Gewerkschaften sich nicht immer an diesen Grundsatz halten.

Kollege *Vetter* sagt eine Prüfung zu.

Kollege *Vetter* spricht eine Unterschriftenaktion unter einen Aufruf »Gewerkschaftssekretäre rufen auf: Demokratische Grundrechte verteidigen« an, der in den letzten Wochen beim DGB und den Gewerkschaften kursiert, und schildert die Vorgeschichte.[21] Kollege *Vetter* hält es für bedenklich, daß eine so große Zahl von Mitarbeitern – aus welchen Gründen auch immer – diesen Aufruf unterschrieben

---

19 Vgl. Dok. 28: Kurzprotokoll der 20. Sitzung des Bundesvorstandes am 7.6.1977, TOP 4.
20 Vgl. die Vorlage für die 20. Sitzung des Bundesvorstandes am 7.6.1977, [DGB-Bundesvorstand], Abt. Beamte – Öffentlicher Dienst, an die Mitglieder des Bundesvorstandes, »Abwehr von Verfassungsfeinden im Öffentlichen Dienst in der Bundesrepublik Deutschland« aus der Sicht des Deutschen Gewerkschaftsbundes, Düsseldorf, 10.5.1977, AdsD, DGB-Archiv, 5/DGAI000493.
21 Vgl. Vermerk, Aufruf »Gewerkschaftssekretäre rufen auf: Demokratische Grundrechte verteidigen«, AdsD, DGB-Archiv, 5/DGAI000493. Dieser Vermerk wurde in der Sitzung des Geschäftsführenden Bundesvorstandes am 25.4.1977 behandelt. Der Geschäftsführende Bundesvorstand bewertete das Verhalten der Gewerkschaftssekretäre »als eine dienstliche Fehlleistung, eine politische Instinktlosigkeit und einen Vertrauensverstoß«. Er beschloß, eine Erhebung über die Gesamtzahl der Gewerkschaftssekretäre zu erstellen und diese Zahl der Zahl derjenigen, die unterschrieben haben, gegenüberzustellen. Der Aufruf war von einem Mitarbeiter der IG-Metall-Schule in Sprockhövel gestartet worden. Die Abteilung Bildung habe die weitere Durchführung der Aktion verhindert. Vgl. hierzu die Anlage zum Protokoll der 68. Sitzung des Geschäftsführenden Bundesvorstandes am 25.4.1977, Hausmitteilungen, AdsD, DGB-Archiv, 5/DGAI000385. Vgl. dazu auch einen aufrufenden Brief sowie den Aufruf selbst mit einer Liste von erstaufrufenden Gewerkschaftssekretärinnen und -sekretären, die bereits mit einer Auswertung über die unterzeichnenden Mitarbeiterinnen und Mitarbeiter des DGB versehen war. Heinz Oskar Vetter forderte die Vorsitzenden der Gewerkschaften und Industriegewerkschaften sowie die DGB-Landesbezirke auf, den oder die Initiatoren des Aufrufs zu ermitteln und dafür Sorge zu tragen, dass im jeweiligen Verantwortungsbereich keine Unterschriften geleistet werden. Es sei nicht auszuschließen, »daß die Initiatoren bewußt oder unbewußt außer- und antigewerkschaftlichen Kräften das Bild einer innergewerkschaftlichen Opposition vorgaukeln«. Vgl. Vorsitzender des Deutschen Gewerkschaftsbundes, Heinz O. Vetter, an die Vorsitzenden der Gewerkschaften und Industriegewerkschaften, DGB-Landesbezirke, Mitglieder des Geschäftsführenden Bundesvorstandes, vermerkt: Persönlich, Düsseldorf, 15.4.1977, AdsD, DGB-Archiv, 5/DGAI000493.

hat, der u. U. in der Öffentlichkeit den Eindruck erwecken könnte, daß zwischen den Vorständen und den Sekretären kein Vertrauensverhältnis mehr besteht. Die Unterzeichner des Aufrufs sollten eine ernste Belehrung erhalten.

An der anschließenden Diskussion beteiligen sich die Kollegen *Loderer, Vetter, Stadelmaier, Vietheer, Kluncker, Vergin, Hauenschild, Pfeiffer, Leminsky* und *Drescher*. Die Kollegen sind sich einig, daß man derartigen Dingen energisch entgegentreten muß.[22]

Die Unterzeichner des Aufrufs sollen eindringlich belehrt werden.

Ob weitergehende Maßnahmen zu treffen sind, soll später geprüft werden.

7. Kapitalerhöhungen (BGAG – Neue Heimat Hamburg – Bund-Verlag GmbH – Allgemeine Beamtenbank AG)

Beschluß:
Der Bundesvorstand stimmt der Beteiligung der VTG des DGB an den in der Vorlage vom 19.4.1977 bezeichneten Kapitalerhöhungen im Rahmen der bisherigen Anteile des DGB zu.[23]

Die erforderlichen Mittel einschließlich der Beträge, die 1977 für bereits beschlossene Kapitalerhöhungen aufzubringen sind, werden von der VTG aus ihren Beteiligungserträgen dargestellt bzw. durch Zuweisung von DGB-Mitteln abgedeckt.

8. Verschiedenes

a) Pressemeldung zur Wahlordnung
Nach kurzer Diskussion, an der sich die Kollegen *Stephan, Kluncker, Muhr, Vetter, Sperner, Hauenschild, Loderer* und die Kollegin *Weber* beteiligen, *beschließt* der Bun-

---

22 Vgl. Protokoll der 19. Sitzung des Bundesvorstandes am 3.5.1976, Übertragung aus dem Stenogramm, S. 19-28, AdsD, DGB-Archiv, 5/DGAI000493.
23 Der Aufsichtsrat der Beteiligungsgesellschaft für Gemeinwirtschaft AG hatte einer vom Vorstand vorgeschlagenen Kapitalerhöhung um 75.000.000 DM zum Ausgabekurs von 150 %, mithin einer Summe von 112.500.000 DM, zugestimmt, die zum 30.6.1977 eingezahlt werden sollte. Die Verteilung auf die Gewerkschaften ergibt sich aus einer beigefügten Aufstellung. Bei der NH-Hamburg war 1976 eine Aufstockung des Gesellschaftskapitals von 40.000.000 auf 60.000.000 DM beschlossen worden. Eingezahlt worden seien damals 25 % der Kapitalaufstockung, mithin 5.000.000 DM. Zum 30.6.1977 und 30.6.1978 sollten die verbleibenden 15.000.000 DM eingezahlt werden. Da der Gesellschaftsanteil des DGB 33,375 % betrage, seien jeweils Beträge in Höhe von 2.625.000 DM aufzubringen. Bezüglich des Bund-Verlags war eine Erhöhung des Stammkapitals von 750.000 auf 1.500.000 DM beschlossen worden. Die restliche noch ausstehende Einzahlung durch die VTG als Alleingesellschafterin in Höhe von 225.000 DM sei dem Verlag kürzlich bereitgestellt worden. Bei der Allgemeinen Beamtenbank AG war der DGB mit einer Quote von 1,6 % am Aktienkapital beteiligt. Nachdem der Vorstand der Gesellschaft eine Kapitalerhöhung um 3.100.000 (bis dahin 6.200.000 DM) beschlossen habe, habe bei einem Nominalbeitrag von 49.600 DM und einem Ausgabekurs von 138,5 % eine Summe von 68.696 DM aufgebracht werden müssen. Vgl. [DGB-Bundesvorstand], Abt. Finanzen, Vorlage für den Bundesvorstand, Betrifft: Kapitalerhöhungen, Düsseldorf, 19.4.1977, AdsD, DGB-Archiv, 5/DGAI000493.

desvorstand, die Pressemeldung »Neue Wahlordnung: Angriff auf die Solidarität der Arbeitnehmer« mit einigen Änderungen zu verabschieden (s. Anlage).[24]

b) Pressemeldung zur Beschäftigungs-, Steuer- und Finanzpolitik
Die Kollegen *Pfeiffer, Hauenschild, Muhr* und *Kluncker* diskutieren über den Entwurf einer Pressemeldung.

Beschluß:
Der Bundesvorstand verabschiedet mit einigen Änderungen die Pressemeldung »DGB zur Beschäftigungs-, Steuer- und Finanzpolitik«[25] (s. Anlage).

c) Arbeitsmarktbeitrag
Kollege *Loderer* erinnert daran, daß er in der vorletzten Sitzung zum Arbeitsmarktbeitrag gesprochen hat, wobei ihm zugesagt wurde, einen klärenden Brief an den Bundesvorstand zu schicken.
Kollege *Muhr* erklärt, daß es eine Dokumentation gegeben hat. An einer Klarstellung wird noch gearbeitet.[26]

Ende der Sitzung: 14.20 Uhr.

---

24 Der DGB kritisierte die Regelung der Wahlordnung, der zufolge die »Leitenden Angestellten« ihre Position aufgrund einer »Selbsteinschätzung« selbst einstuften. Die FDP billige den »Leitenden Angestellten« im Hinblick auf deren Selbsteinschätzung ein Selbstbestimmungsrecht zu, das sie zugleich der Mehrheit der Arbeitnehmer streitig mache. Vgl. Bundespressestelle des Deutschen Gewerkschaftsbundes, Wahlordnung: Angriff auf die Solidarität der Arbeitnehmer, DGB-Nachrichten-Dienst, 128/77, 3.5.1977, AdsD, DGB-Archiv, 5/DGAI000493. Bernhard Dietz hat die Demokratiesemantik, die sich auch in der referierten Position der FDP hinsichtlich der »Leitenden Angestellten« zeigte, einer Analyse unterzogen. Vgl. Dietz: Wertewandel in der Wirtschaft; zu den einschlägigen Regelungen vgl. Testorf: Ein heißes Eisen, S. 348 f., 355 f. und 363.
25 Der DGB erhob die Forderung einer Wiederherstellung der Vollbeschäftigung als Zielvorstellung für die Wirtschaftspolitik. Er zählte das Steueränderungsgesetz von 1977 »nicht zu den beschäftigungssichernden Maßnahmen« und kritisierte, dass das Gesetz sich nicht an der Zielvorstellung der Verteilungsgerechtigkeit orientiere: »Mit den vorgesehenen Steuersenkungen für Unternehmer verzichtet [...] der Staat freiwillig auf Steuereinnahmen in Milliardenhöhe und verschenkt dadurch Geld, mit dem er über staatliche Investitionen viele Arbeitsplätze in eigener Regie schaffen könnte«. Auf der anderen Seite führten die Erleichterungen für die Unternehmer nicht zu deren höherer Investitionsneigung. Vgl. Bundespressestelle des Deutschen Gewerkschaftsbundes, DGB zur Beschäftigungs-, Steuer- und Finanzpolitik, DGB-Nachrichten-Dienst, 129/77, 3.5.1977, AdsD, DGB-Archiv, 5/DGAI000493.
26 Die Dokumentation konnte nicht ermittelt werden.

Dokument 28

7. Juni 1977: Kurzprotokoll der 20. Sitzung des Bundesvorstandes

Hotel Hilton in Mainz; Vorsitz: Heinz O. Vetter; Protokollführung: Isolde Funke, Marianne Jeratsch; Sitzungsdauer: 10.15–17.05 Uhr; ms. vermerkt: »Vertraulich«.[1]
Ms., hekt., 6 S., 1 Anlage.[2]
AdsD, DGB-Archiv, 5/DGAI00055.

Beginn der Sitzung: 10.15 Uhr.

Kollege *Vetter* eröffnet die 20. Sitzung des Bundesvorstandes in Mainz.
Er begrüßt den Kollegen Klaus Richter, den neuen Leiter der DGB-Verbindungsstelle in Bonn.
Zum Tagesordnungspunkt »Konzeption zur Betreuung Wehrpflichtiger« teilt Kollege *Vetter* mit, daß dieser Punkt bis zur nächsten Sitzung zurückgestellt wird. Bis dahin liegt dann das Ergebnis der Beratungen im Organisationsausschuß vor, und es kann ein Beschlußvorschlag formuliert werden.[3]

Tagesordnung:
1. Terminplanung
2. Genehmigung des Protokolls der 19. Bundesvorstandssitzung
3. Verkauf von Mietwohnungen durch die Neue Heimat
4. »Abwehr von Verfassungsfeinden im öffentlichen Dienst in der Bundesrepublik Deutschland« – aus der Sicht des Deutschen Gewerkschaftsbundes
5. Personengruppe Arbeiter
6. Veränderungsmitteilungen – Landesbezirksvorstände
7. Änderung des Tätigkeitskataloges des DGB
8. Verschiedenes

Dok. 28
1 Einladungsschreiben vom 10.5.1977 und Tagesordnung vom 24.5.1977. Nicht anwesend: Gerd Muhr, Martin Heiß, Karl Schwab, Gerhard van Haaren, Edmund Sprenger, Ernst Breit, Gustav Fehrenbach, Karl Buschmann, Walter Schongen, Wilhelm Rothe (vertreten durch Jakob Deffner). AdsD, DGB-Archiv, 5/DGAI000493.
2 Anlage: Anwesenheitsliste.
3 Vgl. Dok. 30: Kurzprotokoll der 21. Sitzung des Bundesvorstandes am 5.7.1977, TOP 5. Zu den Beratungen im Organisationsausschuss vgl. die Unterlagen Karl Schwabs, [DGB-Bundesvorstand], Abt. Jugend, an die Mitglieder des Geschäftsführenden Bundesvorstands, Konzeption zur Betreuung Wehrpflichtiger, Düsseldorf 1.4.1977, AdsD, DGB-Archiv, 5/DGAL000179.

1. Terminplanung

Kollege *Kluncker* spricht die schlechte Terminplanung während der Schulferienzeit an, 29./30.6. BfG, 5.7. Bundesvorstand und 8.7. Neue Heimat, so daß er dreimal seine Ferien unterbrechen müßte.

In der anschließenden Diskussion, an der sich die Kollegen *Vetter*, *Sickert*, *Kluncker* und *Vietor* beteiligen, wird darauf hingewiesen, daß die Schulferienzeit insgesamt drei Monate ist und die Jahresabschlüsse der Neuen Heimat behandelt werden müssen.

Kollege *Vetter* sagt für die Zukunft eine bessere Terminplanung zu, daß eventuell nur einmal der Urlaub unterbrochen werden müßte.

2. Genehmigung des Protokolls der 19. Bundesvorstandssitzung

Beschluß: Der Bundesvorstand genehmigt das Protokoll der 19. Bundesvorstandssitzung.[4]

3. Verkauf von Mietwohnungen durch die Neue Heimat

Kollege *Vetter* begrüßt zu diesem Tagesordnungspunkt den Kollegen Albert Vietor und erinnert an die Diskussionen über dieses Thema in den Sitzungen des Arbeitsausschusses und des Aufsichtsrats der Neuen Heimat.[5]

Kollege *Vietor* schildert ausführlich die Situation, die sich für den Verkauf von Mietwohnungen durch die Änderungen des § 7 b des Einkommenssteuergesetzes und die Ausweitung der Grunderwerbssteuerbefreiungen für die Neue Heimat ergeben hat. Die Geschäftsführung der Neuen Heimat steht dem Projekt positiv gegenüber, jedoch sollte der Verkauf von Mietwohnungen an bestimmte

---

4 Vgl. Dok. 27: Kurzprotokoll der 19. Sitzung des Bundesvorstandes am 3.5.1977.
5 Das Problem sei im Arbeitsausschuss und im Aufsichtsrat der Neuen Heimat am 27./28.4.1977 besprochen worden. Vgl. DGB-Bundesvorstand, Heinz O. Vetter, an die Mitglieder des Bundesvorstandes, Verkauf von Mietwohnungen durch die Neue Heimat, Düsseldorf, 1.6.1977, AdsD, DGB-Archiv, 5/DGAI/000493; [DGB-Bundesvorstand], Abt. Vorsitzender, Vorlage für die 20. Bundesvorstandssitzung am 7.6.1977, Verkauf von Mietwohnungen durch die NEUE HEIMAT, Düsseldorf, 31.5.1977, ebd.; [DGB-Bundesvorstand], Abt. Vorsitzender, Notiz, Vorlage der NH zur Juni-Bundesvorstandssitzung durch die NH, ebd.

Bedingungen gebunden sein.⁶ (Ein ausführlicher Beitrag des Kollegen Vietor wird nachgereicht.)⁷

In der anschließenden Diskussion, an der sich die Kollegen *Vetter*, *Hauenschild*, *Vietor*, *Richert*, *Sickert*, *Pfeiffer*, *Carl*, *Frister*, *Schmidt*, *Wagner* und *Stadelmaier* beteiligen, wird ausführlich das Für und Wider eines Verkaufs von Mietwohnungen durch die Neue Heimat erörtert. Es wird u. a. auf die unterschiedliche Situation in den Ländern und auf Beschlüsse des DGB zur Wohnungsbaupolitik hingewiesen.⁸

Kollege *Vetter* stellt abschließend fest, daß der Bundesvorstand im Prinzip mit einem Verkauf von Mietwohnungen durch die Neue Heimat unter bestimmten Bedingungen einverstanden ist. Der Wohnungsbaupolitische Ausschuß des DGB wird beauftragt, sich eingehend mit der Problematik zu beschäftigen und dem Bundesvorstand zu berichten.⁹

4. »Abwehr von Verfassungsfeinden im öffentlichen Dienst in der Bundesrepublik Deutschland« – aus der Sicht des Deutschen Gewerkschaftsbundes

Die Kollegen *Schmidt*, *Loderer*, *Vetter*, *Kluncker*, *Frister* und *Hauenschild* diskutieren über die neue Vorlage.¹⁰

---

6 Albert Vietor machte darauf aufmerksam, dass am Wohnungsmarkt ein Mangel herrsche. Durch die Haushaltssituation der Länder sei die Förderung des sozialen Wohnungsbaus im Rückgang begriffen. Der öffentlich geförderte Anteil am Wohnungsmarkt werde 1978 auf 50.000 und 1979 auf 30.000–40.000 Einheiten absinken, weil sich die öffentliche Hand vom Wohnungsmarkt zurückziehe. Die Maßnahmen zur Eigenheimförderung würden dies nicht ausgleichen können. Zur Refinanzierung des Wohnungsbaus der Neuen Heimat schlug er den Verkauf von Wohnungen zu erschwinglichen, aber dennoch am Markt orientierten Preisen vor, die die Wohnungsinhaber sich leisten könnten. Vgl. Protokoll über die 20. Sitzung des Bundesvorstandes am 7.6.1977, Übertragung aus dem Stenogramm, S. 2-5, AdsD, DGB-Archiv, 5/DGAI000493.

7 Vgl. Dok. 28: Kurzprotokoll der 20. Sitzung des Bundesvorstandes am 7.6.1977, S. 5-9, AdsD, DGB-Archiv, 5/DGAI/000493, sowie Dok. 29: Nachtrag zum Protokoll der 20. Bundesvorstandssitzung am 7.6.1977, ebd.

8 Vgl. den angenommenen Antrag 89: Entschließung zur Wohnungspolitik, Wohnungsbau und Städtebauforschung, in: DGB: 10. Bundeskongreß 1975, S. 98-102.

9 Vgl. DGB-Bundesvorstand, an die Gewerkschaften und Industriegewerkschaften, Albert Vietor, Willi Ginhold, Wolfgang Werner, Bundesvorstand zur Kenntnisnahme, Einladung zur Sitzung des Ausschusses für Wohnungsbau, Städtebau und Raumordnung am 16.6.1977, AdsD, DGB-Archiv, 5/DGAI000493.

10 Vgl. Protokoll über die 20. Sitzung des Bundesvorstandes am 7.6.1977, Übertragung aus dem Stenogramm, S. 9 f., AdsD, DGB-Archiv, 5/DGAI000493. Gerhard Schmidt legte einen Beschlussentwurf vor, in den die Änderungsvorschläge der GEW integriert worden waren. Außerdem waren geringfügige Änderungen vorgenommen worden, die den Vorschlägen des Bundesvorstandes in seiner 19. Sitzung am 3.5.1977 Rechnung trugen. Der Beschlussvorschlag wurde dem Bundesvorstand für die gegenwärtige Sitzung und dem Bundesausschuss für dessen 8. Sitzung am folgenden Tag, dem 8.6.1977, vorgelegt. Vgl. [DGB-Bundesvorstand], Abt. Beamte – Öffentlicher Dienst, Gerhard Schmidt, an die Mitglieder des Bundesvorstandes, Vorlage für die 20. Sitzung des Bundesvorstandes am 7.6.1977, »Abwehr von Verfassungsfeinden im öffentlichen Dienst in der Bundesrepublik Deutschland« – aus der Sicht des Deutschen Gewerkschaftsbundes; Beschlussvorlage, »Abwehr von Verfassungsfeinden im öffentlichen Dienst in der Bundesrepublik Deutschland« – aus der Sicht des Deutschen Gewerkschaftsbundes, ebd.;

Beschluß:
Der Bundesvorstand stimmt dem vorgelegten Beschlußentwurf mit folgender Änderung zu und verweist ihn zur weiteren Behandlung an den Bundesausschuß:[11]
Der letzte Satz in der Ziffer 7. wird gestrichen und eine neue Ziffer 8. eingefügt:
»8. Es ist festzustellen, daß in keinem Fall ein Bewerber für den öffentlichen Dienst wegen seiner gewerkschaftlichen Mitgliedschaft bzw. Aktivität abgelehnt worden ist.«

Die Kollegen *Kluncker, Vetter, Hauenschild, Vietheer, Loderer, Schmidt, Lehlbach, Frister* und die Kollegin *Weber* sprechen noch einmal die Unterschriftenaktion unter einen Aufruf »Gewerkschaftssekretäre rufen auf: Demokratische Grundrechte verteidigen« an und berichten über ihre Erfahrungen.

Mittagspause: 13.20 bis 14.40 Uhr.

5. Personengruppe Arbeiter

Kollege *Schwab* verweist auf die Vorlage und bittet um entsprechende Beschlußfassung.[12]

An der anschließenden Diskussion beteiligen sich die Kollegen *Kluncker, Vetter, Vater, Hauenschild, Stephan, Loderer, Vietheer, Schwab, Huber, Seibert, Pfeiffer, Mahlein, Schmidt* und die Kollegin *Weber*. Sie erörtern die Probleme der Personengruppe Arbeiter, die Durchführung einer Bundesarbeiterkonferenz und die Tätigkeit von Arbeiterausschüssen auf allen drei Ebenen.

Beschluß:
Der Bundesvorstand beschließt, daß die Bundesarbeiterkonferenz 1977 in Form einer internen Arbeitstagung mit 100 Teilnehmern durchgeführt werden soll. Nach dieser Arbeitstagung könnte eine Pressekonferenz durchgeführt werden. Wenn es für notwendig erachtet wird, können auf Landesbezirksebene Arbeiterausschüsse gebildet werden.

Kollege *Vetter* sagt zu, auf die Tagesordnung einer der nächsten Bundesvorstandssitzungen die Frage »drei oder vier Jahre zwischen den Bundeskongressen« zu setzen.

Gewerkschaft Erziehung und Wissenschaft, »Abwehr von Verfassungsfeinden im öffentlichen Dienst in der Bundesrepublik Deutschland« – aus der Sicht des Deutschen Gewerkschaftsbundes, Frankfurt am Main, 25.4.1977, ebd.

11 Die Beschlussvorlage wurde im Bundesausschuss angenommen. Vgl. Protokoll über die 8. Sitzung des Bundesausschusses am 8.6.1977, TOP 2., AdsD, DGB-Archiv, 5/DGAI000446.

12 Vgl. [DGB-Bundesvorstand], Abt. Organisation und Verwaltung, Karl Schwab, an die Mitglieder des Bundesvorstandes, Personengruppe Arbeiter, Düsseldorf, 23.5.1977, AdsD, DGB-Archiv, 5/DGAI000493. Mit dieser Vorlage war die Vorlage im Bundesausschuss und eine entsprechende Satzungsänderung auf dem Bundeskongress ausgeräumt.

6. Veränderungsmitteilungen – Landesbezirksvorstände

Beschluß:
Der Bundesvorstand schlägt dem Bundesausschuß vor, folgende Kollegen zu bestätigen:
Rainer Bliesener als Vertreter des Landesjugendausschusses im Landesbezirksvorstand Baden-Württemberg;
Helmut Stange (GEW) als Mitglied,
Karlheinz Lehmkuhl (GEW) als ständigen Vertreter für Kollegen Helmut Stange,
Heinz Utke (GHK) als Mitglied,
Walter Tuchlintsky (GHK) als ständigen Vertreter für Kollegen Heinz Utke und Ernst Kanitz (GTB) als ständigen Vertreter für Kollegen Waldemar Jenni im Landesbezirksvorstand Berlin;
Alfred Harnischfeger (GEW) als Mitglied des Landesbezirksvorstandes Hessen;
Ewald Foth (GHK) als Mitglied des Landesbezirksvorstandes Niedersachsen;
Bernhard Berger (GHK) als Mitglied und Hans Diedenhofen (Gew[erkschaft] Kunst) als Mitglied im Landesbezirksvorstand Nordrhein-Westfalen.

7. Änderung des Tätigkeitskataloges des DGB

Nach kurzer Erläuterung der Vorlage durch den Kollegen *Schmidt* wird folgender *Beschluß* gefaßt:[13]
Der Bundesvorstand beschließt, dem Bundesausschuß die Änderung des Tätigkeitskataloges wie folgt zu empfehlen:
1. Leiter der Expedition von Gruppe 6 nach Gruppe 7
2. Stellvertretende Leiter der Expedition von Gruppe 5 nach 6
3. 1. Buchhalterin von Gruppe 6 nach 7.

8. Verschiedenes

a) Kioskverkauf von 'ran
Kollege *Vetter* informiert den Bundesvorstand darüber, daß nach Beratung mit dem Bund-Verlag vorgesehen ist, die Jugendzeitschrift 'ran so zu entwickeln, daß sie am Kiosk verkauft werden kann. Dazu ist eine Prüfungszeit in bestimmten Gebieten, wie im Saarland und in einer Großstadt, [eventuell] Frankfurt oder eine vergleichbare Stadt mit Arbeitnehmerbevölkerung, notwendig. Diese Angelegenheit ist in die Verantwortung des Bund-Verlages gestellt worden, der eine genaue Ausarbeitung erstellen soll. Dieser Probelauf würde ca. 100.000,– DM kosten.

---

13 Vgl. [DGB-Bundesvorstand], Abt. Personal, Vorlage für den Bundesvorstand und den Bundesausschuß, Änderung des Tätigkeitskataloges des DGB, Düsseldorf, 31.5.1977, AdsD, DGB-Archiv, 5/DGAI000493.

b) Wirtschafts- und Sozialrat – Schlußbericht der Enquete-Kommission Verfassungsreform des Deutschen Bundestages

Kollege *Vetter* teilt mit, daß sich der bisherige Vorsitzende der Enquete-Kommission, Prof. Schäfer MdB, für die Zusendung der DGB-Stellungnahme bedankt hat und vorschlägt, ein Kolloquium durchzuführen. Kollege *Vetter* stellt fest, daß der DGB bei seiner bisherigen Haltung und dem beschlossenen Verfahren bleibt. Sobald die Überprüfung abgeschlossen ist, wird die Angelegenheit erneut im Bundesvorstand behandelt.[14]

c) Deutsch-französisches Jugendwerk

Beschluß:

Der Bundesvorstand beschließt, den Punkt »Deutsch-französisches Jugendwerk« auf die Tagesordnung seiner Sitzung am 6. September 1977 zu setzen.[15]

d) Grundsatzprogramm

Kollege *Vetter* teilt mit, daß in kürze der erste Vorentwurf des Grundsatzprogramms, der im Geschäftsführenden Bundesvorstand erarbeitet wurde, vorliegen wird. Er richtet die dringende Bitte an die Vorsitzenden, auf ihren Gewerkschaftstagen darauf hinzuwirken, daß zum Grundsatzprogramm keine bindenden Beschlüsse gefaßt, sondern nur Anträge, die an den Bundesvorstand weitergeleitet werden, beschlossen werden.

Kollege *Loderer* weist auf das für die morgige Bundesausschußsitzung vorgelegte Thesenpapier u. a. zum Grundsatzprogramm hin und erinnert an die Beschlüsse der letzten Bundeskongresse und der Kommission Gesellschaftspolitik. Danach steht die jetzt vorgelegte Gliederung zum Grundsatzprogramm im Gegensatz zu den bisherigen Beschlüssen. Nach Auffassung der IG Metall ist das jetzige Grundsatzprogramm ein gutes Programm und sollte nur in einigen Teilen überarbeitet bzw. ergänzt werden.

In der anschließenden Diskussion, an der sich die Kollegen *Vetter*, *Loderer*, *Hauenschild*, *Stephan* und die Kollegin *Weber* beteiligen, wird darauf hingewiesen, daß das Thesenpapier herausgeschickt werden mußte, bevor die erste Beratung des Geschäftsführenden Bundesvorstandes über das Grundsatzprogramm erfolgen konnte. Im Geschäftsführenden Bundesvorstand ist man zu der Auffassung gelangt, daß der Entwurf so nicht bleiben könnte. Es ist vorgesehen, neben dem alten Text immer eine Sprechblase mit dem entsprechenden Vermerk »bleibt bestehen« oder »aus dem und dem Grund geändert« anzubringen. Die Beratungen des Geschäftsführenden Bundesvorstandes werden noch ca. acht Wochen dauern. Danach wird

---

14 Das Thema wurde im Bundesvorstand nicht mehr behandelt.
15 Auf der 22. Sitzung am 6.9.1977 wurde der TOP vertagt. Vgl. Dok. 31: Kurzprotokoll der 22. Sitzung des Bundesvorstandes am 6.9.1977, TOP 7. Aufgegriffen wurde das Thema wieder auf der 24. Sitzung am 8.11.1977. Vgl. Dok. 33: Kurzprotokoll der 24. Sitzung des Bundesvorstandes am 8.11.1977, TOP 7.

der erste Entwurf zum Grundsatzprogramm an die Kommission Gesellschaftspolitik versandt.[16]

Ende der Sitzung: 17.05 Uhr.

Dokument 29

Nachtrag zum Protokoll der 20. Bundesvorstandssitzung am 7. Juni 1977

AdsD, DGB-Archiv, 5/DGAI000493.

TOP 3. »Verkauf von Mietwohnungen durch die Neue Heimat

Beitrag des Kollegen Vietor:

»Die gesetzliche Grundlage für den Verkauf von Sozialmietwohnungen ist durch die Erweiterung des § 7 b EStG auch auf alte Gebäude zu sehen. Der § 7 b gilt daher nunmehr für den gesamten Wohnungsbestand. Neben dieser Erweiterung des § 7 b muß in diesem Zusammenhang ebenfalls die Grunderwerbssteuerbefreiung für diese Wohnungen angeführt werden.

Die grundsätzliche Haltung der Gewerkschaften zu dem Verkauf von Sozialmietwohnungen darf nicht außer acht lassen, daß bei uns die Bildung von Eigentum für breite Bevölkerungsschichten durch Förderungsprogramme von Bund und Ländern forciert worden ist. Aufgrund des Bestandes von 310.000 Wohnungen der Neuen Heimat war sie in den letzten 10 bis 15 Jahren heftigen Angriffen wegen dieser großen Vermögensmasse ausgesetzt. Alle Parteien würden mit völligem Unverständnis reagieren, wenn ausgerechnet die Gewerkschaften sich dagegen sperren würden, breiten Bevölkerungsschichten die Bildung von Wohnungseigentum zu ermöglichen.

Bei dem heutigen Bestand an Mietwohnungen muß berücksichtigt werden
1. der hohe Instandsetzungsbedarf bei alten Wohnungen,
2. für Wohnungen ab 1969 die Mietautomatik aufgrund des Subventionsabbaues.
Die Bonität der Unternehmensgruppe wird bei einem solchen Verkaufsprogramm nicht berührt.

Die Preisgestaltung richtet sich nach dem gesetzlich festgelegten Wiederbeschaffungswert als Obergrenze. Die Wohnungen dürfen nicht verschleudert,

---

16 Auf der Tagesordnung des Bundesvorstands stand das Grundsatzprogramm erst wieder anlässlich der Außerordentlichen Sitzung des Bundesvorstands am 15.4.1978. Vgl. Dok. 41: Kurzprotokoll der Außerordentlichen Sitzung des Bundesvorstandes am 15.4.1978, TOP 1.

sondern sollen zum Marktpreis veräußert werden, wobei die Neue Heimat auch Marktregulator zu sein hat.

Neben den steuerlichen Vorteilen des § 7 b muß für die Erwerber als weiterer Vorteil der Schutz vor Inflation sowie nach erfolgter Entschuldung die Senkung der Wohnkosten ausschließlich auf die Betriebskosten gesehen werden.

Der Bestand an Sozialmietwohnungen wird durch dieses Programm nicht wesentlich beeinflußt. Bei den vorhandenen ca. 7 Millionen Mietwohnungen und einem Verkauf von z. B. 100.000 Wohnungen pro Jahr würde es 70 Jahre dauern, bis nach dem jetzigen Stand diese Mietwohnungen verkauft wären.

Man kann also von einem Ausverkauf der Sozialmietwohnungen nicht sprechen.

Der Baumarkt wird positiv beeinflußt werden. Aufgrund des Verkaufsertrages kann bei der Finanzierung der Neubauwohnungen 30 bis 40 % Eigenkapital des Bauherrn eingesetzt werden. Die Kapitalsubvention der öffentlichen Hand könnte bei dieser Finanzierung um ca. 50 % gesenkt werden.

Die private Instandhaltungsbereitschaft würde forciert werden.

Der Verkauf von Sozialmietwohnungen darf nur unter bestimmten Bedingungen erfolgen:
1. Die Wohnungen dürfen nur den Mietern angeboten werden.
2. Kein Mieter wird aus seiner Wohnung verdrängt.
3. Der Verkaufserlös soll im wesentlichen für den Neubau reinvestiert werden.
4. Für diese Aktion sollen 10.000 bis 15.000 Wohnungen zur Verfügung gestellt werden.

Anfang 1979 soll ein Bericht über Erfolg oder Mißerfolg dieser Aktion vorgelegt werden.«

Dokument 30

5. Juli 1977: Kurzprotokoll der 21. Sitzung des Bundesvorstandes

Hans-Böckler-Haus in Düsseldorf; Vorsitz: Heinz O. Vetter; Protokollführung: Isolde Funke, Marianne Jeratsch; Sitzungsdauer: 10.15–14.05 Uhr; ms. vermerkt: »Vertraulich«.[1]
Ms., hekt., 5 S., 3 Anlagen.[2]
AdsD, DGB-Archiv, 5/DGAI000554.

Beginn der Sitzung: 10.15 Uhr.

Dok. 30
1 Einladungsschreiben vom 15.6.1977 und Tagesordnung vom 21.6.1977. Nicht anwesend: Leonhard Mahlein und dessen Vertreter Erwin Ferlemann, Heinz Vietheer (vertreten durch Günter Volkmar), Eugen Loderer, Hans Mayr. AdsD, DGB-Archiv, 5/DGAI000494.
2 Anlagen: Anwesenheitsliste; vgl. Erklärung des DGB-Bundesvorstandes zur Verfassungsbeschwerde gegen das neue Mitbestimmungsgesetz, DGB-Nachrichten-Dienst, 204/77, 5.7.1977; DGB zur Beschäftigungspolitik, DGB-Nachrichten-Dienst, 205/77, 5.7.1977.

Kollege *Vetter* eröffnet die 21. Sitzung des Bundesvorstandes in Düsseldorf.

Tagesordnung:
1. Genehmigung des Protokolls der 20. Bundesvorstandssitzung
2. Konzertierte Aktion
3. Wirtschaftliche und soziale Aufgaben der Beschäftigungspolitik
4. Arbeitsgemeinschaft für Umweltfragen
5. Konzeption zur Betreuung Wehrpflichtiger
6. Prüfung von Konzeptionen zur kollektiven Abdeckung weiterer Rechtsschutzbedürfnisse von Gewerkschaftsmitgliedern
7. Bericht über Auslandskontakte
8. Gespräch Bundesvorstand/Arbeitsgemeinschaft christlich-demokratischer DGB-Gewerkschafter

1. Genehmigung des Protokolls der 20. Bundesvorstandssitzung

Beschluß:
Der Bundesvorstand genehmigt das Protokoll der 20. Bundesvorstandssitzung.[3]

2. Konzertierte Aktion

Kollege *Vetter* geht kurz auf die Verfassungsklage der Arbeitgeber zur Mitbestimmung und das Zustandekommen der Entscheidung, sich nicht an der nächsten Sitzung der Konzertierten Aktion zu beteiligen, ein.[4] Er berichtet über Telefongespräche mit dem Bundeskanzler und den Ministern Friderichs und Ehrenberg in dieser Angelegenheit.[5] Er verweist auf eine vertrauliche Zusammenstellung zur Ver-

---

[3] Vgl. Dok. 28: Kurzprotokoll der 20. Sitzung des Bundesvorstandes am 7.6.1977.
[4] Vgl. Protokoll über die 21. Bundesvorstandssitzung am 5.7.1977, Übertragung aus dem Stenogramm, S. 3 f., AdsD, DGB-Archiv, 5/DGAI000494. Zum ganzen Vorgang der Verfassungsbeschwerde und der Aufkündigung der Mitarbeit in der Konzertierten Aktion vgl. Rehling: Konfliktstrategie und Konsenssuche in der Krise, S. 422-435.
[5] Bundeskanzler Helmut Schmidt hatte sein Verständnis für die Entscheidung der Gewerkschaften erklärt, den anstehenden Beratungen der Konzertierten Aktion fernzubleiben. Aus seiner Sicht habe die Verfassungsbeschwerde der Arbeitgeber die Gewerkschaften »irritiert«. Er betrachtete die Mitbestimmung der Arbeitnehmer als ein »unverzichtbares Instrument einer auf Interessensausgleich zwischen Eigentümern und Arbeitnehmern gerichteten Politik in den Unternehmen«. Schmidt drückte sein Unverständnis im Hinblick auf die Verfassungsbeschwerde gegen ein Gesetz aus, »das von allen Fraktionen des Deutschen Bundestages verabschiedet worden ist und von dessen Verfassungskonformität alle Parteien des Deutschen Bundestages überzeugt sind«. Vgl. Erklärung des Bundeskanzlers zur Mitbestimmung und zur Konzertierten Aktion, [Fernschreiben], o. O., o. D., AdsD, DGB-Archiv, 5/DGAI000494.

fassungsklage der Arbeitgeber und den vorgelegten Entwurf einer Presseerklärung und bittet den Bundesvorstand um Beratung.[6]

An der anschließenden ausführlichen Diskussion beteiligen sich die Kollegen *Buschmann, Kluncker, Vetter, Frister, Mayr, Volkmar, A. Schmidt, Hauenschild, van Haaren, Stadelmaier, Vater, Breit, Carl, Pfeiffer, Muhr* und Kollegin *Weber*. Die überwiegende Mehrzahl der Kollegen hält die Entscheidung, sich wegen der Verfassungsklage der Arbeitgeber nicht an der nächsten Sitzung der Konzertierten Aktion zu beteiligen, für richtig. Die verschiedenen Gesichtspunkte, die sich aus diesem Beschluß ergeben, werden ausführlich erörtert. Es besteht Übereinstimmung darüber, daß zum jetzigen Zeitpunkt über das weitere Verbleiben in der Konzertierten Aktion nicht entschieden werden soll. Man ist sich weiterhin einig, daß über die Entscheidung des Fernbleibens von der Konzertierten Aktion hinaus unverzüglich Aktivitäten eingeleitet werden müssen, um der Verfassungsklage der Arbeitgeber wirkungsvoll zu begegnen.

Beschluß:
Nach Beratung durch eine Arbeitsgruppe verabschiedet der Bundesvorstand eine Erklärung zur Verfassungsbeschwerde gegen das neue Mitbestimmungsgesetz (s. Anlage).[7]

3. Wirtschaftliche und soziale Aufgaben der Beschäftigungspolitik

Kollege *Pfeiffer* verweist auf die vom Geschäftsführenden Bundesvorstand beschlossene Vorlage vom 21.6.1977.[8] Die Änderungsvorschläge der IG Metall zu

---

6 Vgl. [DGB-Bundesvorstand], Abt. Vorsitzender, Tischvorlage für die Mitglieder des Bundesvorstandes, Verfassungsbeschwerde gegen das Mitbestimmungsgesetz, Düsseldorf, 5.7.1977; Entwurf, Erklärung des DGB-Bundesvorstandes zur Verfassungsbeschwerde gegen das neue Mitbestimmungsgesetz, o. O., o. D., AdsD, DGB-Archiv, 5/DGAI000494.

7 Der DGB betonte, dass zu einer demokratischen Gesellschaftsordnung die Mitbestimmung der Arbeitnehmer gehöre, die die Voraussetzung einer »Gleichberechtigung zwischen Arbeit und Kapital« bilde. Sie trage zur Verwirklichung der Sozialbindung des Eigentums bei. Das Grundgesetz schütze das Eigentum, nicht jedoch die daraus abgeleitete Herrschaft über Menschen. Der DGB bekräftigte, dass der Gewerkschaftsbund und seine Gewerkschaften »ihre wirtschaftspolitischen Ziele – insbesondere die Beseitigung der Arbeitslosigkeit – gegenüber Parteien, Parlament und Regierung auch außerhalb der Konzertierten Aktion verfolgen« könnten. Vgl. Erklärung des DGB-Bundesvorstandes zur Verfassungsbeschwerde gegen das neue Mitbestimmungsgesetz, DGB-Nachrichten-Dienst, 204/77, 5.7.1977, AdsD, DGB-Archiv, 5/DGAI000494.

8 Die umfangreiche Denkschrift zu »[w]irtschaftlichen und sozialen Aufgaben der Beschäftigungspolitik« der Abteilung Wirtschaft, an deren Beratung der Tarifpolitische, der Sozialpolitische und der Wirtschaftspolitische Ausschuss mitgewirkt hatten, expliziert vieles, das auch in der unten zitierten Erklärung zur Beschäftigungspolitik, die in der Sitzung verabschiedet wurde, stichwortartig angesprochen wird. Vgl. DGB-Bundesvorstand, Alois Pfeiffer, an die Mitglieder des Bundesvorstandes, Vorlage zum TOP 2. »Wirtschaftliche und soziale Aufgaben der Beschäftigungspolitik«, Düsseldorf, 21.6.1977; [DGB-Bundesvorstand], Abt. Wirtschaftspolitik, Wirtschaftliche und soziale Aufgabe[n] der Beschäftigungspolitik, Düsseldorf, 15.6.[19]77, AdsD, DGB-Archiv, 5/DGAI000494. Der Akte des Vorsitzenden

dem Papier, die ebenfalls vorliegen, hält Kollege *Pfeiffer* für gut und empfiehlt ihre Berücksichtigung bei der Endfassung.[9] Er schlägt vor, das Papier noch einmal durch eine Redaktionskommission überarbeiten zu lassen. In einer Tischvorlage ist der Versuch gemacht worden, aus dem Papier eine Zusammenstellung der Forderungen zu erarbeiten, die der Bundesvorstand heute zur Veröffentlichung verabschieden sollte. Kollege *Pfeiffer* weist auf einige Punkte hin, die noch diskutiert werden müßten.

An der anschließenden Diskussion beteiligen sich die Kollegen *Muhr, Vetter, Lehlbach, Hauenschild, Buschmann, G. Schmidt, Heiß, Kluncker, Stadelmaier, Pfeiffer, Breit, Wagner* und Kollegin *Weber*.[10] Es werden einzelne Punkte des ausführlichen Papiers und des Forderungskatalogs erörtert, insbesondere zu sozial- und arbeitsmarktpolitischen Fragen.

Beschluß:
Der Bundesvorstand verabschiedet mit den diskutierten Änderungsvorschlägen eine Erklärung zur Beschäftigungspolitik (s. Anlage).[11] Die Stellungnahme des DGB zum Thema »Wirtschaftliche und soziale Aufgaben der Beschäftigungspolitik« soll durch eine Redaktionskommission überarbeitet und sobald wie möglich durch den Geschäftsführenden Bundesvorstand veröffentlicht werden.[12]

---

liegen unbetitelte Entwürfe einer Erklärung zur Beschäftigungspolitik bei, die in der unten erwähnten Erklärung aufgingen. Vgl. [Entwurf einer Erklärung zur Beschäftigungspolitik], o. O., o. D., ebd.

9 Die IG Metall hatte unter anderem eine Neugliederung des Papiers vorgeschlagen. Die Änderungsvorschläge, auf die sich Alois Pfeiffer bezog, waren mit Schreiben von Eugen Loderer eingegangen. Vgl. IG Metall, Hauptvorstand, Eugen Loderer, an Heinz O. Vetter, DGB-Bundesvorstand, Frankfurt am Main, 28.6.1977; Änderungsvorschläge zum DGB-Beschäftigungspapier, o. O., o. D., Zur Entwicklung des Arbeitsmarktes, [Fernschreiben], o. O., o. D., AdsD, DGB-Archiv, 5/DGAI000494.

10 Unter anderem wurde die Forderung nach einer flexiblen Altersgrenze für die Rente und die Altersrente für Arbeitslose über 59 Jahre diskutiert, ebenso die Auswirkungen des Einsatzes neuer Technologien und der Rationalisierung auf den Arbeitsmarkt. Zu letzterem Punkt vgl. auch Hachtmann: Gewerkschaften und Rationalisierung, S. 197-209. Die Diskussion findet sich in der Transkription des Stenogramms. Vgl. Protokoll über die 21. Bundesvorstandssitzung am 5.7.1977, Übertragung aus dem Stenogramm, S. 12-16, AdsD, DGB-Archiv, 5/DGAI000494.

11 Der DGB befürchtete einen weiteren Anstieg der Arbeitslosigkeit und forderte eine Beschäftigungspolitik, die am Ziel der Vollbeschäftigung ausgerichtet sein sollte. Dazu sollten eine »Humanisierung und Verstetigung des Wirtschaftswachstums durch die Schaffung hochwertiger qualifizierter Arbeitsplätze« sowie »Investitionen in Bereichen mit gesellschaftspolitischem Nachholbedarf« und die Einsetzung öffentlicher Investitionsprogramme beitragen. Der DGB forderte eine Strukturpolitik, Auftragsvergaben durch die öffentliche Hand, eine Senkung des Zinsniveaus, die Erhöhung der Masseneinkommen, um die Nachfrage zu steigern, eine Verstärkung von Arbeitsbeschaffungsmaßnahmen sowie die Integration der Bundesanstalt für Arbeit in beschäftigungspolitisch bedeutsame Entscheidungen. Vgl. DGB zur Beschäftigungspolitik, DGB-Nachrichten-Dienst, 205/77, 5.7.1977, AdsD, DGB-Archiv, 5/DGAI000494.

12 Die Publikation des Papiers erfolgte noch im Jahr 1977 in einem Sammelband, der in der Europäischen Verlagsanstalt von Karl Georg Zinn herausgegeben wurde. Er vereinigte Analysen von Sozialwissenschaftlern und Ökonomen mit einer Dokumentation grundsätzlicher gewerkschaftspolitischer Stellungnahmen zur Arbeitslosigkeit und zur Beschäftigungspolitik. Vgl. Wirtschaftliche und soziale Aufgaben der Beschäftigungspolitik, in: Karl Georg Zinn (Hrsg.): Strategien gegen die Arbeitslosigkeit. Analysen zur wirtschaftlichen Fehlentwicklung und wirtschaftspolitische Handlungsvorschläge, Köln/Frankfurt am Main 1977, S. 211-239.

4. Arbeitsgemeinschaft für Umweltfragen

Der Bundesvorstand faßt folgenden *Beschluß*:
Der DGB beteiligt sich auch für das Jahr 1977 mit 20.000,– DM an der Finanzierung der Fachausschüsse der Arbeitsgemeinschaft für Umweltfragen e. V. Die DGB-Vertreter im Hauptausschuß der Arbeitsgemeinschaft für Umweltfragen werden beauftragt, sich bei der Verabschiedung des Etats der Fachausschüsse dafür einzusetzen, daß alle Sparmöglichkeiten ausgeschöpft werden.[13]

5. Konzeption zur Betreuung Wehrpflichtiger

Kollege *Schwab* erläutert die Vorlage und berichtet über die Beratung im Organisationsausschuß, der angeregt hat, einen Modellversuch durchzuführen.[14] Im Namen des Geschäftsführenden Bundesvorstandes bittet Kollege *Schwab* um Zustimmung zu der vorgelegten Konzeption zur Betreuung Wehrpflichtiger.

---

13 Dem Bundesvorstand lag eine gleichlautende Beschlussvorlage vor. Die Mitarbeit des DGB in den Fachausschüssen der Arbeitsgemeinschaft geht auf das Kanzlergespräch auf Schloss Gymnich vom Juni 1975 zurück. Die gemeinsame Finanzierung der Fachausschüsse durch Bund, Arbeitgeber und Arbeitnehmer wurde damals vereinbart. Am 9.3.1976 war im Bundesvorstand beschlossen worden, eine weitere Finanzzusage an einen Bericht zu knüpfen, den Heinz Oskar Vetter, da die Fachausschüsse ihre Arbeit erst im zweiten Halbjahr 1976 aufnahmen, zur Jahresmitte 1977 abgeben konnte. Die Fachausschüsse dienten dem »frühzeitige[n] und offene[n] Meinungsaustausch zwischen allen an der Umweltgesetzgebung beteiligten staatlichen und gesellschaftlichen Kräften« durch »Information und freimütige Diskussion«. Die vier Fachausschüsse zu Umweltpolitik und Umweltplanung, Umweltinformation und Umweltbewusstsein, für technische Regeln und Fragen der Standortvorsorge und für Kernenergie und Strahlenschutz wurden vom DGB mit je 5 von 20 Mitgliedern des jeweiligen Fachausschusses beschickt. Die Abteilung Gesellschaftspolitik bemerkte kritisch, dass die Fachausschüsse nicht tatsächlich zur »Drehscheibe der Abstimmung in der Umweltpolitik« geworden seien. Vgl. DGB-Bundesvorstand, Heinz O. Vetter, an die Mitglieder des Bundesvorstandes, Arbeitsgemeinschaft für Umweltfragen, Düsseldorf, 23.6.1977; [DGB-Bundesvorstand], Abt. Gesellschaftspolitik, Bericht über die Arbeit der Fachausschüsse der Arbeitsgemeinschaft für Umweltfragen e. V., Düsseldorf, 21.6.1977, AdsD, DGB-Archiv, 5/DGAI000494. Zur Gründung der Fachausschüsse vgl. auch Kädtler/Hertle: Sozialpartnerschaft und Industriepolitik, S. 178-181.

14 Die Vorlage datierte vom 31.3.1977 und sollte vor der Bundesvorstandssitzung im Organisationsausschuss beraten werden. Augenscheinlich ist sie ohne Änderungen bestätigt worden. Die Vorlage sah vor, den Kontakt zu wehrpflichtigen Mitgliedern der Einzelgewerkschaften nach deren Einziehung zu halten, um sie nach ihrem 15-monatigen Wehrdienst wieder in die Arbeit der Gewerkschaften integrieren zu können. Dazu engagierten sich der DGB und die Einzelgewerkschaften am Heimatort und Standort der Wehrdienstleistenden. Außerdem galt es, überregionale Aufgaben zu erledigen, die gewährleisten sollten, dass die Vertretung der Wehrpflichtigen und die Möglichkeiten der Durchsetzung der Rechte der Wehrpflichtigen garantiert würden. Konkret ging es um Information über die Arbeit am Heimatort und die Einbindung in die örtliche gewerkschaftliche Jugendarbeit am Standort. Insbesondere sollten dazu die Kontakte zum lokalen DGB und der ÖTV genutzt werden. Als notwendig erachtete der DGB regelmäßige Veröffentlichungen in der Gewerkschaftspresse über die Bedürfnisse und Anliegen der Wehrpflichtigen. Vgl. [DGB-Bundesvorstand], Abt. Jugend, Karl Schwab, an die Mitglieder des Bundesvorstandes, Konzeption zur Betreuung Wehrpflichtiger, Düsseldorf, 23.5.1977; [DGB-Bundesvorstand], Abt. Jugend, Konzeption zur Betreuung Wehrpflichtiger, Düsseldorf, 31.3.1977, AdsD, DGB-Archiv, 5/DGAI000494.

In der anschließenden Diskussion, an der sich die Kollegen *Kluncker*, *Vetter*, *Schwab*, *G. Schmidt* und *Hauenschild* beteiligen, werden Bedenken grundsätzlicher Art vorgetragen und die Anregung zu einem Modellversuch unterstützt.

Beschluß:
Der Bundesvorstand beschließt, in einem vom Geschäftsführenden Bundesvorstand zu bestimmenden Ort einen Modellversuch zur Betreuung Wehrpflichtiger durchzuführen. Hierbei soll die vorgelegte Konzeption als Grundlage dienen.

6. Prüfung von Konzeptionen zur kollektiven Abdeckung weiterer Rechtsschutzbedürfnisse von Gewerkschaftsmitgliedern

Beschluß:
Der Bundesvorstand stellt die Beratung bis zu einer der nächsten Sitzungen zurück, damit die Vorstände der Gewerkschaften vorher darüber beraten können.[15]

7. Bericht über Auslandskontakte

Beschluß:
Dieser Punkt wird bis zur Bundesvorstandssitzung am 6.9.1977 zurückgestellt.[16]

8. Gespräch Bundesvorstand/Arbeitsgemeinschaft christlich-demokratischer DGB-Gewerkschafter

Kollege *Vetter* schlägt vor, daß der Bundesvorstand am 6.9.1977 ein Gespräch mit der Arbeitsgemeinschaft christlich-demokratischer DGB-Gewerkschafter führt.
Für den 6. September sind folgende Termine vorgesehen:
10.00 Uhr: Bundesvorstand
15.00 Uhr: Bundesvorstand/Arbeitsgemeinschaft christlich-demokratischer DGB-Gewerkschafter
17.00 Uhr: Haushaltskommission

---

15 Der Tagesordnungspunkt wurde nicht wieder aufgerufen.
16 Heinz Oskar Vetter schlug in der folgenden Sitzung vor, den TOP: »Bericht über Auslandskontakte« auf die Dezember-Sitzung der Kommission für internationale Gewerkschaftspolitik zu verschieben. Vgl. Dok. 31: Kurzprotokoll der 22. Sitzung des Bundesvorstandes am 6.9.1977.

Beschluß:
Der Bundesvorstand ist damit einverstanden, am 6.9.1977 um 15.00 Uhr ein Gespräch mit der Arbeitsgemeinschaft christlich-demokratischer DGB-Gewerkschafter zu führen.

Ende: 14.05 Uhr.

Dokument 31

6. September 1977: Kurzprotokoll der 22. Sitzung des Bundesvorstandes

Hans-Böckler-Haus in Düsseldorf; Vorsitz: Heinz O. Vetter; Protokollführung: Isolde Funke, Marianne Jeratsch; Sitzungsdauer: 10.20–15.05 Uhr; ms. vermerkt: »Vertraulich«.[1]

Ms., hekt., 8 S., 3 Anlagen.[2]
AdsD, DGB-Archiv, 5/DGAI000554.

Beginn der Sitzung: 10.20 Uhr.

Kollege *Vetter* eröffnet die 22. Sitzung des Bundesvorstandes in Düsseldorf.
Er gedenkt der vier Mordopfer des Kölner Attentats vom 5.9.1977.[3]
Kollege *Vetter* bittet, damit einverstanden zu sein, den Tagesordnungspunkt »Bericht über Auslandskontakte« auf die Dezember-Sitzung der Kommission für internationale Gewerkschaftspolitik zu verschieben.
Auf die Anregung des Kollegen *Breit*, daß die Internationale Abteilung öfter und schriftlich Bericht erstatten sollte, sagt Kollege *Vetter* zu, seinen zu diesem Tages-

---

Dok. 31
1 Einladungsschreiben vom 7.7.1977 und Tagesordnung vom 29.7.1977. Nicht anwesend: Otto Sprenger, Wilhelm Rothe (vertreten durch Xaver Senft), Jochen Richert (vertreten durch Hans Frank), Bert Hartig (vertreten durch Siegfried Bleicher). AdsD, DGB-Archiv, 5/DGAI000494.
2 Anlagen: Anwesenheitsliste; vgl. Erklärung des DGB-Bundesvorstandes [zum Mord an Dr. Hanns Martin Schleyer], DGB-Nachrichten-Dienst, 236/77, 6.9.1977; DGB-Bundesvorstand zur aktuellen steuer- und finanzpolitischen Diskussion, DGB-Nachrichten-Dienst, 237/77, 6.9.1977.
3 Bei der Entführung Hanns Martin Schleyers, des Präsidenten der Bundesvereinigung der Deutschen Arbeitgeberverbände und des Bundesverbands der Deutschen Industrie, durch ein Kommando der RAF in Köln wurden dessen Fahrer Heinz Marcisz und die drei Personenschützer der Polizei Reinhold Brändle, Helmut Ulmer und Roland Pieler durch die RAF-Terroristen ermordet. Der Bundesvorstand gedachte der Ermordeten und des Entführten zu Beginn der Sitzung und griff den Entführungsfall Schleyer unter TOP 13. noch einmal auf. Zum Terrorismus der RAF und dem Umgang der sozial-liberalen Koalition mit der terroristischen Herausforderung des Staats vgl. Faulenbach: Das sozialdemokratische Jahrzehnt, S. 615-630, zur Schleyer-Entführung und dem ›Deutschen Herbst‹ bes. S. 622-627; Weinhauer: Terrorismus in der Bundesrepublik; ders.: Terrorismus und Kommunikation.

ordnungspunkt vorgesehenen Vortrag als Vorausdiskussionsgrundlage während der heutigen Sitzung verteilen zu lassen.[4]

Der Bundesvorstand ist mit der Vertagung des Tagesordnungspunktes »Bericht über Auslandskontakte« einverstanden.

Tagesordnung:
1. Genehmigung des Protokolls der 21. Bundesvorstandssitzung
2. Wirtschaftspolitische Lage und Steuer- und Finanzpolitik der Bundesregierung
3. 11. Ordentlicher Bundeskongreß, hier: Tagesordnung, Meldefrist für Anträge und Delegierte
4. Gewerkschaftliche Maßnahmen bei Aussperrungen
5. Arbeitsmarktbeitrag
6. Veränderungsmitteilungen – Landesbezirksvorstände
7. Deutsch-französisches Jugendwerk
8. Mieterhöhung in Gewerkschaftshäusern
9. Gehaltsrunde 1977
10. Änderung der Satzung und der Unterstützungsrichtlinien
11. Jahresrechnung 1976
12. Beteiligung des DGB an der Sachverständigenkommission für die soziale Sicherung der Frau und der Hinterbliebenen
13. Stellungnahme des Bundesvorstandes zur Ermordung der Begleitung und Entführung Schleyers
14. Verschiedenes

1. Genehmigung des Protokolls der 21. Bundesvorstandssitzung

Beschluß:
Der Bundesvorstand genehmigt das Protokoll der 21. Bundesvorstandssitzung.[5]

2. Wirtschaftspolitische Lage und Steuer- und Finanzpolitik der Bundesregierung

Kollege *Pfeiffer* weist auf den vorgelegten Entwurf einer Presseerklärung hin und erläutert die Vorlage.[6]

---

4 Dieser Vortrag ist in den Sitzungsunterlagen nicht erhalten.
5 Vgl. Dok. 30: Kurzprotokoll der 21. Sitzung des Bundesvorstandes am 5.7.1977.
6 Der DGB begrüßte das Vorhaben der Bundesregierung, zusätzliche Ausgaben im Bundeshaushalt zur Förderung der Konjunktur und Beschäftigung einzubringen. Er regte Investitionen im Rahmen energiesparender Baumaßnahmen an, die Aufstockung der Entwicklungshilfe mit Bindung an Aufträge an bundesrepublikanische Firmen, Maßnahmen der Städte- und Wohnungsbauförderung, Strukturprogrammmaßnahmen und Investitionszuschüsse an die Bundesbahn. Bund, Länder und Gemeinden sollten

An der anschließenden ausführlichen Diskussion beteiligen sich die Kollegen *Muhr, Loderer, Kluncker, Vetter, Buschmann, G. Schmidt, Sperner, Hauenschild, Frister, Pfeiffer, Bleicher, Breit, Sickert* und *Wagner*. Der vorliegende Entwurf wird im Prinzip für richtig gehalten. Einzelpunkte werden erörtert, wie die eventuelle Bezifferung des Weihnach[t]sfreibetrages, das Problem der Entwicklungshilfe, Abschreibungen, weitere Bereinigungen im Steuerrecht.

Einige Kollegen zeigen an Beispielen auf, wie bestehende Gesetze und falsch eingesetzte Mittel verhindern, daß freie Arbeitsplätze besetzt und neue geschaffen werden. In diesem Zusammenhang wird angeregt, die bisherige Position und die Forderungen des DGB zu untersuchen und zu überarbeiten, eine Analyse der Arbeitslosigkeit vorzunehmen und die Subventionen auf ihren Erfolg zur Arbeitsplatzbeschaffung hin zu untersuchen. Außerdem soll sich der Bundesvorstand demnächst mit dem Thema Entwicklungspolitik beschäftigen.[7]

Beschluß:
Der Bundesvorstand verabschiedet eine Erklärung zur aktuellen steuer- und finanzpolitischen Diskussion mit den besprochenen Änderungen (s. Anlage).[8]

3. **11. Ordentlicher Bundeskongreß, hier: Tagesordnung, Meldefrist für Anträge und Delegierte**

Kollege *Schwab* verweist auf die Vorlage und bittet um Zustimmung.[9]

Auf einen Einwurf des Kollegen *Hauenschild* erklären die Kollegen *Lappas* und *Schwab*, daß die genaue Zahl der Delegierten, die auf die Gewerkschaften entfallen, sofort mitgeteilt wird, wenn das zweite Quartal 1977 abgerechnet ist. Dies wird in den nächsten zwei bis drei Wochen sein.

Beschluß:
Der Bundesvorstand empfiehlt dem Bundesausschuß folgenden *Beschluß*:

---

sich der Maßnahmen gemeinsam annehmen. Der DGB kritisierte die vorangegangene Gewährung von Steuervorteilen zugunsten der Unternehmen und mahnte Steuererleichterungen an, die die Nachfrage bei den kleinen und mittleren Einkommen beförderten. Der Beschluss der Bundesregierung, die Beiträge zur Renten- und Arbeitslosenversicherung nicht zu erhöhen, fand die Zustimmung des DGB. Vgl. [DGB-Bundesvorstand], Abt. Wirtschaftspolitik, Pressemeldung (Entwurf), DGB-Bundesvorstand zur Steuer- und Finanzpolitik, Düsseldorf, 6.6.1977; DGB-Bundesvorstand zur aktuellen steuer- und finanzpolitischen Diskussion, Düsseldorf, DGB-Nachrichten-Dienst, 237/77, 6.9.1977, AdsD, DGB-Archiv, 5/DGAI000494.

7 Vgl. Protokoll über die 22. Sitzung des Bundesvorstandes am 6.9.1977, Übertragung aus dem Stenogramm, S. 4-15, AdsD, DGB-Archiv, 5/DGAI000494.
8 Vgl. DGB-Bundesvorstand zur aktuellen steuer- und finanzpolitischen Situation, DGB-Nachrichten-Dienst, 237/77, 6.9.1977, AdsD, DGB-Archiv, 5/DGAI000494.
9 Vgl. [DGB-Bundesvorstand], Abt. Organisation und Verwaltung, an die Mitglieder des Bundesausschusses, 11. Ordentlicher Bundeskongreß, hier: Tagesordnung, Meldefrist für Anträge und Delegierte, Düsseldorf, 20.7.1977, AdsD, DGB-Archiv, 5/DGAI000494.

Der Bundesausschuß beschließt gemäß § 8 Ziffer 3, Buchstabe 1 der Satzung des DGB, den Termin für die Einreichung der Anträge und die Meldung der Delegierten auf den 24. Februar 1978 festzulegen. Der Bundesausschuß schlägt dem 11. Ordentlichen Bundeskongreß als Tagesordnung vor:
1. Eröffnung
2. Konstituierung
3. Geschäftsbericht des Bundesvorstandes
4. Wahlen
5. Referat des Vorsitzenden
6. Beratung der Anträge[10]

4. **Gewerkschaftliche Maßnahmen bei Aussperrungen**

Kollege *Muhr* weist auf die Vorlage hin und bittet um Zustimmung zur Einsetzung einer Ad-hoc-Arbeitsgruppe.[11]

Nach kurzer Diskussion, an der sich die Kollegen *Vetter, Muhr, Kluncker* und *Hauenschild* beteiligen, faßt der Bundesvorstand folgenden *Beschluß*:

Der Bundesvorstand beschließt, eine Ad-hoc-Arbeitsgruppe zur Beratung gemeinsamer gewerkschaftlicher Abwehrmaßnahmen im Falle von Aussperrungen einzusetzen.

5. **Arbeitsmarktbeitrag**

Kollege *Muhr* erläutert die Vorlage, die gemäß einem Auftrag des Bundesvorstandes eine Darstellung über die bisher vom DGB zum Thema Arbeitsmarktbeitrag be-

---

10 Die Tagesordnung wurde wie vorgeschlagen angenommen. Vgl. ebd.
11 Der Bundesvorstand hatte sich in der Sitzung vom 1.3.1977 auf Anregung der IG Druck und Papier mit Solidaritätsaktionen bei Streiks und Aussperrungen befasst und den Geschäftsführenden Bundesvorstand beauftragt, das Thema weiter zu verfolgen. Die Abteilung Sozialpolitik legte zur vorliegenden Sitzung einen Analyseteil vor, der in der Abteilung Arbeitsrecht erstellt wurde. Von einer direkten Beratung riet der Geschäftsführende Bundesvorstand ab und schlug die Einrichtung einer Arbeitsgruppe vor. Der Analyseteil umfasste einen Überblick über das Recht der Aussperrung in der Bundesrepublik sowie in Frankreich, Italien, Großbritannien und den Beneluxstaaten. Im Folgenden wurden rechtliche, historische, machtpolitische, psychologische und formaljuristische Argumente erörtert sowie die Paritätsthese, der zufolge Streik und Aussperrung gleichwertige Mittel im Arbeitskampf seien, bestritten. Schließlich diskutierte die Analyse die Summe der gewerkschaftspolitischen Einwände gegen das Mittel der Aussperrung: Es sei »unmenschlich«, denn es diene dem Ziel der Existenzvernichtung der Arbeitnehmer, das Unternehmerlager schließe sich zu einer Allianz gegen den Fortschritt zusammen, die Aussperrung sei Ausdruck von Machtwillkür und richte sich gegen die Tarifautonomie und die Koalitionsfreiheit, sodass sich ein Unternehmerstaat zu entwickeln drohe. Vgl. [DGB-Bundesvorstand], Abt. Sozialpolitik, Gerd Muhr, Vorlage für die Bundesvorstandssitzung am 6.9.1977, Gewerkschaftliche Maßnahmen bei Aussperrungen, AdsD, DGB-Archiv, 5/DGAI000494.

zogene Position gibt.[12] Da es sich dabei um ein Informationspapier zu dem noch gültigen Antrag 160 des 9. Ordentlichen Bundeskongresses handelt, ist eine Verabschiedung nicht erforderlich.

An der nachfolgenden Diskussion beteiligen sich die Kollegen *Buschmann, Muhr, G. Schmidt, Loderer, Vetter, Hauenschild, Vietheer, Breit, Kluncker, Stephan, Schwab* und *Sperner*.

Es wird erörtert, ob es richtig und sinnvoll ist, einen Arbeitsmarktbeitrag für Teilgruppen der Bevölkerung zu fordern, wie das u. a. auf dem bevorstehenden Gewerkschaftstag der IG Metall geschehen wird.[13] In diesem Zusammenhang wird auf die Situation der unteren und mittleren Beamten im Hinblick auf das Haushaltsstrukturgesetz hingewiesen. Die Mehrzahl der Kollegen stimmt darin überein, daß der DGB an der Forderung gemäß Antrag 160 des 9. Ordentlichen Bundeskongresses festhalten soll, der einen Arbeitsmarktbeitrag von allen Erwerbspersonen vorsieht. Ausgehend von Fragen der Zusammenarbeit im Sozialpolitischen Ausschuß und in Zusammenhang mit der Antragstellung zum Gewerkschaftstag der IG Metall wird allgemein der Wunsch ausgesprochen, daß die Zuständigkeit des DGB in bestimmten Fragen nicht durch Beschlußfassungen in Einzelgewerkschaften eingeengt wird.

Beschluß:
Der Bundesvorstand nimmt das Informationspapier zum Thema »Arbeitsmarktbeitrag« zur Kenntnis.

6. Veränderungsmitteilungen – Landesbezirksvorstände

Der Bundesvorstand schlägt dem Bundesausschuß vor, folgende Kollegen zu bestätigen:
Heinz Putzhammer (GEW) als Mitglied,

---

12 Der Bundesvorstand hatte das Thema eines Arbeitsmarktbeitrags bereits in seinen Sitzungen am 1.3.1977 und 3.5.1977 angesprochen und eine Darstellung der bisher vom DGB vertretenen Position zum Thema gewünscht. Auf dem 9. Bundeskongress brachte der Bundesvorstand den Antrag 160 ein, der sich mit der Finanzierung der Arbeitsmarktpolitik befasste. Der Antrag kritisierte, dass staatliche Maßnahmen zur Förderung des Arbeitsmarkts, wie Berufsberatung, Förderung der Berufsbildung und ähnliche staatliche Gemeinschaftsaufgaben, aus den Beitragsmitteln der Arbeitslosenversicherung bezahlt würden. Demgegenüber erhob der der Bundesvorstand die Forderung nach einem paritätisch finanzierten Arbeitsmarktbeitrag, aus dem die staatlichen Gemeinschaftsaufgaben, die sich aus dem Arbeitsförderungsgesetz ergaben, finanziert werden sollten. Sie sollten von allen Erwerbstätigen einkommensgestaffelt und zur anderen Hälfte durch einen Arbeitgeberbeitrag erbracht werden. Vgl. [DGB-Bundesvorstand], Abt. Sozialpolitik, Gerd Muhr, Vorlage für die Bundesvorstandssitzung am 6.9.1977, Arbeitsmarktbeitrag, Düsseldorf, 28.7.1977; [DGB-Bundesvorstand], Abt. Sozialpolitik, Einführung eines allgemeinen Arbeitsmarktbeitrags, AdsD, DGB-Archiv, 5/DGAI000494. Vgl. DGB: 9. Bundeskongreß 1972, S. 136.
13 Vgl. Entschließung E 15 Sozialpolitik, in: IG Metall: 12. Ordentlicher Gewerkschaftstag 1977, S. 227-231, hier S. 230.

Klaus Weinzierl (GEW) als ständigen Vertreter des Koll[egen] Putzhammer,
Wulf von Lochner (Kunst) als ständigen Vertreter des Koll[egen] Kuhn und
Robert Müller (IG Metall) als ständigen Vertreter des Koll[egen] Schleinkofer im Landesbezirksvorstand Bayern;
Günter Busack (Leder) als Mitglied des Landesbezirksvorstandes Berlin;
Erwin Kluge (BSE) als Mitglied und
Kurt Rasche (IGBE) als Mitglied des Landesbezirksvorstandes Hessen;
Klaus Stenzel (GHK) als ständigen Vertreter des Koll[egen] Foth,
Theodor Kruse (DPG) als Mitglied und
Kurt van Haaren (DPG) als ständigen Vertreter des Koll[egen] Kruse im Landesbezirksvorstand Niedersachsen;
Manfred Sander (IGBE) als Mitglied,
Lothar Lang (IGBE) als ständigen Vertreter des Koll[egen] Sander und
Leo Lee Rathgeber (Kunst) als ständigen Vertreter des Koll[egen] Krammer im Landesbezirksvorstandes Rheinland-Pfalz.

7. Deutsch-französisches Jugendwerk

Beschluß:
Dieser Punkt wird bis zur nächsten Sitzung des Bundesvorstandes zurückgestellt.[14]

8. Mieterhöhung in Gewerkschaftshäusern

Beschluß:
Der Bundesvorstand beschließt die in der Anlage 1 (vom 31.8.[19]77) der Vorlage (vom 20.7.[19]77) vorgeschlagene Mieterhöhung und ersucht alle Vorstände der Gewerkschaften, ihren Bezirksleitungen und Ortsverwaltungen von der bevorstehenden Mieterhöhung Kenntnis zu geben, ihre Notwendigkeit zu bejahen und – wenn erforderlich – die Ortsverwaltungen in den Stand zu setzen, die erhöhten Mieten zu zahlen.[15]

---

14 Aufgegriffen wurde das Thema wieder auf der 24. Sitzung am 8.11.1977. Vgl. Dok. 33: Kurzprotokoll der 24. Sitzung des Bundesvorstandes am 8.11.1977, TOP 7.
15 Vgl. [DGB-Bundesvorstand], Abt. Finanzen, Vorlage für den Bundesvorstand, Mieterhöhung in den Gewerkschaftshäusern, Düsseldorf, 20.7.1977, inklusive einigen tabellarischen Anlagen, AdsD, DGB-Archiv, 5/DGAI000494.

9. Gehaltsrunde 1977

Kollege *Schmidt* verweist auf die vorgelegten Unterlagen über die neueste Entwicklung und bittet um Kenntnisnahme.[16] Unter Bezugnahme auf die Forderung des Gesamtbetriebsrates für die Gehaltsrunde 1977 erklärt Kollege *Schmidt*, daß eine Übernahme der Sozialversicherung nicht in Betracht kommt und die GBV-Verhandlungskommission angesichts der Geschäftslage nur ein bescheidenes Angebot unterbreiten kann.

Beschluß:
Der Bundesvorstand nimmt die vorgelegten Unterlagen zur Gehaltsrunde 1977/78 zur Kenntnis.

10. Änderung der Satzung und der Unterstützungsrichtlinien

Kollege *Lappas* verweist auf die Vorlage und bittet um Zustimmung zur Empfehlung an die Mitgliederversammlung der Unterstützungskasse des DGB e. V.[17]

In der anschließenden Diskussion, an der sich die Kollegen *Kluncker, Lappas, Vietheer* und *Hauenschild* beteiligen, werden die §§ 3, Ziffer 3, und 22, Ziffer 4, sowie die Beteiligung von Betriebsratsmitgliedern an den Beratungen der Unterstützungskasse angesprochen.

Beschluß:
Der Bundesvorstand empfiehlt der Mitgliederversammlung der Unterstützungskasse des DGB e. V., die Änderungen der Unterstützungsrichtlinien und der Satzung in der vorgeschlagenen Form zu beschließen. Die hier gemachten Anregungen sollen in der Mitgliederversammlung verdeutlicht und aufgenommen werden.

---

16 Vgl. [DGB-Bundesvorstand], Abt. Personal, Gehaltsrunde des DGB 1977/78, Düsseldorf, 1.9.1977; Forderungen des Gesamtbetriebsrats vom 3.6.1977; Ergebnis der 1. Verhandlung am 7.7.1977, Veränderungen der Gehälter und Nebenleistungen von Gewerkschaften und DGB seit 1.10.1976; und weitere Unterlagen, AdsD, DGB-Archiv, 5/DGAI000494.

17 Die Unterstützungsrichtlinien der Unterstützungskasse des DGB mussten aufgrund des ersten Gesetzes zur Reform des Ehe- und Familienrechts und des damit eingeführten Versorgungsausgleichs geändert werden. Weitere Gründe für die Änderungen ergaben sich aus der Anhebung der Leistungsgrenzen im Körperschaftssteuerrecht sowie durch Auslegungsfragen im Bereich des Gesetzes zur Verbesserung der betrieblichen Altersversorgung. Nach Beratung bat der Vorstand der Unterstützungskasse den Bundesvorstand um eine entsprechende Beschlussempfehlung für die Mitgliederversammlung der Unterstützungskasse am 9.11.1977. Vgl. [DGB-Bundesvorstand], Abt. Finanzen, Vorlage für den Bundesvorstand, betr.: Änderung der Satzung und der Unterstützungsrichtlinien, Düsseldorf, 12.8.1977; Unterstützungskasse, Vorschlag zur Änderung der Satzung und Vorschlag für eine Zuwendungsordnung, Düsseldorf, 20.4.1977, AdsD, DGB-Archiv, 5/DGAI000494.

11. Jahresrechnung 1976

Kollege *Lappas* bittet um Zurückstellung dieses Tagesordnungspunktes bis zur nächsten Sitzung, weil die Vorberatung der Haushaltskommission erst heute nachmittag erfolgen kann.

Beschluß:
Der Bundesvorstand stellt die Beratung dieses Tagesordnungspunktes bis zu seiner nächsten Sitzung zurück.[18]

12. Beteiligung des DGB an der Sachverständigenkommission für die soziale Sicherung der Frau und der Hinterbliebenen

Kollege *Muhr* teilt die Empfehlung des Geschäftsführenden Bundesvorstandes mit, mit der vorgeschlagenen Berufung von einem Vertreter des DGB für die Sachverständigenkommission für die soziale Sicherung der Frau und der Hinterbliebenen nicht einverstanden zu sein. Es sollen der Bundesregierung zwei Mitglieder vorgeschlagen werden.[19]

Nach kurzer Diskussion, an der sich die Kollegen *Loderer*, *Muhr* und *Vetter* beteiligen, faßt der Bundesvorstand folgenden

Beschluß:
Der Bundesvorstand ist damit einverstanden, daß der Bundesregierung zwei Mitglieder für die Sachverständigenkommission für die soziale Sicherung der Frau und der Hinterbliebenen vorgeschlagen werden.

---

18 Vgl. Dok. 32: Kurzprotokoll der 23. Sitzung des Bundesvorstandes am 4.10.1977, TOP 4.
19 Das Bundesministerium für Arbeit und Sozialordnung hatte in die Sachverständigenkommission nur einen DGB-Vertreter berufen, allerdings auch einen DAG-Vertreter. Fünf Sitze gingen an wissenschaftliche Institutionen und fünf an Vertreter der am Gesetzgebungsverfahren beteiligten Stellen. Die Kommission sollte sich entsprechend eines Beschlusses der Bundesregierung vom 16.12.1976 mit einer Neuregelung der Hinterbliebenenversorgung von Witwen und Witwern und mit einer Verbesserung der sozialen Sicherung der Frau befassen. Ziel sei unter anderem, eine Angleichung der vom Bundesverfassungsgericht bis 1984 geforderten Gleichbehandlung der Frau in der Hinterbliebenenversorgung zu gewährleisten. Die Aufgabe der Kommission bestand in erster Linie in der Problemanalyse und in der Erarbeitung von Lösungsmöglichkeiten in Thesenform. Vor diesem Hintergrund ist die hohe Repräsentanz der wissenschaftlichen Experten zu verstehen, weswegen auch einer der Wissenschaftler den Vorsitz in der Kommission führen sollte. Gerd Muhr betonte, dass die Kommission sich in erster Linie mit Arbeitnehmerinneninteressen befassen werde und dass der DGB hinsichtlich der sozialen Sicherung der Frau schon seit Langem einer der bedeutendsten Verbände in der Bundesrepublik sei. Vgl. [DGB-Bundesvorstand], Abt. Sozialpolitik, Gerd Muhr, Vorlage für die Bundesvorstandssitzung am 6.9.1977; Bundesministerium für Arbeit und Sozialordnung, Anke Fuchs, Sachverständigenkommission für die soziale Sicherung der Frau und der Hinterbliebenen, Bonn, 18.8.1977, AdsD, DGB-Archiv, 5/DGAI000494.

13. Stellungnahme des Bundesvorstandes zur Ermordung der Begleitung und Entführung Schleyers

Der Bundesvorstand verabschiedet eine »Erklärung des DGB-Bundesvorstandes« (s. Anlage).[20]

14. Verschiedenes

a) Termin für die nächste Sitzung der BGAG
Kollege *Vetter* teilt mit, daß wegen der Erkrankung des Kollegen Hesselbach die Sitzung der BGAG am 15.9.1977 verschoben werden muß, allerdings muß diese Sitzung bis Mitte Oktober durchgeführt worden sein.

Beschluß:
Der Bundesvorstand beschließt, daß die Sitzung der BGAG möglichst am 3.10.1977 nachmittags in Düsseldorf stattfinden soll.

b) Mitbestimmung
Nach kurzer Diskussion, an der sich die Kollegen *Vetter, Vietheer, Kluncker, Loderer* und *Stadelmaier* beteiligen, faßt der Bundesvorstand folgenden *Beschluß*:
Der Bundesvorstand bestätigt noch einmal seinen Beschluß, daß betriebliche Arbeitnehmervertreter nicht als Gewerkschaftsvertreter für den Aufsichtsrat aufgestellt werden dürfen.
In diesem Zusammenhang weist Kollege *Stadelmaier* auf die vorgesehene Broschüre zur Durchführung der Mitbestimmung hin.[21] Er schlägt vor, die Passage, daß

---

20 Der Bundesvorstand verurteilte den Mord an den vier Begleitern des Arbeitgeberpräsidenten Hanns Martin Schleyer und dessen Entführung. Er sprach den Angehörigen seine tiefe Anteilnahme aus und erklärte sein Mitgefühl gegenüber Dr. Hanns Martin Schleyer in der Hand der Mörder. Terrorismus sei der Todfeind der Demokratie. Der Kampf gelte auch den »Helfershelfern«. Auch diejenigen, die die Mörder unterstützten oder mit ihnen sympathisierten, seien Feinde des demokratischen Rechtsstaats und damit auch der Arbeitnehmer und ihrer Gewerkschaften. Abschließend sprach der Bundesvorstand die Hoffnung aus, dass Schleyer schnell befreit werde. Am 19.10.1977, einen Tag nach der Befreiung der Geiseln in der Lufthansa-Maschine »Landshut« in Mogadischu durch die GSG 9, wurde der Arbeitgeberpräsident erschossen im Kofferraum eines Pkw in Mulhouse im Elsass aufgefunden. Vgl. Erklärung des DGB-Bundesvorstandes, DGB-Nachrichten-Dienst, 236/77, AdsD, DGB-Archiv, 5/DGAI000494. Vgl. Weinhauer: Terrorismus in der Bundesrepublik; ders.: Terrorismus und Kommunikation, bes. S. 116 ff.
21 Die Broschüre verfolgte den Zweck, die Arbeitnehmer und ihre Vertretungen über das Ziel und den Geltungsbereich des Gesetzes, über die Aufsichtsratszusammensetzung, seine Wahl und Kompetenzen, dessen Struktur sowie die Unternehmensleitung zu informieren. Heinz Oskar Vetter betonte seine Enttäuschung über das »ungeliebte Gesetz«, das die gewerkschaftlichen Forderungen nicht erfülle und hinter die Montanmitbestimmung und deren Praxis zurückfalle. Das Gesetz führe nicht zu einer qualifizierten Mitbestimmung. Vetter hob als Kritikpunkte die Sondervertretung der Leitenden Angestellten, die Doppelstimme des Aufsichtsratsvorsitzenden und das entsolidarisierende und komplizierte Wahlverfahren hervor. Vgl. die Broschüre DGB: Mitbestimmungsgesetz. Zum Problemkomplex vgl. Testorf: Ein heißes Eisen; Gotto: Enttäuschung in der Demokratie, S. 29-118.

Hauptamtliche aus anderen Bereichen in einem Betrieb gewählt werden können, herausgenommen werden soll.

Kollege *Hauenschild* regt an, deutlicher zu formulieren.

c) Mitbestimmung in der Gemeinwirtschaft
Kollege *Vetter* spricht die Frage der Zweitstimme des Vorsitzenden des Aufsichtsrats in den gemeinwirtschaftlichen Unternehmen an.[22]

An der anschließenden Diskussion beteiligen sich die Kollegen *Frister, Vietheer, Jung, Stadelmaier, Vetter, Sperner, Kluncker, Buschmann, Hauenschild* und *Vater*.

Beschluß:
Bei vier Stimmenthaltungen beschließt der Bundesvorstand, daß in der Frage der Zweitstimme des Aufsichtsratsvorsitzenden in den gemeinwirtschaftlichen Unternehmen nach dem Mitbestimmungsgesetz verfahren werden soll.

d) Besprechung Bundesvorstand/Vorstand Neue Heimat
Kollege *Vetter* weist darauf hin, daß die Neue Heimat den Geschäftsführenden Bundesvorstand und die Vorsitzenden der Gewerkschaften für die Zeit vom 12. bis 15. Januar 1978 nach Bad Eibsee eingeladen hat. Ein Katalog der Gesprächspunkte wird rechtzeitig vorgelegt werden.

e) Berufung der Mitglieder des Kuratoriums der Hans-Böckler-Stiftung
Beschluß:
Der Bundesvorstand stimmt dem Vorschlag vom 6.9.1977 zur Berufung der Mitglieder des Kuratoriums der Hans-Böckler-Stiftung zu.[23]

---

22 In der mitbestimmungspolitischen Diskussion hatte der DGB und seine Einzelgewerkschaften gegen das doppelte Stimmrecht des Aufsichtsratsvorsitzenden argumentiert, weil dieser in aller Regel ein Vertreter der Unternehmer-/Anteilseignerseite war und die Zweitstimme somit gegen das Prinzip der Parität, das die Gewerkschaften einforderten, verstieß.
23 Die Berufung der Mitglieder des 29-köpfigen Kuratoriums der Hans-Böckler-Stiftung oblag dem DGB. Die überwiegende Mehrheit der Vertreterinnen und Vertreter bestand aus Gewerkschaftern. Vier der Kuratoriumsmitglieder waren Mitbestimmungsträger in Aufsichtsräten, als Arbeits-, Personal- oder Sozialdirektoren. Aus dem wissenschaftlichen/akademischen Feld waren zwei Vertrauensdozenten und zwei Stipendiatenvertreter zu benennen, die jeweils von den Konferenzen der Vertrauensdozenten und Stipendiaten nominiert werden sollten. Interessanterweise befand sich Frank Deppe unter den benannten Vertrauensdozenten: Deppe geriet später mit den Gewerkschaften und diesen nahestehenden Historikern in eine Kontroverse über die deutsche Gewerkschaftsgeschichte anlässlich der von ihm mitverfassten Gewerkschaftsgeschichte. Vgl. [DGB-Bundesvorstand], Abt. Vorsitzender, Heinz O. Vetter, Tischvorlage für den Bundesvorstand, Berufung der Mitglieder des Kuratoriums der Hans-Böckler-Stiftung, Düsseldorf, 6.9.1977, AdsD, DGB-Archiv, 5/DGAI000494. Vgl. auch Deppe/Fülberth/Harrer: Geschichte der deutschen Gewerkschaftsbewegung.

f) Aktion der Gewerkschaftsjugend

Die Kollegen *Schwab, Vetter, Hauenschild, Sperner, Kluncker* und die Kollegin *Weber* diskutieren über die für diese Aktion der Gewerkschaftsjugend herausgegebenen Plakate und Broschüren.[24]

Ende der Sitzung: 15.05 Uhr.

Dokument 32

4. Oktober 1977: Kurzprotokoll der 23. Sitzung des Bundesvorstandes

Hans-Böckler-Haus in Düsseldorf; Vorsitz: Heinz O. Vetter; Protokollführung: Isolde Funke, Marianne Jeratsch; Sitzungsdauer: 10.10–13.10 Uhr; ms. vermerkt: »Vertraulich«.[1]

Ms., hekt., 8 S., 1 Anlage.[2]

AdsD, DGB-Archiv, 5/DGAI000554.

Beginn der Sitzung: 10.10 Uhr.

Kollege *Vetter* eröffnet die 23. Sitzung des Bundesvorstandes in Düsseldorf.

---

24 Es handelte sich um die Aktion »STOP Jugendarbeitslosigkeit«, die die DGB-Jugend bundesweit durchführte. In der gesellschaftspolitisch zugespitzten Situation der Schleyer-Entführung wurden einzelne Werbematerialien der Aktion scharf zurückgewiesen, etwa ein Plakat, das mit dem Motiv einer Ratte die beschäftigungspolitische Situation und die Haltung der Arbeitgeber kritisierte. Der DGB-Bundesvorstand teilte die Kritik. Karl Hauenschild bezeichnete das Plakat unter Verweis auf die Schleyer-Entführung als geschmacklos. Vetter entgegnete, dass die Gestaltung der Aktion nun nicht mehr zu stoppen sei, da die »Aktion [...] angelaufen [ist], [wollen] [w]ir das beste daraus machen. Die Ratte wird zur Maus ernannt.« Er konzedierte aber, dass der DGB »[i]n Bezug auf künftige Werbung [...] auf Fragen des Geschmacks mehr Wert legen« werde. Karl Schwab referierte in einem Artikel im Dezemberheft der Gewerkschaftlichen Monatshefte die Kritik, die gegenüber der Aktion der DGB-Jugend »STOP Jugendarbeitslosigkeit« erhoben worden war. Der Verbandspräsident der industriellen Arbeitgeberverbände in Nordrhein-Westfalen habe den Vorwurf formuliert, »der DGB vergifte das politische Klima und gefährde den inneren Frieden«. Die Rheinische Post kommentierte: »[D]ie Gewerkschaften müssen sich gerade im Fall Schleyer vorhalten lassen, daß in ihren Zeitungen Haß gegen den Arbeitgeberpräsidenten gesät« worden sei. Zwar hätten sie damit nicht Gewalt selbst propagiert, die »Gewerkschaften sollten [aber] prüfen, ob ihre Sprache angemessen und zeitgemäß ist«. Vgl. Protokoll über die 22. Sitzung des Bundesvorstandes am 6.9.1977, Übertragung aus dem Stenogramm, Düsseldorf, S. 31 f., AdsD, DGB-Archiv, 5/DGAI000494. DGB-Bundesvorstand, Abteilung Jugend: STOP Jugendarbeitslosigkeit; Schwab: »STOP Jugendarbeitslosigkeit«.

Dok. 32
1 Einladungsschreiben vom 14.9.1977 und Tagesordnung vom 21.9.1977. Nicht anwesend: Gerd Muhr, Karl Schwab, Julius Lehlbach und dessen Vertreter Heinz Andersch, Gerhard Vater. AdsD, DGB-Archiv, 5/DGAI000494.
2 Anlage: Anwesenheitsliste.

Tagesordnung:
1. Einführung von Fachinformationssystemen beim Bundesministerium für Forschung und Technologie
2. Ad-hoc-Arbeitsgruppe Strukturberichterstattung beim Bundeswirtschaftsministerium
3. Genehmigung des Protokolls der 22. Bundesvorstandssitzung
4. Jahresrechnung 1976
5. Revisionsbericht
6. Anpassung der Leistungen der Unterstützungskasse des DGB e. V. vom 1.1.1978 gemäß § 20 der Unterstützungsrichtlinien
7. Anpassung der Unterstützungen nach den Richtlinien für die Gewährung von Unfallunterstützung an ehrenamtliche Gewerkschaftsfunktionäre
8. Gehaltsrunde des DGB 1977/78
9. 11. Ordentlicher Bundeskongreß vom 21. bis 27. Mai 1978 in Hamburg, hier: Anzahl der Delegierten und Anzahl der Gastteilnehmer der Gewerkschaften und des DGB
10. Richtlinien für die Handwerksarbeit des DGB
11. Spende für den spanischen Gewerkschaftsbund UGT
12. Verschiedenes

Kollege *Vietheer* teilt mit, daß er heute morgen davon in Kenntnis gesetzt worden ist, daß der DGB den Bundesarbeitsminister aufgefordert haben soll, das Ladenschlußgesetz zu verändern. Er weist auf die klaren Beschlüsse des DGB-Bundeskongresses und der Bundesfrauenkonferenz hin. Kollege *Vietheer* stellt rein formell fest, daß niemand vom DGB das Mandat hat, in diesem Sinne tätig zu werden.

Kollege *Pfeiffer* erklärt, daß von seiner Abteilung keinerlei Aussagen gemacht worden sind. Es besteht überhaupt keine Veranlassung, in neue Diskussionen einzutreten, da die Beschlüsse klar sind.

1. Einführung von Fachinformationssystemen beim Bundesministerium für Forschung und Technologie

Kollege *Pfeiffer* weist auf sein Schreiben vom 9.9.1977 an den Geschäftsführenden Bundesvorstand und die Gewerkschaftsvorsitzenden hin.[3] Inzwischen ist bekannt

---

[3] Alois Pfeiffer setzte die Vorsitzenden der Industriegewerkschaften und den Geschäftsführenden Bundesvorstand davon in Kenntnis, dass die privatwirtschaftliche Organisationsform der 16 geplanten Fachinformationssysteme eventuell mit Mehrkosten für die Informationsbezieher verbunden sei. Er wies auf ein Schreiben des Bundesministeriums für Forschung und Technologie hin, in dem dieses eine bevorstehende Anhörung des Ministeriums am 7.11.1977 ankündigte. Vgl. DGB-Bundesvorstand, Abt. Wirtschaftspolitik, Alois Pfeiffer, an die Vorsitzenden der Gewerkschaften und Industriegewerkschaften, Mitglieder des Geschäftsführenden Bundesvorstands, Einführung von Fachinformationssystemen beim Bundesministerium für Forschung und Technologie, Düsseldorf, 9.9.1977; Bundesministerium für Forschung und Technologie, an den Deutschen Gewerkschaftsbund, Fachinformationssystem »Wirtschaft«, Bonn,

geworden, daß beim Bundesministerium für Forschung und Technologie 16 solcher Informationssysteme geschaffen werden sollen, die in ihrer Mehrzahl die Arbeit des DGB und der Gewerkschaften berühren. Das Fachinformationssystem für Wirtschaft würde jährlich ca. 25 Millionen DM kosten. Sollte das Informationssystem auf privatrechtlicher Basis gegründet werden, müßten Informationen von uns sehr teuer bezahlt werden und wären sicherlich nicht so umfassend. Der Geschäftsführende Bundesvorstand und auch die Deutsche Postgewerkschaft, die als einzige Gewerkschaft auf das Schreiben vom 9.9.1977 geantwortet hat, empfehlen dem Bundesvorstand zu beschließen, sich in der weiteren Diskussion mit dem Ministerium für ein öffentlich-rechtliches Gremium auszusprechen.

An der anschließenden Diskussion beteiligen sich die Kollegen *Vetter*, *Merten*, *Hauenschild* und *Fehrenbach*. Es wird an Beispielen aufgezeigt, daß die öffentlich-rechtliche Form kein Allheilmittel darstellt und außerdem zu prüfen ist, wie sich die steuerliche Seite bei einer GmbH für den DGB auswirken würde.

Beschluß:
Der Bundesvorstand ist der Meinung, daß die Gründung eines Fachinformationssystems Wirtschaft beim Bundesministerium für Forschung und Technologie bejaht werden kann. Eine öffentlich-rechtliche Organisationsform soll angestrebt werden. Die weitere Befassung mit der Angelegenheit wird zunächst der Abteilung Wirtschaftspolitik übertragen.

2. Ad-hoc-Arbeitsgruppe Strukturberichterstattung beim Bundeswirtschaftsministerium

Kollege *Pfeiffer* trägt vor, daß der Bundeswirtschaftsminister – nach wiederholten Forderungen des DGB entsprechend den Beschlüssen des Hamburger Bundeskongresses, auch in der Konzertierten Aktion – zugesagt hatte, eine Konzeption für die Berichterstattung über die Strukturpolitik der Bundesregierung vorzulegen. Die Beteiligung der Gewerkschaften ist sichergestellt. Jetzt liegt diese Konzeption vor, und der DGB ist, wie auch andere Organisationen, eingeladen worden, sich an einer Ad-hoc-Arbeitsgruppe zu diesem Thema zu beteiligen. Der Geschäftsführende Bundesvorstand ist der Meinung, daß eine Beteiligung des DGB notwendig ist, weil wir die Initiatoren waren und es auch wichtig wäre, die Meinung der anderen, insbesondere der Arbeitgeber, zu erfahren. Der Bundesvorstand wird gebeten, über diese Beteiligung zu entscheiden, weil sie in gewissem Zusammenhang mit dem Fernbleiben von der letzten Sitzung der Konzertierten Aktion gesehen werden muß.

12.8.1977; Auszug aus dem Bundesbericht Forschung V, hrsg. vom Bundesministerium für Forschung und Technologie, Bonn 1975, AdsD, DGB-Archiv, 5/DGAI000494. Allgemein zur Computerisierung der Arbeitswelt und der Verwaltungen vgl. Schuhmann: Der Traum vom perfekten Unternehmen.

Dokument 32   4. Oktober 1977

In der anschließenden Diskussion, an der sich die Kollegen *Loderer*, *Vetter*, *Buschmann*, *Pfeiffer* und *Hauenschild* beteiligen, wird die Beteiligung des DGB an der Ad-hoc-Arbeitsgruppe Strukturpolitik grundsätzlich bejaht. In diesem Zusammenhang wird das Thema Konzertierte Aktion angesprochen und auf den Beschluß des IG-Metall-Gewerkschaftstages hingewiesen.[4] Eine baldige, erneute Diskussion über die Konzertierte Aktion im Bundesvorstand wird angeregt.

Beschluß:
Der Bundesvorstand ist damit einverstanden, daß der DGB sich an der vom Bundeswirtschaftsministerium vorgesehenen Ad-hoc-Arbeitsgruppe in Sachen Strukturpolitik beteiligt.

3. Genehmigung des Protokolls der 22. Bundesvorstandssitzung

Kollege *Stadelmaier* bittet, den fünften Absatz auf der Seite 7 des Protokolls zu berichtigen.

Kollege *Vetter* regt in diesem Zusammenhang an, daß sich der Bundesvorstand in Zukunft eines technischen Aufnahmegerätes bedienen sollte. Das aufgenommene Band würde dann abgeschrieben und das Protokoll daraus gefertigt werden. Sobald das Protokoll genehmigt worden ist, würde das Band gelöscht werden.

Beschluß:
Der Bundesvorstand genehmigt das Protokoll der 22. Bundesvorstandssitzung mit folgender Änderung:
Auf Seite 7 erhält der fünfte Absatz folgende Fassung:
»In diesem Zusammenhang weist Kollege *Stadelmaier* auf die vorgesehene Broschüre zum Mitbestimmungsgesetz hin.[5] Er schlägt vor, die Passage auf Seite 32, erster Absatz, ›Neben hauptamtlichen Funktionären kommen auch ehrenamtliche Funktionäre in Frage ...‹ usw. bis zum Ende des Absatzes zu streichen. Die DGB-Broschüre sollte dort den Hinweis erhalten, daß die Nominierung der außerbetrieblichen Vertreter nach den Beschlüssen und Richtlinien der Hauptvorstände der Einzelgewerkschaften des DGB erfolgt.«

---

4   Die IG Metall hatte beschlossen, dass der DGB so lange nicht mehr an der Konzertierten Aktion teilnehmen solle, solange die Verfassungsbeschwerde der Unternehmerseite vor dem Bundesverfassungsgericht nicht zurückgezogen werde. Eine kritische Einschätzung des Gewerkschaftstags findet sich in: Gewerkschaften: Bewußtsein geschärft, in: Der SPIEGEL, 3.10.1977.
5   Vgl. DGB: Mitbestimmungsgesetz.

4. Jahresrechnung 1976

Kollege *Merten* weist darauf hin, daß auf Seite 9 unter »Ausgaben Bundesvorstand« der Ausdruck »Persönliche Aufwendungen« irreführend ist.[6]

Kollege *Mähle* erklärt, daß dies Personalaufwendungen sind und der Ausdruck schon immer verwandt worden ist. Dieser Ausdruck wird aber in Zukunft geändert.

Beschluß:
Der Bundesvorstand stellt die Jahresrechnung 1976 des DGB fest.

5. Revisionsbericht

Beschluß:
Der Bundesvorstand nimmt den Bericht der Revisionskommission über die am 23. August 1977 vorgenommene Prüfung der Bundeshauptkasse zur Kenntnis.[7]

6. Anpassung der Leistungen der Unterstützungskasse des DGB e. V. vom 1.1.1978 gemäß § 20 der Unterstützungsrichtlinien

Kollege *Merten* fragt nach der Erhöhung der Mindestunterstützung für die nach § 17 Betroffenen. Die ÖTV wird einen Antrag schriftlich einreichen und begründen.

Beschluß:
Der Bundesvorstand empfiehlt der Mitgliederversammlung, die bis zum 31. Dezember 1977 festgesetzten Unterstützungen mit Ausnahme der Unterstützungen nach § 11 und § 17 der Unterstützungsrichtlinien ab 1. Januar 1978 um 9,9 % zu erhöhen.[8]

---

6 Die Vorlage der Jahresrechnung war auf der 22. Bundesvorstandssitzung vom 6.9.1977 vertagt und in der Zwischenzeit von der Haushaltskommission beraten worden. Vgl. DGB-Bundesvorstand, Alfons Lappas, an die Mitglieder des Bundesvorstandes, Jahresrechnung 1976, AdsD, DGB-Archiv, 5/DGAI000494.

7 Vgl. DGB-Bundesvorstand, Alfons Lappas, an die Mitglieder des Bundesvorstandes des DGB, Bericht der Revisionskommission des DGB über die am 23.8.1977 vorgenommene Prüfung der Bundeshauptkasse, Düsseldorf, 19.9.1977, AdsD, DGB-Archiv, 5/DGAI000494.

8 Die Anpassung war notwendig geworden, weil die gesetzliche Rentenversicherung gemäß § 4 des 20. Rentenanpassungsgesetzes vom 1.7.1977 um 9,9 % erhöht worden waren. Bisher war der DGB mit den Leistungen seiner Unterstützungskasse den Rentenanpassungen gefolgt. Vgl. [DGB-Bundesvorstand], Abt. Finanzen, Vorlage für den Bundesvorstand, Anpassung der Leistungen der Unterstützungskasse des DGB e. V. zum 1.1.1978 gemäß § 20 der Unterstützungsrichtlinien, Düsseldorf, 15.9.1977, AdsD, DGB-Archiv, 5/DGAI000494.

7. Anpassung der Unterstützungen nach den Richtlinien für die Gewährung von Unfallunterstützung an ehrenamtliche Gewerkschaftsfunktionäre

Beschluß:
Der Bundesvorstand beschließt, alle bis zum 31.12.1976 festgesetzten Unfallunterstützungen gemäß § 12 der Richtlinien für die Gewährung von Unfallunterstützung an ehrenamtliche Gewerkschaftsfunktionäre mit Wirkung vom 1. Januar 1978 an um 7,4 % zu erhöhen.[9]

8. Gehaltsrunde des DGB 1977/78

Kollege *G. Schmidt* verweist auf die Vorlage und bittet um Zustimmung dazu, daß die Veränderungen der Gehaltsbedingungen mit dem 1.10.1977 vorbehaltlich der Zustimmung des Bundesausschusses in Kraft gesetzt werden können, damit Anfang November die Gehälter entsprechend gezahlt werden können.[10]

Beschluß:
Der Bundesvorstand beschließt, dem Bundesausschuß mit Wirkung vom 1.10.1977 folgende Veränderungen der Gehaltsbedingungen für die Beschäftigten des DGB vorzuschlagen:
Gehaltserhöhung von 5 % für alle Beschäftigten des DGB.
Aufstockung der Weihnachtszuwendung von 4/6 auf 5/6 eines Monatsgehaltes (rd. 1,3 %).
Aufstockung der Steigerungsstufen der Gehaltsgruppe 7 auf jeweils 50,– DM.[11]

---

9 Die Gewährung von Unfallunterstützung an ehrenamtliche Gewerkschaftsfunktionäre wurde laut § 12 der einschlägigen Richtlinien vom Bundesvorstand beschlossen. Aufgrund der Erhöhung der Geldleistungen der gesetzlichen Unfallversicherung entsprechend den Regelungen von § 10 Abs. 1 des 20. Rentenanpassungsgesetzes wurden diese Bezüge ab 1.1.1978 um 7,4 % erhöht. Dieser Erhöhung sollte der DGB laut Beschlussvorlage der Abteilung Finanzen folgen. Vgl. [DGB-Bundesvorstand], Abt. Finanzen, Vorlage für den Bundesvorstand, Anpassung der Unterstützungen nach den Richtlinien für die Gewährung von Unfallunterstützung an ehrenamtliche Gewerkschaftsfunktionäre, Düsseldorf, 15.9.1977, AdsD, DGB-Archiv, 5/DGAI000494.
10 Vgl. [DGB-Bundesvorstand], Abt. Personal, Gerhard Schmidt, Vorlage für den Bundesvorstand, Gehaltsrunde des DGB 1977/78, Düsseldorf, 29.9.1977, AdsD, DGB-Archiv, 5/DGAI000494.
11 Der Beschluss des Bundesvorstands folgte damit der Beschlussvorlage. Der Bundesausschuss beschloss die Vorlage in dieser Form in seiner 10. Sitzung am 7.12.1977. Vgl. Protokoll über die 10. Sitzung des Bundesausschusses am 7.12.1977, TOP 5., AdsD, DGB-Archiv, 5/DGAI000494.

9. 11. Ordentlicher Bundeskongreß vom 21. bis 27. Mai 1978 in Hamburg, hier: Anzahl der Delegierten und Anzahl der Gastteilnehmer der Gewerkschaften und des DGB

Kollege *Stephan* bittet den Bundesvorstand um Zustimmung zu den Vorlagen.[12] Er teilt mit, daß die Personengruppen mit jeweils drei Teilnehmern vertreten sind.

An der anschließenden kurzen Diskussion beteiligen sich die Kollegen *Stadelmaier*, *Vetter*, *Buschmann*, *Hauenschild* und *Vietheer*. Kollege *Stadelmaier* weist darauf hin, daß von seiner Gewerkschaft bereits 16 Delegierte für den Bundeskongreß wie beim letzten Mal gewählt worden sind. Jetzt stehen der NGG aber nur 15 Delegierte zu. Ferner regt Kollege *Stadelmaier* an, im Geschäftsführenden Bundesvorstand zu überlegen, ob die Zahl der zahlenden Mitglieder die richtige Bezugsgröße ist, oder ob man nicht nach dem Beitragsvolumen und den 12 % an den DGB gehen sollte.

Beschluß:
Der Bundesvorstand beschließt die Zahl der auf jede Gewerkschaft entfallenden Delegierten entsprechend der Aufstellung vom 23.9.1977.

Ferner nimmt der Bundesvorstand die Aufstellung über die Gastteilnehmer der Gewerkschaften und der DGB-Landesbezirke vom 26.9.1977 zustimmend zur Kenntnis.[13] Die Gewerkschaften Nahrung-Genuß-Gaststätten und Textil-Bekleidung bekommen jeweils einen Gastteilnehmer mehr zugesprochen.

10. Richtlinien für die Handwerksarbeit des DGB

Kollege *Heiß* verweist auf die Vorlage und teilt mit, daß die Richtlinien für die Handwerksarbeit des DGB am 1. November 1977 in Kraft treten sollen.[14]

---

12 Vgl. [DGB-Bundesvorstand], Abt. Organisation und Verwaltung, Karl Schwab, an die Mitglieder des Geschäftsführenden Bundesvorstandes und des Bundesvorstandes, 11. Ordentlicher Bundeskongreß vom 21.–27.5.1978 in Hamburg, hier: Anzahl der Delegierten, Düsseldorf, 23.9.1977, AdsD, DGB-Archiv, 5/DGAI000494.

13 Vgl. [DGB-Bundesvorstand], Abt. Organisation und Verwaltung, Karl Schwab, an die Mitglieder des Geschäftsführenden Bundesvorstandes und des Bundesvorstandes, 11. Ordentlicher Bundeskongreß vom 21.–27.5.1978 in Hamburg, hier: Anzahl der Gastteilnehmer der Gewerkschaften und des DGB, Düsseldorf, 26.9.1977, AdsD, DGB-Archiv, 5/DGAI000494.

14 Die Richtlinien wurden mehrmalig im Bundeshandwerksausschuß beraten und in Abstimmung mit der Abteilung Organisation und Verwaltung dem Geschäftsführenden Bundesvorstand übergeben, der in seiner Sitzung am 19.9.1977 diese Richtlinien beschlossen hatte. Die Vorlage bestand aus einer Synopse der Richtlinien in der letzten Fassung vom 2.4.1968 und der Neufassung. Die Richtlinien waren zum Teil vereinfacht worden. Sie dienten der Regelung der Belange der Arbeitnehmervertreterinnen und -vertreter in den Handwerkskammern, für die der DGB verantwortlich zeichnete, während die Einzelgewerkschaften die Betreuung der Arbeitnehmerinnen und Arbeitnehmer in den Innungen übernahmen. Die Richtlinien regelten die Arbeit des Arbeitskreises »Handwerk« im DGB-Kreis, des Handwerksausschusses der DGB-Kreise im Bereich der Handwerkskammern, des Landesbezirkshandwerksausschusses, der Landesbezirkshandwerkstagung, des Bundeshandwerksausschusses, der Bundeshandwerkstagung sowie schließlich spezieller inhaltlicher Arbeitstagungen. Vgl. [DGB-Bundesvorstand], Abt. Arbeiter-Hand-

Beschluß:
Der Bundesvorstand nimmt die vom Geschäftsführenden Bundesvorstand beschlossenen Richtlinien für die Handwerksarbeit des DGB zustimmend zur Kenntnis.

11. Spende für den spanischen Gewerkschaftsbund UGT

Nach kurzer Diskussion, an der sich die Kollegen *Vetter, Hauenschild, van Haaren, Buschmann, Merten* und *Gelhorn* beteiligen, faßt der Bundesvorstand folgenden *Beschluß:*
Der Bundesvorstand beschließt, 50.000,– DM dem spanischen Gewerkschaftsbund UGT als Soforthilfe für die Betriebsratswahlen 1977 bereitzustellen, und empfiehlt dem Bundesausschuß, dies nachträglich zu genehmigen.[15]

12. Verschiedenes

a) Mitbestimmung in der Gemeinwirtschaft
Kollege *Vetter* spricht noch einmal die in der letzten Bundesvorstandssitzung geführte Diskussion an und erläutert ausführlicher die Probleme, die sich nach dem neuen Mitbestimmungsgesetz ergeben und deren Lösung in einem Vertrag enthalten sein sollte, der vom ganzen Bundesvorstand getragen werden kann. Er weist auf einige bisher noch unterschiedliche Auffassungen zwischen den direkt beteiligten Gewerkschaften und den übrigen Bundesvorstandsmitgliedern hin.

An der anschließenden Diskussion beteiligen sich die Kollegen *Hauenschild, Frister, Vietheer* und *Vetter.*

Kollege *Vetter* bittet abschließend, dem Bundesvorstand möglichst bald einen solchen Vertragsentwurf zur Verabschiedung vorzulegen, der auch die Diskussionspunkte berücksichtigt.[16]

---

werk, Vorlage für den DGB-Bundesvorstand, Richtlinien für die Handwerksarbeit des DGB, Düsseldorf, 20.9.1977, AdsD, DGB-Archiv, 5/DGAI000494.
15 In den spanischen Betrieben standen Ende Oktober/Anfang November 1977 Betriebsratswahlen an. Die Abteilung Vorsitzender schenkte dem Ausgang dieser Wahlen große Aufmerksamkeit, weil davon abhing, welcher Gewerkschaftsbund die meisten Betriebsräte stellte. Wenn es den kommunistischen Arbeiterkommissionen gelinge, die Mehrheit zu erringen, könne ein vergleichbarer Fall wie in Portugal eintreten, in dem eine dem DGB »nahestehende Regierung einem ihr feindlich gesinnten Gewerkschaftsbund« gegenüberstehe. Eine Niederlage der Kommunisten in Spanien würde sie auf eine Minderheitenrolle beschränken, sodass ihr Auftreten als Partei der Arbeiterklasse infrage gestellt wäre. Die Abteilung Vorsitzender betrachtete es als politisch kurzsichtig, dass die Regierung Suarez eher die Arbeiterkommissionen als die UGT förderte. Aus diesem Grund unterbreitete die Abteilung Vorsitzender den Vorschlag, der UGT eine Soforthilfe in Höhe von 50.000 DM zukommen zu lassen. Vgl. [DGB-Bundesvorstand], Abt. Vorsitzender, an die Mitglieder des Bundesvorstandes, Unterstützung des spanischen Gewerkschaftsbundes UGT, AdsD, DGB-Archiv, 5/DGAI000494.
16 Im Wesentlichen ging es um die Stellung des Aufsichtsratsvorsitzenden und dessen doppeltes Stimmrecht, wie es das Mitbestimmungsgesetz vorsah. Hier sollte über eine vertragliche Lösung eine Regelung

b) FDGB

Kollege *Vetter* berichtet kurz über den Besuch einer FDGB-Delegation beim DGB. Ein schriftlicher, ausführlicher Bericht wird den Mitgliedern des Bundesvorstandes in kürze zugeschickt.

Die Kollegen *Vietheer, Gelhorn, Buschmann, Hauenschild* und *Stadelmaier* sprechen kurz über eigene Erfahrungen.

c) Tarifbewegung bei der IG Druck und Papier

Kollege *Mahlein* drückt zunächst seine Betroffenheit über angebliche Äußerungen des Kollegen Vetter über den letzten Streik in der Druckindustrie bei seinen Landesbezirksbesuchen aus.[17] In der jetzt eingetretenen ähnlichen Situation bei den laufenden Tarifverhandlungen hat die IG Druck und Papier dafür gesorgt, daß umfassende Informationen dem DGB und den Gewerkschaftsvorsitzenden zugänglich gemacht worden sind. Kollege *Mahlein* schlägt vor, dem Bundesvorstand einen Bericht über die Tarifverhandlungen zu geben, und bittet den Geschäftsführenden Bundesvorstand zu einer gemeinsamen Sitzung mit dem Geschäftsführenden Vorstand seiner Gewerkschaft.

Kollege *Vetter* erläutert seine Bemerkungen zum Streik der IG Druck und Papier anläßlich der Landesbezirksbesuche.[18] Er begrüßt den Vorschlag einer baldigen gemeinsamen Sitzung des Geschäftsführenden Bundesvorstandes mit dem Geschäftsführenden Vorstand der IG Druck und Papier sowie die Anregung, daß Kollege Mahlein dem Bundesvorstand einen Bericht über die jetzt laufenden Tarifverhandlungen gibt.[19]

d) Studienreisen ins Ausland

Kollege *Stadelmaier* spricht ein Schreiben der Abteilung Finanzen beim DGB vom 24.8.1977 an die DGB-Kreise und -Landesbezirke an, in dem diese aufgefordert

---

bei gemeinwirtschaftlichen Unternehmen herbeigeführt werden, die die gewerkschaftliche Kritik am Mitbestimmungsgesetz berücksichtigte. Vgl. Protokoll über die 23. Sitzung des Bundesvorstandes am 4.10.1977, Übertragung aus dem Stenogramm, S. 12 ff., AdsD, DGB-Archiv, 5/DGAI000494.

17 Heinz Oskar Vetter hatte laut Leonhard Mahlein geäußert, dass der DGB und die Gewerkschaften zu wenig über den Streik informiert gewesen seien. Vgl. Protokoll über die 23. Sitzung des Bundesvorstandes am 4.10.1977, Übertragung aus dem Stenogramm, S. 17, AdsD, DGB-Archiv, 5/DGAI000494.

18 Heinz Oskar Vetter erklärte, dass Informationen auch für das Zusammenwirken der Gewerkschaften notwendig gewesen seien. Er habe das Material, dass von Mahlein zur Verfügung gestellt worden sei, in der Kürze der Zeit noch nicht durcharbeiten können. Vgl. Protokoll über die 23. Sitzung des Bundesvorstandes am 4.10.1977, Übertragung aus dem Stenogramm, S. 17, AdsD, DGB-Archiv, 5/DGAI000494.

19 Die Außerordentliche Sitzung des DGB-Bundesvorstands mit den Vorständen der IG Druck und Papier fand am 14.2.1978 in Düsseldorf statt. Vgl. Kurzprotokoll über die Außerordentliche Sitzung des Bundesvorstands mit dem Bundesvorstand und den Landesvorständen der IG Druck und Papier am 14.2.1978, AdsD, DGB-Archiv, 5/DGAI000496. Der DGB verabschiedete anschließend eine Solidaritätserklärung mit der IG Druck und Papier. Vgl. DGB bekräftigt Solidarität mit IG Druck und Papier, DGB-Nachrichten-Dienst, 29/78, 15.2.1978, AdsD, DGB-Archiv, 5/DGAI000496. Die kontinuierliche Berichterstattung Mahleins schlug sich später auch in einer Broschüre nieder, die den Verlauf und die Ergebnisse des Streiks aus Sicht der IG Druck und Papier analysierte. Vgl. Mahlein: Rationalisierung.

werden, aus steuerlichen Gründen Studienreisen ins Ausland zu unterlassen. Er fragt, ob sich das auch auf die DGB-Freizeitwerke bezieht.

Kollege *Vetter* erklärt dazu, daß er im Augenblick dazu keine abschließende Antwort geben kann. Wenn es sich bei Veranstaltungen der Freizeitwerke nicht um DGB-Veranstaltungen handele, seien sie nicht betroffen.

e) Bundesausschuß

Kollege *Buschmann* regt an, über den Verlauf und den Inhalt von Bundesausschußsitzungen zu diskutieren. Die Unzufriedenheit darüber sei immer mehr gewachsen. Eine Wiederherstellung der politischen Bedeutung dieses hohen Gremiums hält er für unbedingt erforderlich.

An der nachfolgenden ausführlichen Diskussion beteiligen sich die Kollegen *Vetter, Buschmann, van Haaren, Hauenschild, Frister, Sickert, Loderer, Merten, G. Schmidt* und Kollegin *Weber*.[20]

Es werden eine Reihe von Anregungen gegeben, wie die Bundesausschußsitzungen effektiver und besser gestaltet werden können. Vorschläge werden gemacht, z. B. den Bundesausschuß zahlenmäßig wieder auf den früheren Stand zu bringen; keine turnusmäßigen, sondern Ad-hoc-Sitzungen durchzuführen; Perspektiven der Arbeit im Bundesausschuß zu diskutieren; Fachleute zu bestimmten für uns interessante Themen in den Bundesausschuß zum Vortrag zu bitten; mögliche politische Entscheidungen nicht durch den Bundesvorstand, sondern den Bundesausschuß treffen zu lassen und anderes.

Kollege *Vetter* schlägt vor, bei der nächsten Sitzung des Bundesvorstandes, in der die Tagesordnung für den Bundesausschuß beschlossen wird, noch einmal auf dieses Thema zurückzukommen.[21]

Ende der Sitzung: 13.10 Uhr.

---

20 Unter anderem wurde über die Form der Auseinandersetzung im Bundesausschuss diskutiert, etwa über die vergleichsweise offene Austragung von gewerkschaftspolitischen Konflikten in früheren Jahren, auch unter dem Vorsitz Heinz Oskar Vetters. Vgl. Protokoll über die 23. Sitzung des Bundesvorstandes am 4.10.1977, Übertragung aus dem Stenogramm, S. 18-22, AdsD, DGB-Archiv, 5/DGAI000494.
21 In der folgenden Sitzung wurde die Grundsatzdiskussion über den Bundesausschuss vertagt. Auch später sollte sie nicht wieder aufgegriffen werden.

Dokument 33

8. November 1977: Kurzprotokoll der 24. Sitzung des Bundesvorstandes

Hans-Böckler-Haus in Düsseldorf; Vorsitz: Gerd Muhr; Protokollführung: Isolde Funke, Marianne Jeratsch; Sitzungsdauer: 10.15–15.25 Uhr; ms. vermerkt: »Vertraulich«.[1]
Ms., hekt., 8 S., 2 Anlagen.[2]
AdsD, DGB-Archiv, 5/DGAI000554.

Beginn der Sitzung: 10.15 Uhr.

Kollege *Muhr* eröffnet die 24. Sitzung des Bundesvorstandes in Düsseldorf.
Er gedenkt der verstorbenen Kollegen Ludwig Rosenberg und Franz Lepinski.[3]
Kollege *Muhr* übermittelt Grüße von Heinz O. Vetter, der wegen der Folgen seines Verkehrsunfalls nicht an der Sitzung teilnehmen kann.
Der Bundesvorstand übermittelt ihm Genesungswünsche mit einem Blumenstrauß.
Zur Tagesordnung teilt Kollege *Muhr* mit, daß Kollege Loderer darum gebeten hat, mit den Punkten »Konzertierte Aktion« und »Energiepolitische Kundgebung« bis zu seiner Ankunft um ca. 13.30 Uhr zu warten, während Kollege *Vietheer* darum bittet, die Punkte »Deutsch-französisches Jugendwerk« und »Organisationsfragen der Sozialversicherung« vorzuziehen, da er die Sitzung früher verlassen muß.
Im Namen des Bundesvorstandes gratuliert Kollege *Muhr* dem Kollegen Kurt Georgi zu seiner Wahl zum Vorsitzenden der Gewerkschaft Holz und Kunststoff sowie den Kollegen Ernst Breit, Loni Mahlein und Erich Frister zu ihrer Wiederwahl.
Auf die Bitte des Kollegen *A. Schmidt*, den Punkt »Energiepolitische Kundgebung« vorzuziehen, da er ebenfalls die Sitzung früher verlassen muß, sagt Kollege *Muhr* zu, die Beratung in zwei Teilen durchzuführen, und zwar einmal im Beisein des Kollegen A. Schmidt und dann wieder, wenn Kollege Loderer anwesend ist.
Kollege *Pfeiffer* teilt mit, daß er bis 11.00 Uhr noch eine Vorlage zur Kernenergie vorlegen wird.[4]
Kollege *Muhr* trägt die Bitte des Kollegen Vetter vor, den Tagesordnungspunkt »Anti-DGB-Gruppe« auf eine der nächsten Bundesvorstandssitzungen zu verschieben, da er vorher noch weitere Gespräche führen muß.

Dok. 33
1 Einladungsschreiben vom 6.10.1977 und Tagesordnung vom 19.10.1977. Nicht anwesend: Heinz O. Vetter, Gerhard Schmidt, Gerhard van Haaren (vertreten durch Helmut Teitzel). AdsD, DGB-Archiv, 5/DGAI000494.
2 Anlagen: Anwesenheitsliste; DGB Informations-Dienst, Entschließung des Bundesvorstandes, Bau von Kraftwerken, ID 25/77, Düsseldorf, 9.11.1977.
3 Ludwig Rosenberg war Bundesvorsitzender des DGB von 1962–1969. Er starb am 23.10.1977. Zu Rosenbergs Biografie vgl. Ahland: Bürger und Gewerkschafter.
4 Vgl. die vorliegende Sitzung, TOP 10.

Der Bundesvorstand ist damit einverstanden, daß der Tagesordnungspunkt »Anti-DGB-Gruppe« auf eine der nächsten Bundesvorstandssitzungen verschoben wird.[5]

Tagesordnung:
1. Genehmigung des Protokolls der 23. Bundesvorstandssitzung
2. Tagesordnung für die 10. Bundesausschußsitzung am 7.12.1977
3. Terminplanung 1978
4. DGB-Aufruf Betriebsratswahlen 1978
5. Probleme der Sozialversicherungswahlen 1980
6. Organisationsfragen der Sozialversicherung
7. Deutsch-französisches Jugendwerk
8. Nachwahl für die Haushaltskommission
9. Nachwahl für den Beirat der VTG
10. Kernenergie
11. Konzertierte Aktion

1. Genehmigung des Protokolls der 23. Bundesvorstandssitzung

Beschluß:
Der Bundesvorstand genehmigt das Protokoll der 23. Bundesvorstandssitzung.[6]

2. Tagesordnung für die 10. Bundesausschußsitzung am 7.12.1977

Kollege *Muhr* verweist auf die Vorlage.[7] Er regt an, die Diskussion über die Gestaltung der Bundesausschußsitzungen auf die Bundesvorstandssitzung zu verschieben, an der Kollege Vetter wieder teilnehmen kann, und dann erst in die nächste Bundesausschußsitzung.

An der anschließenden kurzen Diskussion beteiligen sich die Kollegen *Kluncker*, *Muhr* und *Vietheer*.

Der Bundesvorstand *beschließt* für die 10. Bundesausschußsitzung folgende

Tagesordnung:
1. Genehmigung des Protokolls der 9. Bundesausschußsitzung

---

5 In der Vorsitzenden-Akte sind vorbereitende Unterlagen enthalten, die sich mit dem »Anti-DGB-Kartell« auseinandersetzten, nämlich der Tarifgemeinschaft, die sich aus DAG, der Gemeinschaft von Gewerkschaften und Verbänden des Öffentlichen Dienstes und dem Marburger Bund zusammensetzte. Vgl. [DGB-Bundesvorstand], Abt. Gesellschaftspolitik, Informationen zum Anti-DGB-Kartell, Düsseldorf, 28.10.1976, AdsD, DGB-Archiv, 5/DGAI000494.
6 Vgl. Dok. 32: Kurzprotokoll der 23. Sitzung des Bundesvorstands am 4.10.1977.
7 Vgl. [DGB-Bundesvorstand], Abt. Vorsitzender, Vorlage für die 24. Bundesvorstandssitzung am 8.11.1977, Tagesordnung für die 9. Bundesausschußsitzung am 7.12.1977, AdsD, DGB-Archiv, 5/DGAI000494.

2. Bericht zur gewerkschaftspolitischen und organisatorischen Situation
3. Spende für den spanischen Gewerkschaftsbund UGT
4. Gehaltsrunde des DGB 1977/78
5. Kurzberichte über Personengruppenkonferenzen Angestellte, Arbeiter und Jugend
6. Sozialversicherung
7. Fragestunde
8. Verschiedenes

Die Diskussion über die Gestaltung der Bundesausschußsitzungen soll erst im März geführt werden.[8]

3. Terminplanung 1978

Nach kurzer Diskussion, an der sich die Kollegen *Muhr*, *Kluncker* und *Vater* beteiligen, faßt der Bundesvorstand folgenden *Beschluß*:
Der Bundesvorstand nimmt die Terminplanung 1978 (Vorlage vom 19.10.1977) mit folgender Änderung zustimmend zur Kenntnis:
Am Dienstag, dem 7. Februar 1978, wird ganztägig die Bundesvorstandssitzung durchgeführt, da die Beratung der Anträge für den 11. Ordentlichen Bundeskongreß erfolgen muß.

4. DGB-Aufruf Betriebsratswahlen 1978

Beschluß:
Der Bundesvorstand stimmt den mit Datum vom 24.10.1977 vorgelegten Entwürfen für die Aufrufe des DGB zu den Betriebsratswahlen 1978, getrennt für deutsche und für ausländische Arbeitnehmer, zu.[9]

---

8 Der TOP »Anti-DGB-Gruppe« wurde von der Tagesordnung genommen; ansonsten beschloss der Bundesvorstand die Tagesordnung für die Bundesausschusssitzung am 7.12.1977 wie vorgeschlagen.
9 Der Aufruf an die deutschen Kollegen zur Teilnahme an den Betriebsratswahlen 1978, die zwischen dem 1.3. und 31.5.1978 abgehalten werden sollten, stellte den dringend erforderlichen Abbau der Arbeitslosigkeit und die sichere und menschengerechte Gestaltung der Arbeit in das Zentrum des Appells. Der Entwurf beklagte die »zunehmende Polarisierung im gesellschaftspolitischen Raum«, insbesondere die feindliche Haltung der Arbeitgeber gegenüber der Mitbestimmungsfrage, und leitete aus ihr die Notwendigkeit der gewerkschaftlichen Unterstützung der Betriebsvertretungen ab. Der Aufruf bekräftigte die Einheit von Arbeiterinnen und Arbeitern und Angestellten, die Frauenrechte und die Rechte der ausländischen Arbeitnehmerinnen und Arbeitnehmer. Der Aufruf an die ausländischen Arbeitnehmerinnen und Arbeitnehmer unterstrich zwar ähnliche allgemeinpolitische Ziele, betonte jedoch auch grundständigere Mitwirkungsrechte der Betriebsräte, etwa bei Einstellungen, Versetzungen und Kündigungen, Akkordfestsetzungen, Zuweisung von Werkswohnungen und Verhinderung von Willkürmaßnahmen der Arbeitgeberinnen und Arbeitgeber. In diesem Aufruf wird vor der Spaltung in Nationalitätengruppen gewarnt. Vgl. [DGB-Bundesvorstand], [Abt. Sozialpolitik], Entwurf, Aufruf des Deutschen Gewerk-

5. Probleme der Sozialversicherungswahlen 1980

Kollege *Muhr* teilt mit, daß der Geschäftsführende Bundesvorstand beschlossen hat, zu diesem Tagesordnungspunkt noch keine schriftliche Vorlage zu erstellen, sondern zunächst im Bundesvorstand darüber zu beraten. Es handelt sich u. a. um das Problem der Interessengemeinschaften. Kollege *Muhr* geht im einzelnen auf die Erfahrungen der letzten Sozialversicherungswahlen ein und erinnert an die Ergebnisse der Sozialwahlanalyse.[10] Wenn auch die Wahlen erst 1980 bzw. 1981 stattfinden, muß doch der eine oder andere Punkt zeitig beraten und beschlossen werden. Kollege *Muhr* gibt die Meinungsbildung im Sozialpolitischen Ausschuß zur Kenntnis.

In der anschließenden Diskussion, an der sich die Kollegen *Georgi, Muhr, Lojewski, Lehlbach, A. Schmidt, Vietheer, Kluncker, Rothe, Breit, Stadelmaier, Wagner, Schwab, Stephan, Buschmann, Frister* und Kollegin *Weber* beteiligen, wird festgestellt, daß die anstehenden Probleme zunächst in den Gewerkschaftsvorständen beraten und danach noch einmal anhand einer Vorlage im Bundesvorstand diskutiert und entschieden werden müssen. Außerdem wird eine Meinungsumfrage angeregt.[11]

Beschluß:
Der Bundesvorstand beschließt, das Thema »Probleme der Sozialversicherungswahlen 1980« in seiner März-Sitzung erneut zu beraten. Eine entsprechende Vorlage soll dem Bundesvorstand rechtzeitig zur Verfügung gestellt werden. Außerdem soll eine Meinungsumfrage (evtl. Gewerkschaftsbarometer) in Auftrag gegeben werden, die sich auch mit den Sozialversicherungswahlen befaßt.[12]

---

schaftsbundes für die Betriebsratswahlen 1978, [Düsseldorf, 24.10.1977]; [DGB-Bundesvorstand], [Abt. Sozialpolitik], Entwurf, Aufruf des Deutschen Gewerkschaftsbundes für die Betriebsratswahlen 1978 (Ausländische Arbeitnehmer), [Düsseldorf, 24.10.1977], AdsD, DGB-Archiv, 5/DGAI000494.

10 Aus der Sozialwahlanalyse hatte sich ergeben, dass es eine offene Frage sei, ob bei gemeinsamen Versicherungsträgern mit einer DGB-Liste oder mit Einzelgewerkschaftslisten angetreten werde. Den DGB-Kandidatinnen und -Kandidaten mangele es an Bekanntheit. Dies sei im Hinblick auf konkurrierende Organisationen wie die DAG hinderlich. Eine mögliche Alternative sei die Bildung von Interessengemeinschaftslisten.

11 Vgl. Protokoll über die 24. Sitzung des Bundesvorstandes am 8.11.1977, Übertragung aus dem Stenogramm, S. 5-15, AdsD, DGB-Archiv, 5/DGAI000494.

12 Das Thema wurde in der Bundesvorstandssitzung am 7.3.1978 wieder aufgegriffen. Vgl. Dok. 39: Kurzprotokoll über die 27. Sitzung des Bundesvorstandes am 7.3.1978, TOP 3. Zu der Umfragestudie vgl. die beiden Bände der Untersuchung: Sozialwahlen. Repräsentative Untersuchung bei Angestellten, gewerblichen Arbeitnehmern, Rentnern und Hausfrauen. Durchgeführt von MARPLAN, Forschungsgesellschaft für Markt und Verbrauch, [Offenbach], 1979; Sozialwahlen. Repräsentative Untersuchung bei Angestellten, gewerblichen Arbeitnehmern, Rentnern und Hausfrauen. Kommentarband. Durchgeführt von MARPLAN, Forschungsgesellschaft für Markt und Verbrauch, [Offenbach], 1979.

6. Organisationsfragen der Sozialversicherung

Kollege *Muhr* erläutert sein Schreiben vom 31.10.1977, dem als Anlage eine Vorlage für die Sitzung des Sozialpolitischen Ausschusses am 29./30.11.1977 beigefügt ist.[13] Kollege *Muhr* bittet um Beratung darüber, ob diese Unterlage im Vorgriff auf die Diskussion im Sozialpolitischen Ausschuß den Mitgliedern des Bundesausschusses zur Verfügung gestellt werden soll, der sich auf Antrag des Kollegen Loderer in seiner nächsten Sitzung mit diesem Thema beschäftigen wird. Für diese Sitzung würden außerdem alle anderen einschlägigen Materialien zusammengestellt, wie z. B. die bisherigen Kongreßbeschlüsse, die Entschließung Nr. E 15 des letzten IG-Metall-Gewerkschaftstages sowie der vom letzten Bundes-Angestelltentag angenommene Antrag zur Strukturverbesserung im Gesundheitswesen.

Kollege *Muhr* hält eine Diskussion im Bundesausschuß über dieses Problem für notwendig und zeigt kurz die Schwierigkeiten auf, die sich sonst eventuell auf dem nächsten Bundeskongreß des DGB für alle ergeben könnten.

An der nachfolgenden Diskussion beteiligen sich die Kollegen *Vietheer*, *Muhr*, *A. Schmidt*, *Kluncker*, *Georgi*, *Hauenschild* und *Buschmann*. Alle Kollegen sind sich einig, daß ein Beschluß im Sinne der Entschließung 15 des IG-Metall-Gewerkschaftstages auf dem nächsten Bundeskongreß keinerlei Realisierungschancen haben und zudem auch noch ein schrittweises, den politischen Möglichkeiten angepaßtes Vorgehen erschweren würde. Nach kurzer Beratung sprechen sich die Kollegen für eine Behandlung des Themas in der Dezember-Sitzung des Bundesausschusses aus. Es wird außerdem angeregt, im Geschäftsführenden Bundesvorstand zu entscheiden, ob die Sachverständigen der Einzelgewerkschaften zu diesem Punkt beratend herangezogen werden können.

Beschluß:
Der Bundesvorstand beauftragt den Geschäftsführenden Bundesvorstand, dem Bundesausschuß für seine Dezember-Sitzung vorab als Diskussionsgrundlage

---

13 Der 10. Ordentliche Bundeskongress des DGB hatte den Bundesvorstand beauftragt, neben Reformvorstellungen für die Arbeiterrentenversicherung auch solche für die übrigen Zweige der Sozialversicherung zu entwickeln. Die IG Metall, die einen entsprechenden Antrag auf ihrem Gewerkschaftstag 1977 verabschiedet hatte, war ebenfalls der Ansicht, dass sich der Bundesvorstand mit dem Thema befassen solle. Der vorliegende Entwurf geht von einem Aufgabenwandel der Sozialversicherungen aus, dem zufolge es partiell zu einer Prioritätenverschiebung weg von der Versicherung hin zur Vorsorge und Prävention komme. Neben traditionellen Funktionen der Verwaltung und Finanzkontrolle entstünden den Sozialversicherungsträgern Initiativ-, Planungs- und Kontrollaufgaben. Aus gewerkschaftlicher Sicht sei bei jeder Reform der Organisationsstruktur die demokratische Partizipation, etwa im Rahmen der Sozialversicherungswahlen, zu gewährleisten. Vgl. [DGB-Bundesvorstand], Abt. Sozialpolitik, an die Mitglieder des Bundesvorstandes, Tagesordnungspunkt 12 der Bundesvorstandssitzung am 8.11.1977, Organisationsfragen der Sozialversicherung; Entwurf, DGB-Vorstellungen zur Reform der Sozialversicherung, Düsseldorf, 28.10.1977, AdsD, DGB-Archiv, 5/DGAI000494. Zum Einzug des Vorsorge- und Präventionsgedankens vgl. die einleitenden Bemerkungen von Malte Thießen zum Themenheft »Zeitgeschichte der Vorsorge« der Zeithistorischen Forschungen: ders.: Gesundheit erhalten, Online: <http://www.zeithistorische-forschungen.de/3-2013> [7.9.2018].

die Unterlage zuzuleiten, die – nach Beschluß des GBV – dem Sozialpolitischen Ausschuß für seine Sitzung am 29./30.11.1977 zur weiteren Beratung zugewiesen wurde.[14] Außerdem sollen dem Bundesausschuß alle einschlägigen Materialien, wie z. B. die Entschließung E 15 des letzten IG-Metall-Gewerkschaftstages, die bisherigen Kongreßbeschlüsse, der vom Bundes-Angestelltentag angenommene Antrag zur Strukturverbesserung im Gesundheitswesen, zur Verfügung gestellt werden.[15]

7. Deutsch-französisches Jugendwerk

Kollege *Schwab* erklärt, daß sein Schreiben vom 25. August 1977 die Frage von Kollegen Heinz Vietheer beantwortet hat. Eine weitere Information ist durch das Schreiben von Kollegen Vetter vom 14. Oktober 1977 gegeben worden.[16] Es sind keine spezielleren Fragen gestellt worden. Somit ist die Frage von Kollegen Vietheer beantwortet.

Kollege *Kluncker* weist darauf hin, daß am 10.11.1977 um 16.00 Uhr in der Rosenterrasse der Westfalenhalle in Dortmund eine Gegenpressekonferenz zu der des DGB stattfindet, an der offizielle Vertreter der CFDT teilnehmen sollen.

In der anschließenden Diskussion, an der sich die Kollegen *Schwab*, *Kluncker*, *Muhr*, *Heiß* und *Frister* beteiligen, werden das Verhältnis zur CFDT und die eventuelle Teilnahme von offiziellen Vertretern der CFDT an dieser Gegenpressekonferenz erörtert.

---

14 Vgl. Protokoll über die 10. Sitzung des Bundesausschusses am 7.12.1977, TOP 3., sowie die Vorlage mit den unterschiedlichen, im Folgenden beschriebenen Unterlagen und Entschließungen, AdsD, DGB-Archiv, 5/DGAI000418.

15 Vgl. die Zusammenstellung der Unterlagen in AdsD, DGB-Archiv, 5/DGAI000495.

16 Karl Schwab erläuterte die Bedingungen des Austauschs und den Stand der Zusammenarbeit. Durch günstige Förderungsbedingungen des deutsch-französischen Jugendaustauschs stünden genügend finanzielle Mittel bereit. Das Problem sei, dass die CFDT und die CGT-FO keine den deutschen Verhältnissen vergleichbaren Jugendstrukturen in ihren Verbänden aufwiesen. Insgesamt seien im Jahr 1977 50 Seminare und Studienreisen geplant, davon etwa zwei Drittel in Kooperation mit der CFDT. Die Kontakte mit der CGT-FO hätten tendenziell in den vorvergangenen Jahren abgenommen, weil die Verbände unterschiedliche Zwecke mit den Angeboten verfolgten. Die CGT-FO sei »freizeitorientiert«, während der DGB ein Bildungsinteresse habe und auf Veranstaltungen mit gesellschaftlichen und betriebsbezogenen Inhalten setze. Die Altersstruktur und die betriebliche Herkunft seien unterschiedlich, außerdem habe es politische Spannungen im Hinblick auf die unterschiedlichen grundsätzlichen Orientierungen (Einheitsgewerkschaft vs. Richtungsgewerkschaft) gegeben. Die Zusammenarbeit mit der CFDT hingegen gestalte sich gut. Das sei auf deren andere Altersstruktur der Mitgliedschaft als »junger« Gewerkschaft zurückzuführen. Die CFDT engagiere sich außerordentlich stark in der Bildungsarbeit, ihre Mitglieder beteiligten sich sehr aufgeschlossen an den Seminaren und politische Differenzen würden in konstruktiver Kontroverse ausgetragen. Themen der Zusammenarbeit für 1977/78 seien Jugendarbeitslosigkeit, Bildung, Arbeitsschutz für Jugendliche, Mitbestimmung/Selbstverwaltung, Einheitsgewerkschaft/Richtungsgewerkschaft und die Systeme der betrieblichen Interessenvertretung. Vgl. DGB-Bundesvorstand, Karl Schwab, an die Mitglieder des Bundesvorstandes, Deutsch-Französisches Jugendwerk, Düsseldorf, 25.8.1977; Die Zusammenarbeit zwischen DGB-Jugend und der Jugendkommission der CFDT, Düsseldorf, 18.8.1977, AdsD, DGB-Archiv, 5/DGAI000494.

Beschluß:
Der Bundesvorstand nimmt die mit Schreiben vom 25. August 1977 gegebene Information zum Deutsch-französischen Jugendwerk zur Kenntnis. Ferner beauftragt der Bundesvorstand die Internationale Abteilung, bei der CFDT per Fernschreiben anzufragen, ob es stimmt, daß offizielle Vertreter der CFDT an der Gegenpressekonferenz am 10.11.1977 in Dortmund teilnehmen werden. Gegebenenfalls müßte das gesamte Verhältnis zur CFDT überprüft werden.[17]

8. Nachwahl für die Haushaltskommission

Kollege *Vater* teilt mit, daß durch den Weggang von Alfons Lappas eine Nachwahl für die Haushaltskommission erforderlich ist.[18] Der Geschäftsführende Bundesvorstand schlägt den Kollegen Herbert Stadelmaier vor.

Die Kollegen *Buschmann* und *Kluncker* erklären, daß auch die Haushaltskommission diesen Vorschlag unterbreitet.

Beschluß:
Der Bundesvorstand benennt den Kollegen Herbert Stadelmaier für die Haushaltskommission.

Kollege *Vater* teilt für die Mitglieder der Haushaltskommission mit, daß die nächste Sitzung am Montag, dem 5. Dezember 1977, um 17.00 Uhr im Hans-Böckler-Haus stattfinden wird.

9. Nachwahl für den Beirat der VTG

Kollege *Vater* erklärt, daß auch für den Beirat der VTG eine Nachwahl erforderlich ist. Der Geschäftsführende Bundesvorstand schlägt hierfür den Kollegen Gerhard van Haaren vor.

Beschluß:
Der Bundesvorstand benennt für den Beirat der VTG den Kollegen Gerhard van Haaren.

Mittagspause: 13.00 bis 13.55 Uhr.

---

17 Gerd Muhr erklärte in der Sitzung des Bundesvorstandes am 6.12.1977 unter dem TOP: »Verschiedenes«, dass kein offizieller Vertreter der CFDT an der genannten Pressekonferenz am 10.11.1977 teilgenommen habe und dass in der nächsten Woche ein erster offizieller Kontakt mit der CFDT zustande kommen solle. Vgl. Dok. 34: Kurzprotokoll der 25. Sitzung des Bundesvorstandes am 6.12.1977, TOP 11.
18 Alfons Lappas war 1977 in den Vorstand der BGAG gewechselt.

10. Kernenergie

Kollege *Pfeiffer* erinnert an den Beschluß des Bundesvorstandes vom 5.4.1977, in dem sich der DGB u. a. bei Vorliegen neuer Erkenntnisse weitere Stellungnahmen vorbehält. Dies ist nach Veröffentlichung des Sicherheitsgutachtens der Strahlenschutzkommission und der Reaktorsicherheitskommission, nach den Hearings vor dem Wirtschaftsausschuß des Bundestages und angesichts des mehr in den Mittelpunkt gerückten Interesses der unmittelbar betroffenen Arbeitnehmer und der Bevölkerung notwendig geworden. Kollege *Pfeiffer* verweist auf den vorliegenden Entwurf einer Erklärung und bittet um Beratung und Beschlußfassung.[19] Er erwähnt außerdem die für den 10.11.1977 vorgesehene Kundgebung in Dortmund, an der sich nach reiflichen Überlegungen der DGB und die fünf betroffenen Gewerkschaften beteiligen werden.

Kollege *Schwab* erläutert die organisatorische Vorbereitung der Großkundgebung, zu der von den Gewerkschaften 43.525 Teilnehmer gemeldet sind. Die Kosten für die Vorbereitung und Durchführung werden vom DGB getragen und belaufen sich auf ca. 30.000,– DM. Kollege *Schwab* spricht außerdem die s[eines] E[rachtens] kritische Frage der Übernahme der Fahrtkosten und des Lohnausfalls durch die Unternehmer an.[20]

Die Kollegen *Loderer* und *Kluncker* berichten über die Vorgeschichte zu der Großkundgebung am 10.11.1977, über Beratungen in ihren Vorständen und Erfahrungen in ihren Bereichen.

An der weiteren Diskussion beteiligen sich die Kollegen *Muhr*, *Mahlein*, *Frister*, *Hauenschild*, *Buschmann*, *Kluncker* und *Pfeiffer*. Sie sprechen u. a. über den vorgelegten Entwurf und machen Änderungsvorschläge. Die Vorlage soll dementsprechend noch einmal überarbeitet werden.

---

19 In der dann weitgehend beschlossenen Vorlage werden Sicherheits- und Umweltschutzbedenken, insbesondere hinsichtlich der Endlagerung von Atommüll, weitgehend negiert, weil sie durch jüngste Gutachten ausgeschlossen würden. Deshalb sollte schnellstmöglich die Baugenehmigung für das geplante »Entsorgungszentrum« gegeben werden. Anderenfalls drohten Entlassungen, Auswirkungen auf die Energieversorgung und ein Verlust an »Lebensqualität«. Flankierend forderte der DGB den Ausbau der Kohlekraftwerke. Vgl. [DGB-Bundesvorstand], Abt. Wirtschaftspolitik, Vorlage für die Sitzung des Bundesvorstandes am 8.11.1977, Kernenergie und Umweltschutz, AdsD, DGB-Archiv, 5/DGAI000494.

20 Die Kundgebung sollte im Dortmunder Westfalenstadion von 14.00 bis 15.30 Uhr unter dem Motto »Gesicherte Energieversorgung für die Zukunft« stattfinden. Als Sprecher waren Heinz Oskar Vetter, Rudolf Sperner, Adolf Schmidt, Karl Hauenschild, Eugen Loderer und Heinz Kluncker vorgesehen. Die IG Metall, die ÖTV, die IG BSE, die IG CPK und die IG BE hatten die Übernahme von Fahrt- und Verpflegungskosten abgelehnt, zum Teil aber die Beteiligung an den Organisationskosten zugesagt. Vgl. [DGB-Bundesvorstand], Abt. Organisation, Aktenvermerk, Energiepolitische Kundgebung am 10.11.1977 in Dortmund, Düsseldorf, 28.10.1977; [DGB-Bundesvorstand], Abt. Organisation, Energiepolitische Kundgebung am 10.11.1977 in Dortmund, AdsD, DGB-Archiv, 5/DGAI000494. Die Reden der Dortmunder Kundgebung sind dokumentiert in: [DGB-Bundesvorstand], Abt. Wirtschaftspolitik (Hrsg.)]: Gesicherte Energieversorgung für die Zukunft. Die Dortmunder Reden, [Düsseldorf 1977]. Vgl. zu dieser Kundgebung auch Mohr: Gewerkschaften und der Atomkonflikt, S. 82-88.

Beschluß:
Der Bundesvorstand stimmt der überarbeiteten Vorlage »Bau von Kraftwerken« zu (s. Anlage).[21]

11. Konzertierte Aktion

Kollege *Loderer* stellt noch einmal die Situation seiner Gewerkschaft nach dem letzten Gewerkschaftstag dar. Der Beschluß des Gewerkschaftstages bedeutet, daß die IG Metall unter den jetzt bestehenden Bedingungen an einer Sitzung der Konzertierten Aktion nicht teilnehmen kann und nicht teilnehmen wird. Der Auftrag ist, auch die anderen Gewerkschaften von dieser Auffassung zu überzeugen. Bei allem Verständnis für die Situation anderer Gewerkschaftsvorsitzender kann Kollege Loderer von diesem Beschluß nicht abgehen. Da der Bundeskongreß des DGB erst im Mai nächsten Jahres ist, andererseits aber mit Aktivitäten Ende dieses oder Anfang nächsten Jahres von seiten der Politik zu rechnen ist, spricht sich Kollege *Loderer* für die Verschiebung einer endgültigen Entscheidung des Bundesvorstandes mindestens auf die Dezember-Sitzung aus.

An der anschließenden Diskussion beteiligen sich die Kollegen *Muhr*, *Pfeiffer*, *Loderer*, *Hauenschild*, *Breit*, *Kluncker*, *Stephan*, *Heiß* und *Buschmann*. Die Kollegen sind übereinstimmend der Meinung, daß der Bundesvorstand in dieser Sitzung über diese Frage nicht entscheiden sollte.

Kollege *Pfeiffer* teilt auf Befragen mit, daß nach alter Gepflogenheit noch in diesem Jahr zu einer Konzertierten Aktion eingeladen werden müßte, da das Gutachten des Sachverständigenrates zur Begutachtung der gesamtwirtschaftlichen Entwicklung in den nächsten Wochen erwartet wird.[22] Er schlägt vor, dem Bundeswirtschaftsminister zu erkennen zu geben, daß der DGB an einer Konzertierten Aktion nicht teilnehmen werde, wohl aber für getrennte Gespräche über das Gutachten zur Verfügung stehen würde.

Kollege *Kluncker* regt die Zusammenstellung einer Dokumentation an, aus der die Aussagen zur Konzertierten Aktion ersichtlich sind, so z. B. von den stattgefundenen Gewerkschaftstagen einiger Gewerkschaften und des Kollegen Vetter.

---

21 Die Entschließung übernahm den Text des Entwurfs zu größten Teilen. Interessant ist die Richtungsvorgabe durch den Titel: Statt »Kernenergie und Umweltschutz« wurde für den Informationsdienst des DGB der »Bau von Kernkraftwerken« in den Mittelpunkt gestellt. Gestrichen wurde: »Die grundsätzliche Freigabe von Baugenehmigungen für Kernkraftwerke sollte jedoch die Lösung des Entsorgungsproblems voraussetzen.« Vgl. DGB Informations-Dienst, Entschließung des Bundesvorstandes vom 8.11.1977, Bau von Kraftwerken, DGB-ID, 25/77, Düsseldorf, 9.11.1977, AdsD, DGB-Archiv, 5/DGAI000494.

22 Vgl. Sachverständigenrat zur Begutachtung der gesamtwirtschaftlichen Entwicklung: Jahresgutachten 1977/78, Wiesbaden 1977.

Beschluß:
Der Bundesvorstand spricht sich für eine erneute Diskussion über das Thema Konzertierte Aktion in der nächsten Sitzung des Bundesvorstandes aus.[23] Er ist damit einverstanden, daß dem Bundeswirtschaftsministerium nahegelegt wird, die Teilnehmer der Konzertierten Aktion zu getrennten Gesprächen einzuladen, wenn das aus gegebenem Anlaß notwendig ist. Sollte kurzfristig eine Einladung entweder zur Konzertierten Aktion oder zu Gesprächen erfolgen, wird eine Absprache zwischen den Bundesvorstandsmitgliedern erfolgen. Außerdem soll eine Dokumentation über die jüngsten Äußerungen zur Konzertierten Aktion im gewerkschaftlichen Bereich angefertigt werden.[24]

Ende der Sitzung: 15.25 Uhr.

Dokument 34

6. Dezember 1977: Kurzprotokoll der 25. Sitzung des Bundesvorstandes

Hans-Böckler-Haus in Düsseldorf; Vorsitz: Gerd Muhr; Protokollführung: Isolde Funke, Marianne Jeratsch; Sitzungsdauer: 10.10–16.30 Uhr; ms. vermerkt: »Vertraulich«.[1]

Ms., hekt., 12 S., 2 Anlagen.[2]

AdsD, DGB-Archiv, 5/DGAI000554.

Beginn der Sitzung: 10.10 Uhr.

Kollege *Muhr* eröffnet die 25. Sitzung des Bundesvorstandes in Düsseldorf.
Er teilt mit, daß die Tagesordnung um folgende Punkte ergänzt werden soll: 3. internationales Russell-Tribunal und Anträge der Gewerkschaft Kunst. Kollege *Schwab* möchte unter Punkt »Verschiedenes« über einige Vorkommnisse und Pannen im Hinblick auf die Bundesjugendkonferenz berichten.

---

23 Vgl. Kurzprotokoll über die 25. Sitzung des Bundesvorstandes am 6.12.1977, TOP 6.
24 Eine Grundlage für diese Dokumentation könnte die Zusammenstellung der beiden Abteilungen Wirtschafts- und Gesellschaftspolitik abgegeben haben, die die gesetzlichen Grundlagen, die grundlegende Beratungsgegenstände der Konzertierten Aktion und Verfahrensfragen darlegte sowie Beschlüsse von Gewerkschaftstagen, dem DGB-Bundeskongress, dem Bundesvorstand sowie Interviews mit führenden Gewerkschaftern zusammentrug. Vgl. [DGB-Bundesvorstand], Abt. Wirtschaftspolitik/Abteilung Gesellschaftspolitik, Vermerk, Konzertierte Aktion, Düsseldorf, 27.10.1977, AdsD, DGB-Archiv, 5/DGAI000494.

Dok. 34
1 Einladungsschreiben vom 10.11.1977 und Tagesordnung vom 22.11.1977. Nicht anwesend: Heinz O. Vetter, Adolf Schmidt, Helmut Gelhorn, Jan Sierks, Philipp Seibert, Wilhelm Rothe (vertreten durch Jakob Deffner), Bert Hartig (vertreten durch Siegfried Bleicher). AdsD, DGB-Archiv, 5/DGAI000495.
2 Anlagen: Anwesenheitsliste; DGB unterstützt Tarifverhandlungen der IG Druck und Papier, DGB-Nachrichten-Dienst, 312/77, 6.12.1977.

Kollege *Kluncker* bittet um Aufnahme des Punktes »Gewerkschaft der Polizei« unter »Verschiedenes«.

Auf Wunsch des Kollegen *Hauenschild* soll unter Punkt »Verschiedenes« auch über die Resolution der AdA-Hörer zur energiepolitischen Veranstaltung am 10.11.1977 in Dortmund gesprochen werden.

Kollege *Buschmann* fragt nach dem Stand des Grundsatzprogramms.

Kollege *Muhr* erklärt, daß durch die Krankheit des Kollegen Vetter sich die Beratungen über das Grundsatzprogramm verzögert haben. Wahrscheinlich wird der GBV Ende Dezember/Anfang Januar darüber beraten. Danach erfolgt die Behandlung des Grundsatzprogramms in der Gesellschaftspolitischen Kommission.

Tagesordnung:
1. Genehmigung des Protokolls der 24. Bundesvorstandssitzung
2. Vermögensbeteiligung
3. Organisationsfragen der Sozialversicherung
4. Veränderungsmitteilungen – Landesbezirksvorstände
5. 1. Mai
6. Konzertierte Aktion
7. Revisionsbericht
8. Tarifpolitische Situation im Bereich der IG Druck und Papier
9. 3. Internationales Russell-Tribunal
10. a) Antrag der Gewerkschaft Kunst auf Beitragsbefreiung für 1977 gemäß § 6 der Beitragsordnung
    b) Antrag der Gewerkschaft Kunst auf Unterstützung aus dem Solidaritätsfonds
11. Verschiedenes

1. Genehmigung des Protokolls der 24. Bundesvorstandssitzung

Beschluß:
Der Bundesvorstand genehmigt das Protokoll der 24. Bundesvorstandssitzung.[3]

2. Vermögensbeteiligung

Kollege *Muhr* verweist auf das Schreiben vom 14.11.1977 und die heutige Tischvorlage und bittet den Bundesvorstand, eine eventuelle Beschlußfassung zu beraten.[4]

---

3 Vgl. Dok. 33: Kurzprotokoll der 24. Sitzung des Bundesvorstandes am 8.11.1977.
4 Der DGB hatte bereits in einer Stellungnahme vom 28.1.1977 den Abbau steuerlicher Hemmnisse für die Vermögensbeteiligung der Arbeitnehmer kritisiert. Aus Sicht des DGB hatte sich im Oktober 1977 durch eine Gesetzesinitiative Bayerns im Bundesrat die Lage verschärft. Mit dem Beschluss 371/77 vom 14.10.1977 hatte der Bundesrat auf Antrag der Bayerischen Staatsregierung entschieden, die Initiative Bayerns zur Förderung betrieblicher Vermögensbeteiligungen in den Bundestag einzubringen.

Kollege *Küller* erläutert das Zustandekommen und die Aussagen des im Handelsblatt erschienenen Artikels über eine Tagung der AGP [Arbeitsgemeinschaft zur Förderung der Partnerschaft in der Wirtschaft] zur betrieblichen Vermögensbeteiligung.[5] In dieser Tagung wurde erkennbar, daß offenbar in der Bonner Koalition bereits eine Vorabklärung stattgefunden hat, aber noch keine endgültige Weichenstellung vorgenommen worden ist, so daß eine Einflußnahme des DGB noch möglich erscheint.

An der anschließenden Diskussion beteiligen sich die Kollegen *Kluncker, Küller, Muhr, Loderer, Frister, Hauenschild* und *van Haaren*. Alle Kollegen sind sich einig, daß der DGB betriebliche Vermögensbeteiligungen mit aller Deutlichkeit ablehnen muß. Dies könnte in Gesprächen mit der Regierungsspitze und in unmißverständlich abgefaßten Schreiben an den Bundeskanzler und den Fraktionsvorsitzenden der SPD geschehen. Des weiteren werden die verschiedenen negativen Aspekte und Auswirkungen einer betrieblichen Vermögensbeteiligung erörtert. Diese Bestrebungen sind außerdem als ein wesentlicher Teil der Strategie der Schwächung der Gewerkschaften anzusehen, denen mit aller Härte entgegenzutreten ist. Nach kurzer Diskussion des vorgelegten Papiers faßt der Bundesvorstand folgenden *Beschluß*:[6]

Der Bundesvorstand des DGB hat sich am 6.12.1977 mit Grundsatzfragen der Vermögenspolitik sowie mit dem vom Bundesrat verabschiedeten Gesetzentwurf des Landes Bayern befaßt.[7] Auf der Grundlage des Bundesratsbeschlusses und der Meldungen über den Beratungsverlauf in der Bundesregierung geht der DGB-Bundesvorstand von der im folgenden dargelegten Einschätzung aus, die den kommenden Gesprächen mit Bundesregierung und Parteien zugrunde gelegt werden soll:

1. Der vom Bundesrat beschlossene Gesetzentwurf des Landes Bayern sieht eine Ausweitung von Steuererleichterungen vor, die bisher nur für Belegschaftsaktien gewährt wurden. Die Ausweitung soll darin bestehen, daß künftig nicht nur in Aktiengesellschaften, sondern auch in GmbH's, KG's etc. betriebliche Investivlohnmodelle steuerlich gefördert werden. Ein derartiger Schritt ist sowohl aus finanzpolitischen als auch aus grundsätzlichen Erwägungen abzulehnen. Die

---

Voraussichtlich sollte dies im Januar 1978 geschehen. Der DGB-Bundesvorstand hatte bereits im Dezember 1976 entsprechende von der Unternehmerseite unterstützte Vorschläge Bayerns zur Ausweitung der Arbeitnehmerprivilegien bei den betrieblichen Vermögensbeteiligungsmaßnahmen als Versuch gewertet, den Weg zu einer überbetrieblichen Lösung in der Vermögenspolitik zu verbauen. Geschehen könne dies über die vorgeschlagenen steuerlichen Anreize. Der DGB befürchtete eine Übernahme der bayerischen Initiative durch die Bundesregierung. Vgl. DGB-Bundesvorstand, Heinz O. Vetter, an die Mitglieder des Bundesvorstandes, Vermögensbeteiligung, hier: Gesetzentwurf des Bundesrates vom 14.10.1977; Entwurf für eine Beschlußfassung des DGB-Bundesvorstandes zum Gesetzentwurf des Landes Bayern (Vermögensbildung); DGB-Bundesvorstand, Abt. Gesellschaftspolitik, Stellungnahme des DGB zum Entwurf eines Gesetzes zum Abbau steuerlicher Hemmnisse für die Vermögensbeteiligung der Arbeitnehmer, Düsseldorf, 28.1.1977, AdsD, DGB-Archiv, 5/DGAI000495.

5   Vgl. Kurswechsel in der Vermögenspolitik. Betriebliche Vermögensbildung erweitert, in: Handelsblatt, 3./4.12.1977.
6   Der Beschluss entsprach bis auf eine redaktionelle Änderung der Vorlage.
7   Vgl. Bundesrat, Drucksache 371/77 (Beschluß), Gesetzentwurf des Bundesrats, Entwurf eines Gesetzes zum Abbau steuerlicher Hemmnisse für die Vermögensbeteiligung der Arbeitnehmer, AdsD, DGB-Archiv, 5/DGAI000495.

zu erwartenden Steuermindereinnahmen sind erheblich. Auch stellt sich in der gegenwärtigen wirtschaftlichen Situation die Frage, ob eine Ausweitung der Sparförderung überhaupt angestrebt werden soll.
2. Der DGB hat bisher die Auffassung vertreten, daß eine Vermögensbildung zugunsten der Arbeitnehmer überbetrieblich und von den Tarifparteien ausgestaltbar angelegt sein muß. Diese Auffassung gründet sich auf die Überzeugung, daß es ordnungspolitisch verfehlt wäre, Tendenzen zu einer betrieblichen statt einer überbetrieblichen Lohnpolitik zu unterstützen. Da nach dem Gesetzentwurf des Bundesrates betriebliche Investivmodelle künftig noch stärker als bisher steuerlich gefördert werden sollen, wäre der Spielraum für eine betriebliche Lohnpolitik beträchtlich erweitert. Das bringt letztlich erhebliche Gefahren für die Tarifautonomie mit sich.
3. Der DGB-Bundesvorstand macht sich die Argumentation zu eigen, nach der eine lediglich ablehnende Haltung gegenüber betrieblichen Investivlohnkonzepten politisch nicht die gewünschten Effekte haben dürfte. Es ist deshalb nach Alternativen zu suchen, die es dem Gesetzgeber erleichtern, Hilfen für Vermögensbildungsmaßnahmen zu gewähren, ohne daß ordnungspolitische Fehlentwicklungen eintreten. Hierbei ist besonders auf die seit einiger Zeit innerhalb der Gewerkschaften diskutierten Konzepte von tarifvertraglichen überbetrieblichen Regelungen (NGG, IGM, CPK) hinzuweisen, deren tarifvertragliche Begründung einer vorherigen Anpassung gesetzlicher Vorschriften bedarf.
4. Der DGB-Bundesvorstand bleibt bei seiner schon früher vertretenen Auffassung, daß sämtliche Einzelbestimmungen der Sparförderung so ausgestaltet sein müssen, daß höherverdienende Personengruppen nicht stärker als die Bezieher geringerer Einkommen begünstigt werden. Dies bedingt durchgehend den Einbau von Einkommensgrenzen innerhalb der Sparförderung. Zugleich muß sichergestellt werden, daß nicht Zufälligkeiten zu einer unvertretbaren Differenzierung führen, z[um] B[eispiel] wenn mehrere Sparförderungsmöglichkeiten zugleich genutzt werden können.
5. Der Bundesvorstand beauftragt den GBV, umgehend zu prüfen,
   a) ob in alle Bestandteile des Gesamtsystems der Sparförderung Begrenzungen eingeführt werden sollen, um einerseits ungerechtfertigte Kumulierungen zu verhindern, andererseits Obergrenzen der Förderung in Abhängigkeit vom Einkommen zu setzen. Dabei ist auch die Frage der Dynamisierung von Einkommensgrenzen zu erörtern.
   b) ob bei Inanspruchnahme verschiedener Vermögensbildungsleistungen die bisher bestehende Sozialversicherungsfreiheit aufrechterhalten werden kann oder modifiziert werden muß. Dabei sind die Finanzierungsfragen der Sozialversicherung ebenso zu berücksichtigen wie eine ausreichende Sicherung der Betroffenen im Leistungsfalle.[8]

---

8 Der Geschäftsführende Bundesvorstand setzte auf seiner Sitzung vom 15.12.1977 eine Arbeitsgruppe unter Federführung der Abteilung Gesellschaftspolitik und Mitwirkung der Abteilungen Wirtschafts- und

Der Bundesvorstand beschließt außerdem, daß der GBV dem Bundeskanzler und dem Fraktionsvorsitzenden der SPD die Meinung des DGB unmißverständlich deutlich machen soll.[9]

3. Organisationsfragen der Sozialversicherung

Kollege *Muhr* erinnert an die Diskussion des Bundesvorstandes in der letzten Sitzung.[10] Inzwischen hat der Sozialpolitische Ausschuß das vom Bundesvorstand als Diskussionsunterlage gebilligte Papier einstimmig gutgeheißen.

In der nachfolgenden Diskussion, an der sich die Kollegen *Loderer, Muhr, Vietheer, Kluncker* und *Wagner* beteiligen, kommt der Wunsch zum Ausdruck, daß dieses Problem nicht zur Zerreißprobe auf dem bevorstehenden Bundeskongreß wird. Die Diskussion in der morgigen Sitzung des Bundesausschusses sollte offen geführt werden, die bestehenden Meinungsverschiedenheiten aufzeigen und nach Lösungsmöglichkeiten suchen, die auch ausschließen, daß gegnerische Organisationen davon profitieren.[11] Es wird bedauert, daß im Bundesvorstand nicht ausreichend Gelegenheit zur Erörterung des Problems bestand und die Hoffnung ausgesprochen, daß in der Februar-Sitzung des Bundesvorstandes, in der die Anträge an den Bundeskongreß beraten werden sollen, eine für alle tragbare Regelung gefunden wird.

Sozialpolitik, Arbeitsrecht, Tarifpolitik, Angestellte, Beamte und gewerkschaftliche Beteiligungspolitik sowie einen Vertreter des WSI ein. Zur Sitzung des Geschäftsführenden Bundesvorstandes am 17.4.1978 legt die Arbeitsgruppe ihren Abschlussbericht vor, der Einzelbestimmungen der Sparförderungs- und Vermögensbildungsgesetze zum Gegenstand hatte. Hintergrund der Beratungen der Arbeitsgruppe waren Forderungen aus dem Arbeitgeberlager, Beteiligungen der Arbeitnehmer am Produktivvermögen, also Unternehmensbeteiligungen, in die Förderung der Vermögensbildung aufzunehmen, was die Unterstützung der Unionsparteien fand. Die Gewerkschaften lehnten die steuerliche Förderung betrieblicher Vermögensbeteiligungsmodelle ab. Anstelle betrieblicher Investivlohnkonzepte sollten überbetriebliche Regelungen auf tarifvertraglicher Basis gefunden werden. Zu diesem Zweck hatte der DGB eine Reihe grundständiger Einzelforderungen erarbeitet, die im Abschlussbericht detaillierte Erwähnung finden. Der Geschäftsführende Bundesvorstand empfahl am 17.4.1978 eine Weiterbefassung des Themas durch eine nach dem Bundeskongress neu einzusetzende Arbeitsgruppe, um das Thema dann gezielt an den Gesetzgeber heranzutragen. Vgl. Protokoll über die 106. Sitzung des Geschäftsführenden Bundesvorstandes am 17.4.1978; [DGB-Bundesvorstand], Abt. Vorsitzender, an die Mitglieder des Geschäftsführenden Bundesvorstandes, Abschlußbericht der Arbeitsgruppe »Vermögenspolitik/Sparförderung« des DGB-Bundesvorstandes, Düsseldorf, 5.4.1978, mit mehreren Anlagen zur zeitgenössischen Diskussion, AdsD, DGB-Archiv, 5/DGAI000242.

9 Vgl. Heinz O. Vetter, an Bundeskanzler Helmut Schmidt, o. O., 11.12.1977; Heinz O. Vetter an Herbert Wehner, Vorsitzender der SPD Fraktion im Deutschen Bundestag, [Düsseldorf], 11.12.1977, AdsD, DGB-Archiv, 5/DGAI001949.
10 Vgl. Dok. 33: Kurzprotokoll der 24. Sitzung des Bundesvorstandes am 8.11.1977, TOP 6.
11 Hier war an die DAG gedacht.

4. Veränderungsmitteilungen – Landesbezirksvorstände

Beschluß:
Der Bundesvorstand empfiehlt dem Bundesausschuß, folgende Kollegin und Kollegen zu bestätigen:
Fridolin Stephan (HBV) als ständigen Vertreter des Koll[egen] Heinrich Schubert des Landesbezirksvorstandes Bayern;
Jürgen Wingefeld (CPK) als ständigen Vertreter des Koll[egen] Edgar Engelmohr des Landesbezirksvorstandes Berlin;
Norbert Knopf (GTB) als ständigen Vertreter des Koll[egen] Fred Habicht des Landesbezirksvorstandes Niedersachsen;
Heinz Spies (DPG) als Mitglied des Landesbezirksvorstandes Rheinland-Pfalz;
Herbert Lindert (HBV) als Mitglied
und Lucie Meyfarth (HBV) als ständigen Vertreter des Koll[egen] Lindert, des Landesbezirksvorstandes Saar.

5. 1. Mai

Kollege *Stephan* erläutert kurz die Vorlage und bittet um Zustimmung.[12]
In der anschließenden Diskussion, an der sich die Kollegen *Hauenschild, Muhr, Stephan, van Haaren, Sickert, Breit, Stadelmaier* und *Deffner* beteiligen, wird die Preiserhöhung des Maiabzeichens und das Mai-Motto erörtert. Es wird angeregt, neben dem Maiabzeichen noch einen Aufkleber für die 1,– DM zu verkaufen.

Beschluß:
Der Bundesvorstand beschließt folgende Grundsätze für den 1. Mai:[13]
1. Der DGB führt am 1. Mai bzw. am Vorabend überall dort Maiveranstaltungen durch, wo dies organisatorisch geboten und möglich erscheint.
2. Maiveranstaltungen sollten nur dann durchgeführt werden, wenn sichergestellt ist, daß sowohl bei den Teilnehmern als auch in der Öffentlichkeit ein positiver Eindruck entsteht.
3. Über Form, Ort und Termin der Veranstaltung entscheiden die örtlichen Gremien. Modellveranstaltungen einiger DGB-Kreise sind zu begrüßen und sollten Anregungen für andere – wenn auch nicht für alle – DGB-Kreise bei der Planung und Durchführung von Maiveranstaltungen geben.

---

12 Der Akte ist neben einer Aufstellung der 1.-Mai-Mottos seit 1950 eine knappe Analyse der 1.-Mai-Veranstaltungen des Jahres auf der Grundlage der Mai-Berichtsbögen beigefügt. Vgl. [DGB-Bundesvorstand], Abt. Werbung – Medienpolitik, an die Mitglieder des Bundesvorstandes, 1. Mai, Düsseldorf, 22.11.1977; DGB-Bundesvorstand, Abt. Werbung – Medienpolitik, Auswertung der Maiberichtsbögen 1977, Düsseldorf, im Oktober 1977, AdsD, DGB-Archiv, 5/DGAI000495.
13 Der Beschluss folgte wörtlich der Vorlage.

4. Die DGB-Kreise verkaufen das Maiabzeichen ab 1978 zu einem Preis von 1,– DM. Der Erlös abzüglich des Herstellungspreises wird für die Durchführung von Maiveranstaltungen zusammen mit einem Zuschuß des Bundesvorstandes verwendet und abgerechnet. Durch den höheren Verkaufspreis muß sich der Zuschußbedarf aus dem DGB-Etat reduzieren.
5. Die Landesbezirke teilen die finanziellen Zuschüsse aus dem Etat auf die Kreise auf und kontrollieren die Verwendung und Abrechnung der Mittel. Kreise, die keine Maiabzeichen verkaufen, erhalten keinen Zuschuß.
6. Alle Funktionäre werden aufgefordert, bei der Vorbereitung und Durchführung der Maiveranstaltungen mitzuarbeiten und insbesondere den Verkauf von DGB-Maiabzeichen zu unterstützen.
7. Die Aufwendungen für die Maiveranstaltungen sind so zu planen, daß sie durch den Maiabzeichenverkauf und den Zuschuß des Bundesvorstandes gedeckt werden können.

Für 1978 wird folgendes Mai-Motto beschlossen: »Recht auf Arbeit – Zukunft sichern – DGB«.

6. Konzertierte Aktion

Kollege *Pfeiffer* erinnert an die letzte Sitzung des Bundesvorstandes und schlägt vor, auch heute noch keinen endgültigen Beschluß zum Thema Konzertierte Aktion zu fassen, da eine Änderung der Lage inzwischen nicht eingetreten ist. Es ist anzunehmen, daß die Bundesregierung erst wieder aktiv wird, wenn der Jahreswirtschaftsbericht vorliegt.[14]

Kollege *Kluncker* stimmt Kollegen Pfeiffer zu und spricht in diesem Zusammenhang das kürzlich veröffentlichte Gutachten des Sachverständigenrates sowie die Aufgabenstellung des Sachverständigenrates nach dem Gesetz an.[15] Er kritisiert auf das schärfste das besonders in diesem Gutachten zum Ausdruck gekommene gesetzeswidrige Verhalten des Sachverständigenrates, das auch die Bundesregierung nicht durch weitere Zurverfügungstellung von Steuermitteln unterstützen dürfte. Für Kollege *Kluncker* ergibt sich daraus die Auffassung, daß die Teilnahme des Sachverständigenrates an der Konzertierten Aktion auf ein bestimmtes Maß reduziert werden müßte. Dies sei auch nach dem Stabilitätsgesetz zu verantworten. Ohne selbst an irgendwelche Kongreßbeschlüsse gebunden zu sein, vertritt Kollege *Kluncker* für seine Gewerkschaft die Meinung, daß die Teilnahme an der Konzertierten Aktion in Zukunft so aussehen sollte, daß die Bundesregierung mit dem DGB und

---

14 Den Sitzungsunterlagen sind die Dokumentation einschlägiger Kongressentschlüsse, Aussagen, Interviewpassagen von DGB-Vertretern und Pressemeldungen zur Konzertierten Aktion in Kopie beigegeben. Vgl. AdsD, DGB-Archiv, 5/DGAI000495. Vgl. auch Jahreswirtschaftsbericht der Bundesregierung 1977, Stuttgart 1978.
15 Vgl. Sachverständigenrat zur Begutachtung der gesamtwirtschaftlichen Entwicklung: Jahresgutachten 1977/78, Wiesbaden 1977.

Vertretern aller DGB-Gewerkschaften zu Gesprächen zusammenkommt, bei denen der Sekretär des Sachverständigenrates für Erläuterungen zur Verfügung steht.

An der nachfolgenden ausführlichen Diskussion beteiligen sich die Kollegen *Muhr, Kluncker, Georgi, Hauenschild, Loderer, G. Schmidt, Pfeiffer, Frister, Sickert, Buschmann* und *Wagner*. Im Prinzip sind sich die Kollegen in der Beurteilung der Situation einig. Die Angriffe auf die Tarifautonomie und die Organisation des DGB werden immer unerträglicher und kommen besonders im letzten Gutachten des Sachverständigenrates zum Ausdruck.[16] Man sollte sich jedoch nicht zu sehr durch ein solches, von sogenannten Wissenschaftlern verfaßtes Gutachten beeindrucken lassen. Andererseits ist es erforderlich, für die Funktionäre und Mitglieder in verständlicher Form eine Stellungnahme zu diesem Gutachten zu erarbeiten, die als Flugblatt oder Broschüre verteilt werden sollte. Zum Thema Konzertierte Aktion besteht Übereinstimmung, daß auch in dieser Sitzung kein endgültiger Beschluß gefaßt werden soll. Die Abteilung Wirtschaftspolitik soll in diesem Zusammenhang auch die Gesetzeslage zum Sachverständigenrat prüfen.[17]

Beschluß:
Der Bundesvorstand wird über das Gesamtthema Konzertierte Aktion, auch in Zusammenhang mit dem Sachverständigengutachten, zu einem späteren Zeitpunkt erneut diskutieren. Der Standpunkt des DGB soll der Bundesregierung gegenüber deutlich vertreten werden. Die Abteilungen Wirtschaftspolitik und Werbung werden beauftragt, eine möglichst populäre Darstellung der Meinung des DGB zum Gutachten des Sachverständigenrates zu erarbeiten.[18]

---

16 Vgl. ebd., Zif. 387-401. Zu verschiedenen gewerkschaftlichen Stellungnahmen zum Jahresgutachten des Sachverständigenrats vgl. DGB (Hrsg.), Wirtschaftspolitische Informationen, Nr. 8/1977, 2.12.1977, S. 2-11. Der Sachverständigenrat wurde für die Verletzung seines gesetzlichen Auftrags kritisiert und es wurde zum Minderheitenvotum innerhalb des Sachverständigenrats Stellung genommen. Das Sachverständigengutachten wurde als »[massive] scheinwissenschaftliche [...] Einmischung in die Tarifpolitik« bewertet.
17 Alois Pfeiffer äußerte sich dementsprechend im Januarheft der Gewerkschaftlichen Monatshefte des Jahres 1978. Vgl. ders.: Der Sachverständigenrat hat seinen Gesetzesauftrag verletzt, in: GMH 29, 1978, H. 1, S. 1-6.
18 Bei dieser populären Darstellung handelt es sich wahrscheinlich um die Abhandlung Werner Meißners, die 1980 im Bund-Verlag erschien. Einen wissenschaftlichen Kommentar des Wirtschafts- und Sozialwissenschaftlichen Instituts des DGB veröffentlichten die WSI-Mitteilungen. Der WSI-Kommentar kritisiert am Jahresgutachten, dass dieses aufgrund seiner angebotstheoretischen Ausrichtung Lohnzurückhaltung und die Beachtung von Lohnleitlinien empfohlen habe. Nur dies würde zu einem Gleichgewicht am Markt führen, was eine Steigerung der Beschäftigung und einen Rückgang der Arbeitslosigkeit möglich mache. Der politische Vorwurf war, der Sachverständigenrat greife vor dem Hintergrund einer beanspruchten neutralen Wissenschaftlichkeit mit seiner Autorität in die Tariffreiheit ein. In dem Artikel wird auch auf die vielfältigen wissenschaftlichen Einwände gegen die Theorien, die der Sachverständigenrat propagierte, hingewiesen. Vgl. [N. N.]: Durch Lohnverzicht zur Vollbeschäftigung? Zum Jahresgutachten des Sachverständigenrates, in: WSI-Mitteilungen 31, 1978, H. 1, S. 2-8; Meißner: Die Lehre.

7. Revisionsbericht

Kollege *Vater* verweist auf den vorgelegten Bericht der Revisionskommission über die am 8. November 1977 vorgenommene Prüfung der Bundeshauptkasse des DGB.[19] Auf Seite 2 des Prüfberichts hat eine interessante Formulierung Einfluß genommen. »Die Revisionskommission stellt jedoch fest, daß seit der letzten Revision am 23.8.1977 ein erheblicher Geldmittelabfluß zu verzeichnen ist. Der Finanzsekretär, Kollege Mähle, wurde über die Einhaltung der Beitragsordnung durch die Gewerkschaften gefragt und bestätigte, daß diese zu wünschen übrig läßt ...« Kollege *Vater* erklärt, daß es sich hierbei um Ziffer 5 der Beitragsordnung handelt. Er bittet um Kenntnisnahme des Berichts.

Kollege *Kluncker* regt an, die Gewerkschaftsvorsitzenden anzuschreiben, die zu den »Sündern« gehören.

Beschluß:
Der Bundesvorstand nimmt den Bericht der Revisionskommission über die am 8. November 1977 vorgenommene Prüfung der Bundeshauptkasse des DGB zur Kenntnis.

8. Tarifpolitische Situation im Bereich der IG Druck und Papier

Kollege *Mahlein* dankt für die Gelegenheit zur Information des Bundesvorstandes. Das Thema muß insoweit korrigiert werden, daß es nicht nur allein um die tarifpolitische Situation im Bereich der IG Druck und Papier, sondern um die tarifpolitische Situation in der Druckindustrie und im Verlagswesen geht.[20] Eine Besonderheit dieser tarifpolitischen Situation ist der grenzüberschreitende Tarifvertrag in diesem Bereich. Es sind drei Unternehmerverbände (BVD, BDZV und VDZ) und vier Gewerkschaften (IG Druck und Papier, HBV, Deutscher Journalistenverband und DAG) – wenn man die dju mitrechnet, sogar fünf – betroffen. Die wirtschaftliche Lage sieht so aus, daß im Verlagswesen Gewinne zu verzeichnen sind wie noch nie in der Nachkriegszeit. In der Druckindustrie zeigen sich die Veränderungen so, daß in den letzten fünf Jahren 35.000 Arbeitsplätze verloren gingen, der Lohnkostenanteil von 39 auf 33 % zurückging. Das bedeutet für die Unternehmer der Druckindustrie eine Lohnkosteneinsparung von rund 900 Mio. DM.

---

19 Vgl. Bericht der Revisionskommission des Deutschen Gewerkschaftsbundes über die am 8.11.1977 vorgenommene Prüfung der Bundeshauptkasse, Düsseldorf, 8.11.1977, AdsD, DGB-Archiv, 5/DGAI000495.
20 Der Streik der IG Druck und Papier an der Jahreswende 1977/78 war ein Streik, der sich am vorrangigen Ziel des Rationalisierungsschutzes orientierte und auf den die Arbeitgeberseite hart mit umfangreichen Flächenaussperrungen reagierte. Die Erfahrungen mit dem Streik wertete die IG Druck und Papier aus. Vgl. Mahlein: Rationalisierung. Vgl. auch Platz: »Revolution der Roboter« 2018; Roth: Gewerkschaften in der Druckindustrie und der globale technologische Wandel; Uhl: Die langen 1970er-Jahre der Computerisierung; ders.: Maschinenstürmer gegen Automatisierung.

Es wurde ein Tarifvertragsentwurf über die Tätigkeiten der elektronischen Texteingabe und -gestaltung erarbeitet. Zunächst hat der Bundesverband Druck die Verhandlungen abgelehnt. Am 3.11.1976 hat dann ein Spitzengespräch im großen Kreis (3 Unternehmerverbände und 4 Gewerkschaften) stattgefunden. Seit dieser Zeit sind sieben Verhandlungen durchgeführt worden. Dabei sind Nebensächlichkeiten, wie z[um] B[eispiel] Regelung von Sozialplänen, Umschulungsmöglichkeiten, erörtert worden, wo eine Einigung durchaus möglich ist. Die elektronische Texterfassung oder Verarbeitung kann nach Einschätzung der IG Druck und Papier nicht auf die Druckindustrie beschränkt angewandt werden, sondern überall dort, wo man mit Textverarbeitung zu tun hat. Dies ist in vielen Bereichen der Fall.

Die grundsätzlichen Streitpunkte sind:
- längerfristige Sicherung der Arbeitsplätze insbesondere der bisherigen Facharbeiter
- Sicherung der bisherigen Bezahlung (Sicherung des sozialen Besitzstandes)
- Arbeiter- oder Angestelltentätigkeit (für Facharbeiter würde das eine Lohnminderung von rd. 20 % bedeuten)
- klare Abgrenzung der Tätigkeitsbereiche (technischer Bereich – journalistischer Bereich)
- Schutz der Gesundheit, Arbeitszeit, Pausenregelung, Bildschirmgeräte (Strahlenschäden).

In keiner dieser Grundsatzfragen wurde bisher Einigung erzielt. Deshalb wurde nach der siebten Verhandlung am 22.9.1977 das Scheitern erklärt. HBV und DJV haben sich angeschlossen, jedoch nicht die DAG. Es haben sich jedoch alle Gewerkschaften bereit erklärt, auf der Basis des von den Gewerkschaften gemeinsam erarbeiteten Tarifvertragsentwurfs weiter zu verhandeln. Gegenüber dem Bundesverband Druck befanden sie sich in der Friedenspflicht, gegenüber den Verlegern waren sie jedoch frei. Am 18.11.1977 ist die Schlichtung IG Druck und Papier – Bundesverband Druck gescheitert. Der Hauptvorstand der IG Druck und Papier hat daraufhin gewerkschaftliche Aktionen beschlossen (HBV und DJV haben Solidaritätserklärungen zugesagt), und zwar:
- Verweigerung von Überstunden
- tarifgerechtes Arbeiten (insbesondere Maschinenbesetzungen).

Unter Beachtung des Bundesarbeitsgerichtsbeschlusses wurden auch Warnstreiks sanktioniert. In der Zeit vom 23.11. bis 1.12.1977 wurden in ca. 45 Betrieben mit rund 4.500 Beschäftigten Warnstreiks durchgeführt. Das ergab einen Produktionsausfall von 5.500 Stunden. Dazu kamen Überstundenausfall und Ausfall von Sonderschichten. Das hat dazu geführt, daß diesmal nicht von den Arbeitnehmern, sondern von den Redaktionen »weiße Flecken« in den Zeitungen veranlaßt wurden, um die IG Druck und Papier ins negative Licht zu schieben. Ferner hat man versucht, Auftragsverlagerungen nach Holland und Italien vorzunehmen. Dadurch sind natürlich auch die gegenseitigen Erklärungen härter geworden. In den Zeitungen war heute zu lesen, daß der Unternehmensverbandsvorsitzende gesagt hat, daß die Grenze des Leidens erreicht sei. Er kündigte an, daß bei weiteren Fortsetzungen mit Aussperrungen zu rechnen ist, auch schon bei Warnstreiks. Für gestern war ein Spitzengespräch im kleinen Kreis vereinbart worden, das am Freitag von den Unternehmern bzw. Verlegern mit gewissen Absichten publiziert wurde. Aufgrund dessen wurde keine Vertrauensbasis mehr gesehen, um mit ihnen ein solches Gespräch zu führen. Das Gespräch sollte den Sinn haben, daß man sich über die Zukunft unterhält. Gestern – und das ist heute morgen um 10.00 Uhr über die Presse gegangen – haben wir vereinbart, unsere Maßnahmen fortzusetzen. Die IG Druck und Papier hat sich bereit erklärt, unter Einbeziehung der wesentlichsten Forderungen die Verhandlungen über einen Tarifvertrag über die neue Technik am 13.12.1977 fortzusetzen. Die Verhandlung soll im kleinen Kreis stattfinden, von jeder Seite drei Vertreter. In der Zwischenzeit, um 11.30 Uhr, haben der Bundesverband Druck und die Verlegerverbände Presseerklärungen mit ihrer Bereitschaft zu Verhandlungen herausgegeben. Dieser Verhandlungskreis ist also beschränkt. Das bedeutet, daß die IG Druck und Papier zwei Vertreter und der DJV einen Vertreter entsenden. Die DAG ist ganz ausgeschlossen worden, da keine direkten Angestelltenfragen behandelt werden. Kollege Heinz Vietheer ist gebeten worden, auch für die erste und auch noch für die zweite Verhandlung auf seinen Vertreter zu verzichten. Es kann durchaus zu einer Entspannung führen. Damit ist aber noch nicht alles vom Tisch, da die Standpunkte sehr auseinander sind. Die Unternehmer sind in der Zwischenzeit dazu übergegangen, zumindest die Zeitungsverleger, die ganze Tarifpolitik mit Betriebs-Vereinbarungen zu unterlaufen. Das ist bisher nur in zwei Fällen gelungen. Abschließend hofft Kollege *Mahlein*, daß er mit seinem Bericht alles etwas bewußter gemacht hat, als es den Zeitungen zu entnehmen ist.

In der anschließenden Diskussion, an der sich die Kollegen *Muhr, Sickert, Mahlein, Hauenschild, Buschmann, van Haaren, Georgi* und *Loderer* beteiligen, werden einzelne Punkte des Berichts erörtert. Abschließend dankt Kollege *Muhr* dem Kollegen Mahlein für die Information.

9. 3. Internationales Russell-Tribunal

Kollege *Muhr* teilt mit, daß dieser Tagesordnungspunkt auf Bitten des Kollegen Frister aufgenommen und entsprechendes Material dazu zur Verfügung gestellt wurde.[21] Der GBV hat eine Beschlußempfehlung ausgesprochen und bittet um Beratung.

---

21 Erich Frister hatte ein Schreiben und umfangreiche Materialien an den Bundesvorstand gesandt. Für ihn war das 3. Internationale Russell-Tribunal von DGB-feindlichen Gruppen inszeniert worden, um die Bundesrepublik als faschistischen oder präfaschistischen Staat darzustellen. Deshalb plädierte er für einen entsprechenden Beschluss des Bundesvorstandes, mit dem Ziel, teilnehmende Gewerkschafterinnen und Gewerkschafter wegen gewerkschaftsschädigenden Verhaltens zur Rechenschaft zu ziehen. Das 3. Internationale Russell-Tribunal, dem das erste 1966/67 in Stockholm gegen den Vietnamkrieg und das zweite 1973–75 in Rom gegen die Repressionen in Lateinamerika vorausgingen, sollte sich mit »Repression in der Bundesrepublik Deutschland« befassen. Die Begriffsgeschichte und die spezifische Verwendung des Repressionsbegriffs im linken Spektrum links von der SPD und den Gewerkschaften bietet Hinweise auf die verschiedenen politischen Sprachen, aufgrund derer eine Verständigung zwischen den im Wesentlichen westernisierten DGB- und Einzelgewerkschaftsführungen und der Russell-Tri-

An der anschließenden Diskussion beteiligen sich die Kollegen *Frister, Muhr, Hauenschild, Kluncker, G. Schmidt, Schwab, Loderer, Richert, Breit* und Kollegin *Weber*. Es besteht Einmütigkeit darüber, daß es sich bei den Initiatoren dieses Tribunals, das sich diesmal mit den sogenannten »Berufsverboten« beschäftigen will, zweifelsfrei um Vertreter DGB-feindlicher Gruppen handelt. Im Hinblick auf den Beschluß des Bundesausschusses vom 8.6.1977 zu diesem Thema steht daher eine Teilnahme von gewerkschaftlichen Gruppierungen oder einzelnen Gewerkschaftsmitgliedern an diesem Tribunal gegen die Interessen des DGB. In diesem Zusammenhang wird auch die Oldenburger Initiative »Weg mit den Berufsverboten« erwähnt.[22]

Beschluß:
Der Bundesvorstand beschließt, daß der GBV in einem Schreiben an alle DGB-Organe ausführlich begründet, warum die Durchführung des Russell-Tribunals im Gegensatz zu gewerkschaftlichen Interessen steht. Die Mitgliedschaft soll aufgefordert werden, sich daran nicht zu beteiligen.[23]

Mittagspause: 14.10 Uhr bis 15.10 Uhr.

Fortsetzung zu TOP 8. »Tarifpolitische Situation im Bereich der IG Druck und Papier«
Die Kollegen *Loderer, Muhr, Buschmann, Hauenschild, Mahlein* und *van Haaren* diskutieren über den vorgelegten Entwurf eines DGB-Nachrichtendienstes und machen Änderungsvorschläge.

---

bunal-Organisatoren nicht möglich war. Vgl. hierzu März: Linker Protest nach dem Deutschen Herbst, S. 54-66. Das Tribunal wurde seit 1976 vorbereitet. Dem Schreiben der Abteilung Vorsitzender waren ein Bericht aus »Innere Sicherheit – Informationen des Bundesinnenministeriums« vom 8.8.1977, die Drucksache Nr. 8/1205 des Deutschen Bundestages in Antwort auf eine Kleine Anfrage an den Bundestag vom 21.11.1977 und ein Bericht über den letzten bekannten Stand der Vorbereitungen einschließlich der Namen der gewählten Mitglieder des Tribunals beigegeben. Auffällig ist die wortwörtliche Übernahme der regierungsamtlichen Informationen in den DGB-Vermerken und im späteren Brief Heinz Oskar Vetters. Vgl. GEW, Erich Frister, an den DGB-Bundesvorstand, Gerd Muhr, Frankfurt am Main, 21.11.1977; vgl. [DGB-Bundesvorstand], Abt. Vorsitzender, an die Mitglieder des Bundesvorstandes, 3. Internationales Russell-Tribunal, Düsseldorf, 5.12.1977, AdsD, DGB-Archiv, 5/DGAI000495. Zum Russell-Tribunal und seiner Durchführung vgl. März: Linker Protest nach dem Deutschen Herbst, S. 245-317.

22 Bei der Oldenburger Initiative »Weg mit den Berufsverboten« handelte es sich um die Organisatoren einer gleichnamigen Internationalen Konferenz am 12./13.11.1977, die innerhalb der SPD für Aufsehen gesorgt hatte, weil führende Jusos sich daran beteiligten und der Oldenburger SPD-Vorstand sie unterstützte. Vgl. Rudzio: Erosion der Abgrenzung, S. 103.

23 Es wurden zwei Schreiben aufgesetzt, eines am 18.1.1978 und eines am 31.1.1978, weil das erste Schreiben sachliche Ungenauigkeiten enthielt. Vgl. DGB-Bundesvorstand, Abt. Vorsitzender, Heinz O. Vetter, an alle DGB-Landesbezirke und DGB-Kreise, 3. Internationales Russell-Tribunal, Düsseldorf, 31.1.1978, AdsD, DGB-Archiv, 5/DGAI000495.

Beschluß:
Der Bundesvorstand verabschiedet mit Änderungen den DGB-Nachrichtendienst »DGB unterstützt Tarifverhandlungen der IG Druck und Papier« (s. Anlage).[24]

10. a) **Antrag der Gewerkschaft Kunst auf Beitragsbefreiung für 1977 gem. § 6 der Beitragsordnung**
    b) **Antrag der Gewerkschaft Kunst auf Unterstützung aus dem Solidaritätsfonds**

Kollege *Vater* berichtet, daß sich die Haushaltskommission gestern mit den beiden Anträgen der Gewerkschaft Kunst beschäftigt hat.

Er erläutert kurz die Vorlage.[25] Die Unterstützung aus dem Solidaritätsfonds ist für die Einstellung eines Geschäftsführers gedacht, der halbe Tage 1978, 1979 und 1980 beschäftigt werden soll. Die Haushaltskommission bittet den Bundesvorstand, dem Bundesausschuß eine Empfehlung entsprechend der Vorlage zu geben.

Beschluß:
Bundesvorstand empfiehlt dem Bundesausschuß zu a) folgenden *Beschluß*:
1. Die Verbände der Gewerkschaft Kunst
   Genossenschaft der Bühnenangehörigen (GDBA),
   Deutscher Musikerverband (DMV),
   Internationale Artistenloge (IAL) und der Schutzverband Bildender Künstler (SBK) sind von der Beitragspflicht gem[äß] § 6 der Beitragsordnung zu befreien mit der Maßgabe, daß die GDBA 10.000,– DM zu leisten hat, wenn ihre wirtschaftliche Lage dies zuläßt.
2. Die Gewerkschaft Deutscher Musikerzieher und konzertierender Künstler (GDMK) wird in Höhe von 8 % ihres Beitragsaufkommens und die Bundesvereinigung der Gewerkschaftsverbände Bildender Künstler (BGBK) in Höhe von 4 % ihres Beitragsaufkommens von der Beitragspflicht befreit.

---

24 Mit der verabschiedeten Erklärung unterstützte der Bundesvorstand die tarifpolitischen Forderungen der IG Druck und Papier. Er betonte, die Rationalisierungswelle in Druckereien und Verlagen bedrohe Tausende Arbeitsplätze in der Druckindustrie und drohe ganze Berufsgruppen »auszuradieren«. Dies sei in einer Zeit anhaltender Massenarbeitslosigkeit umso bedenklicher. Deshalb erklärte sich der DGB mit den Bemühungen der IG Druck und Papier solidarisch, »einen Tarifvertrag zur Sicherung der Arbeitsplätze und der Einkommen zu erreichen«. Die unnachgiebige Haltung der Unternehmer verurteilte der DGB. Vgl. DGB unterstützt Tarifverhandlungen der IG Druck und Papier, DGB-Nachrichten-Dienst, 312/77, 6.12.1977, AdsD, DGB-Archiv, 5/DGAI000495. Vgl. auch den Entwurf zu der Erklärung, in dem darüber hinaus die technologische Entwicklung, die auch andere Wirtschaftszweige in Zukunft treffen könne, Erwähnung fand, in derselben Akte.

25 Da einige Verbände der Gewerkschaft Kunst sich nicht in der Lage sahen, Beiträge an den DGB zu entrichten, beantragten sie, diese ganz oder teilweise aus der Beitragspflicht zu befreien. Vgl. [DGB-Bundesvorstand], Abt. Finanzen, Vorlage für den Bundesvorstand und den Bundesausschuss, Antrag der Gewerkschaft Kunst auf Beitragsbefreiung für 1977; Antrag der Gewerkschaft Kunst auf Unterstützung aus dem Solidaritätsfonds, AdsD, DGB-Archiv, 5/DGAI000495.

3. Für alle ganz oder teilweise von der Beitragspflicht befreiten Verbände hat die Gewerkschaft Kunst nach Ablauf des Jahres 1977 die Einnahmen- und Ausgabenrechnung 1977 der Abteilung Finanzen im DGB vorzulegen.

Zu b) empfiehlt der Bundesvorstand dem Bundesausschuß folgenden *Beschluß*: Die Gewerkschaft Kunst erhält zum Aufbau einer Geschäftsstelle im Rahmen ihres Antrages vom 18.11.1977 für die Jahre 1978, 1979 und 1980 einen Gesamtzuschuß von 170.176,– DM.

Über die Verwendung der Mittel sowie über die Fortschritte beim Ausbau zur Mitgliedsgewerkschaft ist nach Ablauf eines jeden Jahres ein Bericht zu geben.

11. Verschiedenes

a) Gewerkschaft der Polizei

Kollege *Kluncker* stellt den Antrag, in die Tagesordnungen der Märzsitzungen von Bundesvorstand und Bundesausschuß das Thema »Gewerkschaft der Polizei« aufzunehmen. Er erläutert kurz seinen Antrag.

Beschluß:

Der Bundesvorstand ist damit einverstanden, daß in die Tagesordnung der Märzsitzungen von Bundesvorstand und Bundesausschuß der Punkt »Gewerkschaft der Polizei« aufgenommen wird.[26]

b) Resolution von Hörern des 43. Lehrganges an der Akademie der Arbeit zur energiepolitischen Veranstaltung am 10.11.1977 in Dortmund

Die Kollegen *Muhr, Hauenschild, Vietheer, Kluncker* und die Kollegin *Weber* diskutieren über die Resolution von Hörern des 43. Lehrganges an der Akademie der Arbeit an den DGB-Bundesvorstand und die Vorstände der Einzelgewerkschaften.[27] Es wird darauf hingewiesen, daß in der November-Ausgabe von 'ran fast eine parallele

---

26 Vgl. Dok. 39: Kurzprotokoll über die 27. Sitzung des Bundesvorstandes am 7.3.1978, TOP 9.; Protokoll über die 11. Sitzung des Bundesausschusses am 8.3.1978, TOP 4., AdsD, DGB-Archiv, 5/DGAI000418.

27 Die Hörerinnen und Hörer des 43. Lehrgangs an der Akademie der Arbeit in Frankfurt am Main wandten sich grundsätzlich gegen die energiepolitische und atomkraftfreundliche Kundgebung, die der DGB und die betroffenen Gewerkschaften unterstützt hatten. Sie nahmen die Äußerungen der Redner bei der Kundgebung mit »Entrüstung« zur Kenntnis. Die Äußerungen seien ein »Freifahrtsignal für die Interessen der Energie[-]Unternehmen«. Besonders empörte die Unterzeichnerinnen und Unterzeichner, dass die DGB-Führung sich an die Spitze einer Demonstration setze, die von einem dem DGB nicht angehörigen »Aktionskreis Energie« der Betriebsräte mit finanzieller Unterstützung von Unternehmerseite veranstaltet werde, um die Regierungspolitik zu beeinflussen. Sie verwiesen darauf, dass konventionelle und alternative Energieerzeugung ebenfalls beschäftigungssichernd seien. Vgl. Resolution an den DGB-Bundesvorstand und die Vorstände der Einzelgewerkschaften, Demonstration zur Energiepolitik am 10.11.1977 in Dortmund, Frankfurt am Main, 28.11.1977, AdsD, DGB-Archiv, 5/DGAI000495. Zur Kundgebung vgl. Mohr: Gewerkschaften und der Atomkonflikt, S. 82–88.

Aktion war.[28] Man ist der Auffassung, daß sich die Hörer erst hätten informieren sollen, bevor sie eine solche Resolution versenden; denn sie gehen von falschen Voraussetzungen aus.

Im weiteren Verlauf der Diskussion werden verschiedene Probleme der Akademien besprochen, u. a. die Benennung der Hörer durch die einzelnen Gewerkschaften. Die Vorsitzenden wünschen vom GBV eine rechtzeitige Information über die von ihren Gewerkschaften benannten Hörer.

Beschluß:
Der Bundesvorstand vertritt die Auffassung, daß ein Brief, unterschrieben von Kollegen Vetter, an die Hörer des 43. Lehrganges an der Akademie der Arbeit geschrieben werden soll. Es wird den Gewerkschaftsvorsitzenden, die auf der Dortmunder Kundgebung gesprochen haben, anheimgestellt, ihren Mitgliedern ebenfalls einen Brief zu schreiben.

c) Bundesjugendkonferenz
Kollege *Schwab* informiert den Bundesvorstand – vor dem ausführlichen Bericht vor dem Bundesausschuß – kurz über einige Schwerpunkte und Tendenzen der Bundesjugendkonferenz.[29] Die offen zutage getretenen negativen politischen Strömungen sollten Anlaß sein, in nächster Zeit in den verantwortlichen Gremien des DGB

---

28 In dem Artikel wird beschrieben, dass die Industrie auf Baustopps und Verzögerungen im Bauprozess von Atomkraftwerken mit Kündigungen und Kurzarbeit reagiert habe. Dies geschehe, so Peter Martens, um Politik und Gesellschaft unter Druck zu setzen und die Atomkraftgegner zu diskreditieren. Vgl. Peter Martens: »Lohn« der Angst, 'ran, 7, 1977, H. 11, S. 26.

29 Die Bundesjugendkonferenz, die vom 1. bis 3.12.1977 in Frankfurt am Main stattfand, begann schon anlässlich des Grundsatzreferats von Karl Schwab und dem Geschäftsbericht von Walter Haas mit kontroversen Diskussionen, an denen sich 56 Rednerinnen und Redner beteiligten. In dieser Diskussion wurde sehr grundsätzliche Kritik am DGB und seiner Politik geübt. Schwab führte die Kontroversität der Diskussion auf unterschiedliche politische Ausgangspositionen zurück. Auch bei der Antragsberatung gab es Redebeiträge, die zentralen Strategien des DGB zuwiderliefen, etwa in der Frage einer Übernahmeverpflichtung bei Ausbildungsplätzen. Auch auf dem Feld der Energiepolitik wurden zur Nutzung der Atomkraft Anträge, die zu den DGB-Positionen konträr standen, mit breiter Mehrheit angenommen. Schwab brachte seine Unsicherheit darüber zum Ausdruck, »ob diese Polarisierung innerhalb der Jugendgruppen nach politischen Gruppierungen von uns auf welche Weise auch immer wieder in den Griff [zu] bekommen [sein] wird. Ich weiß nicht, ob wir in den Gewerkschaften vielleicht darauf einen stärkeren Einfluss ausüben könnten.« Es wurde vermutet, dass es sich vor allem um Parteimitglieder der DKP handelte, die für diese Kontroversität sorgten. Maria Weber stellte die Vorgänge in den Kontext anderer Ereignisse, wie die erwähnte Resolution der Lehrgangsteilnehmerinnen und -teilnehmer der Akademie der Arbeit gegen die Teilnahme der DGB- und Einzelgewerkschaftsvertreter an der Energiepolitischen Kundgebung in Dortmund: »Das schlimme ist, was dahintersteht, das absolute Nichtzuhörenwollen. [...] Man läßt Toleranz nicht mehr gelten. [...] Was dahintersteht, ist mieseste Haltung. Unmöglich.« Deutlicher konnte man die Entfremdung nicht mehr artikulieren, die zwischen den verschiedenen politischen Generationen herrschte. Gerd Muhr führte das Problem auf die »Methode der Teamer bei Bildungsveranstaltungen« zurück, die er als »[n]egative Kritik« beschrieb. Vgl. Protokoll über die 25. Sitzung des Bundesvorstandes am 6.12.1977, Übertragung aus dem Stenogramm, S. 40-45, AdsD, DGB-Archiv, 5/DGAI000495; Protokoll: 10. Bundesjugendkonferenz; Arbeitsbericht 1974–1977 der Abteilung Jugend des DGB-Bundesvorstands und des Bundesjugendausschusses. Vorgelegt zur 10. Bundesjugendkonferenz des Deutschen Gewerkschaftsbundes vom 1. bis 3. Dezember 1977 in Frankfurt, Düsseldorf, [1977]. Zu

und der Gewerkschaften darüber zu diskutieren. Zum Organisatorischen spricht Kollege *Schwab* sein Bedauern aus, daß durch ein bürotechnisches Versehen den Mitgliedern des Bundesvorstandes keine Einladung zur Bundesjugendkonferenz zugegangen ist.

An der anschließenden Diskussion beteiligen sich die Kollegen *Vietheer, Schwab, Frister, Loderer, Muhr, Sickert, Hauenschild, Breit, G. Schmidt, Erlewein, Drescher* und Kollegin *Weber*. Es wird deutlich, daß ähnliche Erscheinungen wie in der Jugendarbeit auch in anderen Bereichen zu finden sind und es dringend erforderlich ist, dagegen anzugehen.

Beschluß:
Der Bundesvorstand beschließt, nach dem Bundeskongreß eine Klausurtagung zu Problemen der Jugendarbeit im DGB und in den Gewerkschaften durchzuführen.

d) Äußerungen von Helmut Kohl auf der CDA-Tagung am 3.12.1977 in Oberhausen

Kollege *Muhr* spricht Berichte in den Zeitungen über die Äußerungen von Helmut Kohl auf der CDA-Tagung an. Nach den verschiedenen Zeitungsmeldungen soll Helmut Kohl gesagt haben, die CDU müsse die nächsten Betriebsratswahlen genauso wichtig nehmen wie die Landtagswahlen. Das könnte eine Aufforderung zur Politisierung der Betriebsratswahlen sein. Einer solchen Entwicklung muß schnell begegnet werden. Kollege Muhr hat veranlaßt, daß die Rede von Helmut Kohl beschafft und eventuell analysiert wird.

e) Nacht- und Feiertagszuschläge

Kollege *Muhr* berichtet, daß am Wochenende groß herausgekommen ist, daß Herbert Ehrenberg gesagt hat, daß man in Zukunft die Nacht- und Feiertagszuschläge der Beitragsbemessung zur Sozialversicherung unterwerfen will. Diese Angelegenheit ist im Sozialpolitischen Ausschuß behandelt worden, wo gegensätzliche Meinungen aufgetreten sind. Es scheint nun so, daß die Bundesregierung bereit ist, diese Zuschläge tatsächlich der Beitragsbemessung zu unterwerfen. Das würde eine Verbesserung der Finanzierung und der Leistungen der Rentenversicherung bedeuten.

f) CFDT

Kollege *Vietheer* fragt nach dem Verhältnis zur CFDT im Hinblick auf das Schreiben des Kollegen *Vetter* vom Oktober und auf das letzte Bundesvorstandsprotokoll.[30]

Kollege *Muhr* erklärt, daß kein offizieller Vertreter der CFDT an der Pressekonferenz am 10.11.1977 teilgenommen hat und daß in der nächsten Woche ein erster offizieller Kontakt mit der CFDT zustande kommt.

---

den Auseinandersetzungen mit der Jugend in den Einzelgewerkschaften vgl. exemplarisch am Fall der IG Metall Andresen: Gebremste Radikalisierung.
30 Vgl. Dok. 33: Kurzprotokoll der 24. Sitzung des Bundesvorstandes am 8.11.1977, TOP 7.

g) BGAG – Mitbestimmungsvertrag

Kollege *Vietheer* gibt zu Protokoll, daß der Konzernbetriebsrat der BGAG die Standpunkte des Bundesvorstandes zum Thema Mitbestimmungsvertrag übernommen hat.

Ende der Sitzung: 16.30 Uhr.

Dokument 35

Abteilung Vorsitzender, Willi Zimmermann, Vermerk über die Sitzung der Mitglieder des Geschäftsführenden Bundesvorstandes mit den Vorsitzenden der Gewerkschaften und Industriegewerkschaften am 12. Januar 1978 in Grainau, Düsseldorf, 24.1.1978

AdsD, DGB-Archiv, 5/DGAI000495.

Beginn: 17.00 Uhr.

Nicht anwesend war Kollege Loderer.

1. [Gespräch mit dem Bundeskanzler am 16.1.1978]

Der Bundesvorstand beriet intensiv über das Gespräch mit dem Bundeskanzler am 16.1.1978, zu dem der sogenannte Buschmann-Kreis für 21.00 Uhr eingeladen war.

Kollege *Adolf Schmidt* erklärte, daß er in seiner Eigenschaft als Stellvertretender SPD-Fraktionsvorsitzender Einladungen in das Erholungsheim der IG Bergbau und Energie in der Rosenau ausgesprochen habe. Dies sei für die gesamte Zeit dreimal gewesen. Infolgedessen sei der angesprochene Gesprächskreis in dieser Zeit gewachsen. Es sei kein institutionalisierter Kreis. Er halte es für unbedingt notwendig, Kontakte mit der Bundesregierung auf allen möglichen Wegen und Ebenen zu halten. Das jetzige Gespräch sei auch wichtig, bevor der Bundestag mit der Haushaltsdebatte beginnt.

Kollege *Muhr* äußerte sich dahin, daß keine Unterschiede bei den Bundesvorstandsmitgliedern gemacht werden sollen.

Kollege *Mahlein* vertrat die Auffassung, daß auch Vertreter kleiner Gewerkschaften beteiligt werden müssen.

Kollege *Breit* fragte, wie unsere Mitglieder eine solche Verfahrensweise verstehen sollen.

Kollege *Vietheer* unterstützte den Kollegen Adolf Schmidt.

Kollege *van Haaren* vertrat die Meinung, daß wegen der festgelegten Haltung in bezug auf die Konzertierte Aktion auch dies nicht durchgeführt werden sollte.

Kollege *Kluncker* meinte, man solle nicht von einem in das andere Extrem verfallen. Dann sollte lieber darüber geredet werden, wie der Bundesvorstand offiziell beteiligt werden soll.

Kollege *Buschmann* erklärte, es sei die persönliche Frage des Bundeskanzlers, wen er einlädt, um Gespräche zu führen.

Kollege *Hauenschild* äußerte sich, private Gespräche könnten geführt werden, jedoch darüber keine Verlautbarung.

Kollege *Gerhard Schmidt* verwies darauf, daß mehr Gespräche mit dem Bundesvorstand als Organ seitens des Bundeskanzlers geführt werden müßten. Die zeitlichen Intervalle seien zu lang.

Kollege *Vetter* machte den Vorschlag, daß der Bundeskanzler angesprochen werden soll, um mit dem Bundesvorstand zusammenzukommen.

2. Grundsatzprogramm

Kollege *Vetter* erklärte, wie die Verfahrensweise zur Überholung des Grundsatzprogramms sein soll. Danach sind im Augenblick zwei Entwürfe in der Beratung.[1] Der Bundesvorstand soll in seiner nächsten Sitzung über einen Antrag befinden. Danach soll die Gesellschaftspolitische Kommission als Antragsberatungskommission für den Sonderkongreß in Betracht kommen.

Kollege *Kluncker* erklärte, daß von seiner Seite aus die Wiederwahl der Mitglieder des GBV beim nächsten Ordentlichen Bundeskongreß unterstützt würde. (Durch Zwischenbemerkungen und Gesten wurde von den meisten Bundesvorstandsmitgliedern dies ebenfalls erklärt.) Jedoch müsse er darauf hinweisen, daß immer wieder Vorlagen an die Mitglieder des Bundesvorstandes geschickt würden, die offensichtlich nicht durch den GBV gegangen seien.

Als Beispiel verwies er auf eine Unterlage, die von Kollegen Dr. Höhnen unterschrieben war. Der Bundesvorstand könne nur solche Vorlagen akzeptieren, die rechtzeitig zugestellt würden und durch den GBV gelaufen seien. Hierbei verwies er auf die Niederschriften über die Sitzungen des GBV, anhand dieser auch leicht eine Kontrolle möglich sei. Die Anträge zum 11. Ordentlichen Bundeskongreß sollen am 7. Februar 1978 behandelt werden. Vorsorglich schlug Kollege Kluncker vor, daß vielleicht ein weiterer Termin im Februar vorgesehen werden solle. Er verwies darauf, daß sich das Bewußtsein der Delegierten gravierend geändert habe. Die letzten Gewerkschaftstage haben dies in besonderem Maße gezeigt. Er erklärte, daß die Gesellschaftspolitische Kommission nicht Antragsberatungskommission sein kann, weil nicht alle ordentliche Mitglieder des Kongresses sind.

Dok. 35
1 Zur Programmdiskussion des DGB vgl. aus der zeitgenössischen Gewerkschaftsforschung Hertle/Jander: Toleranz und Härte; vgl. auch Müller-Jentsch: Gewerkschaftliche Politik in der Wirtschaftskrise II, S. 385 ff.

Kollege *Hauenschild* vertrat die Ansicht, daß dem GBV das Vertrauen gehört und nach seiner Meinung die Gesellschaftspolitische Kommission ruhig Antragsberatungskommission sein kann.

Kollege *Vetter* erklärte, daß im Bundesvorstand darüber beraten würde. Wenn jedoch nicht alle Mitglieder der Antragsberatungskommission Delegierte sind, könne die Gesellschaftspolitische Kommission nicht als Antragsberatungskommission in Betracht kommen. Vorsichtshalber müsse aber für Februar ein Reservetag zur Beratung der Anträge festgelegt werden.

Kollege *Muhr* verwies darauf, daß der Entwurf des Grundsatzprogramms beim Ordentlichen Bundeskongreß ja nicht Antrag sei, sondern lediglich ein Antrag die Verfahrensweise bis zum Außerordentlichen Kongreß behandeln soll.

Der Bundesvorstand einigte sich darauf, daß der 23. Februar 1978, 10.00 Uhr, als eventueller zusätzlicher Termin festgelegt wird.

Ende: 19.00 Uhr.

Dokument 36

7. Februar 1978: Kurzprotokoll der 26. Sitzung des Bundesvorstandes

Hans-Böckler-Haus in Düsseldorf; Vorsitz: Heinz O. Vetter; Protokollführung: Isolde Funke, Marianne Jeratsch; Sitzungsdauer: 10.15–16.55 Uhr; ms. vermerkt: »Vertraulich«.[1]

Ms., hekt., 12 S., 2 Anlagen.[2]

AdsD, DGB-Archiv, 5/DGAI000554.

Beginn der Sitzung: 10.15 Uhr.

Kollege *Vetter* eröffnet die 26. Sitzung des Bundesvorstandes in Düsseldorf.

Er beglückwünscht den Kollegen Siegfried Bleicher zu seiner Wahl zum Vorsitzenden des DGB-Landesbezirks Nordrhein-Westfalen und den Kollegen Jochen Richert zu seiner Wiederwahl.

Kollege *Vietheer* bittet, unter Punkt »Verschiedenes« über einen anstehenden Organisationskonflikt berichten zu dürfen.

Kollege *Loderer* möchte gerne die Rechtsschutzsituation ansprechen.

Dok. 36
1 Einladungsschreiben vom 19.12.1977 und Tagesordnung vom 18.1.1978. AdsD, DGB-Archiv, 5/DGAI000495.
2 Anlagen: Anwesenheitsliste; vgl. DGB: Auch Kabelfernsehen öffentlich-rechtlich organisieren, DGB-Nachrichten-Dienst, 20/78, 8.2.1978.

Tagesordnung:
1. Rentenversicherung
2. Genehmigung des Protokolls der 25. Bundesvorstandssitzung
3. Ziele und Funktionen gewerkschaftlich-gemeinwirtschaftlicher Unternehmen
4. Organisationsfragen der Sozialversicherung
5. Bericht über die Anträge 243 und 244 des 10. Ordentlichen DGB-Bundeskongresses
6. Maiplakat
7. Politische Gruppen
    a) Russell-Tribunal
    b) Komitee für Frieden, Abrüstung und Zusammenarbeit
8. Bundesjugendkonferenz
9. Haushalt 1978
10. Beitragsbefreiung gemäß Ziffer 6 der Beitragsordnung und Zuschuß aus dem Solidaritätsfonds an die Gewerkschaft GLF
11. Tagesordnung für die 11. Bundesausschußsitzung am 8.3.1978
12. Bestätigung von Landesbezirksvorstandsmitgliedern
13. 11. Ordentlicher Bundeskongreß vom 21. bis 27. Mai 1978, hier: Reisekostenregelung
14. Sitzung der »Ständigen deutsch-griechischen Gewerkschaftskommission« vom 22. bis 27. 10.1977 in Griechenland, hier: Vereinbarung über den Schulunterricht der Kinder griechischer Arbeitnehmer in der Bundesrepublik Deutschland
15. Positionspapier zu einigen Fragen im Zusammenhang mit ausländischen Arbeitnehmern
16. Verschiedenes
17. Anträge zum Bundeskongreß

1. Rentenversicherung

Kollege *Vetter* informiert den Bundesvorstand darüber, daß heute mittag ein Gespräch des Bundeskanzlers mit den Fraktionsvorsitzenden zum Thema Rentenversicherung stattfinden wird. Um die Meinung des DGB dazu noch einmal deutlich zu machen, ist beabsichtigt, dem Fraktionsvorsitzenden der SPD, Herbert Wehner, ein Schreiben zuzuleiten. Der Bundesvorstand wird um zustimmende Kenntnisnahme gebeten.
Kollege *Muhr* erläutert kurz die Pläne der Bundesregierung, im Hinblick auf das bis 1982 zu erwartende Defizit in Höhe von 30 Mrd. DM die nächsten drei Rentenanpassungen und die nächsten drei Neufestsetzungen nicht so vorzunehmen, wie es sich aus der Entwicklung der Einkommen ergibt, und wie das Gesetz es vorsieht.
Sie will die Neufestsetzung und Rentenanpassung 1979 um 5 % und 1980 und 1981 um 4 % ansetzen. Dies würde eine Minderausgabe von 28 Mrd. DM zur Folge haben. Außerdem sollen 4 Mrd. DM dadurch eingebracht werden, daß die Einmalzahlungen an die Versicherten in Zukunft stärker zur Beitragszahlung herangezogen werden.

Kollege *Muhr* erläutert die abweichende Meinung des DGB zu diesen Plänen der Bundesregierung, die in einer kürzlichen Besprechung der für Sozialpolitik zuständigen Vorstandsmitglieder der Gewerkschaften einstimmig bekräftigt wurde. Der DGB schlägt alternativ einen Krankenkassenbeitrag der Rentner von 5 1/2 % und eine Beitragserhöhung zur Sozialversicherung von 18 auf 18 1/2 % vor.

An der nachfolgenden Diskussion beteiligen sich die Kollegen *Vietheer, Muhr, Vetter, Lehlbach, Kluncker, Hauenschild, A. Schmidt* und *Loderer*.

Beschluß:
Der Bundesvorstand ist damit einverstanden, daß dem Fraktionsvorsitzenden der SPD ein Schreiben zugeleitet wird, in dem die Meinung des DGB zu den Plänen der Bundesregierung hinsichtlich der Rentenversicherung deutlich gemacht wird.

2. Genehmigung des Protokolls der 25. Bundesvorstandssitzung

Beschluß:
Der Bundesvorstand genehmigt das Protokoll der 25. Bundesvorstandssitzung.[3]

3. Ziele und Funktionen gewerkschaftlich-gemeinwirtschaftlicher Unternehmen

Kollege *Vater* erläutert die Vorlage und weist darauf hin, daß die Verabschiedung erst im März erfolgen soll. Diese vom Geschäftsführenden Bundesvorstand beschlossene Vorlage ist den Vorständen der gemeinwirtschaftlichen Unternehmen zugeleitet worden. Eine überarbeitete Fassung vom Kollegen Hesselbach liegt bereits vor. Die Neue Heimat und die Volksfürsorge haben ebenfalls Änderungswünsche.

Kollege *Vater* schlägt folgende Verfahrensweise vor: Es wird eine Synopse erstellt mit der vorliegenden Fassung und den Änderungsvorschlägen des Kollegen Hesselbach, der Neuen Heimat und der Volksfürsorge. Danach sollen sich die damit befaßten Gewerkschaften zusammen mit den gemeinwirtschaftlichen Unternehmen noch einmal damit beschäftigen. Dann wird die Vorlage dem Bundesvorstand zur Verabschiedung in seiner Sitzung am 7. März 1978 – unter Hinzuziehung der gemeinwirtschaftlichen Unternehmen – zugeleitet.

In der anschließenden Diskussion, an der sich die Kollegen *Vetter, Loderer, Vater, Kluncker, Vietheer* und *Hauenschild* beteiligen, werden Einwände zu dem vorliegenden Papier vorgebracht und auf Zielkonflikte hingewiesen. Änderungswünsche sollen schriftlich eingereicht werden.

Kollege *Vater* sagt eine Synopse über das alte Papier vom 24. Mai 1972, das vorliegende Papier und die Änderungswünsche für die Sitzung am 7. März 1978 zu.

---

3 Vgl. Dok. 34: Kurzprotokoll der 25. Sitzung des Bundesvorstandes am 6.12.1977.

Wenn am 7. März das Papier nicht verabschiedet werden kann, muß das dem 11. Ordentlichen Bundeskongreß entsprechend mitgeteilt werden.[4]

4. Organisationsfragen der Sozialversicherung

Nachdem Bundesvorstand und Bundesausschuß sich in ihren Dezembersitzungen mit dem vorgelegten Papier beschäftigt und sich hinter dieses Papier gestellt haben, bittet Kollege *Muhr* den Bundesvorstand, der Vorlage zuzustimmen und damit die entsprechenden Anträge des 10. Ordentlichen Bundeskongresses für erledigt zu erklären.

Im Hinblick auf die Bedeutung der Bundesknappschaft für seine Gewerkschaft bittet Kollege *Adolf Schmidt*, die in diesem Zusammenhang mißverständliche Formulierung bezüglich der Abschaffung von Privilegien auf Seite 4 der Vorlage zu streichen.

An der nachfolgenden Diskussion beteiligen sich die Kollegen *Muhr, Vetter, A. Schmidt, G. Schmidt, Loderer, Vietheer, Sperner, Kluncker, Breit, Buschmann, Frieser, Hauenschild* und *Frister*.

Es wird u. a. erwogen, die von Kollegen A. Schmidt angesprochene Formulierung zu ändern. Eine Streichung kommt nicht in Betracht, zumal die Bundesknappschaft nicht direkt berührt ist. Trotz unterschiedlicher Auffassungen über die Realisierungsmöglichkeiten und die Praktikabilität der in dem Papier aufgestellten Forderungen sind sich die meisten Kollegen einig, daß die Vorlage einen tragbaren Kompromiß bedeutet, der dem Bundeskongreß als Erledigungsvermerk vorgelegt werden und unfruchtbare Auseinandersetzungen vermeiden könnte.

Beschluß:
Der Bundesvorstand verabschiedet mit einer Stimmenthaltung die »DGB-Vorstellungen zur Reform der Organisationsstruktur der Sozialversicherung«, die dem 11. Ordentlichen Bundeskongreß als Erledigungsvermerk zu den Anträgen 122 und 114 des 10. Ordentlichen Bundeskongresses vorgelegt werden sollen.[5]

5. Bericht über die Anträge 243 und 244 des 10. Ordentlichen DGB-Bundeskongresses

Kollege *Vater* erläutert kurz die Vorlage und bittet um entsprechende Beschlußfassung.[6]

---

4 Das Papier war zur Sitzung am 7. März noch nicht fertig. Vgl. Dok. 39: Kurzprotokoll über die 27. Sitzung des Bundesvorstandes am 7.3.1978, TOP 8.
5 DGB: 10. Bundeskongreß 1975, Anträge und Entschließungen, S. 126 ff., S. 132-136.
6 Auf dem 10. Bundeskongress des DGB im Jahr 1975 wurde der Bundesvorstand mit Antrag 243 beauftragt, das System der Finanzierung des DGB zu überprüfen. Antrag 244 wurde als Material zu An-

Beschluß:
Der Bundesvorstand nimmt den Bericht des Finanzausschusses zu den Anträgen 243 und 244 des 10. Ordentlichen Bundeskongresses zustimmend zur Kenntnis. Er stellt fest, daß das Antragsziel, nämlich die gerechtere Finanzierung des Deutschen Gewerkschaftsbundes, zur Überprüfung der Beiträge und Beschlüsse der Gewerkschaftstage geführt hat. Nach Realisierung dieser Beschlüsse soll erneut zusammenfassend berichtet werden, um zu überprüfen, ob die Finanzierung des Deutschen Gewerkschaftsbundes dem Antrag 243 des 10. Ordentlichen Bundeskongresses entspricht.[7]

6. Maiplakat

Kollege *Vetter* verweist auf die Entwürfe für das Maiplakat 1978 und teilt [mit], daß der Geschäftsführende Bundesvorstand das Plakat mit der Darstellung des Maiabzeichens vorschlägt.

Kollege *Stephan* weist darauf hin, daß das Plakat dann mit den Maiabzeichen und den Aufklebern übereinstimmt.

Beschluß:
Der Bundesvorstand spricht sich für das Plakat mit der Darstellung des Maiabzeichens für den 1. Mai 1978 aus.

7. Politische Gruppen

a) Russell-Tribunal
b) Komitee für Frieden, Abrüstung und Zusammenarbeit

Kollege *Vetter* erinnert an den Auftrag des Bundesvorstandes in seiner Dezembersitzung, in einem Schreiben an alle DGB-Organe ausführlich zu begründen, warum die Durchführung des Russell-Tribunals im Gegensatz zu gewerkschaftlichen Interessen steht, und die Mitgliedschaft aufzufordern, sich daran nicht zu beteiligen. Dies ist mit Schreiben vom 18.1.1978 geschehen. Da bei der Bewertung der Jury-Mitglieder des Russell-Tribunals Interpretationsfehler unterlaufen sind, ist das Schreiben vom

---

trag 243 angenommen. Der Finanzausschuss hatte sich in mehreren Sitzungen mit der Finanzierung des DGB auseinandergesetzt. Er schlug eine einheitliche Beitragssatzfestlegung für die Mitglieder vor, eine gleiche Bemessungsgrundlage für die Gewerkschaftsbeiträge und die Einhaltung der jeweils eigenen Satzungsbestimmungen durch die Industriegewerkschaften als Grundlage für eine gerechtere Finanzierung des DGB. Jüngere Satzungsänderungen in den Einzelgewerkschaften trügen dem Ziel einer gerechteren Finanzierung des DGB Rechnung. In der Anlage sind die unterschiedlichen Beitragsbemessungsprinzipien der DGB-Einzelgewerkschaften festgehalten. Vgl. [DGB-Bundesvorstand], Abt. Finanzen, Vorlage für den Bundesvorstand, Anträge 243 und 244 des 10. Ordentlichen Bundeskongresses, Düsseldorf, 21.12.1977, AdsD, DGB-Archiv, 5/DGAI000495.

7 Der Beschluss entspricht der Vorlage. Vgl. ebd.

18.1.1978 durch ein neues Schreiben vom 31.1.1978 ersetzt worden.[8] Kollege *Vetter* erläutert die Notwendigkeit dieses Verfahrens. An der Beurteilung sowohl des Russell-Tribunals als auch des Komitees für Frieden, Abrüstung und Zusammenarbeit hat sich dadurch nichts geändert, und eine Teilnahme an den Veranstaltungen der beiden Organisationen wird weiterhin abgelehnt.

Kollege *Kluncker* informiert den Bundesvorstand darüber, daß für den 25./26.2.1978 eine nationale Konferenz des Russell-Tribunals vorbereitet wird zum Thema »Unvereinbarkeitsbeschluß des DGB«.[9]

---

8 Heinz Oskar Vetter informierte über die vorausgegangenen Russell-Tribunale der Jahre 1966/67 und 1973–75 über die Kriegsverbrechen in Vietnam und die Repression in Brasilien, Chile und anderen lateinamerikanischen Staaten. Das 3. Russell-Tribunal befasse »sich mit der angeblichen politischen Unterdrückung und Verletzung von Menschenrechten in der Bundesrepublik Deutschland […] insbesondere mit den ›Berufsverboten‹«. Zur Vorgeschichte führte Vetter aus, auf dem »Anti-Repressionskongreß« des Sozialistischen Büros (SB) sei dem SB und dem Kommunistischen Bund (KB) von der französischen Partie Socialiste Unifié (PSU) der Vorschlag unterbreitet worden, bei einem internationalen Komitee gegen Berufsverbote mitzuwirken. An den beiden Vorbereitungstreffen im Oktober 1976 hätten neben dem SB und dem KB auch die trotzkistische Gruppe Internationaler Marxisten (GIM) und Mitarbeiter des Informationsdienstes zur Verbreitung unterbliebener Nachrichten (ID) teilgenommen. Bei diesem Treffen sei die Ausrichtung eines Tribunals gegen Repression in der Bundesrepublik Deutschland beschlossen worden. Diese Initiative habe die Russell-Stiftung aufgegriffen und dazu aufgerufen, das Tribunal weltweit zu unterstützen. Die Gruppen verfolgten unterschiedliche Strategien. Das SB habe auf eine breite Unterstützung durch »radikale, demokratische Kräfte« aus Gewerkschaften, Kirchen, Kultur und demokratischen Parteien gesetzt, während die GIM fordere, neben Gruppen der Neuen Linken auch »demokratische Kräfte« wie die DKP einzubeziehen. Der KB und der ID wollten sich auf Gruppen der Neuen Linken beschränken. Bei den Initiatoren und Mitwirkenden des Tribunals handele es sich »zum Teil um DGB-feindliche Gruppen«. Sie verfolgten das Ziel, »Deutschland als einen faschistischen oder zumindest präfaschistischen Staat darzustellen. Ziele also, die sich auch gegen den Deutschen Gewerkschaftsbund« richten. Deswegen forderte der DGB auf, sich nicht an diesem Tribunal zu beteiligen. Vgl. DGB-Bundesvorstand, Abt. Vorsitzender, Heinz O. Vetter, an alle Landesbezirke und DGB-Kreise, 3. Internationales Russel-Tribunal, AdsD, DGB-Archiv, 5/DGAI000495. Zum 3. Russell-Tribunal, seinen Trägern und Förderern sowie zu seinem Verlauf vgl. März: Linker Protest nach dem Deutschen Herbst, S. 245–317. Den Unterlagen liegt auch eine Aufstellung über die Initiative »Weg mit den Berufsverboten« bei, die von Anfang Januar bis März 1978 insgesamt 108 Veranstaltungen durchgeführt hatte. Unter anderem hatten sich auch Gewerkschafter an diesen Veranstaltungen beteiligt. Vgl. auch [DGB-Bundesvorstand], Abt. Vorsitzender, Gerd Claas, Vermerk für den Kollegen Vetter, Düsseldorf, 3.2.1978; Initiative »Weg mit den Berufsverboten«, Arbeitsausschuß, Presse- und Informationsdienst Nr. 3/1978, Hamburg 27.1.1978, AdsD, DGB-Archiv, 5/DGAI000495.

9 Die Kölner Konferenz wurde durch die Kölner Initiative für das Russell-Tribunal einberufen. Der Aufruf trug die Unterschrift von Kurt Holl, einem Kölner Pädagogen und Politaktivisten der Neuen Linken. Gegenstand der zweitägigen Konferenz am 25./26.2.1978 in der Jugendherberge Köln waren die »Unvereinbarkeitsbeschlüsse des DGB«. Der Kölner Initiative war eine Liste mit 600 aus den DGB-Einzelgewerkschaften ausgeschlossenen Gewerkschafterinnen und Gewerkschaftern zugespielt worden. Vor dem Hintergrund der Auseinandersetzung mit »Repression« in der Bundesrepublik im Russell-Tribunal fragten die Veranstalter in einzelnen Arbeitsgruppen, ob die angesprochenen Unvereinbarkeitsbeschlüsse des DGB als »Menschenrechtsverletzung bezeichnet werden« könnten, ob es zu »Verletzungen elementarer Grundrechte […] bereits in den Verfahrensordnungen bei Ausschlüssen« komme, ob die [s]oziale[n] Folgen eines Gewerkschaftsausschlusses« berücksichtigt würden und ob es schließlich einen »Zusammenhang zwischen Unvereinbarkeitsbeschlüssen und staatlicher Unterdrückung« gebe. Am 25.2.1978 fand überdies noch eine Abendveranstaltung statt. Vgl. Vorbereitungsausschuß für die Konferenz zu den Unvereinbarkeitsbeschlüssen, Kurt Holl, Köln, 15.1.1978, Materialien zur Analyse von Opposition (MAO), URL: <http://www.mao-projekt.de/BRD/REP/RT/Russell-Tribunal_014.shtml> [7.9.2018]. Vgl. auch März: Linker Protest nach dem Deutschen Herbst, S. 260.

Zur Teilnahme an dieser Veranstaltung sind 600 ehemalige ausgeschlossene Gewerkschaftsmitglieder aufgefordert worden.

Kollege *Frister* berichtet, daß es sich bei dieser Veranstaltung um die Initiative einer abgespaltenen Gruppe handelt, von der sich das Russell-Komitee distanziert, weil es die Auseinandersetzung mit dem DGB vermeiden will. Stattdessen wird ein Gespräch mit dem DGB angestrebt. Der Bundesvorstand müßte sich nach Meinung von Kollegen Frister darüber verständigen, wie auf einen solchen eventuellen Gesprächswunsch reagiert werden sollte. Er regt außerdem an, die Arbeit des DGB zum Thema politischer Extremismus in Zukunft effektiver zu gestalten.

In der anschließenden Diskussion, an der sich die Kollegen *Vetter, Loderer, Schwab, Frister, Georgi, Hauenschild, G. Schmidt, Kluncker* und *Vietheer* beteiligen, wird festgestellt, daß der Bundesvorstand an seinen Beschlüssen zum Russell-Tribunal und zu den »Berufsverboten« festhält. Die Kollegen berichten über ihre Erfahrungen aus ihren Bereichen zum Thema Berufsverbot. In diesem Zusammenhang wird auf den Rechtsschutz hingewiesen, der gegeben werden muß. Abschließend sagt Kollege *Vetter* zu, daß der Bundesvorstand informiert werden wird, wenn neue Erkenntnisse vorliegen.

8. Bundesjugendkonferenz

Kollege *Schwab* weist auf seinen Bericht über die Bundesjugendkonferenz hin, der dem Protokoll des Bundesausschusses vom 7.12.1977 beigefügt war, und der auch den Mitgliedern des Bundesjugendausschusses zugeleitet worden ist.[10] In der Zwischenzeit ist in der »Frankfurter Allgemeinen Zeitung« und in der »Frankfurter Rundschau« über dieses Papier berichtet worden. Jugendausschüsse der Gewerkschaften und der Landesbezirke haben sich mit dem Bericht befaßt und unterschiedliche Stellungnahmen dazu abgegeben, die zum Teil auch in der Presse erschienen sind. Kollege *Schwab* berichtet über seine Gespräche mit den Jugendsekretären und den für Jugendarbeit zuständigen Vorstandsmitgliedern der Gewerkschaften sowie mit den Landesbezirksjugendsekretären, in denen auch sehr unterschiedliche Auffassungen zu dem Bericht vertreten worden sind. In diesem Zusammenhang ist ihm gewerkschaftsschädigendes Verhalten vorgeworfen worden.

---

10 Karl Schwab berichtete über die Konferenz, die Anzahl und Zusammensetzung der Delegierten. Das Spektrum der Anträge sei breit gewesen. Er äußerte sich dezidiert über die Intoleranz eines Teils der Delegierten, die er »einer politischen Gruppe« zuordnete, ohne diese zu Beginn beim Namen zu nennen. Er benannte später die DKP-Jugendorganisation SDAJ. Es sei aufgrund der politischen Zusammensetzung der Delegiertenschaft zur Annahme einer Reihe von Anträgen gekommen, die der Linie des DGB widersprächen, etwa ein Antrag »Weg mit den Berufsverboten«. Vgl. den Kurzbericht über die 10. Ordentliche Bundesjugendkonferenz vom 1.–3.12.1977 in Frankfurt, Berichterstatter Karl Schwab, Düsseldorf, 7.12.1977, AdsD, DGB-Archiv, 5/DGAI000495. Vgl. hierzu auch den Arbeitsbericht der Abteilung Jugend und des Bundesjugendausschusses DGB, Abt. Jugend: Arbeitsbericht 1974–1977 der Abteilung Jugend des DGB-Bundesvorstandes und des Bundesjugendausschusses des DGB. Vorgelegt zur 10. Bundesjugendkonferenz des DGB vom 1. bis 3. Dezember 1977 in Frankfurt, Düsseldorf [1978].

Man ist übereingekommen, daß man sich in der morgen und übermorgen stattfindenden Sitzung des Bundesjugendausschusses mit dessen zukünftiger Arbeit ernsthaft beschäftigen muß.

An der anschließenden Diskussion beteiligen sich die Kollegen *Kluncker, Schwab, Vetter, Loderer, Buschmann, Hauenschild, Vietheer, Muhr, Rothe* und die Kollegin *Weber*.

Beschluß:
Der Bundesvorstand spricht dem Kollegen Schwab das Vertrauen des Bundesvorstandes für seine Haltung auf der Bundesjugendkonferenz und für seine Bewertung dieser Konferenz aus.

Mittagspause: 14.05 bis 14.55 Uhr.

9. Haushalt 1978

Kollege *Vater* weist auf den vorgelegten Entwurf des Haushalts 1978 hin, der mit 130.662.000,– DM abschließt und mit 9,89 % über dem Haushalt 1977 liegt.[11] Gleichzeitig verweist er auf den vorgelegten Stellenplan 1978. Kollege *Vater* erläutert dann einzelne Positionen der Einnahmen und Ausgaben. Die Personalkosten, wie sie im Haushalt eingesetzt sind, betragen 61,93 %. Es wird von Jahr zu Jahr immer schwerer, die 60-%-Grenze einzuhalten.

Der Geschäftsführende Bundesvorstand hat diesem Haushaltsentwurf zugestimmt. Die Haushaltskommission hat sich in ihrer Sitzung am 5.12.1977 damit beschäftigt. In dieser Sitzung wurde Ernst Breit zum Vorsitzenden der Haushaltskommission gewählt. Es wird vorgeschlagen, dem Bundesausschuß den vorgelegten Haushaltsentwurf 1978 zur Annahme zu empfehlen.

Kollege *Breit* erklärt, daß sich die Haushaltskommission ernsthaft mit dem Haushalt 1978 befaßt hat. Sie macht sich große Sorgen wegen des Ansteigens der Personalkosten. Wenn man sich allerdings die Arbeit ansieht, ist fraglich, wie man die Personalkosten senken soll. Kollege Breit weist darauf hin, daß für die im Oktober 1978 anstehende Gehaltserhöhung im Haushalt nichts eingesetzt worden ist.

Die Kollegen *Loderer, Manz, Vater, Vetter, Muhr, Georgi* und *Sickert* diskutieren über die Rechtsschutzsituation, insbesondere in Baden-Württemberg.

---

11 Vgl. DGB-Bundesvorstand, Gerhard Vater, an die Mitglieder des Bundesvorstandes, Haushaltsentwurf 1978, Düsseldorf, 11.11.1978; [DGB-Bundesvorstand], Abt. Organisation, an die Mitglieder des Bundesvorstandes, Stellenplan 1978, Düsseldorf, 16.1.1978, AdsD, DGB-Archiv, 5/DGAI000495.

Beschluß:
Der Bundesvorstand empfiehlt dem Bundesausschuß, den Haushalt 1978 in der vorgelegten Fassung zu verabschieden.[12]

10. Beitragsbefreiung gemäß Ziffer 6 der Beitragsordnung und Zuschuß aus dem Solidaritätsfonds an die Gewerkschaft GLF

Beschluß:
Der Bundesvorstand wird dem Bundesausschuß empfehlen, folgenden *Beschluß* zu fassen:
1. Die Gewerkschaft GLF wird für das Jahr 1978 gemäß Ziffer 6 der Beitragsordnung von der Beitragspflicht befreit.
2. Die Gewerkschaft GLF erhält aus Mitteln des Solidaritätsfonds einen Zuschuß von 1.100.000,– DM.[13]

11. Tagesordnung für die 11. Bundesausschußsitzung am 8.3.1978

Nach kurzer Diskussion, an der sich die Kollegen *Vetter*, *Kluncker*, *Muhr* und *Hauenschild* beteiligen, faßt der Bundesvorstand folgenden *Beschluß*:[14]
Der Bundesvorstand beschließt für die 11. Bundesausschußsitzung am 8.3.1978 folgende Tagesordnung:
1. Genehmigung des Protokolls der 10. Bundesausschußsitzung
2. a) Bericht zur gewerkschaftspolitischen und organisatorischen Situation
   b) Bericht über Südafrikareise (Kollege Loderer)
3. Bundesjugendkonferenz
4. Haushalt 1978
5. Beitragsbefreiung gemäß Ziffer 6 der Beitragsordnung und Zuschuß aus dem Solidaritätsfonds an die Gewerkschaft GLF
6. Gewerkschaft der Polizei
7. Bestätigung von Landesbezirksvorständen

---

12 Der Haushalt wurde vorgelegt auf der Sitzung des Bundesausschusses am 8.3.1978 und ohne Änderungen verabschiedet. Vgl. Protokoll über die 11. Sitzung des Bundesausschusses am 8.3.1978, Düsseldorf, TOP 4., AdsD, DGB-Archiv, 5/DGAI000418.
13 Der Empfehlung des Bundesvorstands wurde auf der Sitzung des Bundesausschusses am 8.3.1978 entsprochen. Vgl. [DGB-Bundesvorstand], Abt. Finanzen, Vorlage für den Bundesvorstand und den Bundesausschuß, Beitragsbefreiung gemäß Ziffer 6 der Beitragsordnung und Zuschuß aus dem Solidaritätsfonds an die Gewerkschaft GLF, Düsseldorf, 22.12.1977, AdsD, DGB-Archiv, 5/DGAI000495; Protokoll über die 11. Sitzung des Bundesausschusses am 8.3.1978, TOP 6., AdsD, DGB-Archiv, 5/DGAI000418.
14 Vgl. [DGB-Bundesvorstand], Abt. Vorsitzender, Vorlage für die 26. Bundesvorstandssitzung am 7.2.1978, Tagesordnung für die 11. Bundesausschußsitzung am 8.3.1978, Düsseldorf, 18.1.1978, AdsD, DGB-Archiv, 5/DGAI000495.

8. Bericht über die Anträge 243 und 244 des 10. Ordentlichen DGB-Bundeskongresses
9. 11. Ordentlicher Bundeskongreß vom 21. bis 27. Mai 1978, hier: Reisekostenregelung
10. Fragestunde
11. Verschiedenes[15]

12. Bestätigung von Landesbezirksvorstandsmitgliedern

Kollege *Schwab* bittet, damit einverstanden zu sein, die Behandlung dieses Punktes im März vorzunehmen, wenn alle Landesbezirkskonferenzen stattgefunden haben.

Beschluß:
Der Bundesvorstand ist mit der Vertagung dieses Punktes auf seine Sitzung am 7. März 1978 einverstanden.[16]

13. 11. Ordentlicher Bundeskongreß vom 21. bis 27. Mai 1978, hier: Reisekostenregelung

Beschluß:
Der Bundesvorstand empfiehlt dem Bundesausschuß, folgende Reisekostenregelung für den 11. Ordentlichen Bundeskongreß zu beschließen:[17]
1. Für die An- und Abreise wird die Reisekostenregelung des DGB angewandt. Anreisetag ist der 21. Mai 1978.
2. Das Tagegeld beträgt 30,- DM.
3. Abweichend von Ziffer 1 gilt:
   a) Bundesbahnfahrkarten und Flugtickets sollten ausschließlich über das Reisebüro Rhein-Tourist GmbH bestellt werden, damit alle Nachlässe ausgeschöpft werden können.
   b) Kosten für Flugreisen werden nur für Teilnehmer aus Berlin und aus dem Einzugsbereich München erstattet.
   c) Wenn die Anreise mit dem eigenen PKW erfolgt, werden nur die Kosten der Sonderrückfahrkarte erstattet.[18]

---

15 Die Tagesordnung wurde mit leichten Umstellungen wie vorgelegt in der Bundesausschusssitzung befolgt. Lediglich die TOPs »Fragestunde« und »Verschiedenes« entfielen. Vgl. Protokoll über die 11. Sitzung des Bundesausschusses am 8.3.1978, TOP 4., AdsD, DGB-Archiv, 5/DGAI000418.
16 Vgl. Dok. 39: Kurzprotokoll über die 27. Sitzung des Bundesvorstandes am 7.3.1978, TOP 7.
17 Vgl. [DGB-Bundesvorstand], Abt. Organisation, an die Mitglieder des Geschäftsführenden Bundesvorstandes, Bundesvorstandes und Bundesausschusses, 11. Ordentlicher Bundeskongress vom 21.–27.5.1978, hier: Reisekostenregelung, Düsseldorf, 17.1.1978, AdsD, DGB-Archiv, 5/DGAI000495.
18 Der Beschluss entsprach der Vorlage.

14. Sitzung der »Ständigen deutsch-griechischen Gewerkschaftskommission« vom 22. bis 27. 10.1977 in Griechenland, hier: Vereinbarung über den Schulunterricht der Kinder griechischer Arbeitnehmer in der Bundesrepublik Deutschland

Beschluß:

Der Bundesvorstand nimmt die »Vereinbarung über den Schulunterricht der Kinder griechischer Arbeitnehmer in der Bundesrepublik Deutschland«, die zwischen dem DGB und dem griechischen Gewerkschaftsbund GSEE anläßlich der Sitzung der »Ständigen deutsch-griechischen Gewerkschaftskommission« vom 22. bis 27.10.1977 in Lagonissi abgeschlossen wurde, zustimmend zur Kenntnis.[19]

15. Positionspapier zu einigen Fragen im Zusammenhang mit ausländischen Arbeitnehmern

Nach kurzer Diskussion, an der sich die Kollegen *Schwab*, *Richert*, *Loderer* und *Manz* beteiligen, faßt der Bundesvorstand folgenden *Beschluß*:

Der Bundesvorstand nimmt das »Positionspapier zu einigen Fragen im Zusammenhang mit ausländischen Arbeitnehmern« vom 9.9.1977 zustimmend zur Kenntnis.[20]

---

19 Die Vereinbarung zwischen dem DGB und der GSEE diente dem Zweck, Gleichheit in der Bildung für Kinder ausländischer Arbeitnehmer in der Bundesrepublik herzustellen. Den ausländischen Kindern müsste ein Anrecht auf zusätzliche, ihrer besonderen Situation gerecht werdende Angebote gewährt werden. Dazu zählten Sprach- und Förderangebote in den Kindergärten und Schulen, die Bereitstellung entsprechender Lern- und Lehrmittel, eine Anpassung der Lehrpläne und eine adäquate Elternmitbestimmung. Griechische Lehrer sollten auf das deutsche Schulsystem vorbereitet werden; auf die Schule als Verwaltungseinheit, als lehrende Institution und auf die Stellung des deutschen Lehrers. Erklärtes Ziel war, die Quote der Schulabschlüsse zu erhöhen, da bislang ein großer Teil der griechischen Schülerinnen und Schüler keinen Abschluss erreicht habe. Vgl. DGB-Bundesvorstand, Abt. Ausländische Arbeitnehmer, Sitzung der »Ständigen deutsch-griechischen Gewerkschaftskommission« vom 22. bis 27.10.1977 in Lagonissi (Athen), hier: Vereinbarung zwischen dem DGB und der GSEE über den Schulunterricht der Kinder griechischer Arbeitnehmer in der Bundesrepublik Deutschland, Düsseldorf, 2.11.1977, AdsD, DGB-Archiv, 5/DGAI000495.

20 Einige Gewerkschaften hatten die Auseinandersetzung mit Fragen, welche die ausländischen Arbeitnehmerinnen und Arbeitnehmer betrafen, angeregt. Die für die Arbeit mit Ausländerinnen und Ausländern zuständigen Gewerkschaftsvorstandsmitglieder und die DGB-Landesbezirke hatten am 1.6.1977 nach Vorbereitung durch die Abteilung Ausländische Arbeitnehmer ein Positionspapier erarbeitet. Unter anderem forderte es, dass der Anwerbestopp beibehalten werde, sodass »kein ausländischer Arbeitnehmer zusätzlich« eingestellt würde. Das Papier nahm zu der Frage Stellung, ob die Bundesrepublik ein Einwanderungsland sei. Es verneinte aber diese Option in der Integrationspolitik. Es sei deshalb auch keine Notwendigkeit gegeben, das zeitgenössische Einbürgerungsrecht zu ändern. Wer allerdings Deutscher werde, müsse in jedem Fall seine ursprüngliche Staatsangehörigkeit aufgeben. Der DGB stimmte dem § 19 AFG zu, dem zufolge Ausländer, die in der Bundesrepublik arbeiten wollten, eine »Erlaubnis« haben mussten und deutsche Arbeitnehmer Vorrang gegenüber ausländischen Arbeitnehmern genossen. Der DGB hing einem traditionellen Familienbild an, auf dessen Grundlage er sich der Forderung nach Familienzusammenführung aus humanitären Gründen anschloss. Kommunales Wahlrecht lehnte der DGB zu diesem Zeitpunkt noch ab, drängte jedoch auf eine gesamteuropäische Regelung. Des Weiteren ging das

16. Verschiedenes

a) Eisenbahnspar- und -Darlehenskassen

Kollege *Vietheer* legt Wert darauf, den Bundesvorstand über folgendes zu informieren:

Bei den Eisenbahnspar- und -Darlehenskassen sind die Gewerkschaft HBV und die GdED vertreten. Ohne die Gewerkschaft HBV davon zu informieren, hat sich die GdED entschlossen, dort Tarifpartner zu werden. Sie versucht nun mit allen möglichen Mitteln, ebenfalls ohne Information der Gewerkschaft HBV, dieser die Mitglieder abzuwerben. Kollege *Vietheer* stellt fest, daß es sich die Gewerkschaft HBV nicht unwidersprochen gefallen lassen wird, daß eine andere DGB-Gewerkschaft ihr die Mitglieder streitig machen will. Er bedauert, daß Kollege Frieser zu diesem Zeitpunkt nicht mehr anwesend ist. Er weist außerdem darauf hin, daß aus den erwähnten Streitigkeiten möglicherweise die DAG wieder Nutzen ziehen wird. Kollege *Vietheer* fragt abschließend, ob der Bundesvorstand in dieser Sache tätig werden will.

Kollege *Vetter* stellt fest, daß der Bundesvorstand den von Kollegen Vietheer geschilderten Tatbestand zur Kenntnis nimmt. Mit der GdED soll Kontakt aufgenommen werden mit dem Ziel gemeinsamer Gespräche, um die eingetretenen Schwierigkeiten zu beseitigen.

b) »Welt der Arbeit«

Kollege *Loderer* weist auf die zurückgehende Abonnentenzahl der »Welt der Arbeit« hin und erbittet Auskunft über das Arbeitsergebnis der eingesetzten Kommission.

Kollege *Vater* teilt mit, daß die Kommission ihre Arbeit abgeschlossen hat und ein Bericht vorbereitet wird. Der Vorsitzende dieser Kommission wird sich mit dem Vorsitzenden des Beirats des Bund-Verlages ins Benehmen setzen. Für den Nachmittag des 23. Februar 1978 ist eine Zusammenkunft sowohl mit der Geschäftsführung des Bund-Verlages als auch mit dem Chefredakteur der »Welt der Arbeit« vereinbart.

Das Arbeitsergebnis soll im April im Beirat des Bund-Verlages beraten werden.

Kollege *Vetter* bestätigt, daß so oder so vor dem Bundeskongreß eine Entscheidung in Sachen »Welt der Arbeit« getroffen wird.

c) Tarifsituation in der Druckindustrie

Kollege *Mahlein* erinnert daran, daß er bei der letzten Sitzung des Bundesvorstandes im Dezember Gelegenheit hatte, über die Situation in der Druckindustrie zu berichten. Inzwischen haben am 18. und 19. Januar 1978 zum elftenmal Verhandlungen stattgefunden. Sie waren begleitet von umfangreichen Warnstreiks in der Druckindustrie.

Positionspapier auf die Frage angemessener Sprachkenntnisse, illegaler Beschäftigungsverhältnisse und der sozialen Integration ein. Vgl. [DGB-Bundesvorstand], Abt. Ausländische Arbeitnehmer, Positionspapier des DGB zur Ausländerpolitik, Düsseldorf, 9.9.1977, AdsD, DGB-Archiv, 5/DGAI000495. Zur Geschichte des Anwerbestopps im europäischen Vergleich vgl. Berlinghoff: Ende der »Gastarbeit«.

Nach diesen elf Verhandlungen war es zum erstenmal möglich, etwas Schriftliches zu fixieren. Es wurden Leitsätze erarbeitet. Diese sollten Grundlage sein für die Arbeit der Redaktionskommission, um einen Tarifvertragsentwurf zu erstellen.

Die zuständigen Organe sollten diesen Entwurf zur Abstimmung vorgelegt erhalten. Die Tarifkommission der IG Druck und Papier hat diesen Entwurf einstimmig abgelehnt. Dabei geht es um die grundsätzliche Frage, daß ein großer Teil der Facharbeiter zu Angestellten überführt werden soll. Daraus ergeben sich Probleme der Umstellung vom Wochenlohn zum Gehalt und der Eingruppierung in die nächstliegende Gruppe. Dieser Übergang soll bei der ersten Lohnerhöhung unangetastet bleiben und dann angerechnet werden.

Das bedeutet einen Abbau in sechs Jahren. Dieser Abbau einer überbetrieblichen Zulage ist eine einmalige Erscheinung und ist auf den Widerstand der Tarifkommission gestoßen. Es ist das Bestreben der IG Druck und Papier, den Facharbeitern in der Druckindustrie nicht nur einen weitestgehend sicheren Arbeitsplatz zu schaffen, sondern auch dafür zu sorgen, daß sie keine Einbußen erleiden.

Die Unternehmer sind aufgefordert worden, in neue Verhandlungen einzutreten. Morgen um 12.00 Uhr werden die drei Unternehmerverbände eine Pressekonferenz abhalten, in der sie auf die Forderungen der IG Druck und Papier antworten werden. Sollten die Verhandlungen nicht wieder aufgenommen werden, wird es in großen Teilen der Bundesrepublik keine Zeitungen geben. Bisher hat die IG Druck und Papier nur Warnstreiks durchgeführt, die sie nichts gekostet haben. Die Empörung unter den Kollegen ist sehr groß. Die Gewerkschaft HBV ist an den Verhandlungen beteiligt gewesen. Sie ist auch an die Erklärungsfrist gebunden. Der Geschäftsführende Vorstand von HBV hat im Grundsatz diesem Tarifvertragsentwurf zugestimmt. Auch die DAG hat zugestimmt. Wider Erwarten hat sich der DJV auf die Seite der IG Druck und Papier gestellt. Welche Folgen sich für die Zukunft daraus ergeben, ist noch nicht abzusehen. Da ein bundeseinheitliches Zustandekommen eines solchen Tarifvertrages für die IG Druck und Papier unmöglich ist, wird überlegt, Firmentarifverträge abzuschließen. Es muß jedoch erst die Reaktion der Unternehmer am morgigen Tag abgewartet werden.

An der nachfolgenden Diskussion beteiligen sich die Kollegen *Vetter, Loderer, Mahlein, Hauenschild, Vater* und *Rothe*.

Kollege *Vetter* dankt Kollegen Mahlein für seine Information.

d) Europäischer Aktionstag des EGB

Kollege *Vetter* verweist auf die Vorlage und bittet den Bundesvorstand um seine Zustimmung, damit die Vertreter des DGB im Exekutivausschuß des EGB in der Sitzung am 9. und 10. Februar 1978 entsprechend verfahren können.[21]

---

21 In seiner Sitzung vom 29./30.11.1977 hatte der Exekutivausschuss des EGB einen Grundsatzbeschluss verabschiedet, im Laufe des ersten Halbjahres 1978 einen »Europäischen Aktionstag für die Vollbeschäftigung« zu organisieren. Der EGB wollte zunächst auf der Basis bisheriger Beschlüsse und erarbeiteter Dokumente ein »Grundlagenpapier zur europäischen Beschäftigungspolitik« erarbeiten. Dieses sollte den europäischen Regierungschefs anlässlich ihres Kopenhagener Gipfeltreffens am 8.4.1978 überreicht werden.

Der Bundesvorstand stimmt der in der Vorlage erläuterten Absicht, einen »Europäischen Aktionstag des EGB« durchzuführen, zu.

e) Presseerklärung zum Kabelfernsehen
Die Kollegen *Stephan*, *Sickert* und *Drescher* diskutieren kurz über den vorgelegten Entwurf einer Presseerklärung zum Kabelfernsehen.[22]

Beschluß:
Der Bundesvorstand verabschiedet mit den diskutierten Änderungen die Presseerklärung »DGB: Auch Kabelfernsehen öffentlich-rechtlich organisieren« (s. Anlage).

f) Verabschiedung von Herrn Behnisch
Kollege *Hauenschild* fragt, ob auch die anderen Gewerkschaften eine Einladung zur Verabschiedung von Herrn Behnisch erhalten haben, und ob sie sie wahrnehmen.[23]
Kollege *Vetter* teilt mit, daß er der Einladung nicht folgen wird. Herr Behnisch wird sich in kürze persönlich beim DGB verabschieden.

17. Anträge zum Bundeskongreß

Der Bundesvorstand berät über folgende Anträge zum 11. Ordentlichen DGB-Bundeskongreß:
Recht auf Arbeit und Beschäftigungspolitik; Arbeitsrecht; Gesundheitspolitik und Krankenversicherung; Alterssicherung; Arbeitsschutz; Internationale Sozialpolitik; Arbeitsgerichtsbarkeit und Rechtsschutz sowie Weiterentwicklung des Betriebsverfassungs- und Personalvertretungsrechts.

Der europäische Aktionstag sollte deshalb unmittelbar im Umfeld dieses Datums durchgeführt werden, um den Forderungen des Grundlagenpapiers Nachdruck zu verleihen und die nationalen Regierungen sowie die Arbeitnehmerinnen und Arbeitnehmer darauf aufmerksam zu machen. Außerdem sollten die dem EGB angeschlossenen Bünde das Thema in ihren Vorbereitungen auf den 1. Mai 1978 aufgreifen. Ziel des Aktionstages sei es, »die Geschlossenheit der europäischen Gewerkschaftsbewegung gegenüber den Krisenerscheinungen und die Einheitlichkeit der gewerkschaftlichen Forderungen zur Beseitigung dieser Erscheinungen zu dokumentieren«. Vgl. [DGB-Bundesvorstand], Abt. Vorsitzender, Vorlage für die 26. Sitzung des Bundesvorstandes am 7.2.1978, hier: Europäischer Aktionstag des EGB, Düsseldorf, 3.2.1978, AdsD, DGB-Archiv, 5/DGAI000495.

22 Der DGB äußerte sich zu den Vorentscheidungen, die die Länder-Staatskanzleien zur Organisation der geplanten Kabelfernseh-Pilotprojekte getroffen hatten. Diese ermöglichten auch privaten Interessenten, in den Medien und Netzen tätig zu werden. Der DGB forderte dementgegen die Ministerpräsidenten auf, die Programmverantwortung des Kabelfernsehens öffentlich-rechtlich zu organisieren. Auch die Kabelnetze sollten in der Hand der Deutschen Bundespost liegen, um die Netzneutralität zu gewährleisten und um auszuschließen, dass die Netzbetreiber Einfluss auf die Zulassung der Netzbenutzer gewinnen konnten. Vgl. Entwurf, AdsD, DGB-Archiv, 5/DGAI000495. Zu den grundlegenden Prozessen der Liberalisierung der Telekommunikation, die dann schließlich unter der christlich-liberalen Regierung zu weitreichenden Privatisierungsprozessen führten, vgl. Metzler: »Ein deutscher Weg«; Bösch: Politische Macht.

23 Vermutlich handelte es sich um Werner Behnisch, der im Zusammenhang mit dem BDI steht.

Die Anträge Gesundheitspolitik und Krankenversicherung sowie Internationale Sozialpolitik werden unverändert angenommen. Die anderen Anträge sollen überarbeitet werden.

Der Bundesvorstand kommt überein, am Donnerstag, dem 23. Februar 1978, um 9.00 Uhr seine Beratungen über die Anträge zum 11. Ordentlichen DGB-Bundeskongreß fortzusetzen.

Ende der Sitzung: 16.55 Uhr.

Dokument 37

14. Februar 1978: Kurzprotokoll über die Außerordentliche Sitzung des Bundesvorstandes mit dem Hauptvorstand und den Landesvorsitzenden der IG Druck und Papier

Hans-Böckler-Haus in Düsseldorf; Vorsitz: Heinz O. Vetter; Protokollführung: Isolde Funke, Marianne Jeratsch; Sitzungsdauer: 18.05–19.50 Uhr; ms. vermerkt: »Vertraulich«.[1]

Ms., hekt., 2 S., 2 Anlagen.[2]
AdsD, DGB-Archiv, 5/DGAI000496.

Beginn der Sitzung: 18.05 Uhr.

Kollege *Vetter* eröffnet die Sitzung und erläutert den Grund dieser gemeinsamen Sitzung. Er erinnert an die Berichte des Kollegen Mahlein in den Bundesvorstandssitzungen im Dezember 1977 und Februar 1978 über die tarifpolitische Situation in der Druckindustrie und im Verlagsgewerbe.[3]

Dok. 37
1 Zu dieser Sitzung liegen keine Einladungsschreiben in der Akte des Vorsitzenden vor. Vgl. AdsD, DGB-Archiv, 5/DGAI000496.
2 Anlagen: Anwesenheitsliste; vgl. DGB bekräftigt Solidarität mit IG Druck und Papier, DGB-Nachrichten-Dienst, 29/78, 15.2.1978.
3 Heinz Oskar Vetter führte aus, dass die Antwort der Unternehmer auf Schwerpunktstreiks in der speziellen Situation zweier in recht geringem Abstand erfolgender Tarifauseinandersetzungen in der Druck- und Papierindustrie die Generalaussperrung sein könnte. Die Auseinandersetzungen der IG Druck und Papier um Arbeitsbedingungen unter Rationalisierungsbestrebungen könnten auch anderen Gewerkschaften bevorstehen. Vgl. Außerordentliche Sitzung des Bundesvorstandes mit dem Hauptvorstand und den Landesvorsitzenden der IG Druck und Papier am 14.2.1978, Düsseldorf, [Übertragung aus dem Stenogramm], S. 1 f., AdsD, DGB-Archiv, 5/DGAI000496. Vgl. auch Dok. 34: Kurzprotokoll der 25. Sitzung des Bundesvorstandes am 6.12.1977, TOP 8., und Dok. 36: Kurzprotokoll über die 26. Sitzung des Bundesvorstandes am 7.2.1978, TOP: »Verschiedenes«.

Die Kollegen *Mahlein, Körner, Dreßler, Gent, Baumann, Metzinger, Schüßler* und *Hensche* berichten eingehend über die inzwischen eingetretene Lage und erläutern die Forderungen und Kampfmaßnahmen der IG Druck und Papier.[4]

Die Kollegen *Vetter, Vietheer, Kluncker, Hauenschild, Loderer, Sperner, Georgi* und *Vater* bitten um weitere Informationen und geben Situationsberichte aus ihren Bereichen. Sie erklären, daß sie ohne Beschlüsse ihrer Vorstände keine bindenden Zusagen geben können.[5]

Beschluß:
Der Bundesvorstand verabschiedet eine Erklärung »DGB bekräftigt Solidarität mit IG Druck und Papier« (s. Anlage).[6]

Ende der Sitzung: 19.50 Uhr.

---

[4] Mahlein führte aus, dass die Unternehmerverbände am 8.2.1978 einem in der Redaktionskommission ausgehandelten Entwurf zustimmen könnten, was aber keine tariflichen Verbesserungen zur Folge hätte. Es sei zu Streikmaßnahmen am selben Tag in verschiedenen Städten gekommen, woraufhin am 8.2.1978 abends in 21 Städten keine Zeitungen ausgeliefert worden seien. Daraufhin wollten die Unternehmer in 72 Städten zum Mittel der totalen Aussperrung greifen. Da die Unternehmer angekündigt hatten, vom einheitlichen Branchentarifvertrag zugunsten von Firmentarifverträgen Abstand zu nehmen, hatte die IG Druck und Papier ihre Taktik geändert und den Eintritt in Verhandlungen mit Firmen um Firmentarifverträge angeboten, gleichzeitig aber auf einen bundeseinheitlichen Tarifvertrag gedrungen. Wenn bis zum 20.2.1978 das Angebot über den Eintritt in bundeseinheitliche Tarifvertragsverhandlungen abgelehnt werde, solle in fünf Betrieben die Urabstimmung über Schwerpunktstreiks eingeleitet werden. Das zu lösende Problem beschrieb Mahlein als Fortbestehen bestimmter Facharbeiterberufe wie dem des Setzers, der durch den Computersatz und die Verlagerung der typischen Facharbeitertätigkeiten auf Schreibkräfte in Gefahr gerate. Vgl. Außerordentliche Sitzung des Bundesvorstandes mit dem Hauptvorstand und den Landesvorsitzenden der IG Druck und Papier am 14.2.1978, Düsseldorf, [Übertragung aus dem Stenogramm], S. 2-5, AdsD, DGB-Archiv, 5/DGAI000496.

[5] In der Diskussion wurde betont, dass es um den Fortbestand des Setzerberufs statt seiner Ersetzung durch Schreibkräfte gehe. Dabei handele es sich um die Basis und das Gerüst der gewerkschaftlichen Organisation in der Druckindustrie. Ein anderer Punkt, um den in der Debatte gerungen wurde, war der finanzielle Rahmen zur Abdeckung von Streikmaßnahmen. Kluncker betonte die Grenzen von Kreditlinien zur Finanzierung von Streiks und dass er wie andere Gewerkschaftsvorsitzende vor Befassung der jeweils eigenen Gewerkschaftsvorstände keine Solidaritätserklärungen hinsichtlich der Finanzierung von Streiks abgeben könne. Abschließend schwor Vetter die Bundesvorstandskollegen auf eine Solidaritätserklärung ein. Ohne eine solche würde der Ausgang des Treffens als negatives Signal gegenüber der IG Druck und Papier gewertet. Vgl. Außerordentliche Sitzung des Bundesvorstandes mit dem Hauptvorstand und den Landesvorsitzenden der IG Druck und Papier am 14.2.1978, Düsseldorf, [Übertragung aus dem Stenogramm], S. 10 ff., AdsD, DGB-Archiv, 5/DGAI000496.

[6] Vgl. Anlässlich seines Treffens nahm der DGB-Bundesvorstand Bezug auf seine Erklärung vom 6.12.1977 und wiederholte seine Solidaritätsbekundung mit der IG Druck und Papier, die er in ihren Bemühungen um einen Tarifvertrag zur Sicherung der Arbeitsplätze und der Einkommen sowie um Regelungen zum Gesundheitsschutz unterstützte. Der DGB warnte die Unternehmerseite vor einer Verschärfung der Tarifauseinandersetzungen. Vgl. DGB bekräftigt Solidarität mit IG Druck und Papier, DGB-Nachrichten-Dienst, 29/78, 15.2.1978, AdsD, DGB-Archiv, 5/DGAI000496.

Dokument 38

23. Februar 1978: Kurzprotokoll über die Fortsetzung der 26. Sitzung des Bundesvorstandes

Hans-Böckler-Haus in Düsseldorf; Vorsitz: Heinz O. Vetter; Protokollführung: Isolde Funke, Marianne Jeratsch; Sitzungsdauer: 09.05–13.35 Uhr; ms. vermerkt: »Vertraulich«.[1]

Ms., hekt., 3 S., 1 Anlage.[2]
AdsD, DGB-Archiv, 5/DGAI000496.

Beginn der Sitzung: 9.05 Uhr.

Kollege *Vetter* eröffnet die Sitzung.

Er beglückwünscht die Kollegen Lothar Zimmermann und Jakob Deffner zu ihrer Wahl zum Landesbezirksvorsitzenden.

Kollege Vetter spricht den Artikel im »Spiegel« über die Sitzung des Bundesvorstandes mit Vertretern der Bundesregierung am 14.2.1978 an.[3]

Die Frage des Kollegen *Vietheer* nach Anträgen anderer Gewerkschaften zum Ladenschlußgesetz wird von den übrigen Bundesvorstandsmitgliedern verneint.

Tagesordnung:
1. Anträge an den 11. Ordentlichen DGB-Bundeskongreß
2. Verschiedenes

1. Anträge an den 11. Ordentlichen DGB-Bundeskongreß

Der Bundesvorstand diskutiert ausführlich über die Anträge des Bundesvorstandes zum 11. Ordentlichen Bundeskongreß. Zu den einzelnen Anträgen werden Änderungsvorschläge gemacht, andere werden unverändert angenommen.[4]

Dok. 38
1 Vgl. DGB-Bundesvorstand, an die Mitglieder des Bundesvorstandes, 26. Bundesvorstandssitzung, Düsseldorf, 8.2.1978. Nicht anwesend: Gerd Muhr, Günter Stephan, Herbert Stadelmaier, Rudolf Sperner, Konrad Carl, Walter Sickert. AdsD, DGB-Archiv, 5/DGAI000496.
2 Anlage: Anwesenheitsliste.
3 Bundeskanzler Helmut Schmidt und der Bundesminister für Arbeit und Sozialordnung, Herbert Ehrenberg, hatten sich am Abend des 14.2.1978 mit den Vorsitzenden der DGB-Gewerkschaften getroffen, um die Rentenreformpläne der sozial-liberalen Koalition zu diskutieren. Vgl. Kranker Gaul, in: Der SPIEGEL, 24.7., 1978.
4 Der Bundesvorstand war beim Bundeskongress antragsberechtigt. Aus diesem Grund beriet er eigene Anträge. In der Mehrzahl der Fälle handelte es sich um geringfügige redaktionelle Änderungen, die aus den in der Vorsitzenden-Akte ersichtlichen Antragsunterlagen rekonstruiert werden können. Von dieser Sitzung ist keine Übertragung aus dem Stenogramm vorhanden. Vgl. AdsD, DGB-Archiv, 5/DGAI000496.

Kollege *Kluncker* beantragt, daß der Bundesvorstand einen Antrag zur Verlängerung der Wahlperiode auf vier Jahre stellen soll. Der Bundesvorstand stimmt diesem Antrag mit einer Stimmenthaltung zu.

Beschluß:
Der Bundesvorstand beschließt, folgende Anträge der Antragsberatungskommission für den 11. Ordentlichen DGB-Bundeskongreß zuzuleiten:
Spanien
Multinationale Konzerne
Weltwirtschaftsordnung
Menschenrechte und Gewerkschaftsfreiheit
Europäischer Gewerkschaftsbund
Direktwahlen zum Europäischen Parlament
Internationale gewerkschaftliche Solidarität
Entschließung zur Entspannung, Abrüstung und zum Frieden in der Welt
Südafrika
Grundsatzprogramm
Anti-gewerkschaftliche Tendenzen
Humanisierung der Arbeit
Vermögenspolitik/Sparförderung
Mitbestimmung in Unternehmen und in der Wirtschaft
Arbeitsstrukturierung und Gruppenarbeit
Wissenschaft und Forschung
Forschungsprogramm der Bundesregierung zur Humanisierung des Arbeitslebens
Recht auf Arbeit
Arbeitsrecht
Gesundheitspolitik und Krankenversicherung
Alterssicherung
Arbeitsschutz
Internationale Sozialpolitik
Arbeitsgerichtsbarkeit
Weiterentwicklung des Betriebsverfassungs- und des Personalvertretungsrechts
Unterricht für Kinder ausländischer Arbeitnehmer
Integrierte Gesamtschule
Pädagogisch vertretbare Klassenstärken in der Grundschule
Novellierung des Hochschulrahmengesetzes (HRG)
Berufliche Bildung
Koordinierung der Tarifpolitik
Fortsetzung der aktiven Tarifpolitik
Wirtschaftspolitik
Wettbewerbs- und Verbraucherpolitik
Bau von Kernkraftwerken – Kernenergie – Umweltschutz
Steuer- und Finanzpolitik

Datenschutz
Wohnungs- und Städtebaupolitik
Öffentlich-rechtliches Rundfunk-System
Satzung § 7,2 – § 11,5 – § 12,4 (Wahlperiode)[5]

2. Verschiedenes

Auf die Frage des Kollegen *Georgi* nach der Wahl der Anteilseigner für den Aufsichtsrat der Neuen Heimat sagt Kollege *Vetter* zu, die Frage der Kandidatenliste umgehend zu prüfen. Die Einhaltung der notwendigen Termine wird berücksichtigt.

Kollege *Hauenschild* möchte wissen, wie der DGB und die anderen Gewerkschaften auf die Bitte der August-Schmidt-Stiftung um eine Spende reagieren werden.[6]

Kollege *Vetter* sagt eine Überprüfung und Information des Bundesvorstandes zu.[7]

Ende der Sitzung: 13.35 Uhr.

Dokument 39

7. März 1978: Kurzprotokoll über die 27. Sitzung des Bundesvorstandes

Hans-Böckler-Haus in Düsseldorf; Vorsitz: Heinz O. Vetter; Protokollführung: Isolde Funke, Marianne Jeratsch; Sitzungsdauer: 10.10–14.40 Uhr; ms. vermerkt: »Vertraulich«.[1]

Ms., hekt., 11 S., 1 Anlage.[2]
AdsD, DGB-Archiv, 5/DGAI000496.

Beginn der Sitzung: 10.10 Uhr.

Kollege *Vetter* eröffnet die 27. Sitzung des Bundesvorstandes in Düsseldorf.

---

5   Vgl. allgemein zu den Anträgen: DGB: 11. Bundeskongreß 1978.
6   Bei der August-Schmidt-Stiftung handelt es sich um eine privatrechtliche Stiftung der IG BE, die diese 1962 anlässlich des Grubenunglücks am 7.2.1962 in der Grube Luisenthal im Saarland, bei dem 299 Bergleute ums Leben kamen, gegründet hatte. Stiftungszweck war die Unterstützung von Waisen von verunglückten Bergleuten in ihrer Ausbildung. 1967 wurde die Unterstützung auf Waisen, deren Väter an Unfallfolgen oder Silikose verstorben waren, erweitert. Vgl. August-Schmidt-Stiftung: 50 Jahre im Dienste von Waisen.
7   Vgl. Dok. 39: Kurzprotokoll über die 27. Sitzung des Bundesvorstandes am 7.3.1978, TOP: »Verschiedenes«.

Dok. 39
1   Einladungsschreiben vom 8.2.1978 und Tagesordnung vom 15.2.1978. Nicht anwesend: Günter Stephan, Heinz Kluncker. AdsD, DGB-Archiv, 5/DGAI000496.
2   Anlage: Anwesenheitsliste.

Vor Eintritt in die Tagesordnung verabschiedet Kollege Vetter die Kollegen Günter Erlewein und Willi Rothe.

Tagesordnung:
1. Grundsatzprogramm
2. Genehmigung der Protokolle der 26. Bundesvorstandssitzung
3. Sozialversicherungswahlen 1980
4. a) Änderung bzw. Ergänzung der Allgemeinen Anstellungsbedingungen für die Beschäftigten des DGB
   b) Änderung der Sonderregelung für Wahlangestellte in Ziffer 2 C)
5. 11. Ordentlicher Bundeskongreß des DGB
   a) Präsidium
   b) Mandatsprüfungskommission
   c) Schriftführer
6. 11. Ordentlicher Bundeskongreß des DGB, hier: Wahl der Antragsberatungskommission
7. Bestätigung der Mitglieder der Landesbezirksvorstände
8. Ziele und Funktionen gewerkschaftlich-gemeinwirtschaftlicher Unternehmen
9. Gewerkschaft der Polizei
   a) Aufnahme in den DGB
   b) Übergangsregelung der Beitragszahlung
   c) 11. Ordentlicher Bundeskongreß des DGB, hier: Erhöhung der Delegiertenzahl bei evtl. Aufnahme der Gewerkschaft der Polizei
   d) 11. Ordentlicher Bundeskongreß des DGB, hier: Ergänzung des Delegiertenschlüssels bei evtl. Aufnahme der Gewerkschaft der Polizei
   e) Bundesausschuß
10. Einführung des Systems »Bildschirmtext« durch die Deutsche Bundespost
11. Verschiedenes
12. Bericht der Revisionskommission

1. Grundsatzprogramm

Kollege *Vetter* schlägt vor, die Beratung des Grundsatzprogramms in einer Außerordentlichen Bundesvorstandssitzung vorzunehmen.[3]

---

3 Heinz Oskar Vetter beschrieb den Verfahrensantrag zum Grundsatzprogrammentwurf. Dieser sollte am 23.2.1978 im Bundesvorstand beschlossen werden. Anschließend war das Programm dem 11. Ordentlichen Bundeskongress zur Kenntnisnahme vorzulegen. Dem sollte im DGB und in den Einzelgewerkschaften eine breite Diskussion folgen, sodass es auf einem Außerordentlichen Bundeskongress zwischen dem 11. und dem 12. Bundeskongress beschlossen werden könne. Vgl. DGB-Bundesvorstand, Heinz O. Vetter, an die Mitglieder des Bundesvorstandes, [Anschreiben zum Vorentwurf des Grundsatzprogramms], Düsseldorf, 9.2.1978; Vorentwurf für die Überarbeitung des Grundsatzprogramms des Deutschen Gewerkschaftsbundes, Düsseldorf, 30.1.1978, AdsD, DGB-Archiv, 5/DGAI000496.

In der anschließenden Diskussion, an der sich die Kollegen *Loderer, Vetter, Frister, Hauenschild, Vietheer* und *Muhr* beteiligen, erinnert Kollege *Loderer* an die Beschlüsse des Bundesvorstandes und Bundesausschusses vom Juni 1977, wonach das alte Grundsatzprogramm überarbeitet, aber kein neues erstellt werden sollte. Kollege *Hauenschild* schlägt die Erstellung einer Synopse über alten und neuen Text vor. Die Kollegen sind sich darin einig, daß ggf. dem Bundeskongreß mitgeteilt werden muß, daß die Vorarbeiten für einen Entwurf eines Grundsatzprogramms noch nicht abgeschlossen werden konnten.

Beschluß:
Der Bundesvorstand beschließt, eine Sitzung zur Beratung des Grundsatzprogramms am Samstag, dem 15. April 1978, 9.00 Uhr, in Düsseldorf durchzuführen.[4]

Es soll versucht werden, eine Synopse über alten und neuen Text des Grundsatzprogramms zu erstellen.[5]

2. Genehmigung der Protokolle der 26. Bundesvorstandssitzung

Beschluß:
Der Bundesvorstand genehmigt das Protokoll der 26. Bundesvorstandssitzung am 7.2.1978 mit folgenden Änderungen:

Auf Seite 2, zweiter Absatz, muß der letzte Satz wie folgt lauten:
»Der DGB schlägt alternativ einen Krankenkassenbeitrag der Rentner in drei Etappen ansteigend auf bis zu 5 1/2 % und eine Beitragserhöhung zur Sozialversicherung von 18 auf 18 1/2 % vor.«

Auf Seite 9, TOP 16. »Verschiedenes – a) Eisenbahnspar- und -Darlehenskasse« muß der zweite Satz wie folgt lauten:
»Bei den Eisenbahnspar- und Darlehenskassen ist die Gewerkschaft HBV Tarifpartner.«

Ferner genehmigt der Bundesvorstand das Protokoll über die Fortsetzung der 26. Bundesvorstandssitzung am 23.2.1978.[6]

---

4 Vgl. Dok. 41: Kurzprotokoll der Außerordentlichen Sitzung des Bundesvorstandes am 15.4.1978.
5 Im Gesellschaftspolitischen Ausschuss war geprüft worden, ob sich Struktur und Text des alten Programms so weit wie möglich erhalten ließen. Dies ließ sich nicht realisieren. Die neuen Teile waren im Entwurf kursiv gesetzt. Darüber hinaus lag der Außerordentlichen Bundesvorstandssitzung am 15.4.1978 eine Synopse vor. Vgl. Änderungsvorschläge zum alten Grundsatzprogramm, AdsD, DGB-Archiv, 5/DGAI000497.
6 Vgl. Dok. 36: Kurzprotokoll der 26. Sitzung des Bundesvorstandes am 7.2.1978; Dok. 38: Kurzprotokoll über Fortsetzung der 26. Sitzung des Bundesvorstandes am 23.2.1978.

3. Sozialversicherungswahlen 1980

Nach Erläuterung der Vorlage und kurzer Diskussion, an der sich die Kollegen *Muhr, Stadelmaier, Hauenschild, Loderer, Sierks, Richert* und *Vetter* beteiligen, faßt der Bundesvorstand folgenden *Beschluß*:[7]

Der Bundesvorstand empfiehlt den für die Betreuung der Sozialversicherungsträger jeweils zuständigen Stellen des DGB und der Gewerkschaften, zu prüfen, ob die Gründung von Interessengemeinschaften für die einzelnen Versicherungsträger nötig oder zweckmäßig erscheint. Gewerkschaftsmitglieder oder -funktionäre, die sich mit der Gründung und Betreuung von Interessengemeinschaften befassen sowie auf deren Vorschlagslisten kandidieren, handeln so lange nicht gegen die Interessen des DGB und seiner Gewerkschaften, wie sie die Politik und Verhaltensweisen dieser Einrichtungen mit den jeweiligen zuständigen Gewerkschaftsstellen abstimmen.

Darüber hinaus beschließt der Bundesvorstand, eine repräsentative Umfrage zum Wählerverhalten bei Sozialversicherungswahlen in Auftrag zu geben. Die Kosten hierfür sollen aus der Rücklage für die Sozialwahlen 1980 entnommen werden.[8]

4. a) Änderung bzw. Ergänzung der Allgemeinen Anstellungsbedingungen für die Beschäftigten des DGB
b) Änderung der Sonderregelung für Wahlangestellte in Ziffer 2 c)

Kollege *G. Schmidt* erläutert die Vorlage und bittet um entsprechende Beschlußfassung.[9]

In der anschließenden Diskussion, an der sich die Kollegen *van Haaren, G. Schmidt, Stadelmaier, Vetter, Muhr, Breit, Loderer, A. Schmidt, Bußjäger, Buschmann, Hauenschild,*

---

7 Gerd Muhr erinnerte an die Wahlanalysen der Sozialwahlen, die dem Bundesvorstand und dem Bundesausschuss am 4. beziehungsweise 5.3.1975 vorgelegt wurden. Vgl. von Kieseritzky: Quellen 13, Dok. 116, S. 953 f. Es hatte sich herausgestellt, dass die DAG in größerem Umfang neben ihren eigenen Wahllisten Interessengemeinschaften als eigenständige eingetragene Vereine gebildet hatte, deren Listenangehörige aus dem DAG stammten. Gerd Muhr stellte zur Diskussion, dass der DGB eine ähnliche Strategie verfolgen könne, da auch andere Sozialverbände erwögen, im Rahmen der Sozialwahlen Interessengemeinschaftslisten aufzustellen, die dann nach den Wahlen Listenverbindungen mit den jeweiligen Verbänden eingehen könnten.

8 Zu der Umfragestudie vgl. die beiden Bände der Untersuchung: Sozialwahlen. Repräsentative Untersuchung bei Angestellten, gewerblichen Arbeitnehmern, Rentnern und Hausfrauen. Durchgeführt von MARPLAN, Forschungsgesellschaft für Markt und Verbrauch, [Offenbach], 1979; Sozialwahlen. Repräsentative Untersuchung bei Angestellten, gewerblichen Arbeitnehmern, Rentnern und Hausfrauen. Kommentarband. Durchgeführt von MARPLAN, Forschungsgesellschaft für Markt und Verbrauch, [Offenbach], 1979.

9 In einer zwölfseitigen Vorlage wurden unter anderem die Vertretung der politischen Grund- und Zielvorstellungen des DGB durch die Beschäftigten eingefügt. Angestellte in Wahlämtern erreichten nach 15-jähriger Beschäftigung bei Wegfall der bisherigen Beschäftigung einen Anspruch auf Weiterbeschäftigung in einer angemessenen Stellung (ab der Altersgrenze von 45 Jahren statt der bisherigen 50 Jahre). Vgl. [DGB-Bundesvorstand], Abt. Personal, Vorlage für den Bundesvorstand und Bundesausschuss, Änderung bzw. Ergänzung der Allgemeinen Beschäftigungsbedingungen für die Beschäftigten des DGB, Änderung der Sonderregelung für Wahlangestellte des DGB, Düsseldorf, 4.1.1978, AdsD, DGB-Archiv, 5/DGAI000496.

Sickert und die Kollegin *Weber* beteiligen, wird der § 26, Ziffer 4 (Kündigung), erörtert. Man stimmt überein, daß über diesen Vorschlag noch einmal mit dem Gesamtbetriebsrat beraten werden muß.

Beschluß:
Der Bundesvorstand ist mit der Änderung bzw. Ergänzung der Allgemeinen Anstellungsbedingungen für die Beschäftigten des DGB mit Ausnahme der Ziffer 4 des § 26 sowie der Sonderregelung für Wahlangestellte in Ziffer 2 c) entsprechend den vorgelegten Vorschlägen einverstanden. Nach Klärung der Ziffer 4 und erneuter Beratung im Bundesvorstand soll der gesamte Vorschlag dem Bundesausschuß zur Bestätigung gemäß § 8 Abs. 3 i) der Satzung vorgelegt werden.

5. 11. Ordentlicher Bundeskongreß des DGB

a) Präsidium
Nach kurzer Diskussion, an der sich die Kollegen *Vetter, Vietheer, Frister, Sierks* und die Kollegin *Weber* beteiligen, faßt der Bundesvorstand folgenden *Beschluß*:
Der Bundesvorstand wird dem Bundeskongreß vorschlagen, die Kollegin Annelies Hoppe sowie die Kollegen Jan Sierks und Heinz O. Vetter in das Präsidium zu wählen.[10]

b) Mandatsprüfungskommission
Beschluß:
Der Bundesvorstand ist damit einverstanden, daß folgende Gewerkschaften um Benennung je eines(r) Delegierten für die Mandatsprüfungskommission gebeten werden:
IG Bau-Steine-Erden
IG Bergbau und Energie
IG Chemie-Papier-Keramik
Gew[erkschaft] Kunst
Gew[erkschaft] Leder
IG Metall
Gew[erkschaft] Nahrung-Genuß-Gaststätten
Gew[erkschaft] Öffentliche Dienste, Transport und Verkehr
Deutsche Postgewerkschaft
Gew[erkschaft] Textil-Bekleidung

---

10 Vgl. [DGB-Bundesvorstand], Abt. Organisation, Karl Schwab, an die Mitglieder des Geschäftsführenden Bundesvorstandes und des Bundesvorstandes, 11. Ordentlicher Bundeskongreß des Deutschen Gewerkschaftsbundes, Präsidium, Mandatsprüfungskommission, Schriftführer, Düsseldorf, 11.1.1978, AdsD, DGB-Archiv, 5/DGAI000496.

c) Schriftführer
Beschluß:
Der Bundesvorstand ist damit einverstanden, daß folgende Gewerkschaften um die Benennung je eines(r) Delegierten als Schriftführer gebeten werden:
  IG Druck und Papier
  Gew[erkschaft] der Eisenbahner Deutschlands
  Gew[erkschaft] Erziehung und Wissenschaft
  Gew[erkschaft] Gartenbau, Land- und Forstwirtschaft
  Gew[erkschaft] Handel, Banken und Versicherung
  Gew[erkschaft] Holz und Kunststoff

6. 11. Ordentlicher Bundeskongreß des DGB, hier: Wahl der Antragsberatungskommission

Beschluß:
Der Bundesvorstand wählt gemäß § 7, Ziffer 9 der Satzung des DGB die folgenden Delegierten der Gewerkschaften und Industriegewerkschaften in die Antragsberatungskommission:[11]

IG Bau-Steine-Erden	Konrad Carl
IG Bergbau und Energie	Heinz-Werner Meyer
IG Chemie-Papier-Keramik	Paul Plumeyer
IG Druck und Papier	Detlef Hensche
Gew[erkschaft] der Eisenbahner Deutschlands	Helmut Bänker
Gew[erkschaft] Erziehung und Wissenschaft	Frank von Auer
Gew[erkschaft] Gartenbau, Land- u. Forstwirtschaft	Josef Rothkopf
Gew[erkschaft] Handel, Banken u. Versicherungen	Ulrich Pagelsdorff
Gew[erkschaft] Holz und Kunststoff	Karlheinz Schwark
Gew[erkschaft] Kunst	Heinz Ratajczak
Gew[erkschaft] Leder	Helmut Teitzel
IG Metall	Hans Mayr
	Georg Benz
Gew[erkschaft] Nahrung-Genuß-Gaststätten	Günter Döding
Gew[erkschaft] Öffentliche Dienste, Transport und Verkehr	Siegfried Bußjäger
	Reinhold Heise
Deutsche Postgewerkschaft	Anselm Wilhelm
Gew[erkschaft] Textil-Bekleidung	Wilhelm Werner

---

11 Vgl. [DGB-Bundesvorstand], Abt. Organisation, Karl Schwab, an die Mitglieder des Bundesvorstandes, 11. Ordentlicher Bundeskongreß, Wahl der Antragsberatungskommission, Düsseldorf, 24.2.1978, AdsD, DGB-Archiv, 5/DGAI000496.

7. Bestätigung der Mitglieder der Landesbezirksvorstände

Kollege *Vetter* bittet um Zustimmung zu der Vorlage und weist auf die besondere Situation in Berlin hin.[12]

Kollege *Sickert* erläutert die Hintergründe der Landesbezirkskonferenz Berlin und teilt mit, daß für die Wahl des dritten hauptamtlichen Vorstandsmitgliedes am 18. April 1978 eine Außerordentliche Landesbezirkskonferenz stattfinden wird.

Nach kurzer Diskussion, an der sich die Kollegen *Vetter, Sickert, Sierks, Hauenschild, Heiß* und die Kollegin *Weber* beteiligen, faßt der Bundesvorstand folgenden *Beschluß*:

Der Bundesvorstand empfiehlt dem Bundesausschuß, die in den vorgelegten Listen aufgeführten neu gewählten und benannten Kolleginnen und Kollegen gemäß § 8, Ziffer 3, Buchstabe e), der Satzung des DGB als Mitglieder der Landesbezirksvorstände Baden-Württemberg, Bayern, Berlin, Hessen, Niedersachsen, Nordmark, Nordrhein-Westfalen, Rheinland-Pfalz und Saar zu bestätigen.

8. Ziele und Funktionen gewerkschaftlich-gemeinwirtschaftlicher Unternehmen

Da die Beratungen über dieses Papier noch nicht abgeschlossen werden konnten, schlägt Kollege *Vetter* vor, dies dem Bundeskongreß entsprechend mitzuteilen. Die Beratungen würden nach dem Bundeskongreß zügig fortgesetzt werden.

Beschluß:
Der Bundesvorstand ist mit dieser Verfahrensweise einverstanden.[13]

9. Gewerkschaft der Polizei

a) Aufnahme in den DGB

Kollege *Vetter* erläutert die Vorlage und teilt mit, daß sich die ÖTV bereit erklärt hat, ihren Mitgliedern im Bundesausschuß zu empfehlen, sich bei der Abstimmung über die Aufnahme der Gewerkschaft der Polizei in den DGB der Stimme zu enthalten.[14]

---

12 Vgl. [DGB-Bundesvorstand], Abt. Organisation, an die Mitglieder des Geschäftsführenden Bundesvorstandes, Bundesvorstandes und Bundesausschusses, Bestätigung der Mitglieder Landesbezirksvorstände, Düsseldorf, 27.2.1978, AdsD, DGB-Archiv, 5/DGAI000496.
13 Vgl. Dok. 49: Kurzprotokoll über die 5. Sitzung des Bundesvorstandes am 7.11.1978, TOP 12.
14 Vgl. [DGB-Bundesvorstand, Abt. Organisation], Karl Schwab, an die Mitglieder des Bundesvorstandes und Bundesausschusses, Düsseldorf, 6.3.1978; Gewerkschaft der Polizei, Gewerkschaftsvorstand, an den Bundesvorstand des Deutschen Gewerkschaftsbundes, Antrag auf Aufnahme der Gewerkschaft der Polizei in den Deutschen Gewerkschaftsbund, Hilden, 1.3.1978, AdsD, DGB-Archiv, 5/DGAI000496.

Beschluß:
Der Bundesvorstand empfiehlt dem Bundesausschuß, der Aufnahme der Gewerkschaft der Polizei in den DGB mit Wirkung vom 1. April 1978 zuzustimmen.[15]

b) Übergangsregelung der Beitragszahlung
Die Kollegen *Vetter* und *Vater* erläutern die Vorlage und bitten um entsprechende Beschlußfassung.[16]
Kollege *Bußjäger* erklärt, daß die Bundesausschußmitglieder der ÖTV gegen diese Vorlage stimmen werden, und erläutert die Gründe.
Nach kurzer Diskussion, an der sich die Kollegen *Vetter, Bußjäger, A. Schmidt, Breit, Stadelmaier, Vater, van Haaren, Buschmann* und *Hauenschild* beteiligen, faßt der Bundesvorstand folgenden *Beschluß*:
Der Bundesvorstand empfiehlt dem Bundesausschuß, der Übergangsregelung der Beitragszahlung der Gewerkschaft der Polizei entsprechend der Vorlage vom 7. März 1978 zuzustimmen.

c) 11. Ordentlicher Bundeskongreß des DGB, hier: Erhöhung der Delegiertenzahl bei evtl. Aufnahme der Gewerkschaft der Polizei
Beschluß:
Falls der Bundesausschuß die Aufnahme der Gewerkschaft der Polizei beschließt, empfiehlt der Bundesvorstand dem Bundesausschuß, die Anzahl der Delegierten des 11. Ordentlichen Bundeskongresses auf 504 festzulegen.[17]

---

15 Der Bundesausschuss beschloss die Aufnahme der GdP in seiner Sitzung am 8.3.1978 bei Enthaltung der Stimmen der ÖTV, die mit ihrem Anspruch auf die Vertretung der Polizistinnen und Polizisten mit der GdP konkurrierte. Vgl. Protokoll über die 11. Sitzung des Bundesausschusses am 8.3.1978, AdsD, DGB-Archiv, 5/DGAI000418.
16 Da die Finanzhoheit der GdP bei den Landesbezirken lag und die Änderung der Beitragszahlung einen satzungsändernden Beschluss dargestellt hätte, bat die GdP um eine Übergangsregelung, der zufolge sie für das Jahr 1982 und alle folgenden Jahre ihren Beitrag zum Solidaritätsfonds des DGB gemäß der jeweils gültigen DGB-Satzung entrichtete. Der Beitrag zum DGB errechnete sich dem Beitragsanteil entsprechend, der an den Hauptvorstand gezahlt wurde (3,30 DM je Mitglied monatlich), wovon 12 % an den DGB abgeführt werden mussten (0,40 DM je Mitglied monatlich). Bei 140.000 Mitgliedern hatte die GdP somit 672.000 DM im Jahr zu entrichten. Vgl. [DGB-Bundesvorstand], Abt. Finanzen, Vorlage für den Bundesvorstand und den Bundesausschuß, Übergangsregelung der Beitragszahlung der Gewerkschaft der Polizei (GdP), Düsseldorf, 7.3.1978, AdsD, DGB-Archiv, 5/DGAI000496.
17 Vgl. [DGB-Bundesvorstand], Abt. Organisation, an die Mitglieder des Geschäftsführenden Bundesvorstandes, des Bundesvorstandes und Bundesausschusses, 11. Ordentlicher Bundeskongreß des DGB, Erhöhung der Delegiertenzahl bei evtl. Aufnahme der Gewerkschaft der Polizei, Düsseldorf, 21.2.1978, AdsD, DGB-Archiv, 5/DGAI000496.

d) 11. Ordentlicher Bundeskongreß des DGB
hier: Ergänzung des Delegiertenschlüssels bei evtl. Aufnahme der Gewerkschaft der Polizei

Beschluß:
Falls der Bundesausschuß nach einer evtl. Aufnahme der Gewerkschaft der Polizei auch Beschluß über die Erhöhung der Delegiertenzahl des 11. Ordentlichen Bundeskongresses faßt, beschließt der Bundesvorstand vorsorglich, daß die Gewerkschaft der Polizei zehn Delegierte zum 11. Ordentlichen Bundeskongreß entsenden kann.[18]

e) Bundesausschuß
Kollege *Vetter* teilt mit, daß die Gewerkschaft der Polizei für die letzte Sitzung des Bundesausschusses vor dem Bundeskongreß vier Mitglieder entsenden kann. Nach dem Bundeskongreß wird die Zahl der 100 Bundesausschußmitglieder neu auf die Gewerkschaften aufgeteilt.

10. Einführung des Systems »Bildschirmtext« durch die Deutsche Bundespost

Kollege *Vetter* verweist auf die Vorlage und bittet um Zustimmung.[19]

Kollege *Breit* regt an, daß sich die Arbeitsgruppe auch mit der Frage beschäftigen soll, ob der DGB oder Einzelgewerkschaften auch als Anbieter auftreten können.

Beschluß:
1. Der Bundesvorstand macht sich die Einschätzung zu eigen, nach der von den neuen Kommunikationstechnologien, speziell von »Bildschirmtext«, erhebliche Rationalisierungswirkungen ausgehen können. Angesichts dieser Gefahren für

---

18 Vgl. [DGB-Bundesvorstand], Abt. Organisation, an die Mitglieder des Bundesvorstandes, 11. Ordentlicher Bundeskongreß des DGB, Ergänzung des Delegiertenschlüssels bei evtl. Aufnahme der Gewerkschaft der Polizei, Düsseldorf, 21.2.1978, AdsD, DGB-Archiv, 5/DGAI000496.

19 Die Deutsche Bundespost betrieb zu dieser Zeit die Entwicklung des Systems Bildschirmtext mit großem Nachdruck. Im Bundespostministerium wurde eine Projektgruppe eingerichtet, an der Verbände und Institutionen partizipieren sollten, um mögliche Anwendungsbereiche zu erörtern. Eine weitere Projektgruppe sollte die technischen Fragen untersuchen sowie eine interministerielle Arbeitsgruppe die juristischen Fragen behandeln. Die neuen Textübermittlungsarten und die verbundenen Speicher- und Datenverarbeitungstechniken weckten das Interesse des DGB aufgrund der mit ihnen verbundenen Rationalisierungsmöglichkeiten in den verschiedenen Gewerben und Dienstleistungssektoren. So wurde die Nutzung der Dienste im Presse- und Rundfunkwesen, im Bankensektor, Versandhandel, in der Reisebranche, den Versicherungen und bei der Bundespost selbst im DGB diskutiert und entsprechende gewerkschaftliche Interventionsmöglichkeiten verhandelt. Vgl. DGB-Bundesvorstand, Heinz O. Vetter und Günter Stephan, an die Mitglieder des Bundesvorstandes, Einführung des Systems »Bildschirmtext« durch die Deutsche Bundespost, Düsseldorf, 8.2.1978; [DGB-Bundesvorstand], Abt. Vorsitzender und Abt. Werbung – Medienpolitik, Vorlage für den Bundesvorstand, Bildschirmtext, Düsseldorf, 8.2.1978; [DGB-Bundesvorstand], Abt. Gesellschaftspolitik, Neue Kommunikationstechnologie und Gewerkschaften – eine Situationsskizze, Düsseldorf, 2.1.1978, AdsD, DGB-Archiv, 5/DGAI000496. Schuhmann: Der Traum vom perfekten Unternehmen; Metzler: »Ein deutscher Weg«, hier 165 f.

zahlreiche Arbeitsplätze in Industrie- und Dienstleistungsbranchen beansprucht der DGB, von vornherein bei den Planungen der Bundespost bezüglich »Bildschirmtext« angemessen beteiligt zu werden.
2. Angesichts der medienpolitisch noch umstrittenen Ausrichtung des künftigen Systems »Bildschirmtext« fordert der DGB die Bundesregierung auf, den weiteren Ausbau dieses Systems und anderer neuer Kommunikationstechnologien nicht überstürzt voranzutreiben. Vor einer Weichenstellung über eher kommerzielle oder andere Nutzungen der neuen Kommunikationssysteme sollte erst gründlich und unter gleichberechtigter Beteiligung der Gewerkschaften ein möglicher und wünschenswerter Bedarf erörtert werden.
3. Der Bundesvorstand setzt eine Arbeitsgruppe – bestehend aus Vertretern der Bundesvorstandsverwaltung, der Gewerkschaften und Industriegewerkschaften sowie des WSI – ein, die baldmöglichst zu folgenden Fragen Lösungsvorschläge entwickeln und zur Beschlußfassung an den Bundesvorstand weiterleiten soll:
   a) Analyse des Systems »Bildschirmtext« und anderer neuer Kommunikationstechnologien hinsichtlich ihrer künftig möglichen Rationalisierungswirkungen;
   b) Prüfung der medienpolitischen Bedeutung von Bildschirmtext und anderen neueren Kommunikationstechnologien hinsichtlich der Zuordnung zum öffentlich-rechtlich verfaßten Rundfunksystem;
   c) Prüfung eines möglichen Bedarfs an neuen Kommunikationstechnologien aus der Sicht der Arbeitnehmer;
   d) Entwicklung von Vorschlägen zur Durchsetzung der gewerkschaftlichen Vorstellungen zum System »Bildschirmtext«.
Ferner soll sich die Arbeitsgruppe mit der Frage beschäftigen, ob der DGB oder Einzelgewerkschaften auch als Anbieter auftreten können.

11. Verschiedenes

a) August-Schmidt-Stiftung
Kollege *Vetter* spricht die am 8. Mai 1978 stattfindenden Veranstaltungen zum 100. Geburtstag von August Schmidt sowie das Spendenersuchen der August-Schmidt-Stiftung an. Es soll eine Projektforschung im Rahmen der Hans-Böckler-Stiftung durchgeführt werden.[20]
Kollege *A. Schmidt* berichtet über die Aufgaben und die augenblickliche Situation der August-Schmidt-Stiftung sowie über die Veranstaltungen am 8. Mai 1978.

---

20 Die August-Schmidt-Stiftung ist eine 1962 gegründete privatrechtliche Stiftung der IG BE. Anlass für die Gründung war ein Grubenunglück. Ihrem Stiftungszweck zufolge unterstützte sie Waisen, die bei Grubenunglücken umgekommene Bergleute hinterließen, in deren Ausbildung. Vgl. August-Schmidt-Stiftung (Hrsg.): August-Schmidt-Stiftung. 50 Jahre im Dienste von Waisen, Bochum [2012]. Die Projektforschung der Hans-Böckler-Stiftung im Jahr 1978 konnte nicht identifiziert werden.

b) Aussagen zur Arbeitskampfsituation

Kollege *Loderer* spricht die Äußerungen des Kollegen Markmann in einer Sendung des WDR zu Fragen der politischen Schlichtung bei Arbeitskämpfen an. Er ist der Meinung, daß in einer solchen Situation keinerlei Aussagen gemacht werden sollten.

Kollege *Markmann* gibt eine Darstellung über den Verlauf des Interviews.[21]

c) Gemeinsame Sitzung Bundesvorstand/Tarifpolitischer Ausschuß
Beschluß:
Der Bundesvorstand ist damit einverstanden, eine gemeinsame Sitzung mit dem Tarifpolitischen Ausschuß am Dienstag, dem 5. September 1978, 15.00 Uhr, durchzuführen.

d) Neue Heimat
Kollege *Vetter* verweist auf seinen Brief vom 1. März 1978 und den darin enthaltenen Vorschlag zur Besetzung des Aufsichtsrates der Neue Heimat Gemeinnützig.

Kollege *Loderer* erklärt, daß die IG Metall bereit ist, entsprechend dem Vorschlag auf eines der beiden bisherigen Mandate zu verzichten.

e) Europäischer Aktionstag
Auf die Anfrage des Kollegen *Stadelmaier* erläutert Kollege *Vetter* den Beschluß des EGB, am 5. April 1978 einen Europäischen Aktionstag durchzuführen. Er teilt u. a. mit, daß Veranstaltungen im Grenzgebiet stattfinden sollen, und zwar in Limburg (Holland) mit Kollegen Vetter als Redner und in Saarbrücken mit Wim Kok. Es sollen den jeweiligen Regierungen gleichlautende Schreiben überreicht werden. Außerdem wird Kollege Vetter die Forderungen des EGB auf der Gipfelkonferenz am 8.4.1978 in Kopenhagen vortragen.[22]

---

21 Heinz Markmann, der Leiter des WSI, war am 6.3.1978 von WDR 3 zur Frage der politischen Schlichtung interviewt worden. Den Anlass bot der Streik der IG Druck und Papier. Das Interview wurde am Morgen des 7.3.1978 gesendet. Markmann hatte zur Erhaltung und Absicherung der Tarifautonomie für intensive Verhandlungen plädiert und auf die Frage nach der politischen Schlichtung erklärt, dass er diese, bevor es zur Ultima Ratio eines Streiks und zu Aussperrungsmaßnahmen komme, hinnehmen würde. Eugen Loderer betonte, dass alle sich in der Frage der Kommentierung des Streiks zurückgehalten hätten, gerade im Umfeld der Urabstimmungen der IG Druck und Papier sei dies ein Zeichen, dass die »politische Antenne« fehle. Vgl. Protokoll über die 27. Sitzung des Bundesvorstandes am 7.3.1978, Übertragung aus dem Stenogramm, S. 21, AdsD, DGB-Archiv, 5/DGAI000496.

22 Der Exekutivausschuss des EGB hatte am 29./30.11.1977 beschlossen, im ersten Halbjahr 1978 zu einem »Europäischen Aktionstag für die Vollbeschäftigung« aufzurufen. Parallel zur Überreichung eines »Grundlagenpapier[s]zur europäischen Beschäftigungspolitik« an die europäischen Regierungschefs im Verlauf des Kopenhagener Gipfeltreffens am 8.4.1978 waren europaweit Aktionen im zeitlichen Umfeld des Gipfels geplant. Das Thema sollte auch in Veranstaltungen der europäischen Gewerkschaftsbünde zum 1. Mai 1978 aufgegriffen werden. Vgl. [DGB-Bundesvorstand], Abt. Vorsitzender, Vorlage für die 26. Sitzung des Bundesvorstandes am 7.2.1978, hier: Europäischer Aktionstag des EGB, Düsseldorf, 3.2.1978, AdsD, DGB-Archiv, 5/DGAI000495.

f) Situation in der Rentenversicherung
Die Kollegen *Vetter, Hauenschild, Muhr, Buschmann, Frister* und *A. Schmidt* diskutieren über die Haltung des DGB in der Rentenversicherung. Man ist der Meinung, daß der DGB seine Auffassung in der Öffentlichkeit ausführlicher erläutern sollte. Kollege *Muhr* bittet, mit einer Veröffentlichung zu warten, bis das Gespräch des Sozialpolitischen Ausschusses mit dem Bundesarbeitsminister am 9.3.1978 stattgefunden hat. Er wird eine entsprechende Vorlage für die morgige Sitzung des Bundesausschusses erstellen.

g) Situation bei der IG Druck und Papier
Kollege *Mahlein* berichtet über die augenblickliche Lage in dem Arbeitskampf der IG Druck und Papier.[23]
Kollege *Vetter* schlägt vor, die Entwicklung der nächsten beiden Tage abzuwarten, bevor weitere Solidaritätserklärungen in der Öffentlichkeit abgegeben werden.

h) Polizeigesetz
Kollege *Wagner* bittet um ein gemeinsames Vorgehen in Sachen Polizeigesetz.

12. Bericht der Revisionskommission

Beschluß:
Der Bundesvorstand nimmt den Bericht der Revisionskommission über die am 9. Februar 1978 vorgenommene Prüfung der Bundeshauptkasse zur Kenntnis.

Ende der Sitzung: 14.40 Uhr.

---

23 Leonhard Mahlein berichtete, dass vier Zeitungen im unbefristeten Streik seien: Süddeutsche Zeitung, Hessische Allgemeine, Rheinische Post und Westdeutsche Allgemeine Zeitung. In der Nacht vom 6. auf den 7.3.1978 seien in 25 Betrieben begrenzte Proteststreiks durchgeführt worden. Die Unternehmerseite reagierte in sämtlichen betroffenen Betrieben mit Aussperrungen, woran sich sieben Zeitungen beteiligten. Andere Zeitungen seien aus Solidarität mit den vier bestreikten Zeitungen nicht erschienen. Es erfolgten Aussperrungen, die zur Folge hatten, dass 104 Zeitungen nicht erschienen sind. Mahlein betonte, dass eine politische Schlichtung in dieser Situation fehl am Platze sei. Er hob die hohe Solidarität bei den Streikkundgebungen hervor und leitete sie aus der gegenüber einem Lohnstreik geänderten Sachlage ab. Bei dem Streik ginge es um Rationalisierungsschutz: »Arbeitsplatz. Nur darum geht es, und ich glaube, daß viele junge Menschen das verstehen.« Vgl. Protokoll über die 27. Sitzung des Bundesvorstandes am 7.3.1978, Übertragung aus dem Stenogramm, S. 21, AdsD, DGB-Archiv, 5/DGAI000496.

Dokument 40

4. April 1978: Kurzprotokoll der 28. Sitzung des Bundesvorstandes

Hans-Böckler-Haus in Düsseldorf; Vorsitz: Heinz O. Vetter; Protokollführung: Isolde Funke, Marianne Jeratsch; Sitzungsdauer: 10.10–14.05 Uhr; ms. vermerkt: »Vertraulich«.[1]

Ms., hekt., 6 S., 4 Anlagen.[2]
AdsD, DGB-Archiv, 5/DGAI000554.

Beginn der Sitzung: 10.10 Uhr.

Kollege *Vetter* eröffnet die 28. Sitzung des Bundesvorstandes in Düsseldorf.

Tagesordnung:
1. Gewerkschaft der Polizei
2. Genehmigung der Protokolle der 27. Bundesvorstandssitzung und der a[ußer]o[rdentlichen] Bundesvorstandssitzung am 14.2.1978
3. Ausbildung von DGB-Sekretären
4. Antragserledigung des 12. Ordentlichen Gewerkschaftstages der IG Metall
5. Übertragung eines Stammanteils an der VTG
6. Prüfung des Jahresabschlusses 1977 für DGB und VTG
7. Finanzplan der VTG für das Jahr 1978
8. Geschäftsbericht der VTG für 1976
9. 11. Ordentlicher Bundeskongreß, hier: Wahl eines Vertreters der Gewerkschaft der Polizei für die Antragsberatungskommission
10. 64. Internationale Arbeitskonferenz in der Zeit vom 7. bis 28. Juni 1978 in Genf
11. Verschiedenes

1. Gewerkschaft der Polizei

Kollege *Vetter* begrüßt den Kollegen Helmut Schirrmacher, der zum erstenmal an der Bundesvorstandssitzung teilnimmt, und den Geschäftsführenden Hauptvorstand

---

Dok. 40
1 Einladungsschreiben vom 15.3.1978. Nicht anwesend: Karl Schwab, Karl Buschmann, Walter Schongen, Kurt Georgi, Karl Hauenschild. AdsD, DGB-Archiv, 5/DGAI000496.
2 Anlagen: Anwesenheitsliste; Rede des Kollegen Heinz O. Vetter [über die Aufnahme der Gewerkschaft der Polizei], o. O., o. D.; Rede des Kollegen Helmut Schirrmacher [über die Aufnahme der Gewerkschaft der Polizei], o. O., o. D.; Initiativ-Antrag des Bundesvorstandes, § 5 Ziffer 2 der Satzung des DGB.

der Gewerkschaft der Polizei, den Kollege *Vetter* anläßlich des Beitritts der GdP in den DGB vorstellt. (Rede s. Anlage)³

Kollege *Schirrmacher* dankt dem Bundesvorstand und drückt die Freude in seiner Organisation über den Beitritt aus. (Rede s. Anlage)⁴

2. Genehmigung der Protokolle der 27. Bundesvorstandssitzung und der a[ußer]o[rdentlichen] Bundesvorstandssitzung am 14.2.1978

Beschluß:
Der Bundesvorstand genehmigt die Protokolle der 27. Bundesvorstandssitzung und der a[ußer]o[rdentlichen] Bundesvorstandssitzung am 14.2.1978.⁵

3. Ausbildung von DGB-Sekretären

Beschluß:
Der Bundesvorstand stellt die Beratung über diesen Tagesordnungspunkt bis zu seiner Sitzung am 2. Mai 1978 zurück.⁶

---

3   Die GdP war mit Beschluss des Bundesausschusses am 8.3.1978 in den DGB aufgenommen worden. Die ÖTV betonte Abgrenzungsschwierigkeiten mit Blick auf die Vertretung der Beschäftigten der Polizei und enthielt sich der Stimme, womit sie von ihrem satzungsgemäßen Vetorecht gegen die Aufnahme keinen Gebrauch machte. Vgl. Protokoll über die 11. Sitzung des Bundesausschusses am 8.3.1978, TOP 4., AdsD, DGB-Archiv, 5/DGAI000418. Vetter setzte in seiner Rede auch politische Akzente. Im Kontext des lang andauernden Streiks der IG Druck und Papier (1978) waren Forderungen von Politikern starkgemacht worden, die Polizei gegen die Streikenden einzusetzen. Bezug nehmend auf diese Forderungen führte Vetter aus, dass den DGB-Einzelgewerkschaften die »Sorge um die Bewahrung und Festigung der Gewerkschaftsrechte« gemeinsam sei: »Wir haben es gerade erlebt [...], wie Streiks zur Erzeugung von Weltuntergangsstimmung benutzt werden. Das Legitime, grundgesetzlich verbriefte Recht zur Arbeitsniederlegung ist die letzte und schärfste Waffe der Gewerkschaften zur Durchsetzung von Arbeitnehmerinteressen. [...] Aber wer bei jeder Streikdrohung im öffentlichen Dienst und bei jedem Zeitungsstreik die Freiheit bedroht sieht, leistet der Tarifautonomie und damit auch der freiheitlichen Verfassung einen Bärendienst.« Deshalb sei eine Einbindung der GdP ein Beitrag dazu, »[d]en Mißbrauch der bewaffneten Macht zur Verhinderung demokratisch legitimierter Gesellschaftsentwicklung endgültig zu verhindern«. Vgl. Rede des Kollegen Heinz O. Vetter, [Düsseldorf], [4.4.1978], sowie den Entwurf, AdsD, DGB-Archiv, 5/DGAI000496.

4   Helmut Schirrmacher ging auf Vetters Bedenken ein. Er erwähnte den Einsatz der Polizei bei Demonstrationen zu gesellschaftspolitisch umstrittenen Themen wie den Fahrpreis-Konflikten im ÖPNV und der Nutzung der Kernkraft. »Hingegen haben sich die Tarifauseinandersetzungen geradezu vorbildlich abgespielt. Daran haben nicht zuletzt die Gewerkschaften ihren Anteil. Streikende Arbeiter sind kein Problem der öffentlichen Ordnung. Wir sehen – wenn überhaupt – die Aufgabe der Polizei darin, den Frieden im Inneren sicherzustellen, die Voraussetzung für eine Tarifauseinandersetzung unter den berufenen Partnern ist. Vgl. Rede des Kollegen Helmut Schirrmacher, DGB-Bundesvorstand, o. O., [4.4.1978], sowie den Entwurf, AdsD, DGB-Archiv, 5/DGAI000496.

5   Vgl. Dok. 39: Kurzprotokoll über die 27. Sitzung des Bundesvorstandes am 7.3.1978 und Dok. 37: Kurzprotokoll über die Außerordentliche Sitzung des Bundesvorstandes am 14.2.1978.

6   Vgl. Dok. 42: Kurzprotokoll der 29. Sitzung des Bundesvorstandes am 2.5.1978, TOP 5.

4. Antragserledigung des 12. Ordentlichen Gewerkschaftstages der IG Metall

Kollege *Vetter* trägt den Wunsch der IG Metall vor, einem Antrag ihres 12. Ordentlichen Gewerkschaftstages zu entsprechen, und den Kolleginnen und Kollegen der Glashütte Süßmuth zu erlauben, während des kommenden DGB-Bundeskongresses ihre Produkte anzubieten.[7]

Nach kurzer Diskussion, an der sich die Kollegen *Eichhorn*, *Pfeiffer*, *Ferlemann* und *Vetter* beteiligen, faßt der Bundesvorstand folgenden *Beschluß*:

Der Bundesvorstand ist damit einverstanden, daß die Glashütte Süßmuth auf dem 11. Ordentlichen DGB-Bundeskongreß ihre Produkte anbieten kann, falls nicht eine neue Situation eintritt. Die Genehmigung gilt ausschließlich für diesen Kongreß.

5. Übertragung eines Stammanteils an der VTG

Beschluß:
Der Bundesvorstand nimmt zustimmend Kenntnis von der Übertragung des bisher vom Kollegen Alfons Lappas treuhänderisch gehaltenen Anteils von 5.000,- DM am Stammkapital der VTG auf den Kollegen Gerhard Vater.[8]

6. Prüfung des Jahresabschlusses 1977 für DGB und VTG

Beschluß:
Gemäß § 9 der Geschäftsanweisung für die Verwaltung des Treuhandvermögens vom 6. März 1973 bestellt der Bundesvorstand für die Prüfung der Jahresabschlüsse 1977 für den DGB und die VTG die ATH – Allgemeine Treuhandgesellschaft mbH, Düsseldorf, Graf-Adolf-Straße 86.[9]

---

7 Der Firmengründer Richard Süßmuth hatte die Glashütte Süßmuth in Immenhausen 1970 der Belegschaft überschrieben. Aus diesem Grund war die Glashütte für die IG Metall von besonderem Interesse. Zur Glashütte Süßmuth vgl. Mende: Arbeiterinnenselbstverwaltung? Zur zeitgenössischen Diskussion historischer Modelle der Arbeiterselbstverwaltung; sowie die Anthologie Mandel: Arbeiterkontrolle, Arbeiterräte, Arbeiterselbstverwaltung.

8 Vgl. [DGB-Bundesvorstand], Abt. Finanzen, Vorlage für den Bundesvorstand, Übertragung eines Stammanteils an der VTG, Düsseldorf, 14.3.1978, AdsD, DGB-Archiv, 5/DGAI000496.

9 Vgl. [DGB-Bundesvorstand], Abt. Finanzen, Vorlage für den Geschäftsführenden Bundesvorstand und den Bundesvorstand, Prüfung des Jahresabschlusses 1977 für DGB und VTG, Düsseldorf, 14.3.1978, AdsD, DGB-Archiv, 5/DGAI000496.

7. Finanzplan der VTG für das Jahr 1978

Beschluß:
Gemäß § 5 Absatz 2 der Geschäftsanweisung für die Verwaltung des Treuhandvermögens vom 6.3.1973 stimmt der Bundesvorstand dem Finanzplan der VTG für das Jahr 1978 zu.[10]

8. Geschäftsbericht der VTG für 1976

Beschluß:
Gemäß § 10 Absatz 3 der Geschäftsanweisung für die Verwaltung des Treuhandvermögens vom 6.3.1973 nimmt der Bundesvorstand den Geschäftsbericht der VTG für das Jahr 1976 zur Kenntnis.[11]

9. 11. Ordentlicher Bundeskongreß, hier: Wahl eines Vertreters der Gewerkschaft der Polizei für die Antragsberatungskommission

Beschluß:
Der Bundesvorstand wählt in Ergänzung seiner Wahl vom 7. März 1978 den Kollegen Günter Schröder als Vertreter der Gewerkschaft der Polizei in die Antragsberatungskommission.[12]

10. 64. Internationale Arbeitskonferenz in der Zeit vom 7. bis 28. Juni 1978 in Genf

Beschluß:
Der Bundesvorstand benennt folgende Vertretung des DGB als Arbeitnehmerdelegation für die 64. Internationale Arbeitskonferenz:
Delegierter: Gerd Muhr
Zu TOP 1.
»Informationen und Berichte über die Anwendung der Übereinkommen und Empfehlungen«: Michael Schoden, DGB-BV

---

10 Vgl. [DGB-Bundesvorstand], Abt. Finanzen, Vorlage für den Geschäftsführenden Bundesvorstand und den Bundesvorstand, Finanzplan der VTG für das Jahr 1978; Vermögensverwaltungs- und Treuhand-Gesellschaft des DGB mbH, Düsseldorf, Finanzplan 1978, AdsD, DGB-Archiv, 5/DGAI000496.
11 Vermögensverwaltungs- und Treuhand-Gesellschaft des DGB mbH, Düsseldorf, Geschäftsbericht 1976, AdsD, DGB-Archiv, 5/DGAI000496.
12 Vgl. [DGB-Bundesvorstand], Abt. Organisation, an die Mitglieder des Bundesvorstandes, Ordentlicher Bundeskongreß, Wahl eines Vertreters der Gewerkschaft der Polizei für die Antragsberatungskommission, Düsseldorf, 3.4.1978, AdsD, DGB-Archiv, 5/DGAI000496.

Zu TOP 2. »Arbeitsverwaltung: Aufgaben, Befugnisse und Organisation (2. Beratung)«:
Edmund Duda, DGB-BV
Dr. Ursula Engelen-Kefer, DGB-BV
Zu TOP 3. »Vereinigungsfreiheit und Verfahren zur Festlegung der Beschäftigungsbedingungen im öffentlichen Dienst (2. Beratung)«:
Franz Winkler, Hauptvorstand der Gew[erkschaft] ÖTV
Gerhard Schmidt, DGB-BV
Zu TOP 4. »Revision des Übereinkommens 32: Unfallschutz der Hafenarbeiter (abgeänderter Wortlaut) aus dem Jahre 1932«:
Erich Rumpel, Hauptvorstand der Gew[erkschaft] ÖTV
Zu TOP 5. »Arbeitszeit und Ruhezeit im Straßentransport«:
Kurt Haussig, Hauptvorstand der Gew[erkschaft] ÖTV
Dolmetscher und Berater: Harald Simon, DGB-BV

11. Verschiedenes

a) Antrag 208 »Satzung § 5 Solidaritätsfonds« der IG Druck und Papier an den 11. Ordentlichen DGB-Bundeskongreß

Die Kollegen *Vetter, Ferlemann, Sperner, Vater, Kluncker, Stadelmaier, van Haaren, Vietheer, Schirrmacher* und die Kollegin *Hoppe* diskutieren über den Antrag 208 der IG Druck und Papier.[13]

Beschluß:
Der Bundesvorstand empfiehlt der IG Druck und Papier, ihren Antrag 208 »Satzung § 5 Solidaritätsfonds« zurückzuziehen.
Der Bundesvorstand stimmt dem Initiativantrag »§ 5 Ziffer 2 der Satzung des Deutschen Gewerkschaftsbundes« zu (s. Anlage).

b) Antrag 203 »Gegen den Abbau demokratischer Rechte« der IG Druck und Papier an den 11. Ordentlichen DGB-Bundeskongreß

Die Kollegen *Vetter, Kluncker, Ferlemann, Schwab, Stadelmaier, Schirrmacher, G. Schmidt* und die Kollegin *Hoppe* diskutieren über den Antrag 203 der IG Druck und Papier.[14]

---

13 In dem Antrag hatte die IG Druck und Papier auch vor dem Hintergrund der eigenen Streikerfahrungen im Druckstreik 1978 und den Erfahrungen der IG Metall im Streik des Winters 1977/78 die Erhöhung des seit 1949 unverändert bei 0,15 DM je Mitglied liegenden Beitrags zum Solidaritätsfonds des DGB gefordert. 1950 habe er noch 1,75 % des Beitragsaufkommens der DGB-Einzelgewerkschaften ausgemacht, ihr prozentualer Anteil lag 1976 nur noch bei 0,42 % des Beitragsaufkommens. Vgl. Antrag 208, AdsD, DGB-Archiv, 5/DGAI000496.

14 Dem Antrag zufolge sollte der DGB »[e]ine breite Kampagne der organisierten Arbeitnehmerschaft gegen den Abbau demokratischer Rechte [...] und den Missbrauch des Grundgesetzes« einleiten. Angesichts der Krise versuchten konservative Kräfte aus den wirtschaftlichen Schwierigkeiten und der anhaltenden Arbeitslosigkeit Kapital zu schlagen, um mittels Aussperrung die Arbeitnehmer und die Gewerkschaften

Beschluß:
Der Bundesvorstand kommt überein, der Antragsberatungskommission zu empfehlen, den Antrag 203 dem Bundeskongreß unverändert vorzulegen. Der Bundesvorstand lehnt den Antrag als solchen ab und wird zu den angesprochenen Problemen einen Initiativantrag unterbreiten.[15]

c) Sitzung des Bundesvorstandes mit dem Bundesjugendausschuß am 12. April 1978

Die Kollegen *Vietheer*, *Vetter*, van *Haaren*, *Schwab*, *Kluncker*, *Breit* und die Kollegin *Weber* diskutieren über die für den 12. April 1978 vorgesehene Sitzung des Bundesvorstandes mit dem Bundesjugendausschuß. Es wird die Auffassung vertreten, daß vor der gemeinsamen Sitzung mit dem Bundesjugendausschuß eine Abstimmung im Bundesvorstand, insbesondere mit der IG Metall, erfolgen sollte.[16]

Beschluß:
Der Bundesvorstand beschließt, die gemeinsame Sitzung mit dem Bundesjugendausschuß auf einen späteren Zeitpunkt zu verschieben. Der Termin 12.4.1978 soll nach Möglichkeit für eine Sitzung des Bundesvorstandes beibehalten werden.[17]

d) Internationale Manifestation, Köln, 22. April 1978

Die Kollegen *Vetter*, *Kluncker*, *Sierks*, *G. Schmidt*, *Stadelmaier* und *Lehlbach* diskutieren über ein an die ÖTV und andere Gewerkschaften gerichtetes Schreiben der »Internationalen Manifestation« und damit zusammenhängende Fragen des Rechtsextremismus.[18]

Beschluß:
Der Bundesvorstand kommt überein, daß Kollege Vetter an den Bundeskanzler ein Schreiben richtet mit der Bitte, den DGB eingehend zu informieren. Danach wird sich der Bundesvorstand erneut mit der Angelegenheit befassen.

---

in ihrer Existenz zu treffen. Der Vorwurf der Verfassungsfeindlichkeit werde auch gegen Arbeitnehmer und in der privaten Wirtschaft angeführt, und es hielten Verdächtigungen und politische Einschüchterung bis hin zur Praxis der Gesinnungsprüfung in den Betrieben Einzug, so die Antragsbegründung. Vgl. Antrag 203 der IG Druck und Papier, Gegen den Abbau demokratischer Rechte, Neufassung, AdsD, DGB-Archiv, 5/DGAI000496.

15 Vgl. Initiativantrag I 2, Gegen den Abbau demokratischer Rechte, Heinz Kluncker und Genossen, in: DGB: 10. Bundeskongreß 1975, S. 480.
16 Die gemeinsame Sitzung fand schließlich am 5.12.1978 statt. Zur Jugendarbeit der IG Metall vgl. Andresen: Gebremste Radikalisierung.
17 Der Termin für die Außerordentliche Sitzung des Bundesvorstandes wurde schließlich vom 12. auf den 15.4.1978 verlegt. In der Sitzung wurde der Entwurf des Grundsatzprogramms beraten. Vgl. Dok. 41: Kurzprotokoll der Außerordentlichen Sitzung des Bundesvorstandes am 15.4.1978.
18 Die internationale Manifestation gegen Rechtsextremismus fand am 22.4.1978 in Köln statt. An ihr nahmen nach Veranstalterangaben bis zu 30.000 Teilnehmerinnen und Teilnehmer teil, darunter 3.000 ehemalige Widerstandskämpferinnen und Widerstandskämpfer gegen den Nationalsozialismus. Anlass war der vorausgegangene 45. Jahrestag der Machtübertragung an die Nationalsozialisten am 30. Januar 1978.

e) Anträge der Gewerkschaften NGG und GTB zur Abführung der Aufsichtsratstantiemen

Kollege *Vietheer* bittet um kurze Beratung am 15.4.1978 über die von den Gewerkschaften NGG und GTB an den 11. Ordentlichen DGB-Bundeskongreß gestellten Anträge zur vollständigen Abführung der Aufsichtsratstantiemen. Er ist der Meinung, dies müßte vorher im Bundesvorstand abgestimmt werden.

Kollege *Vetter* teilt mit, daß bereits darüber diskutiert worden ist. Es soll mit den beiden Gewerkschaften gesprochen werden.

Kollege *Stadelmaier* erklärt, daß der Antrag so zu verstehen ist, daß der alte Kongreßbeschluß, Abführung an die Hans-Böckler-Stiftung, weiterhin seine Gültigkeit behält und der verbleibende Rest der Aufsichtsratstantiemen an die eigene Organisation abgeführt werden soll.

Ende der Sitzung: 14.05 Uhr.

Dokument 41

15. April 1978: Kurzprotokoll der Außerordentlichen Sitzung des Bundesvorstandes

Hans-Böckler-Haus in Düsseldorf; Vorsitz: Heinz O. Vetter; Protokollführung: Isolde Funke, Marianne Jeratsch; Sitzungsdauer: 09.10–12.00 Uhr; ms, vermerkt: »Vertraulich«.[1]

Ms., hekt., 3 S., 1 Anlage.[2]

AdsD, DGB-Archiv, 5/DGAI000554.

Beginn der Sitzung: 9.10 Uhr.

Kollege *Vetter* eröffnet die Außerordentliche Sitzung des Bundesvorstandes in Düsseldorf.

Tagesordnung:
1. Grundsatzprogramm
2. Bundesvorstandssitzung am 2. Mai 1978
3. Unterstützung der verfolgten tunesischen Gewerkschafter

Dok. 41
1 Vgl. DGB-Bundesvorstand, Heinz O. Vetter, an die Mitglieder des Bundesvorstandes, Bundesvorstandssitzung am 15.4.1978, Düsseldorf, 15.3.1978, AdsD, DGB-Archiv, 5/DGAI000497.
2 Anlage: Anwesenheitsliste.

1. Grundsatzprogramm

Kollege *Vetter* gibt eine Einführung in die Beratungen über das Grundsatzprogramm, die den Mitgliedern des Bundesvorstandes schriftlich vorgelegt wird.[3]

An der anschließenden Diskussion beteiligen sich die Kollegen *Frister, Vetter, Loderer, Kluncker, Muhr, Hauenschild, G. Schmidt, Fehrenbach, A. Schmidt, Vietheer, Sprenger, Buschmann, Ferlemann, Schirrmacher, Pfeiffer* und die Kollegin *Weber*.

Sie sind sich einig, daß dem Bundeskongreß keine Vorlage zum Grundsatzprogramm vorgelegt werden soll. Es wird angeregt, daß der Text des Vorentwurfs vom 30. Januar 1978 die Grundlage für Veränderungsvorschläge zum alten Grundsatzprogramm sein soll. Außerdem müßte nachvollzogen werden, Veränderungen ausgehend vom alten Grundsatzprogramm zu formulieren. Änderungsvorschläge müssen begründet werden. Es ist zu prüfen, ob der vorliegende Entwurf vom 30.1.1978 durch eine Feingliederung lesbarer gemacht werden kann. Inhaltsgleiche Wiederholungen sollen gestrichen werden.

Beschluß: Der Bundesvorstand kommt überein, dem 11. Ordentlichen DGB-Bundeskongreß keine Vorlage zum Grundsatzprogramm vorzulegen.

Die Gewerkschaften sind aufgefordert, Vorschläge schriftlich zu unterbreiten. Alle Veränderungen sind zu begründen.

Dem Bundesvorstand wird der Mündliche Geschäftsbericht des Kollegen Vetter für den 11. Ordentlichen DGB-Bundeskongreß zum Grundsatzprogramm in seiner Sitzung am 2. Mai 1978 vorgelegt werden.[4]

2. Bundesvorstandssitzung am 2. Mai 1978

Der Bundesvorstand beschließt, seine Sitzung am 2. Mai 1978 ab 10.00 Uhr durchzuführen.

3. Unterstützung der verfolgten tunesischen Gewerkschafter

Nach kurzer Diskussion, an der sich die Kollegen *Vetter, Kluncker, Vater* und *Schirrmacher* beteiligen, faßt der Bundesvorstand folgenden *Beschluß*:

Der Bundesvorstand beschließt, 10.000,– DM aus dem Haushalt des DGB für Rechtshilfe und materielle Unterstützung der verfolgten tunesischen Gewerkschafter zur Verfügung zu stellen.[5]

---

3 Das Referat ist in den Beratungsunterlagen nicht erhalten.
4 Vgl. Entwurf, Mündlicher Geschäftsbericht des Kollegen Heinz O. Vetter vor dem 11. Ordentlichen Bundeskongreß, hier: Grundsatzprogramm, o. O., o. D., AdsD, DGB-Archiv, 5/DGAI000497.
5 In Tunesien hatte der UGTT am 26.1.1978 zu einem Generalstreik zur Verteidigung der Gewerkschaftsrechte aufgerufen. Die ehemaligen Vorstandsmitglieder sowie die meisten Funktionäre, die daraufhin inhaftiert wurden, warteten zum Zeitpunkt der DGB-Entschließung, die dem Bundesvorstand vorlag,

Ferner stimmt der Bundesvorstand dem vorgelegten Entschließungsentwurf mit einigen Änderungen zu.[6]

Ende der Sitzung: 12.00 Uhr.

Dokument 42

2. Mai 1978: Kurzprotokoll der 29. Sitzung des Bundesvorstandes

Hans-Böckler-Haus in Düsseldorf; Vorsitz: Heinz O. Vetter; Protokollführung: Isolde Funke, Marianne Jeratsch; Sitzungsdauer: 10.15–13.45 Uhr; ms. vermerkt: »Vertraulich«.[1]

Ms., hekt., 8 S., 2 Anlagen.[2]
AdsD, DGB-Archiv, 5/DGAI000554.

Beginn der Sitzung: 10.15 Uhr.

Kollege Vetter eröffnet die 29. Sitzung des Bundesvorstandes in Düsseldorf.

Tagesordnung:
1. Genehmigung des Protokolls der 28. Bundesvorstandssitzung
2. Entwicklungscharta des IBFG
3. Tagesordnung für die 12. Bundesausschußsitzung am 20.5.1978
4. Ausfall der Bundesausschußsitzung am 7.6.1978
5. Ausbildung von DGB-Sekretären
6. Politisch-Sozialer Dienst GmbH Düsseldorf
7. Neubesetzung des Wirtschafts- und Sozialausschusses der Europäischen Gemeinschaften
8. Verschiedenes

---

noch auf ihr Gerichtsverfahren. Entlassene Funktionäre durften nicht mehr an ihre Arbeitsplätze zurückkehren. Der bisherige Generalsekretär der UGTT Habib Achour stand unter Anklage der Gefährdung der Staatssicherheit. Der DGB lud ihn aus Solidarität zu seinem Bundeskongress ein. Vgl. Entschließungsentwurf, o. O., o. D., AdsD, DGB-Archiv, 5/DGAI000497.
6 Vgl. ebd.
Dok. 42
1 Vgl. DGB-Bundesvorstand, Heinz O. Vetter, an die Mitglieder des Bundesvorstandes, 29. Bundesvorstandssitzung, AdsD, DGB-Archiv, 5/DGAI000497.
2 Anlagen: Anwesenheitsliste; vgl. DGB: Keine Lockerung des Anwerbestopps – keine Verschlechterung des Jugendarbeitsschutzes, DGB-Nachrichten-Dienst, 98/78, 2.5.1978.

1. Genehmigung des Protokolls der 28. Bundesvorstandssitzung

Beschluß:
Der Bundesvorstand genehmigt das Protokoll der 28. Bundesvorstandssitzung.[3]

2. Entwicklungscharta des IBFG

Kollege *Vetter* verweist auf das Papier des IBFG, mit dem sich der Geschäftsführende Bundesvorstand wegen der verspäteten Zustellung erst am 24. April 1978 beschäftigen konnte.[4] Nach Auffassung des Geschäftsführenden Bundesvorstandes weist das Papier eine Reihe von Mängeln auf, so z[um] B[eispiel], daß bei der erwarteten weltweiten Wirkung dieser Charta die nationalen Situationen bisher unberücksichtigt bleiben.[5] Da der IBFG jedoch beabsichtigt, das Papier in seiner Vorstandssitzung unmittelbar vor dem Bundeskongreß zu verabschieden, bittet Kollege *Vetter* den Bundesvorstand, über das weitere Verfahren zu beraten.

An der nachfolgenden Diskussion beteiligen sich die Kollegen *Loderer, Vetter, Buschmann, Hauenschild, Muhr, Breit, Kluncker, Georgi* und *Frister*. Die Kollegen teilen die Bedenken des Geschäftsführenden Bundesvorstandes und weisen darauf hin, daß Beratungen in ihren Vorständen über das Papier zeitlich nicht möglich waren. Andererseits muß aber die Abstimmungslage im IBFG-Vorstand berücksichtigt werden. Es wird der Vorschlag gemacht, eine Verschiebung der Abstimmung über das Papier mit dem Antrag zu versuchen, zunächst eine Analyse über die Verteilung der Rohstoffquellen in der Welt zu erstellen, die der Situation der Entwicklungsländer besser gerecht wird.

Beschluß:
Der Bundesvorstand beauftragt die Vertreter des DGB im IBFG-Vorstand, bei der Beratung über die Entwicklungscharta des IBFG unter Hinweis auf die im

---

3   Vgl. Dok. 40: Kurzprotokoll der 28. Sitzung des Bundesvorstandes am 4.4.1978.
4   Vgl. Protokoll über die 107. Sitzung des Geschäftsführenden Bundesvorstandes am 24.4.1978, TOP 3., AdsD, DGB-Archiv, 5/DGAI000242.
5   Das Papier des IBFG thematisierte eine andere Weltwirtschaftsordnung und sah sich damit im Einklang mit Beschlussfassungen der UNO-Generalversammlung 1974 und der ILO 1976. Es forderte Ansätze zu einer Wiederbelebung der Weltwirtschaft und einer Reform des Welthandels, setzte sich mit der Rolle und notwendigen Kontrolle der multinationalen Konzerne auseinander, analysierte den Wandel des Weltwährungssystems und die Ansätze in der Entwicklungshilfe und internationalen Zusammenarbeit. Konkrete Anstrengungen müssten unternommen werden, um die Arbeitsmärkte in den Entwicklungsländern anzuregen. Nur dies gewährleiste den Erfolg von Strategien zur Befriedigung von Grundbedürfnissen der Menschen in den betroffenen Ländern. Die wirtschaftliche Entwicklung solle sich auf die Märkte in den Entwicklungsländern und den Austausch zwischen den Entwicklungsländern konzentrieren. Im weiteren Argumentationsgang analysierte das Papier die neue Weltwirtschaftsordnung und diskutierte die Folgen der Aufkündigung des Währungssystems von Bretton Woods sowie die Rohstofffrage. Vgl. [DGB-Bundesvorstand], Vorsitzender, Vorlage für die 29. Sitzung des Bundesvorstandes am 2.5.1978, Düsseldorf, 24.4.1978; IBFG, Aktionsprogramm für eine weltweite Entwicklung, AdsD, DGB-Archiv, 5/DGAI000497.

Interesse der Entwicklungsländer notwendige Rohstoff-Analyse eine Vertagung der Beschlußfassung auf den Herbst d[es] J[ahres] zu erwirken. Sollte dies nicht möglich sein, sollen die DGB-Vertreter mit ihrer Zustimmung eine Erklärung über ihre Bedenken zu Protokoll geben.[6]

3. Tagesordnung für die 12. Bundesausschußsitzung am 20.5.1978

Beschluß:
Der Bundesvorstand beschließt für die 12. Bundesausschußsitzung am 20.5.1978 folgende Tagesordnung:
1. Genehmigung des Protokolls der 11. Bundesausschußsitzung
2. 11. Ordentlicher DGB-Bundeskongreß
3. Bestätigung von Landesbezirksvorstandsmitgliedern
4. Fragestunde
5. Verschiedenes[7]

4. Ausfall der Bundesausschußsitzung am 7.6.1978

Kollege *Vetter* bittet den Bundesvorstand, zu beschließen, die Sitzung des Bundesausschusses direkt nach dem Bundeskongreß am 7.6.1978 ausfallen zu lassen. Die Bundesvorstandssitzung wird aber am 6.6.1978 durchgeführt, und zwar in Recklinghausen. Es besteht die Möglichkeit, die Aufführung der Ruhrfestspiele »Der Drache« am 5.6.1978, 19.30 Uhr, zu besuchen.

Beschluß:
Der Bundesvorstand beschließt, die Sitzung des Bundesausschusses am 7.6.1978 ausfallen zu lassen. Die Sitzung des Bundesvorstandes findet am 6.6.1978 in Recklinghausen statt.[8]

---

6 Vgl. International Confederation of Free Trade Unions (Hrsg.): »Für eine neue Wirtschafts- und Sozialordnung«. Die Entwicklungscharta des IBFG zur Vorlage auf der 70. Vorstandssitzung des IBFG (Hamburg, 17. bis 19. Mai 1978), Brüssel [1978]; Die Entwicklungscharta des Internationalen Bundes Freier Gewerkschaften (IBFG) angenommen auf der 70. Vorstandssitzung des IBFG (Hamburg, 17. bis 19. Mai 1978), in: Materialien/Bundesministerium für Wirtschaftliche Zusammenarbeit, Referat Öffentlichkeitsarbeit, 1978, Heft 60, S. 13-44. Zum Zustandekommen des Kompromisses mit einer deutlichen Kritik an der Entwicklungscharta vgl. den Artikel von Jutta Kneißel aus der Grundsatzabteilung des IG-Metall-Vorstands: IBFG-Entwicklungscharta – ein Kompromiß, in: GMH 29, 1978, H. 9, S. 566-568.
7 Der Punkt »Verschiedenes« entfiel, dafür wurde der TOP: »Bericht der Revisoren« aufgenommen. Vgl. Protokoll über die 12. Sitzung des Bundesausschusses am 20.5.1978, AdsD, DGB-Archiv, 5/DGAI000418.
8 Vgl. Dok. 44: Kurzprotokoll über die 1. Sitzung des Bundesvorstandes am 6.6.1978.

5. Ausbildung von DGB-Sekretären

Kollege *G. Schmidt* und Kollegin *Weber* erläutern die Vorlage und berichten über die guten Erfolge der Ausbildungslehrgänge von DGB-Sekretären.[9] Sie weisen auf das Problem »Akademie der Arbeit« hin, über das zu einem späteren Zeitpunkt diskutiert werden sollte. Die Gewerkschaften, die keine Ausbildung betreiben, werden gebeten, sich an der Ausbildung des DGB für ihren Organisationsbereich zu beteiligen.

Nach kurzer Diskussion, an der sich die Kollegen *Schirrmacher, Muhr, Vetter, G. Schmidt, Buschmann, Breit, Hauenschild* und die Kollegin *Weber* beteiligen, nimmt der Bundesvorstand die vorgelegten Unterlagen zur Ausbildung von DGB-Sekretären zur Kenntnis.

6. Politisch-Sozialer Dienst GmbH Düsseldorf

Beschluß:
Der Bundesvorstand stimmt der Gründung der Politisch-Sozialer Dienst (psd) GmbH zu. Die VTG wird beauftragt, die Gründung durchzuführen.[10]

7. Neubesetzung des Wirtschafts- und Sozialausschusses der Europäischen Gemeinschaften

Beschluß:
Der Bundesvorstand beschließt, dem Bundeswirtschaftsministerium folgende Namensliste zur Benennung für den Wirtschafts- und Sozialausschuß der Europäischen Gemeinschaften vorzuschlagen:[11]

---

9 Die Vorlage bestand in einem differenzierten, vielseitigen Ausbildungsplan, in dem die Ausbildungsziele, der zeitliche Umfang der Ausbildung auf den verschiedenen Organisationsebenen des DGB und differenzierte Curricula, bis hin zu Einführungstexten, sehr detailliert niedergelegt wurden. Vgl. DGB-Bundesvorstand, Sitzung des Bundesvorstandes am 4.4.1978, Ausbildung von DGB-Sekretären, Düsseldorf, 16.3.1978; Informationsmappe, Ausbildung von DGB-Sekretären, o. O., o. D., AdsD, DGB-Archiv, 5/DGAI000497.

10 Beim Politisch-Sozialen Dienst (psd) handelte es sich um einen Pressedienst, den der Leiter der Pressestelle des DGB, Ulrich Preussner, in einer formal selbstständigen, aber »im Benehmen mit dem DGB-Bundesvorstand« agierenden Gesellschaft betrieb. Publiziert wurden Hintergrundmaterialien aus den Gewerkschaften und der freien Gemeinwirtschaft. Der psd erschien seit 1970. Zur Verbreitung des Dienstes wurde die Fernschreiblangwelle des Sport-Informations-Diensts genutzt. Bedient wurden insgesamt 102 Redaktionen aus Presse, Funk und Fernsehen, die diesen Informationsdienst abonniert hatten. Die Kosten wurden im Umlageverfahren von interessierten Gewerkschaften und Unternehmen aus der Gemeinwirtschaft aufgebracht. 1978 sollte die Grundlage für eine GmbH geschaffen werden, deren Stammkapital die VTG zeichnete. Vgl. [DGB-Bundesvorstand], Abt. Finanzen, Vorlage für den Bundesvorstand, Politisch-Sozialer Dienst GmbH Düsseldorf, Düsseldorf, 10.4.1978, AdsD, DGB-Archiv, 5/DGAI000497.

11 In den Wirtschafts- und Sozialausschuß der Europäischen Gemeinschaften entsandte die deutsche Seite 24 Mitglieder, von denen acht Arbeitnehmervertreter waren. Der DGB konnte sieben davon benennen, die

Mitglied	Ersatzvorschlag
Maria Weber Stellvertretende Vorsitzende des DGB	Martin Heiß Mitglied des Geschäftsführenden Bundesvorstands des DGB
Gerd Muhr Stellvertretender Vorsitzender des DGB	Günter Stephan Mitglied des Geschäftsführenden Bundesvorstands des DGB
Karl-Heinz Hoffmann Stellvertretender Vorsitzender der Gewerkschaft ÖTV	Heinrich Jacobi Ehemaliger Stellvertretender Vorsitzender der Gewerkschaft ÖTV
Alois Pfeiffer Mitglied des Geschäftsführenden Bundesvorstands des DGB	Willi Lojewski Vorsitzender der Gewerkschaft Gartenbau, Land- und Forstwirtschaft
Karl-Heinz Friedrich Abteilungsleiter für besondere Aufgaben beim Vorstand der IG Metall	Walter Schmidt Stellvertretender Leiter der Abteilung Wirtschaftspolitik beim Vorstand der IG Metall
Ursula Engelen-Kefer Referatsleiterin der Abteilung Sozialpolitik beim Bundesvorstand des DGB	Alfred Schmidt Leiter der Abteilung Sozialpolitik beim Bundesvorstand des DGB
Dietmar Cremer Referatsleiter in der Abteilung Wirtschaftspolitik beim Bundesvorstand des DGB	Karl Schwab Mitglied des Geschäftsführenden Bundesvorstandes des DGB

8. Verschiedenes

a) Abschlußbericht der Arbeitsgruppe »Vermögensbildung/Sparförderung« des DGB-Bundesvorstandes

Kollege *Vetter* erläutert die Vorlage und schildert die gegenwärtige politische Situation zum Thema Vermögenspolitik.[12] Er bittet den Bundesvorstand um Zustimmung zu dem Beschlußvorschlag.

DAG einen. Die Vorschlagsliste wurde wie vorgeschlagen beschlossen. Vgl. DGB-Bundesvorstand, Alois Pfeiffer, an die Mitglieder des Bundesvorstandes, Neubesetzung des Wirtschafts- und Sozialausschusses der Europäischen Gemeinschaften, Düsseldorf, 18.4.1978, AdsD, DGB-Archiv, 5/DGAI000497.

12 Vgl. [DGB-Bundesvorstand], Heinz O. Vetter, Abschlußbericht der Arbeitsgruppe »Vermögenspolitik/Sparförderung« des DGB-Bundesvorstandes, Düsseldorf, 20.4.1978; Arbeitsgruppe »Vermögenspolitik/Sparförderung, Bericht an den Geschäftsführenden Bundesvorstand, Düsseldorf, 5.4.1978, AdsD, DGB-Archiv, 5/DGAI000497.

Kollege *Hauenschild* berichtet über die Situation in seinem Bereich und stellt die Frage, ob die Arbeitsgruppe mit der Untersuchung des Problems Branchenfonds und Branchenfondskonstruktionen der IG Chemie-Papier-Keramik und vielleicht auch anderen Gewerkschaften eine Hilfe geben könnte.

Kollege *Kluncker* hat Bedenken, daß der eigentliche Auftrag der Arbeitsgruppe verändert und damit eine andere Ausgangssituation geschaffen wird. Er erwartet, daß veränderte Auffassungen auch deutlich klargelegt werden.

Nach kurzer Diskussion, an der sich die Kollegen *Jung, Vetter, Hauenschild, Kluncker, Loderer* und *Buschmann* beteiligen, stellt Kollege *Vetter* fest, daß mit dem vorgelegten Beschlußvorschlag nicht beabsichtigt ist, einen Vorgriff auf die Entscheidung über die Politik des DGB in Sachen Vermögenspolitik zu versuchen. Die Arbeitsgruppe soll ihre Arbeiten abschließen können, damit das Ergebnis dann im Bundesvorstand diskutiert werden kann. Sollte die politische Situation eine schnelle Stellungnahme des DGB notwendig machen, wird der Bundesvorstand rechtzeitig damit befaßt werden.

Beschluß:
Der Bundesvorstand stimmt dem Vorschlag zu, den am 6.12.1977 erteilten Auftrag an den Geschäftsführenden Bundesvorstand zu erneuern bzw. zu erweitern: Auf der Grundlage der im Abschlußbericht der Arbeitsgruppe dargestellten Positionen sollen baldmöglichst Vorschläge gegenüber dem Gesetzgeber entwickelt werden, die auf eine Änderung von Einzelbestimmungen innerhalb der Sparförderungsgesetze abzielen. Dabei soll besonders die Frage untersucht werden, ob und in welchem Umfang einzelne Sparförderungsbestimmungen einer tarifvertraglichen Gestaltbarkeit zugänglich gemacht werden sollen.

b) Mündlicher Geschäftsbericht von Kollegen Heinz O. Vetter vor dem 11. Ordentlichen Bundeskongreß, hier: Grundsatzprogramm

Kollege *Vetter* verweist auf die Vorlage und bittet, ihr inhaltlich zuzustimmen.[13]

Kollege *Kluncker* hat Zweifel, daß die in der Vorlage genannte Terminierung eingehalten werden kann. Gleichzeitig verweist er auf die 1980 stattfindenden Gewerkschaftstage. Kollege *Kluncker* schlägt vor, die Terminierung offener zu halten.

Kollege *Vetter* stellt fest, daß der Bundesvorstand im Prinzip mit dem vorgeschlagenen Text einverstanden ist. Die Ablieferungsfrist für die Diskussionsvorlage soll in 1979 abgeändert werden. Als Termin für den Außerordentlichen Bundeskongreß soll nur 1980 genannt werden.

---

13 Vgl. Entwurf, Mündlicher Geschäftsbericht von Kollegen Heinz O. Vetter vor dem 11. Ordentlichen Bundeskongreß, Grundsatzprogramm, o. O., o. D., AdsD, DGB-Archiv, 5/DGAI000497.

c) Presseerklärung »Keine Lockerung des Anwerbestopps – keine Verschlechterung des Jugendarbeitsschutzes«

Nach kurzer Diskussion, an der sich die Kollegen *Schwab*, *Stadelmaier* und *Manz* beteiligen, faßt der Bundesvorstand folgenden *Beschluß*:

Der Bundesvorstand verabschiedet eine Presseerklärung »Keine Lockerung des Anwerbestopps – keine Verschlechterung des Jugendarbeitsschutzes« (s. Anlage).[14]

d) Gespräch mit Bundeswirtschaftsminister Graf Lambsdorff

Kollege *Loderer* bittet um eine Information über das Gespräch, das Kollege Vetter kürzlich mit dem Bundeswirtschaftsminister geführt hat.

Kollege *Vetter* berichtet über die Hintergründe, die zu dem Gesprächswunsch von Graf Lambsdorff geführt haben. Der Geschäftsführende Bundesvorstand war der Meinung, daß in einem solchen Gespräch noch einmal die Haltung des DGB zur aktuellen Situation, insbesondere zur Arbeitslosigkeit, deutlich gemacht werden sollte. Die Aussprache hatte mehr klimatischen Charakter und soll am 3. Mai 1978 fortgesetzt werden. Es wurde darauf hingewiesen, daß der DGB bei seinem Auszug aus der Konzertierten Aktion der Bundesregierung angeboten hat, bei so wichtigen Themen wie Vollbeschäftigung u. ä. der Regierung zur Verfügung zu stehen.[15] Der Minister wurde aber nicht darüber im unklaren gelassen, daß die angebotene Zusammenarbeit weiter erschwert würde, wenn keine übereinstimmenden Auffassungen zu erreichen sind.

In dem Gespräch am 3. Mai 1978 soll Graf Lambsdorff darlegen, welche Möglichkeiten sein Ministerium zur Bewältigung der gegenwärtigen Krise sieht, und wie er sich die künftige Zusammenarbeit zwischen Gewerkschaften und Regierung vorstellt.

Kollege *Vetter* informiert den Bundesvorstand außerdem über einen Gesprächswunsch des BDA-Präsidenten Esser. Das Gespräch soll nach dem Bundeskongreß stattfinden. Der bereits erfolgte Antrittsbesuch von Dr. Fasolt verlief routinemäßig.[16]

An der nachfolgenden Diskussion beteiligen sich die Kollegen *Pfeiffer*, *Vetter*, *Georgi*, *Loderer*, *Kluncker*, *Breit*, *Muhr*, *Buschmann* und *G. Schmidt*. Die Kollegen sind sich einig, daß Einzelgespräche mit Ministern u[nd] a[nderen] in der augenblicklichen Situation nützlich sein können, wenn damit Wege der Zusammenarbeit für die Bewältigung der gegenwärtigen Krise gefunden werden könnten. Das gilt mit dieser Voraussetzung nach dem Auszug aus der Konzertierten Aktion auch für die Arbeitgeberverbände, die Bundesbank, den Sachverständigenrat usw. Es wird angeregt, in kürze ein Gespräch des Bundesvorstandes mit dem Bundeswirtschaftsminister zu führen. In diesem Zusammenhang wird noch einmal die umstrittene Effektivität

---

14 Vgl. DGB: Keine Lockerung des Anwerbestopps – keine Verschlechterung des Jugendarbeitsschutzes, DGB-Nachrichten-Dienst, 98/78, 2.5.1978, AdsD, DGB-Archiv, 5/DGAI000497.

15 Der DGB-Bundesvorstand hatte sich angesichts der Verfassungsklage der Arbeitgeber gegen das Mitbestimmungsgesetz von 1976 aus der Konzertierten Aktion zurückgezogen. Vgl. Testorf: Ein heißes Eisen; Rehling: Konfliktstrategie und Konsenssuche in der Krise, S. 422-435.

16 Nikolaus Fasolt war der neue Präsident des Bundesverbandes Deutscher Industrie (BDI).

der Konzertierten Aktion erörtert. Kollege *Breit* erbittet abschließend eine Intervention des DGB beim Bundesarbeitsminister zum Thema Vereinigungsfreiheit und Verfahren für die Festlegung der Beschäftigungsbedingungen im öffentlichen Dienst, das bei der IAO auf der Tagesordnung steht.
Kollege *Vetter* sagt zu, daß er den Bundesvorstand über das am 3. Mai 1978 stattfindende Gespräch mit dem Bundeswirtschaftsminister umgehend informieren wird.

e) Arbeitszeitverkürzung
Kollege *Loderer* bezieht sich auf Äußerungen des Kollegen Vetter zum Thema Arbeitszeitverkürzung und ist der Meinung, daß diese Frage im Bundesvorstand diskutiert werden sollte.
Auch Kollege *Kluncker* ist der Auffassung, daß dieses doch sehr vielschichtige Problem gemeinsam erörtert werden muß.
Die Kollegen *Vetter* und *Pfeiffer* weisen darauf hin, daß das Thema Arbeitszeitverkürzung und auch die 35-Stunden-Woche nicht erst jetzt ins Gespräch gebracht worden sind. Kollege *Vetter* sagt zu, das Thema in einer der nächsten Bundesvorstandssitzungen eingehend zu beraten.

f) Breschnew-Besuch
Kollege *Vetter* berichtet über eine Einladung des Bundespräsidenten zu einem Abendessen zu Ehren von Herrn Breschnew und über eventuelle weitere Gesprächswünsche von Breschnew.[17]

g) Ecevit-Besuch
Kollege *Vetter* berichtet, daß der türkische Ministerpräsident den Wunsch geäußert hat, mit Vertretern des DGB-Bundesvorstandes am 12. Mai 1978, 16.00 Uhr, im Raum Bonn ein Gespräch zu führen.
Die Kollegen *Buschmann*, *Lojewski* und *Schirrmacher* erklären sich gegebenenfalls zur Teilnahme an diesem Gespräch bereit.

h) Gespräch Bundesvorstand/Bundesjugendausschuß
Kollege *Vetter* teilt mit, daß das ursprünglich für den 12. April 1978 vorgesehene Gespräch des Bundesvorstandes mit dem Bundesjugendausschuß nach dem Bundeskongreß geführt werden soll. Der Bundesausschuß wird entsprechend unterrichtet.[18]

Ende der Sitzung: 13.45 Uhr.

---

17 Der Staatsbesuch Leonid Breschnews in der Bundesrepublik fand vom 4. bis 7.5.1978 statt. Zum Zeitpunkt der Sitzung des Bundesvorstands stand er also kurz bevor. Vgl. Akten zur Auswärtigen Politik 1978, Bd. 1, S. 642, Fn. 2.
18 Das Gespräch fand schließlich am 5.12.1978 im Anschluss an die Sitzung des Bundesvorstands statt.

Dokument 43

19. Mai 1978: Kurzprotokoll der 30. Sitzung des Bundesvorstandes

Congress Centrum Hamburg; Vorsitz: Heinz O. Vetter; Protokollführung: Isolde Funke, Marianne Jeratsch; Sitzungsdauer: 15.10–17.20 Uhr; ms. vermerkt: »Vertraulich«.[1]

Ms., hekt., 6 S., 1 Anlage.[2]
AdsD, DGB-Archiv, 5/DGAI000554.

Beginn der Sitzung: 15.10 Uhr.

Kollege *Vetter* eröffnet die 30. Sitzung des Bundesvorstandes in Hamburg.

Tagesordnung:
1. Genehmigung der Protokolle
    a) der Außerordentlichen Bundesvorstandssitzung vom 15.4.1978
    b) der 29. Bundesvorstandssitzung
2. 11. Ordentlicher DGB-Bundeskongreß
3. Wahl der Revisionskommission
4. Initiativantrag »Abwehr von Verfassungsfeinden im öffentlichen Dienst«
5. Finanzierung der Fachausschüsse der Arbeitsgemeinschaft für Umweltfragen
6. Veränderungsmitteilungen – Landesbezirksvorstände
7. Revisionsbericht

1. Genehmigung der Protokolle
   a) der Außerordentlichen Bundesvorstandssitzung vom 15.4.1978

Beschluß:
Der Bundesvorstand genehmigt das Protokoll der Außerordentlichen Bundesvorstandssitzung vom 15. April 1978.[3]

b) der 29. Bundesvorstandssitzung
Kollege *Kluncker* erinnert an den Vorschlag, den Außerordentlichen Bundeskongreß nicht vor Ende 1980 durchzuführen.

Dok. 43
1 Einladungsschreiben vom 5.4.1978 und Tagesordnung vom 3.5.1978. Nicht anwesend: Gerd Muhr, Rudolf Sperner, Carl Conrad, Herbert Stadelmaier, Günter Döding. AdsD, DGB-Archiv, 5/DGAI000497.
2 Anlage: Anwesenheitsliste.
3 Vgl. Dok. 41: Kurzprotokoll der Außerordentlichen Sitzung des Bundesvorstandes am 15.4.1978.

Kollege *Vetter* erklärt, daß daran gedacht sei, den Außerordentlichen Bundeskongreß im Hinblick auf die Bundestagswahl nach den im Jahre 1980 stattfindenden Gewerkschaftstagen durchzuführen, und er dies entsprechend in seinem mündlichen Geschäftsbericht mitteilen wird.[4]

Beschluß:
Der Bundesvorstand genehmigt das Protokoll der 29. Bundesvorstandssitzung.[5]

2. 11. Ordentlicher DGB-Bundeskongreß

Kollege *Vetter* berichtet, daß die Vorbereitungen für den Kongreß abgeschlossen sind und einen reibungslosen Ablauf erwarten lassen. Die Zahl der interessierten Gäste ist diesmal besonders groß. Der Geschäftsführende Bundesvorstand hat sich bemüht, die Eröffnungsveranstaltung nicht zu lang werden zu lassen. Deshalb werden die Vertreter der Parteien und der internationalen Gewerkschaftsverbände während des Kongresses zu Wort kommen. Außerdem werden die Grußadressen an den Kongreß gedruckt vorgelegt.[6]

Kollege *Vetter* spricht die Geschäftsordnung für den Bundeskongreß an und erinnert an die Geschäftsordnungsdebatte auf dem Gewerkschaftstag der IG Metall.

An der nachfolgenden Diskussion beteiligen sich die Kollegen *Schwab, Vetter, Loderer, Hauenschild, Sickert, Kluncker, A. Schmidt, Georgi, Vietheer, Sierks* und *van Haaren*. Die Kollegen sind sich einig, daß es bei der vom Bundesvorstand empfohlenen und bereits erfolgreich praktizierten Geschäftsordnung für den Bundeskongreß bleiben soll.[7]

Kollege *Vietheer* bezieht sich auf den Antrag 170 der IG Metall »Sozialpolitik« und regt an, daß der Empfehlung der Antragsberatungskommission ohne Diskussion gefolgt werden sollte.

Kollege *Breit* informiert den Bundesvorstand darüber, daß er zum Antrag Nr. 105 des Bundesvorstandes »Bau von Kraftwerken – Kernenergie – Umweltschutz« sprechen wird, um den von seinem Gewerkschaftstag gefaßten abweichenden Beschluß zu vertreten.[8]

An der nachfolgenden kurzen Diskussion beteiligen sich die Kollegen *Pfeiffer, Vetter, A. Schmidt, Kluncker* und *Loderer*.

In diesem Zusammenhang weist Kollege *Kluncker* auf eine Einladung der Jungsozialisten zu einer Veranstaltung zum Thema Kernenergie hin, die für den

---

4 Der Außerordentliche Bundeskongress, auf dem das neue Grundsatzprogramm verabschiedet wurde, fand schließlich vom 12. bis 14.3.1981 in Düsseldorf statt. Vgl. DGB: 4. Außerordentlicher Bundeskongreß 1981.
5 Vgl. Dok. 42: Kurzprotokoll der 29. Sitzung des Bundesvorstandes am 2.5.1978.
6 Die Grußadressen sind auch dokumentiert in DGB: 11. Bundeskongreß 1978, S. 14-38.
7 Vgl. ebd., Anhang I: Geschäfts- und Wahlordnung, S. 3-4.
8 Vgl. Ernst Breits Redebeitrag auf dem 11. Bundeskongreß, DGB: 11. Bundeskongreß 1978, S. 291-294.

norddeutschen Raum zur gleichen Zeit abgehalten wird. Sollte es während des Kongresses zu einer kontroversen Diskussion über dieses Thema kommen, erbittet Kollege *Kluncker* die Einberufung einer Außerordentlichen Bundesvorstandssitzung.[9]

Abschließend berichtet Kollege *Vetter* dem Bundesvorstand, daß der Geschäftsführende Bundesvorstand im Hinblick auf die von mehreren Ministern geäußerten Wünsche, zu den Delegierten zu sprechen, der Meinung war, daß nur der Bundeskanzler für die Regierung reden solle. Inzwischen ist von verschiedenen Seiten die Meinung geäußert worden, daß wegen der besonders engen Zusammenarbeit zwischen dem DGB und dem Bundesarbeitsministerium wenigstens Dr. Ehrenberg die Möglichkeit zu einer Ansprache erhalten sollte.

An der nachfolgenden Diskussion beteiligen sich die Kollegen *Hauenschild, Vetter, Breit, A. Schmidt, Pfeiffer, Schwab, Buschmann, Loderer, Kluncker* und Kollegin *Weber*.

Der Bundesvorstand ist der Auffassung, daß neben dem Bundeskanzler der Bundesarbeitsminister zu den Delegierten sprechen sollte.[10]

In diesem Zusammenhang regt Kollege *Vetter* an, Bundeswirtschaftsminister Graf Lambsdorff zu einem ausführlichen Gespräch in die Sitzung des Bundesvorstandes am 4. Juli 1978 einzuladen.[11]

Der Bundesvorstand ist damit einverstanden.

3. Wahl der Revisionskommission

Kollege *Vater* teilt mit, daß die Antragsberatungskommission diesen Punkt unter »Wahlen« vortragen wird.

Beschluß:
Der Bundesvorstand schlägt den Delegierten des 11. Ordentlichen Bundeskongresses die Kollegen Norbert Fischer, Heinz-Werner Meyer und Werner Schüßler zur Wiederwahl in die Revisionskommission vor.

---

9 Die erwartete kontroverse Diskussion kam nicht auf und es fand keine Außerordentliche Sitzung des Bundesvorstands zu dem Thema statt. Die Kernenergie wurde gleichwohl in Gewerkschaftskreisen in den folgenden Jahren kontrovers diskutiert. Vgl. Mohr: Gewerkschaften und der Atomkonflikt.
10 Der Bundeskanzler sprach eine Begrüßungsansprache auf dem 11. Bundeskongress. Für die Regierung sprach auch der Bundesminister für Arbeit und Sozialordnung, Herbert Ehrenberg. Außerdem trat Willy Brandt als Vorsitzender der SPD auf. Vgl. DGB: 11. Bundeskongreß 1978, S. 47-60, S. 242-246, S. 334-340.
11 Vgl. Dok. 45: Kurzprotokoll über die 2. Sitzung des Bundesvorstandes am 4.7.1978, TOP 6. »Vorbesprechung für das Gespräch mit Bundeswirtschaftsminister Graf Lambsdorff« sowie das Protokoll der Besprechung im gleichen Dokument.
12 Vgl. [DGB-Bundesvorstand], Abt. Finanzen, Vorlage für den Geschäftsführenden Bundesvorstand und den Bundesvorstand, Wahl der Revisionskommission, Düsseldorf, 18.5.1978, AdsD, DGB-Archiv, 5/DGAI000497.
13 Die Vorgeschlagenen wurden so gewählt. Vgl. DGB: 11. Bundeskongreß 1978, S. 185 f.

4. Initiativantrag »Abwehr von Verfassungsfeinden im öffentlichen Dienst«

Kollege *Vetter* erinnert an die Behandlung des Antrags Nr. 9 der IG Druck und Papier, der von der Antragsberatungskommission zur Ablehnung empfohlen wird. Anträge in ähnlicher Richtung liegen von der IG Chemie-Papier-Keramik, vom Bundesjugendausschuß und vom Landesbezirk Nordrhein-Westfalen vor. Aufgrund der Diskussion im Bundesvorstand wird jetzt dieser Initiativantrag vorgelegt.

Nach kurzer Diskussion, an der sich die Kollegen *Kluncker, Frister, Vetter, Loderer, Schwab, Mahlein* und *G. Schmidt* beteiligen, faßt der Bundesvorstand folgenden

Beschluß:
Der Bundesvorstand ist der Auffassung, daß der vorliegende Entwurf eines Initiativantrages in einer kleinen Redaktionskommission in die Ausgangsform des Antrags Nr. 9 gebracht wird und die vom Bundesvorstand nicht getragenen Teile herausgenommen werden.[14]

5. Finanzierung der Fachausschüsse der Arbeitsgemeinschaft für Umweltfragen

Der Bundesvorstand faßt folgenden *Beschluß*:
Der DGB beteiligt sich auch für das Jahr 1978 mit 20.000,- DM an der Finanzierung der Fachausschüsse der Arbeitsgemeinschaft für Umweltfragen e. V. Der DGB-Beitrag wird aus dem Haushaltstitel »Sonderaktionen« entnommen.[15]

6. Veränderungsmitteilungen – Landesbezirksvorstände

Beschluß:
Der Bundesvorstand schlägt dem Bundesausschuß vor, folgende Kollegin und Kollegen zu bestätigen:
  Joachim Weiß (GdP) als Mitglied und

---

14 Die IG Druck und Papier zog schließlich den Antrag Nr. 9 (»Gegen den Abbau demokratischer Rechte«) zurück. In eine ähnliche Richtung gingen die Anträge 10 und 11 der IG Chemie-Papier-Keramik (»Untersuchung über Unternehmerverhalten« und »Beeinträchtigung von elementaren Gewerkschaftsrechten«) sowie der Initiativantrag I 2 (»Gegen den Abbau demokratischer Rechte«) von Heinz Kluncker und Genossen. Vgl. DGB: 11. Bundeskongreß 1978, Anträge und Entschließungen, S. 10-16, S. 480.

15 Der DGB-Bundesvorstand hatte am 9.3.1976 für das Haushaltsjahr 1976 und am 6.7.1976 für das Haushaltsjahr 1977 beschlossen, sich an den Fachausschüssen der Arbeitsgemeinschaft für Umweltfragen zu beteiligen, deren Einberufung auf das Gymnicher Kanzlergespräch 1975 zurückging. Diese Ausschüsse wurden gemeinsam von Bund, Arbeitgeberinnen und Arbeitgebern und Gewerkschaften finanziert und dienten als Plattformen für den Erfahrungsaustausch und die Meinungsbildung in umweltpolitischen Fragen. Zur Gründung der Fachausschüsse vgl. auch Kädtler/Hertle: Sozialpartnerschaft und Industriepolitik, S. 178-181.

Walter Reihl (GdP) als ständigen Vertreter des Kollegen Weiß im Landesbezirksvorstand Bayern;
Michael Pagels als hauptamtliches Vorstandsmitglied,
Werner Koch (BSE) als Mitglied,
Günter Brosius (GdP) als Mitglied und
Harry Bär (GdP) als ständigen Vertreter des Kollegen Brosius im Landesbezirksvorstand Berlin;
Hartmut Brinkmann (Kunst) als ständigen Vertreter des Kollegen Brönstrup und
Helmut Schirrmacher (GdP) als Mitglied im Landesbezirksvorstand Niedersachsen;
Walter Tesch (BSE) als ständigen Vertreter des Kollegen Federwisch, Ernst Rust (IGBE) als ständigen Vertreter des Kollegen Hartwig, Wolfgang Baumhöver (CPK) als ständigen Vertreter des Kollegen Engelmohr,
Günter Metzinger (Drupa) als ständigen Vertreter des Kollegen Wolf, Walter Lohmann (GdED) als ständigen Vertreter des Kollegen Krebs,
Dietrich Lemke (GEW) als ständigen Vertreter des Kollegen Jens,
Bruno Bach (GGLF) als ständigen Vertreter des Kollegen Hoch,
Klaus Rotter (HBV) als ständigen Vertreter des Kollegen Krause,
Werner Witt (GHK) als ständigen Vertreter des Kollegen Zühlsdorff,
Otto Kuhlmann (Kunst) als ständigen Vertreter des Kollegen Sprenger,
Gerd Lilienfeld (IGM) als ständigen Vertreter des Kollegen vom Steeg,
Margarete Buschendorf (NGG) als ständigen Vertreter des Kollegen Lepnies,
Willi Russ (ÖTV) als ständigen Vertreter des Kollegen Schwalbach, Reinhold Stühlmeyer (DPG) als ständigen Vertreter des Kollegen Mendel,
Norbert Knopf (GTB) als ständigen Vertreter des Kollegen Habicht, Karl-Heinz Kienitz (GdP) als Mitglied und
Heinz Schrandt (GdP) als ständigen Vertreter des Kollegen Kienitz im Landesbezirksvorstand Nordmark;
Hans Berger (IGBE) als Mitglied,
Gerd Wagner (GEW) als Mitglied,
Albert Schwarz (GdP) als Mitglied und
Werner Kamp (GdP) als ständigen Vertreter des Kollegen Schwarz im Landesbezirksvorstand Saar.

7. Revisionsbericht

Beschluß:
Der Bundesvorstand nimmt den Bericht der Revisionskommission über die am 11. Mai 1978 vorgenommene Prüfung der Bundeshauptkasse zur Kenntnis.[16]

---

16 Vgl. Bericht der Revisionskommission des Deutschen Gewerkschaftsbundes über die am 11.5.1978 vorgenommene Prüfung der Bundeshauptkasse, Düsseldorf, 11.5.1978, AdsD, DGB-Archiv, 5/DGAI000497.

Ende der Sitzung: 17.20 Uhr.

Dokument 44

6. Juni 1978: Kurzprotokoll über die 1. Sitzung des Bundesvorstandes

Haus der Ruhrfestspiele in Recklinghausen; Vorsitz: Heinz O. Vetter; Protokollführung: Isolde Funke, Marianne Jeratsch; Sitzungsdauer: 10.05–12.30 Uhr; ms. vermerkt: »Vertraulich«.[1]

Ms., hekt., 6 S., 1 Anlage.[2]

AdsD, DGB-Archiv, 5/DGAI000554.

Beginn der Sitzung: 10.05 Uhr.

Kollege *Vetter* eröffnet die 1. Sitzung des Bundesvorstandes in Recklinghausen.

Tagesordnung:
1. Genehmigung des Protokolls der 30. Bundesvorstandssitzung
2. Beitragserhöhung des EGB
3. Flexible Altersgrenze im öffentlichen Dienstrecht
4. 11. Ordentlicher DGB-Bundeskongreß
5. Verschiedenes

1. Genehmigung des Protokolls der 30. Bundesvorstandssitzung

Kollege *Vetter* erklärt, daß das Protokoll nur kurzfristig fertiggestellt werden konnte, so daß es erst heute zur Verteilung kommt. Falls Änderungen gewünscht werden, sollte dies schriftlich geschehen.[3]

Beschluß:
Der Bundesvorstand genehmigt das Protokoll der 30. Bundesvorstandssitzung mit der Maßgabe, daß eventuelle schriftliche Änderungen noch berücksichtigt werden.[4]

Dok. 44
1   Einladungsschreiben vom 3.5.1978 und Tagesordnung vom 20.5.1978. Nicht anwesend: Gerd Muhr, Eugen Loderer und seine Vertreter Hans Mayr, Walter Sickert, Günter Pehl. AdsD, DGB-Archiv, 5/DGAI000497.
2   Anlagen: Anwesenheitsliste.
3   Vgl. Dok. 43: Kurzprotokoll der 30. Sitzung des Bundesvorstandes am 19.5.1978.
4   Es wurden keine schriftlichen Änderungsanträge zum Protokoll eingereicht.

2. Beitragserhöhung des EGB

Kollege *Vater* erinnert daran, daß sich der Bundesvorstand letztmalig am 31. Januar 1977 mit der Erhöhung der Beiträge zum EGB beschäftigt hat. Bis zum 31.12.1976 beliefen sich die Beiträge auf 600,– bfrs. pro 1.000 Mitglieder und pro Jahr. Am 31.1.1977 beschloß der Bundesvorstand, die Beiträge auf 1.000,– bfrs. anzuheben, jedoch mit der Maßgabe, daß keine weiteren Beitragserhöhungen vor dem im Jahre 1978 stattfindenden Kongreß des EGB festgelegt werden.[5] Zwischenzeitlich hat die finanzielle Situation des EGB es notwendig gemacht, die Beiträge für 1978 um 134,– bfrs., also auf 1.134,– bfrs. pro 1.000 Mitglieder und pro Jahr zu erhöhen. Kollege *Vater* empfiehlt, der Erhöhung der Beiträge zum EGB zuzustimmen, jedoch mit der Maßgabe, daß der DGB einen entsprechenden Satzungsänderungsantrag dem EGB-Kongreß unterbreitet, aus dem hervorgeht, daß künftig nur noch Beitragserhöhungen vorgenommen werden können, wenn entsprechende Beschlüsse des Kongresses vorliegen.[6]

Beschluß:
Der Bundesvorstand setzt seinen Beschluß vom 31.1.1977 aus und stimmt einer Erhöhung der Beiträge zum EGB von 1.000,– bfrs. pro 1.000 Mitglieder auf 1.134,– bfrs. pro 1.000 Mitglieder und pro Jahr zu, jedoch mit der Maßgabe, daß der DGB einen entsprechenden Satzungsänderungsantrag für den nächsten EGB-Kongreß einbringen wird.[7]

3. Flexible Altersgrenze im öffentlichen Dienstrecht

Nach kurzer Erläuterung der Vorlage durch den Kollegen *G. Schmidt*[8] faßt der Bundesvorstand folgenden *Beschluß*:

---

5 Der Bundesvorstand beschloss damals, dass zukünftige Beitragserhöhungen durch die Europäischen Gewerkschaftskongresse und nicht durch den Exekutivausschuss festgelegt werden sollten. Vgl. Dok. 24: Kurzprotokoll der 16. Sitzung des Bundesvorstandes am 31.1.1977, TOP 8.
6 Vgl. [DGB-Bundesvorstand], Abt. Vorsitzender, Vorlage für die 1. Sitzung des Bundesvorstandes am 6.6.1978, Düsseldorf, 31.5.1978, AdsD, DGB-Archiv, 5/DGAI000497.
7 Der DGB-Bundesvorstand bekräftigte damit seinen Beschluss vom 31.1.1977.
8 Bundesinnenminister Werner Maihofer hatte zuvor dem Kabinett einen Gesetzentwurf zur Änderung dienstrechtlicher Vorschriften vorgelegt, in der die Rentenaltersgrenze, ab der Beamtinnen und Beamte sowie Richterinnen und Richter auf Antrag in den Ruhestand gehen konnten, auf 60 Jahre herabgesetzt werden sollte. Die Rentenaltersgrenze dieser Berufsgruppe wäre somit an die der übrigen Arbeitnehmerinnen und Arbeitnehmer angeglichen worden. Das Kabinett war dem Bundesinnenminister Maihofer jedoch nicht gefolgt. Da der Bundestag in zeitlicher Nähe zur Bundesvorstandssitzung über Möglichkeiten der Altersteilzeitbeschäftigung von Richterinnen und Richtern sowie Beamtinnen und Beamten beschließen sollte, solle der DGB wegen des sachlichen Zusammenhangs mit der Frage der Altersteilzeit seine Forderung nach Herabsetzung der flexiblen Altersgrenze für die genannte Personengruppe erneuern. Vgl. DGB-Bundesvorstand, Abt. Beamte – Öffentlicher Dienst, Vorlage für die 1. Sitzung des Bundesvorstandes am 6.6.1978, Flexible Altersgrenze im öffentlichen Dienstrecht, Düsseldorf, 5.6.1978, AdsD, DGB-Archiv, 5/DGAI000497.

Die Einführung der 60-Jahresgrenze für Beamtinnen und Richterinnen sowie für schwerbehinderte Beamte ist arbeitsmedizinisch dringend geboten und zugleich eine arbeitsmarktpolitisch wichtige Maßnahme, die deshalb unverzüglich realisiert werden muß.

4. 11. Ordentlicher DGB-Bundeskongreß

Im Namen des Geschäftsführenden Bundesvorstandes dankt Kollege *Vetter* den Mitgliedern des Bundesvorstandes für die gute und beispielhafte Zusammenarbeit während des Bundeskongresses und die Unterstützung, die sie der Kongreßleitung zuteil werden ließen. Dies hat wesentlich zum erfolgreichen Ablauf des Kongresses beigetragen.

Kollege *Vetter* berichtet, daß der Geschäftsführende Bundesvorstand erst begonnen hat, den Bundeskongreß zu analysieren und sich kritisch mit seinen Ergebnissen zu beschäftigen. Es gibt für die künftige Arbeit eine Reihe von Problemen und Themen, die systematisch aufbereitet und zu gegebener Zeit im Bundesvorstand diskutiert werden müssen. Als Beispiele nennt Kollege *Vetter* den Antrag Nr. 219 mit seiner Fülle von Themen, das Grundsatzprogramm, Mitbestimmung, Aussperrung, Arbeitszeitverkürzung, Tarifpolitik, Kontakte mit den Arbeitgebern.[9] Zum letzteren berichtet Kollege *Vetter*, daß Arbeitgeber- und Unternehmervertreter sich verstärkt um Gespräche mit dem DGB bemühen. Nach dem BDI-Präsidenten [Nikolaus] Fasolt wird am 12.6.1978 der Präsident der Arbeitgeberverbände, [Otto] Esser, seinen Antrittsbesuch in Düsseldorf machen, der – entgegen anderslautenden Meldungen – bereits vor dem Bundeskongreß als reiner Höflichkeitsbesuch vereinbart war. Kollege *Vetter* bittet den Bundesvorstand um Diskussion darüber, ob er mit Vorgesprächen mit Arbeitgeber- und Unternehmervertretern im kleinen Kreis einverstanden ist, die Klarheit darüber bringen sollen, ob die Wiederaufnahme von offiziellen Gesprächen zum Problem der Vollbeschäftigung sinnvoll erscheint.

Kollege *Vetter* erinnert außerdem daran, daß der Bundesvorstand noch mit dem Bundesjugendausschuß zusammenkommen wird. Kollege Schwab wird eine Vorklärung vornehmen.

Zum Thema Beschäftigungspolitik wird zur Zeit Material erarbeitet, das u. a. eine Aufschlüsselung der Arbeitslosen und eine Zusammenstellung der Quellen der Arbeitslosigkeit enthalten wird.

In diesem Zusammenhang berichtet Kollege *Vetter* über die Vorbereitungen von DGB und EGB zum Europäischen Gipfel in Bremen und zum Weltwirtschaftsgipfel in Bonn. Zum letzteren wird in Düsseldorf eine Konferenz der beteiligten

---

9 Vgl. Antrag 219, Antragsteller: Bundesjugendausschuß, Jugendarbeitslosigkeit, in: DGB: 11. Bundeskongreß 1978, Anträge und Entschließungen, S. 260-267.

Gewerkschaftsgruppen aus aller Welt stattfinden, die der Koordinierung der gewerkschaftlichen Auffassungen dienen soll.[10]

Kollege *Kluncker* regt an, die Beratungen über die Ergebnisse des Bundeskongresses in strafferer Form zu führen und jeweils entsprechende Beschlußvorschläge vorzulegen.

Kollege *Vetter* verweist darauf, daß die heutige Diskussion der Vorklärung im Geschäftsführenden Bundesvorstand dienen sollte und zu gegebener Zeit so verfahren würde, wie Kollege Kluncker vorgeschlagen hat.

An der anschließenden ausführlichen Diskussion beteiligen sich die Kollegen *Buschmann, Vetter, Vietheer, Heiß, Kluncker, Breit, Hauenschild, A. Schmidt, Frister, Pfeiffer, Stadelmaier, Georgi, Vater* und Kollegin *Weber*. Insbesondere die Themen Arbeitszeitverkürzung und Koordinierung der Tarifpolitik werden andiskutiert. An Beispielen aus den verschiedenen Bereichen wird deutlich, daß die Arbeitszeitverkürzung in ihren vielfältigen Formen in den einzelnen Gewerkschaften unterschiedlich behandelt werden muß. Eine ausführliche Beratung im Bundesvorstand über dieses Thema sollte jedoch zu einer gemeinsamen Haltung nach außen beitragen. Die Koordinierung der Tarifpolitik wird Gegenstand einer gemeinsamen Sitzung des Bundesvorstandes mit dem Tarifpolitischen Ausschuß sein.[11] Als besonders wichtig wird hier die gegenseitige rechtzeitige Information angesehen. Beide Problembereiche müssen vor der abschließenden Behandlung im Bundesvorstand gut vorbereitet und vorberaten werden.

Im Hinblick auf den Antrag Nr. 219 und die Diskussion über das Grundsatzprogramm wird vorgeschlagen, rechtzeitig zu einer gemeinsamen Sprachregelung über den Inhalt bzw. die Formulierung der Forderung nach »Vergesellschaftung« zu kommen.[12]

Für das für den 4.7.1978, um 11.00 Uhr, vorgesehene Gespräch mit dem Bundeswirtschaftsminister sollte dessen Rede auf der Jahresversammlung der Landesvereinigung der industriellen Arbeitgeberverbände NRW und ein Aufsatz

---

10 Das Treffen fand wenige Tage vor dem in Bonn stattfindenden Weltwirtschaftsgipfel im Hans-Böckler-Haus in Düsseldorf statt. Dort wurde eine Erklärung zum Zusammenhang zwischen Vollbeschäftigung und Wachstum abgegeben, die sich auch mit der Entwicklungspolitik befasste. Vgl. Vollbeschäftigung und Wachstum. Erklärung der freien Gewerkschaften an den Weltwirtschaftsgipfel der Staats- und Regierungschefs in Bonn, im Juli 1978, in: Bundesministerium für wirtschaftliche Zusammenarbeit, Referat Öffentlichkeitsarbeit, Materialien 60, 1978, S. 65-69. Zum Weltwirtschaftsgipfel in Bonn vgl. von Karczewski: »Weltwirtschaft ist unser Schicksal«, S. 331-420.
11 Die Sitzung mit dem Tarifpolitischen Ausschuss fand am 5.9.1978 statt. Vgl. Dok. 46: Kurzprotokoll über die 3. Sitzung des Bundesvorstandes am 5.9.1978, Protokollierung des Gesprächs, das im Anschluss an die Sitzung des Vorstands stattfand.
12 Am Ende der Beratungen hieß es im Grundsatzprogramm von 1981: »Das Grundgesetz trifft keine Entscheidung für eine bestimmte Wirtschaftsordnung. Das Sozialstaatsgebot fordert aber eine an den Interessen der Arbeitnehmer orientierte Wirtschafts- und Gesellschaftsordnung. Eigentum verpflichtet. Sein Gebrauch muß dem Wohl der Allgemeinheit dienen. Grund und Boden, Naturschätze und Produktionsmittel können zum Zwecke der Vergesellschaftung in Gemeineigentum oder in andere Formen der Gemeinwirtschaft überführt werden.« DGB-Bundesvorstand (Hrsg.): Grundsatzprogramm des Deutschen Gewerkschaftsbundes. 4. Außerordentlicher Bundeskongreß, Düsseldorf, 12.–14.3.1981, Düsseldorf 1981 [weißer Teil], S. 4.

von Staatssekretär [Otto] Schlecht als Material herangezogen und als unerhörte Verletzung der Tarifautonomie angesprochen werden.[13]

Der Versuch einer klärenden ersten Kontaktaufnahme mit Arbeitgeber- und Unternehmervertretern wird allgemein befürwortet.

Kollege *Vetter* stellt abschließend fest, daß dem Bundesvorstand in kürze eine Analyse der Ergebnisse des Bundeskongresses zur Beratung vorgelegt wird. Für die gemeinsamen Sitzungen des Bundesvorstandes mit dem Bundesjugendausschuß und dem Tarifpolitischen Ausschuß werden Vorberatungen durchgeführt.[14]

Zur Vorbereitung des Gesprächs mit dem Bundeswirtschaftsminister am 4.7.1978 wird der Bundesvorstand bereits um 9.30 Uhr zusammentreten.[15] Für eine erste Kontaktaufnahme mit Arbeitgeber- und Unternehmervertretern werden die Kollegen Loderer und Hauenschild neben den Kollegen Pfeiffer und Vetter um Beteiligung gebeten werden.

Auf die Frage des Kollegen *Georgi* nach dem weiteren Verfahren zum Initiativantrag »Solidaritätsfonds« erklärt Kollege *Vater*, daß sich zunächst die Haushaltskommission in ihrer Sitzung Anfang Juli 1978 damit beschäftigen wird.[16] Die Empfehlung der Haushaltskommission wird dann im Bundesvorstand und anschließend im Bundesausschuß beraten werden.[17]

5. Verschiedenes

a) Verteilung von Drucksachen auf Bundeskongressen
Kollege *Kluncker* spricht die Verteilung eines Lesezeichens der Frauen während des Bundeskongresses an. Er bittet, dafür zu sorgen, daß das in Zukunft nicht mehr geschehen kann, weil das Konsequenzen in dem Sinne haben könnte, daß andere Gruppierungen ebenfalls Drucksachen ohne Genehmigung verteilen könnten.

b) Zusammenkunft der Mitarbeiter für deutsch-deutsche Beziehungen
Kollege *Breit* erinnert daran, daß in früheren Jahren die Mitarbeiter der Gewerkschaften und des DGB, die für deutsch-deutsche Beziehungen zuständig sind,

---

13 Vgl. Dok. 45: Kurzprotokoll über die 2. Sitzung des Bundesvorstandes am 4.7.1978, TOP 6. »Vorbesprechung für das Gespräch mit Bundeswirtschaftsminister Graf Lambsdorff«.
14 Vgl. Dok. 46: Kurzprotokoll über die 3. Sitzung des Bundesvorstandes am 5.9.1978, TOP 11., unter dem die Vorberatung des Gesprächs mit dem Tarifpolitischen Ausschuss stattfand.
15 Vgl. Dok. 45: Kurzprotokoll über die 2. Sitzung des Bundesvorstandes am 4.7.1978, TOP 6. »Vorbesprechung für das Gespräch mit Bundeswirtschaftsminister Graf Lambsdorff«.
16 Der Antrag regelte die Höhe der Beiträge zum Solidaritätsfonds, über die der Bundesausschuss beschließen konnte. Vgl. Initiativantrag 6, § 5 Ziffer 2 der Satzung des Deutschen Gewerkschaftsbundes, in: DGB: 11. Bundeskongreß 1978, Anträge und Entschließungen, S. 483.
17 Der Bundeskongress hatte beschlossen, dass die Beitragszahlung zum Solidaritätsfonds bis zu einer weiteren Beschlussfassung des Bundesausschusses bei 0,15 DM je Mitglied und Vierteljahr liegen sollte. Der Bundesausschuss beschloss am 6.9.1978, dass der Beitrag ab dem 1.1.1979 auf 0,30 DM je Mitglied und Vierteljahr angehoben werden sollte. Vgl. Protokoll über die 1. Sitzung des Bundesausschusses am 6.9.1978, TOP 8., S. 13, AdsD, DGB-Archiv, 5/DGAI000419.

zusammengekommen sind. Er schlägt vor, eine solche Begegnung mal wieder durchzuführen.

Kollege *Vetter* erklärt, daß eine Zusammenkunft der Mitarbeiter für deutsch-deutsche Beziehungen für die nächste Zeit vorgesehen ist.

c) Urteil des Bundesgerichtshofs

Kollege *Hauenschild* informiert den Bundesvorstand über das Urteil des Bundesgerichtshofs in Sachen Beschäftigte der Firma Beiersdorf [gegen] IG Chemie-Papier-Keramik wegen Ausschluß. Er teilt mit, daß sein Vorstand beschlossen hat, von der Möglichkeit einer Verfassungsbeschwerde keinen Gebrauch zu machen.[18]

Das Urteil des Bundesgerichtshofs wird allen Bundesvorstandsmitgliedern zugesandt werden.

d) Europaparlament

Kollege *Vetter* teilt mit, daß zu den Wahlen zum Europaparlament Europawahlprüfsteine vorgelegt werden.[19]

e) Gespräch Bundesvorstand/Bundesjugendausschuß

Auf die Frage des Kollegen *Frister* nach einer Vorbereitung für das Gespräch Bundesvorstand/Bundesjugendausschuß erwidert Kollege *Vetter*, daß Kollege Schwab erst einmal aus der Sitzung des Bundesjugendausschusses berichten wird.

Ende der Sitzung: 12.30 Uhr.

---

18 In dem Verfahren, das am 27.2.1978 mit einem Urteil des BGH beendet wurde, war die Frage behandelt worden, ob ein Beschäftigter, der in der Betriebsratswahl auf einer mit einer gewerkschaftlichen Liste konkurrierenden Liste kandidiert, jedoch über das bloße Faktum dieser Kandidatur nicht gewerkschaftsfeindlich ist, ausgeschlossen werden darf. Der BGH hatte dies verneint. Vgl. BGH, 27.2.1978, Aktenzeichen II ZR 17/77.

19 Der DGB-Bundesvorstand entschied sich schließlich gegen die Verabschiedung von Europawahlprüfsteinen und verabschiedete stattdessen programmatisch »10 gute Gründe für Europa«. Eine gewerkschaftspolitische Hauptforderung war, die Gewerkschaftseinheit durch Organisierung im EGB zu gewährleisten. Friedenssicherung, Bekämpfung der Arbeitslosigkeit, Sicherung der Demokratie, Bekämpfung der weltwirtschaftlichen Krise und die Begrenzung der Macht multinationaler Konzerne waren Gegenstand der weiteren gewerkschaftlichen Forderungen. Vgl. Heinz O. Vetter: Gewerkschaftseinheit für Europa, in: GMH 30, 1979, H. 5, S. 257-266, hier S. 264 f.

Dokument 45

4. Juli 1978: Kurzprotokoll über die 2. Sitzung des Bundesvorstandes

Hans-Böckler-Haus in Düsseldorf; Vorsitz: Heinz O. Vetter; Protokollführung: Isolde Funke, Marianne Jeratsch; Sitzungsdauer 9.45–13.30 Uhr; ms. vermerkt: »Vertraulich«.[1]

Ms., hekt., 6 S., 3 Anlagen.[2]
AdsD, DGB-Archiv, 5/DGAI000554.

Beginn der Sitzung: 9.45 Uhr.

Kollege *Vetter* eröffnet die 2. Sitzung des Bundesvorstandes in Düsseldorf.

Tagesordnung:
1. Genehmigung des Protokolls der 1. Bundesvorstandssitzung
2. Abführung von Vergütungen aus der Wahrnehmung von Mitbestimmungsfunktionen oder ähnlichen Aufgaben
3. Koordinierung der gewerkschaftlichen Aktivitäten zur Innovationsberatung
4. Beirat der VTG
5. Verschiedenes
6. Vorbesprechung für das Gespräch mit Bundeswirtschaftsminister Lambsdorff

1. Genehmigung des Protokolls der 1. Bundesvorstandssitzung

Beschluß:
Der Bundesvorstand genehmigt das Protokoll der 1. Bundesvorstandssitzung.[3]

Dok. 45
1 Einladungsschreiben vom 7.6.1978 und Tagesordnung vom 13.6.1978. Nicht anwesend: Gerd Muhr, Maria Weber, Eugen Loderer und seine Vertreter Hans Mayr, Klaus Richter, Gerhard Leminsky, Rudolf Sperner (vertreten durch Konrad Carl), Leonhard Mahlein (vertreten durch Erwin Ferlemann), Lothar Zimmermann (vertreten durch Mathias Manz), Georg Drescher (vertreten durch Meino Nielsen). Die hohe Zahl an Absagen und Vertretungen war in erster Linie urlaubsbedingt. AdsD, DGB-Archiv, 5/DGAI000498.
2 Anlagen: Anwesenheitsliste; vgl. DGB-Bundesvorstand zur Steuerdiskussion: Vollbeschäftigung hat Vorrang, DGB-Nachrichten-Dienst, 136/78, 4.7.1978; Stichworte für das Einladungsstatement [von Bundeswirtschaftsminister Otto Graf Lambsdorff] beim Gespräch mit dem DGB-Bundesvorstand am 4.7.1978, Düsseldorf.
3 Vgl. Dok. 44: Kurzprotokoll über die 1. Sitzung des Bundesvorstandes am 6.6.1978.

Dokument 45 4. Juli 1978

2. Abführung von Vergütungen aus der Wahrnehmung von Mitbestimmungsfunktionen oder ähnlichen Aufgaben

Kollege *Vetter* erinnert daran, daß dieses Thema schon im Bundesvorstand andiskutiert worden ist. Leider war es nicht möglich, die erforderlichen Unterlagen bis zur heutigen Sitzung zu bekommen. Kollege *Vetter* bittet deshalb um Vertagung dieses Tagesordnungspunktes bis zur Septembersitzung.[4]

Kollege *Vietheer* bittet darum, daß eine endgültige Sprachregelung getroffen wird, was unter Bruttojahreseinkommen zu verstehen ist.

Nach kurzer Diskussion, an der sich die Kollegen *Vetter, Frister, G. Schmidt* und *Hauenschild* beteiligen, faßt der Bundesvorstand folgenden *Beschluß*:
Die Beratung dieses Tagesordnungspunktes wird bis zur Septembersitzung zurückgestellt.

Vorsorglich wird beschlossen, daß die alten Rechte, die bei der Stiftung Mitbestimmung bzw. Hans-Böckler-Gesellschaft waren, auf die Hans-Böckler-Stiftung übertragen werden, um steuerliche Verluste zu vermeiden.[5]

3. Koordinierung der gewerkschaftlichen Aktivitäten zur Innovationsberatung

Beschluß:
Die Beratung wird bis zur nächsten Sitzung zurückgestellt.[6]

---

4 Der Bundesvorstand hatte in Erledigung des Antrags 15 des 10. Bundeskongresses über das Thema der Abführung von Vergütungen aus Mitbestimmungsfunktionen an die Hans-Böckler-Gesellschaft am 2.11.1976 beraten und entsprechende Beschlüsse gefasst. Die erneute Beratung war durch die Gründung der Hans-Böckler-Stiftung durch Fusion der Hans-Böckler-Gesellschaft mit der Stiftung Mitbestimmung im Jahr 1977 notwendig geworden. Die Abführungen aus der Vergütung von Mitbestimmungsfunktionen wurden nun an die Hans-Böckler-Stiftung geleistet. Vgl. [DGB-Bundesvorstand], Abt. Vorsitzender, Vorlage für die 2. Bundesvorstandssitzung am 4.7.1978, Abführung von Vergütungen aus der Wahrnehmung von Mitbestimmungsfunktionen oder ähnlichen Aufgaben, Düsseldorf, 20.6.1978, AdsD, DGB-Archiv, 5/DGAI000498; Dok. 22: Kurzprotokoll der 14. Sitzung des Bundesvorstandes am 2.11.1976, TOP 2. Vgl. auch Antrag 15: Teilabführung von Vergütungen aus der Wahrnehmung von Mitbestimmungs-Funktionen oder ähnlichen Aufgaben, in: DGB: 10. Bundeskongreß 1975, Anträge und Entschließungen, S. 16 f.
5 Vgl. Dok. 46: Kurzprotokoll über die 3. Sitzung des Bundesvorstandes am 5.9.1978, TOP 3.
6 Das beschäftigungspolitische Programm, das der DGB zur Jahresmitte 1977 verabschiedete, und der Antrag 73 zur Wirtschaftspolitik auf dem 11. Bundeskongress schlugen als Maßnahme einer beschäftigungsorientierten Wirtschaftspolitik das Konzept der Innovationsberatungsstellen vor. Zu deren Verwirklichung gab es bis dahin zwei gewerkschaftliche Initiativen: die gewerkschaftliche Beteiligung an den Innovationsberatungsstellen des RKW im Rahmen des Pilotprojekts »Technologietransfer« sowie ein geplantes IG-Metall-Projekt »Humanisierungs- und Technologieberatungsstelle der IG Metall«. Der TOP wurde in der Sitzung am 5.9.1976 wieder aufgegriffen. Vgl. Dok. 46: Kurzprotokoll über die 3. Sitzung des Bundesvorstandes am 5.9.1978, TOP 4. Vgl. auch die Vorlage [DGB-Bundesvorstand], Abt. Vorsitzender, Vorlage für die 2. Sitzung des Bundesvorstandes am 4.7.[19]78, Koordinierung der gewerkschaftlichen Aktivitäten zur Innovationsberatung, Düsseldorf, 21.6.[19]78; Antrag 73, Wirtschaftspolitik, in: DGB: 11. Bundeskongreß 1978, Anträge und Entschließungen, S. 86-91.

4. Beirat der VTG

Beschluß:
Gemäß § 1 der Geschäftsanweisung für die Verwaltung des Treuhandvermögens beruft der Bundesvorstand folgende Kolleginnen und Kollegen in den Beirat der VTG:

Maria Weber (DGB)	Gerhard van Haaren (Gew[erkschaft] Leder)
Martin Heiß (DGB)	Willi Lojewski (Gew[erkschaft] GLF)
Gerd Muhr (DGB)	Adolf Schmidt (IGBE)
Gerhard Schmidt (DGB)	Rudolf Sperner (BSE)
Gerhard Vater (DGB)	Heinz Vietheer (HBV)
Heinz O. Vetter (DGB)	Heinz Voßhenrich (CPK)[7]

5. Verschiedenes

a) Gespräch Bundesvorstand/Deutsche Bundesbank
Kollege *Vetter* teilt mit, daß das Gespräch des Bundesvorstandes mit der Deutschen Bundesbank am 6. September 1978 um 16.00 Uhr in Frankfurt/Main stattfinden wird. Das bedeutet, daß alle Sitzungen vom 4. bis 6.9.1978, d. h. Geschäftsführender Bundesvorstand, GBV/Landesbezirksvorsitzende, Bundesvorstand, Bundesvorstand/Tarifpolitischer Ausschuß und Bundesausschuß, in Frankfurt durchgeführt werden.
Der Bundesvorstand ist damit einverstanden, daß die Sitzungen in Frankfurt/Main durchgeführt werden.

b) 4. Außerordentlicher Bundeskongreß, hier: Ort- und Terminfestlegung gem[äß] § 8, Ziff. 3, Buchst. 1), der Satzung des DGB
Die Kollegen *Vetter, van Haaren, Frister, Hauenschild, Vietheer, Buschmann, Kluncker, Sickert* und *Breit* diskutieren über den Vorschlag 27.–29. November 1980 in Düsseldorf und damit zusammenhängende Fragen. Es wird auf die kurze Zeit zwischen dem letzten Gewerkschaftstag und diesem Termin hingewiesen.
Kollege *Vetter* stellt abschließend fest, daß die Vorlage zurückgezogen wird. Es soll geprüft werden, ob das erste mögliche Wochenende im Januar 1981 für den Außerordentlichen Bundeskongreß genommen werden kann.[8]

---

7 Vgl. [DGB-Bundesvorstand], Abt. Finanzen, Vorlage für den Geschäftsführenden Bundesvorstand und den Bundesvorstand, Beirat der VTG, Düsseldorf, 8.6.1978, AdsD, DGB-Archiv, 5/DGAI000498.
8 Der Außerordentliche Bundeskongress fand schließlich vom 12. bis 14.3.1981 in Düsseldorf statt. Vgl. DGB: 4. Außerordentlicher Bundeskongreß 1981.

c) Kolloquium des DGB zum Weltwirtschaftsgipfel
Kollege *Vetter* erinnert an den Termin 13. Juli 1978 Kolloquium des DGB zum Weltwirtschaftsgipfel, für das die Einladungen vorliegen. Er bittet darum, wenn ein Vorsitzender nicht selbst kommen kann, einen Vertreter seines Vorstandes zu entsenden.[9]

d) Sozialwahlen
Kollege *Vetter* erinnert daran, daß sich der Bundesvorstand im Rahmen der Sozialwahlen für die Bildung von Interessengemeinschaften ausgesprochen hat. Jetzt kommen Meldungen aus einzelnen Bereichen, daß die IG Metall ihren Mitgliedern mit Ausschluß droht, wenn sie sich im Rahmen der Sozialwahlen für die Interessengemeinschaften aussprechen.

Nach kurzer Diskussion, an der sich die Kollegen *Lehlbach, Vetter, Sierks* und *Nielsen* beteiligen, stellt Kollege *Vetter* fest, daß die Angelegenheit geklärt wird, sobald Kollege Muhr wieder da ist.[10]

e) Presseerklärung
Nach kurzer Diskussion verabschiedet der Bundesvorstand eine Presseerklärung »DGB-Bundesvorstand zur Steuerdiskussion: Vollbeschäftigung hat Vorrang« (s. Anlage).[11]

f) Fernsehfreier Tag
Kollege *Vietheer* regt an, daß der Bundesvorstand sich abspricht, wie dem Bundeskanzler auf sein Schreiben bezüglich des fernsehfreien Tages geantwortet werden soll.[12]

---

9 Das Kolloquium fand wenige Tage vor dem Bonner Weltwirtschaftsgipfel im Hans-Böckler-Haus in Düsseldorf statt. Ergebnis war eine Erklärung zum Verhältnis zwischen Vollbeschäftigung und Wachstum, die zentrale Forderungen hinsichtlich der Entwicklungspolitik erhob. Vgl. Vollbeschäftigung und Wachstum. Erklärung der freien Gewerkschaften an den Weltwirtschaftsgipfel der Staats- und Regierungschefs in Bonn, im Juli 1978, in: Bundesministerium für wirtschaftliche Zusammenarbeit, Referat Öffentlichkeitsarbeit, Materialien 60, 1978, S. 65-69. Vgl. zum Gipfel 1978 von Karczewski: »Weltwirtschaft ist unser Schicksal«, S. 331-420.
10 Die Kandidatur auf den Listen und die Unterstützung solcher Listen von Mitgliedern der DGB-Gewerkschaften wurden in anderem Zusammenhang auf der 10. Sitzung des Bundesvorstandes am 8.5.1979 beraten. Sie wurde so lange nicht gewerkschaftsschädigend betrachtet, wie die Grundsätze des Beschlusses des DGB-Bundesvorstandes vom 7. März 1978 zur »Gründung von Interessengemeinschaften« eingehalten würden. Vgl. Dok. 56: Kurzprotokoll über die 10. Sitzung des Bundesvorstandes am 8.5.1979, TOP 8a). Vgl. auch Dok. 39: Kurzprotokoll über die 27. Sitzung des Bundesvorstandes am 7.3.1978, TOP 3.
11 Vgl. [DGB-Bundesvorstand], Abt. Wirtschaftspolitik, Entwurf einer Pressemeldung, Bundesvorstand zur Steuerdiskussion: Vollbeschäftigung hat Vorrang, DGB-Nachrichten-Dienst, 136/78, 4.7.1978, AdsD, DGB-Archiv, 5/DGAI000498.
12 Bundeskanzler Helmut Schmidt hatte zum ersten Mal auf dem DGB-Bundeskongress am 21.5.1978 seine Anregung vorgetragen, Familien und Freunde sollten einmal in der Woche einen fernsehfreien Tag einlegen. Der Kanzler hatte einen Mangel an Kommunikation in der Gesellschaft diagnostiziert, den er auf den Fernsehkonsum zurückführte. Der Einfluss des Fernsehens ginge so weit, dass selbst ehrenamtliche Partei- und Gewerkschaftsarbeit sich nach dem Fernsehprogramm richte. Schmidt bekräftigte seine Argumente in einem Brief an die Vorsitzenden der DGB-Einzelgewerkschaften, der DAG und

An der Diskussion beteiligen sich die Kollegen *Vetter, Vietheer, Frister* und *Stephan*. Eine Antwort wird nicht für erforderlich gehalten.[13]

g) Kernenergie

Kollege *Kluncker* spricht eine Veranstaltung zum Thema Kernenergie im Bereich des DGB-Landesbezirks Bayern mit Robert Jungk an.[14]

Die Kollegen *Pfeiffer* und *Deffner* weisen darauf hin, daß es sich um eine Veranstaltung des Bildungswerks des DGB handelt, die dem Landesbezirk erst jetzt zur Kenntnis gekommen ist. Die Kollegen teilen die Bedenken des Kollegen *Kluncker*.

Kollege *Pfeiffer* spricht außerdem eine geplante Anzeigenkampagne des Aktionskreises Energie der Betriebsräte an.[15]

6. Vorbesprechung für das Gespräch mit Bundeswirtschaftsminister Lambsdorff

Die Kollegen *Vetter* und *Pfeiffer* verweisen auf die vorgelegten Unterlagen und die nach einer Vorbesprechung zwischen Mitarbeitern der Abteilung Wirtschaftspolitik und des Bundeswirtschaftsministeriums vorgesehenen Referatsthemen des Ministers.[16] Der Bundesvorstand sollte sich nicht in eine differenzierte Diskussion abdrängen lassen, sondern die große Linie im Auge behalten. Meinungsunterschiede sollten deutlich herausgestellt werden, ebenso wie die Forderung der Gewerkschaften,

---

des Beamtenbundes. Er unterstrich seine Argumentation, die er in seinem Artikel »Plädoyer für einen fernsehfreien Tag« in der ZEIT unmittelbar nach dem DGB-Bundeskongress ausführlich dargestellt hatte. Er legte seinem Schreiben Kopien des genannten Artikels bei. Vgl. Grußwort Bundeskanzler Helmut Schmidt, in: DGB: 11. Bundeskongreß 1978, S. 47-60, hier, S. 56 f.; Bundeskanzler Helmut Schmidt an Heinz O. Vetter, Bonn, 26.6.1978, AdsD, DGB-Archiv, 5/DGAI001949; Helmut Schmidt, Plädoyer für einen fernsehfreien Tag, Ein Anstoß für mehr Miteinander in unserer Gesellschaft, Die ZEIT, 26.5.1978. Zu Helmut Schmidt als Medienkanzler und -kritiker vgl. Birkner: Helmut Schmidt, S. 153-179, hier 170-173. Vgl. auch ders.: Mann des gedruckten Wortes, S. 185-189.

13 Heinz Oskar Vetter hatte dem Vorschlag Schmidts massiv widersprochen und klargestellt, dass »die Arbeitnehmer in ihrer Freizeit nicht bevormundet« werden wollten. Vgl. Helmut Schmidt: Ein ganz anderer, in: Der SPIEGEL, 29.5.1978.

14 Robert Jungk hatte auf der Veranstaltung des DGB-Bildungswerks Bayern über die Frage »Wie gefährlich sind Kernkraftwerke wirklich?« gesprochen. Er hatte zudem im Jahr 1978 mit Thesen zum Verhältnis zwischen der Anti-Atom-Bewegung und den Gewerkschaften auf sich aufmerksam gemacht. Vgl. Jungk: Arbeitnehmerfreiheiten im Atomstaat.

15 Die DGB-Führung war auf Distanz zum Aktionskreis Energie gegangen. Heinz Oskar Vetter hatte auf dem 11. Bundeskongress vor »syndikalistische[n] und unternehmensegoistische[n] Tendenzen und Aktionen in eigenen Reihen« gewarnt. An die Adresse des Aktionskreises gerichtet sagte er: »Betriebsräte dürfen keine industriepolitischen Botschafter werden, die von den Unternehmen immer dann eingeschaltet werden, wenn das Unternehmensinteresse bedroht ist.« Vgl. DGB: 11. Bundeskongreß 1978, S. 203. Vgl. hierzu auch Mohr: Gewerkschaften und der Atomkonflikt, S. 112; zu der Anzeigenkampagne des Aktionskreises in Gewerkschaftszeitungen vgl. ebd., S. 113 f.; Fn. 26, S. 411.

16 Vgl. [DGB-Bundesvorstand], Abt. Vorsitzender, Heinz O. Vetter, an die Mitglieder des Bundesvorstandes, Vorbereitung des Gesprächs zwischen dem Bundeswirtschaftsminister Lambsdorff und Bundesvorstand am 4.7.1978, AdsD, DGB-Archiv, 5/DGAI000498.

daß die Bundesregierung nun endlich geeignete Maßnahmen zur Beseitigung der Arbeitslosigkeit ergreifen muß.

An der nachfolgenden Diskussion beteiligen sich die Kollegen *van Haaren, Vetter, Kluncker, G. Schmidt* und *Pfeiffer*.

Eintreffen des Bundeswirtschaftsministers um 10.50 Uhr.

Kollege *Vetter* begrüßt im Namen des Bundesvorstandes Minister Lambsdorff, Staatssekretär [Otto] Schlecht und die Herren [Hans] Tietmeyer und [Werner] Steinjan und dankt für die Bereitschaft des Ministers, die aktuellen Gedanken zur Wirtschaftspolitik dieser Bundesregierung vorzutragen.[17] Es wird wichtig sein, erst einmal festzustellen, ob man in der Beurteilung der Lage von denselben Ausgangspunkten ausgeht, und dann zu versuchen, gemeinsam Lösungsmöglichkeiten für die Probleme zu finden.

Minister *Lambsdorff* dankt für die Einladung und die Aussprachemöglichkeit mit dem Bundesvorstand. Er stellt die gemeinsame Sorge und das gemeinsame Ziel an den Anfang seiner Betrachtungen, nämlich die Beschäftigung zu sichern und zu verbessern. In seinen Ausführungen zur gesamtwirtschaftlichen Lage und den Perspektiven geht er vor allem auf das Problem des Wachstums und seine Konsequenzen für die Beschäftigungsprobleme ein. Ausführlich befaßt er sich mit der Frage, wie eine beschäftigungssichernde Politik möglich ist, und wendet sich abschließend der vorausschauenden Strukturpolitik zu (s. Anlage).[18]

An der anschließenden ausführlichen Diskussion beteiligen sich die Kollegen *Vetter, Pfeiffer, Ferlemann, Hauenschild, Schwab, Frister, Lojewski, Heiß, Kluncker, van Haaren, Buschmann, Wagner, Richert, Manz* und die Herren *Lambsdorff, Schlecht* und *Tietmeyer*.[19] Eine Fülle von Themen wird angesprochen, und die zum Teil unterschiedlichen Standpunkte werden erörtert. Mittelpunkt der Diskussion sind die Arbeitslosigkeit und die Möglichkeiten zur Wiederherstellung der Vollbeschäftigung. Weitere Themen sind die Tarifautonomie und die Orientierungsdaten.[20]

Abschließend dankt Kollege *Vetter* dem Minister und seinen Mitarbeitern für die freimütige Aussprache, die einige Fragen offengelassen hat. Man sollte die Möglichkeit zu weiteren Gesprächen suchen, wie das der Bundesvorstand im Herbst mit der Deutschen Bundesbank und der Bundesanstalt für Arbeit tun wird. Dabei wird der DGB immer wieder auf seine Vorschläge und Forderungen zur Wiederherstellung der Vollbeschäftigung verweisen.

---

17 In Begleitung des Ministers waren der Staatssekretär im Bundesministerium für Wirtschaft, Otto Schlecht, der Leiter der Abteilung I und der Leiter des Referates »Sozial- und Arbeitsmarktpolitik – Verbindung zu den Gewerkschaften« Werner Steinjan.
18 Vgl. Protokoll über die 2. Sitzung des Bundesvorstandes am 4.7.1978, Übertragung aus dem Stenogramm, S. 1-6 [eigene Zählung]; Stichworte für das Einleitungsstatement beim Gespräch mit dem DGB-Bundesvorstand am 4.7.1978, AdsD, DGB-Archiv, 5/DGAI000498.
19 Vgl. Protokoll über die 2. Sitzung des Bundesvorstandes am 4.7.1978, Übertragung aus dem Stenogramm, S. 6-13 [eigene Zählung], AdsD, DGB-Archiv, 5/DGAI000498.
20 Vgl. ebd.

Ende der Sitzung: 13.30 Uhr.

Dokument 46

5. September 1978: Kurzprotokoll über die 3. Sitzung des Bundesvorstandes

Haus der Bank für Gemeinwirtschaft in Frankfurt/Main; Vorsitz: Heinz O. Vetter; Protokollführung: Isolde Funke, Marianne Jeratsch; Sitzungsdauer: 10.05–17.45 Uhr; ms. vermerkt: »Vertraulich«.[1]

Ms., hekt., 19 S., 2 Anlagen.[2]

AdsD, DGB-Archiv, 5/DGAI000554.

Beginn der Sitzung: 10.05 Uhr.

Kollege *Vetter* eröffnet die 3. Sitzung des Bundesvorstandes in Frankfurt.

Tagesordnung:
1. Termine
2. Genehmigung des Protokolls der 2. Bundesvorstandssitzung
3. Abführung von Vergütungen aus der Wahrnehmung von Mitbestimmungsfunktionen oder ähnlichen Aufgaben
4. Koordinierung der gewerkschaftlichen Aktivitäten zur Innovationsberatung
5. Veränderungsmitteilungen – Landesbezirksvorstände
6. 4. Außerordentlicher DGB-Bundeskongreß
7. Beitragsbefreiung 1978 gemäß Ziffer 6 der Beitragsordnung für die IG Druck und Papier
8. Beitragsbefreiung 1978 gemäß Ziffer 6 der Beitragsordnung für die Verbände der Gewerkschaft Kunst
9. Initiativantrag Nr. 6 des 11. Ordentlichen Bundeskongresses (Beiträge zum Solidaritätsfonds)
10. Gesetzesentwürfe zur Vermögensbeteiligung im Bundestag
11. Vorbereitung auf das Gespräch mit dem Tarifpolitischen Ausschuß
12. Verschiedenes

Dok. 46
1 Einladungsschreiben vom 10.7.1978 und Tagesordnung vom 21.7.1978. Nicht anwesend: Gerd Muhr, Gerhard Schmidt, Günter Stephan. AdsD, DGB-Archiv, 5/DGAI000498.
2 Anlagen: Anwesenheitsliste; vgl. DGB-Bundesvorstand zur Steuerpolitik, DGB-Nachrichten-Dienst, 158/78, 6.9.1978.

1. Termine

a) Gemeinsame Sitzung Bundesvorstand/Bundesjugendausschuß

Nach kurzer Diskussion, an der sich die Kollegen *Kluncker, Vetter* und *Loderer* beteiligen, faßt der Bundesvorstand folgenden *Beschluß*:

Der Bundesvorstand beschließt, seine gemeinsame Sitzung mit dem Bundesjugendausschuß am 5. Dezember 1978 im Anschluß an die Bundesvorstandssitzung durchzuführen. In die Tagesordnung für die Bundesvorstandssitzung im November wird folgender Tagesordnungspunkt aufgenommen: »Vorbereitung der gemeinsamen Sitzung Bundesvorstand/Bundesjugendausschuß«. Zu einem gewissen Zeitpunkt der Vorberatung wird der Bundesjugendsekretär hinzugezogen.[3]

b) Internationale Kommission

Kollege *Vetter* weist darauf hin, daß ursprünglich für den 5. Dezember 1978 die Sitzungen der Internationalen Kommission und des Kuratoriums der Hans-Böckler-Stiftung vorgesehen waren. Die Sitzung des Kuratoriums der Hans-Böckler-Stiftung findet nunmehr am 7. November 1978, nachmittags, statt. Es wird vorgeschlagen, die Sitzung der Internationalen Kommission mit einer Einladung der Volksfürsorge für Mitte Januar 1979 zu verbinden, d. h. sie zwischen dem 11. und 14. Januar 1979 durchzuführen.

Beschluß:
Der Bundesvorstand ist damit einverstanden, daß die Sitzung der Internationalen Kommission zwischen dem 11. und 14. Januar 1979 stattfindet.

c) Bundesvorstandssitzung im Oktober

Beschluß:
Der Bundesvorstand ist damit einverstanden, daß seine Sitzung am 3. Oktober 1978 wegen des Gewerkschaftstages der GTB in Mannheim durchgeführt wird.[4]

2. Genehmigung des Protokolls der 2. Bundesvorstandssitzung

Beschluß:
Der Bundesvorstand genehmigt das Protokoll der 2. Bundesvorstandssitzung.[5]

---

3 Die gemeinsame Sitzung fand am 5.12.1978 statt. Zur Vorbereitung der gemeinsamen Sitzung vgl. Dok. 49: Kurzprotokoll über die 5. Sitzung des Bundesvorstandes am 7.11.1978, TOP 1., sowie Dok. 48: Bundesvorstandssitzung am 7.11.1978, Vorbereitung des Gesprächs mit dem Bundesjugendausschuß am 5.12.1978; Dok. 51: Kurzprotokoll über die 6. Sitzung des Bundesvorstandes am 5.12.1978, Protokoll über die gemeinsame Sitzung mit den Mitgliedern des Bundesjugendausschusses und den für Jugendarbeit zuständigen Vorstandsmitgliedern der Gewerkschaften und Industriegewerkschaften.
4 Vgl. Dok. 47: Kurzprotokoll über die 4. Sitzung des Bundesvorstandes am 3.10.1978.
5 Vgl. Dok. 45: Kurzprotokoll über die 2. Sitzung des Bundesvorstandes am 4.7.1978.

3. Abführung von Vergütungen aus der Wahrnehmung von Mitbestimmungsfunktionen oder ähnlichen Aufgaben

Kollege *Vetter* erinnert an die letzte Sitzung des Bundesvorstandes, in der lediglich ein Vorsorgebeschluß gefaßt wurde, die alten Rechte von Stiftung Mitbestimmung und Hans-Böckler-Gesellschaft auf die Hans-Böckler-Stiftung zu übertragen. Weitere Punkte wurden zurückgestellt. Die heute zu behandelnden Themen sind eine Berichterstattung über das Verhalten der in der gewerkschaftlichen Gemeinwirtschaft tätigen Mitbestimmungsträger und die Definition des Begriffes »Gesamtbezüge«. Kollege *Vetter* verweist auf sein Schreiben vom 31.8.1978 an die Vorsitzenden und Sprecher der Vorstände der gemeinwirtschaftlichen Unternehmen, in dem noch einmal die seit 1975 bzw. 1976 gültigen Abführungsmodalitäten festgehalten werden. Unter dem Begriff »Gesamtbezüge« sind Gehälter aus der Vorstandstätigkeit einschließlich der Vergütungen aus Aufsichtsratsmandaten und ähnlichen Funktionen zu verstehen, die in Ausübung der Vorstandstätigkeit wahrgenommen werden.[6]

An der anschließenden ausführlichen Diskussion beteiligen sich die Kollegen *Vietheer, Vetter, Sperner, Hauenschild, A. Schmidt, Kluncker, Buschmann, Loderer* und *Frister*. Die bisher teilweise unzureichend praktizierte Abführung wird angesprochen und kritisiert. Außerdem wird, wie bereits früher beschlossen, die Notwendigkeit der Kontrolle durch den Vorsitzenden des DGB bekräftigt, wobei eine globale Berichterstattung an den Bundesvorstand für ausreichend gehalten wird.

Kollege *Kluncker* bittet, den letzten Satz auf Seite 2 des Briefes des Kollegen *Vetter* in den endgültigen Beschluß des Bundesvorstandes einzuarbeiten. Er regt außerdem an, zu einem späteren Zeitpunkt über die analoge Abführungspflicht von Gewerkschaftsvertretern in öffentlichen bzw. Selbstverwaltungseinrichtungen und Rundfunkräten zu diskutieren.

Kollege *Loderer* weist noch einmal auf die Weigerung einiger Finanzämter hin, die volle steuerliche Abzugsfähigkeit von Zuwendungen an die Hans-Böckler-Stiftung anzuerkennen. Vor einer endgültigen Beschlußfassung über den Gesamtkomplex muß dieses Problem, möglichst in einem Gespräch mit dem Bundesfinanzminister, geklärt werden.[7]

Kollege *Buschmann* wünscht ebenfalls eine Vertagung des Beschlusses, bis das seit längerem vorgesehene Gespräch zwischen seiner Gewerkschaft, Kollegen Vetter und der Hans-Böckler-Stiftung zum Thema »Verein zur Weiterbildung der Arbeitnehmer in der Textil- und Bekleidungsindustrie e. V.« stattgefunden hat.

Kollege *Vetter* sagt zu, die von den Kollegen Kluncker, Loderer und Buschmann vorgetragenen Wünsche zu berücksichtigen.

---

6 Die Neuregelung war notwendig geworden, weil die Abführung von Bezügen von der Stiftung Mitbestimmung mit deren Gründung auf die Hans-Böckler-Stiftung übergehen sollte.
7 Vgl. hierzu die in Kopie vorliegenden Unterlagen der Hans-Böckler-Stiftung und einzelne Schriftwechsel mit Finanzämtern in AdsD, DGB-Archiv, 5/DGAI000498.

Beschluß:
Der Bundesvorstand bestätigt, daß unter dem Begriff »Gesamtbezüge«, von denen Vorstandsmitglieder der gemeinwirtschaftlichen Unternehmen nach dem Beschluß 15 des 10. Ordentlichen Bundeskongresses im Mai 1975 und dem dazu ergangenen ergänzenden Beschluß des Bundesvorstandes vom November 1976 10 % an die Hans-Böckler-Stiftung (früher Stiftung Mitbestimmung) abzuführen haben, Gehälter aus der Vorstandstätigkeit einschließlich der Vergütungen aus Aufsichtsratsmandaten und ähnlichen Funktionen zu verstehen sind, die in Ausübung der Vorstandstätigkeit wahrgenommen werden.

Kollege Vetter wird in der November-Sitzung des Bundesvorstandes über die bisher erfolgte Abführung der Mitbestimmungsträger aus dem gemeinwirtschaftlichen Bereich berichten.[8]

4. **Koordinierung der gewerkschaftlichen Aktivitäten zur Innovationsberatung**

In der kurzen Diskussion, an der sich die Kollegen *Vetter, Loderer, Jung* und *Kluncker* beteiligen, regt Kollege *Loderer* an, das Wort »Humanisierung« in der Vorlage durch »soziale Begleitforschung« zu ersetzen.[9] Hierzu bestehen keine Bedenken. Kollege *Kluncker* bittet um Ergänzung der Ziffer 2 auf Seite 3.

Beschluß:
1. Der Bundesvorstand befürwortet die Förderung eines Pilot-Projektes der IG Metall zur Einrichtung einer »Humanisierungs- und Technologieberatungsstelle« durch das Bundesministerium für Forschung und Technologie.[10]
2. Der Bundesvorstand beschließt die Einrichtung eines begleitenden Beratungsgremiums zu allen Innovationsberatungs- und Technologietransfer-Projekten mit gewerkschaftlicher Beteiligung. Damit soll eine ausreichende Information und Abstimmung im DGB gewährleistet werden. In dem Beratungsgremium sollen neben Vertretern der laufenden Projekte die zuständigen Abteilungen des DGB, Vertreter des DGB-Arbeitskreises »Wissenschaft und Forschung« sowie Vertreter des DGB-Arbeitskreises »Humanisierung des Arbeitslebens«, in denen alle Einzelgewerkschaften mitarbeiten, berücksichtigt werden.

---

8 Vgl. Dok. 49: Kurzprotokoll über die 5. Sitzung des Bundesvorstandes am 7.11.1978, TOP 5.
9 Diese semantische Verschiebung ist von Interesse, weil sie den Status der sozialwissenschaftlichen Forschung und deren Gestaltungsansprüche vor dem Hintergrund von Mitbestimmungsansprüchen der Gewerkschaften über die Betriebsräte modifiziert und reguliert.
10 Zum Forschungsprogramm »Humanisierung der Arbeit«, das in den 1970er-Jahren, gefördert durch das BMBF, anlief, die Forschungsberichte von Nina Kleinöder:, »Humanisierung der Arbeit«; Seibring: Humanisierung des Arbeitslebens; einen einführenden Forschungsaufriss liefert Müller: Humanisierung der Arbeitswelt.

Eine Beschreibung der Tätigkeit dieses Gremiums ist in der Anlage 2 der Vorlage vom 21.6.1978 enthalten.
3. Mögliche Wünsche zur Mitarbeit von Einzelgewerkschaften an Innovationsberatungsprojekten oder an dem von der IG Metall beantragten Projekt werden in diesem Beratungsgremium eingebracht und beraten.
4. Der Bundesvorstand beauftragt dieses Beratungsgremium, nach 12 Monaten einen ersten Bericht über die bisherigen Erfahrungen zu erstatten. Er beauftragt darüber hinaus die DGB-Bundesvorstandsverwaltung, in Zusammenarbeit mit den Einzelgewerkschaften auf der Grundlage dieser Erfahrungen und Einbeziehung der Arbeitsergebnisse der mit dieser Problematik befaßten DGB-Arbeitskreise und -Ausschüsse eine gewerkschaftliche Konzeption zur Problematik der Innovationsberatung zu erarbeiten.

5. Veränderungsmitteilungen – Landesbezirksvorstände

Beschluß:
Der Bundesvorstand schlägt dem Bundesausschuß vor, folgende Kollegen zu bestätigen:
Jahn-Dietrich Siemann (GdP) als Mitglied des Landesbezirksvorstandes Baden-Württemberg;
Oskar Gensberger (NGG) als Mitglied und
Erwin Berger (NGG) als ständigen Vertreter des Koll[egen] Gensberger im Landesbezirksvorstand Bayern;
Horst Mettke (CPK) als Mitglied,
Hansgeorg Koppmann (GdP) als Mitglied und Gottfried Heil (Jugend) als Mitglied im Landesbezirksvorstand Hessen;
Günter Schröder (GdP) als Mitglied des Landesbezirksvorstandes Nordrhein-Westfalen;
Lothar Lang (IGBE) als Mitglied,
Arno Spengler (IGBE) als ständigen Vertreter des Kollegen Lang, Hermann Lutz (GdP) als Mitglied und
Heinz Blatt (GdP) als ständigen Vertreter des Kollegen Lutz im Landesbezirksvorstand Rheinland-Pfalz.

6. 4. Außerordentlicher DGB-Bundeskongreß

Nach kurzer Erläuterung der Vorlage durch Kollegen *Schwab* faßt der Bundesvorstand folgenden *Beschluß*:
Der Bundesvorstand schlägt dem Bundesausschuß vor, gemäß § 8, Ziffer 3, Buchstabe 1), der Satzung des DGB für den 4. Außerordentlichen Bundeskongreß Düsseldorf und als Termin 12.–14. März 1981 zu beschließen.

In der anschließenden Diskussion, an der sich die Kollegen *Vetter*, *Kluncker* und *Loderer* beteiligen, werden noch einmal die Zeitvorstellungen für die Beratungen des Grundsatzprogramms erörtert, in diesem Zusammenhang wird die Aktualisierung des Aktionsprogramms diskutiert.[11]

Beschluß:
Der Bundesvorstand beschließt, im ersten Halbjahr 1979 ein aktualisiertes Aktionsprogramm zu verabschieden. Änderungen zum bestehenden Aktionsprogramm müssen begründet werden.[12]

In die Tagesordnung der nächsten Bundesvorstandssitzung (3.10.1978) soll das Thema »Aktionsprogramm« aufgenommen werden.[13]

7. **Beitragsbefreiung 1978 gemäß Ziffer 6 der Beitragsordnung für die IG Druck und Papier**

Kollege *Vater* erläutert kurz die Vorlage und teilt mit, daß es sich hier um einen Betrag zwischen 3,2 Mio. und 3,5 Mio. DM handelt.

Beschluß:
Der Bundesvorstand empfiehlt dem Bundesausschuß, die IG Druck und Papier für das Jahr 1978 gemäß Ziffer 6 der Beitragsordnung von der Beitragspflicht zu befreien.[14]

---

11 Zur programmatischen Diskussion im DGB in den 1970er-Jahren vgl. von Beyme: Gewerkschaftliche Politik in der Wirtschaftskrise I, S. 348-360, sowie Schneider: Kleine Geschichte der Gewerkschaften, S. 399-402. Vgl. auch [DGB-Bundesvorstand], Abt. Organisation, an die Mitglieder des Bundesvorstandes und des Bundesausschusses, 4. Außerordentlicher Bundeskongreß, Düsseldorf, 19.7.1978, AdsD, DGB-Archiv, 5/DGAI000498.
12 Vgl. DGB-Aktionsprogramm '79, Düsseldorf 1979; vgl. auch Dok. 55: Kurzprotokoll über die 9. Sitzung des Bundesvorstandes am 3.4.1979 und Dok. 56: Kurzprotokoll über die 10. Sitzung des Bundesvorstandes am 8.5.1979 sowie Protokoll über die 4. Sitzung des Bundesausschusses am 13.6.1979, AdsD, DGB-Archiv, 5/DGAI000419.
13 Vgl. Dok. 47: Kurzprotokoll über die 4. Sitzung des Bundesvorstandes am 3.10.1978, TOP 4. Vgl. auch Protokoll über die 1. Sitzung des Bundesausschusses am 6.9.1978, TOP 5., AdsD, DGB-Archiv, 5/DGAI000419.
14 Die IG Druck und Papier begründete ihren Antrag auf Beitragsbefreiung mit den Kosten des Arbeitskampfes, den sie 1978 geführt hatte. Die Kosten seien auf die Flächenaussperrungen der Arbeitgeberseite zurückzuführen. Hinzu kämen die Belastungen mit Kosten aus dem Arbeitskampf 1976. Der Bundesausschuss entsprach in seiner 1. Sitzung dem Beschlussvorschlag des Bundesvorstandes. Vgl. [DGB-Bundesvorstand], Abt. Finanzen, Vorlage für den Bundesvorstand und den Bundesausschuß, Beitragsbefreiung 1978 gemäß Ziffer 6 der Beitragsordnung der Industriegewerkschaft Druck und Papier, Düsseldorf, 5.7.1978, AdsD, DGB-Archiv, 5/DGAI000489; Protokoll über die 1. Sitzung des Bundesausschusses am 6.9.1978, TOP 6., S. 12, AdsD, DGB-Archiv, 5/DGAI000419.

8. **Beitragsbefreiung 1978 gemäß Ziffer 6 der Beitragsordnung für die Verbände der Gewerkschaft Kunst**

Kollege *Vater* erläutert kurz die Vorlage und teilt mit, daß es sich hier um einen Betrag von 220.000,- DM handelt.

Beschluß:
Der Bundesvorstand empfiehlt dem Bundesausschuß, folgendes zu beschließen:
1. Die Verbände der Gewerkschaft Kunst – Genossenschaft der Bühnenangehörigen (GDBA),
   Deutscher Musikverband (DMV),
   Internationale Artistenloge (IAL) und Schutzverband bildender Künstler (SBK) – werden von der Beitragspflicht gemäß § 6 der Beitragsordnung befreit mit der Maßgabe, daß die GDBA 10.000,- DM zu leisten hat, wenn ihre wirtschaftliche Lage dies zuläßt.
2. Die Gewerkschaft Deutscher Musikerzieher und konzertierender Künstler (GDMK) wird in Höhe von 8 % ihres Beitragsaufkommens und die Bundesvereinigung der Gewerkschaftsverbände bildender Künstler (BGBK) in Höhe von 4 % ihres Beitragsaufkommens von der Beitragspflicht befreit.
3. Für alle ganz oder teilweise von der Beitragspflicht befreiten Verbände hat die Gewerkschaft Kunst nach Ablauf des Jahres 1978 die Einnahmen- und Ausgabenrechnung 1978 der Finanzabteilung des DGB vorzulegen.[15]

9. **Initiativantrag Nr. 6 des 11. Ordentlichen Bundeskongresses (Beiträge zum Solidaritätsfonds)**

Kollege *Vater* erläutert die Vorlage und bittet um entsprechende Beschlußfassung.[16]
An der anschließenden Diskussion beteiligen sich die Kollegen *Sperner, Vetter, A. Schmidt, Vater, Buschmann, Breit, Kluncker* und *Georgi*. Eingehend werden die Entwicklung und die Verwendung der Mittel des Solidaritätsfonds erörtert. Es besteht Übereinstimmung, daß der Solidaritätsfonds künftig zu einem Instrument entwickelt und ausgebaut werden muß, damit er auch seiner Aufgabe gerecht wird. Einerseits wird angeregt, die Erhöhung der Beiträge und die Richtlinien zusammen zu verabschieden. Andererseits wird vorgeschlagen, die Ziffern 1 und 2 zu beschlie-

---

15 Der Bundesausschuss beschloss die Beitragsbefreiung für die IG Druck und Papier wie vom Bundesvorstand vorgelegt. Vgl. [DGB-Bundesvorstand], Abt. Finanzen, Vorlage für den Bundesvorstand und den Bundesausschuß, Beitragsbefreiung 1978 gemäß Ziffer 6 der Beitragsordnung für Verbände der Gewerkschaft Kunst, Düsseldorf, 5.7.1978, AdsD, DGB-Archiv, 5/DGAI000489. Vgl. Protokoll über die 1. Sitzung des Bundesausschusses am 6.9.1978, TOP 6., S. 13, AdsD, DGB-Archiv, 5/DGAI000419.
16 Vgl. [DGB-Bundesvorstand], Abt. Finanzen, Vorlage für den Bundesvorstand und den Bundesausschuß, Initiativantrag Nr. 6 des 11. Ordentlichen Bundeskongresses (Beiträge zum Solidaritätsfonds), Düsseldorf, 5.7.1978, AdsD, DGB-Archiv, 5/DGAI000489. Vgl. auch DGB: 11. Bundeskongreß 1978, S. 483.

ßen, jedoch mit einem Sperrvermerk zu versehen, bis die Richtlinien verabschiedet sind. Kollege *Buschmann* erklärt, daß er der Vorlage nicht zustimmen kann, da er keinen Beschluß seiner Gewerkschaft hat.

Beschluß:
Der Bundesvorstand empfiehlt dem Bundesausschuß folgenden *Beschluß*:
1. Befreiungen von der Beitragspflicht zum Solidaritätsfonds sind nicht möglich.
2. Die Gewerkschaften zahlen ab 1.1.1979 Beiträge für den Solidaritätsfonds in Höhe von 0,30 DM je Mitglied und Vierteljahr.

Im übrigen wird die Zahlung der Gelder ab 1.1.1979 an den Solidaritätsfonds mit einem Sperrvermerk über die Verwendung der Mittel versehen, bis die in der Satzung § 5, Ziffer 1, zweiter Satz, zu beschließenden Richtlinien vom Bundesausschuß verabschiedet sind.[17]

10. Gesetzesentwürfe zur Vermögensbeteiligung im Bundestag

Nach kurzer Diskussion, an der sich die Kollegen *Vetter, Sperner, Kluncker, Hauenschild, Jung* und *Heiß* beteiligen, faßt der Bundesvorstand folgenden *Beschluß*:
Der Bundesvorstand verabschiedet mit redaktionellen Änderungen Stellungnahmen zum Gesetzentwurf der CDU/CSU-Fraktion für ein Gesetz zur Förderung freiwilliger betrieblicher Gewinn- und Kapitalbeteiligung und zum Entwurf der Bundesrats-Mehrheit zu einem Gesetz zum Abbau steuerlicher Hemmnisse für die Vermögensbeteiligung der Arbeitnehmer als offizielle Erklärung des DGB.[18]

---

17 So hat es der Bundesausschuss dann auch beschlossen. Vgl. Protokoll über die 1. Sitzung des Bundesausschusses am 6.9.1978, TOP 7., S. 13, AdsD, DGB-Archiv, 5/DGAI000419.
18 Der DGB kritisierte, dass die vermögenspolitischen Vorschläge der CDU/CSU-Fraktion und der Bundesratsmehrheit keinen wesentlichen »Beitrag zu einer grundsätzlichen Eindämmung des Prozesses der Vermögenskonzentration« leisten. Die Sparförderung sei keine Grundlage eines zweiten Einkommens der Arbeitnehmer. Entgegen den Vorschlägen der Opposition im Bundestag sollten die Aktivitäten des Gesetzgebers sich auf einen möglichen Ausbau tarifvertraglich vereinbarter und kontrollierter Sparförderungssysteme konzentrieren. Vgl. [DGB-Bundesvorstand], Abt. Vorsitzender, Stellungnahme zum Gesetzentwurf der CDU/CSU-Fraktion für ein Gesetz zur Förderung freiwilliger betrieblicher Gewinn- und Kapitalbeteiligung, Düsseldorf, 1.8.1978; Deutscher Bundestag, 8. Wahlperiode, Drucksache 8/1565, 24.2.1978, Entwurf eines Gesetzes zur Förderung freiwilliger betrieblicher Gewinn- und Kapitalbeteiligung; [DGB-Bundesvorstand], Abt. Vorsitzender, Stellungnahme zum Gesetzentwurf der Bundesrats-Mehrheit zu einem Gesetz zum Abbau steuerlicher Hemmnisse für die Vermögensbeteiligung der Arbeitnehmer, Düsseldorf, 1.8.1978; Deutscher Bundestag, Entwurf eines Gesetzes zum Abbau steuerlicher Hemmnisse für die Vermögensbeteiligung der Arbeitnehmer, Drucksache 8/1418, 13.1.1978, AdsD, DGB-Archiv, 5/DGAI000498.

11. Vorbereitung auf das Gespräch mit dem Tarifpolitischen Ausschuß

Kollege *Heiß* erläutert die Vorlage vom 14.8.1978 der Abteilung Tarifpolitik, die in den Grundzügen die Diskussion wiedergibt, die Anlaß für das Gespräch mit dem Tarifpolitischen Ausschuß über die Möglichkeit und Grenzen einer gemeinsamen Tarifpolitik ist.[19] Hierzu stellt er fest, daß durch den Beschluß zum Antrag 263 des 11. Ordentlichen Bundeskongresses nicht nur der Inhalt der vom Bundesvorstand am 4.3.1975 beschlossenen »Grundsätze für die Tarifpolitik« bestätigt wurde, sondern eine verstärkte gemeinsame Abstimmung in den Grundsätzen im tarifpolitischen Bereich für erforderlich gehalten wurde.[20]

Kollege *Heiß* erinnert an die Diskussionen zur Frage der Koordinierung der Tarifpolitik im Bundesvorstand am 6.6.1978, in der zum Thema Arbeitszeitverkürzung eine ausführliche Beratung mit dem Ziel, einen Beitrag zu einer gemeinsamen Haltung nach außen zu leisten, gefordert wurde. Dies sei auch für ihn in Übereinstimmung mit dem Geschäftsführenden Bundesvorstand Veranlassung gewesen, seiner Vorlage zu diesem Tagesordnungspunkt Material zum Thema Arbeitszeit beizufügen. Diese gewerkschaftliche Schwerpunktaufgabe sei auch dazu geeignet, exemplarisch die Notwendigkeit, aber auch die Schwierigkeiten einer koordinierten Tarifpolitik deutlich zu machen. In dem bevorstehenden Gespräch mit dem Tarifpolitischen Ausschuß käme es darauf an, die Frage zu prüfen, wie eine Koordinierung zu gestalten ist. Dabei sei zu berücksichtigen, daß der 11. Ordentliche Bundeskongreß für die Tarifpolitik Daten gesetzt hat. In den Anträgen 11 bis 288 [!] seien Aufträge an den DGB vergeben worden, die die Tarifpolitik mittelbar oder unmittelbar beträfen. Auch die Beschlüsse auf den Gewerkschaftstagen deuten nach einer ersten Auswertung darauf hin, daß es gemeinsame Schwerpunkte in der Tarifpolitik gibt.[21]

Nicht zuletzt sei die Frage zu prüfen, ob durch das geschlossene Arbeitgeberverhalten nicht die Notwendigkeit einer gemeinsamen Offensivstrategie gegeben ist und ein sogenanntes tarifpolitisches Aktionsprogramm erstellt werden sollte.

Kollege *Vetter* fordert zur generellen Diskussion dieses Tagesordnungspunktes auf.

An der ausführlich geführten Aussprache beteiligen sich die Kollegen *Georgi, Hauenschild, Mahlein, Sperner, Stadelmaier, Loderer, Kluncker, Heiß* und *Vetter*. Die Diskussion macht deutlich, daß die Gewerkschaften eine Beschränkung der Koordinierungspolitik des DGB auf Grundsatzfragen wünschen. Allgemein wird übereinstimmend davor gewarnt, die Koordinierungspolitik dahingehend auszuweiten, wonach die Gewerkschaften neben ihren Forderungen ihre Vorhaben bekanntgeben sollten. Es könne eben nicht alles auf dem offenen Markt bekanntgegeben wer-

---

19 Vgl. [DGB-Bundesvorstand], Abt. Tarifpolitik, Vorlage für den Bundesvorstand, Vorbereitung auf das Gespräch mit dem Tarifpolitischen Ausschuß am 5.9.1978, Antrag 263 des 11. Ordentlichen DGB-Bundeskongresses, Düsseldorf, 14.8.1978, AdsD, DGB-Archiv, 5/DGAI000498.
20 Vgl. die Diskussionen in der 18. Sitzung des Bundesvorstandes, TOP 4. (Dok. 109), in der 20. Sitzung des Bundesvorstandes, TOP 5a. (Dok. 112) und in der 22. Sitzung des Bundesvorstandes, TOP 5. (Dok. 116) in: Mertsching: Quellen 16, S. 888 ff., S. 921 und S. 954.
21 Unklar ist, was mit der Bezeichnung der Anträge 11-288 gemeint ist.

den, wenn nicht der anderen Seite die Vorhaben vorzeitig bekannt werden sollten. Keinesfalls dürfe die Tarifpolitik von den Gewerkschaften auf den DGB verlagert werden. Es wird die Auffassung vertreten, daß, je stärker eine Forderung durch den DGB vertreten würde, es umso schwieriger für die Gewerkschaften wäre, diese durchzusetzen. Die Erstellung eines tarifpolitischen Aktionsprogramms wird von den Gewerkschaften abgelehnt. Es käme vielmehr darauf an, bei der Überarbeitung des Aktionsprogramms 1972 die tarifpolitischen Ziele zu formulieren.[22] Ebenfalls werden Bedenken gegen Kampagnen des DGB zu tarifpolitischen Strategien geäußert. Strategiemodelle des DGB würden die versammelte öffentliche Meinung aktivieren.

Es käme darauf an, nichts nach außen zu erkennen zu geben, aber koordiniert zu handeln.

Zum Thema Arbeitszeitverkürzung kann keine abschließende Diskussion geführt werden. Die Gewerkschaften machen deutlich, daß eine beschäftigungspolitische Begründung für Arbeitszeitverkürzung nicht ausreichend sei. Es wird festgestellt, daß die Arbeitgeber eine Abwehrstrategie gegen Arbeitszeitverkürzungen aufgebaut hätten.[23] Eine Einigung, ob eine gemeinsame Konzeption des DGB entgegengesetzt werden sollte, wird nicht erzielt.

Kollege *Kluncker* spricht die Wiedergabe eines Interviews des Kollegen Vetter zum Steuerpaket und die Konsequenzen für die Tarifpolitik an. Er hält die bekanntgewordenen Aussagen für problematisch und meint, daß derartige Aussagen abstimmungsbedürftig sind.

Kollege *Vetter* macht deutlich, daß sein Interview sehr verkürzt wiedergegeben wurde. Er erläutert nochmals den Inhalt seines Interviews und bedauert die lückenhafte Wiedergabe, die zu Mißverständnissen führen müßte.[24]

Abschließend macht er zum Thema Arbeitszeitverkürzung deutlich, daß die kontrovers geführte Diskussion zu diesem Thema einmal beendet werden müsse. Er habe den Kollegen Heiß gebeten, Unterlagen zu erstellen, um die Wirkungen von Arbeitszeitverkürzungen in den einzelnen Bereichen deutlich zu machen. Die abschließende Beratung müsse hier im Bundesvorstand geführt werden. Er schlägt vor, daß in Anwesenheit des Tarifpolitischen Ausschusses die Diskussion nach einer Einführung durch den Kollegen Heiß weitergeführt werden soll.

Mittagspause: 13.50 bis 15.00 Uhr.

---

22 Tarifpolitische Forderungen gingen auch in das Aktionsprogramm des DGB von 1979 ein. Vgl. DGB: Aktionsprogramm '79; eine knappe Synopse der Aktionsprogramme des DGB 1955, 1965, 1972 und 1979 nimmt Gerhard Leminsky in den Gewerkschaftlichen Monatsheften vor. Vgl. ders.: Zum neuen Aktionsprogramm; zum Aktionsprogramm '79 vgl. ebd., S. 801-807. Zur programmatischen Diskussion im DGB in den 1970er-Jahren vgl. von Beyme: Gewerkschaftliche Politik in der Wirtschaftskrise I, S. 348-360, sowie Schneider: Kleine Geschichte der Gewerkschaften, S. 399-402.

23 Zum Kampf um die Arbeitszeitverkürzung vgl. Müller-Jentsch: Gewerkschaftliche Politik in der Wirtschaftskrise II, S. 377-383.

24 Vgl. Protokoll über die 3. Sitzung des Bundesvorstandes am 5.9.1978, Übertragung aus dem Stenogramm, S. 24 f., AdsD, DGB-Archiv, 5/DGAI000498.

12. Verschiedenes

a) Analyse des Bundeskongresses und Arbeitsprogramm des Geschäftsführenden Bundesvorstandes

Auf die Frage des Kollegen *Kluncker* nach der Analyse des Bundeskongresses und einem Arbeitsprogramm des Geschäftsführenden Bundesvorstandes bittet Kollege *Vetter*, dem Geschäftsführenden Bundesvorstand noch etwas Zeit zu lassen. Es ist bereits mit einer ersten Analyse und der Auswertung der Anträge begonnen worden.

b) Arbeit und Leben

Kollege *Loderer* spricht die Aktivitäten von Arbeit und Leben in Bezug auf Auslandsreisen an.

Kollege *Vetter* sagt zu, auf die Tagesordnung der nächsten Bundesvorstandssitzung den Punkt »Arbeit und Leben/Auslandsreisen« zu setzen.[25]

c) Protestveranstaltung gegen die Anwärterbezüge

Kollege *Kluncker* berichtet, daß die GEW am 25. September 1978 in Bonn-Bad Godesberg eine Protestveranstaltung gegen die Anwärterbezüge durchführt. Die ÖTV würde es begrüßen, wenn dies als DGB-Veranstaltung laufen würde.

Kollege *Vetter* sagt zu, daß der DGB die Koordinierung übernehmen und ein Vorbereitungsgespräch stattfinden wird.

d) DKP-Parteitag

Kollege *Vetter* weist auf den im Oktober in Karlsruhe stattfindenden Parteitag der DKP hin, auf dem das neue Grundsatzprogramm verabschiedet werden soll. Hinsichtlich der Einladung wird vorgeschlagen, daß der DGB zwei Journalisten entsendet, die als Beobachter an diesem Parteitag teilnehmen sollen. Ansonsten soll keine Teilnahme erfolgen.[26]

Kollege *Frister* macht auf die von der DKP herausgegebene »Geschichte der deutschen Gewerkschaftsbewegung« aufmerksam. Es wird versucht, diese in die gewerkschaftliche Bildungsarbeit einzuschleusen.[27]

Kollege *Vetter* stellt abschließend fest, daß bezüglich des DKP-Parteitages wie vorgeschlagen verfahren wird.

---

25 Vgl. Dok. 47: Kurzprotokoll über die 4. Sitzung des Bundesvorstandes am 3.10.1978, TOP 5.
26 Der DKP-Parteitag fand vom 20. bis 22.10.1978 in Mannheim statt.
27 Die Vertreter einer orthodox-marxistischen Geschichtsschreibung der Gewerkschaften, Frank Deppe, Georg Fülberth und Jürgen Harrer, hatten einen provozierenden Band über die Geschichte der deutschen Gewerkschaftsbewegung herausgegeben, den der DGB zum Anlass einer eigenen historischen Selbstverortung und zur Forcierung einer eigenen Erinnerungskultur nahm. Die Diskussion über das Thema wurde aus aktuellem Anlass in der Sitzung des Bundesvorstandes am 7.11.1978 fortgesetzt. Vgl. Dok. 49: Kurzprotokoll über die 5. Sitzung des Bundesvorstandes am 7.11.1978, TOP 14b. Vgl. auch Protokoll über die 3. Sitzung des Bundesvorstandes 5.9.1978, Übertragung aus dem Stenogramm, S. 26 f., AdsD, DGB-Archiv, 5/DGAI000498. Zum provozierenden Band vgl. Deppe/Fülberth/Harrer: Geschichte.

e) Wahlen zum Europäischen Parlament

Kollege *Vetter* verweist auf den vorliegenden Brief von Norbert Blüm zu seiner Kandidatur zum Europäischen Parlament. Er erläutert seine Beweggründe für diese Entscheidung und vertritt die Auffassung, daß möglichst viele Gewerkschafter in dieses Parlament gewählt werden sollten.

In der anschließenden Diskussion, an der sich die Kollegin *Weber* sowie die Kollegen *Vetter, Kluncker, Heiß, Schirrmacher* und *A. Schmidt* beteiligen, spricht sich die Kollegin *Weber* gegen die Kandidatur des Kollegen Vetter wegen der zu großen Arbeitsbelastung aus.

Der Bundesvorstand ist der Auffassung, daß der Brief von Norbert Blüm als Anmaßung zurückgewiesen werden sollte.[28]

f) Stiftung Europäischer Skulpturenpark e. V.

Kollege *Vietheer* spricht die Bitte von Annemarie Renger, Kuratoriumsvorsitzende der Stiftung Europäischer Skulpturenpark e. V., um eine Spende an.

Kollege *Vetter* sagt eine Behandlung in der Oktobersitzung zu, wenn es für notwendig erachtet wird.[29]

g) Pressemeldung zur Steuerpolitik

Kollege *Pfeiffer* weist auf den vorgelegten Entwurf einer Pressemeldung zur Steuerpolitik hin, die die bereits früher geäußerte Auffassung des DGB noch einmal bekräftigen soll.

Kollege *Kluncker* spricht sich für eine bessere inhaltliche Ausgestaltung aus.

Der Bundesvorstand ist damit einverstanden, daß die durch die Kollegen Kluncker und Pfeiffer überarbeitete Pressemeldung zur Steuerpolitik herausgegeben wird (s. Anlage).[30]

Sitzung des Bundesvorstandes mit dem Tarifpolitischen Ausschuß

Beginn: 16.00 Uhr.

Kollege *Vetter* leitet die gemeinsame Sitzung mit der Feststellung ein, daß beide Gremien, sowohl im Tarifpolitischen Ausschuß als auch im Bundesvorstand, schon

---

28 Trotz der Zurückweisung des Ansinnens Norbert Blüms kandidierten 1979 einige prominente DGB-Gewerkschafter auf der Liste der SPD für das Europaparlament.
29 Der TOP wurde nicht wieder aufgegriffen.
30 Der DGB-Bundesvorstand wertete die Beschlüsse der Bundesregierung zur Einkommenssteuer als annehmbaren Einstieg in eine Reform des Einkommenssteuertarifs, bemängelte aber, daß die Steuerprogression die durchschnittlichen Einkommen nicht in dem Maße entlaste wie die hohen Einkommen. Er lehnte die von der Opposition angeregte Wiedereinführung der Kinderfreibeträge ab. Außerdem kritisierte er die vorgesehenen Entlastungen im Gewerbesteuerbereich bei gleichzeitiger Erhöhung der Mehrwertsteuer. Vgl. DGB-Bundesvorstand zur Steuerpolitik, DGB-Nachrichten-Dienst, 158/78, 6.9.1978, AdsD, DGB-Archiv, 5/DGAI000498.

seit längerem über Fragen der Tarifpolitik und der Koordinierungsaufgabe des DGB sich unterhalten haben. Dabei wurde oft kontrovers diskutiert.[31]

Es sei deshalb zweckmäßig, im Kreis der beiderseitig Beteiligten über diese Fragen miteinander zu sprechen. Er hoffe, daß es gelingt, gewisse Tatbestände zu klären und vielleicht Linien zu finden. Bei diesem Vorhaben müsse man sich darüber im klaren sein, daß die Begegnung zwischen autonomen Mitgliedsgewerkschaften und der Bundesorganisation in gewerkschaftlichen Lebensfragen – und das seien tarifpolitische Aufgaben – nicht einfach sind. Gewerkschaftliche Autonomie und unmittelbare Verantwortung vor den Mitgliedern erfordere, daß auch von seiten des Bundes auf die Notwendigkeiten und die Unerläßlichkeiten Rücksicht genommen wird. Die Diskussion würde nicht geführt, um den Gewerkschaften etwas wegzunehmen. Es solle nicht im negativen Sinne eine Wirkung erzielt werden, in der die Einschränkung gewerkschaftlicher Zuständigkeiten erreicht wird, sondern im Sinne der Verstärkung der Gewerkschaften in der Tarifpolitik. Am Beispiel der tariflichen Arbeitszeitverkürzung und ihrer Begründung könne man feststellen, wie unterschiedlich sie angepackt wird.

Es müsse aber Einigkeit in den Begründungen geschaffen werden, so zum Beispiel, ob sie mit der Humanisierung der Arbeit oder als Arbeitsmarktinstrument begründet wird. Er vertritt die Auffassung, daß die tarifpolitische Koordinierung, die als Überschrift über diesem stehe, eine Gestaltungsaufgabe zum Inhalt hat, und zwar mit Wirkung in die Organisationen, mindestens in die Strategie der einzelnen Organisationen, soweit wir zu gemeinsamen Taktiken kommen können. Das Thema der gegenseitigen Information sei relativ unproblematisch anzusehen.

Zum Thema Arbeitszeitverkürzung sei festzustellen, daß, wenn man sich jetzt noch nicht darüber im klaren sei, wie diese Angelegenheit im einzelnen oder generell angepackt werden soll, also somit nicht einheitlich gesehen wird, es notwendig erscheint, dieses Thema einer gesonderten Beratung zuzuführen, um die Auffassung der einzelnen Organisationen zu diskutieren.

Es solle versucht werden, eine gemeinsame Auffassung zur Arbeitszeitverkürzung zu finden und diese eventuell zu publizieren.[32] Kollege *Vetter* bittet den Kollegen Heiß, seine einführenden Worte noch einmal vor den Mitgliedern des Tarifpolitischen Ausschusses zu wiederholen. Gleichzeitig bittet er die Mitglieder

---

31 Die gemeinsame Sitzung erfolgte auch in Antwort auf Antrag 263 beim 11. Ordentlichen Bundeskongress, der vom Bundesvorstand ausging. In ihm wurde eine weitere Koordinierung der Tarifpolitik vor dem Hintergrund gefordert, dass in tarifpolitischen Auseinandersetzungen der DGB und seine Gewerkschaften, in deren Hoheitsgebiet die Tarifpolitik fiel und die dieses auch verteidigten, widersprechende Ziele formulierten. Den vom DGB 1975 verabschiedeten »Grundsätzen der Tarifpolitik« gemäß war die Koordinierung in Fragen der gegenseitigen Unterrichtung tarifpolitischer Vorhaben, der gemeinsamen Erarbeitung von Positionen und die gemeinsame Schwerpunktsetzung ein Ziel des Antrags. Vgl. Antrag 263: Koordinierung der Tarifpolitik, in: DGB: 11. Bundeskongreß 1978, S. 311.
32 Der DGB publizierte schließlich 1980 seine Position zur Arbeitszeitverkürzung. Vgl. DGB-Bundesvorstand, Abt. Werbung – Medienpolitik (Hrsg.): Die gewerkschaftliche Forderung: Arbeitszeitverkürzung, Düsseldorf 1980.

des Tarifpolitischen Ausschusses um Verständnis, daß sie länger als vorgesehen warten mußten, da noch einige wichtige Probleme zum Abschluß zu bringen waren.

Kollege *Heiß* wiederholt seine Ausführungen, die er zur Einführung vor dem Bundesvorstand vorgetragen hat. Er macht insbesondere noch einmal deutlich, was die Ausgangslage für die Arbeit des Tarifpolitischen Ausschusses darstellt. Ausgehend von den Beratungen im Tarifpolitischen Ausschuß, in denen diese gemeinsame Sitzung über Möglichkeiten und Grenzen einer gemeinsamen Tarifpolitik als Diskussionsthema mit dem Bundesvorstand vorgeschlagen wurde, stellt er noch einmal die Grundlagen für die Arbeit des Tarifpolitischen Ausschusses dar. Ausgehend von der Formulierung in der DGB-Satzung § 2 Abs. 4 Ziffer f) über die Grundsätze für die Tarifpolitik sowie den Beschlüssen auf den Bundeskongressen 1975 und 1978 und dem erklärten Willen des Bundesvorstandes, in Grundsatzfragen zu einer gemeinsamen Haltung nach außen beizutragen, seien dennoch noch einige Fragen für die praktische Arbeit des Tarifpolitischen Ausschusses offen. Diese gelte es, gemeinsam zu diskutieren. So käme es darauf an, durch eine kontinuierliche Besetzung des Tarifpolitischen Ausschusses mit den verantwortlichen Tarifpolitikern durch Industriegewerkschaften und Gewerkschaften sicherzustellen, daß der Informationsfluß auch von den Entscheidungsgremien getragen wird. Dies komme insbesondere bei den Abstimmungen im Tarifpolitischen Ausschuß und den Empfehlungen zu Aussagen und Stellungnahmen für den Bundesvorstand mit besonderer Bedeutung vor. Bei der Prüfung der Frage, wie die Koordinierung zu gestalten sei, müsse man beginnen, mit der Terminlage der einzelnen Sitzungen und der ablaufenden Tarifbewegung die Fragestellung zu eröffnen. In der Berichterstattung käme es darauf an, auch tarifliche Vorhaben mit Signalwirkung bekanntzugeben. Im Tarifpolitischen Ausschuß sei wiederholt die Forderung vertreten worden, daß dem Arbeitgeberverhalten notwendigerweise auch eine geschlossene Argumentation durch die DGB-Gewerkschaften entgegenzusetzen sei. Deutlich wurden die Auffassungen einiger Gewerkschaften bei dem Problem der Arbeitszeitverkürzung, indem sie eine gemeinsame Strategie und Auftreten des DGB verlangten. Abschließend stellt Kollege *Heiß* noch einmal zu den vorgelegten Papieren zur Arbeitszeitverkürzung fest, daß von den Grundsätzen für die Tarifpolitik, in denen festgestellt wird, daß Voraussetzung für die gewerkschaftliche Tarifpolitik die Tarifautonomie der Gewerkschaften ist, keineswegs abgegangen werden soll, aber die Notwendigkeit einer besseren Information und eines besseren Erfahrungsaustausches allseits gewollt und gefordert werde.

Kollege *Vetter* geht auf den Punkt des Kollegen Heiß ein, in der er die Wahrung der Tarifautonomie herausstellt und unterstreicht, daß dort, wo die Gewerkschaften sie zwingend notwendig haben, diskutiert werden muß, ob in Zeiten einer zusammenfassenden Abwehr gegen die Arbeitgeberverbände bei einzelnen Tarifforderungen ein Zusammenrücken notwendig sei. Die Frage des Lohnes glaubt er aus der Diskussion ausklammern zu sollen, da sich diese nach anderen Gesetzen vollzieht.

Bei der Frage, wie die Spielräume der tarifvertraglichen Instrumente besser genutzt werden können, sei bei aller Flexibilität eine Absprache unter Tarifpolitikern notwendig. Kollege *Vetter* zeigt am Beispiel der kontrovers geführten Diskussion über die Arbeitszeitverkürzung die Problematik der Abstimmung auf.

Kollege *Grützner* sagt einleitend zu seinem Beitrag, daß die Koordinierung in den eigenen Gewerkschaften schon schwer genug sei. Es könne aber nicht darum gehen, daß im Tarifpolitischen Ausschuß Lohn- und Gehaltsgruppenpläne gestaltet werden. Es gehe darum, daß die Tarifrunde im November/Dezember eingeleitet, aufgrund der Laufzeiten in einzelnen Tarifverträgen vorausschaubar sei. Tarifpolitisch wichtige Dinge, wie sie bei der IG Druck und Papier und bei der IG Metall und bei NGG in den Brauereien sich abzeichneten, müßten rechtzeitig im Vorhinein im Tarifpolitischen Ausschuß besprochen werden. Diese grundsätzlichen tarifpolitischen Fragen würden von langer Hand vorbereitet. Er könne kein Verständnis dafür haben, daß diese beispielhaft aufgeführten Vorkommnisse den anderen Gewerkschaften erst über die Presse zur Kenntnis gelangen. Diese Verhaltensweise würde die Arbeit unnötig erschweren. Damit mache er deutlich, daß es ihm weniger um Koordinierung, sondern um Information im Tarifpolitischen Ausschuß gehe. Tarifautonomie und Zuständigkeiten sollten nicht verlagert werden. Es gehe im wesentlichen um eingehende Informationen. Wenn dann noch eine Übereinstimmung in den Zielvorstellungen zu erreichen wäre, so wäre dies nur zu begrüßen. Auf die Beschickung des Tarifpolitischen Ausschusses eingehend, sagt Kollege *Grützner*, daß die zuständigen Vorstandsmitglieder nicht mehr in den Sitzungen seien, weil nichts besonderes mehr passiere. Ihm gehe es in erster Linie darum, daß man Ende des Jahres, bevor die Tarifrunde beginnt, solche tarifpolitischen Zielvorstellungen besprechen würde.

Zum Thema Arbeitszeitverkürzung meint er, wenn die Gewerkschaften in der Frage einer weiteren Arbeitszeitverkürzung generell unter 40 Stunden weiterkommen wollen, müssen sie sich einen Slogan einfallen lassen. Man müsse sich jetzt nach dem Bundeskongreß etwas einfallen lassen. Wie die Arbeitszeitverkürzung im einzelnen ausgestaltet wird, müsse man den Gewerkschaften überlassen. Dabei käme es darauf an, daß Informationen mit Hintergrundmaterial aufgearbeitet werden.[33]

Kollege *Schumacher* meint, daß es bei der Koordinierung nicht darum gehen könne, die letzten Lohnprozente abzustimmen.

Jeder wisse, daß Forderung und Ergebnis zweierlei seien. Man käme einen Schritt weiter, wenn man sich verständigen könnte über die Forderungsbegründung. Das Thema Arbeitszeitverkürzung muß auf der Tagesordnung bleiben oder, besser gesagt, auf die Tagesordnung kommen. Koordinierung bedeute nicht, daß alle Gewerkschaften dazu verdonnert würden, was sie zu fordern hätten. Koordinierung kann sich darin verstehen, daß die eine Gewerkschaft dieses und die andere jenes Vorhaben verwirkliche.

Es sei wichtig, daß auf den Feldern, wo der DGB Aussagen zu machen habe, er sich auch auf die Solidarität der Einzelgewerkschaften verlassen können müsse.

---

33 Gelegentlich wurde das Thema in den WSI-Mitteilungen und in den Gewerkschaftlichen Monatsheften aufgegriffen. Vgl. Mettelsiefen: Arbeitszeitverkürzung; Zachert: Der Ablauf einer Tarifverhandlung.

Ein Beispiel sei die Novellierung des Tarifvertragsgesetzes. Beim Bundeskongreß in Hamburg sei es deutlich geworden, daß viele Gewerkschaften und deren Delegierte allzu sehr bereit waren, zuzulassen, daß der Gesetzgeber künftig Regelungen übernimmt, die zum Beispiel die bezahlte Freizeit betreffen.

Kollege *Winkler* stellt aufgrund der Ausführungen der Kollegen Vetter und Heiß die Frage, wer denn den Antrag 263 beim Bundeskongreß vorgelegt habe, und warum er beschlossen wurde. Er habe im Tarifpolitischen Ausschuß Wert darauf gelegt, ein solches Gespräch zu führen. Er wolle wissen, was der Bundesvorstand sich bei der Einbringung des Antrages gedacht hat.[34]

Im Tarifpolitischen Ausschuß würde man auf Grenzen stoßen und sich die Frage stellen, was der Bundesvorstand sich von der Arbeit des Tarifpolitischen Ausschusses wünsche. Die von Kollegen Heiß ausgeführten Punkte hätten bloß schriftlich mitgeteilt zu werden brauchen. Das hätte genügt. Wenn man so um den heißen Brei herumrede, hätte man den Antrag 263 nicht einbringen dürfen.

Kollege *Schwarz* entschuldigt das Fernbleiben des Kollegen Jansen, der durch wichtige Termine an der Teilnahme an dieser gemeinsamen Sitzung gehindert wurde. Die Schwierigkeit, Koordinierungsaufgaben durchzuführen, läge auch darin, bestimmte Vorhaben überall gleich durchzusetzen. Wenn unter Koordinierung, wie sie hier ausgelegt wird, nur verstanden würde, gegenseitige Informationen über Tarifvorhaben und Begründungen zu geben, kann man dies einfach mitvollziehen. Er hätte sich vorgestellt, daß der DGB zu dieser Sitzung ein Papier vorgelegt hätte, das Auskunft darüber gäbe, wie er sich die Koordinierung vorstellt, damit man konkret dazu Stellung nehmen könnte. Man solle vor allem, wenn es darum gehe, bestimmte Vorhaben wie die Arbeitszeitverkürzung in tarifpolitische Wirklichkeit umzusetzen, keine konkreten Vorstellungen für alle Gewerkschaften wahrmachen wollen. Hier müsse auch Rücksicht auf die Branchenbedürfnisse genommen werden. Die Begründungen könnten nicht für alle Bereiche gleichlauten. Auch stehen nicht immer gleiche Forderungen zur gleichen Zeit an. Dies sei aus arbeitskampfpolitischen Überlegungen auch notwendig. Als Beispiel sei die zeitliche Forderung in den Gebieten genannt und bei einer möglichen Aussperrung die Regelung des AFG § 116 in Erinnerung gerufen. Die Schwierigkeiten begännen schon dort, wo zum gleichen Zeitpunkt eine gleiche Forderung im gesamten Bundesgebiet Geltung hätte.

Kollege *Vetter* macht darauf aufmerksam, daß der Tarifpolitische Ausschuß bisher Ausführungen gemacht hat, die aufzeigen, was nicht getan werden könne. Gleichzeitig sei aber ein Papier verlangt worden, in dem vom DGB niedergeschrieben ist, wie die Koordinierung vorgenommen werden soll. Dies sei kennzeichnend für die Diskussion. Der DGB könne aber erst nach einer solchen gemeinsamen Diskussion etwas formulieren, was auch dann zur Verabschiedung führt. Möglichkeiten und Grenzen müssen erst kennengelernt werden.

Kollege *Kluncker* stellt fest, daß die Kollegen Vetter und Heiß in der Kritik von Mitgliedern des Tarifpolitischen Ausschusses standen, die mehr an Koordinierung

---

34 Vgl. Antrag 263: Koordinierung der Tarifpolitik, in: DGB: 11. Bundeskongreß 1978, S. 311.

verlangten. Er stellt fest, daß die besten Abschlüsse dort gemacht worden sind, wo am wenigsten koordiniert wurde. Man brauche gewisse Machtstrukturen, um etwas durchzusetzen. Er macht darauf aufmerksam, daß in einem Punkt eine Verständigung erreicht worden ist, nämlich das Aktionsprogramm zu aktualisieren. Damit sei schon eine Reihe von Dingen geschehen. Wenn einige dieser Grundsätze gewerkschaftlicher Absichten in Form eines Aktionsprogrammes stehen, wäre schon einiges geleistet. Dies setze noch viel innere Diskussion voraus.

Er spricht sich in der Arbeitszeitfrage je nach Branche und Gegebenheit für ein sehr unterschiedliches Vorgehen aus. Er schildert die Schwierigkeiten im öffentlichen Dienst. Bei diesem Problem würde deutlich, wie groß die Unterschiede innerhalb der verschiedenen Gruppen seien. Hier müsse man die Grenzen der Koordinierung erkennen. Er bittet den Kollegen Heiß, die Vorlage noch einmal zu überdenken bzw. sie zurückzuziehen. Zur Erstellung eines Informationsdienstes sagt Kollege *Kluncker*, daß man diesen nicht brauche. Auch sollten Begründungen zu den Forderungen nicht vorher preisgegeben werden.

Wenn man die Informationsdienste weiter kultivierte, so könne es passieren, daß die Gegenargumentation schneller draußen ist als unsere Papiere. Er bittet, diese Bedenken in diesem Zusammenhang zu berücksichtigen.

Kollege *Heiß* bedankt sich für die Diskussion, macht aber die Teilnehmer darauf aufmerksam, daß die Situation, daß eine Reihe von Anträgen die Tarifpolitik mittelbar oder unmittelbar fordern, bestehen bleibt. Bei der Prüfung sei festzustellen, daß auch eine Reihe von Gemeinsamkeiten zwischen den Gewerkschaften vorhanden ist. Er gibt den Hinweis, daß der nächste Bundeskongreß vom DGB erwarte, daß die in den Anträgen zum Ausdruck kommenden Forderungen mit Erledigungsvermerken der Abteilung versehen werden. Er halte es dringend für notwendig, im Tarifpolitischen Ausschuß die aufgestellten Grundsätze mit Schwerpunkten zu versehen. Dies bedeute nicht, Aufgaben von den Gewerkschaften zum DGB zu übertragen. Damit soll verhindert werden, daß es in der Tarifpolitik zu Entsolidarisierungseffekten kommt. Man müsse den Versuch unternehmen, die Formel zu finden, die den DGB verpflichten soll, aufgrund dieser Beratungen entsprechende Beschlüsse zu fassen.

Kollege *Merten* spricht sich für eine Aktualisierung des Aktionsprogramms aus. Es müsse erreicht werden, daß der Tarifpolitische Ausschuß als ein Ausschuß des Bundesvorstandes anzusehen ist. Ihm käme die Aufgabe zu, Positionen als Ausschuß des Vorstandes abzuklären. Allerdings käme es auch darauf an, daß der Tarifpolitische Ausschuß Aufträge des Bundesvorstandes bekommt.

Kollege *Buschmann* betont, daß die Tarifpolitik nur ein Teil der Gewerkschaftspolitik sei. Es sei deutlich geworden, daß Gesellschaftspolitik, Sozialpolitik und Wirtschaftspolitik in sie hineinspielen. Deshalb wäre es gut, wenn die einzelnen Bereiche mehr voneinander wüßten. Es müssen Gespräche geführt werden. Das sei das wesentliche Anliegen, denn die Vergangenheit hätte gezeigt, daß der Informationsaustausch nicht rechtzeitig vorgenommen wurde. Er stellt fest, daß die Aktivitäten der Gewerkschaften, die bisher auf dem Gebiet der Tarifpolitik lagen, eine

Aussagekraft auch gegenüber den Nichtmitgliedern haben. Hier enge sich das Feld ein. Dieses Problem müsse die Gewerkschaften veranlassen, mehr die Möglichkeit zu suchen, die Kraftentfaltung der Gewerkschaften einzusetzen. Ihm bereite es Sorgen, daß eine Koordinierung nicht im gewünschten Maße möglich sei. Er vertritt die Auffassung, in einer gezielten Politik die Koordinierung einzusetzen. Die Situation zwinge, zu überlegen, ob das Bisherige ausreiche. Dies könne durchaus differenziert vor sich gehen. Im übrigen sei auch die Formulierung »gezielte Tarifpolitik« mit Inhalten zu versehen. Er stellt die Frage nach den Forderungen, Effektivklauseln und Differenzierungsmöglichkeiten durch den Gesetzgeber möglich zu machen.

Kollege *Fehrenbach* geht auf die Ausführungen des Kollegen Winkler ein und stellt fest, daß er diese Auffassung nicht teilen kann. Aus dem Antrag 263 gehe nicht hervor, daß das Ansinnen an die Einzelgewerkschaften gestellt wird, die gemeinsame Zielfindung sei im Antrag 263, Ziff. 1, besonders gefordert. Dies gelte auch für die Frage der gemeinsamen Erarbeitung von grundsätzlichen Stellungnahmen. Er teilt die Auffassung, daß es hier einen breiten Spielraum geben muß. Am Beispiel der Arbeitszeitverkürzungsmöglichkeiten stellt er dar, daß es in konkreten Situationen zu völlig verschiedenen Schwerpunkten kommen kann. Er sehe in der Ziff. 2 des Antrages 263 und in der Ziff. 3, in der die Herausarbeitung von Schwerpunkten gefordert wird, die eigentliche Aufgabenstellung des Tarifpolitischen Ausschusses. Im übrigen stelle er fest, scheitern die Koordinierungen nicht an der Kooperationswilligkeit der einzelnen Gewerkschaften, sondern an ihrer Kooperationsfähigkeit. Abschließend stellt er fest, daß die Inhalte des Antrages 263 zumindest in einem Punkt realisierbar sind.[35]

Kollege *Winkler* stellt noch einmal fest, daß er an den Bundesvorstand die Frage gestellt habe, was bei der Einbringung des Antrages 263 gedacht wurde. Er hätte nicht versucht, aufzuzeigen, wie man diesen ausgestalten könne. Der in der Diskussion aufgezeigten Notwendigkeit einer Koordination sei nichts entgegenzusetzen. Durch nur theoretische Überlegungen könne der Tarifpolitische Ausschuß das gewerkschaftliche Leben nicht beeinflussen. Er kritisiert, daß heute Kollegen an der Diskussion teilnehmen, die nur gelegentlich in den Diskussionen des Tarifpolitischen Ausschusses anwesend sind. Er stelle fest, daß der Tarifpolitische Ausschuß in seiner Arbeit erheblich eingeschränkt wird, wenn ständig wechselnde Mitglieder der Gewerkschaften mitwirken. Es sollte eine gleichbleibende Funktion des Tarifpolitischen Ausschusses gewahrt werden. Er würde es begrüßen, wenn sich die Arbeit des Tarifpolitischen Ausschusses auf Themen beschränkt, die nicht auf dem Wege der schriftlichen Information bewältigt werden können.

Kollegin *Weber* faßt die Diskussion zusammen und stellt fest, daß man sich an konkreten Problemen in der gemeinsamen Diskussion näherkommen könne. Am Problem der Arbeitszeitverkürzung stellt sie dar, daß es durchaus möglich sein könnte, dem Tarifpolitischen Ausschuß eine konkrete Aufgabe zu erteilen, nach der er die Erfahrungen der einzelnen Gewerkschaften zu sammeln hätte.

---

35 Vgl. Antrag 263: Koordinierung der Tarifpolitik, in: DGB: 11. Bundeskongreß 1978, S. 311.

Dies würde eine Menge weiterhelfen. Sie stellt fest, daß die Möglichkeit bestehe, die Frage nach den Schwerpunkten durch konkrete Dinge anzusprechen und zu vertiefen. Aufgrund dieses gemeinsamen Gespräches könne man sich dann noch einmal unterhalten.

Kollege *Heiß* stellt fest, daß die Diskussion mit diesem Punkt noch nicht abgeschlossen sein kann. Am Problem der Arbeitszeit stellt er dar, daß mehrere Modelle überlegt wurden und den Gewerkschaften zur Beratung weitergegeben wurden. Die Anregungen, die in der Beratung zutage getreten sind, werden nach Möglichkeit im Tarifpolitischen Ausschuß in der nächsten Sitzung angesprochen werden, um das Problem der Koordinierung in einer weiteren GBV-Sitzung einzubringen. Auf die Bitte des Kollegen *Kluncker*, das Papier zurückzuziehen, stellt Kollege *Heiß* fest, daß dies keine Beschlußvorlage für den Bundesvorstand sei, sondern ein Arbeitspapier, zu dem er gehalten war, es vorzulegen.

Kollegin *Weber* dankt dem Kollegen Heiß für die Vorlage des Arbeitspapiers und betont noch einmal, daß es keine Beschlußvorlage gewesen ist. Sie trägt die Bitte vor, daß jetzt der Tarifpolitische Ausschuß sich mit dieser Frage weiter befasse und möglichst an konkreten Punkten versuchen solle, seine Koordinierung voranzutreiben. Sie dankt allen Mitgliedern des Tarifpolitischen Ausschusses und des Bundesvorstandes für die Diskussion.

Ende der Sitzung: 17.45 Uhr.

Dokument 47

3. Oktober 1978: Kurzprotokoll über die 4. Sitzung des Bundesvorstandes

Hotel Wartburg in Mannheim; Vorsitz: Heinz O. Vetter; Protokollführung: Isolde Funke, Marianne Jeratsch; Sitzungsdauer: 10.30–13.30 Uhr; ms. vermerkt: »Vertraulich«.[1]
Ms., hekt., 8 S., 2 Anlagen.[2]
AdsD, DGB-Archiv, 5/DGAI000554.

Beginn der Sitzung: 10.30 Uhr.

Kollege *Vetter* eröffnet die 4. Sitzung des Bundesvorstandes in Mannheim.

Dok. 47
1 Einladungsschreiben vom 11.9.1978 und Tagesordnung vom 20.9.1978. Nicht anwesend: Adolf Schmidt (vertreten durch Hans Alker), Leonhard Mahlein und Vertreter, Helmut Schirrmacher (vertreten durch Horst Geier), Jakob Deffner (vertreten durch Xaver Senft). AdsD, DGB-Archiv, 5/DGAI000499.
2 Anlagen: Anwesenheitsliste; Terminplanung Januar–Dezember 1979.

Tagesordnung:
1. Situation in Tunesien
2. Genehmigung des Protokolls der 3. Bundesvorstandssitzung
3. Terminplanung 1979
4. Aktionsprogramm
5. Arbeit und Leben/Auslandsreisen
6. Zusammensetzung der Haushaltskommission
7. Anpassung der Leistungen der Unterstützungskasse des DGB e. V. zum 1.1.1979 gemäß § 20 der Unterstützungs-Richtlinien
8. Anpassung der Unterstützungen ab 1.1.1979 nach den Richtlinien für die Gewährung von Unfallunterstützung an ehrenamtliche Gewerkschaftsfunktionäre
9. Übertragung von DGB-Anteilen an der BGAG auf die VTG der Gewerkschaft der Polizei
10. Verschiedenes

1. Situation in Tunesien

Kollege *Vetter* informiert den Bundesvorstand über die bevorstehende Gerichtsverhandlung für die inhaftierten tunesischen Gewerkschaftskollegen und das zu erwartende hohe Strafmaß. Die französischen Kollegen der FO haben Staatspräsidenten Giscard d'Estaing gebeten, bei Bourguiba zu intervenieren. Kollege *Vetter* bittet den Bundesvorstand um Beratung, ob auch an den Bundeskanzler die Bitte herangetragen werden sollte, im Namen der Gewerkschaften beim tunesischen Staatspräsidenten zu intervenieren.

Die Kollegen *Loderer* und *Breit* unterstützen den Vorschlag des Kollegen Vetter.

Beschluß:
Der Bundesvorstand beauftragt Kollegen Vetter, den Bundeskanzler um seine Intervention bei Staatspräsidenten Bourguiba zugunsten der inhaftierten tunesischen Gewerkschaftskollegen zu bitten.[3]

2. Genehmigung des Protokolls der 3. Bundesvorstandssitzung

Kollege *Kluncker* regt an, den Wortlaut der Beschlüsse dem Protokoll beizufügen. Kollege *Vetter* sagt dies für die Zukunft zu.

---

3 Zur politischen Repression in Tunesien vgl. die zeitgenössische Dokumentation Arbeitskreis Tunesien, Bonn, in Zusammenarbeit mit dem AK 3. Welt des Bundesvorstandes der Jungsozialisten in der SPD: Tunesien-Dokumentation. Zur Situation in Tunesien. Verfolgung der tunesischen Sozialisten. Der sozialistische Widerstand, Bonn ca. 1979.

Beschluß:
Der Bundesvorstand genehmigt das Protokoll der 3. Bundesvorstandssitzung.[4]

3. Terminplanung 1979

Kollege *Muhr* verweist auf die Vorlage und bittet um Zustimmung.[5]
In der anschließenden Diskussion, an der sich die Kollegen *Sperner, Georgi, Muhr, Kluncker, Frister, Vater* und *Alker* beteiligen, wird auf den Gewerkschaftstag der IG Bergbau und Energie und die DGB-Veranstaltung am 1.9.1979 hingewiesen.[6]
Es wird Übereinstimmung erzielt, daß die letzte Bundesausschußsitzung bereits am 7. November und die Dezembersitzung des Bundesvorstandes in Berlin stattfinden sollen.

Beschluß:
Der Bundesvorstand nimmt die Terminplanung für 1979 mit den vorgeschlagenen Änderungen zustimmend zur Kenntnis (s. Anlage).

4. Aktionsprogramm

Kollege *Vetter* erinnert an den Beschluß des Bundesvorstandes, bis Mitte nächsten Jahres ein neues Aktionsprogramm zu verabschieden. Er schlägt vor, die Kommission zur Durchführung des Aktionsprogramms wieder zu aktivieren. Dieser Kommission sollte sobald wie möglich der Entwurf eines überarbeiteten Aktionsprogramms vorgelegt werden, damit der Bundesvorstand Ende Januar/Anfang Februar 1979 darüber beraten und sich der Bundesausschuß in seiner März-Sitzung damit befassen könnten.
An der nachfolgenden Diskussion beteiligen sich die Kollegen *Kluncker, Vetter, Frister, Muhr, Loderer, Sperner, Hauenschild* und Kollegin *Weber*. Sie sind übereinstimmend der Auffassung, daß die vorgeschlagene Terminierung wegen der in den nächsten Monaten anstehenden weiteren Probleme zu knapp bemessen ist.
Es wird außerdem vorgeschlagen, Kollegen Frister zusätzlich in die Kommission zur Durchführung des Aktionsprogramms aufzunehmen.

Beschluß:
Der Bundesvorstand ist mit der Weiterführung der Kommission zur Durchführung des Aktionsprogramms unter Einsetzung der Nachfolger im Amt und der Hinzu-

---

4 Vgl. Dok. 46: Kurzprotokoll über die 3. Sitzung des Bundesvorstandes am 5.9.1978.
5 Vgl. [DGB-Bundesvorstand], Abt. Vorsitzender, Vorlage für die 4. Sitzung des Bundesvorstandes am 3.10.1978, Terminplanung 1979, Düsseldorf, 20.9.1979, AdsD, DGB-Archiv, 5/DGAI000499.
6 Am 1.9.1979 waren eine zentrale Veranstaltung des Bundesvorstands des DGB und dezentrale Veranstaltungen der DGB-Landesbezirke zum Antikriegstag aus Anlass der 40. Wiederkehr des Kriegsbeginns des Zweiten Weltkriegs am 1.9.1939 geplant.

ziehung des Kollegen Frister einverstanden. Der Kommission soll bis Weihnachten der Entwurf eines überarbeiteten Aktionsprogramms zugeleitet werden, damit sie sich, wenn möglich, im Zusammenhang mit den Sitzungen der VORAG im Januar 1979 mit dem Entwurf befassen kann. Danach wird sich der Bundesvorstand mit dem Kommissionsergebnis beschäftigen. Der Bundesausschuß soll das neue Aktionsprogramm in seiner Sitzung im Juni 1979 verabschieden.[7]

5. Arbeit und Leben/Auslandsreisen

Kollegin *Weber* bittet, damit einverstanden zu sein, daß dieser Punkt bis zur nächsten Sitzung zurückgestellt wird. Sie wird dafür einen Bericht vorlegen. Falls notwendig, könnten dann noch Fragen gestellt werden.

Kollege *Loderer* spricht kurz die Reise eines Bezirkssekretärs der IG Metall aus Köln nach Polen und dessen Schwierigkeiten an.

Beschluß:
Der Bundesvorstand stellt diesen Punkt bis zur Sitzung am 7. November 1978 zurück.[8]

6. Zusammensetzung der Haushaltskommission

Beschluß:
Der Bundesvorstand stellt die Beratung über diesen Punkt bis zur Sitzung am 7. November 1978 zurück.[9]

7. Anpassung der Leistungen der Unterstützungskasse des DGB e. V. zum 1.1.1979 gemäß § 20 der Unterstützungs-Richtlinien

Kollege *Vater* erläutert die Vorlage und bittet um Zustimmung.[10]
Auf die Frage des Kollegen *Sperner* erklärt Kollege *Vater* die §§ 11 und 17.

---

7 Der Bundesausschuss verabschiedete das Aktionsprogramm nach intensiver Diskussion in seiner 4. Sitzung am 13.6.1979 einstimmig. Vgl. Protokoll über die 4. Sitzung des Bundesausschusses am 13.6.1979, TOP 2., S. 3-6, AdsD, DGB-Archiv, 5/DGAI000419.
8 Vgl. Dok. 49: Kurzprotokoll über die 5. Sitzung des Bundesvorstandes am 7.11.1978, TOP 14 f.
9 Vgl. Dok. 49: Kurzprotokoll über die 5. Sitzung des Bundesvorstandes am 7.11.1978, TOP 13.
10 Der Bundesvorstand schlug eine Erhöhung der Unterstützungen nach § 11 und § 17 um 4,5 % vor. Vgl. [DGB-Bundesvorstand], Abt. Finanzen, Vorlage für den Bundesvorstand, Anpassung der Leistungen der Unterstützungskasse des DGB e. V. zum 1.1.1979 nach § 20 der Unterstützungsrichtlinien, Düsseldorf, 14.9.1979, AdsD, DGB-Archiv, 5/DGAI000499.

Beschluß:
Der Bundesvorstand empfiehlt der Mitgliederversammlung der Unterstützungskasse des DGB e. V., die bis zum 31. Dezember 1978 festgesetzten Unterstützungen mit Ausnahme der Unterstützungen nach § 11 und § 17 der Unterstützungs-Richtlinien ab 1. Januar 1979 um 4,5 % zu erhöhen.

8. **Anpassung der Unterstützungen ab 1.1.1979 nach den Richtlinien für die Gewährung von Unfallunterstützung an ehrenamtliche Gewerkschaftsfunktionäre**

Beschluß:
Der Bundesvorstand beschließt, alle bis zum 31. Dezember 1977 festgesetzten Unfallunterstützungen gemäß § 12 der Richtlinien für die Gewährung von Unfallunterstützung an ehrenamtliche Gewerkschaftsfunktionäre mit Wirkung vom 1. Januar 1979 an um 6,9 % zu erhöhen.[11]

9. **Übertragung von DGB-Anteilen an der BGAG auf die VTG der Gewerkschaft der Polizei**

Beschluß:
Der Bundesvorstand stimmt der Übertragung von Aktien der VTG des DGB an der BGAG in Höhe von nominal 50.000,- DM zum Kurs von 150 % auf die VTG der Gewerkschaft der Polizei mbH zu.[12]

10. **Verschiedenes**

a) Verabschiedung von Bundesvorstandsmitgliedern
Kollege *Vetter* begrüßt Kollegen Döding herzlich im Namen des Bundesvorstandes und gratuliert ihm zu seiner Wahl.
In diesem Zusammenhang bittet er den Bundesvorstand um Zustimmung, die Kollegen Stadelmaier und Buschmann in der Novembersitzung offiziell zu verabschieden.

---

11 Vgl. [DGB-Bundesvorstand], Abt. Finanzen, Vorlage für den Bundesvorstand, Anpassung der Unterstützungen ab 1.1.1979 nach den Richtlinien für die Gewährung von Unfallunterstützung an ehrenamtliche Gewerkschaftsfunktionäre, Düsseldorf, 14.9.1979, AdsD, DGB-Archiv, 5/DGAI000499.
12 Vgl. [DGB-Bundesvorstand], Abt. Finanzen, Übertragung von DGB-Anteilen an der BGAG auf die VTG der Gewerkschaft der Polizei, Düsseldorf, 21.9.[19]78, AdsD, DGB-Archiv, 5/DGAI000499.

Beschluß:
Der Bundesvorstand ist damit einverstanden, daß die Kollegen Stadelmaier und Buschmann zur Verabschiedung für die November-Sitzung des Bundesvorstandes eingeladen werden.

b) Anhörung beim Bundesverfassungsgericht
Kollege *Vetter* spricht die Vertretung des DGB bei der Anhörung des Bundesverfassungsgerichts zur Mitbestimmungsklage der Arbeitgeber an. U. a. in einem Gespräch mit dem Bundesjustizminister ist deutlich geworden, daß die betroffenen Gewerkschaften neben ihren Fachleuten durch die Vorsitzenden repräsentiert sein sollten. Kollege *Vetter* bittet um Beratung.

An der anschließenden ausführlichen Diskussion beteiligen sich die Kollegen *Kluncker, Vetter, Hauenschild, Loderer, Muhr, Breit, Vietheer, Georgi, Sperner, Frister* und *Alker*.

Die Meinungen darüber, ob eine Teilnahme der Vorsitzenden an der Anhörung notwendig und empfehlenswert ist, sind unterschiedlich. Auf jeden Fall ist es erforderlich, vor einer endgültigen Entscheidung eine Reihe von Fragen und Voraussetzungen zu klären, wie z[um] B[eispiel] die Repräsentanz von Bundesregierung, Parlament und Arbeitgeberverbänden, die realen Mitwirkungsmöglichkeiten der Delegationsmitglieder des DGB usw.

Beschluß:
Der Bundesvorstand stellt seine Entscheidung über die endgültige Zusammensetzung der Delegation des DGB und der betroffenen Gewerkschaften bei der Anhörung des Bundesverfassungsgerichts bis zu seiner November-Sitzung zurück. Der Geschäftsführende Bundesvorstand wird beauftragt, bis dahin die angesprochenen Fragen zu prüfen.[13]

c) Plakat »Vati und Mutti sollen mehr Zeit für mich haben.«
Kollege *Stephan* erläutert den vorgelegten Plakatentwurf und bietet ihn den Gewerkschaften zur Verwendung in ihren Bereichen an.

In der anschließenden Diskussion, an der sich die Kollegen *Frister, Vetter, Sperner, Loderer, Kluncker, Hauenschild, Stephan* und Kollegin *Weber* beteiligen, wird festgestellt, daß sich der Plakatentwurf wegen der unterschiedlichen Auslegungsmöglichkeiten nicht zur allgemeinen Verwendung eignet.

Beschluß:
Der Bundesvorstand stellt den Plakatentwurf zurück. Die Idee wird den Gewerkschaften auf Wunsch zur Verfügung gestellt.

---

13 Vgl. Dok. 49: Kurzprotokoll über die 5. Sitzung des Bundesvorstandes am 7.11.1978, TOP 6.

d) 1. September 1979 – 40 Jahre Kriegserklärung
Kollege *Frister* bezieht sich auf ein Schreiben des Kollegen Schwab zum 40. Jahrestag der Kriegserklärung. Er regt an, daß der DGB aus diesem Anlaß am 1. September 1979 eine zentrale Veranstaltung und die DGB-Landesbezirke in ihren Bereichen jeweils eine Veranstaltung durchführen. Diese Absicht sollte möglichst bald publiziert werden.

An der nachfolgenden kurzen Diskussion beteiligen sich die Kollegen *Vetter, Schwab, Kluncker, Muhr, Sperner* und *Frister*.

Beschluß:
Der Bundesvorstand beschließt, daß der DGB aus Anlaß der Kriegserklärung vor 40 Jahren am 1. September 1979 eine zentrale Veranstaltung und die DGB-Landesbezirke jeweils eine Veranstaltung in ihren Bereichen durchführen. Dieser Beschluß soll umgehend publiziert werden.[14]

e) Arbeitszeitordnung
Kollege *Kluncker* beantragt, auf eine der nächsten Tagesordnungen des Bundesvorstandes das Thema »Arbeitszeitordnung« zu setzen, damit der DGB zu einem abgestimmten Verhalten kommt.

Nach kurzer Diskussion, an der sich die Kollegen *Georgi, Muhr, Loderer* und *Kluncker* beteiligen, *beschließt* der Bundesvorstand, auf eine der nächsten Tagesordnungen das Thema »Arbeitszeitordnung« zu setzen.[15]

f) Deutscher Juristentag
Kollege *Kluncker* bittet, das Thema »Deutscher Juristentag« auf eine der nächsten Tagesordnungen des Bundesvorstandes zu setzen. Er bezieht sich auf den letzten Juristentag und spricht die Minderheitspositionen an.[16]

In der anschließenden kurzen Diskussion, an der sich die Kollegen *Loderer, Muhr, Vetter, Kluncker, Vietheer* und *G. Schmidt* beteiligen, schlägt Kollege *Muhr* vor, einen Bericht über den letzten Deutschen Juristentag für eine der nächsten Bundesvorstandssitzungen unter Hinzuziehung der Kollegen Gester und Kehrmann erstellen zu lassen.

---

14 Exemplarisch für Aktivitäten des DGB kann die Dokumentation der Abteilung Jugend im Landesbezirk Nordrhein-Westfalen gelten. Vgl. DGB: Antikriegstag.
15 Vgl. Dok. 56: Kurzprotokoll über die 10. Sitzung des Bundesvorstandes am 8.5.1979, TOP 9.
16 Beim Deutschen Juristentag 1978 war es im Rahmen der Sitzung der arbeitsrechtlichen Abteilung, in der Kündigungs- und Arbeitsvertragsrecht behandelt wurden, zu einer massiven Mobilisierung der im Unternehmensbereich tätigen Juristen zur Teilnahme durch die Arbeitgeberverbände und ihre Mitgliedsunternehmen gekommen. Der DGB hatte dies skandalisiert und, da er trotz seiner Gegenmobilisierung zur Teilnahme in der Beschlussfassung der arbeitsrechtlichen Abteilung unterlag, argumentiert, dass die Arbeitgeberverbände die Beschlussfassung des Deutschen Juristentags manipuliert hätten. Intensiver diskutiert wurde dies auf der Grundlage umfangreicherer Vorlagen in der Sitzung des Bundesvorstands am 8.5.1979. Vgl. Dok. 56: Kurzprotokoll über die 10. Sitzung des Bundesvorstandes am 8.5.1979, TOP 10.

Der Bundesvorstand ist mit diesem Verfahren einverstanden.[17]

g) Sachverständigenrat zur Begutachtung der gesamtwirtschaftlichen Entwicklung

Kollege *Pfeiffer* informiert den Bundesvorstand, daß Professor [Gerhard] Scherhorn in kürze aus dem Sachverständigenrat ausscheiden wird. Als geeigneter Nachfolger käme eventuell Professor Lothar Neumann aus Bochum in Frage.

Zu dem im nächsten Monat zu erwartenden Jahresgutachten des Sachverständigenrates, das in seinem Trend dem des vergangenen Jahres ähnlich sein wird, schlägt Kollege *Pfeiffer* vor, keine detaillierte Stellungnahme des DGB und der Gewerkschaften abzugeben. Zur Unterrichtung der Funktionäre sollte ein Informationsdienst herausgegeben werden.

An der nachfolgenden kurzen Diskussion beteiligen sich die Kollegen *Kluncker, Loderer, Muhr, Heiß, Georgi, Lojewski, Pfeiffer* und *Vetter*.

Beschluß:
Der Bundesvorstand ist damit einverstanden, daß die Kandidatur von Professor Lothar Neumann als Nachfolger von Professor Scherhorn im Sachverständigenrat zur Begutachtung der gesamtwirtschaftlichen Entwicklung unterstützt werden soll.[18]

Zum Jahresgutachten des Sachverständigenrates soll in geeigneter Form Stellung genommen werden.[19]

h) Entwurf der RFFU zum Muster-Rundfunkgesetz

Kollege *Stephan* informiert den Bundesvorstand darüber, daß die RFFU in ihrem Entwurf zum Muster-Rundfunkgesetz eine Beteiligung des Zentralrates der Juden in Deutschland in den Gremien nicht mehr vorgesehen hat, wie das bisher der Fall war. Dagegen hat der Zentralrat der Juden in Deutschland in einem Schreiben an Kollegen Vetter protestiert. In Gesprächen mit Kollegen der RFFU ist deren Entscheidung nachdrücklich bekräftigt worden. Kollege *Stephan* schlägt vor, daß der Bundesvorstand die RFFU auffordert, ihren Beschluß zu korrigieren. Andernfalls wird sich der Bundesvorstand davon distanzieren.

Die Kollegen *Breit, Hauenschild, Vietheer, Schwab, Vetter* und *Sickert* unterstützen den Vorschlag des Kollegen Stephan.

Beschluß:
Der Bundesvorstand beschließt, die RFFU aufzufordern, ihre Auffassung, daß der Zentralrat der Juden in Deutschland künftig nicht mehr in den Rundfunkgremien

---

17 Der Bundesvorstand fasste auf seiner 10. Sitzung am 8.5.1979 einen entsprechenden Beschluss. Vgl. Dok. 56: Kurzprotokoll über die 10. Sitzung des Bundesvorstandes am 8.5.1979, TOP 10.
18 Nachfolger von Prof. Dr. Gerhard Scherhorn wurde der Volkswirt Prof. Dr. Werner Glastetter, der seit 1977 an der Universität Bielefeld lehrte und zuvor Referent im WSI war.
19 Zu den Jahresgutachten äußerte sich aus Sicht der Gewerkschaften Werner Meißner, Volkswirtschaftsprofessor an der Johann Wolfgang von Goethe-Universität Frankfurt am Main. Vgl. Meißner: Die Lehre.

vertreten sein soll, zu korrigieren. Sollte dies nicht geschehen, wird sich der Bundesvorstand öffentlich von dieser Haltung distanzieren.[20]

i) Arbeitskreise der Betriebsräte in verschiedenen Bereichen
Die Kollegen *Vetter, Pfeiffer, Loderer, Döding, Kluncker, Hauenschild* und *Alker* diskutieren über die in verschiedenen Bereichen gegründeten Arbeitskreise von Betriebsräten. Sie sind sich einig, daß die betroffenen Gewerkschaften sich eingehender mit diesem Problem beschäftigen und zu einem abgestimmten Verhalten kommen müssen. Es soll eine Zusammenkunft der Vorsitzenden der IG Bau-Steine-Erden, IG Bergbau und Energie, IG Chemie-Papier-Keramik, IG Metall und der ÖTV sowie der Kollegen Vetter und Pfeiffer möglichst bald stattfinden. Die Beteiligten werden im Anschluß an diese Sitzung eine Terminabsprache vornehmen.

Ende der Sitzung: 13.30 Uhr.

Dokument 48

Heinz Hawreliuk, Abteilung Jugend, Vorbereitung des Gespräches DGB-Bundesvorstand und Bundesjugendausschuß am 5. Dezember 1978

AdsD, DGB-Archiv, 5/DGAI000554.

Im folgenden sollen drei Problembereiche, die seit der letzten Bundesjugendkonferenz zur Diskussion stehen, angesprochen werden.
1. Wie stark ist der Einfluß der SDAJ-DKP in der Gewerkschaftsjugend?
2. Für wen spricht die Gewerkschaftsjugend?
   Erreicht die Gewerkschaftsjugend ihre Zielgruppe?
3. Wie ist das Verhältnis der Gewerkschaftsjugend zur Gesamtorganisation?
   Aus der Einschätzung dieser Fragen ergibt sich
4. Konsequenzen.

1. Wie stark ist der Einfluß der SDAJ-DKP in der Gewerkschaftsjugend?

Zu dieser Frage gibt es keine Erhebungen. Daher sind allenfalls Einschätzungen möglich.
Die DGB-Bundesjugendkonferenz ist weniger geeignet, einen vollständigen Eindruck zu erhalten. Bei der Einschätzung der Bundesjugendkonferenz müssen die vorherigen Kontroversen in der Gewerkschaftsjugend (Strategiediskussion,

---

[20] Vgl. Dok. 49: Kurzprotokoll über die 5. Sitzung des Bundesvorstandes am 7.11.1978, TOP 14a.

Auseinandersetzung um Fragen der gewerkschaftlichen Jugendbildungsarbeit) mit berücksichtigt werden.

Deutlicher abzulesen ist der Einfluß der SDAJ-DKP in den Kreisjugendausschüssen und in Landesbezirksjugendausschüssen des DGB.[1]

Hier ist eine überdurchschnittliche Vertretung von SDAJ-Mitgliedern, gemessen an ihrer Mitgliederzahl gegenüber der Gewerkschaftsjugend, feststellbar (30.000 Mitglieder in der SDAJ; 1,2 Mill. Mitglieder in der Gewerkschaftsjugend).

Diese Situation ist eine Widerspiegelung der Verhältnisse in den Einzelgewerkschaften.

Insbesondere in Bereichen der Gewerkschaften, in denen keine systematische Jugendarbeit betrieben wird, demnach auch keine Jugendstruktur vorhanden ist, ist ein stärkerer SDAJ-Einfluß feststellbar. Diese Kollegen, die aus ihrem politischen Selbstverständnis heraus gewerkschaftliche Arbeit leisten, stoßen auf Resonanz, wenn sie sich um Jugendarbeit bemühen. Sie sind dann schnell in der Lage, die Einzelgewerkschaft im DGB-Kreisjugendausschuß zu vertreten.

Dieser Einfluß der SDAJ wurde auch dadurch unterstützt, daß Jungsozialisten und Junge Union in den letzten Jahren im wesentlichen auf politische Arbeit mit Schülern und Studenten ausgerichtet waren.

Dieses Vakuum hat die SDAJ zusätzlich genutzt, indem sich ihre Jugendfunktionäre durch starkes Durchhaltevermögen in der Jugendarbeit auch in Phasen starker Widersprüche zwischen ökonomischer politischer Lage und gewerkschaftlicher Durchsetzungskraft ausgezeichnet haben.

2. Für wen spricht die Gewerkschaftsjugend?

Erreicht die Gewerkschaftsjugend ihre Zielgruppe?

Die Gewerkschaftsjugend hat (noch) eine positive Mitgliederentwicklung.

Diese Feststellung soll nicht zur Zufriedenheit führen. Denn trotz steigender Mitgliederzahlen hat sich der aktive Kern der Gewerkschaftsjugend nicht verbreitet.

Bemerkbar macht sich dies bei Jugendvertreterwahlen, Vertrauensleutearbeit, überbetrieblicher Gewerkschaftsarbeit.

Die heutige Jugend verhält sich anders als die Jugend von vor 5 bis 8 Jahren. Mangel an qualifizierten Ausbildungs- und Arbeitsplätzen, damit verbunden Tendenzen der Anpassung, Disziplinierung, Angst (um Arbeits- oder Ausbildungsplatz), Konkurrenz untereinander.

Dok. 48
1 Die Sozialistische Deutsche Arbeiterjugend ist ein marxistisch-leninistischer Jugendverband, der formal eigenständig ist, sich jedoch als Nachwuchsorganisation der DKP versteht. Sie wurde am 5.5.1968 noch vor der Gründung der DKP am 25.9.1968 von Jugendlichen und jungen Mitgliedern der verbotenen KPD gegründet. Sie versuchte, sich in der Studentenbewegung zu etablieren. Im gewerkschaftspolitischen Feld gewann sie über die Lehrlingsbewegung an Bedeutung und strebte nach Einfluss in der Jugendarbeit des DGB und der Einzelgewerkschaften.

Diese Verhaltensweisen werden verstärkt durch öffentliche Einschätzungen (Ministerpräsidentenbeschluß).[2]

Gewerkschaftsarbeit hat damit verstärkt Barrieren für gewerkschaftliches und politisches Handeln bei Jugendlichen zu überwinden.

Bei anpolitisierten Jugendlichen verstand die SDAJ es relativ leicht, an den Problemen der Jugendlichen orientiert, diese für sich zu gewinnen, da sie durch die Gegnerschaft zum augenblicklichen Wirtschaftssystem und zur sozialliberalen Koalition mit einfachen Schlagworten das Unbehagen der Jugendlichen nutzen konnte.

Die Arbeit der Gewerkschaftsjugend setzt sehr stark an betriebs- und gesellschaftsbezogenen Konflikten an und drängt auf Lösungsmöglichkeiten, die vorrangig durch betriebliche und überbetriebliche Gewerkschaftsarbeit zu verwirklichen wird. Sie stellt also hohe Anforderungen an das Engagement der Jugendlichen.

Unpolitische Jugendliche fühlen sich durch die Gewerkschaft wenig angesprochen. Politisch engagierte Kollegen sehen den Widerspruch zwischen gewerkschaftlichen Zielen und tatsächlicher Politik, auch und gerade in den demokratischen Parteien, können ihn aber nicht verstehen und daher nicht akzeptieren.

3. Wie ist das Verhältnis der Gewerkschaftsjugend zur Gesamtorganisation?

Der große Teil der jugendlichen Mitglieder will sich durch ihre Gewerkschaftszugehörigkeit absichern. Sie entwickeln kein aktives Engagement, erwarten aber von den Gewerkschaften die Sicherung ihrer Interessen. Der kleinere Teil der jugendlichen Mitglieder entwickelt eine sehr starke, aktive und kritische Mitarbeit.

Beide Gruppen erleben Gewerkschaft und Politik.

Z[um] B[eispiel] an Fragen der Vollbeschäftigung, an Fragen der Berufsbildung, an Fragen des Jugendarbeitsschutzes, an Fragen der Kernenergie, an Fragen des Ministerpräsidentenbeschlusses.[3]

An all den Fragen ist die Jugend mit ihrer Zukunftserwartung betroffen (enttäuscht).

Sie erleben Politik nicht als Hoffnung (Verwirklichung von Werten).

Sie verstehen oft nicht das Handeln der Gewerkschaften.

Die Gewerkschaftsjugend hat oft nicht die Möglichkeiten, das Unbehagen der jungen Generation in die gewerkschaftliche Arbeit einzubringen.

Mit dem Verweis, daß die Gewerkschaftsjugend »Teil der Gesamtorganisation« ist, wird auf die Beschlußlage verwiesen. Integration entwickelt sich dann als »Einbahnstraße«. Zwischen jungen und älteren Gewerkschaftern findet dadurch zu wenig Diskussion und zu wenig Dialog statt.

---

2 Unter »Ministerpräsidentenbeschluss« ist der Beschluss der Konferenz der Ministerpräsidenten, der dem Radikalenerlass vorausging, zu verstehen. Vgl. Rigoll: Staatsschutz in Westdeutschland, S. 335-351.
3 Vgl. ebd.

Viele junge Kolleginnen und Kollegen haben dadurch wenig Möglichkeiten, gewerkschaftliches Wirken zu »erlernen«. Übrig bleiben Jugendfunktionäre, die Organisations-, Sitzungs- und Gremienarbeit beherrschen.

Dies ist ein Problem, welches viele Organisationen trifft.

Die Auswirkung auf das Verhalten passiver und aktiver Jugendlicher ist schlagartig am Wahlergebnis in Hamburg und Niedersachsen deutlich geworden, bei der fast ein Drittel aller Jungwähler die Grünen oder Bunten Listen wählten. Hier zeigt sich das Unbehagen gegenüber etablierten Organisationen.

4. Konsequenzen

4.1 Die Gewerkschaftsjugend braucht neue und offene Formen der Jugendarbeit.

Junge Kolleginnen und Kollegen sollen nicht nur »funktionieren«. Junge Kolleginnen und Kollegen sollen sich mit ihrer Gewerkschaftsjugend identifizieren.

Junge Kolleginnen und Kollegen sollen in der Gewerkschaftsjugend ihre emotionalen Bedürfnisse nach Anerkennung, Gemeinsamkeit et[cetera] einlösen können, über diesen Weg besteht die Chance, daß die Gewerkschaftsjugend ihre Basis verbreitert.

Neue Formen der offenen Jugendarbeit sind hierzu notwendig. Angeknüpft werden kann an Formen der Kulturarbeit und Freizeitarbeit, ohne daß der politische Anspruch der Gewerkschaftsjugend aufgegeben werden darf.[4]

4.2 Die Gewerkschaftsjugend braucht die Möglichkeit der innergewerkschaftlichen Diskussion und des Dialoges mit ihrer Organisation.

In der Gewerkschaftsjugend werden viele Fragen nicht offen diskutiert. Z[um] B[eispiel]: Wie ist das Verhältnis Regierung zum DGB?

Wieso ist die Gewerkschaft beim Ministerpräsidentenbeschluß außerhalb der aktuellen Diskussion?

Wie ist die Entscheidung des DGB zur Kernenergie zustande gekommen?[5]

Was heißt: »Wir lassen es uns nicht länger gefallen …« für die Arbeit der Gewerkschaft?

---

4   In der zweiten Hälfte der 1970er-Jahre befand sich die Jugendzentrumsbewegung, repräsentiert durch bundesweit Hunderte Jugendzentren, die oftmals als Häuser der offenen Tür wirkten, auf ihrem Höhepunkt. Freie und offene Angebote hatten seit Beginn der 1970er-Jahre in der Jugendarbeit Raum gegriffen und ältere, jugendpflegerische Konzepte der Jugendarbeit abgelöst. Nicht selten waren die Angebote in der ersten Hälfte der 1970er-Jahre auch mit der Lehrlingsbewegung verknüpft gewesen. Vgl. Templin: Freizeit ohne Kontrollen, S. 335–581; ders.: »Lehrzeit – keine Leerzeit«.

5   Vgl. den Beschluss »Kernenergie und Umweltschutz«, der in der Bundesvorstandssitzung vom 31.1.1977 zum ersten Mal diskutiert und in der Bundesvorstandssitzung vom 5.4.1977 verabschiedet wurde. Dok. 26: Kurzprotokoll der 18. Sitzung des Bundesvorstandes am 5.4.1977, TOP 5. Vgl. hierzu auch Mohr: Gewerkschaften und der Atomkonflikt, S. 53–64.

Diese und andere Fragen werden auf vielen Ebenen der Organisation (insbesondere »vor Ort«) erörtert.

Diskussionen über das konkrete Verhalten der Gewerkschaften, Dialoge zwischen jungen und älteren Gewerkschaftern können anstelle des formalen Umganges miteinander zu einem konstruktiven Prozeß lebendiger innergewerkschaftlicher Demokratie beitragen. Durch das Begründen des eigenen Verhaltens kann Einsicht in Bedingungen gewerkschaftlichen Handelns genommen werden.

4.3 Wir brauchen eine offensive politisch-inhaltliche Diskussion, die insbesondere mit den Jugendfunktionären in der Gewerkschaftsjugend zu führen ist.

Die Gewerkschaftsjugend muß positiv ihren Standort aufzeigen.

Folgende Fragen sind wichtig:

Welche Haltung hat die Gewerkschaftsjugend zu demokratischen Grundrechten?

Welche Haltung hat die Gewerkschaftsjugend zur Gesellschaftsveränderung durch Reformpolitik?

Welche Haltung hat die Gewerkschaftsjugend zur Rolle der Parteien und zum Parlamentarismus?

Anknüpfungspunkt kann das neue DGB-Grundsatzprogramm sein. An den Problembereichen demokratische Grundrechte, Bildungspolitik, Wirtschaftsordnung können Klärungsprozesse durch Diskussion eingeleitet werden.

Das Aufzeigen des eigenen Standortes rückt ab von der negativen (anti-DKP) Abgrenzung.

Folgende Gründe sollten dafür sprechen:
1. Auf Anti-DKP-Kurs können sich auch für Gewerkschaften äußerst problematische Koalitionen ergeben (K-Gruppen-Trotzkisten-Maoisten).[6]
2. Mit einem Anti-DKP-Kurs würden für viele Gewerkschafter ungerechtfertigte »Märtyrer« geschaffen, die DKP-Funktionäre als engagierte Gewerkschafter kennen. Deren Solidarität mit den »Betroffenen« würde zu einer starken Gegenbewegung führen, die inhaltlichen Argumenten (aufgrund der Emotionalisierung) verschlossen bliebe.
3. DKP-Mitglieder gehören in die Gewerkschaft.

Sie arbeiten solidarisch auf der Grundlage der gewerkschaftlichen Beschlüsse.

Angetreten werden muß gegen inhaltliche Positionen, die für Gewerkschaften nicht akzeptiert werden können. Diese inhaltlichen Differenzen müssen aufgezeigt werden.

---

6 Vgl. hierzu Kühn: Stalins Enkel, Maos Söhne, S. 137-142; Arps: Frühschicht.

Dokument 49

7. November 1978: Kurzprotokoll über die 5. Sitzung des Bundesvorstandes

Hans-Böckler-Haus in Düsseldorf; Vorsitz: Heinz O. Vetter; Protokollführung: Isolde Funke, Marianne Jeratsch; Sitzungsdauer:10.20–14.05 Uhr; ms. vermerkt: »Vertraulich«.[1]

Ms., hekt., 9 S., 3 Anlagen.[2]
AdsD, DGB-Archiv, 5/DGAI000554.

Beginn der Sitzung: 10.20 Uhr.

Kollege *Vetter* eröffnet die 5. Sitzung des Bundesvorstandes in Düsseldorf.

Tagesordnung:
1. Vorbereitung der gemeinsamen Sitzung Bundesvorstand/Bundesjugendausschuß
2. Genehmigung des Protokolls der 4. Bundesvorstandssitzung
3. Tagesordnung für die 2. Bundesausschußsitzung am 6.12.1978
4. Termine
5. Abführung der Mitbestimmungsträger aus dem gemeinwirtschaftlichen Bereich
6. Anhörung beim Bundesverfassungsgericht
7. Grundsätze und Forderungen des DGB zur Weiterbildung
8. Gehaltsabschluß 1978/79 für die Beschäftigten des DGB
9. Anhebung der Reisekostensätze des DGB
10. 12. Ordentlicher Bundeskongreß des DGB 1982, hier: Ort- und Terminfestlegung gem[äß] § 8, Ziff[er] 3, Buchst[abe] l, der Satzung des DGB
11. Mai-Motto 1979
12. Konzeption über »Auftrag und Aufgaben gemeinwirtschaftlicher Unternehmen des DGB und seiner Gewerkschaften«
13. Zusammensetzung der Haushaltskommission
14. Verschiedenes

Kollege *Vetter* informiert den Bundesvorstand darüber, daß heute morgen die in der letzten Bundesvorstandssitzung angeregte Besprechung der Vorsitzenden der betroffenen Gewerkschaften in Sachen Aktionskreis Energie u. a. stattgefunden hat.

Dok. 49
1 Einladungsschreiben vom 6.10.1978 und Tagesordnung vom 19.10.1978. Nicht anwesend: Gerhard Schmidt, Karl Hauenschild und Vertreter. AdsD, DGB-Archiv, 5/DGAI000499.
2 Anlagen: Anwesenheitsliste; Einführende Bemerkungen des Kollegen Karl Schwab zur Vorbereitung des Gesprächs mit dem Bundesjugendausschuß am 5.12.1978; Heinz Hawreliuk, Vorbereitung des Gespräches DGB-Bundesvorstand und DGB-Bundesjugendausschuß am 5.12.1978, Düsseldorf, 14.11.1978.

Kollege *Vetter* verabschiedet im Namen des Bundesvorstandes den Kollegen Karl Buschmann.
Kollege *Buschmann* bedankt sich.
Kollege *Vetter* begrüßt den neuen Vorsitzenden der Gewerkschaft Textil-Bekleidung, Kollegen Berthold Keller.

1. Vorbereitung der gemeinsamen Sitzung Bundesvorstand/Bundesjugendausschuß

Die Kollegen *Schwab* und *Hawreliuk* geben Situationsberichte (s. Anlage).

An der anschließenden ausführlichen Diskussion beteiligen sich die Kollegen *Vetter, Frister, Loderer, Kluncker, Schwab, Vietheer, Georgi, Döding, Breit, Sperner, A. Schmidt, Lehlbach, Hawreliuk, Zimmermann* und Kollegin *Weber*. Im Prinzip ist man sich einig, daß die Berichte der Kollegen Schwab und Hawreliuk eine gute Grundlage für die Diskussion mit dem Bundesjugendausschuß bieten. Es wird angeregt, diese Berichte schriftlich den Bundesvorstandsmitgliedern zur Verfügung zu stellen. Man erwägt die Möglichkeit einer Verschiebung der für den 5.12.1978 vorgesehenen gemeinsamen Sitzung, kommt aber zu der Auffassung, daß sie stattfinden sollte, um sich gegenseitig zu informieren und zu einem späteren Zeitpunkt dann in einer weiteren Sitzung entsprechende Schlußfolgerungen zu ziehen. Ausführlich werden mit der SDAJ zusammenhängende Probleme und das Thema Jugendbildungsreferenten erörtert. Außerdem wird die Frage des Alters von Delegierten auf den Jugendkonferenzen angesprochen und darauf hingewiesen, daß die Aufforderung an die Gewerkschaftsjugend, sich den Jugendlichen zuzuwenden, die noch nicht in Arbeit waren, problematisch ist, weil bei einem Teil der Gewerkschaften eine Mitgliedschaft für solche, die noch nicht in Arbeit waren, nicht möglich ist. Wenn es sich nicht nur um allgemeine Betreuung handelt, könnte das unerwünschte Konsequenzen haben.

Beschluß:
Der Bundesvorstand hält an dem Termin 5.12.1978 für die gemeinsame Sitzung Bundesvorstand/Bundesjugendausschuß fest. Die Kollegen *Schwab* und *Hawreliuk* sollen ihre Berichte schriftlich an den Bundesvorstand geben.[3]

---

3 Vgl. Dok. 48: Hawreliuk, Vorbereitung des Gesprächs DGB-Bundesvorstand und Bundesjugendausschuß am 5.12.1978; Karl Schwab, Bundesvorstandssitzung am 7.11.1978, Vorbereitung des Gesprächs mit dem Bundesjugendausschuß am 5.12.1978, Einführende Bemerkungen des Kollegen Karl Schwab, AdsD, DGB-Archiv, 5/DGAI000499.

Dokument 49 7. November 1978

2. Genehmigung des Protokolls der 4. Bundesvorstandssitzung

Beschluß:
Der Bundesvorstand genehmigt das Protokoll der 4. Bundesvorstandssitzung.[4]

3. Tagesordnung für die 2. Bundesausschußsitzung am 6.12.1978

Beschluß:
Der Bundesvorstand beschließt für die 2. Bundesausschußsitzung folgende Tagesordnung:
1. Genehmigung des Protokolls der 1. Bundesausschußsitzung
2. Bericht zur gewerkschaftspolitischen und organisatorischen Situation
3. Gehaltsabschluß 1978/79 für die Beschäftigten des DGB
4. Anhebung der Reisekostensätze des DGB
5. 12. Ordentlicher Bundeskongreß des DGB 1982, hier: Ort- und Terminfestlegung gem[äß] § 8, Ziff[er] 3, Buchst[abe] 1, der Satzung des DGB
6. Veränderungsmitteilungen – Landesbezirksvorstände
7. Konzeption über »Auftrag und Aufgaben gemeinwirtschaftlicher Unternehmen des DGB seiner Gewerkschaften«
8. Richtlinien für den Solidaritätsfonds
9. Fragestunde
10. Verschiedenes[5]

4. Termine

Kollege *Vetter* weist darauf hin, daß der GBV und die Vorsitzenden der Gewerkschaften und Industriegewerkschaften vom 10. bis 14. Januar 1979 Gäste der Volksfürsorge Sachversicherung im Harz sein werden. Beginn der Veranstaltung ist am 10.1.1979 mit dem Mittagessen. Für nachmittags ist die Sitzung der Kommission zur Durchführung des Aktionsprogramms vorgesehen. Hierzu wird in kürze ein Entwurf des Aktionsprogramms als Diskussionsgrundlage versandt werden. Am 11.1.[1979], 10.00 Uhr, wird die Sitzung der Internationalen Kommission durchgeführt. Vom 12. bis 14.1.1979 findet die Sitzung der VORAG-Mitglieder statt.[6]

---

4 Vgl. Dok. 47: Kurzprotokoll über die 4. Sitzung des Bundesvorstandes am 3.10.1978.
5 Neben diesen Punkten wurden die TOPs »Bericht der Revisoren« und »Erklärung des DGB-Bundesausschusses zur Aussperrung in der Eisen- und Stahlindustrie« in die Tagesordnung aufgenommen. Vgl. [DGB-Bundesvorstand], Abt. Vorsitzender, Vorlage für die 5. Bundesvorstandssitzung am 7.11.1978, Tagesordnung für die 2. Bundesausschußsitzung am 6.12.1978, Düsseldorf, 18.10.1978, AdsD, DGB-Archiv, 5/DGAI000499; Protokoll über die 2. Sitzung des Bundesausschusses am 6.12.1978, AdsD, DGB-Archiv, 5DGAI000419.
6 Vgl. die vorbereitenden Unterlagen in AdsD, DGB-Archiv, 5/DGAI000500.

Auf die Frage des Kollegen *van Haaren* nach dem Ort, teilt Kollege *Vetter* mit, daß es sich um das Appart-Hotel in Bad Harzburg handelt.

5. Abführung der Mitbestimmungsträger aus dem gemeinwirtschaftlichen Bereich

Kollege *Vetter* berichtet, daß er die Vorstände der gemeinwirtschaftlichen Unternehmen noch einmal schriftlich und mündlich erinnert hat, ihre Angaben so bald wie möglich zu übermitteln.[7]

6. Anhörung vor dem Bundesverfassungsgericht

Kollege *Vetter* informiert den Bundesvorstand darüber, daß ein Gespräch der Vorsitzenden der betroffenen Gewerkschaften über eine optimale Besetzung der DGB-Delegation und die vorzutragenden Stellungnahmen stattgefunden hat.

An der anschließenden Diskussion beteiligen sich die Kollegen *Loderer*, *Vetter* und *Georgi*.

7. Grundsätze und Forderungen des DGB zur Weiterbildung

Kollegin *Weber* verweist auf die Vorlage, an der alle Gewerkschaften mitgearbeitet haben. Sie bittet um entsprechende Beschlußfassung.[8]

---

7   Vgl. Dok. 46: Kurzprotokoll über die 3. Sitzung des Bundesvorstandes am 5.9.1978, TOP 3.; zu den zugrunde liegenden Beschlüssen vgl. auch Dok. 22: Kurzprotokoll der 14. Sitzung des Bundesvorstandes am 2.11.1976, TOP 2b.

8   Es handelte sich um eine Weiterentwicklung der »Forderungen zur Bildungspolitik, beruflichen Bildung und Hochschulreform«, die der DGB 1972/73 verabschiedet hatte und die später durch die »Leitsätze zur Arbeitslehre und Studienreform« ergänzt wurden. Gegenstandsbereich der Grundsätze waren die öffentlich vermittelte Weiterbildung und der gewerkschaftliche Bildungsbereich. Das Papier beschreibt zunächst die Ausgangslage, die von unsystematischen Weiterbildungsmöglichkeiten geprägt war. Es entspreche den Arbeitnehmerinteressen, sich lebenslang fortzubilden. Es greift die zeitgenössischen Humanisierungsforderungen auf und betont, dass Weiterbildung auch den Zielvorstellungen demokratischer Partizipation entspreche. Bildungsurlaubsansprüche sowie ein System öffentlicher Weiterbildung sollten gewährleistet werden und die Angebote für den Arbeitnehmer unentgeltlich sein. Die Gewerkschaften sollten an Weiterbildungsangeboten mitwirken und mitbestimmen. Schließlich betonte der DGB die Bedeutung der gewerkschaftlichen Bildungsangebote für Funktionäre und Ehrenamtliche. Vgl. [DGB-Bundesvorstand], Abt. Bildung, Maria Weber, an die Mitglieder des Bundesvorstandes, Beratungen des DG-Bundesvorstandes am 7.11.1978, Grundsätze und Forderungen des DGB zur Weiterbildung, Düsseldorf, 13.10.1978, AdsD, DGB-Archiv, 5/DGAI000500. Vgl. auch Deutscher Gewerkschaftsbund, Bundesvorstand, Abteilungen Bildung und berufliche Bildung (Hrsg.): Forderungen des Deutschen Gewerkschaftsbundes zur Bildungspolitik, Beruflichen Bildung, Hochschulreform, Düsseldorf [ca. 1973].

Dokument 49 7. November 1978

Beschluß:
Der Bundesvorstand beschließt die vorgelegten »Grundsätze und Forderungen des DGB zur Weiterbildung« in der Fassung vom 3.10.1978 als Ergänzung seiner »Forderungen zur Bildungspolitik, beruflichen Bildung, Hochschulreform«.[9]

8. Gehaltsabschluß 1978/79 für die Beschäftigten des DGB

Kollege *Vater* berichtet, daß in drei Sitzungen, und zwar am 29.9., 3. und 6.10.1978, die Gehaltsverhandlungen 1978/79 des Deutschen Gewerkschaftsbundes geführt wurden, die mit dem Abschluß beendet wurden, wie er in der Vorlage unterbreitet wird. Unter dem Strich kommen 6,23 % heraus; das macht 5 1/4 Mio. DM pro anno. Kollege *Vater* bittet, entsprechend dem Vorschlag zu beschließen.[10]
In der anschließenden Diskussion, an der sich die Kollegen *Sperner*, *Georgi*, *Vater* und *A. Schmidt* beteiligen, wird darauf hingewiesen, daß das Wort »Zulage« nicht zutreffend ist. Es sollte durch das Wort »Betrag« ersetzt werden.

Beschluß:
Der Bundesvorstand beschließt, dem Bundesausschuß folgenden Gehaltsabschluß für die Beschäftigten des DGB gemäß § 8 i der Satzung mit Wirkung vom 1.10.1978 zur Bestätigung zu empfehlen:
1. Die Gehälter der Beschäftigten des DGB werden linear um 4 % erhöht.
2. Die Beschäftigten erhalten einen weiteren Betrag von 26,– DM monatlich.
3. Der Betrag von 26,– DM wird gemeinsam mit dem bisher bereits gezahlten Betrag von 13,– DM in die Gehaltstabelle eingerechnet.
4. Das Weihnachtsgeld wird um ein weiteres Sechstel auf ein volles Monatsgehalt angehoben.[11]

9. Anhebung der Reisekostensätze des DGB

Kollege *Vater* erläutert kurz die Vorlage und weist darauf hin, daß die letzte Erhöhung am 5.6.1974 beschlossen wurde. Er bittet um entsprechende Beschlußfassung.[12]
Nach kurzer Diskussion, an der sich die Kollegen *Sperner*, *Kluncker* und *Vater* beteiligen, faßt der Bundesvorstand folgenden *Beschluß*:

---

9 Vgl. ebd.
10 Vgl. [DGB-Bundesvorstand], Abt. Personal, Vorlage für den Bundesvorstand, Gehaltsabschluß 1978/79 für die Beschäftigten des DGB, Düsseldorf, 18.10.1978, AdsD, DGB-Archiv, 5/DGAI000499.
11 Vgl. Protokoll über die 2. Sitzung des Bundesausschusses am 6.12.1978, TOP 3., S. 5, AdsD, DGB-Archiv, 5/DGAI000419.
12 Vgl. [DGB-Bundesvorstand], Abt. Personal, Vorlage für den Bundesvorstand, Anhebung der Reisekostensätze für die Beschäftigten des DGB, Düsseldorf, 18.10.1978, AdsD, DGB-Archiv, 5/DGAI000499.

Der Bundesvorstand beschließt, dem Bundesausschuß gemäß § 8 i der Satzung mit Wirkung vom 1.10.1978 die Anhebung der Reisekostensätze des DGB wie folgt zur Bestätigung vorzuschlagen:
Tagegeld für einen Tag 29,– DM, für mehrere Tage 34,– DM (Erhöhung um jeweils 4,– DM).
Übernachtungsgeld ohne Belegnachweis 34,– DM (Erhöhung um 4,– DM).
Erhöhung des Tagegeldes und des Übernachtungsgeldes bei Auslandsreisen einheitlich um 8,– DM.[13]

10. 12. Ordentlicher Bundeskongress des DGB 1982, hier: Ort- und Terminfestlegung gem[äß] § 8, Ziff[er] 3, Buchst[abe] l, der Satzung des DGB

Beschluß:
Der Bundesvorstand schlägt dem Bundesausschuß vor, gemäß § 8, Ziff[er] 3, Buchst[abe] l, der Satzung des DGB für den 12. Ordentlichen Bundeskongreß Berlin und als Termin 16.–22. Mai 1982 zu beschließen.[14]

11. Mai-Motto 1979

Kollege *Stephan* verweist auf das vorgeschlagene Mai-Motto, das beliebig geändert bzw. auch auseinandergenommen werden kann.[15]

---

13 Vgl. Protokoll über die 2. Sitzung des Bundesausschusses am 6.12.1978, TOP 4., S. 5, AdsD, DGB-Archiv, 5/DGAI000419.
14 Vgl. [DGB-Bundesvorstand], Abt. Organisation, an die Mitglieder des Geschäftsführenden Bundesvorstandes, des Bundesvorstandes und des Bundesausschusses, 12. Ordentlicher Bundeskongreß des DGB 1982, Orts- und Terminfestlegung gem[äß] § 8 Ziff[er] 3 Buchst[abe] l der Satzung des DGB. Vgl. Protokoll über die 2. Sitzung des Bundesausschusses am 6.12.1978, TOP 5., S. 6, AdsD, DGB-Archiv, 5/DGAI000419; DGB: 12. Bundeskongreß 1982.
15 Vorgeschlagen wurde »DGB – Arbeit für alle – kürzere Arbeitszeit. Für ein Europa des sozialen Fortschritts«. Den Unterlagen war eine Aufstellung der Mai-Mottos seit 1950 beigegeben und eine Auswertung zum 1. Mai 1978 inklusive statistischer Daten über Anzahl der Veranstaltungen, Besucherinnen und Besucher und statistischen Vergleichen von 1972 bis 1978. Die Auswertung der Mai-Berichtsbögen hatte ergeben, dass sich der Trend, die Mai-Kundgebung als Familienfest zu organisieren, weiter fortgesetzt hatte. Störungsversuche habe es an einzelnen Orten durch die K-Gruppen KBW und den KABD gegeben. Bemerkenswert erschien den Berichterstattern, dass die Kundgebungen und Demonstrationen an vereinzelten Orten durch die Behörden fotografisch dokumentiert beziehungsweise gefilmt wurden, aller Wahrscheinlichkeit nach wegen der Teilnahme von Mitgliedern aus dem Bereich der genannten K-Gruppen. Vgl. [DGB-Bundesvorstand], Abt. Werbung – Medienpolitik, an die Mitglieder des Bundesvorstandes, Mai-Motto 1979, Düsseldorf, 17.10.1978; [DGB-Bundesvorstand], Abt. Werbung – Medienpolitik, Maiparolen von 1950 an, Düsseldorf, 14.3.1978; DGB-Bundesvorstand, Abt. Werbung – Medienpolitik, Auswertung der Maiberichtsbogen 1978, Düsseldorf, Oktober 1978, AdsD, DGB-Archiv, 5/DGAI000499.

An der anschließenden Diskussion beteiligen sich die Kollegen *Sperner, Vetter, Kluncker, Frister, Stephan, Döding, A. Schmidt, Loderer* und die Kollegin *Weber*.

Beschluß:
Der Bundesvorstand beschließt für das Jahr 1979 folgendes Mai-Motto:
»DGB – Arbeit für alle in einem Europa des sozialen Fortschritts.«

12. Konzeption über »Auftrag und Aufgaben gemeinwirtschaftlicher Unternehmen des DGB und seiner Gewerkschaften«

Kollege *Vater* erläutert die Vorlage und bittet um entsprechende Beschlußfassung.[16] An der anschließenden Diskussion beteiligen sich die Kollegen *Frister, Vater, Vetter, Vietheer, Georgi, Sperner, Loderer, A. Schmidt, Döding, Kluncker* und *Muhr*. Im Prinzip wird der Vorlage zugestimmt. Es werden jedoch Änderungsvorschläge unterbreitet. Insbesondere wird darauf hingewiesen, daß mit dieser Vorlage der Antrag 7 des 10. Ordentlichen DGB-Bundeskongresses nur teilweise erfüllt ist, weil sie sich nicht generell mit gemeinwirtschaftlichen Unternehmen, sondern nur mit den gemeinwirtschaftlichen Unternehmen der Gewerkschaften befaßt.[17]

Beschluß:
Der Bundesvorstand nimmt von dem Entwurf über »Auftrag und Aufgaben gemeinwirtschaftlicher Unternehmen des DGB und seiner Gewerkschaften« Kenntnis und empfiehlt dem Bundesausschuß, dieser Konzeption mit folgender Änderung zuzustimmen:

Auf Seite 2 muß der erste Satz im zweiten Absatz wie folgt lauten: »Diese Entwicklung, die fortschreitende Konzentration in der Wirtschaft und die Beeinträchtigung des Wettbewerbs können für die gemeinwirtschaftlichen Unternehmen

---

16 Die Konzeption »Auftrag und Aufgaben gemeinwirtschaftlicher Unternehmen des Deutschen Gewerkschaftsbundes und seiner Gewerkschaften« schloss an die vorhergehende grundsätzliche Selbstverständigung des DGB über Ziele und Funktionen der gemeinwirtschaftlichen Unternehmen aus dem Jahr 1972 an. Der neue Entwurf wurde nach einer Vielzahl von Beratungen mit Vertretern der DGB-Gewerkschaften, der Vorstände und Betriebsräte der gemeinwirtschaftlichen Unternehmen sowie abschließend von einer kleineren Arbeitsgruppe »Konzeption Gemeinwirtschaft« und vor der Sitzung vom Geschäftsführenden Bundesvorstand in dessen Sitzung vom 9.10.1978 beraten. Er sollte dem Bundesausschuss in dessen Sitzung am 6.12.1978 zur Verabschiedung vorgelegt werden. Vgl. Protokoll über die 15. Sitzung des Geschäftsführenden Bundesvorstandes am 9.10.1978, TOP 9., S. 4, AdsD, DGB-Archiv, 5/DGAI000246; Protokoll über die 2. Sitzung des Bundesausschusses am 6.12.1978, TOP 7., S. 6, AdsD, DGB-Archiv, 5/DGAI000419. Vgl. [DGB-Bundesvorstand], Abt. Finanzen, an die Mitglieder des Bundesvorstandes, Konzeption über Auftrag und Aufgaben gemeinwirtschaftlicher Unternehmen des Deutschen Gewerkschaftsbundes und seiner Gewerkschaften, Düsseldorf, 16.10.1978, AdsD, DGB-Archiv, 5/DGAI000499. Vgl. auch das Dokument aus dem Jahr 1972, DGB-Bundesvorstand (Hrsg.): Ziele und Funktionen der gemeinwirtschaftlichen Unternehmen, Düsseldorf 1972.
17 Vgl. Antrag 7: Konzeption für die gemeinwirtschaftlichen Unternehmen, in: DGB: 10. Bundeskongreß 1975, S. 9.

der Gewerkschaften im Verlaufe des gesellschaftlichen Prozesses zu immer neuen Aufgaben führen.«

Der Bundesvorstand stellt fest, daß mit dieser Konzeption der Antrag 7 des 10. Ordentlichen DGB-Bundeskongresses nur teilweise erfüllt ist, weil sie sich nicht generell mit gemeinwirtschaftlichen Unternehmen, sondern nur mit den gemeinwirtschaftlichen Unternehmen der Gewerkschaften befaßt.

13. Zusammensetzung der Haushaltskommission

Kollege *Vater* weist darauf hin, daß durch das Ausscheiden der Kollegen Buschmann und Stadelmaier zwei Kollegen in die Haushaltskommission nachgewählt werden müssen. Bisher setzte sich die Kommission wie folgt zusammen:

Ernst Breit (DPG) – Vorsitzender
Karl Buschmann (GTB)
Gerhard van Haaren (Leder)
Heinz Kluncker (ÖTV)
Herbert Stadelmaier (NGG)

Kollege *Vater* teilt noch mit, daß die Haushaltskommission morgen mittag nach dem Empfang der GTB im Hans-Böckler-Haus tagt.

Kollege *Breit* schlägt für die Nachwahl die Kollegen Günter Döding und Berthold Keller vor.

Beschluß:
Der Bundesvorstand benennt für die Haushaltskommission die Kollegen Günter Döding und Berthold Keller.[18]

14. Verschiedenes

a) Muster-Rundfunkgesetz

Kollege *Stephan* berichtet, daß die RFFU mit Schreiben vom 27. Oktober 1978 mitgeteilt hat, daß sie in ihren Entwurf zum Muster-Rundfunkgesetz nunmehr den Zentralrat der Juden in Deutschland in die gesellschaftlich relevanten Gruppen aufgenommen hat.[19]

---

18 Vgl. [DGB-Bundesvorstand], Abt. Finanzen, an die Mitglieder des Bundesvorstandes, Zusammensetzung der Haushaltskommission, Düsseldorf, 11.9.1978, AdsD, DGB-Archiv, 5/DGAI000499.
19 Vgl. Rundfunk-Fernseh-Film-Union in der Gewerkschaft Kunst im DGB, an Günter Stephan, DGB-Bundesvorstand, Entwurf der RFFU zu einem Muster-Rundfunkgesetz, Hamburg, 27.10.1978, AdsD, DGB-Archiv, 5/DGAI000499.

b) »Geschichte der deutschen Gewerkschaftsbewegung« von Prof. Deppe u. a.
Kollege *Vietheer* fragt, ob der DGB eine Stellungnahme zu dem Protest von Prof. Deppe betreffend die Analyse des Kollegen Oetjen zu seinem Buch »Geschichte der deutschen Gewerkschaftsbewegung« abgeben wird.[20]

Kollege *Vetter* sagt eine Antwort auf den Brief von Prof. Deppe in Abstimmung mit den Bundesvorstandsmitgliedern zu.[21]

c) Plakat »Nur was unter dem Strich steht, zählt.«
Kollege *Kluncker* bezieht sich auf das o[ben] a[ngegebene] Plakat und weist darauf hin, daß Teile des Textes einer Parole des KBW nach netto-lohnbezogener Tarifpolitik nahekommen.[22]

Kollege *Stephan* erklärt, daß das Plakat von der IG Chemie-Papier-Keramik übernommen worden ist. Der Text wurde mit den Abteilungen Tarifpolitik und Wirtschaftspolitik abgestimmt. Die IG Bergbau und Energie wird das Plakat, aber mit eigenem Text, ebenfalls übernehmen.

d) Veranstaltung im Rahmen der Kieler Woche 1981
Kollege *Frister* berichtet, daß die DGB-Veranstaltung im Rahmen der Kieler Woche 1981 unter ein bildungs- und kulturpolitisches Thema gestellt werden soll. Die GEW wurde um ihre Mitarbeit gebeten.

In der anschließenden Diskussion, an der sich die Kollegen *Sierks, Sperner, Döding* und die Kollegin *Weber* beteiligen, bittet Kollegin *Weber*, auch an die Abteilung Bildung beim DGB zu denken.

e) Grundsatzprogramm
Kollege *Vetter* teilt mit, daß in kürze die Entwürfe der Alternativen I und II des Grundsatzprogramms an die Mitglieder der Kommission Gesellschaftspolitik verschickt werden. Er bittet um Festlegung eines Termins für die erste Beratung der Kommission Gesellschaftspolitik.

Beschluß:
Der Bundesvorstand beschließt, die erste Beratung der Kommission Gesellschaftspolitik zum Grundsatzprogramm am Montag, dem 5. März 1979, 17.30 Uhr, beginnen zu lassen und am Dienstag, dem 6. März, nach der Bundesvorstandssitzung fortzusetzen.

---

20 Hinrich Oetjen, Leiter der Bundesjugendschule des DGB in Oberursel, hatte die Rezension, einen ideologiekritischen und fachwissenschaftlichen Verriss, den der Berliner Historiker Manfred Scharrer, der damals zur Zeitschrift »Der Lange Marsch« gehörte, dort veröffentlicht hatte, mit einem Brief der Gewerkschaftspresse zur Kenntnis gebracht, sodass die Rezension dann ebenfalls in der DGB-Funktionärszeitschrift »Die Quelle« veröffentlicht wurde. Vgl. Manfred Scharrer: Über Geschichtsfälschung – ›Kurzer Lehrgang‹ der Geschichte der deutschen Gewerkschaftsbewegung, in: Langer Marsch, Nr. 38, November 1978, sowie in: Die Quelle Nr. 11/1978, S. 606-608.
21 Frank Deppe hatte sich augenscheinlich über diesen Vorgang bei Heinz Oskar Vetter beschwert.
22 Vgl. Kühn: Stalins Enkel, Maos Söhne, S. 137-142.

f) Arbeit und Leben/Auslandsreisen

Kollegin *Weber* verweist auf die von ihr erstellten Unterlagen, die noch durch Angaben aus den Landesbereichen ergänzt werden sollen. Die Behandlung kann in der Dezember-Sitzung des Bundesvorstandes erfolgen.[23]

g) Prognos

Kollege *Kluncker* bezieht sich auf eine Anfrage von Prognos vom 23.10.1978 und fragt, ob der Bundesvorstand sich mit der Angelegenheit beschäftigen wird.

Nach kurzer Diskussion, an der sich die Kollegen *Pfeiffer, Georgi, Kluncker* und *Loderer* beteiligen, sagt Kollege *Vetter* eine schriftliche Stellungnahme zu.[24]

h) IPTT

Kollege *Vetter* gratuliert Kollegen Breit zu seiner Wahl zum Präsidenten der Internationale des Personals der Post-, Telegraphen- und Telefonbetriebe.[25]

i) Termine Neue Heimat – 30.11. und 1.12.1978

Die Kollegen *Breit* und *Kluncker* bemängeln, daß wiederum kurzfristig Termine der Neuen Heimat verändert worden sind.

Ende der Sitzung: 14.05 Uhr.

Dokument 50

Karl Schwab, Einführende Bemerkungen zur Vorbereitung des Gesprächs mit dem Bundesjugendausschuß, Bundesvorstandssitzung am 7.11.1978, [o. O.], 7. November 1978

AdsD, DGB-Archiv, 5/DGAI000554.

Liebe Maria, liebe Kollegen,
zwei Vorbemerkungen seien mir gestattet:
1. Eine Strukturierung des Gesprächs Bundesvorstand – Bundesjugendausschuß ist schon von der großen Zahl der Teilnehmer her unerläßlich. Wenn alle Eingeladenen an der Sitzung teilnehmen, haben wir mit 98 Teilnehmern zu rechnen.
2. Ich habe heute morgen zwei Unterlagen verteilen lassen. Die eine enthält eine Zusammenfassung einzelner Daten der beim DGB beschäftigten Jugend-

---

23 Das Thema wurde schließlich in der Sitzung am 5.12.1978 behandelt. Vgl. Dok. 51: Kurzprotokoll über die 6. Sitzung des Bundesvorstandes am 5.12.1978, TOP 6.
24 Der Vorgang konnte nicht ermittelt werden.
25 Ernst Breit, der von 1971 bis 1982 Vorsitzender der DPG war, war 1975 zum Vizepräsidenten der Internationale des Personals der Post-, Telegraphen- und Telefonbetriebe (IPTT) gewählt worden. Von 1977 bis 1981 hatte er das Amt des Präsidenten der IPTT inne.

bildungsreferenten. Die andere ist die Kopie eines Artikels aus der monatlich erscheinenden Zeitschrift des Deutschen Bundesjugendringes.[1] Der Artikel der Kollegen Crusius und Wilke enthält manche zutreffende, allerdings auch manche abwegige Feststellung, ist aber für die Behandlung unseres Themas so interessant, daß ich meine, alle Bundesvorstandsmitglieder sollten die Möglichkeit haben, sich damit zu beschäftigen.

Nun zum Thema selbst: Ich muß bereits historisch gewordenes nicht mehr wiederholen. Grundlage der bevorstehenden Aussprache mit dem Bundesjugendausschuß sind meine Berichte über die Bundesjugendkonferenz des DGB sowohl in der Bundesvorstandssitzung am 7.12.1977 als auch in der Bundesausschußsitzung am 8.3.1978.

Nach meinem Bericht ist vom Kollegen Georg Benz die Auffassung vertreten worden, daß die Arbeit der Jugendvertreter und die Betriebsjugendarbeit der IG Metall positiv zu bewerten sei und daß gerade die Verzahnung der Arbeit der Betriebsräte und der Jugendvertretung die beste Voraussetzung für eine Gewerkschaftsjugendarbeit sei.

Im übrigen hat Kollege Benz die Meinung vertreten, daß die Bundesjugendkonferenz des DGB nicht an einzelnen spektakulären Vorgängen, sondern an ihren Beschlüssen zu messen sei und die seien überwiegend positiv und eine gute Grundlage für die weitere gewerkschaftliche Jugendarbeit.

Ob diese Darstellung des Zustandes der Jugendarbeit der IG Metall von allen Gewerkschaften und Industriegewerkschaften so für den eigenen Bereich übernommen werden kann, das festzustellen ist nur für jede Gewerkschaft selbst möglich.

Nach wie vor wird meine Einschätzung des Verlaufs der Bundesjugendkonferenz und des Zustandes der DGB Jugendarbeit von den Jugendsekretären der Gewerkschaften und Industriegewerkschaften sowie den DGB-Landesbezirksjugendsekretären unterschiedlich beurteilt.

Ich stelle auch heute wieder fest, daß sich die DGB-Jugendarbeit – ganz gleich, ob sie auf der örtlichen oder regionalen Ebene angesiedelt ist – losgelöst von den Gewerkschaften und den jugendlichen Mitgliedern in kleinen Cirkeln abspielt. Die fehlende Verbindung zu den jungen Mitgliedern wird nicht etwa darauf zurückgeführt, daß man »funktionieren« mit Jugendarbeit verwechselt, sondern auf die fehlende Bereitschaft der Jugendlichen, sich zu engagieren und mitzuarbeiten. Das heißt für mich das Opfer zum Schuldigen stempeln.

Sitzungen, Antragsfetischismus, Wochenendschulungen, Aktionswochen u. ä. sind kein Ersatz für Jugendgruppenarbeit. Die Verketzerung von jugendpflegerischen Bemühungen, von offenen Jugendgruppen, von Unterhaltung, Wärme, Jung-sein-dürfen als Ablenkungsmanöver von den politischen Aufgaben ist erstens nicht die Alternative und wirkt zweitens nicht anziehend, sondern abstoßend auf Jugendliche.

Dok. 50
1   Reinhard *Crusius*/Manfred *Wilke*: Gewerkschaft ohne Jugend? Zu aktuellen Problemen der gewerkschaftlichen Jugendpolitik, in: deutsche jugend, H. 7/1978, S. 305 ff.

Die fast ausschließlich auf die eine Berufsausbildung absolvierenden Jugendlichen abgestellte Arbeit und die sich daraus ergebende Abwertung und Negierung all derer, die ungelernt tätig sind oder solche Tätigkeiten suchen, ist ein weiterer Negativpunkt.

Für die weitere Arbeit mit Jugendlichen ist zu klären:
a) Wo liegen die Aufgaben und Möglichkeiten der örtlich und regional angesiedelten DGB-Jugendarbeit.
b) Wie kann Gremienarbeit durch echte Arbeit mit den Jugendlichen ersetzt werden.
c) Wie ist Bildungsarbeit mit jungen Menschen anzulegen.

Hier stellt Kollege Benz übereinstimmend mit meinen Vorstellungen fest, daß es gilt, statt Gremienkunde und Leitfadenindoktrination zu betreiben, den jungen Menschen das zu vermitteln, was sie in Elternhaus und Schule nicht erfahren haben, nämlich
– die Rolle und Möglichkeiten der Gewerkschaften in unserer Gesellschaft,
– die Situation, Abhängigkeiten und Möglichkeiten von Arbeitnehmern in unserer Gesellschaft,
– die Rolle und Funktion eines demokratischen Staatswesens, der politischen Parteien, Parlamente und gesellschaftlichen Gruppen.

Wenn das die gewerkschaftliche Jugendbildung nicht zu leisten vermag oder nicht will, weil es denen, die Bildungsarbeit programmieren oder betreiben, zu trivial erscheint, dann stellt sich die Frage, ob die Bildungsarbeit, die sie sich vorstellen, nicht eine Überforderung ist, sowohl derer, die an Bildungsveranstaltungen teilnehmen als auch derer, die Bildungsarbeit betreiben oder Bildung vermitteln wollen.

Konkret also stellt sich mir die Frage, ob es dann nicht besser wäre, die gewerkschaftliche Bildungsarbeit als ein Ganzes zu betrachten und zu konzipieren.

An dieser Stelle ist auch gleich etwas zur Rolle der beim DGB tätigen Jugendbildungsreferenten auszusagen: 29 Bildungsreferenten sind praktisch 6 Monate nach der Einstellung in einem Lebensarbeitsverhältnis. Die Frage, ob sie sowohl bei der Einstellung als auch nach der Probezeit gewerkschaftlich bereits fundiert genug sind, um diese verantwortungsvolle Aufgabe tatsächlich übernehmen und erfüllen zu können, stellt sich immer wieder. Vielleicht haben wir uns durch die Gewährung staatlicher oder städtischer Zuschüsse für diese Tätigkeit allzu großzügig über mangelnde Voraussetzungen hinweggesetzt. Konkret steht also die Frage, ob Jugendbildungsreferenten nicht – wie die Nachwuchssekretäre – eine längere Ausbildung in der Organisation absolvieren müßten und ob die bestehenden Unsicherheiten nicht durch den Abschluß eines einmalig befristeten Anstellungsvertrages gemildert werden könnten.

Eine weitere Überlegung ist, ob es nicht effektiver und für die Jugendbildungsreferenten selbst hilfreicher wäre, wenn sie an die Gewerkschaften, also an die Ortsverwaltungen und Bezirksleitungen angebunden werden.

Das, liebe Maria, liebe Kollegen, sind aus meiner Sicht die Fragen, die jeder für sich bis zum Gespräch mit dem Bundesjugendausschuß am 5.12.1978 noch einmal überdenken sollte.

Dokument 51

5. Dezember 1978: Kurzprotokoll über die 6. Sitzung des Bundesvorstandes

Hans-Böckler-Haus in Düsseldorf; Vorsitz: Maria Weber; Protokollführung: Isolde Funke, Marianne Jeratsch; Sitzungsdauer: 10.10–19.05 Uhr; ms. vermerkt: »Vertraulich«.[1]

Ms., hekt., 8 S., 1 Anlage.[2]
AdsD, DGB-Archiv, 5/DGAI000554.

Beginn der Sitzung: 10.10 Uhr.

Kollegin *Weber* eröffnet die 6. Sitzung des Bundesvorstandes in Düsseldorf und teilt mit, daß Kollege Heinz O. Vetter erkrankt ist.

Tagesordnung:
1. Genehmigung des Protokolls der 5. Bundesvorstandssitzung
2. Aussperrung
3. Russell-Tribunal
4. Sozialwahlen 1980, hier: Eröffnung der Möglichkeit des Einreichens von Gewerkschaftslisten
5. Aufruf zu den Personalratswahlen 1979
6. Arbeit und Leben/Auslandsreisen
7. Entwurf eines »Programms zur Reform des öffentlichen Dienstrechts« (Erledigung des Antrages 232 des 10. Ordentlichen DGB-Bundeskongresses – 1975)
8. Veränderungsmitteilungen – Landesbezirksvorstände
9. Maiplakat 1979
10. Richtlinien für Ausgaben aus dem Solidaritätsfonds
11. Übertragung von Geschäftsanteilen der BGAG an die Union Druckerei und Verlagsanstalt GmbH
12. Jahresrechnung des DGB für das Jahr 1977
13. Verschiedenes
14. 11. Ordentlicher Bundeskongreß – abgelehnter Antrag 323 – angenommene Anträge 325 und 219 – Ausbildungsabgabe entsprechend dem Ausbildungsplatzförderungsgesetz

---

Dok. 51
1   Einladungsschreiben vom 10.11.1978 und Tagesordnung vom 21.11.1978. Nicht anwesend: Gerhard Leminsky, Manfred Wagner (vertreten durch Theo Schuler). AdsD, DGB-Archiv, 5/DGAI000499.
2   Anlage: Anwesenheitsliste.

1. Genehmigung des Protokolls der 5. Bundesvorstandssitzung

Beschluß:
Der Bundesvorstand genehmigt das Protokoll der 5. Bundesvorstandssitzung.³

2. Aussperrung

Kollege *Loderer* informiert den Bundesvorstand ausführlich über den Verlauf der Tarifauseinandersetzung in der Eisen- und Stahlindustrie Nordrhein-Westfalen, Osnabrück und Bremen.⁴ Er teilt mit, daß heute mittag der Vorstand der IG Metall über nähere Einzelheiten der für den 12. Dezember 1978 vorgesehenen Protestaktionen gegen die Aussperrung beschließen wird. Er bittet den DGB und die Gewerkschaften um solidarische Maßnahmen.⁵

An der anschließenden ausführlichen Diskussion beteiligen sich die Kollegen *A. Schmidt, Loderer, Stephan, Schuler, Bleicher, van Haaren, Schirrmacher, Muhr, Hauenschild, Sickert, Volkmar, Kluncker, Döding, Mahlein, Keller, Breit, Frister* und Kollegin *Weber*. Sie sprechen sich grundsätzlich für eine Unterstützung der Protestaktionen gegen die Aussperrung aus. Ferner soll eine Solidaritätserklärung herausgegeben werden. Auch sollen alle Funktionäre des DGB und der Gewerkschaften über die Situation informiert werden.⁶ Die IG Metall wird gebeten, für die morgige Bundesausschußsitzung ein Informationspapier vorzulegen.⁷ Es wird vorgeschlagen, eine Sondersitzung des Bundesvorstandes vorzusehen.

Der Bundesvorstand kommt überein, die Diskussion über diesen Punkt morgen vor der Bundesausschußsitzung, 9.00 Uhr, fortzusetzen. Hierfür wird eine Solidaritätserklärung erarbeitet.⁸

---

3 Vgl. Dok. 49: Kurzprotokoll über die 5. Sitzung des Bundesvorstandes am 7.11.1978.
4 Zum Verlauf der Streikaktionen der IG Metall vgl. die Darstellung des IG-Metall-Funktionärs Kurt Herb in den Gewerkschaftlichen Monatsheften, Herb: Verlauf.
5 Die IG Metall gab zu den Aktionen am 12.12.1978 eine Streikzeitung heraus. Vgl. IG Metall, metall Extra, 12.12.1978, und Unsere Antwort auf die Aussperrung, AdsD, Sammlung Flugblätter und Flugschriften, 6/FLBL004897. Der DGB entfaltete 1979 – auch in Reaktion auf die Streikaktionen der IG Metall – auf verschiedenen Ebenen eine rege Publikationstätigkeit mit Broschüren und Artikeln zum Thema Aussperrung. Es wurde zum Beispiel anläßlich des 27. Europäischen Gesprächs während der Ruhrfestspiele in Recklinghausen publik gemacht. In den Gewerkschaftlichen Monatsheften erschienen sowohl historische Abhandlungen als auch aktuelle Einschätzungen. Im Bund-Verlag erschien eine populäre juristische Abhandlung von Michael Kittner. Vgl. DGB-Bundesvorstand, Internationale Abteilung (Hrsg.): Dokumentation über Streik und Aussperrung in westeuropäischen Ländern nach 1945. Hrsg. anläßlich des 27. Europäischen Gespräches (26. Mai 1979), Witten a. d. Ruhr, [Düsseldorf] 1979; Kittner: Verbot der Aussperrung; Wohlgemuth: Aussperrung.
6 Vgl. das Faltblatt: Aussperrung – Missbrauch der Unternehmermacht. Aussperrung verstößt gegen Menschenwürde, Düsseldorf [1979], Bibliothek der Friedrich-Ebert-Stiftung A 07-19532.
7 Der Vorsitzendenakte zufolge lag ein solches Informationspapier nicht vor. Vgl. AdsD, DGB-Archiv, 5/DGAI000419.
8 Der Bundesausschuss verabschiedete am 6.12.1978 eine entsprechende gemeinsame Erklärung, die zuvor auch der Bundesvorstand beschlossen hatte. DGB-Bundesvorstand und -Bundesausschuss er-

3. Russell-Tribunal

Kollegin *Weber* teilt mit, daß dies eine Information des Kollegen Vetter zur zweiten Sitzungsperiode des Russell-Tribunals vom 3. bis 9. Januar 1979 in Köln sein sollte. Wahrscheinlich haben die Vorsitzenden ebenfalls die Unterlagen erhalten.[9] Es besteht nun die Frage, ob sich der DGB weiter so dazu verhält, wie im Rundschreiben vom 31. Januar 1978 geäußert, also kein Mitmachen, kein Unterschreiben von Unterschriftenlisten, oder ob noch einmal ein Rundschreiben mit einem entsprechenden Hinweis herausgegebenen werden soll.

Beschluß:
Der Bundesvorstand ist der Auffassung, daß es bei dem Rundschreiben vom 31. Januar 1978 belassen werden soll, da es noch das gleiche Russell-Tribunal wie bisher ist.[10]

4. Sozialwahlen 1980, hier: Eröffnung der Möglichkeit des Einreichens von Gewerkschaftslisten

Kollege *Muhr* erläutert die Vorlage und bittet um entsprechende Beschlußfassung.[11]

---

klärten sich solidarisch mit den ausgesperrten Arbeitnehmern der Stahlindustrie. Die Aussperrung sei angesichts hoher Arbeitslosigkeit und des Kampfes der Stahlarbeiter um ihre Arbeitsplätze besonders verwerflich und stelle eine Verhöhnung aller Arbeitnehmer dar. Ziel der Aussperrung sei die Beseitigung der Tarifautonomie und die Herbeiführung eines unternehmerischen Diktats über Lohn- und Arbeitsbedingungen. Vgl. Protokoll über die 2. Sitzung des Bundesausschusses am 6.12.1978, TOP 12.; Erklärung des DGB-Bundesvorstandes und des DGB-Bundesausschusses zur gegenwärtigen Aussperrung in der Eisen- und Stahlindustrie, DGB-Nachrichten-Dienst, 225/78, 6.12.1978; vgl. auch den gleichnamigen Entwurf in derselben Akte; alle in: AdsD, DGB-Archiv, 5/DGAI000419.

9 Das Organisationsbündnis des Russell-Tribunals hatte im Oktober 1978 einen Aufruf zur Teilnahme an der zweiten Sitzungsperiode des Tribunals und zu dessen Unterstützung versandt. Er bestand aus einer knappen Auswertung der ersten Sitzungsperiode, deren Hauptfrage gewesen sei, ob »Bürgern in der Bundesrepublik aufgrund ihrer politischen Überzeugung das Recht verwehrt wird, ihren Beruf auszuüben«. Es bewerte entsprechende Maßnahmen als Berufsverbote, die jene Bürger in ihren Grund- und Menschenrechten verletzten. In der angekündigten zweiten Sitzungsperiode wolle das Russell-Tribunal zusätzliche Fragen wie »Zensur in der Bundesrepublik«, »Entwicklung und Methoden des Verfassungsschutzes« sowie »mutmaßliche Verletzungen von Menschenrechten von Personen, die in ein Strafverfahren verwickelt sind« behandeln. Das Organisationsbündnis kündigte auch eine Unterschriftenaktion an, deren Unterzeichner in einer Großannonce nach Gruppen sortiert publiziert werden sollten. Vgl. [DGB-Bundesvorstand], Abt. Vorsitzender, Gerd Claas, Zweite Sitzungsperiode des Russell-Tribunals vom 3. bis 9. Januar 1979 in Köln; Aufruf zur Unterstützung des Russell-Tribunals, Sitzungsperiode vom 3. bis 9. Januar 1979 in Köln, AdsD, DGB-Archiv, 5/DGAI000499. Vgl. hierzu auch Dok. 34: Kurzprotokoll der 25. Sitzung des Bundesvorstandes am 6.12.1977, TOP 9.

10 Vgl. hierzu Dok. 24: Kurzprotokoll der 16. Sitzung des Bundesvorstandes am 31.1.1978, TOP 1a. Zur Geschichte des Tribunals und der zweiten Sitzungsperiode vgl. außerdem März: Linker Protest nach dem Deutschen Herbst, S. 294-317.

11 In der Bundesvorstandssitzung am 7.3.1978 hatte der DGB-Bundesvorstand beschlossen, dass die Gründung von Interessengemeinschaften, die zu den Sozialwahlen antraten, auch durch DGB-Stellen initiiert werden könnte, um für die DGB-Seite mehr Stimmen zu gewinnen. Jetzt ging es darum, dass auch Einzelgewerkschaften bei Versicherungsträgern, die den Organisationsbereich mehrerer Gewerkschaften

An der anschließenden Diskussion beteiligen sich die Kollegen *Lehlbach, Muhr, Kluncker, Schuler* und die Kollegin *Weber*. Von den Landesbezirksvorsitzenden werden Bedenken geäußert, die auf ihren bisherigen Erfahrungen in ihren Bereichen beruhen.

Beschluß:
Der Bundesvorstand ist damit einverstanden, daß bei den Sozialwahlen 1980 auf der Ebene der zuständigen Betreuungsstellen darüber entschieden wird, ob auch in den Fällen, in denen es bisher lediglich DGB-Listen gegeben hat, Listen der einzelnen Gewerkschaften eingereicht werden können, wenn dies für zweckmäßig oder notwendig gehalten wird.

Wenn nicht alle 17 Gewerkschaften des DGB eine Liste einreichen, muß auf jeden Fall im Auftrage der nicht durch eigene Listen vertretenen Gewerkschaften eine gemeinsame Liste durch die jeweils zuständige DGB-Betreuungsstelle eingereicht werden.

In jedem Fall ist eine Listenverbindung aller DGB-Gewerkschaftslisten vorher zu verabreden.

Für den Fall, daß bei einem Versicherungsträger nur Gewerkschaftslisten eingereicht werden, muß zur Vermeidung einer Urwahl schon vorher die Listenzusammenlegung verabredet werden. Hierfür ist im voraus zu klären, wie die Sitzverteilung im jeweiligen Selbstverwaltungsorgan zu erfolgen hat. Dabei soll für die Sitzverteilung auf die Zahl der Mitglieder der beteiligten Gewerkschaften im Einzugsbereich des Versicherungsträgers Rücksicht genommen werden.

5. Aufruf zu den Personalratswahlen 1979

Beschluß:
Der Bundesvorstand ist mit der Veröffentlichung der vorgelegten beiden Entwürfe für einen Aufruf zu den Personalratswahlen einverstanden.[12]

---

umfaßten, Listen einreichen konnten. Der DGB solle ermächtigt werden, auch Listenvorschläge namens der Einzelgewerkschaften einzureichen. Vgl. [DGB-Bundesvorstand], Abt. Sozialpolitik, Gerd Muhr, an die Mitglieder des Bundesvorstandes, Vorlage für die Sitzung des Bundesvorstandes am 5.12.1978, Sozialwahlen 1980, Eröffnung der Möglichkeit des Einreichens von Gewerkschaftslisten, Düsseldorf, 4.11.1978, AdsD, DGB-Archiv, 5/DGAI000499.

12 Vgl. [DGB-Bundesvorstand], Abt. Arbeitsrecht, Vorlage für die Bundesvorstandssitzung am 5.12.1978, Aufruf zu den Personalratswahlen 1979; Entwurf, Aufruf des DGB zu den Personalratswahlen 1979; Aufruf des DGB zu den Personalratswahlen (ausländische Arbeitnehmer), AdsD, DGB-Archiv, 5/DGAI000499.

6. Arbeit und Leben/Auslandsreisen

Kollegin *Weber* verweist auf die von ihr versandten umfangreichen Unterlagen zu diesem Thema.[13]

In der anschließenden Diskussion, an der sich die Kollegen *Muhr, Hauenschild, Richert, Kluncker* und Kollegin *Weber* beteiligen, wird insbesondere auf die Einhaltung der DGB-Beschlüsse zu Ostkontakten im Hinblick auf Gegenseitigkeit hingewiesen. Kollege *Richert* sagt zu, daß er in der bevorstehenden Bundesvorstandssitzung von Arbeit und Leben die Angelegenheit entsprechend vortragen wird.

7. Entwurf eines »Programms zur Reform des öffentlichen Dienstrechts« (Erledigung des Antrages 232 des 10. Ordentlichen DGB-Bundeskongresses – 1975)

Beschluß:
Der Bundesvorstand beschließt das »Programm zur Reform des öffentlichen Dienstrechts« (Erledigung des Antrages 232 des 10. Ordentlichen DGB-Bundeskongresses – 1975) mit den diesem Programm voranzustellenden »Vorbemerkungen«.[14]

Das »Programm zur Reform des öffentlichen Dienstrechts« einschließlich der ihm vorangestellten »Vorbemerkungen« ist nur gemeinsam mit einem unverzüglich zu formulierenden Leitfaden zu veröffentlichen.[15]

---

13 Der 1956 gegründete Bundesarbeitskreis »Arbeit und Leben« setzte sich aus zehn Landesarbeitsgemeinschaften zusammen. Er widmete sich der politischen Bildungsarbeit für Arbeitnehmer, die dem Zweck diente, zur Übernahme von »Mitverantwortung und Mitbestimmung in der Gesellschaft zu befähigen«. Seine Führungsgremien setzten sich paritätisch aus Vertretern der Volkshochschulen (VHS) und der Gewerkschaften zusammen. Der eingetragene Verein genoss öffentliche Unterstützung. Ein Teil der öffentlichen Zuwendungen floss in die »Ost-West-Arbeit«, also in die Unterstützung von organisierten Auslandsreisen und internationalen Jugendbegegnungen. Der Arbeit lagen Richtlinien und Empfehlungen zugrunde, denen zufolge die Studiengruppen im Ausland und in der DDR in keinem Falle als Delegationen von Arbeit und Leben oder der Gewerkschaften auftreten sollten. Es sollte auf partnerschaftliche Beziehungen (etwa durch die Durchführung von Gegenbesuchen der Partner in der Bundesrepublik) gezielt werden. Die Beschlüsse gewerkschaftlicher Gremien zur Auslandsarbeit und den internationalen Beziehungen waren zu respektieren. Für Pilotprojekte (Erstkontakte) waren die zuständigen Abteilungen der DGB-Bundesvorstandsverwaltung zu kontaktieren. Der Darstellung liegen Aufstellungen von Jugendreisen bei. Vgl. DGB-Bundesvorstand, Maria Weber, an die Mitglieder des Bundesvorstandes, Arbeit und Leben, Düsseldorf, 20.10.1978; Arbeit und Leben, Zur Struktur, Düsseldorf, im Oktober 1978; Arbeit und Leben, Internationaler Jugendaustausch mit Förderung durch den Bundesjugendplan, Stand 20.9.1978, Maßnahmen mit bilateraler Förderung, o. O., 20.9.1978, AdsD, DGB-Archiv, 5/DGAI000499.
14 Vgl. [DGB-Bundesvorstand], Abt. Beamte – Öffentlicher Dienst, Vorlage für die 6. Sitzung des Bundesvorstandes am 5.12.1978, Entwurf eines »Programms zur Reform des öffentlichen Dienstrechts«, Düsseldorf, 13.10.1978, AdsD, DGB-Archiv, 5/DGAI000499.
15 Vgl. DGB-Bundesvorstand, Abteilung Beamte – Öffentlicher Dienst (Hrsg.): Programm zur Reform des öffentlichen Dienstrechts, Düsseldorf 1979 (Schriftenreihe des Deutschen Gewerkschaftsbundes, Abteilung Beamte – Öffentlicher Dienst; 7).

In den »Vorbemerkungen« wird auf Seite 1 im letzten Absatz, erste Zeile, das Wort »mit« gestrichen.

8. Veränderungsmitteilungen – Landesbezirksvorstände

Beschluß:
Der Bundesvorstand schlägt dem Bundesausschuß vor, folgende Kollegen zu bestätigen:
Werner Jordan (NGG) als Mitglied des Landesbezirksvorstandes Hessen;
Klaus-Peter Hennig (Jugend) als Mitglied und Karl-Ernst Schmidt (Jugend) als ständigen Vertreter des Kollegen Hennig im Landesbezirksvorstand Nordrhein-Westfalen.[16]

9. Maiplakat 1979

Kollege *Stephan* weist auf die beiden Entwürfe für das Maiplakat 1979 hin, ein grün und ein blau schraffiertes Europaplakat.

Beschluß:
Der Bundesvorstand entscheidet sich für das blau schraffierte Europaplakat. Der »1. Mai« soll stärker und an anderer Stelle hervorgehoben werden.[17]

10. Richtlinien für Ausgaben aus dem Solidaritätsfonds

Die Kollegen *Vater, Mahlein, Kluncker, Hauenschild, Volkmar, G. Schmidt, Schirrmacher, Frister, Breit* und Kollegin *Weber* diskutieren über die vorgelegten Richtlinien für Ausgaben aus dem Solidaritätsfonds, insbesondere über die Ziffer 3.[18]

Beschluß:
Der Bundesvorstand bittet den Bundesausschuß, die Richtlinien für Ausgaben aus dem Solidaritätsfonds in der vorgelegten Form mit Wirkung vom 1. Januar 1979 zu beschließen.
Die Ziffer 3 erhält folgenden neuen Wortlaut:

---

16 Vgl. [DGB-Bundesvorstand], Abt. Organisation, Karl Schwab, an die Mitglieder des Geschäftsführenden Bundesvorstandes, Bundesvorstandes und Bundesausschusses, Veränderungsmitteilungen, Landesbezirksvorstände, AdsD, DGB-Archiv, 5/DGAI000499.
17 Das Europaplakat zum 1. Mai ist im Zusammenhang des verstärkten europapolitischen Engagements der DGB-Gewerkschaften im Umfeld der Wahlen zum Europäischen Parlament 1979 zu sehen.
18 Vgl. [DGB-Bundesvorstand], Abt. Finanzen, Vorlage für den Bundesvorstand, Richtlinien für Ausgaben aus dem Solidaritätsfonds, Düsseldorf, 9.11.1978, AdsD, DGB-Archiv, 5/DGAI000499.

»Vorabbewilligungen für Ausgaben aus dem Solidaritätsfonds bis zur Höhe der Beitragseinnahme eines Jahres sind nur möglich, wenn die beantragten Mittel dazu bestimmt sind, eine Gewerkschaft bei einem Arbeitskampf zu unterstützen, und wenn der Bundesvorstand einstimmig beschließt, daß er den Antrag der Gewerkschaft bei der nächsten Sitzung des Bundesausschusses unterstützt.«

11. Übertragung von Geschäftsanteilen der BGAG an die Union Druckerei und Verlagsanstalt GmbH

Nach kurzer Diskussion, an der sich die Kollegen *Vater*, *Frister* und *Kluncker* beteiligen, faßt der Bundesvorstand folgenden *Beschluß*:
Der Bundesvorstand stimmt gemäß Geschäftsanweisung für die Verwaltung des Treuhandvermögens der Übertragung von nominal 625.000,– DM Geschäftsanteilen der Union Druckerei und Verlagsanstalt GmbH, Frankfurt/Main, von der BGAG auf die VTG des DGB zu einem Kaufpreis von 1,575 Mio. DM zu.[19]

In diesem Zusammenhang bittet Kollege *Kluncker*, in Zukunft in den Vorlagen deutlich zu machen, daß dies Vorlagen des Geschäftsführenden Bundesvorstandes sind.

12. Jahresrechnung des DGB für das Jahr 1977

Nach kurzer Erläuterung der Vorlage durch Kollegen *Vater* faßt der Bundesvorstand folgenden *Beschluß*:
Der Bundesvorstand stellt die Jahresrechnung 1977 mit 145.860.941,46 DM in den Einnahmen und Ausgaben fest.[20]

13. Verschiedenes

a) Abführungsbeschlüsse
Auf die Frage des Kollegen *Kluncker* nach der abschließenden Behandlung der Mitbestimmungsabführungsbestimmungen erklärt Kollegin *Weber*, daß die Behandlung im Bundesvorstand für Februar und im Bundesausschuß für März 1979 vorgesehen sei.[21]

---

19 Vgl. [DGB-Bundesvorstand], Abt. Finanzen, Gerhard Vater, an die Mitglieder des Bundesvorstandes, Übertragung von Geschäftsanteilen der BGAG an der Union Druckerei und Verlagsanstalt GmbH, Düsseldorf, 5.12.1978, AdsD, DGB-Archiv, 5/DGAI000499.
20 Vgl. [DGB-Bundesvorstand], Abt. Finanzen, Vorlage für den Bundesvorstand [Jahresrechnung 1977], Düsseldorf, 10.11.1978, AdsD, DGB-Archiv, 5/DGAI000499.
21 Vgl. Dok. 52: Kurzprotokoll über die 7. Sitzung des Bundesvorstandes am 6.2.1979, TOP 2.; Protokoll über die 3. Sitzung des Bundesausschusses am 7.3.1979, AdsD, DGB-Archiv, TOP 4., S. 9-12, 5/DGAI000419.

b) Aktionsprogramm

Kollege *Kluncker* bezieht sich auf eine Formulierung im letzten Bundesvorstandsprotokoll, wonach Unterlagen für das neue Aktionsprogramm in kürze versandt werden sollen. Er fragt, was darunter zu verstehen ist.

Kollege *Zimmermann* erklärt, daß die Unterlagen Mitte Dezember verschickt werden.

c) Antrag 193 des 11. Ordentlichen Bundeskongresses

Kollege *Carl* beantragt, daß zur Erledigung des Antrages 193 des letzten DGB-Bundeskongresses das Thema Arbeitnehmerüberlassungsgesetz (Leiharbeit) einmal auf die Tagesordnung gesetzt werden sollte. Dies ist ein besonderes Problem ihrer Organisation. In die Erörterungen müßten auch Lösungen mit einbezogen werden, die wegen des entgegenstehenden Bundesverfassungsgerichtsurteils nicht nur auf die gänzliche Aufhebung des Arbeitnehmerüberlassungsgesetzes zielen. In erster Linie müßte die Aushöhlung der gewerkschaftlichen Tarifpolitik gestoppt werden.

Kollege *Muhr* sagt zu, hierzu ein Papier zu erstellen, und diesen Punkt auf eine der nächsten Tagesordnungen zu setzen.[22]

14. 11. Ordentlicher Bundeskongreß – abgelehnter Antrag 323 – angenommene Anträge 325 und 219 – Ausbildungsabgabe entsprechend dem Ausbildungsplatzförderungsgesetz

Kollegin *Weber* erläutert die widersprechende Beschlußfassung durch den Bundeskongreß zur Ausbildungsabgabe. Da im Januar 1979 in einer Sitzung des Hauptausschusses des Bundesinstituts für Berufsbildung eine Stellungnahme der Gewerkschaftsvertreter erwartet wird, bittet Kollegin *Weber* den Bundesvorstand zu entscheiden, welche Haltung eingenommen werden soll.[23]

Nach kurzer Diskussion, an der sich die Kollegen *Frister, Hauenschild, Schwab* und *Sierks* beteiligen, stellt Kollegin *Weber* abschließend fest, daß der Bundesvorstand der Auffassung ist, daß sich die Gewerkschaftsvertreter in der Januar-Sitzung für eine Ausbildungsabgabe aussprechen sollen. Bezüglich der Auslegung der sich widersprechenden Beschlüsse müßte eventuell zu einem späteren Zeitpunkt im Bundesvorstand und Bundesausschuß noch einmal beraten und entschieden werden.

Mittagspause: 14.05 bis 15.00 Uhr.

---

22 Vgl. Dok. 57: Kurzprotokoll über die 11. Sitzung des Bundesvorstandes am 12.6.1979, TOP 3.
23 Vgl. [DGB-Bundesvorstand], Abt. Vorsitzender, Abt. Berufliche Bildung, Maria Weber, an die Mitglieder des Bundesvorstandes, Stellungnahme im Hauptausschuß des Bundesinstituts für Berufsbildung zur Ausbildungsplatzabgabe nach dem Ausbildungsplatzförderungsgesetz, Düsseldorf, 4.12.1978, AdsD, DGB-Archiv, 5/DGAI000499.

15.00 Uhr: Gemeinsame Sitzung mit den Mitgliedern des Bundesjugendausschusses und den für Jugendarbeit zuständigen Vorstandsmitgliedern der Gewerkschaften und Industriegewerkschaften

Die Kolleginnen und Kollegen *Weber, Schwab, Hoeger, Rappe, Benz, Kluncker, Andres, Köbele, Wurl, Hawreliuk, Heil, Börjes, Sperner, Beu, Bliesener, Holländer, Linde, Oetjen, Roth, Prinz, Kiesau* und *Haak* diskutieren ausführlich über die gewerkschaftliche Jugendarbeit und die damit zusammenhängenden Probleme. Es wird deutlich gemacht, daß sich gewerkschaftliche Jugendarbeit nicht anzupassen hat. Vielmehr ist der engagierte kritische junge Gewerkschafter ausdrücklich erwünscht. Die Mittel und die Formen gewerkschaftlicher Jugendarbeit müssen noch festgelegt werden. Politische Jugendbildungsarbeit, betriebliche Jugendarbeit und mehr jugendpflegerische Arbeit müssen sich ergänzen und an den Bedürfnissen jugendlicher Gewerkschaftsmitglieder anknüpfen. Gremienarbeit ist unerläßlicher Bestandteil demokratischer Willensbildung. Diejenigen, die in den Gremien die Gewerkschaftsjugend repräsentieren, müssen stärker als bisher nach ihrer Legitimation gefragt werden. Dies gilt in besonderem Maße für die Jugendgremien des DGB. Die Gewerkschaften werden an ihre Verantwortung für die Delegation in Jugendgremien des DGB auf allen Ebenen erinnert. Ähnliche Gespräche wie dieses sind auf allen Ebenen des DGB wünschenswert. Aus dieser Diskussion bieten sich folgende Konsequenzen an: In den Jugendausschüssen des DGB und der Gewerkschaften müssen die Möglichkeiten gewerkschaftlicher Jugendarbeit und die Aufgabenfelder der Gewerkschaftsjugend unter Berücksichtigung der veränderten wirtschaftlichen Situation für die nächsten Jahre entwickelt werden. Der theoretische Ansatz und die Praxis gewerkschaftlicher Jugendbildungsarbeit müssen überdacht und überarbeitet werden. Voraussetzung für die Anstellung als Jugendbildungsreferent sollte es zukünftig sein, eine achtzehnmonatige Sekretärsausbildung durchlaufen zu haben. Als Überbrückungsmaßnahme soll für die Zeit, bis die ersten diesen Ausbildungsgang hinter sich gebracht haben, mit dem Betriebsrat eine Befristung der Anstellungsverträge auf zwei Jahre für die Jugendbildungsreferenten vereinbart werden, die bis zum 30.9.1980 eingestellt werden. Es wird festgestellt, daß gerade die Grundsatzprogrammdiskussion als Möglichkeit genutzt werden sollte, auch und besonders in und mit der Gewerkschaftsjugend eine breite Diskussion über die politisch-inhaltlichen Positionen zu führen.

Ende der Sitzung: 19.05 Uhr.

Fortsetzung der 6. Sitzung des Bundesvorstandes am Mittwoch, dem 6. Dezember 1978, im Vortragszentrum der Neuen Messe in Düsseldorf; Vorsitz: Maria Weber.

Beginn: 9.00 Uhr.

Fortsetzung zu TOP 2. »Aussperrung«

Kollege *Loderer* berichtet über den Verlauf seiner gestrigen Vorstandssitzung, in der beschlossen wurde, daß am Dienstag, dem 12.12.1978, gegen 14.30 Uhr Protestaktionen gegen die Aussperrung in Nordrhein-Westfalen, Osnabrück und Bremen durchgeführt werden sollen. Es wurde noch einmal die Gesprächsbereitschaft der IG Metall bekundet. Jetzt ist die Frage eines Schlichters, wahrscheinlich Minister Farthmann, im Gespräch.

An der anschließenden ausführlichen Diskussion beteiligen sich die Kollegen *Kluncker, Hauenschild, Frister, Loderer, Schwab, Breit, Georgi, Volkmar, Döding, Zimmermann, Muhr, Keller, Gintzel, Sperner, van Haaren, Bleicher, Mahlein, Alker, Herb* und die Kollegin *Weber*.

Sie erörtern die Formen und Möglichkeiten einer Beteiligung des DGB und der Gewerkschaften an den vorgesehenen Protestaktionen gegen die Aussperrung. Außerdem wird die Frage der Schadensersatzleistungen diskutiert. Zu der vorgelegten Presseerklärung werden Änderungen eingebracht.

Während der Unterbrechung der Sitzung von 10.00 bis 10.55 Uhr berichten die Kollegen *Janßen* und *Herb* im Bundesausschuß über die Tarifauseinandersetzung. Dazu werden ein Leitfaden, wie gestern gewünscht, und eine Liste mit einem Plan, wo was stattfindet, verteilt.

Beschluß:
Der Bundesvorstand beschließt, daß sich der DGB und die Gewerkschaften im Rahmen ihrer Möglichkeiten an den Protestaktionen gegen die Aussperrung am 12. Dezember 1978 beteiligen werden. Die überarbeitete Presseerklärung wird dem Bundesausschuß zur Verabschiedung vorgelegt. Für eine eventuell notwendige Sondersitzung des Bundesvorstandes wird der 13. Dezember 1978, ca. 18.00 Uhr, im Hause der BfG, Frankfurt/Main, vorgesehen.

Ende der Sitzung: 12.05 Uhr.

Dokument 52

6. Februar 1979: Kurzprotokoll über die 7. Sitzung des Bundesvorstandes

Hans-Böckler-Haus in Düsseldorf; Vorsitz: Heinz O. Vetter; Protokollführung: Marianne Jeratsch; Sitzungsdauer: 10.15–17.00 Uhr; ms. vermerkt: »Vertraulich«.[1]

Ms., hekt., 14 S., 1 Anlage.[2]

AdsD, DGB-Archiv, 5/DGAI000554.

Beginn der Sitzung: 10.15 Uhr.

Kollege Vetter eröffnet die 7. Sitzung des Bundesvorstandes in Düsseldorf und erinnert daran, daß das Gespräch mit Bundesinnenminister Baum zum Thema Innere Sicherheit für 12.00 Uhr vorgesehen ist.[3]

Nach kurzer Diskussion, an der sich die Kollegen *Kluncker, Vetter, Breit* und *G. Schmidt* beteiligen, kommt der Bundesvorstand überein, das Thema Reformen im öffentlichen Dienst heute nicht mit Minister Baum zu diskutieren, sondern ein Gespräch des Ministers mit den Vorsitzenden der betroffenen Gewerkschaften anzustreben.

Tagesordnung:
1. Genehmigung des Protokolls der 6. Bundesvorstandssitzung
2. Abführung von Vergütungen aus der Wahrnehmung von Mitbestimmungsfunktionen und ähnlichen Aufgaben
3. Abschlußbericht der Sachbearbeiter »Sozialbilanzen«
4. Tagesordnung für die 3. Bundesausschußsitzung am 7.3.1979
5. Reform der Sparförderung, Abschlußbericht der vermögenspolitischen Sachbearbeiter
6. Das am 1.3.1979 anstehende BVG-Urteil
7. Bericht über die Sitzung der Exekutive des EGB
8. Beitrag für FIET
9. Haushalt des Deutschen Gewerkschaftsbundes für das Jahr 1979
10. Beitragsbefreiung gemäß Ziff[er] 6 der Beitragsordnung der Industriegewerkschaft Druck und Papier für 1979
11. Beitragsbefreiung gemäß Ziff[er] 6 der Beitragsordnung der Gewerkschaft Kunst für 1979 und Antrag auf Zahlung einer einmaligen Zuwendung an den Deutschen Musikerverband

---

Dok. 52
1 Einladungsschreiben vom 20.12.1978 und Tagesordnung vom 22.1.1979. AdsD, DGB-Archiv, 5/DGAI000500.
2 Anlage: Anwesenheitsliste.
3 Vgl. die Zusammenfassung im vorliegenden Protokoll außerhalb der Tagesordnung.

12. Beitragsbefreiung gemäß Ziff[er] 6 der Beitragsordnung der Gewerkschaft GLF für 1979 und Antrag auf Zahlung eines Zuschusses aus dem Solidaritätsfonds für 1979
13. Richtlinien für Ausgaben aus dem Solidaritätsfonds des DGB; Zuwendungen an den Internationalen Solidaritätsfonds
14. Geschäftsbericht der VTG für 1977
15. Finanzplan der VTG für das Jahr 1979
16. Prüfung der Jahresabschlüsse 1978 für den DGB und die VTG
17. Wahl gewerkschaftlicher Vertrauensleute im Betrieb
18. Verschiedenes

1. Genehmigung des Protokolls der 6. Bundesvorstandssitzung

Beschluß:
Der Bundesvorstand genehmigt das Protokoll der 6. Bundesvorstandssitzung.[4]

2. Abführung von Vergütungen aus der Wahrnehmung von Mitbestimmungsfunktionen oder ähnlichen Aufgaben

Kollege *Vetter* erinnert an die vorausgegangenen Diskussionen über die Vorlage und teilt mit, daß die Bedenken der IG Metall inzwischen ausgeräumt sind und sie nun den Beschluß des Bundeskongresses übernehmen kann und in ihrer Organisation bekanntgemacht hat. Kollege *Vetter* bittet um Verabschiedung der Vorlage und Überweisung an den Bundesausschuß.[5]

Unter Hinweis auf bereits früher vorgetragene Bedenken stellt Kollege *Keller* den Antrag, daß der erste Satz unter III. durch die Formulierung des Bundeskongreßbeschlusses ersetzt wird.[6]

In der anschließenden kurzen Diskussion, an der sich die Kollegen *Vetter*, *A. Schmidt*, *Schirrmacher* und *Schwab* beteiligen, wird diese Änderung akzeptiert. Es wird darauf hingewiesen, daß Ausnahmeanträge bezüglich der Zahlung an ähnliche gemeinnützige Einrichtungen zu erwarten sind, u. a. auch von der Stiftung der CDA, die von Fall zu Fall zu stellen und durch den Bundesvorstand im einzelnen zu entscheiden sind.

---

4   Vgl. Dok. 51: Kurzprotokoll über die 6. Sitzung des Bundesvorstandes am 5.12.1978.
5   Vgl. [DGB-Bundesvorstand], Abt. Vorsitzender, Vorlage für die 2. Bundesvorstandssitzung am 4.7.1978, Abführung von Vergütungen aus der Wahrnehmung von Mitbestimmungsfunktionen oder ähnlichen Aufgaben, Düsseldorf, 20.6.1978, AdsD, DGB-Archiv, 5/DGAI000500.
6   Vgl. Antrag 15: Teilabführung von Vergütungen aus der Wahrnehmung von Mitbestimmungs-Funktionen oder ähnlichen Aufgaben, und Antrag 17, Mitgliedschaft in der Hans-Böckler-Gesellschaft, in: DGB: 10. Bundeskongreß 1975, S. 16 f. und S. 19 f.

Beschluß:
Der Bundesvorstand empfiehlt dem Bundesausschuß, die nachfolgende Regelung – unter Berücksichtigung der besprochenen Änderung unter III. – über die »Abführung von Vergütungen aus der Wahrnehmung von Mitbestimmungsfunktionen oder ähnlichen Aufgaben«, die die Beschlüsse 15 und 17 des 10. Ordentlichen Bundeskongresses vom 25. bis 30. Mai 1975 an die Situation anpaßt, die nach der Gründung der Hans-Böckler-Stiftung entstanden ist, zu beschließen.[7] Die im Grundsatzprogramm des DGB geforderte Mitbestimmung der Arbeitnehmer in allen personellen, wirtschaftlichen und sozialen Fragen ist durch die Montan-Mitbestimmungsgesetze, das Mitbestimmungsgesetz 1976, das Betriebsverfassungsgesetz sowie durch vertragliche Regelungen nur unzulänglich verwirklicht.[8] Um so wichtiger ist es, daß sich alle Gewerkschafter, die Mitbestimmungsfunktionen wahrnehmen, bei der Erledigung ihrer Aufgaben der Verantwortung bewußt sind, die ihnen daraus gegenüber der Gesamtheit der Arbeitnehmer erwächst. Das Verantwortungsgefühl muß sich auch darin bekunden, daß Teile der Vergütungen in erster Linie Zwecken zugeführt werden, die den gewerkschaftlichen Vorstellungen von Sinn und Bedeutung der Mitbestimmung entsprechen.

In der Vergangenheit wurde ein wesentlicher Teil dieser Zwecke von der Stiftung Mitbestimmung und der Hans-Böckler-Gesellschaft verfolgt. Beide Institutionen wurden am 1. Juli 1977 zur Hans-Böckler-Stiftung vereinigt. Damit entsprechen die Beschlüsse 15 (Abführung von Vergütungen aus der Wahrnehmung von Mitbestimmungsfunktionen oder ähnlichen Aufgaben) und 17 (Mitgliedschaft in der Hans-Böckler-Gesellschaft) des 10. Ordentlichen Bundeskongresses vom 25. bis 30. Mai 1975 nicht mehr in allen Punkten den gegenwärtigen Verhältnissen.

Aus diesem Grunde müssen die Beschlüsse in verschiedenen Teilen auf die Hans-Böckler-Stiftung anwendbar gemacht werden.

Deshalb *beschließt* der Bundesausschuß folgende Regelungen:
I. Bei Aufsichtsratswahlen in Unternehmen, in denen auf Grund von Gesetzen oder Vereinbarungen eine Vertretung der Arbeitnehmer in den Aufsichtsräten besteht, werden von den DGB-Gewerkschaften nur solche Kandidaten aufgestellt und unterstützt, die sich rechtsverbindlich verpflichtet haben, die nachstehende Abführungsregelung einzuhalten.
   1. Von den Brutto-Beträgen der Aufsichtsratsvergütungen sind bei Vergütungen bis zu DM 3.000,– im Jahr pro Aufsichtsratsmandat 12 % des Brutto-Betrages, bei Vergütungen über DM 3.000,– bis DM 6.000,– im Jahr pro Aufsichtsratsmandat 15 % des Brutto-Betrages abzuführen. Erhalten Aufsichtsratsvorsitzende bzw. stellvertretende Aufsichtsratsvorsitzende Vergütungen, die höher sind als DM 6.000,–, so sind bei Vergütungen bis zu DM 12.000,– für den

---

7 Vgl. ebd.
8 Zur Montanmitbestimmung vgl. Lauschke: Die halbe Macht; zum Betriebsverfassungsgesetz von 1972 Milert/Tschirbs: Die andere Demokratie, S. 462-476. Vgl. auch Marx: Der Betrieb als politischer Ort; zum Mitbestimmungsgesetz 1976 vgl. Testorf: Ein heißes Eisen.

Aufsichtsratsvorsitzenden bzw. bis zu DM 9.000,- für den stellvertretenden Aufsichtsratsvorsitzenden 15 % des Brutto-Betrages abzuführen.
2. Überschreitet vor dem Inkrafttreten eines Gesetzes über die Beschränkung von Aufsichtsratsvergütungen die von dem jeweiligen Unternehmen gezahlte Vergütung den Betrag von DM 6.000,- (beim Aufsichtsratsvorsitzenden DM 12.000,- bzw. stellvertretenden Aufsichtsratsvorsitzenden DM 9.000,-) im Jahr, so sind zusätzlich zu den nach Ziffer 1 abzuführenden Beträgen alle weiteren Beträge abzuführen.

II. Werden im Rahmen gesetzlicher oder vereinbarter Mitbestimmungsregelungen Arbeitsdirektoren oder vergleichbare Mitglieder eines Geschäftsführungsorgans bestellt, so werden vom DGB und seinen Gewerkschaften nur solche Kandidaten vorgeschlagen und unterstützt, die sich bereit erklärt haben, 10 % ihrer Gesamtbezüge, die sie aus ihrer Funktion erhalten haben, abzuführen.

Im Rahmen gesetzlicher oder vereinbarter Mitbestimmungsregelungen tätige Personaldirektoren, Sozialdirektoren oder in vergleichbarer Stellung tätige Führungskräfte führen ebenfalls einen von der zuständigen Gewerkschaft zu beschließenden Betrag von ihrem Gesamteinkommen ab.

III. 1. Die nach I und II abzuführenden Beträge sind ausschließlich an die Hans-Böckler-Stiftung oder an ähnliche gemeinnützige Einrichtungen zu überweisen, deren Unterstützungswürdigkeit vom DGB-Bundesvorstand im Einzelfall geprüft und festgestellt wird.

Die Abführung von Mitbestimmungsfunktionen an betriebliche Stellen (Betriebsräte, Belegschaften oder betriebliche Institutionen) widerspricht den Grundsätzen der Uneigennützigkeit der Mitbestimmungsfunktion und der Gemeinnützigkeit des Zuwendungsempfängers; sie ist deshalb unzulässig.

2. Mit der Abführung an die Hans-Böckler-Stiftung wird der Zuwender Mitglied des Förderkreises der Hans-Böckler-Stiftung.
3. Außerdem kann durch Beitrittserklärung und Zahlung eines Monatsbeitrages die Mitgliedschaft im Förderkreis erworben werden.
4. Förderer der Hans-Böckler-Stiftung können neben Personen auch Institutionen sein, die die Ziele der Stiftung unterstützen wollen.
5. Aus dem Kreis der Förderer beruft der Vorstand der Hans-Böckler-Stiftung zu seiner Beratung und Unterstützung einen Fördererbeirat.

IV. Die Regelungen der Abschnitte I. bis III. gelten entsprechend für
– Gewerkschafter, die vergleichbare Funktionen im öffentlichen Bereich bekleiden, sowie
– Geschäftsführer und Vorstandsmitglieder von Gesellschaften, die direkt oder indirekt im gewerkschaftlichen Besitz sind.

V. Es ist von seiten des DGB-Bundesvorstandes und der Gewerkschaften sicherzustellen, daß die Erfüllung der Abführungsverpflichtung durch die zuständige Gewerkschaft wirksam kontrolliert wird.

VI. Zuwendungen und Fördererbeiträge an die als gemeinnützig anerkannte Hans-Böckler-Stiftung sind als Betriebsausgaben, Werbungskosten oder Sonderausgaben vom Einkommen steuerlich abzugsfähig.

3. Abschlussbericht der Sachbearbeiter »Sozialbilanzen«

Kollege *Vetter* erläutert die Vorlage und bittet den Bundesvorstand im Namen des Geschäftsführenden Bundesvorstandes um Zustimmung.[9]

An der nachfolgenden Diskussion beteiligen sich die Kollegen *Kluncker, Vetter, Döding, Hauenschild, A. Schmidt, Keller, Vietheer* und Kollegin *Weber*. Es werden Bedenken gegen die Einsetzung einer neuen Arbeitsgruppe sowie gegen einige Formulierungen der Vorlage vorgetragen. Da die Verabschiedung der Vorlage nicht eilbedürftig ist, sollen die Gewerkschaften Gelegenheit erhalten, sich eingehend damit zu beschäftigen.

Beschluß:
Der Bundesvorstand beschließt, die Verabschiedung der Vorlage »Abschlußbericht der Sachbearbeiter ›Sozialbilanzen‹« auf die Mai-Sitzung des Bundesvorstandes zu verschieben. Die bisherige Arbeitsgruppe soll so lange bestehen bleiben, bis die noch einmal schriftlich anzusprechenden Gewerkschaften ihre Stellungnahme abgegeben haben. Danach wird sich der Bundesvorstand erneut mit der überarbeiteten Vorlage befassen.[10]

---

9   Der Bundesvorstand hatte Ende 1976 einen Arbeitskreis zum Themenkomplex der Sozialbilanzen eingerichtet. 1978 hatte er seine Arbeiten abgeschlossen und einen detaillierten Vorschlag von vorwiegend quantifizierbaren Indikatoren zur Sozialbilanzierung innerhalb von Unternehmen erstellt. Vgl. [DGB-Bundesvorstand], Abt. Vorsitzender, Vorlage für die 7. Bundesvorstandssitzung am 6.2.1978, Abschlußbericht der Sachbearbeiter »Sozialbilanzen«, Düsseldorf, 18.1.1978; Arbeitskreis Sachbearbeiter »Gesellschaftsbezogene Rechnungslegung/Sozialbilanzen«, Abschlußbericht zur Frage der Gesellschaftsbezogenen Rechnungslegung/Sozialbilanzen von Großunternehmen, Düsseldorf, 10.1.1978; Arbeitskreis Sachbearbeiter »Gesellschaftsbezogene Rechnungslegung/Sozialbilanzen«, Entwurf (Endfassung), Katalog von arbeitsorientierten Indikatoren bzw. Kennzahlen – Gewerkschaftliche Forderungen zum Inhalt einer gesellschaftsbezogenen Rechnungslegung (Sozialbilanz) von Großunternehmen, Düsseldorf, 29.12.1978, AdsD, DGB-Archiv, 5/DGAI000500; vgl. Dok. 23: Kurzprotokoll der 15. Sitzung des Bundesvorstandes am 7.12.1976, TOP 6. Zum gesamten Sachverhalt vgl. auch Rosenberger: Experten für Humankapital; Hagemann-Wilholt: Das »gute« Unternehmen, S. 79–320, der unternehmernahe Arbeitskreis »Sozialbilanz-Praxis« wird auf S. 171–320 analysiert, der durch den DGB-Bundesvorstand einberufene Arbeitskreis zur Erarbeitung eines Sozialindikatorenansatzes, der von 1976 bis 1978 tagte, auf S. 150–170.

10 Der TOP wurde in der Mai-Sitzung nicht wieder aufgegriffen, sondern erst in der Sitzung am 12.6.1979. Vgl. Dok. 57: Kurzprotokoll über die 11. Sitzung des Bundesvorstandes am 12.6.1979, TOP 2.

4. Tagesordnung für die 3. Bundesausschußsitzung am 7.3.1979

Beschluß:
Der Bundesvorstand beschließt folgende Tagesordnung für die Bundesausschußsitzung am 7.3.1979:
1. Genehmigung des Protokolls der 2. Bundesausschußsitzung
2. Bericht zur gewerkschaftspolitischen und organisatorischen Situation
3. Abführung von Vergütungen aus der Wahrnehmung von Mitbestimmungsfunktionen oder ähnlichen Aufgaben
4. Haushalt des Deutschen Gewerkschaftsbundes für das Jahr 1979
5. Beitragsbefreiung gemäß Ziff[er] 6 der Beitragsordnung der Industriegewerkschaft Druck und Papier für 1979
6. Beitragsbefreiung gemäß Ziff[er] 6 der Beitragsordnung der Gewerkschaft Kunst für 1979 und Antrag auf Zahlung einer einmaligen Zuwendung an den Deutschen Musikverband
7. Beitragsbefreiung gemäß Ziff[er] 6 der Beitragsordnung der Gewerkschaft GLF für 1979 und Antrag auf Zahlung eines Zuschusses aus dem Solidaritätsfonds für 1979
8. Richtlinien für die Ausgaben aus dem Solidaritätsfonds des DGB; Zuwendungen an den Internationalen Solidaritätsfonds
9. Fragestunde
10. Verschiedenes[11]

5. Reform der Sparförderung, Abschlussbericht der vermögenspolitischen Sachbearbeiter

Kollege *Vetter* verweist auf die Vorlage und verliest ein Schreiben von Bundesfinanzminister Matthöfer vom 23.1.1979 zum Thema »Beteiligung der Arbeitnehmer am Produktivvermögen«.[12] Inzwischen eingegangene Änderungsvorschläge des Kollegen *Breit* können berücksichtigt werden.

---

11 Auf der Bundesausschusssitzung am 7.3.1979 wurde die Tagesordnung um den Punkt »Urteil des Bundesverfassungsgerichts zur Mitbestimmungsklage der Arbeitgeber« ergänzt, da das Urteil der Sitzung unmittelbar vorausgegangen war. Außerdem kam der Tagesordnungspunkt »Veränderungsmitteilungen – Landesbezirksvorstände« hinzu. Vgl. [DGB-Bundesvorstand], Abt. Vorsitzender, Vorlage für die 7. Bundesvorstandssitzung am 6.2.1979, Tagesordnung für die 3. Bundesausschußsitzung am 7.3.1979, Düsseldorf, 22.1.1979, AdsD, DGB-Archiv, 5/DGAI000500. Vgl. Protokoll über die 3. Sitzung des Bundesausschusses am 7.3.1979, AdsD, DGB-Archiv, 5/DGAI000419.
12 Die Arbeitsgruppe hatte zur Aufgabe, das Gesamtsystem der Sparförderung zu analysieren. Zu prüfen war, ob es einkommensabhängige Begrenzungen im Bereich der Sparförderung geben sollte, zum Beispiel in Form von zu dynamisierenden Obergrenzen. Zweitens sollte die Inanspruchnahme der Sozialversicherungsfreiheit der Sparbeträge evaluiert werden. Schließlich sollte geprüft werden, wie die Sparförderung mit tarifpolitischen Zielen verknüpft werden konnte. Der DGB schlug deswegen eine Änderung des 624-DM-Gesetzes der entsprechenden Tarifverträge, des Sparprämiengesetzes und einer Reihe steuerrechtlicher Vorschriften vor. Anlass waren Initiativen aus dem Unternehmerlager und aus Unionsreihen,

Kollege *Döding* erbittet ebenfalls eine Stellungnahme zu seinem Schreiben vom 19.1.1979.

Kollege *Kluncker* bittet erneut darum, daß Vorlagen für den Bundesvorstand vom Geschäftsführenden Bundesvorstand und nicht von Unterkommissionen eingebracht werden.

An der anschließenden ausführlichen Diskussion beteiligen sich die Kollegen *Kluncker, Vetter, Küller, Mayr, G. Schmidt, Döding, Keller, Hauenschild, A. Schmidt, Muhr, van Haaren, Frister, Pfeiffer* und *Breit*. Eine Reihe von Punkten wird erörtert, so z[um] B[eispiel] Branchenfonds, Formulierung von Gesetzentwürfen, Einschränkung der staatlichen Sparförderung, Stellungnahme des DGB gegenüber der Bundesregierung u. a.

Kollege *Kluncker* stellt den Antrag, den Bundesausschuß mit dem Thema zu beschäftigen, wenn der Bundesvorstand sich nicht auf eine gemeinsam getragene Formulierung verständigen kann.

Beschluß:
1. Der Bundesvorstand nimmt den »Abschlußbericht« der vermögenspolitischen Sachbearbeiter zur Reform der Sparförderung mit folgenden Änderungen zur Kenntnis:
   a) Die Passagen zur Problematik des sogenannten Versorgungslohnes (§ 40b EStG) werden abgeändert. Eine Einschränkung der Steuervergünstigungen des § 40 b EStG soll nicht als Ziel des DGB herausgestellt werden (Seiten 10, 20 und 21 des Berichts).
   b) Der letzte Satz auf Seite 11 wird gestrichen und durch eine Formulierung ersetzt, wie sie im Antrag 26 des Bundeskongresses 1978 gefunden wurde. Die Vorschläge auf Seite 27 (Punkte d) und e) in der zweiten Spalte) werden dieser Änderung redaktionell angepaßt.
   c) Die Passagen zum möglichen Abbau der allgemeinen Sparförderung (Seiten 12 und 17 des Berichts) werden anders formuliert. Da der Bericht auch denkbare, aber abzulehnende Kompromißvorschläge enthält, ist er insofern als gewerkschaftsinternes Material anzusehen.
2. Der Bundesvorstand schließt sich der Empfehlung an, bestimmte Kompromißvorschläge, die im letzten Teil des Abschlußberichts im einzelnen dargestellt sind, als ungenügend abzulehnen.

---

betriebliche Investivlohnbestandteile zu fördern. Ein entsprechender Gesetzentwurf wurde im Bundestag am 22.6.1978 erstmals beraten. Die Sparförderung sollte auf Bezieher niedriger und mittlerer Einkommen begrenzt werden und sich auf die Arbeitnehmersparfähigkeit konzentrieren. Rein arbeitgeberseitige Sparförderungen, mit denen abgabepflichtige Lohnanteile in abgabefreie Sparbeträge umgewidmet werden sollten, sollten abgeschafft werden. Vgl. [DGB-Bundesvorstand], Abt. Vorsitzender, Vorlage für die 7. Bundesvorstandssitzung am 6.2.1979, Abschlußbericht der vermögenspolitischen Sachbearbeiter zur Reform der Sparförderung, Düsseldorf, 19.1.1979; Vermögenspolitische Sachbearbeiter, Bericht an den Bundesvorstand zur Reform der Sparförderung, Düsseldorf, 15.11.1978, AdsD, DGB-Archiv, 5/DGAI000500.

3. Im übrigen betrachtet jedoch der Bundesvorstand die im »Abschlußbericht« dargestellten Vorschläge zur Reform der Sparförderung als geeignete Grundlage für eine Stellungnahme gegenüber dem Gesetzgeber.
4. Der Bundesvorstand wird den Fraktionen des Deutschen Bundestages Gespräche über die Reform der Sparförderung auf der Basis der im Bericht entwickelten Lösungsvorschläge anbieten.
Die geänderte Textfassung der Vorlage wird dem Bundesvorstand noch in dieser Woche zugeleitet.

Pause: 11.55 bis 12.05 Uhr.

Kollege *Vetter* begrüßt Bundesinnenminister Baum und seine Begleitung herzlich im Namen des Bundesvorstandes und dankt ihm für die Bereitschaft, das Thema Innere Sicherheit mit dem Bundesvorstand zu erörtern. Ein anderes Thema, nämlich die Reformen im öffentlichen Dienst, sollten einer Diskussion zwischen dem Bundesinnenminister und den Vorsitzenden der betroffenen Gewerkschaften vorbehalten bleiben.

Minister *Baum* dankt dem Bundesvorstand für die Gelegenheit, vor diesem Gremium einige Ausführungen über die gegenwärtige Situation der Inneren Sicherheit machen zu können. Dies umso mehr, als er das zum Teil negative Verhältnis der Bevölkerung zu den Organen der Polizei und des Verfassungsschutzes – nicht zuletzt hervorgerufen durch polemische Pressearbeit – besonders seit der öffentlichen Diskussion über die Auswirkungen des Extremistenerlasses für revisionsbedürftig hält. Er hofft, daß die neue Einstellungspraxis der Bundesregierung positive Auswirkungen haben wird, und vertritt die Meinung, daß der Verfassungsschutz von diesen Aufgaben, die ihm hier zugewachsen waren, ganz befreit werden sollte, um seinen eigentlichen, wichtigen Aufgaben voll nachkommen zu können.[13] Zwar sei die Gefahr einer gewaltsamen Veränderung unserer verfassungsmäßigen Ordnung durch rechts- oder linksextreme Kräfte zur Zeit nicht akut. Trotzdem sei aber permanent Wachsamkeit geboten, zumal die Entwicklung bei den Rechtsextremen eine größere Bereitschaft zu Gewalttaten aufzeigt und hier wie bei bestimmten Gruppen der neuen Linken immer die Möglichkeit bestehe, sich mit terroristischen Gruppen und deren Praktiken zu verbinden. Das neue Programm der DKP wertet der Minister als einen gezielten Angriff zur Unterwanderung der Gewerkschaften im Sinne der von ihr erstrebten Volksfrontpolitik.[14] Minister Baum schließt seine Ausführungen mit der Behandlung der Entwicklung extremer politischer Aktivitäten im Bereich der ausländischen Arbeitnehmer, der Jugend- und Rauschgiftkriminalität ab.

---

13 Zum Radikalenerlass vgl. Rigoll: Staatsschutz in Westdeutschland, S. 335-351.
14 Eine kritische, gewerkschaftsnahe Einschätzung und Analyse des Mannheimer Programms der DKP nahm der Sozialwissenschaftler Fritz Vilmar in den Gewerkschaftlichen Monatsheften vor. Vgl. ders.: Politische Unwahrhaftigkeit.

An der anschließenden eingehenden Diskussion beteiligen sich die Kollegen *Vetter, Schwab, Hauenschild, Kluncker,* G. *Schmidt, Mahlein, Schirrmacher* und *Breit* sowie Minister *Baum*. Sie gehen im einzelnen auf die vorgetragenen Themen ein.

Kollege *Vetter* dankt Minister Baum für seine interessanten Informationen und die freimütige und offene Diskussion. Er begrüßt abschließend das Einverständnis des Ministers, zu einem gesonderten Gespräch mit den Vorsitzenden der Gewerkschaften des öffentlichen Dienstes zusammenzutreffen.

Mittagspause: 14.05 bis 15.00 Uhr.

6. Das am 1. März 1979 anstehende BVG-Urteil

Kollege *Vetter* führt aus, daß nach der Verkündung des Urteils des Bundesverfassungsgerichts am 1. März 1979, um 11.00 Uhr, anschließend eine Pressekonferenz zu erwarten ist.[15] Er wäre den betroffenen Vorsitzenden dankbar, wenn sie möglichst vollzählig nach Karlsruhe kommen könnten, damit gemeinsam eine erste Aussage des DGB gefunden werden kann. Eine ausführliche Stellungnahme des DGB wird in jedem Fall erst in den Sitzungen des Bundesvorstandes am 6.3.1979 und des Bundesausschusses am 7.3.1979 beraten und an die Öffentlichkeit gegeben werden. Kollege *Vetter* zeigt kurz die drei denkbaren Möglichkeiten des Urteils und seiner Begründung auf.[16]

An der anschließenden Diskussion beteiligen sich die Kollegen *Georgi, Vetter, Mahlein, Pfeiffer, Heiß* und *Kluncker*. Die Kollegen stimmen dem Vorschlag des Kollegen Vetter zu, daß vor dem 7. März keine Einzelstellungnahmen zum Urteil des Bundesverfassungsgerichtes abgegeben werden sollen. Für die zu beschließende

---

15 Bereits zum Jahresende hatten verschiedene Gewerkschafter, Arbeitgebervertreter und Politiker den Gewerkschaftlichen Monatsheften Stellungnahmen zur Verfassungsbeschwerde der Arbeitgeberseite gegen das Mitbestimmungsgesetz von 1976 zukommen lassen. Diese wurden im Dezemberheft der Gewerkschaftlichen Monatshefte veröffentlicht. Vgl. Stellungnahmen zur Verfassungsbeschwerde gegen das Mitbestimmungsgesetz vor dem Bundesverfassungsgericht. Heinz Oskar Vetter (DGB), Rudolf Judith (IG Metall), Otto Esser (BDA), Hans-Jochen Vogel (Bundesminister der Justiz), in: GMH 29, 1978, H. 12, S. 800-822.

16 Heinz Oskar Vetter stellte folgende Alternativen dar: Erstens sei es möglich, dass das Gericht den Klagen stattgebe, indem es einzelne Regeln oder das gesamte Gesetz für verfassungswidrig erkläre. Zweitens könne das Gericht die Klagen zurückweisen, Interpretationshinweise geben und zum Ausdruck bringen, dass das Mitbestimmungsgesetz von 1976 die Grenzen des verfassungsrechtlich Erlaubten darstelle. Drittens bestehe die Möglichkeit, dass das Gericht die Klagen abweise, die Frage der paritätischen Mitbestimmung bewusst offenlasse und damit die grundsätzliche Offenheit des Grundgesetzes für wirtschafts- und gesellschaftspolitische Ordnungsvorstellungen betone. Aus einem möglichen Urteil erwüchsen Gefahren für die Mitbestimmung, die Tarifpolitik und die gewerkschaftliche Arbeit im Rahmen der Mitbestimmung. Vgl. [DGB-Bundesvorstand], Abt. Vorsitzender, Vorlage für die Sitzung des Geschäftsführenden Bundesvorstandes am 22.1.1979, »Mitbestimmungsurteil des Bundesverfassungsgerichts – gewerkschaftspolitische Konsequenzen«, Düsseldorf, 19.1.1979, AdsD, DGB-Archiv, 5/DGAI000500. Vgl. Dok. 53: Kurzprotokoll der 8. Sitzung des Bundesvorstandes am 6.3.1979, TOP 2.; Protokoll über die 3. Sitzung des Bundesausschusses am 7.3.1979, TOP 3., S. 9, AdsD, DGB-Archiv, 5/DGAI000419.

Stellungnahme ist eine ausführliche Vorbereitung erforderlich. Wenn der Bundesausschuß diese Stellungnahme verabschiedet hat, kann sie als Grundlagenmaterial für die Mai-Reden verwendet werden.[17]

Die Kollegen sprechen außerdem den von den Arbeitgeberverbänden herausgegebenen Tabu-Katalog und den schlecht gewählten Zeitpunkt der Herausgabe einer gemeinsamen Broschüre »DGB/BDA« an.[18]

7. Bericht über die Sitzung der Exekutive des EGB

Kollege *Vetter* bittet, diesen Punkt auf die nächste Sitzung des Bundesvorstandes zu verschieben, da er wegen zeitweiser Abwesenheit erst das Protokoll über die Sitzung abwarten möchte.

Er teilt mit, daß Kollege Breit vorgeschlagen hat, die Gewerkschaften des DGB auf dem EGB-Kongreß vom 14. bis 18. Mai 1979 in München stärker vertreten sein zu lassen.

In der anschließenden Diskussion, an der sich die Kollegen *Kluncker Vetter, Hauenschild* und *Pfeiffer* beteiligen, wird das Problem der Aufnahme von kommunistischen Gewerkschaftsbünden in den EGB erörtert. Nach Vorliegen aller Unterlagen wird eine Reihe von Punkten für den EGB-Kongreß im Rahmen der DGB-Delegation zu besprechen sein.

Beschluß:
Der Bundesvorstand ist damit einverstanden, daß der »Bericht über die Sitzung der Exekutive des EGB« in der nächsten Sitzung behandelt wird.[19]

8. Beitrag für FIET

Kollege *Stephan* erläutert die Vorlage und zeigt kurz die Probleme auf, die sich bei einem Austritt des DGB aus FIET, z. B. durch die dann eintretende Vorrangstellung der DAG, ergeben würden. Im Namen des Geschäftsführenden Bundesvorstandes bittet er, es bei der bisherigen Regelung zu belassen.

---

17 Vgl. Dok. 53: Kurzprotokoll der 8. Sitzung des Bundesvorstandes, TOP 2.; vgl. Dok. 54: 6.3.1979: Stellungnahme zum Urteil des Bundesverfassungsgerichts zu den Verfassungsbeschwerden gegen das Mitbestimmungsgesetz von 1976, 6.3.1979, Düsseldorf, AdsD, DGB-Archiv, 5/DGAI000554.
18 1965 hatten die Arbeitgeberverbände erstmals einen »Katalog zu koordinierender lohn- und tarifpolitischer Fragen« aufgestellt, den sie 1978 erneuerten. Der Sozialwissenschaftler Klaus Peter Wallraven analysierte diesen »Tabukatalog« im Novemberheft der Frankfurter Hefte 1978. Vgl. ders.: Das Arbeitgeberkartell und sein »Tabu-Katalog«, in: Frankfurter Hefte 34, 1979, H. 11, S. 21-28. Den Tabukatalog selbst dokumentierte Die ZEIT. Vgl. Die Tabus der Arbeitgeber. So sieht die Widerstandslinie gegen die Gewerkschaften aus, in: Die ZEIT, 26.1.1979.
19 Vgl. Dok. 53: Kurzprotokoll der 8. Sitzung des Bundesvorstandes am 6.3.1979, TOP 4.

Kollege *Kluncker* spricht sich gegen die Zahlung des Beitrages für FIET aus dem Haushalt des DGB aus.

Die Kollegen *Vetter*, *Hauenschild* und *Stephan* befürworten ein Verfahren nach der bisherigen Regelung.

Beschluß:
Gegen eine Stimme beschließt der Bundesvorstand, den Beitrag für FIET wie bisher aus dem Haushalt des DGB für das Jahr 1979 zu zahlen.

9. Haushalt des Deutschen Gewerkschaftsbundes für das Jahr 1979

Kollege *Vater* berichtet, daß der GBV den vorliegenden Haushaltsentwurf an die Haushaltskommission weitergeleitet hat, die ihn in ihrer Sitzung am 9.1.1979 beraten und gebilligt hat.[20] Kollege *Vater* erläutert ausführlich einzelne Positionen. Abschließend weist er auf die Vorlage des Kollegen Schwab betreffend Stellenbewegungen 1978 hin, mit denen sich auch die Haushaltskommission laufend beschäftigt.

Kollege *Vater* bittet den Bundesvorstand um zustimmende Empfehlung an den Bundesausschuß.

Kollege *Breit* bittet namens der Haushaltskommission ebenfalls um Zustimmung zu der Empfehlung. Er trägt außerdem den Vorschlag der Haushaltskommission vor, den GBV zu beauftragen, eine Prüfung vorzunehmen, ob der DGB aus dem Gesellschaftervertrag mit den Ruhrfestspielen austreten kann. Dem Bundesvorstand soll das Ergebnis mitgeteilt und dann die entsprechenden Schlußfolgerungen gezogen werden.

In der anschließenden kurzen Aussprache der Kollegen *Vetter*, *Breit*, *Vater* und *Schwab* wird festgestellt, daß eine Diskussion des Bundesvorstandes über ein eventuelles Ausscheiden des DGB aus den Ruhrfestspielen auch eine Befassung mit den Ruhrfestspielen an sich und dem beinhalten muß, was als kulturpolitischer Auftrag des DGB zu verstehen ist.

Beschluß:
Bei einer Stimmenthaltung stimmt der Bundesvorstand dem vorgelegten Haushaltsentwurf des DGB für das Jahr 1979 zu und empfiehlt ihn dem Bundesausschuß zur Beschlußfassung.[21]

Außerdem wird der Geschäftsführende Bundesvorstand beauftragt, zu prüfen, ob der DGB aus dem Gesellschaftervertrag mit den Ruhrfestspielen austreten kann. Das Ergebnis soll im Bundesvorstand beraten werden.

---

20 Vgl. Haushaltsentwurf 1979, Empfehlung der Haushaltskommission vom 9.1.1979, AdsD, DGB-Archiv, 5/DGAI000500.
21 Der Bundesausschuss beschloss den Haushalt in seiner Sitzung vom 7.3.1979 in der vom Bundesvorstand vorgelegten Form bei Enthaltung der Vertreter der ÖTV. Vgl. Protokoll über die 3. Sitzung des Bundesausschusses am 7.3.1979, TOP 5., S. 12 f., AdsD, DGB-Archiv, 5/DGAI000419.

10. Beitragsbefreiung gemäß Ziff[er] 6 der Beitragsordnung der Industriegewerkschaft Druck und Papier für 1979

Kollege *Vater* erläutert die Vorlage und bittet den Bundesvorstand um zustimmende Empfehlung an den Bundesausschuß.[22]

Kollege *Mayr* bittet um Auskunft, welche finanziellen Auswirkungen die Zahlungen an die IG Druck und Papier für den Solidaritätsfonds haben.

Kollege *Vater* berichtet, daß sich – nach der heutigen Beschlußfassung – die an die IG Druck und Papier aus dem Solidaritätsfonds gezahlte Summe auf ca. 10,5 Mio DM belaufen wird.

Beschluß:
Der Bundesvorstand empfiehlt dem Bundesausschuß folgenden *Beschluß*:
Die IG Druck und Papier wird für das Jahr 1979 gemäß Ziff[er] 6 der Beitragsordnung von der Beitragspflicht an den DGB befreit.[23]

11. Beitragsbefreiung gemäß Ziff[er] 6 der Beitragsordnung der Gewerkschaft Kunst für 1979 und Antrag auf Zahlung einer einmaligen Zuwendung an den Deutschen Musikerverband

Kollege *Vater* erläutert die Vorlage und weist auf die Empfehlung der Haushaltskommission an den Bundesvorstand hin, daß der Geschäftsführende Bundesvorstand die Situation der Gewerkschaft Kunst überprüfen und eine Lösung für die finanzielle Situation finden soll.[24]

Kollege *Sprenger* würde es begrüßen, wenn das Gespräch mit dem GBV möglichst bald stattfinden könnte. Es sollte dabei aber nicht nur über die finanzielle, sondern auch über die gewerkschaftspolitische Situation der Gewerkschaft Kunst gesprochen werden.

Beschluß:
Der Bundesvorstand empfiehlt dem Bundesausschuß folgenden *Beschluß*:

---

22 Der Antrag auf Befreiung von der Beitragszahlung wurde mit den Kosten der Arbeitskämpfe 1976 und 1978 begründet, die auf die Flächenaussperrungen der Arbeitgeberseite zurückzuführen gewesen seien. Vgl. [DGB-Bundesvorstand], Abt. Finanzen, Vorlage für den Bundesvorstand und den Bundesausschuß, Beitragsbefreiung 1979 gemäß Ziffer 6 der Beitragsordnung der Industriegewerkschaft Druck und Papier, Düsseldorf, 16.1.1979, AdsD, DGB-Archiv, 5/DGAI000500.
23 So wurde es dann auch auf der Sitzung des Bundesausschusses am 7.3.1979 beschlossen. Vgl. Protokoll über die 3. Sitzung des Bundesausschusses am 7.3.1979, Düsseldorf, TOP 6., S. 13, AdsD, DGB-Archiv, 5/DGAI000419.
24 Vgl. [DGB-Bundesvorstand], Abt. Finanzen, Vorlage für den Bundesvorstand und den Bundesausschuß, Beitragsbefreiung 1979 gemäß Ziffer 6 der Beitragsordnung für Verbände der Gewerkschaft Kunst, Düsseldorf, 16.1.1979, AdsD, DGB-Archiv, 5/DGAI000500.

Der Antrag der Gewerkschaft Kunst vom 3.1.1979 auf einmalige Zuwendung an den DMV in Höhe von 35.000,- DM wird zurückgestellt, bis der GBV dem Bundesvorstand Bericht über die Situation der Gewerkschaft Kunst erstattet hat.

Die Verbände der Gewerkschaft Kunst
– Genossenschaft Deutscher Bühnenangehöriger (GDBA)
– Deutscher Musikerverband (DMV)
– Bundesverband Show und Unterhaltung (IAL)
– Schutzverband Bildender Künstler (SBK)
– Gewerkschaft Deutscher Musikerzieher und konzertierender Künstler
werden für das Jahr 1979 gemäß Ziff[er] 6 der Beitragsordnung von der Beitragspflicht befreit mit der Maßgabe, daß die GDBA 10.000,- DM zu leisten hat, wenn ihre finanzielle Lage dies zuläßt.

Die Bundesvereinigung der Gewerkschaftsverbände Bildender Künstler (BGBK) wird in Höhe von 8 v. H. ihres Beitragsaufkommens für 1979 von der Beitragspflicht an den DGB befreit.

Für alle ganz oder teilweise von der Beitragspflicht befreiten Verbände hat die Gewerkschaft Kunst nach Ablauf des Jahres 1979 die Einnahmen- und Ausgabenrechnung sowie die Mitglieds-, Beitrags- und Durchschnittsbeitragsstatistik der Abteilung Finanzen des DGB vorzulegen.

Der Geschäftsführende Bundesvorstand wird beauftragt, dem Bundesvorstand einen Bericht über die Gewerkschaft Kunst zu geben.[25]

12. Beitragsbefreiung gemäß Ziff[er] 6 der Beitragsordnung der Gewerkschaft GLF für 1979 und Antrag auf Zahlung eines Zuschusses aus dem Solidaritätsfonds für 1979

Kollege *Vater* erläutert die Vorlage und weist darauf hin, daß die Haushaltskommission in diesem Fall den Geschäftsführenden Bundesvorstand gebeten hat, dem Bundesvorstand einen Bericht über die Situation der GGLF unter besonderer Berücksichtigung der Strukturen und Probleme zu geben.[26]

Kollege *Breit* erklärt für die Haushaltskommission, daß diese Aufträge an den GBV deshalb gegeben werden, weil diese Zahlungsbefreiungen nicht ohne weiteres in Zukunft fortgesetzt werden können.

Eine Einschränkung des vorliegenden Beschlußvorschlages bedeutet dies allerdings nicht.

---

25 So wurde es dann auch auf der Sitzung des Bundesausschusses am 7.3.1979 beschlossen. Vgl. Protokoll über die 3. Sitzung des Bundesausschusses am 7.3.1979, Düsseldorf, TOP 7., S. 14, AdsD, DGB-Archiv, 5/DGAI000419.
26 Vgl. [DGB-Bundesvorstand], Abt. Finanzen, Vorlage für den Bundesvorstand, Beitragsbefreiung 1979 gemäß Ziffer 6 der Beitragsordnung und Zuschuß an die Gewerkschaft GLF, Düsseldorf, 16.1.1979, AdsD, DGB-Archiv, 5/DGAI000500.

Beschluß:
Der Bundesvorstand empfiehlt dem Bundesausschuß folgenden *Beschluß*:
1. Die Gewerkschaft GLF wird für das Jahr 1979 gemäß Ziff[er] 6 der Beitragsordnung von der Beitragspflicht befreit.
2. Die Gewerkschaft GLF erhält für 1979 aus Mitteln des Solidaritätsfonds einen Zuschuß von 1.200.000,- DM.
3. Der Geschäftsführende Bundesvorstand wird beauftragt, dem Bundesvorstand einen Bericht über die Situation der GGLF unter besonderer Berücksichtigung der Struktur und Problematik dieser Gewerkschaft zu geben.[27]

13. Richtlinien für Ausgaben aus dem Solidaritätsfonds des DGB; Zuwendungen an den Internationalen Solidaritätsfonds

Kollege *Vater* erläutert die Vorlage und bittet den Bundesvorstand um zustimmende Empfehlung an den Bundesausschuß.[28]

Kollege *Breit* trägt die Gründe vor, die die Haushaltskommission zu ihrer Zustimmung bewogen hat.

Kollege *Mayr* schlägt für die IG Metall einen Kompromiß in der Form vor, daß in Ziff[er] 4 das Wort »sind« durch das Wort »können« ersetzt wird.

Kollege *van Haaren* stellt den Antrag, daß die dem Bundesausschuß in seiner letzten Sitzung vorgelegte Formulierung der Ziffer 4 bestehen bleibt.

Beschluß:
Gegen drei Stimmen empfiehlt der Bundesvorstand dem Bundesausschuß folgenden *Beschluß*:
Ziffer 4 der Richtlinien für Ausgaben aus dem Solidaritätsfonds erhält folgende Fassung: Beiträge zum Internationalen Solidaritätsfonds sind aus dem Solidaritätsfonds des DGB zu erbringen.[29]

---

27 So wurde es dann auch auf der Sitzung des Bundesausschusses am 7.3.1979 beschlossen. Vgl. Protokoll über die 3. Sitzung des Bundesausschusses am 7.3.1979, TOP 8., S. 15, AdsD, DGB-Archiv, 5/DGAI000419. Zum Bericht über die Situation der Gewerkschaft GLF vgl. Dok. 58: Kurzprotokoll über die 12. Sitzung des Bundesvorstandes am 3.7.1979, TOP 5., sowie Dok. 59: Kurzprotokoll über die 13. Sitzung des Bundesvorstandes am 4.9.1979, TOP 3.
28 Der Bundesausschuss hatte die Richtlinien für Ausgaben aus dem Solidaritätsfonds am 6.12.1978 beschlossen, mit Ausnahme der Regelung, dass die Beiträge für den Internationalen Solidaritätsfonds aus dem Solidaritätsfonds des DGB gezahlt werden sollten. Die IG Metall hatte beantragt, diese Mittel aus allgemeinen Haushaltsmitteln des DGB aufzubringen. Vgl. [DGB-Bundesvorstand], Abt. Finanzen, Vorlage für den Bundesvorstand und den Bundesausschuß, Richtlinien für Ausgaben aus dem Solidaritätsfonds, Düsseldorf, 16.1.1979, AdsD, DGB-Archiv, 5/DGAI000500; Protokoll über die 2. Sitzung des Bundesausschusses am 6.12.1978, Düsseldorf, TOP 8., S. 7, AdsD, DGB-Archiv, 5/DGAI000419.
29 So wurde es dann auch auf der Sitzung des Bundesausschusses am 7.3.1979 beschlossen. Vgl. Protokoll über die 3. Sitzung des Bundesausschusses am 7.3.1979, TOP 9., S. 16, AdsD, DGB-Archiv, 5/DGAI000419.

14. Geschäftsbericht der VTG für 1977

Beschluß:
Gemäß § 10, Absatz 3 der Geschäftsanweisung für die Verwaltung des Treuhandvermögens vom 6.3.1973 nimmt der Bundesvorstand den Geschäftsbericht der VTG für das Jahr 1977 zur Kenntnis.[30]

15. Finanzplan der VTG für das Jahr 1979

Beschluß:
Gemäß § 5, Absatz 2 der Geschäftsanweisung für die Verwaltung des Treuhandvermögens vom 6.3.1973 stimmt der Bundesvorstand dem Finanzplan der VTG für das Jahr 1979 zu.[31]

16. Prüfung der Jahresabschlüsse 1978 für den DGB und die VTG

Beschluß:
Gemäß § 9 der Geschäftsanweisung für die Verwaltung des Treuhandvermögens vom 6.3.1973 bestellt der Bundesvorstand für die Prüfung der Jahresabschlüsse 1978 für den DGB und die VTG die ATH – Allgemeine Treuhandgesellschaft mbH.[32]

17. Wahl gewerkschaftlicher Vertrauensleute im Betrieb

Kollege *Muhr* verweist auf die Vorlage und macht darauf aufmerksam, daß nach Zustellung der schriftlichen Urteilsbegründung durch das Bundesarbeitsgericht nur eine Frist von einem Monat gegeben ist, um eventuell eine Verfassungsbeschwerde beim Bundesverfassungsgericht zu erheben.[33]

---

30 Vgl. [DGB-Bundesvorstand], Abt. Finanzen, Vorlage für den Geschäftsführenden Bundesvorstand und Bundesvorstand, Geschäftsbericht der VTG 1977; Vermögensverwaltungs- und Treuhand-Gesellschaft des Deutschen Gewerkschaftsbundes mbH, Düsseldorf, Geschäftsbericht 1977, AdsD, DGB-Archiv, 5/DGAI000500.

31 Vgl. [DGB-Bundesvorstand], Abt. Finanzen, Vorlage für den Geschäftsführenden Bundesvorstand und Bundesvorstand, Finanzplan der VTG für das Jahr 1979; Vermögensverwaltungs- und Treuhand-Gesellschaft des Deutschen Gewerkschaftsbundes mbH, Düsseldorf, Finanzplan 1979, AdsD, DGB-Archiv, 5/DGAI000500.

32 Vgl. [DGB-Bundesvorstand], Abt. Finanzen, Vorlage für den Geschäftsführenden Bundesvorstand und Bundesvorstand, Prüfung der Jahresabschlüsse 1978 für den DGB und die VTG, AdsD, DGB-Archiv, 5/DGAI000500.

33 Das Bundesarbeitsgericht hatte mit Urteil vom 8.12.1979 (Aktenzeichen 1 AZR 303/77) entschieden, dass die Gewerkschaften kein Anrecht darauf hätten, ihre Vertrauensleute im Betrieb zu wählen, selbst wenn die Wahl außerhalb der Arbeitszeit erfolge. Das BAG hatte die Frage offengelassen, ob das System gewerkschaftlicher Vertrauensleute überhaupt unter das grundgesetzlich garantierte Koalitionsrecht des

An der anschließenden Diskussion beteiligen sich die Kollegen *Breit, Muhr, Hauenschild, Kluncker, Georgi, Vetter, Mayr* und *Kehrmann*.

Das Für und Wider einer Verfassungsbeschwerde oder eines neuen Verfahrens beim BAG werden erörtert. Es wird festgestellt, daß bereits bestehende Abkommen mit einem Arbeitgeber von einem Urteil nicht berührt werden können. Die Kollegen kommen zu der Auffassung, daß zunächst die schriftliche Urteilsbegründung des Bundesarbeitsgerichts abgewartet werden soll, bevor eine endgültige Entscheidung über das weitere Vorgehen getroffen wird.

Beschluß:
Der Bundesvorstand beschließt, daß die IG Chemie, Papier, Keramik sofort nach Eingang der schriftlichen Urteilsbegründung den Bundesvorstand informiert. Ein Ad-hoc-Kreis beim DGB-Bundesvorstand wird sich damit beschäftigen und dem Bundesvorstand für die nachfolgende Sitzung einen Beschlußvorschlag unterbreiten. Sollte die Frist nach Zustellung der schriftlichen Urteilsbegründung zu kurz sein, wird der Bundesvorstand die Empfehlung des Ad-hoc-Kreises schriftlich abstimmen.[34]

18. Verschiedenes

a) Termin 3. April 1979 in Berlin
Kollege *Vetter* bezieht sich auf die schriftliche Mitteilung an den Bundesvorstand, daß die Bundesvorstandssitzung am 3. April 1979 wegen der Eröffnung des ICC am 2. April 1979 in Berlin stattfinden soll. Auch die Sitzungen des GBV und des GBV mit den Landesbezirksvorsitzenden am 2. April 1979 sollen in Berlin abgehalten werden. Der Regierende Bürgermeister von Berlin hat den Bundesvorstand am 3. April zu einem Mittagessen eingeladen. Die für den Abend des 3. April vorgesehene Sitzung des Gewerkschaftsrates fällt aus.[35]

Art. 9 Abs. 3 GG falle. Es legte den Schutzbereich dieses Artikels eng aus und beschränkte ihn nur auf den Kernbereich gewerkschaftlicher Betätigung im Sinne einer Bestands- und Funktionsgarantie. Das BAG vertrat die Rechtsauffassung, dass die Wahl gewerkschaftlicher Vertrauensleute auch außerhalb des Betriebs, auch unter gewerkschaftlicher Anmietung betriebsnaher Räumlichkeiten erfolgen könne. Gegebenenfalls könne es den Gewerkschaften zugemutet werden, die im Betrieb tätigen Mitglieder per Omnibus zum Wahllokal zu befördern. Die Abteilung Sozialpolitik beurteilte die Entscheidung als rechtlich falsch und auch lebensfremd. Die Grundlage der Gewerkschaftsarbeit liege im Betrieb und darum sei die Wahrnehmung gewerkschaftlicher Rechte im Betrieb ein wesentlicher Schwerpunkt ihrer koalitionsgemäßen Aufgaben innerhalb desselben. Zum Kernbereich der Koalitionsgarantie gehöre nach gewerkschaftlicher Rechtsauffassung auch das System der gewerkschaftlichen Vertrauensleute. Vgl. [DGB-Bundesvorstand], Abt. Sozialpolitik, an die Mitglieder des Bundesvorstandes, Tischvorlage zu Punkt 18, Wahl gewerkschaftlicher Vertrauensleute im Betrieb, Düsseldorf, 2.2.1979, AdsD, DGB-Archiv, 5/DGAI000500.

34 Das BAG-Urteil findet sich hier dokumentiert: URL: <http://www.prinz.law/urteile/BAG_1_AZR_303-77.pdf> [7.9.2018].
35 Es handelt sich um die Sitzung des Gewerkschaftsrats der SPD.

Beschluß:
Der Bundesvorstand nimmt die für den 2./3. April 1979 vorgesehene Terminplanung zustimmend zur Kenntnis.

b) Sitzung der Atlantik-Brücke
Auf die Frage des Kollegen *Hauenschild* nach dem Programm der Sitzung der Atlantik-Brücke in der Zeit vom 15. bis 18. März 1979 sagt Kollege *Vetter* zu, daß die Angelegenheit noch einmal schriftlich an die Mitglieder des Bundesvorstandes gegeben wird. Sie können dann ihre Vertreter für die Tagung benennen.

Beschluß:
Der Bundesvorstand ist mit diesem Vorschlag einverstanden.

c) Schreiben der HISTADRUT vom 17.1.1979
Kollege *Vetter* erläutert das Schreiben der HISTADRUT. Er schlägt vor, die Beratung des Bundesvorstandes über das Vorhaben so lange aufzuschieben, bis ein persönliches Gespräch mit Kollegen Meshel über die Zweckmäßigkeit und Notwendigkeit einer solchen Tagung stattgefunden hat.

Beschluß:
Der Bundesvorstand wird sich in einer seiner nächsten Sitzungen mit der für die Zeit vom 16. bis 18.9.1979 geplanten Konferenz der Histadrut befassen.[36]

Vor Beginn der Bundesvorstandssitzung fand eine Besprechung mit folgenden Teilnehmern statt: Kollege Vetter, Kollege Pfeiffer, Kollege Hauenschild, Kollege Kluncker, Kollege Mayr, Kollege A. Schmidt, Kollege Sperner.
Es wurde das Verhalten der Umwelt-Systeme GmbH (USG) in Verbindung mit dem Aktionskreis Energie angesprochen. Dabei wurde festgelegt, daß eine gewerkschaftsseitige Beteiligung an den Veranstaltungen der vorstehend aufgeführten Institutionen nicht in Betracht kommt.[37]

Ende der Sitzung: 17.00 Uhr.

---

36 Es ging um die Weltkonferenz der freien Gewerkschaften, die vom 16. bis 18.9.1979 in Tel Aviv stattfinden sollte und zu der der DGB eingeladen war. Thema der Konferenz waren Entwicklungsmöglichkeiten der Gewerkschaften und die Beratung weitergehender Zielvorstellungen. Vgl. 7. Sitzung des Bundesvorstandes am 6.2.1979, Übertragung aus dem Stenogramm, S. 32, AdsD, DGB-Archiv, 5/DGAI000500.

37 Es handelte sich um den im November 1976 gegründeten »Aktionskreis Energie der Betriebsräte«. Diesem Verein gehörten Markus Mohr zufolge 350 Betriebsräte aus Unternehmen der Energiewirtschaft an, die nach deren eigenen Angaben 1,5 Millionen Beschäftigte repräsentierten. Hinweise auf die USG konnten nicht ermittelt werden. Mohr: Gewerkschaften und der Atomkonflikt, S. 73–82.

Dokument 53

6. März 1979: Kurzprotokoll der 8. Sitzung des Bundesvorstandes

Hans-Böckler-Haus in Düsseldorf; Vorsitz: Heinz O. Vetter; Protokollführung: Isolde Funke, Marianne Jeratsch; Sitzungsdauer: 10.15–14.00 Uhr; ms. vermerkt: »Vertraulich«.[1]

Ms., hekt., 7 S., 2 Anlagen.[2]
AdsD, DGB-Archiv, 5/DGAI000554.

Beginn der Sitzung: 10.15 Uhr.

Kollege *Vetter* eröffnet die 8. Sitzung des Bundesvorstands in Düsseldorf.

Tagesordnung:
1. Genehmigung des Protokolls der 7. Bundesvorstandssitzung
2. Urteil des Bundesverfassungsgerichts zur Mitbestimmungsklage der Arbeitgeber
3. Vorbereitung des DGB und seiner Mitgliedsgewerkschaften auf den »Technologiepolitischen Dialog«
4. Bericht über die Sitzung der Exekutive des EGB (Vorbereitung des EGB-Kongresses vom 14. bis 18. Mai 1979 in München)
5. Sozialwahlen 1980
6. Veränderungsmitteilungen – Landesbezirksvorstände
7. Verschiedenes

1. Genehmigung des Protokolls der 7. Bundesvorstandssitzung

Beschluß:
Der Bundesvorstand genehmigt das Protokoll der 7. Bundesvorstandssitzung.[3]

Dok. 53
1   Einladungsschreiben vom 13.1.1979 und Tagesordnung vom 20.2.1979. Nicht anwesend: Günter Stephan, Heinz Vietheer (vertreten durch Günter Volkmar), Berthold Keller, Julius Lehlbach (vertreten durch Heinz Andersch). AdsD, DGB-Archiv, 5/DGAI000500.
2   Anlagen: Anwesenheitsliste; Stellungnahme zum Urteil des Bundesverfassungsgerichts zu den Verfassungsbeschwerden gegen das Mitbestimmungsgesetz von 1976.
3   Vgl. Dok. 52: Kurzprotokoll über die 7. Sitzung des Bundesvorstands am 6.2.1979.

2. Urteil des Bundesverfassungsgerichts zur Mitbestimmungsklage der Arbeitgeber

Kollege *Vetter* verweist auf den vorliegenden Entwurf einer Stellungnahme des Bundesausschusses zum Urteil des Bundesverfassungsgerichts zu den Verfassungsbeschwerden gegen das Mitbestimmungsgesetz von 1976 und bittet um Beratung.[4]

In der anschließenden Diskussion, an der sich die Kollegen *Vietheer, Loderer, Vetter, A. Schmidt, Frister, Schirrmacher, Kluncker, Muhr, G. Schmidt, Sperner, Georgi* und *Breit* beteiligen, werden Änderungsvorschläge zu dem vorliegenden Entwurf einer Stellungnahme besprochen. Außerdem wird angeregt, eine Sprachregelung für die Begriffe »paritätische« und »qualifizierte« Mitbestimmung zu finden.

Beschluß:
Der Bundesvorstand wird dem Bundesausschuß einen geänderten Entwurf einer Stellungnahme zum Urteil des Bundesverfassungsgerichts zu den Verfassungsbeschwerden gegen das Mitbestimmungsgesetz von 1976 vorlegen (s. Anlage).[5]

Ferner beschließt der Bundesvorstand, daß zur Sprachregelung für die Begriffe »paritätische« und »qualifizierte« Mitbestimmung ein Vorschlag erarbeitet und dem Bundesvorstand vorgelegt wird.

In diesem Zusammenhang diskutiert der Bundesvorstand über die Konzertierte Aktion und kommt zu der Auffassung, daß keine neue Situation eingetreten ist, die ein verändertes Verhalten des DGB erforderlich macht.[6]

Ferner erörtert der Bundesvorstand den Brief des Präsidenten der BDA, Esser, an den DGB-Vorsitzenden, in dem eine Einladung zu einem Spitzengespräch ausgesprochen wurde. Man ist sich einig, daß die Einladung unter bestimmten Voraussetzungen angenommen werden könnte.

---

4 Zum Mitbestimmungsgesetz von 1976 vgl. Schneider: Kleine Geschichte der Gewerkschaften, S. 345-349; Testorf: Ein heißes Eisen. Dem Mitbestimmungsgesetz ging die Novelle des Betriebsverfassungsgesetzes voraus. Zum politischen Diskussionsprozeß vgl. Marx: Der Betrieb als politischer Ort; vgl. auch Milert/Tschirbs: Die andere Demokratie; zur Genese des Mitbestimmungsgesetzes, die einen Zeitraum von mehr als einem Jahrzehnt einnahm, vgl. Lauschke: Mehr Demokratie; für das Mitbestimmungsgesetz von 1976 waren die Erfahrungen mit der Montanmitbestimmung prägend. Ihre Entwicklung zeichnet Lauschke ebenfalls umfassend nach. Vgl. ders.: Die halbe Macht.
5 Vgl. Dok. 54: Stellungnahme zum Urteil des Bundesverfassungsgerichts zu den Verfassungsbeschwerden gegen das Mitbestimmungsgesetz von 1976, 6.3.1979, Düsseldorf, AdsD, DGB-Archiv, 5/DGAI000554.
6 Als die Arbeitgeberseite am 1.7.1977 Verfassungsbeschwerde gegen das Mitbestimmungsgesetz von 1977 erhob, hatte der DGB dies als Bruch des Grundkonsenses der Konzertierten Aktion betrachtet und beschlossen, der Konzertierten Aktion fernzubleiben, bis die Arbeitgeberseite ihre Verfassungsbeschwerde zurückzöge. Vgl. Rehling: Konfliktstrategie und Konsenssuche in der Krise, S. 422-435, insbes. S. 431 f. Vgl. auch Fernschreiben Vetter an die Mitglieder des Bundesvorstandes am 1.7.1977, AdsD, DGB-Archiv, 5/DGAI001462, sowie Dok. 30: Kurzprotokoll der 21. Sitzung des DGB-Bundesvorstandes am 5.7.1977.

3. Vorbereitung des DGB und seiner Mitgliedsgewerkschaften auf den »Technologiepolitischen Dialog«

Kollege *Vetter* erläutert die Vorlage und bittet um Zustimmung.[7]

In der anschließenden Diskussion, an der sich die Kollegen *Loderer, Vetter, Georgi, Pfeiffer, Breit* und *Kluncker* beteiligen, erklärt Kollege *Loderer*, daß das Projekt der IG Metall »Bewältigung der sozialen Probleme technischen Wandels« von Bundesminister Hauff bereits akzeptiert wurde. Von Fall zu Fall sollen die betroffenen Gewerkschaften bei der Beratung hinzugezogen werden.

Der Bundesvorstand faßt folgenden *Beschluß*:

1. Der Bundesvorstand besteht auf einer gleichberechtigten Beteiligung der Gewerkschaften in dem technologiepolitischen Dialog, d. h. auf der Entsendung einer gleichen Anzahl von Mitgliedern wie die Arbeitgeberverbände insgesamt, die Bundesregierung und die Wissenschaftler. Auf seiten des DGB werden als Beteiligte an dem Dialog je ein Vertreter des DGB, der IG Metall (für den Bereich der privaten Industrie), der ÖTV (für den Bereich der öffentlichen Verwaltung und der öffentlichen Unternehmen) und der HBV (für den privaten Dienstleistungsbereich) benannt.
2. Der Bundesvorstand setzt eine Vorbereitungsgruppe ein, die die gewerkschaftlichen Vorschläge zur organisatorischen und inhaltlichen Gestaltung des technologiepolitischen Dialogs dem BMFT [Bundesministerium für Forschung und Technologie] vorträgt. Die Vorbereitungsgruppe soll anregen, einen Lenkungsausschuß für den Dialog zu bilden. Die Federführung der Vorbereitungsgruppe liegt bei der Abteilung Gesellschaftspolitik in der DGB-Bundesvorstandsverwaltung.
3. Der Bundesvorstand beschließt als Voraussetzung zur koordinierten Begleitung des technologiepolitischen Dialogs, daß in den einzelnen Gewerkschaften und Industriegewerkschaften sowie in der DGB-Bundesvorstandsverwaltung ein

---

7 Die Einladung an die DGB-Gewerkschaften, am »Technologiepolitischen Dialog« zwischen Staat, Wirtschaft, Wissenschaft und Gewerkschaft teilzunehmen, war anlässlich des Besuchs des Bundesministers für Forschung und Technologie Volker Hauff beim Bundesvorstand des DGB am 13.1.1979 ausgesprochen worden. Der DGB schlug einen paritätisch zu besetzenden Lenkungsausschuss zur Vorbereitung des Dialog-Plenums vor. Die Gewerkschaften forderten zusätzliche Mittel für »Humanisierung der Arbeit« beziehungsweise entsprechende Forschungsprogramme aufzulegen. Schließlich sollten die Themen innergewerkschaftlich rückgebunden werden. Die Elektronikforschung im Aufgabenspektrum des »Technologiepolitischen Dialogs« signalisiert, dass die digitale Revolution in Gewerkschaftskreisen verstärkt wahrgenommen wurde, wofür auch der Rationalisierungsschutz-Streik der IG Druck und Papier des Jahres 1978 ein Vorbild ablieferte. Dem »technologiepolitischen Dialog« war keine lange Laufzeit beschieden. Nach der Bundestagswahl im Oktober 1980 wurde er nicht wieder aufgenommen. Vgl. DGB: Geschäftsbericht 1978–1981, S. 7 f. [DGB-Bundesvorstand], Abt. Vorsitzender, Vorlage, Vorbereitung des DGB und seiner Mitgliedsgewerkschaften auf den technologiepolitischen Dialog, Vorschläge des DGB über die organisatorische Gestaltung des technologiepolitischen Dialogs, AdsD, DGB-Archiv, 5/DGAI000500, hinsichtlich der Zusammensetzung, der Vorbereitung in der DGB-Bundesvorstandsverwaltung, Zeitplanung und Begleitung durch wissenschaftliche Expertise; Vorschläge zur inhaltlichen Schwerpunktsetzung, ebd.; Vorschläge für innergewerkschaftliche Aktivitäten zur Vorbereitung und Begleitung des technologiepolitischen Dialogs, ebd. Vgl. hierzu Hachtmann: Gewerkschaften und Rationalisierung, insbesondere S. 203 f.

Sachbearbeiter für die Technologiepolitik zuständig wird, der möglichst identisch mit dem gewerkschaftlichen Vertreter im DGB-Arbeitskreis »Wissenschaft und Forschung« sein sollte, und daß die Bestandsaufnahme darüber durchgeführt wird, welche Kollegen bei welchen technologiepolitischen Aktivitäten und Gremien aufgrund welchen Berufungsverfahrens engagiert sind.

4. Bericht über die Sitzung der Exekutive des EGB (Vorbereitung des EGB-Kongresses vom 14. bis 18. Mai 1979 in München)

Kollege *Vetter* berichtet über zwei Probleme im Zusammenhang mit dem bevorstehenden EGB-Kongreß. Es handelt sich um das im Entwurf vorliegende Aktionsprogramm, über das der Bundesvorstand in seiner Aprilsitzung abschließend beraten soll, und um Beitrittsfragen. Hier könnten sich während des Kongresses Schwierigkeiten ergeben. Kollege *Vetter* teilt mit, daß der DGB 18 Delegierte und 60 Gastdelegierte entsenden kann.[8]

An der anschließenden Diskussion beteiligen sich die Kollegen *Muhr, Vetter, Vater, Kluncker, Georgi, Loderer* und *Hauenschild*. Kollege *Vetter* erklärt, daß er seine Präsidentschaft niederlegt und Kollegen Wim Kok als seinen Nachfolger vorschlagen wird. Abschließend stellt Kollege *Vetter* fest, daß bis jetzt folgende Delegierte feststehen: Heinz O. Vetter, Gerd Muhr, Maria Weber, Martin Heiß, Alois Pfeiffer, Karl Schwab, Hans Alker, Ernst Breit, Erich Frister, Karl Hauenschild, Karl-Heinz Hoffmann, Berthold Keller, Eugen Loderer, Rudolf Sperner.

Die Vorsitzenden der Landesbezirke, die an EG-Länder angrenzen, sollen bezüglich einer Teilnahme angesprochen werden. Die Gastdelegierten sollen nach dem d'Hondtschen Verfahren ermittelt werden.

5. Sozialwahlen 1980

Kollege *Muhr* erläutert kurz die Vorlage, die in Ergänzung des Beschlusses des Bundesvorstandes vom 5.12.1978 erstellt wurde, und bittet um Zustimmung zu dem Beschlußvorschlag.[9]

Beschluß:
Der Bundesvorstand ergänzt seinen Beschluß vom 5.12.1978 im Hinblick auf das Einreichen von Listen einzelner Gewerkschaften zu den Sozialwahlen dergestalt, daß Beschlüsse der DGB-Kreisvorstände, welche das Einreichen von Listen einzel-

---

8   Degryse: 1973–2013; Schroeder/Weinert: Europäische Integration und deutsche Gewerkschaften.
9   Vgl. [DGB-Bundesvorstand], Abt. Sozialpolitik, Gerd Muhr, an die Mitglieder des DGB-Bundesvorstandes, Sozialwahlen 1980, Düsseldorf, 14.2.1979, AdsD, DGB-Archiv, 5/DGAI000500.

ner Gewerkschaften vorsehen, der Zustimmung des DGB-Landesbezirksvorstandes bedürfen.

6. Veränderungsmitteilungen – Landesbezirksvorstände

Beschluß:
Der Bundesvorstand empfiehlt dem Bundesausschuß, folgende Kollegen zu bestätigen:
Franz Wolf (GdED) als Mitglied und
Hermann Drechsler (GdED) als ständigen Vertreter des Kollegen Wolf im Landesbezirksvorstand Bayern.

7. Verschiedenes

a) Wissenschaftliche Konferenz zur Gewerkschaftsgeschichte
Kollege *Vetter* erinnert an den 30. Jahrestag der Gründung des Deutschen Gewerkschaftsbundes im Oktober 1979. Der Geschäftsführende Bundesvorstand hat sich ausführlich damit beschäftigt und schlägt vor, anstelle von Festveranstaltungen eine wissenschaftliche Konferenz zur Gewerkschaftsgeschichte mit Vorträgen namhafter Wissenschaftler, Arbeitsgruppen und Podiumsdiskussion durchzuführen. Es ist vorgesehen, die Konferenz am 13./14. Oktober 1979 im Deutschen Museum, München, abzuhalten.

Nach kurzer Diskussion, an der sich die Kollegen *Muhr, Vetter, Kluncker, Loderer, A. Schmidt, Frister* und *Hauenschild* beteiligen, faßt der Bundesvorstand folgenden *Beschluß*:
Der Bundesvorstand ist im Prinzip mit der Durchführung einer wissenschaftlichen Konferenz zur Gewerkschaftsgeschichte anläßlich des 30. Jahrestages der

---

10 Die wissenschaftliche Konferenz fand dann am 12./13. Oktober in München statt. Das Motto der Konferenz lautete: »Aus der Geschichte lernen – die Zukunft gestalten – 30 Jahre DGB«. Wie aus dem stenografischen Protokoll hervorging, war auch die orthodox-marxistische Geschichtsschreibung der Gewerkschaften, die Frank Deppe, Georg Fülberth und Jürgen Harrer herausgegeben hatten, Anlass für den DGB, die historische Selbstverortung des DGB und die Herausbildung einer eigenen Erinnerungskultur voranzutreiben. Vgl. hierzu Müller-Jentsch: Gewerkschaftliche Politik in der Wirtschaftskrise II, hier: S. 390-392. Der Konferenzband erschien im folgenden Jahr. Vgl. Vetter: Aus der Geschichte lernen. Ziel war es auch, Impulse für die Grundsatzdiskussion zu gewinnen. Vgl. DGB, Geschäftsbericht 1978–1981, S. 1 f. Vgl. Deppe/Fülberth/Harrer: Geschichte der deutschen Gewerkschaftsbewegung. Die Autoren betonten, dass in der Nachkriegszeit Neuordnungsvorstellungen in den Gewerkschaften Raum fanden, und schlossen sich der Restaurationsthese an. Vgl. hierzu ebd., S. 320-368. Hierzu und zum ideengeschichtlichen Kontext vgl. auch Angster: Konsenskapitalismus und Sozialdemokratie, S. 8 f., sowie Faulenbach: Die deutsche Sozialdemokratie in den geschichtspolitischen Auseinandersetzungen der 1970er- und 1980er-Jahre, hier: S. 102 f. Zur regionalen Erinnerungskultur in den DGB-Gewerkschaften vgl. Andresen: Triumpherzählungen, sowie den von Stefan Berger herausgegebenen Sammelband über die Erinnerungskultur der deutschen Gewerkschaften im Hinblick auf die Jubiläen der Zerschlagung der deutschen Gewerkschaften 1933; vgl. Berger: Gewerkschaftsgeschichte als Erinnerungsgeschichte.

Gründung des DGB am 12. und 13. Oktober 1979 in München einverstanden. Zur Vorbereitung wird eine Arbeitsgruppe eingesetzt, der die Kollegen *Frister, Hauenschild, Kluncker, Loderer, Muhr, Vetter* und die Kollegin *Weber* angehören sollen. Die Arbeitsgruppe wird sobald als möglich dem Bundesvorstand einen detaillierten Vorschlag unterbreiten.[11]

b) Veranstaltung zum 25-jährigen Jubiläum der Hans-Böckler-Stiftung
Kollege *Vetter* informiert den Bundesvorstand darüber, daß aus Anlaß des 25-jährigen Jubiläums der Hans-Böckler-Stiftung am 8. Mai 1979 im Anschluß an die Bundesvorstandssitzung eine Festveranstaltung in der Stadthalle in Hilden stattfinden wird.[12] Am Vorabend, also am 7. Mai, wird ein Pressegespräch mit anschließendem Empfang in den Räumen der BfG [Bank für Gemeinwirtschaft] Düsseldorf durchgeführt. Kollege *Vetter* bittet die Mitglieder des Bundesvorstandes um Teilnahme.

Bei dieser Gelegenheit wird von einigen Kollegen erhebliche Kritik an der Arbeit der Hans-Böckler-Stiftung geäußert.

---

11 Zur wissenschaftlichen Konferenz vgl. Entwurf der Abteilung Gesellschaftspolitik an Kollegen Vetter für die Bundesvorstandssitzung am 6.3.1979, Verschiedenes, hier: Wissenschaftliche Konferenz des DGB zur Gewerkschaftsgeschichte, Düsseldorf, 14.2.1979, AdsD, DGB-Archiv, DGB-BV, 5/DGAI000500. Der Vorschlag umfasste eine Feierstunde im Rahmen des Kongresses, in der Heinz Oskar Vetter über »30 Jahre Einheitsgewerkschaft« und Bundeskanzler Helmut Schmidt über »30 Jahre soziale Demokratie« seit der Gründung der Bundesrepublik sprechen sollten. Über die historische Argumentation »einseitiger Darstellungen« hieß es, »der Begriff der Einheitsgewerkschaft werde einseitig ausgelegt, das Verhältnis zwischen Führung und Mitgliedschaft werde als dauernd gespannt geschildert« oder »sogar Verratsthesen konstruiert.« Die Konferenz solle dazu dienen, »hier an Boden zu gewinnen, in die Mitgliedschaft – vor allem in der jungen – das Verständnis von der eigenen Geschichte zu stärken und in der Öffentlichkeit Markierungspunkte zu setzen, der gewerkschaftlichen Bildungsarbeit und der wissenschaftlichen Forschung Impulse zu vermitteln.« Die Abteilung Gesellschaftspolitik plante die Veranstaltung für 300 Personen, die sich aus der Gewerkschaftsführung, gewerkschaftlichen Funktionären wie Bildungssekretären, ausgewählten Lehrern, Schülern, Erwachsenenbildnern, Lehrlingen und Vertretern der Gewerkschaftsjugend, Betriebsräten und Vertrauensleuten sowie wissenschaftlichen Experten zusammensetzen sollte. Auf ein Grundsatzreferat Heinz Oskar Vetters sollte eine Podiumsdiskussion mit Prof. Gerhard A. Ritter oder Prof. Hans Mommsen folgen. Am ersten Tag sollte daran anschließend in Gruppen zu den Themen »Räte, Republik, Gewerkschaften«, »Weimarer Demokratie« und »Stabilisierung, Krise, Diktatur« diskutiert werden. Am zweiten Tag waren ein *Round Table* zu »Gewerkschaften in der politischen Kultur Deutschlands: Kontinuität oder Krise« sowie Referate zur Westernisierung der Gewerkschaften, zu ihrer Integration in den Sozialstaat und in den europäischen Einigungsprozess sowie über das Verhältnis zwischen »Junge[n] und Alten[n]« geplant. Ebd. Am Ende des Outlines findet sich eine erste Liste möglicher Referenten, Korreferenten, Berichterstatter und Teilnehmer der Konferenz.

12 Vgl. Aktennotiz an Koll[egen] Zimmermann für die Klausurtagung des Geschäftsführenden Bundesvorstandes, Jubiläumsveranstaltung der HBS am 8.5.1979, AdsD, DGB-Archiv, 5/DGAI000500; [DGB-Bundesvorstand], Abt. Gesellschaftspolitik, an Kollegen Heinz O. Vetter, Jubiläumsveranstaltung, »25 Jahre Hans-Böckler-Gesellschaft e. V. und Stiftung Mitbestimmung« sowie die beiliegende Korrespondenz, ebd. Zum Jubiläum der Hans-Böckler-Stiftung vgl. Borsdorf/Hemmer: Gewerkschaften, darin Hemmer: Chronik. Zum Kontext der Gründung der Hans-Böckler-Gesellschaft im Umfeld der betrieblichen Etablierungsstrategien der Arbeitsdirektoren vgl. Rosenberger: Experten für Humankapital, bes. S. 16 f.

c) Gespräch des Bundesvorstands mit Bundesfinanzminister [Hans] Matthöfer
Kollege *Vetter* teilt mit, daß Bundesfinanzminister Matthöfer zu einem Gespräch mit dem Bundesvorstand am 12.6.1979 eingeladen worden ist. Der Minister hat den Termin akzeptiert.
Der Bundesvorstand ist mit diesem Termin einverstanden.[13]

d) Darmstädter Appell
Kollege *Kluncker* spricht den sogenannten Darmstädter Appell, Aufruf zur Demonstration am 31. März 1979 zum Thema »Weg mit den Berufsverboten«, an und bittet um Klärung, wie darauf reagiert werden soll.[14]
Kollege *Vietheer* erwähnt in diesem Zusammenhang Kollegen Götz und sein Verhalten bei dieser und anderen Gelegenheiten.
Nach kurzer Diskussion, an der sich die Kollegen *Vetter*, *Frister* und *Kluncker* beteiligen, *beschließt* der Bundesvorstand, keine Stellungnahme in der o[ben] a[ngegebenen] Angelegenheit abzugeben. Er bestätigt seinen Beschluß in Sachen »Weg mit den Berufsverboten«, der eine Beteiligung ablehnt.

e) Grundsatzprogramm
Kollege *Vetter* berichtet, daß die Kommission Gesellschaftspolitik sich für die Nr. 1 der beiden vorliegenden Entwürfe zum Grundsatzprogramm entschieden hat.[15] Nach einer nochmaligen Beratungszeit von c[irca] vier Wochen wird die Kommission Gesellschaftspolitik den ohne Synopse hintereinander geschriebenen Entwurf des Grundsatzprogramms dem Bundesvorstand vorlegen. Dieser wird ihn den Gewerkschaften und den Organen des DGB für c[irca] ein Jahr zur Beratung übergeben. Nach der Abfassung von Anträgen wird dann der Außerordentliche Bundeskongreß im April 1981 darüber diskutieren und beschließen.[16]
Auf die Frage des Kollegen *Kluncker* nach dem Aktionsprogramm antwortet Kollege *Vetter*, daß der Bundesvorstand sich in seiner Aprilsitzung damit beschäf-

---

13 Zu Hans Matthöfer und seinen regelmäßigen Gewerkschaftskontakten als Minister vgl. Abelshauser: Nach dem Wirtschaftswunder, etwa S. 36 f. Zu dem Gespräch des DGB-Bundesvorstands mit Matthöfer vgl. Dok. 57: Kurzprotokoll über die 11. Sitzung des Bundesvorstandes am 12.6.1979, AdsD, DGB-Archiv, 5/DGAI000554, sowie Übertragung aus dem Stenogramm, Protokoll über die 11. Sitzung des Bundesvorstandes am 12.6.1979, Gespräch des Bundesvorstandes mit Bundesfinanzminister Matthöfer, AdsD, DGB-Archiv, 5/DGAI000501. Von dem Protokoll sind leider nur rudimentäre Stichworte erhalten.
14 Vgl. die in den Unterlagen Vetters erhaltenen Kopien von Unterschriftenlisten und Flugblättern des Darmstädter Appells, AdsD, DGB-Archiv, 5/DGAI000500.
15 Zur programmatischen Diskussion im DGB in den 1970er-Jahren vgl. von Beyme: Gewerkschaftliche Politik in der Wirtschaftskrise I, S. 348-360, sowie Schneider: Kleine Geschichte der Gewerkschaften, S. 399-402.
16 Das DGB-Grundsatzprogramm 1981 wurde auf dem 4. Außerordentlichen Bundeskongress des DGB vom 12. bis 14. März 1981 verabschiedet. Vgl. DGB-Grundsatzprogramm, in: DGB: 4. Außerordentlicher Bundeskongreß 1981, S. 1-32.

tigen soll. Der Bundesausschuß wird das neue Aktionsprogramm in seiner Sitzung im Juni verabschieden.[17]

f) Einladung von FIDEF

Auf die Frage des Kollegen *Kluncker* nach einer eventuellen Beteiligung an der Veranstaltung von FIDEF am 24. und 25. März 1979 *beschließt* der Bundesvorstand, wie bisher dieser Einladung nicht nachzukommen.

Ende der Sitzung: 14.00 Uhr.

Dokument 54

6. März 1979: Stellungnahme zum Urteil des Bundesverfassungsgerichts zu den Verfassungsbeschwerden gegen das Mitbestimmungsgesetz von 1976

6.3.1979, Düsseldorf.[1]
Ms., hekt., 4 S.
AdsD, DGB-Archiv, 5/DGAI000554.

Der Bundesvorstand empfiehlt dem Bundesausschuss, eine Stellungnahme zum Urteil des Bundesverfassungsgerichts zu den Verfassungsbeschwerden gegen das Mitbestimmungsgesetz von 1976 zu verabschieden. Der Entwurf einer Stellungnahme ist als Anlage beigefügt.
[...]

Der Bundesausschuss des Deutschen Gewerkschaftsbundes nimmt mit Befriedigung das Urteil des Bundesverfassungsgerichts vom 1. März 1979 zur Kenntnis, das die Verfassungsbeschwerden der Unternehmen, Arbeitgeberverbände und Wertpapierschutzvereinigung zurückweist und die Vereinbarkeit des Mitbestimmungsgesetzes von 1976 mit dem Grundgesetz feststellt.[2] Das Urteil ist ein wichtiger Beitrag in dem Ringen um die Durchsetzung der Mitbestimmung.

---

17 Vgl. DGB-Aktionsprogramm '79, Düsseldorf 1979; vgl. auch Dok. 55: Kurzprotokoll über die 9. Sitzung des Bundesvorstandes am 3.4.1979, Berlin; Dok. 56: Kurzprotokoll über die 10. Sitzung des Bundesvorstandes am 8.5.1979 sowie Protokoll über die 4. Sitzung des Bundesausschusses am 13.6.1979, AdsD, DGB-Archiv, 5/DGAI000419.

Dok. 54
1 Tischvorlage für die 3. Sitzung des Bundesausschusses am 7.3.1979, vgl. Protokoll über die 3. Sitzung des Bundesausschusses am 7.3.1979, TOP 3. »Urteil des Bundesverfassungsgerichts zur Mitbestimmungsklage der Arbeitgeber«, AdsD, DGB-Archiv, 5/DGAI000419.
2 Vgl. Urteil des Bundesverfassungsgerichts vom 1.3.1979, BVerfGE 50, S. 290-381.

Bei ihrem Versuch, wesentliche Elemente aus dem Mitbestimmungsgesetz von 1976 herauszubrechen und Grenzen für die weitere Ausgestaltung der Mitbestimmung festzuschreiben, haben die Arbeitgeber und Anteilseigner eine empfindliche Niederlage erlitten. Das Bundesverfassungsgericht hat ihr Ziel vereitelt, das Grundgesetz und seine Grundrechte als eine Garantie der Vorherrschaft von Anteilseignern und Unternehmern umzudeuten. Damit wurde auch den Bestrebungen der Boden entzogen, wichtige Forderungen der Gewerkschaften in die Nähe von Verfassungswidrigkeit zu rücken.

Das Urteil des Bundesverfassungsgerichts bekräftigt die Auffassung der Gewerkschaften, daß das Mitbestimmungsgesetz von 1976 die Grundrechte auf Eigentum, Vereinigungs-, Koalitions- und Berufsfreiheit nicht verletzt.

Mit seinem Urteil hat das Bundesverfassungsgericht den sozialen Gestaltungsauftrag des Gesetzgebers und der gesellschaftlichen Kräfte bestätigt. Das Grundgesetz enthält keine Festlegung und Gewährleistung einer bestimmten Wirtschaftsordnung. Es überläßt deren Gestaltung dem demokratisch legitimierten Gesetzgeber, der innerhalb der vom Grundgesetz gezogenen Grenzen frei entscheiden kann. Das Grundgesetz legt der staatlichen Reformpolitik keine Steine in den Weg.

Die Gewerkschaften sehen sich in ihrer Auffassung bestätigt, daß das unternehmerisch genutzte Eigentum einer besonderen sozialen Bindung unterliegt. Die Verfügungsgewalt über die Produktionsmittel kann umso stärker eingeschränkt werden, je mehr sich wirtschaftliche Macht in Großunternehmen und Konzernen zusammenballt. Mit der Feststellung, daß die Nutzung des Anteilseigentums immer der Mitwirkung von Arbeitnehmern bedarf, wird die Grundlage der Mitbestimmung anerkannt.

Mit dieser Auslegung der Verfassung wird dem weiteren Ausbau der Mitbestimmung kein Riegel vorgeschoben. Das Bundesverfassungsgericht hat sich zu der Frage der Verfassungsmäßigkeit eines weiteren Ausbaus der Mitbestimmung nicht geäußert. Anderslautende Behauptungen der Arbeitgeberverbände, die ein Letztentscheidungsrecht der Anteilseigner festgeschrieben sehen wollen, werden durch das Urteil nicht gestützt. Das Bundesverfassungsgericht hat sich vielmehr die Feststellungen der Mitbestimmungskommission zu eigen gemacht, daß die Mitbestimmung in der Montanindustrie die Funktionsfähigkeit der Unternehmen nicht beeinträchtigt. Die Mitwirkung von Gewerkschaftsvertretern in Aufsichtsräten wird ausdrücklich positiv gewürdigt.

Die Gewerkschaften begrüßen darüber hinaus die Feststellung des Bundesverfassungsgerichts, daß Koalitionsfreiheit und Tarifautonomie einerseits und Mitbestimmung andererseits als Bestandteile der Arbeits- und Wirtschaftsordnung historisch nebeneinander gewachsen sind und sich gegenseitig ergänzen. Die Freiheit der Unternehmen, Koalitionen zu bilden und Tarifverträge abzuschließen, wird durch die Mitbestimmung nicht berührt.

Die Gewerkschaften werden durch das Urteil des Bundesverfassungsgerichts nicht gehindert, ihre Mitbestimmungspolitik, die zuletzt vom 11. Ordentlichen

Bundeskongress des Deutschen Gewerkschaftsbundes im Mai 1978 bestätigt wurde, unbeirrt und konsequent weiterzuverfolgen.

Die Gewerkschaften fordern die Arbeitgeber und ihre Verbände auf, ihre Politik der Konfrontation aufzugeben und das Mitbestimmungsgesetz von 1976 loyal anzuwenden. Dies ist nach der Auffassung des Bundesverfassungsgerichts eine Voraussetzung für die Funktionsfähigkeit der Unternehmen. Alle Versuche, die Mitbestimmung durch Satzungsänderungen und Geschäftsordnungstricks zu unterlaufen, müssen aufgegeben werden.

Das Mitbestimmungsgesetz von 1976 muß weiterentwickelt werden. Ziel bleibt die Kontrolle wirtschaftlicher Macht durch die Mitbestimmung der Arbeitnehmer und ihrer Gewerkschaften in den Betrieben und Unternehmen und in der Gesamtwirtschaft.

Dokument 55

3. April 1979: Kurzprotokoll über die 9. Sitzung des Bundesvorstandes

Hotel Berlin Ambassador in Berlin; Vorsitz: Heinz O. Vetter; Protokollführung: Isolde Funke, Marianne Jeratsch; Sitzungsdauer 10.00–12.35 Uhr; ms. vermerkt: »Vertraulich«.[1]

Ms., hekt., 5 S., 2 Anlagen.[2]

AdsD, DGB-Archiv, 5/DGAI000554.

Beginn der Sitzung: 10.00 Uhr.

Kollege *Vetter* eröffnet die 9. Sitzung des Bundesvorstandes in Berlin.

Er begrüßt besonders den Kollegen Ernst Haar, der zum erstenmal als Vorsitzender der Gewerkschaft der Eisenbahner Deutschlands an einer Bundesvorstandssitzung teilnimmt.

Tagesordnung:
1. Genehmigung des Protokolls der 8. Bundesvorstandssitzung
2. Aktionsprogramm des DGB
3. Aktionsprogramm des EGB
4. Verschiedenes

Dok. 55
1 Einladungsschreiben vom 13.3.1979 und Tagesordnung vom 21.3.1979. Nicht anwesend: Gerhard Schmidt, Günter Stephan, Adolf Schmidt (vertreten durch Hans Alker), Heinz Vietheer (vertreten durch Günter Volkmar), Günter Döding (vertreten durch Erich Herrmann). AdsD, DGB-Archiv, 5/DGAI000500.
2 Anlagen: Anwesenheitsliste; Erklärung des DGB zur Unverjährbarkeit von Mord, DGB-Nachrichten-Dienst, 63/79, 4.4.1979.

1. Genehmigung des Protokolls der 8. Bundesvorstandssitzung

Kollege *Vetter* teilt mit, daß auf Seite 4 im Tagesordnungspunkt 4.»Bericht über die Sitzung der Exekutive des EGB (Vorbereitung des EGB-Kongresses vom 14. bis 18. Mai 1979 in München)« bei der Aufzählung der Delegierten zum EGB-Kongreß im zweiten Absatz der Kollege Gerhard Vater fehlt.

Beschluß:
Der Bundesvorstand genehmigt das Protokoll mit folgender Ergänzung:
Auf Seite 4 muß im zweiten Absatz des Tagesordnungspunktes 4.»Bericht über die Sitzung der Exekutive des EGB (Vorbereitung des EGB-Kongresses vom 14. bis 18. Mai 1979 in München)« bei der Aufzählung der Delegierten der Kollege Gerhard Vater aufgenommen werden.[3]

2. Aktionsprogramm des DGB

Kollege *Vetter* erinnert kurz an die Vorgeschichte zur Überarbeitung des Aktionsprogramms des DGB und verweist auf den vorliegenden, in Berlin von der Kommission Aktionsprogramm verabschiedeten Entwurf. Er bittet um entsprechende Beratung und Beschlußfassung.[4]

An der anschließenden Diskussion beteiligen sich die Kollegen *Jung, Loderer, Muhr, Vetter, Sperner, Keller, Kluncker, Schirrmacher, Frister, Sierks, Georgi* und Kollegin *Weber*.[5] Aufgrund von neuen Änderungsvorschlägen wird das weitere Verfahren und eine eventuelle Neuformulierung zum Thema Kernenergie erörtert. Hierzu sagt Kollege Kluncker Material aus den USA zu.[6]

---

3 Vgl. Dok. 53: Kurzprotokoll der 8. Sitzung des Bundesvorstandes am 6.3.1979.
4 Das Aktionsprogramm diente in gewisser Weise auch dazu, die Zeit zwischen Beginn des programmatischen Aushandlungsprozesses und der Verabschiedung des neuen Grundsatzprogramms zu überbrücken. Vetter beobachtete deutliche Bestrebungen von DKP-Funktionären innerhalb des DGB, das Aktionsprogramm in ihren eigenen Bannkreis zu ziehen. Die DKP habe Entwürfe des Aktionsprogramms des DGB vorab veröffentlicht und verschiedene Entwürfe miteinander verglichen. Sie ziele darauf ab, das Aktionsprogramm, ebenso wie es der DGB mit dem Programmentwürfen zum Grundsatzprogramm gehandhabt habe, in den Gremien und an der Basis zu diskutieren. Vetter hielt dem entgegen, dass das Grundsatzprogramm nach Beratung in den Gremien in der nächsten Sitzung des Bundesausschusses beschlossen werden solle. Vgl. Protokoll über die 9. Sitzung des Bundesvorstandes am 3.4.1979, Übertragung aus dem Stenogramm, S. 2 ff., AdsD, DGB-Archiv, 5/DGAI000500.
5 In der Diskussion wurden Verfahrensfragen erörtert und kritisch nachgefragt, warum bereits erarbeitete Änderungsvorschläge nicht eingearbeitet worden seien. Vgl. ebd.
6 Wie Heinz Oskar Vetter bereits vor Eintritt in die Tagesordnung erklärte, war das Reaktorunglück in Harrisburg, bei dem es im Block II des Atomkraftwerks, der erst 1978 in Betrieb genommen worden war, am 28.3.1979 zu einer Kernschmelze gekommen war, der Anlass für die Einbeziehung amerikanischer Erfahrungen. Vgl. Protokoll über die 9. Sitzung des Bundesvorstandes am 3.4.1979, Übertragung aus dem Stenogramm, S. 1, AdsD, DGB-Archiv, 5/DGAI000500.

Beschluß:
Der Bundesvorstand stellt die abschließende Beratung zum Aktionsprogramm des DGB bis zu seiner Sitzung am 8. Mai 1979 zurück.[7]

Änderungsvorschläge müssen bis zum 18. April 1979 beim DGB-Bundesvorstand schriftlich eingegangen sein, die spätestens innerhalb von zwei Tagen an die Mitglieder des Bundesvorstandes weitergeleitet werden müssen.

Für den 7. Mai 1979, 18.00 Uhr, wird die Kommission Aktionsprogramm zur Beratung des Entwurfs und der eingegangenen Änderungsvorschläge einberufen. Das Ergebnis muß dem Bundesvorstand am nächsten Tag, 8. Mai 1979, vorgelegt werden.

In diesem Zusammenhang wird beschlossen, daß die Sitzung des Bundesausschusses am 13. Juni 1979, in der das Aktionsprogramm verabschiedet werden soll, erst um 11.00 Uhr beginnt, damit die Vorsitzenden mit ihren Delegationen vorher beraten können.

3. Aktionsprogramm des EGB

Kollege *Vetter* verweist auf die vorliegenden Änderungsanträge zum Aktionsprogramm des EGB und bittet um Beratung.[8]

Gleichzeitig berichtet er aus der letzten Sitzung des Exekutivausschusses, wo zwei große Problembereiche des Kongresses zur Diskussion standen, und zwar Änderungen zur Satzung und Anträge zur Aufnahme. Der Exekutivausschuß war der Auffassung, dem Kongreß vorzuschlagen, daß er beschließen möge, alle satzungsändernden Anträge nicht zu beraten, sondern an die Exekutive zu leiten, damit eine gründliche Überarbeitung erfolgen kann. Zu den Aufnahmeanträgen wird die Exekutive beantragen, daß der Kongreß sie beauftragen möge, nach zu verabschiedenden Prinzipien alle bis zum Tage des Kongresses eingegangenen Aufnahmeanträge innerhalb eines Jahres definitiv zu verabschieden.[9]

---

7 Vgl. Dok. 56: Kurzprotokoll über die 10. Sitzung des Bundesvorstandes am 8.5.1979, TOP 2.
8 Das Aktionsprogramm enthielt Forderungen und formulierte eine politische Agenda des EGB, deren oberstes Ziel die »Planung der Vollbeschäftigung« war. Es setzte sich mit Tendenzen zur Unternehmenskonzentration und der Bildung sowie der Machtstellung multinationaler Konzerne auseinander, formulierte Forderungen nach Einführung einer Wirtschaftsdemokratie, nach Verbesserung der Arbeitsbedingungen und plädierte für eine gemeinsame Agrarpolitik der EG. Gruppenbezogene Forderungen umfassten ein Programm für junge Arbeitnehmer und Maßnahmen zur Durchsetzung der Gleichberechtigung und der Chancengleichheit der Frauen, solche bezogen auf Arbeitsmigranten. Darüber hinaus hatte der EGB auch verbraucherpolitische Forderungen formuliert und solche, die den Lebensrahmen der Arbeitnehmer betreffen. Vgl. Dok. 53: Kurzprotokoll der 8. Sitzung des Bundesvorstandes am 6.3.1979, TOP 4. Vgl. auch [DGB-Bundesvorstand], Abt. Vorsitzender, Informationsvorlage für die 8. Sitzung des Bundesvorstandes des DGB am 6.3.1979, Aktionsprogramm des EGB, Düsseldorf, 2.3.1979; EGB, Aktionsprogramm, AdsD, DGB-Archiv, 5/DGAI000500.
9 Die Aufnahmeanträge wurden insofern kontrovers diskutiert, als es sich um Anträge von Gewerkschaften wie der französischen kommunistischen Richtungsgewerkschaft CGT handelte. Vetter beschrieb deren Politik als eine der Distanznahme von der KPF. Vgl. Protokoll über die 9. Sitzung des Bundesvorstandes

Die Frage des Kollegen *Hauenschild*, ob die vorgelegten Änderungsanträge zum Aktionsprogramm des EGB vom Geschäftsführenden Bundesvorstand gründlich geprüft worden sind, bejaht Kollege *Vetter*. Kollege *Loderer* erklärt, daß diese Änderungsvorschläge die volle Deckung der IG Metall haben.

Beschluß:
Der Bundesvorstand verabschiedet die Änderungsanträge des DGB zum Aktionsprogramm des EGB.

Kollege *Kluncker* weist auf das Wort »absolute« im Abschnitt X., Seite 2, Ziffer b), vorletzte Zeile, hin.

Kollege *Vetter* erklärt, daß möglicherweise ein Übersetzungsfehler vorliegen könnte. Kollege *Pfeiffer* übernimmt eine erneute Überprüfung.[10]

4. Verschiedenes

a) Erklärung des Bundesvorstandes zur Unverjährbarkeit von Mord
Kollege *Vetter* verweist auf den vorliegenden Entwurf und bittet um Beratung und Verabschiedung.

Nach kurzer Diskussion, an der sich die Kollegen *Sperner, Vetter, Hauenschild, Haar, Georgi, Heiß, Frister, Muhr* und *Schirrmacher* beteiligen, verabschiedet der Bundesvorstand mit einer Änderung die Erklärung des Bundesvorstandes zur Unverjährbarkeit von Mord (s. Anlage).

b) Sachverständigenrat
Kollege *Pfeiffer* erinnert daran, daß der Bundesvorstand damit einverstanden war, Professor Dr. Lothar Neumann als Nachfolger des ausscheidenden Professors Scherhorn für den Sachverständigenrat zur Begutachtung der gesamtwirtschaftlichen Entwicklung von seiten des DGB vorzuschlagen. Inzwischen ist bekanntgeworden, daß das Bundeswirtschaftsministerium Professor Neumann nicht berufen wird. Einige andere Namen sind genannt worden. Kollege *Pfeiffer* bittet den Bundesvor-

---

am 3.4.1979, Übertragung aus dem Stenogramm, S. 2 [eigene Zählung des TOPs], AdsD, DGB-Archiv, 5/DGAI000500.
10 Es ging um die »absolute Sicherheit« bei Atomkraftwerken, wozu der Vorschlag unterbreitet wurde, eine hinreichende Sicherheit der Bevölkerung zu fordern.
11 Der DGB sprach sich »für eine Aufhebung der Verfolgungsverjährung bei Mordtaten« aus. Hintergrund war die in den vergangenen Jahrzehnten wiederholt aufgeschobene und erweiterte Entscheidung über die Verjährung von Mordtaten im Zusammenhang des Nationalsozialismus. Der DGB betrachtete es als »unerträglich, daß nach Ablauf der Verjährungsfrist (31.12.1979) untergetauchte, nicht entdeckte NS-Täter frei und straflos in [der Bundesrepublik Deutschland] [...] neben den Verfolgten des Nazi-Regimes und den Hinterbliebenen der Opfer leben« sollten. Vgl. Erklärung des DGB-Bundesvorstandes zur Unverjährbarkeit von Mord, DGB-Nachrichten-Dienst, 63/79, 4.4.1979, AdsD, DGB-Archiv, 5/DGAI000500. Zu den Verjährungsdebatten der 1960er- und 1970er-Jahre vgl. von Miquel: Ahnden oder amnestieren?, S. 224-369; zur Haltung der Sozialdemokratie in dieser Frage vgl. Meyer: Die SPD und die NS-Vergangenheit.

stand um seine Zustimmung, daß der DGB weiterhin an seinem Vorschlag Professor Neumann festhält. Neumann ist damit einverstanden.[12]

An der nachfolgenden kurzen Diskussion beteiligen sich die Kollegen *Vetter, Pfeiffer, Kluncker, Sperner, Loderer, Muhr* und *Hauenschild.*

Der Bundesvorstand kommt zu der Auffassung, daß vor einer endgültigen Entscheidung abgeklärt werden soll, ob alle beteiligten Stellen den Vorschlag des DGB unterstützen werden.[13]

c) 40 Jahre Kriegserklärung – 1. September 1979
Kollege *Loderer* fragt, ob der DGB aus Anlaß der Kriegserklärung vor 40 Jahren am 1. September 1979 eine zentrale Veranstaltung durchführt.

Nach kurzer Diskussion, an der sich die Kollegen *Schwab, Frister, Vetter* und *Loderer* beteiligen, bekräftigt der Bundesvorstand seinen früheren Beschluß, daß der DGB am 1. September 1979 eine zentrale Veranstaltung und die Landesbezirke jeweils in ihrem Bereich eine Veranstaltung durchführen, an der sich die Gewerkschaften beteiligen.[14]

d) Initiative »Zur Verteidigung der demokratischen und sozialen Rechte«
Kollege *Kluncker* fragt, wie der Geschäftsführende Bundesvorstand zu der Aufforderung der Gewerkschaftsjugend steht, sich an der Initiative »Zur Verteidigung der demokratischen und sozialen Rechte« zu beteiligen. Dieser Punkt soll auch in der Bundesjugendausschußsitzung am 5./6.4.1979 behandelt werden.

Kollege *Schwab* erklärt, daß es ein einstimmiger Beschluß des Bundesjugendausschusses ist, sich an dieser Initiative zu beteiligen, die als Gegengewicht gegen z. B. »Kampf den Berufsverboten« gedacht ist.

Kollege *Vetter* sagt eine Überprüfung zu.

Ende der Sitzung: 12.35 Uhr.

---

12 Professor Neumann war im Bundesministerium der Wirtschaft umstritten, da er sich bereits zuvor mit Mitgliedern des Sachverständigenrats kontrovers auseinandergesetzt hatte. Verschiedene Kandidaten seien genannt worden, Professor Hans-Jürgen Krupp (Vorschlag von IG Metall und IG CPK), das Mitglied des Wirtschaftswissenschaftlichen Beirats der SPD Christian Weizsäcker, Professor Harald Gerfin, Professor Bernhard Gahlen, der in der Kommission für Wirtschaftlichen und Sozialen Wandel mitgewirkt hatte, sowie Professor Werner Glastetter.
13 Nachfolger von Prof. Dr. Gerhard Scherhorn wurde schließlich der Volkswirt Prof. Dr. Werner Glastetter, der seit 1977 an der Universität Bielefeld lehrte und zuvor Referent im WSI war.
14 Diese Initiative ist neben dem Anlass des konkreten Jahrestags auf die verstärkte geschichtspolitische Tätigkeit des DGB in den ausgehenden 1970er-Jahren zurückzuführen. Zur Vorgeschichte vgl. Köcher: »Aus der Vergangenheit lernen – für die Zukunft arbeiten!«?; Remeke: Auf der Suche nach der eigenen Heldengeschichte; sowie Berger: Gewerkschaftsgeschichte als Erinnerungsgeschichte.

DOKUMENT 56

8. Mai 1979: Kurzprotokoll über die 10. Sitzung des Bundesvorstandes

Hans-Böckler-Haus in Düsseldorf; Vorsitz: Heinz O. Vetter, Maria Weber; Protokollführung: Isolde Funke, Marianne Jeratsch; Sitzungsdauer:10.00–14.40 Uhr; ms. vermerkt: »Vertraulich«.[1]

Ms., hekt., 9 S., 1 Anlage.[2]
AdsD, DGB-Archiv, 5/DGAI000554.

Beginn der Sitzung: 10.00 Uhr.

Kollege *Vetter* eröffnet die 10. Sitzung des Bundesvorstandes in Düsseldorf.
Im Namen des Bundesvorstandes gratuliert er Kollegen Vater zu seinem Geburtstag.

Tagesordnung:
1. Sitzung der Kommission Gesellschaftspolitik
2. Aktionsprogramm des DGB
3. Genehmigung des Protokolls der 9. Bundesvorstandssitzung
4. Vermögenspolitik/Sparförderung
5. Bericht über den Stand der Jugendarbeit
6. Finanzierung der Fachausschüsse der Arbeitsgemeinschaft für Umweltfragen
7. Tagesordnung für die 4. Bundesausschußsitzung am 13.6.1979
8. Sozialwahlen 1980
   a) Vereinbarungen mit der Arbeitsgemeinschaft Christlicher Arbeitnehmerverbände (ACA)
   b) Finanzierung der Wahlvorbereitungen
   c) Listen einzelner Gewerkschaften bei den bundesunmittelbaren Versicherungsträgern
9. Arbeitszeitordnung
10. Deutscher Juristentag
11. Internationale Arbeitskonferenz
12. BAG-Entscheidung über Wahl der Vertrauensleute
13. Verschiedenes

Dok. 56
1 Einladungsschreiben vom 9.4.1979 und Tagesordnung vom 25.4.1979. Nicht anwesend: Siegfried Bleicher (vertreten durch Walter Haas). AdsD, DGB-Archiv, 5/DGAI000501.
2 Anlage: Anwesenheitsliste.

DOKUMENT 56   8. Mai 1979

1. Sitzung der Kommission Gesellschaftspolitik

Aufgrund der Beratungen in der Kommission Aktionsprogramm und der Auffassungen von Vorsitzenden schlägt Kollege *Vetter* vor, die für heute nachmittag vorgesehene Sitzung der Kommission Gesellschaftspolitik ausfallen zu lassen und stattdessen Anfang Juli, wenn der Bundesvorstand sowieso zu Sitzungen in Hamburg ist, eine Klausurtagung von Freitagnachmittag, 8. Juli 1979, bis ggf. Sonntagvormittag, 10. Juli, in der Nähe Hamburgs durchzuführen.

Beschluß:
Der Bundesvorstand beschließt, die für heute nachmittag vorgesehene Sitzung der Kommission Gesellschaftspolitik ausfallen zu lassen. Die Kommission Gesellschaftspolitik wird von Freitagnachmittag, 8. Juli 1979, bis ggf. Sonntagvormittag, 10. Juli, in der Heimvolkshochschule der Friedrich-Ebert-Stiftung in Ahrensburg eine Klausurtagung durchführen.

Außerhalb der Tagesordnung berichtet Kollege *Vietheer* über Vorgänge, die seine Gewerkschaft betreffen, und bittet den Bundesvorstand um seine Unterstützung.[3]

Der Bundesvorstand spricht Kollegen Vietheer und seiner Gewerkschaft uneingeschränkte Solidarität aus.

2. Aktionsprogramm des DGB

Kollege *Vetter* berichtet über die Sitzung der Kommission Aktionsprogramm, die am Vorabend nach eingehender Diskussion den dem Bundesvorstand vorliegenden Entwurf gutgeheißen hat und ihn dem Bundesvorstand zur Verabschiedung und Weiterleitung an den Bundesausschuß empfiehlt. Lediglich die Kapitel »Gerechtere Vermögensverteilung« und »Sichere Energieversorgung« müssen noch endgültig abgestimmt werden.[4]

---

3   In der DAG-Zeitung stand die Publikation eines Artikels bevor, der den Einfluss der DKP auf den DGB darstellte. Er ging auf die Gewerkschaft HBV ein. Hintergrund war das Ausscheiden ehemaliger Sekretäre der Gewerkschaft HBV und der Übertritt derselben zur DAG. Diese hatten ihr Ausscheiden mit der Zunahme »linksextremistische[r] Tendenzen« begründet. Zur Untermauerung thematisierte der Artikel die Ereignisse auf der DGB-Bundesjugendkonferenz. Hier hatten DKP-Funktionäre nennenswerten Einfluss auf die gestellten Anträge nehmen können. Die Gewerkschaft HBV wies die Vorwürfe als haltlos zurück. Heinz Vietheer und Günter Volkmar schrieben: »Für Links- und Rechtsextremisten gibt es innerhalb der HBV keinen Platz. Die Unvereinbarkeitsbeschlüsse des Deutschen Gewerkschaftsbundes werden streng angewendet. Seit ihrer Gültigkeit hat die Gewerkschaft HBV konsequent alle Mitglieder ausgeschlossen, die entsprechenden Organisationen angehören.« Vgl. Protokoll über die 10. Sitzung des Bundesvorstandes am 8.5.1979, Übertragung aus dem Stenogramm, S. 3 ff.; Gewerkschaft HBV, Hauptvorstand, Heinz Vietheer und Günter Volkmar, HBV weist Unterstellungen und Verleumdungen zurück, Düsseldorf, o. D., AdsD, DGB-Archiv, 5/DGAI000501.

4   Der Entwurf stellte das Recht auf Arbeit und gesicherte Arbeitsplätze an den Anfang, forderte den Ausbau der Tarifautonomie, die Verkürzung der Arbeitszeit und mehr Urlaub, Lohn- und Gehaltserhöhungen, eine gerechtere Vermögensverteilung, eine Verbesserung der Steuer- und Finanzpolitik, die

Nach ausführlicher Diskussion, an der sich die Kollegen *Hauenschild*, *Vetter*, *Frister*, *Sickert*, *Jung*, *Kluncker*, *Muhr*, *Pfeiffer* und Kollegin *Weber* beteiligen, verabschiedet der Bundesvorstand mit den besprochenen Änderungen das Aktionsprogramm und empfiehlt es dem Bundesausschuß zur Annahme.[5]

3. Genehmigung des Protokolls der 9. Bundesvorstandssitzung

Beschluß:
Der Bundesvorstand genehmigt das Protokoll der 9. Bundesvorstandssitzung.[6]

4. Vermögenspolitik/Sparförderung

Kollege *Pfeiffer* erläutert ausführlich die dem Bundesvorstand vorliegende Unterlage, die keine Vorlage des Geschäftsführenden Bundesvorstandes, sondern ein Informationsvermerk ist.[7] Ziel der heutigen Diskussion soll es sein, zu entscheiden,

---

Orientierung an den Grundsätzen der Humanisierung der Arbeit, den Ausbau der sozialen Sicherheit und der Alterssicherung, den Ausbau der Mitbestimmung, ein Festhalten an der Unabhängigkeit der Medien, insbesondere was den öffentlich-rechtlichen Rundfunk und das Fernsehen betraf, Chancengleichheit in der Bildung, ein soziales Mietrecht, Umweltschutz und sichere Energieversorgung. Vgl. den revidierten Entwurf des Aktionsprogramms, DGB, Kommission Aktionsprogramm, Revidierter Entwurf Aktionsprogramm '79, Düsseldorf, 7.5.1979. Die detaillierten Änderungsvorschläge waren in einer einheitlichen Vorlage zusammengefasst, die der Kommission Aktionsprogramm am 7.5.1979 vorlag. Vgl. [DGB-Bundesvorstand, Abt.] Gesellschaftspolitik, Volker Jung, an Heinz O. Vetter, Sitzung der Kommission Aktionsprogramm am 7.5.1979, Düsseldorf, 7.5.1979; DGB-Bundesvorstand, Gerd Muhr, an die Mitglieder der Bundesvorstandes, Aktionsprogramm, Düsseldorf, 26.4.1979; DGB, Kommission Aktionsprogramm, Entwurf Aktionsprogramm '79, Düsseldorf, im April 1979, AdsD, DGB-Archiv, 5/DGAI000501.

5 Die Kommission Aktionsprogramm hatte am 7.5.1979 abschließend getagt, wovon Heinz Oskar Vetter berichtete. Der Bundesvorstand diskutierte knapp die Passage zur Kernenergie, die durch die Reaktorkatastrophe von Harrisburg neue Brisanz gewonnen hatte. Es wurden Änderungen vorgeschlagen, die eine engere Abstimmung bei Planungen von Atomkraftwerken in Grenzregionen vorsahen. Vgl. Protokoll über die 10. Sitzung des Bundesvorstandes am 8.5.1979, Übertragung aus dem Stenogramm, S. 6-9, AdsD, DGB-Archiv, 5/DGAI000501.

6 Vgl. Dok. 55: Kurzprotokoll über die 9. Sitzung des Bundesvorstandes am 3.4.1979.

7 Der Informationsvermerk Alois Pfeiffers ging zurück auf ein Gespräch, dass er am 27.3.1979 mit dem Staatssekretär im Bundesfinanzministerium, Dr. Rolf Böhme, geführt hatte. Böhme hatte den gegenwärtigen Verfahrensstand nach der Bundesratsinitiative Bayerns im Januar 1978 und der Bundestagsinitiative der CDU/CSU-Fraktion Mitte 1978 geschildert. In seiner Regierungserklärung vom 16.12.1976 habe Bundeskanzler Helmut Schmidt vermögenspolitische Reformen angekündigt, wahrscheinlich sehe er sich durch ein Koalitionsgespräch vom 30.11.1977 in Zugzwang. Gleichwohl beabsichtige die Bundesregierung, eine vermögenspolitische Reform in Abstimmung mit den Gewerkschaften zu erwirken. Der DGB habe seine Position der Ablehnung der steuerlichen Begünstigung betrieblicher vermögenswirksamer Leistungen in Form von Aktien und stillen Beteiligungen zum Ausdruck gebracht. Staatssekretär Böhme schlug vor, diese Begünstigungen durch vermögenswirksame Leistungen, die in überbetriebliche tarifvertragsfähige Investment- und Sozialfonds einfließen, zu ergänzen und so einen Kompromiss zu finden, der die Forderungen des DGB berücksichtige. Vgl. [DGB-Bundesvorstand], Abt. Wirtschaftspolitik, Vermögenspolitik, Gespräch im Bundesfinanzministerium am 27.3.1979, Düsseldorf, 12.4.1979;

ob und, wenn ja, in welcher Weise die Gespräche mit Staatssekretär Dr. Böhme vom Bundesfinanzministerium fortgesetzt werden können. Bei einer Fortführung der Gespräche schlägt Kollege *Pfeiffer* die Beteiligung von Vertretern der Gewerkschaften vor. Er weist auf die drängende Terminlage der Bundesregierung und die Notwendigkeit einer Stellungnahme des DGB hin.

Kollege *Heiß* bestätigt die Ausführungen des Kollegen Pfeiffer in allen Punkten und ergänzt, daß auch die politischen Parteien auf Gespräche mit dem DGB drängen.

An der nachfolgenden eingehenden Diskussion beteiligen sich die Kollegen *Kluncker, Vetter, Pfeiffer, Heiß, Hauenschild, Loderer, Schwab, Döding, Keller, Muhr, Wagner* und Kollegin *Weber*. Es werden die Situation der Willensbildung in der Bundesregierung sowie die Formulierung des Absatzes 4 »Gerechtere Vermögensverteilung« im Aktionsprogramm angesprochen.[8] Einige Kollegen sind der Auffassung, daß der Bundesausschuß wegen der grundsätzlichen Bedeutung hierzu gehört werden soll. Dem wird entgegengehalten, daß die akute Entscheidungssituation in Bonn eine rasche Meinungsäußerung zu dem von Dr. Böhme entwickelten Vorschlag erforderlich mache. In der weiteren Diskussion wird besonders auf die Chance eingegangen, die steuerliche Begünstigung für Belegschaftsaktien wieder zu beseitigen (§ 8).[9]

Beschluß:
Der Bundesvorstand kommt überein, daß die Verhandlungsdelegation des DGB in den Gesprächen mit Staatssekretär Dr. Böhme die Chancen von sogenannten Tariffonds weiter ausloten soll. Vorbedingung muß aber sein, daß die Steuerbegünstigung für Belegschaftsaktien abgebaut wird.

Der vierte Absatz im Abschnitt »Gerechtere Vermögensverteilung« des Aktionsprogramms wird in einer dem Antrag 26 des letzten Bundeskongresses entsprechenden Formulierung neu gefaßt, unter Einschluß der von Kollegen *Frister* vorgelegten Vorschläge hinsichtlich der Ablehnung betrieblicher Modelle und sie begünstigender Steuervorschriften.[10]

5. Bericht über den Stand der Jugendarbeit

Kollege *Schwab* berichtet über den augenblicklichen Stand der Jugendarbeit. In diesem Zusammenhang weist er darauf hin, daß nach dem vorläufig abschließenden Gespräch zwischen Bundesvorstand und Bundesjugendausschuß im Dezember

---

[DGB-Bundesvorstand], Abt. Gesellschaftspolitik, Detlev Küller, an den Kollegen Heinz O. Vetter, Aktuelle Situation in der Diskussion um Sparförderung/Vermögensbildung, Düsseldorf, 28.3.1979 [mit Anlagen]; DGB-Bundesvorstand, Abt. Gesellschaftspolitik, Detlev Küller, Vermerk zur taktischen Situation um ein Regierungskonzept zur Sparförderung/Vermögensbildung, Düsseldorf, 28.3.1979, AdsD, DGB-Archiv, 5/DGAI000501.

8 Vgl. DGB: Aktionsprogramm '79, S. 7.
9 Gemeint war § 8 des Kapitalerhöhungssteuergesetzes, für dessen Abschaffung sich der DGB bereits seit längerem einsetzte.
10 Vgl. DGB: Aktionsprogramm '79, S. 7.

v[origen] J[ahres] erneut in der Presse wie auch in der Gewerkschaftspresse eine Diskussion über die Arbeit der Gewerkschaftsjugend läuft, die sich auf ein internes und ohne Auftrag erarbeitetes Papier einiger in Oberursel tätigen Kollegen stützt. Kollege *Schwab* geht auf einige Punkte dieses Papiers ein und berichtet über die Sitzung des Bundesjugendausschusses am 5. und 6. April 1979, der sich ebenfalls mit diesem Oberurseler Papier befaßt und eine Presseerklärung herausgegeben hat.[11]

In der anschließenden Diskussion, an der sich die Kollegen *Georgi, Kluncker, Loderer, Schwab, Keller, Döding* und *Hauenschild* beteiligen, werden u. a. das Oberurseler Papier und die »Initiative zur Verteidigung der demokratischen und sozialen Rechte« angesprochen. Es wird die Auffassung vertreten, daß das Oberurseler Papier dem Bundesvorstand zur Verfügung gestellt und g[egebenenfalls] diskutiert werden sollte.

6. Finanzierung der Fachausschüsse der Arbeitsgemeinschaft für Umweltfragen

Der Bundesvorstand faßt folgenden *Beschluß*:
Der DGB beteiligt sich für das Jahr 1979 mit 21.168,– DM an der Finanzierung der Fachausschüsse der Arbeitsgemeinschaft für Umweltfragen e. V. Der DGB-Beitrag soll aus dem Haushaltstitel »Sonderaktionen« entnommen werden.[12]

---

11 Es handelte sich um das Papier des Leiters der Oberurseler DGB-Schule Hinrich Oetjen, der eine Zustandsbeschreibung der kommunistischen Einflussversuche in der Gewerkschaftsjugend abgab. Willi Köbele von der IG BSE und Hermann Rappe von der IG CPK wandten sich mit gleichlautenden Schreiben an Karl Schwab und warnten vor den kommunistischen Unterwanderungsversuchen. Dabei bezogen sie sich auf das Oberurseler Papier Hinrich Oetjens. Vgl. Karl Schwab, an die Mitglieder des Geschäftsführenden Bundesvorstandes, Situation im DGB-Bundesjugendausschuß, Düsseldorf, 27.4.1979; IG BSE, Bundesvorstand, Willi Köbele, an Karl Schwab, DGB-Bundesvorstand, Frankfurt am Main, 27.3.1979; IG CPK, Hauptvorstand, Hermann Rappe, an den DGB-Bundesvorstand, Karl Schwab, Hannover, 26.3.1979; Jugendarbeit kontinuierlich weiterentwickeln, DGB-Nachrichten-Dienst, 66/79, 6.4.1979, AdsD, DGB-Archiv, 5/DGAI000501; »Schmuddelige Kampagne gegen Kommunisten«. Innergewerkschaftliche Auseinandersetzungen über kommunistische Unterwanderung spitzt sich zu, in: Frankfurter Allgemeine Zeitung, 26.4.1979. Zu diesem Papier vgl. Wilke: Gewerkschaftsjugend in der Krise, S. 509 f.
12 Am 3.7.1975 hatte auf Einladung des Bundeskanzlers in Schloss Gymnich ein Gespräch zwischen Bundes- und Landespolitikern, Vertretern der Wirtschaft, der Gewerkschaften sowie verschiedener Bürgerinitiativen stattgefunden. Gewerkschaftliche Vertreter waren Hans Alker (IG BE), Karl Hauenschild (IG CPK), Rudolf Judith (IG Metall) und Alois Pfeiffer (DGB-Bundesvorstand). Ein Ergebnis dieses Gesprächs war, dass zum Zweck der Verbesserung der umweltpolitischen Information und Kooperation bei der Arbeitsgemeinschaft für Umweltfragen Fachausschüsse gebildet werden sollten. Die 1970 gegründete Arbeitsgemeinschaft für Umweltfragen e. V. (AGU), in der gleichberechtigt Vertreter aus Arbeitnehmerorganisationen und Verbraucherverbänden, Handel, Land- und Forstwirtschaft, Politik und Verwaltung, Wissenschaft und Forschung, Wirtschaft und Technik sowie Entwicklungsorganisationen zusammenarbeiteten, war ein Dialogforum zum Austausch über Umweltfragen. Sie gliederte sich in den Hauptausschuss und den Vorstand sowie zur inhaltlichen Beratung in die genannten Fachausschüsse. Die Mitglieder der Fachausschüsse sollten Vertreter der öffentlichen Hand, der Wirtschaft, der Gewerkschaften und der Naturschutzverbände/Bürgerinitiativen sein. Es sollten ein Fachausschuss für Umweltpolitik und Umweltplanung, ein Fachausschuss für Umweltinformation und Umweltbewusstsein, ein Fachausschuss für technische Regeln und Fragen der Standortvorsorge sowie ein Fachausschuss für Kernenergie und

7. **Tagesordnung für die 4. Bundesausschußsitzung am 13.6.1979**

Kollegin *Weber* verweist auf die Vorlage und bittet um Zustimmung.

Kollege *Sickert* macht darauf aufmerksam, daß die Landesbezirksvorsitzenden in ihrem Hotel wegen eines Kongresses während dieser Zeit keine Zimmer bekommen können.

Kollegin *Weber* sagt eine Überprüfung zu.

Beschluß:
Der Bundesvorstand beschließt für die 4. Bundesausschußsitzung am 13.6.1979 folgende Tagesordnung:
1. Genehmigung des Protokolls der 3. Bundesausschußsitzung
2. Bericht zur gewerkschaftspolitischen und organisatorischen Situation
3. Aktionsprogramm des DGB
4. Fragestunde
5. Verschiedenes[13]

8. **Sozialwahlen 1980**

a) Vereinbarungen mit der Arbeitsgemeinschaft Christlicher Arbeitnehmerverbände (ACA)

Beschluß:
Der Bundesvorstand geht davon aus, daß seitens der ACA-Mitgliedsverbände zu den Sozialwahlen bei den Angestellten-Versicherungsträgern eigene Listen eingereicht werden. Die Kandidatur auf den Listen und die Unterstützung solcher Listen von Mitgliedern der DGB-Gewerkschaften ist so lange nicht gewerkschaftsschädigend, wie die Grundsätze des Beschlusses des DGB-Bundesvorstandes vom 7. März 1978 zur »Gründung von Interessengemeinschaften« eingehalten werden.[14]

Strahlenschutz gebildet werden. Damit waren zentrale Themenfelder der Umweltpolitik abgedeckt. Die Finanzierung sollte nach dem »Schwedischen Modell« erfolgen, also unter Heranziehung der beteiligten Kreise der öffentlichen Hand, der Wirtschaft und der Gewerkschaften im Verhältnis 4:2:1 erfolgen. Zur Gründung der Fachausschüsse vgl. auch Kädtler/Hertle: Sozialpartnerschaft und Industriepolitik, S. 178-181. Vgl. [DGB-Bundesvorstand], Abt. Vorsitzender, Vorlage für die 10. Bundesvorstandssitzung am 8.5.1979, Arbeitsgemeinschaft für Umweltfragen, Düsseldorf, 25.4.1979, AdsD, DGB-Archiv, 5/DGAI000501.

13 Vgl. Protokoll über die 4. Sitzung des Bundesausschusses am 13.6.1979, AdsD, DGB-Archiv, 5/DGAI000419.

14 Vgl. Dok. 39: Kurzprotokoll über die 27. Sitzung des Bundesvorstandes am 7.3.1978, TOP 3. Vgl. auch [DGB-Bundesvorstand], Abt. Sozialpolitik, Gerd Muhr, an die Mitglieder des Bundesvorstandes, Sozialwahlen 1980, hier: Vereinbarungen mit der Arbeitsgemeinschaft Christlicher Arbeitnehmer (ACA), Düsseldorf, 17.4.1979, AdsD, DGB-Archiv, 5/DGAI000501.

b) Finanzierung der Wahlvorbereitungen

Nach kurzer Diskussion, an der sich die Kollegen *Muhr, Vater, Deffner* und die Kollegin *Weber* beteiligen, faßt der Bundesvorstand folgenden *Beschluß*:
Der Bundesvorstand ist mit den Vorschlägen des Wahlkampfausschusses und dem vorgelegten Finanzierungsplan einverstanden. Er ist ferner damit einverstanden, daß innerhalb der aufgeführten Positionen, entsprechend den vom Wahlkampfausschuß und der Abteilung Sozialpolitik festgelegten Notwendigkeiten, Veränderungen vorgenommen werden, soweit die Gesamtsumme von rund 3,1 Mio. DM nicht überschritten wird. Dies gilt auch für zusätzliche Maßnahmen.[15]

c) Listen einzelner Gewerkschaften bei den bundesunmittelbaren Versicherungsträgern

Auf die Frage des Kollegen *Döding* nach Einbringung von Listen erwidert Kollege *Muhr*, daß das zu einem realisierbaren Zeitpunkt geschehen muß. Gleichzeitig muß sichergestellt sein, daß 2.000 Unterschriften gebracht werden können.

Beschluß:
Der Bundesvorstand ist mit den beabsichtigten separaten Wahlvorschlägen einverstanden.[16]

9. Arbeitszeitordnung

Kollege *Muhr* verweist auf die vom Geschäftsführenden Bundesvorstand gebilligte Vorlage und bittet den Bundesvorstand um Beratung und Beschlußfassung.[17]

---

15 Gerd Muhr unterbreitete dem Bundesvorstand einen Vorschlag und einen Kostenplan, der auf Beratungen mit der Werbeagentur Acon beruhte. Diese plante, Funktionäre des DGB, der Industriegewerkschaften und Gewerkschaften, Mitglieder und die Wahlberechtigten als Zielgruppen des Werbeplans für die Sozialwahlen zu mobilisieren. Ein Teil der Mittel sollte im Unterschied zu den Wahlen im Jahr 1974 für die Werbung in den DGB-Kreisen aufgewendet werden, in denen Urwahlen zu den Selbstverwaltungsorganen der Allgemeinen Orts- und Innungskrankenkassen anstanden. Vgl. [DGB-Bundesvorstand], Abt. Sozialpolitik, Gerd Muhr, Vorlage für die Sitzung des Bundesvorstands, Sozialwahlen, hier: Finanzierung der Wahlvorbereitungen, Düsseldorf, 25.4.1979, AdsD, DGB-Archiv, 5/DGAI000501.
16 Vgl. [DGB-Bundesvorstand], Abt. Sozialpolitik, Gerd Muhr, Vorlage für die Sitzung des Bundesvorstandes, Sozialwahlen, hier: Listen einzelner Gewerkschaften bei den bundesunmittelbaren Versicherungsträgern, Düsseldorf, o. D., AdsD, DGB-Archiv, 5/DGAI000501.
17 Der Bundesvorstand hatte am 3.10.1978 beschlossen, das Thema Arbeitszeitordnung auf die Tagesordnung einer der nächsten Sitzungen zu setzen. Hintergrund war, dass das Arbeitszeitrecht einer Reform bedurfte. Das seinerzeit geltende Arbeitszeitrecht basierte in der Hauptsache noch auf der Arbeitszeitordnung aus dem Jahr 1938, die auf nationalsozialistischem Gedankengut beruhte und die Arbeitszeitordnung rüstungspolitischen Zielen und Erfordernissen unterordnete. Deshalb forderten die Gewerkschaften ein modernes, zeitgemäßes Arbeitszeitgesetz. Es ging den Gewerkschaften auf Bundesvorstandsebene und auf den Bundeskongressen um Arbeitszeitbegrenzungen auf acht Stunden täglich und eine 40-Stunden-Wochenarbeitszeit. Auch die gewerkschaftlichen »Thesen für ein neues Arbeitszeitrecht«, die auf der gemeinsamen Sitzung der Arbeitsausschüsse »Arbeitsvertragsrecht« und »Kollektives Arbeitsrecht« des DGB vom 21.6.1977 erarbeitet wurden und am 13./14.3.1979 vom Arbeitsrechtlichen Ausschuss beschlossen worden waren, sahen tarifvertragliche Öffnungsklauseln für Mehrarbeit vor. Vgl. [DGB-Bun-

Nach kurzer Diskussion, an der sich die Kollegen *Döding, Kluncker, Muhr, Heiß, Georgi, Loderer* und Kollegin *Weber* beteiligen, *beschließt* der Bundesvorstand eine erneute Befassung des Tarifpolitischen Ausschusses mit dem Thema »Arbeitszeitordnung«. Innerhalb der Gewerkschaften sollte eine Abklärung der Frage erfolgen. Der Bundesvorstand wird sich in einer seiner nächsten Sitzungen wieder mit dem Thema beschäftigen.[18]

10. Deutscher Juristentag

Der Bundesvorstand faßt folgenden *Beschluß*:
Dem Bundesvorstand ist über eventuelle Beschlüsse der Organe des Juristentages, die dessen Verhandlungen und Verfahren bei seinen Schlußfolgerungen betreffen, zu gegebener Zeit Bericht zu erstatten.[19]

---

desvorstand], Abt. Arbeitsrecht, Gerd Muhr, an die Mitglieder des Bundesvorstandes, Arbeitszeitordnung, Düsseldorf, 23.4.1979; Thesen für ein neues Arbeitszeitrecht, AdsD, DGB-Archiv, 5/DGAI000501. Zur widersprüchlichen Geschichte der Arbeitszeitregelungen vgl. D. Süß: Stempeln, Stechen, Zeit erfassen.

18 Der DGB-Bundesvorstand griff das Thema Arbeitszeitordnung erst wieder im Rahmen der Beratung seines sozialpolitischen Programms auf. Vgl. Dok. 63: Kurzprotokoll über die 16. Sitzung des Bundesvorstandes am 4.12.1979, TOP 3.

19 Der DGB-Bundesvorstand beklagte, dass es zu Beeinflussungs- und Manipulationsversuchen der Arbeitgeberseite hinsichtlich der Beratungen und Ergebnisse des Deutschen Juristentages gekommen sei. Der 52. Deutsche Juristentag behandelte in seiner Arbeitsrechtlichen Abteilung das Thema »Sind im Interesse einer gerechteren Verteilung der Arbeitsplätze Begründung und Beendigung des Arbeitsverhältnisses neu zu regeln?«. Dem DGB waren Rundschreiben der Arbeitgeberverbände zur Kenntnis gelangt, in denen diese versuchten, die Mitgliedsunternehmen zu motivieren, ihre firmeninternen Juristen zum Besuch des Deutschen Juristentages freizustellen, damit diese auf das Beratungsergebnis Einfluss nehmen konnten. Der DGB, die Gewerkschaften und Industriegewerkschaften hatten im Gegenzug versucht, durch Entsendung ihrer organisationsinternen Juristinnen und Juristen ein Gegengewicht zu bilden. Im Verlaufe der Diskussion konnte dies auch erreicht werden, nicht jedoch bei den Abstimmungsergebnissen, da die Unternehmerseite mehr personelles Gewicht in die Waagschale werfen konnte. Auf dem Juristentag kam es zum Eklat, als die Juristinnen und Juristen des DGB diese Beeinflussung der Abstimmungsergebnisse öffentlich machten, zumal der DGB eine eigene Presseerklärung herausgegeben hatte. Vgl. [DGB-Bundesvorstand], Abt. Arbeitsrecht, Gerd Muhr, an die Mitglieder des Bundesvorstandes, Deutscher Juristentag, Düsseldorf, 23.4.1979; DGB: Wollen Arbeitgeber den Deutschen Juristentag manipulieren?, DGB-Nachrichten-Dienst, 166/78, 19.9.1978; vgl. auch die Pressemitteilung des 52. Deutschen Juristentages, Pressemitteilung Nr. 18, Prof. Zeuner, Vorsitzender der Arbeitsrechtlichen Abteilung des 52. DJT nimmt zu den Behauptungen über eine Beeinflussung des Abstimmungsergebnisses seiner Abteilung wie folgt Stellung, Bonn, 22.9.1978; DGB: Juristentag muß sich vor Manipulation schützen, DGB-Nachrichten-Dienst, 172/78, 26.9.1978; Deutscher Juristentag e. V., Ständige Deputation, Bonn, Rundschreiben Nr. 5/1978, im Dezember 1978, AdsD, DGB-Archiv, 5/DGAI000501.

11. Internationale Arbeitskonferenz

Beschluß:
Der Bundesvorstand beschließt für die 65. Internationale Arbeitskonferenz, die in der Zeit vom 6. bis 27. Juni 1979 in Genf stattfindet, folgende Delegation:
Delegierter: Gerd MUHR

Zu TOP 1. »Informationen und Berichte über die Anwendung der Übereinkommen und Empfehlungen«: Karl KEHRMANN, DGB-BV

Zu TOP 2. »Revision des Übereinkommens 32 über den Unfallschutz der Hafenarbeiter (rev.), 1932, (Zweite Diskussion)«: Erich RUMPEL, ÖTV-Bezirksverwaltung Hamburg, und Ernst Heckel, Germanischer Lloyd-Hauptverwaltung

Zu TOP 3. »Arbeitszeit und Ruhezeiten im Straßentransport (zweite Diskussion)«: Kurt Haussig, ÖTV-Hauptverwaltung

Zu TOP 4. »Ältere Arbeitnehmer: Arbeit und Ruhestand«: Ursula Engelen-Kefer, DGB-BV

Zu TOP 5. »Folgearbeit zur Internationalen Beschäftigungskonferenz: Grundbedürfnisse (allgemeine Aussprache)«: Hartmut Goergens, DGB-BV
Entschließungsausschuß: Harald Simon, DGB-BV
Sekretariat: Isabell Caminiti, DGB-BV
weiteres Mitglied: Albert Heyer[20]

12. BAG-Entscheidung über Wahl der Vertrauensleute

Kollege *Muhr* verweist auf die Vorlage und bittet um zustimmende Kenntnisnahme des Bundesvorstandes.[21]

---

20 Vgl. [DGB-Bundesvorstand], Abt. Sozialpolitik, Gerd Muhr, an die Mitglieder des Bundesvorstandes, 65. Internationale Arbeitskonferenz in der Zeit vom 6. bis 27.6.1979 in Genf, Düsseldorf, 24.4.1979, AdsD, DGB-Archiv, 5/DGAI000501.

21 Das Bundesarbeitsgericht hatte mit Urteil vom 8.12.1979 (Aktenzeichen 1 AZR 303/77) entschieden, dass die Gewerkschaften kein Anrecht darauf hätten, ihre Vertrauensleute im Betrieb zu wählen, selbst wenn die Wahl außerhalb der Arbeitszeit erfolge. Der Bundesvorstand hatte eine Prüfung vorgenommen, ob gegen die Entscheidung des Bundesgerichts Verfassungsbeschwerde vor dem Bundesverfassungsgericht eingelegt werden solle. Mit dieser Frage hatte sich am 2.5.1979 ein Ad-hoc-Kreis von Vertretern der Gewerkschaften und Industriegewerkschaften befasst. Der Kreis empfahl dem Bundesvorstand, von einer Verfassungsbeschwerde aus organisationspolitischen Gründen Abstand zu nehmen, ungeachtet der bestehenden verfassungsrechtlichen Bedenken. Vgl. Dok. 52: Kurzprotokoll über die 7. Sitzung des Bundesvorstandes am 6.2.1979, TOP 17. Vgl. auch [DGB-Bundesvorstand], Abt. Sozialpolitik, Gerd Muhr, an die Mitglieder des Bundesvorstandes, BAG-Entscheidung über die Wahl der Vertrauensleute, Düsseldorf, 2.5.1979, AdsD, DGB-Archiv, 5/DGAI000501.

Beschluß:
Der Bundesvorstand nimmt zustimmend zur Kenntnis, daß gegen die Entscheidung des Bundesarbeitsgerichts über die Wahl von Vertrauensleuten keine Verfassungsbeschwerde beim Bundesverfassungsgericht eingelegt werden soll.

13. Verschiedenes

a) Aussperrung
Kollege *Loderer* spricht die vom Bundesarbeitsgericht zu erwartende Entscheidung zur Aussperrung an. Er regt an, eine Arbeitsgruppe einzusetzen, die ein Programm entwickelt, wie der DGB und seine Gewerkschaften ihre Haltung zur Aussperrung in der Öffentlichkeit noch besser deutlich machen können.
An der nachfolgenden Diskussion beteiligen sich die Kollegen *Muhr, Frister, Loderer, Keller, Haas, Sickert, Zimmermann* und Kollegin *Weber*. Dabei werden die bereits mit großem Erfolg durchgeführten Veranstaltungen in Baden-Württemberg und Nordrhein-Westfalen sowie das bevorstehende Europäische Gespräch erwähnt. Es wird im einzelnen erörtert, in welcher Form Veranstaltungen mit größtmöglicher Wirkung durchgeführt werden sollen. Auch im Rahmen der Bildungsarbeit soll das Thema Aussperrung noch intensiver behandelt werden.

Beschluß:
Der Bundesvorstand beauftragt den Geschäftsführenden Bundesvorstand, zum Thema »Aussperrung« noch vor der Sommerpause eine Arbeitsgruppe einzusetzen, die dem Bundesvorstand Vorschläge für weitere Aktivitäten vorlegen soll.[22]

b) Wissenschaftliche Konferenz zur Gewerkschaftsgeschichte
Kollege *Frister* berichtet über den Stand der Vorbereitungen für die Wissenschaftliche Konferenz zur Gewerkschaftsgeschichte am 12. und 13. Oktober 1979 in München. Diese Konferenz soll mit einem Grundsatzreferat von Heinz O. Vetter eröffnet werden. Danach soll der Themenkomplex »Geschichte der Gewerkschaften – Bestandsaufnahme und Perspektiven« behandelt werden, gefolgt vom Themenbereich »Beginn der Weimarer Republik«. Für den Abend ist eine längere Diskussion junger Gewerkschafter mit Gewerkschaftsveteranen (Kollegen im Ruhestand) vorgesehen.

---

22 Der DGB entfaltete 1979 – auch in Reaktion auf die Streikaktionen der IG Metall – auf verschiedenen Ebenen eine rege Publikationstätigkeit mit Broschüren und Artikeln zum Thema Aussperrung. Es wurde zum Beispiel anlässlich des 27. Europäischen Gesprächs während der Ruhrfestspiele in Recklinghausen publik gemacht. In den Gewerkschaftlichen Monatsheften erschienen sowohl historische Abhandlungen als auch aktuelle Einschätzungen. Im Bund-Verlag erschien eine populäre juristische Abhandlung von Michael Kittner. Vgl. DGB-Bundesvorstand, Internationale Abteilung (Hrsg.): Dokumentation über Streik und Aussperrung in westeuropäischen Ländern nach 1945. Hrsg. anläßlich des 27. Europäischen Gespräches (26. Mai 1979), Witten a. d. Ruhr, [Düsseldorf] 1979. Michael Kittner: Verbot der Aussperrung. 7 Fragen – 70 Antworten, Köln 1979; Hans Hermann Wohlgemuth: Zur Auseinandersetzung um die Aussperrung, in: GMH 30, 1979, H. 3, S. 145-152.

Der 13. Oktober soll mit dem Themenkomplex »Ende der Weimarer Republik« begonnen werden. Danach folgen drei Themenbereiche zur Entwicklung nach 1945, Arbeitstitel »Entscheidung für den Westen«, »Gewerkschaften im Sozialstaat« und »Gewerkschaften in Europa«. Die Konferenz soll gegen 18.00 Uhr abgeschlossen werden. Es ist geplant, eine Broschüre mit Beiträgen und Ergebnissen der Konferenz für die Bildungsarbeit zu erstellen.

Als Referenten sind namhafte Wissenschaftler vorgesehen. Kollege *Frister* bittet zu entscheiden, ob Prof. Deppe ebenfalls als Referent zum Themenbereich »Ende der Weimarer Republik« eingeladen werden soll.

An der anschließenden Diskussion beteiligen sich die Kollegen *Kluncker, Sickert, Loderer, Frister, Georgi, Hauenschild, Muhr, Breit, Schwab* und die Kollegin *Weber*.

Beschluß:
Der Bundesvorstand nimmt den Zwischenbericht des Kollegen Frister zur Kenntnis. Er spricht sich für eine Einladung von Prof. Deppe aus.

c) Spende für die Erdbebenopfer in Jugoslawien
Kollege *Schwab* bittet im Namen des Geschäftsführenden Bundesvorstandes den Bundesvorstand, einen durch Umlage bei den Gewerkschaften zu erbringenden Betrag in Höhe von 20.000,- DM als Spende für die Erdbebenopfer an den Jugoslawischen Gewerkschaftsbund zu geben. Der DGB ist nicht in der Lage, diesen Betrag aus seinem Haushalt aufzubringen.[23]

An der anschließenden Diskussion beteiligen sich die Kollegen *Loderer, Vater, Döding, Kluncker* und Kollegin *Weber*. Es wird Kritik am Verfahren und an der Höhe der Summe geäußert.

Beschluß:
Der Geschäftsführende Bundesvorstand wird bei den Gewerkschaften anfragen, in welcher Höhe sie sich an einer Spende für die Opfer der Erdbebenkatastrophe in Jugoslawien beteiligen.

Ende der Sitzung: 14.40 Uhr.

---

23 Am 15.4.1979 kam es in Jugoslawien an der Adriaküste zu einem folgenschweren Erdbeben, das die Wohnsubstanz in den betroffenen Regionen nachhaltig traf. Vgl. Erdbeben in Jugoslawien, in: die tageszeitung, 17.4.1979.

Dokument 57

12. Juni 1979: Kurzprotokoll über die 11. Sitzung des Bundesvorstandes

Hans-Böckler-Haus in Düsseldorf; Vorsitz: Heinz O. Vetter; Protokollführung: Isolde Funke, Marianne Jeratsch; Sitzungsdauer: 10.15–14.15 Uhr; ms. vermerkt: »Vertraulich«.[1]

Ms., hekt., 9 S., 1 Anlage.[2]
AdsD, DGB-Archiv, 5/DGAI000554.

Beginn der Sitzung: 10.15 Uhr.

Kollege *Vetter* eröffnet die 11. Sitzung des Bundesvorstandes in Düsseldorf.

Tagesordnung:
1. Genehmigung des Protokolls der 10. Bundesvorstandssitzung
2. Abschlußbericht der Sachbearbeiter »Sozialbilanzen«
3. Gewerkschaftliche Forderung nach einem Verbot der gewerbsmäßigen Arbeitnehmerüberlassung (Leiharbeit)
4. Anpassung der Unterstützungen ab 1.1.1980 nach den Richtlinien für die Gewährung von Unfallunterstützung an ehrenamtliche Gewerkschaftsfunktionäre
5. Anpassung der Unterstützungen für die Leistungsempfänger der Unterstützungskasse des DGB e. V. und der Auftragsverwaltung ab 1. Januar 1980
6. a) Anhebung der Zuwendung (des Beitrages) zur betrieblichen Altersversorgung
   b) Änderung der Unterstützungs-Richtlinien
7. Revisionsbericht
8. Veränderungsmitteilungen – Landesbezirksvorstände
9. Urlaubsregelung für die Beschäftigten des DGB
10. 12. Ordentlicher Weltkongreß des IBFG
11. Verschiedenes

1. Genehmigung des Protokolls der 10. Bundesvorstandssitzung

Beschluß:
Der Bundesvorstand genehmigt das Protokoll der 10. Bundesvorstandssitzung mit folgender Änderung:

Dok. 57
1 Einladungsschreiben vom 11.5.1979 und Tagesordnung vom 25.5.1979. Nicht anwesend: Martin Heiß, Heinz Vietheer (vertreten durch Günter Volkmar), Siegfried Bleicher (vertreten durch Walter Haas). AdsD, DGB-Archiv, 5/DGAI000501.
2 Anlage: Anwesenheitsliste.

Im Tagesordnungspunkt 4. »Vermögenspolitik/Sparförderung« auf Seite 3 muß es in der letzten Zeile des ersten Absatzes des Beschlusses statt Belegschaftsaktionen »Belegschaftsaktien« heißen.[3]

2. Abschlussbericht der Sachbearbeiter »Sozialbilanzen«

Kollege *Vetter* verweist auf die vorliegenden Unterlagen und erinnert an die Diskussion im Bundesvorstand am 6. Februar 1979. Im Namen des Geschäftsführenden Bundesvorstandes bittet er, den vom Arbeitskreis »Gesellschaftsbezogene Rechnungslegung/Sozialbilanzen« auftragsgemäß abgeänderten Vorschlag zu beschließen.[4]

Nach kurzer Diskussion, an der sich die Kollegen *Döding, Vetter, Volkmar, Sperner, Muhr* und *Mayr* beteiligen, faßt der Bundesvorstand folgenden *Beschluß*:

1. Der Bundesvorstand nimmt den vom Arbeitskreis der Sachbearbeiter »Gesellschaftsbezogene Rechnungslegung/Sozialbilanzen« vorgelegten Abschlußbericht zustimmend zur Kenntnis. Der Bundesvorstand betrachtet den an den Arbeitskreis formulierten Auftrag damit als erfüllt und stimmt der Auflösung des Arbeitskreises zu.
2. Der Bundesvorstand beschließt die vorgelegte Grobgliederung eines Kataloges arbeitsorientierter Indikatoren und Kennzahlen als Vorschlag des DGB für eine Ausgestaltung von Sozialbilanzen. Die Langfassung dieses Kataloges wird als erläuternde Darstellung vom Bundesvorstand zur Kenntnis genommen.[5]
3. Der Bundesvorstand fordert die sozialbilanzierenden Großunternehmen auf, mit den Gewerkschaften über die Ausgestaltung einer gesellschaftsbezogenen Rechnungslegung in Verhandlungen einzutreten. Grundlage für diese Verhandlungen bildet der Vorschlag des DGB zu Form und Inhalt einer gesellschaftsbezogenen Rechnungslegung gemäß der vorgelegten Grobgliederung. Solange derartige Verhandlungen nicht stattgefunden haben, empfiehlt der Bundesvorstand den

---

3 Vgl. Dok. 56: Kurzprotokoll über die 10. Sitzung des Bundesvorstandes am 8.5.1979.
4 Der Bundesvorstand hatte Ende 1976 einen Arbeitskreis zum Themenkomplex der Sozialbilanzen eingerichtet, der seine Arbeiten bis 1978 abschloss. Im Ergebnis legte er einen detaillierten Vorschlag für quantifizierbare Indikatoren zur Sozialbilanzierung innerhalb von Unternehmen vor. Vgl. Dok. 52: Kurzprotokoll über die 7. Sitzung des Bundesvorstandes am 6.2.1979, TOP 3.; Arbeitskreis der Sachbearbeiter »Gesellschaftsbezogene Rechnungslegung/Sozialbilanzen«, Abschlußbericht, Düsseldorf, 3.5.1979; [DGB-Bundesvorstand], Abt. Vorsitzender, Entwurf, Katalog von arbeitsorientierten Indikatoren bzw. Kennzahlen – Gewerkschaftliche Forderungen zum Inhalt einer gesellschaftsbezogenen Rechnungslegung (Sozialbilanz), Düsseldorf, 3.5.1979, AdsD, DGB-Archiv, 5/DGAI000501. Vgl. Hagemann-Wilholt: Das »gute« Unternehmen, S. 79-320.
5 Die Gliederung der einzelnen Indikatoren umfasste die Punkte Beschäftigung, Einkommen, Arbeitszeit, Arbeitsgestaltung, Qualifikation, Mitbestimmung und Information, Ökonomische Daten, Subventionierung/Belastung öffentlicher Haushalte, Umweltbelastung sowie Beitrag zur Erfüllung gesellschaftlicher Ziele. Vgl. [DGB-Bundesvorstand], Abt. Vorsitzender, Entwurf, Katalog von arbeitsorientierten Indikatoren bzw. Kennzahlen – Gewerkschaftliche Forderungen zum Inhalt einer gesellschaftsbezogenen Rechnungslegung (Sozialbilanz), Düsseldorf, 3.5.1979, AdsD, DGB-Archiv, 5/DGAI000501.

Gewerkschaften und Betriebsräten, auch weiterhin unternehmerischen Initiativen zur Einführung einer sogenannten Sozialbilanz nicht zuzustimmen.⁶

3. Gewerkschaftliche Forderung nach einem Verbot der gewerbsmäßigen Arbeitnehmerüberlassung (Leiharbeit)

Kollege *Muhr* erläutert die Vorlage und weist darauf hin, daß es sich um ein Papier für den internen Gebrauch handelt. Er bittet den Bundesvorstand um Beschlußfassung.⁷

An der nachfolgenden Diskussion beteiligen sich die Kollegen *Kluncker, Muhr, Sickert* und *Sperner.*

Kollege *Kluncker* weist erneut darauf hin, daß auch in diesem Fall nicht ersichtlich ist, daß es sich um eine Vorlage des Geschäftsführenden Bundesvorstandes handelt.

Beschluß:
Zur Durchsetzung des gesetzlichen Verbotes der gewerbsmäßigen Arbeitnehmerüberlassung sind verstärkte Aktivitäten erforderlich, nachdem die im Rahmen des Fünften AFG-Änderungsgesetzes geltend gemachte DGB-Forderung nicht berücksichtigt wurde. Die Forderung ist im Rahmen der nächsten AFG-Novelle nachdrücklich geltend zu machen.

---

6 Tatsächlich wurden die Sozialbilanzierungspläne mit dem Arbeitskreis »Sozialbilanz-Praxis«, den eine Reihe von Unternehmen bildeten, die bereits über einen längeren Zeitraum ihre Sozialbilanzen offengelegt hatten, gemeinsam beraten. Die BDA zeigte nach anfänglicher Zurückhaltung und Gegnerschaft gegen den DGB-Sozialindikatorenansatz des DGB kurzfristig Gesprächsbereitschaft beziehungsweise war Gesprächen zwischen DGB und AKSBP gegenüber offen eingestellt. Schließlich riet er aber den Unternehmen von Vereinbarungen mit den Gewerkschaften ab, weil diese Kennzahlen in ihren Sozialindikatorenansatz integriert hätten, die von Rezipienten der Sozialbilanzen negativ verstanden werden könnten und damit dem Sozialmarketing, das Ziel der unternehmerischen Sozialbilanzen war, widersprächen. Vgl. Hagemann-Wilholt, Das »gute« Unternehmen, S. 303-312.

7 Das Bundesverfassungsgericht hatte 1967 das Verbot der Vermittlungstätigkeit für Arbeitsplätze jenseits der Bundesanstalt für Arbeit aufgehoben. Infolge dieses Urteils wurde 1972 das Arbeitnehmerüberlassungsgesetz (AÜG) verabschiedet, das den Bereich der privaten Arbeitsvermittlung und -überlassung regulierte. Seit 1972 erstattete die Bundesregierung in zweijährigem Turnus über die Erfahrungen mit dem Gesetz Bericht, besonders aber über Verstöße gegen das Gesetz. Das Thema Leiharbeit hatte durch den Erfahrungsbericht der Bundesanstalt für Arbeit über die Durchführung des Arbeitnehmerüberlassungsgesetzes vom März 1978 und den Dritten Bericht der Bundesregierung über die Erfahrungen bei der Anwendung des Arbeitnehmerüberlassungsgesetz vom August 1978 in der Wahrnehmung des DGB an Dringlichkeit gewonnen. Der Bericht verzeichnete eine Zunahme der Leiharbeitsverhältnisse gegenüber den Vorjahren, ohne jedoch den Höhepunkt des Jahres 1973 wieder zu erreichen. Vgl. Erfahrungsbericht der Bundesanstalt für Arbeit über die Durchführung des Arbeitnehmerüberlassungsgesetzes (AÜG) von 1972 in der Zeit vom 1.1.1976 bis 31.12.1977, Nürnberg, 8.3.1978, und Dritter Bericht der Bundesregierung über die Erfahrungen bei der Anwendung des Arbeitnehmerüberlassungsgesetzes – AÜG, Deutscher Bundestag, 8. Wahlperiode, Drucksache 8/2025, 1.8.1978. Vgl. [DGB-Bundesvorstand], Abt. Sozialpolitik, Vorlage für die 11. Sitzung des Bundesvorstandes am 12.6.1979, Gewerkschaftliche Forderung nach einem Verbot der gewerbsmäßigen Arbeitnehmerüberlassung, Düsseldorf, 29.5.1979, AdsD, DGB-Archiv, 5/DGAI000501. Vgl. zeitgenössisch zum Problemkreis den Beitrag des Referenten beim Vorstand der Gewerkschaft Bau Steine Erden, Volker Bahl: Leiharbeit als flexible Arbeitsmarktreserve und Dumpingstrategie gegen die gewerkschaftliche Tarifpolitik, in: GMH 30, 1979, H. 7, S. 443-448.

Deshalb müssen DGB und Gewerkschaften bereits jetzt ihre Bemühungen verstärken, um Politikern und der Öffentlichkeit die Notwendigkeit einer Verbesserung der Arbeitsmarktinstrumente des AFG einschließlich des Verbotes privater Arbeitsvermittlung in der Form der Leiharbeit zu verdeutlichen. Dieser Punkt ist Bestandteil der vom DGB-Bundesvorstand gemäß Beschluß 182 des 11. Ordentlichen DGB-Bundeskongresses zu entwickelnden Aktion STOP Arbeitslosigkeit.[8]

Bis zur endgültigen Zurückdrängung der gewerbsmäßigen Arbeitnehmerüberlassung sind praktische und rechtliche Zwischenschritte erforderlich und möglich.

Die Gewerkschaften sollten den Betriebs- und Personalräten empfehlen, den Einsatz von Leiharbeitern im Betrieb abzulehnen, insbesondere durch Nutzung des Mitbestimmungsrechts nach § 99 Betriebsverfassungsgesetz, das nach der BAG-Rechtsprechung auch bei der Einstellung von Leiharbeitnehmern gilt. (Die Möglichkeiten nach entsprechenden Vorschriften des Personalvertretungsrechts sind zu prüfen.) Den Betriebs- und Personalräten muß der Zusammenhang zwischen Abbau von Dauerarbeitsplätzen und verstärktem Einsatz von Leiharbeitnehmern und Fristverträgen sowie das Unterlaufen der tariflichen und betrieblichen Sozialpolitik durch den Einsatz von Leiharbeitnehmern deutlicher als bisher gemacht werden. Auch solche verstärkten betriebspolitischen Aktivitäten, in die auch andere betriebliche Arbeitnehmer insbesondere im Aufsichtsrat einbezogen werden sollten, sind als Bestandteil der vom DGB-Bundeskongreß beschlossenen Aktion STOP Arbeitslosigkeit geeignet.[9]

Zur Zurückdrängung illegaler Formen der Leiharbeit sollten gesetzliche Regelungen im Arbeitnehmerüberlassungsgesetz angestrebt werden, wie sie in einem (bisher nicht zum Tragen gekommenen) Referentenentwurf zur Novellierung des AÜG enthalten sind. Danach sollten z. B. die Rechte des Betriebsrates des Entleihbetriebes in Bezug auf Leiharbeitnehmer verstärkt und die Möglichkeit der Aufdeckung illegaler Arbeitnehmerüberlassung durch Scheinwerkverträge verbessert werden.

Ebenso ist daran zu denken, Leiharbeitnehmer im sozialen Schutzinteresse stärker in den Geltungsbereich des beim Entleiher geltenden Tarifvertrages einzubeziehen. So könnte besser sichergestellt werden, daß Arbeitgeber nicht durch Einsatz von Leiharbeitnehmern soziale Leistungen einsparen, wie sie etwa in den tarifvertraglich vereinbarten Sozialkassen des Bauwesens vorgesehen sind.[10]

Schließlich kann auch bis zum vollständigen Verbot der gewerbsmäßigen Arbeitnehmerüberlassung ein branchenspezifisches Verbot wie z. B. in den Niederlanden erlassen werden. Dies könnte sich gerade für die Baubranche mit ihren zum großen

---

8 Vgl. Antrag 193: Arbeitnehmerüberlassung und illegale Beschäftigung ausländischer Arbeitnehmer, in: DGB: 11. Bundeskongreß 1978, Anträge und Entschließungen, S. 226 f.

9 Zur DGB-Aktion STOP Arbeitslosigkeit vgl. die Dokumentation DGB, Landesbezirk Nordrhein-Westfalen: STOP Arbeitslosigkeit. Dokumentation, Düsseldorf [ca. 1979].

10 Es handelt sich um die Urlaubs- und Lohnausgleichskasse. 1949 wurden sie als gemeinnützige Urlaubskassen des Baugewerbes und ab 1955 als Lohnausgleichskassen fortgeführt. Sie hatten die Funktion, die Lohnfortzahlung im Urlaubsfall auch bei der in der Regel großen Fluktuation im Baugewerbe zu sichern. Daneben gibt es die Zusatzversorgungskasse des Baugewerbes, um Ungerechtigkeiten, die durch Personalabbau in der Schlechtwetterperiode entstehen, auszugleichen.

Teil unübersichtlichen Arbeitsplatzverhältnissen (zumeist kein stationärer Betrieb) anbieten.

Der Bundesvorstand beschließt ferner, daß ein Argumentationspapier für gewerkschaftliche Funktionäre erarbeitet werden soll.[11]

4. **Anpassung der Unterstützungen ab 1.1.1980 nach den Richtlinien für die Gewährung von Unfallunterstützung an ehrenamtliche Gewerkschaftsfunktionäre**

Beschluß:
Der Bundesvorstand beschließt, alle bis zum 31. Dezember 1978 festgesetzten Unfallunterstützungen gemäß § 12 der Richtlinien für die Gewährung von Unfallunterstützungen an ehrenamtliche Gewerkschaftsfunktionäre mit Wirkung vom 1. Januar 1980 an um 5,5 v. H. zu erhöhen.[12]

5. **Anpassung der Unterstützungen für die Leistungsempfänger der Unterstützungskasse des DGB e. V. und der Auftragsverwaltung ab 1. Januar 1980**

Kollege *Vater* erläutert kurz die Vorlage und bittet um entsprechende Beschlußfassung.[13]

In der anschließenden Diskussion, an der sich die Kollegen *Kluncker, Sperner, Sickert, Georgi, A. Schmidt, Vater, Muhr, Mayr* und *Vetter* beteiligen, wird der Begriff Überversorgung erörtert.

Beschluß:
1. Der Bundesvorstand schlägt der Mitgliederversammlung der Unterstützungskasse des DGB e. V. vor, daß bei künftigen Erhöhungen die Unterstützungen nicht erhöht werden, die mit Beginn im Jahr vor der Erhöhung erstmals festgesetzt wurden.

---

11 Das Argumentationspapier konnte nicht identifiziert werden. Eine popularisierende Darstellung zu den Interventionsmöglichkeiten der Betriebsvertretungen findet sich in der Reihe »Zur Sache«, die im Bund-Verlag erschien, vgl. Frerichs/Möller/Ulber: Leiharbeit und betriebliche Interessenvertretung (Zur Sache, Informationen für Arbeitnehmer).
12 Die Anpassung folgte der Erhöhung der Geldleistungen der gesetzlichen Unfallversicherung. Vgl. [DGB-Bundesvorstand], Abt. Finanzen, Vorlage für den Bundesvorstand, Anpassung der Unterstützungen ab 1.1.1980 nach den Richtlinien für die Gewährung von Unfallunterstützung an ehrenamtliche Gewerkschaftsfunktionäre, Düsseldorf, 2.5.1979, AdsD, DGB-Archiv, 5/DGAI000501.
13 Vgl. [DGB-Bundesvorstand], Abt. Finanzen, Unterstützungskasse des DGB e. V., Vorlage für den Bundesvorstand, Anpassung der Unterstützungen für die Leistungsempfänger der Unterstützungskasse des DGB e. V. und der Auftragsverwaltung ab 1.1.1980, Düsseldorf, 10.5.1980, AdsD, DGB-Archiv, 5/DGAI000501.

2. Der Bundesvorstand schlägt der Mitgliederversammlung vor, 1980 keine Anpassung der Unterstützungen vorzunehmen.

6. a) Anhebung der Zuwendung (des Beitrages) zur betrieblichen Altersversorgung
   b) Änderung der Unterstützungs-Richtlinien

Kollege *Vater* verweist auf die Vorlage und bittet um Zustimmung zu dem geänderten Beschlußvorschlag.[14]
Nach eingehender Diskussion, an der sich die Kollegen *Kluncker, Sperner, Vater, Vetter, G. Schmidt, Muhr, A. Schmidt, Sickert, Mayr, Georgi, Frister, Hauenschild, Keller* und *Breit* beteiligen, faßt der Bundesvorstand folgenden *Beschluß*:
1. Der Bundesvorstand stimmt der Anhebung der Zuwendung (des Beitrages) zur betrieblichen Altersversorgung von 8,4 v. H. auf 9,8 v. H. des Bemessungsentgeltes ab 1.7.1979 zu.
2. Der Bundesvorstand nimmt die Vorschläge zur Änderung der Unterstützungs-Richtlinien zur Kenntnis.

7. Revisionsbericht

Beschluß:
Der Bundesvorstand nimmt den Bericht der Revisionskommission über die am 9. Mai 1979 vorgenommene Prüfung der Bundeshauptkasse zur Kenntnis.[15]

8. Veränderungsmitteilungen – Landesbezirksvorstände

Beschluß:
Der Bundesvorstand schlägt dem Bundesausschuß vor, folgende Kollegen zu bestätigen:
Fritz Weinhold (HBV) als Mitglied des Landesbezirksvorstandes Bayern;
Günter Rodewig (Drupa) als Mitglied und
Gerd Bau (Drupa) als ständigen Vertreter des Kollegen Rodewig im Landesbezirksvorstand Niedersachsen;
Werner Jordan (NGG) als Mitglied des Landesbezirksvorstandes Rheinland-Pfalz;

---

14 Vgl. [DGB-Bundesvorstand], Abt. Finanzen, Unterstützungskasse des DGB e. V., Vorlage für den Bundesvorstand, Anhebung der Zuwendung (des Beitrags) zur betrieblichen Altersversorgung; Änderung der Unterstützungsrichtlinien, Düsseldorf, 10.5.1979, AdsD, DGB-Archiv, 5/DGAI000501.
15 Vgl. DGB-Bundesvorstand, Gerhard Vater, an die Mitglieder des Bundesvorstandes, Bericht der Revisionskommission des DGB über die am 9.5.1979 vorgenommene Prüfung der Bundeshauptkasse, Düsseldorf, 14.5.1979, AdsD, DGB-Archiv, 5/DGAI000501.

Werner Jordan (NGG) als Mitglied,
Ernst Ring (NGG) als ständigen Vertreter des Koll[egen] Jordan, Karl-Heinz Kaiser (Leder) als Mitglied,
Herbert Mahler (GdP) als Mitglied und
Ernst Haardt (GTB) als ständigen Vertreter des Koll[egen] Fritz Kaiser im Landesbezirksvorstand Saar.[16]

9. Urlaubsregelung für die Beschäftigten des DGB

Kollege *G. Schmidt* berichtet, daß der Betriebsrat des DGB den Geschäftsführenden Bundesvorstand aufgefordert hat, in der Urlaubsfrage tätig zu werden. Da die Forderung nach sechs Wochen Urlaub augenblicklich nicht zu realisieren ist, hat man sich nach eingehenden Verhandlungen, ausgehend von dem Stufenplan der IG Metall, auf die dem Bundesvorstand als Vorschlag vorliegende Urlaubsregelung geeinigt.[17] Kollege *Schmidt* erläutert kurz die Vorlage und teilt mit, daß die vorgesehene Urlaubsregelung eingebaut wird in die geplante Änderung der Allgemeinen Anstellungsbedingungen, die als Paket Bundesvorstand und Bundesausschuß gegen Ende des Jahres vorgelegt werden soll.

Kollege *Kluncker* bittet, zunächst nur die Regelung für 1979 zu beschließen.

Beschluß:
Der Bundesvorstand empfiehlt dem Bundesausschuß folgenden *Beschluß*:
Der Bundesausschuß beschließt gemäß § 8 Ziffer 3 Abs[atz] 1 der Satzung folgende Neufassung des § 19 (alt) Ziffer 2, Abs[atz] 1 der Allgemeinen Anstellungsbedingungen für die Beschäftigten des DGB:
Der Jahresurlaub beträgt bis zum vollendeten 30. Lebensjahr 26 Arbeitstage
vom 31. bis zum vollendeten 50. Lebensjahr 28 Arbeitstage
über dem 50. Lebensjahr 30 Arbeitstage.
Maßgebend für die Urlaubsdauer ist das Lebensalter zu Beginn des Kalenderjahres.[18]

---

16 Vgl. [DGB-Bundesvorstand], Abt. Organisation, Karl Schwab, an die Mitglieder des Geschäftsführenden Bundesvorstandes, Bundesvorstandes und Bundesausschusses, Veränderungsmitteilungen – Landesbezirksvorstände, Düsseldorf, 5.6.1979, AdsD, DGB-Archiv, 5/DGAI000501.
17 Vgl [DGB-Bundesvorstand], Abt. Personal, Vorlage für den Bundesvorstand, Urlaubsregelung für die Beschäftigten des DGB, Düsseldorf, 6.6.1979, AdsD, DGB-Archiv, 5/DGAI000501.
18 Der Beschluss folgte damit der Vorlage. In seiner 6. Sitzung beschloss der Bundesausschuss am 7.11.1979 abweichend von der im Bundesvorstand beschlossenen Vorlage, die zwischenzeitlich geändert worden war, 1980 bis zum 30. Lebensjahr 28 Tage Urlaub, vom 31. bis 50. Lebensjahr 29 Tage und über 50 30 Urlaubstage für das Jahr 1980, ab 1981 sollten alle Beschäftigten 30 Tage Urlaubsanspruch erhalten. Vgl. Protokoll über die 6. Sitzung des Bundesausschusses am 7.11.1979, TOP 6., S. 10; [DGB-Bundesvorstand], Vorstandsbereich Gerhard Schmidt, Vorlage zur Beratung im Bundesausschuss, Änderung bzw. Ergänzung der Allgemeinen Anstellungsbedingungen für die Beschäftigten des DGB, beschlossen GBV am 15.10.1979, BV am 6.11.1979, o. O., o. D., AdsD, DGB-Archiv, 5/DGAI000420.

10. 12. Ordentlicher Weltkongress des IBFG

Nach kurzer Diskussion, an der sich die Kollegen *Vetter, Kluncker, Pfeiffer, Sperner, Hauenschild, Haar, Frister, Lojewski, Volkmar, Mayr, Döding, Breit, Schirrmacher* und *Keller* beteiligen, faßt der Bundesvorstand folgenden *Beschluß*:

Der Bundesvorstand beschließt folgende Delegation des DGB für den 12. Ordentlichen Weltkongreß des IBFG, 19.–23.11.1979 in Madrid: Günter Döding, Kurt Georgi, Ernst Haar, Willi Lojewski, Helmut Schirrmacher und Otto Sprenger sowie sechs Mitglieder des Geschäftsführenden Bundesvorstandes.

11. Verschiedenes

a) Klausurtagung der Kommission Gesellschaftspolitik

Kollege *Vetter* weist darauf hin, daß der für die Beratung des Grundsatzprogramms vorgesehene Klausurtermin 6./7. Juli 1979 mit dem Termin des Sommerfestes des Bundeskanzlers am 6. Juli 1979 kollidiert. Er bittet um Beratung, wie nun verfahren werden soll.

Nach kurzer Diskussion, an der sich die Kollegen *Hauenschild, Vetter, A. Schmidt, Kluncker, Döding, Frister* und *Haar* beteiligen, faßt der Bundesvorstand folgenden *Beschluß*:

Die Klausurtagung der Kommission Gesellschaftspolitik zur Beratung des Grundsatzprogramms findet am 7. und 8. Juli 1979 im Hans-Böckler-Haus in Düsseldorf statt, Sie beginnt um 11.00 Uhr.

b) Spitzengespräch DGB/Arbeitgeber

Kollege *Vetter* bittet, einen Termin für ein Spitzengespräch mit den Arbeitgebern festzulegen. Die Zusammensetzung sollte wie beim letzten Mal sein: IG Bau-Steine-Erden, IG Chemie-Papier-Keramik, HBV, IG Metall und ÖTV.

In der anschließenden Diskussion, an der sich die Kollegen *Kluncker, Vetter, Hauenschild* und *Mayr* beteiligen, werden Termine erörtert.

Beschluß:
Die Arbeitgebervertreter sollen zum 20. Juli 1979, ab 17.00 Uhr, eingeladen werden. Themen und Ort, Umgebung Köln, Bonn oder Düsseldorf, werden noch festgelegt.

c) Mitbestimmungsgesetz

Kollege *Georgi* spricht den Brief der CDA zur Änderung der Wahlordnung zum Mitbestimmungsgesetz an. Er vertritt, die Auffassung, daß eine Antwort des DGB gegeben werden muß.

Kollege *Vetter* sagt eine Bearbeitung zu.

d) CSU

Kollege *Kluncker* beantragt, in einer der nächsten Bundesvorstandssitzungen die Frage CSU und weiteres Vorgehen zu behandeln. In diesem Zusammenhang verweist er auf ein Rundschreiben der CSU an ihre Ortsverwaltungen.

e) DAG

Kollege *Kluncker* regt an, daß der Bundesvorstand sich in kürze mit Solidaritätsmaßnahmen für HBV befaßt.

f) Steuern

Kollege *Haar* bittet, daß der Bundesvorstand in einer der nächsten Sitzungen das Problem Steuern erörtert, um die Meinungen der anderen Gewerkschaften zu erfahren.

12.30 Uhr: Gespräch des Bundesvorstandes mit Bundesfinanzminister Hans Matthöfer

Kollege *Vetter* begrüßt Minister Matthöfer und seine Begleiter im Namen des Bundesvorstandes herzlich und dankt für die Bereitschaft zum gegenseitigen Meinungsaustausch.

Bundesminister *Matthöfer* gibt einen ausführlichen Bericht über aktuelle Fragen der Finanz- und Steuerpolitik.

An der anschließenden Diskussion beteiligen sich die Kollegen *Vetter, Georgi, Pfeiffer, Döding, Keller, Haar, Sickert, Wagner, Hauenschild, Schirrmacher, A. Schmidt* und *Drescher* sowie Minister *Matthöfer* und Staatssekretär *Lahnstein*.

Abschließend bedankt sich Kollege *Vetter* für die informative und offene Aussprache und spricht die Hoffnung auf weitere gute Kontakte aus.

Ende der Sitzung: 14.15 Uhr.

Dokument 58

3. Juli 1979: Kurzprotokoll über die 12. Sitzung des Bundesvorstandes

Haus der Volksfürsorge Sach in Hamburg; Vorsitz: Maria Weber, Heinz O. Vetter; Protokollführung: Isolde Funke, Marianne Jeratsch; Sitzungsdauer: 10.05–14.05 Uhr; ms. vermerkt: »Vertraulich«.[1]

Ms., hekt., 7 S., 1 Anlage.[2]
AdsD, DGB-Archiv, 5/DGAI000554.

Beginn der Sitzung: 10.05 Uhr.

Kollegin *Weber* eröffnet die 12. Sitzung des Bundesvorstandes in Hamburg.

Tagesordnung:
1. Genehmigung des Protokolls der 11. Bundesvorstandssitzung
2. Programm des DGB zur Verbesserung der Lebenssituation älterer Menschen
3. Gewerkschaftliche Solidaritäts- und Abwehrmaßnahmen im Falle der Aussperrung
4. Bericht der Arbeitsgruppe Bildschirmtext
5. Bericht zur Situation der Gewerkschaft Gartenbau, Land- und Forstwirtschaft
6. Anhebung des Kilometergeldes
7. GEW Berlin
8. Verschiedenes

1. Genehmigung des Protokolls der 11. Bundesvorstandssitzung

Beschluß:
Der Bundesvorstand genehmigt das Protokoll der 11. Bundesvorstandssitzung.[3]

Dok. 58
1 Einladungsschreiben mit Tagesordnung vom 18.6.1979. Nicht anwesend: Martin Heiß, Gerhard Schmidt, Adolf Schmidt und sein Vertreter Hans Alker, Eugen Loderer und sein Vertreter Hans Mayr, Gerhard Leminsky. AdsD, DGB-Archiv, 5/DGAI000501.
2 Anlage: Anwesenheitsliste.
3 Vgl. Dok. 57: Kurzprotokoll über die 11. Sitzung des Bundesvorstandes am 12.6.1979.

2. Programm des DGB zur Verbesserung der Lebenssituation älterer Menschen

Kollege *Muhr* verweist auf die Vorlage und teilt mit, daß gestern im Geschäftsführenden Bundesvorstand noch eine Änderung vorgenommen worden ist, und zwar auf Seite 13 im ersten Absatz.[4] Da soll der zweite Satz jetzt heißen:
»Mit zunehmendem Gesundheitsverschleiß und beruflicher Herabstufung verschlechtert sich die Einkommensposition.«
Kollege *Muhr* bittet um entsprechende Beschlußfassung.

In der anschließenden Diskussion, an der sich die Kollegen *Schirrmacher, Muhr, Döding, Breit, Hoffmann, Sperner, Vetter, Sickert* und die Kollegin *Weber* beteiligen, werden Änderungsvorschläge unterbreitet.[5] Ferner wird darauf hingewiesen, daß nur von Renten die Rede ist und nicht auf die Versorgungsbezüge der Beamten eingegangen wird. Es wird angeregt, einen Modellversuch zu unternehmen.

In diesem Zusammenhang weist Kollege *Sperner* auf den Versuch der Neuen Heimat in Kiedrich bei Mainz hin. Er schlägt vor, in Kiedrich eine Bundesvorstandssitzung durchzuführen, die Einrichtungen der Neuen Heimat zu besichtigen und die Bundesvorstandsverwaltung der IG Bau-Steine-Erden zu besuchen.

Beschluß:
Der Bundesvorstand stimmt im Prinzip dem vorgelegten Entwurf eines Programms zur Verbesserung der Lebenssituation älterer Menschen zu. Eine Arbeitsgruppe mit Vertretern der Gewerkschaften des öffentlichen Dienstes soll noch einmal über die Vorlage beraten. Nach dieser Beratung kann das Programm zur Verbesserung der Lebenssituation älterer Menschen veröffentlicht werden.[6]

---

4 Der DGB erhob in diesem Programm Forderungen, die über die rein finanziellen Alterssicherungsprobleme, insbesondere was die Renten betraf, hinausreichten und nahm zu Wohnbedingungen, Gesundheitsversorgung, Sozialkontakten und Freizeitverhalten, Koordination der verschiedenen Bemühungen der Hilfeträger Stellung. Die Integration dieser sozialpolitischen Forderungen in die sozialpolitische Programmatik war eine Reaktion auf den demografischen Wandel. Der DGB zielte darauf, die Ansprüche der Personengruppe, die aus dem Arbeitsleben ausgeschieden war, mit sozialpolitischen Forderungen anzusprechen. Hinzu trat der Anspruch und das Selbstverständnis des DGB, umfassend zu Fragen der Sozialpolitik Stellung zu nehmen. Die Positionen, die der DGB in diesem Programm entwickelte, fußten auf Ergebnissen der WSI-Studie »Die Lebenslage älterer Menschen in der Bundesrepublik Deutschland«. Vgl. DGB-Bundesvorstand, Vorlage für die Sitzung des Bundesvorstandes am 3.7.1979, Programm des DGB zur Verbesserung der Lebenssituation älterer Menschen, AdsD, DGB-Archiv, 5/DGAI000501. Vgl. Gisela Kiesau/Maria Balassa: Die Lebenslage älterer Menschen in der Bundesrepublik Deutschland. Analyse der Mängel und Vorschläge zur Verbesserung. Projektleitung und wissenschaftliche Koordination: Gisela Kiesau, Köln 1976 (WSI-Studien zur Wirtschafts- und Sozialforschung; 31).
5 Die Änderungen waren in erster Linie redaktioneller Natur.
6 Das Programm wurde schließlich im Oktober als Broschüre veröffentlicht. Dieser Broschüre war auch das frühere Programm des DGB für ältere Arbeitnehmer vom August 1975 beigegeben. Vgl. Deutscher Gewerkschaftsbund: Programm des DGB zur Verbesserung der Lebenssituation älterer Menschen, Düsseldorf 1979.

3. Gewerkschaftliche Solidaritäts- und Abwehrmaßnahmen im Falle der Aussperrung

Kollege *Muhr* erläutert die Vorlage und bittet um Beratung über das weitere Verfahren.

Kollege *Schwab* berichtet ergänzend über die Überlegungen, die inzwischen im Hinblick auf den Antrag der IG Metall und den Beschluß des Bundesvorstandes, Aktionen gegen die Aussperrung vorzubereiten, angestellt worden sind.

An der nachfolgenden ausführlichen Diskussion beteiligen sich die Kollegen *Vetter, Vietheer, Sperner, Muhr, Schwab, Hauenschild, van Haaren, Mahlein, Breit, Schirrmacher* und *Hoffmann*.

Beschluß:
Der Bundesvorstand beschließt, sich in der September-Sitzung erneut mit dem Thema Aussperrung zu beschäftigen.

4. Bericht der Arbeitsgruppe Bildschirmtext

Kollege *Stephan* weist auf die Vorlage und darauf hin, daß die Deutsche Postgewerkschaft keine Einwände hat und die Vorschläge unterstützt.[7] Er berichtet, daß der Geschäftsführende Bundesvorstand eine Arbeitsgruppe »Technische Kommunikation« unter der Zuständigkeit der Kollegen Vetter und Pfeiffer eingesetzt hat. An dieser Arbeitsgruppe sollen die betroffenen Gewerkschaften ebenfalls beteiligt werden. Kollege *Stephan* bittet um Zustimmung zur Vorlage.[8]

---

7 Der Bundesvorstand hatte mit Beschluss vom 7.3.1978 eine Arbeitsgruppe eingesetzt, die sich am 27.3.1978 konstituierte und ihren Bericht am 12.12.1978 vorlegte. Der Bericht definierte die technischen Voraussetzungen des Bildschirmtextes, erörterte die beschäftigungspolitischen Konsequenzen und Rationalisierungsfolgen, den gesellschaftlichen Bedarf an Bildschirmtext und dessen medienpolitische Relevanz. An den Schluss des Berichts setzte die Arbeitsgruppe Überlegungen zur gewerkschaftseigenen Anwendung des Bildschirmtextes, zu Zwecken der Kommunikation, Information und zur Anwendung basaler Computerprogramme. Der Geschäftsführende Bundesvorstand hatte dieses Papier der DPG als sachlich zuständiger Gewerkschaft zur Stellungnahme vorgelegt. Vgl. [DGB-Bundesvorstand], Abt. Werbung – Medienpolitik, Vorlage des Geschäftsführenden Bundesvorstandes für die 12. Sitzung des Bundesvorstandes, Düsseldorf, 12.6.1976; [DPG-Bundesvorstand], Stellungnahme zu der Vorlage der Arbeitsgruppe »Bildschirmtext« an den Geschäftsführenden Bundesvorstand [14.3.1979], AdsD, DGB-Archiv, 5/DGAI000501.

8 Die erwähnte Stellungnahme der DPG ging mit der Vorlage relativ scharf ins Gericht. Wohl auch aus diesem Grund setzte der Bundesvorstand eine neue Arbeitsgruppe »Technische Kommunikation« mit einem Folgeauftrag ein. Die Arbeitsgruppe setzte sich aus Referenten der Abteilungen Gesellschaftspolitik, Wirtschaftspolitik, Tarifpolitik, Angestellte und Werbung – Medienpolitik zusammen. Die Zuständigkeit lag bei den Abteilungen Gesellschaftspolitik und Wirtschaftspolitik. Die Arbeitsgruppe hatte die Aufgabe, den technischen Stand der Entwicklung der technischen Kommunikation zu eruieren und auf der Grundlage der verschiedenen Einflussfaktoren gewerkschaftspolitische Strategien im Umgang mit der technischen Entwicklung der Kommunikationsmittel zu formulieren. Zum Themenfeld vgl. Metzler: »Ein deutscher Weg«.

Der Bundesvorstand faßt folgenden *Beschluß*:
1. Der Bundesvorstand nimmt den Bericht der Arbeitsgruppe Bildschirmtext vom 12.12.1978 sowie die Stellungnahme der Deutschen Postgewerkschaft zu diesem Bericht zur Kenntnis. Der im Beschluß des Bundesvorstandes vom 7.3.1978 erteilte Auftrag an die Arbeitsgruppe ist damit abgeschlossen. Der Bundesvorstand ist der Meinung, daß die Diskussionen über die beschäftigungspolitischen Konsequenzen intensiv fortgeführt werden müssen. Es muß geprüft werden, ob die medienpolitischen Beschlüsse des DGB-Bundeskongresses 1978 hinsichtlich der Aussagen zum Bildschirmtext aufgrund der inzwischen gewonnenen Erkenntnisse einer Anpassung bedürfen.
2. Der Bundesvorstand beauftragt die Abteilung Werbung-Medienpolitik und die zuständigen Ausschüsse, alle Möglichkeiten einer gewerkschaftlichen Informationsverteilung für die breite Öffentlichkeit durch Bildschirmtext zu prüfen und geeignete Vorschläge zu entwickeln.
3. Der Bundesvorstand beauftragt den Organisationsausschuß unter Hinzuziehung von Verantwortlichen für die Datenverarbeitung bei den Gewerkschaften, mögliche Anwendungen von Bildschirmtext für organisationsinterne Zwecke zu prüfen und ihm einen Vorschlag für die Teilnahme an Feldversuchen zu unterbreiten.

5. Bericht zur Situation der Gewerkschaft Gartenbau, Land- und Forstwirtschaft

Kollege *Schwab* erinnert daran, daß der Bundesvorstand bei der Verabschiedung des Haushalts 1979 dem Geschäftsführenden Bundesvorstand den Auftrag erteilt hat, die Situation der Gewerkschaft Gartenbau, Land- und Forstwirtschaft zu untersuchen.[9] Dies ist, wie der vorgelegte Bericht zeigt, geschehen.[10] Da der Bericht nicht allen Mitgliedern des Bundesvorstandes zur Verfügung gestellt werden konnte, bittet Kollege Schwab den Bundesvorstand, den Bericht zur Kenntnis zu nehmen. Er wird den Bericht mit den nötigen Unterlagen nach dieser Sitzung noch einmal allen Mitgliedern des Bundesvorstandes zusenden. Der Bericht könnte dann, wenn es notwendig ist, in der nächsten Bundesvorstandssitzung diskutiert werden.

Nach kurzer Diskussion, an der sich die Kollegen *Georgi, Breit, Lojewski, Sperner* und die Kollegin *Weber* beteiligen, faßt der Bundesvorstand folgenden *Beschluß*:

Dieser Tagesordnungspunkt wird bis zur nächsten Bundesvorstandssitzung zurückgestellt. Der Bericht mit den nötigen Unterlagen soll allen Mitgliedern des Bundesvorstandes zugeschickt werden.[11]

---

9 Vgl. Kurzprotokoll über die 7. Sitzung des Bundesvorstandes am 6.2.1979, TOP 12. Entsprechend wurde es auch auf der Sitzung des Bundesausschusses am 7.3.1979 beschlossen. Vgl. Protokoll über die 3. Sitzung des Bundesausschusses am 7.3.1979, TOP 7., S. 14, AdsD, DGB-Archiv, 5/DGAI000419.
10 Vgl. [DGB-Bundesvorstand], Abt. Organisation, Bericht zur Situation der Gewerkschaft Gartenbau, Land- und Forstwirtschaft, Düsseldorf, 22.6.1979, AdsD, DGB-Archiv, 5/DGAI000501.
11 Vgl. Dok. 59: Kurzprotokoll über die 13. Sitzung des Bundesvorstandes am 4.9.1979, TOP 3.

6. Anhebung des Kilometergeldes

Kollege *Vater* erläutert die Vorlage und bittet den Bundesvorstand im Namen des Geschäftsführenden Bundesvorstandes um Zustimmung.[12]

An der nachfolgenden Diskussion beteiligen sich die Kollegen *van Haaren, Vater, Hauenschild, Breit, Georgi, Sperner* und *Vetter*. Es werden Bedenken angemeldet, die Regelung nur für die Beschäftigten des DGB zu beschließen. Außerdem wird auf die unterschiedliche Lage in den Gewerkschaften hingewiesen.

Beschluß:
Der Bundesvorstand beschließt – vorbehaltlich der Zustimmung des Bundesausschusses –, das Kilometergeld für die Benutzung des Privatwagens für dienstliche Zwecke ab 1.7.1979 von 0,32 DM auf 0,36 DM in Anpassung an die zum gleichen Zeitpunkt zu erwartende Änderung der Lohnsteuerrichtlinien zu erhöhen.

7. GEW Berlin

Kollege *Sickert* berichtet, daß sich in Berlin der Teil der GEW, der seinerzeit aus dem DGB ausgetreten war, wieder mit der dem DGB angehörenden GEW zusammengeschlossen hat. Abgesehen davon, daß der Vorstand neu und linksorientiert gewählt wurde, ist auf der Veranstaltung beschlossen worden, den bestehenden Unvereinbarkeitsbeschluß des DGB nicht anzuwenden, sondern zu bekämpfen und zu verändern. Der Vorstand des DGB-Landesbezirks Berlin bittet die GEW und den Bundesvorstand um Klärung, wie er sich weiter verhalten soll.[13]

Die Kollegen *Frister* und *Vetter* sagen eine Überprüfung zu.

Beschluß:
Der Hauptvorstand der GEW wird gebeten, zu prüfen, ob der Beschluß des sich neu bildenden Landesverbandes Berlin der GEW auf seiner Gründungsversammlung Ende Juni 1979 zu den Unvereinbarkeitsbeschlüssen des DGB den Satzungen von GEW und DGB entspricht und gegebenenfalls daraus Konsequenzen zu ziehen und an den Bundesvorstand zu berichten.

---

12 Vgl. [DGB-Bundesvorstand], Abt. Personal, Vorlage für den Bundesvorstand, Anhebung des Kilometergeldes, Düsseldorf, 27.6.1979; Betriebsvereinbarung über die Benutzung von angestellteneigenen Kraftwagen für Dienstzwecke, beschlossen vom Bundesausschuß am 10.3.1976, AdsD, DGB-Archiv, 5/DGAI000501.
13 Vorangegangen war eine Satzungsänderung, die die Widersprüche zwischen der DGB-Satzung und der Landesbezirkssatzung aufhob. Der Unvereinbarkeitsbeschluss habe zwar Geltung, aber der GEW-Landesbezirk habe angekündigt, ihn zu bekämpfen. Vgl. Protokoll über die 12. Sitzung des Bundesvorstandes am 3.7.1980, Übertragung aus dem Stenogramm, S. 15, AdsD, DGB-Archiv, 5/DGAI000501.

8. Verschiedenes

a) Situationsbericht HBV

Kollege *Vietheer* berichtet kurz über die Situation in seiner Gewerkschaft in Zusammenhang mit der Auseinandersetzung mit der DAG. Die Lage hat sich allgemein beruhigt, die Mitgliederentwicklung ist besser geworden. Trotzdem ist weiterhin Aufmerksamkeit geboten. Die Aktion der DAG wird unter ihren eigenen Beschäftigten differenziert beurteilt. Falls erforderlich wird Kollege Vietheer den Bundesvorstand weiter informieren.[14]

b) CSU

In Zusammenhang mit der Diskussion im Bundesausschuß über das Memorandum 1979 und eventuell noch zu ziehende Schlußfolgerungen bezüglich der Unterschriftsleistung von Sekretären bei verschiedenen Anlässen vertritt Kollege *Vetter* die Meinung, daß der Vorwurf der kommunistischen Unterwanderung des DGB eine der leichtfertigsten Behauptungen ist, die Diskussionen – auch im Bereich der CSU – ausgelöst hat.[15] Dazu kommt der Vorwurf der einseitigen Zuneigung des DGB zur SPD und damit der Versuch der Spaltung der Einheitsgewerkschaft. Die Auseinandersetzung zwischen DGB und CSU ist inzwischen über Bayern hinausgegangen und zu einer gesamtgewerkschaftlichen Angelegenheit geworden, die große Aufmerksamkeit verdient.[16]

Kollege *Deffner* bestätigt dies. Er berichtet kurz über die Situation aus der Sicht des DGB-Landesbezirks Bayern und erwähnt, daß für den 17. September 1979 ein Gespräch mit der CSU vorgesehen ist.

---

14 Heinz Vietheer berichtete, dass fünf Sekretäre von der HBV zur DAG gewechselt seien, weil sie der HBV kommunistische Unterwanderung vorgeworfen hätten. Anlass waren Vorkommnisse bei der Betriebsratswahl in einem Großhandelsbetrieb in Hessen, wo ein Betriebsrat der HBV der DKP angehöre. Vietheer versicherte, dass er sonst kaum einen HBV-Betriebsrat kenne, der DKP-Mitglied sei, konzedierte aber, dass es einen Sachbearbeiter gebe, der der DKP angehöre. Weiteren Anlass für die Auseinandersetzung gab die Unterzeichnung des Memorandums zur Wirtschaftspolitik, das von Sekretären der HBV in überproportionalem Anteil unterzeichnet worden sei. Vgl. Protokoll über die 12. Sitzung des Bundesvorstandes am 3.7.1980, Übertragung aus dem Stenogramm, S. 16-18, AdsD, DGB-Archiv, 5/DGAI000501.

15 Es ging um das alternative Memorandum zur Wirtschaftspolitik, das der DKP-nahe Kölner Pahl-Rugenstein Verlag veröffentlicht hatte. Vgl. Arbeitsgruppe Alternative Wirtschaftspolitik e. V. (Hrsg.): Vorrang für Vollbeschäftigung. Memorandum '79. Alternativen der Wirtschaftspolitik, Köln 1979. Vgl. hierzu und zu den Unterzeichnern aus den DGB-Gewerkschaften Rudolf Henschel: Die gewerkschaftliche Kritik am Memorandum '79, in: GMH 31, 1980, H 2, S. 109-116. Zum Hintergrund auch Markovits: The Politics of the West German Trade Unions, S. 150 ff., S. 481.

16 Vgl. zum Hintergrund der von der CSU in einer öffentlichen Kampagne gegen den DGB vorgebrachten Vorwürfe der kommunistischen Unterwanderung und der zu engen Bindung der Gewerkschaften an die SPD die von der IG Metall publizierte Dokumentation: IG Metall für die Bundesrepublik Deutschland (Hrsg.): Spalte und herrsche. F. J. Strauß und die Einheitsgewerkschaft, Frankfurt [1979] (Metall-Taschenbuch; 1). Eine als Kopie vervielfältigte Zusammenstellung einschlägiger Artikel hatte auch der DGB-Landesbezirk Bayern erstellt: Dokumentation zur Anti-DGB-Kampagne der CSU. Zusammengestellt von der Pressestelle des DGB-Landesbezirks Bayern, o. O., [ca. 1980], Bibliothek der Friedrich-Ebert-Stiftung, Signatur C 98-1449.

An der anschließenden Diskussion beteiligen sich die Kollegen *Vetter, Döding, Deffner, Keller, Hoffmann, Zimmermann, Muhr, Sperner, Richert* und Kollegin *Weber*. Man ist sich einig, daß sich der Bundesvorstand noch eingehend mit der Angelegenheit beschäftigen muß. Zunächst soll jedoch das Ergebnis des Gesprächs mit der CSU am 17. September 1979 abgewartet werden.[17]

c) EVA
Angesichts der Protestschreiben des Schriftstellerverbandes und anderer zum geplanten Verkauf der EVA bittet Kollege *Vetter* den Bundesvorstand um Meinungsäußerung über das weitere Verhalten.[18]

Kollege *Hauenschild* ist der Auffassung, daß der Verkauf der EVA nach sorgfältiger Prüfung für notwendig gehalten und beschlossen worden ist. Dieser Beschluß sei nun auch von allen zu tragen.

Der Bundesvorstand schließt sich dieser Auffassung an.

d) Arbeitnehmerüberlassungsgesetz
Kollege *Muhr* informiert den Bundesvorstand über ein Schreiben des saarländischen Ministers für Arbeit, Gesundheit und Sozialordnung in Sachen Arbeitnehmerüberlassungsgesetz an den DGB-Landesbezirk Saar und erinnert in diesem Zusammenhang an die Beschlüsse des Bundesvorstandes.[19]

Ende der Sitzung: 14.05 Uhr.

---

17 Vgl. zu dem Bericht über das Gespräch Dok. 60: Kurzprotokoll über die 14. Sitzung des Bundesvorstandes am 2.10.1979, TOP 5. »Verschiedenes, a)«.
18 Der Verband Deutscher Schriftsteller (VDS) kritisierte den Verkauf der Europäischen Verlagsanstalt (EVA) als gewerkschaftseigenen Verlag. Er betrachtete dies als einen Schritt der Privatisierung »letzte[r] [gewerkschaftseigener] Positionen im Kultur- und Medienbereich«. Über ein Fernschreiben hinaus veröffentlichte der VDS auch eine einschlägige Presseerklärung, in der er den DGB scharf kritisierte. Vgl. Verband Deutscher Schriftsteller in der IG Druck und Papier, an den DGB-Bundesvorstande, Kollegen Vetter, [Fernschreiben], 27.6.1976; VDS in der IG Druck und Papier, 1. Vorsitzender Presseerklärung, Bernt Engelmann, [Fernschreiben], 27.6.1979, AdsD, DGB-Archiv, 5/DGAI000501.
19 Das saarländische Ministerium ging davon aus, dass aufgrund des »Dritten Berichts der Bundesregierung über die Erfahrungen bei der Anwendung des Arbeitnehmer-Überlassungsgesetzes« 1978 keine Änderung dieses Gesetzes durch die Bundesregierung zu erwarten sei. Das baden-württembergische Arbeitsministerium prüfe, ob nicht auf eine Verbesserung der Überprüfungsbefugnisse der zuständigen Behörden bei den Entleihern erreicht werden könne. Vgl. Minister für Arbeit, Gesundheit und Sozialordnung, gez. Thönnessen, an den DGB, Landesbezirk Saar, Gesetz zur Regelung der gewerbsmäßigen Arbeitnehmerüberlassung, Saarbrücken, 25.6.1979, AdsD, DGB-Archiv, 5/DGAI000501.

Dokument 59

4. September 1979: Kurzprotokoll über die 13. Sitzung des Bundesvorstandes

Hans-Böckler-Haus in Düsseldorf; Vorsitz: Heinz O. Vetter; Protokollführung: Isolde Funke, Marianne Jeratsch; Sitzungsdauer: 10.15–18.30 Uhr; ms. vermerkt: »Vertraulich«.[1]

Ms., hekt., 7 S., 1 Anlage.[2]
AdsD, DGB-Archiv, 5/DGAI000554.

Beginn der Sitzung: 10.15 Uhr.

Kollege *Vetter* eröffnet die 13. Sitzung des Bundesvorstandes in Düsseldorf.

Tagesordnung:
1. Genehmigung des Protokolls der 12. Bundesvorstandssitzung
2. Erhöhung der Beiträge an den EGB
3. Bericht zur Situation der Gewerkschaft Gartenbau, Land- und Forstwirtschaft
4. Veränderungsmitteilungen – Landesbezirksvorstände
5. Aussperrung
6. »Die gewerkschaftliche Position zum Problembereich der nuklearen Entsorgung«
7. Aktionen gegen Chile
8. Sozialwahlen 1980, hier: Aufstellung der Gemeinschaftslisten der DGB-Gewerkschaften für bundesunmittelbare Versicherungsträger
9. Mißbrauch von Insider-Informationen
10. Verschiedenes

1. Genehmigung des Protokolls der 12. Bundesvorstandssitzung

Beschluß:
Der Bundesvorstand genehmigt das Protokoll der 12. Bundesvorstandssitzung.[3]

Dok. 59
1 Einladungsschreiben vom 9.7.1979 und Tagesordnung vom 23.7.1979. Nicht anwesend: Martin Heiß, Gerhard Schmidt, Rudolf Sperner und sein Vertreter Konrad Carl, Kurt Georgi (vertreten durch Horst Morich), Jakob Deffner (vertreten durch Ursula Wolfring). AdsD, DGB-Archiv, 5/DGAI000501.
2 Anlage: Anwesenheitsliste.
3 Vgl. Dok. 58: Kurzprotokoll über die 12. Sitzung des Bundesvorstandes am 3.7.1979.

2. Erhöhung der Beiträge an den EGB

Nach Erläuterung der Vorlage durch die Kollegen *Vetter* und *Vater* und nach kurzer Diskussion, an der sich die Kollegen *Hauenschild, Vater, Vetter* und *Muhr* beteiligen,[4] faßt der Bundesvorstand folgenden *Beschluß*:
Der Bundesvorstand setzt den Beschluß vom 31.1.1977 weiterhin aus und empfiehlt dem Bundesausschuß, der Erhöhung der Beiträge zum EGB auf 536.048,– DM für das Jahr 1979 zuzustimmen.[5]

3. Bericht zur Situation der Gewerkschaft Gartenbau, Land- und Forstwirtschaft

Kollege *Schwab* erinnert an den Auftrag der Haushaltskommission und des Bundesvorstandes, die Lage der Gewerkschaft Gartenbau, Land- und Forstwirtschaft zu untersuchen. In sehr intensiven Gesprächen mit den Kollegen der GGLF wurde die Situation durchleuchtet.[6] Kollege *Schwab* verweist auf den Beschlußvorschlag und bittet um Zustimmung. In diesem Zusammenhang erinnert er an den anderen

---

4 Die Kosten des EGB stiegen laut Vorlage, da der Sitz in Belgien den EGB unter erhöhten Kostendruck stelle. Neben den hohen Preissteigerungen seien die Löhne und Gehälter indexiert. Der Kostendruck steige weiterhin, weil die Aktivitäten des EGB nicht durch Steigerungen der Mitgliedszahlen der angeschlossenen Bünde aufgefangen werden könnten. Schließlich fielen die Änderungen der Wechselkurse ins Gewicht, da Länder mit nachgebender Währung teilweise sogar von der Beitragszahlung befreit werden mussten. Als Reaktion darauf entschied der EGB, dass der Beitrag in der jeweiligen Landeswährung des zahlungspflichtigen Bundes entrichtet werden musste, um Wechselkursschwankungen auszugleichen. Der Forderung nach Beschlusslage des DGB, dass der Beitrag zum EGB nur noch durch den Kongress festgelegt werden dürfe, den die DGB-Vertreter eingebracht hatten, gab der EGB-Kongress nicht statt. Der DGB konnte nur erreichen, dass die Grundsätze für das Beitragssystem zum EGB ab 1980 überarbeitet werden sollten. Vgl. [DGB-Bundesvorstand], Abt. Vorsitzender, Vorlage für die 13. Sitzung des Bundesvorstandes des DGB am 4.9.1979, Erhöhung der Beiträge an den EGB, Düsseldorf, 20.7.1979, AdsD, DGB-Archiv, 5/DGAI000501.
5 Vgl. Dok. 24: Kurzprotokoll der 16. Sitzung des Bundesvorstandes am 31.1.1977, TOP 8.
6 Der Bericht gliederte sich in die Punkte »Organisationsbereich, Betriebsstruktur und »Beschäftigtenentwicklung«, »Mitgliederentwicklung und -struktur, Organisationsreserve«, »Finanzentwicklung« und »Gewerkschaftspolitische Situation«. Dem Bericht waren umfangreiche Mitglieder- und Beschäftigtenstatistiken über den Organisationsbereich der Gewerkschaft beigegeben sowie Stellenübersichten zum Funktionärsapparat der Gewerkschaft. Der Bericht kam zum Ergebnis, dass die Bemühungen der GGLF, ihre Organisation zu entwickeln, positiv seien. Aufgrund der schwierigen strukturellen Situation in der Agrarwirtschaft sei der Vergleich mit der Situation anderer Gewerkschaften schwierig. Die Fusion mit einer größeren Organisation mit besserem Personalschlüssel und ein optimierter Betreuungsschlüssel der Mitglieder wurden als mögliche Ziele der Organisationsentwicklung angegeben. Vgl. [DGB-Bundesvorstand], Abt. Organisation, Karl Schwab, an die Mitglieder des Bundesvorstandes, Bericht zur Situation der Gewerkschaft Gartenbau, Land- und Forstwirtschaft, Düsseldorf, 12.7.1979; [DGB-Bundesvorstand], Abt. Organisation, Korrigierter Bericht zur Situation der Gewerkschaft Gartenbau, Land- und Forstwirtschaft, Düsseldorf, 12.7.1979, AdsD, DGB-Archiv, 5/DGAI000501.

Auftrag, die Lage der Gewerkschaft Kunst zu untersuchen und Bericht zu geben. Dies ist in Arbeit, benötigt aber noch einige Zeit.[7]

In der anschließenden Diskussion erörtern die Kollegen *Kluncker, Schwab, Vater, Lojewski, Vetter, Breit, Schirrmacher, Haar, Pfeiffer, Keller, Alker* und *Morich* ausführlich die Problematik.

Beschluß:
Der Bundesvorstand nimmt den Bericht zur Situation der Gewerkschaft Gartenbau, Land- und Forstwirtschaft zur Kenntnis.

Er stellt zunächst fest, daß für die Interessenvertretung der Arbeitnehmer im agrarischen Bereich die Existenz der Gewerkschaft GLF durch solidarische Hilfe gesichert werden muß. Unabhängig von der Notwendigkeit, jährlich einen Antrag auf Beitragsbefreiung und Unterstützung zu stellen, beschließt der Bundesvorstand für den Zeitraum von drei Jahren die Befürwortung dieser Anträge.

Der Geschäftsführende Bundesvorstand erhält den Auftrag, erneut eine organisatorische Lösung zu suchen, insbesondere im Hinblick auf eine Fusion mit einer oder mehreren organisationsverwandten Gewerkschaften. Das Ergebnis ist dem Bundesvorstand innerhalb eines Jahres vorzulegen.[8]

4. Veränderungsmitteilungen – Landesbezirksvorstände

Beschluß:
Der Bundesvorstand schlägt dem Bundesausschuß vor, folgende Kollegen zu bestätigen:

Leo Malcherczyk (GdED) als Mitglied und
Arthur Fleissner (GGLF) als Mitglied des Landesbezirksvorstandes Bayern;
Karlhein Kaiser (Leder) als Mitglied des Landesbezirksvorstandes Hessen;
Klaus Koennecke (Kunst) als Mitglied und
Martin-G. Kunze (Kunst) als ständigen Vertreter des Kollegen Koennecke im Landesbezirksvorstand Niedersachsen;
Heinz Schrandt (GdP) als Mitglied und
Ingo Wiedemann (GdP) als ständigen Vertreter des Kollegen Schrandt im Landesbezirksvorstand Nordmark;

---

[7] Vgl. die Bekräftigung dieses Auftrags in der Bundesvorstandssitzung am 3.2.1981. Vgl. Dok. 79: Kurzprotokoll über die 27. Sitzung des Bundesvorstandes am 3.2.1981, TOPs 4. und 5.

[8] Die Frist für die Vorlage des Berichts über das Ergebnis der Fusionsverhandlungen wurde in der Bundesvorstandssitzung am 2./3.12.1980 bis zum 30. Juni 1981 verlängert. Vgl. Dok. 84: Kurzprotokoll über die 31. Sitzung des Bundesvorstandes am 2.6.1981, TOP 5. In der 32. Sitzung des Bundesvorstandes am 7.7.1981 wurde beschlossen, die Eigenständigkeit der Gewerkschaft GLF bis zum nächsten Gewerkschaftstag zu bewahren. Vgl. Kurzprotokoll über die 31. Sitzung des Bundesvorstandes am 7.7.1981, TOP 5.

Karl-Heinz Kaiser (Leder) als Mitglied des Landesbezirksvorstandes Rheinland-Pfalz.[9]

5. Aussperrung

Die Kollegen *Vetter* und *Muhr* erinnern an die vorausgegangenen Diskussionen über die zwei verschiedenen Themenbereiche, nämlich einmal das Ergebnis der Ad-hoc-Gruppe, zum anderen der Antrag des Kollegen Loderer auf Durchführung von Aktionen. Die Meinungen zu dem Papier der Ad-hoc-Gruppe waren sehr unterschiedlich.[10] Sollte es verabschiedet werden, müßte es wohl vom gesamten Bundesvorstand getragen werden. Mit dem Thema Aktionen gegen die Aussperrung hat sich der Geschäftsführende Bundesvorstand noch einmal ausführlich beschäftigt. Kollege *Muhr* geht im einzelnen auf die Bedenken des GBV ein und bittet den Bundesvorstand um seine Meinung.[11]

An der nachfolgenden eingehenden Diskussion beteiligen sich die Kollegen *Hauenschild, Vetter, Muhr, Kluncker, Alker, van Haaren, Schirrmacher, Frister, Mahlein, Mayr, Schwab, Keller, Bleicher, Sickert* und Kollegin *Weber*.[12] Sie kommen zu der

---

9 Vgl. DGB-Bundesvorstand, Karl Schwab, an die Mitglieder des Geschäftsführenden Bundesvorstandes, Bundesvorstandes und Bundesausschusses, Veränderungsmitteilungen – Landesbezirksvorstände, AdsD, DGB-Archiv, 5/DGAI000501.
10 Gewerkschaftliche Solidaritätsmaßnahmen erachtete die Ad-hoc-Arbeitsgruppe vor dem Hintergrund der zunehmenden Tendenz auf der Arbeitgeberseite, Aussperrungen zu einem zentral gesteuerten Arbeitskampfmittel zu erheben, als notwendig. Häufig werde bereits vor Eintritt in den Arbeitskampf damit gedroht. Innerhalb der BDA sei das Thema Arbeitskampfrecht in den vorausgegangenen Jahren intensiv diskutiert worden, so etwa 1977 im Rahmen ihrer Geschäftsführerkonferenz in Travemünde. Die Solidarität der Arbeitgeber zeige sich auch in der Nutzung eines Arbeitgeberhilfsfonds. Das Papier nannte als Voraussetzung für gewerkschaftliche Solidaritätsmaßnahmen eine ausreichende Information über das jeweilige Tarifgeschehen, die Koordinierung rechtlicher Maßnahmen, das Vorliegen eines Arbeitskampfhandbuchs (Argumentationshilfen, Organisationsmittel, Textvorlagen für Flugblätter) sowie Referentenschulungen. Die Ad-hoc-Gruppe schlug die Einrichtung eines Arbeitskreises »Solidaritätsaktionen« (Vorschläge zur Öffentlichkeitsarbeit, Vorbereitung von Solidaritätskundgebungen, Abstimmung von Demonstrationsstreiks, innerorganisatorische Information) vor. Die Ad-hoc-Arbeitsgruppe hatte ihre Stellungnahme am 20.12.1978 den Gewerkschaften zugeleitet. Gebilligt wurde die Vorlage von neun Gewerkschaften, der IG Metall, der IG CPK, der GTB, der GdED, der DPG, der GHK, der NGG, der IG BSE und der IG Druck und Papier. Letztere hatte Änderungsvorschläge unterbreitet. Abgelehnt wurde die Vorlage vom Hauptvorstand der IG BE. Grundsätzliche Bedenken äußerte die ÖTV. Vgl. DGB-Bundesvorstand, Vorlage für die Sitzung des Bundesvorstandes am 3.7.1979, TOP 3. »Gewerkschaftliche Solidaritäts- und Abwehrmaßnahmen im Falle von Aussperrungen«, Düsseldorf, 18.6.1979; IG BE, Hauptvorstand, Adolf Schmidt, Gewerkschaftliche Solidaritäts- und Abwehrmaßnahmen im Falle von Aussperrungen, 5.2.1978, AdsD, DGB-Archiv, 5/DGAI000502.
11 So seien die Vorschläge Einzelner weiter gegangen als das Ergebnis, das die Ad-hoc-Arbeitsgruppe und der Geschäftsführende Bundesvorstand vorgelegt haben. Der Geschäftsführende Bundesvorstand habe in seiner Beratung vor allem erwogen, wer der Adressat öffentlicher Aktionen sein könne. Es herrschte Übereinstimmung, dass nicht der Gesetzgeber der Adressat sei, sondern das Bundesarbeitsgericht, das ein höchstrichterliches Urteil zur Aussperrung vorbereite. Vgl. Protokoll über die 13. Sitzung des Bundesvorstandes am 4.9.1979, Übertragung aus dem Stenogramm, S. 8 f., AdsD, DGB-Archiv, 5/DGAI000501.
12 Ausführlich wurde das Für und Wider von Aktionen gegen die Aussperrung erörtert. Im unmittelbaren Vorausgang zur BAG-Entscheidung wurde im Bundesvorstand ebenfalls die Überlegung angestellt, dass

Auffassung, daß über Solidaritätsmaßnahmen im Rahmen des DGB ausschließlich der Bundesvorstand zu entscheiden hat. Im übrigen soll das Papier dem GBV als Material überwiesen werden. Sollten sich spezielle Punkte, z[um] B[eispiel] Schulung, als wichtig erweisen, müßte der GBV dem Bundesvorstand eine entsprechende Vorlage unterbreiten. Es wird außerdem angeregt, die IG Metall um einen Bericht über die Erfahrungen während des Stahlarbeiterstreiks zu bitten. Die Kollegen *Kluncker*, *Alker* und *van Haaren* erklären ausdrücklich, daß sie es im Bedarfsfall nicht an Solidarität fehlen lassen werden.

Beschluß:
Der Bundesvorstand überweist das Papier zum Thema Aussperrung als Material an den Geschäftsführenden Bundesvorstand.

6. »**Die gewerkschaftliche Position zum Problembereich der nuklearen Entsorgung**«

Kollege *Pfeiffer* erläutert die Vorlage und erklärt, daß Minister Hauff die IG Metall, die Gewerkschaft ÖTV und den DGB aufgefordert hat, zum o[ben] a[ngegebenen] Thema ihre neuen Überlegungen darzulegen.[13] Der vorliegende Entwurf ist zwischen den Angesprochenen gemeinsam erarbeitet, und es wäre gut, wenn der Bundesvorstand zu einer einheitlichen Antwort kommen würde. Bestehende Beschlüsse des DGB sind in dieser Vorlage nicht verändert worden.[14]

An der anschließenden Diskussion beteiligen sich die Kollegen *Kluncker*, *Alker*, *Vetter*, *Hauenschild*, *Pfeiffer*, *Breit* und *Frister*.

Aktionen vom BAG als Pressionen aufgefasst werden könnten. Vetter und Schwab gaben hinsichtlich der Mobilisierungsfähigkeit der Gewerkschaftsmitglieder zu bedenken, dass ca. 40 % der Mitglieder Aussperrung nicht als Unrecht wahrnähmen. Vgl. ebd., S. 9-22, hier S. 16 ff.

13 Die Entsorgungsfrage war bereits in der Vergangenheit im DGB-Bundesvorstand kontrovers diskutiert worden. Vorausgegangen war die Veröffentlichung eines Berichts der Bundesregierung zum Problemkreis der nuklearen Entsorgung. Das Papier stellte grundsätzlich fest, dass die Bedingung für die Verbesserung der Lebensqualität mit einer ausreichenden Energieversorgung zusammenhinge. Energie müsse dennoch eingespart und der Einsatz heimischer Kohle verstärkt werden. Die Anwendung der Atomkraft sei unverzichtbar für eine Versorgung der Bevölkerung, aber sie sei auf das notwendige Maß zu beschränken. Sicherheit der Beschäftigten und der Bevölkerung seien umfassend zu gewährleisten. In diesen Zusammenhang ordnete das Papier die Entsorgungsfrage ein. Es müssten Endlagerkapazitäten geschaffen werden und die Zwischenlagerung des atomaren Abfalls sei vertretbar. Hierbei sei Strahlenschutz ein vordringliches Thema, sowohl was die Beschäftigten als auch was die Bevölkerung betreffe. Vgl. Gewerkschaftliche Position zum Problembereich der Nuklearen Entsorgung, 28.8.1979, AdsD, DGB-Archiv, 5/DGAI000502; Bundesminister des Innern, Referat Öffentlichkeitsarbeit (Hrsg.): Situation der Entsorgung der Kernkraftwerke in der Bundesrepublik Deutschland. Bericht der Bundesregierung an den Deutschen Bundestag (Entsorgungsbericht), Bonn 1979.

14 Damit waren zum Beispiel der Antrag 105, Bau von Kernkraftwerken – Kernenergie – Umweltschutz auf dem Bundeskongress 1978 gemeint, vgl. Anträge und Entschließungen, in: DGB: 11. Bundeskongreß 1978, S. 124-131, sowie das Aktionsprogramm '79, S. 15 f.

4. September 1979 **Dokument 59**

Beschluß:
Der Bundesvorstand stimmt dem Papier »Gewerkschaftliche Position zum Problembereich der nuklearen Entsorgung« mit folgenden Änderungen zu:
Auf der ersten Seite unter I. 2. wird in der 6. Zeile hinter »… zu verwenden.« folgender Satz eingefügt: »Der Umweltschutz, insbesondere die Frage der Verbrennung fossiler Brennstoffe, müssen dabei besonders beachtet werden.«
Auf der Seite 2 wird unter 3. der letzte Satz ersatzlos gestrichen.[15]

7. Aktionen gegen Chile

Die Kollegen *Vetter, Kluncker, Breit, Hauenschild, van Haaren, Schwab, Keller, Alker* und *Vater* diskutieren über die in der Vorlage vorgeschlagenen Maßnahmen einschließlich Boykottmaßnahmen gegen Chile und ihre Folgen.[16] Eine besondere Rolle spielt die Frage der Regreßforderung.
Der Bundesvorstand faßt folgenden *Beschluß*:
Aufgrund der Gesetzgebung in der Bundesrepublik Deutschland können der DGB und seine Gewerkschaften nur bedingt dieser Sache beitreten. Das bedeutet keine Unterlaufung internationaler Maßnahmen.

Mittagspause: 14.40 Uhr bis 15.30 Uhr.

8. Sozialwahlen 1980, hier: Aufstellung der Gemeinschaftslisten der DGB-Gewerkschaften für bundesunmittelbare Versicherungsträger

Kollege *Muhr* verweist auf die Vorlage und bittet um Zustimmung.[17]

---

15 Es handelte sich um den auf den Einsatz der Kohle zur Energieversorgung bezogenen Satz »Dabei muss das Problem der Luftverschmutzung stärker als bisher betrachtet werden.« Vgl. Gewerkschaftliche Position zum Problembereich der Nuklearen Entsorgung, 28.8.1979, S. 2, AdsD, DGB-Archiv, 5/DGAI000502.
16 In Caracas hatte am 26./27.7.1979 der IBFG-Ausschuss für die Verteidigung von Menschen- und Gewerkschaftsrechten in Lateinamerika getagt und eine Intensivierung der weltweiten Aktionen der freien Gewerkschaftsbünde gegen das diktatorische Regime Chiles beschlossen. Für die Woche vom 9. bis 16.9.1979 rief der IBFG-Ausschuss zu »Sonderaktionen« und Boykotten auf. Darunter fielen sowohl Konsumenten- als auch Entladeboykotte. Die Internationale Transportföderation (ITF) hatte sich dem Boykottaufruf, der auch von AFL-CIO unterstützt wurde, angeschlossen und um solidarische Unterstützung durch die übrigen Gewerkschaftsbünde und Gewerkschaften gebeten. Dem Weltkongress des IBFG im November 1979 sollte ein umfassender Bericht über die Aktionen gegen das Pinochet-Regime vorgelegt werden. Vgl. [DGB-Bundesvorstand], Abt. Vorsitzender, Vorlage für die 13. Sitzung des Bundesvorstandes am 4.9.1979, Aktionen gegen Chile, o. O., 1.8.1979; IBFG-Konferenz für Demokratie und Freiheit in Lateinamerika, Caracas, Juli 1979, AdsD, DGB-Archiv, 5/DGAI000502. Vgl. zu den Aktionen gegen das Pinochet-Regime in den Jahren 1977 bis 1982 auch Eckel: Die Ambivalenz des Guten, S. 672-676.
17 Vgl. DGB, Geschäftsführender Bundesvorstand, an die Mitglieder des Bundesvorstandes, Sozialwahlen 1980, Aufstellung der Gemeinschaftslisten der DGB-Gewerkschaften für bundesunmittelbare Versicherungsträger, Düsseldorf, 3.9.1979, AdsD, DGB-Archiv, 5/DGAI000502.

Dokument 59 4. September 1979

Beschluß:
Der Bundesvorstand beschließt, die Beschlußfassung über die Vorschläge für die Gemeinschaftslisten des DGB bei den bundesunmittelbaren Sozialversicherungsträgern für die Sozialwahlen 1980 dem Geschäftsführenden Bundesvorstand zu übertragen.

9. Mißbrauch von Insider-Informationen

Kollege *Vetter* verweist auf die Vorlage.
Kollege *Kluncker* bittet, die Angelegenheit zurückzustellen.
An der nachfolgenden kurzen Diskussion beteiligen sich die Kollegen *Vietheer, Muhr, Vetter, Mayr, Kluncker* und *Sickert*.[18]
Es wird unter anderem darauf hingewiesen, daß zu berücksichtigen sei, daß diejenigen, die in Aufsichtsräten von Banken, Versicherungen u. ä. sitzen, bereits ihre Unterschrift gegeben haben.

Beschluß:
Der Bundesvorstand stellt den Punkt »Mißbrauch von Insider-Informationen« bis zu einer seiner nächsten Sitzungen zurück.[19]

10. Verschiedenes

a) Termine
  1. Kollege *Vetter* erinnert daran, daß der Vorstand des DGB-Landesbezirks Bayern am 17. September 1979 ein Gespräch mit der CSU haben wird. Für den 9. Oktober ist ein Gespräch zwischen Kollegen Vetter und Herrn Strauß vorgesehen. Ob dies jedoch tatsächlich stattfinden wird, macht Kollege Vetter von dem Bericht des Landesbezirks über die Begegnung am 17.9.1979 und der Meinung des Bundesvorstandes in seiner Oktobersitzung abhängig. Er erwähnt in diesem Zusammenhang die von der CSU aufgestellten Behauptungen gegen den DGB und berichtet kurz über den von der CSU ursprünglich für den 29.2./1.3.1980 vorgesehenen und inzwischen auf den 1.12.1979 verlegten Gewerkschaftskongreß, zu dem Dr. Stoiber ihn eingeladen habe.[20]

---

18 Es ging um die Forderung des DGB, den Missbrauch von Insiderinformationen, insbesondere durch Vorstands- und Aufsichtsratsmitglieder, gesetzlich zu regeln und zu untersagen. Vgl. DGB, Geschäftsführender Bundesvorstand, Vorlage für die Sitzung des DGB-Bundesvorstandes am 4.9.1979, AdsD, DGB-Archiv, 5/DGAI000502.
19 Auf der Bundesvorstandssitzung am 5.2.1980 zog Heinz Oskar Vetter die Vorlage schließlich zurück. Vgl. Dok. 65: Kurzprotokoll über die 17. Sitzung des Bundesvorstandes am 5.2.1980, TOP 2.
20 Vgl. zu dem Bericht über das Gespräch Dok. 60: Kurzprotokoll über die 14. Sitzung des Bundesvorstandes am 2.10.1979, TOP 5., Verschiedenes, a).

2. Kollege *Vetter* informiert den Bundesvorstand darüber, daß er eine persönliche Einladung des Bundeskanzlers für den 18. September 1979 erhalten habe. Bereits Ende Juli hat beim Bundeskanzler ein Gespräch im kleinen Kreis stattgefunden, an dem außer ihm einige wenige Kollegen teilgenommen haben. Es wurde über die derzeitige Situation in der Wirtschafts- und Steuerpolitik aus der Sicht der Regierung gesprochen. Dies dürften auch die Themen für das Gespräch am 18. September sein.
3. Kollege *Vetter* berichtet, daß der Geschäftsführende Bundesvorstand am 24. September 1979 in Düsseldorf ein Gespräch mit dem Präsidium der CDU führen wird.[21]
Auf die Frage des Kollegen *Kluncker*, ob der GBV bereits von irgendeiner Seite auf die Kleine Anfrage von Vertretern der CDU/CSU-Bundestagsfraktion »Gewerkschaftspolitik der DKP und ihr zugehöriger Gruppen« angesprochen worden sei oder sich damit befaßt habe, erklärt Kollege *Vetter*, daß bisher niemand an den GBV herangetreten sei. Allerdings sei vorgesehen, dieses Thema bei dem Treffen mit dem CDU-Präsidium aufzugreifen.[22]
4. Kollege *Vetter* erinnert noch einmal an das Spitzengespräch mit Vertretern von BDA und BDI am 20. Juli 1979 in Düsseldorf, das Vorbereitungs- und Testgespräch für die Weiterführung der Kontakte sein sollte. Kollege *Vetter* berichtet kurz über den Inhalt des Gesprächs und weist darauf hin, daß am 26. September 1979 in Baden-Baden ein weiteres Gespräch durchgeführt wird.
5. Kollege *Vetter* informiert den Bundesvorstand darüber, daß am 10. Oktober 1979 der Vorstand der SPD-Bundestagsfraktion zu einem Gespräch mit dem GBV nach Düsseldorf kommen wird.
6. Kollege *Vetter* weist noch einmal kurz auf die Wissenschaftliche Konferenz des DGB am 12. und 13. Oktober 1979 in München hin.
An der Diskussion beteiligen sich die Kollegen *Kluncker, Vetter, Breit, Döding, D. Schmidt* und *Keller*. Sie stimmen im Prinzip der Zusammensetzung der Delegationen für die vorgesehenen Gespräche zu, bitten aber darum, daß der gesamte Bundesvorstand jeweils unverzüglich über die Gesprächsergebnisse informiert wird.[23]

b) Publikationen und Veranstaltungen
Kollege *Vetter* berichtet ausführlich über die Veranstaltung am 1. September 1979 in Dortmund zum 40. Jahrestag der Kriegserklärung und erläutert im einzelnen den

---

21 Vgl. zu dem Bericht über das Gespräch Dok. 60: Kurzprotokoll über die 14. Sitzung des Bundesvorstandes am 2.10.1979, TOP 5., Verschiedenes, a).
22 Vgl. Kleine Anfrage »Gewerkschaftspolitik der DKP und ihr zugehöriger Gruppen«, Deutscher Bundestag, 8. Wahlperiode, Drucksache 8/3070, 19.7.1979; Antwort der Bundesregierung auf die Kleine Anfrage »Gewerkschaftspolitik der DKP und ihr zugehöriger Gruppen«, Deutscher Bundestag, 8. Wahlperiode, Drucksache 8/3288, 22.10.1979.
23 Vgl. Heinz O. Vetter (Hrsg.): Aus der Geschichte lernen, die Zukunft gestalten. 30 Jahre DGB. Protokoll der wissenschaftlichen Konferenz zur Geschichte der Gewerkschaften vom 12. und 13. Oktober 1979 in München, Köln 1980 (Geschichte der Arbeiterbewegung: Texte, Biographien, Dokumente).

Beschluß des Geschäftsführenden Bundesvorstandes, die zu diesem Tag vorgesehene Broschüre zurückzuziehen.

An der anschließenden ausführlichen Diskussion beteiligen sich die Kollegen *Vietheer, Bleicher, Keller, Vetter, Vater, Muhr, Kluncker, D. Schmidt, Frister, Mayr, Schwab, Pfeiffer, Hauenschild, Breit, Sickert* und Kollegin *Weber*.

In diesem Zusammenhang wird auch die Anzeigengestaltung der Zeitschrift 'ran kritisch diskutiert. Kollege *Keller* erklärt ausdrücklich für seinen Vorstand, daß die Gewerkschaft Textil-Bekleidung 'ran abbestellen wird, wenn sich keine Änderung der bisherigen Praktiken ergibt.

Kollege *Kluncker* schließt sich dieser Erklärung des Kollegen Keller für seine Gewerkschaft an. Er beantragt außerdem, daß den Mitgliedern des Bundesvorstandes das Manuskript der vom GBV zurückgezogenen Broschüre unverzüglich zugeleitet wird. Er fordert den GBV auf, in Zukunft sicherzustellen, daß Broschüren des DGB und seiner Gliederungen von den zuständigen Organen und/oder der von ihnen verantwortlich gemachten Person genehmigt werden müssen. Die Verantwortung über die Beauftragung liegt bei den Organen, nicht bei Personengruppen. Kollege *Kluncker* beantragt außerdem, daß der GBV sicherstellt, daß Anzeigen in den Organen des DGB hinsichtlich ihrer politischen Aussage von den Organen oder von einer von ihnen beauftragten Person geprüft und genehmigt werden.

Abschließend sagt Kollege *Vetter* eine Klärung der angesprochenen Fragen zu. Im übrigen soll der gesamte Themenkomplex in einer der nächsten Sitzungen weiter diskutiert werden.[24]

Ende der Sitzung: 18.30 Uhr.

Dokument 60

2. Oktober 1979: Kurzprotokoll über die 14. Sitzung des Bundesvorstandes

Hans-Böckler-Haus in Düsseldorf; Vorsitz: Heinz O. Vetter; Protokollführung: Isolde Funke, Marianne Jeratsch; Sitzungsdauer: 10.15–14.25 Uhr; ms. vermerkt: »Vertraulich«.[1]

Ms., hekt., 5 S., 2 Anlagen.[2]

AdsD, DGB-Archiv, 5/DGAI000554.

---

24 Vgl. Dok. 61: Kurzprotokoll über die 15. Sitzung des Bundesvorstandes, TOP 10. »Verschiedenes, f)«.
Dok. 60
1 Einladungsschreiben vom 7.9.1979 und Tagesordnung vom 20.9.1979. Nicht anwesend: Rudolf Sperner und dessen Vertreter Konrad Carl, Leonhard Mahlein und dessen Vertreter Erwin Ferlemann. AdsD, DGB-Archiv, 5/DGAI000502.
2 Anlagen: Anwesenheitsliste; DGB: Lehrer in die Arbeitszeitverkürzung einbeziehen, DGB-Nachrichten-Dienst, 213/79, 12.11.1979.

Beginn der Sitzung: 10.15 Uhr.

Kollege *Vetter* eröffnet die 14. Sitzung des Bundesvorstandes in Düsseldorf.

Tagesordnung:
1. Genehmigung des Protokolls der 13. Bundesvorstandssitzung
2. Grundsatzprogramm des DGB
3. Tagesordnung für die 6. Bundesausschußsitzung am 7.11.1979
4. Terminplanung 1980
5. Verschiedenes

1. Genehmigung des Protokolls der 13. Bundesvorstandssitzung

Beschluß:
Der Bundesvorstand genehmigt das Protokoll der 13. Bundesvorstandssitzung.[3]

2. Grundsatzprogramm des DGB

Kollege *Vetter* weist auf den im September versandten endgültigen Entwurf des neuen Grundsatzprogramms hin, der heute zur Verabschiedung steht.[4] Es hat seitdem noch zwei Änderungsvorschläge gegeben, die aber sicher ohne Schwierigkeiten zu berücksichtigen sein werden. Zum ersten hat Kollegin Weber darum gebeten, in den Teilen des Grundsatzprogrammentwurfs, die ihre Bereiche betreffen, das Wort »Mitbestimmung« durch das Wort »Mitbeteiligung« zu ersetzen.[5] Zum zweiten hat der Geschäftsführende Bundesvorstand sich gestern noch einmal kritisch mit dem

---

3 Vgl. Dok. 59: Kurzprotokoll über die 13. Sitzung des Bundesvorstandes am 4.9.1979.
4 Vgl. Heinz O. Vetter, Vorsitzender des DGB, an die Mitglieder des Bundesvorstandes, Grundsatzprogramm, Düsseldorf, 21.9.1979, AdsD, DGB-Archiv, 5/DGAI000502. Zur Programmdiskussion vgl. die Dokumentation Hans-Hermann Hertle/Martin Jander: Toleranz und Härte. Die Entstehungsgeschichte des Grundsatzprogramms 1981, Berlin 1982 (Materialien zur Gewerkschaftspolitik in den 80er-Jahren; 2). Zur programmatischen Diskussion im DGB in den 1970er-Jahren vgl. von Beyme, Gewerkschaftliche Politik in der Wirtschaftskrise I, S. 348-360, sowie Schneider, Kleine Geschichte der Gewerkschaften, S. 399-402.
5 Die unterschiedliche Semantik von Mitbestimmung und Mitbeteiligung ist durchaus sprechend und ist typisch für den Bildungsbereich, also das Ressort, das Maria Weber ausfüllte. Als Christdemokratin stand sie den Mitbestimmungsforderungen im Bildungsbereich reservierter gegenüber als ihre sozialdemokratischen Vorstandskollegen. Der Begriff »Mitbestimmung« changierte in Maria Webers Verständnis, denn die Alternativen »Mitwirkung« und »Mitarbeit«, die die Vorstandskollegen in die Diskussion eingebracht hatten, reichten ihr nicht weit genug. Zum Verhältnis von Semantik und Praxis hinsichtlich der Mitbestimmung vgl. Müller-Jentsch: Industrielle Demokratie, S. 173-179.

letzten Satz des dritten Absatzes auf der Seite 11 »Humanisierung der Arbeit« beschäftigt. Er regt an, ihn noch einmal zu überprüfen und gegebenenfalls zu streichen.[6]

Kollege *Kluncker* kritisiert die mangelhafte schreibtechnische Ausführung des übersandten Grundsatzprogrammentwurfs und fordert die unverzügliche Berichtigung der Schreib- und Sachfehler.[7]

An der nachfolgenden ausführlichen Diskussion beteiligen sich die Kollegen *Vetter, Kluncker, Loderer, Muhr, Hauenschild, Breit, Schirrmacher, Pfeiffer, Frister, Sierks, Döding, Sickert, Schwab* und *Wagner*.[8]

Beschluß:
Der Bundesvorstand verabschiedet einstimmig mit den diskutierten Änderungen den Entwurf eines neuen Grundsatzprogramms des DGB.

Anschließend beschäftigt sich der Bundesvorstand mit dem mit Schreiben vom 26.9.1979 übersandten Entwurf eines Begleitschreibens, das der Broschüre vorangestellt werden soll und mit dem der endgültige Entwurf für ein neues Grundsatzprogramm veröffentlicht wird.[9] An der Diskussion beteiligen sich die Kollegen *Kluncker, Frister, Vetter, A. Schmidt, Loderer, Hauenschild, Schirrmacher, Muhr, Georgi, Schwab, G. Schmidt, van Haaren, Breit, Sickert* und *Sierks*. Es wird eine Reihe von Streichungs- und Änderungsvorschlägen gemacht. In diesem Zusammenhang werden auch Verfahrensfragen erörtert. Es wird festgelegt, daß der soeben verabschiedete Entwurf eines neuen Grundsatzprogramms in Erfüllung des Kongreßauftrages dem Außerordentlichen Bundeskongreß 1981 vorgelegt und zur Diskussion gestellt wird.[10] Antragsschluß soll offiziell der 31. Dezember 1980 sein. Inoffiziell sollen die Gliederungen darum gebeten werden, ihre Anträge bis zum 30. November 1980 einzureichen, damit der Bundesvorstand sich in seiner zweitägigen Sitzung am

---

6 Es handelte sich um den Satz: »Die Sozial-, Arbeitsmarkt- und Technologiepolitik ist zur Verwirklichung dieser Ziele stärker in die Pflicht zu nehmen.«. Vgl. Heinz O. Vetter, Vorsitzender des DGB, an die Mitglieder des Bundesvorstandes, Grundsatzprogramm, Düsseldorf, 21.9.1979, S. 13, AdsD, DGB-Archiv, 5/DGAI000502.

7 Er bemängelte auch semantische Differenzen, die sich in den Entwurf eingeschlichen hatten, so sei vom »Aufbau des sozialen Rechtsstaates« statt vom »Ausbau des sozialen Rechtsstaates« die Rede. Vgl. Protokoll über die Sitzung des Bundesvorstandes am 2.10.1979, Übertragung aus dem Stenogramm, S. 2, AdsD, DGB-Archiv, 5/DGAI000502.

8 In der Diskussion wurden intensiv die Verfahrensfragen der Diskussion und der Abstimmung des Grundsatzprogramms erörtert. Man war sich einig, dass geprüft werden solle, wie 1963 bei der Verabschiedung des Grundsatzprogramms verfahren worden sei, um sich daran zu orientieren. Vgl. ebd., 3-8.

9 Vgl. Heinz O. Vetter, Vorsitzender des DGB, an die Mitglieder des Bundesvorstandes, Grundsatzprogramm, Düsseldorf, 26.9.1979; Vorwort zum Entwurf des neuen Grundsatzprogramms des DGB, AdsD, DGB-Archiv, 5/DGAI000502.

10 Der Entwurf wurde nach dieser Sitzung veröffentlicht und damit innergewerkschaftlich zur Diskussion gestellt. Vgl. Deutscher Gewerkschaftsbund: Entwurf: Grundsatzprogramm des Deutschen Gewerkschaftsbundes. Beschlossen vom Bundesvorstand des Deutschen Gewerkschaftsbundes am 2. Oktober 1979, Düsseldorf 1979.

2. und 3. Dezember 1980 damit beschäftigen und gegebenenfalls eigene Anträge formulieren kann.[11]

3. Tagesordnung für die 6. Bundesausschußsitzung am 7.11.1979

Kollege *Vetter* bittet um Vorschläge zur Tagesordnung.

Kollege *Loderer* trägt den Wunsch seines Geschäftsführenden Vorstandes vor, noch einmal im Bundesausschuß über Jugendfragen zu diskutieren. Dafür müsse man aber ausreichend Zeit haben. Nach seiner Meinung wäre das am 7. November 1979 nicht der Fall. Dann sollte man das auf die nächste Sitzung nehmen.

Kollege *Vetter* vertritt die Auffassung, daß eine Bundesausschußsitzung der Jugendpolitik gewidmet werden sollte, und zwar die Märzsitzung.

Beschluß:
Der Bundesvorstand beschließt für die 6. Bundesausschußsitzung am 7. November 1979 folgende Tagesordnung:
1. Genehmigung des Protokolls der 5. Bundesausschußsitzung
2. Bericht zur gewerkschaftspolitischen und organisatorischen Situation
3. Veränderungsmitteilungen – Landesbezirksvorstände
4. Fragestunde
5. Verschiedenes

11.00 Uhr: Vortrag des Bundesministers für Forschung und Technologie, Dr. Volker Hauff

Ferner beschließt der Bundesvorstand, auf die Tagesordnung der 7. Bundesausschußsitzung am 5. März 1980 das Thema Jugendarbeit zu setzen.[12]

4. Terminplanung 1980

Beschluß:
Der Bundesvorstand nimmt die vorgelegte Terminplanung für 1980 zustimmend zur Kenntnis.

Zur Klausurtagung des Geschäftsführenden Bundesvorstandes und der Gewerkschaftsvorsitzenden, 18. bis 20. Januar 1980 in Hinterzarten, wird festgelegt, daß die Anreise bis 18.1., 13.00 Uhr, erfolgen soll (kann aber auch schon am 17.1. sein); am

---

11 Vgl. Dok. 78: Kurzprotokoll über die 26. Sitzung/Klausurtagung des Bundesvorstandes am 2./3.12.1980, außerhalb der Tagesordnung.
12 Das Thema wurde erst in der 10. Bundesausschusssitzung am 5.11.1980 aufgegriffen. Vgl. Protokoll über die 10. Sitzung des Bundesausschusses am 5.11.1980, TOP 6., AdsD, DGB-Archiv, 5/DGAI000421.

18.1. nachmittags sollen BfG-Themen behandelt werden und am 19.[1.], 9.00 Uhr, die Bundesvorstandssitzung durchgeführt werden.

Die letzte Bundesausschußsitzung im Jahre 1980 soll am 5. November stattfinden, während am 2. und 3. Dezember 1980 die Bundesvorstandssitzung durchgeführt wird.[13]

5. Verschiedenes

a) Informationen

Kollege *Vetter* informiert den Bundesvorstand über die Begegnungen mit dem CDU-Präsidium am 24. September 1979 in Düsseldorf, über das Treffen des DGB-Landesbezirksvorstandes Bayern mit Vertretern der CSU am 17. September 1979 in München und das zwischen ihm und F. J. Strauß für den 9. Oktober 1979 vorgesehene Gespräch in München.[14] Außerdem berichtet Kollege *Vetter* über das Gespräch mit Vertretern von BDA und BDI am 26. September 1979 in Baden-Baden und das Treffen mit dem Bundeskanzler am 18. September 1979 in Bonn.[15]

---

13 Vgl. Protokoll über die 10. Sitzung des Bundesausschusses am 5.11.1980, AdsD, DGB-Archiv, 5/DGAI000421. Vgl. auch Dok. 78: Kurzprotokoll über die 26. Sitzung/Klausurtagung des Bundesvorstandes am 2./3.12.1980.

14 Anwesend waren der CDU-Vorsitzende Helmut Kohl, Bundesgeschäftsführer Ulf Fink, Alfred Dregger, Kurt Biedenkopf, Hanna-Renate Laurien, Norbert Blüm, Hans Katzer und Elmar Pieroth. Heinz Oskar Vetter berichtete von dem am 1.12.1979 geplanten Gewerkschaftskongress der CSU, zu dem ihn CSU-Generalsekretär Edmund Stoiber eingeladen habe. Ziel sei eine Selbstdarstellung der Gewerkschaften. Die CSU habe den DBB und die DAG gleichermaßen eingeladen. Der Bundesvorstand beschloss, die Einladung aufgrund der vorgegangenen Konfrontationen vonseiten der CSU abzulehnen und den Kongress öffentlich anzugreifen. Das Gespräch des Landesbezirksvorstands des DGB Bayern mit CSU-Vertretern habe ergeben, dass die CSU den Vorwurf aufrechterhalte, die Gewerkschaften seien SPD-hörig und würden kommunistisch unterwandert. Die Begegnung mit dem CDU-Präsidium habe gezeigt, dass der Kontakt zu den Unionsparteien nicht konfrontativ sein müsse. Hauptgegenstände des Gesprächs seien die Steuer- und Wirtschaftspolitik gewesen. Es wurde über die Berücksichtigung von CDU-Vertretern in der Führungsebene des DGB gesprochen. Streitig war der Punkt einer Kleinen Anfrage der CDU über die von ihr behauptete »kommunistische Unterwanderung« des DGB und seiner Gewerkschaften durch Funktionäre der DKP. Es sei ein Kommuniqué verabschiedet worden, das den Pluralismus und das Prinzip der Einheitsgewerkschaft bejaht hebe. Vgl. Protokoll über die 14. Sitzung des Bundesvorstandes am 2.10.1979, Übertragung aus dem Stenogramm, S. 11 f., AdsD, DGB-Archiv, 5/DGAI000502. Vgl. auch die Kleine Anfrage »Gewerkschaftspolitik der DKP und ihr zugehöriger Gruppen«, Deutscher Bundestag, 8. Wahlperiode, Drucksache 8/3070, 19.7.1979; Antwort der Bundesregierung auf die Kleine Anfrage Gewerkschaftspolitik der DKP und ihr zugehöriger Gruppen, Deutscher Bundestag, 8. Wahlperiode, Drucksache 8/3288, 22.10.1979.

15 Das Spitzengespräch mit dem BDA/BDI habe sich um das Thema der Mitbestimmung und einen neuen »Tabukatalog« von Arbeitgeberseite gedreht. Die Arbeitgeberseite habe abgestritten, dass es einen solchen Tabukatalog gebe. Der DGB verfügte aber über ein Exemplar des »Tabukatalogs«, das er in der Besprechung vorlegte. Die Arbeitgeberseite habe versucht, die Konzertierte Aktion zum Gesprächsthema zu machen, was jedoch gewerkschaftlicherseits abgelehnt worden sei. Es gebe noch keinen Termin für ein nächstes Gespräch, bei dem gegebenenfalls die Energiepolitik Thema sein könne. Das Gespräch mit Bundeskanzler Helmut Schmidt habe sich um Fragen der Wirtschafts- und Energiepolitik gedreht. Vgl. ebd. S. 12 f. Der genannte Tabukatalog von Arbeitgeberseite wurde von der ZEIT dokumentiert. Vgl.

b) Aussperrung

Kollege *Loderer* trägt noch einmal den Wunsch des Vorstandes der IG Metall vor, im Spätjahr 1979 Kundgebungen zum Thema Aussperrung durch den DGB durchführen zu lassen. Der Vorstand der IG Metall hält solche Veranstaltungen im Hinblick auf das im nächsten Jahr zu erwartende Urteil des Bundesarbeitsgerichts nach wie vor für unerläßlich.[16]

Kollege *Muhr* informiert Kollegen Loderer über die Meinungsbildung zu diesem Punkt in der letzten Sitzung des Bundesvorstandes. Es bestand die allgemeine Auffassung, daß solche Kundgebungen aus bestimmten Gründen nicht effektiv und wünschenswert sind.[17]

c) Jugendarbeit

Kollege *Loderer* berichtet über eine Ausarbeitung der Abteilungen Bildung und Jugend beim Vorstand der IG Metall, die sich mit der Situation der Jugendbildungs- und Jugendschulungsstätte des DGB in Oberursel beschäftigt. Er bittet den Geschäftsführenden Bundesvorstand um Prüfung des Papiers und baldigen Bericht an den Bundesvorstand.

Die Kollegen *Vetter* und *Schwab* sagen dies zu.

d) Bericht der Revisoren

Kollege *Vater* bittet den Bundesvorstand um nachträgliche Zustimmung zu dem mit Schreiben vom 14.9.1979 übersandten schriftlichen Bericht der Revisoren, der bereits von Kollegen Schüßler in der Bundesausschußsitzung am 5.9.1979 vorgetragen worden ist.

Kollege *Vetter* stellt die Zustimmung des Bundesvorstandes fest.

Ende der Sitzung: 14.25 Uhr.

Die Tabus der Arbeitgeber. So sieht die Widerstandslinie gegen die Gewerkschaften aus, in: Die ZEIT, 26.1.1979.

16 Eugen Loderer berichtete von einer Unterredung mit BAG-Präsident Gerhard Müller über das anstehende Urteil des BAG in Sachen Aussperrung. Müller habe signalisiert, dass das Urteil noch vor seinem Ausscheiden aus dem Amt gefällt werden würde und dass es in der Tendenz von der bisherigen Rechtsprechung in Sachen Aussperrung abweichen werde. Loderer plädierte dafür, das Gericht nicht durch öffentliche Aktionen einer Pression auszusetzen, sondern den Standpunkt des DGB und seiner Gewerkschaften in der Öffentlichkeit bekannt zu machen.

17 Vgl. Dok. 59: Kurzprotokoll über die 13. Sitzung des Bundesvorstandes am 4.9.1979, TOP 5.

Dokument 61

6. November 1979: Kurzprotokoll über die 15. Sitzung des Bundesvorstandes

Hans-Böckler-Haus in Düsseldorf; Vorsitz: Heinz O. Vetter; Protokollführung: Isolde Funke, Marianne Jeratsch; Sitzungsdauer: 10.15–17.20 Uhr; ms. vermerkt: »Vertraulich«.[1]

Ms., hekt., 9 S., 3 Anlagen.[2]
AdsD, DGB-Archiv, 5/DGAI000554.

Beginn der Sitzung: 10.15 Uhr.

Kollege *Vetter* eröffnet die 15. Sitzung des Bundesvorstandes in Düsseldorf.

Im Namen des Bundesvorstandes gratuliert er den Kollegen Schirrmacher und Sperner zu ihrer Wiederwahl.

Kollege *Vetter* verliest eine Erklärung des Gewerkschaftsausschusses von HBV, in der bekanntgegeben wird, daß sich Kollege Vietheer aus gesundheitlichen Gründen nicht mehr zur Wiederwahl stellen wird; dafür wird Kollege Volkmar vorgeschlagen.

Tagesordnung:
1. Genehmigung des Protokolls der 14. Bundesvorstandssitzung
2. Stellungnahme zur staatlichen Förderung neuer Technologien und zur Humanisierung des Arbeitslebens
3. Mai-Motto 1980
4. Änderung bzw. Ergänzung der Allgemeinen Anstellungsbedingungen für die Beschäftigten des DGB
5. Gehaltsabschluß 1979/80 für die Beschäftigten des DGB
6. Veränderungsmitteilungen – Landesbezirksvorstände
7. Beitragsbefreiung und Zuschuß 1980 für die Gewerkschaft Gartenbau, Land- und Forstwirtschaft
8. Gewährung eines einmaligen Zuschusses an die Gewerkschaft Kunst für den Deutschen Musikerverband (DMV)
9. Jahresrechnung und Kassenbericht des DGB 1978
10. Verschiedenes

Dok. 61
1 Einladungsschreiben vom 3.10.1979 und Tagesordnung vom 17.10.1979. Nicht anwesend: Gerd Muhr, Heinz Vietheer (vertreten durch Günter Volkmar), Adolf Schmidt (vertreten durch Hans Alker). AdsD, DGB-Archiv, 5/DGAI000502.
2 Anlagen: Anwesenheitsliste; vgl. DGB extra, Stellungnahme des DGB zur staatlichen Förderung neuer Technologien und zur Humanisierung des Arbeitslebens, verabschiedet vom DGB-Bundesvorstand am 6.11.1979, Artikeldienst 1/79, Düsseldorf, 8.11.1979; DGB fordert Erhaltung des NDR, DGB-Nachrichten-Dienst, 202/79, 6.11.1979.

1. Genehmigung des Protokolls der 14. Bundesvorstandssitzung

Beschluß:
Der Bundesvorstand genehmigt das Protokoll der 14. Bundesvorstandssitzung.[3]

2. Stellungnahme zur staatlichen Förderung neuer Technologien und zur Humanisierung des Arbeitslebens

Kollege *Vetter* erläutert die Vorlage und bittet im Namen des Geschäftsführenden Bundesvorstandes um den Beschluß des Bundesvorstandes, die Stellungnahme zu veröffentlichen.[4]

An der nachfolgenden Diskussion beteiligen sich die Kollegen *Loderer, Vetter, Pfeiffer, Georgi, Döding, Jung, Hauenschild, Sickert* und *Kluncker*.

Kollege *Keller* erläutert die von der Gewerkschaft Textil-Bekleidung schriftlich vorgelegten Änderungsvorschläge.[5]

Die im Sinne der Diskussion veränderte Stellungnahme wird dem Bundesvorstand wieder vorgelegt, kurz beraten und an wenigen Stellen geändert.

Beschluß:
Die Stellungnahme des DGB zur staatlichen Förderung neuer Technologien und zur Humanisierung der Arbeit wird in der geänderten Form vom Bundesvorstand beschlossen und zur Veröffentlichung freigegeben (s. Anlage).[6]

3. Mai-Motto 1980

Die Kollegen *Stephan, Haar, Frister, Vetter, Hauenschild, Loderer* und *Sickert* diskutieren über das Mai-Motto 1980.[7]

---

3 Vgl. Dok. 60: Kurzprotokoll über die 14. Sitzung des Bundesvorstandes am 2.10.1979.
4 Vgl. Dok. 62: Stellungnahme des DGB zur staatlichen Förderung neuer Technologien und zur Humanisierung des Arbeitslebens, Düsseldorf, 8.11.1979; [DGB-Bundesvorstand], Abt. Vorsitzender, Entwurf einer Stellungnahme zur staatlichen Förderung neuer Technologien und zur Humanisierung des Arbeitslebens, Düsseldorf, 11.9.1979, AdsD, DGB-Archiv, 5/DGAI000502.
5 Vgl. GTB, Hauptvorstand, Vorschlag der Gewerkschaft Textil-Bekleidung zur Stellungnahme des DGB zur staatlichen Förderung neuer Technologien und zur Humanisierung des Arbeitslebens, Düsseldorf, 11.9.1979, ebd.
6 Vgl. Dok. 62: DGB-Bundesvorstand: Stellungnahme des DGB zur staatlichen Förderung neuer Technologien und zur Humanisierung des Arbeitslebens, Düsseldorf, 8.11.1979.
7 Vorgeschlagen waren: »Wir bauen auf unsere Kraft. Unabhängig, stark, erfolgreich.« und »Prüfsteine jeder Wahl: Die Interessen der arbeitenden Menschen.« Vgl. [DGB-Bundesvorstand], Vorstandsbereich Günter Stephan, Vorlage zur Beratung im Bundesvorstand, Mai-Motto 1980, 23.10.1979, AdsD, DGB-Archiv, 5/DGAI000502.

Beschluß:
Der Bundesvorstand beschließt für das Jahr 1980 folgendes Mai-Motto:

»Einheitsgewerkschaft: Unabhängig, stark, erfolgreich. Wir bauen auf unsere Kraft.«

4. Änderung bzw. Ergänzung der Allgemeinen Anstellungsbedingungen für die Beschäftigten des DGB

Kollege *G. Schmidt* erläutert die Vorlage, insbesondere die vorgesehenen Änderungen.[8]
In der anschließenden Diskussion, an der sich die Kollegen *Sperner, G. Schmidt, Sickert, Kluncker, Heiß, van Haaren, Vetter, Georgi, Hauenschild, Schwab, Loderer* und *Schirrmacher* beteiligen, werden einzelne Fragen erörtert. Es werden zum Teil Bedenken geäußert.

Beschluß:
Der Bundesvorstand beschließt, der Änderung bzw. Ergänzung der Allgemeinen Anstellungsbedingungen für die Beschäftigten des DGB sowie dem Entwurf der Präambel zuzustimmen und sie dem Bundesausschuß zur Bestätigung gemäß § 8 Ziffer 3 i der Satzung zuzuleiten. Im letzten Satz der Präambel muß es statt »wurden« »werden« heißen.[9]

5. Gehaltsabschluß 1979/80 für die Beschäftigten des DGB

Kollege *G. Schmidt* erläutert die Vorlage und weist darauf hin, daß dieser Abschluß aufgrund eines Schlichterspruches zustande gekommen ist.[10]

---

8   Die Präambel sollte verdeutlichen, dass die Beschäftigung beim DGB nicht einfach ein Job, sondern eine verpflichtende Aufgabe sei, zu der es einer inneren Einstellung bedürfe, die der Tätigkeit in einem Tendenzbetrieb gerecht wurde. Der Bundesvorstand beschloss die Änderung einer Reihe von Einzelregelungen, unter anderem mit dem Zweck, notwendige arbeitsrechtliche Maßnahmen zu rechtfertigen. Dies war aller Wahrscheinlichkeit nach auch eine Reaktion auf die vielfältigen Diskussionen im DGB-Bundesvorstand, die disziplinarrechtliche Fragen etwa im Falle von »gewerkschaftsschädlichem Verhalten« durch Unterzeichnung von Aufrufen und Erklärungen durch dessen Angestellte betrafen. Vgl. [DGB-Bundesvorstand], Vorstandsbereich Gerhard Schmidt, Vorlage zur Beratung im Bundesvorstand, Änderung bzw. Ergänzung der Allgemeinen Anstellungsbedingungen für die Beschäftigten des DGB, beschlossen GBV am 15.10.1979; Erläuterungen zu den Änderungen bzw. Ergänzungen der Allgemeinen Anstellungsbedingungen für die Beschäftigten des DGB, AdsD, DGB-Archiv, 5/DGAI000502.
9   Vgl. die Synopse der gegenwärtigen Fassung und der neuen Fassung der Änderung bzw. Ergänzung der Allgemeinen Anstellungsbedingungen für die Beschäftigten des DGB, AdsD, DGB-Archiv, 5/DGAI000502.
10 Vgl. [DGB-Bundesvorstand], Vorstandsbereich Gerhard Schmidt, Vorlage zur Beratung im Bundesvorstand, Gehaltsabschluß 1979/80 für die Beschäftigten des DGB, beschlossen GBV am 5.11.1979; Betriebsvereinbarung zwischen dem DGB, Geschäftsführenden Bundesvorstand und dem Gesamtbetriebsrat, 19.10.1979, AdsD, DGB-Archiv, 5/DGAI000502.

In der anschließenden Diskussion, an der sich die Kollegen *Keller, Vetter, Loderer, Döding, Georgi, Vater, G. Schmidt, Hauenschild* und *Haar* beteiligen, erklärt Kollege *Keller*, daß er gegen die Vorlage stimmen wird.

Beschluß:
Der Bundesvorstand beschließt bei einer Gegenstimme, die vorgelegte Betriebsvereinbarung vom 19.10.1979 dem Bundesausschuß zur Zustimmung gemäß § 7 Ziffer 3 i der Satzung zu empfehlen.[11]

6. Veränderungsmitteilungen – Landesbezirksvorstände

Beschluß:
Der Bundesvorstand schlägt dem Bundesausschuß vor, den Kollegen Georg Dittrich (Leder) als Mitglied des Landesbezirksvorstandes Bayern zu bestätigen.[12]

7. Beitragsbefreiung und Zuschuß 1980 für die Gewerkschaft Gartenbau, Land- und Forstwirtschaft

Beschluß:
Der Bundesvorstand wird dem Bundesausschuß folgenden *Beschluß* empfehlen:
1. Die GGLF wird für das Jahr 1980 gemäß Ziffer 6 der Beitragsordnung von der Beitragspflicht an den DGB befreit (TDM 789).
2. Die GGLF erhält für das Jahr 1980 einen Zuschuß von DM 1.200.000,– DM aus dem Solidaritätsfonds.[13]

---

11 Vgl. Protokoll über die 6. Sitzung des Bundesausschusses am 7.11.1979, TOP 7., AdsD, DGB-Archiv, 5/DGAI000420.
12 Vgl. [DGB-Bundesvorstand], Vorstandsbereich Gerhard Vater, Vorlage zur Beratung im Geschäftsführenden Bundesvorstand, Bundesausschuß, Veränderungsmitteilungen – Landesbezirksvorstände, beschlossen GBV am 5.11.1979, BV am 6.11.1979, AdsD, DGB-Archiv, 5/DGAI000502; Protokoll über die 6. Sitzung des Bundesausschusses am 7.11.1979, TOP 4., AdsD, DGB-Archiv, 5/DGAI000420.
13 Die Situation der Gewerkschaft Gartenbau, Land- und Forstwirtschaft (GGLF) war dem Bundesvorstand bekannt. Der Antrag bezog sich auf den Bericht der GGLF vom 22.6.1979. Die GGLF erwartete Beitragseingänge mit einem Steigerungssatz im Rahmen der tariflichen Einkommensverbesserung. Jedoch ändere sich die Situation der GGLF dadurch nicht, weil auch die Ausgaben um denselben Prozentsatz steigen würden. Die GGLF rechnete mit einem Defizit in Höhe von 1.900.000 DM. Vgl. [DGB-Bundesvorstand], Vorstandsbereich Gerhard Vater, Vorlage zur Beratung im Bundesvorstand am 6.11.1979, Bundesausschuß am 7.11.1979, Beitragsbefreiung und Zuschuß 1980 für die Gewerkschaft Gartenbau, Land- und Forstwirtschaft, GGLF, beschlossen GBV am 1.10.1979, AdsD, DGB-Archiv, 5/DGAI000502; Protokoll über die 6. Sitzung des Bundesausschusses am 7.11.1979, TOP 8., S. 12, AdsD, DGB-Archiv, 5/DGAI000420.

8. Gewährung eines einmaligen Zuschusses an die Gewerkschaft Kunst für den Deutschen Musikerverband (DMV)

Beschluß:
Der Bundesvorstand bittet den Bundesausschuß um folgenden *Beschluß:*
Die Gewerkschaft Kunst erhält zur Unterstützung des DMV einmalig den Betrag von 35.000,– DM aus Mitteln des Solidaritätsfonds.[14]

9. Jahresrechnung und Kassenbericht des DGB 1978

Beschluß:
Der Bundesvorstand nimmt die Jahresrechnung 1978 in der vorgelegten Form mit 155.521.218,52 DM in den Einnahmen und Ausgaben an.[15]

10. Verschiedenes

a) Pressemeldung »DGB fordert Erhaltung des NDR«
Kollege *Stephan* erläutert die Notwendigkeit der Herausgabe der im Entwurf vorliegenden Pressemeldung.
Nach kurzer Diskussion der Kollegen *Hauenschild, Frister, Sperner, Vetter* und *Stephan* verabschiedet der Bundesvorstand mit wenigen Änderungen die Pressemeldung »DGB fordert Erhaltung des NDR« (s. Anlage).[16]

b) Arbeitszeitverkürzung für Lehrer
Kollege *Frister* verweist auf sein Schreiben vom 31.10.1979 an die Mitglieder des Bundesvorstandes in der o[ben] a[ngegebenen] Angelegenheit und bittet den Bundesvorstand um eine zustimmende Erklärung im Sinne der GEW-Forderungen.

---

14 Vgl. [DGB-Bundesvorstand], Vorstandsbereich Gerhard Vater, Vorlage zur Beratung im Bundesvorstand am 6.11.1979, Bundesausschuß am 7.11.1979, Gewährung eines einmaligen Zuschusses an die Gewerkschaft Kunst für den Deutschen Musikerverband (DMV), beschlossen GBV am 1.10.1979, BV am 6.11.1979, AdsD, DGB-Archiv, 5/DGAI000502; vgl. auch Protokoll über die 6. Sitzung des Bundesausschusses am 7.11.1979, TOP 6., AdsD, DGB-Archiv, 5/DGAI000420.
15 Vgl. [DGB-Bundesvorstand], Vorstandsbereich Gerhard Vater, Vorlage zur Beratung im Bundesvorstand am 6.11.1979, Bundesausschuß am 7.11.1979, Jahresrechnung und Kassenbericht des Deutschen Gewerkschaftsbundes 1978, beschlossen GBV am 1.10.1979, Haushaltskommission am 2.10.1979, BV am 6.11.1979, AdsD, DGB-Archiv, 5/DGAI000502.
16 Der DGB appellierte in Anbetracht der bevorstehenden letzten Verhandlungsrunde über den Fortbestand des NDR an alle Ministerpräsidenten, sich dafür einzusetzen, dass die bisherige Drei-Länder-Sendeanstalt bestehen bleibe, die eine Voraussetzung für das Weiterbestehen der Arbeitsgemeinschaft der Rundfunkanstalten Deutschlands (ARD) darstelle. Der DGB argumentierte, die ARD gehöre zu den gesellschaftlichen Einrichtungen, die den demokratischen Wiederaufbau in Deutschland mitgetragen hätten. Vgl. DGB fordert Erhaltung des NDR, DGB-Nachrichten-Dienst, 202/79, 6.11.1979, AdsD, DGB-Archiv, 5/DGAI000502.

Beschluß:
Der Bundesvorstand wird in einem Schreiben an die Regierungschefs der Länder den Protestaktionen der GEW, die Arbeitszeitverkürzung der Lehrer zum Ziel haben, volle Unterstützung zusagen (s. Anlage).[17]

c) Neubenennung eines Mitgliedes für den Wirtschafts- und Sozialausschuß
Kollege *Pfeiffer* bittet den Bundesvorstand um seine Zustimmung, als Nachfolger für den aus dem WSA ausgeschiedenen Kollegen Karl-Heinz Hoffmann den Kollegen Heribert Scharrenbroich und als seinen Stellvertreter den Kollegen Walter Schongen zu benennen.

Beschluß:
Der Bundesvorstand ist damit einverstanden, daß für den ausgeschiedenen Kollegen Karl-Heinz Hoffmann der Kollege Heribert Scharrenbroich und als sein Stellvertreter der Kollege Walter Schongen für den Wirtschafts- und Sozialausschuß benannt werden.

d) Aussperrung
Kollege *Loderer* trägt mit aller Eindringlichkeit noch einmal die Gründe vor, warum die IG Metall und die IG Druck und Papier es für unerläßlich und lebenswichtig halten, daß der DGB in seiner Gesamtheit sich mit dem Problem der Aussperrung beschäftigt und gemeinsame Aktionen gegen die Aussperrung unter der Leitung des DGB geplant und durchgeführt werden. Dies sollte unverzüglich in Angriff genommen und gegen Ende Januar realisiert werden, damit der zeitliche Abstand zum im Juni zu erwartenden Urteil des BAG zur Aussperrung gewahrt bleibt, aber trotzdem die Öffentlichkeit mit aller Deutlichkeit über die Meinung des DGB und seiner Gewerkschaften informiert wird. Kollege *Loderer* schildert, mit welcher Taktik die Arbeitgeber bei den letzten Streiks vorgegangen sind und welche Möglichkeiten sie bei künftigen Tarifauseinandersetzungen hätten, um einzelne Gewerkschaften finanziell zu ruinieren und sie so zum Nachgeben zu zwingen. Auch wenn bisher nur einzelne Gewerkschaften betroffen waren, ist Kollege *Loderer* der Meinung, daß die gesamte Gewerkschaftsbewegung unter Führung des DGB alles versuchen muß, um gegen die Aussperrung anzugehen. In diesem Zusammenhang kritisiert Kollege *Loderer* Formulierungen im Protokoll der Bundesvorstandssitzung im Oktober, die nach seiner Ansicht den Verlauf der Diskussionen zum Thema Aussperrung nicht richtig wiedergeben. Kollege *Loderer* wünscht, daß das von der Ad-hoc-Kommission und Kollegen Schwab erarbeitete Papier wieder zum Gegenstand der Beratungen gemacht wird.

---

17 Der DGB forderte die Landesregierungen auf, in Verhandlungen mit der GEW über die Reduzierung der Stundendeputate der Lehrerinnen und Lehrer einzutreten und unterstützte damit diesbezügliche Protestaktionen der GEW. Vgl. DGB: Lehrer in die Arbeitszeitverkürzung einbeziehen, DGB-Nachrichten-Dienst, 213/79, 12.11.1979, AdsD, DGB-Archiv, 5/DGAI000502.

Dokument 61   6. November 1979

Kollege *Vetter* unterbricht die Bundesvorstandssitzung um 12.20 Uhr für das Gespräch mit Bundesverteidigungsminister Apel.

12.25 Uhr: [Fortsetzung des Gesprächs mit Bundesverteidigungsminister Hans Apel]

Kollege *Vetter* begrüßt Bundesverteidigungsminister Apel und seine Begleiter im Namen des Bundesvorstandes herzlich. Er bittet Minister Apel um seine Darstellung, die sicher auch die neuesten Abrüstungsvorschläge zum Inhalt haben wird. In diesem Zusammenhang erwähnt Kollege *Vetter* ein Schreiben des FDGB-Vorsitzenden Tisch, in dem er den DGB um Unterstützung der Abrüstungsvorschläge von Leonid Breschnew bittet.

Minister *Apel* bedankt sich für die Einladung und informiert den Bundesvorstand ausführlich über Probleme der Abrüstungs-, Verteidigungs- und Sicherheitspolitik. Er geht außerdem auf soziale Probleme im Bereich der Bundeswehr, u. a. auch auf die Stellung der Frauen in der Bundeswehr, ein.

An der Diskussion beteiligen sich die Kollegen *Hauenschild, Vetter, Loderer, Haar, Georgi, G. Schmidt, Kluncker, Schirrmacher* und Kollegin *Weber* sowie Minister *Apel* und der Stellvertreter des Generalinspekteurs der Bundeswehr, *Heinz*. Man ist sich einig, daß weitere Gespräche dieser Art folgen sollen. Außerdem sagt Minister *Apel* zu, den Bundesfrauenausschuß des DGB in sein Haus einzuladen, um die besonderen Probleme der Frauen in der Bundeswehr zu erörtern.

Mittagspause: 14.10 bis 15.15 Uhr.

Fortsetzung des TOP 10. »Verschiedenes – d) Aussperrung«

Kollege *Mahlein* unterstreicht die eingangs von Kollegen Loderer gemachten Ausführungen. Er übt ebenfalls Kritik, und zwar an Formulierungen der September-Sitzung des Bundesvorstandes. Er ist der Meinung, daß eine weitere Behandlung des Themas Aussperrung vorgesehen war.

Nach Kollegen *Vetters* Erinnerung war der Bundesvorstand in seiner Mehrheit der Auffassung, daß eine große Kampagne gegen die Aussperrung den erwünschten Effekt nicht erzielen würde.

Das würde sowohl die Wirkung auf das BAG betreffen als auch das Engagement der Mitglieder. Außerdem stand die Frage an, was weiter geschehen sollte, wenn das BAG sich in seinem Urteil nicht eindeutig genug gegen die Aussperrung ausspräche.

Dennoch müsse der Bundesvorstand sich jetzt erneut mit dem Problem befassen und einen Weg zu finden versuchen, der den Vorstellungen der betroffenen Gewerkschaften entspricht.

An der eingehenden Diskussion beteiligen sich die Kollegen *Hauenschild, Vetter, Georgi, Sperner, Schwab, Döding, Loderer, Keller, Haar, G. Schmidt, Breit, Mahlein, Sickert, Zimmermann, Bleicher, Lehlbach, Alker* und *Frister*. Es besteht im Prinzip Übereinstimmung, daß die grundsätzlichen Positionen für alle klar sind, und daß es darum geht, die für alle existentielle Frage so gut wie möglich in den Griff zu bekommen. Man ist sich der Schwierigkeiten bewußt, daß durch allzu demonstrative Aktionen eine negative Beeinflussung des BAG herbeigeführt werden könnte. Außerdem ist die Möglichkeit einer erfolgreichen Aufklärung der Mitglieder über ein solches Thema, das nicht alle Gewerkschaften berührt, als schwierig anzusehen. Hinzu kommt die Frage, was der DGB und seine Gewerkschaften tun können, falls das Urteil des BAG nicht im gewünschten Sinne ausfällt. In diesem Zusammenhang muß bedacht werden, daß bei weitergehenden politischen Forderungen an die Parteien (z. B. vor den Wahlen) die Konsequenz eines Verbändegesetzes nicht auszuschließen ist.

Trotz dieser und anderer Bedenken besteht die einmütige Auffassung, daß jede Möglichkeit genutzt werden muß, um die Meinung des DGB und seiner Gewerkschaften zum Thema Aussperrung den Mitgliedern und der Öffentlichkeit deutlich zu machen. Dazu werden u. a. folgende Anregungen gegeben:

Einheitliche Aufklärungsaktionen durch die Gewerkschaftspresse und die DGB-Publikationen, Schulung und Information der Funktionäre und Mitglieder, ein wissenschaftlicher Kongreß zum Problem der Aussperrung, einige, aber gut organisierte Veranstaltungen und Kundgebungen des DGB zusammen mit den Gewerkschaften, Überlegungen über das weitere Vorgehen des DGB nach einem möglicherweise nicht sehr positiven Urteil des BAG.

Es wird vorgeschlagen, das von Kollegen Schwab und von der Ad-hoc-Kommission seinerzeit erstellte Papier zu überarbeiten und zu konkretisieren und dem Bundesvorstand für eine weitere Diskussion in seiner Dezember-Sitzung zu übergeben.

Beschluß:
Der Bundesvorstand beschließt, auf der Grundlage der heutigen Beratungen durch den Geschäftsführenden Bundesvorstand ein Papier erarbeiten zu lassen, das die verschiedenen Möglichkeiten von Aktivitäten des DGB gegen die Aussperrung zum Inhalt hat. Es soll in der Bundesvorstandssitzung am 4.12.1979 beraten werden.[18]

e) Steuerpolitik
Kollege *Pfeiffer* verweist auf die dem Bundesvorstand vorgelegten Unterlagen zur Steuerpolitik. Die Befassung mit dem Thema ist deshalb so dringlich geworden, weil wahrscheinlich ein erstes Koalitionsgespräch schon am 20.11.1979 stattfinden wird.

Kollege *Pfeiffer* bittet die Vorsitzenden, sich in ihren Vorständen mit den Unterlagen zu beschäftigen und möglichst noch vor der nächsten Bundesvorstandssitzung mitzuteilen, wie sie die Probleme sehen, damit für die Sitzung am 4.12.1979 eine neue Vorlage erarbeitet werden kann.[19]

---

18 Vgl. zu den weiteren Planungen Dok. 63: Kurzprotokoll über die 16. Sitzung des Bundesvorstandes am 4.12.1979, TOP 4.
19 Vgl. Dok. 63: Kurzprotokoll über die 16. Sitzung des Bundesvorstandes am 4.12.1979, TOP 6.

Dokument 61   6. November 1979

f) Anzeigen-Werbung

Kollege *Vater* erinnert an den TOP 10. »Verschiedenes – b) Publikationen und Veranstaltungen« der Bundesvorstandssitzung am 4.9.1979, bei dem u. a. über Anzeigengestaltung gesprochen wurde. U. a. führte eine Anzeige in der Jugendzeitschrift 'ran zu einer intensiven Diskussion. Man machte seinerzeit Kollegen Dieter Schmidt den Vorwurf, für die kritisierte Anzeige verantwortlich zu sein. Dies ist nicht der Fall. Kollege Vater hat sich in der Zwischenzeit mit dem Bund-Verlag in Verbindung gesetzt und erfahren, daß die Verantwortung für die Anzeigen in unseren Publikationen nicht in den Redaktionen, sondern beim Verlag liegt. Dem Chefredakteur liegen die Anzeigen vor dem Druck seiner Publikation nicht vor, ganzseitige Anzeigen werden dem Redakteur überhaupt nicht bekanntgegeben. Dafür ist die Anzeigenabteilung des Bund-Verlages zuständig. Kollege Vater hat inzwischen als Vorsitzender des Beirates des Bund-Verlages GmbH Anweisung gegeben, daß Anzeigen der Art wie die kritisierte in Zukunft nicht mehr erscheinen sollen. Der Beirat hat in seinen Sitzungen vom 25.4. und 2.7.1979 beschlossen, daß Anzeigenaufträge zurückgewiesen werden können, die gewerkschaftsschädigend o[der] ä[hnliches] sind.

g) Gewerkschaftliche Jugendarbeit

Kollege *Schwab* teilt mit, daß er zu dem o[ben] a[ngegebenen] Thema den Mitgliedern des Bundesvorstandes einen Brief zuschicken wird.

Kollege *Vetter* erwähnt, daß er in seinem Bericht an den Bundesausschuß die Angelegenheit kurz ansprechen und auf die Diskussion im Bundesausschuß im März hinweisen wird.[20]

h) CSU

Kollege *Haar* spricht das vertrauliche Schreiben des Kollegen *Vetter* vom 20.10.1979 in Sachen Strauß an. Er sieht seine Sorge bestätigt, daß das Gespräch Vetter/Strauß nach der Darstellung – auch in der Presse – zu allerlei mißverständlichen Fragen geführt hat, und möchte wissen, ob an eine Fortführung dieser Gespräche gedacht ist, bzw. wie weiterverfahren werden soll.

Kollege *Vetter* erklärt, daß ein weiteres Gespräch mit Strauß auf dieser Ebene nicht vorgesehen ist. Die Kontakte sollen wieder auf die Landesebene zurückgeführt werden. Er berichtet sodann kurz über die Ergebnisse des Gesprächs am 9.10.1979.[21]

---

20 Heinz Oskar Vetter ging auf der 6. Sitzung des Bundesausschusses am 7.11.19179 nur sehr knapp auf die Jugendarbeit ein und vertagte das Thema auf kommende Sitzungen. Vgl. Protokoll über die 6. Sitzung des Bundesausschusses am 7.11.1979, TOP 2., S. 6, AdsD, DGB-Archiv, 5/DGAI000420.

21 Detaillierter berichtete Heinz Oskar Vetter in der 6. Sitzung des Bundesausschusses am 7.11.1979 über das Gespräch mit Franz Josef Strauß. Das Gespräch habe dazu gedient, eine Gesprächsbasis zwischen dem DGB in Bayern und der CSU herzustellen. Die CSU habe auf ihren geplanten Gewerkschaftskongress am 1./2.12.1979 verzichtet. Der Kongress sei entgegen der Stellungnahme der CSU bis ins Einzelne vorbereitet gewesen. Strauß habe seine Vorwürfe über die kommunistische Unterwanderung des DGB erheblich modifiziert. Er habe anerkannt, dass der DGB nicht politisch neutral sein könne. Vgl. Protokoll über die 6. Sitzung des Bundesausschusses am 7.11.1979, TOP 2., S. 4 f., AdsD, DGB-Archiv, 5/DGAI000420.

Kollege *Deffner* teilt mit, daß auch auf Landesebene bisher kein weiteres Gespräch mit der CSU geplant ist.

i) 12. IBFG-Weltkongreß (Anträge, Entschließungen, Dokumente)
Beschluß:
Der Vertreter des DGB im Vorstand des IBFG ist bevollmächtigt, die erforderlichen Anträge zu stellen, um die Kongreßvorbereitungen so zu lenken, daß der Kongreß in die Lage versetzt wird, ein Manifest und Aktionsprogramm für die 80er-Jahre zu verabschieden. Die Delegierten des DGB zum IBFG-Weltkongreß werden ihre Stellungnahme auf einer gemeinsamen Vorbesprechung in Madrid festlegen.[22]

Ende der Sitzung: 17.20 Uhr.

Dokument 62

Stellungnahme des DGB zur staatlichen Förderung neuer Technologien und zur Humanisierung des Arbeitslebens, DGB extra, 1/79, Düsseldorf, den 8. November 1979

AdsD, DGB-Archiv, 5/DGAI000554

Verabschiedet vom DGB-Bundesvorstand am 6. November 1979.[1]
1. Die Bundesregierung fördert in großem Umfang die Entwicklung und Anwendung neuer Technologien. Obwohl damit Entscheidungen getroffen und Entwicklungen programmiert werden, die die Arbeitsbedingungen der Arbeitnehmer nachhaltig beeinflussen, werden bei der jetzigen Förderungspraxis die sozialen Folgen und deren Bewältigung nicht ausreichend berücksichtigt.
2. Seit 1975 wird andererseits im Rahmen des Forschungs- und Aktionsprogramms »Humanisierung des Arbeitslebens« der Bundesregierung eine große Zahl von Vorhaben gefördert, deren Ziel die Verbesserung der Arbeitsbedingungen ist. Die Gewerkschaften haben dieses Programm begrüßt, weil dort erstmals in größerem Umfang und in umfassender Betrachtung Arbeitsbedingungen zu einem Gegenstand staatlicher Forschungspolitik gemacht wurden.[2]

---
22 Vgl. Internationaler Bund Freier Gewerkschaften, 12. Weltkongreß, Madrid, 19.–23. November 1979, Punkt 8 der Tagesordnung, Prioritäten für die achtziger Jahre: Ziele und Programme des IBFG, AdsD, DGB-Archiv, 5/DGAI000502.
Dok. 62
1 Diese Stellungnahme wurde in der 15. Sitzung des Bundesvorstandes am 6.11.1979 verabschiedet. Vgl. Dok. 61: Kurzprotokoll über die 15. Sitzung des Bundesvorstandes, TOP 2.
2 Zum Kontext des Forschungsprogramms »Humanisierung der Arbeit« vgl. die Forschungsberichte von Kleinöder: »Humanisierung der Arbeit«, und Seibring: Humanisierung des Arbeitslebens, sowie den Aufriss von Müller: Humanisierung der Arbeitswelt.

Die mit diesem Programm verbundenen Chancen müssen genutzt und die Ansätze zu einer arbeitnehmerorientierten Forschungspolitik müssen weiterentwickelt werden. Der DGB wendet sich gegen alle Bestrebungen und Versuche, das Programm »Humanisierung des Arbeitslebens« insgesamt in Frage zu stellen, einzuschränken oder in seiner Weiterentwicklung zu behindern.[3]

3. Die bisherigen Erfahrungen mit dem Humanisierungsprogramm zeigen allerdings auch eine Reihe von Schwachpunkten auf, die bei der zukünftigen Programmfortführung ausgeräumt werden müssen. Verlauf und Ergebnisse der Projekte entsprechen vielfach nicht den Programmzielen oder stehen sogar im Widerspruch zu ihnen:

a) Bei einer Reihe von Projekten überwiegen Rationalisierungsstrategien, die zu einer Gefährdung von Arbeitsplätzen führen.

b) Belastungen wurden vielfach nicht abgebaut. Ein Ausgleich für nicht selten weiter erhöhte Arbeitsbelastungen ist meist nicht vorgenommen worden. Neuartige und kombinierte Belastungen werden nicht ausreichend berücksichtigt.

c) Die Qualifikation und die Handlungsspielräume der betroffenen Arbeitnehmer wurden vielfach nicht oder nur geringfügig verbessert.

Bisher gibt es auch noch keine wissenschaftlichen Erkenntnisse über Mindestarbeitsinhalte.

d) Die Frage nach den Auswirkungen auf die Entlohnung wurde ausgeklammert. Diese wirklichkeitsfremde Forschungs- und Entwicklungsgrundlage führte in vielen Fällen zu einem Scheitern der Projektziele. Deshalb sind vor Projektbeginn die zuständigen Tarifvertragsparteien und die Betriebs- oder Personalräte einzuschalten.

e) In den meisten Fällen werden die Betriebs- und Personalräte und die jeweilige Gewerkschaft unzureichend informiert und zu spät eingeschaltet.

f) Die Projektergebnisse werden nicht verständlich für Nichtfachleute dargestellt, zu Lasten der Aktualität oft verspätet vorgelegt. Weiterführende und für die Arbeitnehmer positive Projektergebnisse werden unzureichend in die Praxis umgesetzt. Der Förderungsbereich »Umsetzung« ist noch nicht in ausreichendem Maße ausgebaut. Die Arbeitnehmer und ihre Interessenvertreter haben in der Forschung noch zu wenig Einfluss auf Auswahl, Schwerpunkte und Richtung der Fragestellungen sowie der Forschungsziele.

g) Eine vergleichende Auswertung von Projektergebnissen steht noch aus.

4. Eine Voraussetzung für die Realisierung der Ziele des Humanisierungsprogramms ist ein Projektträger für alle Forschungsprojekte im Rahmen der Förderprogramme des BMFT, die sich mit der menschengerechten Gestaltung der Arbeitsbedingungen befassen und die absehbare Auswirkungen auf die Art und Anzahl der Arbeitsplätze haben. Der Projektträger »Humanisierung des

---

3 Das Programm rief kontroverse Diskussionen hervor und führte nicht zuletzt in den Einzelprojekten auch immer wieder zu Konflikten zwischen den Mitbestimmungsträgern und der unternehmerischen Seite um die Implementierung seiner Ergebnisse.

Arbeitslebens« ist aufgrund seiner Kenntnisse und Erfahrungen die geeignete Institution für diese Aufgabe. Er ist mit den notwendigen personellen Kapazitäten auszustatten. Bei den anderen Projektträgern des BMFT überwiegt eine einseitig technikbezogene Betrachtungsweise, die den Anforderungen einer arbeitnehmerorientierten Forschungspolitik nicht gerecht wird.

5. Bisher steht das Humanisierungsprogramm isoliert neben den übrigen Bereichen staatlicher Forschungspolitik. Dies ist eine entscheidende Schwäche, weil durch die staatliche Forschungsförderung langfristige Weichenstellungen für die Zahl und die Qualität der Arbeitsplätze vorgegeben werden. Deshalb muß es künftig bei der Planung von Programmen und Vorhaben das Ziel sein, die Arbeitsplätze zu sichern und menschengerecht zu gestalten. Eine erhebliche Verbesserung der Beteiligung der Gewerkschaften an der Wissenschafts-, Forschungs- und Technologiepolitik ist dabei eine unabdingbare Voraussetzung.

6. Ein abgestimmtes Gesamtkonzept der Forschungspolitik zur Humanisierung des Arbeitslebens und zur Entwicklung neuer Technologien erfordert:
   a) eine rechtzeitige und umfassende Information über geplante Schwerpunkte, die angestrebten technisch-organisatorischen Zielvorstellungen und absehbaren sozialen Folgen;
   b) die Verbindung jedes Forschungsauftrages mit dem Zwang zur Aussage über mögliche soziale Folgen;
   c) gesicherte und kontrollierbare Auflagen an staatlich geförderte Forschung, die sicherstellen, daß nicht nur Gewinnsteigerung eintritt, sondern dauerhafte Arbeitsplätze entstehen und menschengerechte Arbeitsbedingungen geschaffen werden;
   d) die umfassende Berücksichtigung aller Erkenntnisse zur Humanisierung des Arbeitslebens bei der Planung und Durchführung der Förderungsprogramme;
   e) die Vermeidung und Beseitigung der programmatischen und geographischen Zersplitterung in verschiedene Projektträger und eine Vielzahl von zuständigen Fachausschüssen und Gutachterkreisen;
   f) die Einrichtung eines übergreifenden Förderbereichs »Bewältigung der sozialen Folgen des wissenschaftlich-technischen Wandels«, der finanziell ausreichend ausgestattet werden muss.

Der Deutsche Gewerkschaftsbund wendet sich gegen eine Forschungspolitik, die nicht vorausschauend und vom Ansatz her die Wechselbeziehungen zwischen Technik und Arbeit berücksichtigt. Eine solche Politik läuft den Zielen gesicherter Beschäftigung und menschengerechter Arbeitsbedingungen zuwider. Jede getrennt von der Technologieentwicklung betriebene Förderung von Maßnahmen zur Humanisierung des Arbeitslebens ist zum Scheitern verurteilt. Der DGB fordert deshalb eine integrierte und an den Interessen der Arbeitnehmer orientierte Humanisierungs- und Technologiepolitik.

Dokument 63

4. Dezember 1979: Kurzprotokoll über die 16. Sitzung des Bundesvorstandes

Internationales Congress Centrum in Berlin; Vorsitz: Heinz O. Vetter; Protokollführung: Isolde Funke, Marianne Jeratsch; Sitzungsdauer: 13.50–17.45 Uhr; ms. vermerkt: »Vertraulich«.[1]

Ms., hekt., 5 S., 3 Anlagen.[2]
AdsD, DGB-Archiv, 5/DGAI000554.

Beginn der Sitzung: 13.50 Uhr.

Kollege *Vetter* eröffnet die 16. Sitzung des Bundesvorstandes in Berlin.[3]

Tagesordnung:
1. Genehmigung des Protokolls der 15. Bundesvorstandssitzung
2. Entwurf der Wissenschafts- und Forschungspolitischen Leitsätze des DGB
3. Entwurf für ein Sozialpolitisches Programm des DGB
4. Aussperrung
5. Maiplakat 1980
6. Steuerpolitik
7. Änderung der Unterstützungs-Richtlinien und der Vereinbarung über die Zahlung von Alters-, Invaliden- und Hinterbliebenenversorgung
8. Verschiedenes

1. Genehmigung des Protokolls der 15. Bundesvorstandssitzung

Beschluß:
Der Bundesvorstand genehmigt das Protokoll der 15. Bundesvorstandssitzung.[4]

Dok. 63
1   Einladungsschreiben mit Tagesordnung vom 13.11.1979. Nicht anwesend: Jan Sierks (vertreten durch Dieter Heering), Gerhard Leminsky. AdsD, DGB-Archiv, 5/DGAI000503.
2   Anlagen: Anwesenheitsliste; vgl. DGB-Bundesvorstand bekräftigt Forderungen nach arbeitnehmerfreundlichen Steuersenkungen, DGB-Nachrichten-Dienst, 228/79, 5.12.1979; DGB für Volksbegehren im Saarland, DGB-Nachrichten-Dienst, 230/79, 6.12.1979.
3   Die Bundesvorstandssitzung fand in Berlin im ICC parallel zu dem vom 3. bis 7.12.1979 tagenden Parteitag der SPD statt. Vgl. den entsprechenden Briefwechsel und die Programmübersicht über den Parteitag der SPD in AdsD, DGB-Archiv, 5/DGAI000503.
4   Vgl. Dok. 61: Kurzprotokoll über die 15. Sitzung des Bundesvorstandes am 6.11.1979.

2. Entwurf der Wissenschafts- und Forschungspolitischen Leitsätze des DGB

Kollege *Vetter* verweist auf die Vorlage und bittet um Beratung und Beschlußfassung.[5]

Kollege *A. Schmidt* kritisiert, daß der Entwurf im zuständigen Arbeitskreis nicht abschließend beraten worden ist. Außerdem enthält er immer noch eine Reihe von Formulierungen, die der Bundesvorstand seinerzeit aus dem Entwurf des Grundsatzprogramms herausgenommen hat. Deshalb bittet Kollege *Schmidt*, die Vorlage an den Arbeitskreis zurückzuüberweisen und den Bundesvorstand zu einem späteren Zeitpunkt damit zu befassen.

In der anschließenden Diskussion, an der sich die Kollegen *Vetter, Jung, Hauenschild, Keller, Sperner, Kluncker, A. Schmidt, Frister, Loderer, Ferlemann, Breit, G. Schmidt* und *Schirrmacher* beteiligen, wird die Meinung des Kollegen *A. Schmidt* und seine Anregung zur Vertagung des Tagesordnungspunktes nachhaltig unterstützt.[6] Die unzureichende Prüfung der Vorlage durch Vorstandssekretäre und Geschäftsführenden Bundesvorstand wird bemängelt. Außerdem werden in diesem Zusammenhang generell Zusammensetzung und Effektivität der Arbeit von Arbeitskreisen, Kommissionen u. ä. erörtert.

Beschluß:

Der Bundesvorstand stellt den »Entwurf der Wissenschafts- und Forschungspolitischen Leitsätze des DGB« zurück. Er soll zunächst den Hauptvorständen der Gewerkschaften zur Beratung zugeleitet werden.

Danach soll sich der Arbeitskreis Wissenschaft und Forschung erneut mit dem Papier und den eventuell eingegangenen Änderungsvorschlägen befassen. Nach Beratung durch den Geschäftsführenden Bundesvorstand wird sich dann der Bundesvorstand abschließend mit der Vorlage beschäftigen.

---

5 Der Entwurf der Wissenschafts- und forschungspolitischen Leitsätze fehlt in den Sitzungsunterlagen des Vorsitzenden. Die Erläuterung des Entwurfs ist in der Übertragung des Stenogramms nicht enthalten. Vgl. Protokoll über die 16. Sitzung des Bundesvorstandes am 4.12.1979, Übertragung aus dem Stenogramm, S. 2, AdsD, DGB-Archiv, 5/DGAI000503.

6 In der Diskussion wurde von Volker Jung bekräftigt, dass der Arbeitskreis »Wissenschaft und Forschung« zwei abschließende Sitzungen im April und Mai 1979 abgehalten hatte, danach sollten redaktionelle Vorschläge vor Befassung der Geschäftsführende Bundesvorstand in seiner Sitzung nach Juni 1979 beschlossen werden, sodass keine Veranlassung bestanden hätte, den Arbeitskreis ein weiteres Mal damit zu betrauen. Die ausführliche Diskussion zum Grundsatzprogramm habe zeitlich nach der Befassung des Arbeitskreises Wissenschaft und Forschung gelegen. Vgl. Protokoll über die 16. Sitzung des Bundesvorstandes am 4.12.1979, Übertragung aus dem Stenogramm, S. 4-10, AdsD, DGB-Archiv, 5/DGAI000503.

3. Entwurf für ein Sozialpolitisches Programm des DGB

Kollege *Muhr* erläutert den vorgelegten Entwurf für ein Sozialpolitisches Programm des DGB und bittet um entsprechende Beschlußfassung.[7]

In der anschließenden Diskussion, an der sich die Kollegen *Schirrmacher, Muhr, Kluncker, Hauenschild, Ferlemann, Georgi, Döding, Loderer* und *Sperner* beteiligen, werden einzelne Fragen der Vorlage erörtert.[8]

Beschluß:
Der Bundesvorstand beschließt, dem Bundesausschuß in seiner Sitzung am 5. März 1980 den Entwurf des Sozialpolitischen Programms zur Annahme vorzulegen.[9] Er beauftragt Kollegen Muhr, die noch vorliegenden Änderungsvorschläge, die nur Formulierungswünsche beinhalten, in den Entwurf einzuarbeiten.

Kollege Muhr wird dem Bundesvorstand für seine Sitzung am 5. Februar 1980 alternative Formulierungen zu den Seiten 20 (Arbeitszeitordnung) und 43 (Mindestsatz für das Alterseinkommen) vorlegen.[10]

4. Aussperrung

Kollege *Schwab* erläutert die Vorlage und bittet im Namen des Geschäftsführenden Bundesvorstandes um Beratung und Beschlußfassung.[11]

---

7 Im Antrag 170 des Bundeskongresses 1978 war der Auftrag an den Bundesvorstand formuliert worden, ein Sozialpolitisches Programm zu entwerfen. Der erste Entwurf wurde in der Sitzung des Sozialpolitischen Ausschusses am 21./22.3.1979 beraten und die dort geltend gemachten Änderungen und die von Gewerkschaften, Landesbezirken und Abteilungen des DGB-Bundesvorstands eingegangenen Stellungnahmen und Änderungsvorschläge eingearbeitet, bevor er im Sozialpolitischen Ausschuss abschließend am 9./10.1979 zur Beschlussfassung empfohlen wurde. Der umfassende Entwurf gliederte sich in Abschnitte über Arbeit und Arbeitsbedingungen, Gesundheit, Familie, Alter, Finanzierung sowie Selbstverwaltung und Organisation in der Sozialversicherung. Das Sozialpolitische Programm brachte den Anspruch auf umfassende sozialpolitische Mitsprache des DGB zum Ausdruck. Vgl. DGB: Sozialpolitisches Programm des DGB. Entwurf, Düsseldorf 1979. Vgl. Gerd Muhr, Vorlage zur Beratung im Bundesvorstand, Sozialpolitisches Programm, beschlossen GBV am 29.10.1979, 2.11.1979; Entwurf, Sozialpolitisches Programm des DGB, Düsseldorf, Oktober 1979, AdsD, DGB-Archiv, 5/DGAI000503.

8 Im Einzelnen wurde über die Passagen zur Arbeitszeitordnung und deren nationalsozialistische Herkunft diskutiert. Vgl. hierzu zeitgenössisch den Beitrag von Michael Schneider: Der Kampf um die Arbeitszeitverkürzung von der Industrialisierung bis zur Gegenwart, in: GMH 35, 1984, H. 2, S. 77-89, insbes. S. 86 f., ders.: Unterm Hakenkreuz, S. 547-552, sowie ders.: In der Kriegsgesellschaft: S. 564-568.

9 Die Verabschiedung in der Märzsitzung 1980 ermöglichte es, das Sozialpolitische Programm noch in die heiße Phase des Wahlkampfs zu den Sozialwahlen 1980 hereinzutragen. Gerd Muhr betonte aber, dass es ein dezidiert sozialpolitisches und nicht ein sozialversicherungspolitisches Programm sein sollte. Vgl. Protokoll über die 7. Sitzung des Bundesausschusses am 5.3.1980, TOP 3., AdsD, DGB-Archiv, 5/DGAI000420. Vgl. Protokoll über die 16. Sitzung des Bundesvorstandes am 4.12.1979, Übertragung aus dem Stenogramm, S. 10, AdsD, DGB-Archiv, 5/DGAI000503.

10 Vgl. Dok. 65: Kurzprotokoll über die 17. Sitzung des Bundesvorstandes am 5.2.1980, TOP 4. Das beschlossene Sozialpolitische Programm wurde veröffentlicht. Vgl. DGB: Sozialpolitisches Programm des DGB, [Düsseldorf 1980].

An der nachfolgenden Diskussion beteiligen sich die Kollegen *Loderer, Keller, Vetter, Ferlemann, Kluncker, Georgi, Muhr, Hauenschild, Stephan* und *Breit*. Im Prinzip besteht Übereinstimmung, im vorgeschlagenen Sinne tätig zu werden. Die Kostenfrage soll überprüft werden. Es wird noch einmal die Frage erörtert, ob, und wenn ja, in welcher Weise das Bundesarbeitsgericht durch die Aktionen des DGB beeinflußt werden könnte. Außerdem sollte überlegt werden, in welcher Form der DGB seine Aktivitäten in der zweiten Phase fortsetzen will. Die Kollegen einigen sich darauf, daß eine zentrale Veranstaltung des DGB zum Thema »Aussperrung« am 26. Januar 1980 durchgeführt werden soll.[12] Die Landesbezirke des DGB, die bereits Vorbereitungen für eigene Veranstaltungen getroffen haben, sollten diese ebenfalls abhalten.

Beschluß:
Der Bundesvorstand nimmt die Vorlage zur Kenntnis. Der Geschäftsführende Bundesvorstand wird beauftragt, auf der Grundlage dieser Vorlage und unter Berücksichtigung der Diskussion tätig zu werden.

5. Maiplakat 1980

Beschluß:
Der Bundesvorstand beschließt, als Maiplakat 1980 das Plakat mit der Nelke zu nehmen.[13]

---

11 Der Vorlage zufolge sollten die Abteilungen Organisation, Arbeitsrecht und Werbung Medienpolitik in den Monaten Januar bis März 1980 das Thema »Aussperrung« zu einem Schwerpunktthema der öffentlichen Arbeit des DGB und seiner Mitgliedsgewerkschaften machen. Hintergrund war das anhängige Verfahren zum Gegenstand der Aussperrung vor dem Bundesarbeitsgericht. Die Abteilung Organisation veranschlagte Kosten in Höhe von 2.000.000 DM für das Schwerpunktthema. Die Mitglieder des Bundesvorstands sollten zum Thema Stellung nehmen und über Fernsehen, Rundfunk und lokale Presse auf die Öffentlichkeit einwirken. Die zuständigen Abteilungen des Bundesvorstands sollten eine Broschüre mit Argumentationshilfen, Musterreferaten, Aushangdiensten, Artikeldiensten und Infoblättern erstellen. Auch die Veranstaltung eines wissenschaftlichen Symposiums wurde erwogen. Die Abteilung Kulturpolitik sollte über eine Ausschreibung Lieder, Grafiken, Fotos zum Thema Streik und Aussperrung akquirieren. In den DGB-Landesbezirken und -Kreisen sollten Veranstaltungen organisiert und in allen Gremien das Thema behandelt werden. Vgl. Karl Schwab, Vorlage zur Beratung im Bundesvorstand, Aussperrung, beschlossen GBV am 26.11.1979; [Aufstellung über geplante Aktivitäten], o. O., o. D.; [DGB-Bundesvorstand], Abt. Organisation, Abt. Werbung – Medienpolitik, Aussperrung, Düsseldorf, 6.8.1979, AdsD, DGB-Archiv, 5/DGAI000503.
12 Die zentrale Kundgebung fand, nachdem am 11.1.1980 mit einer bundesweiten Flugblattaktion das Thema Aussperrung lanciert worden war, am 26.1.1980 in Hannover statt.
13 Das Mai-Plakat bestand aus dem Motiv einer großen roten Nelke und dem Motto »Einheitsgewerkschaft: unabhängig, stark, erfolgreich. Wir bauen auf unsere Kraft.« Eine Abbildung findet sich hier: URL: <http://www.dgb.de/themen/++co++29a0452a-18ff-11df-6dd1-00093d10fae2> [7.9.2018].

6. Steuerpolitik

Beschluß:
Der Bundesvorstand verabschiedet die Pressemeldung »DGB-Bundesvorstand bekräftigt Forderungen nach arbeitnehmerfreundlichen Steuersenkungen« (s. Anlage).[14]

7. Änderung der Unterstützungs-Richtlinien und der Vereinbarung über die Zahlung von Alters-, Invaliden- und Hinterbliebenenversorgung

Beschluß:
1. Der Bundesvorstand stimmt der Änderung der Unterstützungs-Richtlinien entsprechend der vorgelegten Synopse zu.
2. Der Bundesvorstand stimmt den Richtlinien 1980 der Unterstützungskasse des DGB e. V. zu.
3. Der Bundesvorstand beschließt die Vereinbarung über die Zahlung von Alters-, Invaliden- und Hinterbliebenenversorgung in der vorgelegten Form.[15]

8. Verschiedenes

a) Arbeitszeit zwischen Weihnachten und Neujahr
Auf die Frage des Kollegen *Kluncker*, ob Büros des DGB zwischen Weihnachten und Neujahr geschlossen werden, antwortet Kollege *G. Schmidt*, daß bei allen Dienststellen des DGB gearbeitet werde.

---

14 Anlass war das am 18.12.1979 bevorstehende Koalitionsgespräch der sozial-liberalen Koalition zum Thema Steuerpolitik. Zwei vorhergehende Koalitionsgespräche zum Thema waren zuvor ohne Ergebnis geblieben. Der DGB sah eine Intervention durch eine öffentliche Erklärung als notwendig an, da die FDP ein Schwergewicht auf Steuersenkungen für hohe Einkommensgruppen legen wollte. Der DGB-Bundesvorstand argumentierte, dass die »Steuerprogression bei Arbeitnehmern am härtesten zugreife«. Unter anderem forderte der DGB die Erhöhung des Weihnachtsfreibetrags, die Einführung einer Entfernungs- statt der Kilometerpauschale und die spürbare Anhebung des Wohngeldes. Im Gegenzug lehnte der DGB Steuersenkungen für Unternehmer und Selbstständige ab. Vgl. DGB-Bundesvorstand bekräftigt Forderungen nach arbeitnehmerfreundlichen Steuersenkungen, DGB-Nachrichten-Dienst, 228/79, 5.12.1979. Vgl. auch Vorlage zur Beratung im Bundesvorstand, Alois Pfeiffer, o.O., o. D.; DGB-Bundesvorstand, Alois Pfeiffer, an Bundeskanzler Helmut Schmidt, Steuerpolitik, DGB-Vorschläge für arbeitnehmerfreundliche Steuersenkungen, Düsseldorf, 26.11.1979; [DGB-Bundesvorstand], Abt. Wirtschaftspolitik, Zur Begründung der steuerpolitischen DGB-Forderungen, Düsseldorf, 26.11.1979; DGB-Bundesvorstand, Alois Pfeiffer, an die Mitglieder des Bundesvorstandes, Aktuelle steuerpolitische Diskussion, Vorbereitung von Steuersenkungen für das Jahr 1981, Düsseldorf, 31.10.1979; Wirtschaftspolitische Informationen, Nr. 4/1979, Steuer- und Finanzpolitik, AdsD, DGB-Archiv, 5/DGAI000503.

15 Vgl. [DGB-Bundesvorstand], Vorlage zur Beratung im Geschäftsführenden Bundesvorstand, Bundesvorstand, Vorstandsbereich Gerhard Vater, Änderung der Unterstützungsrichtlinien und der Vereinbarung über die Zahlung von Alters-, Invaliden- und Hinterbliebenenversorgung, o. O., o. D., AdsD, DGB-Archiv, 5/DGAI000503.

b) Situation bei der Gewerkschaft HBV

Kollege *Vietheer* erklärt noch einmal, daß er aus gesundheitlichen Gründen nicht mehr für den Vorsitz bei der Gewerkschaft HBV kandidieren wird. Er berichtet außerdem über personelle Veränderungen im Geschäftsführenden Hauptvorstand seiner Gewerkschaft.

c) Pressemeldung zur rundfunkpolitischen Situation im Saarland
Beschluß:
Der Bundesvorstand verabschiedet mit einer redaktionellen Änderung die Pressemeldung »DGB für Volksbegehren im Saarland« (s. Anlage).[16]

d) RFFU
Kollege *Vetter* begrüßt Kollegen Horné und beglückwünscht ihn zu seiner Wahl zum Vorsitzenden der RFFU.

Kollege *Horné* berichtet kurz über den Beschluß des Gewerkschaftstages der RFFU und den Stand der Vorbereitungen für den am 19.12.1979 vorgesehenen Warnstreik.[17]

In der anschließenden kurzen Diskussion, an der sich die Kollegen *Stephan, Sperner, Vetter, Horné, Ferlemann, Muhr, Heering, Kluncker, Loderer* und *Frister* beteiligen, wird die rechtliche Lage angesprochen. Im übrigen erklärt der Bundesvorstand, daß er sich vollinhaltlich hinter die Haltung der RFFU stellt.

e) 'ran
Kollege *Vetter* spricht das in der November-Nummer von »'ran« in vier Bildern erschienene Cartoon an, das den Tatbestand der Gotteslästerung erfüllt. Der Geschäftsführende Bundesvorstand hat sich bereits in seiner gestrigen Sitzung damit befaßt.[18]

---

16 Der DGB kritisierte die rundfunkpolitischen Entwicklungen im Saarland, insbesondere den Privatrundfunkparagrafen im saarländischen Gesetz über die Veranstaltung von Rundfunksendungen. Er sagte seine Unterstützung des Volksbegehrens dagegen zu und erwog die Gründung eines Landeskomitees »Rundfunkfreiheit«. Vgl. DGB für Volksbegehren im Saarland, DGB-Nachrichten-Dienst, 230/79, 6.12.1979, DGB-Archiv, AdsD, DGB-Archiv, 5/DGAI000503.

17 Die RFFU als Teilgewerkschaft der Gewerkschaft Kunst hatte am 3.12.1979 einen Streik gegen die Auflösung des NDR als Dreiländeranstalt aufgrund entsprechender Urabstimmungsergebnisse beschlossen. Die Streikbeschlüsse in mehreren ARD-Anstalten, die einen Rundfunk- und Fernsehstreik am 19.12.1979 in der Hauptsendezeit von 20.00 bis 24.00 Uhr vorsahen, führten zu einer Debatte um die Zulässigkeit politischer Streiks. Mehrere ARD-Sender klagten auf Erlass einer einstweiligen Verfügung gegen den Streik. Nachdem das Arbeitsgericht München dies zunächst abgelehnt hatte, reichten ARD und ZDF eine Verfassungsbeschwerde ein. Das Landesarbeitsgericht München sprach nachfolgend eine einstweilige Verfügung gegen den Streik aus, weil es die angekündigten Streikmaßnahmen als politischen Streik wertete, der damit rechtswidrig sei. Außerdem vertrat das Gericht die Rechtsauffassung, dass Kampfmitteladressat (Rundfunkanstalten) und politischer Kampfzieladressat (Staat) auseinanderfielen und dies einen Eingriff in das Recht am eingerichteten Gewerbebetrieb darstelle. Vgl. Lucy Redler: Der politische Streik in Deutschland, S. 82-84.

18 Der Cartoon, in dem die schwangere Maria abzutreiben erwägt und dies mit Josef bespricht, worauf eine Stimme vom Himmel die beiden ermahnt und sie von ihrem Plan abbringt, erschien im Dezemberheft von 'ran. Vgl. [Cartoon], 'ran 9, 1979, S. 3.

Der Bundesvorstand beauftragt den Geschäftsführenden Bundesvorstand, entsprechende Schritte in jeder Hinsicht zu unternehmen und ihn unverzüglich zu unterrichten.

Ende der Sitzung: 17.45 Uhr.

Dokument 64

19. Januar 1980, Vermerk über die Klausurtagung des Bundesvorstandes am Samstag, dem 19. Januar 1980, im Parkhotel Adler, Hinterzarten[1]

AdsD, DGB-Archiv, 5/DGAI000503.

1. 'ran

Kollege *Vetter* unterrichtete den Bundesvorstand über das, was in Bezug auf weiteres Erscheinen der Zeitschrift »'ran« geschehen ist. Dem Bundesvorstand wurde eine Zusammenstellung von Pressemeldungen und Leserbriefen in Ablichtungen überreicht. Kollege Vetter teilt mit, daß jeder Brief beantwortet wird.

Dem Bundesvorstand wurde weiterhin eine Ablichtung des Rundschreibens des Vorsitzenden der Gewerkschaft Textil-Bekleidung in Sachen 'ran überreicht. Kollege *Vetter* verwies auf die Erklärung der Arbeitsgemeinschaft der Betriebsräte im DGB. Der Bundesvorstand wird sich mit dieser Arbeitsgemeinschaft in seiner Februar-Sitzung beschäftigen. Kollege *Kluncker* verwies auf die Situation bezüglich der Einstellung eines Redakteurs bei der »Welt der Arbeit«. Es handelte sich hierbei um einen Kollegen, der sich auch beim Probebeschäftigungsverhältnis bei der ÖTV als untragbar erwiesen habe. Es sei unverständlich, daß ausgerechnet Kollege Schmidt eine Unterschriftenaktion initiiert, um seine Einstellung zu realisieren.

2. [Verschiedenes]

Kollege *Vetter* verwies darauf, daß bei der IG Druck und Papier ein Ausschluß erfolgt wäre, der in der zweiten Instanz des Gerichtsverfahrens als rechtsunwirk-

---

Dok. 64
1 Anwesend: Heinz O. Vetter, Gerd Muhr, Maria Weber, Alois Pfeiffer, Karl Schwab, Günter Stephan, Gerhard Vater Rudolf Sperner, Adolf Schmidt, Karl Hauenschild, Erwin Ferlemann, Erich Frister, Willi Lojewski, Heinz Vietheer, Kurt Georgi, Otto Sprenger, Gerhard van Haaren, Eugen Loderer, Günter Döding, Heinz Kluncker, Helmut Schirrmacher, Ernst Breit, Berthold Keller. Nicht anwesend: Martin Heiß, Gerhard Schmidt und Ernst Haar. AdsD, DGB-Archiv, 5/DGAI000503.

sam entschieden worden ist. Kollege *Ferlemann* erklärte dazu, daß dies nicht mehr passieren könnte, da dazu in der Zwischenzeit die erforderliche Änderung der Satzung erfolgt sei. Kollege *Frister* erklärte das Verhältnis der GEW Berlin zum DGB-Landesbezirk Berlin. Kollege *Kluncker* machte darauf aufmerksam, daß der DGB Berlin aller Voraussicht nach die GEW Berlin anerkennen wird.

Kollege *Breit* erklärte das Zustandekommen der Beschlüsse der Organe der DPG. Die DPG habe die Absicht, diese Angelegenheit in ihre Bildungsarbeit einzubeziehen. Kollege *Döding* stellte die Frage, was HBV macht. Kollege *Vietheer* machte längere Ausführungen, daß die Struktur seiner Organisation, da sie z. B. auch die Angestellten der Parteien in ihrem Organisationsgebiet habe, ein Organisationsverhältnis von DKP-Leuten zuläßt. Es seien aber in den entscheidenden Positionen keine Mitglieder der DKP feststellbar. Lediglich in Offenbach sei als dritter Sekretär ein Hauptamtlicher feststellbar. Im Hauptvorstand sei ein ehrenamtliches Mitglied und im Gewerkschaftsausschuß kein DKP-Mitglied. Er machte dann einige Ausführungen zu der Nominierung der Kollegin Hoffmann und des Kollegen Viehof. Sie würden mit Sicherheit gewählt werden.

Kollege *Loderer* machte darauf aufmerksam, daß in einem beträchtlichen Umfang in der Bildungsarbeit, ausgehend von der Universität Marburg, linksextreme Einflüsse feststellbar seien. Kollege *Vetter* vereinbarte mit dem Kollegen Loderer, daß am 11. Februar 1980 eine Besprechung unter Beteiligung folgender Kollegen stattfinden soll:
Heinz O. Vetter, Karl Schwab, Eugen Loderer, Georg Benz, Hans Mayr, Hans Preiss.

Kollegin *Weber* begrüßte diese Diskussion. Der Bundesvorstand ist mit dem Vorschlag der Kollegin Weber einverstanden. Danach soll ein Schreiben an alle DGB-Stellen erfolgen, daß eine Beteiligung seitens des DGB an den Frauenfriedenskundgebungen nicht in Betracht kommt.

Kollege *Frister* stellte die Frage, wer nunmehr die Bildungsmaterialien vorbereitet bzw. analysiert.

Einige Vorstandsmitglieder stellten heraus, daß die Fakten zusammengetragen werden müßten, und die augenblickliche Situation, entstanden durch den Einmarsch der Russen in Afghanistan, könnte als wirkungsvolles Argument gegen die DKP benutzt werden. Es soll jemand gesucht werden, der diese Vorarbeiten leisten soll. Die Kollegen Vetter und Frister werden sich daran beteiligen.

Der Bundesvorstand entschied, daß die Jugendpolitik in der Bundesvorstandssitzung von März und in der Bundesausschußsitzung von Juni 1980 behandelt werden soll.

Die Mitglieder des Bundesvorstandes diskutierten über die Situation in Hamburg, weil dort als Vorsitzende des Kreisjugendausschusses eine Funktionärin von HBV ist, die anerkanntes Mitglied des DKP-Vorstandes ist. Kollege *Vietheer* erklärte, daß dies nicht nur eine Angelegenheit von HBV sei, denn hier hätten auch andere Gewerkschaften zugunsten dieser Kollegin gearbeitet. Sonst wäre sie ja nicht Vorsitzende des Kreisjugendausschusses geworden. Der Bundesvorstand entschied, den Entwurf des Grundsatzprogramms bei der nächsten ordentlichen Sitzung zu behandeln.

3. [Wahlprüfsteine]

Der Bundesvorstand entschied, daß in der nächsten Bundesvorstandssitzung über einen Entwurf zu Wahlprüfsteinen beraten werden soll.

4. [Bericht über das Gespräch mit Bundesminister für Wirtschaft]

Kollege *Vetter* berichtete zusammengefaßt über das am 14.1.1980 mit dem Bundesminister für Wirtschaft stattgefundene Gespräch. Hierbei handelte es sich in der Hauptsache um den Jahreswirtschaftsbericht, der zu dem Zeitpunkt dem Kabinett noch nicht vorgelegen hatte.

5. [Büchergilde Gutenberg]

Eingangs berichteten die Kollegen *Vater* und *Stephan* über die Situation bei der Büchergilde Gutenberg. Kollege *Ferlemann* berichtete darüber, daß die Bezirke der IG Druck und Papier mit Sicherheit ihre Anteile bei der Büchergilde verdoppeln würden. Die Kollegen *Sperner, A. Schmidt, Hauenschild, Georgi, Loderer, Breit* und *Kluncker* erklärten, daß nur dann eine Beteiligung ihrer Gewerkschaften in Betracht käme, wenn ein einwandfreies durchsichtiges Konzept im Hinblick auf die Zukunft der Büchergilde Gutenberg vorgelegt würde. Dies konnte als Trend in der Meinung des Bundesvorstandes erkannt werden. Weiterhin wurde eine Zuordnung zu der BGAG verlangt. Ein Fortbestehen der Büchergilde Gutenberg aus gewerkschafts- und gesellschaftspolitischen Gründen wurde bejaht. Einige der o[ben] a[ngegebenen] Kollegen kritisierten, daß nicht schon früher dem Bundesvorstand über die Entwicklung der Büchergilde berichtet wurde. Auch wäre wichtig, von dem Verhalten der Prüfgesellschaft zu erfahren, weil sie ja nicht nur, soweit es den Gewerkschaftsbereich angeht, bei der Büchergilde tätig ist. Schwere Vorwürfe wurden gegen den Aufsichtsrat erhoben.

Kollege *Vater* erklärte, daß dem Bundesvorstand eine neue Unterlage zugeleitet wird. Kollege *Vetter* machte darauf aufmerksam, daß auch die verlegerische Konzeption geprüft werden müsse. Er verwies darauf, daß die Besprechung der Anteilseigner der Gemeinwirtschaft am 19.3.1979 um 17.00 Uhr stattfindet. Dabei sollen die Kollegen Hesselbach und Lappas beteiligt werden.

6. [Sitzung der Internationalen Kommission]

Kollege *Vetter* teilte dem Bundesvorstand mit, daß für den 2. März 1980, 18.30 Uhr, beginnend mit einem Abendessen, die Internationale Kommission in Düsseldorf tagen wird. Der Bundesvorstand ist damit einverstanden.

7. [Sitzung mit der Westdeutschen Rektorenkonferenz]

Der Bundesvorstand empfahl dem GBV, die gemeinsame Sitzung mit dem Präsidium der Westdeutschen Rektorenkonferenz durchzuführen.

8. [Sitzung des Gewerkschaftsrates der SPD]

Bezüglich der Sitzungen des Gewerkschaftsrates der SPD kann der von der SPD vorgeschlagene 13. Mai 1980 nicht akzeptiert werden, da die meisten Mitglieder andere Verpflichtungen haben. Bezüglich 4. März 1980 soll versucht werden, diesen Termin nach Düsseldorf zu verlegen.

9. [Erklärung zur Gefährdung von Frieden und Entspannung]

Der Bundesvorstand verabschiedete eine Erklärung zur Gefährdung von Frieden und Entspannung mit Änderung des vorliegenden Entwurfs. Der zweite Absatz auf der Seite 2 wird gestrichen.

Dokument 65

5. Februar 1980: Kurzprotokoll über die 17. Sitzung des Bundesvorstandes

Hans-Böckler-Haus in Düsseldorf; Vorsitz: Heinz O. Vetter; Protokollführung: Isolde Funke, Marianne Jeratsch; Sitzungsdauer: 10.15–14.10 Uhr; ms. vermerkt: »Vertraulich«.[1]
Ms., hekt., 10 S., 1 Anlage.[2]
AdsD, DGB-Archiv, 5/DGAI000554.

Beginn der Sitzung: 10.15 Uhr.

Kollege *Vetter* eröffnet die 17. Sitzung des Bundesvorstandes in Düsseldorf.

Tagesordnung:
1. Genehmigung des Protokolls der 16. Bundesvorstandssitzung
2. Mißbrauch von Insider-Informationen

Dok. 65
1 Einladungsschreiben vom 20.12.1979 und Tagesordnung vom 15.1.1980. Nicht anwesend: Martin Heiß, Gerhard Schmidt, Günter Stephan, Ernst Haar, Eugen Loderer. AdsD, DGB-Archiv, 5/DGAI000503.
2 Anlage: Anwesenheitsliste.

3. Tagesordnung für die 7. Bundesausschußsitzung am 5.3.1980
4. Entwurf für ein Sozialpolitisches Programm des DGB
5. Nominierung von Mitgliedern für den Verwaltungsrat und Vorstand der Bundesanstalt für Arbeit
6. Festlegung eines Rahmenkonzepts für das DGB-Schwerpunktthema für die örtliche Bildungsarbeit 1980/81
7. Subventionspolitik
8. Vermögensbildung
9. Haushalt 1980
10. Revisionsbericht
11. Finanzplan der VTG
12. Prüfung des Jahresabschlusses 1979 der VTG
13. Geschäftsbericht der VTG für 1978
14. Übernahme von Geschäftsanteilen an der Grundstücksverwaltungsgesellschaft, Theodor-Heuss-Allee 100, Frankfurt/Main
15. Beitragsbefreiung für Verbände der Gewerkschaft Kunst
16. Beitragsreduzierung für die IG Druck und Papier
17. Beteiligung Allgemeine Beamtenbank AG, Hamburg
18. Behandlung des Entwurfs des Grundsatzprogramms
19. Wahlprüfsteine
20. Verschiedenes

1. Genehmigung des Protokolls der 16. Bundesvorstandssitzung

Beschluß:
Der Bundesvorstand genehmigt das Protokoll der 16. Bundesvorstandssitzung.[3]

2. Mißbrauch von Insider-Informationen

Nach kurzer Diskussion, an der sich die Kollegen *Vetter, Hauenschild* und *A. Schmidt* beteiligen, zieht Kollege *Vetter* die Vorlage zurück. Eine neue Vorlage wird mit der Maßgabe eingebracht, daß dann über eine zukünftige Gesetzgebung zu berichten ist.[4]

---

3 Vgl. Dok. 63: Kurzprotokoll über die 16. Sitzung des Bundesvorstandes am 4.12.1979.
4 Das Thema des Missbrauchs von Insiderinformationen wurde in diesem Zusammenhang im Bundesvorstand nicht wieder aufgegriffen.

3. Tagesordnung für die 7. Bundesausschußsitzung am 5.3.1980

Beschluß:
Der Bundesvorstand beschließt für die 7. Bundesausschußsitzung am 5.3.1980 folgende

Tagesordnung:
1. Genehmigung des Protokolls der 6. Bundesausschußsitzung
2. Bericht zur gewerkschaftspolitischen und organisatorischen Situation
3. Entwurf für ein Sozialpolitisches Programm des DGB
4. Veränderungsmitteilungen – Landesbezirksvorstände
5. Haushalt 1980
6. Beitragsbefreiung für Verbände der Gewerkschaft Kunst
7. Beitragsreduzierung für die IG Druck und Papier
8. Fragestunde
9. Verschiedenes[5]

4. Entwurf für ein Sozialpolitisches Programm des DGB

In Ergänzung seines Beschlusses vom 4. Dezember 1979 faßt der Bundesvorstand folgenden *Beschluß*:
Der zweite Satz im ersten vollständigen Absatz auf Seite 20 wird wie folgt geändert:
»Die geltenden gesetzlichen Arbeitszeitregelungen sind zu vereinheitlichen, zu verbessern und den tatsächlichen Verhältnissen, insbesondere den verkürzten Arbeitszeiten, anzupassen.«
Die Formulierung auf Seite 43 im ersten Absatz des Abschnittes 2 – Einkommen – soll erhalten bleiben.[6]

5. Nominierung von Mitgliedern für den Verwaltungsrat und Vorstand der Bundesanstalt für Arbeit

Beschluß:
Der Bundesvorstand beschließt, folgende Vorschläge für die Neubesetzung des Verwaltungsbeirats und des Vorstands der Bundesanstalt für Arbeit zu unterbreiten:[7]

---

5 Die Tagesordnungspunkte »Fragestunde« und »Bericht der Revisoren« kamen gegenüber der geplanten Tagesordnung hinzu. Vgl. Vorlage, Tagesordnung für die 7. Sitzung des Bundesausschusses am 5.3.1980, AdsD, DGB-Archiv, 5/DGAI000503.
6 Vgl. Vorlage zur Beratung im Bundesvorstand, Bundesvorstandssitzung vom 5.2.1980, Sozialpolitisches Programm des DGB, AdsD, DGB-Archiv, 5/DGAI000503.
7 Die Vorschlagsliste folgt der Vorlage, mit der Ausnahme der Aufnahme Ruth Köhns auf Vorschlag der Gewerkschaft NGG als Ersatz für Willi Sprenger. Vgl. [DGB-Bundesvorstand], Vorstandsbereich Gerd

Dokument 65 5. Februar 1980

Verwaltungsrat

Mitglieder	Stellvertreter
Erwin Kastleiner IG Bau-Steine-Erden	Michael Pagels LB Berlin
Peter Wolff IG Bergbau und Energie	Hans Frank LB Hessen
Egon Schäfer IG Chemie-Papier-Keramik	Norbert Möller-Lücking DGB-Bundesvorstandsverwaltung
Willi Lojewski Gew[erkschaft] GLF	Ursula Wolfring LB Bayern
Gisela Kiesau Gew[erkschaft] HBV	Ruth Köhn Gew[erkschaft] NGG
Karlheinz Schwark Gew[erkschaft] Holz und Kunststoff	Günther Hoppe LB Nordrhein-Westfalen
Karl-Heinz Janzen IG Metall	Ulrich Mignon IG Metall
Max Felbinger Gew[erkschaft] ÖTV	Willi Werner LB Baden-Württemberg
Walter Schongen Gew[erkschaft] Textil-Bekleidung	Fritz Giersch Gew[erkschaft] der Eisenbahner Deutschlands
Wilhelm Musa LB Nordmark	Rainer Oxfort IG Druck und Papier
Otto Semmler DGB-Bundesvorstandsverwaltung	Irmgard Blättel DGB-Bundesvorstandsverwaltung
Heinz Andersch LB Rheinland-Pfalz	Horst Kowalak DGB-Bundesvorstandsverwaltung
DAG	DAG

Vorstand

Mitglieder	Stellvertreter
Gerd Muhr DGB-Bundesvorstand	Monika Wulf-Mathies Gew[erkschaft] ÖTV
Edmund Duda DGB-Bundesvorstandsverwaltung	Ursula Engelen-Kefer DGB-Bundesvorstandsverwaltung
DAG	Peter Kirch IG Metall

Muhr, Vorlage zur Beratung im Bundesvorstand, Verwaltungsrat und Vorstand der Bundesanstalt für Arbeit, beschlossen GBV am 18.1.1980, o. O., o. D., AdsD, DGB-Archiv, 5/DGAI000503.

6. Festlegung eines Rahmenkonzeptes für das DGB-Schwerpunktthema für die örtliche Bildungsarbeit 1980/81

Kollegin *Weber* verweist auf die Vorlage und die darin enthaltenen fünf Unterthemen. Sie erklärt, daß es der Wunsch der IG Metall war, als Schwerpunktthema Aussperrung und Streik zu behandeln. Sie bittet um entsprechende Beschlußfassung.[8]

In der anschließenden Diskussion, an der sich die Kollegen *Hauenschild, Vetter, Frister, Sperner* und die Kollegin *Weber* beteiligen, ist man mit dem Oberthema und den Unterthemen 1 bis 3 einverstanden. Man spricht sich gegen die Unterthemen 4 und 5 aus, die überarbeitet werden müßten, besonders in Zusammenarbeit mit allen zuständigen Abteilungen und Gewerkschaften. Gleichzeitig wird auf die Probleme verschiedener Bildungssekretäre hingewiesen.

Kollegin *Weber* sagt eine neue Vorlage nach Überarbeitung zu.

7. Subventionspolitik

Kollege *Pfeiffer* verweist auf die Vorlage und bittet um Zustimmung.[9]

---

[8] Das Schwerpunktthema »Aussperrung« sollte unter der Leitüberschrift »Gewerkschaften gegen Unternehmerwillkür – Streik und Aussperrung« abgehandelt werden. Ausgangspunkt war die Zunahme qualitativer und quantitativer Beschäftigungsrisiken. In dieser Situation nützten die Arbeitgeberinnen und Arbeitgeber die Ausgangslage zur Verschärfung ihrer Politik gegen beschäftigungspolitische Reformaktivitäten. Die Auseinandersetzungen zwischen den Tarifparteien nähmen zu, woraus der DGB die Notwendigkeit solidarischen Zusammenwirkens der Arbeitnehmerinnen und Arbeitnehmer folgerte. Zum Schwerpunktthema sollten die Themenbereiche Beschäftigung, Einkommen, Arbeitszeit, Arbeitsbedingungen und Qualifikationen bearbeitet werden, das Unternehmerhandeln in den Bereichen beschrieben und gewerkschaftliche Gegenstrategien entwickelt werden. Vgl. Maria Weber, an die Mitglieder des Bundesvorstandes, Tagesordnungspunkt 6 der Bundesvorstandssitzung am 5.2.1980, DGB-Schwerpunktthema für die örtliche Bildungsarbeit 1980/81; [DGB-Bundesvorstand], Abt. Bildung, »Gewerkschaften gegen Unternehmerwillkür – Streik und Aussperrung«, Anlage zum GBV-Beschluß vom 26.11.1979, AdsD, DGB-Archiv, 5/DGAI000503.

[9] Die Beschlussvorlage nahm Bezug auf die Anträge 73 und 86 des 11. Ordentlichen Bundeskongresses von 1978, die 1977 beschlossenen und publizierten Vorschläge des DGB zur Wiederherstellung der Vollbeschäftigung und den Entwurf des DGB-Grundsatzprogramms. Die Bundesregierung erstattete aufgrund der Regelungen in § 12 des Gesetzes zur Förderung der Stabilität und des Wachstums der Wirtschaft – nach Ansicht des DGB allerdings in unvollständiger Weise – Bericht über die staatliche Subventionspolitik in den sogenannten Subventionsberichten. In diesen waren jedoch zum Beispiel die Mittel zur Förderung der technologischen Forschung und Entwicklung in den Unternehmen nicht ausgewiesen. Die Subventionen standen zudem öffentlich in starker Kritik. Zielsetzungen der Subventionen waren die Überwindung von konjunkturellen Entwicklungsstörungen, Existenzsicherung von Arbeitsplätzen in strukturell benachteiligten Wirtschaftszweigen, die Förderung der technologischen Entwicklung in Schlüsselindustrien, Anreize zur Schaffung von Arbeitsplätzen zu bieten und gesamtwirtschaftliche Versorgungsaufgaben zu erfüllen, etwa in der Energiegewinnung. Der DGB führte aus, dass die Subventionen im Zeitraum zwischen 1970 und 1976 auch nach Abzug von Infrastrukturausgaben um 71 % zugenommen hätten. Das Problem stellte aus der Sicht des DGB das Wachsen unkontrollierter Subventionsausgaben dar, die vor allem aus verteilungs- und beschäftigungspolitischen Gründen zu korrigieren seien. Der DGB lehnte Subventionen nicht grundsätzlich ab, er forderte aber eine umfassende Subventionskontrolle, die über die gesetzlichen Berichtspflichten der Bundesregierung hinausreichte. Sparsamkeit des Mitteleinsatzes, Erfolgskontrolle, Transparenz, Wirkungs- und Kosten-Nutzen-Analysen sowie die Verknüpfung von

In der anschließenden Diskussion, an der sich die Kollegen *A. Schmidt, Kluncker, Pfeiffer, Vetter, Wagner* und *Hauenschild* beteiligen, werden einige Änderungsvorschläge vorgetragen.

Beschluß:
Der Bundesvorstand verabschiedet die vorgelegten »Forderungen und Vorschläge des DGB zur Kontrolle der Subventionen« mit Änderungen.[10]

8. Vermögensbildung

Kollege *Pfeiffer* erinnert daran, daß Kollege *Heiß* und er den Auftrag hatten, Gespräche mit der Bundesregierung zum Thema Vermögensbildung zu führen. In diesem Zusammenhang verweist er auf sein Schreiben vom 16.1.1980 an die Mitglieder des Bundesvorstandes. Er stellt zur Diskussion, ob ein weiterer Brief an den Bundeskanzler in Sachen § 8 geschrieben werden soll.[11]

In der anschließenden Diskussion, an der sich die Kollegen *Kluncker, Vetter, Keller, Pfeiffer, Hauenschild* und *Döding* beteiligen, wird das Für und Wider eines erneuten Schreibens an den Bundeskanzler in Sachen § 8 erörtert.

Beschluß:
Der Bundesvorstand nimmt den Bericht des Kollegen Pfeiffer zur Kenntnis. Er vertritt die Auffassung, daß der DGB es bei dem Schreiben vom 10.10.1979 an

---

Subventionen mit Auflagen waren die Kriterien, an denen die staatliche Subventionspolitik zu messen war und die in der Subventionsberichterstattung Berücksichtigung finden sollten. Vgl. [DGB-Bundesvorstand], Vorstandsbereich Alois Pfeiffer, Vorlage zur Beratung im Geschäftsführenden Bundesvorstand, Bundesvorstand, Subventionspolitik, beschlossen GBV am 17.12.1979, o. O., o. D.; Forderungen und Vorschläge des Deutschen Gewerkschaftsbundes zur Kontrolle der Subventionen, AdsD, DGB-Archiv, 5/DGAI000503. Vgl. DGB: Vorschläge des DGB zur Wiederherstellung der Vollbeschäftigung, Düsseldorf 1977, S. 16. DGB: Grundsatzprogramm des Deutschen Gewerkschaftsbundes. Entwurf, beschlossen vom Bundesvorstand des Deutschen Gewerkschaftsbundes am 2.10.1979, Düsseldorf 1979, S. 12 f.

10 Vgl. Forderungen und Vorschläge des Deutschen Gewerkschaftsbundes zur Kontrolle der Subventionen, AdsD, DGB-Archiv, 5/DGAI000503.

11 Es fanden Gespräche von Vertretern der DGB-Gewerkschaften mit den drei Bundestagsparteien statt. Im Gespräch mit der CDU/CSU wurden die gegensätzlichen Standpunkte ventiliert. Auf DGB-Seite wurde die Forderung nach einem Vorrang überbetrieblicher tariflicher Lösungen in der Vermögenspolitik artikuliert, wohingegen die Unionsparteien den Vorrang betrieblicher Lösungen betonten. Ihren entsprechenden Gesetzentwurf, der entschiedene Gegenrede des DGB hervorgerufen hatte, betrachteten die Unionsparteien als eine »erste Stufe«. Die Gespräche mit dem Bundesfinanz- und dem Bundeswirtschaftsministerium wurden vom DGB auch gleichzeitig als Gespräche mit den sie tragenden Regierungsfraktionen gewertet. Das sozialdemokratisch geführte Bundesfinanzministerium teilte die Auffassung des DGB, insbesondere was die Abschaffung des § 8 Kapitalerhöhungssteuergesetz betraf, im Gegensatz zum liberal geführten Bundeswirtschaftsministerium. Negativ beurteilte der DGB, dass die gesetzliche Grundlage legislativ nicht infrage gestellt wurde. Positiv bewertete er, dass den Arbeitnehmerinnen und Arbeitnehmern Wahlfreiheit hinsichtlich der Wahl vermögenswirksamer Leistungen eingeräumt wurde. Vgl. DGB-Bundesvorstand, Alois Pfeiffer, an Bundeskanzler Helmut Schmidt, Aktuelle Vermögenspolitische Diskussion, Entwurf, Düsseldorf, 14.1.1980, AdsD, DGB-Archiv, 5/DGAI000503.

den Bundeskanzler bewenden läßt. Die Meinung des Bundesvorstandes könnte dem Bundeskanzler ggf. in einem Gespräch mitgeteilt werden.

9. Haushalt 1980

Kollege *Vater* verweist auf den vorgelegten Entwurf zum Haushalt 1980, der mit 155.578.000,- DM ausgeglichen in den Einnahmen und Ausgaben abschließt. Er erläutert dann die einzelnen Positionen.[12]

Im Namen des Geschäftsführenden Bundesvorstandes bittet er, den Haushaltsentwurf in der vorgelegten Form dem Bundesausschuß vorzulegen und zur Annahme zu empfehlen. Kollege *Vater* verweist gleichzeitig auf die vorgelegte Aufstellung zu den Stellenbewegungen 1979.[13]

Im Namen der Haushaltskommission, die am 19.1.1980 getagt hat, erklärt Kollege *Breit*, daß sie ebenfalls die Annahme des vorgelegten Haushaltsentwurfs 1980 empfiehlt. Man macht sich allerdings Sorgen über das Ansteigen der Personalkosten, die jetzt bei 62,13 % liegen. Eine ausführliche Diskussion hat es über die Beteiligung des DGB an der Aktion »Aussperrung« gegeben.

In der anschließenden Diskussion, an der sich die Kollegen *Vetter, Keller, Vater, Georgi, Döding, Sperner, Schwab, Georgi* [!] und *Muhr* beteiligen, wird ausführlich die finanzielle Beteiligung des DGB an der Aktion »Aussperrung« erörtert. Man ist sich einig, daß zukünftig für solche Aktionen Sondermittel eingeplant werden müssen.

Beschluß:
Der Bundesvorstand stimmt dem Haushalt in der vorgelegten Fassung vom 3. Dezember 1979 zu und bittet den Bundesausschuß, den Haushalt des DGB für 1980 mit 155.578.000,- DM in den Einnahmen und Ausgaben zu beschließen.[14]

Ferner nimmt der Bundesvorstand die Stellenbewegungen 1979 wie vorgelegt zur Kenntnis.

---

12 Vgl. [DGB-Bundesvorstand], Vorstandsbereich Gerhard Vater, Vorlage zur Beratung im Bundesvorstand, Haushalt des Deutschen Gewerkschaftsbundes für 1980, Düsseldorf, 8.2.1980, AdsD, DGB-Archiv, 5/DGAI000503.
13 Vgl. Geschäftsbereich Karl Schwab, Vorlage zur Beratung im Bundesvorstand, Stellenbewegungen 1979, o. O., o. D., AdsD, DGB-Archiv, 5/DGAI000503.
14 Der Bundesausschuss verabschiedete den Haushalt in der vorgelegten Fassung. Vgl. Protokoll über die 7. Sitzung des Bundesausschusses vom 5.3.1980, TOP 5, AdsD, DGB-Archiv, 5/DGAI000420.

10. Revisionsbericht

Beschluß:
Der Bundesvorstand nimmt den Bericht der Revisionskommission über die am 4.12.1979 vorgenommene Prüfung der Bundeshauptkasse zur Kenntnis.[15]

11. Finanzplan der VTG für das Jahr 1980

Beschluß:
Gemäß § 5 Absatz 2 der Geschäftsanweisung für die Verwaltung des Treuhandvermögens vom 6.3.1973 stimmt der Bundesvorstand dem Finanzplan der VTG für das Jahr 1980 zu.[16]

12. Prüfung des Jahresabschlusses 1979 der VTG

Beschluß:
Für die Prüfung des Jahresabschlusses 1979 der VTG wird die Allgemeine Treuhandgesellschaft mbH (ATH) bestellt.[17]

13. Geschäftsbericht der VTG für 1978

Beschluß:
Gemäß § 10 Absatz 3 der Geschäftsanweisung für die Verwaltung des Treuhandvermögens vom 6.3.1973 nimmt der Bundesvorstand den Geschäftsbericht der VTG für das Jahr 1978 zur Kenntnis.[18]

---

15 Vgl. DGB-Bundesvorstand, Gerhard Vater, an die Mitglieder des Bundesvorstandes, Prüfung der Bundeshauptkasse durch die Revisionskommission des DGB, Düsseldorf, 7.12.1979; Bericht der Revisionskommission des Deutschen Gewerkschaftsbundes über die am 4.12.1979 vorgenommene Prüfung der Bundeshauptkasse, AdsD, DGB-Archiv, 5/DGAI000503.

16 Vgl. [DGB-Bundesvorstand], Vorstandsbereich Gerhard Vater, Vorlage zur Beratung im Bundesvorstand, Finanzplan der VTG für das Jahr 1980, beschlossen GBV am 3.12.1979, o. O., o. D.; Vermögensverwaltungs- und Treuhand-Gesellschaft des Deutschen Gewerkschaftsbundes mbH, Düsseldorf, Finanzplan 1980, AdsD, DGB-Archiv, 5/DGAI000503.

17 Vgl. [DGB-Bundesvorstand], Vorstandsbereich Gerhard Vater, Vorlage zur Beratung im Bundesvorstand, Prüfung des Jahresabschlusses 1979 der VTG, beschlossen GBV am 3.12.1979, o.O, o. D., AdsD, DGB-Archiv, 5/DGAI000503.

18 Vgl. [DGB-Bundesvorstand], Vorstandsbereich Gerhard Vater, Vorlage zur Beratung im Bundesvorstand, Geschäftsbericht der VTG für 1978, beschlossen GBV am 3.12.1979, o. O., o. D.; Vermögensverwaltungs- und Treuhand-Gesellschaft des Deutschen Gewerkschaftsbundes mbH, Geschäftsbericht 1978, AdsD, DGB-Archiv, 5/DGAI000503.

14. Übernahme von Geschäftsanteilen an der Grundstücksverwaltungsgesellschaft, Theodor-Heuss-Allee 100, Frankfurt/Main

Beschluß:
Die VTG wird beauftragt, Geschäftsanteile an der Grundstücksverwaltungsgesellschaft in Frankfurt/Main in Höhe von 4.000,– DM zu übernehmen.[19]

15. Beitragsbefreiung für Verbände der Gewerkschaft Kunst

Beschluß:
Der Bundesvorstand wird dem Bundesausschuß folgenden Beschlußvorschlag unterbreiten:
Die Verbände der Gewerkschaft Kunst
- Bundesvereinigung der Gewerkschaftsverbände Bildender Künstler (BGBK)
- Deutscher Musikerverband (DMV)
- Genossenschaft Deutscher Bühnenangehöriger (GDBA)
- Gewerkschaft Deutscher Musikerzieher und konzertierender Künstler (GDMK)
- Berufsverband Show und Unterhaltung (IAL)

werden für das Jahr 1980 gemäß Ziffer 6 der Beitragsordnung von der Beitragspflicht befreit mit der Maßgabe, daß die GDBA 10.000,– DM zu leisten hat, wenn ihre finanzielle Lage das zuläßt.

Für alle von der Beitragspflicht befreiten Verbände hat die Gewerkschaft Kunst nach Ablauf des Jahres 1980 die Einnahmen- und Ausgabenrechnung sowie die Mitglieds-, Beitrags- und Durchschnittsbeitragsstatistik der Abteilung Finanzen des DGB vorzulegen.[20]

16. Beitragsreduzierung für die IG Druck und Papier

Kollege *Vater* verweist auf die Vorlage und erklärt, daß der vorgelegte Beschlußvorschlag nicht mehr haltbar ist. Aus diesem Grunde hat er einen Auszug aus dem

---

19 Vgl. [DGB-Bundesvorstand], Vorstandsbereich Gerhard Vater, Vorlage zur Beratung im Bundesvorstand, Übernahme von Geschäftsanteilen an der Grundstücksverwaltungsgesellschaft Theodor-Heuss-Allee 100, Frankfurt am Main, beschlossen GBV am 3.12.1979, o. O., o. D., AdsD, DGB-Archiv, 5/DGAI000503.
20 Der Bundesausschuss beschloss in seiner 7. Sitzung vom 5.3.1980 die Beitragsbefreiung für die Verbände der Gewerkschaft Kunst gemäß der Vorlage. Vgl. [DGB-Bundesvorstand], Vorstandsbereich Gerhard Vater, Vorlage zur Beratung im Geschäftsführenden Bundesvorstand, Bundesvorstand, Beitragsbefreiung 1980 gemäß Ziffer 6 der Beitragsordnung für Verbände der Gewerkschaft Kunst, beschlossen GBV am 17.12.1979, Düsseldorf, 5.12.1979. Vgl. Protokoll über die 7. Sitzung des Bundesausschusses am 5.3.1980, TOP 6., S. 31, AdsD, DGB-Archiv, 5/DGAI000420.

Dokument 65 5. Februar 1980

Kurzprotokoll über die Sitzung der Haushaltskommission am 19.1.1980 mit einem neuen Beschlußvorschlag verteilen lassen.[21]

An der anschließenden Diskussion beteiligen sich die Kollegen *A. Schmidt, Vater, Sperner, Kluncker, Mahlein, Schirrmacher, Vetter, Breit* und *van Haaren.*

Beschluß:
Der Bundesvorstand wird dem Bundesausschuß folgenden *Beschluß* empfehlen:
Der IG Druck und Papier wird für das Jahr 1980 einmalig von ihrem Beitrag an den DGB der Betrag von 1.000.000,– DM erlassen.

Nach Erstellung ihrer Jahresrechnung 1980 ist diese der Haushaltskommission zu übersenden. Die Jahresrechnung soll einen Nachweis des Gesamtvermögens einschließlich der Lokalkassenbestände der Landesbezirke und örtlichen Geschäftsstellen enthalten.[22]

17. Beteiligung Allgemeine Beamtenbank AG, Hamburg

Beschluß:
Die VTG wird beauftragt
a) ihre Beteiligung an der ABB von nominal 150.000,– DM (Buchwert 236.423,13 DM) zu verkaufen,
b) in diesem Zusammenhang eine Beteiligung an einer Betriebsgesellschaft des BHW von 250.000,– DM zu erwerben.[23]

18. Behandlung des Entwurfs des Grundsatzprogramms

Kollege *Vetter* erläutert noch einmal das weitere Verfahren zur Behandlung des Entwurfs des Grundsatzprogramms. Er berichtet, daß ein Seminar durchgeführt werden soll, an dem je drei Sekretäre aus den Landesbezirken so vorbereitet werden sollen, daß sie die Funktionäre weiter unterrichten können.

---

21 Vgl. [DGB-Bundesvorstand], Vorstandsbereich Gerhard Vater, Vorlage zur Beratung im Geschäftsführenden Bundesvorstand, Bundesvorstand, Antrag auf finanzielle Unterstützung der IG Druck und Papier aus dem Solidaritätsfonds aufgrund der Belastungen aus den Arbeitskämpfen 1976 und 1978, beschlossen GBV am 14.1.1980, Düsseldorf, 10.1.1980; IG Druck und Papier an den DGB-Bundesvorstand, Gerhard Vater, Antrag auf finanzielle Unterstützung der IG Druck und Papier aufgrund der Belastungen aus den Arbeitskämpfen 1978 und 1979, Stuttgart 8.1.1980; [DGB-Bundesvorstand], Abt. Finanzen, Auszug aus dem Kurzprotokoll über die Sitzung der Haushaltskommission des DGB am 19.1.1980 in Hinterzarten, Düsseldorf, 5.2.1980, AdsD, DGB-Archiv, 5/DGAI000503.
22 Der Bundesausschuss verabschiedete die Reduzierung wie vorgelegt. Vgl. Protokoll über die 7. Sitzung des Bundesausschusses vom 5.3.1980, TOP 7., S. 32, AdsD, DGB-Archiv, 5/DGAI000420.
23 Vgl. [DGB-Bundesvorstand], Vorstandsbereich Gerhard Vater, Vorlage zur Beratung im Bundesvorstand, Beteiligung Allgemeine Beamtenbank AG, Hamburg, beschlossen GBV am 14.1.1980, AdsD, DGB-Archiv, 5/DGAI000503.

In der anschließenden Diskussion, an der sich die Kollegen *Kluncker, Vetter, Sickert, Hauenschild, Sierks, Keller* und *A. Schmidt* beteiligen, werden ausführlich das vorgesehene Seminar und das Referentenmaterial zum Entwurf des Grundsatzprogramms erörtert.

19. Wahlprüfsteine

Kollege *Vetter* verweist auf die vorgelegten Themen zu Wahlprüfsteinen für die Bundestagswahl 1980.[24] Der Bundesvorstand muß jetzt entscheiden, ob Wahlprüfsteine herausgegeben werden sollen oder nicht.

Nach kurzer Diskussion, an der sich die Kollegen *Döding, Pfeiffer, A. Schmidt, Vetter, Muhr* und *Schirrmacher* beteiligen, faßt der Bundesvorstand folgenden *Beschluß*:
Der Bundesvorstand spricht sich für die Herausgabe von Wahlprüfsteinen für die Bundestagswahl 1980 aus. Er ist mit den vorgelegten Themen zu zehn Prüfsteinen einverstanden. Der Prüfstein 3 soll folgenden Titel erhalten: »Erhaltung der Gewerkschaftsrechte«.

Dem Bundesvorstand soll ein Entwurf für den Text der Wahlprüfsteine vorgelegt werden.[25]

20. Verschiedenes

a) Konferenz des IBFG für Frieden und Abrüstung
Kollege *Vetter* spricht das streng vertrauliche Schreiben des IBFG betreffend eine Konferenz für Frieden und Abrüstung an, das er allen Mitgliedern des Bundesvorstandes zugeleitet hat.[26]

---

24 Die Abteilung Gesellschaftspolitik schlug die Themenbereiche Friedenssicherung, Wiederherstellung der Vollbeschäftigung, soziale Gestaltung des technischen Wandels, Erhaltung der Gewerkschaftsrechte/ Verbot der Aussperrung, Erhalt und Ausbau der sozialen Sicherung, Gleichberechtigung der Frauen, mehr Bildungschancen für Arbeitnehmer, Kontrolle wirtschaftlicher Macht, unabhängige Presse, Funk und Fernsehen, sowie Öffentliche Dienstleistungen vor. Vgl. [DGB-Bundesvorstand], Vorstandsbereich Heinz O. Vetter, Tischvorlage für den Bundesvorstand, Wahlprüfsteine für die Bundestagswahl 1980, Düsseldorf, 4.2.1980; beigefügt war ein Aushangplakat der Bundestagswahl 1976 mit den damaligen Wahlprüfsteinen, vgl. Arbeitnehmer prüfen Parteien – Prüfsteine des DGB, Düsseldorf [1976], AdsD, DGB-Archiv, 5/DGAI000503.
25 Vgl. Dok.67: Kurzprotokoll über die 19. Sitzung des Bundesvorstandes am 1.4.1980, TOP 3.
26 Der IBFG hatte auf seinem 12. Weltkongress vom 19. bis 23.11.1979 in Madrid eine Entschließung über Frieden und Abrüstung verabschiedet. Die Entschließung betonte das Selbstbestimmungsrecht der Völker, die Ablehnung des internationalen Terrorismus und setzte die sich weiterdrehende Rüstungsspirale in ein Verhältnis zum Problem des Hungers in der Welt. Die besondere Sorge galt der atomaren Aufrüstung. Der IBFG forderte daher Abrüstungsverhandlungen und Verhandlungen zur Beilegung von Konflikten sowie Verbotsanstrengungen gegenüber atmosphärischen Atomtests. Die Allgemeine Konferenz des IBFG hatte in ihrer jüngsten Sitzung am 8./9.1.1980 in London die Veranstaltung einer internationalen Konferenz über Frieden und Abrüstung vorgeschlagen. Vgl. IBFG, an Heinz O. Vetter, Vorsitzender des DGB, Bundesvorstand, Brüssel, 18.1.1980, AdsD, DGB-Archiv, 5/DGAI000503.

Er fragt, wie sich der DGB verhalten soll.

Nach kurzer Diskussion, an der sich die Kollegen *Muhr, Hauenschild, Kluncker* und *Vetter* beteiligen, sagt Kollege *Vetter* zu, daß dem IBFG die Bedenken des DGB über den Zeitpunkt der Durchführung einer solchen Konferenz vorgetragen werden. Er wird dann, wenn es möglich ist, in der nächsten Sitzung darüber berichten.[27]

b) Aussperrung

Kollege *Vetter* spricht den Brief des Präsidenten des Bundesarbeitsgerichts, Prof. Müller, vom 29. Januar 1980 zu den Äußerungen des Kollegen Dreßler auf der DGB-Veranstaltung zur Aussperrung am 26. Januar 1980 in Hannover an.[28] Er bittet den Bundesvorstand, zu entscheiden, ob dieser Brief beantwortet werden soll oder nicht.

Der Bundesvorstand ist sich nach kurzer Diskussion, an der sich die Kollegen *Frister, Mahlein, Vetter, Hauenschild, Muhr, Georgi, Kluncker* und *Keller* beteiligen, einig, daß der Brief des Präsidenten des Bundesarbeitsgerichts nicht beantwortet werden soll.

Die Kollegen Vetter und Mahlein werden mit dem Kollegen Dreßler wegen einer erläuternden Erklärung zu seinen Ausführungen in Hannover sprechen.

c) Ostkontakte

Kollege *Vetter* schlägt vor, die Kontakte mit den Ostblockgewerkschaften weiter aufrechtzuerhalten unter der Bedingung, daß bei Begegnungen die DGB-Vertreter zu bestimmten Problemen ihre Meinung offen darlegen.[29]

Der Bundesvorstand ist mit diesem Vorschlag einverstanden.

Ende der Sitzung: 14.10 Uhr.

---

27 Allgemein bestanden die Bedenken in der aktuellen sicherheitspolitischen Lage zur Jahreswende 1979/80 mit dem Einmarsch der Sowjetunion nach Afghanistan. Zur Klausurtagung des DGB-Bundesvorstands in Hinterzarten am 19.1.1980 lagen dem Bundesvorstand dazu umfangreiche Materialien vor. Vgl. AdsD, DGB-Archiv, 5/DGAI000503. Vgl. Müller: Ostkontakte, S. 184 f.

28 Der Präsident des Bundesarbeitsgerichts, Gerhard Müller, führte Beschwerde über die Äußerung des Mitglieds des Hauptvorstands der IG Druck und Papier, Rudolf Dreßler, der auf der DGB-Kundgebung am 26.1.1980 in Hannover gegen die Aussperrung Folgendes geäußert hatte: »Wir nehmen es nicht länger hin, daß sich eine Richtergeneration im Beamtenstatus mit einem Interessenklüngel verbindet, der Verfassungsgebote ignoriert, Gesetze mißachtet und einige mit Steuermitteln ausgestattete Wissenschaftler zu Prostituierten der Produktionsmittelbesitzer werden läßt, um mit wissenschaftlichem Anspruch demokratische Grundsätze zu vergewaltigen.« Müller wertete diese Äußerung als einen groben Angriff auf die Unabhängigkeit der Richter des Bundesarbeitsgerichts und wies sie zurück. Vgl. Der Präsident des Bundesarbeitsgerichts, an Heinz O. Vetter, Vorsitzender des DGB, Kassel, 29.1.1980, AdsD, DGB-Archiv, 5/DGAI000503.

29 Hintergrund war ebenfalls die neue Lage aufgrund des sowjetischen Einmarschs in Afghanistan. Vgl. Müller: Ostkontakte, S. 184 f.

Dokument 66

4. März 1980: Kurzprotokoll über die 18. Sitzung des Bundesvorstandes

Hans-Böckler-Haus in Düsseldorf; Vorsitz: Heinz O. Vetter; Protokollführung: Isolde Funke, Marianne Jeratsch; Sitzungsdauer: 10.20–12.50 Uhr; ms. vermerkt: »Vertraulich«.[1]

Ms., hekt., 7 S., 1 Anlage.[2]
AdsD, DGB-Archiv, 5/DGAI000554.

Beginn der Sitzung: 10.20 Uhr.

Kollege *Vetter* eröffnet die 18. Sitzung des Bundesvorstandes in Düsseldorf.
Im Namen des Bundesvorstandes beglückwünscht er Kollegen Sprenger zu seinem Geburtstag.
Kollege *Vetter* teilt mit, daß er zusammen mit Heinz Kluncker heute nachmittag den Bundeskanzler in die USA begleiten wird.
U. a. ist ein Gespräch mit dem US-Arbeitsminister vorgesehen.

Tagesordnung:
1. Verschiedenes
2. Genehmigung des Protokolls der 17. Bundesvorstandssitzung
3. Veränderungsmitteilungen – Landesbezirksvorstände
4. Abtretung von Anteilen an der NH an die VVG der Gewerkschaft der Polizei
5. Gewährung von Rechtsschutz vor dem Bundesarbeitsgericht
6. Durchführung einer Datenschutz-Konferenz am 12./13. Mai 1980

1. Verschiedenes

a) Sitzung der Internationalen Kommission
Kollege *Vetter* erklärt, daß über die gestrige Sitzung der Internationalen Kommission ein Protokoll angefertigt und den Mitgliedern zugeschickt wird. Es wurde über internationale Fragen und auch über andere Fragen gesprochen, wie z[um] B[eispiel]: [!]

Dok. 66
1 Einladungsschreiben vom 8.2.1980 und Tagesordnung vom 15.2.1980. Nicht anwesend: Gerd Muhr, Martin Heiß, Adolf Schmidt (vertreten durch Hans Alker), Heinz Vietheer (vertreten durch Günter Volkmar). AdsD, DGB-Archiv, 5/DGAI000503.
2 Anlage: Anwesenheitsliste.

b) Datenschutz bzw. Datenschutz-Konferenz
Kollege *Vetter* berichtet, daß der allgemeine Datenschutz dahingehend überprüft werden soll, inwieweit er gewerkschaftliche Interessen berührt. Die interne Interessenlage in den einzelnen Gewerkschaften muß beraten werden. Bis jetzt sollte die vorgesehene Datenschutz-Konferenz noch stattfinden; der Termin sollte bleiben, jedoch der Inhalt geändert werden.[3]

c) Nächste Bundesvorstandssitzung
Beschluß:
Der Bundesvorstand stimmt zu, daß seine nächste Sitzung am 1. April 1980 anläßlich des Gewerkschaftstages der Gewerkschaft Kunst in München stattfindet.[4]

d) Gewerkschaftstag ÖTV
Kollege *Kluncker* erinnert daran, daß parallel zum Gewerkschaftstag der ÖTV in Berlin der SPD-Wahlparteitag in Essen stattfindet. Am Sonntag, dem 8.6.1980, endet in Berlin der Katholikentag und gleichzeitig ist ein freiwilliger autofreier Sonntag. Aus diesem Grund hat die FDP schon ihren Parteitag verschoben. Kollege *Kluncker* teilt mit, daß er für die Abendmaschine am 8.6. von Berlin nach Düsseldorf bereits einige Plätze fest gebucht hat, da es Schwierigkeiten geben wird. Wer also an der Eröffnungsveranstaltung der ÖTV und dann am Wahlparteitag der SPD teilnehmen möchte, soll ihm das mitteilen, damit er die Buchung vornehmen kann.

e) Aussperrung
Kollege *Vetter* berichtet über ein Schreiben der Ortsgruppe Kassel der IG Druck und Papier über eine größer angelegte Protestaktion vor dem Gebäude des BAG am 24.3.1980.[5]

Beschluß:
Der Bundesvorstand bekräftigt seinen Beschluß, daß jetzt keine Veranstaltungen mehr zur Aussperrung durchgeführt werden sollen.

f) Internationaler Frauentag
Kollege *Vetter* berichtet, daß viele Protestbriefe auf das Rundschreiben hinsichtlich des Beschlusses des Bundesvorstandes, am Internationalen Frauentag nicht teil-

---

3 Vgl. zu diesem Thema, das zunächst einleitend unter dem TOP: »Verschiedenes« angesprochen wurde, den eigenen TOP 6. des vorliegenden Protokolls zum Thema der Datenschutzkonferenz.
4 Vgl. Dok. 67: Kurzprotokoll über die 19. Sitzung des Bundesvorstandes am 1.4.1980.
5 Am 24.3.1980 war Verhandlungstag im anhängigen Aussperrungsverfahren. Eine Gruppe, die sich »Revolutionäre Zellen in der IG Metall« nannte, verübte am 23.3.1980 einen Sprengstoffanschlag auf das Bundesarbeitsgericht, der mit dem Protest gegen Aussperrungen begründet wurde. Vgl. Heinz Michaels, Vor dem Bundesarbeitsgericht in Kassel wurden zum Thema Aussperrung zwei Tage lang die alten Argumente vorgetragen: »Menschenwürde gebietet Mittagspause«. Gerichtspräsident Gerhard Müller ist noch für Überraschungen gut, in: Die ZEIT, 28.3.1980.

zunehmen, eingegangen sind.⁶ Dieser Bundesvorstandsbeschluß wurde allerdings gefaßt, als bereits einige Veranstaltungen geplant waren.

An der anschließenden ausführlichen Diskussion beteiligen sich die Kollegen *Breit, Vetter, G. Schmidt, Kluncker, Deffner, Frister, Keller, Sickert, Loderer* und die Kollegin *Weber*. Die verschiedenen Situationen werden dargelegt. Es wird darauf hingewiesen, daß in Zukunft solche wichtigen Fragen nicht am Rande einer Sitzung und nicht ohne Vorbereitung und Unterlagen erörtert werden sollten. Ferner wird angeregt, einen jährlichen Veranstaltungskalender zu erarbeiten, von dem normalerweise nicht abgewichen werden kann.

Im Zusammenhang mit der Offenlegung des politischen Hintergrundes des Internationalen Frauentages ist sich der Bundesvorstand einig, daß nach Möglichkeit in der ersten Hälfte dieses Jahres eine Beratung des GBV und der Gewerkschaftsvorsitzenden über DKP usw. erfolgen sollte.⁷

g) Entwurf des Grundsatzprogramms
Kollege *Kluncker* berichtet, daß Kollege Götz von der Gewerkschaft HBV sich an die Pressestelle der Gewerkschaft ÖTV gewandt hat mit der Bitte, ihm Informationen zum Entwurf des neuen Grundsatzprogramms zur Verfügung zu stellen. Abgesehen davon, daß Kollege *Kluncker* die Auffassung vertritt, daß für Wertungen des Meinungsbildungsprozesses der Gewerkschaften nur der Geschäftsführende Bundesvorstand und der Bundesvorstand des DGB zuständig sind, ist Kollege *Kluncker* auch nicht bereit, Materialien an einen Kollegen zu geben, der wiederholt für kommunistische Zeitungen geschrieben hat.⁸

Kollege *Loderer* kritisiert in diesem Zusammenhang einen Artikel des Kollegen Jung in den »Gewerkschaftlichen Monatsheften« zum Entwurf eines neuen Grundsatzprogramms. Er ist der Meinung, daß es auch nach außen keineswegs nützlich ist, wenn nach Freigabe eines Entwurfes durch den Bundesvorstand ein Mitarbeiter Verfahren und Inhalt kritisiert und kommentiert.⁹

---

6   Vetter sprach von einem »Stapel Protestbriefe«, die der DGB erhalten habe. Er übte aber mit Kraftausdrücken auch deutliche Selbstkritik am Beschluss des DGB. Vgl. Protokoll über die 18. Sitzung des Bundesvorstandes am 4.3.1980, Übertragung aus dem Stenogramm, S. 2, AdsD, DGB-Archiv, 5/DGAI000503.
7   Hintergrund war, dass der DGB den Internationalen Frauentag am 8. März als eine kommunistische Veranstaltung wahrnahm, zu dem es insbesondere der DKP beziehungsweise den DKP-Randgruppen regelmäßig zu mobilisieren gelinge. Vgl. Protokoll über die 18. Sitzung des Bundesvorstandes am 4.3.1980, Übertragung aus dem Stenogramm, S. 2-6, hier S. 4 f., AdsD, DGB-Archiv, 5/DGAI000503.
8   Gemeint war Christian Götz von der Gewerkschaft HBV. Er hatte in den Blättern für deutsche und internationale Politik den Entwurf des Grundsatzprogramms und das Grundsatzprogramm von 1963 einem systematischen Vergleich unterzogen. Vgl. Christian Götz: Zum Entwurf des neuen DGB-Grundsatzprogramms. Eine Übersicht über neue Aussagen und Veränderungen im Vergleich zum gültigen DGB-Grundsatzprogramm von 1963, in: Blätter für deutsche und internationale Politik 25, 1980, H. 3, S. 307-317. Vgl. auch Protokoll über die 18. Sitzung des Bundesvorstandes am 4.3.1980, Übertragung aus dem Stenogramm, S. 7 f., AdsD, DGB-Archiv, 5/DGAI000503.
9   Eugen Loderer bezog sich auf einen Artikel Volker Jungs, der 1970–72 Referent im WWI gewesen war, danach bis 1975 die Abteilung Europäische Integration im DGB-Bundesvorstand geleitet hatte und seitdem die Abteilung Gesellschaftspolitik leitete. Jung stellte die Vorgeschichte des Grundsatzprogrammentwurfs

An der nachfolgenden Diskussion beteiligen sich die Kollegen *Vetter, D. Schmidt, Kluncker, Frister* und *Volkmar*. Die Auffassung wird bekräftigt, daß Zusammenstellungen oder Auswertungen von Meinungsbildungsprozessen in den Gewerkschaften ausschließlich beim Geschäftsführenden Bundesvorstand und beim Bundesvorstand liegen. Eine Überprüfung der angesprochenen Vorgänge wird zugesagt.

2. Genehmigung des Protokolls der 17. Bundesvorstandssitzung

Beschluß:
Der Bundesvorstand genehmigt das Protokoll der 17. Bundesvorstandssitzung.[10]

3. Veränderungsmitteilungen – Landesbezirksvorstände

Beschluß:
Der Bundesvorstand schlägt dem Bundesausschuß vor, folgende Kolleginnen und Kollegen zu bestätigen:
Adolf Merk (GGLF) als ständigen Vertreter des Kollegen Arthur Fleissner des Landesbezirksvorstandes Bayern;
Walter Wenzel (BSE) als ständigen Vertreter des Koll[egen] Werner Koch,
Wolfgang Baumhöver (CPK) als Mitglied und
Ingo Hinz (ÖTV) als ständigen Vertreter des Koll[egen] Heinz Hackbarth im Landesbezirksvorstand Berlin;
Ruppert Heidenreich (GEW) als ständigen Vertreter der Kollegin Brusis, Irmgard Kroymann (Frauen) als Mitglied und
Gudrun Hamacher (Frauen) als ständige Vertreterin der Kollegin Kroymann im Landesbezirksvorstand Nordrhein-Westfalen;
Edith Henns-Sperl (Frauen) als Mitglied und
Ruth Weyrauch (Frauen) als ständige Vertreterin der Kollegin Henns-Sperl im Landesbezirksvorstand Rheinland-Pfalz.[11]

---

und die Diskussionsprozesse seit Anfang der 1970er-Jahre vor und beleuchtete wesentliche Eckpfeiler des Programmentwurfs. Vgl. Volker Jung: Die Struktur des Entwurfs für ein neues Grundsatzprogramm, in: GMH 31, 1980, H. 1, S. 12-27.

10 Vgl. Dok. 65: Kurzprotokoll über die 17. Sitzung des Bundesvorstandes am 5.2.1980.
11 Vgl. [DGB-Bundesvorstand], Vorstandsbereich Karl Schwab, Vorlage zur Beratung im Geschäftsführenden Bundesvorstand, Bundesvorstand, Bundesausschuß, Veränderungsmitteilungen – Landesbezirksvorstände, AdsD, DGB-Archiv, 5/DGAI000503.

4. Abtretung von Anteilen an der NH an die VVG der Gewerkschaft der Polizei

Beschluß:
Die VTG wird beauftragt, von ihrer Beteiligung an der NH Hamburg 50.000,- DM an die Vermögensverwaltungsgesellschaft der Gewerkschaft der Polizei mbH abzutreten.[12]

5. Gewährung von Rechtsschutz vor dem Bundesarbeitsgericht

Kollege *Vetter* spricht Probleme an, die sich bei der Vertretung der Gewerkschaften vor dem Bundesarbeitsgericht ergeben haben bzw. ergeben, die man versuchen sollte, auszuräumen. Es handelt sich dabei einmal um solche Fälle, bei denen mehrere Gewerkschaften gleichzeitig in einem Prozeß betroffen sind. Bisher ist es so, daß jede Gewerkschaft ihren eigenen Rechtsanwalt mit der Vertretung beauftragt. Es wird für sinnvoll gehalten, wenn sich diese Kollegen untereinander absprechen würden. Zum anderen wird eine Abstimmung dann für nützlich und notwendig gehalten, wenn verschiedene Gewerkschaften zum gleichen Thema, aber jeweils einzeln Prozesse vor dem Bundesarbeitsgericht führen, damit möglichst eine einheitliche Auffassung vorgetragen werden kann.

Kollege *Vetter* teilt abschließend mit, daß er den Justitiar des DGB, Kollegen Gester, beauftragt hat, mit seinen Kollegen in den Gewerkschaften eine Absprache in dem o[ben] a[ngegebenen] Sinne zu versuchen.

6. Durchführung einer Datenschutz-Konferenz am 12./13. Mai 1980

Kollegin *Weber* erinnert daran, was Kollege Vetter eingangs der Sitzung zu diesem Thema gesagt hat.

Kollege *Kluncker* regt die Einsetzung einer Kommission von sachkundigen, aber an verantwortungsvoller Stelle stehender Leute an, die u. a. die internen organisationsspezifischen Probleme untersucht.

Kollege *Vater* fragt, ob es nicht sinnvoll wäre, da am 11. und 12. April 1980 die Sitzung Finanzen und Verwaltung stattfindet, dort diese Kommission von etwa fünf Kollegen unter Beteiligung des Kollegen Gester, Justitiariat, zu wählen.

An der anschließenden Diskussion beteiligen sich die Kollegen G. *Schmidt*, *Vetter*, *Wagner*, *Hauenschild* und *Sickert*.

---

12 Diese Abtretung des entsprechenden Anteils der VTG an die VVG der GdP entsprach einem Wunsch der GdP. Vgl. [DGB-Bundesvorstand], Vorstandsbereich Gerhard Vater, Vorlage zur Beratung im Bundesvorstand, beschlossen GBV am 4.2.1980, Düsseldorf, 30.1.1980, AdsD, DGB-Archiv, 5/DGAI000503.

Kollege *Vetter* stellt abschließend fest, daß kurzfristig innerhalb der nächsten 14 Tage eine Entscheidung getroffen werden muß, ob die Datenschutz-Konferenz stattfinden soll oder nicht. Ungeprüft kann diese Konferenz nicht durchgeführt werden.[13]

Beschluß:
Der Bundesvorstand ist mit den vorgeschlagenen Verfahren einverstanden.

Fortsetzung zu TOP 1. »Verschiedenes«

h) Bund-Verlag GmbH
Unter Hinweis auf die Beiratssitzung berichtet Kollege *Vetter*, daß durch die Aufnahme neuer Redakteure bei einigen DGB-Publikationen eine Verbesserung der Situation zu erhoffen ist. Zu gegebener Zeit kann sich der Bundesvorstand noch einmal damit beschäftigen.

i) Entwurf eines Gesetzes über die Gleichbehandlung von Männern und Frauen am Arbeitsplatz und über die Erhaltung von Ansprüchen bei Betriebsübergang
Kollege *Döding* spricht den o[ben] a[ngegebenen] Gesetzentwurf an und stellt die Frage, ob der Geschäftsführende Bundesvorstand dazu bereits einen Beschluß gefaßt hat, insbesondere zu der Frage einer gesetzlichen Zulassung von Verbandsklagen. Er ist der Meinung, daß es sich dabei um ein wichtiges politisches Problem handelt, das in den zuständigen Gremien gemeinsam beraten werden muß.[14]
Kollegin *Weber* weist auf die von ihr und Kollegen Muhr herausgegebene Stellungnahme des DGB zu dem Gesetzentwurf hin und erläutert kurz einige Punkte.
Kollege *Vetter* regt an, die Angelegenheit noch einmal unter den zuständigen Kollegen zu erörtern.

j) Mitbestimmungsgesetz 1976 – Abführungspflicht
Kollege *Loderer* spricht die noch immer nicht im Bundesvorstand geklärte Frage der Abführungspflicht an und regt an, dieses Thema in kürze abschließend zu beraten.
Kollege *Vetter* berichtet, daß eine endgültige Klärung einiger offener Fragen bisher noch nicht herbeigeführt werden konnte. Auf erneute Anregung des Kollegen *Döding* soll in kürze ein Gespräch mit den Vorsitzenden der IG Bergbau und Energie, der IG Metall, der Gewerkschaft Nahrung-Genuß-Gaststätten und der Gewerk-

---

13 Der DGB veröffentlichte 1980 eine Broschüre zum Datenschutz, in der er Grundgedanken des Datenschutzes zusammenfasste und die DGB-Position zu Fragen des Themas darlegte. Der Bundesvorstand befasste sich in seiner Sitzung am 6.5.1980 erneut damit. Vgl. DGB: Datenschutzfibel, Düsseldorf 1980. Vgl. Dok. 68: Kurzprotokoll über die 20. Sitzung am 6.5.1980, TOP 9. »Verschiedenes, f)«.
14 Es handelte sich um ein arbeitsrechtliches Anpassungsgesetz an gemeinsames EG-Recht. Vgl. Gesetz über die Gleichbehandlung von Männern und Frauen am Arbeitsplatz und über die Erhaltung von Ansprüchen bei Betriebsübergang, Bundesgesetzblatt Nr. 48 vom 28.8.1980.

schaft Textil-Bekleidung stattfinden. Kollege *Vetter* hofft, daß das Ergebnis dieses Gespräches zu einem für den Bundesvorstand akzeptablen Vorschlag führen wird.

Kollege *Kluncker* befürwortet ebenfalls eine baldige erneute Behandlung des Themas im Bundesvorstand.[15]

k) § 8 Körperschaftssteuergesetz
Kollege *Pfeiffer* gibt einen Bericht über die beabsichtigte Änderung des Körperschaftssteuergesetzes, bei welcher es durch eine im Bundesrat beantragte Ergänzung zu einer wesentlichen finanziellen Belastung für die Gewerkschaften als Eigentümer der gemeinwirtschaftlichen Unternehmen führen würde. Verhandlungen haben dazu geführt, daß die Bundesregierung entgegen dem Antrag des Bundesrates an dem ursprünglichen Antrag festhält, und es sei zu hoffen, daß auch die Koalition sich damit durchsetzt.

l) »Wirtschaftspolitisches Gespräch«
Kollege *Vetter* trägt vor, daß der Bundeswirtschaftsminister nach einem Gespräch am 14. Januar 1980 mit einigen DGB- und Arbeitgebervertretern angeregt hat, diese Gespräche in einer größeren Runde (10-10-10) mit der Bezeichnung »Wirtschaftspolitisches Gespräch« fortzuführen. Dabei ist nicht an die Fortsetzung der früheren Konzertierten Aktion gedacht.[16]

In diesem Zusammenhang erinnert Kollege *Vetter* daran, daß bei der im vergangenen Jahr erfolgten erneuten Kontaktaufnahme mit BDA und BDI zwei Ausschüsse eingesetzt wurden, die bestimmte Themenbereiche erörtern und prüfen sollen. Nach Vorlage der Arbeitsergebnisse soll dann entschieden werden, ob weitere Gespräche mit den Arbeitgebern zweckmäßig und sinnvoll erscheinen. Da jedoch diese Ergebnisse erst im April zur Verfügung stehen werden, andererseits der Bundeswirtschaftsminister bereits mehrfach die Antwort des DGB auf seinen o[ben] a[ngegebenen] Vorschlag erbeten hat, bittet Kollege *Vetter* den Bundesvorstand, über das weitere Vorgehen zu entscheiden.

Nach kurzer Diskussion, an der sich die Kollegen *Loderer, Kluncker, Hauenschild* und *Vetter* beteiligen, kommt der Bundesvorstand zu der Auffassung, daß nur dann, wenn sich Probleme stellen, die ein solches Gespräch notwendig und nützlich erscheinen lassen, eine Beteiligung des DGB an einem Gespräch in dem o[ben] a[ngegebenen] Kreis erwogen werden soll. Der Bundesvorstand wird im Bedarfsfall erneut darüber beraten.

Ende der Sitzung: 12.50 Uhr.

---

15 Der Bundesvorstand griff das Thema erst wieder in seiner 41. Sitzung am 14.5.1982 auf. Vgl. Dok. 97: Kurzprotokoll über die 41. Sitzung des Bundesvorstandes am 14.5.1982, TOP 4 c).
16 Die Teilnahme an der Konzertierten Aktion war gewerkschaftsseitig aufgekündigt worden, als die Arbeitgeberseite den Mitbestimmungskompromiss der sozial-liberalen Koalition durch die Verfassungsbeschwerde vor dem Bundesverfassungsgericht in Karlsruhe infrage gestellt hatte. Vgl. Rehling: Konfliktstrategie und Konsenssuche in der Krise, S. 422-435, insbes. S. 431 f.

Dokument 67

1. April 1980: Kurzprotokoll über die 19. Sitzung des Bundesvorstandes

Hotel Sheraton in München; Vorsitz: Gerd Muhr; Protokollführung: Isolde Funke, Marianne Jeratsch; Sitzungsdauer: 10.05–14.00 Uhr; ms. vermerkt: »Vertraulich«.[1]
Ms., hekt., 11 S., 1 Anlage.[2]
AdsD, DGB-Archiv, 5/DGAI000554.

Beginn der Sitzung: 10.05 Uhr.

Kollege *Muhr* eröffnet die 19. Sitzung des Bundesvorstandes in München.

Tagesordnung:
1. Ausschuß Personalwesen
2. Genehmigung des Protokolls der 18. Bundesvorstandssitzung
3. Wahlprüfsteine für die Bundestagswahl 1980
4. Forderungen des DGB zur Kulturpolitik und Kulturarbeit
5. Jugendpolitik
6. Beteiligung der VTG des DGB am Berufsfortbildungswerk des DGB GmbH
7. Büchergilde Gutenberg
8. Verschiedenes

1. Ausschuß Personalwesen

Beschluß:
Dieser Punkt wird bis zur nächsten Sitzung des Bundesvorstandes zurückgestellt, damit Kollege Gerhard Schmidt Erläuterungen dazu geben kann.[3]

2. Genehmigung des Protokolls der 18. Bundesvorstandssitzung

Kollege *Muhr* teilt mit, daß Kollege Döding eine Änderung des Protokolls zu TOP 1. i) »Verbandsklage« beantragt hatte. Sein Gespräch mit dem Kollegen Döding hat zu einer Klärung geführt. Kollege Döding verzichtet auf die Änderung.

Dok. 67
1 Einladungsschreiben vom 10.3.1979 und Tagesordnung vom 20.3.1980. Nicht anwesend: Heinz Oskar Vetter, Martin Heiß, Adolf Schmidt (vertreten durch Hans Alker), Georg Drescher (vertreten durch Meino Nielsen), Siegfried Bleicher (vertreten durch Walter Haas). AdsD, DGB-Archiv, 5/DGAI000504.
2 Anlage: Anwesenheitsliste.
3 Vgl. Dok. 68: Kurzprotokoll über die 20. Sitzung des Bundesvorstandes am 6.5.1980, TOP 7.

Beschluß:
Der Bundesvorstand genehmigt das Protokoll der 18. Bundesvorstandssitzung.[4]

3. Wahlprüfsteine für die Bundestagswahl 1980

Kollege *Muhr* verweist auf die im Entwurf vorliegenden Wahlprüfsteine und den Beschluß des Bundesvorstandes, diese in der heutigen Sitzung nicht im einzelnen zu behandeln, sondern erst in der Mai-Sitzung abschließend zu beraten.[5] Die Vorstände der Gewerkschaften sollen ausreichend Zeit haben, sich mit dem Entwurf zu beschäftigen und Änderungsvorschläge an den DGB zu geben. Dies sollte möglichst bald geschehen, damit dem Bundesvorstand für die Mai-Sitzung rechtzeitig ein vollständiger Entwurf vorgelegt werden kann. Kollege *Muhr* weist außerdem auf den von Kollegen Schirrmacher eingereichten und dem Bundesvorstand übergebenen Zusatzvorschlag hin.

An der anschließenden Diskussion beteiligen sich die Kollegen *Hauenschild, Muhr, Döding, Mahlein, Loderer, Frister, Stephan, Kluncker, Bleicher, Georgi, Pfeiffer* und Kollegin *Weber*.

Einige Formulierungsänderungen werden besprochen. Außerdem wird über die Aufnahme bzw. Behandlung von Themen wie Aussperrung, Presserechtsrahmengesetz, Ganztagsschule, Steuerrecht, Umweltschutz diskutiert.[6] Möglichst umgehend soll geprüft werden, ob es sich bei den in den Wahlprüfsteinen enthaltenen Forderungen nur um solche handelt, die bereits durch den Bundesvorstand beraten und beschlossen worden sind. Ebenfalls soll die Frage geprüft werden, ob es sinnvoll ist, aus früheren Wahlprüfsteinen aufzulisten, bei welchen Forderungen Erfolge erzielt worden sind oder nicht.

Beschluß:
Der Bundesvorstand beschließt, die »Wahlprüfsteine für die Bundestagswahl 1980« abschließend in seiner Mai-Sitzung zu beraten. Änderungsvorschläge dazu sollen dem DGB möglichst umgehend zugeleitet werden.[7]

---

4 Vgl. Dok. 66: Kurzprotokoll über die 18. Sitzung des Bundesvorstandes am 4.3.1980.
5 Der Entwurf liegt diesen Sitzungsunterlagen nicht bei. Der Entwurf und ein umfangreicher Schriftverkehr sind jedoch den Unterlagen zur 20. Sitzung des Bundesvorstands beigefügt, AdsD, DGB-Archiv, 5/DGAI000504.
6 Im Einzelnen wurde erörtert, ob die Forderung nach einem Verbot der Aussperrung an den Gesetzgeber herangetragen werden soll oder an die Rechtsprechung. Im Hinblick auf das Presserechtsrahmengesetz, das einer Forderung des 11. Bundeskongresses 1978 entsprach, wurde über die Pressefreiheit und die Ablehnung des privaten Rundfunks und Fernsehens diskutiert. Der Umweltschutz wurde im Hinblick auf sein Verhältnis zur Energiepolitik erörtert. Vgl. Protokoll über die 19. Sitzung des Bundesvorstandes am 1.4.1980, Übertragung aus dem Stenogramm, S. 3-7, AdsD, DGB-Archiv, 5/DGAI000504.
7 Vgl. Dok. 68: Kurzprotokoll über die 20. Sitzung des Bundesvorstandes am 6.5.1980, TOP 3.

4. Forderungen des DGB zur Kulturpolitik und Kulturarbeit

Kollege *Schwab* erinnert daran, daß er dem Bundesvorstand die Vorlage nach der Beschlußfassung im Geschäftsführenden Bundesvorstand zugeleitet und um Stellungnahme bis zum 7. März 1980 gebeten hatte. Es gingen Stellungnahmen von der IG Chemie-Papier-Keramik und von der Deutschen Postgewerkschaft mit einzelnen Änderungswünschen ein, während Kollege Keller den grundsätzlichen Einwand erhoben hat, bis zur Verabschiedung des Grundsatzprogramms keine Einzelprojekte usw. zu beschließen. Inzwischen sind noch Stellungnahmen der IG Bergbau und Energie und der Gewerkschaft Erziehung und Wissenschaft eingegangen, die heute verteilt worden sind. Kollege *Schwab* setzt voraus, daß die anderen Gewerkschaften, die nicht geantwortet haben, den Forderungen zustimmen.

Er verweist noch auf die Entschließung der Gewerkschaft Kunst von gestern, die ebenfalls heute verteilt worden ist. Kollege *Schwab* schlägt vor, den Überlegungen von Kollegen Keller nicht zu folgen, sondern die Vorlage auf umfangreiche Form, Sprache und Wiederholungen überarbeiten zu lassen. Er würde sie dann in etwa zwei Monaten wieder vorlegen. In der anschließenden Diskussion, an der sich die Kollegen *Kluncker, Keller, Frister, Schwab, Muhr, Georgi, Loderer* und die Kollegin *Weber* beteiligen, wird das Für und Wider von Verabschiedungen von Einzelprojekten vor Herausgabe des Grundsatzprogramms erörtert.

Es wird darauf hingewiesen, daß im Grundsatzprogramm dieser Fragenkomplex nicht ausreichend dargestellt wird.

Beschluß:
Der Bundesvorstand stellt die Vorlage zur Überarbeitung zurück. Änderungswünsche sind schriftlich einzureichen.

Eine endgültige Verabschiedung soll erst nach dem Außerordentlichen Bundeskongreß erfolgen.[8]

5. Jugendpolitik

Kollege *Schwab* berichtet über das Gespräch in Sachen Jugendpolitik, das am 25. März 1980 mit zwölf für die Jugendarbeit zuständigen Vorstandsmitgliedern der Gewerkschaften und fünf der Landesbezirke stattgefunden hat. Das im Dezember vergangenen Jahres erstellte Papier, das aus der gegebenen Situation einen Bericht versuchte und im Konsequenzenteil Vorschläge machte, wie für die Zukunft die Arbeit der Gewerkschaftsjugend – betrieblich, örtlich, regional – in Formen gebracht

---

[8] Die Forderungen des DGB zur Kulturpolitik und Kulturarbeit, die im Diskussionsentwurf bereits seit 1978 publiziert vorlagen, wurden 1981 unter dem etwas abgeschwächten Titel »Vorstellungen des DGB zur Kulturpolitik und Kulturarbeit« veröffentlicht. Vgl. DGB: Forderungen des DGB zur Kulturpolitik und Kulturarbeit (Diskussionsentwurf), Düsseldorf 1978; DGB: Vorstellungen des DGB zur Kulturpolitik und Kulturarbeit, Düsseldorf 1981.

werden kann, die die Auseinandersetzungen der letzten Jahre beseitigen helfen und für die Bildungsarbeit mit jungen Menschen gewisse, für alle gültige Grundsätze aufstellen könnte, war allen Gesprächsteilnehmern bekannt, ebenfalls die dazu von den Gewerkschaften, Jugendausschüssen der Gewerkschaften und Landesbezirken eingegangenen Stellungnahmen. Alles, was in der Vergangenheit ausgesprochen und unausgesprochen geschwelt hatte, wurde offen miteinander diskutiert. Dabei wurde die unterschiedliche Situation von Gewerkschaft zu Gewerkschaft und auch innerhalb der Landesbezirke berücksichtigt. Für das weitere Verfahren soll das von Kollegen Schwab versandte Papier die Grundlage für weitere Überlegungen bilden. Die von den Gewerkschaften und Landesbezirken gemachten Anmerkungen und Vorschläge sollen, soweit es sich empfiehlt, mit eingearbeitet werden. Dieses neue Papier wird rechtzeitig für die nächste Gesprächsrunde am 23. Mai 1980 vorgelegt werden. Kollege *Schwab* hat den Eindruck gewonnen, daß bei allen am Gespräch beteiligten Kolleginnen und Kollegen die feste Absicht besteht, sich möglichst bald über die Aufgaben der Jugendgrundsatz- und -bildungsarbeit zu einigen.

Es besteht außerdem Übereinstimmung, wie wichtig es ist, dann auch den verpflichtenden Charakter der erarbeiteten gemeinsamen Linie festzustellen. Die Gesprächsteilnehmer waren der Meinung, daß bei Einigung auf ein Papier dies dem Bundesvorstand als Empfehlung an die Hand gegeben werden und auch in die Berichterstattung im Bundesausschuß Eingang finden sollte.

Auf die Frage des Kollegen *Kluncker*, ob bereits in der Juni-Sitzung des Bundesausschusses ein entsprechender Bericht zu erwarten sei, erklärt Kollege *Schwab*, daß sich der Bundesvorstand frühestens im Juni damit beschäftigen könne und damit eine Berichterstattung im Bundesausschuß erst im September möglich sei.[9]

Beschluß:
Der Bundesvorstand nimmt den Bericht des Kollegen *Schwab* in Sachen Jugendpolitik zustimmend zur Kenntnis.

6. Beteiligung der VTG des DGB am Berufsfortbildungswerk des DGB GmbH

Beschluß:
Der Bundesvorstand stimmt der Übernahme eines weiteren Anteils am Stammkapital des Berufsfortbildungswerkes des DGB GmbH von der Volksfürsorge Lebensversicherung AG in Höhe von nominal 7.500.000,– DM zum Kurs von 200 %, das entspricht effektiv 15.000.000,– DM, durch die VTG des DGB zu.[10]

---

9 Das Thema Jugendpolitik wurde erst auf der 10. Sitzung des Bundesausschusses am 5.11.1980 wieder aufgegriffen. Vgl. Protokoll über die 10. Sitzung des Bundesausschusses am 5.11.1980, TOP 6., S. 11-16, AdsD, DGB-Archiv, 5/DGAI000421.
10 Vgl. [DGB-Bundesvorstand], Vorstandsbereich Gerhard Vater, Vorlage zur Beratung im Bundesvorstand, Beteiligung der VTG des DGB am Berufsfortbildungswerk des DGB GmbH, beschlossen GBV am

7. Büchergilde Gutenberg

Kollege *Vater* gibt folgenden Zwischenbericht zur Situation der Büchergilde:
Ich möchte heute noch einmal auf die Ausgangssituation für die Überlegungen zurückgreifen, die die Büchergilde für uns zum Thema gemacht haben. Dazu haben wir mit unseren Schreiben vom 10. Dezember 1979 und vom 7. Januar 1980 an die Teilnehmer der Sitzung vom 19. Januar 1980 in Hinterzarten ausführlich Stellung genommen.[11] Aus der damaligen Sitzung möchte ich hier nur zusammenfassend sagen, daß wir uns damals darüber einig waren,
- die Büchergilde muß in ihrem Bestand erhalten bleiben und
- die Voraussetzungen für die Zuführung von Eigenkapital sollen anhand einer konkreten Konzeption geklärt werden.

In der Sitzung in Hinterzarten und in der Aufsichtsratssitzung der Beteiligungsgesellschaft am 20. März 1980 wurde von Kollegen Walter Hesselbach als Alternative die Frage einer möglichen Kooperation mit der Bertelsmann-Gruppe in die Diskussion eingeführt. Zwischenzeitlich liegen diese Vorstellungen in einem skizzierten Entwurf schriftlich vor.[12]

Parallel dazu war auch die Geschäftsführung der Büchergilde aufgefordert, eigene konzeptionelle Vorstellungen über die Weiterführung der Büchergilde zu entwickeln. Deren Konzeption liegt inzwischen auf der Basis der neuesten Daten vor. Eine erste Durchsicht beider konzeptioneller Vorstellungen gibt folgendes Bild:

Die Konzeption auf der Basis einer eigenständigen Weiterführung der Büchergilde sieht vor, daß

a) die Voraussetzungen für ein funktionierendes Unternehmen neu geschaffen werden müssen. Das geht über banale organisatorische Einzelfragen bis hin zur Entscheidungsverlagerung auf die Unternehmensebenen, durch die das Mitgliedergeschäft im wesentlichen getragen wird, die Geschäftsstellen.

b) Maßnahmen ergriffen werden, die in der Vergangenheit nur sporadisch eingesetzt wurden, um das Mitgliedergeschäft konsequent, langfristig und kontinuierlich durch eine professionelle Werbekonzeption unter Einbeziehung des innergewerkschaftlichen Bereichs zu beleben.

c) das Verlagsgeschäft aktiviert wird, das in Ansätzen bereits vorhanden ist. Dabei wird die freie, vertraglich auszuhandelnde Zusammenarbeit mit dem Buchhandel und den nicht konzerngebundenen Verlagen intensiviert. Dazu gehört auch, mit den vorhandenen Lizenzrechten aus den Eigenproduktionen den entsprechenden Absatz am Markt zu finden.

d) die Möglichkeiten der Rationalisierung und Kostensenkung im Bereich
   - der Herstellung,
   - des EDV-Einsatzes und

18.1.1980, o. O., o. D., AdsD, DGB-Archiv, 5/DGAI000504.
11 Vgl. Dok. 64: Vermerk über die Klausurtagung des Bundesvorstandes in Hinterzarten am 19.1.1980.
12 Vgl. ebd., TOP 5.

- der Geschäftsstellen
- konsequent genutzt werden.

e) die Verlustquellen im außerordentlichen Bereich, d. h. bei der Büchergilde Zürich und bei den erheblichen Zinsbelastungen abgebaut werden. Für den Bereich der Büchergilde Zürich wird der Verkauf an eine Genossenschaft des schweizerischen Buchhandels angestrebt. Zum Abbau der erheblichen Zinsbelastung wird die Ausstattung mit Eigenkapital ins Auge gefaßt.

Die vom Kollegen *Walter Hesselbach* in die Diskussion eingebrachte Konzeption – Kooperation mit der Bertelsmann-Gruppe – sieht dagegen auf dem Stand der ersten Überlegungen im wesentlichen vor:
- die gemeinsame Nutzung einer einheitlichen Ladenkette, also die Aktivierung im Verkaufsbereich,
- die gemeinsame verwaltungstechnische Abwicklung im Bereich des Mitgliedergeschäfts bei der
- EDV-Bearbeitung des Mitgliederbestandes,
- Mitgliederbetreuung in Bezug auf Werbung und Produktangebot,
- Kataloggestaltung durch einen einheitlichen Grundkatalog unter der Aufmachung der Büchergilde mit einem Büchergilde-spezifischen Programm im inneren Teil des Kataloges,
- die Kostensenkung durch
- gemeinsamen Materialeinkauf,
- gemeinsame Lizenzverwertung,
- höhere Auflagen mit günstigeren Stückkosten bei einem größeren Vertriebsbereich, was auf die gemeinsame Ladenkette und die in der Grundstruktur angeglichenen Kataloge erreicht wird.

Die auf der Basis eines ersten Entwurfs vorliegenden Vorstellungen der Bertelsmann-Gruppe gehen für die ökonomischen Perspektiven der Büchergilde davon aus, daß ca. 200.000 Mitglieder der Büchergilde jeweils pro Jahr etwa 150,- DM Umsatz bringen, also einen Gesamtumsatz von ca. 30 Mio. DM. Unter diesen Voraussetzungen sei aufgrund der langjährigen Erfahrungen der Bertelsmann-Gruppe ein Bruttogewinn je Mitglied von 20,- DM erreichbar, was bei 200.000 Mitgliedern etwa 4 Mio. DM Bruttorendite im Jahr für die Büchergilde bedeuten würde.

Aus dieser Bruttorendite wären dann zu bestreiten:
- die Werbeaufwendungen mit ca. 1,5 bis 2 Mio. DM,
- die Personalaufwendungen von dann noch ca. 1,2 Mio. DM
- sowie die Sachkosten des Unternehmens von dann noch ca. 0,2 Mio. DM. Nach dieser Rechnung verblieben also ca. 600 TDM bis 1,1 Mio. DM als Rendite für die Büchergilde.

Diese Annahmen sind nach unserer ersten Prüfung aufgrund der gegenwärtigen Zahlen der Büchergilde korrekturbedürftig. So liegt die Zahl der Mitglieder nicht bei 200.000, wie angenommen, sondern zur Zeit bei ca. 175.000, und der jährliche Umsatz pro Mitglied nicht bei 150,- DM, sondern bei ca. 130,- DM, mit leicht steigender Tendenz.

Würden diese internen Zahlen zugrunde gelegt, blieben nach den vorgeschlagenen Modalitäten von Bertelsmann eine Bruttoeinnahme der Büchergilde von ca. 2,84 Mio. DM, unter Abzug der betriebsnotwendigen Aufwendungen für Werbung ca. 1,75 Mio. DM, für Personal ca. 1,15 Mio. DM und für Sachkosten ca. 0,2 Mio. DM.

Als Ergebnis bliebe dann noch ein Betriebsverlust von ca. 260 TDM. Dies alles wohlgemerkt auf der Basis heutiger Zahlen der Büchergilde. Nicht berücksichtigt sind dabei die möglichen Umsatzsteigerungen, die sich aus den Maßnahmen des Bertelsmann-Modells ergeben könnten.

Ich möchte hier meinen Bericht folgendermaßen zusammenfassen: Ausgangspunkt aller weiteren Überlegungen muß sein, daß die Büchergilde in ihrer Substanz und mit ihrem gewerkschaftlichen Auftrag erhalten bleiben muß. Darüber haben wir in Hinterzarten eine Einigung auf breiter Grundlage erzielt.

Grundlage für die Entscheidung über die weitere Entwicklung der Büchergilde müssen ausgereifte, finanziell untermauerte und gewerkschaftspolitisch geschlossene Konzeptionen sein, die die Vielfalt der Einflußfaktoren berücksichtigen. Dazu muß jede realistische Alternative sorgfältig geprüft und abgewogen werden. Diese Prüfung muß die Motive der beteiligten Seiten und die Bereitschaft zu konstruktiver Zusammenarbeit auch in der konkreten Ausgestaltung deutlich werden lassen.

Nach dem heutigen Stand der Erkenntnisse möchte ich festhalten:
- Sicher ist, daß die Weiterführung der Büchergilde aus eigener Kraft zunächst die Zuführung von Eigenmitteln in einer Größenordnung von ca. 6 Mio. DM notwendig macht, wie wir das in unseren Schreiben vom 10. Dezember letzten Jahres und vom 7. Januar dieses Jahres bereits dargestellt haben. Das sind zum Teil eben auch Aufwendungen, die für die nachzuholenden Sanierungsmaßnahmen erforderlich sind.
- Sicher ist auch, daß eine entsprechend ausgestaltete Kooperation im Vertriebsbereich die Zuführung von Eigenmitteln in dieser Größenordnung nicht notwendig macht, obwohl ein geringerer – noch zu ermittelnder – Betrag erforderlich sein wird.
- Nicht abschließend geprüft ist bislang, welche weitergehenden Wirkungen eine mögliche Kooperation haben könnte. Dabei müssen wir uns allerdings heute schon darüber im klaren sein, daß eine Entscheidung für ein Kooperationsmodell nicht mehr rückgängig zu machen ist. Gründe dafür:
  1. Der eigene Vertriebsapparat ist eingestellt.
  2. Die Integration der Geschäftsstellen führt zu Schließungen.
  3. Bei Rückübernahme des Mitgliederbestandes müßte aus dem Stand der aufgegebene Apparat wieder aufgebaut werden.

Unabhängig von der Entscheidung in diesem Fall besteht aber ohne Frage ein Zusammenhang mit den Grundsätzen des Kulturpolitischen Programms, das noch zur Beratung ansteht.

Für die Ausarbeitung von Detailfragen ist inzwischen eine Arbeitsgruppe aus Branchenkennern eingesetzt. Darin sind neben dem Geschäftsführer der Büchergilde, dem Kollegen Erhard Schumacher, die Kollegen Tornas Kosta, Geschäftsführer des Bund-Verlages, und der Kollege Holger Tiedtke aus dem Vorstandssekretariat der Bank für Gemeinwirtschaft beteiligt. Ich gehe davon aus, daß wir auf unserer nächsten Sitzung Anfang Mai konkrete Vorschläge ausgearbeitet vorlegen können. Ich meine allerdings auch, daß wir dann abschließend über die Zielrichtung entscheiden müssen, auf die wir die Büchergilde führen wollen.

An der nachfolgenden Diskussion beteiligen sich die Kollegen *Mahlein, Georgi, Stephan, Vater, Hauenschild, Muhr, Loderer, Kluncker* und *Frister*. Die Kollegen sind sich einig, daß alle aufgezeigten Möglichkeiten, insbesondere der Kooperation mit der Bertelsmann-Gruppe, sorgfältig geprüft werden müssen, um auf jeden Fall den Bestand der Büchergilde Gutenberg zu gewährleisten.

Beschluß:
Der Bundesvorstand nimmt den Zwischenbericht des Kollegen Vater zur Situation der Büchergilde Gutenberg zur Kenntnis. Wenn der Bericht der eingesetzten Arbeitsgruppe vorliegt, wird sich der Bundesvorstand erneut mit dem Thema beschäftigen.[13]

8. Verschiedenes

a) Gespräche beim Bundeswirtschaftsministerium
Kollege *Pfeiffer* erinnert an den Beschluß des Bundesvorstandes aus seiner letzten Sitzung, von Fall zu Fall zu entscheiden, ob der DGB sich an Gesprächen beim Bundeswirtschaftsminister beteiligt.[14]

Über diesen Beschluß hat Kollege Vetter den Bundeswirtschaftsminister in einem persönlichen Gespräch informiert. Nun ist eine Einladung an den DGB ergangen zu einem Gespräch über den Themenkreis »Entwicklung der Leistungsbilanz und Energiepolitik«. Kollege *Pfeiffer* begründet kurz, warum er eine Beteiligung des DGB für wünschenswert hält. Schwierigkeiten sieht Kollege *Pfeiffer* jedoch in der Zusammensetzung des Teilnehmerkreises, der, wie seinerzeit besprochen, aus zehn Regierungsvertretern, zehn Arbeitgebervertretern und zehn Vertretern der Gewerkschaften bestehen soll. Das Ministerium erwartet unter den zehn Vertretern der Gewerkschaften zwei Vertreter der DAG sowie einen Vertreter des Deutschen Beamtenbundes und wäre allenfalls bereit, der Gewerkschaftsseite einen Platz mehr zu geben, nach Meinung des Geschäftsführenden Bundesvorstandes sollte sowohl die Teilnahme eines Vertreters des Deutschen Beamtenbundes als auch die Erhöhung auf elf entschieden abgelehnt werden, auch auf die Gefahr des Scheiterns der Zusammenkunft. Kollege *Pfeiffer* bittet den Bundesvorstand um Beratung.

---

13 Vgl. Dok. 70: Kurzprotokoll über die 22. Sitzung des Bundesvorstandes am 8.7.1980, TOP 5.
14 Vgl. Dok. 66: Kurzprotokoll über die 18. Sitzung des Bundesvorstandes am 4.3.1980, TOP: »Fortsetzung zu TOP 1.: Verschiedenes, l)«.

In der anschließenden Diskussion, an der sich die Kollegen *Muhr, Kluncker, Pfeiffer, Loderer, Frister, Hauenschild, Keller, Schirrmacher* und Kollegin *Weber* beteiligen, wird die Befürchtung geäußert, daß mit diesen Gesprächen beim Bundeswirtschaftsministerium und der zahlenmäßigen Festlegung der Teilnehmer die »Konzertierte Aktion« wiederbelebt werden soll. Damit könne man sich keinesfalls einverstanden erklären. Auch die Beteiligung eines Vertreters des Deutschen Beamtenbundes ist konsequent abzulehnen, wie überhaupt die Festlegung der Teilnehmer auf je zehn von den Kollegen kritisiert wird. Unterschiedliche Meinungen werden über den sachlichen und gewerkschaftlichen Nutzen derartiger Gespräche geäußert. Es wird für zweckmäßig gehalten, wenn der Bundeskanzler zu gemeinsamen Gesprächen einladen würde.

Beschluß:
Der Bundesvorstand ist damit einverstanden, daß sich der DGB an dem vorgesehenen Gespräch über den Themenkreis »Entwicklung der Leistungsbilanz und Energiepolitik« beteiligt. Vorab sollen folgende Bedingungen gestellt werden: keine Beteiligung des Deutschen Beamtenbundes, keine Namensgebung für diese Art von Gesprächen, keine Institutionalisierung dieser Gespräche, flexible Teilnehmerzahl.

b) Gespräch mit dem Präsidium der Deutschen Bundesbank
Kollege *Pfeiffer* weist darauf hin, daß ein Briefwechsel mit der Deutschen Bundesbank besteht. Ihr Präsident Pöhl hat angeboten, wieder einmal mit dem Bundesvorstand zusammenzukommen. Kollege *Pfeiffer* vertritt die Auffassung, daß das Gesprächsangebot angenommen werden soll. Er schlägt vor, der Deutschen Bundesbank mitzuteilen, daß der Bundesvorstand zu einem solchen Gespräch bereit sei. Ein Termin müßte ausgehandelt werden, am besten nach einer Bundesvorstandssitzung.[15]

Kollege *Muhr* erinnert daran, daß das letzte Gespräch bei der Deutschen Bundesbank stattgefunden hat. Demnach müßten sie jetzt zum DGB kommen.

Beschluß:
Der Bundesvorstand ist bereit, mit dem Präsidium der Deutschen Bundesbank zu einem Gespräch im Anschluß an eine Bundesvorstandssitzung zusammenzukommen. Ein Termin soll vereinbart werden.

---

15 Alois Pfeiffer hatte den Präsidenten der Bundesbank angeschrieben, weil diese mit ihren Beschlüssen zur Erhöhung der Leitzinsen vom 28.2.1980 ihre bisherige Hochzinspolitik noch einmal nachdrücklich unterstrichen habe, mit dem Ziel, die Preissteigerungsraten einzudämmen. Pfeiffer äußerte Bedenken, dass die Hochzinspolitik der Bundesbank von Erfolg gekrönt sein werde, da die Preissteigerungen vor allem auf die Erhöhung der Importpreise zurückzuführen seien. Vgl. DGB-Bundesvorstand, Alois Pfeiffer, an den Präsidenten der Deutschen Bundesbank, Karl Otto Pöhl, Düsseldorf, 28.2.1980; Karl Otto Pöhl, Präsident der Deutschen Bundesbank, an Alois Pfeiffer, Bundesvorstand des Deutschen Gewerkschaftsbundes, Frankfurt am Main, 14.3.1980, AdsD, DGB-Archiv, 5/DGAI000504. Das Gespräch mit dem Präsidium der Deutschen Bundesbank wurde auf den 8.7.1980 terminiert, vgl. Dok. 69: Kurzprotokoll über die 21. Sitzung des Bundesvorstandes am 3.6.1980, TOP 10. »Verschiedenes, d)«.

c) »Revolutionäre Zellen in der IGM«

Kollege *Loderer* verweist auf Presseberichte, Flugblätter und Zeitschriften zu »Revolutionäre Zellen in der IGM« hinsichtlich des Anschlags auf das Bundesarbeitsgericht in Kassel.[16] Die Staatsanwaltschaft vertrete die Auffassung, daß es sich um nahe Gewerkschaftsmitglieder der IG Metall handeln könne. Kollege *Loderer* bittet den Bundesvorstand, sich damit einmal zu befassen. Gleichzeitig stellt er klar, daß er die ihm unterstellte Äußerung in Hannover nicht getan habe.

Kollege *Muhr* sagt zu, dies dem Kollegen Vetter zu übermitteln. Sobald mehr festgestellt worden ist, wird die Angelegenheit offiziell auf die Tagesordnung gesetzt werden.

d) Datenschutz

Kollege *Kluncker* weist auf ein Pamphlet in der »Deutschen Gewerkschaftszeitung« zum Datenschutz hin.[17] Die IG Metall würde gegen Gesetze verstoßen, weil ein Sekretär über Mitglieder recherchiert hat, um Beiträge anzupassen.

e) Streiks im öffentlichen Dienst

Kollege *Kluncker* weist auf Presseberichte über zu erwartende Maßregelungen nach dem Tarifabschluß im öffentlichen Dienst wegen der Streiks hin. Die Arbeitgeber hätten gesagt, das ginge so nicht. Kollege *Kluncker* erklärt, daß in die Verhandlungsniederschrift am Sonntag mit aufgenommen wurde, daß es keine arbeitsrechtlichen Konsequenzen geben wird, lediglich Lohnabzug, wo mehrere Stunden nicht gearbeitet wurde. Dies wird von der ÖTV übernommen.[18]

---

16 Am 23.3.1980 war es im Vorfeld des bevorstehenden Verhandlungstags im Aussperrungsverfahren vor dem Bundesarbeitsgericht in Kassel zu einem Sprengstoffanschlag auf das Gericht gekommen, bei dem Sachschaden entstand. Zu dem Anschlag bekannte sich eine Gruppe, die sich den Namen »Revolutionäre Zellen in der IG Metall« gab. Vgl. das Bekennerschreiben Revolutionäre Zellen in der IG Metall: »Wer das Geld hat, hat die Macht, und wer die Macht hat, hat das Recht«, Anschlag gegen das Bundesarbeitsgericht März 1980«, in: Edition ID-Archiv im IISG/Amsterdam (Hrsg.): Die Früchte des Zorns. Texte und Materialien zur Geschichte der Revolutionären Zellen und der Roten Zora. 2 Bde., Berlin 1993, S. 521 f. Vgl. Heinz Michaels: Vor dem Bundesarbeitsgericht in Kassel wurden zum Thema Aussperrung zwei Tage lang die alten Argumente vorgetragen: »Menschenwürde gebietet Mittagspause.« Gerichtspräsident Gerhard Müller ist noch für Überraschungen gut, in: Die ZEIT, 28.3.1980.

17 Die Deutsche Gewerkschaftszeitung, das Organ des Christlichen Gewerkschaftsbundes, berichtete über Vermutungen des CDU-Bundestagsabgeordneten Martin Schetter, die IG Metall habe Lohn- und Gehaltslisten ihrer Mitglieder in Betrieben eingesehen, um die Beitragshöhe der Mitglieder zu berechnen. Damit sei gegen einschlägige Datenschutzrichtlinien verstoßen worden. Vgl. Von wem hat die IGM die Daten? Böses Blut bei der »Zahnradfabrik«, in: Deutsche Gewerkschaftszeitung 26, 1980, Nr. 1; Brach die IG Metall Gesetze? Vermutung: Datenschutz wegen höherer IGM-Beiträge gebrochen, in: Deutsche Gewerkschaftszeitung 26, 1980, Nr. 2.

18 Zum Tarifabschluss zwischen Arbeitgebern und ÖTV 1980 in der gewerkschaftlichen Bewertung vgl. Führer: Gewerkschaftsmacht und ihre Grenzen, S. 526-535, zur im Protokoll erwähnten Presseberichterstattung vgl. S. 530.

f) Forum »Energieversorgung und Kernkraft«

Kollege *Kluncker* fragt, ob dem DGB-Bundesvorstand bekannt ist, daß ein Forum »Energieversorgung und Kernkraft« mit Klaus Traube und Robert Jungk im Haus der Gewerkschaftsjugend in Oberursel stattfinden wird, und äußert hierzu Bedenken.[19]

Die Kollegen *Pfeiffer* und *Schwab* teilen mit, daß lediglich die Planung eines solchen Forums bekannt ist.

Beschluß:
Der Bundesvorstand beauftragt den Geschäftsführenden Bundesvorstand, sich mit dieser Angelegenheit zu befassen.

g) Schwerpunktheft »Alternative Wirtschaftspolitik« des WSI

Kollege *Kluncker* fragt, ob die Herausgabe des Schwerpunktheftes »Alternative Wirtschaftspolitik« des WSI abgestimmt ist.[20]

Kollege *Pfeiffer* erklärt, daß er keinen Einfluß auf die Herausgabe hat. Er hat bereits in der Kuratoriumssitzung des WSI darauf hingewiesen, daß man aufpassen muß.

In diesem Zusammenhang verweist Kollege *Kluncker* auf Unterschriften von Sachbearbeitern der Gewerkschaften und der Bundesvorstandsverwaltung des DGB zum Memorandum.[21]

Kollege *Pfeiffer* teilt mit, daß im letzten Jahr ausführliche Gespräche mit den Verfassern des Memorandums stattgefunden haben.[22] Trotzdem läuft wieder die Unterschriftenaktion.

---

19 Der Zukunftsforscher Robert Jungk war ein bekannter Atomkraftgegner. Klaus Traube war ein ehemaliger Kernkraftmanager, der sich von der Nutzung der Atomkraft distanziert hatte und zu einem Aushängeschild der Antiatomkraftbewegung wurde. Das Forum ist dokumentiert in DGB-Bundesvorstand, Abteilung Jugend: Energieversorgung und Kernkraft. Protokoll eines Forums im Juni 1981/Haus der Gewerkschaftsjugend Oberursel, Düsseldorf 1981 (Protokolle von Arbeitstagungen/Bundesjugendschule Oberursel).
20 Vgl. das Schwerpunktheft der WSI-Mitteilungen zum Thema »Alternative Wirtschaftspolitik«. Es enthält Beiträge von Mario Helfert, der sich mit »Fragen der Umsetzung gesamtwirtschaftlicher und gesellschaftlicher Erkenntnisse« auseinandersetzte, von Elmar Altvater/Jürgen Hoffmann/Carlos Maya, die Konzentrationstendenzen als Ursache von Profitratendifferenzen untersuchten, von Gernot Müller, der die Rolle der staatlichen Konjunkturpolitik in Entstehung und Verlauf der Krise seit 1973 analysierte, von Rudolf Henschel, der sich dem Problem der Arbeitslosigkeit infolge einer einseitig quantitativ orientierten Wachstumspolitik widmete, von Gerhard Brosius/Jörg Huffschmid/Herbert Schui, die den Zusammenhang zwischen Monopolisierung und Verlauf der Krise seit 1973 theoretisch und empirisch betrachteten, von Rudolf Kuda, der den Zusammenhang zwischen Tarifpolitik und Beschäftigungskrise analysierte, und Geert Böttger und Klaus Gretschmann, die die ökonomischen und politischen Implikationen einer nachfrageorientierten Politik untersuchten, alle in: WSI-Mitteilungen 33, 1980, H. 4, S. 173-244.
21 Johannes Berger (Hrsg.): Alternative Wirtschaftspolitik. Methodische Grundlagen, Analysen und Diskussion, Berlin 1979 (Das Argument, Sonderband; 1); Johannes Berger (Hrsg.): Alternative Wirtschaftspolitik. Probleme der politischen und ökonomischen Durchsetzung. Berlin 1980 (Das Argument, Sonderband; 2).
22 Vgl. Arbeitsgruppe »Alternative Wirtschaftspolitik«: Gegen konservative Formierung – Alternativen der Wirtschaftspolitik. Memorandum, Köln 1980.

h) Umweltschutz

Kollege *Kluncker* bittet, daß sich der DGB stärker des Problems Umweltschutz annehmen soll. Er ist bereit, Leute zur Verfügung zu stellen. Kollege *Kluncker* bittet, das Thema in einer der nächsten Sitzungen ausführlicher zu behandeln.[23]

Ende der Sitzung: 14.00 Uhr.

Dokument 68

6. Mai 1980: Kurzprotokoll über die 20. Sitzung des Bundesvorstandes

Hans-Böckler-Haus in Düsseldorf; Vorsitz: Maria Weber; Protokollführung: Isolde Funke, Marianne Jeratsch; Sitzungsdauer: 10.10–12.20 Uhr; ms. vermerkt: »Vertraulich«.[1]

Ms., hekt., 7 S., 1 Anlage.[2]

AdsD, DGB-Archiv, 5/DGAI000554.

Beginn der Sitzung: 10.10 Uhr.

Kollegin *Weber* eröffnet die 20. Sitzung des Bundesvorstandes in Düsseldorf.
Sie begrüßt den Kollegen Alfred Horné, der zum erstenmal als Vorsitzender der Gewerkschaft Kunst an einer Bundesvorstandssitzung teilnimmt.

Tagesordnung:
1. Genehmigung des Protokolls der 19. Bundesvorstandssitzung
2. Personalangelegenheit Klaus Knödel
3. Forderungen des DGB zur Bundestagswahl 1980
4. Arbeitsgemeinschaft für Umweltfragen e. V.
5. Tagesordnung für die 8. Bundesausschußsitzung am 4.6.1980
6. 66. Internationale Arbeitskonferenz vom 4. bis 25.6.1980 in Genf
7. Ausschuß Personalwesen
8. Ergänzungswahl gemäß § 8 Ziffer 3 lit c der Satzung für die Revisionskommission
9. Verschiedenes

---

23 Der Bundesvorstand griff das Thema im Rahmen seiner »Energiepolitischen Erklärung«, die am 4.11.1980 beraten wurde, wieder auf. Vgl. Dok. 77: Kurzprotokoll über die 25. Sitzung des Bundesvorstandes am 4.11.1980, TOP 7.

Dok. 68
1 Einladungsschreiben mit Tagesordnung vom 13.11.1979. Nicht anwesend: Jan Sierks (vertreten durch Dieter Heering), Gerhard Leminsky. AdsD, DGB-Archiv, 5/DGAI000504.
2 Anlage: Anwesenheitsliste.

Dokument 68 6. Mai 1980

1. **Genehmigung des Protokolls der 19. Bundesvorstandssitzung**

Beschluß:
Der Bundesvorstand genehmigt das Protokoll der 19. Bundesvorstandssitzung.

2. **Personalangelegenheit Klaus Knödel**

[Der Reutlinger Vorsitzende Klaus Knödel hatte nach einem umstrittenen Interview mit der alternativen Reutlinger Stadt-Zeitung im Kreisvorstand seinen Rücktritt erklärt. Damit trat für ihn die Regelung für Wahlangestellte DGB in Kraft, nachdem seine Beschäftigung zum Ende des Monats, in dem er den Rücktritt erklärte, endete.]

Die Kollegen *Muhr, Kluncker, G. Schmidt, Mahlein, Zimmermann, Hauenschild, Mayr, Fehrenbach, Sperner* und die Kollegin *Weber* erörtern die Personalangelegenheit Klaus Knödel.

Der Bundesvorstand nimmt abschließend einen vom Kollegen G. Schmidt vorgelesenen Aktenvermerk der Personalabteilung, der vom Kollegen Knödel unterzeichnet wurde, zur Kenntnis. In diesem Aktenvermerk wird bestätigt, daß Kollege Knödel seinen Rücktritt als Kreisvorsitzender des DGB-Kreises Reutlingen mit sofortiger Wirkung erklärt hat, das Anstellungsverhältnis mit Ablauf des 31. Mai 1980 gemäß Ziffer 2 a der Sonderregelung für Wahlangestellte endet und die Ziffer 2 b der Sonderregelung Anwendung findet.

3. **Forderungen des DGB zur Bundestagswahl 1980**

Kollege *Muhr* bittet den Bundesvorstand, zu entscheiden, ob der vom Geschäftsführenden Bundesvorstand nach Eingang der von den Gewerkschaften gemachten Änderungsvorschläge revidierte Entwurf der Wahlprüfsteine oder der dem Bundesvorstand ebenfalls vorliegende Entwurf der IG Metall Beratungsgrundlage sein soll. Wenn der Bundesvorstand sich für den IG-Metall-Entwurf entscheidet, müßte geprüft werden, ob noch der eine oder andere Punkt berücksichtigt werden muß.[3]

---

3 Heinz Oskar Vetter hatte am 19.3.1980 die Wahlprüfsteine im Entwurf vorgelegt. Daraufhin hatte die IG Metall am 16.4.1980 einen Alternativvorschlag ausgearbeitet, der den Entwurf umformulierte. Zwischenzeitlich eingegangene Änderungsvorschläge der anderen Gewerkschaften wurden in einer Synopse am 21.4.1980 vorgelegt. Vgl. DGB-Bundesvorstand, Gerd Muhr, an die Mitglieder des Bundesvorstandes, Forderungen des Deutschen Gewerkschaftsbundes zur Bundestagswahl (Wahlprüfsteine), Düsseldorf, 28.4.1980; GTB, Hauptvorstand, Berthold Keller, an Heinz O. Vetter, Vorsitzender des DGB, Forderungen des Deutschen Gewerkschaftsbundes zur Bundestagswahl 1980 (Wahlprüfsteine) [mit Anlage], Düsseldorf, 23.4.1980; Forderungen des Deutschen Gewerkschaftsbundes zur Bundestagswahl 1980, Forderungen, die in der überarbeiteten Fassung der IG Metall nicht enthalten sind, Düsseldorf, 28.4.1980; ig druck und papier, Leonard Mahlein, an den DGB-Bundesvorstand, Wahlprüfsteine 1980; Revidierter Entwurf, Forderungen des Deutschen Gewerkschaftsbundes zur Bundestagswahl 1980, o. O., 21.4.1980;

Kollege *Kluncker* gibt im Prinzip dem Vorschlag der IG Metall den Vorzug. Nach Beratung in seinem Geschäftsführenden Hauptvorstand stellt er jedoch den Antrag, von beiden Entwürfen abzusehen und stattdessen den zur Wahl in den Deutschen Bundestag antretenden Parteien das Aktionsprogramm des DGB mit einem entsprechenden Begleitschreiben zu übermitteln und sie aufzufordern, Stellung zu beziehen, welche Punkte des Aktionsprogramms sie in absehbarer Zeit unterstützen wollen und können. Als Grundlage für das Begleitschreiben sollte der einleitende Text der IG-Metall-Vorlage dienen. Zusätzlich sollte noch das Thema »Sicherung des Friedens« mit aufgenommen werden. Kollege *Kluncker* begründet seinen Antrag im einzelnen.[4]

Kollege *Mayr* spricht sich gegen den Vorschlag des Kollegen Kluncker aus und bittet, im Interesse der Klarheit der Aussage an der bisher üblichen Form der Wahlprüfsteine festzuhalten. Zum einen sind Mitglieder und Öffentlichkeit darüber informiert, daß solche Wahlprüfsteine wieder vom DGB herausgegeben werden, zum anderen ist er der Auffassung, daß mit der Übermittlung des Aktionsprogramms des DGB den Parteien eine Stellungnahme wesentlich leichter gemacht wird, als wenn sie zu einzelnen Punkten der Wahlprüfsteine ihre Meinung darlegen müssen.

Kollege *Mahlein* schließt sich der Auffassung des Kollegen Mayr an. Er plädiert ebenfalls für die Herausgabe der Wahlprüfsteine in der bisher üblichen Form.

Kollege *Geier* bittet, in jedem Fall den Vorschlag seiner Gewerkschaft zu berücksichtigen, das Thema »Innere Sicherheit« mit aufzunehmen.[5]

An der weiteren Diskussion beteiligen sich die Kollegen *Sperner, Alker, Döding, Hauenschild, Haar, Heiß, Muhr, Fehrenbach, Frister* und Kollegin *Weber*. Sie sprechen sich für den Vorschlag des Kollegen Kluncker aus, neben dem Wahlaufruf des DGB anstelle der bisher üblichen Wahlprüfsteine das Aktionsprogramm des DGB mit einem entsprechenden Begleitschreiben an die Parteien zu übersenden.

Beschluß:
Bei drei Gegenstimmen und einer Stimmenthaltung beschließt der Bundesvorstand, als Wahlprüfsteine für die Bundestagswahl 1980 das Aktionsprogramm des DGB mit einem Begleitschreiben an die Parteien zu übermitteln. Grundlage für das Begleitschreiben soll der einleitende Text der Vorlage der IG Metall sein. Außerdem soll das Thema »Friedenssicherung« in das Schreiben aufgenommen werden. Es soll geprüft werden, ob auch das Thema »Innere Sicherheit« berücksichtigt werden soll.[6]

Beschlussgrundlage [mit Aufzählung der Anträge des 11. Bundeskongresses 1978], o. O., 21.4.1980; IG Metall, Eugen Loderer, an Heinz Oskar Vetter, Vorsitzender des DGB, Frankfurt am Main, 16.4.1980; Heinz O. Vetter, Vorsitzender des DGB, an die Mitglieder des Bundesvorstandes, Düsseldorf, 19.3.1980, AdsD, DGB-Archiv, 5/DGAI000504.

4 Vgl. DGB: Aktionsprogramm '79.
5 Vgl. Gewerkschaft der Polizei, Helmut Schirrmacher, an den Vorsitzenden des DGB, Heinz O. Vetter, Wahlprüfsteine, Hilden, 21.3.1980; Wahlprüfsteine, Prüfstein Innere Sicherheit, AdsD, DGB-Archiv, 5/DGAI000504.
6 Dieser Beschluss wurde in der Sitzung des Bundesvorstands am 3.6.1980 revidiert. Vgl. Dok. 69: Kurzprotokoll über die 21. Sitzung des Bundesvorstandes am 3.6.1980, TOP 7.

4. Arbeitsgemeinschaft für Umweltfragen e. V.

Beschluß:
Der Bundesvorstand beschließt, daß der DGB sich für das Jahr 1980 mit 21.168,–
DM an der Finanzierung der Fachausschüsse der Arbeitsgemeinschaft für Umweltfragen e. V. beteiligt. Der DGB-Beitrag soll aus dem Haushaltstitel »Sonderaktionen« entnommen werden.[7]

5. Tagesordnung für die 8. Bundesausschußsitzung am 4.6.1980

Beschluß:
Der Bundesvorstand beschließt für die 8. Bundesausschußsitzung am 4.6.1980 folgende Tagesordnung:
1. Genehmigung des Protokolls der 7. Bundesausschußsitzung
2. Bericht zur gewerkschaftspolitischen und organisatorischen Situation
3. Forderungen des DGB zur Bundestagswahl 1980
4. Veränderungsmitteilungen – Landesbezirksvorstände
5. Ergänzungswahl gemäß § 8 Ziffer 3 lit c der Satzung für die Revisionskommission
6. Fragestunde
7. Verschiedenes[8]

6. 66. Internationale Arbeitskonferenz vom 4. bis 25.6.1980 in Genf

Beschluß:
Der Bundesvorstand beschließt folgende Delegation für die 66. Internationale Arbeitskonferenz:
  Delegierter: Kollege Gerd MUHR
  Stellv[ertretende] Delegierte: Kollegin Maria WEBER

---

7   Der Bundesvorstand hatte am 19.5.1978 für das Haushaltsjahr 1978 und am 8.5.1979 für das Haushaltsjahr 1979 beschlossen, sich mit 21.168 DM an der Finanzierung der Fachausschüsse der Arbeitsgemeinschaft für Umweltfragen zu beteiligen. Die Mitarbeit des DGB an den paritätisch besetzten Fachausschüssen ging auf eine Vereinbarung beim Gymnicher Kanzler-Gespräch im Juni 1975 zurück. Ziel der Fachausschüsse war der Meinungsaustausch zwischen den an der Umweltgesetzgebung beteiligten staatlichen und gesellschaftlichen Kräften. Vgl. [DGB-Bundesvorstand], Vorstandsbereich Heinz O. Vetter, Vorlage zur Beratung im Bundesvorstand, Arbeitsgemeinschaft für Umweltfragen e. V., beschlossen GBV am 24.3.1980, Düsseldorf, 16.4.1980, AdsD, DGB-Archiv, 5/DGAI000504.
8   Die Tagesordnung wurde um den TOP: »Nachwahl für den Geschäftsführenden Bundesvorstand« ergänzt. »Verschiedenes« entfiel. Vgl. [DGB-Bundesvorstand], Vorstandsbereich Heinz O. Vetter, Vorlage zur Beratung im Bundesvorstand, Tagesordnung für die 8. Bundesausschußsitzung am 4.6.1980, beschlossen GBV am 21.4.1980, o. O., o. D., AdsD, DGB-Archiv, 5/DGAI000504. Vgl. auch Protokoll über die 8. Sitzung des Bundesausschusses am 4.6.1980, AdsD, DGB-Archiv, 5/DGAI000420.

Zu TOP 3. »Information und Berichte über die Anwendung von Übereinkommen und Empfehlungen«:
Kollege Karl KEHRMANN, DGB-Bundesvorstand

Zu TOP 4. »Ältere Arbeitnehmer: Arbeit und Ruhestand (2. Lesung)«: Kollegin Ursula ENGELEN-KEFER, DGB-Bundesvorstand

Zu TOP 5. »Förderung der Tarifverhandlungen (1. Lesung)«:
Kollege Martin HEISS, DGB-Bundesvorstand
Kollege Gerhard van HAAREN, Gewerkschaft Leder

Zu TOP 6. »Gleiche Chancen und Gleichbehandlung für männliche und weibliche Arbeitnehmer: Arbeitnehmer mit Familienpflichten (1. Lesung)«:
Kollegin Maria WEBER, DGB-Bundesvorstand
Kollegin Irmgard BLÄTTEL, DGB-Bundesvorstand

Zu TOP 7.
»a) Sicherheit und Gesundheit in der Arbeitsumwelt (1. Lesung) und
b) Verbesserung der Liste der Berufskrankheiten im Anhang an das IAO-Übereinkommen Nr. 121«:
Kollege Reinhold KONSTANTY, DGB-Bundesvorstand
Entschließungsausschuß: Kollege Harald SIMON, DGB-Bundesvorstand
Sekretariat: Kollegin Isabell CAMINITI, DGB-Bundesvorstand

Weiterhin wird Kollege Albert HEYER als Mitglied der DGB-Delegation an der 66. Internationalen Arbeitskonferenz teilnehmen.[9]

7. Ausschuß Personalwesen

Beschluß:
Der Bundesvorstand beschließt, als beratendes Gremium des Bundesvorstandes den »Ausschuß Personalwesen« einzurichten. Dem Ausschuß gehören die für das Personalwesen von DGB und Gewerkschaften zuständigen Vorstandsmitglieder an. Die Mitglieder des Ausschusses können sich im Verhinderungsfalle vertreten lassen. Sie sind berechtigt, bei Sitzungen des Ausschusses die für das Personalwesen zuständigen Sachbearbeiter hinzuzuziehen.[10]

---

9 Vgl. [DGB-Bundesvorstand], Vorstandsbereich Gerd Muhr, Vorlage zur Beratung im Bundesvorstand, 65. Internationale Arbeitskonferenz in der Zeit vom 4.–25.6.1980 in Genf, beschlossen GBV am 14.4.1980, AdsD, DGB-Archiv, 5/DGAI000504.
10 Der Ausschuss für Personalwesen sollte vergleichbar dem Ausschuss für Finanzen und Verwaltung eingerichtet werden, um die Gehalts- und Anstellungsbedingungen für die Angestellten des DGB und der Gewerkschaften zu koordinieren und den Bundesvorstand auch in weiteren tarif- und personalpolitischen

8. Ergänzungswahl gemäß § 8 Ziffer 3 lit c der Satzung für die Revisionskommission

Beschluß:
Der Bundesvorstand schlägt dem Bundesausschuß vor, den Kollegen Max Geppert zum Mitglied der Revisionskommission zu wählen.[11]

9. Verschiedenes

a) Aktion »Autofrei – Spaß dabei«
Die Kollegen *Sperner, Haar, Geier, Kluncker, Frister, Fehrenbach, Hauenschild* und die Kollegin *Weber* diskutieren über die Vorlage betreffend Aktion »Autofrei – Spaß dabei« und sprechen sich dagegen aus.[12]
Nach Rücksprache des Geschäftsführenden Bundesvorstandes wird die Vorlage zurückgezogen.

b) 1. Mai
Kollege *Stephan* teilt mit, daß es möglich sein wird, den von Kollegen Kluncker beantragten Tagesordnungspunkt »1. Mai« in der Juli-Sitzung des Bundesvorstandes zu behandeln.[13]

c) EGB – Behandlung der Aufnahmeanträge
Kollege *Muhr* gibt zum o[ben] a[ngegebenen] Thema einen Zwischenbericht. Der Exekutivausschuß ist durch den letzten Kongreß beauftragt worden, die damals vorliegenden 18 Aufnahmeanträge zu behandeln. Bei der letzten Sitzung und den Anhörungen haben sich folgende Tendenzen ergeben: Zurückhaltung bei der Aufnahme von TÜRK-IŞ und DISK im wesentlichen, weil die Aufnahme türkischer Verbände erhebliche zusätzliche Probleme für den EGB mit sich bringen würde.

Grundsatzfragen zu beraten. Vgl. [DGB-Bundesvorstand], Vorstandsbereich Gerhard Schmidt, Vorlage zur Beratung im Bundesvorstand, Ausschuß Personalwesen, beschlossen GBV am 24.3.1980, BV am 1.4.1980, o. O., o. D., AdsD, DGB-Archiv, 5/DGAI000504.

11 Die Ergänzungswahl zwischen den Bundeskongressen konnte bei Zweidrittelmehrheit der stimmberechtigten Mitglieder durch den Bundesausschuss vorgenommen werden. Die Nachbesetzung war notwendig geworden, weil das bisherige Mitglied des Revisionskommission Werner Schüßler zum Stellvertretenden Vorsitzenden des Automobilclubs Europa gewählt worden war und sein Amt in der Revisionskommission deswegen zum 4.6.1980 niederlegte. Vgl. [DGB-Bundesvorstand], Vorstandsbereich Gerhard Vater, Vorlage zur Beratung im Geschäftsführenden Bundesvorstand, Bundesvorstand, Bundesausschuß, beschlossen GBV am 21.4.1980, Düsseldorf, 15.4.1980, AdsD, DGB-Archiv, 5/DGAI000504.

12 Es war vorgeschlagen worden, dass der DGB die Aktion überregionaler Umweltverbände und der Arbeitsgemeinschaft für Umweltfragen, die zu einer Teilnahme an einem freiwilligen autofreien Sonntag aufriefen, durch Aushang von Plakaten unterstützen sollte. Die Aktion wurde vom Bundesminister des Innern unterstützt. Vgl. [DGB-Bundesvorstand], Vorstandsbereich Heinz O. Vetter, Vorlage zur Beratung im Bundesvorstand, beschlossen GBV am 14.4.1980, AdsD, DGB-Archiv, 5/DGAI000504.

13 Vgl. Dok. 70: Kurzprotokoll über die 22. Sitzung des Bundesvorstandes am 8.7.1980, TOP 4.

Eine überwiegende Mehrheit scheint auf dem Standpunkt zu stehen, daß man die kommunistischen Verbände aus Portugal und Frankreich (Intersindical und CGT) nicht aufnehmen sollte. Für die Aufnahme der CGT spricht sich der britische TUC aus, weil ein entsprechender Generalratsbeschluß vorliegt. Eine ganze Reihe von Verbänden ist offensichtlich für die Aufnahme der Comisiones Obreras, weil die Auffassung vorherrscht, daß es sich hier um Kommunisten anderer Art handelt. Dem Bundesvorstand wird für seine Juni-Sitzung eine Vorlage vorgelegt, damit er über die Position des DGB zu den einzelnen Aufnahmeanträgen beschließen kann.

d) Weltwirtschaftsgipfel/Weltgewerkschaftsgipfel
Kollege *Muhr* berichtet, daß seit einer Reihe von Jahren die Gewerkschaftsbünde der sieben Gipfelnationen gemeinsam mit IBFG, EGB und TUAC eine im Rahmen der TUAC erarbeitete Stellungnahme gegenüber dem Weltwirtschaftsgipfel der Staats- und Regierungschefs dem jeweils gastgebenden Staats- bzw. Regierungschef persönlich vorgetragen haben. Der diesjährige Weltwirtschaftsgipfel wird am 21. und 22. Juni in Italien stattfinden. Einigkeit besteht darüber, daß auch in diesem Jahr eine gemeinsame Stellungnahme der Gewerkschaften erarbeitet werden soll. Schwierigkeiten haben sich allerdings bezüglich des Verfahrens ergeben, insbesondere wegen der Abhaltung eines Weltgewerkschaftsgipfels. Die italienischen Gewerkschaften haben sich darauf festgelegt, daß die Einladung zu einem Weltgewerkschaftsgipfel durch die Föderation CGIL/CISL/UIL erfolgen soll. Dagegen erklärt die AFL-CIO, die auch der TUAC angehört, daß sie nicht bereit sei, an einer derartigen Veranstaltung teilzunehmen, wenn daran auch die italienische kommunistische Gewerkschaft CGIL beteiligt werde. Lane Kirkland hat in einem Schreiben an den TUAC-Präsidenten vorgeschlagen, daß anläßlich der TUAC-Plenartagung am 28./29.5.1980 in Paris die gewerkschaftliche Stellungnahme verabschiedet und dann durch die nationalen Bünde den jeweiligen Staats- bzw. Regierungschefs vorgelegt werden soll. Dem Gipfelvorsitzenden soll dann noch einmal die gewerkschaftliche Stellungnahme gemeinsam durch die Vertreter von IBFG, EGB, TUAC und der drei italienischen Gewerkschaftsbünde vorgetragen werden. Ob die italienische Föderation CGIL/CISL/UIL noch zu einer gewerkschaftlichen Konsultation einlädt, ist noch offen. Der Bundesvorstand könnte gegebenenfalls in seiner Juni-Sitzung über eine Teilnahme des DGB entscheiden.

e) AZO
Kollege *Döding* bezieht sich auf das Protokoll der Sitzung des Tarifpolitischen Ausschusses vom 19.3.1980 und stellt die Frage, ob, abweichend von der Formulierung im Sozialpolitischen Programm des DGB, durch den Geschäftsführenden Bundesvorstand oder die Bundesvorstandsverwaltung die Auffassung vertreten wird, daß die 40-Stunden-Woche in der AZO festgeschrieben werden soll. Dagegen würde er Bedenken anmelden.

Kollege *Heiß* berichtet über die Zusammenhänge dieser Protokollformulierung und erklärt abschließend, daß im Geschäftsführenden Bundesvorstand keine Meinungsverschiedenheit darüber besteht, daß die im Bundesvorstand beschlossene Formulierung zur AZO im Sozialpolitischen wie im Grundsatzprogramm unverändert Gültigkeit hat.

Kollege *Kluncker* weist darauf hin, daß in der AZO bisher nicht die wöchentliche, sondern die tägliche Arbeitszeit festgelegt ist. Er ist der Meinung, daß dieses Thema noch einmal ausführlich und anhand einer Vorlage im Bundesvorstand diskutiert werden müßte. Nach seiner Auffassung ist es weder realistisch noch opportun, eine gesetzliche Regelung der Arbeitszeit zu erwarten bzw. zu fordern. Außerdem müßte die Frage erörtert werden, ob eine Festlegung der wöchentlichen statt der täglichen Arbeitszeit anzustreben ist.

Beschluß:
Der Bundesvorstand beschließt, daß das Thema »AZO« im Zusammenhang mit der Behandlung des Grundsatzprogramms im Herbst noch einmal ausführlich diskutiert werden soll.

f) Datenschutzkonferenz des DGB

Kollege *Hauenschild* bezieht sich auf eine Notiz, daß eine Datenschutzkonferenz des DGB vorgesehen war, gegen die die Gewerkschaft ÖTV interveniert habe. Er stellt die Frage, ob dies zutrifft, und ob eine solche Konferenz noch stattfinden soll.

Kollege *Kluncker* erklärt, daß er lediglich darum gebeten hat, die Datenschutzkonferenz nicht zum vorgesehenen Zeitpunkt durchzuführen, sondern erst dann, wenn die für die Gewerkschaften anstehenden Probleme ausreichend diskutiert und geklärt worden sind.

In der anschließenden kurzen Diskussion berichten die Kollegen *Horné*, *Kluncker* und *Mayr* über Erfahrungen aus ihren Bereichen.

Kollege *Muhr* schlägt vor, Kollegen Vater zu bitten, in der Juni-Sitzung des Bundesvorstandes über das Ergebnis einer Besprechung mit den für Finanzen zuständigen Vorstandsmitgliedern der Gewerkschaften in Sachen Datenschutz und Beitragseinzug zu berichten.[14]

Der Bundesvorstand ist mit diesem Vorschlag einverstanden.

Ende der Sitzung: 12.20 Uhr.

---

14 Vgl. Dok. 69: Kurzprotokoll über die 21. Sitzung des Bundesvorstandes am 3.6.1980, TOP 1.

Dokument 69

3. Juni 1980: Kurzprotokoll über die 21. Sitzung des Bundesvorstandes

Hans-Böckler-Haus in Düsseldorf; Vorsitz: Heinz O. Vetter; Protokollführung: Isolde Funke, Marianne Jeratsch; Sitzungsdauer: 10.10–15.55 Uhr; ms. vermerkt: »Vertraulich«.[1]

Ms., hekt., 10 S., 1 Anlage.[2]
AdsD, DGB-Archiv, 5/DGAI000554.

Beginn der Sitzung: 10.10 Uhr.

Kollege *Vetter* eröffnet die 21. Sitzung des Bundesvorstandes in Düsseldorf.

Tagesordnung:
1. Datenschutz und Beitragseinzug, hier: Bildung eines Ausschusses zur Untersuchung dieses Problemkreises
2. Anpassung der Leistungen der Unterstützungskasse des DGB e. V. zum 1.1.1981 nach § 22 der Unterstützungsrichtlinien
3. Anpassung der Unterstützungen ab 1. Januar 1981 nach den Richtlinien für die Gewährung von Unfallunterstützung an ehrenamtliche Gewerkschaftsfunktionäre
4. Mieterhöhung in den Gewerkschaftshäusern zum 1.1.1981
5. Bund-Verlag GmbH
6. Genehmigung des Protokolls der 20. Bundesvorstandssitzung
7. Forderungen des DGB zur Bundestagswahl 1980
8. EGB – Behandlung von Aufnahmeanträgen
9. Veränderungsmitteilungen – Landesbezirksvorstände
10. Verschiedenes

1. Datenschutz und Beitragseinzug, Hier: Bildung eines Ausschusses zur Untersuchung dieses Problemkreises

Kollege *Vater* erläutert die den Bundesvorstandsmitgliedern unterbreitete Vorlage und bittet um entsprechende Beschlußfassung.[3]

Dok. 69
1 Einladungsschreiben vom 7.5.1980 und Tagesordnung vom 20.5.1980. Nicht anwesend: Heinz Vietheer (vertreten durch Günter Volkmar), Adolf Schmidt (vertreten durch Hans Alker), Ernst Breit (vertreten durch Erich Huber), Helmut Teitzel. AdsD, DGB-Archiv, 5/DGAI000505.
2 Anlage: Anwesenheitsliste.
3 Anlass für die Beschäftigung mit dem Themenbereich des gewerkschaftlichen Beitragseinzugs durch den Arbeitgeber und dem Datenschutz war die aktuelle Berichterstattung und eine schriftliche Anfrage des

An der anschließenden Diskussion beteiligen sich die Kollegen *Georgi, Vater, Schirrmacher, Kluncker, Loderer, Vetter, Hauenschild, Huber, Horné, G. Schmidt, Richert, Schwab* und *Sperner*. Sie erörtern Probleme des Datenschutzes, insbesondere die bereits vorgesehene, aber verschobene Datenschutzkonferenz des DGB. Hierbei müssen vorab die innerorganisatorischen und gesellschaftspolitischen Probleme geklärt werden.

Beschluß:
Der Bundesvorstand beschließt, aufgrund des Vorschlages des Ausschusses für Finanzen und Verwaltung des DGB von der Bildung eines Ausschusses, der sich mit dem Problemkreis Datenschutz und Beitragseinzug befaßt, Abstand zu nehmen.

Darüber hinaus beauftragt der Bundesvorstand den Organisationsausschuß, unter Hinzuziehung von sachkundigen Mitarbeitern der Bundesvorstandsverwaltung (wie z. B. aus dem Justitiariat und der Abteilung Gesellschaftspolitik) die innerorganisatorischen und gesellschaftspolitischen Probleme des Datenschutzes allgemein und insbesondere die Frage einer Datenschutzkonferenz zu prüfen und zu klären. Eine erste Berichterstattung über die Beratungen soll nach Möglichkeit in der Septembersitzung des Bundesvorstandes erfolgen.[4]

Abgeordneten Martin Schetter (CDU), die am 7.3.1980 im Bundestag durch Staatssekretär Andreas von Schoeler beantwortet wurde. Von Schoeler bekräftigte die Auffassung der Bundesregierung, dass die Weitergabe der personenbezogenen Daten bei Vorliegen eines Vertragsverhältnisses im Einklang mit dem Bundesdatenschutzgesetz stehe. Der Geschäftsführende Bundesvorstand war in seiner Sitzung vom 21.4.1980 dem Vorschlag des Ausschusses für Finanzen und Verwaltung in seiner Sitzung vom 12.4.1980 gefolgt und hatte beschlossen, von der Bildung eines Ausschusses, der sich mit dem Verhältnis zwischen gewerkschaftlichen Beitragseinzug durch den Arbeitgeber und dem Datenschutz befassen sollte, abzusehen. Beim DGB-Bundesvorstand existierte bereits seit Mai 1977 eine Arbeitsgruppe Datenschutz, die sich am Rande auch mit den organisationspolitischen Auswirkungen des Datenschutzes auseinandergesetzt hatte. In der Arbeitsgruppe Datenschutz gab es differierende Meinungen über die Auswirkungen von Personalinformationssystemen in den Unternehmensverwaltungen vonseiten der IG Metall einerseits und der GTB, IG CPK und ÖTV auf der anderen Seite. Rechtliche Probleme sahen Letztere in der Übermittlung von Mitgliederdaten an die Arbeitgeber. In einem Rechtsgutachten hatte auch das Justitiariat des DGB das Beitragseinzugsverfahren über den Arbeitgeber bei Vorliegen einer schriftlichen Einwilligung des Arbeitnehmers für rechtens erachtet. Problembereiche könnten sich aus der Übermittlung der Lohndaten, insbesondere des Bruttoeinkommens an die Gewerkschaft ergeben, die aber auch durch das Vorliegen einer schriftlichen Einwilligung geheilt werden könnten. Vgl. hierzu [DGB-Bundesvorstand], Vorstandsbereich Gerhard Vater, Vorlage zur Beratung im Geschäftsführenden Bundesvorstand, Bundesvorstand, Datenschutz und Beitragseinzug, beschlossen GBV am 21.4.1980, o. O., o. D.; Anlage 1: Vermerk über die Diskussion des Ausschusses für Finanzen und Verwaltung am 12.4.1980 zur Frage möglicher organisationspolitischer Auswirkungen des Datenschutzes, Düsseldorf, 14.4.1980; Vorlage zum Problemkreis: Gewerkschaftliches Beitragseinzugsverfahren über den Arbeitgeber und Datenschutz, AdsD, DGB-Archiv, 5/DGAI000505. Deutscher Bundestag, Protokoll, 206. Sitzung, 7.3.1980; Anfrage an die Bundesregierung des Abgeordneten Martin Schetter, Deutscher Bundestag, 8. Wahlperiode, Drucksache 8/3738, 29.2.1980, Frage B 47.

4 Vgl. zur weiteren Entwicklung die Broschüre mit Handreichungen für die betriebliche Praxis, Rechtsberatung und Anwendungsbereiche des Bundesdatenschutzgesetzes: DGB: Datenschutzfibel, Düsseldorf 1980.

2. Anpassung der Leistungen der Unterstützungskasse des DGB e. V. zum 1.1.1981 nach § 22 der Unterstützungsrichtlinien

Beschluß:
1. Der Bundesvorstand empfiehlt der Mitgliederversammlung der Unterstützungskasse des DGB e. V., die bis zum 31.12.1979 festgesetzten Unterstützungen, mit Ausnahme der Unterstützungen nach § 13 und § 19 der Unterstützungsrichtlinien, ab 1.1.1981 um 4 v. H. zu erhöhen.
2. Der Bundesvorstand bestätigt die Ansicht des Vorstandes der Unterstützungskasse, daß die Anpassungen der Unterstützungskasse des DGB e. V. in keinem ursächlichen Zusammenhang mit den Anpassungen der gesetzlichen Rentenversicherung gesehen werden können und dürfen.[5]

3. Anpassung der Unterstützungen ab 1. Januar 1981 nach den Richtlinien für die Gewährung von Unfallunterstützung an ehrenamtliche Gewerkschaftsfunktionäre

Beschluß:
Der Bundesvorstand beschließt, alle bis zum 31. Dezember 1979 festgesetzten Unfallunterstützungen gemäß § 12 der Richtlinien für die Gewährung von Unfallunterstützung an ehrenamtliche Gewerkschaftsfunktionäre mit Wirkung vom 1. Januar 1981 an um den Vomhundertsatz zu erhöhen, um den aufgrund des 22. Rentenanpassungsgesetzes die Geldleistungen der gesetzlichen Unfallversicherung erhöht werden.[6]

4. Mieterhöhung in den Gewerkschaftshäusern zum 1.1.1981

Beschluß:
Der Bundesvorstand beschließt die in der Vorlage vorgeschlagene Mieterhöhung und ersucht alle Vorstände der Gewerkschaften, ihren Bezirksleitungen und Ortsverwaltungen von der bevorstehenden Mieterhöhung Kenntnis zu geben, ihre Not-

---

5 Der Beschluss folgte der Vorlage. Vgl. [DGB-Bundesvorstand], Vorstandsbereich Gerhard Vater, Vorlage zur Beratung im Geschäftsführenden Bundesvorstand, Bundesvorstand, Anpassung der Leistungen der Unterstützungskasse des DGB e. V. zum 1.1.1981 nach § 22 der Unterstützungskassenrichtlinien, beschlossen GBV am 12.5.1980, Düsseldorf, 23.4.1980, AdsD, DGB-Archiv, 5/DGAI000505.
6 Der Beschluss folgte der Vorlage. Vgl. [DGB-Bundesvorstand], Vorstandsbereich Gerhard Vater, Vorlage zur Beratung im Bundesvorstand, Anpassung der Unterstützungen ab 1.1.1981 nach den Richtlinien für die Gewährung von Unfallunterstützung an ehrenamtliche Gewerkschaftsfunktionäre, beschlossen GBV am 19.5.1980, Düsseldorf, 12.5.1980, AdsD, DGB-Archiv, 5/DGAI000505.

wendigkeit zu bejahen und – wenn erforderlich – ihre Gliederungen in den Stand zu setzen, die erhöhten Mieten zu zahlen.[7]

5. Bund-Verlag GmbH

Kollege *Kluncker* bittet darum, die Angelegenheit »Anzeigen Welt der Arbeit/ Bund-Verlag« weiter zu behandeln.

Kollege *Vater* sagt dies zu. Wahrscheinlich werden schon für die nächste Sitzung des Beirats Bund-Verlag Beratungsalternativen vorgelegt.

6. Genehmigung des Protokolls der 20. Bundesvorstandssitzung

Beschluß:
Der Bundesvorstand genehmigt das Protokoll der 20. Bundesvorstandssitzung.[8]

7. Forderungen des DGB zur Bundestagswahl 1980

Kollege *Vetter* weist auf Veröffentlichungen in Zeitungen hin, die sich, ausgehend von den sogenannten Wahlprüfsteinen, nicht nur mit Problemen des Bundesvorstandes, sondern der Gewerkschaftspolitik insgesamt beschäftigen.[9] Er ist der Meinung, daß man darüber nicht hinweggehen könne. Jedoch sollten diese Dinge in einer späteren Bundesvorstandssitzung diskutiert werden.[10] Zunächst sei zu beraten, ob im

---

7   Die Mieterhöhung in den Gewerkschaftshäusern wurde mit den gestiegenen Baukosten, den Kosten für Instandhaltung, Energie sowie Wasser, Abwasser, Entsorgung und Straßenreinigung begründet. Im Jahr 1979 hatte der DGB im Bereich der Vermietung ein Defizit in Höhe von 1.493.000 DM erwirtschaftet, für das Jahr 1980 erwartete er ein Defizit in Höhe von 1.750.000 DM, ohne die beschlossene Mieterhöhung prognostizierte er für 1981 ein Defizit in Höhe von 2.000.000 DM. Die Mieten sollten nach einem von der VTG im Arbeitsausschuss und im Beirat beschlossenen Vorschlag anhand eines Mietkatalogs, der in 15 Mietgruppen unterteilt war, differenziert erhöht werden, sodass Baujahr und Ausstattung der Gewerkschaftshäuser Berücksichtigung finden würden. Vgl. [DGB-Bundesvorstand], Vorstandsbereich Gerhard Vater, Vorlage zur Beratung im Bundesvorstand, Mieterhöhung in den Gewerkschaftshäusern zum 1.1.1981, beschlossen GBV am 19.5.1980, Düsseldorf, 20.5.1980; Anlage 1: Mieterhöhung zum 1.1.1981; Anlage 2: Erläuterungen zum Ergebnis aus Vermietung und Verpachtung, Düsseldorf, 29.4.1980, AdsD, DGB-Archiv, 5/DGAI000505.
8   Vgl. Dok. 68: Kurzprotokoll über die 20. Sitzung des Bundesvorstandes am 6.5.1980.
9   In der kommunistischen Presse wurde kritisiert, dass der DGB die Wahlprüfsteine fallengelassen habe und sich zugunsten der Thematisierung des Aktionsprogramms entschieden habe. Vgl. DGB lässt Wahlprüfsteine fallen. Schluß mit dem Kapitulantentum, RGO-Nachrichten 3, 1980, H. 6, online unter URL: <http://www.mao-projekt.de/BRD/DGB/GRM/RGO-Nachrichten/RGO_RGO-Nachrichten_1980_06.shtml> [7.9.2018].
10 Dieses Thema wurde in der gleichen Sitzung unter Verschiedenes auf die Themenliste der Vorstandssitzung am 2.9.1980 gesetzt und dann in einer weiteren Sitzung des Geschäftsführenden Bundesvorstandes mit den Vorsitzenden der Gewerkschaften am 6.10.1980 fortgeführt. Vgl. Dok. 72: Kurzprotokoll der 23. Sit-

Hinblick auf Wahlprüfsteine der letzte Beschluß des Bundesvorstandes beibehalten werden sollte, der davon ausging, das Aktionsprogramm mit einem entsprechenden Anschreiben als Prüfsteine herauszugeben, oder ob dieser Beschluß modifiziert werden könnte.[11] Einige Vorsitzende haben den Wunsch geäußert, diesen Beschluß noch einmal zu überdenken, weil das Aktionsprogramm neben den Forderungen des DGB an den Gesetzgeber und die Parteien auch solche Forderungen enthält, die sich an uns selbst, an die Länder und an die Europäische Gemeinschaft richten. Kollege *Vetter* fragt den Bundesvorstand, ob er bereit ist, unter diesen Umständen noch einmal über eine andere Form der Wahlprüfsteine zu diskutieren.

Kollege *Loderer* bekräftigt noch einmal die Aussage des Kollegen Mayr in der Mai-Sitzung des Bundesvorstandes, daß die IG Metall sich nicht mit dem Beschluß des Bundesvorstandes hinsichtlich des Aktionsprogramms einverstanden erklären kann. Er ist der Meinung, daß Wahlprüfsteine in der Art wie bei den vorhergegangenen Bundestagswahlen herausgegeben werden sollten, und verweist darauf, daß der Entwurf der IG Metall sich weitgehend an die Forderungen des Aktionsprogramms hält. Kollege *Loderer* würde es begrüßen, wenn aus den vorliegenden Entwürfen in Anlehnung an das Aktionsprogramm Wahlprüfsteine erarbeitet werden könnten.[12]

Kollege *Kluncker* erläutert noch einmal den Beschluß seines Geschäftsführenden Hauptvorstandes, das Aktionsprogramm an die Stelle von Wahlprüfsteinen zu setzen. Er ist aber bereit, darüber zu diskutieren, gestützt auf das Papier der IG Metall, Wahlprüfsteine zu formulieren, die sich im Wortlaut an die Forderungen des Aktionsprogramms halten. Hinzu kommen müßten noch, wie bereits gefordert, die Fragen der inneren Sicherheit und der Friedenspolitik.

Nach Meinung der Kollegen *Hauenschild* und *Sperner* sollte man einen solchen Weg versuchen.

Kollege *Vetter* stellt weitgehende Übereinstimmung mit seinem Vorschlag der Modifizierung des Bundesvorstandsbeschlusses vom Mai fest. Eine bereits vorberei-

---

zung des Bundesvorstandes am 2.9.1980, TOP 2.; vgl. auch Dok. 75: Sitzung des Geschäftsführenden Bundesvorstands mit den Gewerkschaftsvorsitzenden am 6.10.1980.
11 Vgl. Dok. 68: Kurzprotokoll über die 20. Sitzung des Bundesvorstandes am 6.5.1980, TOP 3.
12 Heinz Oskar Vetter hatte bereits am 19.3.1980 die Wahlprüfsteine im Entwurf vorgelegt. In der Folge hatte die IG Metall am 16.4.1980 einen Alternativvorschlag mit Umformulierungen vorgenommen. Zusammen mit den zwischenzeitlich eingegangenen Änderungsvorschlägen der anderen Gewerkschaften wurden sie in einer Synopse am 21.4.1980 zur Bundesvorstandssitzung am 6.5.1980 vorgelegt. Vgl. DGB-Bundesvorstand, Gerd Muhr, an die Mitglieder des Bundesvorstandes, Forderungen des Deutschen Gewerkschaftsbundes zur Bundestagswahl (Wahlprüfsteine), Düsseldorf, 28.4.1980; Gewerkschaft GTB, Hauptvorstand, Berthold Keller, an Heinz O. Vetter, Vorsitzenden des DGB, Forderungen des Deutschen Gewerkschaftsbundes zur Bundestagswahl 1980 (Wahlprüfsteine) [mit Anlage], Düsseldorf, 23.4.1980; Forderungen des Deutschen Gewerkschaftsbundes zur Bundestagswahl 1980, Forderungen, die in der überarbeiteten Fassung der IG Metall nicht enthalten sind, Düsseldorf, 28.4.1980; ig druck und papier,, Leonard Mahlein, an den DGB-Bundesvorstand, Wahlprüfsteine 1980; Revidierter Entwurf, Forderungen des Deutschen Gewerkschaftsbundes zur Bundestagswahl 1980, o. O., 21.4.1980; Beschlussgrundlage [mit Aufzählung der Anträge des 11. Bundeskongresses 1978], o. O., 21.4.1980; IG Metall, Eugen Loderer, an Heinz Oskar Vetter, Vorsitzender des DGB, Frankfurt am Main, 16.4.1980; Heinz O. Vetter, Vorsitzender des DGB, an die Mitglieder des Bundesvorstandes, Düsseldorf, 19.3.1980, AdsD, DGB-Archiv, 5/DGAI000504. Vgl. Dok. 68: Kurzprotokoll über die 20. Sitzung des Bundesvorstandes am 6.5.1980.

tete neue Vorlage kann den Mitgliedern des Bundesvorstandes übergeben werden. Sie enthält die entsprechenden Forderungen des Aktionsprogramms, ist aber so gegliedert, daß sie den Charakter von Wahlprüfsteinen 1 bis 13 trägt.[13]

An der Diskussion über die Vorlage mit ihren einzelnen Wahlprüfsteinen beteiligen sich die Kollegen *Vetter, Kluncker, Lojewski. Frister, Hauenschild, Pfeiffer, Georgi, Wagner, Sperner, Jung, Mahlein, Stephan, Horné, Schirrmacher* und Kollegin *Weber*. Es werden einige Änderungswünsche beraten.

Beschluß:
Der Bundesvorstand beschließt, die heute unterbreitete Vorlage des Geschäftsführenden Bundesvorstandes »Wahlprüfsteine« mit den diskutierten Änderungen dem Bundesausschuß als Meinung des Bundesvorstandes zur Beschlußfassung zu empfehlen.[14]

8. EGB – Behandlung von Aufnahmeanträgen

Kollege *Vetter* bezieht sich auf die Vorlage und den Bericht des Kollegen Muhr in der letzten Bundesvorstandssitzung.[15] Er erläutert die Vorlage und bittet den Bundesvorstand um Beratung.

An der nachfolgenden Diskussion beteiligen sich die Kollegen *Frister, Vetter, Loderer, Georgi, Hauenschild* und *Pfeiffer*. Es wird vorgeschlagen, die zurückzustellenden Beitrittsgesuche nicht an den EGB-Kongreß, sondern an den Exekutivausschuß des DGB zurückzuverweisen.

Beschluß:
1. Der Bundesvorstand befürwortet die Beitrittsgesuche der nachfolgenden drei Organisationen:

---

13 Der Entwurf stützte sich teilweise wörtlich auf das Aktionsprogramm, das vom Bundesausschuss im Juni 1979 beschlossen worden war. Der Text wurde um die Forderungen des Aktionsprogramms gekürzt, die sich an die Gewerkschaften selbst richteten und etwa die Tarifbeziehungen zum Gegenstand hatten. Die einzelnen Prüfsteine wurden durch knappe Passagen eingeleitet, die sich auf vorhergehende Vorlagen des Geschäftsführenden Bundesvorstands und der IG Metall stützten. Die Ergänzungsvorschläge »Innere Sicherheit« und »Frieden und Entspannung« wurden aufgenommen. Vgl. DGB: Aktionsprogramm '79, Düsseldorf 1979; [DGB-Bundesvorstand], Vorstandsbereich Vorsitzender, Vermerk an die Mitglieder des Bundesvorstandes, Forderungen des DGB zur Bundestagswahl 1980 (Wahlprüfsteine), Düsseldorf, 3.6.1980, AdsD, DGB-Archiv, 5/DGAI000505.
14 Vgl. Protokoll über die 8. Sitzung des Bundesausschusses am 4.6.1980, TOP 4., S. 9-11, AdsD, DGB-Archiv, 5/DGAI000420.
15 In den Sitzungsunterlagen sind 13 Kurzdarstellungen zu den 16 genannten Gewerkschaftsverbänden enthalten, in denen eine kurze Einschätzung des Organisationshintergrunds, der politischen Richtung, des Mitgliederstands vorgenommen wurde und die Stellungnahme der bisherigen EGB-Mitglieder dargestellt wurde. Die Einschätzungen differieren je nach der politischen Ausrichtung der Gewerkschaftsverbände. Deutlich tritt die Abgrenzung gegenüber kommunistischen Gewerkschaftsverbänden hervor. Vgl. [Lagebeurteilungen zu den nationalen Gewerkschaftsverbänden], o. O., o. D., AdsD, DGB-Archiv, 5/DGAI000505.

União Geral de Trabalhadores (UGT-P), Portugal
Bandalag Bandalag Starfsmanna Ríkis og Baeja (BSRB), Island
Confederation of Malta Trade Union (CMTU), Malta

2. Der Bundesvorstand spricht sich gegen die Beitrittsgesuche der nachfolgenden Organisationen aus:
Confederação Geral dos Trabalhadores Portugueses INTERSINDICAL (CGTP-IN), Portugal
Confederación Sindical de Comisiones Obreras (CCOO), Arbeiterkommissionen, Spanien
Solidaridat d'Obres de Catalunya (SOC), Spanien
Sindicato Unitario (SU), Spanien
Confederación de Sindicatos de Trabajadores (CSUT), Spanien
Union Sindical Obrera (USO), Spanien
Confédération Générale du Travail (CGT), Frankreich
Fédération de l'Education Nationale (FEN), Frankreich
Union des Syndicats de Monaco (USM), Monaco
Landesverband Freier Schweizer Arbeitnehmer (LFSA), Schweiz
Greek Labour Confederation (EL.S. E.), Griechenland

3. Der Bundesvorstand empfiehlt die vorläufige Zurückstellung der Beschlußfassung hinsichtlich der Anträge folgender Organisationen:
Confederation of Progressive Trade Unions of Turkey (DISK), Türkei
Confederation of Turkish Trade Unions (TÜRK-IS), Türkei
Cyprus Workers' Confederation (Free Trade Unions) CWC, Zypern
Cyprus Turkish Trade Union Federation (TÜRK-SEN), Zypern

Aufgrund der gegenwärtig heiklen innenpolitischen Situation in der Türkei und der speziellen Problematik, die bei einer möglichen Aufnahme der o[ben] g[enannten] Verbände auf den EGB zukommen würde, sollte die Entwicklung in diesem Lande noch über eine gewisse Zeit beobachtet werden, bevor ein endgültiger Beschluß gefaßt wird.

9. Veränderungsmitteilungen – Landesbezirksvorstände

Beschluß:
Der Bundesvorstand schlägt dem Bundesausschuß vor, folgende Kolleginnen und Kollegen zu bestätigen:
Siegfried Kubiak (HBV) als Mitglied,
Gustl Freund (ÖTV) als Mitglied und
Willi Gerner (ÖTV) als ständigen Vertreter für den Kollegen Freund im Landesbezirksvorstand Bayern;
Frieda Riegel (Frauen) als Mitglied und
Hildegard Kühl (Frauen) als ständige Vertreterin für die Kollegin Riegel im Landesbezirksvorstand Niedersachsen;

Julius Emmerich (GGLF) als ständigen Vertreter für den Kollegen
Fritz Tuschmann und
Egmont Elschner (Kunst) als ständigen Vertreter für den Kollegen Hans Diedenhofen im Landesbezirksvorstand Nordrhein-Westfalen;
Ullrich Galle (ÖTV) als ständigen Vertreter für den Kollegen Hans Anders im Landesbezirksvorstand Rheinland-Pfalz;
Dieter Smyczek (BSE) als Mitglied im Landesbezirksvorstand Saar.[16]

10. Verschiedenes

a) Weltwirtschaftsgipfel – Weltgewerkschaftsgipfel
Kollege *Vetter* berichtet, wie bisher von Gewerkschaftsseite bei Weltwirtschaftsgipfeln verfahren worden ist.[17] Er erwähnt die am 29./30. Mai 1980 abgehaltene TUAC-Konferenz, die eine Stellungnahme zu dem im Juni in Italien stattfindenden Weltgewerkschaftsgipfel erarbeitet hat. Diese Stellungnahme soll den nationalen Regierungen übermittelt werden, damit sie bei den Gipfelgesprächen die gewerkschaftlichen Vorstellungen mit einbeziehen können. Unstimmigkeiten gab es über die Absicht der italienischen Gewerkschaften CGIL, CISL, UIL, zu einem Gewerkschaftsgipfel nach Rom in der Zeit vom 16. bis 18. Juni 1980 einzuladen. Die amerikanischen Gewerkschafter weigerten sich, an einer solchen Veranstaltung teilzunehmen, weil eine der einladenden Organisationen kommunistisch ist.

Durch Veröffentlichung der gemeinsamen Gewerkschaftserklärung anläßlich der TUAC-Plenartagung wurde den amerikanischen Interessen Rechnung getragen. Außerdem wurde in die Erklärung auf Vorschlag der AFL-CIO ein Hinweis aufgenommen, daß sich die beteiligten Organisationen, vertreten durch ihre Vorsitzenden, nach dem Weltwirtschaftsgipfel erneut treffen werden, um die Resultate kritisch zu bewerten. Somit könnte jetzt folgendermaßen verfahren werden:
1. Vortrag und Beratung der im Rahmen der TUAC angenommenen Erklärung gegenüber den nationalen Regierungen;
2. Diskussion der Reaktionen der nationalen Regierungen anläßlich der gewerkschaftlichen Gipfelveranstaltung vom 16. bis 18.6.1980 in Rom;
3. Übergabe der gewerkschaftlichen Erklärung an den gastgebenden italienischen Regierungschef;
4. Nachberatung im Anschluß an den Weltwirtschaftsgipfel.

Kollege *Vetter* bittet den Bundesvorstand um Zustimmung.

---

16 Vgl. [DGB-Bundesvorstand], Vorlage zur Beratung im Bundesvorstand, Vorstandsbereich Karl Schwab, Veränderungsmitteilungen – Landesbezirksvorstände, o. O., o. D., AdsD, DGB-Archiv, 5/DGAI000505.
17 Bei vorangegangenen Weltwirtschaftsgipfeln wurden begleitende internationale Gewerkschaftskonferenzen abgehalten und es wurden gemeinsam erarbeitete Stellungnahmen gegenüber den jeweils gastgebenden Staats- und Regierungschefs vorgetragen.

Beschluß:
Der Bundesvorstand ist mit dem vorgeschlagenen Verfahren einverstanden.

b) Technologiepolitischer Dialog
Die Kollegen *Vetter* und *Pfeiffer* sagen dem Bundesvorstand die Zusendung eines Kurzprotokolls über den Technologiepolitischen Dialog am 22. Mai 1980 zu.

c) Nachwahl für den Geschäftsführenden Bundesvorstand
Es wird noch einmal über die Frage der Nachwahl für den Geschäftsführenden Bundesvorstand in der morgigen Sitzung des Bundesausschusses diskutiert.
Der Geschäftsführende Bundesvorstand wird über eine eventuelle Änderung der Ressortverteilung nach der Wahl beraten.[18]

d) Gespräch mit dem Präsidium der Deutschen Bundesbank
Beschluß:
Der Bundesvorstand stimmt zu, am 8. Juli 1980, 16.00 Uhr, ein Gespräch mit dem Präsidium der Deutschen Bundesbank im Hause der Bundesbank, Frankfurt/Main, zu führen.
Aus diesem Grunde beschließt der Bundesvorstand, seine Sitzung am 8. Juli 1980 ebenfalls in Frankfurt/Main durchzuführen.

e) Allgemeine Diskussion
Beschluß:
Der Bundesvorstand beschließt, die vorgesehene allgemeine Diskussion in seiner Sitzung am 2. September 1980 zu führen.[19]

f) Antikriegstag
Kollege *Vetter* weist darauf hin, daß der diesjährige 1. September nur ein »normaler Antikriegstag« ist und nicht wie im letzten Jahr »40 Jahre Kriegsbeginn«. Es soll eine allgemeine Broschüre erstellt werden. Die Verantwortung für die Durchführung von Veranstaltungen soll in die Hände der Landesbezirke gelegt werden.
Kollege *Schwab* berichtet, daß die Bundesjugendkonferenzen der IG Metall, der Deutschen Postgewerkschaft und der Gewerkschaft HBV beschlossen haben, den Bundesjugendausschuß über die Abteilung Jugend des DGB aufzufordern, einen

---

[18] Laut § 7 Ziffer 3 der Satzung des DGB hatte der Bundesausschuß das Recht, zwischen den Kongressen die Ergänzungswahl zu den Organen des Bundes mit Zweidrittelmehrheit vorzunehmen. Die Nachwahl war notwendig geworden, da Martin Heiß als Mitglied des Geschäftsführenden Bundesvorstands ausschied. Irmgard Blättel stellte sich dem Bundesausschuß vor und wurde mit 99 von 107 abgegebenen Stimmen in den Geschäftsführenden Bundesvorstand gewählt. Vgl. Protokoll über die 8. Sitzung des Bundesausschusses am 4.6.1980, TOP 3., S. 7 f., AdsD, DGB-Archiv, 5/DGAI000420. Zum Ausscheiden von Martin Heiß vgl. die Abschiedsrede Heinz Oskar Vetters und die Erwiderung von Martin Heiß in derselben Akte.
[19] Vgl. im vorliegenden Dokument den TOP 7. sowie Dok. 72: Kurzprotokoll der 23. Sitzung des Bundesvorstandes am 2.9.1980, TOP 3.

zentralen Protestmarsch vorzubereiten und zu organisieren. Er schlägt dem Bundesvorstand vor, die Auffassung zu vertreten, daß in der nächsten Bundesjugendausschußsitzung im Juni nicht der Auftrag an die Abteilung Jugend des DGB erfolgen soll, den 1. September als Tag für diese Protestmarschaktion festzulegen. Kollege *Schwab* hält das nicht für wünschenswert und vertretbar, dem Antikriegstag einen anderen Charakter oder eine ganz konkrete Aufgabe zu geben.

An der anschließenden Diskussion beteiligen sich die Kollegen *Vetter, Horné, Schwab, Frister, Loderer, G. Schmidt, Hauenschild, Schirrmacher, Sperner* und die Kollegin *Weber*.

Kollege *Vetter* faßt abschließend die Meinung des Bundesvorstandes zusammen. Die Verantwortung für die Durchführung von Veranstaltungen zum Antikriegstag wird den Landesbezirken übertragen. Die von den Bundesjugendkonferenzen vorgeschlagene Protestmarschaktion darf nicht mit dem Antikriegstag verbunden [werden]. Wenn der Antrag nach Protestmärschen gestellt werden sollte, müßten diese Märsche unter der Verantwortung des DGB durchgeführt werden. Diese Auffassung soll Kollege Schwab in der nächsten Bundesjugendausschußsitzung im Juni vertreten.

Danach soll er gegebenenfalls den Bundesvorstand in seiner Juli-Sitzung unterrichten.

g) Urteil des Bundesarbeitsgerichtes zur Aussperrung
Kollege *Loderer* regt an, eine gemeinsame Linie zu finden, wie die Abgabe von Stellungnahmen nach der Urteilsverkündung des BAG zur Aussperrung gehandhabt werden soll. Er ist der Meinung, daß der Bund unbedingt mit einbezogen werden muß. Auch müßte überlegt werden, wie nach dem Urteil weiterverfahren werden sollte.

An der Diskussion beteiligen sich die Kollegen *Vetter, Loderer, Hauenschild, Sierks, Sickert, Kluncker* und *G. Schmidt*. Sie sind sich einig, daß eine gemeinsame Erklärung zu dem Urteil abgegeben werden muß. Es soll versucht werden, vorher verschiedene Stellungnahmen zu erarbeiten, die dann, je nach Urteilstenor, kurzfristig an die Vorsitzenden der Gewerkschaften und DGB-Landesbezirke herausgehen können, damit eine einheitliche Aussage möglich ist.

Beschluß:
Der Bundesvorstand ist mit diesem Verfahren einverstanden.[20]

h) Weltgewerkschaftskonferenz über Entwicklungsfragen in Jugoslawien
Kollege *Kluncker* bittet um Auskunft, was es mit dieser Konferenz auf sich hat, weil der Bundesvorstand nicht darüber informiert worden ist.

Kollege *Vetter* berichtet, daß diese Konferenz, getragen von den blockfreien Gewerkschaften, vom Zentralrat des Jugoslawischen Gewerkschaftsbundes vorbereitet und ausgerichtet worden ist. Diese Konferenz ist über sieben Jahre geplant

---

20 Vgl. Dok. 70: Kurzprotokoll über die 22. Sitzung des Bundesvorstandes am 8.7.1980, TOP 6.

worden. Wir haben vorgeschlagen, eine solche Konferenz im Rahmen der ILO durchzuführen. Dann wäre das über alle Grenzen hinweg ohne Probleme gewesen. Aber dieser Vorschlag war nicht erwünscht. Hinzu kam, daß alle nationalen Gewerkschaftsbünde zu der Konferenz eingeladen worden sind außer der Histadrut.[21] Diese beiden Gründe haben uns bewogen, an der Weltgewerkschaftskonferenz nicht teilzunehmen.

Kollege *Kluncker* wendet ein, daß zwar ein Bericht über diese Konferenz verschickt worden sei, nur nicht an die Vorsitzenden der Gewerkschaften. Außerdem möchte er wissen, ob ein Vertreter des DGB an der Konferenz teilgenommen hat.

Kollege *Vetter* sagt zu, einen Bericht auch an die Mitglieder des Bundesvorstandes versenden zu lassen. Ein Vertreter des DGB hat nicht an der Konferenz teilgenommen. Kollege Kristoffersen hatte lediglich den Auftrag, noch vor der Konferenz unsere Auffassung gegenüber dem Vorsitzenden des Jugoslawischen Gewerkschaftsbundes darzustellen.

Ende der Sitzung: 15.55 Uhr.

Dokument 70

8. Juli 1980: Kurzprotokoll über die 22. Sitzung des Bundesvorstandes

Haus der Bank für Gemeinwirtschaft in Frankfurt/Main; Vorsitz: Heinz O. Vetter; Protokollführung: Isolde Funke[1]; Sitzungsdauer: 10.10–16.10 Uhr; ms. vermerkt: »Vertraulich«.[2]

Ms., hekt., 6 S., 1 Anlage.[3]

AdsD, DGB-Archiv, 5/DGAI000554.

Beginn der Sitzung: 10.10 Uhr.

Kollege *Vetter* eröffnet die 22. Sitzung des Bundesvorstandes in Frankfurt.

---

21 Die Blockfreien Gewerkschaftsbünde folgten damit der Politik des Singling outs Israels, die auch in den Vereinten Nationen vertreten wurde. Vgl. Feuerherdt/Markl: Vereinte Nationen gegen Israel.

Dok. 70

1 Ab der 22. Sitzung des Bundesvorstandes liegen keine Übertragungen aus dem Stenogramm mehr vor. Die Diskussionsverläufe lassen sich nur in wenigen Ausnahmefällen rekonstruieren, in denen längere handschriftliche Zusammenfassungen des Diskussionsverlaufs vorliegen.

2 Einladungsschreiben mit Tagesordnung vom 19.6.1980. Nicht anwesend: Leonhard Mahlein, Gerhard Leminsky, Heinz Vietheer (vertreten durch Günter Volkmar), Berthold Keller (vertreten durch Walter Schongen), Siegfried Bleicher (vertreten durch Fritz Hülsmann). AdsD, DGB-Archiv, 5/DGAI000505.

3 Anlage: Anwesenheitsliste.

Dokument 70   8. Juli 1980

Tagesordnung:
1. Volksfürsorge
2. Genehmigung des Protokolls der 21. Bundesvorstandssitzung
3. Wahlaufruf des DGB zur Bundestagswahl 1980
4. 1. Mai 1980
5. Büchergilde Gutenberg Verlagsgesellschaft mbH
6. Lage nach den Urteilen des Bundesarbeitsgerichts vom 10.6.1980 (Aussperrung)
7. Verschiedenes

1. Volksfürsorge

Kollege *Loderer* berichtet, daß bei der Volksfürsorge in der Diskussion ist, eine Berufsrechtschutzversicherung anzubieten.[4]

Er ist der Auffassung, daß Rechtschutzgewährung eine Domäne der gewerkschaftlichen Aufgabenstellung ist. Andere Versicherungen würden schon diese Geschäfte machen. Daher muß es im gewerkschaftlichen Bereich sehr sorgfältig geprüft werden.

Die Kollegen *Vetter, Muhr, Schwab, Kluncker* und *Loderer* erörtern kurz diese Problematik.

Kollege *Vater* trägt vor, daß er an der 12. Sitzung des Beirats der Volksfürsorge-Rechtschutzversicherung AG (VORAG), die am 30.5.1980 in Rottach-Egern stattfand, teilgenommen habe.[5] In dieser Sitzung wurde auch über die Aufnahme des Berufsrechtschutzes in das [!] Angebot der VORAG für Nichtgewerkschaftsmitglieder diskutiert. Nachdem die meisten Rechtschutz-Versicherungsunternehmen in der Bundesrepublik, die mit der VORAG konkurrieren, auch den Berufsrechtschutz anbieten, wurde nach dem Vortrag des Kollegen *Frank Göller*, Vorstandsmitglied der VORAG, vom Kollegen *Werner Schulz* die Frage aufgeworfen, ob es angesichts dieser Entwicklung noch richtig erscheint, daß die VORAG den Berufsrechtschutz generell aus ihrem Angebot ausklammert. Diese Frage wurde kontrovers diskutiert.

Der Beirat der VORAG war insgesamt der Auffassung, daß man dieses Thema einmal zum Gegenstand einer Erörterung im DGB-Bundesvorstand machen sollte.

Kollege Werner Schulz als Vorstandsvorsitzender der Unternehmensgruppe Volksfürsorge wurde gebeten, in dieser Sache einen entsprechenden Brief an Kollegen Heinz O. Vetter zu richten.[6]

---

4 Zum Tagesordnungspunkt wurde außerhalb des Protokolls eine Notiz verfasst, die den Verlauf der Diskussion wiedergibt. Dies geschah aufgrund der Bedeutung des Tagesordnungspunkts. Das Protokoll entspricht den Angaben in der Notiz. Vgl. Notiz, Bundesvorstand, 8.7.1980, Düsseldorf, 11.7.1980, AdsD, DGB-Archiv, 5/DGAI000505.

5 Vgl. Niederschrift zur 12. Sitzung des Beirats der Volksfürsorge Rechtsschutzversicherung AG am 30.5.1980, Rottach-Egern, o. O., o. D., AdsD, DGB-Archiv, 5/DGAI000506.

6 Vgl. die vier Anschreiben von Werner Schulz, die auf der 23. Sitzung des Bundesvorstandes am 2.9.1980 vorlagen: Werner Schulz, Vorsitzender der Vorstände Unternehmensgruppe Volksfürsorge, an Heinz O. Vetter, Vorsitzender des DGB, 14.7.1980, 5/DGAI000506.

Kollege *Vater* erklärt ausdrücklich, daß keine Beschlüsse über die Aufnahme des Berufsrechtschutzes im Angebot der VORAG gefaßt wurden. Im Gegenteil, es ist erst abzuwarten, bis der DGB-Bundesvorstand sich mit dieser Frage beschäftigt hat.

Kollege *Vetter* sagt zu, dieses Thema in der Bundesvorstandssitzung im September erneut zu behandeln.[7]

2. Genehmigung des Protokolls der 21. Bundesvorstandssitzung

Kollege *Kluncker* bittet, auf Seite 9, Tagesordnungspunkt 10. »Verschiedenes – g) Urteil des Bundesarbeitsgerichts zur Aussperrung«, beim zweiten Absatz einen Satz anzufügen.

Beschluß:
Der Bundesvorstand genehmigt das Protokoll der 21. Bundesvorstandssitzung mit folgender Ergänzung:
Auf Seite 9, Tagesordnungspunkt 10. »Verschiedenes – g) Urteil des Bundesarbeitsgerichts zur Aussperrung«, wird an den zweiten Absatz folgender Satz angefügt:
»Kollege Vetter sagt zu, daß auf dem ÖTV-Kongreß durch ein Mitglied des Geschäftsführenden Bundesvorstandes die Stellungnahme des DGB zur Aussperrung öffentlich vorgetragen wird.«

Die Kollegen *Muhr* und *Vetter* stellen klar, daß dies aus technischen Gründen nicht möglich war.[8]

3. Wahlaufruf des DGB zur Bundestagswahl 1980

Beschluß:
Der Bundesvorstand beschließt den vorgelegten Wahlaufruf des DGB zur Bundestagswahl 1980.[9]

4. 1. Mai

Kollege *Stephan* verweist auf seine Unterlage vom 19. Juni 1980 und auf den heute verteilten Überblick über die Veranstaltungen zum 1. Mai 1980, wobei sich die

---

7 Vgl. Dok. 72: Kurzprotokoll der 23. Sitzung des Bundesvorstandes am 2.9.1980, TOP 4.
8 Vgl. Dok. 69: Kurzprotokoll über die 21. Sitzung des Bundesvorstandes am 3.6.1980.
9 Der Wahlaufruf nahm Bezug auf die »Forderungen zur Bundestagswahl 1980«, mit denen der DGB die Parteien und die Bundestagskandidaten zur Stellungnahme und zur Verwirklichung dieser Forderungen nach der Wahl aufgerufen hatte. Vgl. [DGB-Bundesvorstand], Vorstandsbereich Heinz O. Vetter, Vorlage zur Beratung im Bundesvorstand, Wahlaufruf, beschlossen GBV am 23.6.1980, o. O., o. D.; Entwurf, Wahlaufruf des Deutschen Gewerkschaftsbundes zur Bundestagswahl 1980, AdsD, DGB-Archiv, 5/DGAI000505.

Zahl bei Baden-Württemberg für 1980 um 6.000 erhöht, da Mannheim nicht berücksichtigt worden ist.[10] Es ist sehr eingehend mit den Landesbezirksvorsitzenden diskutiert worden, auch über den alten Plan, in den Landesbezirken eine oder zwei zentrale Veranstaltungen durchzuführen. Es wurde die Auffassung vertreten, es bei der alten Form zu belassen, da sonst die Nebenstellen und Ortskartelle davon betroffen würden. Ferner wurde von Landesbezirksvorsitzenden darauf hingewiesen, daß das diesjährige Maiabzeichen (Nelke) sehr gut angekommen ist; der Verkaufserfolg war sehr groß. Man sollte die Nelke für die nächsten zwei Jahre wieder als Maiabzeichen nehmen, aber in einer anderen Form, eventuell weiße und rote.

An der anschließenden Diskussion beteiligen sich die Kollegen *Kluncker, Sierks, Hauenschild, Stephan, Loderer, Sickert, Zimmermann, G. Schmidt, Sperner, Schirrmacher* und *Vetter*. Es werden die Störungen bei Veranstaltungen im Freien und in Sälen sowie die gemachten Erfahrungen bei den diesjährigen Maiveranstaltungen erörtert. Man ist sich einig, daß die Organisation der Maiveranstaltungen, wo nötig, verbessert werden muß. Kollege *Schirrmacher* regt an, gegebenenfalls bei der Ordnerausbildung auf fachlich routinierte Mitglieder der Gewerkschaft der Polizei zurückzugreifen.

5. Büchergilde Gutenberg Verlagsgesellschaft mbH

Kollege *Vater* erläutert ausführlich die unterbreitete Vorlage über die augenblickliche Situation der Büchergilde Gutenberg.[11]

---

10 Die Abteilung Werbung – Medienpolitik wertete wie in den Jahren zuvor die Mai-Veranstaltungen auch 1980 aus. Bei rund 650 Mai-Veranstaltungen seien insgesamt 600.000 Teilnehmerinnen und Teilnehmer zu verzeichnen gewesen. Je nach örtlichen Gegebenheiten hätten die Veranstaltungen als Freiluftveranstaltungen oder als Veranstaltungen in geschlossenen Räumen stattgefunden. Bei einem Rückgang der absoluten Zahl an Veranstaltungen sei dennoch eine Erhöhung an Teilnehmerinnen und Teilnehmern zu beobachten gewesen. Störungen habe es vereinzelt durch KBW-Gruppen gegeben. Auch ausländische Arbeitnehmerinnen und Arbeitnehmer hätten sich vermehrt mit Transparenten, Gruppen und Flugblättern zu Wort gemeldet. Angefügt waren statistische Auswertungen. Die Abteilung Werbung – Medienpolitik bekräftigte die Beschlüsse des DGB-Bundesvorstands, die auch auf eine größere Kontrolle der Mai-Kundgebungen zielten und Störungsversuche zu unterbinden suchten. Vgl. DGB-Bundesvorstand, Abt. Werbung – Medienpolitik, 1. Mai, Düsseldorf, 19.6.1980; Anlage 1: Informationsdienst Abteilung Werbung – Medienpolitik, 1. Mai 1977, Nr. 23, 3.11.1976; [Beschluß] 25. Sitzung des Bundesvorstandes am 6.12.1977, Düsseldorf; DGB-Bundesvorstand, Abt. Werbung – Medienpolitik, 1. Mai 1980, Düsseldorf, Mai 1980, AdsD, DGB-Archiv, 5/DGAI000505.
11 Die Konsolidierung der Büchergilde war notwendig geworden, da diese bis 1979 einen Verlust von 2.500.000 DM ausgewiesen hatte. Der Bundesvorstand empfahl die Erhöhung des Kapitals der Büchergilde durch die Teilhaber DGB und IG Druck und Papier, die jeweils knapp die Hälfte des Stammkapitals der Büchergilde in Höhe von 1.520.000 DM hielten, ein dritter Anteilseigner fiel vom Kapitalvolumen her nicht ins Gewicht. Es wurde über eine Kooperation mit der Bertelsmanngruppe nachgedacht. Als Zeitraum der Konsolidierung des Verlags nahm der Bundesvorstand eine Phase von vier bis fünf Jahren an. Vgl. [DGB-Bundesvorstand], Vorstandsbereich Gerhard Vater, Vorlage zur Beratung im Bundesvorstand, Büchergilde Gutenberg Verlagsgesellschaft mbH, beschlossen GBV am 16.6.1980, o. O., o. D.; Anlage zur Beschlußvorlage an den Geschäftsführenden Bundesvorstand zum 16.6.1980 o. O., o. D., AdsD, DGB-Archiv, 5/DGAI000505.

In der anschließenden Diskussion, an der sich die Kollegen *Stephan, Ferlemann, Vetter, Sperner, Vater, Loderer, Georgi, Kluncker, A. Schmidt, Hauenschild, Fehrenbach, Döding, Schirrmacher, Schumacher, Horné, Frister* und *Haar* beteiligen, werden die Situation der Büchergilde Gutenberg und die eventuellen Lösungsmöglichkeiten erörtert. Kollege *Ferlemann* gibt den Beschluß seines Hauptvorstandes bekannt und erläutert ihn.

Der Geschäftsführer der Büchergilde Gutenberg, Kollege *Schumacher*, berichtet eingehend über die Situation der Büchergilde und zeigt die Lösungsmöglichkeiten auf.

Kollege *Vetter* stellt abschließend die Meinung des Bundesvorstandes fest, daß die Büchergilde Gutenberg eigenständig bestehen bleiben soll. Die Verluste werden von den bisherigen Gesellschaftern DGB und IG Druck und Papier ausgeglichen. Das erforderliche neue Kapital wird von den Gewerkschaften und g[egebenenfalls] von der BGAG aufgebracht, wobei die BGAG die Kontrollfunktion übernehmen soll.

6. Lage nach den Urteilen des Bundesarbeitsgerichts vom 10.6.1980 (Aussperrung)

Die Kollegen *Muhr, Richert, Vetter, Kluncker, Sierks, Hauenschild, Frister, Sperner, Schwab, Haar, Ferlemann, Loderer* und *Schirrmacher* diskutieren über die augenblickliche Situation nach den Urteilen des Bundesarbeitsgerichts vom 10.6.1980 zur Aussperrung.[12]

Beschluß:
Der Bundesvorstand ist der Auffassung, daß die weiteren Urteile des Bundesarbeitsgerichts, die im September anstehen, abgewartet werden sollen, um dann festzulegen, welche weiteren Schritte gegebenenfalls unternommen werden sollen.

Ferner bekräftigt der Bundesvorstand noch einmal seine Formulierung eines generellen Verbots der Aussperrung, wie im Aktionsprogramm und in den Wahlprüfsteinen niedergelegt.[13]

---

12 Das Bundesarbeitsgericht hatte am 10.6.1980 entschieden, dass ein generelles Aussperrungsverbot mit den tragenden Grundsätzen des Tarifrechts nicht vereinbar sei. Das gelte auch für das Aussperrungsverbot in der Hessischen Landesverfassung. Vgl. BAGE, 1 AZR 822/79 vom 10.6.1980; Ulrike Wendeling-Schröder: Die Entscheidungen des Bundesarbeitsgerichts zur Aussperrung aus der Sicht der Gewerkschaften, in: Die Mitarbeit 30, 1981, H. 1, S. 28-36.

13 Der DGB bekräftigte im Aktionsprogramm '79 seine Bereitschaft zum Kampf gegen die Aussperrung mit dem Ziel ihres endgültigen Verbots als Arbeitskampfmaßnahme. Hintergrund waren nicht nur allgemeine tarifpolitische Überzeugungen, sondern auch die vorangegangenen tarifpolitischen Erfahrungen insbesondere der IG Druck und Papier, die in ihrem Arbeitskampf 1978, mit der sie einen wirksamen Rationalisierungsschutz erkämpfen wollte, von umfassenden Aussperrungsmaßnahmen der Arbeitgeber betroffen war. Auch aus diesem Grund nahm der DGB das Verbot der Aussperrung in den Forderungskatalog seiner Wahlprüfsteine auf und betrachtete die Aussperrung als unzulässigen Eingriff in die Tarifautonomie. Vgl. Aktionsprogramm '79, S. 5, Wahlprüfsteine, Prüfstein 9: Tarifautonomie.

7. Verschiedenes

a) Montan-Mitbestimmung

Kollege *Loderer* berichtet ausführlich über die augenblickliche Situation in der Angelegenheit »Mannesmann – Montan-Mitbestimmung«.

An der anschließenden Diskussion beteiligen sich die Kollegen *Vetter, Hauenschild* und *Loderer*.

Kollege *Vetter* stellt abschließend fest, daß die nächste Verhandlung der IG Metall mit der Mannesmann AG abgewartet werden muß, um dann gegebenenfalls die nächsten Schritte festzulegen.[14]

b) Kindergeld für ausländische Arbeitnehmer: Erklärung des Bundesvorstandes

Nach kurzer Diskussion, an der sich die Kollegen *Schwab, Sickert* und *Frister* beteiligen, *beschließt* der Bundesvorstand nachstehende Erklärung:

»Im Zusammenhang mit den Plänen der Bundesregierung zur Anhebung des Kindergeldes erneuert der DGB-Bundesvorstand seine Forderung nach Gleichstellung der Kinder ausländischer Arbeitnehmer, die noch im Heimatland der Eltern leben.

Als Übergangslösung ist die Anhebung des niedrigeren Kindergeldes für diese Kinder im gleichen Verhältnis der letzten und jetzt beabsichtigten Steigerung des Kindergeldes wie für die in der Bundesrepublik Deutschland lebenden Kinder unerläßlich.

Der DGB-Bundesvorstand fordert den Deutschen Bundestag und die Bundesregierung auf, durch eine solche Entscheidung die Benachteiligung eines Teiles der Kinder ausländischer Arbeitnehmer zu beseitigen. Damit würde ein maßgeblicher Grund für die weitere Zuwanderung und Erhöhung der Zahl der ausländischen Wohnbevölkerung entfallen und auch ein wesentlicher Schritt zur Verhinderung eines weiteren Anwachsens der Schul- und Ausbildungsprobleme der Kinder ausländischer Arbeitnehmer getan.«

c) Gehälter der Vorsitzenden

Kollege *Vetter* erinnert an sein Schreiben vom 30.6.1980 über die Frage der »Zeit« zu den Gehältern der Vorsitzenden.[15]

---

14 Vgl. Dok. 71: Kurzprotokoll über die Sondersitzung des Bundesvorstandes am 25.8.1980, TOP 1.
15 Anlass war ein Artikel über den NGG-Vorsitzenden Günter Döding im STERN vom Mai 1980. Die ZEIT-Journalistin Stefanie von Viereck nahm diesen Artikel, in dem auch das Jahresgehalt des Gewerkschaftsvorsitzenden genannt wurde und seine Wohnverhältnisse als bescheiden thematisiert wurden, zum Anlass, eine Umfrage unter Spitzenvertretern der Wirtschaft, Managern wie Gewerkschaften, über deren Einkommensverhältnisse anzustellen. Sie veröffentlichte den auf der Umfrage basierenden Artikel am 22.8.1980. Unter anderem hatten die Vorsitzenden von IG Metall, IG CPK, der HBV, der ÖTV und der GTB Bereitschaft bekundet, die Spitzengehälter anzugeben. Vgl. Gewerkschaften, Ein Funktionär für alle Fälle, STERN, 22.5.1980; Stefanie von Viereck, Gehälter: Was verdienen die Bosse von Unternehmen und Gewerkschaften?, Die ZEIT, 22.8.1980; DGB-Pressestelle, Wolfgang Bock, an Koll[egen] Heinz O. Vetter, Düsseldorf, 23.6.1980; [Fernschreiben], Die ZEIT, Stefanie von Viereck, an die DGB-Pressestelle, [Wolfgang] Bock, 23.6.1980, AdsD, DGB-Archiv, 5/DGAI000505.

Die Mitglieder des Bundesvorstandes sind der Auffassung, daß jeder für sich die Anfrage beantworten sollte.

Mittagspause: 14.25 bis 15.25 Uhr.

d) Geschäftsverteilung des Geschäftsführenden Bundesvorstandes
Kollege *Vetter* teilt mit, daß der Geschäftsführende Bundesvorstand im Rahmen seiner Beratungen über die Geschäftsverteilung beschlossen hat, daß die Kollegin Irmgard Blättel die Abteilungen Frauen und Arbeiter-Handwerk übernimmt, während die Kollegin Maria Weber die Abteilung Tarifpolitik übernimmt.
Der Bundesvorstand nimmt diese Geschäftsverteilung des Geschäftsführenden Bundesvorstandes zur Kenntnis.

e) Gewerkschaft HBV
Kollege *Volkmar* gibt einen ausführlichen Bericht über die eingetretene Situation der Gewerkschaft HBV in Oldenburg und sagt einen schriftlichen Bericht zu.
An der anschließenden Diskussion beteiligen sich die Kollegen *Ferlemann, Hauenschild, Kluncker, Drescher, Döding, Vetter* und die Kollegin *Weber*.
Kollege *Vetter* erinnert abschließend daran, daß in der Septembersitzung des Bundesvorstandes eine allgemeine Diskussion geführt werden soll.[16]

Ende der Sitzung: 16.10 Uhr.

Dokument 71

25. August 1980: Kurzprotokoll über die Sondersitzung des Bundesvorstandes

Hans-Böckler-Haus in Düsseldorf; Vorsitz: Heinz O. Vetter; Protokollführung: Isolde Funke, Astrid Zimmermann; Sitzungsdauer: 12.15–15.30 Uhr; ms. vermerkt: »Vertraulich«.[1]

Ms., hekt., 2 S., 3 Anlagen.[2]
AdsD, DGB-Archiv, 5/DGAI000554.

Beginn der Sitzung: 12.15 Uhr.

---

16 Vgl. Dok. 72: Kurzprotokoll der 23. Sitzung des Bundesvorstandes am 2.9.1980, TOP 2.
Dok. 71
1 Vgl. Fernschreiben an die Mitglieder des Bundesvorstandes, [18.8.1980], AdsD, DGB-Archiv, 5/DGAI000506.
2 Anlagen: Anwesenheitsliste; vgl. DGB-Bundesvorstand zu den Ereignissen in Polen, DGB-Nachrichten-Dienst, 183/80, 25.8.1980; Erklärung des DGB-Bundesvorstandes zur Sicherung der Montanmitbestimmung bei Mannesmann, DGB-Nachrichten-Dienst, 184/80, 25.8.1980.

Dokument 71   25. August 1980

Kollege *Vetter* eröffnet die Sondersitzung des Bundesvorstandes in Düsseldorf.

Tagesordnung:
1. Sicherung der Montan-Mitbestimmung
2. Erklärung zur Situation in Polen
3. Spitzengespräch mit den Arbeitgebern

1. **Sicherung der Montan-Mitbestimmung**

Kollege *Loderer* gibt einen eingehenden Bericht über den augenblicklichen Stand der Situation zur Sicherung der Montan-Mitbestimmung bei Mannesmann.[3]
Die Kollegen *Vetter, Hauenschild, A. Schmidt, Loderer, Hoffmann, Haar, G. Schmidt, Muhr, Horné, Fehrenbach, Schwab, Ferlemann, Keller, Sperner* und die Kollegin *Weber* diskutieren ausführlich über diese Angelegenheit. Sie erklären sich solidarisch mit der IG Metall. Die unterbreitete Tischvorlage ist als internes Arbeitspapier anzusehen. Es ist daran gedacht, einen Mitgliederbrief ähnlich wie in Sachen Aussperrung herauszugeben.

Beschluß:
Der Bundesvorstand stellt seine Auffassung in einer »Erklärung des DGB-Bundesvorstandes zur Sicherung der Montan-Mitbestimmung bei Mannesmann« dar (s. Anlage).[4]

2. **Erklärung zur Situation in Polen**

Die Kollegen *Loderer, Vetter, Sickert, Hauenschild, Horné* und *Sperner* diskutieren über den vorgelegten Entwurf einer Erklärung zur Situation in Polen.

---

3   Die Mannesmann AG hatte die Unternehmensmitbestimmung angegriffen, indem sie versuchte, die Muttergesellschaft aus dem Geltungsbereich des Montanmitbestimmungsgesetzes herauszulösen. Sie führte im Aufsichtsrat einen entsprechenden Beschluss mit Unterstützung des »neutralen« Stimmhalters herbei, mit dem sie die Arbeitnehmervertreter in der bislang montanmitbestimmten Holding im Aufsichtsrat überstimmte. Die IG Metall reagierte mit machtvollen Demonstrationen darauf und erwirkte Gespräche mit der Mannesmann AG Ende August 1980 sowie eine Gesetzesinitiative der SPD. Vgl. auch Müller-Jentsch: Gewerkschaftliche Politik in der Wirtschaftskrise II, S. 409. Vgl. [DGB-Bundesvorstand], Vorstandsbereich Vorsitzender, Tischvorlage zur Beratung im Bundesvorstand, Sicherung der Montanmitbestimmung bei Mannesmann, Düsseldorf, 25.8.1980, AdsD, DGB-Archiv, 5/DGAI000506.
4   Der DGB-Bundesvorstand wertete die Aktivitäten der Mannesmann AG als einen folgenschweren Angriff auf die Montanmitbestimmung. Er berief sich auf den breiten politischen Rückhalt, den die Mitbestimmung bei allen Parteien genieße. Den Versuch der Aushebelung des Montanmitbestimmungsgesetzes betrachtete er als einen schwerwiegenden Angriff auf den sozialen Frieden, der die Grundlagen der sozialen Demokratie infrage stelle. Vgl. Erklärung des DGB-Bundesvorstandes zur Sicherung der Montanmitbestimmung bei Mannesmann, DGB-Nachrichten-Dienst, 184/80, 25.8.1980, AdsD, DGB-Archiv, 5/DGAI000506.

Beschluß:
Der Bundesvorstand verabschiedet eine Erklärung »DGB-Bundesvorstand zu den Ereignissen in Polen« (s. Anlage).[5]

3. Spitzengespräch mit den Arbeitgebern

Die Kollegen *Vetter, Keller, Muhr, Hauenschild, Loderer, Sperner, Hoffmann, Haar* und die Kollegin *Weber* erörtern das für den Abend vorgesehene Spitzengespräch mit den Arbeitgebern und das Verhalten der DGB-Vertreter.

Der Bundesvorstand ist mit dem vorgetragenen Verfahren, daß wegen des Verhaltens des Präsidenten der BDA, z. B. in einem Interview, der Abbruch des Gesprächs in Erwägung gezogen wird, einverstanden.[6]

Ende der Sitzung: 15.30 Uhr.

---

5   Der DGB-Bundesvorstand gab an, die Ereignisse und die Streikbewegung in Polen aufmerksam zu verfolgen. Er betonte, dass die Ereignisse belegten, dass unabhängige Gewerkschaften in keinem Wirtschafts- und Gesellschaftssystem überflüssig seien, denn ausschließlich unabhängige Gewerkschaften könnten die »Wahrung der Interessen der Arbeitnehmer« garantieren. Der DGB bekräftigte, dass er das kommunistische Gesellschaftssystem ablehne. Seine Kontakte zu Arbeitnehmerorganisationen kommunistisch regierter Länder bezeichnete er als ausschließlich dem Ziel der Sicherung des Friedens und der Entspannungspolitik dienend. Gewerkschaftspolitisch forderte der DGB eine Lösung des Konflikts, die den polnischen Arbeiterinnen und Arbeitern gewerkschaftliche Rechte und Freiheiten bringe, wie sie den Übereinkommen der ILO entsprächen. Der DGB rief deshalb beide Seiten zum Dialog und zum Verzicht auf Gewalt auf und hob das »disziplinierte Verhalten der Streikenden« besonders hervor. Trotz seiner politisch entschieden parteilichen Stellungnahme lehnte der DGB es ab, die Ereignisse in Polen zu einem Thema des Bundestagswahlkampfs zu machen, um zu vermeiden, dass sich politische Interventionen von außen zu einem Vorwand für Repressionen gegen die Streikenden und die polnische Bevölkerung entwickeln könnten. Vgl. DGB-Bundesvorstand zu den Ereignissen in Polen, DGB-Nachrichten-Dienst, 183/80, 25.8.1980, AdsD, DGB-Archiv, 5/DGAI000506.
6   Anlass war das Interview mit Otto Esser, dem Präsidenten der Bundesvereinigung der Deutschen Arbeitgeberverbände, das als Interview der Woche im Deutschlandfunk am 24.8.1980 gesendet wurde. Darin verlieh er seiner Ablehnung der Erweiterung der Regelungen der Montanmitbestimmung entschiedenen Ausdruck. Vgl. Interview der Woche im Deutschlandfunk mit Otto Esser, Präsident der Bundesvereinigung der Deutschen Arbeitgeberverbände, Sperrfrist Sonntag, 24.8.1980, 11 Uhr 30, AdsD, DGB-Archiv, 5/DGAI000506.

Dokument 72

2. September 1980: Kurzprotokoll der 23. Sitzung des Bundesvorstandes

Hans-Böckler-Haus in Düsseldorf; Vorsitz: Heinz O. Vetter; Protokollführung: Isolde Funke, Astrid Zimmermann; Sitzungsdauer: 10.20–16.35 Uhr; ms. vermerkt: »Vertraulich«.[1]

Ms., hekt., 8 S., 3 Anlagen.[2]
AdsD, DGB-Archiv, 5/DGAI000506.

Beginn der Sitzung: 10.20 Uhr.

Kollege *Vetter* eröffnet die 23. Sitzung des Bundesvorstandes in Düsseldorf.

Tagesordnung:
1. Genehmigung des Protokolls der 22. Bundesvorstandssitzung
2. Allgemeine gewerkschaftspolitische Lage in der Bundesrepublik
3. Montan-Mitbestimmung
4. Rechtsschutzversicherung der Volksfürsorge
5. Gehaltsrunde 1980/81
6. Erklärung des DGB zur Situation in Polen
7. Kieler Woche 1981
8. Veränderungsmitteilungen – Landesbezirksvorstände
9. Nachwahl in den Beirat der Bund-Verlag GmbH
10. Nachwahl für die Haushaltskommission
11. Nachwahl für den Beirat der VTG
12. Jugendpolitik
13. Verschiedenes

1. Genehmigung des Protokolls der 22. Bundesvorstandssitzung

Beschluß:
Der Bundesvorstand genehmigt das Protokoll der 22. Bundesvorstandssitzung.

Dok. 72
1 Einladungsschreiben vom 14.7.1980 und Tagesordnung vom 11.8.1980. AdsD, DGB-Archiv, 5/DGAI000506.
2 Anlagen: Anwesenheitsliste; vgl. Dok. 74: Erklärung des Bundesvorstandes des DGB zur Sicherung der Montanmitbestimmung, DGB-Nachrichten-Dienst, 192/80, 2.9.1980; Dok. 73: Erklärung des DGB-Bundesvorstandes zum Abschluss des Streiks in Polen, DGB-Nachrichten-Dienst, 191/80, 2.9.1980.

2. Allgemeine gewerkschaftspolitische Lage in der Bundesrepublik

Kollege *Vetter* erinnert daran, daß unter diesem Punkt die Kontroversen zu den Wahlprüfsteinen und Gewerkschaft HBV zu sehen sind.

An der anschließenden Diskussion beteiligen sich die Kollegen *Keller, Sperner, Vetter, Kluncker, Mahlein, Volkmar* und *Sickert*.[3]

Beschluß:
Der Bundesvorstand kommt überein, diese Probleme in einer Sitzung des Geschäftsführenden Bundesvorstandes mit den Vorsitzenden der Gewerkschaften zu behandeln.[4]

3. Montan-Mitbestimmung

Kollege *Loderer* berichtet eingehend über die augenblickliche Situation zur Sicherung der Montan-Mitbestimmung bei Mannesmann, insbesondere nach den Gesprächen am 27.8.1980 mit Vertretern der Mannesmann AG und am 28.8.1980 mit Vertretern der FDP.[5]

Die Mitglieder des Bundesvorstandes diskutieren über mögliche Schritte zur Sicherung der Montan-Mitbestimmung und über den vorgelegten Entwurf einer Erklärung des Bundesvorstandes.

---

3 Aufgrund des Fehlens der Übertragung aus dem Stenogramm seit der 22. Bundesvorstandssitzung kann über den Verlauf der Diskussion keine Angabe gemacht werden. Anlass der Diskussion war Heinz Oskar Vetters Teilnahme an einer Sitzung des Parteivorstands der SPD, bei der auch die Wahlprüfsteine des DGB thematisiert wurden.
4 Der Verlauf dieser Sondersitzung ist genauer protokolliert. Vgl. Dok. 75: Sitzung des Geschäftsführenden Bundesvorstands mit den Gewerkschaftsvorsitzenden am 6.10.1980.
5 Der Verlauf dieses Gesprächs ist einer handschriftlichen Notiz über die Behandlung des Tagesordnungspunkts zu entnehmen. Hierzu wird auch über den Verlauf eines Spitzengesprächs der IG Metall mit der FDP berichtet. Der Mitbestimmungskonflikt war von der Mannesmann AG provoziert worden. Sie hatte interne Umstrukturierungen zum Anlass genommen, die Konzernholding aus dem Geltungsbereich der Montanmitbestimmung herauszulösen, was ihr durch die Zustimmung des »neutralen« Stimmhalters im Aufsichtsrat gelang. Darauf kam es zu Protestdemonstrationen, an denen sich 50.000 Stahlarbeiter beteiligten, und die IG Metall forderte von der sozial-liberalen Bundesregierung ein Mitbestimmungssicherungsgesetz. Einem von der SPD vorgelegten Gesetz verweigerte die FDP schließlich die Zustimmung, im April des Jahres 1981 wurde lediglich eine Übergangsregelung verabschiedet, die für die folgenden sechs Jahre die Montanmitbestimmung auch dann sicherte, wenn die gesetzlichen Voraussetzungen dafür wegfielen. Vgl. Müller-Jentsch: Gewerkschaftliche Politik in der Wirtschaftskrise II, S. 409. Zu den vorausgehenden Angriffen der Unternehmerseite auf die Montanmitbestimmung und deren Absicherung vgl. Müller: Strukturwandel und Arbeitnehmerrechte, sowie Lauschke: Die halbe Macht.

Beschluß:
Der Bundesvorstand beschließt eine »Erklärung des Bundesvorstandes des DGB zur Sicherung der Montan-Mitbestimmung« (s. Anlage).[6]

4. Rechtsschutzversicherung der Volksfürsorge

Kollege *Muhr* verweist auf seine Vorlage und erläutert sie kurz.[7]

An der anschließenden Diskussion beteiligen sich die Kollegen *Breit, Muhr, Loderer, Sperner, Georgi, Vater, Haar, Kluncker, Hauenschild, Schirrmacher* und die Kollegin *Weber*. Sie sprechen sich gegen eine Ausweitung des Rechtsschutzangebots der Volksfürsorge aus, da der Rechtsschutz vom DGB wahrgenommen wird und von gewerkschaftspolitischer Bedeutung ist.

Kollege *Werner Schulz*, Vorsitzender des Vorstandes der Unternehmensgruppe Volksfürsorge, erläutert die Ausgangslage in der Beiratssitzung der VORAG und verweist auf sein Schreiben an den Kollegen Vetter. Die Volksfürsorge Rechtsschutzversicherung ist der einzige Versicherer, der keinen Arbeits- und Sozialrechtsschutz anbietet. Die Volksfürsorge will aber unter gar keinen Umständen gewerkschaftliche Rechtsschutzinteressen verletzen. Sie ist sich der Problematik bewußt. Deshalb wurde auch diese Angelegenheit an den DGB-Bundesvorstand herangetragen.

In der anschließenden Diskussion, an der sich die Kollegen *Kluncker, Schulz, Haar, Sperner, Georgi* und die Kollegin *Weber* beteiligen, wird noch einmal die Auffassung des Bundesvorstandes dargelegt, daß sich der Bundesvorstand gegen eine Ausweitung des Rechtsschutzangebots der Volksfürsorge ausspricht.

Kollege *Schulz* sagt zu, daß die Volksfürsorge wie bisher verfahren wird.

---

6 Der DGB-Bundesvorstand stellte sich hinter die Montanmitbestimmung und verurteilte den Angriff der Mannesmann AG auf die Montanmitbestimmung. Der DGB betrachtete dies als Element der Unternehmerstrategie, Teile der Unternehmen aus dem Geltungsbereich der Montanmitbestimmung herauszulösen und jene so zu unterlaufen. Der DGB begrüßte den Gesetzesvorschlag der SPD und den Erfolg der Sozialausschüsse der CDU, die CDU/CSU auf eine Fortsetzung der Montanmitbestimmung festzulegen. Vgl. Erklärung des Bundesvorstandes des DGB zur Sicherung der Montanmitbestimmung, DGB-Nachrichten-Dienst, 192/80, 2.9.1980, AdsD, DGB-Archiv, 5/DGAI000506.

7 Gerd Muhr teilte den Bundesvorstandskollegen die Beobachtung des deutschen Anwaltsblatts vom Juni 1980 mit, dass der Anteil gewerkschaftlich vor Gericht vertretener Arbeitnehmerinnen und Arbeitnehmer 1954 noch 33,2 % betrug und nur 28 % anwaltlich vertreten wurden, im Jahr 1978 die gewerkschaftliche Vertretung jedoch auf 21 % gefallen, die anwaltliche hingegen auf 49 % gestiegen war. Muhr diskutierte diese Zahlen vor dem Hintergrund DGB-eigener Beobachtungen, die andere Zahlenverhältnisse wiedergaben. Dennoch war dieses »Konkurrenzverhältnis« die Grundlage für die Diskussion im Bundesvorstand, ob das gemeinwirtschaftliche Unternehmen Volksfürsorge eine Rechtsschutzversicherung in arbeitsrechtlicher Hinsicht anbieten sollte oder ob die Gewährung von Rechtsschutz für Gewerkschaftsmitglieder unter gewerkschaftlicher Hoheit bleiben sollte. Vgl. Gerd Muhr, Stellvertretender Vorsitzender des DGB, an die Mitglieder des Bundesvorstandes, Volksfürsorge Rechtsschutzversicherung, Düsseldorf, 26.8.1980; vgl. die vier Anschreiben von Werner Schulz, Vorsitzender der Vorstände Unternehmensgruppe Volksfürsorge, an Heinz O. Vetter, Vorsitzender des DGB, 14.7.1980, 5/DGAI000506.

5. Gehaltsrunde 1980/81

Kollege *G. Schmidt* erläutert kurz die Vorlage und bittet um entsprechende Beschlußfassung.[8]

Beschluß:
Der Bundesvorstand beschließt, dem Bundesausschuß eine allgemeine Gehaltserhöhung für die Beschäftigten des DGB von 6,5 % ab 1.7.1980 mit einer Laufzeit von 12 Monaten zur Zustimmung gemäß § 8 Ziffer 3 i) der Satzung zu empfehlen.

6. Erklärung des DGB zur Situation in Polen

Die Kollegen *Vetter, Hauenschild, Lojewski, Loderer, Keller, Kluncker, Frister, Muhr, Sickert, Alker, Schirrmacher, Schwab* und die Kollegin *Weber* diskutieren über die derzeitige Situation in Polen und über Einzelheiten für eine Erklärung des Bundesvorstandes.

Beschluß:
Der Bundesvorstand verabschiedet eine »Erklärung des DGB-Bundesvorstandes zum Abschluß des Streiks in Polen« (s. Anlage).

7. Kieler Woche 1981

Beschluß:
Der Bundesvorstand beschließt, im Rahmen der Kieler Woche 1981 folgende Sitzungen nach Kiel zu verlegen:[9]

Montag, 22.6.1981	9.00 Uhr	GBV-Sitzung
	15.00 Uhr	GBV/Landesbezirksvorsitzende
Dienstag, 23.6.1981	10.00 Uhr	BV-Sitzung

---

8   Der Beschluss folgte der Vorlage. Der Geschäftsführende Bundesvorstand hatte gemeinsam mit dem Gesamtbetriebsrat für den Gehaltsabschluss 1980 und für zukünftige Gehaltsabschlüsse (mit einer Probezeit von zwei Jahren) vereinbart, dass sie sich am Durchschnitt der Gehaltserhöhungen in den DGB-Mitgliedsgewerkschaften orientieren sollten. Der Beschlussvorlage ist eine Übersicht über die Gehaltserhöhungen in den Einzelgewerkschaften beigegeben. Vgl. [DGB-Bundesvorstand], Vorstandsbereich Gerhard Schmidt, Vorlage zur Beratung im Bundesvorstand, Gehaltsabschluß 1980/81 für die Beschäftigten des DGB, o. O., 29.7.1980, AdsD, DGB-Archiv, 5/DGAI000506.

9   Der Geschäftsführende Bundesvorstand hatte am 15.1.1979 die Beteiligung an der Kieler Woche 1981 beschlossen. Es waren Beiträge und Beteiligungen der Ruhrfestspiele, der GEW und der Berufsverbände Bildender Künstler in der Gewerkschaft Kunst (BBK) im Rahmen der Kieler Woche vorgesehen, die 1981 insgesamt auch neben anderen einen bildungspolitischen Schwerpunkt haben sollte. Vgl. [DGB-Bundesvorstand], Vorstandsbereich Karl Schwab, Vorlage zur Beratung im Geschäftsführenden Bundesvorstand, Bundesvorstand, Kieler Woche 1981, beschlossen GBV am 7.7.1980, o. O., 24.6.1980, AdsD, DGB-Archiv, 5/DGAI000506.

Mittwoch, 24.6.1981	10.00 Uhr Gemeinsame Sitzung des Bildungspolitischen und des Berufsbildungspolitischen Ausschusses
Donnerstag, 25.6.1981	9.00 Uhr Bildungspolitischer Ausschuß
	9.00 Uhr Berufsbildungspolitischer Ausschuß

Außerdem beschließt der Bundesvorstand, daß die Vorbereitungen für einen Empfang am Sonntag, dem 21.6.1981, getroffen werden und die Einladung zur Teilnahme des Bundesvorstandes an einer Regattabegleitfahrt am Mittwoch, dem 24.6.1981, angenommen wird.

Einzelheiten der technischen Abwicklung soll die Abteilung Organisation mit dem Landesbezirk Nordmark und dem Kreis Kiel-Plön klären.

8. Veränderungsmitteilungen – Landesbezirksvorstände

Kollege *Schwab* verweist auf die beiden Vorlagen. Gleichzeitig bittet er den Bundesvorstand um Zustimmung zu einem Vorsorgebeschluß des Bundesausschusses hinsichtlich der Bestätigung des Vorsitzenden des GEW-Landesverbandes Berlin, Kollegen Gerhard Schmidt.

Beschluß:
Der Bundesvorstand schlägt dem Bundesausschuß vor, folgende Kollegen zu bestätigen:
Otto Mattes (Leder) als Mitglied des Landesbezirksvorstandes Baden-Württemberg;
Josef Huber (DPG) als ständigen Vertreter für den Kollegen Leo Geißl im Landesbezirksvorstand Bayern;
Ernst Lipski (Drupa) als ständigen Vertreter für den Kollegen Gerd Ballentin,
Jürgen Jankowski (HBV) als ständigen Vertreter für den Kollegen Wolfgang Stein,
Bernhard Mensch (Kunst) als ständigen Vertreter für den Kollegen Günter Marquard und
Hans Groß (Leder) als ständigen Vertreter für den Kollegen Günter Busack im Landesbezirksvorstand Berlin;
Ernst Kersting (Drupa) als Mitglied,
Franz-Josef Köppler (HBV) als Mitglied und
Josef Stark (DPG) als Mitglied des Landesbezirksvorstandes Hessen;
Uwe Körner (Drupa) als Mitglied,
Walter Lohmann (GdED) als Mitglied,
Lothar Hüneke (GEW) als Mitglied und
Hans Lederer (Kunst) als Mitglied des Landesbezirksvorstandes Nordmark;
Dieter Smyczek (BSE) als Mitglied und
Paul Unger (GEW) als Mitglied im Landesbezirksvorstand Rheinland-Pfalz.

Ferner empfiehlt der Bundesvorstand dem Bundesausschuß, den Vorsitzenden des GEW-Landesverbandes Berlin, Kollegen Gerhard Schmidt, als Mitglied des DGB-Landesbezirksvorstandes Berlin zu bestätigen unter dem Vorbehalt, daß der DGB-Landesbezirksvorstand Berlin in seiner Sitzung am 19.9.1980 dem Antrag des Hauptvorstandes der Gewerkschaft Erziehung und Wissenschaft vom 14.7.1980 zustimmt.[10]

9. Nachwahl in den Beirat der Bund-Verlag GmbH

Beschluß:
Der Bundesvorstand wählt für den ausgeschiedenen Kollegen Gerhard van Haaren den Kollegen Helmut Teitzel in den Beirat der Bund-Verlag GmbH.[11]

10. Nachwahl für die Haushaltskommission

Beschluß:
Der Bundesvorstand wählt für den ausgeschiedenen Kollegen Gerhard van Haaren den Kollegen Helmut Teitzel in die Haushaltskommission.[12]

11. Nachwahl für den Beirat der VTG

Beschluß:
Für die ausgeschiedenen Beiratsmitglieder Gerhard van Haaren und Martin Heiß wählt der Bundesvorstand die Kollegin Irmgard Blättel und den Kollegen Helmut Teitzel in den Beirat der VTG.

---

10 Vgl. [DGB-Bundesvorstand], Vorstandsbereich Karl Schwab, Vorlage zur Beratung im Geschäftsführenden Bundesvorstand, Bundesvorstand, Bundesausschuß, Veränderungsmitteilungen Landesvorstände, o. O., o. D., AdsD, DGB-Archiv, 5/DGAI000506.
11 Für das ausscheidende Mitglied Gerhard van Haaren war eine Nachwahl notwendig. Dem Beirat der gewerkschaftseigenen Bund-Verlag GmbH gehörten ausgewählte Mitglieder des Geschäftsführenden Bundesvorstands und ausgewählte Vorsitzende der Einzelgewerkschaften an. Vgl. [DGB-Bundesvorstand], Vorstandsbereich Finanzen, Gerhard Vater, Vorlage zur Beratung im Geschäftsführenden Bundesvorstand, Bundesvorstand, Nachwahl in den Beirat der Bund-Verlag GmbH, beschlossen GBV am 21.7.1980, AdsD, DGB-Archiv, 5/DGAI000506.
12 Für das ausscheidende Mitglied Gerhard van Haaren war auch hier eine Nachwahl notwendig. Vgl. [DGB-Bundesvorstand], Vorstandsbereich Finanzen, Gerhard Vater, Vorlage zur Beratung im Geschäftsführenden Bundesvorstand, Bundesvorstand, Nachwahl für die Haushaltskommission, beschlossen GBV am 21.7.1980, o. O., o. D., AdsD, DGB-Archiv, 5/DGAI000506.

12. Jugendpolitik

Kollege *Schwab* bezieht sich bei seinen Ausführungen auf sein Schreiben vom 8.11.1979, in dem er über den seinerzeitigen Stand der gewerkschaftlichen Jugendarbeit berichtete. Demgemäß wurde Kollege Brauser bis zur Neubestellung eines DGB-Jugendsekretärs mit der Koordinierung der Arbeit in der Abteilung Jugend betraut.

Kollege *Schwab* erklärt weiter, daß in der zweiten Sitzung der für die Jugendarbeit zuständigen Vorstandsmitglieder am 23.5.1980 in Frankfurt/Main eine Arbeitsgruppe gebildet wurde, die sich mit den dort vorgelegten Papieren befassen sollte und den Auftrag erhielt, ein Papier zu erstellen, auf das sich alle Gewerkschaften einigen können. Diese Arbeitsgruppe tagte am 3.7.1980 in Düsseldorf und legte fest, daß bis Mitte August eine überarbeitete Fassung des Papiers zur gewerkschaftlichen Jugendarbeit erstellt werden soll. Dies ist mittlerweile geschehen. Das überarbeitete Papier sollte in der Arbeitsgruppensitzung am 2./3.9.1980 verabschiedet werden. Die sehr schwierige Zusammenarbeit mit den Kollegen der IG Metall in dieser Sache hat dieses Vorhaben leider scheitern lassen, so daß dieses Papier erst zu einem späteren Zeitpunkt von der Arbeitsgruppe verabschiedet werden kann, um anschließend den für Jugendarbeit zuständigen Vorstandsmitgliedern zur endgültigen Verabschiedung vorzulegen und in einer gemeinsamen Sitzung mit dem Bundesjugendausschuß abgestimmt zu werden. Nach dieser Abstimmung soll das Papier dem Bundesvorstand und dem Bundesausschuß mit dem Ziel vorgelegt werden, es als verpflichtende Grundlage für die künftige Jugendarbeit zu beschließen.

Abschließend schildert Kollege *Schwab* ausführlich die Vorgänge in der Abteilung Jugend, die sich ergaben, nachdem der von seinen Funktionen entbundene Kollege Hawreliuk in eine andere Abteilung versetzt wurde, und die Situationen, die dann zur Bestellung des Kollegen Brauser als Bundesjugendsekretär führten.

Kollege *Loderer* bedauert die Schwierigkeiten bei der Zusammenarbeit DGB- und IG-Metall-Jugend. Er wird in seinem Bereich für eine Bereinigung Sorge tragen und seine Abteilung Jugend zur Zusammenarbeit mit dem DGB verpflichten.

13. Verschiedenes

a) Veranstaltung der Sozialakademie Dortmund
Kollege *Loderer* berichtet, daß die IG Metall eine Einladung der Sozialakademie Dortmund zu einer Veranstaltung vom 16. bis 19.2.1981 erhalten hat, auf der u. a. Referent Prof. Dr. Peter Kühne vorgesehen ist. Behandelt werden Themen wie »Gewerkschaftliche Organisation, Struktur in Betrieb und Unternehmen« u. ä. Kollege *Loderer* fragt, ob diese Veranstaltung bekannt sei.

Es wird festgestellt, daß die Gewerkschaften und die Landesbezirke von dieser Veranstaltung nichts wissen.

In diesem Zusammenhang erklärt Kollege *Vetter*, daß die Entwicklung an der HWP nicht mehr in die Hand zu bekommen sei. Es wird erwogen, keine Stipendiaten mehr zu entsenden.

b) Das Verhältnis des DGB zu den Memoranden einer alternativen Wirtschaftspolitik

Kollege *Vetter* teilt mit, daß der Geschäftsführende Bundesvorstand zu diesem Problem ein Papier verabschiedet hat, das dem Bundesvorstand in den nächsten Tagen zur Beratung in seiner Sitzung am 7. Oktober 1980 zugehen wird. Der Bundesausschuß soll damit in seiner Sitzung am 5. November 1980 befaßt werden.[13]

c) Kindergeld für ausländische Arbeitnehmer

Kollege *Schwab* erinnert an die Erklärung des Bundesvorstandes, die er in seiner letzten Sitzung am 8. Juli 1980 zum Kindergeld für ausländische Arbeitnehmer verabschiedet hat. In diesem Sinn hat er an den Bundesfinanzminister, den Bundesarbeitsminister und die Fraktionen im Deutschen Bundestag geschrieben, aber abschlägige Antworten erhalten. Auch ein Gespräch mit dem Bundesfinanzminister im Auftrag des GBV hat nichts anderes ergeben.

Nach kurzer Diskussion, an der sich die Kollegen *Vetter*, *Schwab* und *Muhr* beteiligen, stellt Kollege *Vetter* fest, daß der DGB bei seiner Haltung, wie in der Erklärung des Bundesvorstandes am 8.7.1980 dargestellt, bleibt. Die Informationen der Kollegen Schwab und Muhr werden den Vorsitzenden der Gewerkschaften noch einmal schriftlich übermittelt.

Ende der Sitzung: 16.35 Uhr.

---

13 Der TOP wurde erst auf der 25. Sitzung des Bundesvorstandes am 4.11.1980 aufgerufen und wie geplant auf der 10. Sitzung des Bundesausschusses am 5.11.1980 von Heinz Oskar Vetter angesprochen, jedoch auf Antrag des Bundesvorstands vertagt und zur Beschlussfassung in abgeänderter Form, nämlich zusammengefasst unter »Unterschriftsleistungen im Gewerkschaftsbereich« in der 12. Sitzung des Bundesausschusses am 3.6.1981 wiedervorgelegt und beschlossen. Vgl. Dok. 77: Kurzprotokoll über die 25. Sitzung des Bundesvorstandes am 4.11.1980, TOP 3.; Protokoll über die 10. Sitzung des Bundesausschusses am 5.11.1980, TOP 1., S. 2, AdsD, DGB-Archiv, 5/DGAI000421; Protokoll über die 12. Sitzung des Bundesausschusses am 3.6.1981, TOP 3., S. 6 f., AdsD, DGB-Archiv, 5/DGAI000422.

Dokument 73

2. September 1980: Erklärung des DGB-Bundesvorstandes zum Abschluss der Streiks in Polen

Bundespressestelle des Deutschen Gewerkschaftsbundes, DGB-Nachrichten-Dienst, ND 191/80, Düsseldorf.

Ms., hekt., 1 S.

AdsD, DGB-Archiv, DGB-BV, Abt. Vorsitzender, 5/DGAI000506.

Der Bundesvorstand des Deutschen Gewerkschaftsbundes stellte in seiner Sitzung am Dienstag in Düsseldorf mit Anerkennung und Genugtuung fest, daß es den polnischen Arbeitern durch ihr Verhalten gelungen ist, mit der Regierung Vereinbarungen zu treffen, die ihre Lebensverhältnisse verbessern helfen sollen.[1]

Mit Anerkennung stellt der DGB ferner fest, daß vor allem durch das disziplinierte Verhalten der Streikenden die Anwendung von Gewalt vermieden werden konnte.

Er begrüßt, daß alle Personen wieder freigelassen wurden, die aufgrund ihrer Gesinnung und Überzeugung inhaftiert worden waren.

Es bleibt zu hoffen, daß die getroffenen Vereinbarungen auch im Hinblick auf das von Polen ratifizierte Übereinkommen Nr. 87 der Internationalen Arbeitsorganisation (IAO) in Genf über die Vereinigungsfreiheit und den Schutz des Vereinigungsrechts Zug um Zug verwirklicht werden.

Der Deutsche Gewerkschaftsbund und seine Gewerkschaften werden die weitere Entwicklung in Polen aufmerksam beobachten und analysieren.

Dokument 74

2. September 1980: Erklärung des Bundesvorstandes des DGB zur Sicherung der Montanmitbestimmung

Bundespressestelle des Deutschen Gewerkschaftsbundes, DGB-Nachrichten-Dienst, ND 192/80, Düsseldorf.

Ms., hekt., 2 S.

AdsD, DGB-Archiv, DGB-BV, Abt. Vorsitzender, 5/DGAI000506.

Der Bundesvorstand des DGB, der sich ausführlich mit der Situation auseinandergesetzt hat, die durch den Angriff von Mannesmann auf die Montanmitbestimmung und die Reaktionen der Parteien entstanden ist, erklärt:[1]

Dok. 73
1 Die Stellungnahme wurde auf der 23. Sitzung des Bundesvorstands am 2.9.1980 verabschiedet. Vgl. Dok. 72: Kurzprotokoll der 23. Sitzung des Bundesvorstandes am 2.9.1980, TOP 6.

Die Gewerkschaften halten unverändert daran fest, die gleichberechtigte Mitbestimmung der Arbeitnehmer auf alle großen Unternehmen und Konzerne der deutschen Wirtschaft auszudehnen. Wichtigstes Ziel in der gegenwärtigen Situation ist eine umfassende und dauerhafte Sicherung der Montanmitbestimmung.

Nachdem es den Arbeitgebern mißlungen ist, mit ihren Verfassungsbeschwerden gegen das Mitbestimmungsgesetz von 1976 enge Grenzen für die Ausweitung der Mitbestimmung festzuschreiben und die Grundlage für die Beseitigung der Montanmitbestimmung zu legen, versuchen sie nun offenbar, einzelne Unternehmen dem Anwendungsbereich der Montanmitbestimmungsgesetze zu entziehen. Die Verteidigung der Montanmitbestimmung bei Mannesmann hat daher für alle Gewerkschaften des DGB einen hohen gesellschaftspolitischen Stellenwert.

Zu einer umfassenden und dauerhaften Sicherung der Montanmitbestimmung ist der Gesetzgeber aufgerufen. Bisher hat sich aber nur eine der im Bundestag vertretenen Parteien eindeutig zu diesem Ziel bekannt:
- Der Gesetzentwurf der SPD ist von dem klaren Willen gekennzeichnet, die Montanmitbestimmung umfassend und dauerhaft zu sichern.
- Der Erfolg der Sozialausschüsse, die CDU/CSU auf eine Sicherung der Montanmitbestimmung festzulegen, verdient Anerkennung. Eine Novellierung des Mitbestimmungsänderungsgesetzes, die lediglich in der Herabsetzung der Montanquote von 50 auf 30 Prozent besteht, reicht aber nicht aus, dieses Ziel dauerhaft zu verwirklichen.
- Die FDP hat erkannt, daß es einzelnen Unternehmen nicht gestattet werden kann, den Gesetzgeber unter Druck zu setzen. Es muß erwartet werden, daß sie ihre Vorstellungen zur Sicherung der Montanmitbestimmung alsbald präzisiert.

Der DGB hat die Bemühungen der IG Metall, in direkten Verhandlungen mit Mannesmann und in Gesprächen mit im Bundestag vertretenen Parteien die Montanmitbestimmung zu sichern, nachhaltig unterstützt. Die Gespräche müssen weiter geführt werden. Allgemeine Bekenntnisse reichen den Gewerkschaften und ihren Mitgliedern allerdings nicht aus. Der DGB erwartet von den im Bundestag vertretenen Parteien noch vor der Bundestagswahl klare Aussagen, welche Regelungen sie im neuen Bundestag zu unterstützen bereit sind, um die Montanmitbestimmung zu sichern. Wenn die Parteien sich nicht in der Lage sehen, befriedigende Aussagen zu machen, dann beschwören sie einen ernsten Konflikt herauf, der den sozialen Frieden in der Bundesrepublik gefährdet.

Dok. 74
1   Die Stellungnahme wurde auf der 23. Sitzung des Bundesvorstands am 2.9.1980 verabschiedet. Vgl. Dok. 72: Kurzprotokoll der 23. Sitzung des Bundesvorstandes am 2.9.1980, TOP 3.

Dokument 75

6. Oktober 1980: Sitzung des Geschäftsführenden Bundesvorstands mit den Gewerkschaftsvorsitzenden

Hans-Böckler-Haus in Düsseldorf; Vorsitz: Heinz O. Vetter; Protokollführung: Isolde Funke; Sitzungsdauer: 18.00–21.30 Uhr; ms. vermerkt: »Vertraulich«.[1]
AdsD, DGB-Archiv, 5/DGAI000506.

Beginn: 18.00 Uhr.

Zu Beginn der Sitzung berichtete Kollege Vetter kurz über seine Teilnahme an der SPD-Vorstandssitzung. Er machte darauf aufmerksam, daß die eigentliche Diskussion, soweit es die SPD angeht, noch im Gewerkschaftsrat erfolgen wird. Er werde dafür sorgen, daß im Verlauf der beiden Sitzungen ein entsprechender Termin vereinbart werden kann. Das Wahlergebnis bedeute eine große Herausforderung an die Arbeitnehmer. Allgemein könne man von einer gewissen Verdrossenheit der Bürger sprechen.

Sodann ging die Sitzung über zum Thema *Polen*.

Kollege Kluncker bot an, eine Druckmaschine zur Verfügung zu stellen. Er verwies auch darauf, daß eine Möglichkeit bestünde, durch Seetransport diese Maschine nach Polen zu transportieren. Lediglich die Beschaffung der notwendigen Papiere müsse noch vonstatten gehen. Kollege Vetter schlug vor, bis zum Mittag des nächsten Tages eine Klärung herbeiführen zu lassen.

Kollege Döding machte darauf aufmerksam, daß im Hinblick auf Kontakte eine Abstimmung erfolgen müsse. Auch Kollege Kluncker stimmte der Meinung des Kollegen Vetter zu, daß eine Einreise nach Polen auf legalem Wege erfolgen muß. Kollege Sperner vertrat die Auffassung, daß keine Kontakte mit den bisherigen Gewerkschaften genommen werden sollen. Kollege Mayr verwies auf das politische System, das solche Gewerkschaften, wie wir sie im Westen kennen, nicht ertragen kann, und daß man sich nicht irgendwelchen Illusionen hingeben soll. Kollege Vetter stellte fest, daß damit eine Absprache erfolgt ist, vorläufig keine Beziehungen aufzunehmen. Kollege Lojewski verwies darauf, daß man bei Hilfen äußerste Vorsicht walten lassen soll. Abschließend erklärte Kollege Vetter, daß eine gegenseitige Information erfolgt. Wer Informationen erhält, gibt diese an den DGB weiter.

Erklärungen im Zusammenhang mit der Beratung über die Erstellung von Wahlprüfsteinen

---

Dok. 75
1 Teilnehmer: Heinz O. Vetter, Gerd Muhr, Maria Weber, Irmgard Blättel, Alois Pfeiffer, Gerhard Schmidt, Karl Schwab, Günter Stephan, Gerhard Vater; Rudolf Sperner, Hans Alker, Werner Vitt, Leonhard Mahlein, Erich Frister, Willi Lojewski, Günter Volkmar, Kurt Georgi, Alfred Horné, Hans Mayr, Günter Döding, Helmut Schirrmacher, Heinz Kluncker, Ernst Breit.

Kollege Vetter erläuterte eingangs den Verlauf der Arbeit um die Erstellung der Wahlprüfsteine. Kollege Mahlein war der Auffassung, daß die Wahlprüfsteine eine Änderung des Aktionsprogramms auslösen könnten. Bei einigen Gewerkschaften sei über das Verfahren Unmut entstanden. Kollege Kluncker vertrat die Auffassung, daß man erst die Diskussion über den Entwurf des Grundsatzprogramms abwarten soll, um dann das Aktionsprogramm entsprechend anzupassen. Kollege Volkmar erklärte: »Ich habe wohl in der betreffenden Sitzung des Bundesvorstandes nichts gesagt, habe aber etwas gegen die Form des Verfahrens. Dabei können unterschiedliche Auffassungen durchaus toleriert werden.« Kollege Sperner verwies auf die unterschiedlichen Auffassungen in den einzelnen Gewerkschaften. Kollege Alker erklärte, daß die Meinungsverschiedenheiten, hier, d[as] h[eißt] im Bundesvorstand ausgetragen werden sollten und nicht außerhalb. Kollege Sperner verwies darauf, daß in dem Zusammenhang auch im Hinblick auf die Sozialpartnerschaft Äußerungen fielen, die auch ihn erheblich berühren. Kollege Mahlein erklärte, daß vor einigen Jahren einer seiner Bezirkssekretäre im Raum Hessen Sperner kritisiert habe, aber darüber sei schon längst Gras gewachsen. Kollege Mayr verwies darauf, daß Mehrheitsbeschlüsse respektiert werden müssen. Andere Auffassungen könnten nur in diesem Beschlußorgan zu einer anderen Mehrheitsbildung kommen. Kollege Vetter sprach dann die noch zu erwartende Behandlung des Grundsatzprogramms an. Verschiedene Diskussionsredner erklärten, daß mit einem großen Wust an Anträgen zu rechnen sei. Kollege Kluncker teilte mit, daß auf dem ÖTV-Gewerkschaftstag beschlossen wurde, den ÖTV-Hauptvorstand mit dieser Angelegenheit zu befassen. Deshalb fänden in absehbarer Zeit zwei Klausurtagung[en] des ÖTV-Hauptvorstands statt. Kollege Vitt war der Meinung, daß es wohl eine Anzahl Anträge zum Grundsatzprogramm geben wird, aber nach seiner Meinung nichts Wesentliches zu erwarten sei. Kollege Schirrmacher verwies darauf, daß er in seiner Gewerkschaft sich immer wieder mit Mitgliedern darüber auseinandersetzen müsse, ob der *Schritt in den DGB* richtig gewesen sei. Wenn man die Zahl der Mitglieder nehme, die nunmehr auf 165.000 gestiegen sei, dürfte diese Frage eindeutig positiv beantwortet sein. Aber das Verhalten einer Anzahl von Gewerkschaftern, vor allen Dingen bei den in letzter Zeit festzustellenden Vorfällen, löse immer wieder diese Diskussion in seinen Mitgliederreihen aus. Kollege Schmidt verwies darauf, daß vor längerer Zeit schon einmal eine Veranstaltung in Verbindung mit den Polizeimitgliedern stattgefunden habe. Dies könne jetzt wieder erfolgen, um die Solidarität mit den Kolleginnen und Kollegen der Polizei stärker auszubilden.

Der Bundesvorstand beschließt, die Berichterstattung über die Unterstützungskasse des DGB e. V. nicht in den Geschäftsberichten zu den Bundeskongressen aufzunehmen.[2]

---

2 Der Bundesvorstand folgte damit der Vorlage. Es ging bei diesem Beschluss um komplexere körperschaftssteuerliche Leistungen, die den steuerrechtlich unerfahrenen Leser nach Ansicht Gerhard Vaters überforderten. Vgl. [DGB-Bundesvorstand], Vorstandsbereich Gerhard Vater, Vorlage zur Beratung im Geschäftsführenden Bundesvorstand, Berichterstattung über die Unterstützungskasse des DGB

Ende der Sitzung: 21.30 Uhr.

Dokument 76

7. Oktober 1980: Kurzprotokoll über die 24. Sitzung des Bundesvorstandes

Hans-Böckler-Haus in Düsseldorf; Vorsitz: Heinz O. Vetter; Protokollführung: Isolde Funke; Sitzungsdauer: 10.15–14.40 Uhr; ms. vermerkt: »Vertraulich«.[1]

Ms., hekt., 7 S., 2 Anlagen.[2]

AdsD, DGB-Archiv, 5/DGAI000554.

Beginn der Sitzung: 10.15 Uhr.

Kollege *Vetter* eröffnet die 24. Sitzung des Bundesvorstandes in Düsseldorf.

Tagesordnung:
1. Erklärung des Bundesvorstandes zum Ausgang der Bundestagswahl 1980
2. Genehmigung der Protokolle der 23. Bundesvorstandssitzung und der Sondersitzung am 25.8.1980
3. Forum »Technischer Wandel und Beschäftigung«
4. Jugendpolitik
5. Tagesordnung für die 10. Bundesausschußsitzung am 5.11.1980
6. Terminplanung 1981
7. Außerordentlicher Bundeskongreß des DGB, hier: Verlauf
8. 12. Ordentlicher Bundeskongreß des DGB
9. Wahlanfechtung der Ergebnisse der Sozialversicherungswahlen 1980
10. Das Verhältnis des DGB zu den Memoranden einer alternativen Wirtschaftspolitik
11. Steuerpolitik
12. Verschiedenes
13. Außerordentlicher Bundeskongreß des DGB
    a) Reisekostenregelung
    b) Tagesordnung

---

e. V. in den Geschäftsberichten zu den Bundeskongressen, Düsseldorf, 5.9.1980, AdsD, DGB-Archiv, 5/DGAI000506.

Dok. 76
1 Einladungsschreiben vom 5.9.1980 und Tagesordnung vom 24.9.1980. Nicht anwesend: Berthold Keller und sein Vertreter Walter Schongen. AdsD, DGB-Archiv, 5/DGAI000506.
2 Anlagen: Anwesenheitsliste; Erklärung des Bundesvorstandes des Deutschen Gewerkschaftsbundes zum Ausgang der Bundestagswahl 1980, DGB-Nachrichten-Dienst, 216/80, 7.10.1980.

1. **Erklärung des Bundesvorstands zum Ausgang der Bundestagswahlen 1980**

Die Kollegen *Vetter, Frister, Kluncker, Muhr, Vitt, Mayr, Breit, Alker* und die Kollegin *Weber* diskutieren zunächst über den ersten Entwurf und dann über den zweiten Entwurf einer Erklärung des Bundesvorstandes zum Ausgang der Bundestagswahl 1980.[3] Es werden Änderungsvorschläge unterbreitet.

Beschluß:
Der Bundesvorstand verabschiedet eine »Erklärung des Bundesvorstandes des DGB zum Ausgang der Bundestagswahl 1980« (s. Anlage).[4]

2. **Genehmigung der Protokolle der 23. Bundesvorstandssitzung und der Sondersitzung am 25.8.1980**

Beschluß:
Der Bundesvorstand genehmigt die Protokolle der 23. Bundesvorstandssitzung und der Sondersitzung am 25.8.1980.[5]

3. **Forum »Technischer Wandel und Beschäftigung«**

Kollege *Vetter* erläutert kurz die Vorlage und bittet um entsprechende Beschlußfassung.[6]

---

3 Ergänzt wurde der Entwurf um die Sicherung der Montanmitbestimmung als tagespolitisch aktueller und gewerkschaftspolitisch bedeutende Forderung, um den Punkt der Bestätigung der Friedens- und Entspannungspolitik sowie um die Forderung nach Beseitigung der Arbeitslosigkeit. Als Vergleichsmaterial lag dem DGB-Bundesvorstand die Erklärung des Bundesvorstandes des Deutschen Gewerkschaftsbundes zum Ausgang der Bundestagswahlen 1976 vor. Vgl. Entwurf, Erklärung des Bundesvorstandes des Deutschen Gewerkschaftsbundes zum Ausgang der Bundestagswahl 1980, DGB-Nachrichten-Dienst, 216/80, 7.10.1980, AdsD, DGB-Archiv, 5/DGAI000506.

4 Der DGB begrüßte die hohe Wahlbeteiligung und die eindeutige Absage an rechten Extremismus, die das Wahlergebnis zum Ausdruck gebracht habe. Darüber hinaus betrachtete der DGB das Wahlergebnis als eine Bestätigung der auch von ihm unterstützten Friedens- und Entspannungspolitik und seiner in den Wahlprüfsteinen vorgetragenen Forderungen, etwa nach einer arbeitnehmerfreundlichen Politik, bei der er als Schlüsselpunkte die Sicherung der Montanmitbestimmung und die Wiederherstellung der Vollbeschäftigung vortrug. Vgl. Erklärung des Bundesvorstandes des Deutschen Gewerkschaftsbundes zum Ausgang der Bundestagswahl 1980, DGB-Nachrichten-Dienst, 216/80, 7.10.1980, AdsD, DGB-Archiv, 5/DGAI000506.

5 Vgl. Dok. 72: Kurzprotokoll der 23. Sitzung des Bundesvorstandes am 2.9.1980; Dok. 71: Kurzprotokoll über die Sondersitzung des Bundesvorstandes am 25.8.1980.

6 Der Bundesminister für Forschung und Technologie, Volker Hauff, hatte Heinz Oskar Vetter über die Idee eines Forums zu »Technischem Wandel und Beschäftigung« in Kenntnis gesetzt, die aus den Beratungen des Technologiepolitischen Dialogs hervorgegangen sei. Er lud Arbeitgeber und Gewerkschaften gleichermaßen dazu ein. In der Beschlussvorlage für den DGB-Bundesvorstand wurde zum Ausdruck gebracht, dass der DGB die Initiative begrüße, insbesondere aber, dass die Zuwendungsempfänger bei

In der anschließenden Diskussion, an der sich die Kollegen *Vitt, Vetter, Kluncker* und *Muhr* beteiligen, wird angeregt, die Meinungen der Gewerkschaften zu dieser Angelegenheit zu erfragen, bevor eine endgültige Beschlußfassung erfolgt.

Beschluß:
Dieser Punkt wird bis zur nächsten Sitzung am 4. November 1980 zurückgestellt. Es soll eine neue Vorlage unterbreitet werden, in der die Auffassungen der Gewerkschaften zu einer einheitlichen Linie zusammengefaßt werden, und die alle Kriterien berücksichtigt.[7]

4. Jugendpolitik

Kollege *Vetter* spricht die Äußerungen des Kollegen Georg Benz auf dem IG-Metall-Gewerkschaftstag hinsichtlich der Jugendpolitik und des Kollegen Karl Schwab an. Er erinnert in diesem Zusammenhang an den Beschluß des Bundesvorstandes vom 7.2.1978, in dem der Bundesvorstand dem Kollegen Karl Schwab sein Vertrauen nach der Bundesjugendkonferenz 1977 ausgesprochen hat.[8]

In der anschließenden Diskussion, an der sich die Kollegen *Alker, Vetter, Frister, Schwab, Mayr, Kluncker, Vitt, Volkmar* und *Breit* beteiligen, werden die Äußerungen des Kollegen Benz und das zu erstellende Arbeitspapier für die zukünftige Jugendpolitik erörtert. Kollege *Mayr* verliest eine Erklärung seines Vorstandes zu den Äußerungen des Kollegen Benz.

Beschluß:
Der Bundesvorstand bekräftigt seinen Beschluß vom 7. Februar 1978, mit dem er Kollegen Karl Schwab sein Vertrauen ausgesprochen hat. Der Punkt »Jugendpolitik« soll in der nächsten Bundesausschußsitzung am 5. November 1980 behandelt werden, eventuell nur als Zwischenbericht.[9]

Die nächste Sitzung des Geschäftsführenden Bundesvorstandes mit den Gewerkschaftsvorsitzenden wird zu diesem Punkt für Montag, den 3. November 1980, 18.00 Uhr, festgelegt.

---

      der inhaltlichen und formalen Gestaltung ihrer Projekte autonom sein sollten. Die Vorlage empfahl die Abstimmung der Projekte und deren Koordinierung durch die Abteilung Gesellschaftspolitik. Die Vorhaben sollten die Erstellung von Informations- und Arbeitsmaterialien umfassen, Lehrziele, -pläne und -methoden entwickeln und Multiplikatoren durch Seminare, Kolloquien und Bildungsveranstaltungen erreichen. Vgl. [DGB-Bundesvorstand], Vorstandsbereich Vorsitzender, Vorlage zur Beratung im Bundesvorstand, Forum »Technischer Wandel und Beschäftigung«, beschlossen GBV am 22.9.1980; Volker Hauff, Bundesminister für Forschung und Technologie, an den Vorsitzenden des Deutschen Gewerkschaftsbundes, Heinz Oskar Vetter, Bonn, 8.7.1980, AdsD, DGB-Archiv, 5/DGAI000506.

7 Vgl. Dok. 77: Kurzprotokoll über die 25. Sitzung des Bundesvorstandes am 4.11.1980, TOP 8.
8 Vgl. Dok. 36: Kurzprotokoll der 26. Sitzung des Bundesvorstandes am 7.2.1978, TOP 8.
9 Vgl. das Vortragsmanuskript Karl Schwabs zu seinem Bericht, 4.11.1980; vgl. Protokoll über die 10. Sitzung des Bundesausschusses am 5.11.1980, TOP 6., S. 11-16, AdsD, DGB-Archiv, 5/DGAI000421.

5. Tagesordnung für die 10. Bundesausschußsitzung am 5.11.1980

Beschluß:
Der Bundesvorstand beschließt für die 10. Bundesausschußsitzung folgende Tagesordnung:
1. Genehmigung des Protokolls der 9. Bundesausschußsitzung
2. Bericht zur gewerkschaftspolitischen und organisatorischen Situation
3. Das Verhältnis des DGB zu den Memoranden einer alternativen Wirtschaftspolitik
4. Außerordentlicher Bundeskongreß des DGB
5. Veränderungsmitteilungen – Landesbezirksvorstände
6. Jugendpolitik
7. Fragestunde
8. Verschiedenes[10]

6. Terminplanung 1981

Beschluß:
Der Bundesvorstand nimmt die vorgelegte Terminplanung für 1981 zustimmend zur Kenntnis.

7. Außerordentlicher Bundeskongreß des DGB, hier: Verlauf

Kollege *Schwab* teilt mit, daß der Geschäftsführende Bundesvorstand anläßlich des Außerordentlichen Bundeskongresses des DGB im März 1981 in Düsseldorf folgenden Verlauf vorschlägt:

Montag, 9.3.1981,	Sitzungen des Geschäftsführenden Bundesvorstands und des GBV mit den Landesbezirksvorsitzenden
Dienstag, 10.3.1981,	Sitzung des Bundesvorstandes
Mittwoch, 11.3.1981,	Sitzung des Bundesausschusses

---

10 Vgl. [DGB-Bundesvorstand], Vorstandsbereich Heinz O. Vetter, Vorlage zur Beratung im Bundesvorstand, Tagesordnung für die 10. Bundesausschußsitzung am 5.11.1980, beschlossen GBV am 22.9.1980, o. O., o. D., 5/DGAI000506. Die Tagesordnung wurde – allerdings in geänderter Reihenfolge unter Verzicht auf die TOPs »Fragestunde« und »Verschiedenes« – so auf der 10. Sitzung des Bundesausschusses am 5.11.1980 befolgt. Vgl. Protokoll über die 10. Sitzung des Bundesausschusses am 5.11.1980, AdsD, DGB-Archiv, 5/DGAI000421.

Dokument 76   7. Oktober 1980

Donnerstag, 12.3.1981, 14.00 Uhr,	Beginn des Außerordentlichen Bundeskongresses mit der Konstituierung; danach Einführungsreferat des DGB-Vorsitzenden;
gegen 16.00 Uhr	Ende dieses Kongreßtages. Danach haben die Gewerkschaften die Möglichkeit, mit ihren Kolleginnen und Kollegen ihre Vorbesprechungen durchzuführen.
Freitag, 13.3.1981, 9.00 Uhr,	Fortsetzung des Kongresses mit der Behandlung der Anträge; Mittagspause wie üblich;
18.00 Uhr	Ende des Kongreßtages oder noch eine oder zwei Stunden Fortführung.
Samstag, 14.3.1981, 9.00 Uhr,	Fortsetzung des Kongresses; entweder mittags Beendigung des Kongresses oder eventuell noch eine Stunde am Nachmittag Fortsetzung des Kongresses.

In diesem Zusammenhang weist Kollege *Schwab* noch darauf hin, daß vom 19. bis 23. Januar 1981 die Antragsberatungskommission tagt.

Beschluß:
Der Bundesvorstand ist mit dem vorgeschlagenen Verlauf des Außerordentlichen Bundeskongresses des DGB vom 12. bis 14. März 1981 in Düsseldorf einverstanden.

8. 12. Ordentlicher Bundeskongress des DGB

Kollege *Schwab* erinnert daran, daß beschlossen worden ist, den 12. Ordentlichen Bundeskongreß des DGB in Berlin durchzuführen, und zwar vom 16. bis 22. Mai 1982. Er berichtet über die Verhandlungen mit der Kongreßleitung des ICC Berlin. Die Kosten werden sich auf rund 350.000,– DM belaufen, was eine wesentlich größere Summe bedeutet als für das Kongreßzentrum in Hamburg. Der Geschäftsführende Bundesvorstand schlägt trotzdem vor, es bei Berlin zu belassen.

Beschluß:
Der Bundesvorstand beschließt, daß der 12. Ordentliche Bundeskongreß des DGB wie vorgesehen vom 16. bis 22. Mai 1982 im ICC Berlin durchgeführt werden soll.[11]

---

11   Vgl. DGB: 12. Bundeskongreß 1982.

9. Wahlanfechtung der Ergebnisse der Sozialversicherungswahlen 1980

Beschluß:
Der Bundesvorstand beschließt, von einer Anfechtung der Sozialversicherungswahlen 1980 Abstand zu nehmen.

Der Geschäftsführende Bundesvorstand wird beauftragt, alle erforderlichen und möglichen Initiativen zu ergreifen, um eine Änderung der Wahlzugangsvoraussetzungen im Wege einer gesetzlichen Regelung zu erreichen.

10. Das Verhältnis des DGB zu den Memoranden einer alternativen Wirtschaftspolitik

Nach kurzer Erläuterung zu der Vorlage durch den Kollegen *Pfeiffer* diskutieren die Kollegen *Vetter, Döding, Pfeiffer, Kluncker, Schwab, Mayr, Georgi* und *Vitt* über die Memoranden einer alternativen Wirtschaftspolitik und die immer wiederkehrenden Unterschriftsaktionen dazu.[12]

Beschluß:
Der Bundesvorstand kommt überein, daß die bei der Unterschriftsaktion 1980 betroffenen Gewerkschaften mit ihren Kolleginnen und Kollegen, die das Memorandum 1980 unterschrieben haben, u. a. über ihre Motivation sprechen. Diese Ergebnisse werden zusammengefaßt in der nächsten Bundesvorstandssitzung am 4. November 1980 vorgetragen, um dann den Versuch zu unternehmen, eine Tischvorlage für die Bundesausschußsitzung am 5. November 1980 in dieser Angelegenheit zu formulieren.

---

12 Die alternativen Wirtschaftsmemoranden einer Gruppe von Sozialwissenschaftlern, die sich als Gegenexpertise gegenüber den nach ihrer Ansicht zu unkritischen Jahresgutachten des Sachverständigenrats zur Begutachtung der gesamtwirtschaftlichen Entwicklung verstanden, waren seit 1975 vom DGB wahrgenommen worden und in eigener Pressearbeit beziehungsweise in den DGB-eigenen Wirtschaftspolitischen Informationen kommentiert worden. Der DGB widersprach einzelnen Thesen der alternativen Memoranden. Er sah sich zur eigenen Stellungnahme aus drei Gründen veranlasst: Erstens wurden die alternativen Memoranden als gewerkschaftsnahe Stellungnahme verstanden, zweitens widersprachen einzelne Thesen und Beobachtungen sowohl empirisch als auch programmatisch der Beschlusslage des DGB, drittens unterzeichneten eine zunehmende Zahl von gewerkschaftsnahen Wissenschaftlerinnen und Wissenschaftler, aber auch Funktionäre der DGB-Gewerkschaften auf allen Ebenen, besonders aber aus den gewerkschaftlichen Bildungseinrichtungen, die Memoranden. Diese Unterzeichnungen wurden vom DGB ausgewertet und mehrfach im Bundesvorstand beraten. In einem Rundschreiben an die DGB-Landesbezirke hatte sich der DGB ausdrücklich von diesen Unterzeichnungen distanziert. Vgl. DGB-Bundesvorstand, Alois Pfeiffer, an die Mitglieder des Bundesvorstandes, Düsseldorf, 4.9.1980; [DGB-Bundesvorstand], Abt. Wirtschaftspolitik, Das Verhältnis des DGB zu den Memoranden einer Alternativen Wirtschaftspolitik, AdsD, DGB-Archiv, 5/DGAI000506. Vgl. zum Sachverständigenrat allgemein Schanetzky: Die große Ernüchterung.

11. Steuerpolitik

Kollege *Pfeiffer* verweist auf die Vorlage und die zwei vorgelegten Änderungsvorschläge.

An der anschließenden Diskussion beteiligen sich die Kollegen *G. Schmidt, Muhr, Pfeiffer, Vetter, Georgi, Vitt* und *Breit*. Es werden u. a. die Änderungsvorschläge erörtert.

Kollege *Döding* bittet, diesen Tagesordnungspunkt bis zur nächsten Sitzung zu vertagen, damit sein Hauptvorstand sich noch damit befassen kann.

Beschluß:
Der Bundesvorstand beschließt den vorgelegten Entwurf »DGB-Forderungen für eine arbeitnehmerfreundliche Steuerpolitik an den 9. Deutschen Bundestag« mit folgenden Änderungen:

Zum Punkt 9. a) (Seite 11) wird der mit Datum vom 1.10.1980 vorgelegte Ersatztext genommen.

Im Abschnitt II. wird den elf Ziffern eine Ziffer 12 (Seite 14) hinzugefügt:
»12. Die unterschiedlichen Besteuerungsgrundsätze der Alterseinkommen sind im Sinne einer fortschrittlichen Harmonisierung dieser Leistungen zu überprüfen.«

12. Verschiedenes

a) Insider-Erklärungen
Kollege *Vitt* berichtet, daß führende Gewerkschafter im Aufsichtsrat der BfG entsprechend der Anregung des Börsenvereins Insider-Erklärungen abgegeben haben sollen. Er fragt, ob man seitens des Bundesvorstandes nicht der Anregung gefolgt ist, Insider-Erklärungen nicht abzugeben bzw. nicht zu unterschreiben. In seiner Gewerkschaft hat man sich daran gehalten.

Kollege *Vetter* sagt eine Klärung dieser Angelegenheit zu.

b) SPD-Gewerkschaftsrat
Kollege *Vetter* teilt mit, daß vorgeschlagen wird, die nächste Sitzung des Gewerkschaftsrats der SPD am 30. Oktober 1980, 16.00 oder 17.00 Uhr, in Bonn durchzuführen.

Beschluß:
Der Bundesvorstand spricht sich für den Termin 30. Oktober 1980, 17.00 Uhr, Sitzung des SPD-Gewerkschaftsrats im Erich-Ollenhauer-Haus, Bonn, aus.

13. Außerordentlicher Bundeskongreß des DGB

a) Reisekostenregelung

Beschluß:
Der Bundesvorstand schlägt dem Bundesausschuß vor, für den 4. Außerordentlichen Bundeskongreß des DGB folgende Reisekostenregelung zu beschließen:
1. Für die An- und Abreise wird die Reisekostenregelung des DGB angewandt. Anreisetag ist der 12. März 1981.
2. Das Tagegeld beträgt 35,– DM.
3. Abweichend von Ziffer 1 gilt:
   a) Bundesbahnfahrkarten und Flugtickets müssen ausschließlich über das Reisebüro Rhein-Tourist GmbH Düsseldorf bestellt werden, damit alle Nachlässe ausgeschöpft werden können.
   b) Kosten für Flugreisen werden nur für Teilnehmer aus Berlin und aus dem Einzugsbereich München erstattet.
   c) Wenn die Anreise mit dem eigenen Pkw erfolgt, werden nur die Kosten der Sonderrückfahrkarte erstattet.

b) Tagesordnung

Beschluß:
Der Bundesvorstand empfiehlt dem Bundesausschuß, dem 4. Außerordentlichen Bundeskongreß gemäß § 8, Ziffer 3, Buchstabe 1 der Satzung des DGB folgende Tagesordnung vorzuschlagen:
1. Eröffnung
2. Bestätigung des Präsidiums und der Kommissionen
3. Bericht der Mandatsprüfungskommission
4. Einleitendes Referat des Vorsitzenden des DGB, Heinz O. Vetter
5. Beratung des Entwurfs für ein neues Grundsatzprogramm und der Anträge
6. Schlußwort[13]

Ende der Sitzung: 14.40 Uhr.

---

13 Der Bundesausschuss beschloss in seiner 10. Sitzung vom 3.11.1980 die Tagesordnung in der vorgelegten Form. Vgl. Protokoll über die 10. Sitzung des Bundesausschusses am 5.11.1980, TOP 4., S. 8 f., AdsD, DGB-Archiv, 5/DGAI000421.

Dokument 77

4. November 1980: Kurzprotokoll über die 25. Sitzung des Bundesvorstandes

Hans-Böckler-Haus in Düsseldorf; Vorsitz: Heinz O. Vetter; Protokollführung: Isolde Funke, Ingrid Kiparsky; Sitzungsdauer: 10.15–14.05 Uhr; ms. vermerkt: »Vertraulich«.[1]
Ms., hekt., 6 S., 3 Anlagen.[2]
AdsD, DGB-Archiv, 5/DGAI000554.

Beginn der Sitzung: 10.15 Uhr.

Kollege *Vetter* eröffnet die 25. Sitzung des Bundesvorstandes in Düsseldorf.

Tagesordnung:
1. Montanmitbestimmung
2. Genehmigung des Protokolls der 24. Bundesvorstandssitzung
3. Das Verhältnis des DGB zu den Memoranden einer alternativen Wirtschaftspolitik
4. Jugendpolitik
5. Veränderungsmitteilungen – Landesbezirksvorstände
6. Richtlinien für die Personengruppe »Arbeiter«
7. Energiepolitische Erklärung des DGB
8. Forum »Technischer Wandel und Beschäftigung«
9. Nachwahl zum Beirat der VTG
10. Verschiedenes

1. Montanmitbestimmung

Kollege *Vetter* informiert den Bundesvorstand über den zwischenzeitlich bekanntgewordenen Stand der Koalitionsverhandlungen zwischen SPD und FDP, insbesondere zur Sicherung der Montanmitbestimmung.

In der anschließenden Diskussion, an der sich die Kollegen *Georgi, Vetter, Schwab, Loderer, Breit, Keller, Kluncker, Horné* und die Kollegin *Blättel* beteiligen, werden der vom Kollegen Vetter vorgelesene Textvorschlag für eine Erklärung des DGB und die Koalitionsverhandlungen erörtert.

Dok. 77
1 Einladungsschreiben vom 8.10.1980 und Tagesordnung vom 21.10.1980. Nicht anwesend: Gerd Muhr, Rudolf Sperner, Adolf Schmidt, Ernst Haar und Vertreter Leonhard Mahlein und Vertreter, Erich Frister und Vertreter, Karl Hauenschild (vertreten durch Hermann Rappe). AdsD, DGB-Archiv, 5/DGAI000506.
2 Anlagen: Anwesenheitsliste; IG Metall, Hans Mayr, an Heinz Oskar Vetter, Vorsitzender des DGB, Frankfurt am Main, 11.11.1980, [zum TOP: »Jugendpolitik«]; Auszug aus dem Protokoll der 24. Bundesvorstandssitzung am 7.10.1980, TOP 4. »Jugendpolitik«.

4. November 1980 **Dokument 77**

Beschluß:
Der Bundesvorstand beschließt, dem Bundesausschuß in seiner Sitzung am 5. November 1980 einen Entwurf für eine Erklärung des DGB vorzulegen.[3]

2. Genehmigung des Protokolls der 24. Bundesvorstandssitzung

Beschluß:
Der Bundesvorstand genehmigt das Protokoll der 24. Bundesvorstandssitzung.[4]

3. Das Verhältnis des DGB zu den Memoranden einer alternativen Wirtschaftspolitik

Kollege *Pfeiffer* erinnert an die letzte Bundesvorstandssitzung und erklärt, daß Meldungen von den Gewerkschaftsvorsitzenden über eine Befragung ihrer Kolleginnen und Kollegen, die das Memorandum 1980 unterschrieben haben, nicht erfolgt sind.[5]

In der anschließenden Diskussion, an der sich die Kollegen *Vetter, Volkmar, Pfeiffer, Georgi, Kluncker, Loderer* und *Keller* beteiligen, werden die mögliche Motivation der Unterschriftsleistenden und die Problematik der Durchführung der Befragung erörtert.

Beschluß:
Der Bundesvorstand stellt nochmals fest, daß die bei der Unterschriftsaktion 1980 betroffenen Gewerkschaftsvorsitzenden mit ihren Kolleginnen und Kollegen, die das Memorandum 1980 unterschrieben haben, u. a. über ihre Motivation sprechen werden. Die Ergebnisse dieser Gespräche sollen dann dem Bundesvorstand mitgeteilt werden.

In Anbetracht dieser Lage soll in der Bundesausschußsitzung am 5. November 1980 nach einer entsprechenden Erklärung die Absetzung dieses Punktes von der Tagesordnung beantragt werden.[6]

---

3   Vgl. Entwurf, Erklärung des Bundesausschusses zur Montanmitbestimmung, Düsseldorf, 5.11.1980.
4   Vgl. Dok. 76: Kurzprotokoll über die 24. Sitzung des Bundesvorstandes am 7.10.1980.
5   Vgl. DGB-Bundesvorstand, Alois Pfeiffer, an die Mitglieder des Bundesvorstandes, Düsseldorf, 4.9.1980; [DGB-Bundesvorstand], Abt. Wirtschaftspolitik, Das Verhältnis des DGB zu den Memoranden einer alternativen Wirtschaftspolitik, Düsseldorf, 17.7.1980; Unterzeichner des »Memorandums '79«, sortiert nach Hochschulangehörigen/Mitarbeiterinnen und Mitarbeitern des WSI des DGB/DGB-Bundesvorstands, Bundesschulen, Landesbezirke/Einzelgewerkschaften/sonstige DGB-Organe (zum Beispiel Arbeit und Leben, Hans-Böckler-Stiftung, Berufsfortbildungswerk des DGB). Von den Unterzeichnenden waren 78 gewerkschaftliche Beschäftigte; Unterzeichnerliste 1980, AdsD, DGB-Archiv, 5/DGAI000506.
6   So geschah es auch. Der Themenkomplex wurde unter einem allgemeineren TOP zu Unterschriftsleistungen im Gewerkschaftsbereich erst auf der 12. Sitzung des Bundesausschusses am 3.6.1981 wieder aufgegriffen. Vgl. Protokoll über die 12. Sitzung des Bundesausschusses am 5.11.1980, TOP 1., S. 2, AdsD, DGB-Archiv, 5/DGAI000421; Protokoll über die 12. Sitzung des Bundesausschusses am 3.6.1981, TOP 3., S. 6 f., AdsD, DGB-Archiv, 5/DGAI000422.

4. Jugendpolitik

Kollege *Vetter* berichtet, daß das zu erstellende Arbeitspapier über die künftige Jugendarbeit noch nicht vorliegt und daher der Bundesausschuß in seiner morgigen Sitzung keinen Beschluß fassen kann. Er schlägt vor, daß der Bundesausschuß gebeten werden soll, den Bundesvorstand zu beauftragen, in seiner nächsten Sitzung das dann vorliegende Papier zu verabschieden.

Kollege *Schwab* informiert den Bundesvorstand über den Stand der Beratungen zu dem Papier über die künftige Jugendarbeit und unterstreicht den Vorschlag des Kollegen Vetter.[7]

In der anschließenden kurzen Diskussion, an der sich die Kollegen *Kluncker, Vetter, Schwab* und *Schirrmacher* beteiligen, wird dem Vorschlag des Kollegen Vetter zugestimmt.

Beschluß:
Der Bundesvorstand beschließt, daß in der Bundesausschußsitzung am 5. November 1980 der derzeitige Sachstand vorgetragen und beantragt werden soll, den Bundesvorstand zu beauftragen, in seiner nächsten Sitzung das dann vorliegende Papier über die künftige Jugendarbeit zu verabschieden. Die Diskussion im Bundesausschuß soll dann im Juni 1981 erfolgen.[8]

5. Veränderungsmitteilungen – Landesbezirksvorstände

Beschluß:
Der Bundesvorstand schlägt dem Bundesausschuß vor, folgende Kolleginnen und Kollegen zu bestätigen:
Karl Weyring (Leder) als Mitglied und
Karl-Heinz Döring (Leder) als ständigen Vertreter für den Kollegen Weyring im Landesbezirksvorstand Niedersachsen;

---

7 Karl Schwab schilderte detailliert in einer organisationszentrierten Perspektive Abläufe und Beratungen in den Gremien des DGB und mit den für die Jugendarbeit Zuständigen in den Einzelgewerkschaften inklusive der bestehenden Konflikte. Der Entwurf des Positionspapiers, das Ergebnis einer Sitzung der für die Jugendarbeit zuständigen Vorstandsmitglieder der Gewerkschaften und Landesbezirke des DGB am 21.10.1980 war, orientierte die Jugendarbeit zunächst auf der Grundlage der Grundsatzbeschlüsse und der Programmatik des DGB. Was die Ansätze und Methoden der Jugendarbeit betraf, galt dem Positionspapier der Lebenswelt-, der Betriebs- und der Interessenbezug als konzeptionell leitend. Schwerpunkte sollten neben der konsequenten Interessenvertretung in der Jugendkultur- und Jugendbildungsarbeit liegen. Die Konfliktpunkte der vergangenen Jahre, etwa der als gewerkschaftsschädlich angesehene Einfluss kommunistischer oder sozialistischer Jugendfunktionäre, wurde allenfalls verklausuliert angesprochen. Vgl. Karl Schwab, Bericht über Abläufe seit der DGB-Bundesjugendkonferenz im Dezember 1977, in Frankfurt am Main, Düsseldorf, 10.10.1980; Positionspapier zur gewerkschaftlichen Jugendarbeit, o. O., o. D.; Erste Konsequenzen aus dem Positionspapier, o. O., o. D.; in AdsD, DGB-Archiv, 5/DGAI000506.

8 Vgl. das Vortragsmanuskript Karl Schwabs zu seinem Bericht, 4.11.1980; vgl. Protokoll über die 10. Sitzung des Bundesausschusses am 5.11.1980, TOP 6., S. 11-16, AdsD, DGB-Archiv, 5/DGAI000421.

Franz Kersjes (drupa) als Mitglied,
Ernst Urban (HBV) als Mitglied,
Gerhard Keuchel (HBV) als ständigen Vertreter für den Kollegen Urban, Karl Weyring (Leder) als Mitglied,
Klaus Lehmann (Leder) als ständigen Vertreter für den Kollegen Weyring und Hermann Stahlberg (Angestellte) als ständigen Vertreter für den Kollegen Hubert Sturm im Landesbezirksvorstand Nordrhein-Westfalen;
Peter Hoeger (BSE) als ständigen Vertreter für den Kollegen Dieter Smyczek im Landesbezirksvorstand Rheinland-Pfalz;
Hans Biehl (GdED) als ständigen Vertreter für den Kollegen Hans Ipfling, Christine Friemond (GEW) als ständige Vertreterin für den Kollegen Gerd Wagner und
Carla Best (Kunst) als Mitglied im Landesbezirksvorstand Saar.[9]

6. Richtlinien für die Personengruppe »Arbeiter«

Kollegin *Blättel* erläutert kurz die Vorlage und weist darauf hin, daß die Bundesarbeiterkonferenz vom 2. bis 4. Juli 1981 in Osnabrück vorgesehen ist.[10]
An der anschließenden Diskussion beteiligen sich die Kollegen *Vetter, Drescher, Kluncker, Stephan, Sierks, Schwab, Schirrmacher, Lojewski* und die Kollegin *Blättel*. Es wird festgestellt, daß Arbeiterausschüsse auf Landesbezirks- und Kreisebene gebildet werden können, aber nicht müssen. Zur Ziffer 1 werden Änderungen erörtert. Kollege *Kluncker* beantragt, die Richtlinien mit der Maßgabe zu beschließen, daß die Ziffer 1 nur vorläufigen Charakter hat bis zur endgültigen Beschlußfassung von einheitlichen Richtlinien für alle Personengruppen.

Beschluß:
Der Bundesvorstand beschließt die vorgelegten Richtlinien für die Personengruppe »Arbeiter« des DGB mit der Maßgabe, daß die Ziffer 1 nur vorläufigen Charakter hat bis zur endgültigen Beschlußfassung von einheitlichen Richtlinien für alle Personengruppen. Die Ziffer 1.1 erhält folgende Fassung:

---

9 Vgl. [DGB-Bundesvorstand], Vorstandsbereich Karl Schwab, Vorlage zur Beratung im Geschäftsführenden Bundesvorstand, Bundesvorstand, Bundesausschuß, Veränderungsmitteilungen Landesbezirksvorstände, o. O., 28.10.1980; [DGB-Bundesvorstand], Vorstandsbereich Karl Schwab, Vorlage zur Beratung im Geschäftsführenden Bundesvorstand, Bundesvorstand, Bundesausschuß, Veränderungsmitteilungen Landesbezirksvorstände, o. O., 29.10.1980, AdsD, DGB-Archiv, 5/DGAI000506.
10 Die Richtlinien befassen sich neben den im Protokoll zitierten Aufgabenbereichen der Personengruppenvertretungen in Arbeiterausschüssen mit der organisatorischen Gliederung und den Organen auf Kreis-, Landesbezirks- und Bundesebene, sowie mit Zuständigkeiten und Kommunikationswegen. Vgl. [DGB-Bundesvorstand], Vorstandsbereich Irmgard Blättel, Vorlage zur Beratung im Bundesvorstand, Richtlinien für die Personengruppe Arbeiter, beschlossen GBV am 25.2.1980, o. O., o. D., AdsD, DGB-Archiv, 5/DGAI000506. Protokoll: Bundesarbeiterkonferenz 1977.

»Die Arbeiterausschüsse beraten und unterstützen die Vorstände bei der Lösung anstehender Fragen. Sie erarbeiten Stellungnahmen, Vorschläge, Empfehlungen oder Entschließungen. In diesem Rahmen können sich die Ausschüsse dabei gegenüber den Vorständen und den Organen zu allen gewerkschaftlichen Fragen äußern. Hierzu gehören insbesondere die Gesellschafts-, Wirtschafts- und Tarifpolitik sowie Fragen des Tarifrechts, der Sozialpolitik und der Sozialversicherung, der Rationalisierung sowie organisatorische Fragen der Personengruppe ›Arbeiter‹ in Zusammenarbeit mit den Abteilungen und anderen Ausschüssen des DGB.«

7. Energiepolitische Erklärung des DGB

Nach Erläuterung der Vorlage durch Kollegen *Pfeiffer* und einem Änderungswunsch des Kollegen *Kluncker* faßt der Bundesvorstand folgenden *Beschluß*:
Der Bundesvorstand verabschiedet die mit Datum vom 28. Oktober 1980 vorgelegte Energiepolitische Erklärung des DGB mit folgender Ergänzung:[11]
Auf Seite 1 wird den ersten vier Spiegelstrichen folgender fünfter Spiegelstrich hinzugefügt:
» – aus der internationalen Verantwortung der Industrienationen für Ausbau und Erhaltung wirtschaftlich vertretbarer und technisch geeigneter Energieversorgungsstrukturen für die Entwicklungs- und Schwellenländer.«

8. Forum »Technischer Wandel und Beschäftigung«

Kollege *Vetter* weist darauf hin, daß nach der letzten Bundesvorstandssitzung keine Stellungnahmen der Gewerkschaften eingegangen sind.[12] Damit bleibt es bei der Vorlage für die letzte Bundesvorstandssitzung. Kollege *Vetter* bittet um entsprechende Beschlußfassung.

Beschluß:
Der Bundesvorstand begrüßt die Idee eines Forums »Technischer Wandel und Beschäftigung«. Er nimmt insbesondere zustimmend zur Kenntnis, daß Zuwendungsempfänger bei der inhaltlichen und formalen Gestaltung ihrer Projekte autonom sind.
Alle Anträge aus dem DGB-Bereich sollen abgestimmt werden. Einzelne Arbeitspakete sollen so weit wie möglich gegenseitig verwendbar sein. Die Ab-

---

11 Die Energiepolitische Erklärung des DGB orientierte sich an wirtschaftlichen und gesamtgesellschaftlichen Zielen, am Umweltschutz, an den beschäftigungspolitisch wirksamen Effekten der Energiepolitik und den Arbeitsbedingungen der Beschäftigten in der Energiewirtschaft. Sie setzte auf einen Energiemix, der Kohlekraft und Kernenergie umfasste, forderte aber auch den Ausbau regenerativer Energien und einen wirtschaftlichen Umgang mit Energiequellen und -verbrauch. Vgl. Energiepolitische Erklärung des DGB, 28.10.1980, AdsD, DGB-Archiv, 5/DGAI000506.
12 Vgl. Dok. 78: Kurzprotokoll über die 26. Sitzung/Klausurtagung des Bundesvorstandes am 2./3.12.1980.

teilung Gesellschaftspolitik wird beauftragt, die Anträge aus dem DGB-Bereich zu koordinieren.

9. Nachwahl zum Beirat der VTG

Beschluß:
Für das ausgeschiedene Beiratsmitglied Heinz Vietheer wählt der Bundesvorstand den Kollegen Günter Volkmar in den Beirat der VTG.

10. Verschiedenes

a) Klausurtagung des Bundesvorstandes
Kollege *Vetter* weist darauf hin, daß der Termin für die Klausurtagung des Bundesvorstandes 2. und 3. Dezember 1980 zur Beratung des Entwurfs des Grundsatzprogramms und der Anträge dazu aufrechterhalten wird. Die Klausurtagung soll in der Bundesschule Hattingen durchgeführt werden.

Die Frage des Kollegen *Sickert* nach der Teilnahme der Landesbezirksvorsitzenden an der Klausurtagung wird vom Kollegen *Vetter* bejaht.

Kollege *Vetter* bittet noch einmal, die Anträge bis zum 30. d[es] M[onats] einzureichen.

Kollege *Drescher* erklärt, daß sein Vorstand erst am 11.12.1980 tagt.

Kollege *Vetter* bittet, den Versuch zu unternehmen, diese Beschlüsse vorher zu fassen.

b) Volksfront – Unvereinbarkeitsbeschlüsse
Kollege *Kluncker* bittet um gemeinsames Vorgehen im Sinne der Unvereinbarkeitsbeschlüsse bezüglich der »Volksfront gegen Reaktion, Faschismus und Krieg, für Freiheit, Demokratie, Wohlstand und Frieden«. Der Vorstand der ÖTV ist der Meinung, daß diese Volksfront unter die Unvereinbarkeitsbeschlüsse fällt.[13]

Nach kurzer Diskussion der Kollegen *Vetter* und *Kluncker* faßt der Bundesvorstand folgenden *Vorsorgebeschluß*:

Der Bundesvorstand stellt fest, daß die »Volksfront gegen Reaktion, Faschismus und Krieg, für Freiheit, Demokratie, Wohlstand und Frieden« unter die Unvereinbarkeitsbeschlüsse des DGB fällt.

Kollege Kluncker stellt Kollegen Vetter die entsprechenden Unterlagen zur Verfügung.

---

13 Die Volksfront gegen Reaktion, Faschismus und Krieg, für Freiheit, Demokratie, Wohlstand und Frieden war eine von der Partei KPD/ML gegründete Organisation zur Bundestagswahl 1980, die sich besonders in der Kampagne »Stoppt Strauß« hervortat. Sie hatte annähernd 600 Mitglieder. Vgl. Langguth: Die Neue Linke seit 1968, S. 76 f.

Ende der Sitzung: 14.05 Uhr.

Dokument 78

2. und 3. Dezember 1980: Kurzprotokoll über die 26. Sitzung/ Klausurtagung des Bundesvorstandes

Bundesschule Hattingen; Vorsitz: Heinz O. Vetter; Protokollführung: Isolde Funke, Ingrid Kiparsky; Sitzungsdauer: 2.12.1980, 9.15–16.55 Uhr; ms. vermerkt: »Vertraulich«.[1]

Ms., hekt., 9 S., 2 Anlagen.[2]

AdsD, DGB-Archiv, 5/DGAI000554.

Beginn der Sitzung: 2.12.1980, 9.15 Uhr.

Kollege *Vetter* eröffnet die 26. Sitzung des Bundesvorstandes in Hattingen.

Tagesordnung:
1. Protokoll der 24. Bundesvorstandssitzung
2. Genehmigung des Protokolls der 25. Bundesvorstandssitzung
3. Wahlaufruf Betriebsratswahl 1981 (deutsche und ausländische Arbeitnehmer)
4. Beirat für das Bundeszentrum Humanisierung des Arbeitslebens bei der Bundesanstalt für Arbeitsschutz und Unfallverhütung
5. Frauentag
6. 4. Außerordentlicher Bundeskongreß des DGB, hier: Nachwahl von Mitgliedern der Antragsberatungskommission
7. Mai-Motto 1981
8. Jahresrechnung des DGB für 1979
9. Antrag der Gewerkschaft Kunst auf Gewährung eines Zuschusses für die Geschäftsstelle der Gewerkschaft Kunst
10. Anträge der Gewerkschaft Kunst auf Befreiung für Verbände dieser Gewerkschaft für das Kalenderjahr 1981
11. Antrag der Gewerkschaft GLF auf Erhöhung des Zuschusses für das Jahr 1980
12. Antrag der Gewerkschaft GLF auf Beitragsbefreiung für das Kalenderjahr 1981 und Gewährung eines Zuschusses für das Jahr 1981
13. Kapitalerhöhung der Beteiligungsgesellschaft für Gemeinwirtschaft AG

Dok. 78
1 Einladungsschreiben mit Tagesordnung vom 18.11.1980. Nicht anwesend: Helmut Teitzel (vertreten durch Wilhelm Kappelmann), Rudolf Sperner (vertreten durch Konrad Carl), Berthold Keller, Gerhard Schmidt. AdsD, DGB-Archiv, 5/DGAI000507.
2 Anlagen: Anwesenheitsliste; vgl. Erklärung des DGB zur paritätischen Mitbestimmung, DGB-Nachrichten-Dienst, 257/80, 3.12.1980.

14. Prüfung des Jahresabschlusses 1980 der VTG
15. Finanzplan der VTG für das Jahr 1981
16. Geschäftsbericht der VTG für das Jahr 1979
17. Jugendpolitik
18. Verschiedenes

[Außerhalb der Tagesordnung] Beratung über die Anträge zum Entwurf eines neuen Grundsatzprogramms

1. Protokoll der 24. Bundesvorstandssitzung

Kollege *Loderer* verweist auf den Brief des Kollegen Hans Mayr zum Protokoll der 24. Bundesvorstandssitzung. Kollege Mayr hatte für ihn an dieser Sitzung teilgenommen. Das Protokoll wurde bereits in der letzten Bundesvorstandssitzung genehmigt.

Kollege *Vetter* schlägt vor, den Brief des Kollegen Mayr vom 11.11.1980 als Anlage zum Protokoll der 24. Bundesvorstandssitzung zu nehmen. Damit ist er Teil des Protokolls.

Beschluß:
Der Bundesvorstand ist damit einverstanden, daß der Brief des Kollegen *Hans Mayr* vom 11. November 1980 als Anlage zum Protokoll der 24. Bundesvorstandssitzung genommen wird.[3]

2. Genehmigung des Protokolls der 25. Bundesvorstandssitzung

Kollegin *Blättel* bittet um eine Ergänzung in der vorletzten Zeile des Beschlusses zum Tagesordnungspunkt 6.

Beschluß:
Der Bundesvorstand genehmigt das Protokoll der 25. Bundesvorstandssitzung mit folgender Ergänzung:
Auf Seite 4 wird in der vorletzten Zeile des Beschlusses zum Tagesordnungspunkt 6. »Richtlinien für die Personengruppe ›Arbeiter‹« vor »Abteilungen« die Worte »fachlich zuständigen« eingefügt.[4]

---

3 Vgl. Dok. 76: Kurzprotokoll über die 24. Sitzung des Bundesvorstandes am 7.10.1980.
4 Vgl. Dok. 77: Kurzprotokoll über die 25. Sitzung des Bundesvorstandes am 4.11.1980.

3. Wahlaufruf Betriebsratswahl 1981 (deutsche und ausländische Arbeitnehmer)

Nach Erläuterung der Vorlage durch Kollegen *Muhr* faßt der Bundesvorstand folgenden *Beschluß*:
Der Bundesvorstand verabschiedet die Aufrufe des DGB zu den Betriebsratswahlen 1981 in der vorgelegten Fassung vom 31.10.1980.[5]

4. Beirat für das Bundeszentrum Humanisierung des Arbeitslebens bei der Bundesanstalt für Arbeitsschutz und Unfallverhütung

Kollege *Muhr* berichtet, daß das Bundeszentrum Humanisierung des Arbeitslebens bei der Bundesanstalt für Arbeitsschutz und Unfallverhütung in Dortmund eingerichtet worden ist. Kollegin Dr. Gisela Kiesau ist die Direktorin dieses Zentrums. Kollege *Muhr* erläutert die Aufgaben dieses Zentrums und die beratende Funktion, die der Beirat übernehmen soll. Dieser Beirat soll sich wie folgt zusammensetzen: 7 Gewerkschaftsvertreter (6 DGB-Vertreter plus 1 Stellvertreter), 1 DAG-Vertreter und 7 Arbeitgebervertreter.[6]

Die Kollegen *Volkmar, Vetter, Muhr, Loderer, Schirrmacher* und *Hauenschild* diskutieren über die Verfahrensweise bei der Nominierung der DGB-Vertreter.

Der Bundesvorstand faßt folgenden *Beschluß*:
1. Die Gewerkschaften sollen unter den besprochenen Gesichtspunkten ihre Vertreter benennen.
2. Beim DGB-Bundesvorstand wird ein Kollege benannt, der die Koordinierung übernehmen soll.
3. Es soll ein Arbeitskreis gebildet werden, der die DGB-Vertreter in dem Beirat fachlich beraten kann.

---

5 Der Aufruf, der sich an die deutschen Arbeitnehmerinnen und Arbeitnehmer richtete, forderte die Betriebsräte bei der Auseinandersetzung um menschengerechte Arbeitsplätze und Arbeitsgestaltung, die Personalplanung, im Weiterbildungsbereich, um die Gleichberechtigung von Mann und Frau und bei der Flankierung der Tarifpolitik zu unterstützen. Gruppen- und Standesorganisationen lehnte der DGB in seinem Aufruf ab, insbesondere was die Rolle der Leitenden Angestellten betraf. Dem setzte er die Solidarität und die einheitsgewerkschaftliche Organisation entgegen. Der Aufruf an die ausländischen Arbeitnehmerinnen und Arbeitnehmer war demgegenüber wie schon in den Jahren zuvor sozialpolitisch konkreter, betonte die Verschärfung der Auseinandersetzungen in den Betrieben. Der Aufruf zur gewerkschaftlichen Geschlossenheit bezog sich auf Probleme, die sich aus der Aufspaltung in Nationalitätengruppen, in politisch konkurrierende und pseudoreligiöse Gruppen ergeben könnten. Schließlich appellierte der DGB an die ausländischen Arbeitnehmerinnen und Arbeitnehmer, nicht nur zur Wahl zu gehen, sondern ermunterte sie auch, auf Listen der DGB-Gewerkschaften zu kandidieren. Vgl. [DGB-Bundesvorstand], Vorstandsbereich Gerd Muhr, Vorlage zur Beratung im Bundesvorstand, Wahlaufrufe für die Betriebsratswahl 1981 (deutsche und ausländische Arbeitnehmer), beschlossen GBV am 27.10.1980, Düsseldorf, 31.10.1980, AdsD, DGB-Archiv, 5/DGAI000507.
6 Gisela Kiesau war zuvor Mitarbeiterin des WSI und beim Hauptvorstand der Gewerkschaft HBV beschäftigt gewesen.

4. In der nächsten Sitzung des Bundesvorstandes soll die Benennung der Mitglieder für den Beirat vorgenommen werden.[7]

5. Frauentag

Kollegin *Blättel* erläutert kurz die Vorlage.[8]
 In der anschließenden Diskussion, an der sich die Kollegen *Hauenschild, Vetter, Döding, Kluncker, Sickert, Loderer* sowie die Kolleginnen *Weber* und *Blättel* beteiligen, werden u. a. Änderungen zum Beschlußvorschlag erörtert.

Beschluß:
In Einzelfällen können auf Beschluß der DGB-Kreisvorstände und im Einvernehmen mit den DGB-Landesbezirken auch am 8. März gewerkschaftliche Veranstaltungen durchgeführt werden, die in der Verantwortung der DGB-Kreisvorstände liegen.
 Dabei muß es sich um eigenständige gewerkschaftliche Veranstaltungen ohne Beteiligung anderer gesellschaftlicher Gruppen handeln. Es ist darauf zu achten, daß interessierte politische Gruppierungen die DGB-eigenen Veranstaltungen nicht mißbrauchen können.[9]

6. 4. Außerordentlicher Bundeskongreß des DGB, hier: Nachwahl von Mitgliedern der Antragsberatungskommission

Beschluß:
Der Bundesvorstand wählt gemäß § 7 Ziffer 9 der Satzung des Bundes folgende Delegierten in die Antragsberatungskommission nach:
 Egon Schäfer, IG Chemie-Papier-Keramik
 Joachim Fürbeth, Gew[erkschaft] HBV
 Wilhelm Kappelmann, Gew[erkschaft] Leder
 Erich Herrmann, Gew[erkschaft] NGG
 Gebhard Gotterbarm, Deutsche Postgewerkschaft

---

7 Vgl. Dok. 79: Kurzprotokoll über die 27. Sitzung des Bundesvorstandes am 3.2.1981.
8 Die Beteiligung des DGB am Internationalen Frauentag 1981 war entsprechend der Beschlussvorlage ein Novum. Noch im Jahr zuvor hatte der DGB eine Beteiligung abgelehnt und sich vom Internationalen Frauentag abgegrenzt, weil der DGB ihn als eine Veranstaltung der kommunistischen Bewegung angesehen hatte. Der Beschlussvorschlag, der leicht abgeändert beschlossen wurde, sah deshalb nur DGB-eigene Veranstaltungen vor, um diese Abgrenzung aufrechtzuerhalten. Das Motto für den Frauentag 1981 lautete »Frieden und Arbeit für alle«.
9 Gedacht war hier an die letzten Ausläufer der K-Gruppen, vor allem aber auch an DKP und SDAJ.

7. Mai-Motto 1981

Nach kurzer Diskussion, an der sich die Kollegen *Stephan, Loderer, Vetter, Hauenschild* und *Frister* beteiligen, faßt der Bundesvorstand folgenden *Beschluß*:
Das Mai-Motto 1981 lautet:
»Vollbeschäftigung – Mitbestimmung – soziale Sicherheit. DGB.«

8. Jahresrechnung des DGB für 1979

Kollege *Vater* erläutert kurz die Vorlage und erklärt, daß die Haushaltskommission der Jahresrechnung in der vorliegenden Form in ihrer Sitzung am 1.12.1980 zugestimmt hat und dem Bundesvorstand ebenfalls Annahme empfiehlt. Kollege *Vater* bittet um entsprechende Beschlußfassung.
Kollege *Breit* bestätigt als Vorsitzender der Haushaltskommission die Ausführungen des Kollegen Vater.
Nach kurzer Diskussion, an der sich die Kollegen *Hauenschild, Sickert* und *Vater* beteiligen, faßt der Bundesvorstand folgenden *Beschluß*:
Der Bundesvorstand stellt die Jahresrechnung des DGB für 1979 mit 173.123.998,43 DM in den Einnahmen und Ausgaben fest und erteilt dem Geschäftsführenden Bundesvorstand Entlastung.[10]

9. Antrag der Gewerkschaft Kunst auf Gewährung eines Zuschusses für die Geschäftsstelle der Gewerkschaft Kunst

Beschluß:
Dieser Punkt wird aufgrund der Beratung in der Haushaltskommission bis zur nächsten Bundesvorstandssitzung zurückgestellt.[11]

10. Anträge der Gewerkschaft Kunst auf Befreiung für Verbände dieser Gewerkschaft für das Kalenderjahr 1981

Beschluß:
Dieser Punkt wird bis zur nächsten Sitzung des Bundesvorstandes zurückgestellt.[12]

---

10 Vgl. [DGB-Bundesvorstand], Vorstandsbereich Gerhard Vater, Vorlage zur Beratung im Geschäftsführenden Bundesvorstand, Bundesvorstand, Jahresrechnung des DGB für 1979, beschlossen GBV am 3.11.1980, Haushaltskommission 1.12.1980, Düsseldorf, 13.11.1980.
11 Vgl. Dok. 79: Kurzprotokoll über die 27. Sitzung des Bundesvorstandes am 3.2.1981, TOP 4.
12 Vgl. ebd., TOP 5.

11. Antrag der Gewerkschaft GLF auf Erhöhung des Zuschusses für das Jahr 1980

Kollege *Vater* erläutert kurz die Vorlage und teilt mit, daß sich die Haushaltskommission gestern eingehend mit dem Antrag der Gewerkschaft GLF beschäftigt hat und dem Bundesvorstand Annahme empfiehlt.[13]

Beschluß:
Der Bundesvorstand wird dem Bundesausschuß empfehlen, den Zuschuß der Gewerkschaft GLF für das Jahr 1980 um 175.000,- DM aus dem Solidaritätsfonds zu erhöhen.

Kollege *Schwab* erinnert an den Auftrag des Bundesvorstandes vom 4.9.1979 an den Geschäftsführenden Bundesvorstand, »erneut eine organisatorische Lösung zu suchen, insbesondere im Hinblick auf eine Fusion mit einer oder mehreren organisationsverwandten Gewerkschaften. Das Ergebnis ist dem Bundesvorstand innerhalb eines Jahres vorzulegen.« Kollege *Schwab* erklärt, daß ein abschließender Bericht noch nicht abgegeben werden kann, weil die Gespräche noch nicht abgeschlossen sind. Er bittet, die Frist bis zum 30.6.1981 zu verlängern.

Beschluß:
Der Bundesvorstand beschließt, daß der Bericht des Geschäftsführenden Bundesvorstandes über das Ergebnis der Gespräche bezüglich einer organisatorischen Lösung für die Gewerkschaft GLF bis spätestens 30.6.1981 vorgelegt werden soll.

12. Antrag der Gewerkschaft GLF auf Beitragsbefreiung für das Kalenderjahr 1981 und Gewährung eines Zuschusses für das Jahr 1981

Beschluß:
Aufgrund der Beratung in der Haushaltskommission wird dieser Punkt bis zur nächsten Sitzung des Bundesvorstandes zurückgestellt.[14]

13. Kapitalerhöhung der Beteiligungsgesellschaft für Gemeinwirtschaft AG

Der Bundesvorstand faßt folgenden *Beschluß*:
1. Die VTG des DGB beteiligt sich an der Kapitalerhöhung der BGAG und erwirbt junge Aktien in Höhe von 56.296.400 DM zum Kurs von 120 [DM].

---

13 Vgl. [DGB-Bundesvorstand], Vorstandsbereich Gerhard Vater, Vorlage zur Beratung im Geschäftsführenden Bundesvorstand, Bundesvorstand, Bundesausschuß, Erhöhung des Zuschusses für die Gewerkschaft GLF aus dem Solidaritätsfonds, beschlossen GBV am 24.11.1980, Haushaltskommission 1.12.1980, AdsD, DGB-Archiv, 5/DGAI000507.
14 Vgl. Dok. 79: Kurzprotokoll über die 27. Sitzung des Bundesvorstandes am 3.2.1981, TOP 6.

2. Die erforderlichen Mittel werden von der VTG aus ihren Beteiligungserträgen dargestellt bzw. durch Zuweisung von DGB-Mitteln abgedeckt.[15]

14. Prüfung des Jahresabschlusses 1980 der VTG

Beschluß:
Für die Prüfung des Jahresabschlusses 1980 der VTG wird die Allgemeine Treuhandgesellschaft mbH (ATH) bestellt.[16]

15. Finanzplan der VTG für das Jahr 1981

Beschluß:
Gemäß § 8 Absatz 2 der Geschäftsanweisung für die Verwaltung des Treuhandvermögens vom 6.3.1973 stimmt der Bundesvorstand dem Finanzplan der VTG für das Jahr 1981 zu.[17]

16. Geschäftsbericht der VTG für das Jahr 1979

Beschluß:
Gemäß § 10 Absatz 3 der Geschäftsanweisung für die Verwaltung des Treuhandvermögens vom 6.3.1973 nimmt der Bundesvorstand den Geschäftsbericht der VTG für das Jahr 1979 zur Kenntnis.[18]

17. Jugendpolitik

Kollege *Schwab* berichtet, daß am 18. November 1980 eine Sitzung des Bundesjugendausschusses und der für Jugendarbeit zuständigen Vorstandsmitglieder der

---

15 Vgl. [DGB-Bundesvorstand], Vorstandsbereich Gerhard Vater, Vorlage zur Beratung im Geschäftsführenden Bundesvorstand, Bundesvorstand, Kapitalerhöhung der Beteiligungsgesellschaft für Gemeinwirtschaft, beschlossen GBV am 10.11.1980, AdsD, DGB-Archiv, 5/DGAI000507.
16 Vgl. [DGB-Bundesvorstand], Vorstandsbereich Gerhard Vater, Vorlage zur Beratung im Geschäftsführenden Bundesvorstand, Bundesvorstand, Prüfung des Jahresabschlusses 1980 der VTG, beschlossen GBV am 17.11.1980, AdsD, DGB-Archiv, 5/DGAI000507.
17 Vgl. [DGB-Bundesvorstand], Vorstandsbereich Gerhard Vater, Vorlage zur Beratung im Geschäftsführenden Bundesvorstand, Bundesvorstand, Finanzplan der VTG für das Jahr 1981, beschlossen GBV am 17.11.1980; Vermögensverwaltungs- und Treuhand-Gesellschaft des Deutschen Gewerkschaftsbundes mbH, Düsseldorf, Finanzplan 1981, AdsD, DGB-Archiv, 5/DGAI000507.
18 Vgl. [DGB-Bundesvorstand], Vorstandsbereich Gerhard Vater, Vorlage zur Beratung im Geschäftsführenden Bundesvorstand, Bundesvorstand, Geschäftsbericht der VTG für 1979, beschlossen GBV am 17.11.1980; Vermögensverwaltungs- und Treuhand-Gesellschaft des Deutschen Gewerkschaftsbundes mbH, Düsseldorf, Geschäftsbericht 1979, AdsD, DGB-Archiv, 5/DGAI000507.

Gewerkschaften und Landesbezirke stattgefunden hat. In dieser Sitzung wurden Änderungen im Positionspapier zur gewerkschaftlichen Jugendarbeit vorgenommen. Das jetzt vorliegende Papier ist vom Bundesjugendausschuß einstimmig beschlossen worden und wird zur Annahme empfohlen.[19]

Beschluß:
Der Bundesvorstand beschließt das Positionspapier zur gewerkschaftlichen Jugendarbeit in der Fassung vom 18. November 1980 als verpflichtende Grundlage für die gewerkschaftliche Jugendarbeit im DGB und in den Gewerkschaften.
Dieses Positionspapier tangiert nicht die Leitsätze der Gewerkschaftsjugend. Es ist eine Aktualisierung des Antrags 300 des 9. Ordentlichen Bundeskongresses des DGB von 1972.[20]

18. Verschiedenes

a) Einladung des Bundeswirtschaftsministers
Die Mitglieder des Bundesvorstandes diskutieren eingehend über die Einladung des Bundeswirtschaftsministers Graf Lambsdorff für den 8. Dezember 1980 nach Bonn und damit zusammenhängende Fragen.

Beschluß:
Der Bundesvorstand beschließt, folgendes Schreiben an den Bundeswirtschaftsminister Graf Lambsdorff zu richten:
»Der Inhalt Ihres Schreibens vom 6.11.1980 wurde vom Bundesvorstand des Deutschen Gewerkschaftsbundes in seiner Sitzung am 3.12.1980 zum Gegenstand der Beratung gemacht.[21]

---

19 Das Positionspapier analysierte die »Situation von Jugendlichen in den Gewerkschaften«, postulierte »Grundsätze und Ziele gewerkschaftlicher Jugendarbeit« und definierte »Handlungsfelder gewerkschaftlicher Jugendarbeit«. Abschließend formulierte es »Strukturen und Methoden der gewerkschaftlichen Jugendarbeit«. Ausgehend von den Grundsatzbeschlüssen hielt das Positionspapier an dem Lebenswelt- und Betriebsbezug des vorausgegangenen Entwurfs fest. Es orientierte die Jugendarbeit zunächst auf der Grundlage der Grundsatzbeschlüsse und der Programmatik des DGB. Was die Ansätze und Methoden der Jugendarbeit betraf, galt beim Positionspapier der Lebenswelt-, der Betriebs- und der Interessenbezug als konzeptionell leitend. Es setzte auf die Ansätze der Jugendkultur- und Jugendbildungsarbeit. Am Schluss des Papiers wurden erste praktische Konsequenzen gezogen, etwa eine Verstärkung der Mitgliederkommunikation über die Zeitschriften des DGB und der Einzelgewerkschaften. Vgl. Positionspapier zur gewerkschaftlichen Jugendarbeit, 18.11.1980, AdsD, DGB-Archiv, 5/DGAI000507.
20 Antrag 300: Inhalt und Aufgabenstellung gewerkschaftlicher Jugendarbeit als Teil der Gewerkschaftsarbeit, in: DGB: 9. Bundeskongreß 1972, Anträge und Entschließungen, S. 253-258.
21 Bundeswirtschaftsminister Otto Graf Lambsdorff hatte in einem Schreiben vom 6.11.1980 den DGB eingeladen, mit zehn von insgesamt 30 Teilnehmern an einem wirtschaftspolitischen Gespräch über die beschäftigungspolitische Lage, die Leistungsbilanzentwicklung und über Strukturfragen der deutschen Wirtschaft teilzunehmen. Wie der Schriftwechsel und der Austausch innerhalb des Bundesvorstands zeigt, waren es sowohl Fragen, die die Zusammensetzung des Gesprächskreises betrafen (unter anderem die Teilnahme des Deutschen Beamtenbundes) und die Ablehnung von Gesprächen, die einer Wieder-

Ich darf Ihnen mitteilen, daß der Bundesvorstand an Gesprächen der sogenannten Konzertierten Aktion auch künftig nicht teilnehmen wird.

Der DGB und die im DGB zusammengeschlossenen Gewerkschaften
- stehen auch künftig für Gespräche mit Mitgliedern der Bundesregierung zur Verfügung. Sie werden auch in Zukunft solche bilateralen Gespräche anregen, ohne daraus eine Instanz zu machen, wie es die Gesprächsrunde im Rahmen der Konzertierten Aktion de facto geworden war;
- werden auch in Zukunft Gespräche mit Vertretern der Arbeitgeber, der Unternehmer und ihrer Verbände auch unabhängig und ohne Zusammenhang mit Tarifverhandlungen führen;
- werden auch künftig gemeinsame Gespräche mit dem Bundeskanzler oder Mitgliedern der Bundesregierung und Arbeitgebern oder Unternehmern führen. Sie haben sich als nützlich erwiesen.

Wir beabsichtigen nicht, solche Gespräche zu ständigen Einrichtungen zu entwickeln.

Der Bundesvorstand bittet Sie, Herr Minister, ihm Orientierungsdaten gemäß dem Stabilitätsgesetz in einem bilateralen Gespräch zu erläutern. Ein geeigneter Termin könnte die Vorlage des Jahreswirtschaftsberichtes sein.

Demzufolge bitte ich Sie, Herr Bundesminister, dafür Verständnis zu haben, daß der Deutsche Gewerkschaftsbund wie schon angekündigt an dem Gespräch am 8.12.1980 nicht teilnehmen wird.«

b) Mitbestimmung
Die Mitglieder des Bundesvorstandes diskutieren ausführlich die Frage der Sicherung der Montanmitbestimmung.

Beschluß:
Der Bundesvorstand verabschiedet eine »Erklärung des DGB zur paritätischen Mitbestimmung« (s. Anlage).[22]

Ende der Sitzung: 16.55 Uhr.

Fortsetzung mit der Klausurtagung des Bundesvorstandes

---

aufnahme der Konzertierten Aktion gleichkamen, die den DGB-Bundesvorstand zur Ablehnung von Lambsdorffs Ansinnen bewegten. Vgl. Bundesminister für Wirtschaft, Otto Graf Lambsdorff an den Vorsitzenden des DGB, Heinz Oskar Vetter, Bonn, 6.11.1980; DGB-Bundesvorstand, Heinz O. Vetter, an die Mitglieder des Bundesvorstandes, Gespräch mit Bundeswirtschaftsminister Graf Lambsdorff, Düsseldorf, 11.11.1980, AdsD, DGB-Archiv, 5/DGAI000507.

22 Der DGB-Bundesvorstand betonte, dass die Vereinbarungen, die die sozial-liberale Koalition zur Montanmitbestimmung getroffen hatte, den Forderungen der Gewerkschaften nicht gerecht würden. Der DGB forderte, die Regelungen der Montanmitbestimmung auf alle Bereiche der Wirtschaft auszudehnen und zudem die Sicherung der Montanmitbestimmung, die der Koalitionsentwurf nur befristet garantieren wollte, zeitlich zu entgrenzen. Der DGB hob hervor, dass die Mitbestimmung ein unverzichtbarer Teil der sozialen Demokratie sei, der zur Demokratisierung der Wirtschafts- und Gesellschaftsordnung beitrage. Vgl. Erklärung des DGB zur paritätischen Mitbestimmung, DGB-Nachrichten-Dienst, 257/80, 3.12.1980, AdsD, DGB-Archiv, 5/DGAI000507.

– Beratung über die Anträge zum Entwurf eines neuen Grundsatzprogramms –

In der einleitenden Aussprache über den Zweck der Klausurtagung, an der die Kollegen *Vetter, Hauenschild, Kluncker, Loderer, Schwab* und *Muhr* teilnehmen, wird Einvernehmen darüber erzielt, daß eine gemeinsame Betrachtung der wesentlichen Anträge, die bis zu diesem Zeitpunkt vorlagen, den Mitgliedern des Geschäftsführenden Bundesvorstandes Entscheidungshilfen für ihre Stellungnahmen gegenüber der Antragsberatungskommission geben könnte. Einige Mitglieder des Bundesvorstandes halten es für vertretbar, in begrenztem Umfang eigene Anträge des Bundesvorstandes an den Außerordentlichen Bundeskongreß des DGB zu stellen, wenn durch Anträge der antragsberechtigten Gremien gewerkschaftspolitische Grundsatzfragen berührt werden. Andere Mitglieder weisen darauf hin, daß dies eine erneute Beschlußfassung der antragsberechtigten Gremien notwendig machen könnte.

Die Aussprache über die vorliegenden Anträge, an der sich alle Mitglieder des Bundesvorstandes beteiligen, konzentriert sich
– in der Präambel auf die Fragen
016 Einheitsgewerkschaft
019 Gesamtwohl
026 Abrüstung, Entspannung und Frieden
030 Jugend
031 Frauen
032 Ausländische Arbeitnehmer
035 Innere Sicherheit
– im Abschnitt 1. Arbeitnehmerrechte auf die Frage
041 Aussperrung
– im Abschnitt 2. Arbeitsverhältnis auf die Frage
053 Tendenzschutz
– im Abschnitt 6. Gerechte Einkommens- und Vermögensverteilung auf die Frage
075 Beteiligung der Arbeitnehmer am Produktivvermögen
– im Abschnitt 8. Wirtschaftliche Mitbestimmung auf die Fragen
081 Sicherung der Montan-Mitbestimmung
083 Überbetriebliche Mitbestimmung
– im Abschnitt 13. Öffentliche und freie Gemeinwirtschaft auf die Frage
101 Friedliche Nutzung der Kernenergie

Der Bundesvorstand faßt für den Fall, daß kein antragsberechtigtes Gremium diese Anregung mehr aufgreift, den Vorsorgebeschluß, die Wiederaufnahme des Bekenntnisses zur weltanschaulichen, religiösen und politischen Toleranz in den Absatz 008 – Bekenntnis zur parlamentarischen Demokratie und zum Mehrparteiensystem – zu beantragen.

Kollege *Kluncker* kündigt an, daß die Vorstände der ÖTV und der Gewerkschaft der Eisenbahner Deutschlands noch einen Antrag stellen werden, einen Abschnitt »Verkehr« in das Grundsatzprogramm einzufügen.

Ende der Sitzung: 3.12.1980, 13.00 Uhr.

Dokument 79

3. Februar 1981: Kurzprotokoll über die 27. Sitzung des Bundesvorstandes

Hans-Böckler-Haus in Düsseldorf; Vorsitz: Heinz O. Vetter; Protokollführung: Isolde Funke, Ingrid Kiparsky; Sitzungsdauer: 9.50–16.15 Uhr; ms. vermerkt: »Vertraulich«.[1]
Ms., hekt., 8 S., 2 Anlagen.[2]
AdsD, DGB-Archiv, 5/DGAI000554.

Beginn der Sitzung: 9.50 Uhr.

Kollege *Vetter* eröffnet die 27. Sitzung des Bundesvorstandes in Düsseldorf.

Tagesordnung:
1. Genehmigung des Protokolls der 26. Bundesvorstandssitzung
2. Tagesordnung für die 11. Bundesausschußsitzung am 11.3.1981
3. Maiplakat 1981
4. Antrag der Gewerkschaft Kunst auf Gewährung eines Zuschusses für die Geschäftsstelle der Gewerkschaft Kunst
5. Anträge der Gewerkschaft Kunst auf Beitragsbefreiung für Verbände dieser Gewerkschaft für das Kalenderjahr 1981
6. Antrag der Gewerkschaft GLF auf Beitragsbefreiung für das Kalenderjahr 1981 und Gewährung eines Zuschusses für das Jahr 1981
7. Änderung der »Richtlinien für die Gewährung von Unterstützung an ehemalige Gewerkschaftsangestellte oder deren Witwen«
8. Haushaltsentwurf des DGB für das Kalenderjahr 1981
9. Gemeinsame finanzielle Aktionen bei internationalen Katastrophenfällen
10. Arbeits- und Sozialrechtsschutz (Rechtsschutzversicherungsgesellschaft der deutschen Eisenbahnerversicherungskasse)
11. Beirat für das Bundeszentrum Humanisierung des Arbeitslebens
12. Memorandum zu den Sachverständigengutachten
13. Stellenbewegungen 1980
14. Entwurf eines Mineralöl- und Branntweinsteuer-Änderungsgesetzes 1981

Dok. 79
1 Einladungsschreiben vom 8.12.1980 und Tagesordnung vom 19.1.1981. Es fehlten Jakob Deffner (vertreten durch Xaver Senft), Jochen Richert (vertreten durch Hans Frank) und Rudolf Sperner. AdsD, DGB-Archiv, 5/DGAI000507.
2 Anlagen: Anwesenheitsliste; [Maiplakatentwurf] Vollbeschäftigung, Mitbestimmung, Soziale Sicherheit, 1. Mai '81.

15. Mitbestimmung
16. Vergütung im Bereich der Gemeinwirtschaft

1. **Genehmigung des Protokolls der 26. Bundesvorstandssitzung**

Beschluß:
Der Bundesvorstand genehmigt das Protokoll der 26. Bundesvorstandssitzung mit folgender Änderung:[3]
Im Beschluß des Tagesordnungspunktes 8. »Jahresrechnung des DGB für 1979«, Seite 4, muß die Zahl in der zweiten Zeile lauten »173.123.988,43 DM«.
Kollege *Muhr* weist erläuternd zum Tagesordnungspunkt 4. »Beirat für das Bundeszentrum Humanisierung des Arbeitslebens bei der Bundesanstalt für Arbeitsschutz und Unfallverhütung«, Ziffer 3 des Beschlusses, darauf hin, daß die Gewerkschaften, die nicht in dem Beirat Berücksichtigung finden konnten, die Möglichkeit haben, sich regelmäßig an der Arbeit zu beteiligen.

2. **Tagesordnung für die 11. Bundesausschußsitzung am 11.3.1981**

Beschluß:
Der Bundesvorstand beschließt für die 11. Bundesausschußsitzung folgende Tagesordnung:
1. Genehmigung des Protokolls der 10. Bundesausschußsitzung
2. Bericht zur gewerkschaftspolitischen und organisatorischen Situation
3. Veränderungsmitteilungen – Landesbezirksvorstände
4. Antrag der Gewerkschaft Kunst auf Gewährung eines Zuschusses für die Geschäftsstelle der Gewerkschaft Kunst
5. Anträge der Gewerkschaft Kunst auf Beitragsbefreiung für Verbände dieser Gewerkschaft für das Kalenderjahr 1981
6. Antrag der Gewerkschaft GLF auf Erhöhung des Zuschusses für das Jahr 1980
7. Antrag der Gewerkschaft GLF auf Beitragsbefreiung für das Kalenderjahr 1981 und Gewährung eines Zuschusses für das Jahr 1981
8. Änderung der »Richtlinien für die Gewährung von Unterstützung an ehemalige Gewerkschaftsangestellte oder deren Witwen«
9. Haushaltsentwurf des DGB für das Kalenderjahr 1981
10. Fragestunde
11. Verschiedenes[4]

---

3 Vgl. Dok. 78: Kurzprotokoll über die 26. Sitzung/Klausurtagung des Bundesvorstandes am 2./3.12.1980.
4 Vgl. [DGB-Bundesvorstand], Vorstandsbereich Heinz O. Vetter, Vorlage zur Beratung im Bundesvorstand, Tagesordnung für die 11. Bundesausschußsitzung am 11.3.1981, beschlossen GBV am 14.1.1981, AdsD, DGB-Archiv, 5/DGAI000507.

3. Maiplakat 1981

Beschluß:
Der Bundesvorstand beschließt das Maiplakat 1981 (s. Anlage).[5]

4. Antrag der Gewerkschaft Kunst auf Gewährung eines Zuschusses für die Geschäftsstelle der Gewerkschaft Kunst

Beschluß:
Der Bundesvorstand wird dem Bundesausschuß empfehlen, der Gewerkschaft Kunst zur Aufrechterhaltung ihrer Geschäftsstelle für das Jahr 1981 den Betrag von 63.000,– DM als Zuschuß zu gewähren.[6]

5. Anträge der Gewerkschaft Kunst auf Beitragsbefreiung für Verbände dieser Gewerkschaft für das Kalenderjahr 1981

Kollege *Vater* erläutert kurz die Vorlage und bittet um entsprechende Beschlußfassung.[7]
In der anschließenden Diskussion, an der sich die Kollegen *Keller, Vetter, Schwab, Horné, Sickert, Hauenschild, Kluncker, Döding, Stephan* und *A. Schmidt* beteiligen, wird an den Auftrag an den Geschäftsführenden Bundesvorstand erinnert, mit dem Zentralvorstand der Gewerkschaft Kunst zu beraten und dem Bundesvorstand einen Bericht zu geben. Diese Beratungen konnten noch nicht abgeschlossen werden. Das nächste Gespräch wird wahrscheinlich im Mai oder Juni 1981 stattfinden.

Beschluß:
Der Bundesvorstand empfiehlt dem Bundesausschuß, folgendes zu beschließen:
1. Die Verbände der Gewerkschaft Kunst
    - Deutscher Musikerverband (DMV)
    - Genossenschaft Deutscher Bühnenangehöriger (GDBA)
    - Gewerkschaft Deutscher Musikerzieher und konzertierender Künstler (GDMK)
    - IAL Berufsverband Show und Unterhaltung

---

5 Der Plakatentwurf bot eine grafische Lösung. Er zeigt eine mehrfach gespiegelte 1, aus der sich in Zusammensetzung die Kombination »1M« ergibt, in deren rechten M-Fuß das DGB-Logo prangt. Vgl. Vollbeschäftigung Mitbestimmung Soziale Sicherheit 1. Mai 1981, AdsD, DGB-Archiv, 5/DGAI000507.
6 Vgl. [DGB-Bundesvorstand], Vorstandsbereich Gerhard Vater, Vorlage zur Beratung im Geschäftsführenden Bundesvorstand, Bundesvorstand, Bundesausschuß, Antrag auf Gewährung eines Zuschusses für die Geschäftsstelle der Gewerkschaft Kunst, beschlossen GBV am 17.11.1980, Haushaltskommission 1.12.1980, Düsseldorf, 15.12.1980, AdsD, DGB-Archiv, 5/DGAI000507.
7 Vgl. [DGB-Bundesvorstand], Vorstandsbereich Gerhard Vater, Vorlage zur Beratung im Bundesvorstand, Bundesausschuß, Beitragsbefreiung von Mitgliedsverbänden der Gewerkschaft Kunst, beschlossen GBV am 17.11.1980, Haushaltskommission 1.12.1980, AdsD, DGB-Archiv, 5/DGAI000507.

werden von der Beitragspflicht an den DGB gemäß § 6 der Beitragsordnung befreit mit der Maßgabe, daß die GDBA 10.000,- DM Beitrag an den DGB zu leisten hat.
2. Die Bundesvereinigung der Gewerkschaft Bildender Künstler (BGBK) wird in Höhe von 2/3 ihrer Beitragspflicht an den DGB befreit.
3. Für alle ganz oder teilweise von der Beitragspflicht befreiten Verbände hat die Gewerkschaft Kunst nach Ablauf des Jahres 1981 die Einnahmen- und Ausgabenrechnung 1981 sowie die Mitglieds-, Beitrags- und Durchschnittsbeitragsstatistik der Abteilung Finanzen des DGB vorzulegen.

Der Auftrag an den Geschäftsführenden Bundesvorstand zur Klärung und Berichterstattung bleibt bestehen.

6. Antrag der Gewerkschaft GLF auf Beitragsbefreiung für das Kalenderjahr 1981 und Gewährung eines Zuschusses für das Jahr 1981

Beschluß:
Der Bundesvorstand empfiehlt dem Bundesausschuß zu beschließen, daß die Gewerkschaft GLF für das Jahr 1981 von der Beitragspflicht zum DGB gemäß Ziffer 6 der Beitragsordnung befreit wird und die Gewerkschaft GLF für das Jahr 1981 einen Zuschuß von 1.500.000,- DM aus dem Solidaritätsfonds erhält.[8]

7. Änderung der »Richtlinien für die Gewährung von Unterstützung an ehemalige Gewerkschaftsangestellte oder deren Witwen«

Beschluß:
Der Bundesvorstand wird dem Bundesausschuß empfehlen, die »Richtlinien für die Gewährung von Unterstützung an ehemalige Gewerkschaftsangestellte oder deren Witwen« nach Maßgabe der in der Vorlage unterbreiteten Änderungsvorschläge zu beschließen.[9]

---

8 Vgl. [DGB-Bundesvorstand], Vorstandsbereich Gerhard Vater, Vorlage zur Beratung im Geschäftsführenden Bundesvorstand, Bundesvorstand, Bundesausschuß, Beitragsbefreiung für die Gewerkschaft GLF gemäß Ziffer 6 der Beitragsordnung und Gewährung eines Zuschusses aus dem Solidaritätsfonds für das Jahr 1981, beschlossen GBV am 24.11.1980, Haushaltskommission 1.12.1980, Düsseldorf, 15.1.21980, AdsD, DGB-Archiv, 5/DGAI000507.
9 Vgl. [DGB-Bundesvorstand], Vorstandsbereich Gerhard Vater, Vorlage zur Beratung im Geschäftsführenden Bundesvorstand, Bundesvorstand, Bundesausschuß, Änderung der Richtlinien für die Gewährung von Unterstützung ehemalige Gewerkschaftsangestellte oder deren Witwen, beschlossen GBV am 1.12.1980, Düsseldorf 25.11.1980, AdsD, DGB-Archiv, 5/DGAI000507.

Dokument 79 3. Februar 1981

8. Haushaltsentwurf des DGB für das Kalenderjahr 1981

Kollege *Vater* verweist auf den vorgelegten Haushaltsentwurf für 1981, der mit 170.467.000,– DM in den Einnahmen und Ausgaben abschließt. Er erläutert einzelne Positionen dieses Entwurfs und bittet um entsprechende Beschlußfassung.[10]

Kollege *Breit* unterstreicht als Vorsitzender der Haushaltskommission die Ausführungen des Kollegen Vater und dankt ihm für die Vorlage dieses ausgeglichenen Haushaltsentwurfs. Im Namen der Haushaltskommission bittet er ebenfalls um Zustimmung.

In der anschließenden Diskussion, an der sich die Kollegen *Sickert, Hauenschild, Vater, A. Schmidt, Loderer, Vetter, Kluncker, Muhr, Schirrmacher, Keller, G. Schmidt* und *Breit* beteiligen, wird insbesondere die große Erhöhung in den Beitragseinnahmen der Gewerkschaften für 1981 gegenüber 1980 erörtert. Dies wird als unrealistisch angesehen. Kollege *Vater* erklärt, daß die in der Vorlage angegebenen Zahlen für 1980 nur der Haushaltsentwurf für 1980 sind. Die tatsächlichen Zahlen liegen erst nach Abrechnung des vierten Quartals 1980 fest, d. h. wahrscheinlich nicht vor dem 15. bis 20. April 1981, und liegen höher als im Entwurf für 1980. Dann ist die Erhöhung zu 1981 nur noch sehr gering. Einige Bundesvorstandsmitglieder erklären, daß sie nicht bereit sind, e[ventuell] entstehende Haushaltslücken zu decken oder ihren 12- %igen Beitrag zu erhöhen. Abschließend teilt Kollege *Vater* mit, daß die ersten drei Quartale 1980 am 30.9.1980 mit 124.456.000,– DM abschließen; das würde umgerechnet auf das Jahr 1980 bedeuten, daß mit ca. 166.000.000,– DM Beitragseinnahmen zu rechnen ist. Damit wäre der Unterschied zu den geschätzten Beitragseinnahmen für 1981 nur noch sehr gering.

Beschluß:
Der Bundesvorstand stimmt dem Haushalt in der vorgelegten Fassung vom 24.11.1980 mit 170.467.000,– DM in den Einnahmen und Ausgaben zu und bittet den Bundesausschuß, den Haushalt in der vorliegenden Fassung zu beschließen.[11]

9. Gemeinsame finanzielle Aktionen bei internationalen Katastrophenfällen

Kollege *Vater* erläutert kurz die Vorlage und erklärt, daß von einigen Gewerkschaften immer noch die Antworten fehlen.

---

10 Vgl. [DGB-Bundesvorstand], Vorstandsbereich Gerhard Vater, Vorlage zur Beratung im Geschäftsführenden Bundesvorstand, Bundesvorstand, Bundesausschuß, beschlossen GBV am 24.11.1980, Haushaltskommission 1.12.1980, Düsseldorf, 15.12.1980, AdsD, DGB-Archiv, 5/DGAI000507.
11 Gerhard Vater erläuterte den Haushaltsentwurf für das Kalenderjahr 1981 in der 11. Sitzung des Bundesausschusses ausführlicher. Der Haushalt wurde in der vorgelegten Form einstimmig beschlossen. Vgl. Protokoll über die 11. Sitzung des Bundesausschusses am 11.3.1981, TOP 10., S. 17-19, AdsD, DGB-Archiv, 5/DGAI000422.

In der anschließenden Diskussion, an der sich die Kollegen *Loderer, Kluncker, Vetter, A. Schmidt, Sickert, Lojewski, Frister, Vater* und die Kollegin *Weber* beteiligen, wird u. a. die Kontrollmöglichkeit im betreffenden Land erörtert.

Abschließend sagt Kollege *Vater* eine nochmalige Überprüfung und dann eine neue Beschlußvorlage zu.[12]

10. Arbeits- und Sozialrechtsschutz (Rechtsschutzversicherungsgesellschaft der deutschen Eisenbahnerversicherungskasse)

Kollege *Vater* erinnert an die Sitzung des Bundesvorstandes mit dem Kollegen Werner Schulz zu einem möglichen Angebot von Arbeits- und Sozialrechtsschutz durch die VORAG. Dies wurde vom Bundesvorstand abgelehnt und von der VORAG auch entsprechend praktiziert.

Nun hat die Gewerkschaft der Eisenbahner Deutschlands nach ihrem Gewerkschaftstag im September 1980 einen Gruppenversicherungsvertrag für ihre Mitglieder mit der DEVK abgeschlossen. Diese DEVK bietet jetzt in einem Prospekt auch den Arbeits- und Sozialrechtsschutz an.[13]

An der anschließenden Diskussion beteiligen sich die Kollegen *Haar, Georgi, Muhr, Kluncker, Vater, Vetter, Breit* und *Volkmar*.

Kollege *Haar* erklärt, daß der abgeschlossene Gruppenversicherungsvertrag nichts mit Arbeits- und Sozialrechtsschutz zu tun hat. Er wird allen Bundesvorstandsmitgliedern diesen Vertrag zuschicken.

Es sei nichts vereinbart, was gegen Grundpositionen des Bundesvorstandes verstößt. Kollege *Haar* bittet um eine offizielle Anfrage des DGB an die GdED. Dann wird eine entsprechende Antwort erteilt.

Kollege *Vetter* stellt fest, daß dieser Punkt bis zur Beantwortung der Anfrage des DGB durch den Kollegen Haar zurückgestellt wird.

11. Beirat für das Bundeszentrum Humanisierung des Arbeitslebens

Beschluß:
Der Bundesvorstand benennt folgende Mitglieder bzw. Stellvertreter für den vorgenannten Beirat:[14]

---

12 Vgl. Dok. 86: Kurzprotokoll über die 32. Sitzung des Bundesvorstandes am 7.7.1981, TOP 13.
13 Vgl. den Prospekt in der Vorsitzendenakte: Neu DEVK Rechtsschutz-Versicherung, Damit Sie Ihr Recht ohne Kostenrisiko bekommen, Köln, o. D., AdsD, DGB-Archiv, 5/DGAI000507.
14 Das Bundeszentrum Humanisierung des Arbeitslebens bei der Bundesanstalt für Arbeitsschutz und Unfallverhütung in Dortmund war mit Erlass des Bundesministers für Arbeit und Sozialordnung vom 13.6.1980 eingerichtet worden und nahm seine Arbeit zum 1.8.1980 auf. Zweck der Einrichtung war, die Ergebnisse der öffentlich geförderten Humanisierungsforschung für die Praxis in Betrieben und Verwaltungen aufzubereiten. Der Beirat sollte eine beratende Funktion haben und sich aus sieben Gewerkschaftsvertretern (sechs DGB-Vertreter plus einen Stellvertreter), einem DAG-Vertreter und sieben

Dokument 79 3. Februar 1981

Mitglied	Stellvertreter
Irmgard Blättel, DGB	Karl Feldengut, DGB
Reinhold Konstanty, DGB	Dieter Trautmann, DGB
Gustav Fehrenbach, DPG	Norbert Schreiner, ÖTV
Lorenz Schwegler, HBV	Erwin Ferlemann, DruPa
Heinz Partikel, IGM	Lothar Nitsche, BSE
Hermann Schumacher, GTB	Klaus Hinne, CPK

12. Memorandum zu den Sachverständigengutachten

Kollege *Pfeiffer* erklärt, daß die Meldungen der Gewerkschaftsvorsitzenden über die Befragung ihrer Kolleginnen und Kollegen, die bei dem Memorandum Unterschrift geleistet haben, noch nicht vollständig sind. Er zitiert einige Erklärungen der Betroffenen.

An der anschließenden Diskussion beteiligen sich die Kollegen *Kluncker, Vetter, Loderer, G. Schmidt, Hauenschild, Pfeiffer, Schwab, Volkmar, Georgi, Schirrmacher* und *Keller*.

Kollege *Vetter* sagt abschließend zu, daß ein entsprechender Appell des Bundesvorstandes formuliert wird, der in der nächsten Bundesvorstandssitzung vorgelegt werden soll.[15]

13. Stellenbewegungen 1980

Beschluß:
Der Bundesvorstand nimmt die Stellenbewegungen 1980 zur Kenntnis.[16]

Arbeitgebervertretern zusammensetzen. Die Leitung des Zentrums lag bei Dr. Gisela Kiesau, die zuvor am WSI geforscht hatte. Vgl. Antwort der Bundesregierung auf die Kleine Anfrage »Mängel bei der Durchführung des Aktionsprogramms ›Humanisierung des Arbeitslebens‹« der Abgeordneten Gerstein u. a. und der CDU/CSU-Fraktion, Deutscher Bundestag, 9. Wahlperiode, Drucksache 9/342, 14.4.1981, S. 6 f. Vgl. auch Dok. 78: Kurzprotokoll über die 26. Sitzung/Klausurtagung des Bundesvorstandes am 2./3.12.1980, TOP 4.; [DGB-Bundesvorstand], Vorstandsbereich Gerd Muhr, Vorlage zur Beratung im Bundesvorstand, Beirat für das Bundeszentrum Humanisierung des Arbeitslebens, beschlossen GBV am 19.1.1981, AdsD, DGB-Archiv, 5/DGAI000507; Gisela Kiesau: Bundeszentrum Humanisierung des Arbeitslebens: Aufgabenstellung und Arbeitsschwerpunkte, in: Soziale Sicherheit 29, 1980, Nr. 11, S. 336-338.

15 Das Thema wurde wie angekündigt auf der nächsten Bundesvorstandssitzung angesprochen und dann im Mai verabschiedet. Vgl. Dok. 80: Kurzprotokoll über die 28. Sitzung des Bundesvorstandes am 10.3.1981, TOP 4.; vgl. auch Dok. 83: Kurzprotokoll über die 30. Sitzung des Bundesvorstandes am 5.5.1981, TOP 4.

16 Der Tischvorlage ist eine Aufstellung der Stellenbewegungen zwischen dem 31.12.1979 und dem 31.12.1980 beigegeben, die nach Gehaltsgruppen differenziert ist. Diese Übersicht wurde anstelle eines Stellenplans vorgelegt, um die Bewegungen im vorausgegangenen Jahr zu dokumentieren. Der leichte Anstieg der Stellen war auf gestiegene Bedürfnisse nach Rechtsschutzdienstleistungen des DGB zu-

14. Entwurf eines Mineralöl- und Branntweinsteuer-Änderungsgesetzes 1981

Die Kollegen *Pfeiffer, Döding, Muhr, Hauenschild, A. Schmidt, Loderer, Vetter, Schwab, Mahlein, Haar, Georgi, Breit, Horné* und die Kollegin *Weber* diskutieren über den vorgelegten Entwurf eines Briefes des DGB zum Entwurf eines Mineralöl- und Branntweinsteuer-Änderungsgesetzes 1981 und damit zusammenhängende Probleme der Finanzpolitik der Bundesregierung.

Kollege *Vetter* stellt abschließend fest, daß eine neue Formulierung für einen Briefentwurf in der Klausurtagung des Bundesvorstandes am 4./5. Februar 1981 in Gravenbruch vorgelegt werden wird.

Mittagspause: 14.20–15.00 Uhr.

15. Mitbestimmung

Die Kollegen *Vetter, A. Schmidt* und *Loderer* berichten aus ihrer Sicht über den augenblicklichen Stand in der Frage der Mitbestimmung.

In der anschließenden kurzen Diskussion, an der sich die Kollegen *Vetter, Hauenschild, Loderer, Muhr* und die Kollegin *Weber* beteiligen, wird angeregt, im Anschluß an den 4. Außerordentlichen Bundeskongreß eine Kundgebung durchzuführen. Man ist sich einig, daß eine Erklärung des Bundesvorstandes herausgegeben werden muß.

Abschließend wird vereinbart, daß in der Klausurtagung des Bundesvorstandes am 4./5. Februar 1981 in Gravenbruch eine Erklärung des Bundesvorstandes zur Mitbestimmung verabschiedet werden soll.[17]

16. Vergütung im Bereich der Gemeinwirtschaft

Beschluß:
Der Bundesvorstand wird über die Grundfragen der Vergütung im Bereich der Gemeinwirtschaft bei gegebener Zeit befinden.[18]

Ende der Sitzung: 16.15 Uhr.

---

rückzuführen. Vgl. [DGB-Bundesvorstand], Vorstandsbereich Karl Schwab, Vorlage zur Beratung im Bundesvorstand, Stellenbewegungen 1980, beschlossen GBV am 26.1.1981.

17 Der DGB nahm mit seiner Stellungnahme bereits Bezug auf den noch gar nicht verabschiedeten Grundsatzprogrammentwurf, in dem der DGB die Forderung nach paritätischer Mitbestimmung und ihrer Ausdehnung auf alle großen Unternehmen und Konzerne bekräftigte. Der DGB werde auch weiterhin jeden Angriff auf die Institutionen und Rechte der Montanmitbestimmung bekämpfen. Den Regierungsentwurf eines Gesetzes zur Änderung des Montanmitbestimmungsgesetzes vom 30.1.1981 lehnte der DGB ab, weil er die Montanmitbestimmung nicht dauerhaft und umfassend sicherte. Stellungnahme des DGB zur Mitbestimmung, 5.2.1981.

18 Das Thema wurde nicht wieder aufgegriffen.

Dokument 80

10. März 1981: Kurzprotokoll über die 28. Sitzung des Bundesvorstandes

Hans-Böckler-Haus in Düsseldorf; Vorsitz: Heinz O. Vetter; Protokollführung: Isolde Funke, Ingrid Kiparsky; Sitzungsdauer: 10.05–16.05 Uhr; ms. vermerkt: »Vertraulich.«[1]
Ms., hekt., 9 S., 3 Anlagen.[2]
AdsD, DGB-Archiv, 5/DGAI000554.

Beginn der Sitzung: 10.05 Uhr.

Kollege *Vetter* eröffnet die 28. Sitzung des Bundesvorstandes in Düsseldorf.

Tagesordnung:
1. Genehmigung des Protokolls der 27. Bundesvorstandssitzung
2. Veränderungsmitteilungen – Landesbezirksvorstände
3. Revisionsbericht vom 18.12.1980
4. Appell des Bundesvorstandes zu den Memoranden
5. Investitionsprogramm
6. Beitrittsanträge in den EGB
7. Aufstellung über Ausgaben für internationale Unterstützungsmaßnahmen
8. Europäisches Gespräch 1981
9. Verschiedenes
10. Vorbesprechung zum 4. Außerordentlichen DGB-Bundeskongreß

Vor Eintritt in die Tagesordnung fragt Kollege Kluncker, ob der in der Presse erwähnte »offene Brief« des Bundesvorsitzenden der CDU, Helmut Kohl, vorliegt.

Kollege *Vetter* erklärt, daß dieser »offene Brief« gestern eingegangen ist. Er wird im Moment abgelichtet und nachher in der Bundesvorstandssitzung verteilt.[3]

Dok. 80
1 Einladungsschreiben vom 9.2.1981 und Tagesordnung vom 25.2.1981. Es fehlte Erich Frister (vertreten durch Dieter Galas).
2 Anlagen: Anwesenheitsliste; vgl. DGB fordert Straffreiheit für brasilianische Kollegen, DGB-Nachrichten-Dienst, 40/81, 10.3.1981; DGB, Entschließung des DGB-Bundesausschusses zur Mitbestimmung, Düsseldorf, 11.3.1981.
3 Als Vorsitzender der CDU wandte sich Helmut Kohl mit einem offenen Brief an den DGB-Vorsitzenden und nahm zum bevorstehenden Außerordentlichen Bundeskongress und dem Grundsatzprogrammentwurf Stellung. Sein Hauptkritikpunkt war, dass das Toleranzgebot aus dem bisherigen Grundsatzprogramm gestrichen worden sei, dass aber einige Industriegewerkschaften und Landesbezirke des DGB dessen Wiederaufnahme forderten. Kohl nahm außerdem zu Forderungen Stellung, die Verpflichtung auf das Gemeinwohl sowie das Postulat der Dialogbereitschaft der Gewerkschaften zu streichen. Schließlich äußerte er sich zu den wirtschaftspolitischen Ideen, die das Grundsatzprogramm prägten. Vgl. [CDU], Der Vorsitzende, Helmut Kohl, an den Vorsitzenden des DGB, Heinz Oskar Vetter, Bonn, 5.3.1981, AdsD, DGB-Archiv, 5/DGAI000507.

10. März 1981 **Dokument 80**

1. Genehmigung des Protokolls der 27. Bundesvorstandssitzung

Kollege *Loderer* bemängelt die nach seiner Auffassung zu kurze Protokollierung zum Tagesordnungspunkt 15.»Mitbestimmung«, insbesondere im Gegensatz zu anderen Punkten, wie z. B. TOP 10.
Das gleiche gilt auch für vorhergehende Protokolle in Sachen »Mitbestimmung«. Kollege *Loderer* weist auf die politische Brisanz hin. Er möchte jetzt allerdings keinen Antrag zur Änderung des Protokolls stellen; aber sein Einwand soll zu Protokoll genommen werden.
Kollege *Breit* fragt zu TOP 10.»Arbeits- und Sozialrechtsschutz (Rechtsschutzversicherungsgesellschaft der Deutschen Eisenbahnerversicherungskasse)«, ob Kollege Haar bereits eine offizielle Anfrage erhalten hat.
Kollege *Vater* erklärt, daß Kollege Werner Schulz, der sich noch in Urlaub befindet, die Angelegenheit bearbeitet. Er sagt dem Bundesvorstand danach einen sofortigen Bescheid zu.

Beschluß:
Der Bundesvorstand genehmigt das Protokoll der 27. Bundesvorstandssitzung.[4]

2. Veränderungsmitteilungen – Landesbezirksvorstände

Beschluß:
Der Bundesvorstand schlägt dem Bundesausschuß vor, folgende Kolleginnen und Kollegen zu bestätigen:
Hans Fischer (Kunst) als Mitglied des Landesbezirksvorstandes Baden-Württemberg;
Klaus Weinzierl (GEW) als Mitglied,
Irmela Kraus (GEW) als ständige Vertreterin für Kollegen Weinzierl und Erich Frei (Kunst) als ständigen Vertreter für Kollegen Dieter Kuhr im Landesbezirksvorstand Bayern;
Horst Nasserke (IGM) als Mitglied und
Bernd Lindenau (DPG) als Mitglied im Landesbezirksvorstand Berlin;
Werner Beck (CPK) als Mitglied,
Karl Nätscher (CPK) als ständigen Vertreter für Kollegen Beck, Ambrosius Matyssek (GdED) als Mitglied,
Heinrich Zimmermann (Leder) als Mitglied und
Karl-Heinz Hackel (Leder) als ständigen Vertreter für Kollegen Zimmermann im Landesbezirksvorstand Hessen;
Werner Oelkers (GdP) als ständigen Vertreter für Kollegen Helmut Schirrmacher im Landesbezirksvorstand Niedersachsen;

---
4 Vgl. Dok. 79: Kurzprotokoll über die 27. Sitzung des Bundesvorstandes am 3.2.1981.

Lilo Rademacher (HBV) als ständige Vertreterin für Kollegen Volkmar Heusel, Dieter Busch (Kunst) als Mitglied und

Klaus Edgar Wichmann (Kunst) als ständigen Vertreter für Kollegen Busch im Landesbezirksvorstand Rheinland-Pfalz;

Jolande Lischke-Pfister (Kunst) als ständige Vertreterin für Kollegin Karla Best, Heinrich Zimmermann (Leder) als Mitglied und

Walter Steffen (GdP) als ständigen Vertreter für Kollegen Herbert Mahler im Landesbezirksvorstand Saar.[5]

3. Revisionsbericht vom 18.12.1981

Kollege *Vater* verweist auf den vorgelegten Revisionsbericht und auf den Revisionsvermerk 2 auf Seite 5.[6]

Kollege *Schmidt* erläutert die beanstandete Veranstaltung.

Kollege *Vetter* regt an, zukünftig solche Veranstaltungen gründlicher zu beschreiben.

Beschluß:
Der Bundesvorstand nimmt den Bericht der Revisionskommission über die am 18. Dezember 1980 in Düsseldorf durchgeführte Revision der Bundeshauptkasse des DGB zur Kenntnis.

4. Appell des Bundesvorstandes zu den Memoranden

Kollege *Pfeiffer* verweist auf die verteilte Vorlage, die aufgrund der Diskussion in der letzten Sitzung erstellt worden ist.[7]

---

5 Vgl. [DGB-Bundesvorstand], Vorstandsbereich Karl Schwab, Vorlage zur Beratung im Geschäftsführenden Bundesvorstand, Bundesvorstand, Bundesausschuß, Veränderungsmitteilungen Landesbezirksvorstände, o. O., 4.3.1981.

6 Bei der Revision war lediglich ein einzelner Beleg über eine Ausgabe von 110 DM für eine Schulung von Beamten beanstandet worden, die in einem Informationsbesuch auf einem Truppenübungsplatz bestand. Unter anderem schloss dieser Besuch Besichtigungen mehrerer Schießstände, die Vorführung eines Leopard 1, die Beobachtung des Legens einer Nebelwand, aber auch Informationen über Rekrutierungsmaßnahmen ein. Vgl. Bericht der Revisionskommission über die am 18.12.1980 durchgeführte Revision der Bundeshauptkasse des Deutschen Gewerkschaftsbundes, AdsD, DGB-Archiv, 5/DGAI000507.

7 Die Memoranden unter dem Titel »Alternativen der Wirtschaftspolitik« erschienen seit 1975 und zogen großes öffentliches Interesse auf sich, zumal sie mit einer Unterschriftensammlung verknüpft wurden, die von Wirtschafts- und Sozialwissenschaftlerinnen und -wissenschaftlern, nicht zuletzt aber auch von gewerkschaftlichen Funktionärinnen und Funktionären gezeichnet wurde. Der DGB bekräftigte in seiner Erklärung, dass die Memoranden weder von ihm noch von einer DGB-Mitgliedsgewerkschaft in Auftrag gegeben worden seien, ihr Inhalt aus diesem Grund auch nicht mit dem DGB oder seinen Gewerkschaften abgestimmt sei und die Aussagen nur zu einem bestimmten Teil mit gewerkschaftlichen Positionen übereinstimmten. Der Entwurf verweist auf die Prozeduren der innergewerkschaftlichen Meinungsbildung. Wer Mindermeinungen vertrete und ihnen den Anschein gewerkschaftlicher Posi-

Er fragt, ob der Bundesausschuß schon in seiner morgigen Sitzung damit befaßt werden soll.

In der anschließenden Diskussion, an der sich die Kollegen *Kluncker, Vetter, Pfeiffer, Schirrmacher, Keller, Loderer, Georgi* und *Hauenschild* beteiligen, wird das Für und Wider einer Behandlung in der morgigen Sitzung des Bundesausschusses erörtert. Gleichzeitig werden Änderungen zur vorgelegten Erklärung angeregt. Es wird ein genereller Appell für alle Aktivitäten, die ähnlich laufen, vorgeschlagen, nicht nur begrenzt auf die Memoranden.

Beschluß:
Der Bundesvorstand stellt die Vorlage bis zu seiner Sitzung am 5. Mai 1981 zurück. Die Beratung im Bundesausschuß soll in der Sitzung am 3. Juni 1981 erfolgen.[8]

5. Investitionsprogramm

Kollege *Pfeiffer* erinnert an die in der Sitzung des Bundesvorstandes am 5.2.1981 verabschiedete Erklärung zur Beschäftigungspolitik.[9] Es ist davon ausgegangen worden, daß bis etwa Mitte April Zeit wäre, mit konkreten Vorschlägen an die Öffentlichkeit zu gehen. Der DGB kann allerdings nicht anderen Programmen hinterherlaufen. Daher ist jetzt ein Entwurf »DGB fordert ›Investitionsprogramm zur Sicherung der Beschäftigung durch qualitatives Wachstum‹ und Kurswechsel der Geldpolitik« erarbeitet worden.[10] Es wird vorgeschlagen, den Geschäftsführenden Bundesvorstand zu ermächtigen, falls es kurzfristig notwendig wird, das vorgelegte Papier herauszugeben. Sollte es allerdings die Zeit erlauben, wird dem Bundesvorstand in seiner Sitzung am 7. April 1981 eine neue Vorlage unterbreitet.

Bis dahin können Änderungswünsche vorgetragen werden.

---

tionen verleihe, verlasse den »Boden der Solidarität«. In dem Entwurf heißt es weiterhin, dass der DGB an seine Mitglieder und Funktionäre appelliere, »im Interesse gewerkschaftlicher Geschlossenheit und Glaubwürdigkeit mit ihrer Unterschrift keine Position mehr zu unterstützen, die die Glaubwürdigkeit der durch Mehrheitsbeschlüsse festgelegten gewerkschaftlichen Positionen in der Öffentlichkeit in Frage« stelle. Vgl. [DGB-Bundesvorstand], Abt. Wirtschaftspolitik, Erklärung des Bundesvorstandes zu den Memoranden »Alternativen der Wirtschaftspolitik«, Düsseldorf, 4.3.1980, AdsD, DGB-Archiv, 5/DGAI000507.

8 Vgl. Dok. 83: Kurzprotokoll über die 30. Sitzung des Bundesvorstandes am 5.5.1981, TOP 4.
9 Vgl. die verschiedenen Erklärungen in der Vorsitzendenakte zur Klausurtagung ähnlichen beziehungsweise sich überschneidenden Inhalts, AdsD, DGB-Archiv, 5/DGAI000507.
10 Ausgehend von Beobachtungen der Entwicklung am Arbeitsmarkt, insbesondere der drastischen Zunahme der Arbeitslosigkeit, forderte der DGB »unverzüglich wirksame Maßnahmen« zur Bekämpfung der Arbeitslosigkeit. Diesen Zielen sei auch die Geldpolitik der Bundesbank anzupassen. Investitionsmaßnahmen sollten im Bereich der Energieeinsparung und -verwendung ergriffen werden, im Wohnungs- und Städtebau, Verkehr, Umwelt, Bildung und Berufsbildung sowie im Bereich der Forschung und Technologie. Zur Finanzierung wurde auf keynesianische Modelle des Deficit-Spending verwiesen. Vgl. [DGB-Bundesvorstand], Abt. Wirtschaftspolitik, DGB fordert »Investitionsprogramm zur Sicherung der Beschäftigung durch qualitatives Wachstum« und Kurswechsel der Geldpolitik, Düsseldorf, 9.3.1981, AdsD, DGB-Archiv, 5/DGAI000507.

Dokument 80 10. März 1981

Beschluß:
Der Bundesvorstand ermächtigt den Geschäftsführenden Bundesvorstand, falls es notwendig erscheint, das vorgelegte Papier »DGB fordert ›Investitionsprogramm zur Sicherung der Beschäftigung durch qualitatives Wachstum‹ und Kurswechsel der Geldpolitik« herauszugeben. Ansonsten erfolgt eine erneute Beratung in der Sitzung am 7. April 1981. Änderungsvorschläge können unterbreitet werden.

6. Beitrittsanträge in den EGB

Kollege *Vetter* erinnert an die Entscheidung des EGB-Kongresses im letzten Jahr, daß der Exekutivausschuß im ersten Halbjahr 1981 eine Entscheidung zu den Beitrittsanträgen in den EGB zu treffen hat. Kollege *Vetter* erläutert die Vorlage.[11]

An der anschließenden Diskussion beteiligen sich die Kollegen *Georgi, Vetter, Loderer, Döding, Stephan, A. Schmidt, Kluncker, Breit, Muhr, Sickert, Hauenschild, Keller* und die Kollegin *Weber*. Insbesondere wird das Beitrittsgesuch der CCOO erörtert. In diesem Zusammenhang werden eventuelle Maßnahmen des DGB, falls kommunistisch orientierte Gewerkschaften in den EGB aufgenommen werden, diskutiert.

Beschluß:
1. Der Bundesvorstand befürwortet das Beitrittsgesuch der:
   União Geral de Trabalhadores (UGT-P), Portugal.
2. Der Bundesvorstand lehnt die Beitrittsgesuche folgender Organisationen ab:
   Confederação Geral dos Trabalhadores Portugueses INTERSINDICAL (CGTP-IN), Portugal,
   Confederación Sindical de Comisiones Obreras (CCOO), Arbeiterkommissionen, Spanien,
   Union Sindical Obrera (USO), Spanien.
3. Der Bundesvorstand empfiehlt die vorläufige Vertagung der Beitrittsgesuche folgender Organisationen:
   Confederation of Progressive Trade Unions of Turkey (DISK), Türkei,
   Confederation of Turkish Trade Unions (TÜRK-IS), Türkei,
   Cyprus Workers' Confederation (Free Trade Unions) CWC, Zypern,
   Cyprus Turkish Trade Union Federation (TÜRK-SEN), Zypern.

---

11 Vgl. [DGB-Bundesvorstand], Vorstandsbereich Vorsitzender, Heinz O. Vetter, Vorlage zur Beratung im Bundesvorstand, Beitrittsanträge in den EGB (Exekutivausschußsitzung am 2. und 3.4.1981), beschlossen GBV am 9.3.1981, o. O., o. D.; Anlagen mit Einschätzungen der betroffenen Gewerkschaften und einzelnen übersetzten Dokumenten, AdsD, DGB-Archiv, 5/DGAI000507.

7. Aufstellung über Ausgaben für internationale Unterstützungsmaßnahmen

Beschluß:
Der Bundesvorstand nimmt die Aufstellung über Ausgaben für internationale Unterstützungsmaßnahmen zur Kenntnis.[12]

8. Europäisches Gespräch 1981

Kollege *Vetter* erläutert die Vorlage.[13] Die Angelegenheit ist mehrmals im Geschäftsführenden Bundesvorstand behandelt worden, aber nicht abschließend. Dies ist zur Information, ob so verfahren werden kann.

In der anschließenden Diskussion, an der sich die Kollegen *Hauenschild, Vetter, Loderer, A. Schmidt, Kluncker, Keller, Döding, Breit* und die Kollegin *Weber* beteiligen, werden eingehend die Thematik und der Teilnehmerkreis erörtert.

Kollege *Loderer* macht darauf aufmerksam, daß damit ein Einstieg vollzogen und gleichzeitig etwas weiterentwickelt wird, was bisher nicht gemacht wurde, und das Folgen haben wird. Die IG Metall kann außerdem nicht teilnehmen, weil ihr Weltkongreß in Washington tagt.

Kollege *Kluncker* beantragt, diese Angelegenheit von der Tagesordnung für 1981 abzusetzen.

Beschluß:
Der Bundesvorstand gibt die Vorlage an den Geschäftsführenden Bundesvorstand zurück.

---

12 Die Aufstellung umfasst Ausgaben des DGB für internationale Unterstützungsmaßnahmen, zum Beispiel bei Naturkatastrophen von 1969–1980. Von 1969–1980 hatte der DGB 590.000 DM für internationale Spenden aufgebracht, 1978 2.416.936 DM und 1979 3.164.414 an den Solidaritätsfonds des IBFG abgeführt. Vgl. Aufstellung über Ausgaben für internationale Unterstützungsmaßnahmen, Ausgaben für den Internationalen Solidaritätsfonds des IBFG, Einnahmen und Ausgaben 1978 und 1979, Düsseldorf, 9.3.1981, AdsD, DGB-Archiv, 5/DGAI000507.
13 Das Europäische Gespräch 1981 im Rahmen der Ruhrfestspiele in Recklinghausen sollte unter dem Thema »Entspannung zwischen Ost und West – was bringt das den Arbeitnehmern?« durchgeführt werden. Experten aus Ost- und Westeuropa sollten das Thema aufbereiten, um anschließend im Kreise führender Gewerkschafter zu beraten, welche Konsequenzen die Entspannungspolitik für die Arbeitnehmer zeitigte. Vormittags sollten der Präsident des DIHT, Otto Wolff von Amerongen, der Direktor des Instituts für Friedens- und Konfliktforschung der Universität Hamburg, Wolf Graf Baudissin, der Journalist und Mitglied des ZKs der PVAP, Richard Woyna, und ein Referent des DDR-Instituts für Internationale Politik miteinander diskutieren. Am Nachmittag sollten dann die Gewerkschaftsvorsitzenden beziehungsweise Generalsekretäre von DGB, ÖGB, der französischen CFDT, des britischen TUC, der ungarischen SZOT, des Sowjetischen WZSPS, des FDGB sowie ein jugoslawischer und bulgarischer Vertreter auf dem Podium sitzen. Als Teilnehmerinnen und Teilnehmer waren Kollegen und Kolleginnen aus Betrieben und Gewerkschaften, Pressevertreterinnen und -vertreter, Vertreterinnen und Vertreter der Parteien aus der Diplomatie, aus der EU sowie Wissenschaftlerinnen und Wissenschaftler vorgesehen. Vgl. [DGB-Bundesvorstand, ungenannter Vorstandsbereich], Vorlage zur Beratung im Bundesvorstand, Europäisches Gespräch 1981, o. O., o. D.

9. Verschiedenes

a) Polen

Kollege *Loderer* gibt einen Bericht über die Reise des Kollegen Albert Schunk, Leiter der Internationalen Abteilung der IG Metall, nach Polen und die ihm widerfahrenen Vorgänge.

Kollege *Vetter* erläutert, wie es zu der Einladung für Kollegen Kristoffersen nach Polen und zur Erteilung des Visums gekommen ist. Er verweist auf den am 4.2.1981 in der Internationalen Kommission gegebenen Bericht. Gleichzeitig informiert Kollege *Vetter* den Bundesvorstand über die Unterstützungsmaßnahmen, die zur Zeit durch den DGB veranlaßt werden.

Kollege *Kristoffersen* unterstreicht die Ausführungen des Kollegen Vetter.

An der anschließenden Diskussion beteiligen sich die Kollegen *Kluncker, Loderer, Vetter, Hauenschild, G. Schmidt, Muhr* und *Breit*.

b) Brasilien

Kollege *Vetter* gibt eine kurze Darstellung über den Verlauf der Verhandlung gegen Luiz Inácio da Silva (Lula) und andere brasilianische Gewerkschafter. Für den DGB hat als Prozeßbeobachter Kollege Borsdorf teilgenommen.

Beschluß:
Der Bundesvorstand verabschiedet eine Erklärung »DGB fordert Straffreiheit für brasilianische Kollegen« (s. Anlage).[14]

Mittagspause: 14.05–14.45 Uhr.

c) USA

Kollege *Vetter* gibt einen Bericht über seinen letzten USA-Aufenthalt und die geführten Gespräche.

d) Landarbeitergewerkschaften

Kollege *Lojewski* teilt zur Kenntnis mit, daß in den letzten 14 Tagen sowohl die Landarbeitergewerkschaft der UdSSR als auch die der DDR um einen Besuch in der Bundesrepublik Deutschland nachgesucht haben. Es sollte aber in diesem Jahr kein Besuch mehr stattfinden.

---

14 Ein Militärgericht in São Paulo hatte elf Gewerkschafter – unter anderen Luiz Inácio da Silva (Lula) – zu mehrjährigen Haftstrafen verurteilt. Der DGB bekräftigte, dass weder die Verfahren noch die Urteile rechtsstaatlichen Grundsätzen entsprächen. Anlass für das Verfahren war, dass die Angeklagten von ihrem Grundrecht auf Streik Gebrauch gemacht hatten. Die Urteilsfindung und Urteilsverkündung sei ohne Anwesenheit der Angeklagten zustande gekommen und die bürgerkriegsähnliche Absperrung des Prozesses habe die Teilnahme der Öffentlichkeit verhindert. Der DGB appellierte an die Bundesregierung und den Bundespräsidenten, dass sie bei dem bevorstehenden Aufenthalt des brasilianischen Staatspräsidenten auf diesen einwirkten.

10. Vorbesprechung zum 4. Außerordentlichen DGB-Bundeskongreß

Kollege *Schwab* teilt mit, daß insgesamt ca. 1.600 Personen am Bundeskongreß teilnehmen werden, und zwar: 504 Delegierte, 160 Bundesausschußmitglieder, 300 Gastteilnehmer, 300 Zuhörer, 250–300 Presseleute. Der Geschäftsführende Bundesvorstand schlägt folgende Einreichungsfristen vor: Initiativanträge zur Präambel bis Donnerstag, 12.3.1981, 21.00 Uhr, und Initiativanträge zu allen anderen Kapiteln bis Freitag, 13.3.1981, 12.00 Uhr.

Kollege *Vetter* spricht nochmals die beabsichtigt gewesenen Maßnahmen zur Mitbestimmung und Vollbeschäftigung auf dem Bundeskongreß an, die wegen ungünstiger Terminierung dann nicht zum Tragen gekommen sind. Es wurde von seiten der IG Metall der Vorschlag unterbreitet, eine Entschließung des Außerordentlichen Bundeskongresses zur Mitbestimmung zu verabschieden. Ein entsprechender Entwurf liegt dem Bundesvorstand vor.

An der anschließenden Diskussion beteiligen sich die Kollegen *Loderer, Vetter, Kluncker, Hauenschild, Georgi, Carl, Muhr, Keller, Döding, Schirrmacher, Volkmar, Sickert, G. Schmidt, Horné* und die Kolleginnen *Weber* und *Blättel*.

Beschluß:
Der Bundesvorstand legt die als Anlage beigefügte Erklärung zur Mitbestimmung dem Bundesausschuß in der Sitzung am 11.3.1981 zur Verabschiedung vor. Nach Zustimmung des Bundesausschusses soll die Erklärung dann auf dem Außerordentlichen Bundeskongreß zur Kenntnisnahme verteilt werden.[15]

Fortsetzung zu TOP 9. »Verschiedenes«

e) Sozialakademie Dortmund
Kollege *Loderer* merkt kritisch an, daß die Einladung von der Sozialakademie zur Tagung »Gewerkschaftliche Betriebspolitik in Europa« die IG Metall sehr befremdet hat. Weit mehr als die Hälfte der Teilnehmer – am Anfang 300 Leute, am Ende nur noch 100–150 – kam aus dem Universitätsbereich. Nur drei Betriebsräte waren anwesend; ansonsten hauptamtliche Leute und Studenten.[16]

Kollegin *Weber* erklärt, daß diese Akademie eine Akademie des Landes Nordrhein-Westfalen ist. An dieser Veranstaltung konnte sie nichts mehr ändern. Kollegin Weber hat durch das Kuratorium festlegen lassen, daß die Akademie keinen Pfennig mehr vom Land und auch nicht vom DGB bekommt, wenn solche Veranstaltungen nicht von Anfang an mit uns abgesprochen werden.

---

15 Vgl. Dok. 81: Deutscher Gewerkschaftsbund, Entschließung des DGB-Bundesausschusses zur Mitbestimmung, Düsseldorf, 11.3.1981.
16 Vgl. die Dokumentation der Tagung, die im Folgejahr erschien, Peter Kühne (Hrsg.): Gewerkschaftliche Betriebspolitik in Westeuropa. Vergleiche und Möglichkeiten der Zusammenarbeit, Berlin 1982 (Internationale Tagung der Sozialakademie Dortmund).

f) Kernenergie

Kollege *Kluncker* weist darauf hin, daß im westfälischen Raum ein Happening von Kernenergiebefürwortern geplant ist. Er hat eine diesbezügliche Anfrage an den DGB gerichtet. Es darf nicht passieren, daß wir wieder gegeneinander ausgespielt werden.[17]

Kollege *Pfeiffer* erklärt, daß der Landesbezirk Nordrhein-Westfalen mit zwei Bezirken von ÖTV eingeschaltet ist.

Kollege *Bleicher* teilt mit, daß über die ÖTV Bemühungen laufen in Form einer Fachtagung zum Thema Energiepolitik. Dieser Komplex steht auf der Tagesordnung der nächsten Sitzung des Landesbezirksvorstandes.

Kollege *Kluncker* gibt bekannt, daß er in Aussicht gestellt hat, daß er sprechen wird.

Ende der Sitzung: 16.05 Uhr.

Dokument 81

Deutscher Gewerkschaftsbund, Entschließung des DGB-Bundesausschusses zur Mitbestimmung, Düsseldorf, den 11. März 1981

AdsD, DGB-Archiv/5DGAI000554.

Der Bundesausschuß bekräftigt die Haltung des Deutschen Gewerkschaftsbundes zur Mitbestimmung:

Die Gewerkschaften kämpfen um die Ausweitung der Mitbestimmung der Arbeitnehmer. Damit wollen sie eine Umgestaltung von Wirtschaft und Gesellschaft, die die Arbeitnehmer an den wirtschaftlichen und sozialen Entscheidungen gleichberechtigt beteiligt.

Die Mitbestimmung ist ein wesentliches Mittel zur Kontrolle wirtschaftlicher Macht. Sie soll ein Höchstmaß an Selbstbestimmung der Arbeitnehmer verwirklichen. Ziel bleibt die umfassende Demokratisierung von Wirtschaft und Gesellschaft.

Die Mitbestimmung muß auf allen Ebenen durchgesetzt werden, auf denen wirtschaftliche und soziale Entscheidungen getroffen werden, die die Interessen der Arbeitnehmer berühren. Der DGB fordert die Ausweitung der Mitbestimmung am Arbeitsplatz und im Betrieb durch gewerkschaftliche Vertrauensleute, Betriebsräte

---

17 Das im Protokoll genannte Happening von Kernenergiebefürwortern im westfälischen Raum konnte nicht ermittelt werden. Bemerkenswert ist allerdings die Wortwahl »Happening« als Bezeichnung der Aktionsform durch die Atomkraftbefürworter. Es spielt an auf die seit den 1960er-Jahren in die Aktionskunst eingedrungene Kunstform, bei der oder die Künstler eine Aktion ausüben, die das Publikum unter seiner gleichzeitigen Einbeziehung beeinflussen und so eine Schockwirkung hervorrufen soll. Vgl. die zeitgenössischen Dokumentationen des Kölnischen Kunstvereins: Happening & Fluxus. Materialien zusammengestellt von Hans Sohm, Köln 1970; Happening. Die Geschichte einer Bewegung. Materialien zusammengestellt von Hans Sohm, Köln 1970.

und Personalräte. Die Mitbestimmung nach dem Vorbild der Montanindustrie ist auf alle großen Unternehmen und Konzerne in der deutschen Wirtschaft auszudehnen. Eine gesamtwirtschaftliche Mitbestimmung soll die Interessen der Arbeitnehmer gegenüber den Selbstverwaltungen, Parlamenten, Regierungen und Verwaltungen zur Geltung bringen, ohne deren Souveränität einzuschränken.

Der DGB erinnert daran, daß er das Mitbestimmungsgesetz von 1976, das den Forderungen der Gewerkschaften bei weitem nicht entspricht, nur deshalb loyal praktiziert hat, weil es den Bestand der Montanmitbestimmung nicht angetastet hat. Der DGB wird auch weiterhin alle Versuche bekämpfen, die Montanmitbestimmung, die seit 30 Jahren erfolgreich angewendet wird, zu beeinträchtigen oder zu beseitigen.

Der Bundesausschuß fordert eine dauerhafte und umfassende Sicherung der Montanmitbestimmung. Der Entwurf eines Gesetzes zur Änderung der Montanmitbestimmungsgesetze wird abgelehnt, weil er dieser Forderung nicht gerecht wird.

Eine zeitlich befristete und unzureichende Sicherung der Montanmitbestimmung rechtfertigt es nicht, durch eine Neuordnung des Verfahrens zur Bestellung der außerbetrieblichen Arbeitnehmervertreter den Einfluß und die Verantwortung der Gewerkschaften unverhältnismäßig einzuschränken. Damit wird das Modell der Montanmitbestimmung für die zukünftige Mitbestimmungsgesetzgebung in einem wesentlichen Bestandteil zerstört. Der DGB weist darauf hin, daß die wirtschaftlichen und sozialen Erfolge, die unter der Geltung der Montanmitbestimmungsgesetze erzielt wurden, ohne eine wirksame Beteiligung von verantwortungsbewußten Gewerkschaften nicht möglich gewesen wären. Der von offenkundigem Mißtrauen gegen die Gewerkschaften getragene Versuch der FDP, einen Keil zwischen die Arbeitnehmer und ihre Gewerkschaften zu treiben und die Gewerkschaften schrittweise aus der Verantwortung zu drängen, stellt die bewährte Struktur der Beziehungen zwischen Arbeitgebern und Arbeitnehmern in der Bundesrepublik ernsthaft in Frage.

Der Bundesausschuß appelliert an den Deutschen Bundestag, durch die Einführung einer Öffnungsklausel in die Montanmitbestimmungsgesetze die Möglichkeit zu eröffnen, durch Vereinbarungen von Unternehmen und Gewerkschaften dauerhaft und umfassend zu sichern.

Dokument 82

7. April 1981: Kurzprotokoll über die 29. Sitzung des Bundesvorstandes

Hans-Böckler-Haus in Düsseldorf; Vorsitz: Heinz O. Vetter; Protokollführung: Isolde Funke, Ingrid Kiparsky; Sitzungsdauer: 10.15–13.30 Uhr; ms. vermerkt: »Vertraulich«.[1]

Ms., hekt., 7 S., 2 Anlagen.[2]
AdsD, DGB-Archiv, 5/DGAI000554.

Beginn der Sitzung: 13.30 Uhr.

Kollege *Vetter* eröffnet die 29. Sitzung des Bundesvorstandes in Düsseldorf.

Tagesordnung:
1. Nachlese über den 4. Außerordentlichen DGB-Bundeskongreß
2. Verschiedenes
3. Genehmigung des Protokolls der 28. Bundesvorstandssitzung
4. 67. Internationale Arbeitskonferenz in der Zeit vom 3. bis 24.6.1981 in Genf
5. Situation zur Mitbestimmung
6. Berichterstattung über Gespräch DGB und FDP-Fraktionsvorstand

1. Nachlese über den 4. Außerordentlichen DGB-Bundeskongreß

Kollege *Kluncker* beantragt die Absetzung dieses Tagesordnungspunktes.

Beschluß:
Dieser Punkt wird von der Tagesordnung abgesetzt und soll zu einem späteren Zeitpunkt, wenn auch das Wortprotokoll des Außerordentlichen Bundeskongresses vorliegt, behandelt werden.[3]

Dok. 82
1 Einladungsschreiben vom 16.3.1981 und Tagesordnung vom 24.3.1981. Es fehlten Alois Pfeiffer und Günter Stephan, Leonard Mahlein und Vertreter, Eugen Loderer und Vertreter, Karl Hauenschild und Vertreter, Rudolf Sperner und Vertreter sowie Helmut Teitzel (vertreten durch Wilhelm Kappelmann). AdsD, DGB-Archiv, 5/DGAI000507.
2 Anlagen: Anwesenheitsliste; vgl. Stellungnahme des DGB zur Montanmitbestimmung, DGB-Nachrichten-Dienst, 67/81, 7.4.1981.
3 Der vertagte Tagesordnungspunkt wurde im Bundesvorstand nicht wieder aufgegriffen.

2. Verschiedenes

a) FIDEF

Kollege *Kluncker* berichtet ausführlich über die FIDEF. Er bittet nochmals darum, Material über die FIDEF an alle Gewerkschaftsvorstände zu senden.

Kollege *Schwab* berichtet über seine Erkenntnisse hinsichtlich der Haltung der Kolleginnen und Kollegen in den Landesbezirken zu diesem Punkt, insbesondere nachdem er letzte Woche im Landesbezirk Baden-Württemberg ein Gespräch darüber hatte.

Kollege *Vetter* sagt zu, ein Rundschreiben an alle Gewerkschaften erstellen zu lassen.

b) Erklärung des Bundesjugendausschusses zum Antikriegstag

Kollege *Vetter* weist auf die Erklärung des Bundesjugendausschusses »Abrüstung –Entspannung – Frieden« zum Antikriegstag hin. Der GBV hat einige Textänderungen vorgenommen. Ansonsten ist die Erklärung nach Auffassung des GBV akzeptiert.[4]

Die Kollegen *Breit*, *Vetter* und *Richert* diskutieren kurz über diese Erklärung.

c) Öffentliche Vereidigungen

Kollege *Döding* fragt unter Bezugnahme auf die Zeitschrift »Solidarität«, ob es ein Positionspapier mit einer Stellungnahme des DGB zu öffentlichen Vereidigungen gibt.[5]

Kollege *G. Schmidt* erklärt, daß es kein Positionspapier des DGB gibt. Es gibt aber eine kurze Stellungnahme des Landesbezirks NRW, die mit einem Anschreiben zur Kenntnisnahme an alle Kreise weitergegeben worden ist.

3. Genehmigung des Protokolls der 28. Bundesvorstandssitzung

Bezüglich der Anfrage des Kollegen Breit in der letzten Bundesvorstandssitzung zur »Rechtsschutzversicherungsgesellschaft der Deutschen Eisenbahnerversicherungskasse« bittet Kollege *Haar* um Mitteilung, wann mit der offiziellen Anfrage an die GdED zu rechnen sei.

---

4 Der Zuwachs der Friedensbewegung und die Auseinandersetzungen um den NATO-Doppelbeschluss bewegten auch die Gewerkschaften. Hier ergaben sich Gegensätze zwischen der Gewerkschaftsjugend und der Gewerkschaftsführung. Vgl. zu den Positionen der Gewerkschaftsjugend DGB-Bundesvorstand, Abteilung Jugend: Rüstung, Militärpolitik, Friedensbewegung, Düsseldorf 1982 (Materialien zum Thema; 1982, 4).

5 Im Februar/März-Heft der Solidarität, der von der Abteilung Jugend beim Bundesvorstand herausgegebenen Monatsschrift, war ein Artikel von Christian Götz, Mitglied des Geschäftsführenden Hauptvorstandes der Gewerkschaft HBV erschienen, in dem das Ritual Öffentlicher Vereidigungen und Gelöbnisse der Bundeswehr einer scharfen Kritik unterzogen wurde, die auch kritische Töne prominenter Sozialdemokraten einbezog und der Position des Bundesministers der Verteidigung Hans Apel gegenüberstellte. Öffentliche Vereidigungen gerieten zu dieser Zeit in die Kritik der Friedensbewegung. Vgl. Götz: Der Bundeskanzler hatte Recht, in: Solidarität. Monatsschrift für gewerkschaftliche Jugendarbeit 32, 1981, H. Februar/März 1981, S. 19 f.; vgl. zum Themengebiet auch Euskirchen: Militärrituale.

Kollege *Vater* erklärt nochmals, daß Kollege Werner Schulz in Urlaub war. Er rechnet in den nächsten Tagen mit einem Schreiben von ihm. Da aber in den nächsten Tagen Sitzungen in Hamburg sind, könnte dies dann angesprochen werden.

Beschluß:
Der Bundesvorstand genehmigt das Protokoll der 28. Bundesvorstandssitzung.[6]

4. 67. Internationale Arbeitskonferenz in der Zeit vom 3. bis 24.6.1981 in Genf

Beschluß:
Der Bundesvorstand beschließt folgende Delegation für die o[ben] g[enannte] Konferenz:
Delegierter: Kollege Gerd MUHR
Stellv[ertretende] Delegierte: Kollegin Maria WEBER

Zu TOP 3. »Information und Berichte über die Anwendung von Übereinkommen und Empfehlungen«:
Kollege Karl KEHRMANN, DGB-Bundesvorstand

Zu TOP 4. »Arbeitsschutz und Arbeitsumwelt« (2. Lesung):
Kollege Reinhold KONSTANTY, DGB-Bundesvorstand

Zu TOP 5. »Förderung von Kollektivverhandlungen« (2. Lesung):
Kollegin Maria WEBER, DGB-Bundesvorstand
Kollege Martin HEISS, ehemals DGB-Bundesvorstand

Zu TOP 6. »Chancengleichheit und Gleichbehandlung männlicher und weiblicher Arbeitnehmer: Arbeitnehmer mit Familienpflichten« (2. Lesung):
Kollegin Irmgard BLÄTTEL, DGB-Bundesvorstand

Zu TOP 7. »Beendigung des Arbeitsverhältnisses durch den Arbeitgeber« (1. Lesung):
Kollegin Dr. Ursula ENGELEN-KEFER, DGB-Bundesvorstand
Zu TOP 8. »Wahrung der Rechte der Wanderarbeitnehmer in der Sozialen Sicherheit, Neufassung des Übereinkommens Nr. 48« (1. Lesung)
Kollege Werner KÖHNE, DGB-Bundesvorstand
Entschließungsausschuß: Kollege Harald SIMON, DGB-Bundesvorstand[7]

---

6 Vgl. Dok. 80: Kurzprotokoll über die 28. Sitzung des Bundesvorstandes am 10.3.1981.
7 Vgl. [DGB-Bundesvorstand], Vorstandsbereich Gerd Muhr, Vorlage zur Beratung im Bundesvorstand, 67. Internationale Arbeitskonferenz in der Zeit vom 3.–24.6.1981 in Genf, AdsD, DGB-Archiv, 5/DGAI000507.

5. Situation zur Mitbestimmung

Kollege *Vetter* gibt einen Bericht über den zurückliegenden Ablauf, insbesondere über den von der CDU/CSU-Bundestagsfraktion eingebrachten Antrag zur Mitbestimmung und über das Hearing am 1.4.1981 im Bundestagsausschuß für Arbeit und Sozialordnung.

Kollege *Vetter* erklärt, daß zu der Konferenz der CDA am 4.4.1981 auch eine Einladung an den DGB ergangen war, eine Teilnahme von ihm konnte aber nicht erfolgen, da er u. a. bereits vorher zwei Einladungen der AfA abgelehnt hatte.[8] Es wurde vom DGB ein Grußwort an die Veranstaltung gerichtet, da auch Kollegin *Weber* wegen Erkrankung nicht teilnehmen konnte.

Kollegin *Blättel* teilt mit, daß von der IG Metall ebenfalls ein Grußwort zu dieser Veranstaltung ausgesprochen wurde, und verliest den Text.

Anschließend diskutieren die Kollegen *Vetter, Haar, Muhr, Sickert, Horné, G. Schmidt, Keller* und *Kluncker*.

Beschluß:
Der Bundesvorstand verabschiedet eine Stellungnahme zur Montanmitbestimmung (s. Anlage)[9], die auch den Bundestagsabgeordneten zugeleitet wird.

Kollege *Haar* bittet um Mitteilung, ob der Brief mit einer Anfrage von 20 Abgeordneten des Bundestages zur Mitbestimmung, der an die Mitglieder des Bundesvorstandes verteilt worden ist, beantwortet ist.

Kollege *Vetter* erklärt, daß eine schriftliche Beantwortung nicht erfolgt sei. Der Leiter der Abteilung Gesellschaftspolitik hat auftragsgemäß dem betreffenden Abgeordneten mündlich die Gründe für die Nichtbeantwortung dargelegt.

Kollege *Breit* stellt den Antrag zur Beschlußfassung, daß der Bundesvorstand den GBV beauftragt, innerhalb der nächsten sechs Monate eine Konzeption zu entwickeln und dem Bundesvorstand vorzulegen, wie die Mitbestimmung innerhalb der nächsten fünf Jahre durchzusetzen ist.

Kollege *Vetter* teilt mit, daß am 12.5.1981 in einer Klausurtagung bereits über diese Frage gesprochen werden wird.[10]

---

8   Die Christlich-Demokratische Arbeitnehmerschaft (CDA)-Sozialausschüsse der CDU wurden in dieser Frage mit der sozialdemokratischen Arbeitsgemeinschaft für Arbeitnehmerfragen gleich behandelt.
9   Hintergrund der Stellungnahme war, dass für den folgenden Tag die 2. und 3. Lesung des Montanmitbestimmungsgesetzes auf der Tagesordnung des Bundestages stand. Die Stellungnahme war knappgehalten und betonte, dass weder der Entwurf der sozial-liberalen Koalition noch die bisherigen Vorschläge der CDU/CSU-Bundestagsfraktion den Forderungen des DGB entsprächen. Der DGB bekräftige, dass der Bund und Einzelgewerkschaften die Anstrengungen verstärken würden, um die paritätische Mitbestimmung, die bislang nur für den Montan-Bereich gelte, dauerhaft zu sichern.
10 Vgl. Kurzprotokoll über die Klausurtagung des Bundesvorstandes am 12.5.1981, AdsD, DGB-Archiv, 5/DGAI000508.

Beschluß:
Der Bundesvorstand beauftragt den GBV, innerhalb der nächsten sechs Monate eine Konzeption zu erarbeiten und ihm vorzulegen, wie die Mitbestimmung in den nächsten fünf Jahren durchzusetzen ist.[11]

Nach Anfrage des Kollegen *Kluncker* teilt Kollege *Vetter* mit, daß am 7.4.1981 ein Gespräch zwischen dem GBV und dem Vorstand der CDU/CSU-Bundestagsfraktion stattfindet, in dem auch die Frage der Mitbestimmung erörtert wird.

Die Kollegen *Muhr, Vetter, Sickert, Haar* und die Kollegin *Blättel* diskutieren kurz über diesen Punkt.

6. Berichterstattung über Gespräch DGB und FDP-Fraktionsvorstand

Die Kollegen *Vetter* und Muhr berichten über das Gespräch zwischen dem GBV und dem Vorstand der FDP-Bundestagsfraktion, das am 1. April 1981 in Bonn stattgefunden hat.

Fortsetzung zu Tagesordnungspunkt 2. »Verschiedenes«

a) Sitzungen anläßlich der »Kieler Woche«
Auf Anfrage des Kollegen *Kluncker* wird der Ablauf der »Kieler Woche«, wie er zur Zeit in Planung ist, nochmals mitgeteilt.

Beschluß:
Der Bundesvorstand ist damit einverstanden, daß die Schiffsausfahrt am Montagabend, 22. Juni 1981, durchgeführt wird.

b) Tagung mit der VORAG
Kollege *Vetter* teilt mit, daß die Beiratssitzung der VORAG vom 14. bis 17. 1. 1982 mit den Mitgliedern des Bundesvorstandes durchgeführt werden soll.

c) Schwerpunktthema
Kollege *Vetter* berichtet über einen Brief des Kollegen Loderer, in dem vorgeschlagen wird, das Thema Mitbestimmung als Schwerpunktthema für die gewerkschaftliche Bildungsarbeit vorzusehen.

---

11 Das Thema wurde auf der 34. und 35. Sitzung des Bundesvorstandes im Oktober und November 1981 wieder aufgegriffen und in der 36. Sitzung des Bundesvorstandes am 1.12.1981 vertieft. Vgl. Dok. 90: Kurzprotokoll über die 36. Sitzung des Bundesvorstandes am 1.12.1981, TOP 6.

Beschluß:
Der Bundesvorstand beschließt, »Mitbestimmung« als Schwerpunktthema für die gewerkschaftliche Bildungsarbeit vorzusehen.[12]

d) Bundesvorstandssitzung im Juli
Die bereits im Rahmen der gemeinwirtschaftlichen Termine erklärte Absicht, die Sitzung des Bundesvorstandes am 7.7.1981 von Düsseldorf nach Frankfurt zu vertagen, wird durch den Bundesvorstand bestätigt.

Beschluß:
Der Bundesvorstand beschließt, seine Sitzung am 7.7.1981 in Frankfurt/Main durchzuführen.

e) Antragsberatungskommission
Kollege *Kluncker* fragt, ob für die Beratungen der Antragsberatungskommission 1982 bereits Termine vorgesehen sind.
Kollege *Schwab* erklärt, daß zur nächsten Sitzung des Bundesvorstandes eine vorläufige Terminübersicht vorgelegt wird.

f) Unterschriftensammlungen im Gewerkschaftsbereich
Kollege *Kluncker* weist nochmals darauf hin, daß auf die Tagesordnung der nächsten Bundesvorstandssitzung am 5.5.1981 der Punkt »genereller Appell des Bundesvorstandes betreffend Unterschriftensammlungen« stehen soll.[13]

zu b)
Die Kollegen *Vetter, Keller, Lehlbach, Schwab, Muhr* und *Breit* diskutieren noch einmal über die Erklärung des Bundesjugendausschusses zum Antikriegstag.

g) EGB
Kollege *Vetter* berichtet über den neuesten Stand zu den Aufnahmeanträgen in den EGB. Es steht vor allem immer noch aus, wie sich der DGB bei der Aufnahme

---

[12] Zum Schwerpunktthema wurde ein Referentenleitfaden herausgegeben. Vgl. DGB (Hrsg.): Arbeit für alle. Mitbestimmung auf alle Bereiche der Wirtschaft ausdehnen. Referentenleitfaden. DGB Schwerpunktthema 81/82, Düsseldorf 1981.

[13] Anlass war ein Aufruf in dem auch in der gewerkschaftlichen Jugend rezipierten Organ der SDAJ, Elan, Unterschriften für den Krefelder Appell aus dem November 1980 zu sammeln. Der Kopie des Aufrufs aus Elan war eine Kopie der Erklärung des Krefelder Forums aus der Rubrik »Dokumente zum Zeitgeschehen« in der Zeitschrift Blätter für deutsche und internationale Politik beigegeben. Vgl. 100.000, in: Elan 23, 1981, H. 1, S. 21; Erklärung des Krefelder Forums vom 15./16. November 1980: »Atomtod bedroht uns alle«, in: Blätter für deutsche und internationale Politik 25, 1980, H. 12, S. 1513. Unterschriftensammlung des Jugendmagazins Elan. Vgl. Dok. 83: Kurzprotokoll über die 30. Sitzung des Bundesvorstandes am 5.5.1981, TOP 4.

einer von ihm nicht befürworteten Gewerkschaft verhalten soll. In der Septembersitzung des Bundesvorstandes soll über diesen Punkt eingehend beraten werden.[14]

Ende der Sitzung: 13.30 Uhr.

Dokument 83

5. Mai 1981: Kurzprotokoll über die 30. Sitzung des Bundesvorstandes

Hans-Böckler-Haus in Düsseldorf; Vorsitz: Heinz O. Vetter; Protokollführung: Isolde Funke, Marianne Jeratsch; Sitzungsdauer: 10.20–14.10 Uhr; ms. vermerkt: »Vertraulich«.[1]

Ms., hekt., 4 S., 1 Anlage.[2]

AdsD, DGB-Archiv, 5/DGAI000554.

Beginn der Sitzung: 10.20 Uhr.

Kollege *Vetter* eröffnet die 30. Sitzung des Bundesvorstandes in Düsseldorf.

Tagesordnung:
1. Material zum Antikriegstag
2. Genehmigung des Protokolls der 29. Bundesvorstandssitzung
3. Tagesordnung für die 12. Bundesausschußsitzung am 3.6.1981
4. Unterschriftensammlungen im Gewerkschaftsbereich
5. Aktionskreis Energie e. V.
6. Änderung der Richtlinien für die Geschäftsführung der Kreise gemäß § 9 Ziffer 5 f) der Satzung (Organisationshandakte 2.1.3.)
7. 12. Ordentlicher Bundeskongreß des DGB vom 16. bis 22.5.1982 im ICC Berlin, hier: § 8 Ziffer 3 Buchstabe 1 der DGB-Satzung
   - Festlegung der Anzahl der Delegierten
   - Frist zur Einreichung der Anträge und zur Meldung der Delegierten

---

14 Es ging dabei um die Ablehnung des Eintritts kommunistischer Gewerkschaftsbünde in den EGB. Vgl. Dok. 86: Kurzprotokoll über die 32. Sitzung des Bundesvorstandes am 7.7.1981, TOP 14 a).
Dok. 83
1 Vgl. Einladungsschreiben vom 8.4.1981 und Tagesordnung vom 14.4.1981. Es fehlten Gerd Muhr, Gerhard Schmidt, Rudolf Sperner und Vertreter, Helmut Teitzel und Vertreter sowie Günter Döding (vertreten durch Erich Herrmann). AdsD, DGB-Archiv, 5/DGAI000508.
2 Anlage: Anwesenheitsliste.

1. Material zum Antikriegstag

Kollege *Kluncker* beantragt, einheitliche Materialien zum Antikriegstag zu erstellen und in der Bundesvorstandssitzung am 7. Juli 1981 zur Verabschiedung vorzulegen.[3]
Kollege *Vetter* sagt dies zu.

2. Genehmigung des Protokolls der 29. Bundesvorstandssitzung

Beschluß:
Der Bundesvorstand genehmigt das Protokoll der 29. Bundesvorstandssitzung.[4]

3. Tagesordnung für die 12. Bundesausschußsitzung am 3.6.1981

Kollege *Vetter* verweist auf die Vorlage und bittet um entsprechende Beschlußfassung. In diesem Zusammenhang teilt Kollege *Vetter* mit, daß vorgesehen ist, den Grafen Baudissin zu einem Vortrag vor dem Bundesausschuß am 2.9.1981 einzuladen.
Kollege *Kluncker* beantragt, am Abend des 1. September 1981 eine Veranstaltung des Bundesvorstandes und des Bundesausschusses mit Gästen in Düsseldorf durchzuführen.
In der anschließenden Diskussion, an der sich die Kollegen *Frister, Lehlbach, Vetter, Kluncker, Hauenschild, Loderer, Bleicher, A. Schmidt, Schwab* und *Keller* beteiligen, wird die vorgeschlagene Veranstaltung zum 1. September 1981 erörtert.

Beschluß:
a) Tagesordnung für die 12. Bundesausschußsitzung
Der Bundesvorstand beschließt für die 12. Bundesausschußsitzung am 3.6.1981 folgende Tagesordnung
1. Genehmigung des Protokolls der 11. Bundesausschußsitzung
2. Bericht zur gewerkschaftspolitischen und organisatorischen Situation
3. Unterschriftensammlungen im Gewerkschaftsbereich
4. 12. Ordentlicher Bundeskongreß des DGB vom 16. bis 22.5.1982 im ICC Berlin, hier: § 8 Ziffer 3 Buchstabe 1 der DGB-Satzung
   – Festlegung der Anzahl der Delegierten
   – Frist zur Einreichung der Anträge und zur Meldung der Delegierten
5. Veränderungsmitteilungen – Landesbezirksvorstände
6. Fragestunde

---

3 Vgl. Dok. 86: Kurzprotokoll über die 32. Sitzung des Bundesvorstandes am 7.7.1981, TOP 4.
4 Vgl. Dok. 82: Kurzprotokoll über die 29. Sitzung des Bundesvorstandes am 7.4.1981.

7. Verschiedenes[5]
- Vortrag des Leiters des Instituts für Friedens- und Konfliktforschung der Universität Hamburg, Wolf Graf von Baudissin[6]
Der Bundesminister für Forschung und Technologie, Andreas von Bülow, soll zu einem Vortrag vor dem Bundesausschuß am 2.9.1981 gebeten werden.

h) Veranstaltung zum Antikriegstag
Der Bundesvorstand ist im Prinzip mit der Durchführung einer Veranstaltung des Bundesvorstandes und des Bundesausschusses am Abend des 1. September 1981 einverstanden. Die Vorbereitungen hierzu sollen getroffen werden. In der Bundesvorstandssitzung am 2.6.1981 soll darüber berichtet werden.[7]

4. Unterschriftensammlungen im Gewerkschaftsbereich

Die Kollegen *Vetter* und *Schwab* erinnern an die Diskussion in der letzten Sitzung des Bundesvorstandes über den Krefelder Appell und den Entwurf einer Erklärung des Bundesjugendausschusses zu Entspannung, Abrüstung, Frieden.[8] Auf Wunsch des Bundesvorstandes befaßte sich der Geschäftsführende Bundesvorstand mit dieser Erklärung, die schließlich vom Bundesjugendausschuß herausgegeben wurde. Die Gewerkschaft Textil-Bekleidung hat sich öffentlich von diesem Papier distanziert.

Kollege *Keller* weist darauf hin, daß dem Bundesvorstand nicht die Möglichkeit gegeben worden ist, den Entwurf zu diskutieren, und er angekündigt hatte, gegebenenfalls dagegen zu protestieren.

An der nachfolgenden Diskussion beteiligen sich die Kollegen *Loderer, Vetter, Frister, Kluncker, Hauenschild* und *Keller*. Es besteht Übereinstimmung darüber, daß der Inhalt solcher Erklärungen durch das Grundsatzprogramm abgedeckt sein sollte und daß Adressen an die Bundesregierung nicht durch Personengruppen, sondern durch den Bundesvorstand zu erfolgen haben. Außerdem wird die Frage gestellt, ob alle Mitglieder des Bundesvorstandes den Krefelder Appell gleich bewerten.

---

5 Die Tagesordnung wurde unter Verzicht auf die TOPs »Fragestunde« und »Verschiedenes« so eingehalten. Vgl. Protokoll über die 12. Sitzung des Bundesausschusses am 3.6.1981, AdsD, DGB-Archiv, 5/DGAI000422.
6 Der Vortrag des Generalleutnants a. D. Wolf Graf Baudissin, Direktor des Instituts für Friedensforschung und Sicherheitspolitik an der Universität Hamburg, befasste sich mit Friedens- und Sicherheitspolitik und ist in einem Sammelband zur Friedenspolitik dokumentiert. Vgl. [DGB-Bundesvorstand], Vorstandsbereich Heinz O. Vetter, Vorlage zur Beratung im Bundesvorstand, Tagesordnung für die 12. Bundesausschußsitzung am 3.6.1981, beschlossen GBV am 13.4.1981, AdsD, DGB-Archiv, 5/DGAI000508. Vgl. Wolf Graf Baudissin: Sicherheitsprobleme unserer Tage, in: DGB-Bundesvorstand: Antikriegstag 1981. DGB: Frieden durch Abrüstung! Verhandeln statt rüsten, Ächtung der Atomwaffen in Ost und West, Düsseldorf 1981, S. 21-30.
7 Dies erfolgte nicht im Rahmen der 31. Sitzung des Bundesvorstandes.
8 Vgl. Dok. 82: Kurzprotokoll über die 29. Sitzung des Bundesvorstandes am 7.4.1981, TOP: »Fortsetzung TOP 2, i)«.

Kollege *Vetter* spricht nun die Unterschriftensammlungen von Gewerkschaftssekretären allgemein und insbesondere unter das Memorandum an und verweist auf die dem Bundesvorstand übermittelte Vorlage, um deren Annahme er namens des GBV bittet.[9]

An der nachfolgenden ausführlichen Diskussion beteiligen sich die Kollegen *Georgi, Vetter, Hauenschild, Mahlein, Kluncker, Loderer, Pfeiffer, Horné, Volkmar, Breit, Frister, Schirrmacher* und Kollegin *Weber*. Einige Kollegen sind der Meinung, daß die Vorlage sich nur auf die Unterschriftenleistung unter das Memorandum beziehen sollte. Eine weitergehende Erklärung sei für sie nicht akzeptabel. Die Mehrzahl der Bundesvorstandsmitglieder begrüßt die Vorlage und ist der Auffassung, daß es auf die Dauer für den DGB und die Gewerkschaften nicht tragbar ist, sich durch solche Unterschriftenaktionen Meinungen von irgendwelchen Gruppierungen aufdrücken zu lassen.

Beschluß:
Der Bundesvorstand stimmt der Vorlage mit drei Gegenstimmen zu und empfiehlt dem Bundesausschuß, die Vorlage zu verabschieden.[10]

5. Aktionskreis Energie e. V.

Kollege *Kluncker* weist darauf hin, daß der Aktionskreis Energie e. V. derzeit versucht, mit einem Schreiben »außerordentliche Mitglieder« zu gewinnen.[11]

---

9 Aufgrund der Beobachtung, dass politische Gruppen auch durch Sammeln von Unterschriften im Bereich der Gewerkschaften aktiv werden, forderte der DGB seine Funktionäre auf, folgende Grundsätze zu beachten: Unterschriftsleistungen mit Nennung gewerkschaftlicher Funktionen und Mitgliedschaften seien zu vermeiden, weil sie den Eindruck innergewerkschaftlicher Uneinigkeit weckten. Der DGB und seine Gewerkschaften behielten sich vor, Erklärungen durch die gewählten Gremien zu verabschieden. Er ermunterte die Mitglieder, sich im Rahmen des politischen Willensbildungsprozesses aktiv zu beteiligen. Unterschriftsleistende hätten dafür Sorge zu tragen, dass die Unterschriften nicht mit der gewerkschaftlichen Position in Verbindung gebracht werden können und so nicht den Anschein einer gewerkschaftlichen Meinungs- oder Willensbekundung erweckten. Vgl. DGB-Bundesvorstand, Vorstandsbereich Vorsitzender, an die Mitglieder des Bundesvorstandes, Sammlung von Unterschriften im Gewerkschaftsbereich, Düsseldorf, 28.4.1981, AdsD, DGB-Archiv, 5/DGAI000508.
10 Die Beschlussvorlage wurde mit großer Mehrheit von 58 gegen 17 Stimmen im Bundesausschuss beschlossen. Die Antragsvorlage wurde insbesondere von der IG Metall zurückgewiesen, die Änderungsvorschläge unterbreitet hatte und außerdem eine Vertagung der Entscheidung beantragt hatte. Vgl. Protokoll über die 12. Sitzung des Bundesausschusses am 3.6.1981, TOP 3., S. 5 f., AdsD, DGB-Archiv, 5/DGAI000422.
11 Der Aktionskreis Energie e. V. unterstützte mit Akademieveranstaltungen, dem Vereinsorgan AKTIONSREPORT, dem Besuch von Kohle- und Atomkraftwerken sowie Beratungen mit Bundestagsabgeordneten aller Parteien eine Stärkung der Kohle- und Atomkraft. Vgl. Gewerkschaft ÖTV, Eberhardt, an den DGB-Bundesvorstand, Aktionskreis Energie e. V., Stuttgart, 20.3.1981, nebst Anlagen, AdsD, DGB-Archiv, 5/DGAI000508.

Beschluß:
Der Bundesvorstand beschließt, daß der DGB und die in ihm zusammengeschlossenen Gewerkschaften jede Zusammenarbeit mit dem Aktionskreis Energie e. V. ablehnen.

6. Änderung der Richtlinien für die Geschäftsführung der Kreise gemäß § 9 Ziffer 5 f) der Satzung (Organisationshandakte 2.1.3.)

Kollege *Schwab* verweist auf die Vorlage und bittet, entsprechend zu beschließen.[12]
An der anschließenden Diskussion beteiligen sich die Kollegen *Vetter, Hauenschild, Volkmar, Schwab, Sickert* und *Frister*.

Beschluß:
Die Vorlage soll noch einmal überprüft werden.

7. 12. Ordentlicher Bundeskongreß des DGB vom 16. bis 22.5.1982 im ICC Berlin, hier: § 8 Ziffer 3 Buchstabe 1 der DGB-Satzung

- Festlegung der Anzahl der Delegierten
- Frist zur Einreichung der Anträge und zur Meldung der Delegierten

Beschluß:
Der Bundesvorstand beschließt, dem Bundesausschuß gemäß § 8 Ziffer 3 Buchstabe 1 der DGB-Satzung zu empfehlen,
1. die Anzahl der Delegierten für den 12. Ordentlichen Bundeskongreß auf 525 festzulegen,
2. die Frist zur Einreichung der Anträge und zur Meldung der Delegierten auf den 19. Februar 1982 festzulegen.

Die auf jede Gewerkschaft entfallende Zahl der Delegierten ermittelt der Bundesvorstand nach der Zahl der Mitglieder, für die Beiträge an den Bund abgeführt wurden. Als Abrechnungszeitraum werden die vier Quartale des Jahres 1980 zugrunde gelegt.

Für die Ermittlung der Anzahl der Delegierten liegt folgender Berechnungsschlüssel zugrunde:

1 Delegierter – 15.000 Mitglieder.

---

[12] Die Vorlage sah vor, dass die Ermächtigung der Kreisvorsitzenden sämtliche eingehende Post, die nicht als persönlich gekennzeichnet ist oder für die Rechtsstelle bestimmt war, einsehen könne. Die Neufassung mit dem Zusatz über die Rechtsstelle war wegen der Überarbeitung der »Arbeitsanweisung für die Rechtsstellen des DGB« erforderlich geworden. Vgl. [DGB-Bundesvorstand], Vorstandsbereich Karl Schwab, Vorlage zur Beratung im Bundesvorstand, Änderung der Richtlinien für die Geschäftsführung der Kreise gemäß § 9 Ziffer 5 f) der Satzung (Organisationshandakte 2.1.3.), beschlossen GBV am 6.4.1981, AdsD, DGB-Archiv, 5/DGAI000508.

Nach dem Mitgliederstand vom 31.12.1980 (7.882.527 Mitglieder) ergibt sich eine Delegiertenzahl von 525 (abgerundet).
Ferner nimmt der Bundesvorstand den vorläufigen Terminplan für den 12. Ordentlichen Bundeskongreß des DGB zur Kenntnis.

Ende: 14.10 Uhr.

Dokument 84

2. Juni 1981: Kurzprotokoll über die 31. Sitzung des Bundesvorstandes

Hans-Böckler-Haus in Düsseldorf; Vorsitz: Heinz O. Vetter; Protokollführung: Isolde Funke, Marianne Jeratsch; Sitzungsdauer: 10.15–14.25 Uhr; ms. vermerkt: »Vertraulich«.[1]
Ms., hekt., 6 S., 1 Anlage.[2]
AdsD, DGB-Archiv, 5/DGAI000554.

Beginn der Sitzung: 10.15 Uhr.

Kollege *Vetter* eröffnet die 31. Sitzung des Bundesvorstandes in Düsseldorf.

Tagesordnung:
1. Unterschriftensammlungen im Gewerkschaftsbereich
2. Genehmigung des Protokolls der 30. Bundesvorstandssitzung
3. Veranstaltung zum Antikriegstag
4. Bericht über die Bundesfrauenkonferenz, 20.–22.5.1981
5. Gewerkschaft Gartenbau, Land- und Forstwirtschaft
6. Anpassung der Leistungen der Unterstützungskasse des DGB e. V. ab 1.1.1982
7. Veränderungsmitteilungen – Landesbezirksvorstände
8. Verschiedenes

1. Unterschriftensammlungen im Gewerkschaftsbereich

Kollege *Vetter* erinnert daran, daß der Bundesvorstand in seiner letzten Sitzung ein Papier zur Unterschriftenleistung verabschiedet hat, das dem Bundesausschuß für

---

Dok. 84
1 Einladungsschreiben vom 8.5.1981, Einladungsschreiben mit Tagesordnung vom 19.5.2017. Es fehlten Ernst Haar und Vertreter, Leonhard Mahlein und Vertreter, Erwin Ferlemann und Stellvertreter, Alfred Horné, Eugen Loderer und Hans Mayr, Heinz Kluncker wurde durch Siegfried Bußjäger vertreten. AdsD, DGB-Archiv, 5/DGAI000508.
2 Anlage: Anwesenheitsliste.

seine morgige Sitzung zugeleitet worden ist.³ Inzwischen hat sich der Vorstand der IG Metall mit der Bundesvorstandsvorlage beschäftigt, und Kollege *Loderer* hat darum gebeten, die von der IG Metall übersandte Überarbeitung, die einigen verfassungsrechtlichen Bedenken Rechnung trägt, in die Überlegungen des Bundesvorstandes und Bundesausschusses mit einzubeziehen.⁴ Kollege *Vetter* berichtet, daß von den Justitiaren des DGB und der IG Metall daraufhin ein weiteres Papier erarbeitet wurde, das, wie die anderen, den Bundesvorstandsmitgliedern vorliegt. Der Geschäftsführende Bundesvorstand hat sich gestern mit der eingetretenen Situation befaßt und ist zu der Auffassung gekommen, daß der Bundesvorstand bei seiner ursprünglichen Vorlage für den Bundesausschuß bleiben sollte.

Die nachfolgende Diskussion, an der sich die Kollegen *Hauenschild, Vetter, Frister, G. Schmidt, Fehrenbach, Pfeiffer, Schwab, Sickert, Alker, Zimmermann, Bußjäger* und Kollegin *Weber* beteiligen, zeigt im Prinzip Übereinstimmung, an der Bundesvorstandsvorlage festzuhalten, die als eine politische Aussage des Bundesvorstandes zu verstehen ist. Es wird jedoch vorgeschlagen, die vor den Buchstaben a bis c stehende Formulierung »muß sicherstellen« umzuändern, weil sie eine Forderung darstellt, die der Einzelne nicht erfüllen kann.

Beschluß:
Der Bundesvorstand beschließt, an seiner Vorlage »Sammlung von Unterschriften im Gewerkschaftsbereich« aus der Mai-Sitzung festzuhalten, mit der Änderung, das Wort »sicherstellen« vor den Punkten a bis c in »Sorge tragen« umzuwandeln.⁵

2. Genehmigung des Protokolls der 30. Bundesvorstandssitzung

Kollege *Schwab* bittet um eine Änderung im ersten Absatz auf Seite 3.

---

3   Es ging vor allem um Unterschriftsleistungen, die Stellung bezogen zu Themen, zu denen die Gewerkschaften bereits Position genommen hatten, etwa friedenspolitische Stellungnahmen wie der »Krefelder Appell«. Stellungnahmen, vor allem solche verbunden mit der Angabe von Funktionen und professioneller Stellung im DGB, erweckten nach Ansicht des DGB den Eindruck gewerkschaftlicher Uneinigkeit. Die Unterschriftsleistenden verwies der DGB auf den innergewerkschaftlichen demokratischen Willensbildungsprozess, forderte aber ansonsten Organisationsdisziplin ein. Vgl. Bundesvorstand, Sammlung von Unterschriften im Gewerkschaftsbereich, o. O., o. D., AdsD, DGB-Archiv, 5/DGAI000508. Vgl. D. Süß: Gewerkschaften und Friedensbewegung, S. 267 und S. 270.
4   Der Entwurf der IG Metall beschreibt den Sachverhalt ähnlich wie die Beschlussvorlage des Bundesvorstands. Er betont gegenüber dem vorliegenden Entwurf jedoch das grundsätzliche Recht jedes Gewerkschafters, sich politisch und gesellschaftlich zu betätigen, dabei aber Rücksicht auf die Bindungen innerhalb der Organisation zu nehmen. Insbesondere dürfte er nicht gewerkschaftliche Grundsätzen und Beschlüssen widersprechen. Insgesamt sollten sich die Gewerkschafter so betätigen, dass das Missverständnis vermieden werde, er spräche für seine Organisation beziehungsweise in Wahrnehmung gewerkschaftlicher Funktionen. Unberührt davon sei allerdings die gesellschaftspolitische Betätigung unter der Berufsbezeichnung (z. B. Gewerkschaftssekretär). Vgl. Eugen Loderer an Heinz O. Vetter, DGB-Bundesvorstand, Frankfurt am Main, 25.5.1981, AdsD, DGB-Archiv, 5/DGAI000508.
5   Vgl. Protokoll der 12. Sitzung des Bundesausschusses, TOP 3., AdsD, DGB-Archiv, 5/DGAI000422.

Beschluß:
Der Bundesvorstand genehmigt das Protokoll der 30. Bundesvorstandssitzung mit folgender Änderung:
Auf Seite 3, Tagesordnungspunkt 4. »Unterschriftensammlungen im Gewerkschaftsbereich«, wird im ersten Absatz der zweite Satz wie folgt geändert:
»Auf Wunsch des Bundesvorstandes befaßte sich der Geschäftsführende Bundesvorstand mit dieser Erklärung, die nach Überarbeitung im DGB-Pressedienst veröffentlicht wurde.«[6]

3. Veranstaltung zum Antikriegstag

Kollege *Vetter* berichtet über die Vorbereitungen für die vom Bundesvorstand beschlossene Veranstaltung zum Antikriegstag am 1. September 1981. Für diese Veranstaltung ist der Saal 1 des Messe- und Kongreßzentrums Düsseldorf, der ca. 1.000 bis 1.200 Personen faßt, reserviert worden. Es war vorgesehen, als weiteren Redner neben Kollegen Vetter Prof. von Weizsäcker zu gewinnen. Dieser hat aber abgelehnt. Es soll nun versucht werden, Herrn Dr. Christoph Bertram, International Institute for Strategic Studies in London, zu verpflichten. Kollege *Vetter* weist darauf hin, daß das vorgesehene Material zum Antikriegstag rechtzeitig vor der nächsten Sitzung des Bundesvorstandes verteilt werden wird.[7]

An der anschließenden Diskussion beteiligen sich die Kollegen *Frister, Keller, Vetter, Fehrenbach, Döding, G. Schmidt, Wagner, Sickert, Hauenschild, Bleicher, Lehlbach, Richert, Schwab* und die Kollegin *Weber*. Es wird die Ausgestaltung dieser geplanten Veranstaltung erörtert. Hierbei wird angeregt, daß nur Kollege Vetter sprechen soll. Im Zusammenhang mit dem NATO-Doppelbeschluß/Abrüstung wird auf Seite 4 des Grundsatzprogramms hingewiesen. Die Landesbezirksvorsitzenden berichten über die in ihren Bereichen vorgesehenen Veranstaltungen zum 1. September.

Beschluß:
Der Bundesvorstand nimmt den Bericht des Kollegen *Vetter* zustimmend zur Kenntnis. Er vertritt allerdings die Auffassung, daß nur Kollege Vetter auf der vorgesehenen Veranstaltung zum Antikriegstag am 1. September 1981 sprechen soll.

4. Bericht über die Bundesfrauenkonferenz, 20.–22.5.1981

Kollegin *Blättel* gibt einen kurzen Überblick über die Bundesfrauenkonferenz, die in der Zeit vom 20. bis 22. Mai 1981 in Essen stattgefunden hat. Es nahmen

---
6 Vgl. Dok. 83: Kurzprotokoll über die 30. Sitzung des Bundesvorstandes am 5.5.1981.
7 Vgl. Dok. 86: Kurzprotokoll über die 32. Sitzung des Bundesvorstandes am 7.7.1981 sowie die Sitzungsunterlagen in AdsD, DGB-Archiv, 5/DGAI000508.

über 600 Delegierte, Gastdelegierte und Gäste sowie eine große Zahl von Pressevertretern teil. Der erste Teil der Konferenz stand unter dem Motto »30 Jahre gewerkschaftliche Frauenarbeit«, zu dem Kollegin Weber gesprochen hat. Das Referat »Rationalisierung – Risiko oder Chance für die Frauen?« wurde von Kollegin Blättel selbst gehalten, und den mündlichen Geschäftsbericht gab Kollegin Tolle. Die Diskussion zu den Vorträgen war außerordentlich lebhaft und interessant. Kollegin *Blättel* geht dann auf die Anträge und Entschließungen ein, die von der Konferenz behandelt wurden. Sie erwähnt u. a. das Aktionsprogramm für die gewerkschaftliche Frauenarbeit und Themen wie den Internationalen Frauentag, Frauen und Bundeswehr, Abrüstung, El Salvador, Neuordnung der Hinterbliebenenversorgung und insbesondere Verkürzung der Arbeitszeit. Ausführlicher befaßt sich Kollegin *Blättel* mit dem Problem Antidiskriminierungsgesetz.[8]

An der anschließenden Diskussion beteiligen sich die Kollegen *Vetter, Schirrmacher, Döding, Keller* und die Kolleginnen *Weber* und *Blättel*. Sie beschäftigen sich überwiegend mit Fragen der Arbeitszeit für Frauen.

Der Bundesvorstand nimmt den Bericht über die 10. Bundesfrauenkonferenz des DGB zur Kenntnis.

5. Gewerkschaft Gartenbau, Land- und Forstwirtschaft

Kollege *Vetter* erinnert an den Auftrag des Bundesvorstandes an den Geschäftsführenden Bundesvorstand vom 4.9.1979, »erneut eine organisatorische Lösung zu suchen, insbesondere im Hinblick auf eine Fusion mit einer oder mehreren organisationsverwandten Gewerkschaften. Das Ergebnis ist dem Bundesvorstand innerhalb eines Jahres vorzulegen.« Diese Frist wurde in der Bundesvorstandssitzung am 2./3.12.1980 bis 30. Juni 1981 verlängert.[9]

Kollege *Schwab* erklärt, daß er bereits am 4.9.1979 dem Bundesvorstand im Auftrag des Geschäftsführenden Bundesvorstandes einen Bericht zur Situation der Gewerkschaft Gartenbau, Land- und Forstwirtschaft vorgelegt hatte. Er berichtet über die in der Zwischenzeit stattgefundenen Gespräche mit verschiedenen Gewerkschaften und der GGLF hinsichtlich einer Fusion und über die Ergebnisse. Gleichzeitig legt Kollege *Schwab* die finanzielle Situation der GGLF, auch für die nächsten Jahre, dar und weist auf den im September d[es] J[ahres] stattfindenden Gewerkschaftstag der GGLF hin. Abschließend zeigt Kollege *Schwab* zwei alternative Lösungsmöglichkeiten auf.

Kollege *Lojewski* berichtet über die Situation der Gewerkschaft GLF.

---

8 Die Frauen in den DGB-Gewerkschaften waren zu dieser Zeit Vorkämpferinnen für ein Antidiskriminierungsgesetz. Bemerkenswert ist, dass sich der Prozess bis zur Verabschiedung des Allgemeinen Gleichbehandlungsgesetzes bis zum August 2006 hinzog.
9 Vgl. Dok. 86: Kurzprotokoll über die 32. Sitzung des Bundesvorstandes am 7.7.1981, TOP 5.

An der anschließenden Diskussion beteiligen sich die Kollegen *Vetter, Döding, Volkmar, Carl, Bußjäger, Hauenschild, Schwab, Lojewski, Vater, Sickert* und *Pfeiffer*.

Kollege *Lojewski* wird den Hauptvorstand der GGLF unverzüglich zusammenrufen und ihn über die heutige Diskussion unterrichten. In der Außerordentlichen Bundesvorstandssitzung am 23.6.1981 wird Kollege Lojewski dem Bundesvorstand über diese Sitzung berichten und Vorschläge unterbreiten, die die Grundlage für einen Beschluß des Bundesvorstandes am 7.7.1981 bilden sollen.

6. Anpassung der Leistungen der Unterstützungskasse des DGB e. V. ab 1.1.1982

Beschluß:
Der Bundesvorstand schlägt der Mitgliederversammlung der Unterstützungskasse des DGB e. V. vor, die bis zum 31.12.1980 festgesetzten Unterstützungen, mit Ausnahme der Unterstützungen nach §§ 13 und 19 der Unterstützungs-Richtlinien, ab 1.1.1982 um 4,5 v. H. zu erhöhen.[10]

7. Veränderungsmitteilungen – Landesbezirksvorstände

Beschluß:
Der Bundesvorstand schlägt dem Bundesausschuß vor, folgende Kolleginnen und Kollegen zu bestätigen:
Christel Beslmeisl (GHK) als ständige Vertreterin für Kollegen Gustav Löhner, Harry Gösel (GTB) als Mitglied und
Theo Hochwind (GTB) als ständigen Vertreter für Kollegen Gösel im Landesbezirksvorstand Bayern;
Rainer-Maria Fahlbusch (GEW) als Mitglied,
Ute Wolter (GEW) als ständige Vertreterin für Kollegen Fahlbusch und Reimund Katiofsky (GHK) als ständigen Vertreter für Kollegen Heinz Utke im Landesbezirksvorstand Berlin;
Reiner Wiegand (HBV) als Mitglied und

---

10 Die Anpassungen der Leistungen der Unterstützungskasse entsprechend den Vorjahresbeschlüssen waren den Angleichungen der Rentenbezüge im Rahmen der gesetzlichen Rentenversicherung gefolgt. Laut DGB habe dies dazu geführt, dass eine »Disharmonie« zwischen den Bezügen der Unterstützungsempfänger und denen der noch berufstätigen Gewerkschaftsangestellten eingetreten sei. Da im Jahr 1980 keine Beschlussfassung erfolgt sei, um dieses Missverhältnis zu beseitigen, erging der vorliegende Beschlussvorschlag. Dieser sah keine vollständige Angleichung an die Erhöhung der gesetzlichen Rentenversicherung um 5,8 % vor, da auch die gewerkschaftlichen Gehälter und Löhne nicht in diesem Maße gestiegen seien. Vgl. [DGB-Bundesvorstand], Vorstandsbereich Gerhard Vater, Vorlage zur Beratung im Geschäftsführenden Bundesvorstand, Bundesvorstand, Anpassung der Leistung der Unterstützungskasse des DGB e. V. ab 1.1.1982, beschlossen GBV am 4.5.1981, Düsseldorf, 28.4.1981, AdsD, DGB-Archiv, 5/DGAI000508.

Hans-Jürgen Schmidt (Jugend) als ständigen Vertreter für Kollegen Hasso Dövel im Landesbezirksvorstand Niedersachsen;
Georg Stein (NGG) als ständigen Vertreter für Kollegen Walter Schmidt im Landesbezirksvorstand Nordrhein-Westfalen;
Hanns Dittmar (CPK) als ständigen Vertreter für Kollegen Hans Schweitzer,
Ambrosius Matyssek (GdED) als Mitglied,
Heinrich Zimmermann (Leder) als Mitglied und
Günter Igel (Leder) als ständigen Vertreter für Kollegen Zimmermann im Landesbezirksvorstand Rheinland-Pfalz;
Helwin Peter (HBV) als Mitglied im Landesbezirksvorstand Saar.[11]

8. Verschiedenes

a) Kollege *Vetter* teilt mit, daß der Bundesvorstand am 23. Juni 1981, um 10.00 Uhr, im Kieler Gewerkschaftshaus zu einer Sitzung zusammentreten wird, die sich mit der wirtschafts- und sozialpolitischen Lage beschäftigen soll.[12] Der Bundesarbeitsminister wird dem Bundesvorstand zur Verfügung stehen, wahrscheinlich auch der Bundesfinanzminister.

b) Kollege *Schirrmacher* teilt dem Bundesvorstand mit, daß die Landesregierung von Nordrhein-Westfalen beschlossen hat, ihn – wahrscheinlich zum 24. Juni – zum Polizeipräsidenten von Bielefeld zu berufen. Das hat zur Folge, daß er sein Vorsitzendenamt niederlegen muß. Er bleibt allerdings Vorstandsmitglied bis zum nächsten Kongreß 1982 und Landesvorsitzender von Niedersachsen bis zum Oktober d[es] J[ahres] und behält auch seine Funktion in der Internationale der Polizei bis 1983. Sein Nachfolger wird wahrscheinlich am 25./26. Juni 1981 gewählt werden. Kollege Schirrmacher wird sich in der Bundesvorstandssitzung in Kiel endgültig verabschieden.

Ende der Sitzung: 14.25 Uhr.

---

11 Vgl. [DGB-Bundesvorstand], Vorstandsbereich Karl Schwab, Vorlage zur Beratung im Geschäftsführenden Bundesvorstand, Bundesvorstand, Bundesausschuß, Veränderungsmitteilungen, 26.5.1981, AdsD, DGB-Archiv, 5/DGAI000508.
12 Vgl. Dok. 85: Kurzprotokoll über die Außerordentliche Sitzung des Bundesvorstandes am 23.6.1981.

Dokument 85

23. Juni 1981: Kurzprotokoll über die Außerordentliche Sitzung des Bundesvorstandes

Gewerkschaftshaus Kiel; Vorsitz: Heinz O. Vetter; Protokollführung: Isolde Funke, Marianne Jeratsch; Sitzungsdauer: 10.05–12.35 Uhr; ms. vermerkt: »Vertraulich«.[1]
Ms., hekt., 2 S., 1 Anlage.[2]
AdsD, DGB-Archiv, 5/DGAI000554.

Beginn der Sitzung: 10.05 Uhr.

Kollege *Vetter* eröffnet die Außerordentliche Sitzung des Bundesvorstandes in Kiel und begrüßt die Bundesminister Matthöfer und Ehrenberg. Er dankt ihnen für die Möglichkeit, aus erster Hand über die Haushaltslage des Bundes und die Absichten der Bundesregierung Informationen zu erhalten.

Minister *Matthöfer* schildert die Schwierigkeiten, die sich für den Haushalt 1982 ergeben, und zählt einige der Hauptursachen und Gründe dafür auf. Nach seiner Auffassung ist es unabdingbar erforderlich, erhebliche Kürzungen in den Einzeletats vorzunehmen, wobei er unter allen Umständen eine weitere Belastung der Arbeitnehmer verhindern will. Gewisse Hoffnungen setzt Minister *Matthöfer* in den Weltwirtschaftsgipfel in Ottawa.[3] Danach müssen die Grundsatzentscheidungen getroffen und Gespräche mit Fraktionen, Koalition und auch den Gewerkschaften geführt werden. Im übrigen ist Minister *Matthöfer* der Meinung, daß die Vorschläge des DGB so nicht durchführbar sind.

Minister *Ehrenberg* teilt im Prinzip die Sorgen des Bundesfinanzministers. Aus seinem Arbeitsbereich berichtet er über die relativ positive Entwicklung in der Rentenversicherung sowie über die Problembereiche Krankenversicherung und Arbeitslosenversicherung.

Es gibt dort sicher Einsparungsmöglichkeiten, doch muß man sehr genau überlegen, daß sie auch den gewünschten Effekt haben und nicht einseitig zu Lasten der Arbeitnehmer oder bestimmter Gruppen gehen.

An der anschließenden Diskussion beteiligen sich die Kollegen *Hesselbach, Pfeiffer, Loderer, Kluncker, Vetter, Hauenschild, Muhr, Frister, Wagner, Breit, Döding* und die Kollegin *Weber* sowie die Minister *Ehrenberg* und *Matthöfer*. Sie erörtern einzelne Problembereiche und legen ihre Standpunkte dar.

Dok. 85
1 Einladungsschreiben vom 5.6.1981. Es fehlten Gerhard Schmidt, Günter Stephan, Rudolf Sperner (vertreten durch Konrad Carl). AdsD, DGB-Archiv, 5/DGAI000508.
2 Anlage: Anwesenheitsliste.
3 Vgl. zum Thema der Weltwirtschaftsgipfel, allerdings ist der Gipfel von Ottawa nicht mehr enthalten, von Karczewski: »Weltwirtschaft ist unser Schicksal«.

Der Bundesvorstand stellt fest, daß diese Sitzung als Informationsgespräch zwischen Vertretern des DGB und Vertretern der Bundesregierung sowie der Kollegen Hesselbach und Vietor anzusehen ist. Es ist wichtig, daß bei den Mitgliedern und in der Öffentlichkeit nicht der Eindruck entsteht, daß der DGB und seine Gewerkschaften nach diesem Gespräch mit den Ministern voll hinter den Sparmaßnahmen der Bundesregierung stehen und somit die Interessen der Arbeitnehmer verletzen würden.

Der Bundesvorstand wird sich in seiner nächsten Sitzung noch einmal mit diesem Thema befassen und der Bundesregierung seine Vorstellungen unterbreiten.[4]

Ende der Sitzung: 12.35 Uhr.

Dokument 86

7. Juli 1981: Kurzprotokoll über die 32. Sitzung des Bundesvorstandes

Haus der Bank für Gemeinwirtschaft AG in Frankfurt/Main; Vorsitz: Heinz O. Vetter; Protokollführung: Isolde Funke, Marianne Jeratsch; Sitzungsdauer: 10.15–17.50 Uhr; ms. vermerkt: »Vertraulich«.[1]

Ms., hekt., 7 S., 1 Anlage.[2]

AdsD, DGB-Archiv, 5/DGAI000554.

Beginn der Sitzung: 10.15 Uhr.

Kollege *Vetter* eröffnet die 32. Sitzung des Bundesvorstandes in Frankfurt.

Im Namen des Bundesvorstandes begrüßt er Kollegen Günter Schröder, der zum erstenmal als Vorsitzender der Gewerkschaft der Polizei an einer Bundesvorstandssitzung teilnimmt.

Tagesordnung:
1. »Vorstellungen des DGB zur Kulturpolitik und Kulturarbeit«
2. 1. Mai 1981
3. Genehmigung des Protokolls der 31. Bundesvorstandssitzung
4. Material zum Antikriegstag
5. Gewerkschaft Gartenbau, Land- und Forstwirtschaft
6. DGB-Stellungnahme bezüglich Einsparungen im Bundeshaushalt

---

4 Vgl. Dok. 86: Kurzprotokoll über die 32. Sitzung des Bundesvorstandes am 7.7.1981, TOP 6.
Dok. 86
1 Einladungsschreiben vom 5.6.1981, Einladungsschreiben mit Tagesordnung vom 25.6.1981, AdsD, DGB-Archiv, 5/DGAI000508.
2 Anlage: Anwesenheitsliste.

7. 12. Ordentlicher Bundeskongreß, 16.–22.5.1982 in Berlin, hier: Verteilung der Delegierten
8. 12. Ordentlicher Bundeskongreß, 16.–22.5.1982 in Berlin, hier: Erfassung des Gewerkschaftsbeitrags der Delegierten
9. 12. Ordentlicher Bundeskongreß, 16.–22.5.1982 in Berlin, hier: Reisekostenregelung
10. 12. Ordentlicher Bundeskongreß, 16.–22.5.1982 in Berlin, hier: Gastteilnehmer der Gewerkschaften und des DGB
11. Bericht der Haushaltskommission
12. Änderung der Beteiligungsverhältnisse beim Beamtenheimstättenwerk
13. Gemeinsame finanzielle Aktionen bei internationalen Katastrophenfällen
14. Verschiedenes

1. »Vorstellungen des DGB zur Kulturpolitik und Kulturarbeit«

Beschluß:
Dieser Punkt wird bis zur nächsten Sitzung zurückgestellt.[3]

2. 1. Mai 1981

Beschluß:
Der Bundesvorstand stellt diesen Punkt bis zu seiner nächsten Sitzung zurück.[4]

3. Genehmigung des Protokolls der 31. Bundesvorstandssitzung

Beschluß:
Der Bundesvorstand genehmigt das Protokoll der 31. Bundesvorstandssitzung.[5]

4. Material zum Antikriegstag

Kollege *Vetter* erinnert kurz an die Diskussion in der Bundesvorstandssitzung im Mai und verweist auf den vorgelegten Entwurf einer Broschüre zum Antikriegstag 1981, ein heute verteiltes Vorwort zu dieser Broschüre sowie eine Friedensresolution zum Antikriegstag.[6] Er bittet den Bundesvorstand um Beratung.

---

3 Vgl. Dok. 87: Kurzprotokoll über die 33. Sitzung des Bundesvorstandes am 1.9.1981, TOP 4.
4 Vgl. ebd., TOP 6.
5 Vgl. Dok. 84: Kurzprotokoll über die 31. Sitzung des Bundesvorstandes am 2.6.1981.
6 Die Vorlage bestand in einer Zusammenstellung von Texten in Form einer Dokumentation, die in drei Kapiteln zu »Wettrüsten« (»Zahlen – Fakten – Positionen«), »Waffen« (»Produktion – Handel –

Dokument 86 7. Juli 1981

Kollege *Schwab* verweist auf sein Schreiben vom 2. Juli 1981 mit dem Antrag der Abteilung Jugend und der Bundesjugendsekretäre der Gewerkschaften, sich an einer von der »Aktion Sühnezeichen« und »Dienst für den Frieden« initiierten Demonstration und Kundgebung am 10.10.1981 in Bonn zu beteiligen. Der Geschäftsführende Bundesvorstand war zunächst der Auffassung, daß eine Beteiligung ausnahmsweise möglich sei, wenn Ausgewogenheit hergestellt werden kann und die Gesellschaft für uns tragbar ist. Inzwischen sind weitere Informationen eingegangen, die eine Beteiligung der Gewerkschaftsjugend nicht angeraten erscheinen lassen. Der Geschäftsführende Bundesvorstand zieht deshalb seine Empfehlung zurück und bittet den Bundesvorstand um Zustimmung, daß eine Beteiligung an der o[ben] a[ngegebenen] Demonstration abgelehnt wird. Es stellt sich die Frage nach einer eigenen Veranstaltung.

An der nachfolgenden, sehr ausführlichen Diskussion beteiligen sich die Kollegen *Loderer, Vetter, Haar, Kluncker, Breit, Hauenschild, G. Schmidt, Frister, Schwab, Horné, Ferlemann, Alker, Keller, Muhr* sowie die Kolleginnen *Weber* und *Blättel*. Zur Broschüre zum Antikriegstag stimmen die meisten der Kollegen darin überein, daß die vorgelegte Materialsammlung nicht den erwarteten Ansprüchen an eine Broschüre des DGB zum Antikriegstag Rechnung trägt. Es wird vorgeschlagen, sie durch einen historischen Teil zu ergänzen, entsprechende Beschlüsse der Gewerkschaften aufzunehmen, eine Anlehnung an das Grundsatzprogramm vorzunehmen, das Material zu straffen und vor allem eine politische Aussage des DGB in die Broschüre aufzunehmen. Darüber hinaus wird angeregt, neben der Kundgebung des DGB am 1. September eine eigene Unterschriftenaktion durchzuführen.

Zum Thema Demonstration am 10. Oktober in Bonn wird das Für und Wider einer Teilnahme der Gewerkschaftsjugend erörtert.[7] Die Durchführung einer eigenen Veranstaltung wird angeregt.

Beschluß:
Der Bundesvorstand beauftragt den Geschäftsführenden Bundesvorstand, die Ergebnisse der Diskussion bei der endgültigen Zusammenstellung der Broschüre zum Antikriegstag zu berücksichtigen.[8]

Arbeitsplätze«) sowie »Verhandlungen« (»Rüstungskontrolle – Abrüstung – Frieden«) gegliedert sein sollten. Die Texte dokumentierten die Breite der gesellschaftlichen Debatte um die Nachrüstung und die Friedensbewegung.

7 Das Für und Wider wurde deshalb so breit erörtert, weil die Haltung zum NATO-Doppelbeschluss und gegenüber der Bundesregierung zwischen gewerkschaftlicher Basis, insbesondere der Gewerkschaftsjugend, und Gewerkschaftsführung, die sich enger an die sozial-liberale Bundesregierung gebunden sah, umstritten war. Vgl. Müller: Ostkontakte, S. 302-317; D. Süß: Gewerkschaften und Friedensbewegung.
8 Das broschierte Buch erschien als eine umfassende Dokumentation, die rüstungs- und friedenspolitische Positionen innerhalb und außerhalb der Gewerkschaften dokumentierte. Durch die Breite der Dokumentation vermied das Buch eindeutige Stellungnahmen, vielmehr lud es zu einer abwägenden Diskussion ein. Als Einleitung diente der Vortrag des ehemaligen Wehrmachts- und Bundeswehroffiziers, bekannten Militärreformers und mit Fragen der Sicherheit befassten Forschers Wolf Graf Baudissin, den dieser im am 3.6.1981 vor dem DGB-Bundesausschuss gehalten hatte. Vgl. DGB-Bundesvorstand: Antikriegs-

Außerdem beschließt er, anläßlich der Veranstaltung des DGB am 1. September 1981 zum Antikriegstag eine Unterschriftenaktion des DGB zu starten. Diese Aktion soll ihren Abschluß finden in einer größeren Veranstaltung, bei der die Ergebnisse der Öffentlichkeit bekanntgegeben werden sollen.

Der Bundesvorstand beschließt ferner, daß die Gewerkschaftsjugend sich nicht an den Veranstaltungen der »Aktion Sühnezeichen« und »Dienst für den Frieden« am 10. Oktober 1981 in Bonn beteiligt.

5. Gewerkschaft Gartenbau, Land- und Forstwirtschaft

Kollege *Schwab* erinnert an seine Ausführungen in der letzten Bundesvorstandssitzung und stellt noch einmal die Alternativmöglichkeiten dar.

An der anschließenden Diskussion beteiligen sich die Kollegen *Vetter, Kluncker, Döding* und *Sperner*.

Beschluß:
Der Bundesvorstand beschließt, daß die Gewerkschaft Gartenbau, Land- und Forstwirtschaft ihre Eigenständigkeit behalten soll, und ihre finanzielle Unterstützung bis zu ihrem nächsten Gewerkschaftstag zu sichern.

6. DGB-Stellungnahme bezüglich Einsparungen im Bundeshaushalt

Kollege *Pfeiffer* erläutert das vom Geschäftsführenden Bundesvorstand vorgelegte Papier bezüglich Einsparungen im Bundeshaushalt.[9]

An der anschließenden Diskussion beteiligen sich die Kollegen *Muhr, Kluncker, Georgi, Loderer, Vetter, Breit, Schröder, Schirrmacher, Pfeiffer, Hauenschild, G. Schmidt, Alker, Sperner, Keller, Haar* und *Ferlemann*. Es wird das Für und Wider der Herausgabe

---

tag 1981. DGB: Frieden durch Abrüstung! Verhandeln statt rüsten, Ächtung der Atomwaffen in Ost und West, Düsseldorf 1981.

9 Das Jahr 1981 war von steuer- und finanzpolitischen Auseinandersetzungen in der sozial-liberalen Koalition geprägt, die vor allem in den Sommermonaten 1981 die Agenda bestimmten. Der DGB warnte in diesem Zusammenhang die Bundesregierung und den Bundestag vor Sparmaßnahmen, die den beschäftigungspolitischen Erfordernissen gegen den weiteren Anstieg der Arbeitslosigkeit zuwiderliefen. Für den DGB war die Finanzkrise eine Folge der Wachstums- und Nachfragekrise, sodass die steigenden Kosten der Arbeitslosigkeit, krisenbedingte Steuerausfälle und die Hochzinspolitik der Bundesbank die zentralen Ursachen der Defizite im Bundeshaushalt darstellten. Der DGB forderte demgegenüber eine nachfrageorientierte Politik zur Bekämpfung der Wachstums- und Beschäftigungskrise. Im September 1981 verständigte sich die Koalition auf die »Operation 1982«, die eine Kürzung des Kindergelds, Anhebungen der Tabak- und Sektsteuer, des Beitragssatzes zur Arbeitslosenversicherung und Maßnahmen zur Kostendämpfung im Gesundheitswesen umfasste. Vgl. Entwurf, DGB zu den Haushaltsberatungen für das Jahr 1982, AdsD, DGB-Archiv, 5/DGAI000508. Vgl. Faulenbach: Das sozialdemokratische Jahrzehnt, S. 723-734, hier. S. 726 ff.

einer DGB-Stellungnahme bezüglich Einsparungen im Bundeshaushalt erörtert. Eingehend wird über einzelne Bereiche der Vorlage diskutiert.

Beschluß:
Der Bundesvorstand beauftragt den Geschäftsführenden Bundesvorstand, einen Brief an den Bundeskanzler mit den Vorstellungen des DGB entsprechend der Diskussion zu richten. Er stellt fest, daß die unterbreitete Vorlage als internes Arbeitspapier des Bundesvorstandes anzusehen ist.[10]

7. 12. Ordentlicher Bundeskongreß, 16.–22.5.1982 in Berlin, hier: Verteilung der Delegierten

Beschluß:
Der Bundesvorstand beschließt gemäß § 7, 6 der DGB-Satzung die Verteilung der 525 Delegierten auf die Mitgliedsgewerkschaften wie folgt

IG Bau-Steine-Erden	34
IG Bergbau und Energie	24
IG Chemie-Papier-Keramik	43
IG Druck und Papier	10
Gew[erkschaft] der Eisenbahner Deutschlands	26
Gew[erkschaft] Erziehung und Wissenschaft	12
Gew[erkschaft] Gartenbau, Land- und Forstwirtschaft	3
Gew[erkschaft] Handel, Banken und Versicherungen	23
Gew[erkschaft] Holz und Kunststoff	10
Gew[erkschaft] Kunst	3
Gew[erkschaft] Leder	3
IG Metall	180
Gew[erkschaft] Nahrung-Genuß-Gaststätten	17
Gew[erkschaft] Öffentliche Dienste, Transport und Verkehr	76
Gew[erkschaft] der Polizei	11
Deutsche Postgewerkschaft	30
Gew[erkschaft] Textil-Bekleidung	20
Summe	525[11]

---

10 Vgl. die Behandlung des Gegenstands in der 33. Bundesvorstandssitzung in Dok. 87: Kurzprotokoll über die 33. Sitzung des Bundesvorstandes am 1.9.1981, TOP 2., und den zu diesem Gegenstand ausgetauschten Briefwechsel: Vgl. DGB-Bundesvorstand, Heinz O. Vetter, an Bundeskanzler Helmut Schmidt, Haushaltsberatungen für das Jahr 1982, Düsseldorf, 9.7.1981; Bundeskanzler Helmut Schmidt an den Vorsitzenden des DGB, Heinz O. Vetter, Bonn, 10.8.1981; Beschlüsse des Kabinetts vom 30.7.1981 – zum Bundeshaushalt; Presseerklärung vom 30.7.1981, AdsD, DGB-Archiv, 5/DGAI000509.

11 Die kleinen Gewerkschaften GLF, Kunst und Leder erhielten je drei Grundmandate. In der tabellarischen Aufstellung der Berechnung der Delegiertenmandate ist auch ein Vergleich mit der jeweiligen Delegiertenzahl des 11. Ordentlichen Bundeskongresses 1978 enthalten. Ihm ist zu entnehmen, dass die Zahl der Delegierten gegenüber diesem Zeitpunkt leicht zugenommen hatte. Vgl. [DGB-Bundesvorstand],

8. 12. Ordentlicher Bundeskongreß, 16.–22.5.1982 in Berlin, hier: Erfassung des Gewerkschaftsbeitrages der Delegierten

Beschluß:
Der Bundesvorstand nimmt zustimmend zur Kenntnis, daß zukünftig der Gewerkschaftsbeitrag der Delegierten nicht mehr erfaßt wird. Damit ist auch eine Auswertung durch die Mandatsprüfungskommission nicht mehr möglich. Für die Gültigkeit der Mandate sind ausschließlich die Meldeunterlagen der entsendenden Gewerkschaft maßgebend.[12]

9. 12. Ordentlicher Bundeskongress, 16.–22.5.1982 in Berlin, hier: Reisekostenregelung

Beschluß:
Der Bundesvorstand empfiehlt dem Bundesausschuß, folgende Reisekostenregelung für den 12. Ordentlichen Bundeskongreß zu beschließen:
1. Für die An- und Abreise wird die Reisekostenregelung des DGB angewandt. Anreisetag für die Delegierten ist der 16. Mai 1982.
2. Das Tagegeld beträgt 40,- DM.
3. Abweichend von Ziffer 1. gilt:
   a) Flugtickets und Bundesbahnfahrkarten sind ausschließlich über das Reisebüro Rhein-Tourist GmbH zu bestellen, damit alle Nachlässe ausgeschöpft werden können.
   b) Wenn die Anreise mit dem eigenen Kraftfahrzeug erfolgt, werden nur die Kosten erstattet, die bei Benutzung öffentlicher Verkehrsmittel unter Ausnutzung sämtlicher Nachlässe entstanden wären.[13]

Vorstandsbereich Karl Schwab, Vorlage zur Beratung im Geschäftsführenden Bundesvorstand, Bundesvorstand, 12. Ordentlicher Bundeskongreß 16.–22.5.1982 in Berlin, hier: Verteilung der Delegierten, beschlossen GBV am 15.6.1981, o. O., 2.6.1981, AdsD, DGB-Archiv, 5/DGAI000508.

12 Begründet wurde die Beschlussvorlage damit, dass eine effektive Überprüfung der Beitragsehrlichkeit der Delegierten für die Mandatsprüfungskommission nicht möglich sei. Der Vorlage zufolge wirkte sich der Sachverhalt der Beitragszahlung nicht auf die Gültigkeit der Mandate aus. Vgl. [DGB-Bundesvorstand], Vorstandsbereich Karl Schwab, Vorlage zur Beratung im Geschäftsführenden Bundesvorstand, Bundesvorstand, 12. Ordentlicher Bundeskongreß 16.–22.5.1982, hier: Erfassung des Gewerkschaftsbeitrages der Delegierten, beschlossen GBV am 15.6.1981, o. O., 3.6.1981, AdsD, DGB-Archiv, 5/DGAI000508.

13 Der Beschluss entsprach der Vorlage. Vgl. [DGB-Bundesvorstand], Vorstandsbereich Karl Schwab, Vorlage zur Beratung im Geschäftsführenden Bundesvorstand, Bundesvorstand, 12. Ordentlicher Bundeskongreß 16.–22.5.1982, hier: Reisekostenregelung, beschlossen GBV am 15.6.1981, o. O., 3.6.1981, AdsD, DGB-Archiv, 5/DGAI000508.

10. 12. Ordentlicher Bundeskongreß, 16.–22.5.1982 in Berlin, hier: Gastteilnehmer der Gewerkschaften und des DGB

Beschluß:
Der Bundesvorstand nimmt die Aufstellung über die Anzahl der Gastteilnehmer der Gewerkschaften und des DGB (s. Vorlage vom 3.6.1981) zustimmend zur Kenntnis.[14]

11. Bericht der Haushaltskommission

Kollege *Breit* teilt mit, daß die Haushaltskommission am 3. Juni 1981 tagte, um sich erneut mit der Schätzung der Beitragseinnahmen des DGB für 1981 zu befassen. Das Ergebnis war zufriedenstellend. Einzelheiten bittet Kollege *Breit* dem schriftlich vorgelegten Bericht zu entnehmen.[15]

Beschluß:
Der Bundesvorstand nimmt den Bericht des Kollegen Breit über die Sitzung der Haushaltskommission am 3. Juni 1981 zustimmend zur Kenntnis.

12. Änderung der Beteiligungsverhältnisse beim Beamtenheimstättenwerk

Kollege *Vater* erläutert die Vorlage ausführlich und wird von Kollegen *G. Schmidt* ergänzt.

An der kurzen Diskussion beteiligen sich die Kollegen *Sperner, Vetter, G. Schmidt, Hauenschild* und *Kluncker*.

Beschluß:
Der Bundesvorstand beschließt:

---

14 Insgesamt waren 202 Gastteilnehmer, davon 153 der Gewerkschaften und 49 der Landesbezirke des DGB vorgesehen. Vgl. [DGB-Bundesvorstand], Vorstandsbereich Karl Schwab, Vorlage zur Beratung im Geschäftsführenden Bundesvorstand, Bundesvorstand, 12. Ordentlicher Bundeskongreß 16.–22.5.1982, hier: Gastteilnehmer der Gewerkschaften und des DGB, beschlossen GBV am 15.6.1981, o. O., 3.6.1981, AdsD, DGB-Archiv, 5/DGAI000508.

15 Die Haushaltskommission befasste sich in ihrer Sitzung am 3.6.1981 mit den prognostizierten Beitragseinnahmen des DGB. Sie erwartete, dass der DGB die im Haushaltsplan für 1981 eingestellte Summe an Beitragseinnahmen in jedem Fall erreichen werde, sodass von der Einnahmenseite keine Haushaltslücken zu erwarten seien. In den Jahren 1970 bis 1981 seien die Beitragseinnahmen jeweils in der Höhe der Vorjahreseinnahmen geschätzt worden. Auf der Grundlage dieser Planungen seien in diesen Jahren keine Einschränkungen erforderlich geworden. Die Haushaltskommission empfahl, auch in Zukunft eine entsprechende Vorsicht walten zu lassen. Vgl. DGB, Haushaltskommission, Bericht an den Bundesvorstand über das Ergebnis der Sitzung vom 3.6.1981, AdsD, DGB-Archiv, 5/DGAI000508.

1. Die Vermögens- und Treuhandgesellschaft des DGB mbH (VTG) überträgt ihren 50%-Anteil am Beamtenheimstättenwerk (BHW) auf die Beteiligungsgesellschaft für Gemeinwirtschaft AG (BGAG).
2. Der Zeitpunkt der Übertragung wird zwischen den Vertragsparteien bestimmt.
3. Die Übertragung erfolgt nach vorheriger Ermittlung eines angemessenen Kaufpreises.
4. Wegen der organisationspolitischen Bedeutung des BHW für die Gewerkschaften des öffentlichen Dienstes im DGB erfolgt auch nach Übertragung der Anteile die Besetzung der Gremien durch den DGB in der bisher üblichen Weise.
5. Die besondere Stellung des BHW in ihrer Position als Abtretungsstelle und anerkannte Selbsthilfeeinrichtung des öffentlichen Dienstes darf nicht gefährdet werden.

Dieser Beschluß wird inhaltlich zum Bestandteil des Übertragungsvertrages.[16]

13. Gemeinsame finanzielle Aktionen bei internationalen Katastrophenfällen

Beschluß:
Dieser Punkt wird bis zur nächsten Sitzung zurückgestellt.[17]

14. Verschiedenes

a) EGB
Kollege *Vetter* fragt den Bundesvorstand, ob er seine Zustimmung dazu gibt, daß die Vertreter des DGB im EGB-Präsidium sich mit allem Nachdruck dafür einsetzen, daß die Aufnahme kommunistischer Bünde in den EGB verhindert wird.
Der Bundesvorstand ist mit diesem Vorgehen einverstanden.

b) Türkei
Die Kollegen *Vetter*, *Muhr* und *Kluncker* regen an, daß sich der EGB mit aller Entschiedenheit gegen die Terrormaßnahmen und Todesurteile für Gewerkschafter in der Türkei ausspricht.[18]

---

16 Das Beamtenheimstättenwerk ist ein 1928 gegründeter Finanzdienstleister in Form einer Bausparkasse. Seit 1951 waren der Deutsche Beamtenbund und der DGB Anteilseigner des gemeinwirtschaftlichen Unternehmens. Vgl. [DGB-Bundesvorstand], Vorstandsbereiche Finanzen (Gerhard Vater) und Beamte – Öffentlicher Dienst (Gerhard Schmidt), Änderung der Beteiligungsverhältnisse beim Beamtenheimstättenwerk, beschlossen GBV am 16.6.1981, Düsseldorf, 5.6.1981, AdsD, DGB-Archiv, 5/DGAI000508.
17 Vgl. Dok. 87: Kurzprotokoll über die 33. Sitzung des Bundesvorstandes am 1.9.1981, TOP 7.
18 In der Türkei waren von Militäranklägern in den ersten acht Monaten nach dem Militärputsch mehr als 900 Todesurteile beantragt worden. Vgl. Eiserne Faust, Der SPIEGEL, 11.5.1981.

Beschluß:
Der Bundesvorstand beschließt, daß der DGB in Schreiben an die Bundesregierung, die Europäische Gemeinschaft und den Europarat aufs schärfste gegen die Verletzung der Menschenrechte in der Türkei protestiert und entsprechende Maßnahmen fordert.

c) Zeitung »Die Neue«
Kollege *Kluncker* bittet festzustellen, ob eine der angeschlossenen Gewerkschaften »Die Neue« finanziell unterstützt hat, b[eziehungsweise] welche Zusagen eventuell gegeben worden sind. Er hält ein abgestimmtes Verhalten dieser Zeitung gegenüber im DGB für notwendig.
Kollege *Vetter* sagt eine solche Prüfung zu.[19]

Ende der Sitzung: 17.50 Uhr.

Dokument 87

1. September 1981: Kurzprotokoll über die 33. Sitzung des Bundesvorstandes

Hans-Böckler-Haus in Düsseldorf; Vorsitz: Heinz O. Vetter; Protokollführung: Willi Zimmermann; Sitzungsdauer: 10.10–16.05 Uhr; ms. vermerkt: »Vertraulich«.[1]
Ms., hekt., 6 S., 1 Anlage.[2]
AdsD, DGB-Archiv, 5/DGAI000554.

Beginn der Sitzung: 10.10 Uhr.

Kollege *Vetter* eröffnet die 33. Sitzung des Bundesvorstandes in Düsseldorf.
Im Namen des Bundesvorstandes verabschiedet Kollege *Vetter* den Kollegen Helmut Schirrmacher.[3]
Kollege *Schirrmacher* dankt dem Bundesvorstand.

---

19 Vgl. Dok. 87: Kurzprotokoll über die 33. Sitzung des Bundesvorstandes am 1.9.1981, TOP: Verschiedenes, b).

Dok. 87
1 Einladungsschreiben vom 9.7.1981, Einladungsschreiben mit Tagesordnung vom 27.7.1981. Es fehlten Gerhard Schmidt, Jakob Deffner (vertreten durch Ursula Wolfring), Georg Drescher, Eugen Loderer (vertreten durch Hans Mayr) und Berthold Keller (vertreten durch Walter Schongen). AdsD, DGB-Archiv, 5/DGAI000509.
2 Anlage: Anwesenheitsliste.
3 Vgl. Entwurf einer Abschiedsrede für den Kollegen Schirrmacher, Düsseldorf, 28.8.1981 sowie die vorbereitenden Unterlagen: Helmut Schirrmacher zum Abschied: »Vertrauen ein entscheidender Wert«, in: Deutsche Polizei 1981, H. 7; GdP, Information [Lebenslauf] Helmut Schirrmacher, 18.10.1980, AdsD, DGB-Archiv, 5/DGAI000509.

Tagesordnung:
1. Genehmigung der Protokolle der 32. Bundesvorstandssitzung und der Sondersitzung am 23.6.1981
2. Situation des Bundeshaushaltes 1982
3. Bericht über die Bundesarbeiterkonferenz
4. »Vorstellungen des DGB zur Kulturpolitik und Kulturarbeit«
5. Veränderungsmitteilungen – Landesbezirksvorstände
6. 1. Mai 1981
7. Gemeinsame finanzielle Aktionen bei internationalen Katastrophenfällen
8. Kapitalerhöhung der Union Druckerei GmbH – Beteiligung der VTG an der Kapitalerhöhung
9. Bericht der Revisionskommission
10. Aufnahmeanträge an den Europäischen Gewerkschaftsbund
11. Verschiedenes

1. Genehmigung der Protokolle der 32. Bundesvorstandssitzung und der Sondersitzung am 23.6.1981

Beschluß:
Der Bundesvorstand genehmigt das Protokoll der Sondersitzung am 23.6.1981.[4]
Das Protokoll der 32. Bundesvorstandssitzung wird mit folgender Änderung genehmigt:
Auf Seite 3 soll der Beschluß des Tagesordnungspunktes 5. »Gewerkschaft Gartenbau, Land- und Forstwirtschaft« wie folgt lauten:
»Der Bundesvorstand beschließt, daß die Gewerkschaft Gartenbau, Land- und Forstwirtschaft ihre Eigenständigkeit behalten soll, und ihre finanzielle Unterstützung bis zum Ablauf der nächsten Amtsperiode zu sichern.«[5]

2. Situation des Bundeshaushaltes 1982

Kollege *Vetter* erklärt die Situation, die kurz vor der Beratung im Bundeskabinett besteht und die durch Äußerungen während der Urlaubszeit von bestimmten Politikern, vor allen Dingen der FDP, hervorgerufen wurde.[6] Danach dürfe sich

---

4 Vgl. Dok. 85: Kurzprotokoll über die Außerordentliche Sitzung des Bundesvorstandes am 23.6.1981.
5 Vgl. Dok. 86: Kurzprotokoll über die 32. Sitzung des Bundesvorstandes am 7.7.1981.
6 SPD und FDP hatten die Frage eines Programms zur Schaffung von Arbeitsplätzen bei der Koalitionsrunde ausgeschlossen. Vgl. die in den Akten befindliche dps-Meldung Koalitionsverhandlungen/Überblick, 1981, AdsD, DGB-Archiv, 5/DGAI000509.

der Standpunkt des DGB gegenüber den gefaßten Beschlüssen, die in dem Brief an den Bundeskanzler zum Ausdruck gebracht wurden, nicht geändert haben.[7]

Kollege *Pfeiffer* berichtet aus der wirtschaftspolitischen Betrachtung.

Kollege *Muhr* ergänzt aus den sozialpolitischen Aspekten.[8]

An der anschließenden Diskussion beteiligen sich *die* Kollegen *Frister, Kluncker, Vetter, Haar, Volkmar, Hauenschild, Pfeiffer, Muhr, Schröder, A. Schmidt, Döding, Breit, Mayr, Sperner, Lojewski, G. Schmidt, Schwab* und die Kollegin *Weber*. Dabei wird bestätigt, daß der an den Bundeskanzler gerichtete Brief vom 9.7.1981 inhaltlich voll aufrechterhalten wird.

Die Kollegen *Kluncker* und *Haar* erklären, daß im Hinblick auf den öffentlichen Dienst seitens des DGB mehr Solidarität erwartet würde.

Kollege *Vetter* verweist darauf, daß der DGB bislang z. B. vier Presseerklärungen für den Bereich des öffentlichen Dienstes herausgegeben habe, wohl nach dem zu erwartenden Abschluß der Kabinettsberatungen eine Erklärung abgegeben werden müsse, bei der man die besonderen Belange des öffentlichen Dienstes auch vom DGB aus berücksichtigen könne. Kollege *G. Schmidt*, der später in der Sitzung eintraf, berichtet über seine bis dahin notwendige Tätigkeit bei der Bundesregierung in Bonn.

Mittagspause: 14.30–15.20 Uhr.

3. Bericht über die Bundesarbeiterkonferenz

Kollegin *Blättel* berichtet über den Verlauf der Bundesarbeiterkonferenz am 3. und 4. Juli 1981 in Osnabrück.[9]

---

7   Heinz Oskar Vetter legte Bundeskanzler Helmut Schmidt dar, dass der Grundsatzposition des DGB zufolge die Beschäftigung zu sichern sei, damit müsse der Wachstums- und Beschäftigungskrise begegnet werden, auch um den Bundeshaushalt zu konsolidieren. Vetter unterbreitete Schmidt Vorschläge, wie die Einnahmen auf Steuerseite durch eine Änderung der Steuerpolitik zu erreichen seien. Vorrangig ging es Vetter dabei um die Finanzierung der vom DGB vorgeschlagenen Arbeitsmarktpolitik. Helmut Schmidt antwortete auf den Brief unter Verweis auf die Kabinettsbeschlüsse zum Haushalt 1982, die am 30.7.1981 gefasst worden waren. Die Beschlüsse zielten auf eine Haushaltskonsolidierung und eine deutliche Begrenzung der Nettokreditaufnahme. Vgl. DGB-Bundesvorstand, Heinz O. Vetter, an Bundeskanzler Helmut Schmidt, Haushaltsberatungen für das Jahr 1982, Düsseldorf, 9.7.1981; Bundeskanzler Helmut Schmidt an den Vorsitzenden des DGB, Heinz O. Vetter, Bonn, 10.8.1981; Beschlüsse des Kabinetts vom 30.7.1981 – zum Bundeshaushalt; Presseerklärung vom 30.7.1981, AdsD, DGB-Archiv, 5/DGAI000509.

8   In einer entsprechenden Übersicht waren Maßnahmen und Einsparungsabsichten der sozial-liberalen Regierung im Bereich der Arbeitsmarktpolitik, der Kostendämpfung in der Krankenversicherung und im Bereich der Alterssicherung zusammengefasst. Vgl. Übersicht über geplante Maßnahmen im sozial- und arbeitsmarktpolitischen Bereich, o. O., o D., AdsD, DGB-Archiv, 5/DGAI000509.

9   Vgl. hierzu die umfangreichen Beratungsvorlagen zum Verlauf der Bundesarbeitskonferenz in AdsD, DGB-Archiv, 5/DGAI000509.

4. »Vorstellungen des DGB zur Kulturpolitik und Kulturarbeit«

An der Diskussion beteiligen sich die Kollegen *Schwab, Kluncker, Muhr* und *Hauenschild.*

Beschluß:
Der Bundesvorstand beschließt, die »Vorstellungen des DGB zur Kulturpolitik und Kulturarbeit« im Prinzip zu verabschieden, jedoch eine redaktionelle Überarbeitung vornehmen zu lassen.[10]

5. Veränderungsmitteilungen – Landesbezirksvorstände

Beschluß:
Der Bundesvorstand empfiehlt dem Bundesausschuß, folgende Kollegin und Kollegen zu bestätigen:
Hans Böhmer (GdED) als Mitglied und
Katharina Jedermann (Kunst) als ständige Vertreterin des Kollegen Günther Marquardt im Landesbezirksvorstand Berlin;
Ulrich Huttenlocher (GHK) als ständigen Vertreter für Kollegen Horst Kynast im Landesbezirksvorstand Rheinland-Pfalz.[11]

---

10 Der Beschlussvorschlag knüpft die »Vorstellungen des DGB zur Kulturpolitik und Kulturarbeit« an die programmatischen Aussagen des Grundsatzprogramms. Er vertritt einen umfassenden Kulturbegriff und leitet ihn aus der menschlichen schöpferischen Arbeit ab. Kulturpolitik betrachtet der DGB als einen Bestandteil der allgemeinen Gesellschaftspolitik mit dem Zweck, »der Würde des arbeitenden Menschen Achtung zu verschaffen, seinen gerechten Anteil am Ertrag der Arbeit durchzusetzen, ihn zu schützen und sozial zu sichern und eine Gesellschaftsordnung zu erkämpfen, die allen die freie Entfaltung ihrer Persönlichkeit ermöglicht«. Vor dem Hintergrund dieses Kulturverständnisses und der daraus abgeleiteten Ziele einer Kulturpolitik formulierte der DGB Forderungen für das Verhältnis von Kultur, Bildung und Freizeit, konkretisierte sie am Beispiel der kulturellen Infrastruktur, verknüpfte sie mit seinem gesellschaftspolitischen Ziel der Teilhabe und Mitbestimmung und befasste sich mit der konkreten sozialen und politischen Situation der Künstler. Programmatisch wurden die Forderungen aufgeschlüsselt auf die künstlerischen Teilbereiche der darstellenden Künste, Musik, der bildenden Künste, der öffentlichen Institutionen und den Rundfunk. Vgl. [DGB-Bundesvorstand], Vorstandsbereich Karl Schwab, Vorlage zur Beratung im Geschäftsführenden Bundesvorstand, Bundesvorstand, »Vorstellungen des DGB zur Kulturpolitik und Kulturarbeit«, beschlossen GBV am 1.6.1980, o. O., 7.5.1981, Heinz O. Vetter, Vorsitzender, Karl Schwab, Mitglied des Geschäftsführenden Bundesvorstandes, »Vorstellungen des DGB zur Kulturpolitik und Kulturarbeit«, o. O., o. D., AdsD, DGB-Archiv, 5/DGAI000509.
11 Vgl. [DGB-Bundesvorstand], Vorstandsbereich Karl Schwab, Vorlage zur Beratung im Geschäftsführenden Bundesvorstand, Bundesvorstand, Bundesausschuß, Veränderungsmitteilungen – Landesbezirksvorstände, beschlossen GBV am 31.8.1981, AdsD, DGB-Archiv, 5/DGAI000509.

6. 1. Mai 1981

Kollege *Stephan* verweist auf seinen schriftlichen Bericht vom 10.6.1981.[12] Das Maiabzeichen wird in verbesserter Form für 1982 wieder zur Verfügung gestellt. In einer der nächsten Bundesvorstandssitzungen soll über das Maiplakat und das Mai-Motto beraten werden.[13]

7. Gemeinsame finanzielle Aktionen bei internationalen Katastrophenfällen

Kollege *Vater* verweist auf seine Vorlage und bittet um entsprechende Beschlußfassung.[14]
Kollege *Schongen* macht auf den Brief vom 21.5.1981 der Gewerkschaft Textil-Bekleidung aufmerksam.

Beschluß:
Der Bundesvorstand beschließt grundsätzlich, bei internationalen Katastrophenfällen Unterstützungen nicht als Einzelgewerkschaft, sondern über den DGB zu gewähren. Die Ausführungen dieses Grundsatzes sollen in folgender Weise geschehen:
1. Bei Katastrophenfällen außerhalb der Bundesrepublik Deutschland beschließt der GBV in seiner dem Ereignis folgenden nächsten Sitzung, ob das Ausmaß der Katastrophe unter Beachtung der für eine gewerkschaftliche Hilfe notwendigen Aspekte eine gemeinsame Spendenaktion der Mitgliedsgewerkschaften und des DGB rechtfertigt.
2. Bei Bejahung des Punktes 1. empfiehlt der GBV den Mitgliedsgewerkschaften die Höhe der Spendensumme und teilt diese mit der auf die einzelnen Mit-

---

12 Neben statistischen Auswertungen über Teilnehmerzahlen der Mai-Kundgebungen des DGB war dem Bericht eine insgesamt dreiseitige Auswertung der verschiedenen Störversuche marxistischer Gruppen, sowohl deutscher als auch ausländischer Herkunft, beigegeben. Insgesamt hatten sich an den 723 Veranstaltungen des DGB 587.314 Teilnehmerinnen und Teilnehmer beteiligt, was einem leichten Rückgang gegenüber 1980 gleichkam, aber insgesamt im Trend der Steigerung der Jahre 1975 bis 1981 lag. Vgl. DGB-Bundesvorstand, Günter Stephan, an die Mitglieder des Bundesvorstandes, Übersicht über die Maiveranstaltungen aufgrund der Berichte der Landesbezirke, Düsseldorf, 10.6.1981, AdsD, DGB-Archiv, 5/DGAI000509.
13 Vgl. Dok. 89: Kurzprotokoll über die 35. Sitzung des Bundesvorstandes am 3.11.1981, TOP 7.
14 Bis 1978 wurden im Falle internationaler Katastrophen und Notfälle, wie Erdbeben und dergleichen, Hilfsleistungen aus dem Solidaritätsfonds des DGB geleistet. Mit der Änderung der Richtlinien des Fonds zum 1.1.1979 waren solche Zahlungen aus dem Fonds nicht mehr möglich und mussten durch Spendensammlungen der Gewerkschaften beglichen werden, da auch Haushaltsmittel diese Zahlungen nicht decken konnten. Aus einer beigefügten Auflistung ergab sich die unterschiedliche Bereitschaft der Gewerkschaften je nach ihrer Haushalts- und Mitgliederlage, sich an solchen umlagefinanzierten Spenden zu beteiligen. Vgl. [DGB-Bundesvorstand], Vorstandsbereich Gerhard Vater, Vorlage zur Beratung im Geschäftsführenden Bundesvorstand, Bundesvorstand, Gemeinsame finanzielle Aktionen bei internationalen Katastrophenfällen, Vorlage vom 22.1.1981, beschlossen GBV am 22.6.1981, Düsseldorf, 22.6.1981, AdsD, DGB-Archiv, 5/DGAI000509.

gliedsgewerkschaften nach ihrem Mitgliedschaftsanteil entfallende Summe den Mitgliedsgewerkschaften durch Fernschreiben sofort mit.
3. Die Mitgliedsgewerkschaften erklären innerhalb einer Frist von zehn Tagen, ob sie dem Vorschlag des GBV zustimmen oder gegen die Unterstützungsleistung grundsätzlich oder nur der Höhe nach Einwendungen erheben.

8. Kapitalerhöhung der Union Druckerei GmbH Beteiligung der VTG an der Kapitalerhöhung

Beschluß:
Der Bundesvorstand stimmt gemäß Geschäftsanweisung für die Verwaltung des Treuhandvermögens der Teilnahme der Vermögensverwaltungs- und Treuhandgesellschaft des DGB mbH an der Kapitalerhöhung der Union Druckerei und Verlagsanstalt GmbH von insgesamt 10,0 Mio. DM um 10,0 Mio. DM auf 20,0 Mio. DM entsprechend der derzeit gehaltenen Quote von 6,25 % zu.

Die Kapitalerhöhung erfolgt zu pari und macht den Betrag von 625.000,- DM aus.[15]

9. Bericht der Revisionskommission

Beschluß:
Der Bundesvorstand nimmt den Bericht der Revisionskommission über die am 4. Juni 1981 in Düsseldorf durchgeführte Revision der Bundeshauptkasse des DGB zur Kenntnis.[16]

10. Aufnahmeanträge an den Europäischen Gewerkschaftsbund

Beschluß:
Der Bundesvorstand stellt diesen Punkt bis zu seiner nächsten Sitzung zurück.[17]

---

15 Vgl. [DGB-Bundesvorstand], Vorstandsbereich Finanzen, Vorlage zur Beratung im Bundesvorstand, Kapitalerhöhung der Union Druckerei GmbH, Beteiligung der VTG an der Kapitalerhöhung, beschlossen GBV am 27.7.1981, Düsseldorf, 24.7.1981, AdsD, DGB-Archiv, 5/DGAI000509.
16 Vgl. DGB-Bundesvorstand, Gerhard Vater, an die Mitglieder des Bundesvorstandes, Finanzen, Bericht der Revisionskommission über die am 18.9.1981 in Düsseldorf durchgeführte Revision der Hauptkasse, Düsseldorf, 8.10.1981, AdsD, DGB-Archiv, 5/DGAI000509.
17 Vgl. Dok. 88: Kurzprotokoll über die 34. Sitzung des Bundesvorstandes am 6.10.1981, TOP 1.

Dokument 87 1. September 1981

11. Verschiedenes

a) »Welt der Arbeit«
Auf Antrag des Kollegen *Schröder* wird die vom Beirat Bund-Verlag beschlossene Verlegung des Sitzes der Redaktion der »Welt der Arbeit« von Köln nach Düsseldorf angesprochen.
Die Kollegen *Muhr* und *Vater* erläutern die Situation.
An der Diskussion beteiligen sich die Kollegen *Kluncker, Muhr, Dieter Schmidt, Vater, Schröder, Mahlein* und *Volkmar*.
Kollege *Kluncker* macht darauf aufmerksam, daß dieser Beschluß schon allein aus dem Grunde zustande gekommen sei, weil der Bund-Verlag das jetzt in Anspruch genommene Gebäude räumen muß und im neuen Gebäude für die Redaktion der »Welt der Arbeit« keine Unterbringungsmöglichkeit vorhanden sei.
Kollege *Schröder* erklärt sich damit einverstanden, da er nunmehr in einem größeren Wissensstand sei.

b) Zeitung »Die Neue«
Kollege *Muhr* teilt dem Bundesvorstand das Ergebnis der in der letzten Bundesvorstandssitzung beschlossenen Umfrage mit. Danach haben die Gewerkschaften mitgeteilt, daß sie keine finanzielle Unterstützung gegeben haben. Keine Antwort ist von der Gewerkschaft Kunst eingegangen, eine weitere Nachfrage von der Gewerkschaft Holz und Kunststoff.[18]
Kollege *Horné* erklärt, daß durch die gewisse Selbständigkeit der angeschlossenen Verbände die gewünschte Information schwerlich zu erhalten sei.
Kollege *Georgi* teilt mit, daß in seinem Hause eine mehr private Sammlung durchgeführt worden ist, die diese Zeitung mit Sicherheit nicht über die finanziellen Runden retten könnte.
An der anschließenden Diskussion beteiligen sich die Kollegen *Hauenschild, Georgi, Kluncker, Muhr* und *Mayr*.

c) Unterschriftensammlung – Bundesausschußbeschluß
Auf Anfrage des Kollegen *Hauenschild* im Hinblick auf das Rundschreiben des Gesamtbetriebsrates des DGB bezüglich Unterschriftensammlung teilt Kollege *Gerhard Schmidt* mit, daß im Augenblick nach Abschluß der rechtlichen Prüfung dieses Sachverhaltes ein Brief an die Beschäftigten des DGB herausgehen wird und danach ein Gespräch mit dem Gesamtbetriebsrat geführt werden wird.[19]

---

18 Die Tageszeitung »Die Neue« war eine in Berlin erscheinende linkssozialistische Zeitung mit deutlicher gewerkschaftlicher Orientierung, die von 1978 bis 1982 erschien, zuletzt als Wochenzeitung. Sie konkurrierte auf dem Zeitungsmarkt mit der 1979 gegründeten »tageszeitung« (taz).
19 Die Stellungnahme des Gesamtbetriebsrats des DGB zum Beschluss über Unterschriftensammlungen liegt bei den Sitzungsunterlagen nicht vor.

d) Sachverständigenrat

Kollege *Pfeiffer* teilt mit, daß Kollege Prof. Glastetter aus dem Sachverständigenrat zurückgetreten ist.[20]

e) Wirtschaftliche Situation der deutschen Textil- und Bekleidungsindustrie
Der vom Kollegen Keller für die Beratung im Bundesvorstand zur Verfügung gestellte Brief soll in der nächsten Bundesvorstandssitzung behandelt werden.

Ende der Sitzung: 16.05 Uhr.

Dokument 88

6. Oktober 1981: Kurzprotokoll über die 34. Sitzung des Bundesvorstandes

Kurhaushotel in Travemünde; Vorsitz: Heinz O. Vetter; Protokollführung: Isolde Funke, Astrid Zimmermann; Sitzungsdauer: 9.45–17.00 Uhr; ms. vermerkt: »Vertraulich«.[1]
Ms., hekt., 5 S., 4 Anlagen.[2]
AdsD, DGB-Archiv, 5/DGAI000554.

Beginn der Sitzung: 9.45 Uhr.

Kollege *Vetter* eröffnet die 34. Sitzung des Bundesvorstandes in Travemünde.
Im Namen des Bundesvorstandes begrüßt er den Kollegen Dr. Dieter Wunder, den neuen Vorsitzenden der Gewerkschaft Erziehung und Wissenschaft.

Tagesordnung:
1. Aufnahmeanträge an den Europäischen Gewerkschaftsbund

---

20 Professor Werner Glastetter war seit 1979 im Sachverständigenrat zur Begutachtung der gesamtwirtschaftlichen Entwicklung als gewerkschaftsnaher Vertreter Mitglied. Von 1969 bis 1977 hatte er im WSI gearbeitet und gehörte in den Vorjahren vor seinem Eintritt zu den Zeichnern des »Alternativen Memorandums«. Seinen Rücktritt begründete er mit der Unmöglichkeit, alternative Expertise in das Gremium einzubringen. Er sei daran gescheitert, eine Gegenmeinung zur Auffassung der vier übrigen Mitglieder des Sachverständigenrats, der zufolge die Lohnpolitik der Gewerkschaften der Alleinverantwortung für die Beschäftigungslage trage, einzubringen. Vgl. Sind die Weisen am Ende?, Die ZEIT, 4.9.1981; Dok. 88: Kurzprotokoll über die 34. Sitzung des Bundesvorstands am 6.10.1981, TOP 5.

Dok. 88
1 Einladungsschreiben vom 6.10.1981, Einladungsschreiben mit Tagesordnung vom 22.9.1981. Es fehlten Maria Weber, Hartmut Teitzel (und Vertreter), Schröder und Hans-Otto Hemmer. AdsD, DGB-Archiv, 5/DGAI000509.
2 Anlagen: Anwesenheitsliste; vgl. GEW-Beschlüsse zu den Berliner Hausbesetzungen zurückgewiesen, DGB-Nachrichten-Dienst, 200/81, 7.10.1981; DGB-Bundesvorstand: GEW-Aufruf entspricht nicht der Beschlusslage, DGB-Nachrichten-Dienst, 201/81, 7.10.1981; Erklärung des DGB-Bundesvorstandes zum Sachverständigenrat, DGB-Nachrichten-Dienst, 204/81, 12.10.1981.

2. Zwischenbericht über die Unterschriftenaktion
3. »Grundsätze des DGB zur Weiterentwicklung des Betriebsverfassungsrechts«
4. Weitere Behandlung der Mitbestimmungsfrage
5. Sachverständigenrat
6. Anpassung der Unterstützungen ab 1. Januar 1982 nach den Richtlinien für die Gewährung von Unfallunterstützung an ehrenamtliche Gewerkschaftsfunktionäre
7. Jahresrechnung DGB 1980
8. Terminplanung 1982
9. Genehmigung des Protokolls der 33. Bundesvorstandssitzung

1. Aufnahmeanträge an den Europäischen Gewerkschaftsbund

Nach einleitenden Ausführungen des Kollegen *Vetter* diskutieren die Kollegen *Stephan, Döding, Vetter, Hauenschild, Muhr, Kristoffersen, A. Schmidt, Kluncker* und *Keller* über die Aufnahme weiterer Organisationen in den EGB.

Kollege *Wim Kok*, Präsident des EGB, berichtet ausführlich über die Situation aus der Sicht des EGB.

In der anschließenden Diskussion legen die Kollegen *Vetter, Mayr, A. Schmidt, Kluncker, Breit, Hauenschild, Stephan, Keller* und *Muhr* ihre Auffassungen dar.

Beschluß:
Der Bundesvorstand beschließt, daß die Vertreter des DGB bei der bevorstehenden Abstimmung über die Aufnahme weiterer Organisationen in den EGB auf folgende Weise ihre Stimme abgeben sollen:

Comisiones Obreras:	Ablehnung der Aufnahme
CGTP-Intersindical:	Ablehnung der Aufnahme
UGT-P-Portugal:	Zustimmung der Aufnahme
USO-Spanien:	Ablehnung der Aufnahme[3]

---

3   Der EGB-Vorstand hatte die Entscheidung über die Aufnahme der Comisiones Obreras vom Verlauf des Kongresses der Organisation abhängig gemacht. Der DGB, der einen Beobachter auf den Gewerkschaftskongress entsandt hatte, habe keine neuen Erkenntnisse gewonnen. Die Festlegung auf eurokommunistische Tendenzen sei insgesamt schwankend, da 13 von 49 Sitzen an die prosowjetische Gruppe gefallen seien. Der DGB-Bundesvorstand habe den DGB-Vorsitzenden beauftragt, darauf hinzuwirken, die Aufnahme weiterer kommunistischer Organisationen in den EGB zu verhindern. Heinz Oskar Vetter hatte im Sommer eine Konsultationsreise nach Spanien und Portugal unternommen, um sich mit Gewerkschaftsbünden UGT Spanien und UGT Portugal über die Aufnahme der Comisiones Obreras und Intersindical zu verständigen. Die ablehnende Haltung der beiden Verbände zu einer Aufnahme der kommunistischen Verbände in den EGB wurde auch von den beiden Vorsitzenden der Sozialistischen Parteien Spaniens und Portugals Felipe González und Mário Soares geteilt. Vgl. [DGB-Bundesvorstand], Vorstandsbereich Vorsitzender, Vorlage zur Beratung im Bundesvorstand, beschlossen GBV am 24.8.1981, o. O, o. D., AdsD, DGB-Archiv, 5/DGAI000509. Vgl. auch das Schreiben Heinz Oskar Vetters an die

2. Zwischenbericht über die Unterschriftenaktion

Kollege *Schwab* berichtet ausführlich über den Stand der DGB-Unterschriftenaktion. Nach dem Start der Aktion am 1.9.1981 erschien es nicht allzu schwer, zwei Millionen Unterschriften zu erreichen.[4] Der Beschluß vom 7.7.1981 bezüglich der Teilnahme der Gewerkschaftsjugend am 10.10.1981 an der Friedensdemonstration in Bonn hat jedoch sehr starken Widerspruch in der Mitgliedschaft hervorgerufen, und es ist noch nicht abzusehen, inwieweit dieser Widerspruch auch die Unterschriftenaktion des DGB negativ beeinflußt. Es kann davon ausgegangen werden, daß die aktiven Jugendfunktionäre erst nach dem 10.10.1981 ihre gesamte Aktivität für diese Unterschriftenaktion einsetzen werden. Innerhalb der DGB-Kreise ist die Unterschriftenaktion mit sehr unterschiedlichem Engagement angegangen und dementsprechend auch die Verteilung der Listen in Betrieben etc. vorgenommen worden. Der Rücklauf der Listen lasse bis zum derzeitigen Standpunkt sehr zu wünschen übrig. Per 30.9.[1981] waren bei den Landesbezirken insgesamt 170.000 Unterschriften eingegangen, das sind 8,5 % der erwarteten zwei Millionen Unterschriften, die bis Ende November 1981 zum Ziel gesetzt wurden. Für den 15. Oktober 1981 wurde eine bundesweite Arbeitstagung in Düsseldorf vereinbart, in der die anstehenden Probleme in Sachen Unterschriftenaktion besprochen werden sollen.

An der ausführlichen Diskussion beteiligen sich die Kollegen *Vetter, Bleicher, Haar, Kluncker, Sickert, Mayr, A. Schmidt, Breit, Döding, Keller, Wunder, G. Schmidt* und *Horné*. Hierbei wird der Beschluß, der während des Gewerkschaftstages der GEW in Frankfurt hinsichtlich der Teilnahme an der Demonstration am 10.10.1981 in Bonn gefaßt wurde, kritisiert.

Beschluß:
Der Bundesvorstand stellt fest, daß der vom Gewerkschaftstag der GEW am 3.9.1981 gefaßte Beschluß zur Teilnahme an der Veranstaltung der »Aktion Sühnezeichen« am 10.10.1981 in Bonn aufzurufen, dem Beschluß des Bundesvorstandes vom 7.7.1981 widerspricht und dies nicht hingenommen werden kann. (DGB-Nachrichtendienst s. Anlage)[5]

Mitgliedsbünde des EGB, Düsseldorf, o. D., ebd., DGB-Vorsitzender beriet in Spanien und Portugal über Aufnahmeanträge kommunistischer Organisationen in den EGB, DGB-Nachrichten-Dienst, 150/81, 3.8.1981; DGB-Bundesvorstand, Abteilung Vorsitzender, Hintergründe zur Diskussion über die Aufnahme kommunistischer Organisationen in den Europäischen Gewerkschaftsbund, [Düsseldorf, 29.9.1981].

4 Der DGB hatte eine Unterschriftenaktion unter dem Titel »Frieden durch Abrüstung« anlässlich des Antikriegstags am 1.9.1981 gestartet. Sie verknüpfte die Erinnerung an den Ausbruch des Zweiten Weltkriegs mit friedenspolitischen Forderungen. Die Unterschriftenaktion dauerte bis 1982 an. Vgl. hierzu D. Süß: Gewerkschaften und Friedensbewegung, S. 267 und S. 270.

5 Der Bundesvorstand betonte, dass der Beschluss des Gewerkschaftstags der GEW, zur Teilnahme an der Veranstaltung der Aktion Sühnezeichen am 10.10.1981 aufzurufen, der Beschlusslage des Bundesvorstands widerspreche. Das berühre nicht die Demonstrationsfreiheit der Mitglieder der DGB-Gewerkschaften, jedoch die Gliederungen des DGB und der ihm angeschlossenen Gewerkschaften, derartige Aufrufe zu erlassen. Vgl. DGB-Bundesvorstand: GEW-Aufruf entspricht nicht der Beschlußlage, DGB-Nachrichten-Dienst, 201/81, 7.10.1981, AdsD, DGB-Archiv, 5/DGAI000509.

Dokument 88 6. Oktober 1981

Ferner weist der Bundesvorstand die Beschlüsse des Gewerkschaftstages der GEW in Bezug auf Hausbesetzungen in Berlin und Vorwürfe gegen die Neue Heimat entschieden zurück. Sie entsprechen nicht den Tatsachen.[6]
Kollege Vetter wird ein entsprechendes Schreiben an die GEW richten. (DGB-Nachrichtendienst s. Anlage)

3. »Grundsätze des DGB zur Weiterentwicklung des Betriebsverfassungsrechts«

Beschluß:
Die Vorlage wird bis zur Bundesvorstandssitzung am 1. Dezember 1981 zurückgestellt. Änderungen sind vorher rechtzeitig einzureichen.[7]

4. Weitere Behandlung der Mitbestimmungsfrage

Beschluß:
Dieser Punkt wird bis zur nächsten Bundesvorstandssitzung zurückgestellt.[8]

5. Sachverständigenrat

Kollege *Pfeiffer* verweist auf den Rücktritt von Prof. Glastetter aus dem Sachverständigenrat und auf den vorgelegten Entwurf einer Erklärung des Bundesvorstandes zum Sachverständigenrat, die dem Bundeswirtschaftsminister mit einem Schreiben zugeschickt werden soll.[9] Seinerzeit hat es neben Prof. Glastetter noch zwei andere Kandidaten gegeben, und zwar Prof. Krupp und Prof. Neumann. Kollege Pfeiffer hat jetzt mit Prof. Krupp gesprochen, der auch bereits vom Bundeswirtschaftsministerium angesprochen wurde. Prof. Krupp hat sich aber noch nicht endgültig geäußert.
Die vorliegende Erklärung ist allerdings mit Prof. Krupp abgestimmt worden.

---

6 Insbesondere wurde kritisiert, dass die GEW die Hausbesetzerfrage in Zusammenhang mit der Neuen Heimat gebracht habe. Infam sei die Verknüpfung der Tätigkeit der Neuen Heimat mit dem Tod des Demonstranten Jürgen Rattay. Vgl. GEW-Beschlüsse zu den Berliner Hausbesetzungen zurückgewiesen, DGB-Nachrichten-Dienst, 200/81, 7.10.1981, AdsD, DGB-Archiv, 5/DGAI000509.
7 Vgl. Dok. 89: Kurzprotokoll über die 35. Sitzung des Bundesvorstandes am 3.11.1981, TOP 10. zur Mitbestimmungsfrage.
8 Vgl. ebd.
9 Der gewerkschaftsnahe Bielefelder Professor für Wirtschaftspolitik Werner Glastetter war nach nur zwei Jahren Mitgliedschaft im Sachverständigenrat zur Begutachtung der gesamtwirtschaftlichen Lage resigniert zurückgetreten. Er hatte von 1969 bis 1977 im WSI gearbeitet. Vgl. zum Rücktritt: Sachverständigenrat. Sind die Weisen am Ende?, Die ZEIT, 4.9.1981.

Beschluß:
Der Bundesvorstand stimmt der vorgelegten Erklärung zum Sachverständigenrat zu und unterstützt die Kandidatur von Prof. Krupp unter diesen Bedingungen (s. Anlage).[10]

6. Anpassung der Unterstützungen ab 1. Januar 1982 nach den Richtlinien für die Gewährung von Unfallunterstützung an ehrenamtliche Gewerkschaftsfunktionäre

Beschluß:
Der Bundesvorstand beschließt, alle bis zum 31. Dezember 1980 festgesetzten Unfallunterstützungen gemäß § 12 der Richtlinien für die Gewährung von Unfallunterstützung an ehrenamtliche Gewerkschaftsfunktionäre mit Wirkung vom 1. Januar 1982 an um den Vomhundertsatz zu erhöhen, um den aufgrund des Entwurfes der Unfallversicherungsanpassungsverordnung die Geldleistungen der gesetzlichen Unfallversicherung erhöht werden.[11]

7. Jahresrechnung DGB 1980

Beschluß:
Die Vorlage wird bis zur nächsten Bundesvorstandssitzung zurückgestellt.[12]

---

10 Dem DGB zufolge standen die Gründe für Professor Glastetters Austritt in direktem Zusammenhang mit der Auslegung der Mehrheit des Sachverständigenrats über den Auftrag desselben. Der Rat habe seinen Auftrag, zur »Erleichterung der Urteilsbildung bei allen wirtschaftspolitischen Instanzen« beizutragen, nicht erfüllt und einseitig gutachtliche Stellungnahmen verfasst, die Standpunkte der Arbeitgeberseite begünstigten. Der Sachverständigenrat müsse berücksichtigen, dass es zur Vermeidung wirtschaftlicher Fehlentwicklungen unterschiedliche Strategien gebe, und diese abwägend darstellen und bewerten. Vgl. Erklärung des DGB-Bundesvorstandes zum Sachverständigenrat, DGB-Nachrichten-Dienst, 204/81, 12.10.1981, AdsD, DGB-Archiv, 5/DGAI000509.
11 Die Anpassung folgt dem Satz, um den die Zuwendungen durch die Unfallversicherungsanpassungsverordnung erhöht wurden, nämlich um den Anpassungsfaktor 1,065, das heißt um 6,5 %. Für die Anpassung der Unfallversicherung war nach dem 21. Rentenanpassungsgesetz keine gesetzliche Änderung mehr nötig, sondern die Entscheidung dem Verordnungsweg des Bundesministers der Arbeit anheimgegeben. Die entsprechenden Verordnungen bedurften zu ihrer Rechtskraft jedoch der Zustimmung des Bundesrats. Vgl. [DGB-Bundesvorstand], Vorstandsbereich Gerhard Vater, Vorlage zur Beratung im Geschäftsführenden Bundesvorstand, Bundesvorstand, beschlossen GBV am 7.9.1981, Düsseldorf, 31.8.1981, AdsD, DGB-Archiv, 5/DGAI000509.
12 Vgl. Dok. 89: Kurzprotokoll über die 35. Sitzung des Bundesvorstandes am 3.11.1981, TOP 3.

8. Terminplanung 1982

Kollege *Kluncker* weist darauf hin, daß im April 1982 zum gleichen Zeitpunkt der EGB-Kongreß und der SPD-Parteitag stattfinden.

Beschluß:
Der Bundesvorstand nimmt die Terminplanung 1982 zustimmend zur Kenntnis. Es soll versucht werden, bereits am 13. Januar 1982 mit der Sitzung in Lam zu beginnen, um die Diskussion über interne Fragen fortzusetzen.[13]

9. Genehmigung des Protokolls der 33. Bundesvorstandssitzung

Beschluß:
Der Bundesvorstand genehmigt das Protokoll der 33. Bundesvorstandssitzung.[14]

Ende der Sitzung: 17.00 Uhr.

Dokument 89

3. November 1981: Kurzprotokoll über die 35. Sitzung des Bundesvorstandes

Hans-Böckler-Haus in Düsseldorf; Vorsitz: Heinz O. Vetter; Protokollführung: Isolde Funke; Sitzungsdauer: 10.05–14.25 Uhr; ms. vermerkt: »Vertraulich«.[1]
Ms., hekt., 8 S., 1 Anlage.[2]
AdsD, DGB-Archiv, 5/DGAI000554.

Beginn der Sitzung: 10.05 Uhr.

Kollege *Vetter* eröffnet die 35. Sitzung des Bundesvorstandes in Düsseldorf.
Er ehrt die Kollegin Maria Weber, die 25 Jahre Mitglied des Bundesvorstandes ist.[3]
Kollegin *Weber* dankt dem Bundesvorstand.

---

13 Vgl. Terminplanung Januar – Dezember 1982, AdsD, DGB-Archiv, 5/DGAI000509.
14 Vgl. Dok. 87: Kurzprotokoll über die 33. Sitzung des Bundesvorstandes am 1.9.1981.
Dok. 89
1 Einladungsschreiben vom 12.10.1981, Einladungsschreiben mit Tagesordnung vom 20.10.1981. Es fehlten Gerd Muhr, Irmgard Blättel und Karl Schwab. Jakob Deffner wurde von Xaver Senft vertreten. AdsD, DGB-Archiv, 5/DGAI000509.
2[1457] Anlage: Anwesenheitsliste.
3 Vgl. das Manuskript der Laudation für Maria Weber, Düsseldorf, 3.11.1981, AdsD, DGB-Archiv, 5/DGAI000509.

Kollege *Vetter* begrüßt besonders Kollegen Horst Morich, der zum erstenmal als Vorsitzender der Gewerkschaft Holz und Kunststoff an der Sitzung teilnimmt.

Tagesordnung:
1. Genehmigung des Protokolls der 34. Bundesvorstandssitzung
2. Bundeshaushalt 1982 – Beschäftigungslage
3. Jahresrechnung und Kassenbericht des DGB 1980
4. Bericht der Revisionskommission
5. Tagesordnung für die 14. Bundesausschußsitzung am 2.12.1981
6. 12. Ordentlicher Bundeskongreß des DGB vom 16. bis 22.5.1982 in Berlin, hier: Tagesordnung
7. Mai-Motto 1982
8. Bericht über DGB-Aktion »Frieden durch Abrüstung«
9. Klausurtagung des Tarifpolitischen Ausschusses
10. Weitere Behandlung der Mitbestimmungsfrage
11. Flugblatt des EGB
12. Welttextilabkommen
13. Bericht über internationale Fragen

1. Genehmigung des Protokolls der 34. Bundesvorstandssitzung

Beschluß:
Der Bundesvorstand genehmigt das Protokoll der 34. Bundesvorstandssitzung.[4]

Auf die Frage des Kollegen *Döding* nach der Tagung in Lam erklärt Kollege *Vetter*, daß jetzt die Anreise für den 13. Januar 1982 geplant ist, so daß am 14. Januar 1982 ganztägig eine Außerordentliche Bundesvorstandssitzung durchgeführt werden kann.[5]

2. Bundeshaushalt 1982 – Beschäftigungslage

Kollege *Vetter* weist darauf hin, daß jetzt u. a. festgelegt werden müßte, wie sich der DGB und seine Gewerkschaften in der nächsten Zeit verhalten sollen.

Kollege *Pfeiffer* möchte das Thema Bundeshaushalt/Beschäftigungslage etwas in Bezug setzen zur aktuellen Wirtschaftslage Ende 1981.[6] In diesem Zusammenhang weist er besonders auf die Seiten 9 und 10 der »Wirtschaftspolitischen Informatio-

---

[4] Vgl. Dok. 88: Kurzprotokoll über die 34. Sitzung des Bundesvorstandes am 6.10.1981.
[5] In Lam fand die Klausurtagung des Bundesvorstands statt.
[6] Vgl. zu den Ausführungen Alois Pfeiffers das vorliegende Manuskript zum Kurzreferat des Kollegen Alois Pfeiffer auf der Sitzung des DGB-Bundesvorstandes am 3.11.1981 zum Thema »Zur wirtschaftlichen Entwicklung 1981/82«, AdsD, DGB-Archiv, 5/DGAI000509.

nen« Nr. 8/1981 hin, die jetzt dem Bundesvorstand auf dem Tisch liegen.[7] Kollege *Pfeiffer* führt folgendes aus:
Bei einem realen Rückgang des Sozialproduktes von 1 % befinden wir uns in diesem Jahr erneut in einer Rezession. Dabei sind drei Zahlen besonders bemerkenswert, die zum Teil Negativrekorde darstellen. Das sind:
1. Die Zahl der registrierten Arbeitslosen betrug im September 1.256.000 Personen. Man muß bedenken, daß der Monat September produktions- und beschäftigungsmäßig insbesondere wegen der anlaufenden Produktion für das Weihnachtsgeschäft ein günstiger Monat ist. Seit 1952 ist eine derart hohe Arbeitslosigkeit nicht mehr zu verzeichnen gewesen.
2. Die Preissteigerungsrate hatte im Oktober 1981 mit 6,8 % den höchsten Stand seit sieben Jahren erreicht.
3. Die Nettoeinkommen aus Unternehmertätigkeit und Vermögen lagen im ersten Halbjahr d[es] J[ahres] um 7,9 % unter dem entsprechenden Vorjahreszeitraum. Bereinigt man diese Position der volkswirtschaftlichen Gesamtrechnung noch um die Zins- und Mieteinnahmen der Rentner und Arbeitnehmer, so beläuft sich der Rückgang der Nettoeinkommen für die Unternehmer und Selbständigen sogar auf etwa 10 %. Für das zweite Halbjahr 1981 rechnet man nicht mit einem weiteren Rückgang von Produktion und Gewinnen, sondern mit einer Stagnation, so daß sich der Gewinnrückgang des ersten Halbjahres praktisch halbiert und auf's Jahr gerechnet etwa 3 bis 4 % oder – wiederum bereinigt um die Zins- und Mieteinnahmen der Arbeitnehmer – 4 bis 5 % betragen wird, ich habe Zweifel an der »Stagnation«, befürchte aber den Rückgang mehr als 5 %. Wir marschieren auf der Talsohle.

Zu den Aussichten über die weitere wirtschaftliche Entwicklung
Die Saison der Prognosen hat soeben wieder begonnen. Es ist vielleicht ganz aufschlußreich, wenn ich einmal kurz die Prognosen der letzten Jahre ins Gedächtnis zurückrufe. Denn sie werfen zugleich auch ein Schlaglicht auf die Unsicherheit der nunmehr anstehenden neuen Prognosen:

Vor zwei Jahren wurde für das Jahr 1980 von der Mehrheit eine leichte »Konjunkturdelle« vorausgesagt, die sich von selbst wieder ausgleichen sollte. Dieser Ausgleich erfolgte nicht.

Als diese Delle immer länger und tiefer wurde, vermuteten die Prognostiker vor einem Jahr einen Wendepunkt spätestens für das erste Halbjahr des nunmehr auslaufenden Jahres 1981. Dieser Wendepunkt blieb aus.

An der Schwelle zum neuen Jahr erwartet nunmehr die Mehrheit der vorliegenden Prognosen den schon lange erhofften Wendepunkt spätestens im zweiten Halbjahr 1982, so daß es auf das gesamte kommende Jahr bezogen wieder ein leichtes reales Wachstum von etwa 1 % geben würde, wie es von der Mehrheit der am Gemeinschaftsgutachten beteiligten Wirtschaftsforschungsinstitute unterstellt wird.

---

7 Staatslast und Investitionsunlust. Kann die Beschäftigungskrise durch Begünstigung der Kapitaleinkommen überwunden werden?, in: DGB, Wirtschaftspolitische Informationen, Nr. 9/1981, S. 1-24.

Diese Vorhersage wird abgeleitet aus der Erwartung
- eines weiterhin guten Exportgeschäftes,
- eines notwendigen Aufbaus der zum Teil sehr weitgehenden abgebauten Lager und
- eines im Jahresvergleich 1982 zu 1981 um real 0,5 % ansteigenden privaten Verbrauchs, wobei im Jahresverlauf 1982 sogar eine Steigerungsrate von bis zu 2 % erreicht werden soll.

Wie immer bei Prognosen sind auch diese Erwartungen mit Unsicherheiten behaftet. Das gilt insbesondere für die erwartete Verbrauchssteigerung. Dazu einige kurze Anmerkungen:

Die Exporterwartung scheint mir noch am sichersten zu sein. Wegen der sehr starken realen Abwertung der D-Mark hat sich die Wettbewerbsfähigkeit der deutschen Exporteure am Weltmarkt erheblich verbessert. Diese Position dürfte auch durch die vor einiger Zeit begonnene und wahrscheinlich sich fortsetzende Aufwertungstendenz der D-Mark nicht grundsätzlich erschüttert werden. Denn auf der einen Seite wird durch diese Aufwertungstendenz aller Voraussicht nach die tatsächlich eingetretene reale Abwertungsrate nicht wieder voll ausgeglichen, und auf der anderen Seite wird ein erheblicher Teil der D-Mark-Aufwertung nur Ergebnis eines weiterhin zu erwartenden Stabilitätsvorsprunges vor dem Ausland sein. Im übrigen wird eine anhaltende D-Mark-Aufwertungstendenz unsere Importe tendenziell verbilligen und sich damit günstig auf unseren Exportüberschuß und damit auf die Schließung unseres Leistungsbilanzdefizits auswirken.

Der Lageraufbau muß finanziert bzw. vorfinanziert werden. Inwieweit die Unternehmer dazu bereit sind, hängt nicht zuletzt auch von der Zinsentwicklung und damit von der Zinspolitik der Bundesbank ab. Eine günstige Entwicklung bei Export und Leistungsbilanz würde jedenfalls Spielraum für eine Lockerung der Geldpolitik bieten. Fraglich bleibt, inwieweit die Bundesbank diesen Spielraum tatsächlich nutzt. Deshalb weiterhin Druck!

Die meisten Fragezeichen stehen hinter der erwarteten Entwicklung des privaten Konsums. Sein Anstieg um real 0,5 % bzw. im Jahresverlauf bis zu einer realen Steigerungsrat[e] von 2 % wird begründet mit der Prognose
- einer Verringerung der Sparquote,
- einer Erhöhung der Gewinnentnahmen um 5,5 % nach einer Steigerung von 4,5 % in diesem Jahr 1981 und der Rentenerhöhung aufgrund der für das folgende Jahr erfolgten Bruttolohnanpassung.

Zweifel an der vorhergesagten realen Konsumsteigerung sind insbesondere angebracht, weil ein Sinken der realen Kaufkraft aller Arbeitnehmer – also sowohl der beschäftigten als auch der arbeitslosen Arbeitnehmer – vorhergesagt wird. Und zwar sollen die Nominallöhne pro Kopf mit 4,5 % genauso stark steigen wie die Verbraucherpreise, so daß der Reallohn der beschäftigten Arbeitnehmer erhalten bliebe. Da die Zahl der beschäftigten Arbeitnehmer aber erheblich sinkt bei gleichzeitigem Anstieg der Arbeitslosen, wird die reale Kaufkraft aller Arbeitnehmer also zurückgehen. Ob die im Gemeinschaftsgutachten für den realen Verbrauchsanstieg

angegebenen Gründe diesen realen Kaufkraftrückgang aller Arbeitnehmer ausgleichen, erscheint sehr zweifelhaft, zumal
- die merkliche Erhöhung der Gewinnentnahmen nach dem Gewinneinbruch dieses Jahres ebenso wenig plausibel ist
- wie die Verringerung der Sparquote angesichts der steigenden Arbeitslosigkeit (Angstsparen).

Zur Preisentwicklung
Nachdem die Preissteigerungsrate für den privaten Verbrauch 1981 im Vergleich zum Vorjahr bei 6 bis 6,5 % liegen wird, wird in dem Gemeinschaftsgutachten für das kommende Jahr mit einer Abschwächung dieser Preissteigerungsrate auf 4,5 % gerechnet.

Das WSI rechnet allerdings nur mit einer Abschwächung auf 5,5 %.

Für eine Abschwächung der Preissteigerungsrate würde eine anhaltende Aufwertungstendenz der D-Mark und die damit verbundene Verbilligung der Importe sprechen.

Die erwartete Verringerung der Preissteigerungsrate steht auch im Einklang mit der soeben von der OPEC beschlossenen praktischen Stabilisierung der Ölpreise für 1982.

Gegen eine Abschwächung der Preissteigerungen im Ausmaß der Gemeinschaftsprognose spricht allerdings die Tatsache, daß wir in das kommende Jahr bereits mit einem Preisüberhang von an die 3 % gehen werden. Soll die in der Gemeinschaftsprognose vorhergesagte ganzjährige Steigerungsrate von 4,5 % nicht überschritten werden, so dürfte das Preisniveau im kommenden Jahr nur noch um insgesamt 1,5 Prozentpunkte steigen. Hier sind allerdings gewisse Zweifel angebracht. Realistischer ist wohl die Annahme, daß die gesamte Preissteigerungsrate des kommenden Jahres irgendwo in der Nähe der WSI-Erwartung von 5,5 % liegen wird.

Wirtschaftspolitische Schlußfolgerungen für die Gewerkschaften
Aus der vorgetragenen Kurzanalyse können wir m. E. folgende Schlußfolgerung ziehen:
1. In der Tarifpolitik der bevorstehenden Lohnrunde dürfte eine Argumentation darüber, ob die Wachstumsrate etwas höher oder etwas niedriger sein wird, nicht viel hergeben. Denn eines steht fest: Die reale Wachstumsrate wird niedrig sein. Unsicher ist, ob sie überhaupt positiv sein wird.
    Auch das Umverteilungsargument zugunsten der Arbeitnehmer wird nach der diesjährigen Verteilungsentwicklung (Gewinneinbruch bei weiter steigenden Nominallöhnen) in der Öffentlichkeit kaum überzeugen.
    Was bleibt, ist das Ziel der Reallohnsicherung. Hier kann damit argumentiert werden, daß – wenn der Wendepunkt im kommenden Jahr überhaupt kommen soll – eine Sicherung oder ein leichter Anstieg des realen Verbrauchs unabdingbare Vorbedingung ist. An dieser Stelle kann auch strittig über die zu erwartende Preisentwicklung argumentiert werden, wie überhaupt die Unsicherheit in der

Preisentwicklung bzw. in der Vorhersage über eine abgeschwächte Preissteigerungsrate so groß ist, daß hier im Zusammenhang mit unserem Ziel der realen Verbrauchssicherung eine gewisse Flexibilität besteht.
2. Ein zweiter Ansatzpunkt für unsere wirtschaftspolitische Strategie muß darin liegen, daß wir die Deutsche Bundesbank immer wieder auf sich auftuende Spielräume für eine Lockerung der Geldpolitik hinweisen.

Und drittens und schließlich dürfen wir nicht müde werden, Bund und Länder aufzufordern, eine Finanzpolitik zu betreiben, bei der weitere »Krisenkosten« – also krisenbedingte Steuer- und Beitragsausfälle – verhindert werden.

Kurz und gut, wir können und müssen unsere bisher eingeschlagene Strategie weiter fortsetzen. Denn Reallohnsicherung, Zinssenkung und beschäftigungssichernde Finanzpolitik waren auch die Ansatzpunkte unserer bisherigen wirtschaftspolitischen Linie.

In der anschließenden Diskussion, an der sich die Kollegen *Vetter, Kluncker, Loderer, A. Schmidt, Hauenschild, Mahlein, G. Schmidt, Schröder, Keller, Breit, Stephan, Wagner, Pfeiffer* und die Kollegin *Weber* beteiligen, wird ausführlich die aktuelle wirtschafts- und arbeitsmarktpolitische Situation erörtert. Kollege *Vetter* regt an, Gespräche mit der Bundesregierung, den im Bundestag vertretenen Parteien, mit der Bundesvereinigung der Deutschen Arbeitgeberverbände und der Deutschen Bundesbank zu führen.

Beschluß:
Der Bundesvorstand beschließt, sobald wie möglich Gespräche mit der Bundesregierung, den im Bundestag vertretenen Parteien, mit der Bundesvereinigung der Deutschen Arbeitgeberverbände und der Deutschen Bundesbank zu führen.

3. Jahresrechnung und Kassenbericht des DGB 1980

Kollege *Vater* erläutert ausführlich einzelne Positionen der vorgelegten Jahresrechnung des DGB 1980 und bittet den Bundesvorstand, der Jahresrechnung in der vorgelegten Form zuzustimmen und dem Geschäftsführenden Bundesvorstand für das Geschäftsjahr 1980 Entlastung zu erteilen.[8]

Kollege *Breit* teilt als Vorsitzender der Haushaltskommission mit, daß sich die Haushaltskommission in ihrer Sitzung am 5. Oktober 1981 mit dieser Jahresrechnung eingehend befaßt hat. Sie empfiehlt ebenfalls Annahme.

---

8 Vgl. [DGB-Bundesvorstand], Vorstandsbereich Gerhard Vater, Vorlage zur Beratung im Bundesvorstand, Jahresrechnung und Kassenbericht des Deutschen Gewerkschaftsbundes 1980, beschlossen GBV am 21.9.1981, Düsseldorf, 17.9.1981, AdsD, DGB-Archiv, 5/DGAI000509.

Beschluß:
Der Bundesvorstand nimmt die Jahresrechnung in der vorgelegten Form mit 192.163.042,56 DM in den Einnahmen und Ausgaben an und erteilt dem Geschäftsführenden Bundesvorstand Entlastung.

4. Bericht der Revisionskommission

Beschluß:
Der Bundesvorstand nimmt den Bericht der Revisionskommission über die am 18. September 1981 durchgeführte Revision der Bundeshauptkasse des DGB zur Kenntnis.[9]

5. Tagesordnung für die 14. Bundesausschußsitzung am 2.12.1981

Beschluß:
Der Bundesvorstand beschließt für die 14. Bundesausschußsitzung am 2.12.1981 folgende Tagesordnung:
1. Genehmigung des Protokolls der 13. Bundesausschußsitzung
2. Bericht zur gewerkschaftspolitischen und organisatorischen Situation
3. Veränderungsmitteilungen – Landesbezirksvorstände
4. 12. Ordentlicher Bundeskongreß des DGB vom 16. bis 22.5.1982 in Berlin, hier: Tagesordnung
5. Fragestunde
6. Verschiedenes

12.00 Uhr: Vortrag des Bundesministers für Forschung und Technologie, Dr. Andreas von Bülow.[10]

---

[9] Vgl. DGB-Bundesvorstand, Gerhard Vater, an die Mitglieder des Bundesvorstandes, Bericht der Revisionskommission über die am 18.9.1981 in Düsseldorf durchgeführte Revision der Bundeshauptkasse des DGB, Düsseldorf, 8.10.1981, AdsD, DGB-Archiv, 5/DGAI000509.

[10] Vgl. [DGB-Bundesvorstand], Vorstandsbereich Heinz O. Vetter, Vorlage zur Beratung im Bundesvorstand, Tagesordnung für die 14. Bundesausschußsitzung am 2.12.1981, beschlossen GBV am 19.10.1981, o. O., o. D., AdsD, DGB-Archiv, 5/DGAI000509.

6. 12. Ordentlicher Bundeskongreß des DGB vom 16. bis 22.5.1982 in Berlin, hier: Tagesordnung

Beschluß:
Der Bundesvorstand schlägt dem Bundesausschuß gemäß § 8, Ziffer 3, Buchstabe I der Satzung des DGB vor, dem 12. Ordentlichen Bundeskongreß folgende Tagesordnung zu empfehlen:
1. Eröffnung
2. Konstituierung
3. Geschäftsbericht des Bundesvorstandes
4. Wahlen
5. Referat des Vorsitzenden
6. Beratung der Anträge[11]

7. Mai-Motto 1982

Beschluß:
Der Bundesvorstand beschließt für das Jahr 1982 folgendes Mai-Motto:

Arbeit für alle
in Frieden und sozialer Sicherheit – DGB[12]

8. Bericht über DGB-Aktion »Frieden durch Abrüstung«

Kollege *Vetter* sagt zu, den Mitgliedern des Bundesvorstandes einen schriftlichen Bericht zuzuleiten. Bis jetzt sind über 500.000 Unterschriften gesammelt worden.[13]
Auf die Frage des Kollegen *Kluncker* nach dem Termin für die Kundgebung erklärt Kollege *Vetter*, daß das noch offen ist. Es soll keine große Veranstaltung stattfinden, wenn weniger als 1 Million Unterschriften vorhanden sind.
Kollege *Breit* weist auf einen Brief des Bundestagsabgeordneten Möllemann im Hinblick auf den Besuch von Breschnew hin, dem ein Aufruf »Frieden für Afghanistan« mit der Bitte um Unterstützung beigefügt ist.

---

11 Vgl. [DGB-Bundesvorstand], Vorstandsbereich Karl Schwab, Vorlage zur Beratung im Geschäftsführenden Bundesvorstand, Bundesvorstand, Bundesausschuß, 12. Ordentlicher Bundeskongreß des DGB vom 20.–22.5.1982 in Berlin, hier: Tagesordnung, beschlossen GBV am 19.10.1981, o. O., 14.10.1981, AdsD, DGB-Archiv, 5/DGAI000509.
12 Vgl. [DGB-Bundesvorstand], Vorstandsbereich Günter Stephan, Vorlage zur Beratung im Bundesvorstand, Mai-Motto 1982, beschlossen GBV am 19.10.1981, BV am 3.11.1981, o. O., 20.10.1981; [DGB-Bundesvorstand], Abt. Medienpolitik, Maiparolen von 1950 an, o. O., 7.1.1981, AdsD, DGB-Archiv, 5/DGAI000509.
13 Vgl. zur Unterschriftensammlung »Frieden durch Abrüstung« D. Süß: Gewerkschaften und Friedensbewegung, S. 267 und S. 270.

Beschluß:
Der Bundesvorstand beschließt, aus bestimmten Gründen dieser Initiative des Bundestagsabgeordneten Möllemann nicht beizutreten.

Kollege *Kluncker* bittet um ein abgestimmtes Verhalten hinsichtlich der »Friedensbewegung«.

Kollege *Vetter* sagt eine sofortige Behandlung zu, wenn der Bundesvorstand berührt ist.

Kollege *Hauenschild* regt an, bei den Gewerkschaften nachzufragen, wie sie sich bei der Unterschriftenaktion eingeschaltet haben.

Kollege *Kluncker* weist darauf hin, daß im ÖTV-Magazin sowohl der Aufruf als auch eine Unterschriftenliste veröffentlicht wurden.

9. Klausurtagung des Tarifpolitischen Ausschusses

Kollegin *Weber* erklärt, daß es hierbei nicht nur um einen Bericht über die Klausurtagung des Tarifpolitischen Ausschusses, sondern auch um die Koordinierung der Tarifpolitik und ihre Möglichkeiten geht.

Beschluß:
Dieser Tagesordnungspunkt wird bis zur nächsten Bundesvorstandssitzung zurückgestellt.[14]

10. Weitere Behandlung der Mitbestimmungsfrage

Kollege *Vetter* erklärt, daß dem Bundesvorstand für seine nächste Sitzung eine Vorlage zur Mitbestimmungsinitiative '81 unterbreitet werden wird. In diesem Zusammenhang ist auch die Vorlage des Kollegen Muhr »Grundsätze des DGB zur Weiterentwicklung des Betriebsverfassungsrechts« zu sehen.

Beschluß:
Der Bundesvorstand stellt diesen Tagesordnungspunkt bis zu seiner nächsten Sitzung zurück.[15]

11. Flugblatt des EGB

Kollege *Loderer* kritisiert ein Flugblatt des EGB, das er dem Bundesvorstand vorlegt.[16]

---

[14] Vgl. Dok. 90: Kurzprotokoll über die 36. Sitzung des Bundesvorstandes am 1.12.1981, TOP 7.
[15] Vgl. Dok. 90: Kurzprotokoll über die 36. Sitzung des Bundesvorstandes am 1.12.1981, TOPs 5 und 6.
[16] Das Flugblatt konnte nicht ermittelt werden.

Kollege *Vetter* sagt eine Überprüfung beim EGB zu.

12. Welttextilabkommen

Kollege *Keller* weist darauf hin, daß hierzu eine längere Debatte erforderlich sei. Dieser Punkt könnte auf eine der nächsten Bundesvorstandssitzungen vertagt werden. Zu der großen Veranstaltung am 21. November 1981 bittet er um die Solidarität des DGB, da gleichzeitig die Schlußverhandlungen in Genf sind.[17]

Beschluß:
Der Bundesvorstand beschließt, diesen Tagesordnungspunkt entweder in seiner Sitzung am 2. Dezember 1981 oder in seiner Klausurtagung im Januar 1982 zu behandeln.[18]

13. Bericht über internationale Fragen

Kollege *Vetter* sagt zu, den Mitgliedern des Bundesvorstandes einen Bericht über internationale Fragen schriftlich zuzuleiten.

Ende der Sitzung: 14.25 Uhr.

Dokument 90

1. Dezember 1981: Kurzprotokoll über die 36. Sitzung des Bundesvorstandes

Hans-Böckler-Haus in Düsseldorf; Vorsitz: Heinz O. Vetter; Protokollführung: Isolde Funke, Astrid Zimmermann; Sitzungsdauer: 10.20–14.35 Uhr; ms. vermerkt: »Vertraulich«.[1]

Ms., hekt., 8 S., 1 Anlage.[2]
AdsD, DGB-Archiv, 5/DGAI000554.

Beginn der Sitzung: 10.20 Uhr.

---

17 Zum Welttextilabkommen vgl. Gertschen: Klassenfeinde – Branchenpartner, S. 272-278.
18 Vgl. Dok. 90: Kurzprotokoll über die 36. Sitzung des Bundesvorstandes am 1.12.1981, TOP 3.
Dok. 90
1 In der Vorsitzendenakte fehlen Einladungsschreiben und das Schreiben mit der Tagesordnung. Nicht anwesend: Gerhard Schmidt, Heinz Kluncker (vertreten durch Siegfried Bußjäger). AdsD, DGB-Archiv, 5/DGAI000510.
2 Anlage: Anwesenheitsliste.

Dokument 90 1. Dezember 1981

Kollege *Vetter* eröffnet die 36. Sitzung des Bundesvorstandes in Düsseldorf.

Zur Tagesordnung gibt Kollege *Vetter* bekannt, daß die vorgesehenen Punkte 11. und 12. von der Tagesordnung genommen werden. Hierzu soll um ca. 14.00 Uhr ein Gespräch der Anteilseigner stattfinden.[3]

Tagesordnung:
1. Klausurtagung des Bundesvorstandes
2. Genehmigung des Protokolls der 35. Bundesvorstandssitzung
3. Wirtschafts- und beschäftigungspolitische Situation
4. Welttextilabkommen
5. »Grundsätze des DGB zur Weiterentwicklung des Betriebsverfassungsrechts«
6. Mitbestimmungsinitiative '81
7. Klausurtagung des Tarifpolitischen Ausschusses
8. Bildungspolitisches Programm des DGB
9. Innerorganisatorische und gesellschaftspolitische Probleme des Datenschutzes
10. Antrag auf Gewährung eines Zuschusses für die Geschäftsstelle der Gewerkschaft Kunst für das Jahr 1982
11. Höhe der Witwenunterstützung nach § 6 der »Richtlinien für die Gewährung von Unfallunterstützung an ehrenamtliche Gewerkschaftsfunktionäre« (Richtlinien UEG)
12. Geschäftsbericht der VTG für 1980
13. Prüfung des Jahresabschlusses 1981 der VTG
14. Finanzplan der VTG für das Jahr 1982
15. Unterstützung von Verbänden der Gewerkschaft Kunst bei Arbeitskampfmaßnahmen aus dem Solidaritätsfonds
16. Beschlußfassung der 11. Ordentlichen DGB-Bundesjugendkonferenz über das Weiterverfahren der nicht verabschiedeten Anträge
17. Veränderungsmitteilungen – Landesbezirksvorstände
18. Maiplakat 1982
19. Unterschriftenaktion des DGB
20. EGB

1. Klausurtagung des Bundesvorstandes

Kollege *Vetter* verweist auf sein Schreiben vom 26.11.1981 an die Mitglieder des Bundesvorstandes, in dem ein Fehler enthalten ist. Es muß richtig heißen, Anreise am Mittwoch, dem 13. Januar 1982. Kollege *Vetter* bittet die Mitglieder des Bundesvorstandes, am 13. Januar nach Möglichkeit bis 16.00 Uhr anzureisen, so daß

---

3 Es handelte sich um die TOPs 11. »Gesellschaftereinlage von der VTG an die NHS GmbH« und 12. »Gesellschaftereinlage von der VTG an die BHW-E GmbH«. Vgl. Tagesordnung für die 36. Bundesvorstandssitzung am 1.12.1981, AdsD, DGB-Archiv, 5/DGAI000510.

eventuell schon eine Vorbesprechung von 17.00 bis 19.00 Uhr durchgeführt werden kann. Am 14. und 15. Januar wird dann die Klausurtagung stattfinden.

Kollege *Vetter* bittet die Mitglieder des Bundesvorstandes um umgehende Mitteilung über ihre Anreise.

2. Genehmigung des Protokolls der 35. Bundesvorstandssitzung

Beschluß:
Der Bundesvorstand genehmigt das Protokoll der 35. Bundesvorstandssitzung.[4]

3. Wirtschafts- und beschäftigungspolitische Situation

Kollege *Vetter* weist darauf hin, daß dieser Punkt zwar auf die Tagesordnung gesetzt wurde, aber die Gespräche ja noch laufen. Der Bundesrat hat es bisher abgelehnt, mit dem Bundesvorstand zu sprechen, unter Hinweis auf die guten Beziehungen der Landesbezirke zu den Landesregierungen, und angeregt, die Gespräche auf dieser Ebene zu führen.

An der anschließenden Diskussion beteiligen sich die Kollegen *A. Schmidt, Vetter, Keller, Pfeiffer, Sperner* und die Kollegin *Weber*.

Kollege *Vetter* sagt zu, weiter zu versuchen, daß der Bundesvorstand mit dem Bundesrat zu einem Gespräch kommt.

4. Welttextilabkommen

Kollege *Teitzel* weist zu Beginn darauf hin, daß eine ähnliche Situation auch im Bereich der Lederindustrie besteht.

Auf Initiative des Kollegen *Keller* wird *beschlossen*, daß die »Protektionismusdebatte« in Lam besprochen werden soll. Gemeinsam mit der Gewerkschaft Leder wird eine übersichtliche Zusammenstellung der derzeitigen Lage erstellt und zwischen den Feiertagen verschickt.[5]

---

4 Vgl. Dok. 89: Kurzprotokoll über die 35. Sitzung des Bundesvorstandes am 3.11.1981.
5 Das ab 1974 gültige Multifaserabkommen (Multifibre Arrangement, MFA) ersetzte das seit dem 1.10.1962 geltende Baumwolltextilabkommen (Agreement in International Trade in Cotton Textiles), das 1967 und 1970 verlängert worden war. Aufgrund des Multifaserabkommens, das einer protektionistischen Politik diente, wurden Importquoten zum Schutz der Textil- und Bekleidungsindustrie in den Industrieländern festgesetzt. Vgl. auch Gertschen: Klassenfeinde – Branchenpartner?, S. 272-278.

5. »Grundsätze des DGB zur Weiterentwicklung des Betriebsverfassungsrechts«

Kollege *Muhr* verweist auf die Vorlagen und bittet um entsprechende Beschlußfassung.[6]

In der anschließenden Diskussion, an der sich die Kollegen *Hauenschild, Döding, Schwab, Muhr, A. Schmidt, Loderer, Vetter, Keller, Breit* und *Teitzel* beteiligen, werden die Frage der Jugendvertretung und das Wahlrecht für alle Jugendlichen erörtert. Man spricht sich gegen die heutige Verabschiedung dieser Vorlage aus.

Unter Berücksichtigung des nächsten Tagesordnungspunkts wird folgender *Beschluß* gefaßt:

Der Bundesvorstand beschließt, die Vorlage heute nicht zu verabschieden. Sie soll in die Beratung der Mitbestimmungsinitiative mit einbezogen werden, indem dann der Zeitpunkt bestimmt wird, wann dies herausgegeben werden soll.[7]

6. Mitbestimmungsinitiative '81

Kollege *Vetter* erklärt, daß ursprünglich die Meinung vertreten wurde, die Kommission Gesellschaftspolitik mit dieser Angelegenheit zu befassen. Die heutige Vorlage sollte lediglich Basismaterial für diese Beratung sein.

An der anschließenden Diskussion beteiligen sich die Kollegen *Schwab, Vetter, Keller, Loderer, Hauenschild, Muhr, Stephan, Breit, Horné* sowie die Kolleginnen *Weber* und *Blättel*. Die unterbreitete Vorlage entspricht nicht den Erwartungen und Erfordernissen.[8]

---

6 Die Grundsätze des DGB zur Weiterentwicklung des Betriebsverfassungsrechts gingen auf den auf dem 11. Bundeskongress beschlossenen Antrag 241 zurück. Hauptforderung war eine Fortschreibung des Betriebsverfassungsgesetzes von 1972 in Form einer Gesetzesnovelle. Die Grundsätze sollten im Januar 1982 aus Anlass des zehnten Jahrestags der Verabschiedung des Betriebsverfassungsgesetzes veröffentlicht werden. In thesenartiger Form mit ausführlicheren Begründungen wurden Forderungen zur Ausweitung der Mitbestimmungsrechte der Betriebsräte und ihrer Arbeitsgrundlagen erhoben sowie der Ausbau gewerkschaftlicher Unterstützungsfunktionen eingefordert. Insbesondere hatte auch der Bundesjugendausschuss am 7.9.1981 entsprechende Ausweitungen der Vertretungsrechte der Jugendvertretung auf alle in Erstausbildung sich befindenden Auszubildenden ohne Rücksicht auf deren Alter gefordert. Der Geschäftsführende Bundesvorstand war dem in seiner Sitzung am 21.9.1981 nicht gefolgt. Vgl. [DGB-Bundesvorstand], Vorstandsbereich Gerd Muhr, Vorlage zur Beratung im Bundesvorstand, Grundsätze des Deutschen Gewerkschaftsbundes zur Weiterentwicklung des Betriebsverfassungsrechts, hier TOP 9. der Bundesvorstandssitzung am 6.10.1981, beschlossen GBV am 14.9.1981, o. O., 21.9.1981; [DGB-Bundesvorstand], Vorstandsbereich Gerd Muhr, Vorlage zur Beratung im Bundesvorstand, Grundsätze des Deutschen Gewerkschaftsbundes zur Weiterentwicklung des Betriebsverfassungsrechts, hier TOP 9. der Bundesvorstandssitzung am 6.10.1981, beschlossen GBV am 14.9.1981, o. O., o. D.

7 Die Grundsätze wurden erst vom folgenden Vorstand unter Ernst Breit 1983 veröffentlicht. Vgl. DGB-Bundesvorstand: Grundsätze des Deutschen Gewerkschaftsbundes zur Weiterentwicklung des Betriebsverfassungsrechts, Düsseldorf 1983.

8 Die Beschlussvorlage befasste sich mit den Themenkomplexen Mitbestimmung am Arbeitsplatz, im Betrieb, im Unternehmen sowie mit der gesamtwirtschaftlichen Mitbestimmung und erhob entsprechend den Bereichen programmatische Forderungen. Zur Durchsetzung der Mitbestimmung setzte der DGB auf die

Kollege *Vetter* stellt abschließend fest, daß dem Bundesvorstand eine ergänzte Vorlage entsprechend der heutigen Diskussion so schnell wie möglich zugestellt werden soll.[9] Die Beratung hierüber soll dann in der Klausurtagung des Bundesvorstandes in Lam erfolgen.[10]

7. Klausurtagung des Tarifpolitischen Ausschusses

Kollegin *Weber* dankt den Vorsitzenden der Gewerkschaften zunächst, daß sie die »richtigen Leute« zu dieser Klausurtagung geschickt und damit zu einem vorzüglichen Gelingen dieser Veranstaltung beigetragen haben. Ausführlich berichtet sie über den Verlauf und das Ergebnis dieser Klausurtagung.

Ein Protokoll über diese Sitzung geht den Kollegen namentlich zu.

An der anschließenden ausführlichen Diskussion beteiligen sich die Kollegen *Vetter, Morich, Hauenschild, Breit, Mahlein, Döding, Schröder* und die Kollegin *Weber*.

8. Bildungspolitisches Programm des DGB

Kollegin *Weber* erklärt, daß das vorliegende Papier in einzelnen Ausschüssen erarbeitet worden sei. Der Geschäftsführende Bundesvorstand empfiehlt dem Bundesvorstand Annahme.

Nach kurzer Diskussion, an der sich die Kollegen *Vetter, Sierks, Hauenschild, Wunder* und die Kollegin *Weber* beteiligen, faßt der Bundesvorstand folgenden *Beschluß*:

Der Bundesvorstand beschließt gemäß Antrag 285 des 11. Ordentlichen Bundeskongresses einen Entwurf für ein Bildungspolitisches Programm des DGB.[11]

Begleitung durch Bildungsprogramme für die Mitbestimmungsträger in Aufsichtsräten und Vorständen sowie auf Wissenschaftsförderung im Bereich der Mitbestimmungsforschung, die im DGB und dem ihm angeschlossenen WSI traditionell gut verankert war. Auf dieser Grundlage sollten die Interessenvertreter und Mitbestimmungsträger besser koordiniert werden; mitbestimmungsgerechte Informationen sollten gewonnen und öffentlichkeitswirksam verwertet werden. Schließlich sollten Arbeitsprogramme für die Mitbestimmungsträger ausgearbeitet werden. Der Geschäftsführende Bundesvorstand hatte sich mit dem Entwurf im November befasst. Vgl. [DGB-Bundesvorstand], Vorstandsbereich Vorsitzender, an die Mitglieder des Bundesvorstandes, Mitbestimmungsinitiative '81, Düsseldorf, 1.12.1981, AdsD, DGB-Archiv, 5/DGAI000510.

9 In den Beratungsunterlagen der Klausurtagung des Bundesvorstands in Lam ist diese Unterlage nicht enthalten, möglicherweise handelt es sich um die Vorlage »Mitbestimmungsinitiative '81«, die in der vorangegangenen Fußnote zitiert wurde. AdsD, DGB-Archiv, 5/DGAI000510.

10 Auf dem Bundeskongress wurde ein entsprechender mitbestimmungspolitischer Antrag verabschiedet. Publizistisch wurde die Mitbestimmungsinitiative etwa in den Gewerkschaftlichen Monatsheften im Herbst 1982 aufgegriffen sowie in der Zeitschrift Die Mitbestimmung. Vgl. DGB: 12. Bundeskongreß 1982, Anträge und Entschließungen, S. 28-33. Vgl. auch Döding: Mitbestimmung am Arbeitsplatz als Beitrag zur Humanisierung der Arbeit, in: GMH 32,1982, H. 10, S. 602-610, sowie Beiträge zur Mitbestimmungsinitiative, in: Die Mitbestimmung 3/1983.

11 Der Entwurf für das bildungspolitische Programm folgte den Grundsätzen und Zielen des Grundsatzprogramms. Es vertrat einen umfassenden bildungspolitischen Standpunkt und erhob deshalb

Der Entwurf wird dem 12. Ordentlichen Bundeskongreß zur Beschlußfassung vorgelegt.[12]

9. Innerorganisatorische und gesellschaftspolitische Probleme des Datenschutzes

Kollege *Schwab* erinnert an den Auftrag des Bundesvorstandes an den Organisationsausschuß, »die innerorganisatorischen und gesellschaftspolitischen Probleme des Datenschutzes allgemein und insbesondere die Frage einer Datenschutzkonferenz zu prüfen und zu klären ...«. Er verweist auf die Vorlage und bittet um entsprechende Beschlußfassung.[13]

Kollege *Bußjäger* gibt zu bedenken, daß eine Forderung des DGB zur Novellierung des Datenschutzgesetzes zwar sofort aufgegriffen werden wird, aber nicht in unserem Sinne. Er weist darauf hin, daß die ÖTV in diesem Zusammenhang innerorganisatorische Probleme hat.

Kollege *Hauenschild* erklärt, daß die Anträge der Gewerkschaften in dieser Sache unterschiedlicher Art sind.

Beschluß:
Der Bundesvorstand beschließt, an der Entwicklung von konkreten gewerkschaftlichen Vorstellungen zur Verwirklichung eines wirksamen Datenschutzes im Interesse der Arbeitnehmer weiter zu arbeiten. Für den nächsten Ordentlichen Bundeskongreß ist ein eigener Antrag vorzubereiten, an dem sich der Organisationsausschuß beteiligt.[14]

Forderungen für den gesamten Bildungsbereich, nämlich für den Elementarbereich (Kindergarten), den Primarbereich (Grundschule), den Sekundarbereich I (Mittelstufe), die Sekundarstufe II (Oberstufe), den Tertiärbereich (Hochschule) und die Forschung sowie die Weiterbildung. Vgl. [DGB-Bundesvorstand], Vorstandsbereich Maria Weber, Vorlage zur Beratung im Geschäftsführenden Bundesvorstand, Bundesvorstand, Bildungspolitisches Programm des DGB, beschlossen GBV am 9.11.1981, o. O., o. D., AdsD, DGB-Archiv, 5/DGAI000510; Antrag 285: Bildungspolitisches Programm des DGB, in DGB: 11. Bundeskongreß 1978, Anträge und Entschließungen, S. 332.

12 Ein entsprechender Antrag wurde dem Bundeskongress vorgelegt und verabschiedet. Vgl. Antrag 299: Bildungspolitisches Programm des DGB, in: DGB: 12. Bundeskongreß 1982, Anträge und Entschließungen, S. 405-433. Vgl. auch die 1983 publizierte Fassung: DGB, Bundesvorstand, Abteilungen Allgemeine Bildung und Berufliche Bildung: Bildungspolitisches Programm des Deutschen Gewerkschaftsbundes, Düsseldorf 1983.

13 Im neuen DGB-Grundsatzprogramm war die Forderung nach einem wirksamen Datenschutz im Sinne der Arbeitnehmer erhoben worden. Für den Bundeskongress lagen einzelne Anträge von Gewerkschaften zum Datenschutz vor (IG Metall, IG CPK, ÖTV und HBV). Eine Novellierung des Datenschutzgesetzes wurde jedoch nicht angestrebt. Innergewerkschaftlich und -organisatorisch wiesen die DGB-Gewerkschaften Ansprüche auf Datenschutz des Individuums gegenüber Großorganisationen (also auch der Gewerkschaften) als Bestandteil einer »liberalen Ideologie« zurück. Auf der anderen Seite forderten sie jedoch eine wirksame Beschränkung des EDV-Einsatzes in der Personalverwaltung. Vgl. [DGB-Bundesvorstand], Vorstandsbereich Karl Schwab, Vorlage zur Beratung im Geschäftsführenden Bundesvorstand, Bundesvorstand, Innerorganisatorische und gesellschaftspolitische Probleme des Datenschutzes, beschlossen GBV am 19.10.1981, o. O., 27.10.1981, AdsD, DGB-Archiv, 5/DGAI000510.

14 Vgl. den Antrag zum Thema Datenschutz, in DGB: 12. Bundeskongreß 1982, Anträge, S. 81 ff.

Gleichzeitig sollen die Notwendigkeiten im Hinblick auf die Erfassung von medizinischen Daten berücksichtigt werden.

10. Antrag auf Gewährung eines Zuschusses für die Geschäftsstelle der Gewerkschaft Kunst für das Jahr 1982

Kollege *Vater* erläutert die Vorlage.[15] Die Haushaltskommission empfiehlt ebenfalls wie der Geschäftsführende Bundesvorstand Zustimmung jedoch mit der Einschränkung, daß alle acht Verbände der Gewerkschaft Kunst angeschrieben werden. Dabei soll ihnen bekanntgegeben werden, daß der Zuschuß zwar genehmigt wurde, aber auch der Bundesvorstand bei seinem Beschluß davon ausgeht, daß die Entwicklung dahingehend sichtbar wird und Entscheidungen vorbereitet werden, daß der Beschluß im nächsten Jahr (1983) gefaßt werden kann, die Gewerkschaft Kunst in eine Mitgliedsgewerkschaft umzugestalten, damit sie in der Lage [ist], ihre Interessen selbständig wahrzunehmen.

Beschluß:
Der Bundesvorstand empfiehlt dem Bundesausschuß folgenden *Beschluß*:
Die Gewerkschaft Kunst erhält als Zuschuß zur Aufrechterhaltung ihrer Geschäftsstelle den Betrag von 66.582,85 DM für 1982. Der Betrag ist gemäß Ziffer 2 der Richtlinien über Ausgaben aus dem Solidaritätsfonds dem Solidaritätsfonds zu entnehmen.

11. Höhe der Witwenunterstützung nach § 6 der »Richtlinien für die Gewährung von Unfallunterstützung an ehrenamtliche Gewerkschaftsfunktionäre« (Richtlinien UEG)

Beschluß:
Der Bundesvorstand schlägt dem Bundesausschuß eine Änderung der »Richtlinien UEG« dahingehend vor, daß die Witwenunterstützung nur noch 60 v[om] H[undert] betragen soll.[16]

---

15 Die Gewerkschaft Kunst beantragte am 18.7.1980 die Verlängerung eines früheren Beschlusses, dem zufolge ihr auch für die Jahre 1981 bis 1983 ein Zuschuss zu den Kosten der Geschäftsstelle zu gewähren sei. Haushaltsausschuss und Bundesvorstand hatten sich seinerzeit jedoch zu jährlicher Wiedervorlage und Beschlussfassung entschieden. Vgl. [DGB-Bundesvorstand], Vorstandsbereich Gerhard Vater, Vorlage zur Beratung im Geschäftsführenden Bundesvorstand, Bundesvorstand, Bundesausschuß, Antrag auf Gewährung eines Zuschusses für die Geschäftsstelle der Gewerkschaft Kunst für das Jahr 1982, beschlossen GBV am 20.7.1981, Düsseldorf, 14.7.1981.

16 Es handelte sich um eine Angleichung an andere Unterstützungshöhen im DGB, bei der der Prozentsatz von 60 % bereits galt. Vgl. [DGB-Bundesvorstand], Vorstandsbereich Gerhard Vater, Vorlage zur Beratung im Bundesvorstand, Geschäftsführenden Bundesvorstand, Höhe der Witwenunterstützung nach § 6 der »Richtlinien für Gewährung von Unfallunterstützung an ehrenamtliche Gewerkschaftsfunktionäre«

12. Geschäftsbericht der VTG für 1980

Beschluß:
Gemäß § 10 Absatz 3 der Geschäftsanweisung für die Verwaltung des Treuhandvermögens vom 6.3.1973 nimmt der Bundesvorstand den Geschäftsbericht der VTG für das Jahr 1980 zur Kenntnis.[17]

13. Prüfung des Jahresabschlusses 1981 der VTG

Beschluß
Für die Prüfung des Jahresabschlusses 1981 der VTG wird die Allgemeine Treuhandgesellschaft mbH (ATH) bestellt.[18]

14. Finanzplan der VTG für das Jahr 1982

Beschluß:
Gemäß § 5 Absatz 2 der Geschäftsanweisung für die Verwaltung des Treuhandvermögens vom 6.3.1973 stimmt der Bundesvorstand dem Finanzplan der VTG für das Jahr 1982 zu.[19]

15. Unterstützung von Verbänden der Gewerkschaft Kunst bei Arbeitskampfmaßnahmen aus dem Solidaritätsfonds

Kollege *Vater* erläutert die Vorlage und Kollege *Schwab* gibt Ergänzungen.[20]

(Richtlinien EEG), beschlossen GBV am 9.11.1981, Düsseldorf, 9.11.1981, AdsD, DGB-Archiv, 5/DGAI000510.

17 Vgl. [DGB-Bundesvorstand], Vorstandsbereich Gerhard Vater, Vorlage zur Beratung im Geschäftsführenden Bundesvorstand, [Bundesvorstand], Geschäftsbericht der VTG für 1980, beschlossen am GBV 9.11.1981, o. O., 3.11.1981; Vermögensverwaltungs- und Treuhand-Gesellschaft des Deutschen Gewerkschaftsbundes; Geschäftsbericht 1980, AdsD, DGB-Archiv, 5/DGAI000510.

18 Vgl. [DGB-Bundesvorstand], Vorstandsbereich Gerhard Vater, Vorlage zur Beratung im Geschäftsführenden Bundesvorstand, [Bundesvorstand], Prüfung des Jahresabschlusses 1981 der VTG, beschlossen GBV am 9.11.1981, o. O., 3.11.1981, AdsD, DGB-Archiv, 5/DGAI000510.

19 Vgl. [DGB-Bundesvorstand], Vorstandsbereich Gerhard Vater, Vorlage zur Beratung im Geschäftsführenden Bundesvorstand, [Bundesvorstand], Finanzplan der VTG für 1982, beschlossen GBV am 9.11.1981, o. O., 3.11.1981; Vermögensverwaltungs- und Treuhand-Gesellschaft des Deutschen Gewerkschaftsbundes, Finanzplan 1982, AdsD, DGB-Archiv, 5/DGAI000510.

20 Vgl. [DGB-Bundesvorstand], Vorstandsbereich Gerhard Vater, Vorlage zur Beratung im Geschäftsführenden Bundesvorstand, Bundesvorstand, Bundesausschuß, Haushaltskommission, Unterstützung von Verbänden der Gewerkschaft Kunst bei Arbeitskampfmaßnahmen aus dem Solidaritätsfonds, beschlossen am GBV 30.11.1981, Düsseldorf, 30.11.1981; Bei Lohengrin streikte der Chor, in: Rheinische Post, 2.11.1981; Gewerkschaft Kunst, Alfred Horné, an den DGB-Bundesvorstand, Karl Schwab, Unterstützung des

Kollege *Bußjäger* erklärt, daß bei der ÖTV der dreifache gewerkschaftliche Monatsbeitrag gezahlt wird.

Beschluß:
Der Bundesvorstand empfiehlt dem Bundesausschuß folgenden *Beschluß*:
1. Der Bundesausschuß beschließt, gemäß Ziffer 3 der Richtlinien für Ausgaben aus dem Solidaritätsfonds einstimmig im Wege der Vorbewilligung, daß der Gewerkschaft Deutscher Bühnenangehöriger (GDBA) und der Deutschen Orchestervereinigung (DOV) die Aufwendungen für Aussperrungen ihrer Mitglieder während der derzeitigen Arbeitskampfsituation ersetzt werden, soweit diese Verbände die erforderlichen Mittel aus liquiden oder veräußerbaren Vermögensteilen nicht aufbringen können.
2. Die Unterstützung im Falle von Aussperrungen kann nur nach den für die GDBA getroffenen Regelungen erfolgen, wonach pro Tag des Gagenausfalles eine Unterstützung in Höhe des 2,5fachen gewerkschaftlichen Monatsbeitrages gezahlt wird.
3. Die DOV hat ihre Einnahmen- und Ausgabenrechnung und Vermögensstatus jeweils zum 31.12.1980, 31.12.1981 und 31.12.1982 der Finanzabteilung des DGB-Bundesvorstandes zu übersenden.

16. Beschlußfassung der 11. ordentlichen DGB-Bundesjugendkonferenz über das Weiterverfahren der nicht verabschiedeten Anträge

Kollege *Schwab* erläutert die Vorlage und bittet der Empfehlung des Geschäftsführenden Bundesvorstandes zuzustimmen.[21] Kollege *Schwab* verzichtet heute auf eine Berichterstattung über die Bundesjugendkonferenz, da dies ja morgen im Bundesausschuß geschehen soll.[22]

DGB bei Arbeitskampfmaßnahmen an Musiktheatern, München, 17.11.1981, AdsD, DGB-Archiv, 5/DGAI000510.
21 Aufgrund der ausgesprochen ausführlichen Diskussion zum Geschäftsbericht und der gründlichen Behandlung der Anträge zum Stand und der Weiterentwicklung der gewerkschaftlichen Jugendarbeit konnte die Bundesjugendkonferenz nicht alle Anträge abschließend beraten. Auf der Konferenz wurde auf Antrag der IG Metall beschlossen, beim DGB-Bundesvorstand die Mittel zur Fortsetzung der Konferenz zu beantragen, was vom zuständigen Bundesvorstandsmitglied, Karl Schwab, nicht unterstützt wurde, der den Alternativvorschlag unterbreitete, dass die Beschlüsse vom Bundesjugendausschuss herbeigeführt werden sollten. Vgl. [DGB-Bundesvorstand], Vorstandsbereich Karl Schwab, Vorlage zur Beratung im Bundesvorstand, Beschlussfassung der 11. Ordentlichen DGB-Bundesjugendkonferenz über das Weiterverfahren der nicht verabschiedeten Anträge, beschlossen GBV am 30.11.1981, o. O. 23.11.1981, AdsD, DGB-Archiv, 5/DGAI000510.
22 Karl Schwab berichtete in der 14. Sitzung des Bundesausschusses am 2.12.1981 im Rahmen des TOPs »Bericht zur gewerkschaftlichen und organisatorischen Situation« ausführlich über den konflikthaften Verlauf der Bundesjugendkonferenz, die vom 19. bis 21.11. 1981 in Willingen im Sauerland stattgefunden hatte. Darin war inhaltlich über die Friedenspolitik der DGB-Jugend, die Personalpolitik und die vorliegenden Anträge diskutiert worden. Die Bundesjugendkonferenz hatte am 21.11.1981 um 13:30 Uhr abgebrochen werden müssen, nachdem nur 58 der 355 vorliegenden Anträge hatten behandelt werden

Beschluß:
Der Bundesvorstand stimmt zu, daß der DGB-Bundesjugendausschuß ausnahmsweise in einer modifizierten Verfahrensweise über die nicht behandelten Anträge diskutiert und entscheidet, so daß jeder Vertreter einer Gewerkschaft auf sich die Stimmenzahl vereinigt, die dem Delegiertenschlüssel auf der Bundesjugendkonferenz entspricht.

17. Veränderungsmitteilungen – Landesbezirksvorstände

Beschluß:
Der Bundesvorstand empfiehlt dem Bundesausschuß, folgende Kollegen zu bestätigen:
Heinrich Meyer (GdP) als Mitglied des Landesbezirksvorstandes Baden-Württemberg;
Peter Kurz (GEW) als ständigen Vertreter des Kollegen Klaus Weinzierl im Landesbezirksvorstand Bayern;
Josef Trauth (Jugend) als ständigen Vertreter des Kollegen Volkmar Heusel im Landesbezirksvorstand Rheinland-Pfalz.[23]

18. Maiplakat 1982

Beschluß:
Der Bundesvorstand stimmt dem vorgestellten Entwurf für das Maiplakat 1982 zu.[24]

19. Unterschriftenaktion des DGB

Kollege *Vetter* teilt mit, daß die Unterschriftenaktion weiter läuft. Z[ur] Z[ei]t liegen ca. 900.000 Unterschriften vor; bis zum Jahresende wird mit ca. 1,2 Mio. Unterschriften gerechnet. Mitte Januar soll erneut über diese Aktion gesprochen werden. Die Bekanntgabe der erlangten Unterschriften soll zu Beginn des Kongresses erfolgen.[25]

---

können. Vgl. Protokoll über die 14. Sitzung des Bundesausschusses am 2.12.1981, TOP 2., S. 8-12, AdsD, DGB-Archiv, 5/DGAI000423.
23 Vgl. [DGB-Bundesvorstand], Vorstandsbereich Karl Schwab, Vorlage zur Beratung im Geschäftsführenden Bundesvorstand, Bundesvorstand, Bundesausschuß, Veränderungsmitteilungen – Landesbezirksvorstände, o. O., 30.11.1981, AdsD, DGB-Archiv, 5/DGAI000510.
24 Der Mai-Plakatentwurf unterlegt das Motto »Arbeit für alle [großgedruckt] in Frieden und sozialer Sicherheit« mit einer roten Nelke.
25 Vgl. zur Unterschriftenaktion »Frieden durch Abrüstung«, die der DGB zum Antikriegstag am 1.9.1981 gestartet hatte und mittels der er sich vom Krefelder Appell abgrenzte, D. Süß: Gewerkschaften und Friedensbewegung, S. 267 und S. 270.

20. EGB

Kollege *Vetter* unterrichtet den Bundesvorstand darüber, daß in der EGB-Exekutivausschußsitzung am 17./18. Dezember 1981 erneut über die Aufnahme der Commissiones Obreras in den EGB entschieden werden soll. Der DGB stehe dieser Aufnahme weiterhin ablehnend gegenüber.

Ende der Sitzung: 14.35 Uhr.

Dokument 91

2. Februar 1982: Kurzprotokoll über die 37. Sitzung des Bundesvorstandes

Hans-Böckler-Haus in Düsseldorf; Vorsitz: Heinz O. Vetter; Protokollführung: Ursula Bryks, Isolde Funke; Sitzungsdauer: 10.20–15.40 Uhr; ms. vermerkt: »Vertraulich«.[1]
Ms., hekt., 9 S., 1 Anlage.[2]
AdsD, DGB-Archiv, 5/DGAI000554.

Beginn der Sitzung: 10.20 Uhr.

Kollege *Vetter* eröffnet die 37. Sitzung des Bundesvorstandes in Düsseldorf.
  Er gratuliert den Landesbezirksvorsitzenden von Baden-Württemberg, Bayern, NRW, Rheinland-Pfalz und Saar zu ihrer Wiederwahl.

Tagesordnung:
1. Genehmigung des Protokolls der 36. Bundesvorstandssitzung
2. Nachwahl in den Beirat der Bund-Verlag GmbH
3. Beitragsbefreiung von Mitgliedsverbänden der Gewerkschaft Kunst für das Jahr 1982
4. Beitragsbefreiung gem[äß] Ziffer 6 der Beitragsordnung und Gewährung eines Zuschusses aus dem Solidaritätsfonds für das Jahr 1982 für die Gewerkschaft GLF
5. Haushalt des Deutschen Gewerkschaftsbundes für das Jahr 1982
6. Delegierte für den EGB-Kongreß vom 19.–23.4.1982 in Den Haag
7. Wahl der Antragsberatungskommission
8. Betriebsratswahlen
9. Solidarität mit Polen

Dok. 91
1 Einladungsschreiben vom 18.12.1981 und das Einladungsschreiben mit Tagesordnung vom 19.1.1982. Es fehlten Karl Hauenschild (vertreten durch Hermann Rappe) und Ernst Haar (vertreten durch Hubert Vornberg). AdsD, DGB-Archiv, 5/DGAI000510.
2 Anlage: Anwesenheitsliste.

10. Tagesordnung für die 15. Sitzung des Bundesausschusses am 3. März 1982
11. Anträge an den 12. Ordentlichen Bundeskongreß
12. Organisationsform der Gewerkschaft Kunst
13. Bericht der Revisionskommission über die am 10.12.1981 in Düsseldorf durchgeführte Revision der Bundeshauptkasse
14. Jahreswirtschaftsbericht
15. Sitzungen im September 1982

1. Genehmigung des Protokolls der 36. Bundesvorstandssitzung

Kollege *Teitzel* gibt zu Punkt 5.»Grundsätze des DGB zur Weiterentwicklung des Betriebsverfassungsrechts« zu Protokoll, daß er sich für die Verabschiedung ausgesprochen hat.

Beschluß:
Der Bundesvorstand genehmigt das Protokoll der 36. Sitzung.[3]

2. Nachwahl in den Beirat der Bund-Verlag GmbH

Beschluß:
Der Bundesvorstand beschließt, anstelle des Kollegen Kurt Georgi den Kollegen Horst Morich in den Beirat der Bund-Verlag GmbH zu berufen.[4]

3. Beitragsbefreiung von Mitgliedsverbänden der Gewerkschaft Kunst für das Jahr 1982

Beschluß:
Der Bundesvorstand empfiehlt dem Bundesausschuß folgenden *Beschluß*:
1. Die Verbände der Gewerkschaft Kunst
    - Deutscher Musikerverband (DMV)
    - Genossenschaft Deutscher Bühnenangehöriger (GDBA)
    - Gewerkschaft Deutscher Musikerzieher und konzertierender Künstler (GDMK)
    - IAL Berufsverband Show und Unterhaltung

---

3 Vgl. Dok. 90: Kurzprotokoll über die 36. Sitzung des Bundesvorstandes am 1.12.1981.
4 Der Beirat der Bund-Verlag GmbH setzte sich aus Gerd Muhr, Gerhard Schmidt, Günter Stephan, Maria Weber, Karl Schwab, Eugen Loderer, Heinz Kluncker, Kurt Georgi, Ernst Breit, Leonhard Mahlein und Helmut Teitzel zusammen. Den Vorsitz führte Gerhard Vater. Vgl. [DGB-Bundesvorstand], Vorstandsbereich Finanzen, Gerhard Vater, Vorlage zur Beratung im Bundesvorstand, Nachwahl in den Beirat der Bund-Verlag GmbH, beschlossen GBV am 23.11.1981, AdsD, DGB-Archiv, 5/DGAI000510.

werden von der Beitragspflicht an den DGB gemäß § 6 der Beitragsordnung befreit mit der Maßgabe, daß die GDBA DM 10.000,- Beitrag an den DGB zu leisten hat.
2. Die Bundesvereinigung der Gewerkschaft Bildender Künstler (BGBK) wird in Höhe von 2/3 ihrer Beitragspflicht an den DGB befreit.
3. Für alle ganz oder teilweise von der Beitragspflicht befreiten Verbände hat die Gewerkschaft Kunst nach Ablauf des Jahres 1982 die Einnahmen- und Ausgabenrechnung 1982 sowie die Mitglieds-, Beitrags- und Durchschnittsbeitragsstatistik der Abteilung Finanzen des DGB vorzulegen.[5]

4. **Beitragsbefreiung gem[äß] Ziffer 6 der Beitragsordnung und Gewährung eines Zuschusses aus dem Solidaritätsfonds für das Jahr 1982 für die Gewerkschaft Gartenbau, Land- und Forstwirtschaft**

Beschluß:
Der Bundesvorstand empfiehlt dem Bundesausschuß, zu beschließen, daß die Gewerkschaft Gartenbau, Land- und Forstwirtschaft für das Jahr 1982 von der Beitragspflicht zum DGB gemäß Ziffer 6 der Beitragsordnung befreit wird und die Gewerkschaft GLF für das Jahr 1982 einen Zuschuß von DM 1.700.000,- aus dem Solidaritätsfonds erhält.[6]

5. **Haushalt des Deutschen Gewerkschaftsbundes für das Jahr 1982**

Kollege *Vater* erläutert ausführlich die einzelnen Positionen und erklärt, daß die Haushaltskommission dem Haushalt in der vorliegenden Form in ihrer Sitzung am 30.11.1981 zugestimmt hat.[7]

Kollege *Breit* bestätigt als Vorsitzender der Haushaltskommission die Ausführungen des Kollegen *Vater* und empfiehlt dem Bundesvorstand, dem Haushalt 1982 zuzustimmen.

---

5 Vgl. [DGB-Bundesvorstand], Vorstandsbereich Gerhard Vater, Vorlage zur Beratung im Geschäftsführenden Bundesvorstand, Bundesvorstand, Bundesausschuß, Beitragsbefreiung von Mitgliedsverbänden der Gewerkschaft Kunst für das Jahr 1982, beschlossen GBV am 16.11.1981, Haushaltskommission 30.11.1981, Düsseldorf, 14.12.1981, AdsD, DGB-Archiv, 5/DGAI000510.
6 Vgl. [DGB-Bundesvorstand], Vorstandsbereich Gerhard Vater, Vorlage zur Beratung im Geschäftsführenden Bundesvorstand, Bundesvorstand, Bundesausschuß, Beitragsbefreiung gemäß Ziffer 6 der Beitragsordnung und Gewährung eines Zuschusses aus dem Solidaritätsfonds für das Jahr 1982 für die Gewerkschaft Gartenbau, Land- und Forstwirtschaft, beschlossen GBV am 23.11.1981, Haushaltskommission 30.11.1981, Düsseldorf, 14.12.1981, AdsD, DGB-Archiv, 5/DGAI000510.
7 Vgl. [DGB-Bundesvorstand], Haushaltsentwurf 1982, Lesung der Haushaltskommission am 30.11.1981, Düsseldorf, 30.11.1981, AdsD, DGB-Archiv, 5/DGAI000510.

Beschluß:
Der Bundesvorstand stimmt dem Haushalt in der vorgelegten Fassung vom 30.11.1981 mit TDM 178.231 in den Einnahmen und Ausgaben zu und bittet den Bundesausschuß, den Haushalt in der vorliegenden Fassung zu beschließen.[8]

Der Bundesvorstand nimmt die Beschlußvorlage zum Haushalt 1982 »Stellenbewegungen 1981« zur Kenntnis.[9]

6. Delegierte für den EGB-Kongreß vom 19.–23.4.1982 in Den Haag

Kollege *Loderer* teilt mit, daß er ein Mandat über den EMB hat und somit in dieser Liste gestrichen werden kann.

Beschluß:
Für die Delegation zum 4. Ordentlichen Kongreß des EGB, der in der Zeit vom 19.–23.4.1982 in Den Haag stattfindet, werden die folgenden 18 Kolleginnen und Kollegen benannt:
H. O. Vetter, G. Muhr, M. Weber, I. Blättel, A. Pfeiffer, K. Schwab, H. Alker, L. Mahlein, D. Wunder, K.-H. Hoffmann, G. Schröder, R. Sperner, W. Lojewski, A. Horné, G. Volkmar, G. Döding, M. Wagner, J. Sierks; Koll[ege] G. Vater als Revisor.

Der GBV wird beauftragt, einen weiteren Delegierten anstelle des Kollegen Loderer zu benennen.

7. 12. ORDENTLICHER BUNDESKONGRESS DES DGB
Wahl der Antragsberatungskommission

Nach Erläuterung der Vorlage durch Kollegen *Schwab* wählt der Bundesvorstand gemäß § 7 Ziffer 9 der Satzung des Bundes die folgenden Delegierten der Gewerkschaften und Industriegewerkschaften in die Antragsberatungskommission:

IG Bau-Steine-Erden	Konrad Carl
IGBE IG Bergbau und Energie	Heinz-Werner Meyer
IG Chemie-Papier-Keramik	Egon Schäfer
IG Druck und Papier	Detlef Hensche
Gew[erkschaft] d[er] Eisenbahner Deutschlands	Helmut Bänker

---

8 Der Bundesausschuss beschloss in seiner 15. Sitzung am 3.3.1982 den Haushalt in der vorgelegten Form. Vgl. Protokoll über die 15. Sitzung des Bundesausschusses am 3.3.1982, TOP 6., S. 10. AdsD, DGB-Archiv, 5/DGAI000423.

9 Vgl. [DGB-Bundesvorstand], Vorstandsbereich Karl Schwab, Vorlage zur Beratung im Geschäftsführenden Bundesvorstand, Bundesvorstand, Haushalt 1982, hier: Stellenbewegungen 1981, beschlossen GBV am 1.2.1982, o. O., 19.1.1982, AdsD, DGB-Archiv, 5/DGAI000510.

Gew[erkschaft] Erziehung und Wissenschaft	Frank von Auer
Gew[erkschaft] Gartenbau, Land- u. Forstwirtschaft	Heinz Hauk
Gew[erkschaft] Handel, Banken u. Versicherungen	Lorenz Schwegler
Gew[erkschaft] Holz und Kunststoff	Karlheinz Schwark
Gew[erkschaft] Kunst	Heinz Ratajczak
Gew[erkschaft] Leder	Wilhelm Kappelmann
IG Metall	Hans Mayr Georg Benz
Gew[erkschaft] Nahrung-Genuß-Gaststätten	Erich Herrmann
Gew[erkschaft] Öffentl[iche] Dienste, Transport u. Verkehr	Siegfried Bußjäger Reinhold Heise
Gew[erkschaft] der Polizei	Horst Geier
Deutsche Postgewerkschaft	Waldemar Hirsch
Gew[erkschaft] Textil-Bekleidung	Wilhelm Werner

1) Vom Geschäftsführenden Hauptvorstand benannt, vorbehaltlich seiner Wahl zum Delegierten durch den Gewerkschaftsausschuß am 11./12.2.1982.

8. Betriebsratswahlen 1981

Kollege *Muhr* legt eine berichtigte Gesamtstatistik mit den Einzelergebnissen der Gewerkschaften zu den Betriebsratswahlen 1981 vor.
Der Bundesvorstand nimmt diese Statistik zur Kenntnis.

9. Solidarität mit Polen

Es wurde kritisiert, daß die DGB-Kreise zum 30.1. – Tag der Solidarität mit Polen – so gut wie keine Aktivitäten und auch kaum Veranstaltungen durchgeführt hätten, obwohl hierzu vom DGB-Bundesvorstand aufgerufen worden sei. Dies könne nicht alles mit der Kürze der zur Verfügung gehabten Zeit entschuldigt werden.
Besonders wurde das Verhalten des DGB-Kreis-Vorsitzenden von Hannover, Koll[egen] Theilmann, angesprochen. In diesem Zusammenhang wurde auch auf einen Artikel in der »Hannoverschen Zeitung« vom 27.1.1982 hingewiesen.[10]

---

10 Der DGB hatte sich entschieden, sich dem Aktionstag, der auf eine amerikanische Initiative in Reaktion auf die Verhängung des Kriegsrechts in Polen ausgerufen worden war, zu beteiligen und dazu aufzurufen. Die Situation in Polen hatte sich, nachdem es am 14.8.1980 zu einem Streik in der Danziger Lenin-Werft gekommen war, nach einem ersten Abkommen zwischen Solidarność und polnischem Staat kontinuierlich verschärft, insbesondere nach Ausrufung des Kriegsrechts in Polen am 13.12.1981 durch Präsidenten

Hierzu informierte Kollege *Vetter* den Bundesvorstand über den Sachverhalt und erklärte, daß auch der Geschäftsführende Bundesvorstand das Verhalten des Koll[egen] Theilmann nicht billigen kann und auch nicht bereit ist, dieses hinzunehmen. Er schließt ev[entuell] disziplinarische Maßnahmen nicht aus, sollten die bereits angelaufenen Nachforschungen diese erforderlich machen.

Kollege *Vetter* verwies darauf, daß der Bundesvorstand ja erst in seiner Klausurtagung Mitte Januar in Lam beschlossen habe, entsprechende Veranstaltungen zum 30.1. durchzuführen. Diese Information kam erst wenige Tage vorher vom IBFG. Von daher sei die Zeit schon ein wenig knapp für die Vorbereitungen gewesen.

Er bedauerte, daß überall in der westlichen Welt so wenige Menschen motiviert werden konnten, zu den Veranstaltungen zu kommen. Dies habe sicherlich auch mit daran gelegen, daß die Kundgebungen an einem Samstag stattfanden.

Kollege *Loderer* gibt zur Kenntnis, daß sein Vorstand inzwischen beschlossen habe – weil vom DGB keinerlei Aktivitäten kamen – selbst Kontakte nach Polen aufzunehmen.

Auf den Hinweis von Kollegen *Wunder* bezüglich der Störaktionen bei der Veranstaltung am 30.1. in Mülheim, wo Kollege *Vetter* gesprochen hat, führt Kollege *Vetter* aus, daß es immer dieselbe marxistische Gruppe ist, die zu jeder DGB-Veranstaltung kommt, auf der ein prominenter Funktionär spricht. Es wäre nicht gut gewesen, wäre man in Mülheim gewaltsam gegen diese Gruppe vorgegangen. In Zukunft würde dafür gesorgt, daß diese Gruppe mit adäquaten Mitteln isoliert würde.

Kollege *G. Schmidt* verweist auf die heute verteilte Vorlage »Stand der Aktion Solidarität für Polen am 1.2.1982, nachmittags« und erläutert besonders die mit dem Deutschen Caritas-Verband (DCV) am 29.1.1982 abgeschlossene Vereinbarung. Er versicherte, daß der DGB nicht vergessen habe, mit wem er es zu tun hat.

Diese Vereinbarung sei ausschließlich aus Zweckmäßigkeitsgründen abgeschlossen worden und in ihr stehe nichts anderes, als das, was technisch nötig und erforderlich sei, damit »Caritas« in Anspruch genommen werden kann.

Vom Kollegen *Kluncker* wird auf die doppelte Moral der »Caritas« eindringlich hingewiesen. Auf der einen Seite läßt »Caritas« eine gewerkschaftliche Betätigung nicht zu, auf der anderen Seite würde sie vom DGB in Anspruch genommen.

Kollegin *Weber* und Kollege *Schmidt* erklärten, daß sie auch über diesen Punkt mit »Caritas« eingehend gesprochen hätten, dies auch bei den führenden Leuten der »Caritas« beeindruckend gewesen sei.

Im Augenblick aber gäbe es keine andere wirkungsvollere Hilfsaktion nach Polen als »Caritas«.

Jaruzelski. Der DGB zeigte sich anfangs zurückhaltend, besaß aber durchaus Sympathien für die freie Gewerkschaftsbewegung in Polen. Er änderte seine Politik bereits zu Beginn des Jahres 1981 und erklärte sich mit seinem Aufruf im Januar 1982 solidarisch mit der polnischen freien Gewerkschaftsbewegung und Freiheitsbewegung, gefährdete seine Kontakte zur offiziellen polnischen Gewerkschaftsbewegung jedoch nicht. Vgl. Müller: Ostkontakte, S. 255-301, hier S. 284-295; Bégin: Kontakte zwischen Gewerkschaften in Ost und West; Riechers: Hilfe für Solidarność.

Kollege *Stephan* erläutert die verteilte Aufstellung über die bisher erfolgten Informationsmaßnahmen: Flugblätter, Plakate, Aufkleber u[nd] a[anderen].

Kollege *Vater* gibt einen Überblick über die bisher eingegangenen Spenden – Einzelspenden und Spenden der Gewerkschaften und Industriegewerkschaften. Von 12 Gewerkschaften seien noch keine Spenden eingegangen.

Auf einen Hinweis des Kollegen *Sierks*, daß allein in Hamburg sich mehrere Delegationen als Solidarność-Gruppe ausgeben, die ohne ausreichende Ausweispapiere sehr anmaßend mit Unterstützungsforderungen aller Art an den DGB herantreten, wird von Kollegen *Vetter* festgestellt, daß es für den DGB nur 7 Personen in Deutschland gibt, die berechtigt sind, für »Solidarność« aufzutreten. Diese sind von der Arbeitskammer Bremen eingeladen und haben dort ihr Büro.

Die Kollegen *Lojewski* und Sickert bestätigen die Ausführungen des Kollegen *Sierks* für ihren Bereich und bitten den Bundesvorstand, die DGB-Landesbezirke und -Kreise schriftlich darüber zu informieren, wie sie sich in solchen Fällen zu verhalten haben.

Zum Schluß stellt Kollege *Vetter* zusammenfassend fest, daß in einer der nächsten Ausgaben der »Welt der Arbeit« ausführlich über die bisherigen Aktivitäten berichtet werden soll; daß ernsthaft geprüft werden muß, wie Beschlüsse besser nach unten durchgesetzt werden können, und/oder ob es in diesem Fall an mangelnder Bereitschaft zur Kooperation bzw. Zusammenarbeit gelegen hat; daß uns das alles aber nicht davon abhalten dürfte, diese Aktion weiter durchzuführen und daß hierbei die humanitäre Hilfe weiterhin im Vordergrund stehen muß, unter Berücksichtigung der sehr komplizierten Situation in Polen.

An der Diskussion beteiligten sich die Kollegen *Vetter, Wunder, Kluncker, Drescher, Loderer, G. Schmidt, Stephan, Vater, Schröder, Keller, Sierks, Lojewski, Sickert, A. Schmidt, Schwab, Rappe* und Kollegin *Weber*.

10. Tagesordnung für die 15. Bundesausschußsitzung am 3.3.1982

Auf die Frage von Kollegen *Loderer* bestätigt Kollege *Vetter*, daß das Thema Polen mit im Tagesordnungspunkt 2. behandelt wird.

Beschluß:
Der Bundesvorstand beschließt folgende Tagesordnung:
1. Genehmigung des Protokolls der 14. Bundesausschußsitzung
2. Bericht zur gewerkschaftspolitischen und organisatorischen Situation
3. Veränderungsmitteilungen – Landesbezirksvorstände
4. Beitragsbefreiung von Mitgliedsverbänden der Gewerkschaft Kunst für das Jahr 1982
5. Beitragsbefreiung gem[äß] Ziffer 6 der Beitragsordnung und Gewährung eines Zuschusses für das Jahr 1982 für die Gewerkschaft Gartenbau, Land- und Forstwirtschaft

6. Haushalt des DGB für das Jahr 1982
7. Bericht der Revisoren
8. Verschiedenes
9. Fragestunde[11]

11. Anträge an den 12. Ordentlichen DGB-Bundeskongreß

Der Bundesvorstand diskutiert ausführlich über die Anträge des Bundesvorstandes zum 12. Ordentlichen DGB-Bundeskongreß.[12]

Zu einzelnen Anträgen werden Änderungsvorschläge gemacht, andere werden unverändert angenommen.

Beschluß:
Der Bundesvorstand beschließt, folgende Anträge der Antragsberatungskommission für den 12. Ordentlichen DGB-Bundeskongreß zuzuleiten:
Mitbestimmung – Demokratisierung der Wirtschaft (Vorschlag der IG Metall) (mit Änderungen)
Entspannung, Abrüstung und Frieden in der Welt (mit Änderungen)
Entwicklungspolitik (mit Änderungen)
Multinationale Unternehmen
IBFG und internationale Gewerkschaftssolidarität (mit Änderungen)
Gewerkschaftssituation in der Türkei (mit Änderungen) Europäischer Gewerkschaftsbund (mit Änderungen)
Datenschutz? (muß kurzfristig entschieden werden, dann aber mit Änderungen)
Rentenreform 1984
Arbeitsschutzgesetz
Gegen Sozialleistungsabbau – Für Sicherung und Ausbau des Erreichten
Beschäftigungssichernde Wirtschaftspolitik?
(muß kurzfristig entschieden werden, ggf. als Initiativ-Antrag) Steuerpolitik?
(muß kurzfristig entschieden werden, ggf. als Initiativ-Antrag) Wohnungs- und Städtebaupolitik (mit Änderungen)
Verbesserte Nutzung leerstehenden Wohnraums
Agrar- und Nahrungsmittelpolitik (mit Änderungen)
Energiepolitik (mit Änderungen)

---

11 Die Tagesordnung wurde mit der Änderung, dass die Fragestunde entfiel, so eingehalten, wie im Bundesvorstand beschlossen. Vgl. [DGB-Bundesvorstand], Vorstandsbereich Heinz O. Vetter, Vorlage zur Beratung im Bundesvorstand, Tagesordnung für die 15. Sitzung des Bundesausschusses am 3.3.1982 in Neuss, beschlossen GBV am 18.1.1982, o. O., o. D., AdsD, DGB-Archiv, 5/DGAI000510; Protokoll über die 15. Sitzung des Bundesausschusses am 3.3.1982, AdsD, DGB-Archiv, 5/DGAI000423.

12 Vgl. DGB-Bundesvorstand, Heinz O. Vetter [gez.], an die Mitglieder des Bundesvorstandes, Anträge des Bundesvorstandes an den 12. Ordentlichen Bundeskongreß, Düsseldorf, 19.1.1982, AdsD, DGB-Archiv, 5/DGAI000510.

Raumordnung, regionale und sektorale Strukturpolitik
Zu »Polen« soll ein Initiativ-Antrag eingebracht werden.
Der Bundesvorstand stellt abschließend fest, daß alle Überschriften zu den Anträgen vereinheitlicht werden müssen.

12. Organisationsform der Gewerkschaft Kunst

Nach einer ausführlichen Darstellung durch Kollegen *Schwab* über die Auseinandersetzungen in der Gewerkschaft Kunst um die Entwicklung zu einer Mitgliedergewerkschaft – derzeit hat die Gewerkschaft Kunst den Charakter einer Kartellgewerkschaft mit 8 Mitgliedsverbänden und rund 44.000 Mitgliedern – faßt der Bundesvorstand folgenden

Beschluß:
Der Bundesvorstand unterstützt die Bemühungen, die Gewerkschaft Kunst in eine Mitgliedergewerkschaft umzuwandeln. Kommt auf dem Gewerkschaftstag der Gewerkschaft Kunst im Jahre 1983 ein entsprechender Beschluß nicht zustande, wird der Bundesvorstand die sich aus einem Austritt der RFFU aus der Gewerkschaft Kunst ergebenden Konsequenzen erneut behandeln.
Die RFFU kann davon ausgehen, daß ihr Verbleiben im DGB und ihre Vertretung im Bundesvorstand nicht in Frage stehen.

13. Bericht der Revisionskommission

Kollege *Vater* verweist auf den vorliegenden Bericht der Revisionskommission über die am 10.12.1981 durchgeführte Prüfung der Bundeshauptkasse des DGB, insbesondere auf die beiden Revisionsanmerkungen.[13] Zu dem ersten Vermerk erklärt Kollege *Vater*, daß sich der GBV sehr eingehend damit befaßt hat und die Auffassung vertritt, daß diese Feststellung nicht in das Protokoll gehört hätte. Seit Bestehen des Bundesfrauenausschusses gibt es diesen Vorgang. Der GBV sieht keine Veranlassung zur Beanstandung, weil ja auch in den anderen Ausschüssen, wie Bundesausschuß zu Weihnachten, ein Geschenk übergeben wird. Zu der zweiten Revisionsanmerkung erklärt Koll[ege] Vater, daß der GBV auch darüber eingehend

---

13 Die Revisionskommission bemängelte einen Sammelbeleg über Ausgabe eines Betrags von 425 DM für Geschenke für Mitglieder des Bundesfrauenausschusses. Sie bemängelte, dass darüber durch Einzelbelegführung Rechenschaft gelegt werden müsse. Weiterhin bemängelte sie die Vergabe von Druckaufträgen der Abteilung Jugend an nicht gewerkschaftseigene Verlage. Vgl. DGB-Bundesvorstand, Gerhard Vater, an die Mitglieder des Bundesvorstandes, Bericht der Revisionskommission über die am 10.12.1981 in Düsseldorf durchgeführte Revision der Bundeshauptkasse des Deutschen Gewerkschaftsbundes, Düsseldorf, 6.1.1982, AdsD, DGB-Archiv, 5/DGAI000510.

beraten hat. Es ist vorgesehen, diese Angelegenheit zwischen der Abt. Organisation, den Revisoren und dem Koll[ege] Vater zu besprechen.

Beschluß:
Der Bundesvorstand nimmt den Bericht der Revisionskommission über die am 10.12.1981 vorgenommene Prüfung der Bundeshauptkasse des DGB zur Kenntnis.

14. Jahreswirtschaftsbericht

Kollege *Pfeiffer* geht kurz auf die im Augenblick aktuellen tagespolitischen Ereignisse in Bezug auf Jahreswirtschaftsbericht und Beschäftigungsprogramm der Bundesregierung ein.

Er stellt noch einmal heraus, was der DGB von einem Beschäftigungsprogramm erwartet, daß aber mit Sicherheit nicht alle Wünsche und Forderungen erfüllt werden können.

Er bittet die Vorsitzenden, zu hinterlassen, wo sie in den nächsten beiden Tagen zu erreichen sind, damit eventuell erforderliche Abstimmungen b[eziehungsweise] Absprachen erfolgen können.

Kollege *Breit* bittet, als zusammenfassende Übersicht die Ausführungen von Kollegen *Pfeiffer*, einschließlich der Vorschläge, Entwicklungsgeschichte und den aktuellen Zahlen, den Mitgliedern des Bundesvorstandes zur Verfügung zu stellen.

An der Diskussion beteiligten sich die Kollegen *Muhr, Wunder, Pfeiffer, A. Schmidt, Vetter, Vomberg, Breit, Wagner.*

Vom Kollegen *Muhr* werden unter diesem Tagesordnungspunkt folgende Zahlen der Arbeitslosen bekanntgegeben:

Ende Januar waren es 1.949.757, dies sind gegenüber Ende Dezember 245.900 mehr und gegenüber Ende Januar 1981 rund 475.500 mehr.

15. Sitzungen im September 1982

Kollege *Vetter* weist darauf hin, daß vom 5.–10.9.1982 der Gewerkschaftstag Nahrung-Genuß-Gaststätten in Nürnberg stattfindet und somit die während dieser Zeit anstehenden Sitzungen von GBV, Bundesvorstand und Bundesausschuß ebenfalls in Nürnberg durchgeführt werden sollten.

Beschluß:
Der Bundesvorstand beschließt, seine Sitzung am 7.9.1982 in Nürnberg, aber die Sitzung des Bundesausschusses am 9.9.1982 in Düsseldorf durchzuführen.

Ende der Sitzung: 15.40 Uhr.

Dokument 92

10. Februar 1982: Kurzprotokoll der Außerordentlichen Sitzung des Bundesvorstandes

Hamburg, Besenbinderhof; Vorsitz: Heinz O. Vetter; Protokollführung: Nikolaus Hüwe; Sitzungsdauer: 14.15 Uhr–Ende nicht vermerkt; ms. vermerkt: »Vertraulich«.[1]

Ms. hekt., 16 S., ohne Anlage.[2]

AdsD, DGB-Archiv, 5/DGAI000554.

Protokoll der Außerordentlichen Bundesvorstandssitzung am 10.2.1982 im Besenbinderhof, Hamburg.

Einziger Tagesordnungspunkt:
Die Veröffentlichungen über Verhaltensweisen von NH-Vorstandsmitgliedern im Spiegel Nr. 6 vom 8.2.1982[3]

Anwesend sind die Kolleginnen bzw. Kollegen
    Vetter
    Muhr
    Weber
    Blättel
    Pfeiffer
    Stephan
    Vater
    Breit

Dok. 92
1 Die Einladung zu der Sitzung erging laut Protokoll per Fernschreiben am 9.2.1982. Es fehlten Gerhard Schmidt, Karl Schwab, Karl Hauenschild, Alfred Horné, Eugen Loderer, Willi Lojewski, Leonhard Mahlein, Helmut Teitzel. AdsD, DGB-Archiv, 5/DGAI000554.
2 Die übliche Anwesenheitsliste ist nicht als Anlage zum Protokoll beigefügt, sondern auf dem Deckblatt enthalten.
3 Der Spiegel hatte in seiner Titelgeschichte »Neue Heimat. Die dunklen Geschäfte von Vietor und Genossen« massive Vorwürfe gegenüber dem Vorstand der Neuen Heimat erhoben. Unter anderem wurden ihnen Insider- und Anlagegeschäfte vorgeworfen, auf deren Grundlage die Vorstandsmitglieder erhebliche Steuervorteile erlangt hatten. Mit dem Bericht wurde der Neue-Heimat-Skandal öffentlich, der das Ende der Gemeinwirtschaft einleitete. Die bekannt gewordenen Fakten delegitimierten die Gemeinwirtschaft allerdings in erster Linie politisch, nicht wirtschaftlich. Die gemeinwirtschaftlichen Unternehmen, deren Anteilseigner der DGB und die Einzelgewerkschaften waren, mussten jedoch nicht aufgrund des politischen Skandals, den der Spiegel öffentlich gemacht hatte, abgewickelt werden beziehungsweise zunächst einmal saniert werden, sondern aufgrund eklatanter Managementfehler, die dem politischen Skandal Jahre vorausgegangen waren. Internationale Fehlinvestitionen und eine Überschuldung spielten beim Konkurs der Neuen Heimat eine große Rolle. Vgl. Gut getarnt im Dickicht der Geschäfte. Die dunklen Geschäfte von Vietor und Genossen, in: Der SPIEGEL, 8.2.1982. Vgl. Kramper: Das Ende der Gemeinwirtschaft; ders.: Neue Heimat. Vgl. über die Sanierung der gewerkschaftlichen Gemeinwirtschaft vor ihrer Liquidierung Abelshauser: Nach dem Wirtschaftswunder, S. 567-668.

Dokument 92 10. Februar 1982

Döding
Haar
Keller
Kluncker
Morich
A. Schmidt
Schröder
Sperner
Volkmar
Wunder

und als Anteilseignervertreter in den Aufsichtsräten der NH/NHS die Kollegen
Beer
Bußjäger
Voßhenrich

nicht anwesend
Protokollführer: Kollege Hüwe; Beginn: 14.15 Uhr.

Kollege *Vetter* weist darauf hin, daß am 9.2.1982 mit Fernschreiben um 12.15 Uhr zu dieser Sitzung alle Mitglieder des Geschäftsführenden Bundesvorstandes und die Vorsitzenden der Gewerkschaften und Industriegewerkschaften sowie die gewerkschaftlichen Anteilseignervertreter in den Aufsichtsräten eingeladen worden sind. Bis zum Beginn der Sitzung haben sich für die Teilnahme entschuldigt die Kollegen. [!]

Kollege *Vetter* führt zum Bekanntwerden der Vorgänge aus: Ihm sei nach ersten unbestätigten Informationen am Freitagabend, den 5.2.1982, bekannt geworden, daß der Spiegel über die NH berichten werde. Da bis zum Samstagabend keine weitere Bestätigung erfolgte, habe er selbst die NH angerufen. Andere Vorstandsmitglieder der NH hatten zwischenzeitlich den Kollegen Hesselbach informiert. Bei diesem Anruf habe sich folgendes herausgestellt: Ein Vorabdruck des Artikels wurde der NH für 25.000 DM angeboten, um Maßnahmen zur Verhinderung der Auslieferung einleiten zu können. Der Spiegel hat wohl daraufhin selbst die Auslieferung der Ausgabe verzögert. Da kein authentisches Material vorgelegen habe, konnten keine einstweiligen Verfügungen erwirkt werden. Vietor habe dargestellt, daß er jedoch noch vor Auslieferung ein Exemplar erhalten werde. Die erreichbaren Vorstandsmitglieder seien daraufhin zusammengekommen. Nach Beratung am Sonntag habe man von einstweiliger Verfügung abgesehen, weil die Formulierungen juristisch nicht ausreichend greifbar gewesen seien. Die Pressemeldung am Dienstag, den 9.2.1982, sei mit ihm nicht abgesprochen gewesen. Darin hätten sich die Betroffenen hinter die Verantwortung der Aufsichtsratsmitglieder verkrochen. Dies mache die Sache noch schwieriger. Zum Sachverhalt führte er weiter aus: Die angesprochenen Sachverhalte haben sich noch vor dem Bundeskongreß 1969 abgespielt. Danach sei in dieser Beziehung nichts Wesentliches mehr geschehen. Auf diesen zeitlichen Bezug stütze sich die Erläuterung von A. Vietor ihm gegenüber, daß der Aufsichtsrat zugestimmt habe. A. Vietor habe dabei auf den Schriftverkehr zurückgegriffen, der in den Jahren 1955 bis 1957 mit dem Aufsichtsratsvorsitzenden geführt worden sei. Kollege *Vetter* verliest die Schreiben und Protokollauszüge und stellt fest, daß danach entsprechend den »Bedingungen, die am 22.12.54 vom Aufsichtsrat beschlossen worden seien« dem Vorschlag einstimmig zugestimmt worden sei. Kollege *Vetter* verliest sodann das Schreiben, das A. Vietor ihm unmittelbar vor Beginn dieser Sitzung vorgelegt habe, wonach der Vorstand der NH und NHS »unbeschadet der weiteren Prüfung« seine »Bereitschaft erklärt, insgesamt zurückzutreten«.

Kollege *Kluncker* bemerkt dazu, dies Angebot brauche man nur noch anzunehmen.

Kollege *Vetter* stellt fest: daß der Spiegel den Artikel gebracht habe, das sei den Journalisten nicht vorzuwerfen,
– die verwendeten Formulierungen seien nur schwer greifbar,
– aus dem Artikel selbst ergäbe sich jedoch ein konkreter Ansatzpunkt, nämlich die angesprochenen Schädigungen.

Weiter führt er aus, daß das, was vor 1969 passiert sei, ihm nicht bekannt gewesen sei. Dazu sei ihm auch von keiner anderen Seite eine Information zugegangen. Seit dieser Zeit seien auch keine entsprechenden Anträge an ihn gerichtet worden. Zu 3 oder 4 Baumaßnahmen habe er nach entsprechender Absprache im kleinen Ausschuß die Genehmigung erteilt. Diese seien – wie es für alle Beschäftigten geregelt ist – mit einem entsprechenden Nachlaß abgerechnet worden. In Bezug auf die Steuersparmöglichkeiten in Berlin sei dies nur in ganz kleinem Rahmen vorgekommen, ausschließlich zur Steuerersparnis. Dies hat jedoch einen viel größeren Rahmen angenommen, als er sich das vorgestellt habe und es ihm als AR-Vorsitzendem gesagt worden sei. Allen Beschäftigten der Neuen Heimat seien über diese Möglichkeiten der Berlin-Förderung informiert worden. Dies sei der ihm bekannte Sachverhalt.

Zur Erklärung, die W. Hesselbach herausgegeben haben soll, ergänzte Kollege *Vetter* mit dem Hinweis auf die FAZ vom 9.2.82. Der Artikel wird danach verlesen. Insgesamt müsse er feststellen, daß die Gewerkschaften einen großen Schaden erlitten haben. Kollege *Vetter* bittet anschließend um die Diskussion zur Beurteilung des Sachverhaltes.

Kollege *A. Schmidt* führt aus, für ihn sei völlig unerheblich, daß der Spiegel und was dieser dargestellt und gemacht habe. Er sei verwundert zu erfahren, daß H. O. Vetter bei 3 bis 4 Baumaßnahmen die Zustimmung erteilt habe. Er verweist darauf, daß der Hauptvorstand der IGBE am Montagmorgen ein Telegramm an den DGB- und AR-Vorsitzenden gerichtet habe mit der Bitte, die Organe zusammentreten zu lassen. Zum Grundsatz führte er aus, die Gewerkschaften stünden nicht im Dienste der Neuen Heimat, im Gegenteil müsse hier ganz klar sein, daß die Unternehmen im Dienste der Gewerkschaften stehen. Das Thema Rücktrittsbereitschaft stehe erst ganz am Ende der Überlegungen. Hier wolle er nicht die rechtspolitische Situation prüfen, viel entscheidender sei die gewerkschaftspolitische Situation; hier gehe es um das Verhalten der im Spiegel Genannten generell. Der HV der IGBE habe übereinstimmend folgende Prüfungen für notwendig gehalten:

1. muß untersucht werden mit der Zielrichtung, ob dem Unternehmen Schaden entstanden ist,
2. sei es höchstnotwendig zu prüfen, ob auch den Mietern ein Nachteil entstanden sei. Deswegen sei ein Prüfungsauftrag notwendig an eine unabhängige Prüfungsgesellschaft, die bislang mit der Prüfung nicht berührt war. Mit dieser Prüfung und Aufklärung sei seiner Meinung nach zu erreichen, daß der Schaden auf dem geringsten Niveau gehalten werden könne. Ein Schaden insgesamt sei jetzt nicht mehr abwendbar. Er schlage vor und könnte das auch formal beantragen, über die Frage nachzudenken, ob die Betroffenen in Urlaub geschickt werden sollen oder die Gremien das Rücktrittsangebot annehmen. Er lege Wert darauf festzustellen, daß dieses Gremium das Gesetz des Handelns ergreifen muß. Die rechtspolitischen Erwägungen müßten dabei im Hintergrund stehen; die organisationspolitischen Überlegungen stünden absolut im Vordergrund. Die Gewerkschaftsführung habe nachzuweisen, daß sie an die Vorstandsmitglieder in der Gemeinwirtschaft mindestens die Anforderungen stellt, die sie an andere Vorstände – insbesondere im Zusammenhang mit der Mitbestimmung – auch stelle.

Kollege *Vetter* weist darauf hin, daß er eine Erklärung über einen möglichen Rücktritt nicht abgefordert habe. Er könne aber verstehen, daß die Bereitwilligkeit erklärt worden sei, ohne daß der Bundesvorstand seinerseits entsprechende Konsequenzen gefordert habe. Zu den genannten 3 bis 4 Baumaßnahmen [führte] er aus, es habe sich um W. Vormbrock, den Techniker P. Dresel und noch einen anderen gehandelt, die die Frage an ihn gerichtet hätten, ob sie für sich und nur für die persönliche Nutzung des jeweiligen Hauses von der üblichen Regelung Gebrauch machen dürften. Auf den Einwand des Kollegen *A. Schmidt*, daß diese üblichen Regelungen nicht bekannt gewesen seien, weist Kollege *Vetter* auf die unterschiedlichen Aspekte hin:
1. handle es sich um die früheren Entscheidungen zu den steuerlichen Möglichkeiten des § 7 b und
2. ginge es bei den genannten Genehmigungen um die Nutzung der allen Beschäftigten offen stehenden Möglichkeiten der Nachlaßgewährung bei Bauobjekten, die ausschließlich als für den persönlichen Gebrauch bezeichnet worden waren.

Auf den Einwand der Kollegin *Weber*, daß die Nachlaßgewährung hier von Vorstandsmitgliedern in Anspruch genommen worden sei, unterstreicht Kollege *Vetter*, daß diese Möglichkeit allen Beschäftigten der NH offen stünden.

Kollege *Kluncker* führt aus, daß er A. Schmidt dankbar sei für die Darstellung der vielfachen Facetten dieses Vorgangs. Seiner Meinung nach sei zu prüfen:
1. ob ein Schaden eingetreten sei, wobei der Umfang noch abzuschätzen sei,
2. der Einsatz unabhängiger Prüfer.

Dazu müsse eine von den bisherigen Prüfungen unabhängige Prüfungsgesellschaft eingesetzt werden.

Zu den Vorgängen führt er aus, der desolate Zustand der NHS sei seiner Meinung nach als Mißmanagement zu betrachten und nur noch nach kriminellen Gesichtspunkten zu messen. Mit der Entscheidung über die Gemeinwirtschaftskonzeption habe der Bundesausschuß 1978 keine Entscheidung für solche Spekulationen getroffen. Nicht die Öffentlichkeit sei schuld, sondern diejenigen, die jenseits der gewerkschaftlichen Moral gehandelt haben. Wenn die Unternehmen Bestandteil der Gemeinwirtschaft sind, dann haben sich die Repräsentanten auch nach diesem Kodex zu verhalten und nicht in die eigenen Taschen zu wirtschaften. Er kündigte an, daß wenn nicht bis zur nächsten Woche der Rücktritt angenommen worden sei, er den Antrag auf Entlassung des Vorstandes stellen werde. Er lege Wert darauf, daß dies im Protokoll erscheine.

Dazu führt Kollege *Vetter* aus, hier müsse auseinandergehalten werden
a) das Mißmanagement und
b) das Auftreten der Vorstände gegenüber den Eigentümern und Gewerkschaften und dies
c) unabhängig von Rechtsfragen, die noch kommen könnten.

Der Hinweis auf 529 Mio DM im Spiegel, das sei ausschließlich die Verantwortung des Managements, und zwar ein Schaden durch deren eigenes Verhalten. Zu den Vorgängen selbst dürfe aber nicht übersehen werden, daß die Dinge früher einmal anders gesehen worden seien. Kollege *Kluncker* distanziert sich unter Hinweis auf die Gemeinwirtschaftskonzeption noch einmal in aller Deutlichkeit von der hier angesprochenen persönlichen Bereicherung.

Kollege *Sperner* gehe es darum, daß jetzt nicht noch mehr passiere, über das Verhalten des NH-Vorstandes sei er tief enttäuscht. Aber das Empfinden von Schadenfreude anderer traue er niemandem zu, auch wenn das im Zusammenhang mit der Darstellung in der FAZ so dargestellt worden sei. Unbekannt sei die Geschichte mit den Häusern in Berlin nicht. Im Augenblick sehe das so aus, aber was früher passiert sei, das könne man jetzt nicht wegdiskutieren. Diese Dinge beträfen diesen Aufsichtsrat jedoch nicht.

Kollegen *A. Schmidt* und Kollege *Kluncker* wenden ein, daß das sehr wohl den Aufsichtsrat betreffe.

Kollege *Sperner* fährt fort, die Situation sei jetzt sehr schwierig. Es gehe um die Nachlässe, die sie – auch für sich – in Anspruch nehmen konnten. Es gebe eine Unmenge von Gewerkschaftssekretären, die Vorteile genossen haben beim Häuserbau. Auf den Einwand des Kollegen *Kluncker*, ob das für Spekulationsobjekte gelte, bekräftigte Kollege *Sperner* seine Darstellung. Die NH sei auch noch anders entgegengekommen. Es sähe aber schlimm aus, wenn Vorstände oder Sekretäre der Gewerkschaften genannt würden, die ihrerseits auch Vorzugskonditionen in Anspruch genommen hätten. Kollege *Kluncker* wendet ein, wenn es nur um das eigene Haus gehe, dann sei das eine ganz andere Kategorie. Kollege *Sperner* ergänzt seine Ausführungen, es käme ihm darauf an abzuwenden, daß nicht ein zweiter Schlag auf die Gewerkschaften zukommen kann. So müsse H. O. Vetter von derartigen Vorwürfen ganz klar herausgehalten werden. Nicht zu verkennen sei jedoch, daß es früher Entscheidungen gegeben habe. Die heutige Meinung stünde mit der von Albin Karl nicht überein. Zum Verfahren unterstreicht er die Darstellung von A. Schmidt, daß der Bundesvorstand das Sagen haben müsse. Dies müsse jetzt ganz deutlich werden. Zurückhaltung zu einzelnen Punkten habe es in der Vergangenheit nur gegeben, weil die Finanzierung bei der NH betroffen gewesen wäre.

Kollege *A. Schmidt* fragt, ob aus den Dienstverträgen nicht hervorgehe, daß Nebenabreden wieder vorgelegt werden müssen. Dazu verliest Kollege *Vetter* den § 6 des Normaldienstvertrages, hier am Beispiel des Kollegen Frister. Kollegin *Weber* führt aus: Der Schaden, der der Gewerkschaftsbewegung entstehe, sei erheblich. Der Bundesvorstand müsse dafür sorgen, daß zu dem ersten Dreck nicht noch der nächste kommen könne. Es sei auch schon nachgesagt worden, daß sich AR-Mitglieder ein Haus gebaut hätten. Das würde dann so dargestellt, daß sich diese auch bedient hätten. Sie werde ihrerseits prüfen, ob es sich bei den zitierten Unterlagen hinsichtlich der Genehmigung um die Originale handle und ob dies jeweils die letzten Aussagen dazu gewesen seien, ggfls. ob später noch mehr dazu gesagt worden sei. Das sei jetzt aber nicht die Frage. Wenn einzelne Häuser gebaut worden seien, das entspräche der Regelung auch bei allen anderen großen Unternehmen, z. B. bei Mannesmann. Ein solcher Hinweis bringe die Diskussion aber nicht weiter. Wichtiger sei, daß ganz klar gemacht werden müsse, daß die Beurlaubung von der Seite der Gremien erfolge und daß die notwendigen Dinge offengelegt werden müßten, damit nicht auch noch andere benannt werden könnten.

Kollege *A. Schmidt* erläutert, er gehe davon aus, daß keiner aus diesem Kreis bei AVB und tele-therm beteiligt war. Die »Vorhaltung einzelner Häuser« sei jederzeit auch von ihm zu entkräften, dies gelte auch gegenüber den Mitgliedern. Kollege *Vetter* weist darauf hin, es sei unbestritten, daß jede Gesellschaft auf ihre Art Vorzugsleistungen für Beschäftigte, Vorstände und AR-Mitglieder erbringe. Das gelte insoweit auch für die Bank und die Volksfürsorge. Dazu solle G. Volkmar die Regelungen darstellen. Kollege *Volkmar* bestätigt dies und verweist auf eine Reihe solcher Konditionen. Er führt weiter aus, daß A. Schmidt gesagt habe, worauf es auch ihm ankomme. Die aktive und positive Handlungsfähigkeit der Gewerkschaften müsse zum Ausdruck kommen. Wenn das nicht der Fall sei, dann sei der Schaden riesengroß. Umgekehrt könne aber der moralische Anspruch unsererseits weiteren Schaden abbauen. Er gehe jedoch davon aus, daß die Vorwürfe nicht von allen Vorstandsmitgliedern der NH/NHS zu vertreten seien, so von E. Frister mit an Sicherheit grenzender Wahrscheinlichkeit nicht. Dies treffe auch noch für andere Vorstandsmitglieder zu. Dazu sollte Stellung bezogen werden können. Letztlich weist er darauf hin, daß man sich hier nicht auf Nebengleise begeben dürfe, damit nicht Erklärungen herausgegeben würden, die mehr schaden als nutzen könnten. Dazu halte er die Äußerung von A. Vietor für unmöglich, daß die Vorstandsmitglieder nichts anderes gemacht hätten als ein paar hundert weiterer Kollegen in Berlin auch. Davon sei im Spiegel mit keinem Wort die Rede gewesen. Abschließend unterstreicht er noch einmal, daß der Bundesvorstand auf der Grundlage verfahren solle, die A. Schmidt aufgezeigt habe.

Kollege *Haar* macht zunächst eine analysierende Bemerkung: Was der DGB mit dem Beschäftigungsprogramm in der Arbeitsmarktdiskussion gewonnen habe, was H. Kluncker und die anderen Gewerkschaften gewonnen hätten, das sei in drei

Tagen zunichte gemacht worden. Die Gewerkschaften seien in ihrem Ansehen erheblich betroffen und sie kämen noch tiefer, wenn der Bundesvorstand jetzt auseinandergehe, ohne zu den herausgenommenen Vergünstigungen der NH-Vorstandsmitglieder und den weiteren Punkten Entscheidungen getroffen zu haben. Er frage den Kollegen Vetter,
1. ob es möglich sei, zu unterbinden, daß weitere Interviews gegeben würden und
2. daß das, was A. Schmidt in zwei Punkten formuliert habe, noch zu erweitern sein müsse, um Fehlspekulationen in der Interpretation so weit als möglich einzugrenzen.

Er wäre dankbar, wenn bezüglich der Verschachtelung – wie im Spiegel erwähnt – hier noch klärende Hintergrundinformationen gegeben werden könnten, inwieweit z[um] B[eispiel] W. Hesselbach beteiligt gewesen sei, oder wer die anderen Personen seien. Möglicherweise würde der Schaden am geringsten, wenn keine einzelnen Namen vom Vorstand genannt würden. Das könne heute auch nicht zur Diskussion stehen. Wichtig sei ihm, was heute an Entscheidungen möglich sei.

Kollege *Vetter* erläutert, daß er anläßlich seines Anrufs nicht darüber informiert worden sei, daß die Erklärung des Vorstandes bereits herausgegeben war. Das wichtigste sei jetzt, sofort Bereitschaft zu zeigen, die Vorgänge vor der entsprechenden Öffentlichkeit rechtlich prüfen zu lassen. Kollege *Vetter* verliest danach die Erklärung zum Prüfungsauftrag. In den Text sei ohne sein Wissen hineingenommen worden »in Abstimmung mit dem Vorstand«. Diese Erklärung hätte ihm und den Gremienmitgliedern bereits am Montag vorliegen müssen.

Kollege *A. Schmidt* drückt sein völliges Unverständnis darüber aus, wie diese Erklärung zustande gekommen sei. Im Zusammenhang mit der Einladung und Information weist Kollege *Vetter* darauf hin, daß das 2. Fernschreiben an die Bundesvorstandsmitglieder nicht richtig angekommen sei. Er betrachte das, was von A. Vietor als 2. Meldung herausgegeben worden sei, als reine Angstreaktion.

Kollege *Bußjäger* gibt zu bedenken, daß, wenn eine unabhängige Prüfungsgesellschaft beauftragt werde, daran zu denken sei, wie ein außenstehender Dritter bei dem heutigen Zustand der NHS die B[i]lanzierung beurteilen würde. Kollege *Vetter* erklärte dazu, er habe A. Vietor beauftragt, daß ein spezieller Prüfungsauftrag ergehen soll, damit nicht auch zur Bilanzierung Überlegungen angestellt würden. Kollege *Kluncker* geht in Bezug auf die 2. Presseerklärung auf die Aussage ein, mit der nicht etwa die notwendige Aufklärung verlangt werde, sondern in der es heiße, daß »die Vorwürfe ausgeräumt würden«. Ihm sei unbegreiflich, wie diese Aussage zum Bestandteil einer offiziellen Verlautbarung werden könne. Kollege *Volkmar* weist darauf hin, daß nach seiner Kenntnis diese Erklärung den Vorstandsmitgliedern erst nach Veröffentlichung bekanntgeworden sei. Kollege *Vater* ergänzt zum Sachverhalt, es sei kaum noch möglich, einen größeren Schaden zu verhindern. Was hier geschehen sei, könne man den Mitgliedern nicht mehr klarmachen, selbst dann nicht, wenn es rechtlich nicht angreifbar sei, insbesondere bei dieser Vielzahl von Wohnungen, die A. Vietor selbst angegeben habe. Darüber hinaus habe A. Vietor dem Aufsichtsrat mit der Pressemeldung die gesamte Schuld zugeschoben, indem er auf die angebliche Genehmigung durch den Aufsichtsrat verwiesen habe. Bei der Analyse des Spiegel-Artikels seien mehr als zwanzig Vorwürfe aufgelistet worden. Deshalb lege er Wert darauf, daß der Prüfungsauftrag neben dem Innenverhältnis auch die im Verhältnis zu Externen angesprochenen Sachverhalte und darüber hinaus die sich aus dem Textzusammenhang ergebenden Vorwürfe umfasse. Zusammenfassend könne es nicht so sein, daß der Bundesvorstand heute getagt habe und danach dennoch alles beim alten bleibe.

Nach Auffassung des Kollegen *Voßhenrich* müsse vermieden werden, daß gesagt werde, die NHS operiere am Konkurs vorbei.

Im Zusammenhang mit der Beurlaubung wies er darauf hin, daß dies nur nach den Kriterien gehe, wer bei Wölbern, tele-therm und AVB nicht berührt war. Drei Namen seien bislang nicht genannt worden. Eindeutig müsse aus der Welt, daß dies Verhalten mit Wissen des AR-Vorsitzenden geschehen sei. Die angeführten Beschlüsse könnten heute keine Wirkung mehr haben, u. a. auch durch zwischenzeitlich anders gefaßte Beschlüsse. Seit 1969 sei kein einziges Wort über diese Verträge gefallen. Im Gegenteil habe der Aufsichtsrat immer um vernünftige Informationen ringen müssen. Heute dagegen würden die Dinge so dargestellt, als wenn alles genehmigt worden wäre. Die Mitglieder müssen sehen, daß wir diesen Mist nicht mitgemacht haben.

Kollege *Wunder* geht über die von A. Schmidt gestellten Fragen hinaus darauf ein, ob die Gemeinwirtschaftsanforderungen an die Vorstandsmitglieder berücksichtigt worden seien. Er gehe davon aus, daß die Gewerkschaften einen erheblichen moralischen Schaden erlitten haben, und vertritt die Auffassung, daß der Bundesvorstand dazu in Form eines Verhaltenskodex Stellung nehmen müsse. Kollege *Kluncker* wirft dazu ein, daß sich die Vorstände an diesen Verhaltenskodex schon früher hätten halten müssen. Kollege *Wunder* ergänzt die Überlegung, daß hierzu e[ventuell] noch ein Antrag zum nächsten Kongreß kommen müsse. Für ihn bleibe die Frage offen, was W. Hesselbach gewußt habe. Wenn die Situation der NHS noch viel schlimmer sei als die anderen Vorwürfe, wie er es dargestellt haben soll, dann könnte das auch noch weiter ausgeschlachtet werden. Kollege *Sperner* bekräftigt diesen Einwand und weist darauf hin, daß dabei noch eine erhebliche Schmutzkampagne kommen könne.

Kollege *Vetter* verliest danach den Brief von E. Frister vom heutigen Tage, der an ihn und Kollegen Wunder gerichtet sei.

Kollege *Schröder* drückt seine Kritik über die Einberufung und den Stil des Zusammenkommens aus. Er sei dennoch dankbar, daß es zu dieser Sitzung gekommen sei. Zum Sachverhalt weist er in aller Deutlichkeit darauf hin, daß er hauptberuflich Polizeibeamter sei. In dem Artikel seien auch Punkte angesprochen, die strafrechtlich gewürdigt werden müßten. Aufgrund der Veröffentlichung sei er nicht mehr verpflichtet, seinerseits von Amts wegen tätig zu werden. Er unterstreicht die bereits geäußerte Haltung, daß er das Anerbieten des Vorstandes zurückzutreten seinerseits energisch zurückweise. Beim DGB-Bundesvorstand liege das Gesetz des Handelns. Wenn in dieser Phase Schritte vorweggenommen würden, dann würde dies den Aufgaben dieses Gremiums nicht gerecht. Er weist darauf hin, daß auch die juristischen Ansprüche gegen die Betroffenen abgesichert werden müßten, wenn Schaden für die NH eingetreten sei. Kollege *Döding* erklärt, daß die vorgetragene Haltung von ihm unterstützt werde. Nicht nur wegen der juristischen Seiten müsse heute eine Stellungnahme des DGB erfolgen. In den Augen der Mitglieder tage heute hier der Bundesvorstand. Für ihn bestehe kein Zweifel darüber, daß von Funktionären und Mitgliedern aus dem Vorgang auch Rückschlüsse auf das Verhalten von Vorstandsmitgliedern ihrer jeweiligen Organisationen gezogen würden. Es müsse deutlich werden, daß keine Genehmigungen vorgelegen haben und damit von den Vorstandsmitgliedern gegen die Treuepflicht verstoßen worden sei. Er weise darauf hin, daß bei Vorgängen dieser Art nach seiner Auffassung der Domino-Effekt gelte, und zwar für alle gemeinwirtschaftlichen Unternehmen des DGB. Hier sei auch der Zusammenhang mit der Mitbestimmung zu sehen.

Auf Vorschlag des Kollegen *Muhr* wird ein Beschlußvorschlag zur Diskussion gestellt, der Kollege *Morich* geht davon aus, daß es heute zu einem Beschluß kommen müsse. Von A. Vietor hätte erwartet werden können, daß er bereits am Montag seinerseits die Konsequenzen gezogen hätte. Kollege *Breit* erklärt, daß er der Entscheidung im Grundsatz zustimmen kann. Bei seiner Bewertung der Vorgänge geht er darauf ein, daß man heute noch nicht feststellen könne, wie groß der immaterielle Schaden sei, weil hier die Idee der Gemeinwirtschaft in Frage gestellt worden sei. Es müsse umgehend dafür gesorgt werden, daß ein Interimsvorstand eingesetzt werde. Davon hänge auch die Kreditwürdigkeit wesentlich ab. Einen personellen Vorschlag habe er nicht. Kollege *Vetter* greift den Gedanken auf. Wegen der Sensibilität der Angelegenheit müsse jetzt der richtige Mann gefunden werden. Dabei sei vielleicht an A. Lappas zu denken und dazu einen gestandenen Banker aus der BfG. Kollege *A. Schmidt* weist noch einmal darauf hin, daß der Hinweis auf den Gemeinwirtschaftskodex nicht vergessen werden dürfe. Dies sei für ihn ein wesentlicher gewerkschaftspolitischer Punkt. Es müsse deutlich werden, daß dieser Vorstand dem nicht entsprochen habe. Einen Vorgang wie diesen habe es noch nicht gegeben, daß ein ganzer Vorstand nach Hause geschickt werden müsse. Deswegen gehe es hier auch um das internationale Renommé. Darum könne er sich vorstellen, daß der BGAG-Vorstand in seiner Gänze als Vorstand eingesetzt werden könnte.

Kollege *Kluncker* wendet dagegen ein, daß das auf keinen Fall gehe. Nach dem gemeinsamen Kenntnisstand sei auch W. Hesselbach im Spiegel benannt. Eine solche Entscheidung gäbe ein ungerechtfertigtes Gefälle in der Behandlung der Genannten.

Danach wird folgender Beschluß gefaßt:
Der Bundesvorstand fordert die Mitglieder der Aufsichtsratsgremien der Neuen Heimat und der Neuen Heimat Städtebau auf,
1. unverzüglich die Vorstände dieser Unternehmensgruppe zu beurlauben,
2. eine unabhängige und lückenlose Prüfung der gegen Vorstandsmitglieder NH/NHS erhobenen Vorwürfe zu gewährleisten,
3. zur Aufrechterhaltung der laufenden Geschäfte einen Interimsvorstand zu berufen.

Der Geschäftsführende Bundesvorstand wird beauftragt, hinsichtlich der politisch-moralischen Beurteilung des Verhaltens von NH-Vorstandsmitgliedern eine erste gewerkschaftspolitische Bewertung zur nächsten Bundesvorstandssitzung vorzulegen.

Der Bundesvorstand verweist nachdrücklich auf die Erklärung des Vorsitzenden der Aufsichtsräte von NH/NHS, Heinz O. Vetter, daß die amtierenden Aufsichtsräte keinem Beschluß zugestimmt haben, der Vorstandsmitgliedern der NH die in Frage kommenden Verhaltensweisen genehmigt hätte.

Im übrigen unterliegen alle Vorgänge der bereits angelaufenen Prüfung durch eine unabhängige Prüfungsgesellschaft.

Dokument 93

13. Februar 1982: Kurzprotokoll der Außerordentlichen Sitzung des Bundesvorstandes

Frankfurt/Main; Vorsitz: Heinz O. Vetter; Protokollführung: Wilhelm Kaltenborn; Sitzungsdauer: 11.00–17.00 Uhr; ms. vermerkt: »Vertraulich«.[1]

Ms. hekt., 5. S., ohne Anlage.[2]

AdsD, DGB-Archiv, 5/DGAI000554.

Beginn der Sitzung: 11.00 Uhr.

Nachdem Kollege Heinz O. Vetter zusammenfassend den bisherigen Verlauf der Angelegenheiten um die Neue Heimat darstellt, werden folgende Punkte erörtert:[3]
1. einige unmittelbare Fragen zu den in der Öffentlichkeit erhobenen Vorwürfen gegen NH-Vorstandsmitglieder
2. politischer Stellenwert der Hamburger Bundesvorstandsbeschlüsse vom 10. Februar 1982
3. rechtliche Probleme im Zusammenhang mit den Hamburger BV-Beschlüssen
4. Empfehlungen hinsichtlich der NH-Vorstandsmitglieder
5. einige aktuelle Probleme für die Neue Heimat
6. Zusammensetzung des künftigen Interimsvorstandes der Neuen Heimat
7. Prüfungsauftrag an eine zweite Prüfungsgesellschaft
8. Beteiligungen am Berliner sozialen Wohnungsbau

Dok. 93
1 Das Einladungsschreiben fehlt in der Vorsitzendenakte. Es fehlten Gerd Muhr, Günter Stephan, Ernst Haar, Karl Hauenschild und Alfred Horné. AdsD, DGB-Archiv, 5/DGAI000511.
2 Die übliche Anwesenheitsliste ist nicht als Anlage zum Protokoll beigefügt, sondern auf dem Deckblatt enthalten.
3 Vgl. die Literatur zu Dok. 92: Kurzprotokoll der Außerordentlichen Sitzung des Bundesvorstandes am 10.2.1982.

Zu 1. verweist Kollege Breit darauf, daß das in der Sitzung verteilte Papier von 1975, das nach den Einlassungen von Kollegen Albert Vietor die Zustimmung des Aufsichtsrates zu den in Frage stehenden Beteiligungen von NH-Vorstandsmitgliedern enthalten solle, nicht schlüssig sei: Es fehle ein darin erwähnter Brief; es sei zu fragen, ob dem Aufsichtsrat dieser Briefwechsel überhaupt bekannt gewesen sei; der Text enthalte keine Genehmigung, sich an Gesellschaften zu beteiligen.

Kollege *Kluncker* fragt, was es mit dem Gespräch vom 2. April 1979 des Kollegen Vormbrock – aus dessen Aktenvermerk darüber der »Spiegel« zitiert habe – mit Kollegen Vetter auf sich hätte.

Kollege *Vetter* stellt klar, daß ein solches Gespräch ohne besondere Verbindlichkeit am Rande der Einweihung des Berliner ICC stattgefunden haben könnte. Bedeutsam sei die Antwort von Kollegen Albert Vietor auf eine entsprechende Frage zur eventuellen Genehmigung des Aufsichtsrates über gewinnbringende Tätigkeiten von Geschäftsführern in Angelegenheiten der Gesellschaft. Kollege Vietor habe 1980 darüber mitgeteilt, daß es keine solchen Beschlüsse gäbe. Kollege Vietor habe wörtlich geschrieben: »Der Beschluß des Aufsichtsrates bezüglich Betreuung von § 7 b-Bauten ist 1954 gefaßt worden. Anschließend ist er mehrfach behandelt und modifiziert worden; er war Gegenstand wiederholten Schriftwechsels und diverser Gespräche, zuletzt im Jahre 1969 mit dem Aufsichtsratsvorsitzenden der Neuen Heimat.«

Kollege *Hesselbach* führt auf eine Frage von Kollegen *Keller* aus, daß seine Beteiligungen durch den »Spiegel« durchaus richtig dargestellt seien: Von 1963/64 bis 1979 habe er Anteile an der tele-therm Berlin gehalten und daraus Verlustzuweisungen erhalten. Er sei auch an BGB-Gesellschaften in Berlin beteiligt. Aus seiner grundsätzlichen politischen Bewertung der Möglichkeiten, auf den Weg der Steuerersparnisse Subventionen zu fördern, habe er nie ein Hehl gemacht und sowohl über seine ablehnende Haltung wie über seine Engagements im übrigen alle Bundesfinanzminister informiert. Er habe stets strikt darauf geachtet, seine Gehaltsbezüge voll zu versteuern und lediglich seine übrigen Bezüge steuersparend eingesetzt. Zu diesem Komplex der rechtlich einwandfreien und politisch gewollten Möglichkeiten der Steuereinsparungen sollten gelegentlich gemeinwirtschaftlich-moralische Grundsätze formuliert werden.

Zu 2. betont der Bundesvorstand die erhebliche politische, vor allem organisationsinterne Bedeutung der Hamburger Beschlüsse des Bundesvorstandes vom 10. Februar 1982.[4] Trotzdem sei die Empörung bei den Mitgliedern, worauf vor allem Kollege *Kluncker* verweist, und der nicht zu beziffernde Schaden für das Ansehen der Gewerkschaften, wie Kollege *Morich* erklärt, außerordentlich groß. Kollege *Adolf Schmidt* stellt in diesem Zusammenhang fest, daß durch die Hamburger Beschlüsse deutlich geworden sei, daß das Gesetz des Handelns bei den zuständigen Gewerkschaftsgremien liege.

---

4 Vgl. Dok. 92: Kurzprotokoll der Außerordentlichen Sitzung des Bundesvorstandes am 10.2.1982.

Kollege *Breit* verweist darauf, daß das Vertrauen der Mitglieder in Redlichkeit der Gewerkschaften unbedingt bewahrt bleiben müsse. Kollege *Volkmar* führt aus, daß es bei den notwendigen Konsequenzen aus den Hamburger Beschlüssen vor allem um politisch und nicht so sehr um rechtlich wirkende Entscheidungen gehen müsse.

Zu 3. nimmt der Bundesvorstand auf entsprechende Ausführungen vor allem der Kollegen *Kluncker* und *Adolf Schmidt* zur Kenntnis, daß die in Hamburg geforderte Beurlaubung aller Mitglieder des NH-Vorstandes insofern rechtliche und verfahrensmäßige Probleme mit sich bringe, als daß

- von den Gesellschaftsorganen nicht einseitig eine Beurlaubung ausgesprochen werden könne, sondern daß dies nur einvernehmlich mit den Betroffenen geschehen könnte,
- auch bei Beurlaubung von Vorstandsmitgliedern deren rechtliche Vertretungsbefugnis der Gesellschaft erhalten bleibe, da die entsprechenden Eintragungen im Handelsregister davon nicht berührt würden.

Zu 4. beschließt der Bundesvorstand angesichts der rechtlichen Probleme, die mit einer Beurlaubung verbunden sind, und angesichts ihrer unmittelbaren Belastung durch die erhobenen Vorwürfe, den Gesellschafterversammlungen der NH den Vertrauensentzug gegenüber den Kollegen Albert Vietor, Dr. Harro Iden und Wolfgang Vormbrock zu empfehlen.

Hinsichtlich der Kollegen Rolf Dehnkamp, Peter Dresel und Horst Städter ist sich der Bundesvorstand einig, daß eine einvernehmliche Beurlaubung erzielt werden soll, die bis zum schnellstmöglichen Abschluß der Prüfungen erfolgen solle.

Eine längere Diskussion wird darüber geführt, ob auch eine Beurlaubung des Kollegen Erich Frister empfohlen werden soll.

Die Kollegen *Adolf Schmidt, Kluncker, Morich, Gerhard Schmidt, Wunder* befürworten eine Gleichbehandlung auch des Kollegen Frister unter Berufung auf die Hamburger Beschlüsse. Eine Gleichbehandlung der NH-Vorstandsmitglieder bedeute nicht das totale Mißtrauen gegen alle Kollegen, führt Kollege *Adolf Schmidt* in diesem Zusammenhang aus. Kollege Frister könne binnen kürzester Zeit, nach der Prüfung, seine Vorstandsfunktion wieder wahrnehmen.

Kollege *Vetter* weist darauf hin, daß er Gründe für ein besonderes Verhalten gegenüber Kollegen Frister sehe: Kollege Frister sei erst seit 4 Monaten im Amt und könne schon deshalb nichts mit den Vorwürfen, die sich auf vergangene Jahre erstreckten, zu tun haben.

Um die Haltung von Kollegen Frister und die der Arbeitnehmer-Vertreter zu dieser Frage festzustellen, führen mehrere Bundesvorstandsmitglieder entsprechende Gespräche. Sie berichten anschließend, daß Kollege Frister zwar mit einer Beurlaubung grundsätzlich nicht einverstanden sei, sie allerdings auf den eindringlichen Wunsch des Bundesvorstandes vollziehen werde, dann aber nicht mehr für die NH zur Verfügung stehen würde. Die Arbeitnehmer-Vertreter würden ausdrücklich eine Vertrauenserklärung für Kollegen Frister abgeben.

Kollege *Adolf Schmidt* befürchtet eine Stärkung der Argumente der Mitbestimmungsgegner, wenn die Gewerkschaften als Anteilseigner eine vernünftige Entscheidung treffen wollten und dies von den Arbeitnehmer-Vertretern verhindert würde. Kollege *Breit* hält es für untragbar, wenn solche Meinungsverschiedenheiten in dieser Frage ausgetragen werden müßten.

Kollege *Vetter* führt Gespräche mit den Kollegen *Dehnkamp*, *Dresel* und *Städter* und berichtet anschließend, daß diese Kollegen mit einer einverständlichen Beurlaubung unter der Voraussetzung eines möglichst kurzen ehrenhaften Verfahrens einverstanden seien. Eine Ausnahme für Kollegen Frister würden sie akzeptieren.

Der Bundesvorstand beschließt, eine einverständliche Beurlaubung der Kollegen Dehnkamp, Dresel, Städter und Frister zu empfehlen.

Falls im Aufsichtsrat darüber Differenzen aufträten, sollte die Sitzung unterbrochen werden.

Zu 5. wird vor allem von den Kollegen *Vetter*, *Loderer*, *Sperner*, *Breit* und *Hesselbach* auf die unbedingt erforderliche Erhaltung der Kreditfähigkeit der Neuen Heimat und vor allem der Neuen Heimat Städtebau hingewiesen. Bei den Entscheidungen über die künftige Zusammensetzung des Vorstandes sei dieses Problem vorrangig zu beachten.

Kollege *Sperner* betont, daß es auch notwendig sei, alles zu tun, um nicht eine Diskussion über die Frage der Gemeinnützigkeit entstehen zu lassen.

Kollege *Gerhard Schmidt* führt aus, daß die Klagen unzufriedener Mieter erst in der nächsten Zeit zu erwarten seien. In diesem Zusammenhang habe er auf der Berliner Landesbezirkskonferenz des DGB die Vermutung geäußert, daß die Neue Heimat womöglich zu groß für die erforderliche Mieternähe sei.

Zu 6. wird den NH-Organen vom Bundesvorstand empfohlen, Kollegen Dr. Diether Hoffmann zum interimistischen Vorstandsvorsitzenden zu bestellen. Für die weitere Ergänzung des Interimsvorstandes könnten leitende Mitarbeiter der NH, besonders aus den Regionen in Frage kommen.

Zu 7. beschließt der Bundesvorstand auf Anregung von Kollegen *Adolf Schmidt*, eine zweite Prüfung zu empfehlen. Als Prüfer sollte die Treuarbeit gewählt werden. Hinsichtlich des Prüfungsauftrages schlägt Kollege *Hesselbach* eine Formulierung vor, die – um die Frage ergänzt, ob dem Unternehmen und den Mietern Schaden zugefügt worden sei – den zuständigen NH-Organen zur Vergabe an die Treuarbeit angeraten wird.

Zu 8. berichten die Kollegen *Loderer*, *Pfeiffer* und *Vetter* über Anfragen des »Spiegel« hinsichtlich ihrer Beteiligung am sozialen Wohnungsbau in Berlin in Form von BGB-Gesellschaften, die von der Neuen Heimat betreut werden. Kollege *Vetter* verweist darauf, daß bereits eine Stellungnahme der Abteilung Wirtschaftspolitik vorläge, die die positive gewerkschaftliche Haltung zu steuervergünstigten Berlinförderungsmaßnahmen darstelle. Auf der niedersächsischen Landesbezirkskonferenz in Osnabrück habe er die Überlegung geäußert, diese Anteile in einen gemeinsamen Pool einzubringen.

Kollege *Sperner* führt aus, daß die Vermischung dieser Beteiligungen am Berliner Wohnungsbau mit den Vorwürfen gegen NH-Vorstandsmitglieder zurückgewiesen werden müßte. Kollege *Adolf Schmidt* empfiehlt eine offensive positive Würdigung der Inanspruchnahme von Berlinpräferenzen. Kollegin *Weber* rät, schon jetzt die Wirkungen des kommenden Spiegel-Artikels zu bedenken.

Der Bundesvorstand beauftragt den Geschäftsführenden Bundesvorstand, am kommenden Montag den DGB-Landesbezirken und Kreisen eine Darstellung der Aktivitäten von Bundesvorstand und NH-Organen in der vergangenen Woche und der Würdigung der Beteiligungen am Berliner Wohnungsbau zuzuleiten.

Ende der Sitzung: 17.00 Uhr.

Dokument 94

2. März 1982: Kurzprotokoll über die 38. Sitzung des Bundesvorstandes

Hans-Böckler-Haus, Düsseldorf; Vorsitz: Heinz O. Vetter; Protokollführung: Isolde Funke, Ursula Bryks; Sitzungsdauer: 10.10–16.30 Uhr; ms. vermerkt: »Vertraulich«.[1]
Ms., hekt., 7 S., 4 Anlagen.[2]
AdsD, DGB-Archiv, 5/DGAI000554.

Beginn der Sitzung: 10.10 Uhr.

Kollege *Vetter* eröffnet die 38. Sitzung des Bundesvorstandes in Düsseldorf.

Tagesordnung:
1. Veränderungsmitteilungen der Landesbezirke
2. Gemeinwirtschaft
3. Personalfragen
4. Genehmigung des Protokolls der 37. Bundesvorstandssitzung
5. Arbeitsgemeinschaft für Umweltfragen e. V.
6. Gemeinschaftsinitiative für Arbeitsplätze, Wachstum und Stabilität
7. Beteiligung an Kongressen von Arbeitnehmerorganisationen im Ostblock
8. Polen-Hilfe

Dok. 94
1 Einladungsschreiben vom 10.2.1982, Einladungsschreiben mit Tagesordnung vom 16.2.1982. Nicht anwesend: Leonhard Mahlein, Erwin Ferlemann. AdsD, DGB-Archiv, 5/DGAI000511.
2 Anlagen: Anwesenheitsliste; vgl. DGB-Bundesvorstand zur beschäftigungspolitischen Diskussion, DGB-Nachrichten-Dienst, 50/82, 3.3.1982; DGB-Bundesvorstand schlägt Vetter-Nachfolger vor, DGB-Nachrichten-Dienst, 51/82, 3.3.1982; DGB-Bundesvorstand gegen Verschärfung der Zumutbarkeitsanordnung, DGB-Nachrichten-Dienst, 52/82, 3.3.1982.

9. 12. Ordentlicher DGB-Bundeskongreß
   a) Vorläufiger Zeitplan
   b) Zusammensetzung des Präsidiums
   c) Geschäftsordnung
10. Verschiedenes

1. Veränderungsmitteilungen der Landesbezirke

Beschluß:
Der Bundesvorstand empfiehlt dem Bundesausschuß, die in den vorliegenden Listen neugewählten und benannten Kolleginnen und Kollegen gemäß § 8, Ziffer 3, Buchstabe e) der Satzung des DGB als Mitglieder der Landesbezirksvorstände Baden-Württemberg, Bayern, Berlin, Hessen, Niedersachsen, Nordmark, Nordrhein-Westfalen, Rheinland-Pfalz und Saar zu bestätigen.[3]

Bei dieser Gelegenheit gratuliert Kollege *Vetter* auch den in den letzten Wochen neugewählten Landesbezirksvorsitzenden.

2. Gemeinwirtschaft

Kollege *A. Schmidt* beantragt, bevor die weitere Tagesordnung abgehandelt wird, als erstes heute morgen in der Angelegenheit Neue Heimat über eine Vorwärtsstrategie zu diskutieren, die den DGB und seine Gewerkschaften aus der Verteidigungsposition herausbringt, und das als zweites das Personalproblem gelöst wird. Über beide Bereiche müßte heute unbedingt Klarheit erzielt werden, damit den Gerüchten endlich Einhalt geboten werden könnte. Er vertritt die Auffassung, daß die Landesbezirksvorsitzenden zusammen mit dem Bundesvorstand diese Diskussion mitführen sollten, nicht aber die anderen teilnahmeberechtigten Kollegen.

Eine Abstimmung hierüber ergibt, daß nach dem Vorschlag des Kollegen *Schmidt* verfahren werden soll.

Kollege *Vetter* erläutert sodann das erarbeitete und inzwischen an die Sitzungsteilnehmer verteilte Papier »Entwurf einer ersten gewerkschaftlichen Bewertung zum Verhalten von Mitgliedern der Geschäftsführung der Neuen Heimat«.[4]

---

3 Vgl. die umfänglichen Listen in Anlage zu [DGB-Bundesvorstand], Vorstandsbereich Karl Schwab, Vorlage zur Beratung im Geschäftsführenden Bundesvorstand, Bundesvorstand, Bundesausschuß, Bestätigung der Mitglieder der Landesbezirksvorstände Baden-Württemberg, Bayern, Berlin, Hessen, Niedersachsen, Nordmark, Nordrhein-Westfalen, Rheinland-Pfalz und Saar, o. O., 23.2.1982, AdsD, DGB-Archiv, 5/DGAI000511.

4 Mit Beschluss vom 10.2.1982 beauftragte der Bundesvorstand den Geschäftsführenden Bundesvorstand, eine erste politisch-moralische Bewertung der Vorgänge bei der Neuen Heimat vorzunehmen. Der Geschäftsführende Bundesvorstand bewertete die Verpflichtung zu einem korrekten und sozial einwandfreien Führungsverhalten von Geschäftsführungen gemeinnütziger und gemeinwirtschaftlicher Unternehmen als eine Grundvoraussetzung ihrer Arbeit. Diese Verpflichtung ergebe sich aus den von

In der Aussprache hierüber kommt übereinstimmend zum Ausdruck, daß es unbedingt und schnellstens erforderlich sei, ja eigentlich längst hätte geschehen müssen – einen sogenannten Argumentationskatalog zu erstellen, der an Hand von Fakten Spekulationen über die DGB-Führungsspitze ausschließt.

Kollege *Vetter* weist darauf hin, daß von einzelnen Bundesvorstandsmitgliedern jede Veröffentlichung vor dieser Bundesvorstandssitzung als einseitig beurteilt wurde.

Der Argumentationskatalog soll als einheitliche Sprachregelung für alle Gewerkschaften erstellt werden, mit für alle verständlichen Argumenten – für Funktionäre und für die Mitglieder im Betrieb, damit draußen klare und eindeutige Antworten gegeben werden können (ähnlich dem Material der IG Metall »Material zu den Vorgängen um die Neue Heimat«).[5]

Inhalt des Argumentationskataloges:

Beteiligungen der Gewerkschaften klar herausstellen;

Inhalte der Vorstandsverträge beifügen;

Aufgabe des Aufsichtsrates unmißverständlich offenlegen;

Klarstellung, daß die Beteiligung einiger Vorstandsmitglieder in Berlin mit der eigentlichen Sache NH nichts zu tun hat, weil nicht in Sanierungsgebieten investiert wurde;

aus der Höhe der Beteiligung kein Geheimnis machen;

mit deutlich erkennbarer Entschiedenheit herausstellen, daß wirklich alles getan wird, die bekannt gewordenen Mißstände völlig aufzudecken und damit der Sinn der Gemeinwirtschaft nicht zerredet wird.

Außerdem wird der Geschäftsführende Bundesvorstand beauftragt, mit den Chefredakteuren der Gewerkschaftspresse Informationsgespräche zu führen, damit auch hier schnellstens eine einheitliche Sprachregelung sichergestellt wird.

Darüber hinaus ist eine qualifizierte Öffentlichkeitsarbeit in diesem Sinne unbedingt erforderlich.

---

den Gewerkschaften vorgegebenen gesellschaftspolitischen Zielen, denen zufolge durch ihr Wirken die Wirtschafts- und Arbeitswelt zum Nutzen aller Arbeitnehmerinnen und Arbeitnehmer sozialer zu gestalten sei. Obwohl die Entscheidungen über den Auftrag gemeinwirtschaftlicher Unternehmen bei deren Trägern, in diesem Fall der Gewerkschaften, lägen, seien deren Unternehmensleitungen selbstständig tätig und in der Wahl ihrer Mittel frei. Jedoch bestünde aus der Leitungsverantwortung heraus eine besondere Treuepflicht gegenüber ihren gewerkschaftlichen Eigentümern. Die durch die Gewerkschaften von ihrer Leitungsfunktion entbundenen Mitglieder der Geschäftsführung der Neuen Heimat hätten die gegen sie erhobenen Vorwürfe einer privaten Betätigung zum Zwecke ihrer persönlichen Bereicherung nicht widerlegt. Sie hätten damit auch der Idee der Gemeinwirtschaft geschadet. Der DGB forderte den Spiegel auf, die Gesamtheit der bekannten Vorwürfe zu veröffentlichen und versprach Aufklärung. Vgl. [DGB-Bundesvorstand], Entwurf einer ersten gewerkschaftlichen Bewertung zum Verhalten von Mitgliedern der Geschäftsführung der Neuen Heimat, o. O., o. D., AdsD, DGB-Archiv, 5/DGAI000511.

5 Die Materialsammlung umfasste eine Stellungnahme zu den Vorwürfen gegen die Neue Heimat, Feststellungen zu der persönlichen Geldanlage von Eugen Loderer, Auskünfte über die Gehälter von Gewerkschaftsvorsitzenden und eine politische Einschätzung der Diskussion über die Neue Heimat. Vgl. IG Metall, Vorstandsbereich 01, Material zu den Vorgängen um die Neue Heimat, AdsD, DGB-Archiv, 5/DGAI000511.

Der »Spiegel« sollte unter Hinweis auf seine journalistische Verantwortung aufgefordert werden, wie bereits vom Geschäftsführenden Bundesvorstand vorgeschlagen, seine »Anschuldigungen« nicht scheibchenweise von Ausgabe zu Ausgabe vorzubringen, sondern alle Unterlagen auf den Tisch zu legen, damit entsprechende Prüfungen und Richtigstellungen erfolgen können.

Kollege *Vetter* stellt abschließend fest, daß für die morgige Bundesausschußsitzung ein erstes Arbeitspapier vorgelegt wird.[6]

3. Personalfragen

Kollege *Sperner* gibt einen Überblick über die jetzige Situation.

An der anschließenden Diskussion beteiligen sich die Kollegen *Vetter, Pfeiffer, Teitzel, Sperner, Keller, Loderer, Wunder, Breit, Hauenschild, A. Schmidt, Schwab, Haar, Bleicher, Schröder* und die Kollegin *Weber*.

Beschluß:
Der Bundesvorstand wird den Delegierten des 12. Ordentlichen DGB-Bundeskongresses als Nachfolger für den Kollegen Vetter den Kollegen Alois Pfeiffer sowie für die freiwerdenden Vorstandsämter folgende Kandidaten vorschlagen:
  Gustav Fehrenbach (Deutsche Postgewerkschaft)
  Kurt van Haaren (Deutsche Postgewerkschaft)
  Ilse Brusis (Gewerkschaft Erziehung und Wissenschaft)
  Lothar Zimmermann (Landesbezirk Baden-Württemberg)
  Siegfried Bleicher (Landesbezirk Nordrhein-Westfalen)[7]

4. Genehmigung des Protokolls der 37. Bundesvorstandssitzung

Beschluß:
Der Bundesvorstand genehmigt das Protokoll der 37. Bundesvorstandssitzung.[8]

---

6   Vgl. dazu die Ausführungen Heinz Oskar Vetters unter TOP 2. »Bericht zur gewerkschaftspolitischen und organisationspolitischen Situation«, in denen er ausführlich zur Frage der ergangenen personal- und organisationspolitischen Beschlüsse Stellung nahm. In der Vorsitzendenakte ist auch das maschinenschriftliche Redemanuskript mit vielfältigen handschriftlichen Zusätzen und Notizen aus der Hand Vetters erhalten. Vgl. Protokoll über die 15. Sitzung des Bundesausschusses am 3.3.1982, TOP 2., S. 1-4; Heinz Oskar Vetter, Bericht, 15. Sitzung des Bundesausschusses am 3.3.1982, hier S. 1-19, AdsD, DGB-Archiv, 5/DGAI000423.
7   Der als Nachfolger für Heinz Oskar Vetter vorgesehene Kandidat Alois Pfeiffer zog seine Kandidatur für den Posten des Bundesvorsitzenden jedoch aufgrund seiner Verstrickungen in den Skandal um die »Neue Heimat« zugunsten Ernst Breits zurück, da Pfeiffer sich an deren Berlin-Engagements steuerhinterziehend mit 100.000 Mark beteiligt hatte. Vgl. Klaus Mertsching, Artikel Alois Pfeiffer, NDB 20, 2001, URL: <https://www.deutsche-biographie.de/gnd140345442.html#ndbcontent> [7.9.2018].
8   Vgl. Dok. 91: Kurzprotokoll über die 37. Sitzung des Bundesvorstandes am 2.2.1982.

5. Arbeitsgemeinschaft für Umweltfragen e. V.

Beschluß:
Der Bundesvorstand beschließt, daß der DGB sich für das Jahr 1982 mit 22.564,50 DM an der Finanzierung der Fachausschüsse der Arbeitsgemeinschaft für Umweltfragen beteiligt. Der DGB-Beitrag soll aus dem Haushaltstitel »Sonderaktionen« entnommen werden.[9]

6. Gemeinschaftsinitiative für Arbeitsplätze, Wachstum und Stabilität

Kollege *Pfeiffer* verweist auf die vorliegenden Entwürfe für entsprechende Pressemeldungen und bittet gleichzeitig um Entscheidung, ob diese Meldungen vom Bundesvorstand oder vom Bundesausschuß herausgegeben werden sollen.
An der anschließenden Diskussion beteiligen sich die Kollegen *Bleicher, Sperner, Wunder, Lojewski, Pfeiffer, Vetter, A. Schmidt, Wagner, Hauenschild* und *Pagels*.

Beschluß:
Der Bundesvorstand verabschiedet die Presseerklärungen »DGB-Bundesvorstand zur beschäftigungspolitischen Diskussion« und »DGB-Bundesvorstand gegen Verschärfung der Zumutbarkeitsanordnung« (s. Anlagen), die dem Bundesausschuß morgen zur Information vorgelegt werden sollen.[10]

7. Beteiligung an Kongressen von Arbeitnehmerorganisationen im Ostblock

Kollege *Vetter* teilt mit, daß Einladungen zu Kongressen der Gewerkschaftsbünde in der UdSSR, in der Tschechoslowakei, in Bulgarien und in der DDR vorliegen.[11] Er bittet den Bundesvorstand zu entscheiden, wie verfahren werden soll.

---

9 Vgl. Dok. 68: Kurzprotokoll über die 20. Sitzung des Bundesvorstandes am 6.5.1980, TOP 4. Vgl. auch [DGB-Bundesvorstand], Vorstandsbereich Heinz O. Vetter, Vorlage zur Beratung im Bundesvorstand, Arbeitsgemeinschaft für Umweltfragen e. V., beschlossen GBV am 8.2.[19]82, o. O., o. D., AdsD, DGB-Archiv, 5/DGAI000511.

10 Der DGB betonte, dass die Bundesregierung mit der »Gemeinschaftsinitiative für Arbeitsplätze, Wachstum und Stabilität« wenigstens den Anfang einer beschäftigungspolitischen Initiative gemacht habe. Der DGB-Bundesvorstand appellierte an die Bundesländer, die Gemeinschaftsinitiative durch eigene Maßnahmen zu ergänzen. Der DGB forderte eine Ergänzungsabgabe zur Finanzierung beschäftigungspolitischer Maßnahmen. Hinsichtlich der Zumutbarkeitsanordnung wies der DGB Bestrebungen, den Zwang gegenüber Arbeitslosen zu verschärfen, als zumutbar betrachtete geringer qualifizierte und bezahlte Tätigkeiten anzunehmen, zurück. Vgl. DGB-Bundesvorstand zur beschäftigungspolitischen Diskussion, DGB-Nachrichten-Dienst, 50/82, 3.3.1982; DGB-Bundesvorstand gegen Verschärfung der Zumutbarkeitsanordnung, DGB-Nachrichten-Dienst, 52/82, 3.3.1982, AdsD, DGB-Archiv, 5/DGAI000511. Zur Gemeinschaftsinitiative vgl. Die 1982 geplante Wirtschafts- und Finanzpolitik, Gemeinschaftsinitiative für Arbeit, Wachstum und Stabilität, o. O., o. D., ebd.

An der kurzen Diskussion beteiligen sich die Kollegen *A. Schmidt, Vetter, Loderer* und *Hauenschild*.

Beschluß:
Der Bundesvorstand spricht sich wegen der Situation in Polen gegen eine Beteiligung an diesen Gewerkschaftskongressen aus. Es sollen lediglich Beobachter entsandt werden.
Dieses Verfahren ist getrennt zu sehen vom Austausch von Delegationen.

8. Polen-Hilfe

Kollege G. *Schmidt* gibt zur Kenntnis, daß er hierzu umgehend einen schriftlichen Bericht zur Verfügung stellen wird.[12]

9. 12. Ordentlicher DGB-Bundeskongreß

a) Vorläufiger Zeitplan
Nach kurzer Erläuterung durch Kollegen *Schwab* faßt der Bundesvorstand folgenden *Beschluß*:
Der Bundesvorstand stimmt dem vorliegenden vorläufigen Zeitplan für den 12. Ordentlichen Bundeskongreß zu.[13]

b) Zusammensetzung des Präsidiums
Nach kurzer Diskussion schlägt der Bundesvorstand als Mitglieder des Präsidiums den Vorsitzenden des Deutschen Gewerkschaftsbundes, den Vorsitzenden des DGB-Landesbezirks Berlin und die Kollegin *Winkelsträter* vor.
An der Diskussion beteiligten sich *die* Kollegen *Schwab, Loderer, Kluncker, Vetter* und die Kollegin *Weber*.

c) Geschäftsordnung
Die hierfür vorgelegte Beschlußvorlage wird vom Geschäftsführenden Bundesvorstand zurückgezogen.

---

11 Vgl. [DGB-Bundesvorstand], Internationale Abt., an Heinz O. Vetter, Osteuropa-Termine, o. O., 26.2.1982, AdsD, DGB-Archiv, 5/DGAI000511.
12 Vgl. die Unterlagen, die Ulrich Borsdorf an Gerhard Schmidt über die Lage in Polen sandte, Ulrich Borsdorf, an Gerhard Schmidt, Düsseldorf, 26.2.1982, [hsl. Zusatz] Persönliche Information für Koll[egen] Vetter 26/2 [mit Anlagen]. Müller: Ostkontakte, S. 255-301.
13 Vgl. [DGB-Bundesvorstand], Vorstandsbereich Karl Schwab, Vorlage zur Beratung im Geschäftsführenden Bundesvorstand, Bundesvorstand, 12. Ordentlicher Bundeskongreß des DGB vom 16.–22.5.1982, hier: vorläufiger Zeitplan, beschlossen GBV am 8.2.1982, o. O., 15.2.1982, AdsD, DGB-Archiv, 5/DGAI000511.

Zum Ablauf der Eröffnungsveranstaltung wird von Kollegen *Schwab* mitgeteilt, daß folgende Redner vorgesehen sind:
Der Vorsitzende des Deutschen Gewerkschaftsbundes, der Bundespräsident, der Präsident der Europäischen Gemeinschaft und der Regierende Bürgermeister von Berlin.
In der offiziellen Einladung wird noch darauf hingewiesen, wer im Verlauf des Kongresses außerdem noch sprechen wird.

10. Verschiedenes

a) dpa-Meldung zur Kandidatur von Kollegen Pfeiffer
Kollege *Vetter* verliest eine soeben erschienene dpa-Meldung zur Kandidatur von Kollegen Alois Pfeiffer.
Die Kollegen *Hauenschild, Wunder, A. Schmidt* und *Vetter* diskutieren hierüber.
Kollege *Vetter* stellt abschließend fest, daß eine Pressemeldung zu den Kandidatenvorschlägen des Bundesvorstandes für den 12. Ordentlichen DGB-Bundeskongreß herausgegeben werden soll (s. Anlage).

b) Verschlechterung der Wiedergutmachung von NS-Unrecht durch das 2. Haushaltsstrukturgesetz
Kollege *Kluncker* weist darauf hin, daß durch das 2. Haushaltsstrukturgesetz die Wiedergutmachungsberechtigten einbezogen worden sind in die Neuregelung der Anrechnung von Renten auf beamtenrechtliche Versorgungsbezüge. Dadurch ergibt sich ab 1. Januar d[es] J[ahres] mit zunehmender Tendenz eine zum Teil erhebliche Verminderung der Wiedergutmachungsleistungen. Kollege *Kluncker* hält es für erforderlich, daß der Bundesvorstand die Bundesregierung nachdrücklich auffordert, eine Änderung des 2. Haushaltsstrukturgesetzes in die Wege zu leiten.
Der Bundesvorstand ist damit einverstanden.

c) Antikriegstag
Unter Bezugnahme auf die Veranstaltung am 30. Januar 1982 regt Kollege *Wunder* an, rechtzeitig mit den Vorbereitungen für den 1. September – Antikriegstag – zu beginnen.
Kollege *Vetter* weist darauf hin, daß am 9. April (Karfreitag) in bestimmten Mahnstätten, wie z[um] B[eispiel] in der Bittermark Dortmund, Gedenkfeiern stattfinden. Wahrscheinlich wird auch am selben Abend eine Jugendveranstaltung als Zwischenstation für unsere Friedensaktion durchgeführt werden.
Kollege *Schwab* berichtet, daß sich der Bundesjugendausschuß in seiner letzten Sitzung mit weiteren Aktivitäten für Frieden und Abrüstung und zum Antikriegstag am 1. September befaßt hat. Dies kann man jetzt gut in Verbindung bringen mit der Situation in Polen. Es wird am 9. April abends in Dortmund eine Veranstaltung »Frieden durch Abrüstung; Gefährdung des Friedens durch Ereignisse in Polen«

durchgeführt. Davon ausgehend wird die weitere Vorbereitung und Planung für den 1. September vorgenommen. Mit dem 1. September soll ein Schlußpunkt unter unsere Unterschriftenaktion für Frieden und Abrüstung gesetzt werden.

d) Stellenbewegungen 1981

Kollege *Loderer* fragt, was mit der Vorlage Stellenbewegungen 1981 ist, die letztes Mal zurückgestellt worden sei.

Kollege *Schwab* erklärt, daß die Stellenbewegungen immer mit dem Haushalt zur Kenntnis vorgelegt werden. Kollege *Vetter* hat bei Abschluß dieses Tagesordnungspunktes in der letzten Bundesvorstandssitzung gesagt, daß Fragen in der nächsten Sitzung gestellt werden können, falls noch zusätzliche Informationen gewünscht werden.

e) Mitbestimmungsinitiative

Kollege *Vetter* berichtet, daß die Stellungnahmen einer Anzahl von Gewerkschaften sehr spät eingegangen sind, so daß eine umfassende Würdigung zu diesem Zeitpunkt noch nicht vorgenommen werden konnte. Es wird versucht werden, die Vorlage für die Aprilsitzung des Bundesvorstandes fertigzustellen.[14]

Ende der Sitzung: 16.30 Uhr.

Dokument 95

6. April 1982: Kurzprotokoll über die 39. Sitzung des Bundesvorstandes

Hans-Böckler-Haus in Düsseldorf; Vorsitz: Heinz O. Vetter; Protokollführung: Isolde Funke, Gabi Quandt; Sitzungsdauer: 10.15–13.30 Uhr; ms. vermerkt: »Vertraulich«.[1]

Ms., hekt., 5 S., 2 Anlagen.[2]

AdsD, DGB-Archiv, 5/DGAI000554.

Beginn der Sitzung: 10.15 Uhr.

Kollege *Vetter* eröffnet die 39. Sitzung des Bundesvorstandes in Düsseldorf.

---

14 Vgl. Dok. 95: Kurzprotokoll über die 39. Sitzung des Bundesvorstandes am 6.4.1982, TOP 2.
Dok. 95
1 Einladungsschreiben vom 12.3.1982, Einladungsschreiben mit Tagesordnung vom 23.3.1982. Nicht anwesend: Gerhard Schmidt, Gerhard Vater, Eugen Loderer, Georg Drescher. AdsD, DGB-Archiv, 5/DGAI000511.
2 Anlagen: Anwesenheitsliste; vgl. DGB gedenkt der Ereignisse des Jahres 1933, DGB-Nachrichten-Dienst, 92/82, 6.4.1982.

Dokument 95 6. April 1982

Im Namen des Bundesvorstandes gratuliert er Kollegen Jan Sierks zu seinem Geburtstag.

Tagesordnung:
1. Genehmigung des Protokolls der 38. Bundesvorstandssitzung
2. Mitbestimmungsinitiative
3. EGB-Kongreß
4. Forderungen des DGB zur Durchsetzung der gleichen Rechte und Chancen der Frauen
5. Verschiedenes

Kollege *Döding* fragt, wie auf dem Bundeskongreß zum Thema Gemeinwirtschaft verfahren werden soll. Es wird ja wohl erwartet, daß dem Kongreß ein Papier vorgelegt wird, zumindest darauf bezogen, wie soll die Neue Heimat zukünftig strukturiert werden. Kollege *Döding* fragt, ob dies zur nächsten Bundesvorstandssitzung vorgelegt wird.

Kollege *Vetter* erklärt, daß vier Themen noch nicht in Anträge des Bundesvorstandes zum Bundeskongreß formuliert wurden, und zwar »Polen«, »Gemeinwirtschaft einschließlich Neue Heimat«, »Mitbestimmungsinitiative« und »Wirtschaftspolitik, Arbeitslosigkeit, Steuerpolitik«. Der Bundesvorstand hatte seinerzeit gesagt, daß erst die Entwicklung abgewartet werden soll und der Bundesvorstand dann Initiativanträge stellen wird. Wahrscheinlich werden für die Mai-Sitzung des Bundesvorstandes Entwürfe für diese Initiativanträge vorgelegt.[3] Außerdem sind jetzt verschiedene Gremien dabei, Informationen zur Neuen Heimat zusammenzustellen, die den Delegierten noch mit den Materialien zugeschickt werden sollen.

1. Genehmigung des Protokolls der 38. Bundesvorstandssitzung

Beschluß:
Der Bundesvorstand genehmigt das Protokoll der 38. Bundesvorstandssitzung mit folgender Ergänzung:
Auf Seite 3, Tagesordnungspunkt 3. »Personalfragen«, muß im zweiten Absatz bei den Diskussionsrednern noch der Kollege *Kluncker* aufgeführt werden.[4]

2. Mitbestimmungsinitiative

Zu diesem Punkt macht Kollege *Vetter* den Bundesvorstand darauf aufmerksam, daß alle bisher eingegangenen Änderungswünsche in das Mitbestimmungspapier

---
3 Vgl. Dok. 96: Kurzprotokoll über die 40. Sitzung des Bundesvorstandes am 4.5.1982, TOP 3.
4 Vgl. Dok. 94: Kurzprotokoll über die 38. Sitzung des Bundesvorstandes am 2.3.1982.

eingearbeitet worden sind, sowie auch zum alten Antrag 99 die Begleitanträge des Bundesvorstandes. Kollege *Vetter* gibt zu bedenken, ob die Mitbestimmungsinitiative noch vor dem Kongreß verabschiedet, oder erst eine Behandlung in der Kommission Gesellschaftspolitik durchgeführt werden soll. Kollege *Vetter* ist der Auffassung, daß erst die Kommission Gesellschaftspolitik damit befaßt werden soll.[5]

An der anschließenden Diskussion beteiligen sich die Kollegen *Hauenschild, Mayr, Vetter, Breit* und *Kluncker*. Es wird die Auffassung vertreten, daß die Mitbestimmungsinitiative erst in der Kommission Gesellschaftspolitik behandelt werden soll, und zwar schnellstens nach dem Bundeskongreß.

Beschluß:
Der Bundesvorstand beschließt, daß Änderungswünsche bis zum 10. Juni 1982 eingereicht werden müssen.

Als Termin für die Beratung in der Kommission Gesellschaftspolitik wird der 13. Juli 1982 festgesetzt.

3. EGB-Kongreß

Kollege *Vetter* verweist auf die Vorlage und bittet um entsprechende Beschlußfassung.[6]

An der anschließenden Diskussion beteiligen sich die Kollegen *Kluncker, Vetter, A. Schmidt* und *Sperner*.

Kollege *Vetter* teilt mit, daß ein gemeinsames Abendessen für die gesamte deutsche Delegation am 19.4.1982 zur Vorbesprechung des Kongresses vorgesehen ist.

Beschluß:
Der Bundesvorstand faßt folgende Beschlüsse hinsichtlich des satzungsgemäßen EGB-Kongresses, der vom 19. bis 23. April 1982 in Den Haag stattfindet:
1. Annahme des Tätigkeits- sowie des Finanzberichts
   – gleichzeitig Forderung nach einer klaren Abgrenzung gegenüber kommunistisch orientierten Gewerkschaftsbünden
   – sowie einer flexiblen Haltung gegenüber den Europäischen Gewerkschaftsausschüssen.
2. Annahme der allgemeinen Entschließung.
3. Unterstützung der Kandidatur des Kollegen Georges Debunne für das Amt des Präsidenten des Europäischen Gewerkschaftsbundes.
4. Unterstützung der Kandidatur des Kollegen Mathias Hinterscheid für das Amt des Generalsekretärs.

---

5 Zu den Änderungsvorschlägen vgl. die umfassenden Schriftwechsel in AdsD, DGB-Archiv, 5/DGAI000511.
6 Vgl. [DGB-Bundesvorstand], Vorstandsbereich Vorsitzender, Heinz O. Vetter, Vorlage zur Beratung im Bundesvorstand, Satzungsgemäßer EGB-Kongreß 19.–23.4.1982 in Den Haag, beschlossen GBV am 29.3.1982, o. O., o. D.; Vermerk, an die Mitglieder des Bundesvorstandes, o. O., 26.3.1982, AdsD, DGB-Archiv, 5/DGAI000511.

5. Antrag zu stellen auf Änderung des Artikels 21 der EGB-Satzung bezüglich der Zusammensetzung des Sekretariats. Zukünftig soll sich das Sekretariat aus einem Generalsekretär und fünf gleichberechtigten politischen Sekretären zusammensetzen. Das Amt des stellvertretenden Generalsekretärs soll entfallen.
6. Der Bundesvorstand schlägt als Kandidaten für das Amt des Vizepräsidenten des EGB den Kollegen Heinz O. Vetter sowie als weitere Mitglieder des Exekutivausschusses die Kollegen Alois Pfeiffer und Eugen Loderer (Stellvertreter: Kollegin Maria Weber und die Kollegen Adolf Schmidt und Karl Schwab) vor.
7. Als Rechnungsprüfer bringt der DGB erneut den Kollegen Gerhard Vater in Vorschlag.

4. Forderungen des DGB zur Durchsetzung der gleichen Rechte und Chancen der Frauen

Kollegin *Blättel* gibt dem Bundesvorstand zur Kenntnis, daß zu den Forderungen des DGB zur Durchsetzung der gleichen Rechte und Chancen der Frauen von der ÖTV ein Änderungswunsch für die Ziffern 99 und 105 berücksichtigt wurde und deshalb eine neue Vorlage erstellt wurde.[7]

Die Kollegen *Vetter, Hauenschild, Teitzel, Kluncker, Muhr, Haar, Mayr, Alker* sowie die Kolleginnen *Weber* und *Blättel* diskutieren das Für und Wider dieser Vorlage.

Beschluß:
Der Bundesvorstand stimmt den »Forderungen des DGB zur Durchsetzung der gleichen Rechte und Chancen der Frauen« mit folgenden Änderungen zu:
Ziffer 22: »Das zehnte allgemeinbildende Schuljahr ist allgemein einzuführen; eine breite berufliche Grundbildung auf Berufsfeldbreite im 11. Bildungsjahr ist zu sichern.«
Ziffer 49, Satz 1: »Die Wahl des Berufsfeldes im Rahmen der Berufsgrundbildung darf für Mädchen nicht eingeengt werden.«
Ziffer 99: »Ausweitung des Geltungsbereiches der Arbeitsstättenverordnung und des Arbeitssicherheitsgesetzes auf alle bestehenden Betriebe, den öffentlichen Dienst und die Landwirtschaft.«
Ziffer 105: »Bessere personelle und sachliche Ausstattung der Gewerbeaufsichtsämter.«

---

[7] Vgl. [DGB-Bundesvorstand], Vorstandsbereich Irmgard Blättel, Vorlage zur Beratung im Bundesvorstand, Forderungen des DGB zur Durchsetzung gleicher Rechte und Chancen der Frauen, Änderungsvorschlag aufgrund inzwischen eingegangener Stellungnahmen, beschlossen GBV am 1.2.1982, o. O., 6.4.1982, und der vorausgehende Schriftwechsel, AdsD, DGB-Archiv, 5/DGAI000511.

5. Verschiedenes

a) Veranstaltung der DGB-Jugend und Ostermärsche
Die Kollegen *Vetter, Schwab, Kluncker, Mayr, Haar* und *Alker* diskutieren über die vorgesehene Veranstaltung der DGB-Jugend am 9. April 1982 in der Westfalenhalle, Dortmund, insbesondere im Hinblick auf die Referenten. Gleichzeitig wird das Problem der Ostermärsche erörtert.

Der Bundesvorstand bekräftigt noch einmal, daß die vom Bundesjugendausschuß veranlaßte Veranstaltung des DGB am 9. April 1982 seine volle Unterstützung hat.

b) Ereignisse des Jahres 1933
Die Kollegen *Vetter, Kluncker, Schwab, Alker* und *Mayr* diskutieren über die eventuelle Durchführung von Veranstaltungen zum 50. Jahrestag der Machtergreifung durch das nationalsozialistische Terrorregime im Jahre 1933, die u. a. auch das Verbot der Gewerkschaften nach sich zog.

Der Bundesvorstand gibt eine entsprechende Presseerklärung heraus (s. Anlage).[8] Mit Einzelheiten wird sich der Bundesvorstand in einer seiner nächsten Sitzungen befassen.

c) Regierungsumbildung
Die Kollegen *Vetter, Keller, Hauenschild, Muhr, Döding, Kluncker, Haar, Mayr* und *Lojewski* diskutieren Fragen einer möglichen Regierungsumbildung.

d) Briefmarken über den DGB
Kollege *Vetter* wird den Bundespostminister bitten, alle Briefmarken, die über den DGB herausgegeben worden sind, zusammenzustellen.

e) Gemeinwirtschaft/Neue Heimat
Die Kollegen *Hauenschild, Vetter, Döding, Mayr, Vater, Breit, Kluncker, Morich, Haar, Keller* und *Sierks* diskutieren Fragen der Gemeinwirtschaft, insbesondere der Neuen Heimat. Es wird die Auffassung vertreten, daß dem Bundeskongreß zumindest eine Zwischeninformation gegeben werden muß. Gegebenenfalls sollte der Bundesausschuß beauftragt werden, alle noch offenen Fragen zu klären.

Ende der Sitzung: 13.30 Uhr.

---

8 Der DGB bekundete, dass er im Jahr 1983 mit einer Reihe von Veranstaltungen des 50. Jahrestags der Machtergreifung durch das nationalsozialistische Terrorregime gedenken werde. Ähnlich der großen Geschichtskonferenz des Jahres 1979 richtete der DGB im Mai 1983 eine wissenschaftliche Konferenz aus Anlass des 50. Jahrestags der Machtübernahme der Nationalsozialisten aus. Vgl. DGB gedenkt der Ereignisse des Jahres 1933, DGB-Nachrichten-Dienst, 92/82, 6.4.1982, AdsD, DGB-Archiv, 5/DGAI000511. Die Konferenz ist dokumentiert in Ernst Breit (Hrsg.): Aufstieg des Nationalsozialismus – Untergang der Republik – Zerschlagung der Gewerkschaften. Dokumentation der historisch-politischen Konferenz des DGB im Mai 83 in Dortmund, Köln 1984. Vgl. hierzu auch die Beiträge in Berger: Gewerkschaftsgeschichte als Erinnerungsgeschichte.

Dokument 96

4. Mai 1982: Kurzprotokoll über die 40. Sitzung des Bundesvorstandes

Hans-Böckler-Haus in Düsseldorf; Vorsitz: Heinz O. Vetter; Protokollführung: Isolde Funke, Gabi Quandt; Sitzungsdauer: 10.15–14.20 Uhr; ms. vermerkt: »Vertraulich«.[1]
Ms., hekt., 5 S., 3 Anlagen.[2]
AdsD, DGB-Archiv, 5/DGAI000554.

Beginn der Sitzung: 10.15 Uhr.

Kollege *Vetter* eröffnet die 40. Sitzung des Bundesvorstandes in Düsseldorf.
Im Namen des Bundesvorstandes gratuliert er Kollegin Maria Weber zur Verleihung des Großen Verdienstkreuzes.

Tagesordnung:
1. Genehmigung des Protokolls der 39. Bundesvorstandssitzung
2. Verlauf des 12. Ordentlichen DGB-Bundeskongresses
3. Initiativ-Anträge zum 12. Ordentlichen DGB-Bundeskongreß
4. Tagesordnung für die 16. Bundesausschußsitzung am 15.5.1982
5. Revisionsbericht
6. Delegation für die 68. Internationale Arbeitskonferenz in der Zeit vom 2. bis 23.6.1982 in Genf
7. Antrag auf Unterstützung des Deutschen Musikverbandes (DMV)
8. Verschiedenes

1. Genehmigung des Protokolls der 39. Bundesvorstandssitzung

Beschluß:
Der Bundesvorstand genehmigt das Protokoll der 39. Bundesvorstandssitzung mit folgender Ergänzung:
Auf Seite 4, Tagesordnungspunkt 4. »Forderungen des DGB zur Durchsetzung der gleichen Rechte und Chancen der Frauen«, wird dem Beschluß folgender Satz

---

Dok. 96
1 Einladung mit Tagesordnung vom 7.4.1980. Nicht anwesend: Günter Schröder (vertreten durch Horst Geier), Leonhard Mahlein und Erwin Ferlemann. AdsD, DGB-Archiv, 5/DGAI000512.
2 Anlagen: Anwesenheitsliste; Initiativantrag des DGB-Bundesvorstandes zum 12. Ordentlichen DGB-Bundeskongreß, Konsequenzen aus den Vorgängen um die Neue Heimat, o. O., o. D.; Entwurf einer Entschließung, Situation in Polen – Solidarität mit Solidarność, o. O., o. D.

angefügt: »Es soll nach dem 12. Ordentlichen Bundeskongreß geprüft werden, ob eine Übereinstimmung mit der dann vorhandenen Beschlußlage noch besteht.«[3]

2. Verlauf des 12. Ordentlichen Bundeskongresses

Kollege *Schwab* teilt dem Bundesvorstand mit, daß die Vorbereitungen zum 12. Ordentlichen Bundeskongreß des DGB abgeschlossen sind, und gibt weitere Einzelheiten bekannt. Außerdem informiert Kollege *Schwab* den Bundesvorstand dahingehend, daß der Empfang der Parteien am Mittwoch, 19. Mai 1982, im ICC stattfindet und alle anderen Empfänge und Sitzungen im Steigenberger Hotel.

Die Kollegen *Vetter, Schwab, Hauenschild, Adolf Schmidt* und *Loderer* besprechen die Rednerfolge auf dem 12. Ordentlichen DGB-Bundeskongreß. Kollege *Vetter* sagt dem Bundesvorstand die Übersendung eines Rednerplans zu.[4]

3. Initiativ-Anträge zum 12. Ordentlichen Bundeskongreß

a) Situation in Polen – Solidarität mit Solidarność
Die Kollegen *Vetter, Loderer, A. Schmidt, Muhr, Schwab, Kluncker* und *Sierks* diskutieren diesen Entwurf ausführlich und kommen zu dem Ergebnis, den zweiten Absatz auf Seite 1 zu streichen.

Beschluß:
Der Bundesvorstand verabschiedet den anliegenden Initiativ-Antrag zur Situation in Polen – Solidarität mit Solidarność.[5]

b) Konsequenzen aus den Vorgängen um die Neue Heimat
Der Bundesvorstand diskutiert ausführlich über die Entschließung.

---

3 Vgl. Dok. 95: Kurzprotokoll über die 39. Sitzung des Bundesvorstandes am 6.4.1982.
4 Vgl. zur endgültigen Rednerfolge DGB: 11. Bundeskongreß 1978, S. [4-5].
5 Der Entschließungsentwurf kritisierte die anhaltende Verhängung des Kriegsrechts über Polen und erklärte sich solidarisch mit der unabhängigen Gewerkschaft Solidarność. Der Entwurf widersprach der polnischen regierungsoffiziellen Deutung, die Solidarność verfolge das Ziel, die polnische Gesellschaftsordnung zu zerstören oder die Zugehörigkeit Polens zu den osteuropäischen Bündnissystemen infrage zu stellen. Vielmehr wolle die unabhängige Gewerkschaft die lang ersehnte Freiheit des Einzelnen und das Recht auf Gestaltung der Gewerkschaftsfreiheit erreichen. Für die sich verschärfende Wirtschaftskrise in Polen trage die Solidarność keine Verantwortung. Konkret forderte der Entwurf die Aufhebung des Kriegsrechts in Polen, die Freilassung aller inhaftierten und internierten Funktionäre und Experten der Solidarność, die umgehende Eröffnung von Prozessen gegen diejenigen, denen strafbare Handlungen zur Last gelegt würden und die Wiederzulassung der selbstverwalteten Gewerkschaft Solidarność. Vgl. Entwurf einer Entschließung, Situation in Polen – Solidarität mit Solidarność, o. O., o. D., AdsD, DGB-Archiv, 5/DGAI000512. Vgl. auch: Initiativantrag I 2, Situation in Polen – Solidarität mit Solidarność, in: DGB: 12. Bundeskongreß 1982, Anträge und Entschließungen, S. 545-547.

Kollege *A. Schmidt* teilt dem Bundesvorstand mit, daß die Hauptkassierer in ihrer Sitzung am Sonntag, 2. Mai 1982, zu der Auffassung gekommen sind, daß der Initiativantrag zu den Konsequenzen aus den Vorgängen um die Neue Heimat stark abgekürzt werden müßte, um die entsprechende Wirkung zu erzielen.

Der *Bundesvorstand* bittet Kollegen Vetter, in seinem mündlichen Geschäftsbericht ausführlich auf diese Angelegenheit einzugehen. Kollege *Vetter* sagt dies zu.[6]

Beschluß:
Der Bundesvorstand verabschiedet den beiliegenden Initiativ-Antrag zu den Konsequenzen aus den Vorgängen um die Neue Heimat.[7]

c) Entschließung des 12. Ordentlichen DGB-Bundeskongresses zur Steuerpolitik
Beschluß:
Der Bundesvorstand verabschiedet den Initiativ-Antrag zur Steuerpolitik in der vom Kollegen Kluncker vorgelegten Fassung.[8]

4. **Tagesordnung für die 16. Bundesausschußsitzung am 15.5.1982**

Beschluß:
Der Bundesvorstand beschließt für die 16. Bundesausschußsitzung am 15. Mai 1982 in Berlin folgende Tagesordnung:
1. Genehmigung des Protokolls der 15. Bundesausschußsitzung
2. Bericht des Kollegen Vetter
3. Antrag der Gewerkschaft Kunst zur finanziellen Unterstützung des Deutschen Musikverbandes
4. Hinweise zum Ablauf des Kongresses
5. Verschiedenes
6. Fragestunde[9]

---

6 Vgl. DGB: 12. Bundeskongreß 1982, S. 46-50.
7 Der Entwurf bekräftigte, dass der Skandal um die Neue Heimat das Vertrauen in die Gemeinwirtschaft beschädigt, für berechtigte Kritik Anlass gegeben und die Gewerkschaften schwer beschädigt habe. Aus dem Fehlverhalten Einzelner dürfe nicht die Gemeinwirtschaft in Gänze infrage gestellt werden. Am Beschluss des DGB-Bundesausschusses vom 6.12.1978 »Auftrag und Aufgaben gemeinwirtschaftlicher Unternehmen des Deutschen Gewerkschaftsbundes und seiner Gewerkschaften« müsse festgehalten werden. Vgl. Initiativantrag des DGB-Bundesvorstandes zum 12. Ordentlichen DGB-Bundeskongreß, beschlossen in der 40. Bundesvorstandssitzung am 4.5.1982, AdsD, DGB-Archiv, 5/DGAI000512. Vgl. auch: Initiativantrag I 5, Konsequenzen aus den Vorgängen um die Neue Heimat, in: DGB: 12. Bundeskongreß 1982, Anträge und Entschließungen, S. 551-552.
8 Vgl. Initiativantrag I 1, Steuerpolitik, in: DGB: 12. Bundeskongreß 1982, Anträge und Entschließungen, S. 541-547.
9 Vgl. Tagesordnung für die 16. Sitzung des Bundesausschusses am 15.5.1982 in Berlin, AdsD, DGB-Archiv, 5/DGAI000512.

5. Revisionsbericht

Beschluß:
Der Bundesvorstand nimmt den Bericht der Revisionskommission über die am 16. Februar 1982 vorgenommene Prüfung der Bundeshauptkasse zur Kenntnis.[10]

6. Delegation für die 68. Internationale Arbeitskonferenz in der Zeit vom 2. bis 23.6.1982 in Genf

Beschluß:
Der Bundesvorstand benennt folgende Delegation für die 68. Internationale Arbeitskonferenz:
Delegierter: Kollege Gerd MUHR

Zu TOP 3. »Information und Berichte über die Anwendung von Übereinkommen und Empfehlungen«:
Kollege Karl KEHRMANN, DGB-Bundesvorstand

Zu TOP 4. »Wahrung der Rechte der Wanderarbeitnehmer in der Sozialen Sicherheit, Neufassung des Übereinkommens Nr. 48« (2. Lesung):
Kollege Georg FAUPEL, DGB-Bundesvorstand

Zu TOP 5. »Beendigung des Arbeitsverhältnisses durch den Arbeitgeber« (2. Lesung):
Kollegin Ursula ENGELEN-KEFER, DGB-Bundesvorstand

Zu TOP 6. »Berufliche Rehabilitation« (1. Lesung):
Kollege Heinz ANDERSCH, DGB-LB Rheinland-Pfalz

Zu TOP 7. »Neufassung des Übereinkommens 110 und der Empfehlung 110 über die Plantagenarbeit«:
Kollege Günther HORZETZKY, Gewerkschaft GLF
Entschließungsausschuß: Kollege Harald SIMON, DGB-Bundesvorstand[11]

---

10 Die Revisionskommission prüfte wegen des bevorstehenden Bundeskongresses die Unterlagen bis zum Jahresende 1981 (Bankkonten) beziehungsweise bis zum 15.2.1982 (Tageskasse). Vgl. DGB-Bundesvorstand, an die Mitglieder des Bundesvorstandes des DGB, Bericht der Revisionskommission des DGB vom 16.2.1982, AdsD, DGB-Archiv, 5/DGAI000512.
11 Vgl. [DGB-Bundesvorstand], Vorstandsbereich Gerd Muhr, Vorlage zur Beratung im Bundesvorstand, 68. Internationale Arbeitskonferenz in der Zeit vom 2.–23.6.1982 in Genf, beschlossen GBV am 5.4.1982, AdsD, DGB-Archiv, 5/DGAI000512.

7. Antrag auf Unterstützung des Deutschen Musikerverbandes (DMV)

Kollege *Muhr* erläutert kurz die Vorlage und weist besonders darauf hin, daß es letztmalig geschieht.[12]

Beschluß:
Der Bundesvorstand wird dem Bundesausschuß empfehlen zu beschließen, daß die Gewerkschaft Kunst letztmalig zur Unterstützung des Deutschen Musikerverbandes (Hamburg) den Betrag von 35.000,– DM aus Mitteln des Solidaritätsfonds erhält.

8. Verschiedenes

a) Spitzengespräch mit der FDP
Kollege *Vetter* weist auf die immer wiederkehrenden Angriffe auf die FDP hin. Es ist jetzt von der FDP-Spitze angeregt worden, mit ihnen zu einem Spitzengespräch zusammenzukommen. Kollege *Vetter* vertritt die Auffassung, daß man einer solchen Begegnung nicht ausweichen sollte. Allein der Ankündigungseffekt sei schon wichtig. Auf dieses vorgesehene Spitzengespräch könnte hingewiesen werden, wenn der Generalsekretär der FDP, Günter Verheugen, zu den Delegierten des 12. Ordentlichen Bundeskongresses sprechen wird.[13]

Der Bundesvorstand ist mit einem Spitzengespräch mit dem FDP-Vorstand einverstanden.

b) Veranstaltung mit dem französischen Staatspräsidenten am 14. Mai 1982
Kollege *Breit* weist auf die Einladung zu der Veranstaltung mit dem französischen Staatspräsidenten, François Mitterrand, am 14. Mai 1982 in Hamburg hin, die an die Bundesvorstandsmitglieder gegangen ist, und fragt, wie verfahren werden soll.

Der Bundesvorstand sieht keine Teilnahmemöglichkeit, da zu diesem Zeitpunkt die Bundesvorstandssitzung in Berlin stattfinden wird. Kollege Vetter soll dies dem Bundeskanzler in einem entsprechenden Brief mitteilen.

Ende der Sitzung: 14.20 Uhr.

---

12 Der DMV beantragte eine Unterstützung aus dem Solidaritätsfonds des DGB, da sein Mitgliederstand seit Jahren rückläufig sei, was auf die Konkurrenz ausländischer Kapellen zurückgeführt wurde. Die Unterstützung sollte durch eine Umorganisation bis zum Gewerkschaftstag der Gewerkschaft Kunst 1983 überflüssig gemacht werden, bei der Impulse auf dem Weg zu einer Mitgliedergewerkschaft gesetzt werden sollten. Vgl. [DGB-Bundesvorstand], Vorstandsbereich Gerd Vater, Vorlage zur Beratung im Geschäftsführenden Bundesvorstand, Bundesvorstand, Bundesausschuß, Antrag auf Unterstützung des Deutschen Musikerverbandes (DMV), beschlossen GBV am 20.4.1982, 26.4.1982, AdsD, DGB-Archiv, 5/DGAI000512.

13 Der Generalsekretär der FDP Günter Verheugen sprach am 21.5.1982 auf dem Bundeskongress. Vgl. DGB: 12. Bundeskongreß 1982, S. 443-450.

Dokument 97

14. Mai 1982: Kurzprotokoll über die 41. Sitzung des Bundesvorstandes

Hotel Steigenberger in Berlin; Vorsitz: Heinz O. Vetter; Protokollführung: Isolde Funke, Gabi Quandt; Sitzungsdauer: 15.10–18.45 Uhr; ms. vermerkt: »Vertraulich«.[1]
Ms., hekt., 4 S.,1 Anlage.[2]
AdsD, DGB-Archiv, 5/DGAI000554.

Beginn der Sitzung: 15.10 Uhr.

Kollege *Vetter* eröffnet die 41. Sitzung des Bundesvorstandes in Berlin.

Tagesordnung:
1. Initiativ-Anträge
2. Hinweise zum Ablauf des Kongresses
3. Veränderungsmitteilungen – Landesbezirksvorstände
4. Verschiedenes
5. Genehmigung des Protokolls der 40. Bundesvorstandssitzung

1. Initiativ-Anträge

Der Bundesvorstand diskutiert den Entwurf der Entschließung zur Beschäftigungspolitik eingehend und kommt zu der Auffassung, einen völlig neuen Entwurf zu erstellen. Nach Erstellung dieses zweiten Entwurfes wird dieser ausführlich vom Bundesvorstand diskutiert.[3]

Beschluß:
Der Bundesvorstand beschließt den Initiativ-Antrag zur Beschäftigungspolitik mit einigen Änderungen.

2. Hinweise zum Ablauf des Kongresses

Kollege *Schwab* berichtet über den letzten Stand der Vorbereitungen zum 12. Ordentlichen DGB-Bundeskongreß und gibt den möglichen Zeitablauf bekannt.

Dok. 97
1   Einladung vom 21.4.1982 und Einladung mit Tagesordnung vom 4.5.1982. Nicht anwesend: Günter Döding, Georg Drescher. AdsD, DGB-Archiv, 5/DGAI000512.
2   Anlage: Anwesenheitsliste.
3   Vgl. Entschließung zur Beschäftigungspolitik, o. O., o. D., AdsD, DGB-Archiv, 5/DGAI000512.

An der anschließenden Diskussion beteiligen sich die Kollegen *Vetter, Haar, Muhr, Loderer, Sperner, Kluncker, Hauenschild, A. Schmidt, Volkmar, Pfeiffer, Teitzel, Pagels, Horné Stephan, Breit, Schwab, Wunder, G. Schmidt* und die Kollegin *Weber*. Es werden Fragen zu den Wahlen in den Geschäftsführenden Bundesvorstand und organisatorische Einzelheiten erörtert.

3. Veränderungsmitteilungen – Landesbezirksvorstände

Beschluß:
Der Bundesvorstand empfiehlt dem Bundesausschuß, folgende Kollegen zu bestätigen:
Rolf Wagner (HBV) als ständigen Vertreter des Kollegen Reiner Wiegend im Landesbezirksvorstand Niedersachsen;
Reinhard Dörr (GdP) als Mitglied und
Walter Steffen (GdP) als ständigen Vertreter des Kollegen Dörr im Landesbezirksvorstand Saar.[4]

4. Verschiedenes

a) Demonstration am 5. Juni 1982
Kollege *Vetter* berichtet über die Bitte der CDU-Geschäftsführung, Heiner Geißler, am 5. Juni 1982 an einer großen Demonstration »Gemeinsam für Frieden und Freiheit« teilzunehmen. Es stellt sich die Frage, wie verfahren werden soll.[5]
Kollege *Schwab* teilt mit, daß der Jungen Union mitgeteilt wurde, daß die Gewerkschaftsjugend an dieser Veranstaltung nicht teilnehmen wird.
Kollege *Vetter* stellt abschließend fest, daß damit die Angelegenheit erledigt ist.

b) Ruhrfestspiele
Kollege *A. Schmidt* beantragt unter Hinweis auf das Plakat für die diesjährige Spielsaison der Ruhrfestspiele, so bald wie möglich und so gründlich wie möglich im Bundesvorstand über die Ruhrfestspiele zu diskutieren.[6]

---

4 Die Vorlage ist in der Vorsitzendenakte nicht enthalten. Vgl. AdsD, DGB-Archiv, 5/DGAI000512.
5 Am 5.6.1982 organisierte die CDU eine Kundgebung im Bonner Hofgarten »Gemeinsam für Frieden und Freiheit«, die sich von der Friedensbewegung abgrenzte und zur westlichen Wertegemeinschaft und dem westlichen Bündnissystem bekannte. Nach Angaben der CDU nahmen daran 100.000 Menschen teil. Vgl. Union in Deutschland, Informationsdienst der Christlich-Demokratischen Union, 14/82, 29.4.1982, S. 1; Union in Deutschland, Informationsdienst der Christlich-Demokratischen Union 19/82, 9.6.1982, S. 6.
6 Wahrscheinlich ging das Begehren von Adolf Schmidt auf das Motto der Ruhrfestspiele, das auch einer Ausstellung zugrunde lag, zurück, weil es auf den politischen Dissens zwischen Gewerkschaftsführung und Friedensbewegung verwies. Vgl. Träume vom Frieden, begrabene Hoffnungen. 5. Mai – 5. Juli 1982. Städtische Kunsthalle Recklinghausen. Ruhrfestspiele Recklinghausen '82. Recklinghausen [1982].

c) Abführungen an die Hans-Böckler-Stiftung
Der Bundesvorstand diskutiert eingehend über Abführungen der Aufsichtsratsvergütungen an die Hans-Böckler-Stiftung.

d) Besuch des Kollegen Vetter bei Harry Tisch, FDGB
Kollege *Wunder* spricht Kollegen Vetter auf seinen Besuch beim FDGB-Vorsitzenden, Harry Tisch, an. Kollege *Vetter* informiert den Bundesvorstand über den Verlauf seines Gespräches mit Harry Tisch und teilt dem Bundesvorstand mit, daß er wegen der Kurzfristigkeit der Terminvereinbarung dem Bundesvorstand nicht vorher seinen Besuch bei Harry Tisch bekanntgeben konnte.

e) Ausscheidende Bundesvorstandsmitglieder
Der Bundesvorstand beschließt, daß wie üblich zu der ersten Bundesvorstandssitzung nach dem DGB-Bundeskongreß die ausgeschiedenen Bundesvorstandsmitglieder eingeladen werden.

f) Das Buch »Die Wüste blüht«
Kollege *Loderer* spricht das Buch »Die Wüste blüht« an. Er möchte, daß dieses Buch ausführlich im Bundesausschuß besprochen wird, weil darin unter anderem ein Brief des Kollegen Benz zitiert wird.[7]
Kollege *Schwab* informiert den Bundesvorstand dahingehend, daß er selbst nur weiß, daß das Buch ein Bericht über ein Forschungsprojekt von Jugendgruppen über Jugendarbeit ist.
Der Bundesvorstand beschließt, daß dieses Buch im Bundesausschuß besprochen werden soll.

---

7 Das Buch befasste sich mit der jüngeren Entwicklung der gewerkschaftlichen Jugendarbeit und deren neueren Formen. Es ging zurück auf eine Arbeitstagung, die 1982 in der Bildungsstätte Oberursel stattfand, auf der die Ergebnisse eines gewerkschaftlichen Projekts zu Formen der Jugendarbeit diskutiert wurden. Eine zweite Tagung fand im Oktober 1984 statt. In den Projekten, die der Arbeitstagung zugrunde lagen, waren grundlegende, sowohl offene als auch gruppenbezogene Formen der Jugendarbeit dargestellt worden. So wurde etwa die Zeitung der DGB-Jugendgruppe Schwetzingen, eine DGB-Jugendgruppe in der gewerkschaftlichen »Diaspora« Straubings und die Teestube Gelsenkirchen untersucht. Das Projekt, das auch Jugendgruppen der Einzelgewerkschaften und nichtgewerkschaftliche Jugendgruppen einbezog, wurde vom Hausteam des Hauses der Jugend in Oberursel betreut und einem wissenschaftlichen Beirat beraten. Vgl. Haus der Gewerkschaftsjugend: Die Wüste blüht. Neue Formen gewerkschaftlicher Jugendarbeit, Frankfurt am Main 1982. Die Dokumentation der beiden Tagungen zu neuen Formen der gewerkschaftlichen Jugendarbeit erfolgte 1984 unter demselben Titel: Die Wüste blüht. Ein Bericht über zwei Tagungen zum Projekt »Neue Formen der Jugendarbeit!«. Bundesjugendausschuß, Wissenschaftler und Jugendliche diskutieren, Düsseldorf 1984 (Protokolle von Arbeitstagungen).

5. Genehmigung des Protokolls der 40. Bundesvorstandssitzung

Beschluß:
Der Bundesvorstand genehmigt das Protokoll der 40. Bundesvorstandssitzung.[8]

Ende der Sitzung: 18.45 Uhr.

---

8 Vgl. Dok. 96: Kurzprotokoll über die 40. Sitzung des Bundesvorstandes am 4.5.1982.

Mitglieder des DGB-Bundesvorstands 1975–1982

Geschäftsführender Bundesvorstand des DGB	Amtsdauer	Name
Vorsitzender	1969–1982	Heinz Oskar Vetter
Abteilung Gesellschaftspolitik		
Stellvertretender Vorsitzender	1969–1990	Gerd Muhr
Abteilungen Sozialpolitik/Arbeitsrecht		
Stellvertretende Vorsitzende	1972–1982	Maria Weber
Abteilungen Frauen/Bildung/Berufliche Bildung	1956–1980	Maria Weber
Abteilungen Tarifpolitik/Bildung/Berufliche Bildung	1980–1982	Maria Weber
Abteilung Wirtschaftspolitik	1975–1984	Alois Pfeiffer
Abteilungen Finanzen/Europäische Integration	1969–1977	Alfons Lappas
	1977–1982	Gerhard Vater
Abteilungen Tarifpolitik/Arbeiter – Handwerk	1972–1980	Martin Heiß
Abteilungen Frauen/Arbeiter – Handwerk	1980–1982	Irmgard Blättel
Abteilungen Organisation/Jugend/Kulturpolitik/Ausländische Arbeitnehmer	1974–1982	Karl Schwab
Abteilungen Angestellte/Werbung – Medienpolitik	1962–1982	Günter Stephan
Abteilungen Beamte/Öffentlicher Dienst/Personal	1972–1982	Gerhard Schmidt

Vorsitzende der Einzelgewerkschaften	Amtsdauer	Name
IG Bau-Steine-Erden (BSE)	1966–1982	Rudolf Sperner
IG Bergbau und Energie (IG BE)	1969–1985	Adolf Schmidt
IG Chemie, Papier, Keramik (IG CPK)	1969–1982	Karl Hauenschild
IG Druck und Papier (DruPa)	1968–1983	Leonhard Mahlein
Gewerkschaft der Eisenbahner Deutschlands (GdED)	1959–1979	Philipp Seibert
	1979–1988	Ernst Haar
Gewerkschaft Erziehung und Wissenschaft (GEW)	1968–1981	Erich Frister
	1981–1997	Dieter Wunder
Gewerkschaft Gartenbau, Land- und Forstwirtschaft (GGLF)	1975–1987	Willi Lojewski

Gewerkschaft Handel, Banken und Versicherungen (HBV)	1965–1980	Heinz Vietheer
	1980–1988	Günter Volkmar
Gewerkschaft Holz und Kunststoff (GHK)	1959–1977	Gerhard Vater
	1977–1981	Kurt Georgi
	1981–1993	Horst Morich
Gewerkschaft Kunst (Kunst)	1974–1980	Otto Sprenger
	1980–1989	Alfred Horné
Gewerkschaft Leder (Leder)	1959–1976	Adolf Mirkes
	1976–1980	Gerhard van Haaren
	1980–1983	Helmut Teitzel
IG Metall (IGM)	1972–1983	Eugen Loderer
Gewerkschaft Nahrung-Genuß-Gaststätten (NGG)	1966–1978	Herbert Stadelmaier
	1978–1989	Günter Döding
Gewerkschaft Öffentliche Dienste, Transport und Verkehr (ÖTV)	1964–1982	Heinz Kluncker
Gewerkschaft der Polizei (GdP)	1975–1981	Helmut Schirrmacher
	1981–1986	Günter Schröder
Deutsche Postgewerkschaft (DPG)	1971–1982	Ernst Breit
Gewerkschaft Textil und Bekleidung (GTB)	1963–1978	Karl Buschmann
	1978–1990	Berthold Keller

Vorsitzende der DGB-Landesbezirke (nicht stimmberechtigt)	Amtsdauer	Name
LB Baden-Württemberg	1974–1978	Günter Erlewein
	1978–1982	Lothar Zimmermann
LB Bayern	1969–1978	Wilhelm Rothe
	1978–1990	Jakob Deffner
LB Berlin	1960–1982	Walter Sickert
LB Hessen	1972–1976	Armin Clauss
	1976–1987	Jochen Richert
LB Niedersachsen	1970–1984	Georg Drescher
LB Nordmark	1969–1986	Jan Sierks
LB Nordrhein-Westfalen	1975–1978	Bert Hartig
	1978–1982	Siegfried Bleicher
LB Rheinland-Pfalz	1965–1986	Julius Lehlbach
LB Saar	1972–1998	Manfred Wagner

Mitglieder des DGB-Bundesvorstands 1975–1982

Bei den Sitzungen des Bundesvorstands waren weiterhin regelmäßig der Bundesvorstandssekretär sowie die DGB-Pressestelle, die Verbindungsstelle des DGB in Bonn, die »Welt der Arbeit«, die »Quelle« und die »Gewerkschaftlichen Monatshefte« durch die Chefredakteure beziehungsweise deren Leiter vertreten.

	Name
Bundesvorstandssekretär	Walter Fritze, Willi Zimmermann
DGB-Verbindungsstelle, Bonn	Heinz Vorneweg, Klaus Richter
DGB-Pressestelle	Ulrich Preußner
»Welt der Arbeit«	Klaus Jelonneck
»Die Quelle«	Günter Pehl
»Gewerkschaftliche Monatshefte«	Gerhard Leminsky, Hans-Otto Hemmer

Abkürzungsverzeichnis

ABB	Allgemeine Beamtenbank AG
Abs.	Absatz
Abt.	Abteilung
ACA	Arbeitsgemeinschaft Christlicher Arbeitnehmerverbände
AdA	Akademie der Arbeit
AdsD	Archiv der sozialen Demokratie
AfA	Arbeitskreis für Arbeitsstudien
AFG	Arbeitsförderungsgesetz (Gesetz über die Leistungen und Aufgaben zur Beschäftigungssicherung und zur Förderung des Wirtschaftswachstums)
AFL/CIO	American Federation of Labour/Congress of Industrial Organizations
AfS	Archiv für Sozialgeschichte
AG	Aktiengesellschaft, Arbeitsgemeinschaft
AGP	Arbeitsgemeinschaft zur Förderung der Partnerschaft in der Wirtschaft
AGU	Arbeitsgemeinschaft für Umweltfragen e. V.
AKSBP	Arbeitskreis Sozialbilanz-Praxis
a.o.	außerordentlich
AR	Aufsichtsrat
ARD	Arbeitsgemeinschaft der öffentlich-rechtlichen Rundfunkanstalten der Bundesrepublik Deutschland
ATH	Allgemeine Treuhandgesellschaft mbH
AÜG	Arbeitnehmerüberlassungsgesetz
AVB	Antennenverwaltungs- und Betreuungsgesellschaft
AZO	Arbeitszeitordnung
BA	Bundesausschuss
BAG	Bundesarbeitsgericht
BAGE	Bundesarbeitsgerichtsentscheidungen
Bd./Bde.	Band/Bände
BDA	Bundesvereinigung der Deutschen Arbeitgeberverbände e. V.
BDI	Bundesverband der Deutschen Industrie e. V.
BDZV	Bundesverband Deutscher Zeitungsverleger
BfG	Bank für Gemeinwirtschaft
bfr., bfrs.	Belgische Francs
BGAG	Beteiligungsgesellschaft für Gemeinwirtschaft AG des DGB
BGBK	Bundesvereinigung Gewerkschaftsverbände Bildender Künstler
BGH	Bundesgerichtshof
BHW	Beamtenheimstättenwerk
BJA	Bundesjugendausschuss

BMBF	Bundesministerium für Bildung und Forschung
BMFT	Bundesministerium für Forschung und Technologie
BMWI	Bundesministerium für Wirtschaft
BSE	Industriegewerkschaft Bau-Steine-Erden
BSRB	Bandalag starfsmanna ríkis og bæja, Island
BT	Bundestag
Buchst.	Buchstabe
BV	Bundesvorstand
BVD	Bundesverband Druck
BVerfG, BVG	Bundesverfassungsgericht
BVerfGE	Bundesverfassungsgerichtsentscheidungen
bzw.	beziehungsweise
ca.	circa
CAJ	Christliche Arbeiterjugend
CCOO	Confederación Sindical de Comisiones Obreras (Arbeiterkommissionen, Spanien)
CDA	Sozialausschüsse der Christlich-Demokratischen Arbeitnehmerschaft der CDU
CDU	Christlich Demokratische Union Deutschlands
CFDT	Confédération Française Démocratique du Travail, Frankreich
CGIL	Confederazione Generale Italiana del Lavoro, Italien
CGT	Confédération Générale du Travail, Frankreich
CGT-FO	Confédération Générale du Travail – Force Ouvrière, Frankreich
CGTP-IN	Confederação Geral dos Trabalhadores Portugueses INTERSINDICAL, Portugal
CISL	Confederazione Italiana Sindacati Lavoratori, Italien
CMTU	Confederation of Malta Trade Union, Malta
ČSSR	Československá Socialistická Republika (Tschechoslowakische Sozialistische Republik)
CSU	Christlich-Soziale Union in Bayern
CSUT	Confederación de Sindicatos Unitarios de Trabajadores, Spanien
CWC	Cyprus Workers' Confederation (Free Trade Unions), Zypern
d. h.	das heißt
DAG	Deutsche Angestelltengewerkschaft
DCV	Deutscher Caritas-Verband
DDR	Deutsche Demokratische Republik
DEVK	Deutsche Eisenbahn-Versicherungskasse
DGB	Deutscher Gewerkschaftsbund
DGB-BV	Deutscher Gewerkschaftsbund – Bundesvorstand
ders.	derselbe
dies.	dieselbe, dieselben
DIHT	Deutscher Industrie- und Handelskammertag
DISK	Confederation of Progressive Trade Unions of Turkey, Türkei
DJT	Deutscher Juristentag
d. J.	des Jahres
dju	Deutsche (Journalistinnen- und)Journalisten-Union
DKP	Deutsche Kommunistische Partei

DM	Deutsche Mark
DMV	Deutscher Musikerverband
Dok.	Dokument
DOV	Deutsche Orchestervereinigung
DPG	Deutsche Postgewerkschaft
Dr.	Doktor/Doktorin
DruPa	Industriegewerkschaft Druck und Papier (auch: drupa, Drupa)
DSB	Deutscher Sportbund
e. V.	eingetragener Verein
ebd.	ebenda
EDV	Elektronische Datenverarbeitung
EG	Europäische Gemeinschaft(en)
EGB	Europäischer Gewerkschaftsbund
EL.S.E.	Greek Labour Confederation, Griechenland
EMB	Europäischer Metallgewerkschaftsbund
EStG	Einkommensteuergesetz
etc.	et cetera
EU	Europäische Union
EUROFEDOP	European Federation of Public Service Employees
EVA	Europäische Verlagsanstalt
evtl.	eventuell
FAZ	Frankfurter Allgemeine Zeitung
FDGB	Freier Deutscher Gewerkschaftsbund
FDP	Freie Demokratische Partei
FEN	Fédération de l'Éducation Nationale, Frankreich
FES	Friedrich-Ebert-Stiftung
FIDEF	Federal Almanya İşçi Dernekleri Federasyonu (Föderation der Arbeitervereine in der Bundesrepublik Deutschland)
FIET	Fédération Internationale des Employés, Techniciens et Cadres (Internationaler Bund der Privatangestellten, IBP)
Fn.	Fußnote
GBV	Geschäftsführender Bundesvorstand
GDBA	Genossenschaft Deutscher Bühnenangehöriger
GdED	Gewerkschaft der Eisenbahner Deutschlands
GDMK	Gewerkschaft Deutscher Musikerzieher und Konzertierender Künstler
GdP	Gewerkschaft der Polizei
gem.	gemäß
GEW/gew.	Gewerkschaft Erziehung und Wissenschaft
Gew.	Gewerkschaft/gewerkschaftlich
ggf.	gegebenenfalls
GGLF	Gewerkschaft Gartenbau, Land- und Forstwirtschaft
GGVöD	Gemeinschaft von Gewerkschaften und Verbänden des öffentlichen Dienstes
GHK	Gewerkschaft Holz und Kunststoff
GIM	Gruppe Internationaler Marxisten
GLF	Gewerkschaft Gartenbau, Land- und Forstwirtschaft
GmbH	Gesellschaft mit beschränkter Haftung

GMH	Gewerkschaftliche Monatshefte
GSEE	General Confederation of Greek Workers, Griechenland
GTB	Gewerkschaft Textil-Bekleidung
H.	Heft
HBS	Hans-Böckler-Stiftung
HBV	Gewerkschaft Handel, Banken und Versicherungen
hekt.	hektographiert
Histadrut	HaHistadrut HaKlalit schel HaOwdim B'Eretz Israel (Allgemeiner Verband der Arbeiter Israels)
HRG	Hochschulrahmengesetz
Hrsg./hrsg.	Herausgeber/herausgegeben
hsl.	handschriftlich
HV	Hauptvorstand
HWP	Hochschule für Wirtschaft und Politik Hamburg
i. Vorb.	in Vorbereitung
IAL	Internationale Artistenloge (Berufsverband Show und Unterhaltung)
IAO	Internationale Arbeitsorganisation (engl.: ILO – International Labour Organisation)
IBFG	Internationaler Bund Freier Gewerkschaften
ICC	Internationales Congress Centrum Berlin
ICFTU	International Confederation of Free Trade Unions
ID	Informationsdienst zur Verbreitung unterbliebener Nachrichten
IFPLAA	Internationale Föderation der Plantagen-, Land- und verwandten Arbeiter
IG	Industriegewerkschaft
IG BE	Industriegewerkschaft Bergbau und Energie
IG BSE	Industriegewerkschaft Bau-Steine-Erden
IG CPK	Industriegewerkschaft Chemie-Papier-Keramik
IGM/IG Metall	Industriegewerkschaft Metall
IISG	Internationales Institut für Sozialgeschichte Amsterdam
ILO	International Labour Organisation (Internationale Arbeitsorganisation)
IPTT	Internationale des Personals der Post-, Telegrafen- und Telefonbetriebe
IUL	Internationale Union der Lebens- und Genußmittelarbeiter-Gewerkschaften
KAB	Katholische Arbeitnehmer-Bewegung
KABD	Kommunistischer Arbeiterbund Deutschlands
KB	Kommunistischer Bund
KBW	Kommunistischer Bund Westdeutschland
K-Gruppen	kommunistisch ausgerichtete politische Gruppen in Westdeutschland
KPD	Kommunistische Partei Deutschlands
KPD/ML	Kommunistische Partei Deutschlands/Marxisten-Leninisten
KPF	Kommunistische Partei Frankreichs
KSZE	Konferenz für Sicherheit und Zusammenarbeit in Europa
LB	Landesbezirk
LFSA	Landesverband Freier Schweizer Arbeitnehmer, Schweiz
MAO	Materialien zur Analyse von Opposition
m. E.	meines Erachtens
MFA	Multifibre Arrangement (Multifaserabkommen)

Mill.	Million/Millionen
Mio.	Million/Millionen
Mrd.	Milliarde/Milliarden
Ms.	Manuskript
ms.	maschinenschriftlich
NATO	North Atlantic Treaty Organization
ND	Nachrichten-Dienst
NGG	Gewerkschaft Nahrung-Genuß-Gaststätten
NH	Neue Heimat
NHH	Neue Heimat Hamburg
NHS	Neue Heimat Städtebau
NRW	Nordrhein-Westfalen
NS	Nationalsozialismus
NWDR	Nordwestdeutscher Rundfunk
o. D.	ohne Datum
o. O.	ohne Ort
ÖGB	Österreichischer Gewerkschaftsbund
ÖTV	Gewerkschaft Öffentliche Dienste, Transport und Verkehr
PLO	Palestine Liberation Organization
Prof.	Professor/Professorin
psd	Politisch-Sozialer Dienst
PVAP	Polnische Vereinigte Arbeiterpartei
rd.	rund
RFFU	Rundfunk-Film-Fernseh-Union der Gewerkschaft Kunst
RGO	Revolutionäre Gewerkschafts-Opposition
RKW	Rationalisierungskuratorium der deutschen Wirtschaft
S.	Seite
s.	siehe
SB	Sozialistisches Büro
SBK	Schutzverband Bildender Künstler
SDAJ	Sozialistische Deutsche Arbeiterjugend
SOC	Solidaridat d'Obrers de Catalunya, Spanien
SPD	Sozialdemokratische Partei Deutschlands
SU	Sindicato Unitario, Spanien
SZOT	Szakszervezetek Országos Tanácsa, Ungarn (National Council of Trade Unions)
TDM	Tausend Deutsche Mark
TOP	Tagesordnungspunkt
TUAC	Trade Union Advisory Committee to the OECD (Organisation for Economic Co-operation and Development)
TUC	Trades Union Congress, Großbritannien
TÜRK-IS	Confederation of Turkish Trade Unions, Türkei
TÜRK-SEN	Cyprus Turkish Trade Union Federation, Zypern
u. a.	und andere/unter anderem
u. ä.	und ähnliche
UEG	Unfallunterstützung an ehrenamtliche Gewerkschaftsfunktionäre
UGT	Sindicato Unión General de Trabajadores, Spanien

UGT-P	União Geral de Trabalhadores, Portugal
UIL	Unione Italiana del Lavoro, Italien
UN	United Nations
USA	United States of America
USG	Umwelt-Systeme GmbH
USM	Union des Syndicats de Monaco, Monaco
USO	Union Sindical Obrera, Spanien
usw.	und so weiter
VDS	Verband Deutscher Schriftsteller
VDZ	Verband Deutscher Zeitschriftenverleger
VEB	Volkseigener Betrieb
vgl.	vergleiche
v. H.	vom Hundert
VORAG	Volksfürsorge-Rechtsschutzversicherung AG
vs.	versus
VTG	Vermögens- und Treuhandgesellschaft
VVG	Vermögensverwaltungsgesellschaft der Gewerkschaft der Polizei
WSA	Wirtschafts- und Sozialausschuss
WSI	Wirtschafts- und Sozialwissenschaftliches Institut des DGB
WZSPS	Allunions-Zentralrat der Gewerkschaften in der Sowjetunion
ZÄPP	Zentralstelle für ästhetisch-pädagogische Praxis
z. B.	zum Beispiel
Ziff.	Ziffer
ZK	Zentralkomitee

Verzeichnis der Archivalien

DGB-Archiv im Archiv der sozialen Demokratie der Friedrich-Ebert-Stiftung, Bonn

Abteilung Vorsitzender
   Protokolle des Bundesvorstands
   Protokolle des Bundesausschusses
   Protokolle des Geschäftsführenden Bundesvorstands
   Sachakten
   Schriftverkehr
Abteilung Angestellte
Abteilung Arbeitsrecht
Abteilung Ausländische Arbeitnehmer
Abteilung Berufliche Bildung
Abteilung Bildung
Abteilung Frauen
Abteilung Gesellschaftspolitik
Abteilung Jugend
Abteilung Organisation
Abteilung Sozialpolitik
Abteilung Tarifpolitik
Abteilung Werbung – Medienpolitik
Internationale Abteilung

Verzeichnis der abgekürzt zitierten gedruckten Quellen und Literatur

1. Quellen

Arbeitsgruppe Alternative Wirtschaftspolitik e. V. (Hrsg.): Vorrang für Vollbeschäftigung. Memorandum '79. Alternativen der Wirtschaftspolitik, Köln 1979.
Arbeitsgruppe »Alternative Wirtschaftspolitik«: Gegen konservative Formierung – Alternativen der Wirtschaftspolitik. Memorandum, Köln 1980.
Bahl, Volker: Leiharbeit als flexible Arbeitsmarktreserve und Dumpingstrategie gegen die gewerkschaftliche Tarifpolitik, in: Gewerkschaftliche Monatshefte 30, 1979, H. 7, S. 443-448.
Baudissin, Wolf Graf: Sicherheitsprobleme unserer Tage, in: DGB-Bundesvorstand: Antikriegstag 1981. DGB: Frieden durch Abrüstung! Verhandeln statt rüsten, Ächtung der Atomwaffen in Ost und West, Düsseldorf 1981, S. 21-30.
Berger, Johannes (Hrsg.): Alternative Wirtschaftspolitik. Methodische Grundlagen, Analysen und Diskussion, Berlin 1979 (Das Argument, Sonderband; 1).
Berger, Johannes (Hrsg.): Alternative Wirtschaftspolitik. Probleme der politischen und ökonomischen Durchsetzung. Berlin 1980 (Das Argument, Sonderband; 2).
Bergmann, Joachim/Otto Jacobi/Walther Müller-Jentsch: Gewerkschaften in der Bundesrepublik, Frankfurt am Main 1975 (Studienreihe des Frankfurter Instituts für Sozialforschung; 2).
 – Bergmann/Jacobi/Müller-Jentsch: Gewerkschaften
Biedenkopf, Kurt/Rüdiger von Voss (Hrsg.): Staatsführung, Verbandsmacht und innere Souveränität. Von der Rolle der Verbände, Gewerkschaften und Bürgerinitiativen in der Politik; Ergebnisse einer wissenschaftlichen Arbeitstagung der Politischen Akademie Eichholz, Stuttgart 1977 (Bonn aktuell; 47).
 – Biedenkopf/von Voss: Staatsführung
Breit, Ernst (Hrsg.): Aufstieg des Nationalsozialismus – Untergang der Republik – Zerschlagung der Gewerkschaften. Dokumentation der historisch-politischen Konferenz des DGB im Mai 83 in Dortmund, Köln 1984.
Bundesminister des Innern, Referat Öffentlichkeitsarbeit (Hrsg.): Situation der Entsorgung der Kernkraftwerke in der Bundesrepublik Deutschland. Bericht der Bundesregierung an den Deutschen Bundestag (Entsorgungsbericht), Bonn 1979.
Bundesminister für Arbeit und Sozialordnung (Hrsg.): Wirtschaftlicher und sozialer Wandel in der Bundesrepublik Deutschland. Gutachten der Kommission für wirtschaftlichen und sozialen Wandel, Göttingen 1977.
Crusius, Reinhard/Manfred Wilke: Gewerkschaft ohne Jugend? Zu aktuellen Problemen der gewerkschaftlichen Jugendpolitik, in: deutsche jugend, H. 7/1978, S. 305 ff.

Deutscher Gewerkschaftsbund: Protokoll. 9. Ordentlicher Bundeskongreß, Berlin, 25.–30.6.1972, Berlin o. J.
- DGB: 9. Bundeskongreß 1972

Deutscher Gewerkschaftsbund: Protokoll. 10. Ordentlicher Bundeskongreß, Hamburg, 25.–30.5.1975, Hamburg o. J.
- DGB: 10. Bundeskongreß 1975

Deutscher Gewerkschaftsbund, Bundesvorstand, Abteilungen Bildung und Berufliche Bildung (Hrsg.): Forderungen des Deutschen Gewerkschaftsbundes zur Bildungspolitik, Beruflichen Bildung, Hochschulreform, Düsseldorf ca. 1973.

Deutscher Gewerkschaftsbund, Bundesvorstand, Abteilungen Berufliche Bildung und Bildung (Hrsg.): Bildungspolitische Konferenz des Deutschen Gewerkschaftsbundes, Bochum 1976.
- DGB-BV: Bildungspolitische Konferenz

Deutscher Gewerkschaftsbund, Bundesvorstand, Abteilung Arbeiter – Handwerk (Hrsg.): Protokoll. Bundesarbeiterkonferenz des Deutschen Gewerkschaftsbundes, Düsseldorf 1977.
- Protokoll: Bundesarbeiterkonferenz 1977

Deutscher Gewerkschaftsbund, Abteilung Jugend (Hrsg.): Protokoll der 10. Bundesjugendkonferenz des Deutschen Gewerkschaftsbundes, 1.–3. Dezember 1977 in Frankfurt am Main, Düsseldorf 1978.
- Protokoll: 10. Bundesjugendkonferenz 1977

Deutscher Gewerkschaftsbund: Protokoll. 11. Ordentlicher Bundeskongreß, Hamburg, 21.–26.5.1978, Lübeck 1978.
- DGB: 11. Bundeskongreß 1978

Deutscher Gewerkschaftsbund, Bundesvorstand: Entwurf: Grundsatzprogramm des Deutschen Gewerkschaftsbundes. Beschlossen vom Bundesvorstand des Deutschen Gewerkschaftsbundes am 2. Oktober 1979, Düsseldorf 1979.

Deutscher Gewerkschaftsbund: Programm des DGB zur Verbesserung der Lebenssituation älterer Menschen, Düsseldorf 1979.

Deutscher Gewerkschaftsbund: Protokoll. 4. Außerordentlicher Bundeskongreß, Düsseldorf, 12.–14.3.1981, Frankfurt am Main 1981.
- DGB: 4. Außerordentlicher Bundeskongreß 1981

Deutscher Gewerkschaftsbund (Hrsg.): Arbeit für alle. Mitbestimmung auf alle Bereiche der Wirtschaft ausdehnen. Referentenleitfaden. DGB Schwerpunktthema 81/82, Düsseldorf 1981.

Deutscher Gewerkschaftsbund: Protokoll. 12. Ordentlicher Bundeskongreß, Berlin, 16.–22.5.1982, Düsseldorf 1982.
- DGB: 12. Bundeskongreß 1982

DGB-Bundesvorstand: Geschäftsbericht 1975–1977, Düsseldorf o. J.
- DGB: Geschäftsbericht 1975–1977

DGB-Bundesvorstand: Geschäftsbericht 1978–1981, Düsseldorf o. J.
- DGB: Geschäftsbericht 1978–1981

DGB-Bundesvorstand (Hrsg.): Ziele und Funktionen der gemeinwirtschaftlichen Unternehmen, Düsseldorf 1972.

DGB-Bundesvorstand, Abteilung Jugend (Hrsg.): STOP Jugendarbeitslosigkeit. Gegenwehr konkret, Düsseldorf 1977.
- DGB-Bundesvorstand, Abteilung Jugend: STOP Jugendarbeitslosigkeit

Verzeichnis der abgekürzt zitierten gedruckten Quellen und Literatur

DGB-Bundesvorstand, Abteilung Wirtschaftspolitik (Hrsg.): Gesicherte Energieversorgung für die Zukunft. Die Dortmunder Reden, Düsseldorf 1977.
DGB-Bundesvorstand (Hrsg.): Mitbestimmungsgesetz '76, Düsseldorf 1977.
- DGB: Mitbestimmungsgesetz
DGB-Bundesvorstand, Abteilung Beamte – Öffentlicher Dienst (Hrsg.): Programm zur Reform des öffentlichen Dienstrechts, Düsseldorf 1979 (Schriftenreihe des Deutschen Gewerkschaftsbundes, Abteilung Beamte – Öffentlicher Dienst; 7).
DGB-Bundesvorstand, Internationale Abteilung (Hrsg.): Dokumentation über Streik und Aussperrung in westeuropäischen Ländern nach 1945. Hrsg. anläßlich des 27. Europäischen Gespräches (26. Mai 1979) Witten a. d. Ruhr, Düsseldorf 1979.
- DGB: Dokumentation über Streik und Aussperrung
DGB-Bundesvorstand, Abteilung Werbung – Medienpolitik (Hrsg.): Die gewerkschaftliche Forderung: Arbeitszeitverkürzung, Düsseldorf 1980.
DGB-Bundesvorstand, Abteilung Jugend: Energieversorgung und Kernkraft. Protokoll eines Forums im Haus der Gewerkschaftsjugend im Juni 1981, Düsseldorf 1981 (Protokolle von Arbeitstagungen/Bundesjugendschule Oberursel).
DGB-Bundesvorstand, Abteilung Werbung – Medienpolitik (Hrsg.): Grundsatzprogramm des Deutschen Gewerkschaftsbundes. 4. Außerordentlicher Bundeskongreß, Düsseldorf 12.–14.3.1981, Düsseldorf 1981.
DGB-Bundesvorstand (Hrsg.): Grundsatzprogramm des Deutschen Gewerkschaftsbundes, in: DGB-Bundesvorstand (Hrsg.): Protokoll. 4. Außerordentlicher Bundeskongreß, Düsseldorf, 12.–14.3.1981, Düsseldorf 1981, [weißer Teil], S. 1-32.
DGB-Bundesvorstand, Abteilung Jugend: Rüstung, Militärpolitik, Friedensbewegung, Düsseldorf 1982 (Materialien zum Thema; 1982,4).
DGB-Bundesvorstand: Grundsätze des Deutschen Gewerkschaftsbundes zur Weiterentwicklung des Betriebsverfassungsrechts, Düsseldorf 1983 (Schriftenreihe Mitbestimmung; M 6).
DGB-Bundesvorstand, Abteilungen Allgemeine Bildung und Berufliche Bildung: Bildungspolitisches Programm des Deutschen Gewerkschaftsbundes, Düsseldorf 1983.
DGB: Forderungen des DGB zur Kulturpolitik und Kulturarbeit (Diskussionsentwurf), Düsseldorf 1978.
DGB: Aktionsprogramm '79. Beschlossen vom Bundesausschuß am 13. Juni 1979, Düsseldorf 1979.
- DGB: Aktionsprogramm '79
DGB: Datenschutzfibel, Düsseldorf 1980.
DGB: Sozialpolitisches Programm des DGB. Entwurf, Düsseldorf 1979.
DGB, Abt. Arbeiter – Handwerk (Hrsg.): Protokoll. Bundesarbeiterkonferenz des Deutschen Gewerkschaftsbundes 1981, Düsseldorf 1981.
DGB, Abt. Jugend: Arbeitsbericht 1974–1977 der Abteilung Jugend des DGB-Bundesvorstandes und des Bundesjugendausschusses des DGB. Vorgelegt zur 10. Bundesjugendkonferenz des DGB vom 1. bis 3. Dezember 1977 in Frankfurt, Düsseldorf [1978].
DGB, Landesbezirk Nordrhein-Westfalen: STOP Arbeitslosigkeit. Dokumentation, Düsseldorf ca. 1979.
DGB, Landesbezirk Nordrhein-Westfalen, Abteilung Jugend (Hrsg.): Antikriegstag – Nie wieder Krieg! Abrüstung, Gewinn für uns! Dokumentation, Düsseldorf 1979.
- DGB: Antikriegstag
DGB: Sozialpolitisches Programm des DGB, Düsseldorf 1980.
DGB: Vorstellungen des DGB zur Kulturpolitik und Kulturarbeit, Düsseldorf 1981.

Die Entwicklungscharta des Internationalen Bundes Freier Gewerkschaften (IBFG) angenommen auf der 70. Vorstandssitzung des IBFG (Hamburg, 17. bis 19. Mai 1978), in: Materialien/Bundesministerium für Wirtschaftliche Zusammenarbeit, Referat Öffentlichkeitsarbeit, 1978, H. 60, S. 13-44.

Die Wüste blüht. Ein Bericht über zwei Tagungen zum Projekt »Neue Formen der Jugendarbeit!«. Bundesjugendausschuß, Wissenschaftler und Jugendliche diskutieren, Düsseldorf 1984 (Protokolle von Arbeitstagungen).

Döding, Günter: Mitbestimmung am Arbeitsplatz als Beitrag zur Humanisierung der Arbeit, in: Gewerkschaftliche Monatshefte 33, 1982, H. 10, S. 602-610.

Dokumentation Arbeitskreis Tunesien, Bonn, in Zusammenarbeit mit dem AK 3. Welt des Bundesvorstandes der Jungsozialisten in der SPD: Tunesien-Dokumentation. Zur Situation in Tunesien. Verfolgung der tunesischen Sozialisten. Der sozialistische Widerstand, Bonn [1979].

Dokumentation zur Anti-DGB-Kampagne der CSU. Zusammengestellt von der Pressestelle des DGB-Landesbezirks Bayern, o. O., ca. 1980.

Europäischer Gewerkschaftsbund: Protokoll des 2. satzungsgemäßen Kongresses, Brüssel 1976.
  – Europäischer Gewerkschaftsbund: Kongress 1976

Fitting, Karl/Otfried Wlotzke/Hellmut Wißmann: Mitbestimmungsgesetz. Kommentar, München 1976.
  – Fitting/Wlotzke/Wißmann: Mitbestimmungsgesetz

Frerichs, Johann/Carola Möller/Jürgen Ulber: Leiharbeit und betriebliche Interessenvertretung, Köln 1981 (Zur Sache, Informationen für Arbeitnehmer).

Götz, Christian: Zum Entwurf des neuen DGB-Grundsatzprogramms. Eine Übersicht über neue Aussagen und Veränderungen im Vergleich zum gültigen DGB-Grundsatzprogramm von 1963, in: Blätter für deutsche und internationale Politik 25, 1980, H. 3, S. 307-317.

Happening & Fluxus. Materialien zusammengestellt von Hans Sohm, Kölnischer Kunstverein, Köln 1970.

Happening. Die Geschichte einer Bewegung. Materialien zusammengestellt von Hans Sohm, Württembergischer Kunstverein, Köln 1971.

Haus der Gewerkschaftsjugend: Die Wüste blüht. Neue Formen gewerkschaftlicher Jugendarbeit, Frankfurt am Main 1982.

Henschel, Rudolf: Die gewerkschaftliche Kritik am Memorandum '79, in: Gewerkschaftliche Monatshefte 31, 1980, H. 2, S. 109-116.

Herb, Kurt: Verlauf und Ergebnis des Arbeitskampfes in der Eisen- und Stahlindustrie, in: Gewerkschaftliche Monatshefte 30, 1979, H. 3, S. 137-145.
  – Herb: Verlauf

IG Druck und Papier, Hauptvorstand: Analyse des Arbeitskampfes 1976 in der Druckindustrie, Stuttgart 1977 (Schriftenreihe der IG Druck und Papier; 27).

IG Metall: Protokoll. 12. Ordentlicher Gewerkschaftstag der Industriegewerkschaft Metall. Entschließungen, Anträge, Materialien, Frankfurt am Main 1977.
  – IG Metall: 12. Ordentlicher Gewerkschaftstag 1977

IG Metall für die Bundesrepublik Deutschland (Hrsg.): Spalte und herrsche. F. J. Strauß und die Einheitsgewerkschaft, Frankfurt am Main 1979 (Metall-Taschenbuch; 1).

Institut für angewandte Sozialwissenschaft (infas): Gewerkschaftsbarometer. Ergebnisse und Interpretationen sozialwissenschaftlicher Erhebungen, Bonn-Bad Godesberg 1966-1978.

Institut für angewandte Sozialwissenschaft (infas): Angestelltenbewußtsein. Gesellschaftliche Orientierung, gewerkschaftliches Bewußtsein und die Sozialwahl 1974, Bonn-Bad Godesberg 1974, Bibliothek der Friedrich-Ebert-Stiftung, Signatur C 3090.
International Confederation of Free Trade Unions: ICFTU Youth Charter (as adopted by the 11th ICFTU World Congress, Mexico City, 17.–25. October 1975), Brüssel 1976.
– ICFTU Youth Charter
International Confederation of Free Trade Unions (Hrsg.): The Rights of the Working Women, Brüssel 1976.
– International Confederation of Free Trade Unions: Rights
International Confederation of Free Trade Unions (Hrsg.): »Für eine neue Wirtschafts- und Sozialordnung«. Die Entwicklungscharta des IBFG zur Vorlage auf der 70. Vorstandssitzung des IBFG (Hamburg, 17. bis 19. Mai 1978), Brüssel 1978.
Jahreswirtschaftsbericht der Bundesregierung 1977, Stuttgart 1978.
Jung, Volker: Die Struktur des Entwurfs für ein neues Grundsatzprogramm, in: Gewerkschaftliche Monatshefte 31, 1980, H. 1, S. 12-27.
Jungk, Robert: Arbeitnehmerfreiheiten im Atomstaat, in: Jörg Hallerbach (Hrsg.): Die eigentliche Kernspaltung. Gewerkschaften und Bürgerinitiativen im Streit um die Atomkraft, Darmstadt 1978, S. 204-213.
– Jungk: Arbeitnehmerfreiheiten im Atomstaat
Kiesau, Gisela: Bundeszentrum Humanisierung des Arbeitslebens: Aufgabenstellung und Arbeitsschwerpunkte, in: Soziale Sicherheit 29, 1980, Nr. 11, S. 336-338.
Kiesau, Gisela/Maria Balassa: Die Lebenslage älterer Menschen in der Bundesrepublik Deutschland. Analyse der Mängel und Vorschläge zur Verbesserung. Projektleitung und wissenschaftliche Koordination: Gisela Kiesau, Köln 1976 (WSI-Studien zur Wirtschafts- und Sozialforschung; 31).
Kittner, Michael: Verbot der Aussperrung. 7 Fragen – 70 Antworten, Köln 1979.
– Kittner: Verbot der Aussperrung
Kneißel, Jutta: IBFG-Entwicklungscharta – ein Kompromiß, in: Gewerkschaftliche Monatshefte 29, 1978, H. 9, S. 566-568.
Kühne, Peter (Hrsg.): Gewerkschaftliche Betriebspolitik in Westeuropa. Vergleiche und Möglichkeiten der Zusammenarbeit, Berlin 1982 (Internationale Tagung der Sozialakademie Dortmund).
Leminsky, Gerhard: Zum neuen Aktionsprogramm des DGB, in: Gewerkschaftliche Monatshefte 30, 1979, H. 12, S. 745-754.
– Leminsky: Zum neuen Aktionsprogramm
Mahlein, Leonhard: Lehren aus einem Arbeitskampf: Konsequenzen für die zukünftige Gewerkschaftspolitik, in: Gewerkschaftliche Monatshefte 27, 1976, H. 7, S. 396-406.
– Mahlein: Lehren aus einem Arbeitskampf
Mahlein, Leonhard: Rationalisierung – sichere Arbeitsplätze – menschenwürdige Arbeitsbedingungen. Zum Arbeitskampf in der Druckindustrie 1978, Stuttgart 1978 (Schriftenreihe der IG Druck und Papier; 29).
– Mahlein: Rationalisierung
Mandel, Ernest (Hrsg.): Arbeiterkontrolle, Arbeiterräte, Arbeiterselbstverwaltung. Eine Anthologie. Zusammengestellt und eingeleitet von Ernest Mandel, Frankfurt am Main 1971 (Theorie und Praxis der Gewerkschaften).
Mandel: Arbeiterkontrolle, Arbeiterräte, Arbeiterselbstverwaltung

MARPLAN Forschungsgesellschaft mbH, DGB-Gewerkschaftsbarometer. Tendenzen – Profile, durchgeführt von MARPLAN Forschungsgesellschaft mbH im Auftrag des Deutschen Gewerkschaftsbundes, Bundesvorstand, Offenbach 1979–1981.

MARPLAN, Forschungsgesellschaft für Markt und Verbrauch: Sozialwahlen. Repräsentative Untersuchung bei Angestellten, gewerblichen Arbeitnehmern, Rentnern und Hausfrauen, durchgeführt von MARPLAN Forschungsgesellschaft mbh, Offenbach 1979.

Martens, Peter: »Lohn« der Angst, in: 'ran, 7, 1977, H. 11, S. 26.

Meißner, Werner: Die Lehre der Fünf Weisen. Eine Auseinandersetzung mit den Jahresgutachten des Sachverständigenrats zur Begutachtung der gesamtwirtschaftlichen Entwicklung, Köln 1980.
 – Meißner: Die Lehre

Mettelsiefen, Bernd: Arbeitszeitverkürzung: Eine Kontroverse ohne Ende? in: WSI Mitteilungen 31, 1978, H. 4, S. 195-202.
 – Mettelsiefen: Arbeitszeitverkürzung

[N. N.]: Durch Lohnverzicht zur Vollbeschäftigung? Zum Jahresgutachten des Sachverständigenrates, in: WSI Mitteilungen 31, 1978, H. 1, S. 2-8.

Pfeiffer, Alois: Der Sachverständigenrat hat seinen Gesetzesauftrag verletzt, in: Gewerkschaftliche Monatshefte 29, 1978, H. 1, S. 1-6.

Pulte, Peter/Karl-Heinz Vorbrücken: Berufliche Bildung. 39 Modelle, Meinungen und Entwürfe zu einem Reformvorhaben, Opladen 1974.

Quellen zur Geschichte der deutschen Gewerkschaftsbewegung im 20. Jahrhundert. Bd. 13: Der Deutsche Gewerkschaftsbund von 1964–1969, hrsg. von Klaus Schönhoven und Hermann Weber, bearbeitet von Wolther von Kieseritzky, Bonn 2006.
 – von Kieseritzky: Quellen 13

Quellen zur Geschichte der deutschen Gewerkschaftsbewegung im 20. Jahrhundert. Bd. 16: Der Deutsche Gewerkschaftsbund von 1969–1975, hrsg. von Dieter Dowe, Anja Kruke und Michael Schneider, bearbeitet von Klaus Mertsching, Bonn 2013.
 – Mertsching: Quellen 16

Report of the 11th International Trade Union Federations' Congress, Brüssel 1975.

Revolutionäre Zellen in der IG Metall: »Wer das Geld hat, hat die Macht, und wer die Macht hat, hat das Recht«, Anschlag gegen das Bundesarbeitsgericht März 1980, in: Edition ID-Archiv im IISG/Amsterdam (Hrsg.): Die Früchte des Zorns. Texte und Materialien zur Geschichte der Revolutionären Zellen und der Roten Zora. 2 Bde., Bd. 2, Berlin 1993, S. 521-522.

Sachverständigenrat zur Begutachtung der gesamtwirtschaftlichen Entwicklung: Jahresgutachten 1977/78, Wiesbaden 1977.

Schneider, Michael: Der Kampf um die Arbeitszeitverkürzung von der Industrialisierung bis zur Gegenwart, in: GMH 35, 1984, H. 2, S. 77-89.

Schwab, Karl: »STOP Jugendarbeitslosigkeit« – Argumente statt Parolen, in: Gewerkschaftliche Monatshefte 28, 1977, H. 12, S. 737-741.
 – Schwab: »STOP Jugendarbeitslosigkeit«

Staatslast und Investitionsunlust. Kann die Beschäftigungskrise durch Begünstigung der Kapitaleinkommen überwunden werden?, in: DGB, Wirtschaftspolitische Informationen Nr. 9/1981, S. 1-24.

Stein, Ekkehart: Qualifizierte Mitbestimmung unter dem Grundgesetz. Zur verfassungsrechtlichen Problematik einer allgemeinen Einführung des Montanmodells, Köln 1976 (Theorie und Praxis der Gewerkschaften).

- Stein: Mitbestimmung

Stellungnahmen zur Verfassungsbeschwerde gegen das Mitbestimmungsgesetz vor dem Bundesverfassungsgericht. Heinz Oskar Vetter (DGB), Rudolf Judith (IG Metall), Otto Esser (BDA), Hans Jochen Vogel (Bundesminister der Justiz), in: Gewerkschaftliche Monatshefte 29, 1978, H. 12, S. 800-822.

Stephan, Günter: Angestelltenbewußtsein: Ergebnisse einer Untersuchung, Düsseldorf 1977.

Träume vom Frieden, begrabene Hoffnungen. 5. Mai – 5. Juli 1982. Städtische Kunsthalle Recklinghausen. Ruhrfestspiele Recklinghausen '82, Recklinghausen ca. 1982.

Trautwein, Norbert: Projekt »Mitbestimmung und politische Bildung«, in: Gewerkschaftliche Monatshefte 24, 1973, H. 10, S. 655-659.
- Trautwein: Projekt »Mitbestimmung und politische Bildung«

Trautwein, Norbert: Gewerkschaften und Mitbestimmung. Ein Referentenleitfaden aus dem Curriculumprojekt »Mitbestimmung und politische Bildung« des DGB. Hrsg. und verantwortlich für den Inhalt: DGB-Bundesvorstand, Abteilung Gesellschaftspolitik. Red.: Projektgruppe unter Leitung von Norbert Trautwein, Düsseldorf 1977.

Trautwein, Norbert: Gewerkschaften und Mitbestimmung. Ein Referentenleitfaden aus dem Curriculumprojekt »Mitbestimmung und politische Bildung« des DGB, Bonn 1977 (Schriftenreihe der Bundeszentrale für politische Bildung, Bd. 128).

Trautwein, Norbert/Hermann Brammerts/Gerhard Gerlach: Lernen in der Gewerkschaft. Beiträge aus dem DGB-Projekt »Mitbestimmung und politische Bildung, Frankfurt am Main 1976 (Theorie und Praxis der Gewerkschaften).
- Trautwein/Brammerts/Gerlach: Lernen in der Gewerkschaft

Urteil des Bundesverfassungsgerichts vom 1.3.1979, BVerfGE 50, S. 90-381.

Vetter, Heinz Oskar (Hrsg.): Humanisierung der Arbeit als gesellschaftspolitische und gewerkschaftliche Aufgabe. Protokoll der DGB-Konferenz vom 16. und 17. Mai 1974 in München, Frankfurt am Main 1974 (Theorie und Praxis der Gewerkschaften).

Vetter, Heinz Oskar: Herausforderung und Antwort. Referat, gehalten vor dem 10. Ordentlichen Bundeskongreß am 25.5.1975 in Hamburg, Hamburg 1975.

Vetter, Heinz Oskar (Hrsg.): Mitbestimmung, Wirtschaftsordnung, Grundgesetz. Protokoll der Wissenschaftlichen Konferenz des Deutschen Gewerkschaftsbundes vom 1. bis 3. Oktober 1975 in Frankfurt am Main. Redaktioneller Bearbeiter Lorenz Schwegler, Köln 1976 (Theorie und Praxis der Gewerkschaften).
- Vetter: Mitbestimmung, Wirtschaftsordnung, Grundgesetz

Vetter, Heinz Oskar: Gewerkschaftseinheit für Europa, in: Gewerkschaftliche Monatshefte 30, 1979, H. 5, S. 257-266.

Vetter, Heinz Oskar (Hrsg.): Aus der Geschichte lernen – die Zukunft gestalten. 30 Jahre DGB-Protokoll der wissenschaftlichen Konferenz zur Geschichte der Gewerkschaften vom 12. und 13. Oktober 1979 in München, Köln 1980 (Geschichte der Arbeiterbewegung. Texte – Biographien – Dokumente).
- Vetter: Aus der Geschichte lernen

Vilmar, Fritz: Die politische Unwahrhaftigkeit der DKP-Programme. Nur taktische Verschiebungen vom Düsseldorfer zum Mannheimer Programm, in: Gewerkschaftliche Monatshefte 30, 1979, H. 8, S. 484-495.
- Vilmar: Politische Unwahrhaftigkeit

Vollbeschäftigung und Wachstum. Erklärung der freien Gewerkschaften an den Weltwirtschaftsgipfel der Staats- und Regierungschefs in Bonn, im Juli 1978, in: Bundesministerium für wirtschaftliche Zusammenarbeit, Referat Öffentlichkeitsarbeit, Materialien 60, 1978, S. 65-69.

Vorstand der SPD: Fachtagung »Energie, Beschäftigung, Lebensqualität« am 28. und 29. April 1977 in Köln, o. O., 1977 (Forum SPD: Dokumente).

Wallraven, Klaus Peter: Das Arbeitgeberkartell und sein »Tabu-Katalog«, in: Frankfurter Hefte 34, 1979, H. 11, S. 21-28.

Wendeling-Schröder, Ulrike: Die Entscheidungen des Bundesarbeitsgerichts zur Aussperrung aus der Sicht der Gewerkschaften, in: Die Mitarbeit 30, 1981, H. 1, S. 28-36.

Wirtschaftliche und soziale Aufgaben der Beschäftigungspolitik, in: Karl Georg Zinn (Hrsg.): Strategien gegen die Arbeitslosigkeit. Analysen zur wirtschaftlichen Fehlentwicklung und wirtschaftspolitische Handlungsvorschläge, Köln/Frankfurt am Main 1977, S. 211-239.

Wohlgemuth, Hans Hermann: Zur Auseinandersetzung um die Aussperrung, in: Gewerkschaftliche Monatshefte 30, 1979, H. 3, S. 145-152.
- Wohlgemuth: Aussperrung

Zachert, Ulrich: Der Ablauf einer Tarifverhandlung. Erläuterungen der Etappen und der beteiligten Gremien am Beispiel der Tarifauseinandersetzung um Arbeitszeitverkürzung in der Eisen- und Stahlindustrie, in: Gewerkschaftliche Monatshefte 30, 1979, H. 3, S. 172-178.
- Zachert: Der Ablauf einer Tarifverhandlung

2. Literatur

Abelshauser, Werner: Nach dem Wirtschaftswunder. Der Gewerkschafter, Politiker und Unternehmer Hans Matthöfer, Bonn 2009.
- Abelshauser: Nach dem Wirtschaftswunder

Abelshauser, Werner: Deutsche Wirtschaftsgeschichte. Von 1945 bis zur Gegenwart, überarbeitete Auflage, Bonn 2011.
- Abelshauser: Wirtschaftsgeschichte

Ahland, Frank: Bürger und Gewerkschafter Ludwig Rosenberg – 1903 bis 1977. Eine Biografie, Essen 2016 (Veröffentlichungen des Instituts für soziale Bewegungen, Reihe A: Darstellungen; 61).
- Ahland: Bürger und Gewerkschafter

Andresen, Knud: ›Gebremste Radikalisierung‹ – Zur Entwicklung der Gewerkschaftsjugend von 1968 bis Mitte der 1970er Jahre, in: Mitteilungsblatt des Instituts für Soziale Bewegungen, Forschungen und Forschungsberichte, H. 43, 2010, S. 141-158.
- Andresen: ›Gebremste Radikalisierung‹

Andresen, Knud: Triumpherzählungen. Wie Gewerkschafter über ihre Geschichte sprechen, Essen 2014 (Veröffentlichungen des Instituts für soziale Bewegungen, Reihe A: Darstellungen; 57).
- Andresen: Triumpherzählungen

Andresen, Knud: Die bundesdeutsche Lehrlingsbewegung 1968–1973. Zum Prozess der kollektiven Identitäten, in: Jürgen Mittag/Helke Stadtland (Hrsg.): Theoretische Ansätze und Konzepte der Forschung über soziale Bewegungen in der Geschichtswissenschaft, Essen 2014, S. 219-241.
- Andresen: Lehrlingsbewegung

Andresen, Knud: Gebremste Radikalisierung. Die IG-Metall und ihre Jugend 1968 bis in die 1980er Jahre, Göttingen 2016 (Hamburger Beiträge zur Sozial- und Zeitgeschichte; 56).
– Andresen: Gebremste Radikalisierung

Andresen, Knud/Ursula Bitzegeio/Jürgen Mittag (Hrsg.): »Nach dem Strukturbruch?«. Wandel von Arbeitswelt(en) nach 1970, Bonn 2011 (Politik- und Gesellschaftsgeschichte; 89).
– Andresen/Bitzegeio/Mittag: »Nach dem Strukturbruch?«

Andresen, Knud/Michaela Kuhnhenne/Jürgen Mittag/Johannes Platz (Hrsg.): Der Betrieb als sozialer und politischer Ort. Studien zu Praktiken und Diskursen im 20. Jahrhundert, Bonn 2015 (Politik- und Gesellschaftsgeschichte; 98).
– Andresen/Kuhnhenne/Platz u. a. (Hrsg.): Der Betrieb als sozialer und politischer Ort

Andresen, Knud/Michaela Kuhnhenne/Jürgen Mittag/Stefan Müller (Hrsg.): Repräsentationen der Arbeit. Bilder – Erzählungen – Darstellungen, Bonn 2018 (Politik und Gesellschaftsgeschichte; 104)
– Andresen/Kuhnhenne/Mittag/Müller: Repräsentationen der Arbeit

Angster, Julia: Konsenskapitalismus und Sozialdemokratie. Die Westernisierung von SPD und DGB, München 2003.
– Angster: Konsenskapitalismus und Sozialdemokratie

Arps, Jan Ole: Frühschicht. Linke Fabrikintervention in den 70er-Jahren, Berlin 2011.
– Arps: Frühschicht

August-Schmidt-Stiftung (Hrsg.): August-Schmidt-Stiftung. 50 Jahre im Dienste von Waisen, Bochum 2012.
– August-Schmidt-Stiftung: 50 Jahre im Dienste von Waisen

Becker, Ulrich/Hans Günter Hockerts/Klaus Tenfelde (Hrsg.): Sozialstaat in Deutschland. Geschichte und Gegenwart, Bonn 2010 (Politik- und Gesellschaftsgeschichte; 87).
– Becker/Hockerts/Tenfelde: Sozialstaat in Deutschland

Becker-Schaum, Christoph/Philipp Gassert/Martin Klimke (Hrsg.): »Entrüstet Euch!«. Nuklearkrise, NATO-Doppelbeschluss und Friedensbewegung, Paderborn 2012.

Bégin, Natalie: Kontakte zwischen Gewerkschaften in Ost und West. Die Auswirkungen von Solidarność in Deutschland und Frankreich; ein Vergleich, in: Archiv für Sozialgeschichte 45, 2005, S. 293-324.
– Bégin: Kontakte zwischen Gewerkschaften in Ost und West

Berger, Stefan (Hrsg.): Gewerkschaftsgeschichte als Erinnerungsgeschichte. Der 2. Mai 1933 in der gewerkschaftlichen Erinnerung und Positionierung, Essen 2015 (Veröffentlichungen des Instituts für soziale Bewegungen, Reihe A: Darstellungen; 60).
– Berger: Gewerkschaftsgeschichte als Erinnerungsgeschichte

Berlinghoff, Marcel: Das Ende der »Gastarbeit«. Europäische Anwerbestopps 1970–1974. Paderborn, München etc. 2013 (Studien zur historischen Migrationsforschung; 27).
– Berlinghoff: Ende der »Gastarbeit«

Beyme, Klaus von: Gewerkschaftliche Politik in der Wirtschaftskrise I – 1973–1978, in: Hans-Otto Hemmer/Kurt Thomas Schmitz (Hrsg.): Geschichte der Gewerkschaften in der Bundesrepublik Deutschland. Von den Anfängen bis heute, Köln 1990, S. 339-374.
– von Beyme: Gewerkschaftliche Politik in der Wirtschaftskrise I

Birkner, Thomas: Mann des gedruckten Wortes. Helmut Schmidt und die Medien, Bremen 2014 (Studien der Helmut-und-Loki-Schmidt-Stiftung; 10).
– Birkner: Mann des gedruckten Wortes

Birkner, Thomas: Helmut Schmidt, in: ders. (Hrsg.): Medienkanzler. Politische Kommunikation in der Kanzlerdemokratie, Wiesbaden 2016, S. 153-179.

Anhang

- Birkner: Helmut Schmidt

Bösch, Frank: Politische Macht und gesellschaftliche Gestaltung. Wege zur Einführung des privaten Rundfunks in den 1970er/1980er Jahren, in: Meik Woyke (Hrsg.): Wandel des Politischen. Die Bundesrepublik Deutschland während der 1980er Jahre, Bonn 2013, S. 167-194.

- Bösch: Politische Macht

Boll, Friedhelm: Zwischen politischer Zurückhaltung und humanitärer Hilfe. Der Deutsche Gewerkschaftsbund und Solidarność 1980–1982, in: Ursula Bitzegeio/Anja Kruke/Meik Woyke (Hrsg.): Solidargemeinschaft und Erinnerungskultur im 20. Jahrhundert, Bonn 2009 (Politik- und Gesellschaftsgeschichte; 84).

- Boll: Zwischen politischer Zurückhaltung und humanitärer Hilfe

Boll, Friedhelm/Anja Kruke (Hrsg.): Der Sozialstaat in der Krise. Deutschland im internationalen Vergleich, Bonn 2008 (Einzelveröffentlichungen aus dem Archiv für Sozialgeschichte; 1).

- Boll/Kruke: Der Sozialstaat in der Krise

Boltanski, Luc: Die Führungskräfte. Die Entstehung einer sozialen Gruppe, Frankfurt am Main/New York etc. 1990 (Theorie und Gesellschaft; 14).

- Boltanski: Führungskräfte

Boltanski, Luc/Ève Chiapello: Der neue Geist des Kapitalismus, Konstanz 2003 (éditions discours; 30).

- Boltanski/Chiapello: Der neue Geist des Kapitalismus

Borsdorf, Ulrich/Hans-Otto Hemmer (Hrsg.): Gewerkschaften, Mitbestimmung, Wissenschaft. 25 Jahre Studien- und Mitbestimmungsförderung des Deutschen Gewerkschaftsbundes, Köln 1979.

- Borsdorf/Hemmer: Gewerkschaften

Busemeyer, Marius R.: Wandel trotz Reformstau. Die Politik der beruflichen Bildung seit 1970, Frankfurt am Main 2009.

- Busemeyer: Wandel trotz Reformstau

Carol, Steven: From Jerusalem to the Lion of Judah. Israels Foreign Policy in East Africa, Bloomington (zuerst) 2012.

- Carol: Jerusalem

Conze, Werner: [Art.] Arbeit, in: Otto Brunner/Werner Conze/Reinhart Koselleck (Hrsg.): Geschichtliche Grundbegriffe, Bd. I, Stuttgart 1972, S. 154-215.

- W. Conze: Arbeit

Conze, Eckart: Die Suche nach Sicherheit. Eine Geschichte der Bundesrepublik Deutschland von 1949 bis zur Gegenwart, München 2009.

- E. Conze: Die Suche nach Sicherheit

Degryse, Christophe: 1973–2013. 40 Years of History of the European Trade Union Confederation, Brüssel 2013.

- Degryse: 1973–2013

Deppe, Frank/Georg Fülberth/Jürgen Harrer (Hrsg.): Geschichte der deutschen Gewerkschaftsbewegung, Köln 1977.

- Deppe/Fülberth/Harrer: Geschichte der deutschen Gewerkschaftsbewegung

Deppe, Frank/Georg Fülberth/Jürgen Harrer: Aktuelle Probleme der Geschichtsschreibung der Arbeiter- und Gewerkschaftsbewegung (I), in: Blätter für deutsche und internationale Politik 24, 1979, H. 4, S. 488-498.

Deppe, Frank/Georg Fülberth/Jürgen Harrer: Aktuelle Probleme der Geschichtsschreibung der Arbeiter- und Gewerkschaftsbewegung (II), in: Blätter für deutsche und internationale Politik 24, 1979, H. 5, S. 569-596.

Dietz, Bernhard: Wertewandel in der Wirtschaft? Die leitenden Angestellten und die Konflikte um Mitbestimmung und Führungsstil in den siebziger Jahren, in: ders./Christopher Neumaier/Andreas Rödder (Hrsg.): Gab es den Wertewandel? Neue Forschungen zum gesellschaftlich-kulturellen Wandel seit den 1960er Jahren, München 2014, S. 169-197.
- Dietz: Wertewandel in der Wirtschaft

Dietz, Bernhard/Christopher Neumaier/Andreas Rödder (Hrsg.): Gab es den Wertewandel? Neue Forschungen zum gesellschaftlich-kulturellen Wandel seit den 1960er Jahren, München 2014 (Wertewandel im 20. Jahrhundert; 1).
- Dietz/Neumaier/Rödder: Wertewandel

Doering-Manteuffel, Anselm: Langfristige Ursprünge und dauerhafte Auswirkungen. Zur historischen Einordnung der siebziger Jahre, in: Konrad H. Jarausch (Hrsg.): Das Ende der Zuversicht? Die Siebzigerjahre als Geschichte, Göttingen 2008, S. 313-329.
- Doering-Manteuffel: Langfristige Ursprünge und dauerhafte Auswirkungen

Doering-Manteuffel, Anselm/Lutz Raphael: Nach dem Boom. Perspektiven auf die Zeitgeschichte seit 1970, 3., ergänzte Auflage, Göttingen 2012.
- Doering-Manteuffel/Raphael: Nach dem Boom

Doering-Manteuffel, Anselm/Lutz Raphael/Thomas Schlemmer (Hrsg.): Vorgeschichte der Gegenwart. Dimensionen des Strukturbruchs nach dem Boom, Göttingen 2016.
- Doering-Manteuffel/Raphael/Schlemmer: Vorgeschichte der Gegenwart

Eckel, Jan: Die Ambivalenz des Guten. Menschenrechte in der internationalen Politik seit den 1940ern, Göttingen 2014.
- Eckel: Die Ambivalenz des Guten

Esser, Josef: Gewerkschaften in der Krise. Die Anpassung der deutschen Gewerkschaften an neue Weltmarktbedingungen, Frankfurt am Main 1982.
- Esser: Gewerkschaften in der Krise

Euskirchen, Markus: Militärrituale. Analyse und Kritik eines Herrschaftsinstruments, Köln 2009 (Hochschulschriften; 59).
- Euskirchen: Militärrituale

Faulenbach, Bernd: Die deutsche Sozialdemokratie in den geschichtspolitischen Auseinandersetzungen der 1970er- und 1980er Jahre, in: Jürgen Mittag/Berthold Unfried (Hrsg.): Arbeiter- und soziale Bewegungen in der öffentlichen Erinnerung. Eine globale Perspektive/The Memory of Labour and Social Movements. A Global Perspective, Leipzig 2011 (ITH Tagungsberichte 45), S. 95-109.
- Faulenbach: Die deutsche Sozialdemokratie in den geschichtspolitischen Auseinandersetzungen der 1970er- und 1980er Jahre

Faulenbach, Bernd: Das sozialdemokratische Jahrzehnt. Von der Reformeuphorie zur Neuen Unübersichtlichkeit. Die SPD 1969–1982, Bonn 2011.
- Faulenbach: Das sozialdemokratische Jahrzehnt

Feuerherdt, Alex/Florian Markl: Vereinte Nationen gegen Israel. Wie die UNO den jüdischen Staat delegitimiert, Berlin 2018.
- Feuerherdt/Markl: Vereinte Nationen gegen Israel

Fischer, Gerhard: GRIPS. Geschichte eines populären Theaters (1966–2000), München 2002.
- Fischer: GRIPS

Fourastié, Jean: Les Trente Glorieuses ou la révolution invisible de 1946 à 1975, Paris 1979

- Fourastié: Les Trente Glorieuses

Führer, Karl Christian: Gewerkschaftsmacht und ihre Grenzen. Die ÖTV und ihr Vorsitzender Heinz Kluncker 1964–1982, Bielefeld 2017 (Forschung aus der Hans-Böckler-Stiftung; Bd. 188).
- Führer: Gewerkschaftsmacht und ihre Grenzen

Geipel, Robert/Jürgen Pohl/Rudolf Stagl: Chancen, Probleme und Konsequenzen des Wiederaufbaus nach einer Katastrophe. Eine Langzeituntersuchung des Erdbebens im Friaul von 1976 bis 1988, Kallmünz/Regensburg 1988.
- Geipel/Pohl/Stagl: Langzeituntersuchung

Gertschen, Alex: Klassenfeinde – Branchenpartner? Unternehmer und Gewerkschaft der westdeutschen Textilindustrie vor der Herausforderung der Internationalisierung, 1949–1979, Baden-Baden 2013 (Historische Grundlagen der Moderne; 9).
- Gertschen: Klassenfeinde – Branchenpartner?

Geyer, Martin H.: Sozialpolitische Denk- und Handlungsfelder. Der Umgang mit Sicherheit und Unsicherheit, in: Bundesministerium für Arbeit und Sozialordnung und Bundesarchiv (Hrsg.): Geschichte der Sozialpolitik in Deutschland seit 1945. Bd. 6: 1974–1982. Bundesrepublik Deutschland. Neue Herausforderungen, wachsende Unsicherheiten, Baden-Baden 2008, S. 111-231.
- Geyer: Sozialpolitische Denk- und Handlungsfelder

Gotto, Bernhard: Enttäuschung in der Demokratie. Erfahrung und Deutung von politischem Engagement in der Bundesrepublik Deutschland während der 1970er- und 1980er Jahre, München 2018 (Quellen und Darstellungen zur Zeitgeschichte; 119)
- Gotto: Enttäuschung in der Demokratie

Grebing, Helga: »Eine große sozialwissenschaftliche und pädagogische Leistung?«: Bemerkungen zu dem Buch von Deppe, Fülberth, Harrer (Hrsg.): Geschichte der deutschen Arbeiterbewegung, in: Gewerkschaftliche Monatshefte 30, 1979, H. 4, S. 204-228.
- Grebing: »Eine große sozialwissenschaftliche und pädagogische Leistung?«

Großmann, Johannes: Die »Grundtorheit unserer Epoche«? Neue Forschungen und Zugänge zur Geschichte des Antikommunismus, in: Archiv für Sozialgeschichte 56, 2016, S. 549-590.
- Großmann: Die »Grundtorheit unserer Epoche«?

Grotian, Etta: Vorgeschichte, Vorbild oder Sackgasse? Zur Historisierung der »neuen Geschichtsbewegung« der Bundesrepublik der späten 1970er- und 1980er Jahre, in: WerkstattGeschichte 25, 2017, H. 75, S. 15-24.
- Grotian: Vorgeschichte, Vorbild oder Sackgasse?

Hachtmann, Rüdiger: Gewerkschaften und Rationalisierung. Die 1970er Jahre – ein Wendepunkt?, in: Knud Andresen/Ursula Bitzegeio/Jürgen Mittag (Hrsg.): »Nach dem Strukturbruch?«. Kontinuität und Wandel von Arbeitsbeziehungen und Arbeitswelt(en) seit den 1970er Jahren, Bonn 2011 (Politik- und Gesellschaftsgeschichte; 89), S. 181-209.
- Hachtmann: Gewerkschaften und Rationalisierung

Hagemann-Wilholt, Stephanie: Das »gute« Unternehmen. Zur Geschichte der Unternehmenskommunikation, Bielefeld 2016 (Histoire; 90).
- Hagemann-Wilholt: Das »gute« Unternehmen

Hemmer, Hans Otto: Chronik der Hans-Böckler-Gesellschaft, Stiftung Mitbestimmung, Hans-Böckler-Stiftung, in: Ulrich Borsdorf/Hans-Otto Hemmer (Hrsg.): Gewerkschaften, Mitbestimmung, Wissenschaft. 25 Jahre Studien- und Mitbestimmungsförderung des Deutschen Gewerkschaftsbundes, Köln 1979, S. 57-91.

– Hemmer: Chronik
Herbert, Ulrich: Geschichte Deutschlands im 20. Jahrhundert, München 2014.
– Herbert: Geschichte Deutschlands im 20. Jahrhundert
Herf, Jeffrey: Undeclared Wars with Israel. East Germany and the West German Far Left, 1967–1989, Cambridge 2016.
– Herf: Undeclared Wars
Hertle, Hans-Hermann/Martin Jander (Hrsg.): Toleranz und Härte. Die Entstehungsgeschichte des DGB-Grundsatzprogramms 1981, Berlin: Zentralinstitut für Sozialwissenschaftliche Forschung, 1982 (Materialien zur Gewerkschaftspolitik in den 80er Jahren; 2).
– Hertle/Jander: Toleranz und Härte
Hölscher, Lucian (Hrsg.): Die Zukunft des 20. Jahrhunderts. Dimensionen einer historischen Zukunftsforschung, Frankfurt am Main/New York 2017.
– Hölscher: Die Zukunft des 20. Jahrhunderts
Iannone, Enrico: Die Kodifizierung des Arbeitsvertragsrechts – ein Jahrhundertprojekt ohne Erfolgsaussicht? Eine Untersuchung vorangegangener Bemühungen um ein Arbeitsvertragsgesetz und Analyse möglicher Erfolgsaussichten des Reformprojekts, Frankfurt am Main 2009.
– Iannone: Kodifizierung des Arbeitsvertragsrechts
Jarausch, Konrad H. (Hrsg.): Das Ende der Zuversicht? Die siebziger Jahre als Geschichte. Göttingen 2008.
– Jarausch: Das Ende der Zuversicht?
Kädtler, Jürgen/Hans-Hermann Hertle: Sozialpartnerschaft und Industriepolitik. Strukturwandel im Organisationsbereich der IG Chemie-Papier-Keramik, Opladen 1997.
– Kädtler/Hertle: Sozialpartnerschaft und Industriepolitik
Kempter, Klaus: Eugen Loderer und die IG Metall. Biografie eines Gewerkschafters, Filderstadt 2003.
– Kempter: Eugen Loderer
Kleinöder, Nina: »Humanisierung der Arbeit«. Literaturbericht »Forschungsprogramm zur Humanisierung des Arbeitslebens« (= Hans-Böckler-Stiftung, Working Paper Forschungsförderung, Nr. 8, Februar 2016), Düsseldorf 2016, URL: <http://www.boeckler.de/11145.htm?projekt=2015-860-5> [7.9.2018].
– Kleinöder: »Humanisierung der Arbeit«
Kleinöder, Nina: Unternehmen und Sicherheit. Strukturen, Akteure und Verflechtungsprozesse im betrieblichen Arbeitsschutz der westdeutschen Eisen- und Stahlindustrie nach 1945, Stuttgart 2016 (Vierteljahrschrift für Sozial- und Wirtschaftsgeschichte, Beihefte; 237).
– Kleinöder: Unternehmen und Sicherheit
Köcher, Thomas: »Aus der Vergangenheit lernen – für die Zukunft arbeiten!«? Die Auseinandersetzung des DGB mit dem Nationalsozialismus in den 50er- und 60er Jahren, Münster 2004 (Schriftenreihe Hans-Böckler-Stiftung).
– Köcher: »Aus der Vergangenheit lernen – für die Zukunft arbeiten!«?
Koenen, Gerd: Das rote Jahrzehnt. Unsere kleine deutsche Kulturrevolution 1967–1977, Frankfurt am Main (zuerst) 2004.
– Koenen: Das rote Jahrzehnt
Körner, Klaus: Die Europäische Verlagsanstalt 1945–1979, in: Sabine Groenewold (Hrsg.): Mit Lizenz. Geschichte der Europäischen Verlagsanstalt 1946–1996, Hamburg 1996, S. 35-121.
– Körner: Europäische Verlagsanstalt

Körner, Klaus: Emigranten im kulturellen Wiederaufbau. Die Europäische Verlagsanstalt, in: Klaus-Dieter Krohn/Patrik von zur Mühlen (Hrsg.): Rückkehr und Aufbau nach 1945. Deutsche Remigranten im öffentlichen Diskurs Nachkriegsdeutschlands, Marburg 1997 (Schriften der Herbert und Elsbeth Weichmann Stiftung), S. 139-156.
- Körner: Emigranten im kulturellen Wiederaufbau

Kramper, Peter: Neue Heimat. Unternehmenspolitik und Unternehmensentwicklung im gewerkschaftlichen Wohnungs- und Städtebau 1950–1982, Wiesbaden 2008 (Beihefte der Vierteljahrsschrift für Sozial- und Wirtschaftsgeschichte; 200).
- Kramper: Neue Heimat

Kramper, Peter: Das Ende der Gemeinwirtschaft. Krisen und Skandale gewerkschaftseigener Unternehmen in den 1980er Jahren, in: Meik Woyke (Hrsg.): Wandel des Politischen. Die Bundesrepublik während der 1980er Jahre, Bonn 2013, S. 115-142.
- Kramper: Das Ende der Gemeinwirtschaft

Kühn, Andreas: Stalins Enkel, Maos Söhne. Die Lebenswelt der K-Gruppen in den 1970er-Jahren, Frankfurt am Main 2005.
- Kühn: Stalins Enkel, Maos Söhne

Langguth, Gerd: Protestbewegung, Entwicklung, Niedergang, Renaissance. Die Neue Linke seit 1968, Köln 1984.
- Langguth: Die Neue Linke seit 1968

Laqua, Daniel: Ideas, Practices and Histories of Humanitarism, in: Journal of Modern European History 12, 2014, S. 154-294.
- Laqua: Ideas, Practices and Histories of Humanitarism

Lauschke, Karl: Mehr Demokratie in der Wirtschaft. Die Entstehungsgeschichte des Mitbestimmungsgesetzes von 1976. Dokumente, Düsseldorf 2006.
- Lauschke: Mehr Demokratie

Lauschke, Karl: Die halbe Macht. Mitbestimmung in der Eisen- und Stahlindustrie 1945–1989, Essen 2007.
- Lauschke: Die halbe Macht

Leonhard, Jörn/Willibald Steinmetz (Hrsg.): Semantiken von Arbeit. Diachrone und vergleichende Perspektiven, Köln 2016 (Industrielle Welt; 91).
- Leonhard/Steinmetz: Semantiken von Arbeit

Lillge, Claudia: Arbeit. Eine Literatur- und Mediengeschichte Großbritanniens, Paderborn 2016.
- Lillge: Arbeit

Lindenberger, Thomas/Michael Wildt: Radikale Pluralität. Geschichtswerkstätten als praktische Wissenschaftskritik, in: Archiv für Sozialgeschichte 29, 1989, S. 393-411.
- Lindenberger/Wildt: Radikale Pluralität

Lompe, Klaus: Gewerkschaftliche Politik in der Phase gesellschaftlicher Reformen und der außenpolitischen Neuorientierung der Bundesrepublik 1969–1974, in: Hans-Otto Hemmer/Kurt Thomas Schmitz (Hrsg.): Geschichte der Gewerkschaften in der Bundesrepublik Deutschland. Von den Anfängen bis heute, Köln 1990, S. 281-338.
- Lompe: Gewerkschaftliche Politik

Luks, Timo: Der Betrieb als Ort der Moderne. Zur Geschichte von Industriearbeit, Ordnungsdenken und Social Engineering im 20. Jahrhundert, Bielefeld 2010 (Histoire; 14).
- Luks: Der Betrieb als Ort der Moderne

März, Michael: Linker Protest nach dem Deutschen Herbst. Eine Geschichte des linken Spektrums im Schatten des ›starken Staates‹, 1977–1979, Bielefeld 2012 (Histoire; 32).

- März: Linker Protest nach dem Deutschen Herbst

Markovits, Andrei S.: The Politics of the West German Trade Unions. Strategies of Class and Interest Representation in Growth and Crisis, Cambridge 1986.
- Markovits: The Politics of the West German Trade Unions

Marx, Christian: Der Betrieb als politischer Ort und seine legislative Verankerung. Der Einfluss der Verbände auf die Reform des Betriebsverfassungsgesetzes (BetrVG) 1972, in: Knud Andresen/Michaela Kuhnhenne/Jürgen Mittag/Johannes Platz (Hrsg.): Der Betrieb als sozialer und politischer Ort. Studien zu Praktiken und Diskursen in den Arbeitswelten des 20. Jahrhunderts, Bonn 2015 (Politik- und Gesellschaftsgeschichte; 98), S. 231-258.
- Marx: Der Betrieb als politischer Ort

Maschke, Manuela: Die israelische Arbeiterorganisation Histadrut. Vom Staat im Staate zur unabhängigen Gewerkschaft, Frankfurt am Main 2003.
- Maschke: Die israelische Arbeiterorganisation Histadrut

Massimiliano, Livi/Daniel Schmidt/Michael Sturm (Hrsg.): Die 1970er Jahre als schwarzes Jahrzehnt. Politisierung und Mobilisierung zwischen christlicher Demokratie und extremer Rechter, Frankfurt am Main 2010.
- Massimiliano/Schmidt/Sturm: Die 1970er Jahre

Maul, Daniel: Human Rights, Development and Decolonization. The International Labour Organization 1940–70, Basingstoke 2012.
- Maul: Human Rights, Development and Decolonization

Mende, Christiane: Arbeiterinnenselbstverwaltung? Normalität und Aufbruch im Arbeitsalltag der belegschaftseigenen Glashütte Süßmuth, in: Themenportal Europäische Geschichte, 2017, URL: <http://www.europa.clio-online.de/essay/id/artikel-4127> [7.9.2018].
- Mende: Arbeiterinnenselbstverwaltung

Metzler, Gabriele: »Ein deutscher Weg«. Die Liberalisierung der Telekommunikation in der Bundesrepublik und die Grenzen politischer Reformen in den 1980er Jahren, in: Meik Woyke (Hrsg.): Wandel des Politischen. Die Bundesrepublik Deutschland während der 1980er Jahre, Bonn 2013, S. 167-194.
- Metzler: »Ein deutscher Weg«

Meyer, Kristina: Die SPD und die NS-Vergangenheit 1945–1990, Göttingen 2015 (Beiträge zur Geschichte des 20. Jahrhunderts; 18).
- Meyer: Die SPD und die NS-Vergangenheit

Milert, Werner/Rudolf Tschirbs: Die andere Demokratie. Betriebliche Interessenvertretung in Deutschland, 1848–2008, Essen 2012 (Veröffentlichungen des Instituts für soziale Bewegungen, Schriftenreihe A: Darstellungen; 52).
- Milert/Tschirbs: Die andere Demokratie

Mohr, Markus: Die Gewerkschaften und der Atomkonflikt, Münster 2001 (Schriftenreihe Hans-Böckler-Stiftung).
- Mohr: Die Gewerkschaften und der Atomkonflikt

Moitra, Stefan: Oppositionelle Betriebsratsarbeit bei Bayer: Zwischen parteipolitischer, persönlicher und struktureller Konfrontation, in: Klaus Tenfelde/Karl Otto Czikowsky/Jürgen Mittag u. a. (Hrsg.): Stimmt die Chemie? Mitbestimmung und Sozialpolitik in der Geschichte des Bayer-Konzerns, Essen 2007.
- Moitra: Oppositionelle Betriebsratsarbeit bei Bayer

Müller, Gloria: Strukturwandel und Arbeitnehmerrechte. Die wirtschaftliche Mitbestimmung in der Eisen- und Stahlindustrie 1945–1975, Essen 1991 (Düsseldorfer Schriften zur Neueren Landesgeschichte und Geschichte Nordrhein-Westfalens; 31).

- Müller: Strukturwandel und Arbeitnehmerrechte

Müller, Hans-Peter: Die Deutsche Angestellten-Gewerkschaft im Wettbewerb mit dem DGB. Geschichte der DAG 1947–2001, Baden-Baden 2011.
- Müller: Die Deutsche Angestellten-Gewerkschaft

Müller, Stefan: Die Ostkontakte der westdeutschen Gewerkschaften 1969 bis 1989. Entspannungspolitik zwischen zivilgesellschaftlichem Engagement und internationaler Politik, [Ms.] Duisburg 2016.
- Müller: Ostkontakte

Müller, Stefan: DGB und Ostpolitik 1969–1989. Gewerkschaften als parastaatliche Akteure im Entspannungsprozess, in: Michaela Bachem-Rehm/Claudia Hiepel/Henning Türk (Hrsg.): Teilungen überwinden. Europäische und Internationale Geschichte im 19. und 20. Jahrhundert, München 2014, S. 223-233.
- Müller: DGB

Müller, Stefan: Gewerkschafter, Sozialist und Bildungsarbeiter. Heinz Dürrbeck 1912–2001, Essen 2010.
- Müller: Dürrbeck

Müller, Stefan: Humanisierung der Arbeitswelt 1.0. Historisch-kritische Befragung eines Reformprogramms der Neunzehnhundertsiebziger Jahre, in: Willy Buschak (Hrsg.): Solidarität im Wandel der Zeiten – 150 Jahre Gewerkschaften, Essen 2016, S. 253-275.
- Müller: Humanisierung der Arbeitswelt

Müller-Jentsch, Walther: Gewerkschaftliche Politik in der Wirtschaftskrise II – 1978/79 bis 1982/83, in: Hans-Otto Hemmer/Kurt Thomas Schmitz (Hrsg.): Geschichte der Gewerkschaften in der Bundesrepublik Deutschland. Von den Anfängen bis heute, Köln 1990, S. 375-412.
- Müller-Jentsch: Gewerkschaftliche Politik in der Wirtschaftskrise II

Müller-Jentsch, Walter: Industrielle Demokratie – Von der repräsentativen Mitbestimmung zur direkten Partizipation, in: ders.: Arbeit und Bürgerstatus. Studien zur sozialen und industriellen Demokratie, Wiesbaden 2008, S. 173-179.
- Müller-Jentsch: Industrielle Demokratie

Neuheiser, Jörg: Arbeit zwischen Entgrenzung und Konsum. Die Geschichte der Arbeit im 20. Jahrhundert als Gegenstand aktueller zeithistorischer und sozialwissenschaftlicher Studien, in: Neue Politische Literatur 58, 2013, S. 421-448.
- Neuheiser: Arbeit zwischen Entgrenzung und Konsum

Neuheiser, Jörg: Postmaterialismus am laufenden Band? Mitbestimmung, Demokratie und die »Humanisierung der Arbeitswelt« in den Konflikten zwischen »plakat«-Gruppe und IG Metall bei Daimler-Benz in Untertürkheim, in: Knud Andresen/Michaela Kuhnhenne/Jürgen Mittag/Johannes Platz (Hrsg.): Der Betrieb als sozialer und politischer Ort. Studien zu Praktiken und Diskursen in den Arbeitswelten des 20. Jahrhunderts, Bonn 2015 (Politik- und Gesellschaftsgeschichte; 98), S. 99-114.
- Neuheiser: Postmaterialismus am laufenden Band

Neuheiser, Jörg: Der »Wertewandel« zwischen Diskurs und Praxis. Die Untersuchung von Wertvorstellungen zur Arbeit mit Hilfe von betrieblichen Fallstudien, in: Bernhard Dietz/Christopher Neumaier/Andreas Rödder (Hrsg.): Gab es den Wertewandel? Neue Forschungen zum gesellschaftlich-kulturellen Wandel seit den 1960er Jahren, München 2014 (Wertewandel im 20. Jahrhundert; 1), S. 141-167.
- Neuheiser: Der »Wertewandel«

Neuheiser, Jörg/Christine Bartlitz/Violetta Rudolf: Mehr Geschichte wagen – Plädoyer für einen mutigeren Umgang der Gewerkschaften mit ihrer (Zeit-)Geschichte. Arbeitspapier für das Kooperationsprojekt der Hans-Böckler-Stiftung und der Friedrich-Ebert-Stiftung zur jüngeren und jüngsten Gewerkschaftsgeschichte. (Hans-Böckler-Stiftung, Forschungsförderung Working Paper, Nr. 18), Düsseldorf 2016, URL: <http://www.boeckler.de/6299.htm?produkt=HBS-006400&chunk=1> [7.9.2018].
– Neuheiser/Bartlitz/Rudolf: Mehr Geschichte wagen

Nolte, Herbert/Hans-Joachim Röhrs (Hrsg.): Das Berufsbildungsgesetz. Text und Diskussion 1969–1976, Bad Heilbrunn/Obb. 1979.
– Nolte: Berufsbildungsgesetz

Nonn, Christoph: Die Ruhrbergbaukrise. Entindustrialisierung und Politik 1958–1969, Göttingen 2001(Kritische Studien zur Geschichtswissenschaft; 149).
– Nonn: Die Ruhrbergbaukrise

Offe, Claus: Berufsbildungsreform, Frankfurt am Main 1975.
– Offe: Berufsbildungsreform

Owetschkin, Dimitrij: Die Wandlungen der betrieblichen Mitbestimmung in der Automobilindustrie in den 1970er-Jahren. Das Beispiel Opel Rüsselsheim, in: Johannes Platz/Knud Andresen/Michaela Kuhnhenne/Mittag Jürgen (Hrsg.): Der Betrieb als sozialer und politischer Ort. Studien zu Praktiken und Diskursen im 20. Jahrhundert, Bonn 2015 (Politik- und Gesellschaftsgeschichte; 98), S. 115-135.
– Owetschkin: Die Wandlungen der betrieblichen Mitbestimmung in der Automobilindustrie

Owetschkin, Dimitrij: Vom Verteilen zum Gestalten. Geschichte der betrieblichen Mitbestimmung in der westdeutschen Automobilindustrie nach 1945, Bielefeld 2016 (Forschung aus der Hans-Böckler-Stiftung; 185).
– Owetschkin: Vom Verteilen zum Gestalten

Platz, Johannes: »Revolution der Roboter« oder »Keine Angst vor Robotern«? Die Verwissenschaftlichung des Automationsdiskurses und die industriellen Beziehungen von den 50ern bis 1968, in: Laurent Commaille (Hrsg.): »Entreprises et crises économiques«, Metz 2009, S. 36-59.
– Platz: »Revolution der Roboter« 2009

Platz, Johannes: »Die White Collars in den Griff bekommen« – Angestellte im Spannungsfeld sozialwissenschaftlicher Expertise, gesellschaftlicher Politik und gewerkschaftlicher Organisation 1950–1970, in: Archiv für Sozialgeschichte 50, 2010, S. 271-288.
– Platz: »White Collars«

Platz, Johannes: »Revolution der Roboter« oder »Keine Angst vor Robotern«? Transatlantischer Wissenstransfer über Automation und die DGB-Gewerkschaften, in: Constanze Lindemann/Harry Neß (Hrsg.): Vom Buchdrucker zum Medientechnologen. Wege der Druckindustrie in die Welt der Digitalisierung, Hamburg 2018, S. 26-43.
– Platz: »Revolution der Roboter« 2018

Platz, Johannes/Knud Andresen/Michaela Kuhnhenne u. a.: Der Betrieb als sozialer und politischer Ort: Unternehmens- und Sozialgeschichte im Spannungsfeld mikrohistorischer, praxeologischer und diskursanalytischer Ansätze, in: dies. (Hrsg.): Der Betrieb als sozialer und politischer Ort. Studien zu Praktiken und Diskursen im 20. Jahrhundert, Bonn 2015 (Politik- und Gesellschaftsgeschichte; 98), S. 7-26.
– Platz/Andresen/Kuhnhenne u. a.: Der Betrieb als sozialer und politischer Ort

Plogstedt, Sibylle: »Wir haben Geschichte geschrieben«. Zur Arbeit der DGB-Frauen (1945–1990); mit einem Vorwort von Michael Sommer, Gießen 2013.
- Plogstedt: »Wir haben Geschichte geschrieben«

Priemel, Kim Christian: Heaps of Work. The Ways of Labour History, in: H-Soz-Kult 23.1.2014, URL: <https://www.hsozkult.de/literaturereview/id/forschungsberichte-1223> [7.9.2018].
- Priemel: Heaps of Work

Projektgruppe Gewerkschaftsforschung: Tarifpolitik 1977. Darstellung und Analyse der Tarifbewegung in der metallverarbeitenden, der chemischen und der Druckindustrie sowie im öffentlichen Dienst, Frankfurt am Main/New York 1978.
- Projektgruppe Gewerkschaftsforschung: Tarifpolitik 1977

Radkau, Joachim: Geschichte der Zukunft. Prognosen, Visionen, Irrungen in Deutschland von 1945 bis heute, München 2017.
- Radkau: Geschichte der Zukunft

Raithel, Thomas: Die Jugendarbeitslosigkeit in Frankreich und Deutschland in den 1970er- und 1980er Jahren, in: ders./Thomas Schlemmer (Hrsg.): Die Rückkehr der Arbeitslosigkeit. Die Bundesrepublik Deutschland im europäischen Kontext 1973 bis 1989, München 2009, S. 67-80.
- Raithel: Jugendarbeitslosigkeit

Raithel, Thomas/Thomas Schlemmer (Hrsg.): Die Rückkehr der Arbeitslosigkeit. Die Bundesrepublik im europäischen Kontext 1973–1989, München 2009 (Zeitgeschichte im Gespräch; 5).
- Raithel/Schlemmer: Die Rückkehr

Raphael, Lutz: Die Verwissenschaftlichung des Sozialen als methodische und konzeptionelle Herausforderung für eine Sozialgeschichte des 20. Jahrhunderts, in: Geschichte und Gesellschaft 22, 1996, S. 165-193.
- Raphael: Die Verwissenschaftlichung des Sozialen

Raphael, Lutz: Experten im Sozialstaat, in: Hans Günter Hockerts (Hrsg.): Drei Wege deutscher Sozialstaatlichkeit. NS-Diktatur, Bundesrepublik und DDR im Vergleich, München 1998, S. 231-258 (Schriftenreihe der Vierteljahrshefte für Zeitgeschichte; 76).
- Raphael: Experten im Sozialstaat

Raphael, Lutz: Arbeitsbiografien und Strukturwandel »nach dem Boom«. Lebensläufe und Berufserfahrungen britischer, französischer und westdeutscher Industriearbeiter und -arbeiterinnen von 1970–2000, Geschichte und Gesellschaft 43, 2017, S. 32-67.
- Raphael: Arbeitsbiografien und Strukturwandel

Redler, Lucy: Der politische Streik in Deutschland nach 1945, Köln 2007.
- Redler: Der politische Streik in Deutschland

Rehling, Andrea: Konfliktstrategie und Konsenssuche in der Krise. Von der Zentralarbeitsgemeinschaft zur Konzertierten Aktion, Baden-Baden 2011 (Historische Grundlagen der Moderne; 3).
- Rehling: Konfliktstrategie und Konsenssuche in der Krise

Remeke, Stephan: Anders links sein. Auf den Spuren von Gerd Muhr und Maria Weber, Essen 2012.
- Remeke: Anders links sein

Remeke, Stefan: Auf der Suche nach der eigenen Heldengeschichte. Zum politischen Gestaltungsanspruch in der NS-Erinnerung der DGB-Funktionärsspitze der 1970er Jahre, in: Stefan Berger (Hrsg.): Gewerkschaftsgeschichte als Erinnerungsgeschichte. Der 2. Mai

1933 in der gewerkschaftlichen Erinnerung und Positionierung, Essen 2015 (Veröffentlichungen des Instituts für soziale Bewegungen, Schriftenreihe A: Darstellungen; 60), S. 245-265.
– Remeke: Auf der Suche nach der eigenen Heldengeschichte

Riechers, Albrecht: Hilfe für Solidarność. Zivilgesellschaftliche und staatliche Beispiele aus der Bundesrepublik Deutschland in den Jahren 1980–1982, Bonn 2006 (Gesprächskreis Geschichte; 67).
– Riechers: Hilfe für Solidarność

Rigoll, Dominik: Staatsschutz in Westdeutschland. Von der Entnazifizierung zur Extremistenabwehr, Göttingen 2013.
– Rigoll: Staatsschutz in Westdeutschland

Rosenberger, Ruth: Experten für Humankapital. Die Entdeckung des Personalmanagements in der Bundesrepublik Deutschland, München 2008 (Ordnungssysteme; 26).
– Rosenberger: Experten für Humankapital

Roth, Ralf: Gewerkschaften in der Druckindustrie und der globale technologische Wandel in den 1970er- und 1980er Jahren. Das Beispiel Deutschland, Großbritannien und USA, in: Constanze Lindemann/Harry Neß (Hrsg.): Vom Buchdrucker zum Medientechnologen. Wege der Druckindustrie in die Welt der Digitalisierung, Hamburg 2018, S. 44-69.
– Roth: Gewerkschaften in der Druckindustrie und der globale technologische Wandel

Rudzio, Wolfgang: Die Erosion der Abgrenzung. Zum Verhältnis zwischen der demokratischen Linken und Kommunisten in der Bundesrepublik Deutschland, Opladen 1988.
– Rudzio: Erosion der Abgrenzung

Schanetzky, Tim: Die große Ernüchterung. Wirtschaftspolitik, Expertise und Gesellschaft in der Bundesrepublik, 1966 bis 1982, Berlin 2007 (Wissenskultur und gesellschaftlicher Wandel; 17).
– Schanetzky: Die große Ernüchterung

Scharrer, Manfred: Über Geschichtsfälschung – ›Kurzer Lehrgang‹ der Geschichte der deutschen Gewerkschaftsbewegung, in: Langer Marsch, Nr. 38, November 1978, sowie in: Die Quelle Nr. 11/1978, S. 606-608.
– Scharrer: Über Geschichtsfälschung – ›Kurzer Lehrgang‹ der Geschichte der deutschen Gewerkschaftsbewegung

Schneider, Michael: Vom »Herrn-im-Hause« zum »Sozialpartner«? Grundzüge der unternehmerischen Reaktion auf die gewerkschaftlichen Forderungen nach Wirtschaftsdemokratie und Mitbestimmung, in: Gewerkschaftliche Politik. Reform aus Solidarität. Festschrift für Heinz Oskar Vetter, Köln 1977, S. 271-292.

Schneider, Michael: Demokratie in Gefahr? Der Konflikt um die Notstandsgesetze: Sozialdemokratie, Gewerkschaften und intellektueller Protest (1958–1968), Bonn 1986 (Reihe Politik- und Gesellschaftsgeschichte; 17).
– Schneider: Demokratie in Gefahr

Schneider, Michael: Unterm Hakenkreuz. Arbeiter und Arbeiterbewegung 1933 bis 1939, Bonn 1999 (Geschichte der Arbeiter und der Arbeiterbewegung in Deutschland seit dem Ende des 18. Jahrhunderts; 12).
– Schneider: Unterm Hakenkreuz

Schneider, Michael: Kleine Geschichte der Gewerkschaften. Ihre Entwicklung in Deutschland von den Anfängen bis heute, 2. überarbeitete und aktualisierte Auflage, Bonn 2000.
– Schneider: Kleine Geschichte der Gewerkschaften

Schneider, Michael: In der Kriegsgesellschaft. Arbeiter und Arbeiterbewegung 1939 bis 1945, Bonn 2014 (Geschichte der Arbeiter und der Arbeiterbewegung in Deutschland seit dem Ende des 18. Jahrhunderts; 13).
- Schneider: In der Kriegsgesellschaft

Schnelling-Reinicke, Ingeborg: Gründung und Entwicklung der Ruhrfestspiele in Recklinghausen, in: Geschichte im Westen 13, 1998, S. 40-60.
- Schnelling-Reinicke: Ruhrfestspiele

Schönhoven, Klaus: Die deutschen Gewerkschaften, Frankfurt am Main 1987 (Neue Historische Bibliothek).
- Schönhoven: Die deutschen Gewerkschaften

Schroeder, Wolfgang: Gewerkschaften als soziale Bewegung – soziale Bewegung in den Gewerkschaften in den Siebzigerjahren, in: Archiv für Sozialgeschichte 44, 2004, S. 243-265.
- Schroeder: Gewerkschaften als soziale Bewegung

Schroeder, Wolfgang/Rainer Weinert: Europäische Integration und deutsche Gewerkschaften, in: Gesellschaft, Wirtschaft, Politik. Sozialwissenschaften für politische Bildung 52, 2003, S. 441-452.

Schuhmann, Annette: Der Traum vom perfekten Unternehmen. Die Computerisierung der Arbeitswelt in der Bundesrepublik Deutschland (1950er- bis 1980er-Jahre), in: Zeithistorische Forschungen/Studies in Contemporary History, Online-Ausgabe 9, 2012, H. 2, S. 231-256, URL: <http://www.zeithistorische-forschungen.de/2-2012/id=4697> [7.9.2018].
- Schuhmann: Der Traum vom perfekten Unternehmen

Seefried, Elke: Zukünfte. Aufstieg und Krise der Zukunftsforschung 1945–1980, München 2015 (Quellen und Darstellungen zur Zeitgeschichte; 106).
- Seefried: Zukünfte

Seibring, Anne: Die Humanisierung des Arbeitslebens in den 1970er-Jahren. Forschungsstand und Forschungsperspektiven, in: Knud Andresen/Ursula Bitzegeio/Jürgen Mittag (Hrsg.): »Nach dem Strukturbruch?«. Kontinuität und Wandel von Arbeitsbeziehungen und Arbeitswelt(en) seit den 1970er Jahren, Bonn 2011 (Politik- und Gesellschaftsgeschichte; 89), S. 107-126.
- Seibring: Humanisierung des Arbeitslebens

Süß, Dietmar: Gewerkschaften und Friedensbewegung, in: Christoph Becker-Schaum/Philipp Gassert/Martin Klimke (Hrsg.): »Entrüstet Euch!«. Nuklearkrise, NATO-Doppelbeschluss und Friedensbewegung, Paderborn 2012, S. 262-276.
- D. Süß: Gewerkschaften und Friedensbewegung

Süß, Dietmar: Stempeln, Stechen, Zeit erfassen. Überlegungen zur einer Ideen- und Sozialgeschichte der »Flexibilisierung« 1970–1990, in: Meik Woyke (Hrsg.): Wandel des Politischen. Die Bundesrepublik während der 1980er Jahre, Bonn 2013, S. 143-166.
- D. Süß: Stempeln, Stechen, Zeit erfassen

Süß, Dietmar/Winfried Süß: Zeitgeschichte der Arbeit: Beobachtungen und Perspektiven, in: Knud Andresen/Ursula Bitzegeio/Jürgen Mittag (Hrsg.): »Nach dem Strukturbruch«. Kontinuität und Wandel von Arbeitsbeziehungen und Arbeitswelt(en) seit den 1970er Jahren, Bonn 2011, S. 345-368.
- D. Süß/W. Süß: Zeitgeschichte der Arbeit

Süß, Winfried: Umbau am »Modell Deutschland«. Sozialer Wandel, ökonomische Krise und wohlfahrtsstaatliche Reformpolitik in der Bundesrepublik Deutschland »nach dem Boom«, in: Journal of Modern European History 9, 2011, S. 215-240.

– W. Süß: Umbau am »Modell Deutschland«
Süß, Winfried: Soziale Sicherheit und soziale Lagen in wohlfahrtsstaatlich formierten Gesellschaften, in: Frank Bösch (Hrsg.): Geteilte Geschichte. Ost- und Westdeutschland 1970–2000, Göttingen 2015, S. 153-194.
– W. Süß: Soziale Sicherheit und soziale Lagen in wohlfahrtsstaatlich formierten Gesellschaften
Szöllösi-Janze, Margit: Wissensgesellschaft in Deutschland: Überlegungen zur Neubestimmung der deutschen Zeitgeschichte über Verwissenschaftlichungsprozesse, in: Geschichte und Gesellschaft 30, 2004, S. 277-313.
– Szöllösi-Janze: Wissensgesellschaft in Deutschland
Taft, Philip: Gewerkschaftliche Außenpolitik. Das Beispiel der amerikanischen Gewerkschaften, Köln 1975.
– Taft: Gewerkschaftliche Außenpolitik
Templin, David: »Lehrzeit – keine Leerzeit!« Die Lehrlingsbewegung in Hamburg 1968–1972, Hamburg/München 2011 (Hamburger Zeitspuren; 9).
– Templin: »Lehrzeit – keine Leerzeit!«
Templin, David: Freizeit ohne Kontrollen. Die Jugendzentrumsbewegung in der Bundesrepublik der 1970er Jahre, Göttingen 2015 (Hamburger Beiträge zur Sozial- und Zeitgeschichte; 52).
– Templin: Freizeit ohne Kontrollen
Testorf, Christian: Ein heißes Eisen. Zur Entstehung des Gesetzes über die Mitbestimmung der Arbeitnehmer von 1976, Bonn 2017 (Politik- und Gesellschaftsgeschichte; 103).
– Testorf: Ein heißes Eisen
Thießen, Malte: Gesundheit erhalten, Gesellschaft gestalten. Konzepte und Praktiken der Vorsorge im 20. Jahrhundert: Eine Einführung, in: Zeithistorische Forschungen/Studies in Contemporary History, Online-Ausgabe 10, 2013, H. 3, URL: <http://www.zeithistorische-forschungen.de/3-2013/id=4730> [7.9.2018], Druckausgabe: S. 354-365.
– Thießen: Gesundheit erhalten
Trede, Oliver: Zwischen Misstrauen, Regulation und Integration. Gewerkschaften und Arbeitsmigration in der Bundesrepublik und in Großbritannien in den 1960er- und 70er Jahren, Paderborn 2015 (Studien zur historischen Migrationsforschung; 28)
– Trede: Zwischen Misstrauen, Regulation und Integration
Uhl, Karsten: Humane Rationalisierung. Die Raumordnung der Fabrik im fordistischen Jahrhundert, Bielefeld 2014.
– Uhl: Humane Rationalisierung
Uhl, Karsten: Maschinenstürmer gegen Automatisierung. Der Vorwurf der Technikfeindlichkeit in den Arbeitskämpfen der 1970er- und 1980er Jahre und die Krise der Gewerkschaften, in: Technikgeschichte 82, 2015, S. 157-179.
– Uhl: Maschinenstürmer gegen Automatisierung
Uhl, Karsten: Die langen 1970er Jahre der Computerisierung. Die Formalisierung des Produktionswissens in der Druckindustrie und die Reaktionen von Gewerkschaften, Betriebsräten und Arbeitern, in: Constanze Lindemann/Harry Neß (Hrsg.): Vom Buchdrucker zum Medientechnologen. Wege der Druckindustrie in die Welt der Digitalisierung, Hamburg 2018, S. 84-99.
– Uhl: Die langen 1970er Jahre der Computerisierung
Verheyen, Nina: Diskussionslust. Eine Kulturgeschichte des »besseren Arguments« in Westdeutschland, Göttingen 2010 (Kritische Studien zur Geschichtswissenschaft; 193).

- Verheyen: Diskussionslust

van Daele, Jasmin (Hrsg.): ILO Histories, Bern 2010 (International and Comparative Social History; 12).

von Freyberg, Thomas: Sperrgut. Zur Geschichte des Frankfurter Instituts für Sozialforschung zwischen 1969 und 1999, Frankfurt am Main 2016.

- von Freyberg: Sperrgut

von Karczewski, Johannes: »Weltwirtschaft ist unser Schicksal«. Helmut Schmidt und die Schaffung der Weltwirtschaftsgipfel, Bonn 2008 (Politik- und Gesellschaftsgeschichte; 79).

- von Karczewski: »Weltwirtschaft ist unser Schicksal«

von Miquel, Marc: Ahnden oder amnestieren? Westdeutsche Justiz und Vergangenheitspolitik in den sechziger Jahren, Göttingen 2004 (Beiträge zur Geschichte des 20. Jahrhunderts; 1).

- von Miquel: Ahnden oder amnestieren?

Vowinckel, Annette: Der kurze Weg nach Entebbe oder die Verlängerung der deutschen Geschichte in den Nahen Osten, in: Zeithistorische Forschungen/Studies in Contemporary History, Online-Ausgabe 1, 2004, H. 2, URL: <http://www.zeithistorische-forschungen.de/2-2004/id%3D4742> [7.9.2018].

- Vowinckel: Der kurze Weg nach Entebbe

Wagner, Peter: Sozialwissenschaften und Staat. Frankreich, Italien, Deutschland 1870–1980, Frankfurt am Main 1990.

- Wagner: Sozialwissenschaften und Staat

Weber, Hermann/Klaus Schönhoven/Klaus Tenfelde: Vorwort der Herausgeber, in: dies. (Hrsg.): Quellen zur Beschichte der deutschen Gewerkschaftsbewegung im 20. Jahrhundert, Bd. 1: Die Gewerkschaften in Weltkrieg und Revolution 1914–1919, bearbeitet von Klaus Schönhoven, Köln 1983, S. 7-8.

- Weber/Schönhoven/Tenfelde: Vorwort der Herausgeber

Wehler, Hans-Ulrich: Deutsche Gesellschaftsgeschichte, Bd. 5: Bundesrepublik Deutschland und DDR 1949–1990, München 2008.

- Wehler: Deutsche Gesellschaftsgeschichte, Bd. 5

Wehrs, Nikolai: Protest der Professoren. Der »Bund Freiheit der Wissenschaft« in den 1970er Jahren, Göttingen 2014 (Geschichte der Gegenwart; 9).

- Wehrs: Protest

Weinhauer, Klaus: Terrorismus in der Bundesrepublik der Siebzigerjahre: Aspekte einer Sozial- und Kulturgeschichte der Inneren Sicherheit, in: Archiv für Sozialgeschichte 54, 2004, S. 219-242.

- Weinhauer: Terrorismus in der Bundesrepublik

Weinhauer, Klaus: Terrorismus und Kommunikation. Forschungsstand und -perspektiven zum deutschen Linksterrorismus der 1970er-Jahre, in: Nicole Colin/Beatrice de Graaf/Jacco Pekelder/Joachim Umlauf: Der »Deutsche Herbst« und die RAF in Politik, Medien und Kunst. Nationale und internationale Perspektiven, Bielefeld 2008, S. 109-123.

- Weinhauer: Terrorismus und Kommunikation

Wiede, Wiebke: Von Zetteln und Apparaten. Subjektivierung in bundesdeutschen und britischen Arbeitsämtern, in: Zeithistorische Forschungen/Studies in Contemporary History 13, 2016, S. 466-487.

- Wiede: Von Zetteln und Apparaten

Wiede, Wiebke: Zumutbarkeit von Arbeit. Zur Subjektivierung von Arbeitslosigkeit in der Bundesrepublik Deutschland und Großbritannien, in: Anselm Doering-Manteuffel/Lutz

Raphael/Thomas Schlemmer (Hrsg.): Vorgeschichte der Gegenwart. Dimensionen des Strukturbruchs nach dem Boom, Göttingen 2016, S. 129–147.
- Wiede: Zumutbarkeit von Arbeit

Wilke, Manfred: Gewerkschaftsjugend in der Krise, in: Rolf Ebbighausen/Friedrich Tiemann (Hrsg.): Das Ende der Arbeiterbewegung in Deutschland? Ein Diskussionsband zum 60. Geburtstag Theo Pirkers, Opladen 1984, S. 491-512.
- Wilke: Gewerkschaftsjugend in der Krise

Wolfrum, Edgar: Die geglückte Demokratie. Geschichte der Bundesrepublik Deutschland von ihren Anfängen bis zur Gegenwart, Stuttgart 2006.
- Wolfrum: Die geglückte Demokratie

Personenregister

A
Achour, Habib 352
Adelmann, Kurt 206
Albertz, Heinrich 182
Alker, Hans 152, 395, 397, 400, 403, 429, 450, 456, 465, 481, 490-493, 502, 508, 535, 542, 555, 561, 583, 590 f., 593 f., 646, 654 f., 694, 724 f.
Amin, Idi 185
Andersch, Heinz 210, 277, 447, 526, 729
Anders, Hans 568
Andres, Gerd 428
Andresen, Knud 23
Apel, Hans 508, 635
Arendt, Walter 31, 119
Askerz, Ingeborg 158, 241
Assmann, Heinz 164

B
Bach, Bruno 364
Bahl, Volker 474
Bahr, Egon 137, 161
Ballentin, Gerd 584
Bänker, Helmut 337, 694
Bär, Harry 364
Baudissin, Wolf Graf 629, 641 f., 654
Bau, Gerd 477
Baumann, Willi 329
Baum, Gerhart 430, 437 f.
Baumhöver, Wolfgang 364, 538
Becker, Richard 57 f., 120
Beck, Werner 625
Beer, Walter 702
Bell, Annedore 115
Benisch, Werner 327
Benz, Georg 337, 418 f., 428, 521, 594, 695, 733
Berger, Bernhard 258
Berger, Erwin 381
Berger, Hans 364
Berger, Stefan 451
Bertram, Christoph 647
Besendörfer, Alfred 68
Beslmeisl, Christel 649
Best, Carla 603, 626
Beu, Gerd 428
Biedenkopf, Kurt 56, 92, 186, 195, 500
Biehl, Hans 603
Bittner, Hubert 198
Blättel, Irmgard 38, 46, 51, 526, 557, 569, 577, 585, 590, 600, 603, 607, 609, 622, 631, 636-638, 647 f., 654, 662, 672, 684, 694, 701, 724, 735
Blatt, Heinz 381

Bleicher, Siegfried 57, 79, 314, 421, 429, 461, 472, 491, 496, 508, 542 f., 571, 632, 641, 647, 669, 717 f., 736
Bleicher, Willi 52, 267, 269, 296
Bliesener, Rainer 258, 428
Blüm, Norbert 141, 182, 388, 500
Bock, Wolfgang 576
Böhmer, Hans 663
Böhme, Rolf 463 f.
Böhm, Walter 93, 106
Boltanski, Luc 182
Börjes, Irene 428
Borsdorf, Ulrich 630, 719
Böttger, Geert 552
Bourguiba, Habib 396
Brändle, Reinhold 267
Brandt, Hermann 114 f.
Brandt, Willy 11, 24, 92, 228, 362
Brauser, Hanns 586
Breit, Ernst 47, 50, 53, 67, 71, 74, 82 f., 93, 97, 110, 112 f., 117, 130-134, 137 f., 141 f., 144 f., 148, 162, 172, 175, 187, 194, 197, 202, 208, 212, 214, 216, 242, 250 f., 254, 263 f., 267, 269, 271, 287, 290, 295, 301, 307, 311 f., 317, 321, 335, 339 f., 349, 353, 355, 358 f., 361 f., 368 f., 373, 383, 396, 400, 402, 409, 415, 417, 421, 425, 429 f., 435 f., 438-440, 442 f., 445, 448-450, 471, 477, 479, 482-485, 490, 492 f., 495 f., 498, 508, 515, 517, 520-522, 529, 532, 537, 561, 582, 590, 593 f., 598, 600, 610, 620 f., 623, 625, 628-630, 635, 637, 639, 643, 651, 654 f., 658, 662, 668 f., 677, 679, 684 f., 692 f., 700 f., 709, 711-713, 717, 723, 725, 730, 732, 736
Brenner, Otto 52
Breschnew, Leonid 359, 508, 679
Brinkmann, Hartmut 218, 364
Brock, Bazon 212
Brönstrup, Rolf 149, 218, 364
Brosius, Günter 364
Brunner, Guido 156
Brusis, Ilse 164, 538, 717
Bryks, Ursula 58, 691, 714
Busack, Günter 272, 584
Busch, Dieter 626
Buschendorf, Margarete 364
Buschmann, Karl 47, 56, 69, 71, 73, 93 f., 98 f., 108, 111, 113, 119, 130 f., 133, 136 f., 144, 157, 162, 171-173, 175, 180, 187, 193, 195, 199, 210, 214, 216 f., 223, 228, 230, 239 f., 242, 244, 254, 263 f., 269, 271, 276, 280, 283-286, 290 f., 293-295, 297, 303, 306 f., 312 f., 317, 321, 335, 339, 343 f., 351, 353, 355, 357-359, 362, 368, 373, 376, 379, 383 f., 393, 399 f., 409, 415, 736

Bußjäger, Siegfried   335, 337, 339, 645 f., 649, 681, 686, 689, 695, 702, 707

C

Caminiti, Isabell   242, 469, 557
Canonge, Henri   155
Carl, Konrad   107, 256, 263, 330, 337, 360, 371, 427, 488, 496, 606, 631, 649, 651, 694
Carlsen, Peer   156
Chiapello, Ève   182
Claas, Gerd   134, 319, 422
Clauss, Armin   57, 71, 91, 134, 178, 210, 736
Cremer, Dietmar   175, 356
Crusius, Reinhard   418

D

Debunne, Georges   723
Deffner, Jakob   57, 171, 193, 254, 296, 301, 330, 375, 395, 467, 486-488, 511, 537, 616, 660, 672, 736
Dehnkamp, Rolf   712 f.
Deppe, Frank   39 f., 276, 387, 416, 451, 471
Dick, Werner   165, 183
Diedenhofen, Hans   258, 568
Dittmar, Hanns   650
Dittrich, Georg   505
Dobberthien, Marliese   183
Döding, Günter   55, 115, 185, 337, 360, 399, 403, 409, 414-416, 421, 429, 434, 436, 456, 464 f., 467 f., 471, 473, 479 f., 482, 487, 495, 498, 503, 505, 508, 516, 520 f., 528 f., 533, 540, 542 f., 555, 559, 575-577, 590, 597 f., 609, 618, 623, 628 f., 631, 635, 640, 647-649, 651, 655, 662, 668 f., 673, 684 f., 694, 702, 709, 722, 725, 731, 736
Doering-Manteuffel, Anselm   21, 71
Döring, Karl-Heinz   602
Dörr, Reinhard   732
Dövel, Hasso   650
Drechsler, Hermann   451
Dregger, Alfred   500
Drescher, Georg   57, 183, 202, 238 f., 251 f., 311, 327, 371, 480, 542, 577, 603, 605, 660, 697, 721, 731, 736
Dresel, Peter   704, 712 f.
Dreßler, Rudolf   329, 534
Duda, Edmund   158, 242, 348, 526
Dürrbeck, Heinz   93

E

Eberhardt, Alfred   643
Edmund, Otto   254
Ehrenberg, Herbert   31, 262, 311, 330, 362, 651
Ehrenstein, Wolfgang   116
Eichhorn, Ferdinand   100 f., 104, 108, 239, 346
Elschner, Egmont   568
Emmerich, Julius   568
Engelen-Kefer, Ursula   158, 242, 348, 356, 469, 526, 557, 636, 729

Engelmohr, Edgar   301, 364
Erlewein, Günter   57, 166, 209, 220, 230, 311, 333, 736
Esser, Josef   13
Esser, Otto   358, 367, 438, 448, 579

F

Fahlbusch, Rainer-Maria   649
Faltermeier, Hans   176
Farrenkopf, Arthur   198
Farthmann, Friedhelm   27, 429
Fasolt, Nikolaus   358, 367
Faulenbach, Bernd   19, 21, 655
Faupel, Georg   729
Fehrenbach, Gustav   223, 228, 231 f., 235, 237, 254, 279, 351, 394, 554 f., 558, 575, 578, 622, 646 f., 717
Felbinger, Max   526
Feldengut, Karl   622
Ferlemann, Erwin   178, 183, 201 f., 261, 346, 348, 351, 371, 376, 496, 515-517, 519-522, 575, 577 f., 622, 645, 654 f., 714, 726
Fink, Ulf   500
Fischer, Hans   625
Fischer, Norbert   362
Fitting, Karl   140
Fleissner, Arthur   490, 538
Fohrbeck, Karla   212
Foth, Ewald   258, 272
Frank, Hans   267, 526, 616
Frei, Erich   625
Frenz, Helmut   182
Freund, Gustl   149, 567
Friderichs, Hans   216, 262
Friedrich, Karl-Heinz   148, 356
Friedrichs, Günter   123, 125-126, 128
Friemond, Christine   603
Frieser, Heinz   193, 317, 325
Frister, Erich   53 f., 67, 82 f., 93, 99, 102, 104, 108, 112, 114, 117, 119, 130, 133, 136-140, 146, 154, 162, 167, 175, 180 f., 195, 197, 202, 208, 216, 224 f., 229, 235, 238-241, 244, 256 f., 263, 269, 276, 284, 286 f., 290, 292, 294, 298, 303, 306 f., 311, 317, 320, 334, 336, 343, 351, 353, 363, 368, 370, 372 f., 375 f., 379, 387, 397 f., 400 f., 409, 414, 416, 421, 425-427, 429, 436, 448, 450-453, 457, 459 f., 463 f., 470 f., 477, 479, 485, 491 f., 496, 498, 503, 506, 508, 515, 519-521, 527, 534, 537 f., 543 f., 549 f., 555, 558, 566, 570, 575 f., 583, 590, 593 f., 600, 610, 621, 624, 641-644, 646 f., 651, 654, 662, 706, 708, 712 f., 735
Fritze, Walter   57, 737
Fülberth, Georg   39 f., 387, 451
Funke, Isolde   58, 67, 79, 91, 100, 109, 122, 130, 142, 155, 160, 169, 178, 185, 193, 200, 210, 220, 237, 244, 254, 261, 267, 277, 287, 296, 314, 328, 330, 332, 344, 350, 352, 360, 365, 371, 377, 395, 408, 420, 447, 456, 461, 472, 481, 488, 496, 502, 514, 523, 535, 542, 553, 561, 571, 577, 580, 590, 592,

600, 606, 616, 624, 634, 640, 645, 651 f., 667, 672, 681, 691, 714, 721, 726, 731
Fürbeth, Joachim 149, 609

G

Gahlen, Bernhard 460
Galas, Dieter 624
Galle, Ullrich 568
Gefeller, Wilhelm 53
Geier, Horst 395, 555, 558, 695, 726
Geißler, Heiner 732
Geißl, Leo 584
Gelhorn, Helmut 130, 155, 169, 200, 220, 232, 238, 240, 244, 284 f., 296
Gensberger, Oskar 381
Genscher, Hans-Dietrich 119, 228
Gent, Fritz 329
Georgi, Kurt 80, 82 f., 287, 290 f., 303, 306, 320 f., 329, 332, 344, 353, 358, 361, 368 f., 383, 385, 397, 400-402, 409, 411 f., 414, 417, 429, 438, 445, 448-450, 457, 459, 465, 468, 471, 476 f., 479 f., 484 f., 488, 498, 503-505, 508, 516 f., 520, 522, 529, 534, 543 f., 549, 562, 566, 575, 582, 590, 597 f., 600 f., 621-623, 627 f., 631, 643, 655, 666, 692, 736
Geppert, Max 558
Gerfin, Harald 460
Gerner, Willi 567
Gester, Heinz 401, 539
Giersch, Fritz 122, 230, 526
Ginhold, Willi 208, 256
Gintzel, Kurt 429
Giscard d'Estaing, Valéry 396
Glastetter, Werner 23, 402, 460, 667, 670
Gniesmer, Friedrich 215
Goergens, Hartmut 469
Göller, Frank 572
Gollwitzer, Helmut 182
González, Felipe 668
Görgens, Hartmut 104, 130
Gösel, Harry 649
Gotterbarm, Gebhard 609
Gotto, Bernard 121
Götz, Christian 453, 537, 635
Grebing, Helga 40
Gretschmann, Klaus 552
Gronau, Wilhelm 93
Groß, Hans 584
Grützner, Erwin 391
Günther, Otmar 70

H

Haak, Werner 428
Haardt, Ernst 478
Haar, Ernst 456, 459, 479 f., 490, 503, 505, 508, 510, 520, 523, 555, 558, 575, 578 f., 582, 600, 621, 623, 625, 635, 637 f., 645, 654 f., 662, 669, 691, 702, 706, 710, 717, 724 f., 732, 735
Haas, Walter 310, 461, 470, 472, 542
Habicht, Fred 301, 364
Hackbarth, Heinz 538
Hackel, Karl-Heinz 625
Haferkamp, Wilhelm 156, 179
Hamacher, Gudrun 538
Hansmeyer, Bruno 164
Harnischfeger, Alfred 258
Harrer, Hans-Jürgen 39 f.
Harrer, Jürgen 451
Hartig, Bert 57, 79, 200, 267, 296, 736
Hartwig, Heinrich 364
Hauenschild, Karl 47, 53, 69, 71, 73, 80, 82 f., 93 f., 96, 99 f., 112 f., 118 f., 130, 132, 137-139, 144-146, 148, 152, 154, 159, 162, 172 f., 175, 180 f., 187, 192-194, 196 f., 200, 212, 214, 216 f., 220, 222-225, 228, 231 f., 234 f., 245 f., 249 f., 252 f., 256 f., 259, 263 f., 266, 269-271, 273, 276 f., 279 f., 283-286, 291, 294 f., 297 f., 301, 303, 306 f., 309, 311, 313 f., 316 f., 320-322, 326 f., 329, 332, 334 f., 338 f., 343 f., 351, 353, 355, 357, 361 f., 368-370, 372 f., 376, 379, 384 f., 397, 400, 402 f., 408, 421, 424 f., 427, 429, 434, 436, 438-440, 445 f., 450-452, 459 f., 463-465, 471, 477, 479 f., 483, 485, 487, 489, 491-493, 496, 498, 503-506, 508, 515-517, 520, 522, 524, 527 f., 533 f., 539, 541, 543, 549 f., 554 f., 558, 560, 562, 565 f., 570, 574-579, 582 f., 600, 608-610, 615, 618, 620, 622 f., 627-631, 634, 641-644, 646 f., 649, 651 f., 654 f., 658, 662 f., 666, 668, 677, 680, 684-686, 691, 701, 710, 717-720, 723-725, 727, 732, 735
Hauff, Volker 449, 492, 499, 593 f.
Hauk, Heinz 695
Haussig, Kurt 348, 469
Hawreliuk, Heinz 43, 403, 408 f., 428, 586
Heckel, Ernst 469
Heering, Dieter 514, 519, 553
Heidenreich, Ruppert 538
Heil, Gottfried 381, 428
Heinz, Helmut 508
Heise, Reinhold 337, 695
Heiß, Martin 46 f., 50 f., 80, 82, 97, 113, 115 f., 119, 121, 130, 132, 148, 155, 162, 180 f., 186 f., 192 f., 200, 216, 220, 223, 232, 234, 242, 248, 254, 264, 283, 292, 295, 338, 356, 368, 373, 376, 384-386, 388-390, 392 f., 395, 402, 438, 450, 459, 464, 468, 472, 481, 488, 504, 520, 523, 528, 535, 542, 555, 557, 559, 569, 585, 636, 735
Helbing, Karl-Heinz 196
Helfert, Mario 552
Hemmer, Hans-Otto 58, 667, 737
Hennig, Klaus-Peter 425
Henns-Sperl, Edith 538
Hensche, Detlef 329, 337, 694

Henschel, Rudolf   104, 130, 180, 552
Herb, Kurt   421, 429
Herr, Erich   139
Herrmann, Erich   456, 609, 640, 695
Hertle, Hans-Hermann   59
Hesselbach, Walter   72 f., 275, 316, 522, 546 f., 651 f., 702 f., 707-709, 711, 713
Heusel, Volkmar   626, 690
Heyer, Albert   469, 557
Hinne, Klaus   622
Hinterscheid, Mathias   141, 228, 723
Hinz, Ingo   538
Hirsch, Waldemar   695
Hoch, Reinhold   364
Hochwind, Theo   649
Hoeger, Peter   428, 603
Hoffmann, Diether   713
Hoffmann, Elfriede   521
Hoffmann, Karl-Heinz   148, 206, 356, 450, 482 f., 487, 507, 578 f., 694
Höhnen, Wilfried   104, 313
Holl, Kurt   319
Holländer, Franz   198, 428
Hollinger, Roswitha   149
Hoppe, Annelies   336, 348
Hoppe, Günther   526
Horné, Alfred   57, 519, 553, 560, 562, 566, 570, 575, 578, 590, 600, 618, 623, 631, 637, 643, 645, 654, 666, 669, 684, 688, 694, 701, 710, 732, 736
Horzetzky, Günther   729
Huber, Erich   257, 561 f.
Huber, Josef   584
Hüneke, Lothar   584
Huttenlocher, Ulrich   663
Hüwe, Nikolaus   58, 701 f.

I
Iden, Harro   712
Igel, Günter   165, 650
Ipfling, Hans   603

J
Jacobi, Heinrich   356
Jahnz, Alfred   241 f.
Jander, Martin   59
Jankowski, Jürgen   584
Janßen, Johannes   429
Janzen, Karl-Heinz   526
Jaruzelski, Wojciech   696
Jedermann, Katharina   663
Jelonneck, Klaus   58, 129, 737
Jenke, Erich   165
Jenkins, Roy   228
Jenni, Waldemar   258
Jens, Gerhard   364

Jeratsch, Marianne   58, 67, 79, 91, 100, 109, 122, 130, 142, 155, 160, 169, 178, 185, 193, 200, 210, 220, 237, 244, 254, 261, 267, 277, 287, 296, 314, 328, 330, 332, 344, 350, 352, 360, 365, 371, 377, 395, 408, 420, 430, 447, 456, 461, 472, 481, 488, 496, 502, 514, 523, 535, 542, 553, 561, 640, 645, 651 f.
John, Bernd   116
Jordan, Werner   425, 477 f.
Judith, Rudolf   152, 438, 465
Jungbluth, Adolf   133, 138, 223
Jungk, Robert   375, 552
Jung, Volker   103, 161, 202, 276, 357, 380, 384, 457, 463, 503, 515, 537, 566

K
Kabermann, Kurt   173
Kaiser, Fritz   478
Kaiser, Karlhein   490
Kaiser, Karl-Heinz   478, 491
Kaltenborn, Wilhelm   58, 710
Kamp, Werner   364
Kanitz, Ernst   258
Kappelmann, Wilhelm   606, 609, 634, 695
Karl, Albin   705
Kastleiner, Erwin   526
Katiofsky, Reimund   649
Katzer, Hans   500
Kehrmann, Karl   158, 241 f., 401, 445, 469, 557, 636, 729
Keller, Berthold   47, 56, 409, 415, 421, 429, 431, 434, 436, 447, 450, 457, 464 f., 470, 477, 479 f., 490 f., 493, 495 f., 503, 505, 508, 515, 517, 520, 528 f., 533 f., 537, 544, 550, 554, 565, 571, 578 f., 581, 583, 592, 600 f., 606, 618, 620, 622, 627-629, 631, 637, 639, 641 f., 647 f., 654 f., 660, 667-669, 677, 681, 683 f., 697, 702, 711, 717, 725, 736
Kempf, Felix   198
Kersjes, Franz   603
Kersten, Otto   117, 155 f.
Kersting, Ernst   584
Keuchel, Gerhard   603
Kienitz, Karl-Heinz   364
Kiesau, Gisela   428, 482, 526, 608, 622
Kiesewetter, Manfred   235
Kiparsky, Ingrid   58, 600, 606, 616, 624, 634
Kirch, Peter   526
Kirkland, Lane   559
Kissinger, Henry   156
Kittner, Michael   421, 470
Kluge, Erwin   272
Kluncker, Heinz   18, 47, 52, 69, 71, 73-76, 80-83, 93 f., 99, 101, 104-106, 108, 110-115, 119, 130, 132-134, 136 f., 141, 144-146, 148, 154, 162, 165, 169 f., 172 f., 175 f., 180 f., 183, 186 f., 190, 192, 194 f., 197, 199-202, 204, 207, 212, 214 f., 221, 223-225, 228-230, 233, 238 f., 245 f., 248, 250-253, 255-257,

263 f., 266, 269-271, 273, 275-277, 288-295, 297 f., 300, 302-304, 307, 309, 313, 316 f., 319-322, 329, 331 f., 348 f., 351, 353, 357-363, 368 f., 373, 375 f., 378-380, 382-388, 392 f., 395-397, 400-403, 409, 412, 414-417, 421, 423-430, 434, 436, 438-440, 445 f., 448-454, 457, 459 f., 463-465, 468, 471, 474, 476-480, 490-496, 498, 503 f., 508, 515-522, 528, 532-539, 541, 543-545, 549-555, 558, 560, 562, 564-566, 570-575, 577, 581-583, 590 f., 593 f., 597, 600-605, 609, 615, 618, 620-622, 624, 627-632, 634 f., 637-639, 641-643, 645, 651, 654 f., 658-660, 662 f., 666, 668 f., 672, 677, 679-681, 692, 696 f., 702-709, 711 f., 719 f., 722-725, 727 f., 732, 736
Kneißel, Jutta   354
Knödel, Klaus   553 f.
Knopf, Norbert   301, 364
Köbele, Bruno   198, 428
Köbele, Willi   465
Koch, Werner   364, 538
Koenen, Gerd   19
Koennecke, Klaus   149, 490
Kohl, Helmut   195, 204, 228, 311, 500, 624
Kohlscheid, [Matthias]   130
Köhne, Werner   636
Köhn, Ruth   525 f.
Kok, Wim   342, 450, 668
Konstanty, Reinhold   158, 241, 557, 622, 636
Köppler, Franz-Josef   584
Koppmann, Hansgeorg   381
Körber, Lisa   218
Körner, Uwe   329, 584
Kosta, Tornas   549
Kowalak, Horst   526
Kraft, Gerhard   198
Krammer, Bruno   272
Krause, Arnold   191, 364
Kraus, Irmela   625
Krebs, Albert   364
Kristoffersen, Erwin   148, 571, 630, 668
Kroymann, Irmgard   538
Krupp, Hans-Jürgen   460, 670 f.
Kruse, Theodor   272
Kubiak, Siegfried   567
Kuda, Rudolf   552
Kühl, Hildegard   567
Kuhlmann, Otto   364
Kuhn, Dieter   272
Kühne, Peter   586, 631
Kuhr, Dieter   625
Küller, Detlev   297 f., 436, 464
Kunze, Martin-G.   490
Kunzmann, Alfred   234
Kurz, Peter   690
Kynast, Horst   663

L

Lahnstein, Manfred   480
Lambsdorff, Otto Graf   358, 362, 369, 371, 375 f., 613 f.
Lang, Lothar   272, 381
Lappas, Alfons   46, 50 f., 55, 72-76, 82, 99, 102, 105, 109, 113, 119, 132, 137, 146-148, 175, 188 f., 196, 202, 206, 208 f., 211, 217, 222, 238, 246, 248, 269, 273 f., 281, 293, 346, 522, 709, 735
Laurien, Hanna-Renate   500
Laurig, Wolfgang   116
Lauschke, Karl   448
Leber, Georg   52, 183
Lecher, Wolfgang   124
Lederer, Hans   584
Lehlbach, Julius   57, 113, 194, 210, 248, 257, 264, 277, 290, 316, 349, 374, 409, 423, 447, 508, 639, 641, 647, 736
Lehmann, Klaus   603
Lehmkuhl, Karlheinz   258
Leminsky, Gerhard   58, 116, 123, 127, 252, 371, 386, 420, 481, 514, 553, 571, 737
Lemke, Dietrich   364
Lenhart, Anne   134
Lepinski, Franz   287
Lepnies, Günter   364
Lilienfeld, Gerd   364
Linde, Gerda   428
Lindenau, Bernd   625
Lindert, Herbert   301
Lipski, Ernst   584
Lischke-Pfister, Jolande   626
Loderer, Eugen   18, 47, 49, 52, 69 f., 82 f., 91, 104, 107 f., 110-113, 117, 119, 128, 130, 133, 137 f., 144-146, 148, 162, 170 f., 173, 175, 178, 184, 187, 190, 194, 196, 200-202, 204, 208, 211, 216, 219, 221, 224 f., 228-235, 238-240, 242, 245 f., 248-250, 252 f., 256 f., 259, 261, 264, 269, 271, 274 f., 280, 286 f., 291, 294 f., 298, 300, 303, 306 f., 311 f., 314, 316 f., 320-322, 324-326, 329, 334 f., 342, 351, 353, 357-359, 361-363, 365, 369, 371, 378-380, 382, 385, 387, 396-398, 400-403, 409, 411, 414, 417, 421, 429, 448-452, 457, 459 f., 464 f., 468, 470 f., 481, 491, 498 f., 501, 503-505, 507 f., 515-517, 519-523, 537, 540 f., 543 f., 549-551, 555, 562, 565 f., 570, 572, 574-576, 578 f., 581-583, 586, 600 f., 607-610, 615, 620-623, 625, 627-631, 634, 638, 641-643, 645 f., 651, 654 f., 660, 677, 680, 684, 692, 694, 696 f., 701, 713, 716 f., 719, 721, 724, 727, 732 f., 736
Lohmann, Walter   364, 584
Löhner, Gustav   649
Lojewski, Willi   67, 82 f., 199, 290, 356, 359, 373, 376, 402, 479, 484, 490, 520, 526, 566, 583, 590, 603, 621, 630, 648 f., 662, 694, 697, 701, 718, 725, 735
Lütgert, Gert   235

Personenregister

Lutz, Hermann 381

M

Mahlein, Leonhard 27, 47, 54, 67, 70, 74, 79, 120, 150, 177 f., 187 f., 200, 226, 232, 234, 246, 257, 261, 285, 287, 294, 304, 306 f., 312, 325 f., 328 f., 343, 363, 371, 385, 395, 421, 425, 429, 438, 483, 491, 496, 508, 532, 534, 543, 549, 554 f., 565 f., 571, 581, 590 f., 600, 623, 634, 643, 645, 666, 677, 685, 692, 694, 701, 714, 726, 735
Mahler, Herbert 478, 626
Mähle, Rolf-Lothar 281, 304
Maihofer, Werner 366
Malcherczyk, Leo 490
Manz, Mathias 216, 220, 224, 230, 321, 324, 358, 371, 376
Marcisz, Heinz 267
Markmann, Heinz 123, 125, 130, 342
Marquardt, Günther 663
Mattes, Otto 584
Matthöfer, Hans 18 f., 182, 224 f., 435, 453, 480, 651
Matyssek, Ambrosius 625, 650
Mayr, Hans 70, 73, 82, 261, 263, 365, 371, 436, 441, 443, 445 f., 473, 476 f., 479, 481, 491, 494, 496, 521, 554 f., 560, 565, 590 f., 593 f., 597, 600, 607, 645, 660, 662, 666, 668 f., 695, 723-725
Meißner, Werner 303, 402
Mendel, Wilhelm 364
Mensch, Bernhard 584
Merk, Adolf 538
Merten, Siegfried 279, 281, 284, 286, 393
Mertens, Peter 310
Mertsching, Klaus 38, 47
Meshel, Yeruham 446
Mettke, Horst 381
Metzinger, Günter 329, 364
Meyer, Heinrich 690
Meyer, Heinz-Werner 337, 362, 694
Meyfarth, Lucie 149, 301
Mignon, Ulrich 526
Mirkes, Adolf 55, 69, 73, 79, 82, 93, 96, 99, 108, 114 f., 118 f., 176, 184-186, 736
Mischnick, Wolfgang 119
Mitterrand, François 730
Mohr, Markus 446
Möllemann, Jürgen 118 f.
Möller-Lücking, Norbert 526
Mommsen, Hans 452
Morich, Horst 488, 490, 673, 685, 692, 702, 709, 711 f., 725, 736
Moser, Anni 198
Muhr, Gerd 18, 35, 46-48, 75, 82 f., 92, 99 f., 110, 112, 114, 119, 122, 130, 133 f., 136, 138, 140, 144, 158 f., 169, 177, 180, 184, 187, 193, 200-204, 210 f., 230, 238, 241 f., 246, 249 f., 252-254, 263, 269-271, 274, 277, 287-298, 300 f., 303, 306 f., 309-312, 314-317, 321 f., 330, 334 f., 343, 347, 351, 353, 355 f., 358, 360, 365, 371, 373 f., 377, 397, 400-402, 414, 421-424, 427, 429, 436, 444 f., 448, 450-452, 457, 459 f., 463 f., 466-471, 473 f., 476 f., 482 f., 487, 489, 491, 493 f., 496, 498, 501 f., 516 f., 519 f., 526, 529, 533-535, 540, 542-544, 549-551, 554-560, 565 f., 572 f., 575, 578 f., 582 f., 587, 590, 593 f., 598, 600, 608, 615, 617, 620-623, 628, 630 f., 636-640, 651, 654 f., 659, 662 f., 666, 668, 672, 680, 684, 692, 694 f., 700 f., 709 f., 724 f., 727, 729 f., 732, 735
Müller, Adolf 92, 112, 200, 204
Müller, Gerhard 501, 534, 536, 551
Müller, Gernot 552
Müller, Robert 272
Müller-Engstfeld, Anton 148
Musa, Wilhelm 526

N

Naber, Johannes 134
Nasserke, Horst 625
Nätscher, Karl 625
Neumann, Lothar 402, 459 f., 670
Nielsen, Meino 371, 374, 542
Niemöller, Martin 143, 154
Nitsche, Lothar 622

O

Oelkers, Werner 625
Oetjen, Hinrich 416, 428, 465
Offe, Claus 69
Ortmann, Erwin 129
Oxfort, Rainer 526

P

Pagelsdorff, Ulrich 337
Pagels, Michael 364, 526, 718, 732
Partikel, Heinz 622
Pehl, Günter 58, 365, 737
Peter, Helwin 650
Pfeiffer, Alois 49 f., 67, 71, 75, 81, 83, 104, 111, 128, 130, 143, 148, 152, 162, 171, 175, 179 f., 195, 200, 204, 214, 217, 224, 231, 235, 238, 249, 252 f., 256 f., 263 f., 268 f., 278-280, 287, 294 f., 302 f., 346, 351, 356, 358 f., 361 f., 368 f., 375 f., 388, 402 f., 417, 436, 438 f., 446, 449 f., 459 f., 463-465, 479 f., 483, 490, 492, 496, 498, 503, 507, 509, 518, 520, 527 f., 533, 541, 543, 549 f., 552, 566, 569, 590, 597 f., 601, 604, 622 f., 626 f., 632, 634, 643, 646, 649, 651, 655, 662, 667, 670, 673 f., 677, 683, 694, 700 f., 713, 717 f., 720, 732, 735
Pieler, Roland 267
Pieroth, Elmar 500
Pinkall, Lothar 198
Plettenberg, Klaus 149
Plumeyer, Paul 337
Pöhl, Karl Otto 550

Preiss, Hans 521
Preussner, Ulrich 57, 183, 355
Preußner, Ulrich 737
Prinz, Ewald 428
Putzhammer, Heinz 271 f.

Q
Quandt, Gabi 58, 721, 726, 731

R
Rademacher, Lilo 626
Raff, Fritz 164
Raphael, Lutz 21, 71
Rappe, Hermann 428, 465, 600, 691, 697
Rasche, Kurt 272
Rasschaert, Theo 141
Ratajczak, Heinz 337, 695
Rathgeber, Leo Lee 272
Rattay, Jürgen 670
Reihl, Walter 364
Renger, Annemarie 388
Richert, Jochen 57, 91, 210, 235, 256, 267, 307, 314, 324, 335, 376, 424, 487, 562, 575, 616, 635, 647, 736
Richter, Klaus 57, 254, 371, 737
Riegel, Frieda 567
Riegert, Botho 238
Ring, Ernst 478
Ritter, Gerhard A. 452
Röder, Franz-Josef 192
Rodewig, Günter 477
Rogge, Erwin 235
Rohde, Helmut 64, 67, 72, 76 f.
Rohmert, Walter 116
Rosenberg, Ludwig 36, 287
Rostan, Werner 182
Rothe, Wilhelm 57, 109, 133, 137, 161, 193, 204, 216 f., 223, 248, 250, 254, 267, 290, 296, 321, 326, 333, 736
Roth, Karin 428
Rothkopf, Josef 337
Rotter, Klaus 191, 364
Rumpel, Erich 348, 469
Russ, Willi 364

S
Sander, Manfred 272
Schäfer, Egon 526, 609, 694
Schäfer, Friedrich 259
Scharrenbroich, Heribert 507
Scharrer, Manfred 40, 416
Schattanik, Alfred 55
Scheer, Karl-Heinz 123, 133
Scherhorn, Gerhard 402, 459 f.
Schetter, Martin 551, 562
Schirrmacher, Helmut 55, 344 f., 348, 351, 355, 359, 364, 388, 395, 421, 425, 431, 438, 448, 457, 459,
479 f., 482 f., 490 f., 498, 502, 504, 508, 515 f., 520, 532 f., 543, 550, 555, 562, 566, 570, 574 f., 582 f., 590 f., 602 f., 608, 620, 622, 625, 627, 631, 643, 648, 650, 655, 660, 736
Schlecht, Otto 369, 376
Schleinkofer, Eduard 68, 272
Schleyer, Hanns Martin 36 f., 93 f., 170, 267 f., 275, 277
Schlosser, Gerhard 92, 112
Schmidt, Adolf 53, 69, 71, 82, 93 f., 120, 128, 130, 148, 155, 169, 187, 192, 194, 200, 214, 220, 230, 237, 244, 263, 287, 290 f., 294, 296, 312, 316 f., 335, 339, 341, 343, 351, 361 f., 368, 373, 379, 383, 388, 395, 409, 412, 414, 421, 431, 434, 436, 446, 448, 451, 456, 476 f., 479-481, 491, 498, 502, 515, 520, 522, 524, 528, 532 f., 535, 542, 561, 575, 578, 600, 618, 620 f., 623, 628 f., 641, 662, 668 f., 677, 683 f., 697, 700, 702-709, 711-713, 715, 717-720, 723 f., 727 f., 732, 735
Schmidt, Alfred 233, 235, 356
Schmidt, August 341
Schmidt, Dieter 495 f., 510, 538, 666
Schmidt, Gerhard 49, 80, 82, 91, 101, 106, 108 f., 130, 144 f., 154, 162, 166, 183, 190, 194, 196 f., 200, 202, 206, 223, 242, 246, 250, 256-258, 264, 266, 269, 271, 273, 282, 286 f., 303, 307, 311, 313, 317, 320, 335, 348 f., 351, 355, 358, 363, 366, 372 f., 376 f., 401, 408, 425, 430, 436, 438, 448, 456, 477-479, 481, 488, 498, 504 f., 508, 515, 518, 520, 523, 537, 539, 542, 554, 558, 562, 570, 574, 578, 583-585, 590, 598, 606, 620, 622, 630 f., 635, 637, 640, 646 f., 651, 654 f., 658-660, 662, 666, 669, 677, 681, 692, 696 f., 701, 712 f., 719, 721, 732, 735
Schmidt, Gustav 101
Schmidt, Hans-Jürgen 650
Schmidt, Helmut 11, 19, 30, 38, 79, 109, 113, 119, 229, 262, 300, 330, 374 f., 452, 463, 500, 518, 528, 656, 662
Schmidt, Karl-Ernst 425
Schmidt, Walter 173, 356, 650
Schneider, Guntram 218
Schoden, Michael 347
Schongen, Walter 82, 230, 232, 244, 254, 344, 507, 526, 571, 592, 660, 664
Schrandt, Heinz 364, 490
Schreiner, Norbert 622
Schröder, Günter 55, 347, 381, 652, 655, 666 f., 677, 685, 694, 697, 702, 708, 717, 726, 736
Schroeder, Wolfgang 40
Schubert, Heinrich 191, 301
Schuler, Theo 420 f., 423
Schulz, Bernhardt 149
Schulz, Werner 572, 582, 621, 625, 636
Schumacher, Erhard 391, 549, 575
Schumacher, Hermann 622
Schumm-Garling, Ursula 123-124

Schunk, Albert   630
Schüßler, Werner   188, 329, 362, 501, 558
Schwab, Karl   46, 49, 65, 68 f., 82, 90, 96, 101 f., 105, 107 f., 110, 113, 118 f., 122, 128, 132 f., 136-138, 148, 150, 162, 165, 173, 175, 181, 183 f., 188, 190, 192, 196, 202, 204, 208, 210, 212, 214, 219, 222 f., 225-227, 232, 240, 243, 246, 254, 257, 265 f., 269, 271, 277, 283, 290, 292, 294, 296, 307, 310 f., 320 f., 323 f., 336-338, 344, 348 f., 356, 358, 361-363, 367, 370, 376, 381, 401 f., 408 f., 417, 425, 427-429, 431, 438, 440, 450, 460, 464 f., 471, 478, 483 f., 489-493, 496, 498, 501, 504, 507-510, 516 f., 520 f., 529, 538, 544 f., 552, 562, 568-570, 572, 575 f., 578, 583-587, 590, 594-597, 600, 602 f., 611 f., 615, 618, 622 f., 626, 631, 635, 639, 641 f., 644, 646-650, 654 f., 657 f., 662 f., 669, 672, 679, 684, 686, 688-690, 692, 694, 697, 699, 701, 715, 717, 719-721, 724 f., 727, 731-733, 735
Schwalbach, Hans   364
Schwark, Karlheinz   337, 526, 695
Schwarz, Albert   364, 392
Schwegler, Lorenz   153, 622, 695
Schweitzer, Hans   650
Schwiedel, Herbert   67, 70, 79, 82
Séguy, Charles   141
Seibert, Philip   69, 71, 74, 79, 93 f., 99, 120, 148, 175, 193, 257, 296
Seibert, Philipp   735
Semmler, Otto   526
Senft, Xaver   109, 267, 395, 616, 672
Senzel, Kurt   149
Sewald, Erich   138
Sickert, Walter   57, 102, 113 f., 119, 122, 138, 140, 162, 165-167, 173, 195, 197, 204, 206 f., 212, 224 f., 228, 230, 246, 255 f., 269, 286, 301, 303, 306, 311, 321, 327, 330, 336, 338, 361, 365, 373, 402, 421, 463, 466, 470 f., 474, 476 f., 480, 482, 485, 491, 494, 496, 498, 503 f., 508, 533, 537, 539, 570, 574, 576, 578, 581, 583, 605, 609 f., 618, 620 f., 628, 631, 637 f., 644, 646 f., 649, 669, 697, 736
Siemann, Jahn-Siemann   381
Sierks, Jan   57, 75, 112, 115, 119, 183, 190, 202, 225, 232, 238, 296, 335 f., 338, 349, 361, 374, 416, 427, 457, 498, 514, 533, 553, 570, 574 f., 603, 685, 694, 697, 725, 727, 736
Silva, Luiz Inácio da (Lula)   630
Simon, Harald   158, 242, 348, 469, 557, 636, 729
Smyczek, Dieter   98, 568, 584, 603
Soares, Mário   668
Sohl, Hans-Günther   159
Spengler, Arno   381
Sperner, Rudolf   52, 82, 107, 111, 130, 142, 148, 162, 166, 181, 194, 196, 200-202, 216, 223, 228, 230, 237, 245, 252, 269, 271, 276 f., 294, 317, 329 f., 348, 360, 371, 373, 379, 383-385, 397 f., 400 f., 409, 412, 414, 416, 428 f., 446, 448, 450, 457, 459 f., 473 f.,

476 f., 479, 482-485, 487 f., 496, 502, 504, 506, 508, 515 f., 519 f., 522, 527, 529, 532, 554 f., 558, 562, 565 f., 570, 574 f., 578 f., 581 f., 590 f., 600, 606, 616, 634, 640, 651, 655, 658, 662, 683, 694, 702, 705, 708, 713, 717 f., 723, 732, 735
Spieker, Wolfgang   106
Spies, Heinz   301
Spinelli, Altiero   156
Sprenger, Otto   56, 193, 208, 212, 220, 226, 267, 351, 364, 441, 479, 520, 535, 736
Sprenger, Willi   525
Stadelmaier, Herbert   54 f., 93, 99, 104, 132, 148, 166, 185, 201, 204, 216, 232, 236, 246, 252, 256, 263 f., 275 f., 280, 283, 285, 290, 293, 301, 330, 335, 339, 342, 348-350, 358, 360, 368, 385, 399 f., 415, 736
Städter, Horst   712 f.
Stahlberg, Hermann   603
Stange, Helmut   258
Stark, Josef   584
Steffen, Walter   626, 732
Steinborn, Dieter   235
Stein, Ekkehart   140
Stein, Georg   650
Steinjan, Werner   376
Steinmetz, Hans   98
Stein, Wolfgang   584
Stenzel, Klaus   272
Stephan, Fridolin   301
Stephan, Günter   48, 74, 81, 94, 102, 104 f., 114 f., 132 f., 142, 155, 167, 172, 192, 206-208, 214, 223, 233, 239, 248, 252, 257, 259, 271, 283, 290, 295, 301, 318, 327, 330, 332, 340, 356, 375, 377, 400, 402, 413-416, 421, 425, 439 f., 447, 456, 483, 503, 506, 517, 519 f., 522 f., 543, 549, 558, 566, 573-575, 590, 603, 610, 618, 628, 634, 651, 664, 668, 677, 679, 684, 692, 697, 701, 710, 732, 735
Stern, Carola   182
Stingl, Josef   27
Stoiber, Edmund   494, 500
Strauß, Franz Josef   185, 486, 494, 500, 510, 605
Stühlmeyer, Reinhold   364
Sturm, Hubert   603
Süßmuth, Richard   346

T

Taft, Philip   151
Teitzel, Helmut   56, 230, 232, 287, 337, 561, 585, 606, 634, 640, 667, 683 f., 692, 701, 717, 724, 732, 736
Tesch, Walter   364
Theilmann, Friedrich   695 f.
Thießen, Malte   291
Tiedtke, Holger   549
Tietmeyer, Hans   376
Tisch, Harry   246, 733
Traube, Klaus   552
Trauth, Josef   690

Tuchlintsky, Walter 258
Tuschmann, Fritz 164, 568

U
Ulmer, Helmut 267
Unger, Paul 584
Urban, Ernst 603
Utke, Heinz 258, 649

V
Vahlberg, Jürgen 182
van Haaren, Gerhard Wilhelm 55 f., 79 f., 122, 133, 169, 176, 195, 200, 220, 230, 243, 246, 254, 263, 284, 286 f., 293, 298, 301, 306 f., 312, 335, 339, 348 f., 361, 373, 376, 411, 415, 421, 429, 436, 443, 483, 485, 491-493, 498, 504, 520, 532, 557, 585, 736
van Haaren, Kurt 272, 717
Vater, Gerhard 46, 51, 104, 108, 132, 137 f., 145 f., 148, 162, 175, 184, 187, 189, 192, 222 f., 225, 243, 250, 257, 263, 276 f., 289, 293, 304, 308, 316 f., 321, 325 f., 329, 339, 346, 348, 351, 362, 366, 368 f., 373, 382 f., 397 f., 412, 414 f., 425 f., 440-443, 450, 457, 461, 467, 471, 476 f., 485, 489 f., 493, 496, 501, 505 f., 510, 518, 520, 522, 529-532, 539, 545 f., 549, 558, 560-564, 572-575, 582, 585, 590 f., 610-612, 618-621, 625 f., 636, 649, 658 f., 664-666, 671, 677 f., 687 f., 692-694, 697, 699-701, 707, 721, 724 f., 730, 735 f.
Vergin, Siegfried 244, 249-252
Verheugen, Günter 730
Vetter, Heinz Oskar 11 f., 36, 39, 46-48, 50, 53, 56, 61 f., 67, 69, 71, 73, 75, 79-85, 89, 91-107, 109-115, 117-120, 122-124, 126, 128-134, 136-142, 144-146, 148, 150, 152-163, 165 f., 169-173, 175-188, 190-197, 199-205, 207, 210, 212-216, 218-221, 223 f., 227-229, 231-240, 242-252, 254-259, 261-267, 269-271, 274-277, 279-280, 283-288, 292, 294-298, 300, 307, 310 f., 313-322, 325-330, 332-336, 338-346, 348-363, 365, 367-380, 382-392, 395-397, 399-403, 408-411, 414, 416 f., 420, 422, 430 f., 434-440, 445-453, 456-464, 470, 472 f., 476 f., 479-483, 485-506, 508, 510, 514 f., 517, 519-524, 527-529, 532-542, 549, 551, 554 f., 558, 561 f., 564-566, 568-583, 587, 590-595, 597-610, 614-618, 620-624, 626-631, 634 f., 637-656, 658-663, 667-670, 672 f., 677-685, 690 f., 694-698, 700-728, 730-733, 735
Viehof, Hanshorst 521
Vietheer, Heinz 54, 69, 71, 81 f., 93, 99, 101 f., 108, 111-115, 117 f., 130 f., 136, 139, 144 f., 157, 161, 167, 172, 180, 187, 192 f., 196 f., 201 f., 210, 223, 225, 228, 231-233, 236, 238-240, 242, 244, 248, 250, 252, 257, 261, 271, 273, 275 f., 278, 283-285, 287 f., 290-292, 300, 306, 309, 311 f., 314, 316 f., 320 f., 325, 329 f., 334, 336, 348-351, 361, 368, 372-375, 379, 388, 400-402, 409, 414, 416, 434,

447 f., 453, 456, 462, 472, 483, 486, 494, 496, 502, 519-521, 535, 561, 571, 605, 736
Vietor, Albert 208, 255 f., 260, 652, 701-703, 706 f., 709, 711 f.
Vilmar, Fritz 437
Vitt, Werner 590 f., 593 f., 597 f.
Vogel, Hans-Jochen 438
Vogler, Willi 164
Volkmar, Günter 54, 210, 214, 216, 261, 263, 421, 425, 429, 447, 456, 462, 472 f., 479, 502, 535, 538, 561, 571, 577, 581, 590 f., 594, 601, 605, 608, 621 f., 626, 631, 643 f., 649, 662, 666, 694, 702, 706 f., 712, 732, 736
Vomberg, Hubert 79, 223, 691, 700
vom Steeg, Otto 364
von Amerongen, Otto Wolff 629
von Auer, Frank 337, 695
von Bismarck, Klaus 154
von Bülow, Andreas 642, 678
von Lochner, Wulf 272
von Oertzen, Peter 182
von Schoeler, Andreas 562
von Viereck, Stefanie 576
von Weizsäcker, Carl Friedrich 647
Vormbrock, Wolfgang 704, 711 f.
Vorneweg, Heinz 57, 737
Voßhenrich, Heinz 82, 373, 702, 708
Vouel, Raymond 179

W
Wagner, Manfred 57, 71, 130, 133, 140, 144, 192, 195, 199, 224, 248, 256, 264, 269, 290, 300, 303, 343, 364, 376, 420, 464, 480, 498, 528, 539, 566, 603, 647, 651, 677, 694, 700, 718, 736
Wagner, Rolf 732
Wallraven, Klaus Peter 439
Walter, Jürgen 198
Warnke, Herbert 246
Weber, Maria 18, 38, 42, 47 f., 51, 69, 82, 92-94, 96, 100, 102, 108, 112, 114, 121 f., 128, 133, 142, 148, 155, 161 f., 175, 178, 186, 192 f., 195, 198, 200, 212, 214, 216, 223 f., 232, 235, 240, 242, 246, 248-249, 252, 257, 259, 263 f., 277, 286, 290, 307, 309-311, 321, 336, 338, 349, 351, 355 f., 362, 368, 371, 373, 388, 394 f., 397 f., 400, 409, 411, 414, 416 f., 419-429, 434, 450, 452, 457, 461, 463 f., 466-468, 470 f., 481 f., 484, 487, 491, 496 f., 508, 520 f., 527, 537, 539-540, 543 f., 550, 553-558, 566, 570, 577-579, 582 f., 590, 593, 609, 621, 623, 628 f., 631, 636 f., 643, 646-648, 651, 654, 662, 667, 672, 677, 680, 683-686, 692, 694, 696 f., 701, 704, 706, 714, 717, 719, 724, 726, 732, 735
Wehner, Hans-Georg 158
Wehner, Herbert 119, 300, 315
Weinhold, Fritz 477
Weinzierl, Klaus 272, 625, 690

Weiß, Joachim   363-364
Weizsäcker, Christian   460
Wenzel, Walter   538
Werner, Georg   158
Werner, Wilhelm   337, 695
Werner, Willi   526
Werner, Wolfgang   256
Weyrauch, Ruth   538
Weyring, Karl   602 f.
Wichmann, Klaus Edgar   626
Wiedemann, Ingo   490
Wiegand, Reiner   649
Wienand, Andreas Johannes   212
Wild, Otto   149
Wilhelm, Anselm   337
Wilke, Manfred   418
Wingefeld, Jürgen   301
Winkelsträter, Liesel   719
Winkler, Franz   348, 392, 394
Wischnewski, Hans-Jürgen   27
Witt, Werner   364

Wolff, Peter   526
Wolf, Franz   364, 451
Wolfring, Ursula   488, 526, 660
Wolter, Ute   649
Woschech, Franz   49
Woyna, Richard   629
Wulf-Mathies, Monika   526
Wunder, Dieter   667, 669, 685, 694, 696 f., 700, 702, 708, 712, 717 f., 720, 732 f., 735
Wurl, Bernhard   428
Würth, Oskar   234

Z

Zeuner, Albrecht   468
Zimmermann, Astrid   58, 577, 580, 667, 681
Zimmermann, Heinrich   183, 625 f., 650
Zimmermann, Lothar   57, 330, 371, 717, 736
Zimmermann, Willi   57 f., 79, 176, 312, 409, 427, 429, 452, 470, 487, 508, 554, 574, 646, 660, 737
Zinn, Karl Georg   264
Zühlsdorff, Jürgen   364

Ortsregister

A
Ahrensburg 462
Athen 185

B
Baden-Baden 495, 500
Bad Harzburg 411
Berlin 46, 49 f., 53, 57, 70, 140, 158, 191, 206, 212, 227, 235, 246, 258, 272, 301, 323, 338, 364, 397, 413, 445, 454, 456 f., 485, 514, 521, 536, 538, 584, 596, 599, 640, 649, 653, 656-658, 666, 670, 673, 678 f., 703, 705 f., 711, 713, 716 f., 719 f., 728, 730 f.
Bielefeld 55 f., 650
Bittermark Dortmund 720
Bonn 31, 45 f., 57, 60, 79, 93 f., 104, 106, 115, 130, 254, 359, 367 f., 374 f., 464, 479, 500, 598, 613, 638, 654 f., 669
Bonn-Bad Godesberg 387
Bremen 46, 54, 57, 149, 367, 421, 429, 697
Brüssel 50, 117, 128, 155, 179

C
Caracas 493
Concepción (Chile) 182

D
Darmstadt 50
Den Haag 691, 694, 723
Diyarbakir 99
Dortmund 32, 51, 82, 85, 96, 100 f., 104, 110, 131 f., 292-294, 297, 309 f., 495, 608, 621, 720, 725
Düsseldorf, passim

E
Entebbe 36, 185
Essen 55, 195, 200, 231, 536, 647

F
Frankfurt am Main 37, 48, 50 f., 53, 57, 67, 76 f., 85, 89, 92 f., 111, 122, 189, 207, 258, 309 f., 373, 377, 429, 569, 571, 586, 639, 652, 669, 710
Freiburg im Breisgau 53
Friaul 171
Fulda 51

G
Gelsenkirchen 48, 733
Genf 36, 48, 75, 91, 94, 155, 184, 237, 344, 469, 553, 556, 588, 634, 681, 726, 729
Gießen 53
Grainau 321

Gravenbruch 76, 623
Gymnich 152, 265, 363, 465, 556

H
Hagen 55
Hamburg 46, 51 f., 54, 56, 91, 107, 120 f., 143, 154, 165, 193, 227, 237, 250, 278, 360, 392, 406, 462, 469, 521, 596, 636, 697, 701, 712, 730
Hanau 207
Hannover 53, 112, 517, 534, 551, 695
Harrisburg 457, 463
Hattingen 89, 605 f.
Heide (Holstein) 53
Heidenheim 52
Heilbronn 207
Hilden 452
Hinterzarten 499, 520, 534, 546, 548

I
Immenhausen 346

K
Karlsruhe 13, 387, 438, 541
Kassel 46, 536, 551
Kiedrich 482
Kiel 53, 583, 650 f.
Kleve-Geldern 55
Koblenz 49
Köln 267, 319, 349, 398, 422, 479

L
Lagonissi (Athen) 324
Lam 672 f., 683, 685, 696
Limburg (Niederlande) 342
London 141, 143, 148, 156, 533, 647
Ludwigsburg 207
Luxemburg 141, 179

M
Madrid 197, 479, 511, 533
Mainz 207, 254, 482
Mannheim 378, 387, 395, 574
Minden-Lippe (Ostwestfalen-Lippe) 56
Mogadischu 275
Moringen 49
München 46, 49, 53, 207, 323, 439, 447, 450-452, 457, 470, 495, 500, 519, 536, 542, 599

N
Neuwied 49
Nürnberg 49, 54, 700

O
Oberhausen 311
Oberursel 416, 465, 501, 552, 733
Offenbach 521
Osnabrück 421, 429, 603, 713
Ottawa 651

P
Paris 185, 559
Pirmasens 56, 183
Plön 584

R
Recklinghausen 68, 133 f., 169, 212, 227 f., 354, 365, 421, 470, 629
Reutlingen 554
Rosenheim 50
Rottach-Egern 572

S
Saar 57
Saarbrücken 86, 188, 342
Schongau 50
Schwetzingen 733
Siegburg 48
Sindelfingen 110, 116
Sprockhövel 251
Stockholm 306
Stuttgart 49, 56

T
Tel Aviv 185, 446
Travemünde 176, 491, 667

U
Untertürkheim 37

W
Washington 151, 629
Wiesbaden 93, 114 f.
Willingen 689

Sachregister

A

Aktion »Autofrei – Spaß dabei« 536, 558

Aktionskreis Energie e. V. 309, 375, 408, 446, 640, 643 f.

Allgemeine Treuhandgesellschaft siehe auch: Gemeinwirtschaft 227, 346, 444, 530, 612, 688

Angestellte siehe auch: Deutsche Angestelltengewerkschaft 22, 24, 33, 38, 40, 40 ff., 45, 49, 50, 52, 55, 57, 70, 86, 88, 94, 114 f., 119, 122, 153, 160, 163 f., 166, 169, 172 f., 188, 201, 213 f., 223, 239 f., 289, 290, 291 f., 300, 305 f., 326, 333, 335 f., 466, 504, 521, 554, 557, 603, 616, 617, 619, 649
- Leitende Angestellte 24 f., 49, 81, 94, 103, 120, 122, 172, 239 f., 253, 275, 608

Antikriegstag, 1. September 38, 397, 401, 460, 495 f., 569 f., 635, 639-642, 645, 647, 653 ff., 669, 690, 720 f.

Arbeit und Leben 161, 387, 396, 398, 417, 420, 424, 601

Arbeiter, Arbeiterinnen siehe: Arbeitnehmer

Arbeitgeber
- Bundesverband der Deutschen Industrie (BDI) 93, 157, 159, 238, 327, 358, 367, 495, 500
- Bundesvereinigung der Deutschen Arbeitgeberverbände (BDA) 28, 93 f., 130, 142, 155, 158, 160, 169, 170 f., 216, 358, 438 f., 448, 474, 491, 495, 500, 541, 579
- Gespräche DGB-Arbeitgeber 130, 142, 155, 158, 160, 169, 170 f., 495, 500, 541

Arbeitsgemeinschaft Christlicher Arbeitnehmer (ACA) 461, 466

Arbeitnehmer passim
- Arbeitnehmerinnen 88, 274
- Arbeitnehmerüberlassung, Arbeitnehmerüberlassungsgesetz (AÜG) 427, 472, 474 ff., 487
- ausländische Arbeitnehmer 43, 88, 170, 289 f., 315, 324, 331, 437, 475, 574, 576, 587, 606, 608, 615, 664

Arbeitsgesetzbuch 87, 237, 242

Arbeitsgruppe »Alternative Wirtschaftspolitik«
- Alternative Wirtschaftspolitik 24, 34, 552
- Alternatives Memorandum 24, 34, 486, 587, 592, 595, 597, 600, 601, 626 f., 667

Arbeitskammer 697

Arbeitskampf, Aussperrung 21, 26 ff., 64, 160, 165 f., 167 f., 176, 177, 187, 229, 231, 234, 268, 270 f., 304 f., 328 f., 342 f., 348, 367, 382, 392, 410, 420, 421 f., 428 f., 441, 470, 481, 483, 488, 491 f., 501, 507, 508 f., 514, 516, 517, 527, 529, 533, 534, 536, 543, 551, 570, 572, 573, 575, 578, 615, 689

Arbeitskampf, Streik 8, 18, 20 ff., 26 ff., 42, 52 ff., 65, 166 ff., 177, 187, 218 f., 234, 270, 285, 304 f., 325 f., 328 f., 342 f., 345, 348, 351, 421, 449, 470, 491 f., 507, 517, 519, 527, 545, 551, 579, 580, 583, 588, 630, 695

Arbeitslose 12 f., 18, 32, 235, 367, 674 f., 700, 718

Arbeitslosigkeit 8, 11 f., 18, 26, 32, 40, 67, 77 f., 82, 85, 91, 96, 104, 156, 180, 194, 198, 249, 264, 269, 289, 303, 308, 348, 358, 367, 370, 376, 475, 552, 627, 655, 674, 676, 722
- Jugendarbeitslosigkeit 32, 72, 75, 89, 277, 292, 367

Arbeitsmarktbeitrag 253, 268, 270 f.

Arbeitsmarktpolitik 32, 126, 271, 376, 662

Arbeitsschutz 17, 26, 29, 86, 88, 135, 143, 153, 292, 327, 331, 352, 358, 405, 606, 617, 621, 636, 698

Arbeitszeit, Arbeitszeitordnung (AZO), Arbeitszeitverkürzung 26, 28 f., 55, 58, 86, 125 f., 180, 215, 221, 235 f., 242, 305, 348 f., 359, 367 f., 385 f., 389-395, 401, 413, 444, 461, 462, 467 ff., 497, 506 f., 516, 518, 525, 527, 560, 648

Atlantik-Brücke 446

Ausfuhr, Export 12, 75, 78, 675

Aussperrung siehe: Arbeitskampf

Automation, Rationalisierung 8, 12 f., 18, 21 f., 26-29, 40, 88, 123, 133, 172, 194, 264, 285, 304, 308, 328, 340, 341, 343, 449, 483, 512, 546, 553, 575, 604, 648

B

Baden-Württemberg siehe auch: Deutscher Gewerkschaftsbund – Landesbezirke 470, 487, 573

Bank für Gemeinwirtschaft (BfG) siehe: Gemeinwirtschaft

Bayern siehe auch: Deutscher Gewerkschaftsbund – Landesbezirke 54, 57, 131, 216, 297 f., 463, 486, 510

Beamte siehe auch: Deutscher Gewerkschaftsbund – Abteilungen, Deutscher Beamtenbund

Berlin siehe auch: Deutscher Gewerkschaftsbund – Landesbezirke 49, 57, 670, 703, 710, 715, 719, 720

Berliner Ensemble 67, 68 f.

Berufliche Bildung 32, 48, 68 ff., 72, 76 f., 78 f., 80, 82 f., 85-88, 91, 96, 110, 125 f., 132, 147, 194, 198, 208 f., 237, 240 f., 271, 310, 405, 408, 411 f., 427, 584, 627, 686, 724
- Ausbildungsabgabe 241, 420
- Bundesinstitut für Berufsbildung 194, 198

Berufsbildungsgesetz 69, 72, 77, 88, 96, 237, 240 f.

Berufsbildungsreform 32, 69, 77, 82, 87, 91, 9

Betriebsrat, Betriebsratswahlen siehe: Mitbestimmung

Sachregister

Betriebsverfassungsgesetz siehe: Mitbestimmung
Bildungspolitik 42, 48, 54, 87, 181, 196, 407, 411 f., 583 f., 682, 685 f.
Bundesanstalt für Arbeit 27, 264, 376, 474, 524, 525 f.
Bundesanstalt für Arbeitsschutz und Unfallverhütung 606, 608 f., 617, 621
- Bundeszentrum Humanisierung des Arbeitslebens 606, 608 f., 616, 621 f.

Bundesarbeitsgericht (BAG) 28, 103, 168, 305, 444 f., 461, 469 f., 475, 491 f., 501, 507 ff., 517, 534 ff., 551, 570, 572, 573, 575
Bundesbank/-präsidium/-präsident siehe: Deutsche Bundesbank
Bundesjugendausschuss siehe: Deutscher Gewerkschaftsbund – Ausschüsse
Bundeskanzler 7, 11, 79, 83, 88, 92, 103, 109, 113, 119, 123, 152, 229, 262, 265, 298, 300, 312 f., 315, 330, 349, 362 f., 374 f., 396, 452, 463, 465, 479, 495, 500, 518, 523, 528 f., 535, 550, 556, 603, 614, 635, 656, 662, 730
Bundeskanzleramt 27
Bundesminister, Bundesministerium
- Arbeit und Sozialordnung 31, 87, 123, 140, 242, 262, 274, 278, 311, 330, 343, 359, 362, 587, 621, 650, 651
- Bildung und Wissenschaft 67, 72, 76
- Finanzen 242, 480, 651
- Forschung und Technologie 225, 380, 449, 499, 593 f., 627, 642, 678
- Verteidigung 183, 508, 635
- Wirtschaft 91, 104, 180, 245, 278 f., 279 f., 296, 355 f., 375 f., 459 f., 528, 522, 528, 549 f., 614, 670
- Wirtschaftliche Zusammenarbeit 138, 145, 161, 354, 368, 374, 31, 354, 368

Bundespräsident 359, 630, 720
Bundesrat 69, 77, 162, 297 ff., 384, 463, 541, 671, 683
Bundesregierung 14, 16, 20, 29, 31 f., 36, 52, 70, 78, 83, 84, 88, 137, 150, 180, 194 f., 200, 201, 212, 216, 230, 238 f., 240 f., 268 f., 274, 279, 298, 302 f., 311, 315 f., 330 f., 341, 358, 376, 388, 400, 436 f., 449, 463 f., 474, 487, 492, 495, 500, 511, 527 f., 541, 562, 576, 581, 614, 622 f., 630, 642, 651, 652, 654 f., 660, 662, 677, 700, 718, 720
- Bundeshaushalt 268, 652, 655 f., 661 f., 673 f.
- Jahreswirtschaftsbericht 180, 302, 522, 614, 692, 700

Bundestag siehe: Deutscher Bundestag
Bundesvereinigung der Deutschen Arbeitgeberverbände siehe: Arbeitgeber
Bundesverband der Deutschen Industrie siehe: Arbeitgeber

Bundesverfassungsgericht (BVerfG) 7, 13, 25, 134, 168, 274, 280, 400, 408, 411, 427, 435, 438 f., 444 f., 447 f., 454 ff., 469 f., 474, 541
Bundeswehr 178 f., 183 f., 186, 508, 648, 654
- Öffentliche Vereidigungen 635

C

Československá Socialistiocká Republika (ČSSR) siehe: Tschechoslowakei
Charta 77 35, 229, 231
Christlich-Demokratische Arbeitnehmerschaft (CDA) – Sozialausschüsse der CDU 51, 112 f., 311, 431, 479, 637
Christlich Demokratische Union (CDU) 15, 42, 47 f., 50, 56, 69, 92, 101, 112, 115, 140, 162, 186, 192, 195, 204, 228, 311, 384, 463, 495, 500, 528, 551, 561 f., 582, 589, 622, 624, 637 f., 720, 732
Christlich-Soziale Union (CSU) 15, 42, 69, 101, 140, 162, 185, 384, 463, 480, 486 f., 494 f., 500, 510 f., 528, 582, 589, 622, 637 f.
Christliche Gewerkschaften, Christlicher Gewerkschaftsbund Deutschlands (CGB) 38, 141, 214, 461, 466, 551

D

Datenschutz 22, 332, 535 f., 539 f., 551, 560, 561 f., 682, 686 f.
Deutsche Angestelltengewerkschaft (DAG) 114 f., 172 f., 214, 230, 233, 239, 304 ff., 325 f., 439, 480, 486, 526, 549, 608
Deutsche Bundesbahn 78, 209
Deutsche Bundespost 22, 53, 132, 207 f., 340, 417, 725
- Bildschirmtext 340 f., 483 f.

Deutsche Kommunistische Partei (DKP) 19, 37, 39, 43, 68, 74, 110, 131, 134 f., 143, 150, 310, 319 f., 387, 403 f. 407, 437, 457, 462, 486, 495, 500, 521, 537, 609
Deutscher Beamtenbund (DBB) 141, 241, 375, 500, 549 f., 613, 659
Deutscher Bundesjugendring 418
Deutscher Bundestag
- Bundestagsfraktionen 77, 100, 101, 103 f., 120 f., 239, 262, 298, 300, 312, 315 f., 384, 437, 463, 495, 528, 587, 622, 634, 637 f., 638, 651
- Bundestagswahlen 9, 15, 32, 58, 112, 144, 169, 176, 181, 186, 191, 193 ff., 198, 200, 204, 216, 361, 449, 533, 542 f., 553 ff., 556, 561, 564 ff., 572 f., 579, 589, 592, 593, 605
- Enquete-Kommission 244, 247 ff., 259

Deutsch-französisches Jugendwerk 259, 268, 272, 287, 288, 292 f.
Deutscher Gewerkschaftsbund (DGB) passim
- Abteilungen
  – Angestellte 81, 88, 115, 164, 172, 483

781

Anhang

- Ausländische Arbeitnehmer 324
- Beamte 110, 134, 251, 256, 366, 424
- Bildung 148, 251, 411, 416, 527
- Finanzen 73, 74, 90, 109, 146, 147, 171, 172, 188, 200, 206, 211, 227, 233, 251, 272 f., 281 f., 285, 306, 309, 314, 322, 339, 346, 347, 355, 362, 373, 382, 383, 398 f., 414, 415, 425 f., 441, 442, 444, 476, 477, 531, 532, 619, 693
- Frauen 88, 183, 215 f.
- Gesellschaftspolitik 103, 148, 152, 161 f., 194, 213 f., 216, 224, 226, 247, 265, 288, 296, 298 ff., 340, 449, 451 f., 533, 537 f., 562, 594, 637
- Internationale 151, 267, 293, 421, 470, 719
- Jugend 43, 69 f., 96, 254, 265, 277, 310, 320, 329, 401, 403 ff., 552, 565, 570, 586, 635, 654, 699
- Kulturpolitik 133, 138, 147, 148, 212 f., 232, 226, 517
- Organisation 82 f., 108, 118, 136-139, 149 f., 165, 183, 190, 196, 223, 225, 257, 269, 283, 294, 321, 323, 336, 337-340, 347, 382, 413, 425, 478, 484, 489, 517, 584, 700
- Sozialpolitik 241 f., 270 f., 275, 289 ff., 356, 423, 445, 450, 466 f., 469, 474
- Vorsitzender 68, 98, 119 f., 128, 135, 144 f., 152, 161, 170, 188, 196 f., 201 f., 205, 213, 219, 222, 226, 237, 245 ff., 255, 263, 276, 284, 288, 300, 307, 312, 319, 322, 327, 340, 341, 366, 372, 375, 384, 397, 410, 421, 424, 431, 434 ff., 438, 449, 458, 466, 473, 489, 493, 503, 669
- Werbung – Medienpolitik 81, 102, 114, 206 f., 301, 340, 389, 413, 483 f., 517, 574
- Wirtschaftspolitik 71, 75, 104, 148, 162, 175, 180, 235 f., 238, 263, 269, 278 f., 294, 296, 303, 356, 374 f., 463, 518, 597, 601, 627, 713
- Ältere Menschen 33, 481
- Akademien siehe: Bundesschulen
- Aktionsprogramm 15, 58, 84, 86 f., 353, 382, 385 f., 393, 396 ff., 410, 427, 450, 453 f., 456, 457 f., 461, 462 ff., 466, 492, 555, 564 ff., 575, 591, 622, 648
- Aktionsprogramm siehe auch: Kommission 15, 58, 84, 86, 382, 385 f., 393, 396 ff., 410, 427, 453 f., 457 f., 461, 462 f., 464, 466, 492, 555, 564 ff., 575
- Anstellungsbedingungen für Wahlangestellte beim DGB 333, 335 f.
- Ausbildung von DGB-Sekretären 344, 345, 352, 355
- Ausschlussverfahren, Ausschluss 138 f., 140, 186, 190, 319, 370, 374, 520 f.
- Ausschüsse
  - Ausschuss für Finanzen und Verwaltung 557, 562
  - Ausschuss Personalwesen 542, 557 f.
  - Berufsbildungspolitischer Ausschuss 584
  - Bildungspolitischer Ausschuss 584
  - Bundes-Angestelltenausschuss 70, 115
  - Bundesfrauenausschuss 38, 174, 215 f., 508, 699
  - Bundesjugendausschuss 63, 65, 69, 96, 320 f., 349, 359, 363, 367, 369 f., 378, 403, 409, 417-419, 428, 460, 465, 569 f., 586, 612 f., 635, 639, 642, 684, 689 f., 720 f., 725, 733
  - Organisationsausschuss 190, 254, 265
  - Tarifpolitischer Ausschuss 26, 173, 181, 242, 342, 368, 373, 377, 385 f., 388 ff., 468, 559, 673, 680, 682, 685
- Beitragsbefreiung, Beitragsreduzierung 110, 116, 210, 218, 297, 308, 315, 322, 377, 382, 383, 430 f., 435, 441 ff., 490, 502, 505, 524, 525, 531 f., 606, 611, 616-619, 691, 692 f., 697
- Berufsfortbildungswerk des DGB siehe auch: Berufliche Bildung 208 f., 542, 545, 601
- Bildungspolitisches Programm 682, 685 f.
- Bundesarbeiterausschuss 223
- Bundesarbeiterkonferenz 88, 132, 220, 221, 223 f., 231 f., 237 f., 245, 250, 257, 603, 661, 662
- Bundesausschuss passim
- Bundesfrauenkonferenz 188, 278, 645, 647 f.
- Bundeskongresse
  - 1971 Außerordentlicher Bundeskongress 136
  - 1975 Hamburg 44, 73, 77, 84-91, 97, 111 f., 120, 127, 164, 202, 256, 414, 431
  - 1978 Hamburg 44, 165 f., 193, 196, 232, 237, 243, 245, 248, 250, 268 ff., 278, 283, 289, 291, 295, 300, 311, 313 ff., 317, 323, 325, 327 f., 330 ff., 333, 336-340, 344, 346-351, 358-363, 365, 367 ff., 372, 375, 383, 385, 389, 391, 392, 394, 420, 427, 475, 492
  - 1981 Außerordentlicher Bundeskongress Düsseldorf 44, 58, 118, 314, 33, 357, 360 f., 368, 373, 377, 381 f., 453, 498, 544, 592, 595 f., 598, 606, 609, 615, 623, 624, 631, 634
  - 1982 Berlin 393, 408, 410, 413, 592, 596, 640, 641, 644 f., 653, 656 ff., 673,

678 f., 685 ff., 691, 698 f., 702, 715, 719 f., 722 f., 725, 726, 727, 727 f., 731 f.
- Bundesschulen, Akademien 48, 50, 52, 87 ff., 309 f., 355, 601, 605 f.
- Bundesvorstand passim
- Gehaltserhöhung 99, 100, 105, 107, 186, 189 f., 194, 197 f., 200, 206, 222, 268, 273, 278, 282, 289, 321, 408, 410, 412, 502, 504 f., 580, 583
- Gesamtbetriebsrat 99, 107, 166, 197 f., 206, 273, 336, 504, 583, 666
- Geschäftsführender Bundesvorstand (GBV) passim
  - Arbeitsprogramm 23, 45, 61, 84 ff.
  - Geschäftsverteilung 79, 81, 577
- Geschichte der Gewerkschaften, Gewerkschaftsgeschichte 8, 23, 39 f., 276, 451 f., 470 f., 495, 725
- Gewerkschaftshäuser 268, 272, 561, 563 f.
- Gewerkschaftsjugend, gewerkschaftliche Studenten- und Lehrlingsgruppen 8, 38, 88, 96 f. 132, 219, 277, 403 ff., 409, 417 ff., 428, 452, 460, 465, 544 f. 552, 612 f., 635, 654 f., 733
  - Jugendarbeit 15, 37, 39, 43, 49, 89, 190, 265, 311, 320, 349, 378, 403-407, 417-419, 461, 464 f., 499, 501, 510, 544 f., 586, 602, 612 f., 635, 689, 733
  - Jugendbildung 89, 404, 409, 419, 428, 501, 602, 613
  - Jugendpolitik 43, 418, 499, 521, 542, 544 f., 580, 586, 594 f., 600, 602, 607, 612 f.
- Grundsatzprogramm 12, 32, 44, 48, 58 f., 84, 141, 223, 259 f., 297, 313 f., 331, 333 f., 349, 350, 351, 357, 361, 367, 368, 382, 387, 407, 416, 428, 432, 453 f., 457, 479, 497 ff., 515, 521, 524, 527 f., 532 f., 537 f., 544, 560, 591, 599, 605, 607, 615, 623, 624, 642, 647, 654, 663, 685, 686
- Haushalt, Finanzen 45, 90, 102, 131, 132 f., 135, 146, 188, 199, 221 ff., 226, 315, 321 f., 351, 363, 430, 435, 440, 465, 471, 484, 524 f., 529, 556, 616, 617, 620, 691, 693 f., 698, 718
  - Haushaltskommission 51, 99, 118, 132, 137, 169, 174, 176, 177, 182, 189, 222, 266, 274, 281, 288, 293, 308, 396, 398, 408, 415, 441, 442, 443, 489, 506, 532, 580, 585, 610, 611, 618, 620, 653, 658, 677, 687, 688
  - Jahresrechnung 91, 98, 105, 147, 179, 182, 186, 168, 189, 274, 278, 281, 420, 426, 502, 506, 606, 610, 617, 668, 671, 677 f.

- Internationale Solidarität 91 f., 98, 99, 146, 152, 154, 171, 184, 197, 210, 217, 219, 351, 396, 629, 664
- Kommissionen
  - Aktionsprogramm siehe auch: Deutscher Gewerkschaftsbund – Aktionsprogramm 457 f., 462 f.
  - Grundsatzprogramm siehe: Deutscher Gewerkschaftsbund – Grundsatzprogramm
  - Internationale Kommission 378, 410, 522, 535, 631
  - Revisionskommission 91, 99, 169, 174, 281, 333, 343, 360, 362, 364, 477, 530, 553, 556, 558, 626, 661, 665, 673, 678, 692, 699 f., 729
- Kulturpreis des DGB 131, 133 f., 138., 143, 148, 210, 212, 227
- Landesbezirke
  - Baden-Württemberg 49, 52, 57, 164, 183, 252, 321, 338, 381, 526, 584, 625, 635, 690, 691, 715, 717
  - Bayern 57, 67, 67, 149, 191, 234, 272, 301, 338, 364, 375, 381, 451, 477, 486, 490, 494, 500, 505, 510, 526, 538, 567, 584, 625, 649, 690, 691, 715
  - Berlin 46, 140, 158, 191, 235, 258, 272, 301, 338, 364, 445, 485, 521, 526, 538, 584 f., 625, 649, 663
  - Hessen 51, 53, 57, 210, 235, 258, 272, 338, 381, 425, 490, 526, 584, 591, 625, 715
  - Niedersachsen 54, 57, 90, 149, 194, 198, 218, 235, 258, 272, 301, 338, 364, 477, 490, 567, 602, 625, 650, 715, 732
  - Nordmark 57, 181, 338, 364, 485, 515, 584, 715
  - Nordrhein-Westfalen 57, 165, 173, 258, 314, 338, 363, 361, 401, 425, 475, 526, 538, 568, 603, 632, 650, 715, 717
  - Rheinland-Pfalz 53, 57, 91, 98, 105, 149, 165, 183, 273, 301, 338, 381, 477, 514, 538, 568, 584, 603, 626, 650, 663, 690, 691, 709, 715, 729
  - Saar 57, 149, 165, 301, 338, 364, 478, 487, 568, 603, 616, 650, 691, 715, 731
- Medienpolitik, Presse, Film 89, 209
- Mitgliederstatistik 135, 143, 153, 223
- Ortskartelle 90, 169, 173, 186, 190, 574
- Parlamentarische Verbindungsstelle 45 f., 57 f., 79, 104, 254
- Personengruppen 90, 220, 223, 283, 496, 603
  - Angestellte 289
  - Arbeiter 44, 88, 223, 232, 237, 245, 254, 257, 289, 600, 603 f., 607
  - Frauen 44

- Jugend 44, 289
- Politisch-Sozialer Dienst GmbH 352, 355
- Rechtshilfe, Rechtsschutz 37, 68, 74, 110, 131, 134 f., 159, 166, 172, 177, 222, 262, 266, 314, 320, 321, 327, 351, 535, 539, 572, 580, 582, 616, 621, 622 f., 625, 635
- Reisekosten, Fahrtkosten 82 f., 110, 118, 131, 137, 151, 315, 323 f., 408, 410, 412, 592, 599, 653, 657
- Revisionsbericht 278, 281, 297, 304, 360, 364, 472, 477, 524, 530, 624, 626, 726, 729
- Revisionskommission siehe: Deutscher Gewerkschaftsbund – Kommissionen
- Satzung, Satzungsreform 136
- Schiedsverfahren 91, 95, 100, 105, 108, 109, 110, 118 f.
- Solidaritätsfonds siehe auch: Spenden 36, 45, 90, 98, 99, 105, 110, 115, 116, 152, 154, 171, 186 ff., 197, 210, 218, 297, 308, 315, 322, 348, 369, 377, 383 f., 410, 420, 425, 431, 435, 441 ff., 505 f., 532, 611, 619, 629, 682, 687 f., 691, 693, 730
- Sozialpolitisches Programm 32, 514, 516, 524, 525
- Spenden, Unterstützungen siehe auch: Solidaritätsfonds 98, 99, 146, 152, 154, 171, 197, 210, 217, 351, 629, 664
- Ständige deutsch-griechische Gewerkschaftskommission 315, 324
- Terminplanung 100, 105 f., 111, 184, 186, 188 f., 254, 255, 288, 289, 395 f., 397, 497, 499 f., 592, 595, 668, 672
- Unfallunterstützung 79, 81, 166, 169, 172, 231, 233, 278, 282, 396, 399, 472, 476, 561, 563, 668, 671, 682, 687 f.
- Unterschriftensammlungen, Unterschriftenaktion 15 ff., 251 f., 257, 422, 453, 467, 486 f., 552, 587, 597, 601, 622, 626 f., 639 f., 642 f., 645 ff., 654 f., 666, 668 f., 679 f., 682, 690, 721
- Unterstützungskasse 81, 90, 199, 205, 273, 278, 281, 396, 398 f., 459, 476 f., 518, 561, 563, 591, 645, 649
  - Unterstützungs-Richtlinien 268, 273, 278, 281, 398, 477, 518, 561, 563
- Unvereinbarkeitsbeschluss 54, 134, 140, 167 f., 319, 462, 485, 605
- Veränderungsmitteilungen 131, 135, 139, 143, 149, 155, 158, 160, 164 ff., 178 f., 183, 186, 191, 205, 210, 218, 230. 231, 234 f., 254, 258, 268, 271, 297, 301, 360, 363 f., 377, 381, 410, 420, 425, 435, 447, 451, 472, 477, 478, 488, 490 f., 499, 502, 505, 523, 535, 538, 556, 561, 567 f., 580, 584 f., 595, 600, 602 f., 617, 624 ff., 641, 645, 649 f., 661, 663 f., 678, 682, 690, 697, 714 f., 731, 732

- Wahlaufruf 555, 572, 573, 606, 608
- Wahlprüfsteine 9, 15, 135, 142, 144, 160, 163, 166, 170, 176, 194 f., 198, 370, 522, 524, 533, 542 f., 554, 564 ff., 575, 581, 590 f., 593
- Wirtschaftspolitischer Ausschuss 263
- Wirtschaftswissenschaftliches Institut (WWI) bzw. Wirtschafts- und Sozialwissenschaftliches Institut (WSI) 14, 33, 58, 86, 106, 123 f., 133 f., 161, 208, 230 ff., 277, 290, 303, 341, 342, 391, 402, 460, 482, 537, 552, 601, 608, 622, 667, 670, 676, 685
- Zeitungen, Zeitschriften
  - Gewerkschaftliche Monatshefte (GMH) 13, 14, 45, 177, 303, 354, 370, 386, 391, 421, 437, 438, 470, 474, 486, 516, 537 f., 635, 685
  - Metall 421
  - 'ran 258, 309, 310, 496, 510, 519 f.
  - Soziale Sicherheit 62
  - Welt der Arbeit (WdA) 45, 58, 106, 122, 129, 185, 325, 520, 564, 666, 697
  - WSI-Mitteilungen 303, 391, 552
- Deutscher Gewerkschaftsbund, Mitgliedsgewerkschaften
  - Deutsche Postgewerkschaft (DPG) 41, 44, 53, 74, 207 f., 218, 226, 231, 272, 301, 364, 415, 417, 483, 491, 521, 584, 622, 625
  - Gewerkschaft der Eisenbahner Deutschlands (GdED) 41, 44, 74, 113, 158, 164, 325, 337, 364, 451, 456, 490, 491, 526, 584, 603, 615, 621, 625, 635, 650, 656, 663, 694
  - Gewerkschaft der Polizei (GdP) 40 ff., 45, 55, 215, 297, 309, 322, 333, 338 f., 339, 340, 344 f., 347, 363 f., 381, 396, 399, 442, 478, 489, 490, 505, 535, 538 f., 555, 568, 575, 625 f., 648 f., 652, 656, 660, 690, 695, 732
  - Gewerkschaft Erziehung und Wissenschaft (GEW) 148, 257, 337, 544, 585, 656, 667, 695, 717
  - Gewerkschaft Gartenbau, Land- und Forstwirtschaft (GGLF) 41, 50 f., 67, 82, 116, 149, 164 f., 218, 337, 356, 481, 484, 488 ff., 501, 505, 611, 619, 645, 648, 652, 655 f., 661, 693, 695, 697
  - Gewerkschaft Handel, Banken und Versicherungen (HBV) 41, 49, 54, 82, 111, 117, 136, 139, 149, 191, 193, 198, 207, 226, 235, 301, 304 f., 325 f., 334, 337, 364, 373, 449, 462, 477, 479, 480, 486, 502, 519, 521, 526, 537, 567, 569, 576 f., 581, 584, 603, 608, 609, 622, 626, 635, 649 f., 656, 686, 695, 732
  - Gewerkschaft Holz und Kunststoff (GHK) 41, 51, 97, 136, 153, 198, 258,

272, 287, 337, 364, 491, 526, 649, 656, 663, 666, 673, 695
- Gewerkschaft Kunst   41, 54, 56, 57, 105, 110, 116, 139, 148, 149, 186, 188, 207, 208, 218, 220, 226, 258, 272, 296, 297, 308 f., 336, 337, 364, 377, 383, 415, 430, 435, 441 f., 490, 502, 506, 524 f., 531, 536, 544, 553, 568, 583 f., 603, 606, 610, 616-619, 625 f., 656, 663, 666, 682, 687 f., 691, 692 f., 695, 697, 699, 728, 730
- Gewerkschaft Leder   41, 55 f., 82, 136, 165, 169, 183, 185, 235, 272, 336, 337, 373, 415, 478, 490 f., 505, 557, 584, 602 f., 609, 625 f., 650, 656, 683, 695
- Gewerkschaft Nahrung-Genuß-Gaststätten (NGG)   41, 54 f., 136, 173, 283, 299, 336, 337, 350, 364, 381, 391, 415, 425, 477 f., 491, 525, 526, 540, 576, 609, 650, 656, 695, 700
- Gewerkschaft Öffentliche Dienste, Transport und Verkehr (ÖTV)   18, 38, 41, 44, 49 f., 52, 70, 74, 115, 123 f., 148 f., 153, 158, 172, 176, 181, 183, 198, 214 f., 224 f., 226, 232 f., 238, 241 f., 265, 281, 294, 336, 338 f., 345, 348 f., 356, 364, 387, 403, 415, 440, 449, 469, 479, 491, 492, 520, 526, 536, 537, 538, 551, 560, 562, 567 f., 573, 576, 591, 605, 615, 622, 632, 643, 656, 680, 686, 689, 695, 724
- Gewerkschaft Textil-Bekleidung (GTB)   30, 41, 50, 56, 57, 136, 194, 199, 235, 258, 264, 283, 301, 336, 350, 378, 409, 415, 478, 491, 496, 503, 520, 526, 540 f., 554, 562, 565, 576, 622, 642, 649, 656, 664, 695
- Industriegewerkschaft Bau, Steine, Erden (BSE)   41, 44, 52, 82, 98, 107, 111, 136, 198, 230, 272, 294, 336 f., 364, 373, 403, 465, 474, 479, 483, 491, 526, 538, 568, 584, 603, 622, 656, 694
- Industriegewerkschaft Bergbau und Energie (IGBE)   31, 38, 41, 44, 47, 53, 82, 113, 148, 152 f., 164, 217, 224 f., 238, 272, 294, 312, 336, 337, 364, 373, 381, 397, 403, 416, 465, 491, 527, 540, 544, 656, 694, 703
  - August-Schmidt-Stiftung   332, 341
- Industriegewerkschaft Chemie-Papier-Keramik (CPK)   41, 44, 48, 53, 54, 82, 136, 152 f., 159, 193, 198, 224 f., 234, 238, 294, 299, 301, 336, 337, 357, 363 f., 370, 373, 381, 403, 416, 460, 465, 477, 479, 491, 526, 538, 544, 562, 576, 584, 602, 609, 622, 625, 650, 656, 686, 694
- Industriegewerkschaft Druck und Papier (DruPa)   21 f., 26 ff., 41, 54, 64, 136, 148, 150, 157, 177, 186 ff., 207 f., 210, 218, 221, 226, 229, 234, 270, 285, 296, 297, 304 ff., 307 f., 326, 328 f., 337, 342 f., 345, 348 f., 363, 377, 382 f., 391, 430, 435, 441, 449, 487, 491, 507, 520 f., 522, 524 ff., 531 f., 534, 536, 554, 565, 574 f., 575 f., 656, 694
- Industriegewerkschaft Metall (IGM)   18, 26, 28, 37, 41, 44, 47 f., 49, 51 f., 68, 93, 95, 106, 108, 118, 123 f., 136, 145, 148, 152 f., 163, 170, 192, 198, 217 ff., 228, 230, 234, 238, 248, 251, 259, 263 f., 271 f., 280, 291 f., 294 f., 311, 336 f., 342, 344, 346, 348 f., 354, 356, 361, 372, 374, 380 f., 391, 398, 403, 418, 421, 429, 431, 438, 443, 449, 459, 460, 465, 470, 478 f., 483, 486, 491, 492 f., 501, 507, 526 f., 536, 540 f., 551, 554 f., 562, 565 f., 569, 576, 578, 581, 586, 589, 594, 600, 629 ff., 637, 643, 646, 656, 686, 689, 695, 698, 716

Deutscher Industrie- und Handelskammertag (DIHT)   629
Deutscher Juristentag   401, 461, 468
Deutschlandpolitik, Deutsche Einheit siehe auch: Ostpolitik, Ostkontakte   34 f. 67, 68 f., 70, 93, 117, 139 f., 145, 228, 246, 424, 641, 718 f.

E

Einfuhr   30, 194, 199. 550, 675 f., 681 ff.
Einheitsgewerkschaft/-prinzip siehe: Gewerkschaften
Einzelgewerkschaft siehe: Deutscher Gewerkschaftsbund, Mitgliedsgewerkschaften
Energiepolitik   38, 78, 152 f., 221, 224, 237, 238, 245 f., 249, 265, 268, 287, 288, 294 f., 297, 309 f., 331, 361 f., 375, 405 f., 408, 446, 457, 462 f., 465, 492 f., 500, 526, 540, 543, 549 f., 553, 600, 604, 615, 627, 632, 640, 643 f., 698
Entspannungspolitik   17, 35, 229, 579, 593, 629
Entwicklungsländer, Entwicklungspolitik   30 f., 131, 137 f., 142, 145 f., 155, 157, 160, 161, 269, 353 f., 368, 374, 698
Europäische Gemeinschaft, Europäische Gemeinschaften
  • Europaparlament, Europäisches Parlament   47, 228, 331, 370, 388, 425
  • Wirtschafts- und Sozialausschuss   48, 50, 53, 155, 169, 175, 352, 355 f., 507
Europäische Wirtschaftsgemeinschaft (EWG)   48, 51
Europäischer Gewerkschaftsbund (EGB)   34, 47 f., 90, 92, 113, 122, 128, 130, 141, 143, 148, 156, 179 f., 184, 221, 226, 228, 326 f., 342, 365, 366, 370, 430, 439, 447, 450, 456-459, 488 f., 558 f., 561, 566 f., 624, 628, 639 f., 659, 667 ff., 672, 680 ff., 690, 694, 722 ff.

- Aufnahmeanträge 458, 558 f., 561, 566 f., 624, 628, 639 f., 661, 665, 667, 668
- Europäischer Aktionstag 326 f., 342

Europäisches Gespräch 227 f., 421, 470, 624, 629

Europapolitik 47 f., 50, 53, 155, 169, 175, 228, 331, 352, 355 f., 370, 388, 425, 507

F

Fédération Internationale des Employés, Techniciens et Cadres (FIET) (Internationaler Bund der Privatangestellten, IBP) 430, 439

Fernsehen/Rundfunk 22, 57, 89, 145, 192, 207, 209, 219, 332, 340 f., 355, 374, 379, 402 f., 415, 463 f., 506, 517, 519, 533, 543, 663
- Norddeutscher Rundfunk (NDR) 56

Flugblatt 206, 227, 303, 421, 453, 491, 517, 551, 574, 673, 690 f., 697

Föderation der Arbeitervereine aus der Türkei (FIDEF) 454, 635

Force Ouvrière siehe: Confédération Générale du Travail – Force Ouvrière (CGT-FO)

Forschungs- und Technologiepolitik 29, 118, 126, 223 ff., 263, 268, 274, 336, 372, 380 f., 447, 449 f., 498 f., 502 f., 511 ff., 569, 593 f., 627, 642, 678

Frauen 9, 14 f., 33, 38, 40, 42, 44, 48 f., 51 f., 86, 88, 117, 135, 144, 149, 174, 183, 188 f., 215 f., 223, 268, 274, 278 f., 289, 290, 335, 369, 458, 508, 521, 533, 540, 577, 615, 645, 647 f., 699, 722, 724
- Gleichbehandlung 144, 274, 458, 533, 540, 557, 636, 648, 724, 726
- Internationaler Frauentag 15, 536 f., 606, 609, 648

Freie Demokratische Partei (FDP) 19, 24, 103 f., 119, 228, 239 f., 253, 518, 536, 581, 589, 600, 633, 634, 638, 661 f., 730

Freier Deutscher Gewerkschaftsbund (FDGB) 35, 57, 68, 93, 117, 139 f., 142, 144 f., 184, 186, 191 f., 212, 228, 237, 243 f., 244., 246 f., 249, 285, 508, 629, 733

Friedensbewegung 38, 154, 318, 521, 523, 533, 605, 615, 635, 642, 646, 648, 653 ff., 669, 673, 679 f., 689 f., 698, 720 f.
- Krefelder Appell 639, 642, 646, 690

Friedrich-Ebert-Stiftung 462

G

Gastarbeiter siehe: ausländische Arbeitnehmer

Gemeinwirtschaft
- Allgemeine Beamtenbank AG (ABB) 532
- Allgemeine Treuhandgesellschaft (ATH) 227, 346, 444, 530, 612, 688
- Bank für Gemeinwirtschaft (BfG) 43, 67, 73, 89 f., 111, 131, 377, 255, 429, 452, 500, 549, 571, 598, 652, 709
- Beamtenheimstättenwerk (BHW) 532, 653, 658 f., 682
- Beteiligungsgesellschaft für Gemeinwirtschaft AG (BGAG) 51, 244, 249, 252, 275, 293, 312, 396, 399, 420, 426, 522, 546, 575, 606, 611 f., 659, 709
- Büchergilde Gutenberg 44, 522, 542, 546-549, 572, 574 f.
- Bund-Verlag GmbH 24, 44, 67, 68, 72 ff., 151, 244, 252, 258, 303, 325, 421, 470, 476, 510, 540, 549, 561, 564, 580, 585, 666, 692
- Europäische Verlagsanstalt (EVA) 44, 68, 72 f., 127, 420, 426, 487, 665
- g-u-t-Reisen 196
- Genossenschaften/Konsumgenossenschaften/co op 100, 107
- Neue Heimat (NH) 8, 22, 43 f., 50, 105, 111, 143, 147, 157, 164, 169, 171, 177, 207 f., 244, 252, 254 ff., 260 f., 276, 316, 332, 342, 417, 482, 670, 701 ff., 715 f., 722, 725-728
- Union Druckerei GmbH 227, 420, 426, 661, 665
- Vermögens- und Treuhandgesellschaft (VTG) 43, 79, 82, 90, 101, 109 f., 147, 171, 178 f., 184 f., 210, 211 f., 221, 227, 252, 288, 293, 344, 346 f., 355, 371, 373, 396, 399, 426, 431, 444, 524, 530 f., 532, 538, 542, 545, 564, 580, 585, 600, 605, 607, 611 f., 659, 661, 665, 682, 688
- Volksfürsorge 43, 75, 120, 316, 378, 410, 481, 545, 572 f., 580, 582, 706

Genossenschaften siehe: Gemeinwirtschaft

Gesundheitspolitik 32, 78, 86, 128, 223, 291 f., 305, 327 f., 331, 482, 516, 557, 655

Gewerkschaft der Polizei (GdP) siehe: Deutscher Gewerkschaftsbund, Mitgliedsgewerkschaften

Gewerkschaften (DGB-Mitgliedsgewerkschaften) siehe: Deutscher Gewerkschaftsbund, Mitgliedsgewerkschaften)
- American Federation of Labor/Congress of Industrial Organizations (AFL-CIO), USA 75, 90, 113, 151, 156, 192, 493, 559, 568
- Bandalag starfsmanna ríkis og bæja (BSRB), Island 567
- Confederação Geral dos Trabalhadores Portugueses INTERSINDICAL (CGTP-IN), Portugal 567, 628, 668
- Confederación de Sindicatos de Trabajadores (CSUT), Spanien 567
- Confederación Sindical de Comisiones Obreras (CCOO), Arbeiterkommissionen, Spanien 567, 628
- Confédération Française Démocratique du Travail (CFDT), Frankreich 292 f., 311, 629

- Confédération Générale du Travail/Force Ouvrière (CGT-FO), Frankreich 130, 141, 292, 458, 559, 567
- Confederation of Malta Trade Union (CMTU), Malta 567
- Confederation of Progressive Trade Unions of Turkey (DISK), Türkei 558, 567, 628
- Confederation of Turkish Trade Unions (TÜRK-IS), Türkei 99, 558, 567, 628
- Confederazione Generale Italiana del Lavoro (CGIL), Italien 171, 559, 568
- Confederazione Italiana Sindacati Lavoratori (CISL), Italien 171, 559, 568
- Cyprus Turkish Trade Union Federation (TÜRK-SEN), Zypern 567, 628
- Cyprus Workers' Confederation (Free Trade Unions) CWC, Zypern 567, 628
- Fédération de l'Éducation Nationale (FEN), Frankreich 567
- Greek Labour Confederation (EL.S.E.), Griechenland 567
- Histadrut, Israel 567
- Landesverband Freier Schweizer Arbeitnehmer (LFSA), Schweiz
- Sindicato Unitario (SU), Spanien 567
- Solidaridat d'Obrers de Catalunya (SOC), Spanien 567
- Solidarność 35 f., 695 ff., 726 f.
- Trades Union Congress (TUC) 141, 559, 629
- União Geral de Trabalhadores (UGT-P), Portugal 567
- Union des Syndicats de Monaco (USM), Monaco 567
- Union Sindical Obrera (USO), Spanien 567, 628
- Unione Italiana del Lavoro (UIL) 171, 559, 568

Gewerkschaftsbarometer 89, 290
Gewerkschaftsrat siehe: Sozialdemokratische Partei Deutschlands
GRIPS-Theater 212, 227

H

Handwerk 51, 77, 86, 247, 278, 283 f., 577
Handwerkskammer 86, 283
Hans-Böckler-Gesellschaft 112, 134, 171, 178, 205, 210, 218 f., 372, 379, 431 f., 452
Hans-Böckler-Stiftung 219, 276, 341, 350, 372, 378 ff., 432 ff., 452, 601, 733
- Stiftung Mitbestimmung 161, 178, 203, 205, 210, 218 f., 372, 379 f., 432, 452

Haushaltsstrukturgesetz 31, 100 f., 118, 271, 720
Hessen siehe auch: Deutscher Gewerkschaftsbund – Landesbezirke 112, 486

Histadrut (israelischer Gewerkschaftsbund) 35 f., 55, 75, 135, 143, 152, 185, 446, 571
Hochschulreform 411 f.
Humanisierung der Arbeit (HdA) 17 f., 22, 26, 29 f., 59, 65, 86, 87, 127 f., 133, 138, 172, 264, 331, 372, 380, 389, 411, 449, 463, 498, 502, 503, 511 ff., 606, 608, 616, 617, 621 f., 685

I

Industrien
- Baugewerbe 475
- Bergbau 332, 341
- Druck 13, 27, 166 ff., 186, 187, 212, 285, 304 ff., 308, 325 f., 328 f.
- Eisen- und Stahl 28, 410, 421 f.
- Energiewirtschaft 446, 604
- Land- und Forstwirtschaft 465
- Metall 153, 230
- Textil- und Bekleidungsindustrie 8, 13, 17, 21, 30, 56, 379, 667, 673, 681, 682, 683

Industriegewerkschaft, DGB-Mitgliedsgewerkschaften siehe: Deutscher Gewerkschaftsbund, Mitgliedsgewerkschaften
Innere Sicherheit 307, 430, 437, 555, 566, 615
Innovationsberatung 371, 372, 377, 380 f.
Institut für angewandte Sozialwissenschaft (Infas) 89, 164
Institut für Projektstudien 212, 227
Internationale Arbeitsorganisation, International Labour Organization (IAO/ILO) 35 f., 48, 75, 155, 156, 184, 229, 353, 359, 571, 579, 588
- Internationale Arbeitskonferenz 55, 155, 157, 237, 241 f., 344, 347 f., 461, 469, 553, 556 f., 634, 636, 726, 729

Internationaler Bund der Privatangestellten, Fédération Internationale des Employés, Techniciens et Cadres (FIET) 430, 439
Internationaler Bund Freier Gewerkschaften (IBFG) 31, 34, 48, 68, 70 f., 90-92, 97 f., 106, 117, 135, 142, 146, 155 f., 184 f., 196, 219, 226, 228 f., 352, 353 f., 472, 479, 493, 511, 533 f., 559, 629, 698
- Entwicklungscharta 31, 352, 353 f.

Internationaler Solidaritätsfonds 146, 431, 435, 443, 629
Investitionslenkung 84, 100, 107, 109, 111
Investitionsprogramm 219, 624, 627 f.

J

Jugendarbeitslosigkeit 32, 72, 87, 187, 198, 277, 292, 367
Jugendarbeitsschutzgesetz 88, 135, 143, 153

K

Kabelfernsehen 143, 151, 160, 164, 176, 177, 207 f., 314, 327

Katastrophenfälle 36, 91, 99, 105, 145, 166, 169, 171 f., 197, 463, 471, 616, 620 f., 629, 653, 659, 661, 664 f.
Kernenergie 38, 152 f., 221, 224 f., 237, 238 f., 245 f., 249, 265, 287, 288, 294 f., 331, 361 f., 375, 405, 406, 457, 463, 465 f., 492, 600, 615, 625
- Nukleare Entsorgung 294 f., 488, 492 f.

Kieler Woche 416, 580, 583 f., 638
Komitee für Frieden, Abrüstung und Zusammenarbeit 315, 318 f.
Kommission für wirtschaftlichen und sozialen Wandel 122, 123-128, 460
Kommunismus
- Darmstädter Appell 453
- Deutsche Kommunistische Partei (DKP) 19, 37, 39, 43, 68, 74, 110, 131, 134 f., 143, 150, 310, 319, 387, 403 f. 407, 437, 457, 462, 486, 495, 500, 521, 537, 609
- Kommunistischer Arbeiterbund Deutschland (KABD) 413
- Kommunistischer Bund (KB) 319
- Kommunistischer Bund Westdeutschland (KBW) 206, 413, 416, 574
- Maoisten 407
- Sozialistische Deutsche Arbeiterjugend (SDAJ) 43, 320, 403 ff., 409, 609, 639
- Trotzkisten 319, 407

Konzertierte Aktion 7, 25, 100, 104, 109, 111, 122, 130, 159, 178-181, 245, 262 f., 279 f., 287 f., 295 ff., 302 f., 312, 358 f., 448, 500, 541, 550, 614
Krankenversicherung 57, 86, 327 f., 331, 651, 662
Kulturarbeit, Kulturpolitik 133, 138, 141, 212, 221, 226, 406, 517, 542, 544, 652, 653, 661, 663

L

Leiharbeit 427, 472, 473-476, 487
Lohnpolitik siehe auch 26, 28, 80, 85 f., 88, 125, 187, 221, 230, 235, 298 ff., 303-306, 343, 390 f., 416, 422, 462 f., 667, 675 ff.
- gleiche Entlohnung für gleichwertige Arbeit 85, 88, 215
- Lohnfortzahlung 168, 415
- Lohnleitlinien, Orientierungsdaten 303
- Nacht- und Feiertagszuschläge 311
- Preise – Löhne 125

M

Maifeiern, Mai-Kundgebungen, 1. Mai, Mai-Motto 37, 100, 102 f., 105, 110, 114, 131, 133, 167, 200, 206 f., 210, 213, 221, 225, 297, 301 f., 315, 318, 327, 342, 408, 413 f., 420, 425, 502, 503 f., 514, 517 f., 558, 572, 573 f., 606, 610, 616, 618, 652, 653, 661, 664, 673, 679, 682, 690
Mehrwertsteuer 83, 160, 162 f., 210, 217, 388

Menschenrechte 35, 36, 117, 182, 231, 319, 331, 422, 660
Mitbestimmung 7, 11, 13, 16, 19, 23 ff., 32, 49, 59, 64, 65, 77, 80, 82 f., 84 f., 87, 91, 92, 93 f., 96, 100, 103 f., 105, 109 f., 112, 114, 119, 120 ff., 127 f., 140 f., 160 ff., 177, 178, 194, 200, 201 f., 205, 210, 213, 230 f., 236, 240, 247 ff., 262, 275 f., 284, 280, 292, 312, 331, 367, 371, 372, 379 f., 400, 408, 411, 424, 426 f., 430-433, 435, 438, 447, 448, 452, 454 ff., 463, 473, 475, 497, 500, 512, 540, 606, 610, 614 f., 617 f., 623 ff., 631-635, 637 ff., 663, 668, 670, 673, 680, 682, 684 f., 698, 704, 709, 712, 721, 722 f.
- Arbeitsdirektor 133, 201, 433, 452
- Aufsichtsrat 25, 85, 94, 103, 112, 119, 120 ff., 147, 209, 215, 219, 221, 227, 236, 252, 255, 275 f., 284, 332, 342, 350, 379 f., 432 f., 454 f., 475, 494, 522, 546, 578, 581, 598, 685, 702 f., 705, 707-711, 713, 716, 733
- Betriebsrat 15, 18 f., 30, 37, 43, 48, 49, 50, 51 ff., 88, 103, 116, 126, 138, 166, 309, 312, 375, 380, 403, 414, 418, 428, 433, 446, 452, 474, 475, 520, 631 f., 684
- Betriebsratswahlen 37, 115, 284, 288 ff., 311, 370, 486, 606, 608, 691, 695
- Betriebsverfassungsgesetz 18, 25, 170, 432, 448, 475, 684
- Mitbestimmungsgesetz 7, 11, 13, 18 f., 24 f., 59, 65, 84, 91, 93 f., 103, 114, 119 ff., 140, 162, 193, 201, 240, 261, 263, 275, 276, 280, 284 f., 358, 432, 438 f., 447, 448, 454 ff., 479, 540, 578, 589, 633, 637
- Mitbestimmungskommission 455
- Montanmitbestimmung, Montan-Mitbestimmung 24, 65, 93, 134, 140, 201, 275, 432, 448, 577-582, 588 f., 593, 600 f., 614, 623, 633 f., 637
- Personalrat, Personalvertretung, Personalvertretungsgesetz 87, 89, 327, 331, 420, 423, 475
- Personalratswahlen 89, 420, 423
- Wahlordnung 237, 239 f., 244, 249, 252 f., 479

Montanmitbestimmung siehe: Mitbestimmung
Multinationale Konzerne 30 f., 117, 331, 353, 370, 458, 698

N

Niedersachsen siehe auch: Deutscher Gewerkschaftsbund – Landesbezirke 54, 55, 406
Nordrhein-Westfalen siehe auch: Deutscher Gewerkschaftsbund – Landesbezirke 50, 55, 82 f., 112, 161, 230, 277, 421, 429, 470, 631

O

Ostpolitik, Ostkontakte 34 ff., 38, 57, 143 f., 150, 184, 398, 424, 534, 719

- Bürgerrechtsbewegung 35 f., 229, 231, 577, 578 f., 580, 583, 588, 590, 630, 691, 695 ff., 714, 718 ff., 722, 726, 727

P

Personalvertretungsgesetz siehe: Mitbestimmung
Preise, Preisentwicklung 125, 675, 676
Prognos 417
Public Relations, Werbung
- Anzeigen 172, 375, 496, 510, 564
- Plakat 131, 133, 172, 221, 225, 277, 315, 318, 400, 416, 420, 425, 514, 517, 533, 558, 616, 618, 664, 682, 690, 697, 732

R

Raumordnung 127, 256, 699
Rechtsextremismus 349, 437, 462
Rechtspolitik
  - Unverjährbarkeit von Mord 456, 459
Rheinland-Pfalz siehe auch: Deutscher Gewerkschaftsbund – Landesbezirke 49, 134, 247
Ruhrfestspiele 67, 68 f., 133, 148, 228, 354, 365, 421, 440, 470, 583, 629, 732
  - Europäisches Gespräch 227 f., 470, 624, 629
Rundfunk, Rundfunkgesetz 22, 56 f., 89, 192, 209, 332, 340 f., 379, 402 f., 415, 463, 506, 517, 519, 543, 663
Russell-Tribunal 37, 296 f., 306 f., 315, 318 ff., 420, 422

S

Saarland siehe auch: Deutscher Gewerkschaftsbund – Landesbezirke 112, 139, 192, 259, 332, 487, 514, 519
Sachverständigenkommission »Arbeitsgesetzbuch« siehe: Bundesministerium – Arbeit und Sozialordnung 87
Sachverständigenrat zur Begutachtung der gesamtwirtschaftlichen Entwicklung 23, 34, 230, 295, 302 f., 358, 403, 459 f., 597, 666 f., 668, 670 f.
Schichtarbeit 55, 86, 128, 223
Schleswig Holstein, siehe Deutscher Gewerkschaftsbund, Landesbezirk – Nordmark
Schlichtung/Schlichtungsordnung/-vereinbarung siehe auch: Tarifautonomie 26, 28, 187, 230, 305, 341, 343
Solidarność 35 f., 695 ff., 726 f.
Sozialakademie Dortmund 87 f., 586, 631
Sozialbilanz 213, 434, 473 f.
Sozialdemokratische Partei Deutschlands (SPD) 8, 42, 47 ff., 52, 54 f., 57, 92, 103 f., 106, 115, 119, 120, 137, 156, 186, 192, 228, 239, 247, 298, 300, 306 f., 312, 315 ff., 362, 388, 396, 445, 460, 486, 495, 500, 514, 523, 536, 578, 581 f., 589 f., 598, 600, 661, 672

- Gewerkschaftsrat 47, 106, 186, 523, 598
Sozialpolitik siehe auch: Lohnfortzahlung, Vermögensbildung
- Gesundheitspolitik 86, 128, 327 f., 331
- Kindergeld 576, 587, 655
- Krankenversicherung 57, 86, 327 f., 331, 651, 662
- Renten, Rentenreform 31 f., 57, 86, 140, 160 ff., 200, 203 ff., 211, 311, 315 f., 330, 343, 366, 482, 563, 649, 651, 671, 675, 698, 720
- Sozialversicherung 32 f., 86, 101, 141, 187, 273, 287-291, 297, 299, 300, 311, 315 ff., 333 ff., 435, 494, 516, 592, 597, 604
Sozialversicherungswahlen, Sozialwahlen 33, 105, 164, 290, 335, 374, 420, 422 f., 447, 450 f., 461, 466, 467, 488, 493 f., 516
Sparförderung 216 f., 299 f., 331, 356 f., 384, 430, 435 ff., 461, 463 f., 473
Sport 143, 147
Streik siehe Arbeitskampf
Subvention, Subventionspolitik 260 f., 269, 473, 524, 527 f., 711
Steuern, Lohnsteuer 31, 33, 49, 71, 83, 85, 86, 118, 125, 126, 127, 143, 160, 162f, 187, 202 f., 210, 215, 216, 217, 244, 253, 255, 260, 267, 268 f., 273, 298 f., 302, 331, 371, 374, 377, 384, 386, 388, 436, 462, 463 f., 480, 485, 495, 500, 509, 514, 518, 528, 534, 541, 543, 591 f., 598, 616, 623, 655, 662, 677, 698, 701, 703 f., 711, 713, 722, 728
Strukturberichterstattung 279 f.

T

Tarifautonomie 101, 125, 168, 170, 270, 299, 303, 342, 345, 369, 376, 390 f., 422, 455, 462, 575
Tarifpolitik siehe: Lohnpolitik
- Tarifkommissionen, -verhandlungen 26, 80, 142, 165, 181, 214, 230-233, 285, 296, 308, 326, 391, 557, 614
Technologiepolitik
- Technischer Wandel 304
- Technologiepolitischer Dialog 447, 449 f., 569, 593
Terrorismus 36 f., 185, 267 f., 275, 277, 437, 533, 536, 551

U

Umweltschutz
- Arbeitsgemeinschaft für Umweltfragen 143, 152 f., 262, 265, 360, 363, 461, 465 f., 553, 556, 558, 714, 718
United Nations Organization (UNO) 571
Unternehmen
- Beiersdorf 370
- Glashütte 346
- Grube Luisenthal 332

- Mannesmann 576, 577, 578, 581 f., 588 f., 706

Unternehmer siehe: Arbeitgeber

V

Verbraucherpolitik 126 f., 152, 331, 458, 465

Vermögensbildung, Vermögensbildungsgesetz 80, 144, 178, 180 f., 200, 204, 210, 216 f., 291, 298, 299 f., 351, 464, 524, 528 f.

Vermögensverwaltungs- und Treuhandgesellschaft (VTG) siehe: Gemeinwirtschaft

Vertrauensleute 43, 50, 230, 404, 431, 444 f., 452, 461, 469 f., 632

Vietnamkrieg 306

W

Wehrpflichtige 183, 265

Weiterbildung 77, 89, 223, 379, 408, 411, 608, 686

Weltgewerkschaftsbund (WGB) 35, 141, 196

Weltgewerkschaftsgipfel 559, 568

Weltkrieg 38 f., 47, 52, 151, 387, 669

Weltwirtschaftsgipfel 31, 367 f., 559, 568, 651

Welttextilabkommen 30, 673, 681 ff.

Westdeutsche Rektorenkonferenz 523

Wirtschafts- und Sozialrat 124, 127, 244, 247 ff., 259

Wirtschafts- und Sozialwissenschaftliches Institut der Gewerkschaften, Wirtschaftswissenschaftliches Institut siehe: Deutscher Gewerkschaftsbund – WSI, WWI

Wirtschaftspolitisches Gespräch 541, 613

Wohnungsbau, siehe: Städtebau

Z

Zeitungen
- Der Spiegel 44, 92, 94, 106, 176, 217, 221, 281, 330, 375, 659, 701 ff.
- Die Neue 660, 666
- Frankfurter Allgemeine Zeitung 69, 320, 465, 703, 705
- Frankfurter Rundschau 320
- Handelsblatt 172, 298
- Süddeutsche Zeitung 115, 343

Zentralstelle für ästhetisch-pädagogische Praxis (ZÄPP) 169, 175, 179, 181 f.